大学入試シリーズ

100

京都大学

理系

総合人間〈理系〉・教育〈理系〉・経済〈理系〉・理・医・薬・工・農学部

教学社

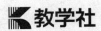

はしがき

2021 年度の大学入試は，世界的な新型コロナウイルスの感染拡大の状況下で実施され，多くの大学で試験範囲や選抜方法の一部が変更されるなどの影響が見られました。また，従来のセンター試験に代わる「大学入学共通テスト」の導入も重なり，多くの受験生にとって，不確定要素の多い，先行き不安な状況での大学入試となりました。こうした状況から，比較的早期に結果が決まる，総合型選抜・学校推薦型選抜への志望度が高まり，感染への不安から大都市圏への進学を忌避して，地元志向がより強くなるなどの傾向も見られました。

また，2020 年に大学に入学した人も，入学当初は対面での授業が実施されず，オンライン授業が中心となりました。一人で黙々と課題をこなし，クラブやサークルなどの課外活動も制限されて，友だちも十分に作れないといった状況も見られました。一方で，オンライン・ツールの浸透や拡大によって，海外の人たちなど，これまで以上に幅広い人たちと交流できるようになりました。また，一人の時間が増えたことで，周りに流されずより真剣に勉学に打ち込め，自分自身を見つめ直す機会が増えたといった，肯定的な意見も聞かれるようになりました。

社会の大きな変革期に差し掛かっており，不透明な状況はまだまだ続くように見えますが，こうした状況に柔軟に適応しつつも，自分自身がこの先どのように生きていくのか，将来何を成し遂げたいのかを，腰を据えてじっくりと考える時間や期間を大切にしてほしいと思います。大学に進学することは，幅広い見識を得る上で，貴重な選択肢であると言えます。

どのような境遇にあっても，その経験を意義あるものにするかどうかは自分次第です。いろいろと試行錯誤をする中で，当初は考えてもいなかったような道が拓けることもあります。また，たとえすぐには実を結ばなかったとしても，新しいことに挑戦した経験が，後々の人生で支えになることもあります。この困難な状況の中で，幾多の試練や難題を乗り越えて，栄冠を勝ち取られることを心より願っています。

編者しるす

本書刊行に際して

各大学や学部・学科の教育理念や教育内容を踏まえて，入学者にどのような能力を求め，入学者をどのように受け入れるのかを定めた方針が，「アドミッション・ポリシー」と言われるものです。この「アドミッション・ポリシー」を特に色濃く表したものが，各大学の過去の入試問題（過去問）であると言えます。創刊 60 年を超える「赤本」は，ますます高まる過去問の重要性に配慮しつつ，受験生の皆様や進路指導にあたられる先生方に，正確で役立つ資料提供を行ってまいります。

本書刊行に際しまして，資料をご提供いただいた大学関係者各位，本書への掲載許可をいただいた著作権者の皆様，各科目の執筆にあたられた先生方に，心より御礼を申し上げます。

「赤本」は，大学によって掲載内容が異なります。受験される試験日程・科目の掲載の有無や収載年数については，目次や問題編冒頭の科目欄でご確認ください。著作権上の理由やその他編集上の都合により，問題や解答の一部を割愛している場合があります。また，試験科目は変更される場合がありますので，あらかじめご了承ください。

なお，指定校推薦入試，社会人入試，編入学試験，帰国生入試などの特別入試，英語以外の外国語科目，商業・工業科目は，原則として掲載しておりません。

●お問い合わせについて

本書は当社編集部の責任のもと独自に作成したものです。本書の内容についてのお問い合わせは，赤本ウェブサイトの「お問い合わせ」より，必要事項をご入力の上ご連絡ください。電話でのお問い合わせは受け付けておりません。

なお，受験指導など，本書掲載内容以外の事柄に関しては，お答えしかねます。また，ご質問の内容によってはお時間をいただく場合がありますので，あらかじめご了承ください。

お問い合わせ先　http://akahon.net/

赤本の使い方

赤本は入試直前に解くものだと思っていませんか？　それだけでは赤本を十分に活用できているとはいえません。志望校合格のための，赤本の効果的な活用法を紹介します。

赤本を使う前に

大学入試では，大学や学部ごとに出題形式や頻出分野が異なります。志望校の傾向を知っておくと，試験本番に落ち着いて臨めるだけでなく，傾向に即した効果的な対策を立てることができます。つまり，早めに赤本を活用することが肝心なのです。

3ステップの赤本活用法

志望校が決まったら，本格的な受験勉強のスタートです。赤本をパートナーにして，次の3ステップで着実に志望校合格を目指しましょう。

STEP 1　過去問を解き，傾向をつかむ

志望校の傾向を知る一番の方法は，実際の過去問に当たることです。問題を解いて，解答方法や，試験時間に対する問題量，問題のレベルなどを体感してみましょう。さらに，赤本の「傾向と対策」には，解答をご執筆の先生方による詳しい傾向分析が載っています。必ず目を通してください。

合格者の声

志望校を決定してすぐ最新１年分の問題を解き，時間や難易度を肌で感じてから今後の学習方針を決めました。まだ十分に実力がついていなくても，自分で問題を解いてみることで発見することはたくさんあります。　（Ｈさん／国立大合格）

STEP 2　自分の実力を知り，対策を立てる

過去問を解くことで，今の自分に足りない力や苦手な分野などが見えてくるはずです。本番で合格点を取るためには，こうした弱点をなくしていくのが近道です。過去問を指針にして，何をどんな方法で強化すればよいかを考え，具体的な学習計画を立てましょう。「傾向と対策」のアドバイスも参考にしてください。学習が進んだら，過去問を再び解いて学習の成果を確認するとともに，学習計画を修正していきましょう。

合格者の声

解き終えた後，大問ごとに感想を書き出してみると志望校との距離感がつかめます。しばらくしてから解き直す際にも，その時の感想を見ることで自分の成長を実感することができ，やる気につながります。　（T さん／国立大合格）

STEP 3　実戦演習を重ねる

実力がついてきたら，試験時間に合わせて実戦演習を行うことが有効です。その際，大問ごとの時間配分や解く順番など，本番で実力を最大限に発揮するための作戦を考えておきましょう。問題を解き終えたら，答え合わせをするだけでなく，足りない知識を補強したり，よりよい解き方を研究したりするなどして，さらなる実力アップを図ってください。繰り返し解いて出題形式に慣れることも大切です。

合格者の声

望ましい時間配分は人によって違うので，演習を重ねて，どの時間配分だとやりやすいか研究するべき。　（O さん／私立大合格）

目次

解答編

▶問題編は別冊

2021年度

※解答用紙は赤本ウェブサイト（akahon.net）に掲載しています。

2020年度

※解答用紙は赤本ウェブサイト（akahon.net）に掲載しています。

2019年度

※解答用紙は赤本ウェブサイト（akahon.net）に掲載しています。

2018年度

※解答用紙は赤本ウェブサイト（akahon.net）に掲載しています。

2017年度

※解答用紙は赤本ウェブサイト（akahon.net）に掲載しています。

2016年度

※解答用紙は赤本ウェブサイト（akahon.net）に掲載しています。

2015年度

※解答用紙は赤本ウェブサイト（akahon.net）に掲載しています。

下記の問題に使用されている著作物は，2021年4月16日に著作権法第67条の2第1項の規定に基づく申請を行い，同条同項の規定の適用を受けて掲載しているものです。

2021年度：「英語」大問Ⅰ，大問Ⅱの一部，大問Ⅲ，大問Ⅳ
2020・2019・2017～2015年度：「英語」大問Ⅲ
2018年度：「英語」大問Ⅱ，大問Ⅲ，大問Ⅳ

University Guide

大学情報

大学の基本情報

沿革

1869（明治 2）	大阪に舎密局（せいみきょく），洋学校開校
1870（明治 3）	理学所（舎密局の後身）と洋学校が合併し，開成所と改称
1880（明治 13）	大阪専門学校（開成所の後身）が大阪中学校と改称
1885（明治 18）	大阪中学校が大学分校と改称
1886（明治 19）	大学分校が第三高等中学校と改称
1889（明治 22）	第三高等中学校が大阪から京都へ移転
1894（明治 27）	第三高等中学校が第三高等学校と改称
1897（明治 30）	京都帝国大学創設。理工科大学開設
1899（明治 32）	法科大学，医科大学開設
1906（明治 39）	文科大学開設
1914（大正 3）	理工科大学が分けられ工科大学，理科大学となる
1919（大正 8）	分科大学を学部と改称。経済学部設置
1923（大正 12）	農学部設置
1947（昭和 22）	京都帝国大学を京都大学と改称
1949（昭和 24）	新制京都大学設置。教育学部設置
1960（昭和 35）	薬学部設置
1992（平成 4）	総合人間学部設置
2004（平成 16）	国立大学法人京都大学設立

エンブレム

京都大学のエンブレムの原型は，1950（昭和 25）年頃，大学庶務課に在籍していた小川録郎氏により考案され，以来「事務局シール」として事務局および部局における印刷物，レターヘッド等に使用されていました。その後，国際交流の進展に伴い，大学としてのエンブレムの必要性が高まり，1990（平成2）年に京都大学のエンブレムとすることが了承されました。

その後，現代の情報環境における利用，あるいは国際社会へのアイデンティティの提示に即した機能等の検討を行い，形状およびカラーの変更を重ねて，現在にいたっています。

学部・学科の構成

大　学

総合人間学部

総合人間学科（人間科学系，認知情報学系，国際文明学系，文化環境学系，自然科学系）

文学部

人文学科（哲学基礎文化学系〈哲学，西洋哲学史〔古代・中世・近世〕，日本哲学史，倫理学，宗教学，キリスト教学，美学美術史学〔美学・芸術学，美術史学，比較芸術史学〕　各専修〉，東洋文化学系〈国語学国文学，中国語学中国文学，中国哲学史，インド古典学，仏教学　各専修〉，西洋文化学系〈西洋古典学，スラブ語学スラブ文学，ドイツ語学ドイツ文学，英語学英文学，アメリカ文学，フランス語学フランス文学，イタリア語学イタリア文学　各専修〉，歴史基礎文化学系〈日本史学，東洋史学，西南アジア史学，西洋史学，考古学　各専修〉，行動・環境文化学系〈心理学，言語学，社会学，地理学　各専修〉，基礎現代文化学系〈科学哲学科学史，メディア文化学，現代史学　各専修〉）

教育学部

教育科学科（現代教育基礎学系，教育心理学系，相関教育システム論系）

法学部

経済学部

経済経営学科

理学部

理学科（数理科学系，物理科学系，地球惑星科学系，化学系，生物科学系）

医学部

医学科［6年制］

人間健康科学科［4年制］（先端看護科学コース，先端リハビリテーション科学コース，総合医療科学コース）

薬学部

薬科学科［4年制］

薬学科［6年制］

工学部

地球工学科（土木工学コース，資源工学コース，環境工学コース，国際コース）
建築学科
物理工学科（機械システム学コース，材料科学コース，エネルギー応用工学コース，原子核工学コース，宇宙基礎工学コース）
電気電子工学科
情報学科（数理工学コース，計算機科学コース）
工業化学科（創成化学コース，先端化学コース，化学プロセス工学コース）

農学部

資源生物科学科
応用生命科学科
地域環境工学科
食料・環境経済学科
森林科学科
食品生物科学科

（備考）系・専修・コース等に分属する回生（年次）はそれぞれで異なる。薬学部の学科振分けは4年次進級時に行われる。

大学院

■大学院

文学研究科／教育学研究科／法学研究科／経済学研究科／理学研究科／医学研究科／薬学研究科／工学研究科／農学研究科／人間・環境学研究科／エネルギー科学研究科／アジア・アフリカ地域研究研究科／情報学研究科／生命科学研究科／総合生存学館（思修館）／地球環境学舎

■専門職大学院

医学研究科社会健康医学系専攻／法科大学院／公共政策大学院／経営管理大学院

（注）学部・学科および大学院に関する情報は2021年4月時点のものです。

大学所在地

吉田キャンパス

桂キャンパス

宇治キャンパス

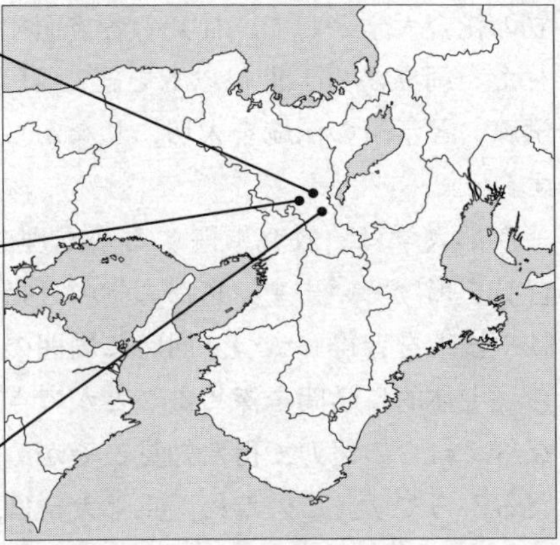

本部・吉田キャンパス

総合人間学部	〒606-8501	京都市左京区吉田二本松町
文学部 教育学部 法学部 経済学部 工学部	〒606-8501	京都市左京区吉田本町
医学部医学科 医学部人間健康科学科	〒606-8501	京都市左京区吉田近衛町
薬学部	〒606-8501	京都市左京区吉田下阿達町
理学部 農学部	〒606-8502	京都市左京区北白川追分町

桂キャンパス　〒615-8530　京都市西京区京都大学桂

宇治キャンパス　〒611-0011　京都府宇治市五ヶ庄

京都大学入学者受入れの方針（アドミッション・ポリシー）

学士課程

京都大学は，日本の文化，学術が育まれてきた京都の地に創設された国立の総合大学として，社会の各方面で活躍する人材を数多く養成してきました。創立から1世紀以上を経た21世紀の今日も，建学以来の「自由の学風」と学術の伝統を大切にしながら，教育，研究活動をおこなっています。

京都大学は，教育に関する基本理念として「対話を根幹とした自学自習」を掲げています。京都大学の目指す教育は，学生が教員から高度の知識や技術を習得しつつ，同時に周囲の多くの人々とともに研鑽を積みながら，主体的に学問を深めることができるように教え育てることです。なぜなら，自らの努力で得た知見こそが，次の学術展開につながる大きな力となるからです。このため，京都大学は，学生諸君に，大学に集う教職員，学生，留学生など多くの人々との交流を通じて，自ら学び，自ら幅広く課題を探求し，解決への道を切り拓く能力を養うことを期待するとともに，その努力を強く支援します。このような方針のもと，優れた学知を継承し創造的な精神を養い育てる教育を実践するため，自ら積極的に取り組む主体性をもった人を求めています。

京都大学は，その高度で独創的な研究により世界によく知られています。そうした研究は共通して，多様な世界観・自然観・人間観に基づき，自由な発想から生まれたものであると同時に，学問の基礎を大切にする研究，ないし基礎そのものを極める研究であります。優れた研究は必ず確固たる基礎的学識の上に成り立っています。

京都大学が入学を希望する者に求めるものは，以下に掲げる基礎的な学力です。

1．高等学校の教育課程の教科・科目の修得により培われる分析力と俯瞰力
2．高等学校の教育課程の教科・科目で修得した内容を活用する力
3．外国語運用能力を含むコミュニケーションに関する力

このような基礎的な学力があってはじめて，入学者は，京都大学が理念として掲げる「自学自習」の教育を通じ，自らの自由な発想を生かしたより高度な学びへ進むことが可能となります。

京都大学は，本学の学風と理念を理解して，意欲と主体性をもって勉学に励むことのできる人を国内外から広く受け入れます。

受入れにおいては，各学部の理念と教育目的に応じて，その必要とするところにしたがい，入学者を選抜します。一般選抜では，教科・科目等を定めて，大学入学共通テストと個別学力検査の結果を用いて基礎学力を評価します。特色入試では，書類審査と各学部が定める方法により，高等学校での学修における行動や成果，個々の学部・学科の教育を受けるにふさわしい能力と志を評価します。

『令和３年度京都大学学生募集要項』より引用。

なお，各学部・学科の入学者受入れの方針（アドミッション・ポリシー）についても，募集要項に記載されています。

入試データ

入試状況（志願者数・競争率など）

- 競争率は「受験者数÷合格者数」で算出。
- 2018 年度より薬学部は薬科学科と薬学科を合わせた学部単位での募集（両学科一括募集）に変更。

2021 年度　入試状況

学部等			募集人員	志願者数	第1段階選抜合格者数	受験者数	合格者数	競争率	入学者数
総合人間	前期	文系	62	242	218	216	63	3.4	117
		理系	53	194	186	183	55	3.3	
文	前期		210	652	652	638	213	3.0	213
教育	前期	文系	45	130	130	126	47	2.7	57
		理系	10	34	34	33	10	3.3	
法	前期		310	701(11)	701(＊)	694	310(4)	2.2	310
経済	前期	文系	197	532(23)	529(12)	516	199(8)	2.6	222
		理系	26	99	99	97	26	3.7	
理	前期		301	799	788	772	308	2.5	307
医	前期		177	514	513	487	185	2.6	183
薬	前期		75	175	175	166	79	2.1	79
工	前期		925	2,317	2,316	2,270	931	2.4	929
農	前期		289	656	656	639	299	2.1	298
合計			2,680	7,045(34)	6,997(23)	6,837	2,725(12)	—	2,715

＊第1次選考は実施しない。

（備考）

- 上記以外に総合型選抜・学校推薦型選抜による特色入試と法学部では後期日程による特色入試を実施。
- 法学部後期日程（特色入試）は募集人員 20 名，志願者数 379 名，合格者数 22 名。
- 募集人員は，特色入試（法学部を除く）の入学手続者数確定による最終的な一般選抜（前期日程）の募集人員を示す。
- 法学部・経済学部「文系」の募集人員には外国学校出身者のための選考入学者それぞれ 10 名以内を含む。また，（　）内は外国学校出身者のための入学者選考を示すもので外数。

医学部の学科別入試状況

学部・学科等			募集人員	志願者数	第1段階選抜合格者数	受験者数	合格者数	競争率	入学者数
医	医	前期	105	299	298	292	107	2.7	107
	人間健康科	前期	72	215	215	195	78	2.5	76

工学部・農学部の学科別入試状況

学部・学科等			受入予定数	志願者数	第1段階選抜合格者数	受験者数	合格者数	競争率	入学者数
工	地球工	前期	182	321	321	—	176	—	175
	建築	前期	79	258	258	—	80	—	80
	物理工	前期	231	722	722	—	232	—	232
	電気電子工	前期	124	321	321	—	125	—	125
	情報	前期	87	352	351	—	88	—	88
	工業化	前期	229	343	343	—	230	—	229
農	資源生物科	前期	92	—	—	—	94	—	94
	応用生命科	前期	45	—	—	—	47	—	47
	地域環境工	前期	35	—	—	—	36	—	35
	食料・環境経済	前期	30	—	—	—	32	—	32
	森林科	前期	54	—	—	—	56	—	56
	食品生物科	前期	33	—	—	—	34	—	34

（備考）
- 工学部の学科別志願者数および第１段階選抜合格者数は，第１志望学科の数を示す。
- 工学部地球工学科の入学者数は，外国人留学生を対象とした国際コースの入学者７名を除く。
- 農学部は第１～第６志望まで学科を選択できるため，志願者数等は表示していない。

2020 年度　入試状況

学　部　等			募集人員	志願者数	第1段階選抜合格者数	受験者数	合格者数	競争率	入学者数
総合人間	前期	文系	62	203	203	201	63	3.2	117
		理系	53	203	186	183	54	3.4	
文	前　期		210	698	696	677	213	3.2	213
教育	前期	文系	44	121	121	119	44	2.7	55
		理系	10	39	38	36	11	3.3	
法	前　期		310	792(18)	790(＊)	774(15)	311(5)	2.5	310(5)
経済	前期	文系	197	557(24)	557(7)	544(6)	197(4)	2.8	221(4)
		理系	25	119	106	103	25	4.1	
理	前　期		306	751	732	727	315	2.3	314
医	前　期		177	495	485	456	184	2.5	184
薬	前　期		77	169	169	164	80	2.1	80
工	前　期		940	2,505	2,503	2,440	936	2.6	933
農	前　期		287	695	694	681	292	2.3	292
合　　計			2,698	7,347(42)	7,280(25)	7,105	2,725(9)	―	2,719

＊第 1 段階選抜は実施しない。

(備考)

- 上記以外に AO・推薦による特色入試と法学部では後期日程による特色入試を実施。
- 法学部後期日程（特色入試）は募集人員 20 名，志願者数 352 名，合格者数 22 名。
- 募集人員は，特色入試（法学部を除く）の入学手続者数確定による最終的な一般入試（前期日程）の募集人員を示す。
- 法学部・経済学部「文系」の募集人員には外国学校出身者のための選考入学者それぞれ 10 名以内を含む。また，(　)内は外国学校出身者のための入学者選考を示すもので外数。

医学部の学科別入試状況

学部・学科等			募集人員	志願者数	第1段階選抜合格者数	受験者数	合格者数	競争率	入学者数
医	医	前期	105	278	269	262	106	2.5	106
	人間健康科	前期	72	217	216	194	78	2.5	78

工学部・農学部の学科別入試状況

学部・学科等			受入予定数	志願者数	第1段階選抜合格者数	受験者数	合格者数	競争率	入学者数
工	地球工	前期	183	338	338	—	174	—	173
	建築	前期	80	280	280	—	81	—	81
	物理工	前期	232	733	733	—	233	—	233
	電気電子工	前期	127	348	348	—	128	—	127
	情報	前期	87	430	429	—	88	—	88
	工業化	前期	231	376	375	—	232	—	231
農	資源生物科	前期	91	—	—	—	91	—	91
	応用生命科	前期	43	—	—	—	43	—	43
	地域環境工	前期	36	—	—	—	38	—	38
	食料・環境経済	前期	29	—	—	—	29	—	29
	森林科	前期	56	—	—	—	58	—	58
	食品生物科	前期	32	—	—	—	33	—	33

（備考）
- 工学部の学科別志願者数および第1段階選抜合格者数は，第1志望学科の数を示す。
- 工学部地球工学科の入学者数は，外国人留学生を対象とした国際コースの入学者9名を除く。
- 農学部は第1～第6志望まで学科を選択できるため，志願者数等は表示していない。

2019 年度　入試状況

学部等			募集人員	志願者数	第 1 段階選抜合格者数	受験者数	合格者数	競争率	入学者数
総合人間	前期	文系	62	240	217	215	63	3.4	63
		理系	53	177	177	172	55	3.1	55
文	前期		210	728	727	710	213	3.3	212
教育	前期	文系	44	169	154	153	44	3.5	44
		理系	10	37	35	35	11	3.2	11
法	前期		310	773(16)	773(＊)	759(11)	311(4)	2.4	311(4)
経済	前期	文系	193	519(13)	519(7)	503(7)	193(4)	2.6	193(4)
		理系	25	143	121	120	25	4.8	25
理	前期		306	820	806	800	313	2.6	310
医	前期		174	526	519	490	182	2.7	180
薬	前期		79	182	182	176	83	2.1	83
工	前期		939	2,435	2,434	2,391	937	2.6	936
農	前期		284	762	762	741	292	2.5	291
合計			2,689	7,511(29)	7,426(23)	7,265(18)	2,722(8)	—	2,714(8)

＊第 1 段階選抜は実施しない。
（備考）
- 上記以外に AO・推薦による特色入試と法学部では後期日程による特色入試を実施。
- 法学部後期日程（特色入試）は募集人員 20 名，志願者数 514 名，合格者数 22 名。
- 募集人員は，特色入試（法学部を除く）の入学手続者数確定による最終的な一般入試（前期日程）の募集人員を示す。
- 法学部・経済学部「文系」の募集人員には外国学校出身者のための選考入学者それぞれ 10 名以内を含む。また，（　）内は外国学校出身者のための入学者選考を示すもので外数。

医学部の学科別入試状況

学部・学科等			募集人員	志願者数	第1段階選抜合格者数	受験者数	合格者数	競争率	入学者数
医	医	前期	103	298	291	280	105	2.7	105
	人間健康科	前期	71	228	228	210	77	2.7	75

工学部・農学部の学科別入試状況

学部・学科等			受入予定数	志願者数	第1段階選抜合格者数	受験者数	合格者数	競争率	入学者数
工	地球工	前期	183	313	313	—	175	—	175
	建築	前期	79	272	272	—	80	—	80
	物理工	前期	231	725	725	—	232	—	232
	電気電子工	前期	126	357	356	—	128	—	128
	情報	前期	89	377	377	—	90	—	90
	工業化	前期	231	391	391	—	232	—	231
農	資源生物科	前期	91	—	—	—	93	—	93
	応用生命科	前期	44	—	—	—	44	—	44
	地域環境工	前期	35	—	—	—	38	—	38
	食料・環境経済	前期	29	—	—	—	31	—	31
	森林科	前期	54	—	—	—	54	—	53
	食品生物科	前期	31	—	—	—	32	—	32

（備考）
- 工学部の学科別志願者数および第1段階選抜合格者数は，第1志望学科の数を示す。
- 工学部地球工学科の入学者数は，外国人留学生を対象とした国際コースの入学者10名を除く。
- 農学部は第1～第6志望まで学科を選択できるため，志願者数等は表示していない。

2018年度　入試状況

学部等			募集人員	志願者数	第1段階選抜合格者数	受験者数	合格者数	競争率	入学者数
総合人間	前期	文系	62	262	218	216	63	3.4	63
		理系	53	200	186	180	55	3.3	55
文	前期		210	703	698	681	213	3.2	213
教育	前期	文系	45	158	158	151	45	3.4	45
		理系	10	41	40	39	11	3.5	11
法	前期		310	820(12)	817(＊)	803(9)	310(6)	2.6	309(6)
経済	前期	文系	196	551(21)	550(12)	541(10)	196(7)	2.8	196(7)
		理系	25	131	125	124	25	5.0	24
理	前期		306	751	745	735	311	2.4	307
医	前期		177	561	549	533	187	2.9	187
薬	前期		74	223	223	212	78	2.7	78
工	前期		939	2,704	2,702	2,646	939	2.8	935
農	前期		291	756	756	739	300	2.5	299
合計			2,698	7,861(33)	7,767(24)	7,600(19)	2,733(13)	—	2,722(13)

＊第1段階選抜は実施しない。

（備考）

- 上記以外にAO・推薦による特色入試と法学部では後期日程による特色入試を実施。
- 法学部後期日程（特色入試）は募集人員20名，志願者数372名，合格者数22名。
- 募集人員は，特色入試（法学部を除く）の入学手続者数確定による最終的な一般入試（前期日程）の募集人員を示す。
- 法学部・経済学部「文系」の募集人員には外国学校出身者のための選考入学者それぞれ10名以内を含む。また，（　）内は外国学校出身者のための入学者選考を示すもので外数。

医学部の学科別入試状況

学部・学科等			募集人員	志願者数	第1段階選抜合格者数	受験者数	合格者数	競争率	入学者数
医	医	前期	104	333	321	320	106	3.0	106
	人間健康科	前期	73	228	228	213	81	2.6	81

工学部・農学部の学科別入試状況

学部・学科等			受入予定数	志願者数	第1段階選抜合格者数	受験者数	合格者数	競争率	入学者数
工	地球工	前期	182	353	353	—	176	—	176
	建築	前期	79	303	303	—	80	—	80
	物理工	前期	230	821	819	—	231	—	230
	電気電子工	前期	126	370	370	—	127	—	126
	情報	前期	90	413	413	—	91	—	91
	工業化	前期	232	444	444	—	234	—	232
農	資源生物科	前期	94	—	—	—	96	—	96
	応用生命科	前期	46	—	—	—	46	—	45
	地域環境工	前期	37	—	—	—	40	—	40
	食料・環境経済	前期	30	—	—	—	32	—	32
	森林科	前期	54	—	—	—	55	—	55
	食品生物科	前期	30	—	—	—	31	—	31

（備考）
- 工学部の学科別志願者数および第１段階選抜合格者数は，第１志望学科の数を示す。
- 工学部地球工学科の入学者数は，外国人留学生を対象とした国際コースの入学者７名を除く。
- 農学部は第１～第６志望まで学科を選択できるため，志願者数等は表示していない。

2017 年度　入試状況

学部等			募集人員	志願者数	第1段階選抜合格者数	受験者数	合格者数	競争率	入学者数
総合人間	前期	文系	63	255	221	218	65	3.4	65
		理系	54	215	189	185	56	3.3	55
文	前期		210	685	684	664	212	3.1	212
教育	前期	文系	44	192	154	150	44	3.4	44
		理系	10	48	39	39	11	3.5	11
法	前期		310	779(12)	779(＊)	769(9)	311(5)	2.5	311(5)
経済	前期	文系	193	512(13)	512(11)	494(10)	193(7)	2.6	193(6)
		理系	28	157	124	122	28	4.4	28
理	前期		306	794	783	775	311	2.5	310
医	前期		180	638	587	569	192	3.0	189
薬	前期		78	221	221	214	84	2.5	84
工	前期		947	2,685	2,683	2,632	946	2.8	945
農	前期		284	694	694	674	290	2.3	290
合計			2,707	7,875(25)	7,670(23)	7,505(19)	2,743(12)	—	2,737(11)

＊第1段階選抜は実施しない。

(備考)

- 上記以外に AO・推薦による特色入試と法学部では後期日程による特色入試を実施。
- 法学部後期日程（特色入試）は募集人員 20 名，志願者数 487 名，受験者数 91 名，合格者数 23 名，入学者数 23 名。
- 募集人員は，特色入試（法学部を除く）の入学手続者数確定による最終的な一般入試（前期日程）の募集人員を示す。
- 法学部・経済学部「文系」の募集人員には外国学校出身者のための選考入学者それぞれ 10 名以内を含む。また，（　）内は外国学校出身者のための入学者選考を示すもので外数。

医学部・薬学部の学科別入試状況

学部・学科等			募集人員	志願者数	第1段階選抜合格者数	受験者数	合格者数	競争率	入学者数
医	医	前期	105	331	320	319	111	2.9	111
	人間健康科	前期	75	307	267	250	81	3.1	78
薬	薬科	前期	48	115	115	112	53	2.1	53
	薬	前期	30	106	106	102	31	3.3	31

（備考）2017 年度より医学部人間健康科学科はコース制に改組。

工学部・農学部の学科別入試状況

学部・学科等			受入予定数	志願者数	第1段階選抜合格者数	受験者数	合格者数	競争率	入学者数
工	地球工	前期	182	317	317	—	176	—	175
	建築	前期	80	357	356	—	81	—	81
	物理工	前期	235	756	756	—	236	—	236
	電気電子工	前期	127	386	386	—	128	—	128
	情報	前期	90	388	387	—	91	—	91
	工業化	前期	233	481	481	—	234	—	234
農	資源生物科	前期	91	—	—	—	93	—	93
	応用生命科	前期	44	—	—	—	44	—	44
	地域環境工	前期	34	—	—	—	35	—	35
	食料・環境経済	前期	30	—	—	—	32	—	32
	森林科	前期	55	—	—	—	55	—	55
	食品生物科	前期	30	—	—	—	31	—	31

（備考）
- 工学部の学科別志願者数および第１段階選抜合格者数は，第１志望学科の数を示す。
- 工学部地球工学科の入学者数は，外国人留学生を対象とした国際コースの入学者８名を除く。
- 農学部は第１～第６志望まで学科を選択できるため，志願者数等は表示していない。

2016 年度　入試状況

学部等			募集人員	志願者数	第 1 段階選抜合格者数	受験者数	合格者数	競争率	入学者数
総合人間	前期	文系	62	283	217	215	65	3.3	65
		理系	53	235	187	183	54	3.4	54
文	前期		213	614	614	600	216	2.8	216
教育	前期	文系	45	144	144	142	47	3.0	47
		理系	10	39	39	36	10	3.6	10
法	前期		310	821(21)	821(17)	805(8)	312(4)	2.6	312(4)
経済	前期	文系	190	478(22)	478(16)	464(5)	190(5)	2.4	190(5)
		理系	25	132	132	128	25	5.1	25
理	前期		306	845	832	829	310	2.7	310
医	前期		244	621	605	590	260	2.3	253
薬	前期		80	218	218	208	84	2.5	84
工	前期		951	2,732	2,731	2,688	945	2.8	941
農	前期		297	867	867	858	310	2.8	310
合計			2,786	8,029(43)	7,885(33)	7,746(13)	2,828(9)	—	2,817(9)

（備考）
- 上記以外に AO・推薦による特色入試と法学部では後期日程による特色入試を実施。
- 法学部後期日程（特色入試）は募集人員 20 名，志願者数 324 名，受験者数 130 名，合格者数 22 名，入学者数 21 名。
- 募集人員は，特色入試（法学部を除く）の入学手続者数確定による最終的な一般入試（前期日程）の募集人員を示す。
- 法学部・経済学部「文系」の募集人員には外国学校出身者のための選考入学者それぞれ 10 名以内を含む。また，（　）内は外国学校出身者のための入学者選考を示すもので外数。
- 追加合格者は医学部 2 名（上表の合格者数には含まれていない）。

医学部・薬学部の学科・専攻別入試状況

学科・専攻等			募集人員	志願者数	第1段階選抜合格者数	受験者数	合格者数	競争率	入学者数
	医	前期	106	330	314	311	112	2.8	111
人間健康科	看護学	前期	69	137	137	134	73	1.8	69
	検査技術科学	前期	37	87	87	85	39	2.2	39
	理学療法学	前期	16	41	41	37	18	2.1	18
	作業療法学	前期	16	26	26	23	18	1.3	16
薬科		前期	50	132	132	129	53	2.4	53
	薬	前期	30	86	86	79	31	2.5	31

(備考)追加合格者は医学部人間健康科学科看護学専攻２名（上表の合格者数には含まれていない)。

工学部・農学部の学科別入試状況

学部・学科等			受入予定数	志願者数	第1段階選抜合格者数	受験者数	合格者数	競争率	入学者数
工	地球工	前期	185	342	342	—	173	—	172
	建築	前期	80	312	312	—	81	—	81
	物理工	前期	235	822	822	—	236	—	235
	電気電子工	前期	127	359	359	—	128	—	127
	情報	前期	89	339	339	—	90	—	90
	工業化	前期	235	558	557	—	237	—	236
農	資源生物科	前期	94	—	—	—	96	—	96
	応用生命科	前期	47	—	—	—	49	—	49
	地域環境工	前期	37	—	—	—	40	—	40
	食料・環境経済	前期	29	—	—	—	31	—	31
	森林科	前期	57	—	—	—	59	—	59
	食品生物科	前期	33	—	—	—	35	—	35

(備考)

- 工学部の学科別志願者数および第１段階選抜合格者数は，第１志望学科の数を示す。
- 工学部地球工学科の入学者数は，外国人留学生を対象とした国際コースの入学者 13 名を除く。
- 農学部は第１～第６志望まで学科を選択できるため，志願者数等は表示していない。

2015 年度　入試状況

学部等			募集人員	志願者数	第１段階選抜合格者数	受験者数	合格者数	競争率	入学者数
総合人間	前期	文系	65	231	230	226	67	3.4	67
		理系	55	181	181	175	57	3.1	57
文	前期		220	617	616	608	223	2.7	223
教育	前期	文系	50	148	148	148	52	2.8	52
		理系	10	47	47	47	10	4.7	10
法	前期		320	746(22)	746(19)	736(14)	331(5)	2.2	330(5)
経済	前期	一般	180	424(32)	423(11)	420(10)	190(6)	2.2	190(2)
		論文	25	100	88	86	25	3.4	25
		理系	25	125	106	106	25	4.2	25
理	前期		311	861	852	850	319	2.7	318
医	前期		250	677	661	650	264	2.5	258
薬	前期		80	201	201	196	84	2.3	83
工	前期		955	2,760	2,759	2,719	947	2.9	946
農	前期		300	923	922	912	313	2.9	313
合計			2,846	8,041(54)	7,980(30)	7,879(24)	2,907(11)	—	2,897(7)

(備考)法学部・経済学部「一般試験」の募集人員には外国学校出身者のための選考入学者それぞれ 10 名以内を含む。また，(　)内は外国学校出身者のための入学者選考を示すもので外数。

医学部・薬学部の学科・専攻別入試状況

学科・専攻等			募集人員	志願者数	第1段階選抜合格者数	受験者数	合格者数	競争率	入学者数
	医	前期	107	328	314	311	111	2.8	111
人間健康科	看護学	前期	70	167	165	159	74	2.1	70
	検査技術科学	前期	37	104	104	103	40	2.6	40
	理学療法学	前期	18	39	39	39	19	2.1	19
	作業療法学	前期	18	39	39	38	20	1.9	18
薬科		前期	50	111	111	110	53	2.1	53
	薬	前期	30	90	90	86	31	2.8	30

工学部・農学部の学科別入試状況

学部・学科等			募集人員	志願者数	第1段階選抜合格者数	受験者数	合格者数	競争率	入学者数
工	地球工	前期	185	409	409	—	172	—	172
	建築	前期	80	276	276	—	81	—	80
	物理工	前期	235	796	795	—	236	—	236
	電気電子工	前期	130	377	377	—	131	—	131
	情報	前期	90	321	321	—	91	—	91
	工業化	前期	235	581	581	—	236	—	236
農	資源生物科	前期	94	—	—	—	96	—	96
	応用生命科	前期	47	—	—	—	49	—	49
	地域環境工	前期	37	—	—	—	40	—	40
	食料・環境経済	前期	32	—	—	—	34	—	34
	森林科	前期	57	—	—	—	59	—	59
	食品生物科	前期	33	—	—	—	35	—	35

（備考）
- 工学部の学科別志願者数および第１段階選抜合格者数は，第１志望学科の数を示す。
- 工学部地球工学科の入学者数は，外国人留学生を対象とした国際コースの入学者 14 名を除く。
- 農学部は第１～第３志望まで学科を選択できるため，志願者数等は表示していない。

合格者最低点

学部・学科・専攻	日程	合格者最低点/満点			
		2021年度	2020年度	2019年度	2018年度
総合人間	前期 文系	532.41/ 800	448.91/ 800	464.50/ 800	507.74/ 800
総合人間	前期 理系	438.50/ 800	413.00/ 800	467.50/ 800	496.50/ 800
文	前期	492.33/ 750	470.25/ 750	476.01/ 750	480.26/ 750
教育	前期 文系	580.24/ 900	525.13/ 900	559.64/ 900	547.64/ 900
教育	前期 理系	519.66/ 900	542.88/ 900	578.56/ 900	588.01/ 900
法	前期	519.75/ 820	507.46/ 820	505.50/ 820	527.04/ 820
経済	前期 文系	538.50/ 800	491.55/ 800	490.80/ 800	525.80/ 800
経済	前期 理系	553.70/ 900	506.91/ 900	593.53/ 900	587.70/ 900
理	前期	704.37/1200	629.35/1200	749.55/1200	740.50/1200
医 医	前期	871.50/1250	789.95/1250	915.60/1250	913.30/1250
医 人間健康科	前期	502.83/1000	481.65/1000	559.15/1000	549.18/1000
薬	前期	534.66/ 950	503.96/ 950	599.88/ 950	619.41/ 950
工 地球工	前期	559.75/1000	513.61/1000	580.15/1000	621.43/1000
工 建築	前期	587.75/1000	534.40/1000	594.51/1000	644.91/1000
工 物理工	前期	597.03/1000	539.01/1000	618.80/1000	649.33/1000
工 電気電子工	前期	576.28/1000	524.86/1000	605.78/1000	628.06/1000
工 情報	前期	634.45/1000	570.91/1000	638.58/1000	662.81/1000
工 工業化	前期	550.45/1000	503.06/1000	578.06/1000	614.76/1000
農	前期	608.53/1050	593.96/1050	667.70/1050	668.05/1050

学部・学科・専攻		日程		合格者最低点/満点		
				2017年度	2016年度	2015年度
総合人間		前期	文系	478.16/ 800	488.41/ 800	446.16/ 800
総合人間		前期	理系	433.00/ 800	433.50/ 800	402.50/ 800
文		前期		465.21/ 750	478.11/ 750	482.10/ 750
教育		前期	文系	545.20/ 900	540.06/ 900	543.21/ 900
教育		前期	理系	556.98/ 900	516.75/ 900	524.55/ 900
法		前期		498.60/ 820	507.74/ 820	484.28/ 820
経済		前期	一般			465.85/ 800
経済		前期	論文			353.50/ 600
経済		前期	文系	506.55/ 800	510.80/ 800	
経済		前期	理系	544.53/ 900	547.68/ 900	565.23/ 900
理		前期		702.40/1200	720.60/1200	709.05/1200
医	医	前期		888.50/1250	911.30/1250	897.65/1300
医	人間健康科	前期		517.16/1000		
医	看護学	前期			619.03/1200	616.06/1200
医	検査技術科学	前期			508.65/1000	733.33/1200
医	理学療法学	前期			651.76/1200	643.10/1200
医	作業療法学	前期			578.43/1200	622.13/1200
薬	薬科	前期		569.86/ 950	572.30/ 950	554.21/ 950
薬	薬	前期		576.20/ 950	559.16/ 950	570.75/ 950
工	地球工	前期		577.50/1000	566.68/1000	567.90/1000
工	建築	前期		593.96/1000	576.70/1000	580.21/1000
工	物理工	前期		606.13/1000	610.11/1000	599.75/1000
工	電気電子工	前期		589.43/1000	571.06/1000	577.56/1000
工	情報	前期		611.10/1000	599.85/1000	594.18/1000
工	工業化	前期		574.08/1000	565.06/1000	569.36/1000
農		前期		629.90/1050	658.46/1050	644.71/1050

（備考）

• 法学部・経済学部の外国学校出身者のための選考を除く。

募集要項（出願書類）の入手方法

京都大学ではインターネット出願が導入されており，紙による出願は行われていません。詳細は大学ホームページ等で各自ご確認ください。

入試に関する問い合わせ先

〒606-8501　京都市左京区吉田本町
京都大学　教育推進・学生支援部入試企画課
TEL　075-753-2521
ホームページ https://www.kyoto-u.ac.jp/

京都大学のテレメールによる資料請求方法

スマホ・ケータイから　QRコードからアクセスしガイダンスに従ってご請求ください。

パソコンから　教学社 赤本ウェブサイト(akahon.net)から請求できます。

在学生メッセージ

大学ってどんなところ？　大学生活ってどんな感じ？
ちょっと気になることを，在学生に聞いてみました。

2020 年度 入学者

2020 年度に入学した大学 1 年生の皆さんに，オンライン授業や健康管理などの大学生活についてお聞きしました。

（注）2020 年 11 月時点でのアンケートです。各大学の新型コロナウイルス感染防止対策については，時期によって変更がありますことをご了承ください。

大学生になったと実感！

まずは「授業選択の自由」です。高校生のときは全国的に統一された内容で，高校のカリキュラムにしたがって勉強する人のほうが多いと思いますが，大学になると「取りたい授業」を選択し，自分で学ぶものを選択できます。特に京大の一回生や二回生は全学共通科目から自分の文理，学部問わず選択できるため，自分の興味・関心にしたがって知的好奇心を満たすことができるようになります。また，高校のときの学問に比べ「正解のないもの」が増えたように感じます。特に私が人文系の科目を多く取っているからかもしれませんが，おもに課題に対してある唯一の答えが定められることが高校時代に比べて減ったように感じます。（M. K. さん）

高校生のときは受けるべき授業が決まっており，先生が知識だけでなく知識の覚え方まで教えてくれるような授業でした。しかし，大学生になると教授は覚え方など全く教えてくれません。もはや知識を教えるというより，興味を抱く取っ掛かりを提供してくれるようなイメージです。これこそが京都大学の学風であるのかもしれませんが，自分から興味を持って自学自習をすることの大切さを実感しました。（R. U. さん）

――メッセージを書いてくれた先輩方
《法学部》M. K. さん／R. U. さん　《薬学部》K. Y. さん

オンライン授業に必要なもの＆大学からのサポート内容は？

Wi-Fi 環境を整えることが最優先で必要だと思います。カメラをオンにする必要がある授業では，Wi-Fi が弱いと画面が固まってしまうこともしばしばあります。また，発言を求められる授業も多いためマイク付きのイヤフォンを購入しました。（R. U. さん）

オンライン授業を受けるためには自宅の Wi-Fi 設備とパソコンがあれば大丈夫です。パソコンではなく iPad やスマホでもできますが，パソコンのほうが画面も大きくオンライン授業には向いています。もともと京都大学はパソコンを強く薦めており，事前に購入していたので，新たに用意したものはなかったです。オンライン講義を受講するために十分なネットワーク環境が整っていない学生に対しては，使用目的をオンライン授業の受講に限りモバイルルータ（Wi-Fi ルータ）を 8 月末日まで無償で貸与する支援がありました。パソコンの貸与はありませんでした。（K. Y. さん）

オンライン授業で工夫していることは？

オンライン授業は，ほとんどの場合カメラをオフにするので基本的には自由に受けることができます。そのため集中力が低下しがちになり，別のことをしながら大学の授業を受けることもあります。その対策として，私は机の周りに誘惑となるものを置かないようにして，集中力を維持するようにしています。ある友達は自分の勉強風景をタイムラプスで撮影し，人に見られているという感覚を作り出し集中力を保っているそうです。（K. Y. さん）

オンライン授業でよかったこと

通常の対面授業では学生からは先生の顔しか見られませんが，オンライン授業では授業を受けている他の学生の表情を見ることができます。他の人の反応を見ながら授業を受けると，自分と同じ疑問を抱いていそうな学生を見つけることができるなど良いこともあります。このようなこともあって通常の授業よりも参加している学生の顔を覚えるのが早いかもしれません。（R. U. さん）

オンライン授業は質問がしやすい点で良かったと思います。疑問に思ったことをアプリなどですぐ聞くことができ，効率よく学べました。ある先生はComment Screenというアプリを利用して授業中にオンラインで匿名の学生の感想や質問を（ニコニコ動画のように）映像越しに流れるようにしてくれました。この授業では画面越しでも先生と学生のコミュニケーションがしっかりと取れるので活気があり，非常に楽しかったです。（K. Y. さん）

いま「これ」を頑張っています

今いちばん頑張っていることは，バイトです。課外活動などもCOVID-19流行下で制限されていますので，これから先課外活動の解禁など，旅行や娯楽，留学などがよりしやすくなったときのために今のうちにバイト代を貯金しています。熱中していることはミュージカルです。エンタメ業界は今年大きな打撃を受け，特に舞台業界では数々の目玉作品がおじゃんになってしまいました。楽しみにしていた作品の公演が中止になったことは残念ですが，少しずつ再開の目処も立ち始め，改めて観劇が楽しくて仕方ありません！　大きな劇場であれば京都には京都劇場が，大阪には梅田芸術劇場，大阪四季劇場，兵庫には宝塚大劇場などなど，有名どころの舞台がたくさんあります。在学中に全て回るのが目標です！（笑）（M. K. さん）

サークル活動ができない今，友人同士の付き合いも少ないため自分のために使える時間がたくさんあります。私は法学部ですが，興味がある心理学や金融学など専門外の分野の本をたくさん読んで教養を身につけることに努めています。また夏休みはたくさんある時間を活用して，1回生でも可能なインターンに参加しました。（R. U. さん）

キャンパスでしたいこと

まずは一度も入ったことのない図書館で意味もなく読書すること，それとカンフォーラというレストランで総長カレーを食べること！　後者は入学手続きの際に行ったのですが，本当に美味しかったので，是非新しく大学でできた友人と食べてみたいなと思っています。（M. K. さん）

対面授業が始まったら友達を作って，空きコマの時間にみんなで食堂に行くことに憧れています。京都大学にはいくつか食堂があるのですべて制覇したいです。また，これまで画面越しにしかお会いしたことのない教授に授業で浮かんだ疑問

を質問して議論できればと思います。(R. U. さん)

健康維持のために

部屋にはアルコール消毒液を完備し，外出時もアルコール除菌のウェットティッシュとハンカチを持ち運ぶようにしています。また，一人暮らしを始めたので，できるだけバランスよく食べることも意識し始めました。どうしても面倒臭くて野菜を食べなくなりがちなので，野菜をたくさん消費できるレシピを調べています。睡眠にも気をつけたほうがいいのはわかるのですが，一人暮らしとなるとどうしても夜更かししがちです。あまりにもひどいときはスマホをベッドから遠いところに置いてから寝ることにしています。目覚ましを止めるために起き上がらなければならないので二度寝防止にもなり，一石二鳥です！（笑）(M. K. さん)

コロナ対策は普段言われているマスク着用，手洗い，うがいを行っています。健康維持に関しては気にしており，筋トレ（毎日）やランニング（たまに）を健康維持や体型維持，運動不足解消のためにしています。大学生になってもサークル活動ができず運動量が少ないので，毎日自分で時間を決めて行っています。(K. Y. さん)

大学の学びで困ったこと＆対処法

今年はオンライン授業が主だったため，授業中に説明された課題や内容について相談できる学友がいなかったことに困りました。わからなかったところは質問，ないし授業資料の見直しによって埋めるよう気をつけていましたが，こういうとき気軽に相談できる友人（とくに，授業がかぶっている人）と出会いづらいのは難点でした。また，課題のレポートを書く際にそれに即した文献を探すことに苦労しました。図書館にも行けなかったのですが，京大には図書館の蔵書をオンラインで閲覧できるサービスがあるので，それを利用しました。(M. K. さん)

オンライン授業に伴って，授業・課題・質問，すべてがネット上で行われています。パソコンを扱うことに慣れるまでには，せっかく課題をしたのに提出がうまくできず0点になることもありました。そうならないように十分気をつけてゆとりを持って課題をしようとすると，課題ばかりの毎日になっていたように思います。後期からは少し課題の量が減ったことに加え，パソコン操作にも慣れ楽になりました。(R. U. さん)

最初の頃はいくつかの授業の内容が難しすぎて不安になることがありました。教科書の内容がほとんど理解できていないのは自分だけなのではないかとも思いましたが，友達と話していると皆理解できていないことがわかり安心しました。自分が抱いている不安は大体友達も感じているものなので，友達と喋るのが一番の対処法だと思います。（K. Y. さん）

～2019 年度 入学者

2019 年度以前のアンケートに基づくものです。新型コロナウイルス感染症が拡大する前のキャンパスライフとしてご参考にしてください。

うちの大学・学生はこんな感じです

京都大学は有名な時計台をはじめ古い建物が多く，風情が感じられる大学です。少し前までは大学の塀に立て看板がずらりと並んでいましたが，最近それがなくなって少し落ち着いた雰囲気になりました。授業の内容はおもしろく，著名な教授の講義を聴くことができます。学生に関しては，基本的に普通の人が多いですが，ときどきあからさまに変な人がいます。しかし，個性的でおもしろい人もたくさんいます。京大は自由な大学だというイメージがありましたが，本当にその通りです。まだ１回生だからかもしれませんが，自由に使える時間が多く，バイトやサークルに打ち込むなど，みんなが思い思いに過ごしています。（M. K. さん）

「自由の学風」と言われてるだけあり，全国各地から集まった学生がそれぞれのびのび自由に大学生活を送っています。京都以外の地域から来る学生の数は非常に多いですが，京都という古風な街で過ごしているからか，穏やかな雰囲気の学生が多いです。また，大学に入っただけで満足せずに，京都大学で何をするか，これから何をしていくかを真剣に考えている人が多く，常に刺激をもらっています。やるときはやる，遊ぶときは遊ぶ，といった風にメリハリをつけて学生生活を送る人がたくさんいて，模範的だなと感じます。（K. O. さん）

京都大学はガリ勉みたいな人は少なくて，みんな好きなことをやっているように見えるのに，すごく勉強ができる人が多い印象です。勉強に関しても趣味に関しても，自分が興味をもっていることに対してはとことん突き詰めていくし，他のことをやる暇も惜しんで没頭していく人が多いです。ただし，

――メッセージを書いてくれた先輩方――

《文学部》M. K. さん　《法学部》K. O. さん／M. S. さん　《経済学部》道又慧太さん
《医学部》At. K. さん　《工学部》H. N. さん　《農学部》Ar. K. さん

全学共通科目の授業など，自分は興味はないけれどやらなくてはいけないことについてはできるだけ手を抜こうとする人が多いです。要領のいい人はちゃんとギリギリで単位を取っていますが，中にはほとんど大学に来ずに単位を落としまくっている人もちらほら見かけます。（M. S. さん）

タテカンなど，見なくなってしまったものもありますが，おもしろい大学だと思います。特に，学園祭のNovember Festival（通称NF）でその光景を見ることができると思うので，一度見に来てみるといいですよ！また，いろいろな分野における最先端の研究を行っているのも京都大学の特徴です。iPS細胞研究所の山中伸弥教授の講義を聴くこともできます。学生は勉強以外にも，部活やサークル活動を頑張っていたり，自分でお店を起業したりと，いろいろなことに取り組んでいて，まわりからとても刺激を受けることができる雰囲気です。（At. K. さん）

自由な学風でイキイキとしている大学であると思います。また，学生が大学の当局に対して，意見をしっかりと述べることができる大学でもあると思います。京都大学は，国からの研究費の補助が多くでていて，勉強するうえでもいい環境がそろっています。多くの研究室があり，私の所属している工業化学科は，化学に関する研究室数が京都大学で一番多いです。研究室が多くあると，本当に興味がある研究ができます。（H. N. さん）

学部によって学生や教授の性格が結構違ったりする。たとえば，私の所属している農学部はみんなおっとりしている（笑）。このような学部による性格の違いはあるけれども，自身の将来についてしっかり考えているのはどの学生も同じ。さすが京大だなという感じがする。そんな人たちから毎日刺激を受けて，とても楽しい学生生活が送れている。そして，京大は学業だけではなく部活動やサークル活動も盛ん。ほぼ全員が何かに所属している。みんなタフで，がっつりやる雰囲気の部活動に所属している人やいくつも兼サー（サークルを複数かけもちすること）している人が多数いる。（Ar. K. さん）

入学してやっぱりよかった

一つ目は，キャンパスの雰囲気がよく，充実した環境で学べること。二つ目は，自分の所属する学部における選択肢の幅の広さ。京大の文学部は哲学や社会学，歴史など幅広い分野から自分の興味のあるものを選んで専攻できます。三つ目は，学生に変わった人が多くておもしろいこと。一見普通そうでも，コアな趣味をもっていたり，斬新な考えをもっていたりする人がこの大学にはたくさんいます。そんな彼らと交流することは楽しいし，とてもいい刺激になります。優秀な人もたくさんいるので，自分も勉強を頑張ろうという気になります。（M. K. さん）

京都大学の学生はレベルの高い人たちばかりなので，様々な点において刺激を受けられるのがいい点です。私は法学部なのですが，クラスメイトの中には，すでに司法試験を視野に入れて予備校に通って本気で専門的な勉強に取り組んでいる人がいて，自分も頑張らないとと奮い立たせられます。勉学以外の面でも，イラスト，デザイン，プログラミング等，将来にまで使えそうなスキルをたくさん勉強して身につけている人を見ると，自分も将来のために何かスキルを身につけていかないとと思わされます。（M. S. さん）

大学が広く，キャンパス内を自転車で走行できるため，移動が楽。学習設備も随一で，図書館自体の数も多いため，好きなときに勉強できる。さらに，食堂もたくさんあり，それぞれ異なったメニューを展開しているため，味に飽きることなく楽しめる。また，図書館にはパソコンルームがあり，自分でパソコンを持参しなくても図書館でパソコンを使った課題ができる。そして何より，授業への出席が絶対条件ではない場合が多く，授業に出て勉強するか自分のペースで自習するか選べるという点が自分に合うと感じている。（道又さん）

私はもともと京大志望ではなかったので，京大がどんな大学かあまりわからず入学してきましたが，やはりまわりの人たちは勉強ができるので，話を聞いていて勉強になることが多くてとても楽しいです。また，私の学科では，全学共通科目は卒業要件の単位数を満たせば，かなり自由に科目を選択することができます。なので，私は好きな学問を学ぶことができて，とてもよかったなと感じています。特に，山中伸弥先生の授業を受けられたのは感動しました！　また，Twitter を使った授業など，京大ならではの授業もあっておもしろいです。（At. K. さん）

高校とは比べものにならないくらい，いろんなキャラクターの人たちと交流できる。自身の学科や学部内の人たちだけではなく，他学部の学生と話をするのもとても楽しいしためになる。個人的には，他学部の友達を作るために，いろんな部活やサークルの新入生歓迎会に行ったり，同じ学部の友達が全く受けていない授業を履修するのがおすすめ。それから，学内にはたくさんの自習室があることもポイントが高い。勉強したいときに好きなだけいられるので，ぜひ活用していただきたい。静かな自習室もあるし，パソコンの充電ができる自習室もあるし，談話室のよ

うな私語 OK の自習室もあるので，自分にぴったりの自習室を見つけるといいと思う。（Ar. K. さん）

これは想像していなかった…

「京大は単位が降ってくる」という噂をよく聞いていたので，京大では授業をサボっても余裕で単位が取れると思っていました。しかし入ってみると，すべての授業で楽に単位が取れるわけではありませんでした。中には，楽に単位が取れると噂の授業もありますが，単位取得率が非常に低い授業もちらほらあります。大抵の授業ではレポートや期末テストが課されるのですが，分量の多いレポートを書いたりテスト勉強をしたりするのは大変です。しかし，毎回授業に出て，レポートやテスト勉強にしっかり取り組めば単位は取れます。ただ，決して「降ってくる」といったことはなかったので，それは予想外でした。（M. K. さん）

京都という街は学生の街であり，京都大学のまわりにもたくさんの大学がありますが，インカレサークル（他大学の学生も所属しているサークルのこと）などに入らない限りは自らが属するコミュニティはどこも京大生ばかりなので，善かれ悪しかれ，京大生というだけで評価されることは少ないのだなと感じました（笑）。また，京大は，The 京都 といった地域からは少し離れているので，京都らしいバイトがしたいな～と思っていても，遠いからとあきらめる人もいるようです。また，学生の街ということで，子どもの数に比べて大学生の数が非常に多いので，塾講師などのバイトも採用されにくいイメージがあります。（K. O. さん）

真面目で，受験勉強以外のことにも博識だったり，勉強熱心な人がそれほど多いわけではないということ。学部にもよるが，とりわけ経済学部の半数くらいの人は遊ぶことに熱心そう。また，全授業が京大らしいおもしろい授業というわけでなく，むしろ多くの授業はおそらく他とも変わらない平坦な授業だと思う。1 回生の間は語学の授業が多く，それらは出席が必要なので大変。さらに語学の授業が 1 限にあると早起きしなければならないので辛い。また，興味があり履修したいと思った授業があっても，申し込む人が多いと抽選となってしまうので，履修できないことが多々ある。（道又さん）

ちょっと違ったなと思ったことは正直あまりない。みなさんが想像しているように，キャラクターが濃い人たちばかりで（笑）。しかし，みんなおもしろくて優しいし，とてもいい大学。強いて言うならば，ずっと一緒にいるような固定の友達ができない。と言っても，それぞれ履修する授業はバラバラだし，部活やサークルで忙しかったりするので，特段めずらしいことではないかもしれない。それに，友達ができないというわけではないので，それほど困ってはいない。毎日違うメンバーで学食でご飯を食べながら話したりするのもとても楽しい。(Ar. K. さん)

「これ」頑張ってます

勉強とサークル。勉強については，1回生のうちは専門科目の授業が少なく，様々な分野から科目を選べる全学共通科目の授業を受けます。私は授業の中でできるだけ多くの知識や考えを吸収するように心がけています。また，フリーペーパー制作のサークルに所属しており，営業活動を行ったり記事を書いたりしています。1回生なのでまだ関われる部分は少ないですが，積極的に顔を出すようにしていて，わずかですがフリーペーパー制作に貢献できるように頑張っています。どちらも忙しいですが，この2つを両立させられるよう努力しています。(M. K. さん)

大学では留学をする人が多く，自分も留学をしたいと考えているので，その目標のために英語力向上を目指して日々励んでいます。京都大学には様々な国から大勢の留学生が来ていて，自分が望めば彼らと関わる機会を作ることができます。留学生と仲良くなり，彼らから母国の文化などを教えてもらうのは非常に楽しいですし，いい経験になります。毎週のようにある会合に参加することで，外国人の友達もだいぶ増えてきました。もっとたくさん話して仲良くなれるように，さらに英語を勉強していきたいと思います。(K. O. さん)

私は大学生活ではサークルとバイトに打ち込んでいます。サークルは3つを兼サーしていて，週に3・4回活動があって大変ではありますが，それぞれいろいろな経験ができたり様々なスキルを身につけたりすることができて，とてもためになっているし楽しいです。いろいろな学部の人とも，別の学校の人とも，さらには社会人の方とも一緒に活動したり遊びに行ったりできて交友の幅が広がります。バイトは個別指導塾の講師をしており，受験勉強で身につけた知識をフルに活用できているので，こちらもいい経験になっています。(M. S. さん)

僕はダンスのサークルに入っており，今はNF（京大の学園祭）のステージ発表に向けて練習している。京大の中でも，勉強だけじゃなく，部活やサークルでスポーツに打ち込む人はわりと多い。学業の面では，最近は政治学と法学に興味が出てきたため，本を多く読んでおり，経済学部だが法学部系の学問に傾いている。アルバイトも週3日ほどしていたり，自動車教習所にも通っていたりと，予定がつまっていて暇ではない日々が続いている。（道又さん）

私は京都大学クイズ研究会Mutiusに入って競技クイズに打ち込んでいます。私は高校のときから競技クイズをやってみたいと思っていましたが，高校のときはクイズができる部活はなかったので，やっと大学生になってクイズを始めることができました。Mutiusには，大会で優勝するような強い先輩がたくさん在籍していますし，同期にも中高生からクイズをしていて強い人，私と同じように大学からスタートした人でも強い人がいて，とても刺激を受けながら，競技クイズを楽しんでいます。普通の競技クイズ以外にも，イントロクイズなどもあって，とても楽しいです！（At. K. さん）

学業よりもサークル（笑）。私の学科は3回生から専門科目で忙しくなるので，今のうちに自分の趣味に浸っておこうと思っている。ちなみに私はアーティストのダンスをコピーするインカレサークルに所属している。サークルに入ったことで趣味が一緒の友達がたくさんできたので，とても楽しい。一緒にアーティストのライブにも行ったりした。インカレをあまりすすめない方もいるが，私個人の意見としては，友達の幅が広がるし，他大学のことも聞けたりするのでおすすめしたい。（Ar. K. さん）

大学生になると「ここ」が変わる

私が思う高校と大学の一番の違いは自主性です。高校の頃は先生などの指導のもと，レールに乗ってその上で学生生活を送っていることが多く，基本的に迷子になることは少ないと思います。ですが，大学ではレールもないし，導いてくれる人もいません。自分でレールを敷いて，自分で歩いていかなくてはなりません。大学は「自由」ですが，実際，自由になると，したいことを何でもすることができる大学生の間に自分はいったい何をしたいのだろうと真剣に考えることも増えます。選ぶ道に正解なんてないのかもしれませんが，他の選択肢を切り捨て，自主的に自らの道を進んでいくのが大学生だと感じます。（K. O. さん）

高校と大学の一番の違いは授業だと思います。高校のときは選択授業が少しはあったものの，あらかじめ決められたカリキュラムに沿って授業が進んでいました。しかし，大学になると自分自身で膨大な数の授業から好きなものを選んで受けることになります。自分の興味のある授業を取る人もいれば，単位が楽に取れる授業を取る人もいます。さらに，高校のときにはなかった空きコマがたくさんできます。1コマは90分なので，かなりの自由時間が生まれることになり，その時間に外に遊びに行ったりすることもできます。（M. S. さん）

高校までは受験のために勉強していたのが，大学では自分の好きなこと，やりたいことを学ぶようになったのが大きな「違い」だと思います。高校まではあらかじめ時間割が組まれていましたが，大学では自分で時間割を組んで，好きな学問を学ぶことができます（学部によっては，学年が上がるとほぼ時間割が決まってしまうところもあるので，すべての学部が自由に時間割を組めるというわけではありません）。なので，モチベーションがないと，興味のない授業はかなり厳しいです。また，レポート課題が多く，自分で文章を書くことが多いのも，高校と大学の「違い」だと思います。（At. K. さん）

書くレポートの数。私の学科では，1回生前期に1週間で2コマの専門科目があり，それぞれそこそこ長いレポート（だいたい800字くらい？）を書く必要があったので，慣れないうちは非常にしんどかった。そのうえ，レポートを課す授業の大抵がパソコンで執筆することを必須としてるので，パソコン初心者からするとかなり負担が大きい。さらには，レポートにはきちんとした決まり（タイトルの書き方，日付の書き方，段落の分け方等々）があるので，それにのっとって書かなければならない。（Ar. K. さん）

大学生の日常生活

《K. O. さんのとある１日》

08:00	08:30	10:30	12:00	13:00	16:15	16:30	19:30	20:00	20:30	24:00
朝食		2時限目★	昼食☆	3・4時限目		部活		夕食	自由時間	就寝

★自炊や通学時間を考えると，8時45分から始まる1時限目に間に合うように起きるのがつらいので，1時限目にはほとんど授業をいれてません！

☆12時から13時までは食堂がとても混むので，2時限目や3時限目の時間を空きコマにして，人が少ない間に食堂を利用する人も多いです。

《At. K. さんのとある１日》

07:00	08:20	08:45	12:00	13:00	18:00	21:00	21:15	23:00	25:00
朝食・準備	通学	1・2時限目	昼食★	3～5時限目	サークル☆	帰宅	夕食・風呂・課題	自由時間	

★後期は午前中に授業がない日が多いので，家から一番近くて，美味しいメニューの多い，大学の北部食堂で食べています。特に，オムライスとカツ丼が美味しいです！

☆月・火・木曜日が活動日なので，おもに月・木曜日に活動に参加します。

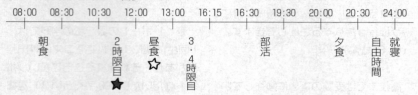

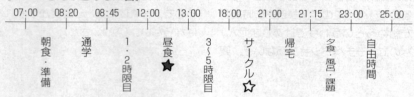

《Ar. K. さんのとある１日》

05:50　06:30　08:45　10:15　10:30　12:00　13:00　14:30　14:45　16:15　16:30　18:00　19:00　21:00　21:30　23:00

起床★　朝食・支度　通学　1時限目　休憩☆　2時限目　昼食　3時限目　休憩☆　4時限目　休憩☆　5時限目　サークル活動　帰宅　夕食　翌日の準備　課題・入浴

★起床時間が早いことは自宅生のデメリットの一つ。毎日のように１時限目があると眠たくてしんどい。

☆休憩時間は休憩ではなく，すべてを移動に捧げる時間（笑）。学内はとても広く，自転車で移動しなければ授業に間に合わない。正門は移動する学生で大渋滞を起こしている。

オススメ・お気に入りスポット

☺時計台

京大のシンボルとも言える時計台は，昼間は目の前のクスノキの下で多くのサークルが活動していてにぎやかですし，夜になるとライトアップされてとても綺麗です。（K. O. さん）

京大のシンボル。特に夜にライトアップされた時計台は案外綺麗でおすすめ。（Ar. K. さん）

☺総人広場

総人広場は，吉田キャンパスの吉田南構内にある広場で，落ち着く雰囲気の場所です。その穏やかさのあまり，ベンチで寝てる人もちらほらいます。全学共通科目が多く開講されているキャンパスなので，初々しい１回生が多いです。（K. O. さん）

☺附属図書館

非常に広く，設備が充実している。個別ブースで勉強できるところやパソコンスペースがあるため，自分の目的にあった場所でのびのびと勉強ができる。（道又さん）

☺附属図書館のラーニング・コモンズ

附属図書館１階のラーニング・コモンズという学習スペースでは，私語OKの開放的な空間の中でレポート作成や宿題，サークルの話し合いなどが行えます。リラックスして作業できるのでおすすめです。（M. K. さん）

☺学術情報メディアセンター南館のICT コモンズ

自習スペースみたいなところです。コンセントがあり，パソコンを使いな

がらレポート課題などができる点がとても気に入っています。(At. K. さん)

環 on［わおん］

「話せる図書館」というキャッチフレーズがある落ち着いた雰囲気の学習スペースです。コンセントがついた席もあるので便利です。（M. S. さん）

北部食堂

北部食堂は，カツ丼が非常にうまい。一度は食べるべき。（道又さん）

京大内でも1・2位を争う綺麗さとおいしさ（と言われている）。特に，月に数回の限定メニューであるケチャップオムライスは絶品。いつも同じ男性従業員の方が中華鍋で卵をふわふわに仕上げてくれる。（Ar. K. さん）

カフェテリア「ルネ」

西部構内にある食堂です。注文を受けてから調理してくれるオーダーメニューやケバブ，パフェなど他の食堂にはないメニューがそろっているのでおすすめです。夜遅くまでやっているので，サークル後にも重宝されています。（M. S. さん）

大学のあんなこと，こんなこと

以前ノーベル賞を受賞した山中伸弥教授の講義を聴ける授業がある！？（K. O. さん）

来年以降やっているかはわかりませんが，二次試験当日に現れる折田先生像はおもしろいと思いますよ！（At. K. さん）

合格体験記

みごと合格を手にした先輩に，入試突破のためのカギを伺いました。入試までの限られた時間を有効に活用するために，ぜひ役立ててください。

（注）ここでの内容は，先輩が受験された当時のものです。2022 年度入試では当てはまらないこともありますのでご注意ください。

アドバイスをお寄せいただいた先輩

T. K.さん　理学部（理学科）
前期日程 2021 年度合格，兵庫県出身

合格のポイントは，なんといっても計画を立てて，目的意識を持ってやることだと思います。僕の場合は，問題を解く際，その問題から何を得られるのかを意識していました。

その他の合格大学　立命館大（理工）

S. S. さん　工学部（地球工学科）
前期日程 2021 年度合格，和歌山県出身

解けない問題がたくさんあり，なかなか結果が出ないときもある。でもそんなときに何が悪いのかを冷静に分析するのが合格に近づける人で，投げやりになって諦めるのが成長しない人。常に前者であることがポイント。

その他の合格大学　立命館大（理工）

S. N. さん　農学部（地域環境工学科）
前期日程 2021 年度合格，千葉県出身

合格のポイントは，最後まで諦めずに志望校に向けて勉強し続けたことだと思います。途中の成績が良くなくても，あまり深く考えず，とにかく勉強するという心の強さが必要だと思います。

その他の合格大学　東京理科大（理工），中央大（理工〈共通テスト利用（単独方式）〉）

R. O. さん　工学部（工業化学科）
前期日程 2020 年度合格，奈良県出身

とにかく勉強できる環境に身を置くのが大切だったと思います。どんなコンディションでも机に向かっていれば，少しずつでも成長を続けられるので，とりあえずは自習室に向かうことを念頭に置いていました。

その他の合格大学　同志社大（理工）

K. Y. さん　薬学部
前期日程 2020 年度合格，大阪府出身

世間で言われていること（模試の直しは有効だとか問題集は反復して使うべきだなど）はほぼ正しいので，それには反発せずに素直に受け入れて勉強すると，成績は上がると思います。何事もやりきることが大事です。頑張ってください。

入試なんでもQ＆A

受験生のみなさんからよく寄せられる，入試に関する疑問・質問に答えていただきました。

Q「赤本」の効果的な使い方を教えてください。

A　現役のときは単元ごとに赤本を解いていました。特に数学は赤本をよく使って分野別に大学の傾向をつかむと，全く手が出ないことになるのを防げます。ただ漫然と問題を解くのではなく，自分はこの問題と，また問題の作成者と戦っているという意識を持って，知的に攻略してやろうとしてほしいです。加えて，受験問題の中には誰も解けない問題などないという気持ちで問題を少しずつ解きほぐすのが大事。問題を見た瞬間に，これはできないと諦めるのは不合格だった現役時代の私と同じです。このことに気づけば問題に散りばめられたヒントを見つけられるかもしれません。

（S. S. さん／工）

Q　1年間のスケジュールはどのようなものでしたか？

A　前期（4～8月）は予備校のテキストを用いて予習，授業，復習のサイクルをなるべく崩さないようにした。このテキストは基礎事項を踏まえた良問ばかりだったので，夏休みも含めて4周ほどした。以上が徹底した基礎固め期間。夏休みは講座を取りながら前期の復習をした。後期（9月末～12月初め）はテキストの問題も少し難しめで難関大の過去問が多くなった。予習をきっちりして自力で解こうと心がけた。共通テスト前は共テ対策を集中して行い，二次前は過去問対策をした。基礎固めで問題へのアプローチを身につけるのが一番の鍵だと思う。　（S. S. さん／工）

Q 共通テストと個別試験（二次試験）とでは，それぞれの対策の仕方や勉強の時間配分をどのようにしましたか？

A 12 月の下旬までは共通テストの勉強を全体の 20%程度にとどめ，私立の併願校の過去問を解いてみたり二次試験の過去問をやってみたりと，個別試験中心に勉強していましたが，12 月下旬以降は共通テストの勉強を 100%にしていました。共通テスト対策としてはセンター試験の過去問を最初に大体 5 年分くらい解き，その後試行調査の問題や市販の予想問題集を解き，時間配分の練習をしていました。また問題に取り組むときは必ず合計点を算出し，目標点との差を意識するようにしました。

（S. N. さん／農）

Q どのように学習計画を立て，受験勉強を進めていましたか？

A まず志望校の配点を確認し，そこから各科目に課す時間を振り分けました。そして 3 カ月のスパンで大まかに計画を立てた後（やる参考書を決める，受ける模試を決めるなど），1 週間単位で何をすべきかを書き出し，その後 1 日単位ですべきことを具体的に書き出すことで計画を立てていました。また日曜日のみはその他の 6 日間にした問題の復習の日に当てました。模試の結果が返ってきた後は，志望校の配点に加え，自分の苦手教科や得意教科といった点も考慮した上で各科目に課す時間を再検討していました。

（T. K.さん／理）

Q 時間をうまく使うためにしていた工夫があれば，教えてください。

A 遊ぶものを持つと，無限に時間を浪費してしまう性格だと自覚していたので，とにかく時間を無駄に使わないよう，スマホを家に置いて，ずっと予備校と自習室にこもっていました。家に帰って気が緩むのは仕方ないと割り切って，それなら家にいる時間を極限まで減らせばずっと勉強していられるという安直な発想から行ったことでしたが，一番自分に合っていたと思います。すると，今度は家にいて気が緩む時間が長くなり，夜更かししてしまうこともあったので，家から勉強以外の要素を減らしたりして環境を無理やりにでも整えていました。

（R. O. さん／工）

Q 京都大学を攻略する上で，特に重要な科目は何ですか？
また，どのように勉強をしましたか？

A 京都大学はどの科目もとても難易度が高いのですが，理系に限った話で言うと，国語は比較的簡単なので，得点源にするべきだと思います。たしかに配点は英語や理科，数学より少ないものの，理系は国語が苦手な人が多いため，ここで差をつけることが十分に可能だと思います。特に国語の古文は，個人的には文章の難易度は共通テストよりやや簡単なくらいだと思うので，しっかりと学習すれば 8 割ほどは取れると思います。疎かにしがちな科目こそ，最も差をつけられる科目だと意識して学習すべきです。　(T. K.さん／理)

A 理系で言えば数学と理科です。京大オープンや京大実戦などを見ていても，国語と英語は周りとの差が小さく，数学と理科で差が開いたと思います。また，理科に関しては演習量を積むほど点数が上がっていくので一番力を入れるべきで，数学ができるかどうかは高 3 春までの演習量によると思います。どの参考書を解くべきかなどは人によって違うので，先生に相談するのが一番手っ取り早く効率がいいです。　(K.Y. さん／薬)

Q 苦手な科目はどのように克服しましたか？

A 化学が苦手だったので，化学に関してはあまり難しい問題には触れず，教科書の傍用問題集にまで戻って基礎を一から固め直しました。なかなか地道な作業で，模試や小テストに結果が出づらく，他の人から取り残されたような感覚になりましたが，最後までやり通した結果，共通テストでは 9 割の点数を取ることができ，個別試験の問題にも対応できるようになりました。直前期には，基礎を一から固め直したという事実がかなり自信になりました。　(S. N. さん／農)

Q スランプのときはどのように抜け出しましたか？

A 以前できていた問題が解けない，点数が上がらない，などがスランプを感じるときだと思う。しかしこの時期の乗り越え方が結果に大きく関わると思う。まず，誰であっても右肩上がりの理想的な成績の上がり方はしないということをわかっておくとよい。自分だけが成績が上がらない，やってもやっても成果が出ない。こういう風に，自分だけが…と思い込むと精神的にもしんどい。これを乗り越えればまた成長できる！と本気で思うと結構楽になる。勉強をたくさんすると持っている情報が多くなるので，それをアウトプットするには準備期間が必要。できなくても続けていれば変化が出るときが必ず来る！　(S. S. さん／工)

Q　模試の上手な活用法を教えてください。

A　模試は受けたらすぐに間違えた問題をやり直しするとよいです。間違えた問題を集めたノートを作り，余裕があれば正しい答えの出た問題も解答を見て正しい考え方を身につけるとよいと思います。自分は高3の模試で間違えた問題しかやり直さなかったので，別解の考え方などを身につけることができず，後悔しています。模試に難しい問題が出ると，本番の入試には出ないと決めつけて直しすらしない人がいますが，そんな人に惑わされず，謙虚な態度ですべて吸収するつもりで，直しを大事に活用するべきだと思います。結果が返ってきたときは結果に振り回されすぎないように意識して，今後の勉強の指針を立てる際に利用しました。

(K. Y. さん／薬)

**Q　試験当日の試験場の雰囲気はどのようなものでしたか？
緊張のほぐし方，交通事情，注意点等があれば教えてください。**

A　試験当日は，ほとんどの人は参考書を見て最後の追い込みをかけていました。誰も喋る人はおらず，緊張感はとてもあったと思います。僕の場合，前日あまり眠れていなかったので，仮眠をとり，その後甘い食べ物を食べて，精神を落ち着かせていました。

また，京都大学は特に遠方から来る人が多いと思うのですが，遠方から来る際，電車で座れるかどうかはよく確認しておくべきだと思います。電車内で立っているだけで体力を消耗してしまい，実力を発揮できないということになり得るからです。僕は少し遠回りをして起点の駅から乗るようにしました。　(T. K.さん／理)

Q 受験生のときの失敗談や後悔していることを教えてください。

A　もう少し早くから共通テスト対策を始めればよかったな，と思いました。理想としてはもう一年分センター試験の過去問に取り組みたかったのですが，地理の復習に思いの外時間がかかったため，気づけばやる時間が残っていませんでした。京大受験生なら共通テスト対策は直前で大丈夫などと言われることがありますが，直前になって思ったような点数が出ないと焦ります。共通テストで高い点数を取るに越したことはないので，早めに取り掛かることを心がけるとよいと思います。　（S. N. さん／農）

Q 普段の生活のなかで気をつけていたことを教えてください。

A　各々が自分の体についてよく知ることが最も重要です。なぜあいつは5時間睡眠で勉強できるのに俺にはできないんだ，などと自分を責めるのはあまり良くないです。自分に合った生活リズムを見つけるのが合格への近道だと思います。また体調がどれくらいなら頑張って，どれくらいなら休むのか，このラインも見極めるのは自分です。サボってると思われるから頑張るというのは，時に大きな失敗となることもあります。自分の状態を常に管理しようとしてください。　（S. S. さん／工）

Q 受験生へアドバイスをお願いします。

A　僕は志望校を決定するまで成績が下から数えたほうが早いほどで，先生からも見放されがちで志望校も無謀と言われたほどでした。しかし，一度思い立って高校生活でほとんどやっていなかった勉強に初めて本気になって取り組み，なんだかんだでその努力は実を結びました。思うに，どんな目標でも，どんな位置に自分がいても，努力する気さえあればそこにたどり着けない人はいなくて，結局は何でも自分の意志次第なんだと思います。最底辺だった僕が言うのだから間違いないと思います。頑張ってください。　（R. O. さん／工）

科目別攻略アドバイス

みごと入試を突破された先輩に，独自の攻略法やおすすめの参考書・問題集を，科目ごとに紹介していただきました。

英語

京大英語は，シンプルでかつ難易度の高い英文和訳，和文英訳，そして自由英作文の3点で主に構成されています。単語レベルが非常に高いので，単語帳は2冊程度完璧にする必要があると思います。また，文構造も非常に複雑なので，そうした読解を手助けしてくれる参考書も使うべきです。 （T. K.さん／理）

おすすめ参考書 『英文読解の透視図』（研究社）

問題の形式が毎年少しずつ変化しているので，どんな問題が来てもよいように，しっかりした英語力を身につけることが大事です。
（S. N. さん／農）

おすすめ参考書 『大学別入試攻略問題集 京都大学 英語』（河合出版）

数学

基本問題が身についたら，なるべく多くの問題に触れることが大事だと思います。数学はある程度問題のパターンがあるので，それを身につけることです。 （S. N. さん／農）

京大だからといって難しい問題ばかりを解くのではなく，はじめのうちは基礎をしっかり固めて，その後に入試演習などをするとよいです。比較的取りやすい問題をちゃんと取ることができれば，負けることはないです。 （K. Y. さん／薬）

おすすめ参考書 「理系数学の良問プラチカ」シリーズ（河合出版）

物理

京大物理は問題文が非常に長く，丁寧な誘導がついていることが特徴で，いかに誘導にのれるかが重要です。また，時間的制限が非常に厳しいので，わからない問題，あるいはわかりそうだが時間がかかりそうな問題は迷わずに飛ばしましょう。　（T. K.さん／理）

おすすめ参考書　『実戦 物理重要問題集』（数研出版）

化学

有機化学は京大の中では比較的簡単な上，全体の約半分の割合を占めています。そのため，できるだけ時間をかけずに有機分野を満点近く取る練習をすることが大事だと思います。　（S. N. さん／農）

おすすめ参考書　『京大の化学 27 カ年』（教学社）

国語

理系国語は，古文が比較的容易なので，古文を 8 割取れるように学習するべきです。単語帳を一冊完璧にし，文法事項を押さえ，背景知識を詰めれば十分だと思います。　（T. K.さん／理）

おすすめ参考書　『春つぐる 頻出古文単語 480』（河合出版）

Trend & Steps

傾向と対策

（注）「傾向と対策」で示している，出題科目・出題範囲・試験時間等については，2021 年度までに実施された入試の内容に基づいています。2022 年度入試の選抜方法については，各大学が発表する学生募集要項等を必ずご確認ください。

また，新型コロナウイルスの感染拡大の状況によっては，募集時期や選抜方法が変更される可能性もあります。各大学のホームページで最新の情報をご確認ください。

英　語

年度	番号	項　目	内　容
2021	〔1〕	読　解	⑴〜⑶下線部和訳
	〔2〕	読　解	⑴内容説明，⑵・⑶下線部和訳
	〔3〕	英作文	和文英訳
	〔4〕	英作文	会話文の空所補充（4 カ所；8 〜12 語 2 問，12〜16 語，20〜28 語）
2020	〔1〕	読　解	⑴・⑵下線部説明，⑶下線部和訳
	〔2〕	読　解	⑴・⑵下線部説明
	〔3〕	英作文	和文英訳
	〔4〕	英作文	問い合わせ文の作成
2019	〔1〕	読　解	⑴・⑵下線部説明，⑶下線部和訳，⑷空所補充
	〔2〕	読　解 英作文	⑴・⑶下線部和訳，⑵下線部説明，⑷自由英作文（100 語）
	〔3〕	英作文	和文英訳
2018	〔1〕	読　解	⑴下線部説明，⑵下線部和訳，⑶空所補充
	〔2〕	読　解	⑴下線部説明，⑵・⑶下線部和訳
	〔3〕	英作文	和文英訳，空所補充
	〔4〕	英作文	会話文の空所補充（4 カ所）
2017	〔1〕	読　解	⑴下線部説明，⑵・⑶下線部和訳
	〔2〕	読　解	⑴空所補充，⑵下線部和訳，⑶下線部の問いに対する筆者の答え（130〜160 字）
	〔3〕	英作文	和文英訳
	〔4〕	英作文	会話文の空所補充（2 カ所）
2016	〔1〕	読　解	⑴下線部和訳，⑵下線部説明（60〜80 字 2 問）
	〔2〕	読　解	⑴空所補充，⑵・⑶下線部和訳
	〔3〕	英作文	和文英訳
	〔4〕	英作文	会話文の空所補充（2 カ所）

2015	〔1〕	読　　　解	(1)・(3)下線部和訳，(2)下線部説明（30～50字）
	〔2〕	読　　　解	(1)・(2)下線部和訳，(3)空所補充
	〔3〕	英　作　文	(1)・(2)和文英訳

▶読解英文の主題

年度	番号	類別	主題	語数
2021	〔1〕	論　説	フィクションが育む共感力	約570語
	〔2〕	論　説	ダーウィンの進化論と一元論的世界観	約720語
2020	〔1〕	論　説	小さな生き物の脳に備わる高い認知能力	約560語
	〔2〕	論　説	アメリカ先住民の歴史	約630語
2019	〔1〕	論　説	仮想現実から学ぶ人間の実像	約580語
	〔2〕	論　説	写真のデジタル化がもたらす変化	約580語
2018	〔1〕	随　筆	相手を尊重した手助けの方法	約550語
	〔2〕	論　説	地球近傍天体の軌道修正と資源活用	約530語
2017	〔1〕	論　説	誤った砂漠化のイメージ	約530語
	〔2〕	論　説	人が今を生きることに不安を覚える理由	約570語
2016	〔1〕	論　説	異なる宗教的観点から見たアメリカ史	約650語
	〔2〕	論　説	記憶の謎	約420語
2015	〔1〕	論　説	絹糸の階層構造を作曲に変換すると	約680語
	〔2〕	論　説	「無」についての考察	約380語

傾向　深い理解力＝言葉を操る力
日本語・英語を自在に駆使することが不可欠

1　基本情報

試験時間：120分。

大問構成：2015年度まで大問3題，2016年度以降は，2019年度の大問3題を除いて，大問4題となっている。

解答形式：2016～2018年度は読解問題の一部で選択式が出題されたが，それ以外は記述式である。

配　　点：〔1〕〔2〕各50点，〔3〕〔4〕各25点（2021・2020・2018～2016年度），〔1〕50点，〔2〕75点，〔3〕25点（2019年度），〔1〕～〔3〕各50点（2015年度）。

解答用紙：下書き用紙付きのＢ５判の解答冊子。

2　出題内容

①　読解問題

出題英文の内容は高度である。抽象度の高い英文と具体的内容の英文が各1題という組み合わせで，科学，歴史，哲学関連の英文が多い。

2014年度までは下線部和訳のみの出題であったが，2015年度より，下線部の内容を日本語で説明させる問題や，英文中の空所に入れるのに適切な語を選ぶ問題が加わった。それに伴い和訳する分量は減って，2020年度は下線部和訳は1問となった。しかし，2021年度は下線部和訳が増え，内容説明の問題は1問のみとなり，空所補充問題は2020年度に引き続き出題されなかった。ただし，〔1〕(1)や〔2〕(3)に含まれている2，3語から成る短めの文の和訳は逐語訳では限界があり，下線部の外にある内容を踏まえたうえで語句を補うなどして，わかりやすく説明的に訳出する必要がある。この点では，実質的には内容説明問題で試される力が必要とされると言えるだろう。また2019年度は，読解問題のなかで本文のテーマに絡めた自由英作文が出題されている。

下線部説明は，2019年度〔2〕(2)や2020年度〔2〕(2)のように，時に本文中の情報から言外の意味を推測して，それを論理的に表現することが求められる。2021年度〔2〕(1)は，下線部説明ではなく，設問の指示に該当する箇所を指定された段落から探して，そこを日本語で答えさせる形式であった。

空所補充は，初めて出題された2015年度と2019年度は語形変化を伴う記述式で，2016～2018年度は選択式となっている。2020・2021年度は出題されなかった。

②　英作文問題

和文英訳：1問につき3～5文である。英訳の対象となる日本文は，こなれた表現の多い随筆的な文章なので，英訳しやすい日本語にパラフレーズすることが必要である。文全体の構造から言い換える必要に迫られることがよくある。

2018年度は日本文の一部が空所になっており，その空所にふさわしい内容を自分で考えて補い，全体をまとまりのある英文にする必要があった。また，2015年度は会話文を英訳させる問題が出題された。

自由英作文：2016年度から出題されている。2016～2018・2021年度

〔４〕の自由英作文問題は，会話文の空所に適切な発言を英語で書く形式で，前後の会話の内容を踏まえたうえで発言の内容を考える必要がある。2019 年度ではその〔４〕が姿を消し，代わりに〔２〕の読解問題のなかで100 語程度の自由英作文が出題された。2020 年度は〔４〕が復活し，留学しようとしている大学生になったつもりで奨学金についての問い合わせをする，という問題が出題された。2021 年度〔４〕の会話文空所補充では，語数制限が明確に示され，解答用紙には１語ずつ書き込むための下線が，語数分設けられている。また，(3)では「if を用いて」という条件が付いていた。

3　難易度と時間配分

読解，英作文とも，逐語訳では太刀打ちできず，高度な内容を十分に消化したうえで，日本語・英語で表現する必要があるので，難問である。

英作文は手早くすませて，読解２題に時間を十分かけられるようにしたい。

対　策

まず一般的な心構えを❶～❸で，具体的な勉強方法を❹・❺で述べる。

❶ 豊かな語彙を蓄える

英語でも日本語でも，単に知っているというレベルではなく，自分がそれを使っているというレベルにある語句を増やしておくことが大切である。特に和文英訳では，問題文の日本語がこなれているので，日本語の中での言い換えができることも大事だ。たとえば，2017 年度の「確かな知識を身に付ける」も，この言葉がその文脈でどういった意味で使用されているのかを読み取り，別の日本語に置き換えていく必要がある。自分が蓄えている英語表現に対応する日本語にパラフレーズできて初めて，和文英訳ができるのだ。また，「へそで茶を沸かす」とか「のどから手が出る」といった慣用表現をそのまま逐語訳する受験生はいないだろうが，案外気がつかないところで，英語としてはおかしいのに日本語をそのまま置き換えていることがあるので，注意することが大切である。

下線部和訳の場合も，同じことが言える。普段から和訳の練習をするときには，知らない語句をすぐ辞書で調べるのではなく，ひとまずこのような意味ではないかと推測して訳文を作ること。それから辞書で確かめるのがよいだろう。その際，英和辞典の見出しに続く訳語はあくまでサンプルであり，何が適当な訳語になるかは文脈によって決まるということを意識しておきたい。自分が考えた訳語が英和辞典に載っていないからといって，それを使うことをためらう必要はない。もちろん，その訳語が本来の定義から大きくずれてはいけないので，日頃から辞書によく目を通しておくことが大切なのは言うまでもない。辞書の見出しに載っていない訳語をどれだけ自分の頭の中の辞書に蓄えているかが，英文和訳の速度と的確さを左右するだろう。

2 文章の把握力を養う

読解でも英作文でも，単語を置き換えただけでは通らないレベルの問題が出題される。必要なのは「結局，何が言いたいのか」ということが理解でき，自分の言葉でそれを説明し直せる力である（近年，読解問題で出題されている下線部説明や空所補充はこの力がより求められている）。

読解問題は，下線部中心の読解ではなく，全体を素早く的確に読み通せる読解力を養成していくように，日々努力したい。取り上げられているテーマについて，筆者がどのような立場をとっているかに注意し，和訳箇所が全体の流れと食い違わないように解釈しよう。設問箇所に見慣れない語句が入っていることもあるだろうが，前後関係から推測できるように訓練しておきたい。

3 「直訳」を大切にする

読解問題について言えば，「意訳」は必要だが，「飛躍」してはいけないということを心に留めておこう。「意訳」というと，細かいところにこだわらず全体でおおよそこんな意味だとまとめることだと考えている受験生がいる。しかし，大学受験での「意訳」は，「直訳では不自然になる箇所に修正を加える」ことだと考えておきたい。和訳は「内容の説明」ではない。おおよそこんなことだ，が問われているのではないのである。まずは英文そのものを「尊重」して，丁寧に分析するのがよい。主語は，動詞は，文型は，この前置詞句は何を修飾するのか，不定詞・分詞はどういう用法か，そういったことをひとつひとつきちんとみていこう。「直訳」はその言語のしくみがわかっていてこそできる。

英作文問題についても，和訳の際の「直訳」が底力となる。英語から日本語への直訳をしておけば，英語の構造がどういうものか体得できる。それが，こなれた日本語をパラフレーズするときに，どうすれば英語にしやすいかを考える基礎になる。英語は日本語と異なる文構造をもっているので，英作文に必要なのはまず日本語のパラフレーズである。そのためには，英語の単語や構文・イディオムを熟知することが大切であろう。たとえば「象は鼻が長い」はそのままでは英訳できない。これをどうパラフレーズしたらよいかは，英語の構造に精通していないと難しい。「象は長い鼻をもっている」とか「象の鼻は長い」というパラフレーズは，英語の構造を知っているからできることなのである。

4　読解問題の攻略

「必ず訳文を書く」ことを心がけたい。言いたいことがわかっていてもそれをうまく表現できるかどうかは別である。和訳の練習としては，**3**で述べた「直訳」を心がけること。方法としては，英文を分析したら「何がどうした」という一番土台になるところを必ずメモすること。この段階で文型の要素まで考えておく。そのあとで修飾語句や節を足していく。一度に訳文を作ろうとすると，長い文ではまとまりがつかなくなるため，一番の土台が崩れやすい。修飾語句がどれだけついても「何がどうした」の土台が変わることはないのだ。目に見える形になれば客観的に観察できる。また一読して理解できなくても，書きながらわかることもある。いずれにせよ，部品に分ければそれほど難しくない場合が多い。

勉強の材料としては過去問が第一である。難関校過去問シリーズ『京大の英語 27 カ年』（教学社）を演習しておけば，練習量としてはかなりのものになるだろう。初めから過去問に取り組むのが不安なら，『英文標準問題精講』『基礎英文問題精講』（いずれも旺文社）などを使って，文法や構文の確認もしながら練習を積むとよい。

自分で訳文を書いたら，解答例と比較して，その優れた部分をまねるようにしたい。自分が使える語彙に入っていなかった日本語を覚えるという語句レベルから，文全体の構造を大きく言い換えるというレベルまで，「盗める」ところはどんどん吸収すべきだ。

5 英作文の攻略

これも「まず書く」ことから始まる。読解と同様，過去問が練習材料になる。初めは難しく感じても当然だが，めざすべきレベルがどのようなものかを知っておくことは大切である。4で挙げた『京大の英語 27カ年』には英作文問題も入っているので，解説をじっくり読んで，どのように日本語をパラフレーズすればよいかを身につけていきたい。そうすれば，土台となるSVをどう設定するか，文を構成するための文型・文構造はどういったものが最適か，修飾語句は何を使って（たとえば，不定詞を使うのか動名詞を使うのか，はたまた関係詞を使うのか現在分詞か過去分詞を使うのか），それをどこに配置するのか，といった見通しが立てられるようになる。冗長な文を2つに分けたり，思い切った意訳をするといった柔軟な判断が求められるので，その点にも留意して読もう。

2020年度に出題された「丁寧な文章」という条件のある問い合わせ文や，2019年度に出題された英語で意見を書く自由英作文は，できるだけ平易な英語で表現することを心がけ，さまざまなタイプの英作文に慣れておきたい。

2016～2018・2021年度に出題された会話文の空所に適切な発言を英語で書く問題については，本書だけでなく，東大の過去問がよい教材となるだろう。東大では2010年度以前には空所を埋めて，会話文や文章を意味の通るものにする問題が出題されている。『東大の英語 27カ年』（教学社）ではその年度の問題も収録されているので参考にするとよいだろう。

また，京大レベルの英作文の勉強で受験生が困ることは，自分の書いたものがどれほどの評価を得られるのか，自分では判断しにくいということだろう。解答例が自分の解答と同じになることはまずないからである。できれば添削してくれる人を見つけておきたい。ただし，書きっぱなしでもっていくのは避けたい。自分で検討できることは全部やっておくべきだ。時制や数，冠詞などの点検はどんな内容の英作文でも常にしなくてはならないし，試験場では自分しか頼りにできない。また，辞書で確認できる程度の語法などは自分で点検すべきであって，人にやってもらうものではない。自分で調べのつかないこと，全体的にどう評価されるかということだけをみてもらうように心がけたい。

○京都大学の外国語の出題方針

個別学力検査「英語」では，ただ単に英語を話すだけではなく，英語で書かれた論文や学術的な内容の記事を正しく理解し，その内容を的確にまとめ，それに対する自己の見解を効果的に表現するという，高い英語コミュニケーション能力を身につける上での基礎的な学力とその応用力を問います。この高い英語コミュニケーション能力は，しっかりした語彙力や慣用表現の知識，構文や文法の理解などを基盤としてようやく実現されるものです。

このような基礎的な学力とその応用力を問うために，まとまった内容の英文和訳や和文英訳を求める問題を多用します。語彙知識を問うことに加えて，文法事項のうちでも特に論理的な思考と表現に欠かせない関係代名詞や関係副詞，仮定法，分詞構文などの理解力や，代名詞の指示対象の的確な理解力を問います。未学習の語句の意味を前後の文脈から正しく推測して，文章全体の主旨を速やかに把握する能力も問います。このような出題を通して，単なる訳出ではなく，包括的な英語の理解力と表現力を重視して評価します。

数　学

年度	番号	項　目	内　容
2021	〔1〕	ベクトル 確　率	問1．平面に関して対称な点 問2．反復試行の確率
	〔2〕	微　分	線分の長さの最小値，分数関数の微分法
	〔3〕	極　限	三角関数を含む無限級数の和
	〔4〕	積　分	曲線の長さ
	〔5〕	図形と方程式	三角形の外心，垂心の軌跡
	〔6〕	整数の性質 微　分	問1．素数であることの証明　⇨証明 問2．平均値の定理　⇨証明
2020	〔1〕	複素数平面	3次方程式の解が正三角形の頂点になる条件
	〔2〕	数列，極限	2段の数学的帰納法，三角関数の極限　⇨証明
	〔3〕	ベクトル	単位球面上の4点の位置ベクトルと内積
	〔4〕	整数の性質	整数に含まれる素因数3の個数の最大値
	〔5〕	場合の数	4×4のマス目に数字を入れる場合の数，ラテン方陣
	〔6〕	積　分	z 軸まわりの回転体を x 軸のまわりに回転させてできた立体の体積
2019	〔1〕	三角関数 積　分	問1．2倍角・3倍角の公式と有理数・無理数 問2．部分積分法と置換積分法
	〔2〕	整数の性質	素数となる条件
	〔3〕	積　分	媒介変数表示された曲線と面積
	〔4〕	確率，数列	さいころの目の出方と確率，等比数列の和
	〔5〕	微　分	球面に内接する四角錐の体積の最大値
	〔6〕	複素数平面	ド・モアブルの定理，常用対数
2018	〔1〕	微　分	2つの放物線の接点の存在範囲　⇨図示
	〔2〕	整数の性質	与式が素数となるような自然数
	〔3〕	三角関数	円に内接する四角形の4辺の長さの積の最大値
	〔4〕	確率，数列	確率と連立の漸化式
	〔5〕	微分・積分，極限	曲線の長さと極限
	〔6〕	空間図形	四面体を切ってできる2つの部分の体積の関係　⇨証明
2017	〔1〕	複素数平面，式と曲線	複素数平面上の点の軌跡，楕円，双曲線
	〔2〕	ベクトル	正八面体の頂点を辺上にもつ四面体　⇨証明
	〔3〕	整数の性質，三角関数	加法定理，不定方程式の整数解
	〔4〕	図形の性質，三角関数	円に内接する三角形の内接円の半径
	〔5〕	微分・積分	曲線と直線で囲まれた部分の面積の最小値，部分積分法
	〔6〕	確率，数列	カードを並べて作った数が3で割り切れる確率，漸化式

	〔1〕	微分，極限	関数の最大値とその n 乗の極限
	〔2〕	整数の性質	p^q+q^p が素数となるような素数 p，q
	〔3〕	空間図形	条件を満たす四面体が正四面体になることの証明　⇨証明
2016	〔4〕	積　分	平面上の図形を回転させた回転体の体積
	〔5〕	確率，数列	格子点上を点が移動するときの確率
	〔6〕	複素数と方程式	$f(x^3)$ が $f(x)$ で割り切れるような係数が実数でない2次式 $f(x)$
	〔1〕	積分，三角関数	2曲線で囲まれた図形を x 軸のまわりに回転させた回転体の体積
	〔2〕	平面図形，式と証明	円に外接する四角形の面積の最小値
	〔3〕	微分，極限	接線がただ1本引けることの証明，数列の階差の極限　⇨証明
2015	〔4〕	微　分	正四面体の内部にとられる角に対する cos の最大値
	〔5〕	整数の性質，式と証明，極限	すべての正の整数 n に対して $\frac{f(n)}{g(n)}$ が整数になるとき，$f(x)$ は $g(x)$ で割り切れることの証明　⇨証明
	〔6〕	確率，数列	漸化式を立てて解く確率

傾　向　計算力・論証力・図形的センスを求める高度な問題多し

1　基本情報

出題範囲：数学Ⅰ・Ⅱ・Ⅲ・A・B（数列・ベクトル）

試験時間：150分。

大問構成：大問6題。2019年度〔1〕，2021年度〔1〕〔6〕は小問集合。

解答形式：全問記述式。

配　　点：〔1〕〔6〕各40点，〔2〕～〔5〕各30点（2021年度），〔1〕〔2〕各30点，〔3〕～〔6〕各35点（2020・2018～2015年度），〔1〕40点，〔2〕〔4〕〔5〕各30点，〔3〕〔6〕各35点（2019年度）。

解答用紙：問題冊子とは別にA4判（2019年度まではB5判）の解答冊子があり，1題につき解答用ページは1ページ分の大きさである。ただし，解答用ページに収まらない場合には，続き方をはっきり示して計算用ページに続きを書くことが許されている。

2　出題内容

頻出項目：よく出題されている分野は，微分・積分，確率，三角関数，整数の性質，数列，極限，空間図形，ベクトル，複素数平面である。

内　　容：証明問題は1，2題出題されることが多い。証明問題では，筋道の論理的厳密さと，それを相手（採点者）に正確に伝えるための表現力が重要な要素となる。

公式に当てはめただけで直ちに解決するという問題は少なく，そのため解法が一通りでないのも特徴である。また，解決の糸口を探るために，さまざまな可能性を試してみる柔軟性が求められている。

また，図形的な直観力と判断力を必要とする問題も多く，図示問題もときどき出題され，論証問題と合わせ，大きな特徴となっている。図形的知識が複雑な計算の手助けとなることはしばしばあり，それを意図して作られた問題も多い。計算だけで解き進めていると「結局，何をやっているのか」という大局が見失われがちである。普段から図形的判断力を培っておくことが大切であろう。

パズル的な発想を要する問題とか，「まさかこんなところに突破口があるとは」といった，心理的盲点をついた問題が出題されることもある。

高度な計算力を要する問題も多い。特に三角関数の諸公式を自在に活用する力や，積分計算の技術力は，合格のために不可欠である。また，複雑な計算式を地道に，かつ正確に処理していく粘り強い計算力を求められることも多い。

3　難易度と時間配分

2015～2017 年度は難易度に大きな変化はなく，2018・2019 年度はやや易化傾向にあったが，2020 年度は難化，2021 年度は再び易化した。各年度ともやや易レベルから難レベルの問題までずらりと並んでいる。

最初にすべての問題に目を通し，解答しやすい問題を見極め，素早く確実に解答することが大事である。その上で，時間に余裕をもって残った問題に取り組みたい。

対　策

1　基本事項のマスター

どんな難問も，それを解くのに最低限必要となる公式や解法は，教科書や標準的問題集で十分マスターできる。受験準備の早い段階で意識的に身につけていく必要がある。基本事項の習熟は，それが合格のための十分条件とはならないにしろ，合格に不可欠な応用力を身につけるために絶対的に必要な条件となる。そうした基本点での漏れがあっては，合格は期待できない。三角関数の種々の公式，積分の公式など覚えにくいものは，表を作って毎日点検するのもよいだろう。

2　応用力の育成

漠然と問題量をこなす練習を繰り返していても応用力は身につかない。1題解くごとに，解法を点検して必ずそこから何かを吸収するという態度が大切である。1題に対して複数の解法がないかなど多角的にアプローチする習慣をつけ，柔軟な思考力を養いたい。また，問題を解くために使われた公式や解法で少しでも完全マスターに至っていないものがあれば，その場で実戦的に理解し，頭に入れてしまうことである。応用的な解法・技法の数は非常に多く，それらを簡単に体系だてて身につける手段はないというべきである。「その場その場で実戦的に」というのが最も確実な習得方法であろう。「これは」と思う解法を発見したり，参考書などで学んだりしたときには，使った場面とともに書き留めて自分用の「数学解法ノート」を作るのもよいだろう。『京大数学プレミアム』（教学社）は，過去50年以上にわたる京都大学の過去問から厳選された難問・良問集であり，応用力を磨きたいと思っている受験生にとっては取り組み甲斐のある一冊である。

3　頻出項目のチェック

頻出項目や重要項目については，毎日の勉強の中に確実に組み込んで十分な練習を心がけねばならない。いくつかの分野が融合されることや，さまざまな分野からのアプローチが可能なことも多い。あるいは，普段解き慣れていない方向からの，意表をつく出題もある。『京大の理系数学27カ年』（教学社）も用いて，どのような問われ方をしても対処できるような柔軟性を身につけるとともに，応用力を必要とする難問にもチャレンジし，いろいろな観点から問題を掘り下げて解く練習もやっておきたい。

4 計算力の強化

符号ミスやカッコの処理のミスなど，よくある単純ミスをなくすことはもちろんだが，複雑で手間のかかる計算を最後までやり抜く粘り強さや，計算技術（特に三角関数の式変形と積分技術）の習得に努めなければならない。計算技術が伴わなければ応用性の高い問題を征服することはできないし，妙案を思いついても途中の計算でつまずいては意味がない。計算力は単なる技術の問題ではなく，数学全体を見通す力とも関連していることを知らねばならない。込み入った式や，多くの関連する式が併存しているようなとき，「…を消去して，…について解く」「…の関数とみて増減を調べる」などの大局的な方針を立てる力がなければ，計算は正しい方向に進まないのである。

5 論証問題への対応

論証問題の出題が多い。京大数学で求められる厳密な論理的思考力やそれを正確に採点者に伝えるための表現力は短期間で身につくものではない。日々の勉強の中での考える習慣が大事である。量をこなすことばかりに目を奪われず，ときには，1題1題丁寧に，いろいろな角度から別解を考えてみるのもよい。手間のかかる計算によって苦労して解いた問題が，別の視点から眺めるとあっけなく解けてしまうこともある。そうしたときの驚きと喜びは数学の上達にとって大きな励みとなる。また，使う公式やアプローチの方法がまったく違うにもかかわらず，結果として1つの問題が解けて同じ結論が得られるのは，それらの解法の裏側に共通する何かがひそんでいるからである。それを考えることで数学に対する新しい目が開けてくることもある。まったく無関係だと思っていた分野が実は密接につながっていることを知らされることもある。こうして深く考えることで数学を楽しんでほしい。楽しむ中で自然に身についてくる問題解決の力こそが本物の実力である。

また，狭い意味の受験数学だけでなく，気分転換をも兼ねて，ときには数学パズル的なものに親しむことも，柔軟な思考力や幅広い発想を養う上で役に立つだろう。整数問題の力をつける助けになることもある。

さらに，論理的な筋道を正確に要領よく表現する練習もしておかなければ，得点アップにつながらない。教科書や問題集の例題を手本にするのが近道であろう。

6 図形的判断力を養う

論証問題とともに京大数学のもう１つの柱は図形問題である。まず，初等幾何の知識を整理し，要点をピックアップすることをすすめる。自分で納得しながら重要な定理を拾い出してまとめておくのである。次は空間図形の感覚を養うこと。空間ベクトル，体積計算などの問題を通じて，立体図形をとらえるコツを身につけてほしい。三次元空間を正確に頭の中にイメージするのは，誰にとっても易しいことではない。立体図形の全体像をトータルに思い浮かべることが困難な場合でも，ある限定された局面（立体図形を平面で切った断面など）でとらえることによって，比較的たやすくイメージが得られる。

また，見かけは図形と無関係な問題であっても，それを図形的にとらえることで，問題の構造がはっきりすることもある。日頃から図形的な視点で問題を再構成してみる習慣をつけておくとよい。

○京都大学の数学の出題方針

我が国の高等学校と中学校では，身近な現象や事象を「数学」の視点から捉えて数学の問題を作り出すこと，また数学に現れる様々な事項を理解して論理的に考察したり処理したりすること，さらには得られた数学的な知識を利用して身近な現象・事象の理解を深めたり問題解決に役立てることの全般を「数学的活動」と呼んでいます。このような数学的活動を通して，数学における基本的な概念や原理・法則の体系的な理解を深めること，事象や現象を数学的に表現する能力を高めること，さらには学習を通して創造性の基礎を涵養するとともに数学の良さを認識し，数学的な知識を論理的根拠に基づいて積極的に活用して判断しようとする態度を育てることが高等学校における数学学習の目標であると，学習指導要領は定めています。本学の学力検査における数学は，高等学校卒業までに学習する数学について，入学志願者がこの学習目標をどの程度達成しているかを評価し判断するものです。

数学の学力とは，単に計算力や論理力だけを指すものではなく，数学的な直観力や，式や数学の概念を利用した表現力なども含まれるものと考えています。したがって，我が国の小学校入学から高等学校卒業までに学習する数学的な概念，原理，法則，公式などの事項のすべてについて，個々の知識の有無だけを単に評価するのではなく，上述のような総合的な数学力を評価する問題を出題するように心掛けています。このため，個別学力検査では，数学的な表現力を評価するため，論述形式の解答となるような出題を主体にします。

具体的には，計算問題であっても，単に計算結果だけではなく，その過程や背後の論理性を評価するような出題を心掛けています。また，論理を問う問題では直観，類推，帰納，演繹等の数学的考察を正確な数学的表現力で記述する能力を評価できるような出題を心掛けています。数学の問題ではいわゆる「正解」に至ることは大切ですが，「正解に至る論理的に正しい過程」も正解と同様に大切です。

高等学校卒業までに学習する概念，原理，法則，公式といった数学的な知識や事項の記述は，現状では教科書によってその扱いや書き方が多少異なっていますが，本学の数学において出題範囲としている内容について，いずれかの検定済教科書で記述されている事項はすべて出題範囲に含まれていると考えています。現状の数学の高等学校用検定済教科書の内容は，高等学校学習指導要領を踏まえてそこに定められる事項をすべて含みつつ，高等学校卒業までに培われる「数学的活動」の能力によって修得できる程度の事項について幅広く記述されています。したがって，個別学力検査における出題に際しても，高等学校学習指導要領を十分に踏まえた上で，いずれかの検定済教科書で記述されている程度の，高等学校卒業までに得られる論理力から理解できる程度の幅広い事項は出題対象であると考えています。問題作成にあたっては，単発的な個別の数学的知識を問う問題や，解法の暗記によって対処できるような問題を排するように心掛けています。さらに，出題範囲に含まれている複数単元でそれぞれに学習する数学的な知識を論理的・系統的に理解することによって問題解決に到達するいわゆる「融合問題」の出題を通して，数学的な知識の活用力も評価します。

数学（理系）では，出題の範囲に数学Ⅲが含まれます。数学（文系）と数学（理系）の間では出題される問題が異なることがありますが，出題の方針に変わりはありません。

物　理

年　度	番号	項　　目	内　　　　容
2021	〔1〕	力　　学	斜方投射，２物体の繰り返し衝突　⇨論述
	〔2〕	電 磁 気	折り返し回転する導体棒の起電力，コンデンサーの充電　⇨描図・論述
	〔3〕	原　　子	X線の結晶による反射，中性子波の干渉　⇨論述
2020	〔1〕	力　　学	ばねと糸でつるされた２つの小球の運動　⇨描図
	〔2〕	電 磁 気	コイル・コンデンサー・ダイオードを含む回路　⇨論述・描図
	〔3〕	熱 力 学	膨張する立方体中での粒子の運動　⇨論述
2019	〔1〕	力　　学	人工衛星に取り付けた小物体の運動，楕円軌道の周期　⇨論述
	〔2〕	電 磁 気	軸対称な磁場中を回転する導体棒に生じる起電力，ベータトロン　⇨論述
	〔3〕	波　　動	薄膜による光の多重反射と干渉，波の式　⇨論述
2018	〔1〕	力　　学	重力と抵抗力を受ける物体の落下運動　⇨論述
	〔2〕	電磁気，力学	電界・磁界中の荷電粒子の運動　⇨描図
	〔3〕	熱 力 学	円筒内の気体の圧力・数密度の高度変化，１粒子あたりの比熱　⇨論述
2017	〔1〕	力　　学	鉛直面内の円運動，水平投射，２球の衝突（100字）　⇨論述
	〔2〕	電 磁 気	ホール効果，コンデンサー内の電荷の移動　⇨描図
	〔3〕	波　　動	ドップラー効果，音波の干渉
2016	〔1〕	力　　学	斜面台と台上の球の運動，ばねとの衝突　⇨描図
	〔2〕	電磁気，力学	磁界を横切る導体棒の運動，単振動　⇨論述・描図
	〔3〕	熱 力 学	管内の気体の状態変化，断熱変化，力のつりあいの安定性　⇨論述
2015	〔1〕	力　　学	回転するリング上での物体の微小振動　⇨描図
	〔2〕	電 磁 気	回転矩形コイルが作る磁場による電磁誘導　⇨描図
	〔3〕	原子，波動	ボーアの水素原子模型，回折格子，ドップラー効果

傾　向　基礎事項の正確な理解と応用力・計算力が必要

1　基本情報

出題範囲：物理基礎・物理

試験時間：教育学部理系試験は１科目 90 分，その他の学部は２科目 180 分。

大問構成：大問３題。

解答形式：例年，空所を埋めて長文を完成させる形式が中心であるが，近年は論述問題（計算・導出過程を求められる記述式の問題を含む）が増加し，描図問題も出題されている。2015 年度は論述問題がなかったが，2016 年度以降は続けて出題されている。2021 年度は全大問で論述問題が出題された。

解答用紙：Ｂ５判の解答冊子である。下書き用のページも用意されている。

2　出題内容

頻出項目：例年，力学から１題，電磁気から１題は必ず出題され，その他の分野から残りの１題というパターンが多い。残りの１題の分野は，2016・2018・2020 年度は熱力学，2017・2019 年度は波動，2015 年度は原子と波動の融合，2021 年度は原子であった。

　力学の問題では，単振動や円運動に関するものがよく出題されている。

内　　容：各問題の初めには基本的な設問があり，文章の指示，誘導に従って計算していくと結論が導き出せるようになっている。　⇨対策❶

　2015 年度〔２〕，2019 年度〔３〕，2020 年度〔１〕，2021 年度〔２〕のように文章の読解力を要する設問が多い。　⇨対策❷

　2015 年度〔１〕問２，2016 年度〔３〕(4)，2018 年度〔１〕(2)・(4)，〔３〕(C)，2019 年度〔１〕問１，2020 年度〔３〕く・けのように近似式等のかなりの計算力を必要とする設問も多い。　⇨対策❸

　2015 年度〔３〕ソ，2018 年度〔１〕エ・コのようにグラフを読み取るといった思考力を要する設問も頻出である。　⇨対策❹

　高校物理ではまず扱わないような物理現象がしばしば出題されている。2017 年度〔２〕のコンデンサー内の電荷の移動，2018 年度〔１〕の速さの２乗に比例した抵抗力，2019 年度〔３〕の薄膜による光の多重反射，

2020年度〔３〕の断熱膨張，2021年度〔３〕の中性子に対する重力の影響など，京大らしいユニークな内容である。 ⇨対策5

3　難易度と時間配分

全体的に，基本的な設問と，やや難解な設問とがバランスよく組み合わされている。2017年度は〔１〕問１の字数制限のある論述が目新しかったが，内容は基本的であった。2021年度は論述問題が多かったものの計算量が減少し，2020年度よりやや易化したと思われる。

最初に各問題の初めの基本的な設問を取りこぼしなく素早く解答し，続く難問に時間の余裕をもって取り組みたい。

対　策

1　基礎事項の系統的理解

物理の学習には基礎が大切で，まずは力学，電磁気，熱力学，波動，原子の各分野の基礎事項を系統的に理解することである。基礎的な事項をしっかり理解していれば正解できる設問がかなり出題されるので，これを確実に解くことが絶対条件となる。また，力学の諸法則を適用して他の分野，特に熱力学，電磁気，原子物理の現象を考察させる問題がよく出題されている（2015年度〔３〕，2016年度〔２〕，2018年度〔２〕，2020年度〔３〕）。このため，力学の基礎力と応用力をつけ，他の分野の学習においても力学の諸法則との関連を考えながら学習することが重要である。

2　題意を正確にとらえる読解力を養う

長い文章の空所補充問題が毎年出題されている。これに対応するには，限られた時間内に題意を正確にとらえる読解力を養っておくことが大切である。そのためには，過去問やそれに類似する問題を解いて練習することが必要である。その際，文章をよく読まないで題意を憶測して解いたり，途中で答えを見たりしないことである。題意を正確にとらえるためには図やグラフを描くことが大切で，これも練習しておきたい。また，計算・導出過程を求められる設問も出題されているので，論理立てて答案を書く練習をしておくこと。

3　迅速かつ正確な計算力を養う

例年かなりの計算力を必要とする設問や，近似式を用いる設問が出題されている。近似計算が必要なパターンはある程度決まっているので（力学の微小振動，熱力学の断熱変化，光波の干渉，原子からの光の放出など），類似問題を多く解いて慣れておくことが大切である。

4　グラフを解析する力を養う

グラフを読み取ったり描かせたりする設問がよく出題されている。これらのグラフは高校の教科書などでは見慣れないものが多いが，問題文をよく理解すればそう難解ではない。対策としては，いろいろな物理法則をグラフで表せばどうなるか，日頃から注意しておくことである。

5　見たこともない問題が出てもあわてない

難解な物理現象を高校物理の範囲で解けるようにアレンジして出題するのが京大の最大の特徴であると言ってもよい。しかし，こういう問題は大変丁寧な誘導があるのでかえって解きやすく，あわてる必要はまったくない。問題文をよく読んで誘導に従って解いていけば十分完答できるものが多い。

○京都大学の物理の出題方針

高等学校で学ぶ物理では，物理学の基本的な概念や原理・法則の理解を深め，体系化された知識に基づいて自然の事物・現象を分析的かつ総合的に考察する能力を身に付けることを目標としています。物理学の基礎知識や考え方は，「力と運動」，「エネルギー」，「電気と磁気」，「波」，「熱と温度」，「分子や原子」といった様々な概念や原理・法則を系統的に理解するために必須のものであり，十分な修得が求められます。

個別学力検査「物理」においては，物理学に関する基本的事項の理解度をみるために，本学が指定する出題範囲から，できるだけ分野的な偏りがないように出題します。出題の形式においては，知識の確認，物理的思考，計算力を総合的に判断できるように問題を配置します。さらに，思考の過程と論証力を測る目的の記述式問題も出題します。そして，知識の羅列のみでなく，物理的思考，論証力，計算力を総合的に評価します。

化　学

年　度	番号	項　　目	内　　　　容
2021	〔1〕	理　　論	電気分解，酸化還元滴定，緩衝液 ⇨計算
	〔2〕	理　　論	H_2SO_4 の電離平衡，H_2SO_4 と NaOH の中和における反応熱と発熱量 ⇨計算
	〔3〕	有機・理論	(a)リグニンの熱分解と生成物の構造決定　(b)バニリンの製法 ⇨計算
	〔4〕	有　　機	(a)アスパルテームの製法と構造　(b)アミノ酸の性質とトリペプチドの分析（40字） ⇨論述
2020	〔1〕	理　　論	(a) pH の違いによる CdS の沈殿　(b)最密充塡構造におけるイオンの位置 ⇨計算
	〔2〕	理　　論	(a)蒸気圧降下と気液平衡，電気分解　(b)気相平衡における分圧の変化 ⇨計算
	〔3〕	有機・理論	トリエステルの加水分解と構造決定 ⇨計算
	〔4〕	有　　機	単糖の立体構造，アセタール化による保護
2019	〔1〕	理　　論	(a)沈殿滴定による Cl^- の定量，溶解度積　(b)濃淡電池 ⇨計算
	〔2〕	理　　論	(a)分子の形と電子対の数　(b)気体反応における平衡定数・モル分率・分圧 ⇨計算
	〔3〕	有機・理論	(a)芳香族炭化水素の性質と構造決定　(b)イミドの加水分解と構造決定 ⇨計算
	〔4〕	有　　機	(a)アルドースの反応と異性体　(b)合成高分子化合物，糖を含む界面活性剤
2018	〔1〕	理　　論	(a)氷の結晶格子と粒子の結合　(b)陽イオン交換膜法，緩衝溶液の電離平衡 ⇨計算
	〔2〕	理　　論	(a)凝固点降下　(b) CO の燃焼における圧力変化と平衡定数 ⇨計算
	〔3〕	有機・理論	(a)配向性と化合物の合成（50字2問）　(b)アリザリンの合成経路，有機化合物の分離 ⇨論述・計算
	〔4〕	有機・理論	(a)カルボン酸の酸化開裂と構造決定　(b)アミノ酸と等電点　(c)ポリペプチドの構造と中和
2017	〔1〕	理論・無機	(a)黄銅鉱と黄鉄鉱の密度比と反応　(b)金属イオンの溶解度と溶解度積 ⇨計算・論述
	〔2〕	理　　論	(a)反応速度・化学平衡・浸透圧　(b)混合物のモル分率と蒸気圧，熱量 ⇨計算
	〔3〕	有機・理論	(a)トリグリセリドの加水分解と構造決定　(b)ラクチドとポリ乳酸（30字） ⇨計算・論述
	〔4〕	有機・理論	(a)核酸塩基の水素結合と脱アミノ化反応　(b)六炭糖の立体構造 ⇨計算

2016	〔1〕	理論・無機	(a)各種金属の性質　(b)チタンの水素吸収と HI の分解，電気分解　⇨計算
	〔2〕	理論・有機	(a)サリチル酸の電離平衡と pH　(b) pH の変化と平均荷電数，電気泳動速度　⇨計算・論述・描図
	〔3〕	有機・理論	(a)脂肪族ジエステルおよび(b)芳香族エーテルの構造決定と分解生成物の性質　⇨計算・論述
	〔4〕	有機・理論	(a)各種糖類とペプチドの性質　(b)環状ペプチドの性質，D型光学異性体　⇨計算・論述
2015	〔1〕	理論・無機	KCl・$ZnSO_4$・$AgNO_3$ 水溶液の直列電解（30 字）　⇨計算・論述
	〔2〕	理　論	(a)水の飽和蒸気圧　(b)気体の溶解度　⇨計算
	〔3〕	有機・理論	(a)六員環構造をもつ化合物の構造　(b)ヒドロキシカルボン酸の縮合生成物（50 字）　⇨計算・論述
	〔4〕	有　機	単糖とその重合生成物の性質，核酸の構造と性質（10 字）　⇨論述

傾向　有機化合物の構造決定は必出，思考力・応用力・計算力など，高いレベルでの総合力を要す

1　基本情報

出題範囲：化学基礎・化学

試験時間：教育学部理系試験は 1 科目 90 分，その他の学部は 2 科目 180 分。

大問構成：大問 4 題。ただし，1 題の中で(a)，(b)などの中問に分けられていて，実質 6 ～ 8 題分になることもある。

解答形式：全問記述式。計算問題では計算過程が要求されることもある。2019・2020 年度は論述問題が出題されていないが，30～50 字程度の問題が出題されることが多い。

解答用紙：B 5 判の解答冊子で，解答枠は十分なスペースをもって配置されている。

2　出題内容

大まかに分類して，例年，〔1〕〔2〕は無機・有機の内容が含まれることも多いが，理論中心であり，〔3〕〔4〕は有機分野でほぼ一定している。

①　理論分野

理論分野のすべてが出題対象になっているが，結晶格子，酸・塩基の反応や酸化還元反応がよく扱われている。また，反応速度や化学平衡に関してはかなり高度な内容が問われている。化学平衡は，多くの年度で

出題されている。

② 無機分野

無機分野が単独で出題されることはほとんどなく，理論分野の題材として扱われている。無機工業化学が扱われることもある。

③ 有機分野

〔3〕で炭化水素，エステルなどを中心に有機化合物が扱われている。平易な内容から高度な考察を要するものまで幅広く出題されている。特に，元素分析やいろいろな反応を利用しての構造決定が中心である。〔4〕は，ほとんど例外なく高分子有機化合物や生体内物質が扱われている。高分子は年度により，天然，合成のどちらかが扱われるが，割合は天然のほうが大きい。両方が同時に出題されたこともある。

3 難易度と時間配分

どの問題も，比較的易しい知識の確認からはじまり，しだいに高度な設問になるように構成されている。問題文の的確な読解力，高い計算力，深い思考力など総合力が要求される問題が多い。

また，試験時間に対して問題量が多いので容易に完答できない。まずは，問題すべてに目を通し，できる問題から手をつけるなどの対策をしておきたい。

対　策

1 理論分野

過去問を見てあせり，教科書の内容を十分理解しないまま，高度な演習問題にアタックしても挫折感を味わうだけである。まずは標準レベルのものを取りこぼすことのないようにすべきである。そのためには，教科書にある基本的な知識を確かなものにし，理論分野を徹底的に理解すること。教科書の内容の理解を確認し，確実にするために，標準的な問題集を使って演習量を増やしておこう。計算問題では，最終の数値だけを答えるようになっている場合は計算過程による部分点は期待できない。高い計算力が要求されるとともに，計算ミスのないようにすることが大切であるので，日頃から電卓などを使わずに，自分の手で計算するようにしておこう。さらに，有効数字についての知識も確実にしておきたい。

2 無機分野

教科書では，典型元素については周期表の各族ごとに性質や反応が示され，遷移元素については，いくつかの元素が周期ごとに示されている。これは，似た性質の元素や化合物をひとまとめにして学習するようにしているためである。それぞれのまとまりの中で，たとえば，1族ならNa，2族ならCaについてというように，まず代表的な元素をまとめ，他の元素について，その代表的な元素の性質とどこが違うか調べるようにしていくとよい。代表的な元素とその化合物の関係などを図にしておくとわかりやすい。さらに，気体発生反応，化学工業，陽イオンや陰イオンの系統分析といった，別の切り口でまとめるのも有効な方法である。

3 有機分野

断片的に勉強しても，期待したような効果は得られないだろう。炭化水素は特徴的な構造と反応を，ヒドロキシ基やアルデヒド基などの官能基は，それぞれの関係を系統的に矢印などで結んで図にしておくと，理解しやすく効果的である。学習を進めるにしたがって，その図を詳しくしていく，あるいは，ときどき書き直すといったことによって，さらに理解が深まる。そして，化合物の構造決定に関するものを中心に演習問題をやっておこう。

高分子化合物については，単量体や重合体の構造・結合の仕方など，細かな点まで覚えられるよう時間をかけておかなければならない。糖類，タンパク質，脂質などの天然有機化合物だけでなく，合成繊維，合成樹脂など身近な物質についても興味をもっておくことがまず大切で，それがこの分野の学習意欲に結びつく。新聞などの科学記事を意欲的に読んでおくと，新しい題材についての出題にも対応できるだろう。高分子化合物と理論分野の関わりで，計算を要する標準的な問題も十分にこなしておこう。

4 過去問の研究

標準的な問題の演習がある程度まで進んだら，過去の出題例を見てみよう。問題ごとの難易度にもよるが，理解不足の分野は非常に難しく感じられるはずである。あせらずに，不得意な分野をなくすように学習していこう。どの問題から解答するのが総合的な得点アップにつながるかを予測しておくのも重要なことである。

○京都大学の化学の出題方針

高等学校で学ぶ化学では，原子・分子と化学結合の概念を正しく捉えた上で，物質の性質や物質の変化に関する基本的な原理・法則の理解を深めることを目標としています。また，それらの原理・法則をただ記憶するのではなく，観察・実験を通して物質の具体的な性質や反応と結び付けて理解し，それらを活用する能力を身に付けることを目指しています。すなわち，無機物質，有機化合物，高分子化合物などの個々の性質や反応についての知識を単に蓄積するのではなく，それらに基づいて論理的に思考できることが重要です。

個別学力検査「化学」では，化学に関する基本的事項の理解度をみるために，本学が指定する出題範囲から，できるだけ分野的な偏りがないように出題します。出題にあたっては，物質に関する基本的な知識が身についているかを問い，化学の基本となる概念や原理・法則を活用する能力を試します。さらに，反応式，構造式を適切に表記し，定性的あるいは定量的な考察を論理的に記述できるかも問います。

生　物

年　度	番号	項　　目	内　　　　　　　　　　容
2021	〔1〕	遺伝情報	ゲノム編集，転写開始点と遺伝子発現　⇨論述
	〔2〕	遺伝情報	連鎖と組換え，マーカー遺伝子　⇨計算
	〔3〕	植物の反応，動物の反応	(A)イネの開花・光周性　(B)神経回路と情報処理　⇨論述
	〔4〕	植物の反応，生態	(A)植物の防御応答　(B)生態系の物質生産　⇨論述
2020	〔1〕	遺伝情報	(A)スプライシングとその異常　(B) DNA の校正とその異常　⇨論述・計算
	〔2〕	遺伝情報	母性効果遺伝子，連鎖と組換え　⇨計算
	〔3〕	植物の反応	気孔の開口，強光ストレス　⇨論述
	〔4〕	植物の反応，生態	(A)紅藻の生育場所と光環境　(B)植物の種間競争と生産構造　⇨論述
2019	〔1〕	代謝，遺伝情報	酵素の反応，フェニルケトン尿症　⇨論述
	〔2〕	生殖・発生，遺伝情報	(A)カイコガと遺伝　(B)発生における位置情報の決定　⇨論述・計算
	〔3〕	植物の反応	種子の休眠，光発芽種子の発芽　⇨論述
	〔4〕	進化・系統	(A)隔離と種形成　(B)熱水噴出孔の生物　⇨論述
2018	〔1〕	植物の反応，遺伝情報，動物の反応	(A)花芽形成・遺伝子の変異　(B)学習・神経の可塑性　⇨論述
	〔2〕	生殖・発生，遺伝情報	マウスの卵形成と胚発生・母性因子　⇨計算・論述
	〔3〕	進化・系統，遺伝情報	(A)系統分類と人為分類・分子系統と形態の類似　(B)一塩基多型（SNP）と組換え　⇨論述・計算
	〔4〕	生態	(A)行動圏と縄張り・群れと順位　(B)誘導防御　⇨論述
2017	〔1〕	細胞，代謝	(A)チャネルとポンプ，光刺激とチャネル　(B)窒素固定，根粒形成　⇨論述
	〔2〕	遺伝情報	(A)突然変異の誘発，復帰突然変異　(B)最小遺伝子の人工細菌　⇨論述
	〔3〕	体内環境，植物の反応	(A)輸血と拒絶反応　(B)幼葉鞘の屈性とそのモデル化　⇨論述
	〔4〕	生態，進化・系統	(A)ギャップ形成と種多様性　(B)海洋の物質生産と光合成系の進化　⇨論述

2016	〔1〕	遺伝情報	(A)致死遺伝子　(B)組換え価の計算　(C)逆位と組換え　⇨計算・描図・論述
	〔2〕	進化・系統，遺伝情報	(A)サクラソウ集団の花型の遺伝　(B)ヤマトシロアリの社会と単為生殖　⇨論述
	〔3〕	代謝，動物の反応	(A)C_3 植物と C_4 植物　(B)神経繊維の伝導速度，大脳の働き　⇨論述
	〔4〕	遺伝情報，代謝	(A)制限酵素地図　(B)プライマーの塩基配列　(C)分子モーター　⇨計算・論述
2015	〔1〕	代謝，遺伝情報	(A)光化学反応と活性酸素の生成　(B)X染色体の不活性化　⇨論述
	〔2〕	生殖・発生，遺伝情報	(A)有性生殖と無性生殖・単為生殖　(B)マウスの精子形成とその遺伝　⇨論述・計算
	〔3〕	体内環境，動物の反応	(A)血糖調節，筋収縮のしくみ　(B)サルコメアの長さと張力　⇨論述
	〔4〕	生態	生物と環境，生物の相互作用，間接効果　⇨論述

傾向

実験結果の資料解析・考察問題は必出
未知の題材で応用力・総合理解力をみる

1　基本情報

出題範囲：生物基礎・生物

試験時間：教育学部理系試験は1科目90分，その他の学部は2科目180分。

大問構成：大問4題。ただし，大問の中で(A)，(B)などの中間に分けられており，実質は6～8題程度となることが多い。

解答形式：全問記述式。年度による増減はあるが，論述問題の分量が多い。論述問題は解答欄の枠内で述べるものとなっている。計算問題は結果のみで過程は要求されていないことが多い。

解答用紙：Ｂ５判の解答冊子。

2　出題内容

京大の生物は，「知識問題」＋「考察問題」の２本立てであるが，思考力・総合的な理解力・判断力を必要とするものが中心である。問題はグラフ・模式図などを使って構成されたユニークなものや各種のデータについて考察させるものが多い。

分野としては全般的に幅広く出題されているが，特によく出題される分野はある。以下に頻出分野をあげておく。

①　遺伝情報

遺伝情報の発現やその応用問題が出題されることが多い。この分野は京大の生物における最重要分野といってよく，毎年のように出題されている形質の分離比などの古典的な遺伝を扱った問題から，遺伝子組換えやPCR法，遺伝子発現の調節などの先端分野までの広い内容が含まれる。

②　動物・植物の反応（反応・調節），体内環境

遺伝分野ほどではないが，この分野も出題頻度が高い。

③　生殖・発生

本分野は文章の空所補充の形で問われることが多かったが，最近は実験考察が中心となっている。

④　細胞，代謝

細胞小器官や生体物質についての知識や細胞膜の性質などがよく問われている。また，酵素の性質・酵素反応を中心とした出題が多く，光合成を含めた植物生理がそれに続く。酵素は遺伝情報と，光合成は生態とからめて出題されることもある。

⑤　生態

大問として出題されることがあるほか，植物の光合成とからめて出題されることもある。

⑥　進化・系統

遺伝子頻度の変化など集団遺伝に関連するものや，動植物の進化に関連する出題などは，他分野との関連も含め，よく取り上げられる。

3　難易度と時間配分

空所補充の知識問題は一部に答えにくいものがあるものの，基本的で素直な問題である。しかし，そこは高得点が取れて当たり前であり，考察問題でどれだけ得点できるかがポイントとなる。全体として相互の関連性を踏まえた総合的な知識・論述力も必要であり，かなり難度が高い問題といえる。

また，試験時間に対して論述量が多い。知識問題を先に終わらせ，論述問題になるべく多くの時間がとれるように時間を配分したい。

対　策

1　論述の練習

論述問題が必ず出題されている。しかも，実験を踏まえてその考察を書かせるといった思考力を必要とするものが少なくない。よって，次の2とともに十分な対策を講じておく必要がある。まず，問題集などで時間や字数を設定して，実際に文章を書いてみることが大切である。わかっているということと，簡潔で要領のよい文章を書けるということは，まったく別のことである。説明の仕方やポイントのとらえ方などは，練習を重ねることによって次第に会得できるものであるが，できれば信頼できる第三者に添削指導を受けるとよい。

2　実験・考察問題

実験結果の資料についての分析や推論は例年出題されているので，問題集などを利用して十分に練習しておくこと。また，教科書の図やグラフ・表などの内容はしっかり理解し，問題集や図説などによく出てくる図やグラフは自分で描けるようにしておくこと。さらに，生物の研究方法に関連した出題にも対応できるように，仮説の設定や実験計画，データ処理の方法，実験器具の使い方や実験方法なども押さえておきたい。

3　頻出分野の重点学習

〔傾向〕であげた頻出分野は十分に学習しておくこと。分子生物学や免疫などについても，最近の話題も含めて十分に学習しておいたほうがよいだろう。また，「生態」や「進化・系統」は，ともに総合的な出題の土台となりやすい分野であるので十分習熟しておきたい。

○京都大学の生物の出題方針

　高等学校で学ぶ生物では，生物や生物現象への関心を高め，目的をもって観察・実験を行い，生物学的に探求する能力を身に付けるとともに，生物学の基本的な概念や原理・法則を理解することを目標としています。遺伝子から生態系にいたる様々な生物学的事象についての基礎知識は，現代社会が直面する医療，生命倫理，食糧生産，環境保全，生物多様性保全といった重要な課題に対応する上で必須のものであり，十分な修得が求められます。

　個別学力検査「生物」においては，生物学に関する基本的事項の理解度をみるために，本学が指定する出題範囲から，できるだけ分野的な偏りがないように出題します。さらに，修得した知識に基づいて，生物や生物現象に関する観察や実験の結果を適切に解釈し結論を導く能力を重視し，それを評価するために，記述・論述問題を取り入れます。

地　学

年　度	番号	項　目	内　容
2021	〔1〕	宇　宙	(a)惑星状星雲（30字）　(b)系外惑星と主星の物理的性質 ⇨計算・論述
	〔2〕	大　気	大気の熱輸送，オゾン層の形成と変化 ⇨論述
	〔3〕	地　球	地球表層の構造，異常震域，地震の観測結果の解析 ⇨論述・計算
	〔4〕	地質・地史	地質図の読解，第四紀の地史・地形 ⇨論述
2020	〔1〕	宇　宙	(a)銀河の種類と進化　(b)ブラックホール，恒星の運動 ⇨論述・計算
	〔2〕	大　気	大気の安定・不安定，空気塊の上昇，逆転層 ⇨論述・計算
	〔3〕	地　球	地震波の伝播と地球内部構造，ジオイド ⇨論述
	〔4〕	地質・地史	地質図の読解 ⇨論述
2019	〔1〕	宇　宙	恒星の進化，HR図，星団の特徴（150字）⇨計算・論述
	〔2〕	総　合	惑星の特徴，太陽風，地磁気，太陽放射，温室効果，大気と海洋（100字2問，150字） ⇨論述・計算
	〔3〕	地　球，岩石・鉱物	(a)重力異常，津波　(b)マグマの分化，放射年代（40字） ⇨論述・計算
	〔4〕	地質・地史	地質構造，変成作用，風化作用，黒鉱鉱床（50字3問） ⇨論述
2018	〔1〕	宇　宙	太陽の進化，連星系 ⇨計算
	〔2〕	大気・海洋	エネルギー輸送と大気・海洋の循環，相互作用 ⇨論述・描図
	〔3〕	地　球	球殻状プレートの運動，大陸移動 ⇨論述・計算
	〔4〕	岩石・鉱物	ケイ酸塩鉱物の構造，アイソスタシー ⇨論述・計算
2017	〔1〕	宇　宙	(a)太陽放射と地球が受け取るエネルギー　(b)太陽の自転 ⇨計算・論述（・描図）
	〔2〕	海　洋	海水の循環 ⇨論述・計算
	〔3〕	地　球	地震のエネルギー，マグマの発生，地球内部構造 ⇨計算・論述
	〔4〕	地質・地史	地質構造・地史の組立て，大陸移動説 ⇨論述
2016	〔1〕	宇　宙	(a)脈動変光星の大きさ，視線速度（50字他）　(b)連星の運動，スペクトル ⇨計算・論述・描図
	〔2〕	大気・海洋	コリオリの力，風向，低気圧・台風の特徴，海水の循環 ⇨論述・描図・計算
	〔3〕	地　史	原始地球の特徴，生物の進化（200〜300字他） ⇨論述・計算
	〔4〕	地質・地史，岩石・鉱物	地質構造・地史の組立て，流紋岩（100・150字） ⇨論述

2015	〔1〕	宇　　宙	主系列星の表面・質量・寿命，系外惑星 ⇨計算
	〔2〕	大気，地史	オゾン層，フェーン現象，大気組成の変化（50字） ⇨論述・計算
	〔3〕	地　　球	プレートテクトニクス，マントルの物性，温泉（50字） ⇨論述・計算
	〔4〕	地質・地史	地質図をもとにした地質構造の読解（100・120・150・180字） ⇨論述

傾向　論述・計算・読図・描図問題が中心 宇宙，地球，地質・地史，岩石・鉱物は総合理解を

1　基本情報

出題範囲：地学基礎・地学

試験時間：教育学部理系試験は１科目 90 分，その他の学部は２科目 180 分。

大問構成：大問４題。

解答形式：全問記述式。論述・計算問題が中心である。論述問題は字数制限がある場合とない場合がある。計算問題は途中の過程が要求されることが多い。描図問題も出題されることがある。

解答用紙：Ｂ５判の解答冊子。

2　出題内容

複数分野の内容が融合して出題されることが多く，特に固体地球に関わる諸分野では，その傾向が顕著である。宇宙・地球分野のウエートが大きく，これらには物理的・数学的知識を必要とするものも少なくない。また，自然界の事物を総合的に捉えられる力と，グローバルな見地に立てるかどうかが試されているといえよう。

3　難易度と時間配分

全体的にみると，特別な難問はあまりなく，よく練られた良問が多い。そのような中では基本的な問題の取りこぼしをなくすことはもちろんであるが，ややハイレベルな応用力を必要とする総合問題に，どれだけ突っ込んで解答していけるか，これが合否のカギを握っているといえる。

試験時間に対して問題の分量が多いので，問題の難易を見極めて，確実に解答できるところから手をつけていこう。

対　策

1 学習の進め方

❶ 教科書・図表集中心の学習

大部分は必ず教科書のどこかに扱われている内容である。ただし「地学」に関しては現行２種類の教科書しか発行されておらず，詳細な記述がいずれか一方にしかなかったり，用語・用法が若干異なる項目もある。図表集を徹底的に活用して，まずは「地学基礎」の内容を深め，地学特有のものの見方，考え方に慣れておくことが重要である。

❷ プラス α の学習

地球・宇宙に関する科学は，10 年たつと時代遅れといわれるほど，日々進歩発展している。最先端の内容が教科書にすぐに反映されるわけではないし，学界で定説化していないことが入試に出題されるわけでもない。しかし京大が地球・宇宙科学界のリード役の一翼を担っているのは事実であるし，地学が自然災害や環境問題などの実生活と密接に結びついた内容を含んでいるという観点からも，教科書や図表集以外に数冊でよいから，地球・宇宙関係の書籍・雑誌にふれておきたい。『徹底図解 地球のしくみ』『徹底図解 宇宙のしくみ』（いずれも新星出版社）などが適当である。さらにはテレビの地球・宇宙関連の特集番組を見ておくことも，教科書的な内容がいきいきとした現実味を帯びたものとして，頭の中に定着するのを助けてくれるであろう。

2 分野別対策

❶ 宇　宙

京大地学では宇宙分野のウエートが大きい。特に太陽の活動とエネルギー，恒星の物理的性質，惑星の特徴と運動などがよく出題される。また太陽系の形成史や恒星の進化，銀河についても要注意である。「地学」の詳細な内容まで踏み込んで練習を積んでおきたい。

❷ 固体地球

地震をはじめとする地球物理関係の出題が多い。火山とともに自然災害として日常生活に密接につながっており，それらを研究対象とする研究者が多い京大の性格からすれば当然の傾向といえる。また，地質・地史，岩石・鉱物分野との融合問題はもちろんのこと，近年，固体地球分野と宇宙分野をまとめて地球惑星科学とし，自然現象を一貫した見方で取り扱うことが多くなったことの反映として，宇宙分野との融合問題も出題されている。したがって，受験対策も各分野の断片的な学習の寄せ集めに終わることなく，広い視野をもって相互に見渡せる力を養わなければならない。特にプレートテクトニクスに関連する諸現象については，詳細な内容まで十分深めておきたい。また，火山と火成岩，原始地球以来の惑星空間・大気・海洋・地球内部をも含めた環境変遷史なども学習を深めておきたい。地質図関係の読図・描図作業も，十分こなしておくこと。

❸ 大気・海洋

近年増加の傾向にある。基礎的な内容が多いとはいうものの，力学的な内容や大気・海洋の相互作用，エネルギー収支など，用語の暗記学習だけでは対応できないものがあるので心しておくこと。大気大循環や地球環境問題，身近な天気現象との関連などには要注意。

3 論述・計算・描図対策

論述問題の出題内容は基本的なものが多いが，比較的限られた解答欄の中で，短時間に的確でポイントを押さえた解答を手際よく仕上げるのは容易ではない。京大の過去問はもちろんのこと，北海道大・東北大・名古屋大など，出題傾向の似た他大学の論述問題にもできるだけ多く当たっておくとよい。その場合でも，解答例を見て頭の中でわかったつもりですませるのではなく，必ず自分なりの解釈をして再度文章に表しておくこと。計算問題では，指数計算や近似計算のテクニックが必要なこともあるので，十分に練習して慣れておきたい。描図問題に対しても，教科書・図表集を漫然と眺めるのではなく，必ずその場で自分の手で描き直し，細かいところまで再確認しておくとよい。特に地質図や等値線図を見て，立体的な構造を的確に思い描けるスキルを身につけておくことが重要である。このように，多様な表現力を身につけることは，進学後にも必ず役に立つであろう。

○京都大学の地学の出題方針

高等学校で学ぶ地学では，日常生活や社会との関連を図りながら，地球と地球を取り巻く環境，および宇宙への関心を高め，目的意識を持って観察・実験などを行い，地学的に探究する能力と態度を育成するとともに，地学の基本的な概念や原理・法則を理解させ，科学的な自然観を養うことを目標としています。

個別学力検査「地学」では，地学に関する基本的事項の理解度をみるために，本学が指定する出題範囲から，できるだけ分野的な偏りがないように出題します。また，個別的な知識を問うだけでなく，地学的な基礎知識を活用して地学的現象を科学的に理解し，総合的かつ論理的に説明し，記述する能力を評価できるような問題を出題します。

国　語

年度	番号	種　類	内　容
	〔1〕	現代文	記述：内容説明
2021	〔2〕	現代文	記述：内容説明
	〔3〕	古　文	記述：口語訳，内容説明
	〔1〕	現代文	記述：内容説明
2020	〔2〕	現代文	記述：内容説明
	〔3〕	古　文	記述：口語訳，和歌解釈，内容説明
	〔1〕	現代文	記述：内容説明
2019	〔2〕	現代文	記述：内容説明
	〔3〕	古　文	記述：和歌解釈，内容説明，口語訳
	〔1〕	現代文	記述：内容説明
2018	〔2〕	現代文	記述：内容説明
	〔3〕	古　文	記述：口語訳，内容説明
	〔1〕	現代文	記述：内容説明
2017	〔2〕	現代文	記述：内容説明
	〔3〕	古　文	記述：口語訳，内容説明，和歌解釈
	〔1〕	現代文	記述：書き取り，内容説明
2016	〔2〕	現代文	記述：内容説明
	〔3〕	古　文	記述：口語訳，内容説明
	〔1〕	現代文	記述：内容説明
2015	〔2〕	現代文	記述：内容説明
	〔3〕	古　文	記述：内容説明，口語訳，和歌解釈

▶読解文の出典

年度	番号	類　別	出　　　典
2021	〔1〕	随　筆	「忘れ得ぬ言葉」西谷啓治
	〔2〕	評　論	「韻と律」岡井隆
	〔3〕	歌　論	「正徹物語」正徹
2020	〔1〕	評　論	「体験と告白」小川国夫
	〔2〕	評　論	「妖怪学新考」小松和彦
	〔3〕	随　筆	「北辺随筆」富士谷御杖
2019	〔1〕	評　論	「科学思想史の哲学」金森修
	〔2〕	評　論	「音を言葉でおきかえること」吉田秀和
	〔3〕	物　語	「落窪物語」
2018	〔1〕	評　論	「意味変化について」佐竹昭広
	〔2〕	評　論	「科学と哲学のつながり」湯川秀樹
	〔3〕	紀行文	「肥後道記」西山宗因
2017	〔1〕	随　筆	「山村の秋」串田孫一
	〔2〕	評　論	「『私』をつくる」安藤宏
	〔3〕	随　筆	「海人のくぐつ」中島広足
2016	〔1〕	随　筆	「青天有月」松浦寿輝
	〔2〕	評　論	「情報の文化史」樺山紘一
	〔3〕	狂言論	「わらんべ草」大蔵虎明
2015	〔1〕	随　筆	「短編小説礼讃」阿部昭
	〔2〕	評　論	「流言蜚語」清水幾太郎
	〔3〕	説　話	「雑々集」

傾　向　現代文は高度な読解力と的確な表現力が必要　古文は口語訳中心の設問

1　基本情報

試験時間：90分。

大問構成：現代文２題，古文１題の合計３題。例年，〔1〕は文系と共通問題である（設問は理系のほうが１問少ない）。

解答形式：全問記述・論述形式。字数制限は例年課されていない。

配　　点：〔1〕40点，〔2〕・〔3〕各30点。

解答用紙：Ｂ５判の解答冊子。解答欄はタテ14センチ程度で１行につき20～25字程度が目安となる。書き取り以外のすべての解答欄に罫線が施されており，現代文は１問につき２～５行，古文は２～４行である。

2　出題内容

①　現代文

評論や随筆の出題が多いが，2012年度には小説も出題された。

本文：出典は明治から現代にかけての作家，または評論家や各界研究者の文章で，評論や随筆，小説など幅広く取り上げられている。文章量としては，Ｂ５判でおおむね２，３ページ程度で，標準的な入試国語の分量といえる。

内容は，哲学，社会，文学論，科学論など多岐にわたっている。極端に難解な文章が出題されているわけではないが，京大受験生の水準に合った，適度に抽象性のある文章が取り上げられている。しかも論理だけで固まった文章ではなく，筆者の価値観や深い人間観がにじみ出ているような文章であることが多い。理系独自の問題である〔２〕は，〔１〕に比べて読み取りやすい平易な文章が出題されている。文章を読み書きする際の態度，物事を既存の枠組みとは違う基準で認識することなど，特に理系の学生にとって大事な，基礎教養的な内容のものが選ばれる傾向がある。

設問：傍線部に関する内容や理由を問う，国公立大二次試験型の典型的な問題である。ただ，婉曲的な表現や比喩表現が設問箇所としてねらわれることが多く，そういった表現を客観的にとらえなおす力が要求される。本文の主旨を正確に理解して本質まで深く読み込んでいるか否かが問われる。小説の出題については，文学的文章の問題に典型的な，登場人物の心情表現を問う問題を中心に設問が構成されている。登場人物の行為や，会話文での発言を手がかりに，客観性のある説明を組み立てなければならないので，文学的文章の読解を不得手にしている受験生には難しく感じられるだろう。

②　古　文

平易な文章で，口語訳と内容説明中心の出題となっている。

本文：近世文からの出題が多い。文系の古文とは別問題であり，現代文の〔２〕と同様に平易な文章からの出題が続いている。文章量も少なく（10行以内が多い），内容面でも，前書きや注などの補助情報をさほど必要としないような，わかりやすいものが取り上げられている。和歌を含む文章もよく出題されている。なお，2011年度には漢文を含む文章が出題されていた。

設問：設問のうちかなりの割合を口語訳が占める。内容説明が出る場合も，該当箇所を押さえて，その部分の口語訳をもとにして記述することになるので，基本的に設問全体が口語訳を土台にしているともいえる。また，たとえば，問一で「現代語訳せよ」，問二で「必要なことばを補って現代語訳せよ」などと，同じ大問の中で，設問文の表現を変えて出題されることもある。和歌の解釈もよく出題される。なお，近年，内容要約や主旨型の説明問題もみられるようになってきたので，ある程度文系に近い表現力重視の傾向も出てきていることに注意しておきたい。

3　難易度と時間配分

現代文は硬質な文章が出題されるので，抽象的な表現にも対処しうる読解力，表現力が要求される。古文は明快な文章で，文章全体の読解という点でいえば，さほど難しいわけではない。ただし，語句の意味や語法に注意した正確な解答が要求されているといえるだろう。一般的な国公立大二次試験型の国語問題と比較して，要求される解答の精度の高さを考えるとかなり難度が高い。

解答が全問記述式なので，記述解答を練り上げる時間をできるだけ確保したい。まずは全問の問題文をひととおりながめて，自分の得意・不得意を踏まえて問題の難易を見極めることが重要である。難易に差がある場合は，手がつけやすいものから先に仕上げていくというのが得策である。古文をできるだけ早く済ませ，現代文に多くの時間を残すのも，一つの戦略であろう。

対　策

1　現代文

記述量が多いという点が最大の特徴であるから，まずは過去問に当たって実際に解いてみることである。そうすれば，多くの設問箇所が本文の他の部分と対応しており，そこに解答のヒントや説明に利用できる表現があることに気づくであろう。小説も出題されることがあるので，一般的な問題集などを活用して演習しておく必要がある。

❷ 古　文

口語訳，解釈が中心なのでオーソドックスな勉強法が基本である。すなわち文法と古文単語だが，共通テストやセンター試験の過去問をクリアできるレベルの受験生には問題はないであろう。ただ「適宜ことばを補いながら」などという設問条件がつくこともあるので，主語や目的語などの省略内容の補足や，指示語の具体化などをすることが必要である。また，古文特有の省略や慣用的な表現には，古典常識の学習も視野に入れつつ慣れておく必要がある。現代文同様，過去問研究を中心に心がけ，本書を活用することでどのような口語訳の解答を作ればよいのか把握してほしい。

和歌の修辞，解釈は頻出なので，市販の参考書などにある和歌修辞の項目に目を通し，そこに引かれた例まで頭に入れておく必要がある。「百人一首」の解釈，修辞の理解が役に立つ。漢文も共通テストやセンター試験の過去問をクリアできるレベルの知識は蓄えておくべきである。

❸ 表現力・記述力

注意しておきたいのは，何が問われているのかという設問意図を明確にくみ取った上で，無駄のない答案作りを心がけること。独断に満ちたものではなく，本文の内容を踏まえたものでなければいけない。また，解答欄はある程度余裕をもって用意されている場合もある。十分考え抜いた上で作成した答案であるなら，多少解答欄に空きができたとしても，いっぱいになるまで無理にそれを埋める必要はない。

記述力をつけるためには，ステップを踏んだ学習が必要である。そこで，次のような段階的な学習法を提案しておこう。

❶ 論理的な文章を要約する練習

論理的なひとまとまりの文章を，5分の1から10分の1程度の長さにまとめてみよう。結論だけをまとめるのではなく，もとの文章の展開を再構成して結論に至る，というように，論旨の展開を意識して行うと効果的である。繰り返し練習することで，記述式の解答の原則として，重要なことが末尾になるようにまとめるというやり方が身についてくる。

❷ 文学的な文章の抽象化と，古文の口語訳の練習

論理的な文章の要約に慣れたら，文学的な文章の要約・抽象化に取り組もう。また，古文の口語訳を記述する練習も必要である。可能なかぎ

り，文章の全訳にも取り組んで，長文解釈への抵抗感を克服したい。

自分で書くだけではなかなか向上しないので，何らかの形で添削を受けて，一定のレベルに達するまで，同じ文章に繰り返し取り組むと効果的である。そのような基礎練習を続けることが自信につながる。

❸　過去問への取り組み

最初は辞書を使い，時間をかけて，自分なりの最善の解答を作成してみよう。また，時間配分の練習に，京大向けの模擬試験を受けて，カンを養っておくと心強い。あとは，過去問を時間の許すかぎり解いてみること。教学社の難関校過去問シリーズ『京大の現代文 27 カ年』『京大の古典 27 カ年』を活用することをすすめる。

○京都大学の国語の出題方針

日本語の文章の論理や論旨，あるいは作者の心情や表現の意図を，的確に理解し，自らの言葉で論理的にその理解を表現できることを評価します。そのため，文章のジャンルとして論説文，随筆，小説など，さらに文体についても明治擬古文まで含め，幅広く問題文を選び，漢字の書き取りや，文章表現の持つ意味，あるいは論理展開の説明をはじめとして，登場人物の言動に託された著者の意図，さらには問題文全体の論旨を問うなど，論述の形式で問題を課します。

古典文法についての正確な理解を持つとともに，古典の修辞などの基礎知識をもち，的確に古文及び漢文の文章を理解できると同時に，原文を現代語訳できることを評価します。そのため，物語や歴史，随筆，日記をはじめとして，ジャンルや時代を限らず，幅広く問題文を選び，語句や修辞の説明，文章の現代語訳，さらに登場人物の言動の理解から問題文全体の論旨に至るまで，さまざまな形式で論述問題を課します。

「国語」は，国語（文系）と国語（理系）と区分をして出題します。この二つの間で，学習指導要領の国語科の科目からみて出題の範囲に変わりはありませんが，出題される問題が異なることがあります。

2021年度

解答編

解答編

英語

I **解答** (1)全訳下線部(1)参照。
(2)全訳下線部(2)参照。
(3)全訳下線部(3)参照。

◆全　訳◆

≪フィクションが育む共感力≫

物語を語る行為は，有史以来，人類とともにある活動である。私たちは物語の本能を持って生まれた物語る動物である，とさえ言えるかもしれない。朝，仕事に出かけ，同僚に会って前日の晩にあったことを彼らに語る。夜，帰宅して家族に会い，昼間にあったことを彼らに語る。私たちは話をするのが好きで，話を聞くのが好きである。物語はどこにでも存在しており，ニュース，世間話，夢，ファンタジー，報告書，告白など枚挙にいとまがない。

とりわけ，私たちは小説，漫画，映画，連続テレビドラマといった様々なフィクションの物語を楽しむのに多くの時間を費やしている。フィクションが私たちにとってよいものであるかどうかを検討してみることが多少なりとも有用であるのは間違いない。実際のところ，これは古代の哲学者にまで遡るほど長い歴史を有する問題である。プラトンは自分の理想とする国家から詩人を排除したことで有名であるが，これは彼が，詩人の創作したものは突き詰めれば事実ではない，と考えたためである。最も簡単な言い方をするならば，彼は詩を嘘であるとみなしたのである。彼は，フィクションとして提供されたものはそれ自体の正当性を示すことができない，と考えていた。彼の最も聡明な弟子であったアリストテレスはこれとは異なる考えを抱いていた。アリストテレスの理論の一つの重要な点とされているのは次の点である。(1)歴史は個別的なことを語り，出来事が起きた際の詳細一つ一つに専念するのに対して，詩は偶発的な要素の介入を許さずに，普遍的なことを浮かび上がらせる。それゆえに詩は正当化されるものである。

この議論が現代にまで続くなかで，古くからあるこの問題を扱う新たなアプローチが心理学分野の研究者たちによって示された。様々な実験から，フィクションには私たちを変える力があることが明らかになってきている。報告によれば，(2)「ノンフィクションを読むとき，人は心の中に壁を作った状態でそれを読む。内容に対して批判的で，疑い深い状態になっているのである。しかし，物語に没頭しているときには，心の壁は取り払われる。感情がたかぶり，それにより人はゴムのような，成形されやすい状態へと変わるようである」。これはかなり単純であるようにも聞こえるが，重要なのは研究者が私たちに，フィクションを読むことで共感が育まれる，ということを伝えようとしている点である。読者がフィクションの世界に没頭しているとき，その人は物語の登場人物の立場に自分自身を当てはめ，この活動が繰り返し行われることで，他人を理解する力が磨かれていく。つまり，実世界における対人的な感受性を育むことで，フィクション，とりわけ文学作品は私たちをよりよい方向へと形成してくれるのである。

このことは必ずしも目新しいことではないが，フィクションの重要性に対する科学的根拠の存在は確かに心強いものがある。とは言え，慎重な区別がここでは必要である。確かに，人はフィクションを読むことで，現に周囲の人々をよりよく理解した振る舞いをするようになる。しかしながら，共感が必ずしも社会的利益につながるとは限らない。この話題に関する最近の記事では次のように指摘されている。「あなたが出会うであろう，共感力の非常に豊かな人々のなかには，経営者や弁護士が含まれる。(3)彼らは相手の気持ちを瞬時に把握し，それに基づき行動し，そして取引を成立させたり裁判に勝ったりすることができる。結果的に，相対する側の人は苦悩したり，挫折を味わったりすることになるだろう。反対に，他人を理解するのが得意ではない，あるいはそれが得意であっても，把握した相手の感情に基づいて行動する力は持っていない，読書好きで内向的な性格の人々を誰もが知っている」（ここで言う読書好きな人々とは，フィクションの愛読者のことを指している。）共感的理解と共感的行動は異なるものである。フィクションを読むことと関連して，それらがどのように，なぜ異なっているのかという点に関しては，これからさらなる研究で解明が進んでいくことを期待する。

◀解　説▶

心理学の研究によると，小説などのフィクションを読むことで共感力が養われる，という内容。前半の途中で言及されている哲学者プラトンとアリストテレスに関する話題は背景知識がないと難しいところもあるが，対比構造を意識して和訳につなげたい。なお，彼らの時代における「詩」は，現代の「文学」と捉えておくとわかりやすい。

▶(1) **while history expresses the particular, concentrating on specific details as they happened, poetry can illuminate the universal, not allowing the accidental to intervene.**

「歴史は個別的なことを語り，（出来事が）起きた際の詳細一つ一つに専念するのに対して，詩は偶発的な要素の介入を許さずに，普遍的なことを浮かび上がらせる」→while は「～する一方で」という対比を表す接続詞であり，このことから while 節内にある the particular と主節内にある the universal が対比関係にあることがわかる（両方 the のついた名詞だが，互いに対比される名詞には定冠詞がつきやすい）。前者は「個別的なこと，特定のこと」，後者は「普遍性，全般的なこと」の意味。SV ～, concentrating on … と，SV ～, not allowing … の現在分詞の箇所は，それぞれ直前の節（SV 構造を持つまとまり）に付随する分詞構文。この2つは「(V して,) …に専念する」や「(V して,) …を許さない」のようにカンマの前から後ろへと順に訳し下げていくか，「…に専念しながら（V する)」や「…を許さずに（V する)」のように，前にある節内の動詞（V）を修飾する形で訳し上げるかのいずれかの処理をする。concentrating on specific details as they happened について，they は specific details「(ある出来事の）個々の〔特定の〕詳細」を指し，as は「(～した）通りの〔ままの〕」，または「(～した）ときの」という意味。したがって，「(それらが）起きた当時の〔起こったままの〕詳細一つ一つに集中する」という意味になる。they は訳出しなくてもよいが，するのであれば「個々の詳細」のままでは不自然な日本語になるため，単に「それ（が)」とするか「出来事（が)」くらいに意訳してもよい。not allowing the accidental to intervene については，allow *A* to *do*「*A* が～するのを許す」の構造に注意して，the accidental「偶発的なこと」と

intervene「介入する」との主述関係をはっきりとさせた和訳にする。
• illuminate「～に光を当てる」

Hence the justification.

「それゆえに詩は正当化されるものである」→Hence「それゆえに」の後ろには主語や動詞といった文構造がなく，名詞のみが続いているため，日本語にする際には，文脈から判断して主語や述語のある文らしい形に訳し変える必要がある。第 2 段第 5 文（Put in the simplest terms, …）に，プラトンは「詩を嘘であるとみなした」とあり，続く第 6 文には，He did not believe something offered as fiction could justify itself.「彼は，フィクションとして提供されたものはそれ自体の正当性を示すことができない，と考えていた」とある。そして第 7 文（His brightest pupil …）に「アリストテレスはこれとは異なる考えを抱いていた」とあることからわかるように，下線部は，プラトンの考え方とは対立するアリストテレスの主張である。したがって，プラトンの「詩は正当性を示すことができない」という主張の反対，つまり「詩は正当化されるものだ」といった和訳を文脈から判断することができる。

▶(2) **“when we read nonfiction, we read with our shields up. We are critical and skeptical. But when we are absorbed in a story, we drop our intellectual guard.**

「ノンフィクションを読むとき，人は心の中に壁を作った状態でそれを読む。内容に対して批判的で，疑い深い状態になっているのである。しかし，物語に没頭しているときには，心の壁は取り払われる」→with our shields up は，with O C「O が C である状態で」という付帯状況の表現が使われており，直訳すれば「盾を構えた状態で」となる。この表現は直後の文中にある critical and skeptical「批判的で懐疑的」という表現で言い換えられている。また，But より後ろには drop our intellectual guard「頭の中の守りの構えを解く」という対照的な表現があるが，この intellectual は「知性のすぐれた」というよりは，「知力に関する，知力を要する」という意味の用法である。〔解答〕では，直後の emotionally との関連から「心の」という表現を用いている。それに対応させる形で，with our shields up「盾を構えた状態で」を「警戒しながら」や「心の中に壁を作った状態で」などと意訳することもできる。

- critical「批判的な」
- skeptical「懐疑的な」
- be absorbed in ～「～に夢中になっている」

We are moved emotionally, and this seems to make us rubbery and easy to shape."

「感情がたかぶり，それにより人はゴムのような，成形されやすい状態へと変わるようである」→move は「(人の心) を揺り動かす」の意味の他動詞。this が指しているのは直前の内容，つまり「人は物語を読むときには警戒心を解いていて，心を揺り動かされること」。make us rubbery and easy to shape は，make O C「O を C の状態にする」の形であるため，暫定的な直訳は「このことが私たちを rubbery and easy to shape な状態にする」である。rubbery は「ゴムのような，弾性のある」，shape は「～を形づくる〔成形する〕」の意味。*A* is easy to *do*（他動詞）の構文は，it is easy to *do A* と書き換えられる（*ex.* This book is easy to read. ＝It is easy to read this book.）という基本原則から，make us easy to shape は make it easy to shape us に同じであり，その和訳は「私たちを成形しやすい状態にする」となる。また，shape の目的語が us であることは，第 3 段最終文（So, nurturing our interpersonal …）の中に shape us とあることからも推測できる（fiction, especially literary fiction, can shape us for the better「フィクション，とりわけ文学作品は私たちをよりよい方向へと形成してくれる」)。

▶(3) **They can grasp another person's feelings in an instant, act on them, and clinch a deal or win a trial.**

「彼らは相手の気持ちを瞬時に把握し，それに基づき行動し，そして取引を成立させたり，裁判に勝ったりすることができる」→grasp は「～を把握〔理解〕する」，in an instant は instantly に同じで「すぐに」，act on ～は「～に基づいて行動する」という意味。act on them の them は another person's feelings を指す。clinch a deal は熟語で「取引を成立させる，商談をまとめる」という意味。clinch は "釘の先を曲げて何かを固定する" というイメージで，そこから派生した意味を持つ（「～を固定する，結びつける」など)。win はこの場合は他動詞で「(勝負事) に勝つ」の意味。

• trial「裁判，審理」

The result may well leave the person on the other side feeling anguished or defeated.

「結果的に，相対する側の人は苦悩したり，挫折を味わったりすることになるだろう」→may well *do* は「～するのももっともだ，恐らく～するだろう」という助動詞の慣用表現。leave O C で「O を C の状態のままにする」の意味で，O には the person on the other side「相手」，C には feeling anguished or defeated「苦悩や敗北感を抱いている」が相当する。

• anguish「～を惨めにする〔苦しめる〕」
• defeat「～を打ち負かす」

Conversely, we have all known bookish, introverted people who are not good at puzzling out other people, or, if they are, lack the ability to act on what they have grasped about the other person."

「反対に，他人を理解するのが得意ではない，あるいはそれが得意であっても，把握した相手の感情に基づいて行動する力は持っていない，読書好きで内向的な性格の人々を誰もが知っている」→bookish は book に形容詞化接尾辞 -ish「～のような，～じみた」が付いた形で「本好きの」の意味。introverted は「内向的な」の意味（反意語は extroverted「外向的な」)。bookish も introverted も後ろの people を修飾している。who 以下は people を先行詞とする関係代名詞節。puzzle out ～ は「(謎・問題など) を解く」という意味で，ここでは目的語が other people となっているので「他人を理解する，他人の考えを読み取る」の意味（2 文前の grasp another person's feelings の言い換え)。if they are は直後の省略を補うと，if they are (good at puzzling out other people) であり，if は even if「たとえ～だとしても」と同じで，「たとえ他人の考えを読み取るのが得意であっても」という譲歩の意味。lack は「～を欠いている，～がない」という意味の他動詞で，構造的には who に続いて（…）people who lack the ability to *do*「～する能力のない（…な）人々」) となる。

• conversely「逆に」

●語句・構文●

(第 1 段) go so far as to *do*「～しさえする」 narrative「物語」 instinct「本能」 during the day「昼間の間」→the day は「昼間の明るい

時間帯」を指している。 gossip「世間話，うわさ話」 confession「告白，白状」→「愛の告白」の意味とは限らず，正直に打ち明けること全般に使える。 so on and so forth「～などなど，～など挙げればきりがない」

（第２段） a deal of ～「多くの～」 consume「～を消費する，～を取り込む」→ここでは目的語に書物や映画がきているので，「～を読んだり見たりする」の意。 fictional「事実に基づかない，架空の，フィクションの」 cartoon「漫画」 serial「連続（物）」（be）of some use「いくらか役に立つ」→（be）of use で（be）useful に同じ。 ponder「～を思案する」 go back to ～「（時代など）に遡る」 philosopher「哲学者，哲人」 Plato「プラトン」→古代ギリシャの哲学者（ソクラテスの弟子であり，アリストテレスの師）。 famously「周知のとおり」 exclude「～を排除する」 poet「詩人」→個々の「詩」は poem，集合的に「詩（というもの）」を指すのが poetry。 ideal「理想的な」 republic「国，共和国」→ここでは「プラトンが理想とした国」を指す。 , for SV「というのも～だから」→この for は接続詞。 creation（s）「創作物」 ultimately「突き詰めれば」 untrue「真実でない」 Put in the simplest terms「最も簡単に言い換えれば」→To put it in the simplest terms に同じで，この put は「（言葉など）を（～に）置き換える」の意。 regard *A* as *B*「*A* を *B* とみなす」 offer「～を提供する」 justify「～を正当化する」 bright「賢い，聡明な」 pupil「生徒，弟子」 Aristotle「アリストテレス」→古代ギリシャの哲学者（プラトンの弟子）。

（第３段） debate「討論」 psychology「心理学」 deal with ～「（問題など）に対処する〔取り組む〕」 experiment「実験」 emerge「現れる」 modify「～の一部を修正する」 reportedly「報告によると」 simplistic「単純な」 cultivate「（能力など）を育てる」 empathy「共感（力）」（be）immersed in ～「～に没頭する」 practice「実践」 sharpen「（能力など）を磨く」 nurture「～を育てる」→nurturing our … の箇所は分詞構文。 interpersonal「人間関係の」→inter- は「～の間の」の意味の接頭辞。 sensitivity「感受性」 literary「文学の」 for the better「よい方向へ」

（第４段） news「新しいこと」 comforting「心地よい」 nevertheless「それでも，にもかかわらず」 distinction「明確な区分」（be）in order

「必要である，適切である」→普通は「整然とした，秩序だった」の意味であるが，ここでは文語的な用法になっている。social good「社会的利益」 article「記事」 point out ～「～を指摘する」 empathetic「共感的な」 businesspeople「実業家，経営者」 be meant to *do*「～することになっている，～しなければならない」→“義務・運命”を表す。keen reader (s)「愛読者」 sympathetic「思いやりのある」 in connection with ～「～に関連して」 further「さらに」→ここでは副詞。explore「～を調査する〔研究する〕」

Ⅱ 解答

(1)『種の起源』が，長らくヨーロッパの精神を支配してきた，そして依然として支配している二つの大きな世界観のうちの一方と対立し，もう一方と調和するものであるという事実。

(2)全訳下線部(a)参照。

(3)全訳下線部(b)参照。

◆全　訳◆

≪ダーウィンの進化論と一元論的世界観≫

チャールズ=ダーウィンの考えに対する初期の重要な反応の一つは，才能豊かなジャーナリストであるジョージ=ヘンリー=ルイスからのものであった。ルイスの一節を読んだダーウィンは，その記事の著者のことを「素晴らしい文章を書く人物であり，この問題についての知識がある人物」であると，友人に宛てた手紙で評している。実際，現代のある学者が述べているように，当時，「トマス=ハクスリーは別として，ルイスほど公正に，かつ，しっかりとした知識でダーウィンの理論を扱った科学論者は他にいなかった」のである。以下は，ダーウィンの最も著名な書物の背景についてルイスが記したものである（一部改変）。

『種の起源』は新時代を切り開いた。それは，事実との整合性や適用される範囲の広さにおいて，それまでの理論すべてを凌駕する説を提示した。それは長期に及ぶ研究から導き出されたもので，その結果，多くの人々にとって不明瞭であった考えが明瞭に書き表されていたため，その影響はすぐさまヨーロッパ全体に及んだ。扱われているのは古くからある問題であるが，そこに示された概念は斬新なものであったため，それは学者たちに革命的熱狂をもたらした。今の時代においてこれほど広く影響を及ぼした著作はない。これほどの影響は，それが偉大な発見により科学を充実させた見事な著作であるという事実ではなく，むしろこの著作が，長らくヨーロッパの精神を支配してきた，そして今なお支配している二つの大きな世界観のうちの一方と対立し，もう一方と調和するものであるという事実に起因している。一方の世界観は強大な敵と直面し，他方の世界観は強力な擁護者を獲得した。「種の起源」という論題が抱える重要性は，その背後におぼろげに見えてくる，より重大な論題に依拠している，というのは直ちに明らかであった。その論題とは何か？

(a)ギリシャにおける自然科学の幕開けから，その後のすべての時代にかけての見解の歴史をたどってみると，様々な形で発現する生命はすべて共通の根から育った花に過ぎないという真実，つまり，どんな複雑な形態もより単純な既存の形態から進化したのだという真実について，明確に捉えた洞察ではなく，直観的感覚とも言える考え方を示唆する数多くの記録が繰り返し登場しているのを認めることになるだろう。進化に関するこのような捉え方は，対立，嘲笑，反論を何とか切り抜けてきたが，この強さの理由は，この捉え方が，あらゆる現象をひとつの共通性へと落とし込み，あらゆる知識を統一的にまとめることから一元論と呼ばれる世界観に合致している点にある。この世界観は，対立関係にある，つまり二元論の，エネルギーと物質，命と体を区別して対置するような世界観とは相容れないものである。思想の歴史は，この二つの一般的な世界観のせめぎ合いと言える。人は皆，いくらかは教育によって，そして大部分は生まれながらにして，一元論か二元論かのいずれかの概念を抱く傾向にあると言えるかもしれないと私は考えている。進化論を受け入れるか拒絶するかが，大抵の場合，一元論と二元論のどちらの考え方を支持するのかによって完全に決まってきたという点については，疑いの余地はほとんどないであろう。

(b)そして，この観点からわかるのは，この観点以外では説明がつかないであろうことだが，それは自然選択説の証拠や反証材料を正しく評価する能力がまったくない人々が，いとも簡単に，そして熱心にそれを受け入れたり，あるいはそれに「反論」したりする理由である。このような人々には生物学の基礎知識がないが，それにより彼らが自信満々にこの問題について意見を述べるのをやめることはない。これに対して生物学者は，それがもし天文学に関する説だったとしても，人々は同じようにその程度の乏しい知識で反論するのであろうか，と冷たく問うている。なぜ反論しないなどということがあるだろうか。彼らは優れた立場から問題を判断する能力が自分にはあると考えているのである。彼らは自分たちの全般的な世界観の正しさを心の底から信じているため，あらゆる仮説について，それが自分の世界観と調和するものであるか，それとも対立するものであるかに応じて，その真偽を結論づけている。

これまでもそうであったし，これからもずっとこの状況は続くであろう。進化論は，一元論的世界観から必然的に導かれる推論であり，それは一元論と二元論の対立関係がなくなるまで，相反する学派間の論争の場であり続ける。私自身は一元論の最終的な勝利を信じているため，進化論は，科学文化の広がりと共にそれが受け入れられることで，一元論の勝利を早めることになる大きな影響力の一つであると考えている。

ダーウィンは自分の著作に関するルイスの見解を気に入ったようで，この記事やいくつかの関連文書を読んだとき，彼はこのジャーナリストに宛てた手紙を送り，それらを書籍として出版するように促している。現代科学の視点から言えば，ルイスの述べていることは時代遅れかもしれないが，彼が非常に興味深い著述家であることには変わりない。

◀解　説▶

ダーウィンの著した『種の起源』に関する論争の背後には，一元論と二元論という相反する世界観の対立問題があることを指摘した記事が紹介されている。この記事は同時代を生きたジョージ=ヘンリー=ルイスによるものであり，当時の時代背景や哲学的観点を意識して読み解きたい。

▶(1)『種の起源』が大きな影響力を持った「要因」としてルイスが最重要視しているものを第2段（*The Origin of Species* … What is that question?）から探し，その内容を日本語で記述する問題。ただし，設問では「文章全体から判断して」と指示されているので，答えに該当する箇所の判断根拠を第2段の外にも確認しておく必要がある。まず，「『種の起源』の影響力」を念頭に第2段を見ると，第5文に，This extent of influence is less due to *A* than (due) to *B*「この影響力の大きさは *A* によるものというよりはむしろ *B* によるものである」とある。原因を表す表現の due to ～「～が原因で」が使われていることから,『種の起源』が大きな影響力を持った「要因・原因」がここで言及されているのがわかる。また, less *A* than *B*「*A* というより〔ではなく〕(むしろ) *B*」は, than より後ろの *B* にあたる語句が強調される構造。したがって, この第5文の than to より後の箇所 (the fact of its being a work … the minds of Europe) が, ルイスが最重要視している要因であると推測される。そのなかで, the fact of its being a work which clashed against one and chimed with the other of the two great conceptions of the world「それ (＝『種の起源』) が, 二つの大きな世界観のうちの一方と対立し, もう一方と調和する著作であるという事実」と述べられているが, この「二つの世界観」というのは, 第3段第2・3文 (This idea about … life and body.) にある, one general conception of the world which has been called the monistic と the rival, or dualistic, conception, つまり「一元論的な世界観」と「二元論的な世界観」のことである。続けて, 第2段の外にある情報とのつながりを確認すると, 第3段最終文 (There can be …) に「進化論を受け入れるかどうかは, この一元論と二元論のどちらを支持するかによって決まる」とある。これをより一般化した内容を第4段最終文 (Profoundly convinced of …) でも繰り返し述べており, そこには, 人々が「あらゆる仮説の真偽を, 自分の世界観 (一元論または二元論) と調和するか, 衝突するかに応じて判断する」とある。さらに, 第5段最終文 (For myself, believing …) には, ルイス自身が「一元論の最終的な勝利を信じている」,「進化論は一元論の勝利を早めることになる大きな影響力の一つである」とあることから, ルイスによるこの文章が『種の起源』と一元論的世界観とのつながりを重要視した主張となっていることがわかる。この裏付けに従って, 解答は先述の「最重要視している要因」として推測した箇所 (第2段第5文の than to より後ろの内容) で間違いないと判断し, それを日本語に訳せばよい。訳す際には, the fact of its being a work の its が直後の動名詞 being の意味上の主語である点, そして which 以下には, one and the other of the two「二つ (の～) のうち一方と残りのもう一方」の構造が使われている点に注意。

▶(2) **If we trace the history of opinion from the dawn of science in Greece through all succeeding epochs,**

「ギリシャにおける自然科学の幕開けから，その後のすべての時代にかけての見解の歴史をたどってみると」→trace は「(跡など) をたどる」の意味が元であり，ここでは「(証拠や手がかりを元に) 調べる」という訳を当てはめてもよい（なお，trace は 2020 年度の **I** (3)の下線部でも登場している)。opinion は，生物種の起源が何であるかということの見解であるため，「見解」,「思想」,「理論」,「考え方」のように訳出すればよい。from *A* through *B* は「*A* から *B* にかけて（の)」という“期間”を表す表現。dawn は「夜明け，(事の) 始まり，幕開け」の意味。all succeeding epochs の succeed は「成功する」ではなく，「(物事が) 後に続く」の方の意味。したがって，「(ギリシャにおける自然科学の幕開けの) 後に続くすべての時代」という訳になる。

• epoch「(歴史上注目に値するような) 時代」

we shall observe many constantly-reappearing indications of what may be called an intuitive feeling rather than a distinct vision

「明確に捉えた洞察ではなく，直観的感覚とも言える考え方を示唆する数多くの記録が繰り返し登場しているのを認めることになるだろう」→ここからが主節。shall は基本的には will と同じだが文語的で「必ず」というニュアンスが強い。「～を認める〔目撃する〕ことになるだろう」と訳せる。observe の目的語は many 以下で非常に長いため，たとえば「認められるのは～である」のように動詞を先に訳してしまうことも可能。constantly-reappearing は形容詞で「何度も消えては再び現れている，繰り返し登場している」という意味。indications（of ～）は「(～を) 示唆するもの」，あるいは「(～の) 兆し」という意味だが，indications が可算名詞扱いであるので，「示唆するもの」を具体的に「示唆する記録」などと意訳してもよい。また，what may be called … は，what is called ～「～と呼ばれるもの」という基本の形が元となっており，この what「(～である) もの」についても具体的には opinion のことであるので，「考え方」，「見解」のように訳出するとわかりやすくなる。*A* rather than *B*「*B* というよりは〔ではなく〕*A*」の *B* と *A* にあたる a distinct vision「明確な洞察〔見解〕」と an intuitive feeling「直観的感覚」は対比的な表現となっている。ここまでをまとめると，「明確に捉えた洞察ではなく，直観的感覚とも言える考えを示唆する，繰り返し登場する数多くの記録を認めることになるだろう」となり，訳としてはこれで十分である。〔解答〕では indications を修飾する語句が長すぎる印象を避けるために，constantly-reappearing を「…（名詞）が繰り返し登場している」という叙述用法の形に訳し変えてある。

• intuitive「直観的な」

… of the truth that all the varied manifestations of life are but the flowers from a common root — that all the complex forms have been evolved from pre-existing simpler forms.

「様々な形で発現する生命はすべて共通の根から育った花に過ぎない（という真実），つまり，どんな複雑な形態もより単純な既存の形態から進化したのだという真実の…」→of から文末までは，rather than で結ばれた２つの対比的な名詞 an intuitive feeling と a distinct vision を修飾する形容詞句。the truth that … は that が同格の用法であるため「…という真実」と訳す。manifestation は「現れること，発現」であり，manifestations of life は「生命〔生物〕の発現」の意。but は副詞であり，only と同じ意味で「ただの～，～に過ぎない」(*ex.* He is but a child.「彼はほんの子どもだ」)。ダッシュ（—）の後ろは（the truth）that all the complex … のように the truth を補って考えるとわかりやすいが，前出の the truth that all the varied … の that 節と同格の関係になっているので，この両者を「つまり」という言葉でつなぐとよい。

• varied「多様な」
• evolve from ～「～から進化する」
• pre-existing「既存の，前から存在する」

▶(3) **And this explains, what would otherwise be inexplicable, (the surprising ease and passion …)**

「そして，この観点からわかるのは，この観点以外では説明がつかないであろうことだが，（それは…の）理由である」→this explains ～は，this explains why SV の形を取ることも多く，今回のように why 節の代わりに名詞句がきている場合でも「このことが説明するのは〔…の理由／なぜ…なのか〕である」のように why の意味合いを訳出できる。this が指すのは直前文（There can be little …）の that 以下（進化論を受け入れるか否かは一元論と二元論のどちらの世界観を有しているかで決まるということ）。ただし，これを明示する必要はなく「このこと」，または「この観点」くらいに訳し留める。explains の目的語は the surprising ease and passion 以下であるが，その箇所と同格関係にある名詞句 what would otherwise be inexplicable が直前に挿入されている。この would は仮定法過去形で，if 節の代わりの働きをしている otherwise「もし別の方法であれば」と関連し合っている。挿入句らしく，「(次のことは) 別の方法では説明がつかないであろうことだが」のように“前置き”的に訳すのがよい。

• inexplicable「説明がつかない」

the surprising ease and passion with which men wholly incompetent to appreciate the evidence for or against natural selection have adopted or “refuted” it.

「自然選択説の証拠や反証材料を正しく評価する能力がまったくない人々が，いとも簡単に，そして熱心にそれを受け入れたり，あるいはそれに『反論』したりする（理由)」→men の直後に who are を補って考えると，men（who are）wholly incompetent to appreciate the evidence for or against natural selection のように who … natural selection が先行詞 men を修飾しているのがわかる。和訳は，「自然選択説の証拠や反証材料を正しく評価する能力がまったくない人々」となる。with which 以下は the surprising ease and passion「驚くべき安易さと熱情」を先行詞とする関係詞節で，直訳すれば，「(…する能力がまったくない）人々がそれ（= natural selection）を受け入れたり，あるいはそれに『反論』したりする驚くべき安易さと熱情」となる。これでは日本語としてあまりにも不自然であるため，少し工夫がいる。まず，元々の文構造が見抜きやすくなるよう関係代名詞に先行詞を代入すると，with which は with the surprising ease and passion となる。with＋抽象名詞は副詞と同じ働きをするため，with ease や with passion は，それぞれ easily や passionately と同じ意味である。したがって，自然な日本語にするためには，「驚くべき安易さと熱情」のように名詞として処理するのではなく，「驚くほどに〔いとも〕簡単に，そして熱心に」のように副詞的に処理するのがよい。

• (be) incompetent to *do*「〜する能力のない」

• appreciate「〜の真価がわかる，〜を正しく認識する」

• natural selection「自然選択（説）」(「自然淘汰」に同じで，特に初期では「自然選択」と呼ばれた)

• for or against 〜「〜に賛成，あるいは反対（の)」

• refute「〜に反論する，〜を反証する」

Elementary ignorance of biology has not prevented them from pronouncing very confidently on this question

「このような人々には生物学の基礎知識がないが，それにより彼らが自信満々にこの問題について意見を述べるのをやめることはない」→elementary ignorance of biology は a lack of basic knowledge of biology「生物学の基礎知識の欠如」のこと。*A* prevent *B* from *doing* は「*A* は *B* が〜するのを妨げる」という意味の表現で，これが否定文（has not prevented）で使われているので，「*A* は *B* が〜する妨げとはならない」の意味になる。無生物主語なので副詞的に訳したい。them は「彼ら」でよいが，それが指しているのは，直前文中の men wholly incompetent to appreciate the evidence for or against natural selection である点はおさえておく必要がある。

• pronounce on 〜「〜について意見を述べる」

; and biologists with scorn have asked whether men would attack an astronomical hypothesis with no better equipment.

「(これに対して）生物学者は，それがもし天文学に関する説だったとしても，人々は同じようにその程度の乏しい知識で反論するのであろうか，と冷たく問うている」→and の直前にセミコロン（；）があるが，ここでは“対比”を表しており，この記号の前の「生物学の知識がない人」と後ろの biologists「生物学の専門家」との対立を示唆している。with scorn は先述した，「with＋抽象名詞は，副詞と同じ働きになる」の原則から，scornfully「軽蔑して，冷たく」と訳し，動詞 have asked を修飾していると考える。have asked whether … の箇所は，「…かどうかを尋ねる」という純粋な質問〔疑問〕文として解釈してよいだろう。equipment は「装備，知識」の意味があり，ここでは特に「知識」の意味。no better *A* than *B* で「*B* と同じくらいよくない〔乏しい〕*A*」という表現があるが，これをもとに考えると，with no better equipment は「(自然選択説に意見するときのと) 同じくらいに乏しい知識で」という意味。than 以下の省略を補うならば，with no better equipment (than is being used to adopt or refute natural selection) のようになる。

• astronomical「天文学の」

• hypothesis「仮説，理論」

Why not?

「なぜ反論しないなどということがあろうか」→Why not? には3つの用法があり，1つ目が「なぜ～しないのか」という純粋な否定疑問文。2つ目は「なぜ～しないのか，いやするべきだ〔はずだ〕」という修辞疑問文。3つ目は「もちろん，ぜひ」という勧誘などに対する同意を表す口語的表現。ここでは勧誘に対する返答ではないため，3つ目は除外して考える。Why not? には，その具体的内容がわかるような記述が先に存在するのが前提であり，ここでは直前文中の biologists with scorn have asked whether men would attack an astronomical hypothesis with no better equipment がそれに当たる。したがって，Why not? の省略を補うと，Why (would men) not (attack an astronomical hypothesis with no better equipment)? となる。これが否定疑問文なのか修辞疑問文なのかを判断するためにこれより後の記述を参照すると，直後の第4文 (They feel themselves …) は「彼らは優れた立場からその問題を判断する能力があると考えている」，続く最終文 (Profoundly convinced of …) は「彼らはあらゆる仮説の真偽を自分の世界観と調和するか対立するかに応じて判断している」という内容である。よって，人は知識がなくても科学分野の仮説に対して意見を述べるとルイスは考えているとわかる。したがってこの Why not? は「なぜ反論しないのか？」という否定疑問文ではなく，「なぜ反論しないということがあろうか (いや，きっと反論するだろう)」という修辞疑問文であると判断できる。この点が理解できているかは出題のねらいの一つであると考えられるので，省略を補ったこの疑問文をなるべく端的に訳して〔解答〕のような形にまとめるとよい。

●語句・構文●

(第1段) significant「重大な，意義深い」 response「反応」 highly-talented「優秀な」 capitally「見事に」 state「述べる」 apart from ～

「～は別として」 fairness「公正さ」 modification「部分的な修正〔編集〕」

（第２段） origin「起源」 species「(生物の) 種」 propose「提案する」 surpass「～を上回る」 predecessor「先行するもの」 product「産物」 long-continued「長く持続する」 thereby「それによって」 articulate「明瞭な」 inarticulate「不明瞭な」 mind(s)「(知性の面からみた) 人」 rapidly「急速に」 become European「ヨーロッパ的なものになる」→ここでは「ヨーロッパ全体に影響を与える」という意味。 purpose「目標，目的」 novel「新しい，斬新な」 agitate「(感情など) を掻き乱す」 school(s)「学派，同じ思想の人々」 revolutionary「革命的な，画期的な」 our time「(著者から見て) 現代」→直訳は「私たちの時代」。 general「一般的な，全般的な」 extent「程度，規模」 masterly「見事な」 enrich *A* with *B*「*B* で *A* (の質など) を高める〔豊かにする〕」 clash against ～「～と対立する」 chime with ～「～と調和する」 rule「～を支配する」 enemy「敵」 mighty「強力な，強大な」 champion「擁護者，推進派」 immediately「即座に」 evident「明白な」 derive *A* from *B*「*B* から *A* を得る〔受け継ぐ〕，*A* の由来を *B* にたどる」 loom「ぼうっと現れる」

（第３段） evolution「進化」 ridicule「冷笑，冷やかし」 refutation「反論，反駁」 persistence「粘り強さ」 harmonize with ～「～と調和する」 monistic「一元論の」 reduce *A* to *B*「*A* を *B* へと簡略化する」→この reduce は「(より単純な形態に) まとめる，還元する」の意。 phenomena「現象」→phenomenon の複数形。 community「共通性」 be irreconcilable with ～「～と相容れない〔共存できない〕」 rival「競合する」→ここでは形容詞。 dualistic「二元論の」 oppose「(２つのもの) を対置する，対立させる」 matter「物質」 struggle「奮闘」 somewhat「幾分，いくらか」 still more「さらにたくさん」→still は比較級を強調する用法。 by (*one's*) constitution「(人の) 生来的な体質〔性質〕上」 be predisposed toward(s) ～「～の傾向がある，～しやすい」 acceptance「受容」 rejection「拒絶」 Darwinism「ダーウィニズム，進化論」 in the vast majority of cases「大抵の場合」 wholly「すっかり，完全に」 attitude of mind「考え方，心構え」

（第 4 段）（be）competent to *do*「～する能力がある」 Profoundly convinced of ～「～を心の底から確信しているので」→文頭にあった Being が省略された受け身の分詞構文。 conclude O to be C「O を C だと結論づける」 according as SV「～に応じて」

（第 5 段）development hypothesis「発達理論」→Darwinism の言い換えで進化論のこと。 inevitable「避けられない，必然の」 deduction「推論，導き出された結論」 battle-ground「戦場，論争の場」 contending「競合する」 monism「一元論」 dualism「二元論」 triumph「勝利」 the former「（2 つあるうちの）前者」 look on *A* as *B*「*A* を *B* とみなす」 in conjunction with ～「～と併せて」 hasten「～を加速する〔急がせる〕」

（第 6 段）observation（s）on ～「～に関する所見」 publish「（書籍）を出版する」 from the point of view of ～「～の観点から」 date「～を古くさくする〔時代遅れにさせる〕」

III　解答例

〈解答例 1〉 Needless to say, it is important to keep in mind the saying, "Better safe than sorry." However, it is sometimes necessary to have the courage to take a step forward before worrying about the results. You might experience adversity, but the accumulation of such failures can make you mature. The experience of surviving many failures will surely help you greatly to overcome an unprecedented problem.

〈解答例 2〉 Of course, it is important to be well-prepared for doing something new. However, there are times when you should dare to take a risk before worrying about the consequences. You might get hurt, but mistakes can lead you to develop into a mature person. Through the experience of never giving up and bouncing back over and over again, you will certainly be able to develop a great ability to survive the most difficult situations you will ever face.

◀解　説▶

「言うまでもなく，転ばぬ先の杖は大切である」

- 「言うまでもなく」→副詞的に処理するのであれば，needless to say

「言うまでもなく」，of course「もちろん〔確かに〕」，obviously「明らかに」など。形式主語で始める It goes without saying that SV なども考えられる。いずれにせよ，後ろに続く，「しかし」で始まる文との相関性を意識しておきたい。

• 「転ばぬ先の杖」→英語のことわざであれば，Look before you leap.「飛ぶ前に見よ」，Better safe than sorry.「後悔より無難の方がよい」，Prevention is better than cure.「治療よりも予防の方がよい」などで言い換えられる。英語のことわざを使わずに，それが意味する内容を英語にする場合は，「何か（新しいこと）をする前にしっかりとした備えをしておくこと」などの日本語に言い換えたものを英訳する。この日本語の言い換えをする際には，後続の「結果をあれこれ心配する前に一歩踏み出す勇気」と対比の関係であることを手掛かりにする。「(～に) 備えておく」は，be (well-) prepared to *do*〔for *doing*〕で表現でき，これは物理的な備え以外に，心の準備の意味合いでも使われる。

• 「(～は) 大切である」→「転ばぬ先の杖」をどのように表現するかで変わってくるが，それを英語のことわざで表すなら，「～ということわざを心に留めておくことは大切だ」のように言葉を少し補うとよい。その場合は，keep *A* in mind「*A* に留意する」(〈解答例 1〉は *A* に当たる語句が in mind の直後に移動) などの表現が補える。Look before you leap. のように，ことわざそのものが動詞で始まるものである場合は，そのまま It is important to *do* に続けて表現してもよい。

「しかし，たまには結果をあれこれ心配する前に一歩踏み出す勇気が必要だ」

• 「しかし」→等位接続詞である but は文頭でも使用されることはあるが，文法上は本来的な用法ではないため，正式な文体や文章では however を用いる方がよい。

• 「たまには」→「ときには」と同じと考えて sometimes でよい。他にも there are times when SV「～な時もある」と when 節につなげることも可能。

• 「結果をあれこれ心配する前に」→骨組みは before SV。「～を心配する」は worry about ～。「あれこれ」の部分は英訳する必要はないが，too much などで対応してもよい。「結果」は (the) results

〔consequences〕のように複数形にするのが自然。

• 「一歩踏み出す」→take a step forward が慣用的表現としてよく使われる。別の表現で言い換えれば，take a risk「リスクを負う」などでも意味が通る。

• 「～する勇気が必要だ」→have the courage to *do*「～する勇気を持つ」や dare to *do*「敢えて～する」を用いて，it is necessary to や you should に続けて使う。

「痛い目を見るかもしれないが，失敗を重ねることで人としての円熟味が増すこともあるだろう」

• 「痛い目を見る」→「失敗をする」と捉えて experience failure でもよいが，原文のニュアンスを表すのであれば failure を adversity「逆境，困難」などの語に変える。または，get hurt「傷つく」なども可能（この場合の hurt は「感情を害する〔傷つける〕」の意味）。

• 「失敗を重ねることで」→「そのような失敗の積み重ね」と考えて，the accumulation of such failures とする。または，単に mistakes（複数形）を主語にして，「失敗が（人を～にする）」というつなげ方で対応することも可能（〈解答例２〉を参照）。

• 「人としての円熟味が増す」→「円熟味」は，形容詞である mature「（人の心身などが）成熟した」を make O C の骨組みに当てはめて make you mature「人を成熟させる」とする。他にも develop into a mature person「成熟した人へと育つ」などを lead *A* to *do* に当てはめて，lead you to develop into a mature person など。「人としての」を as a person として追加してもよいが，意味的にはなくても同じであるため，冗長な印象を与える。

「あきらめずに何度も立ち上がった体験が，とんでもない困難に直面した時に，それを乗り越える大きな武器となるにちがいない」

• 「あきらめずに何度も立ち上がった体験」→「～した体験」は the experience of *doing*。「あきらめずに何度も立ち上がる（こと）」は，「多くの失敗を切り抜ける（こと）」と言い換えて surviving many failures，あるいは，bounce back「すぐに立ち直る」という表現を用いて，never giving up and bouncing back over and over again〔repeatedly〕「決してあきらめずに繰り返し立ち直る（こと）」などが考えられる。

• 「とんでもない困難に直面した時に，それを乗り越える」→「とんでもない困難に直面した時に」を when SV の構造で表してもよいが，「とんでもない困難を乗り越える」とまとめてしまえば when 節は不要になる。「とんでもない困難」は，形容詞 unprecedented「前例のない，かつてない」を用いて，an unprecedented problem「前例のない問題」，あるいは，「人が直面する最も難しい状況」と言い換えて the most difficult situations you will ever face などとする。「〜を乗り越える」は，overcome「〜を克服する」や survive「〜を乗り切る」などであり，これらの動詞を選定する際には，目的語になる名詞との相性（コロケーション）に注意する。先の an unprecedented problem や the most difficult situations you will ever face を使うのであれば，overcome や survive が，problem や situation を目的語に取れる動詞であることに確信を持ったうえでそれらを選定することが求められる。

• 「（〜する）大きな武器となる」→言い換えが必要であり，「あきらめずに何度も立ち上がった体験」という“物事”を主語にするのであれば「(…した体験は)〜するのに大いに役立つ」となる。他にも，“人”を主語にするのであれば「(人は)〜できる優れた能力を身につけられる」と言い換えられる。これらはそれぞれ，help *A* greatly to *do*，develop a great ability to *do* などの表現を用いて対処できる。

• 「〜にちがいない」→「きっと…だろう」や「間違いなく…だろう」と考えて，surely や certainly という副詞を使う。

Ⅳ　解答例

〈解答例 1〉 (1) (Maybe you found that pasta terrible because) there happened to be some ingredients that you dislike in the pasta（12 語）

(2) (Another possibility is that) all the other dishes except for pasta, such as pizza and risotto, are great（14 語）

(3) (For example,) if your grandparents do not know how to use a computer, you think that all older people are not good at using a computer（24 語）

(4) (I'll) go to that restaurant several times more and try other dishes too（12 語）

〈解答例２〉 (1)(Maybe you found that pasta terrible because) you didn't have a taste for some seasoning like truffles or cheese（12語）

(2)(Another possibility is that) you might have expected too much of the food just because the restaurant was new（15語）

(3)(For example,) if the first person you meet in a new country you visit is rude, you tell your friends that everyone in the country is rude（25語）

(4)(I'll) visit the restaurant again and try other types of pasta（10語）

◀解　説▶

会話文の空所補充問題であり，2018年度Ⅳに近い形式となっている。ただし，小問ごとに語数制限があり，(3)では一部使用する語が指定されている点は新しい。会話は，hasty generalization「軽率な一般化」という間違った論理展開についての話題である。

(会話の日本語訳)

ノア：昨日，新しくできたレストランへ行ったよ。

エマ：どうだった？

ノア：パスタを食べたけれど，ひどい味だった。きっとあのレストランの料理はどれもひどいものだよ。

エマ：でも，あなたはまだ一度しかそこへ行ったことがないのよね？　そのレストランの料理の全部がまずいというのは言い過ぎだと思うわ。もしかしたら(1)＿＿＿＿＿だから，あなたはそのパスタがまずいと思ったのかもしれないわ。それか，(2)＿＿＿＿＿ということもあり得るわね。

ノア：君が正しいのかもしれないね。

エマ：先日読んだ本では，これは軽率な一般化と呼ばれていて，一つかそこらの事例から極端に一般化された結論を導き出すことを意味するらしいわ。日常生活のなかでは軽率な一般化をしやすいのよ。何かを買うときだけではなくて，他の状況でも同じことをよくしているわ。たとえば，(3)＿＿＿＿＿。

ノア：君が言っていることは本当によくわかるよ。僕は(4)＿＿＿＿＿することにするよ。そうすれば，あのレストランについての自分の主張が正しいかどうか確かめられそうだから。

エマ：それはいいわね！　極端な一般化は避けるようにしないとね。

▶(1)語数制限は「8 語以上 12 語以下」。空所のある文に至る直前で，エマは，ノアがまだ一度しかそのレストランへ行ったことがないのに，その店の料理全部がまずいというのは言い過ぎだと思う，と述べている。したがって，空所に入る内容も，一部の情報から全部を推測することは正しくない可能性があることを指摘するものでなければならないため，このレストランそれ自体やその料理全体を否定するような内容であってはならない。その上で，ノアが「そのパスタをまずいと感じた」理由としてつながる内容を空所に補う必要がある。たとえば，ノアが注文したパスタに対する個人的な好みの問題が考えられるが，他にも偶発的な要因を含むものであればおおむね問題ない。〈解答例 1〉の和訳は，「何かあなたがたまたま苦手な具材がパスタに含まれていた（から，あなたはそのパスタがまずいと思ったのかもしれない)」。〈解答例 2〉は，「トリュフやチーズのような味付けがあなたの口に合わなかった（から，あなたはそのパスタがまずいと思ったのかもしれない)」。

▶(2)語数制限は「12 語以上 16 語以下」。空所直前の Another possibility「別の可能性」とは，このレストランで食べた一回限りのパスタがまずいという理由で全体を否定するのは間違っている，と言える理由のこと。その点では(1)と同じだが，空所(1)のある文（Maybe you found …）とは「別の可能性」を指摘する必要があるので，(1)をただ言い換えた内容になっていないか注意する。(1)の〔解答例〕のように，たまたまそのパスタだけまずかった，つまり，他のパスタは美味しいかもしれない，という指摘をすでにしているのであれば，それとは別の視点から，たとえば，「パスタはまずくてもピザなど他の料理は美味しいかもしれない」などの理由が考えられる。〈解答例 1〉の和訳は，「パスタ以外の料理，たとえばピザやリゾットなどは美味しい（ということもあり得る)」。〈解答例 2〉は，「そのレストランが新しいからといって料理に期待しすぎてしまった（ということもあり得る)」。

▶(3)語数制限は「20 語以上 28 語以下」，さらに「if を用いて」という使用する語の指定がある。日常生活のなかでしてしまいがちな hasty generalization「軽率な一般化」，つまり，3 つ目のエマの発言第 1 文（The other day, …）にあるように「一つ程度の事柄から推測して全体像を決めつけてしまうこと」の例を挙げる。ただし，空所のある文の直前文（We often do this …）で「何かを買うときだけではなくて…」とあるので，買い物以外の場面での事例とすること。〈解答例 1〉の和訳は，「(たとえば,）もし自分の祖父母がコンピュータの使い方を知らなければ，お年寄りは皆コンピュータを使うのが苦手と考える」。〈解答例 2〉は「(たとえば,）初めて訪問した国で最初に会った人がもしも失礼な人であったら，その国の人は皆失礼だと友人に教える」。

▶(4)語数制限は「8 語以上 12 語以下」。エマに指摘された(1)，あるいは(2)の内容を受けて，ノアがこのレストランの料理すべてがまずいと決めつけるべきではない，という考えに同調していることは，空所のある文の直前のノアの発言（I totally understand what you mean.）からわかる。さらに，空所の直後に続く文（That way, …）では「あのレストランについて自分の言ったことの真偽を検証してみる」と発言していることから，空所に入る文は「再度そのレストランに行って違う料理も試してみる」という内容が入ることが予想される。「再びそのレストランに行く」と「違う料理も試す」の 2 つを and でつないで表現するのが最も一般的な解答となるだろう。〈解答例 1〉の和訳は，「もうあと何回かそのレストランへ行って，違う料理も試してみる（ことにするよ)」。〈解答例 2〉は，「再度そのレストランに行って，別のパスタ料理を試してみる（ことにするよ)」。

❖講　評

2021 年度は，読解問題 2 題，英作文問題 2 題の構成であった。読解問題においては，内容説明に属する設問が 1 問のみで残りはすべて英文和訳と，一見すると英文和訳中心であった 2014 年度以前の出題形式を彷彿とさせるものであった。また，2016 年度以降出題されている自由英作文については，2016～2018 年度と同じ，会話文の空所補充という形式での出題で，2021 年度は語数制限や使用する語の指定があるものであった。

I は，小説などのフィクション作品を読むことで共感力が育まれる，という研究結果に関する文章になっており，3 問の設問すべてが下線部を和訳する問題となっている。ただし，(1)の Hence the justification. の箇所は文脈から言葉を補いつつ和訳する必要がある。また，(3)では

anguished や introverted などの難単語が使用されており，これらを知らない場合には前後の内容から語義をある程度推測する力が要求される。

Ⅱは，ダーウィンの進化論についての対立を一元論と二元論の対立として捉えた人物の記事を取り上げた文章となっている。(1)が内容説明に類する問題で，残り2問は英文和訳。しかし，(1)も第2段から設問の内容に該当する箇所を選び，それを日本語で記述させる問題であるため，自分の言葉で要約するような記述問題というよりは，英文和訳問題に近いと言える。逆に(3)の下線部和訳は，Why not? の箇所を和訳するうえで，下線部の外にある情報とのつながりや段落の構成などを見抜く必要があり，その意味では内容説明問題に類するとも言える。

Ⅲの英作文問題は，2020年度と同様，やや長めの和文英訳となっている。「転ばぬ先の杖」ということわざが登場しており，2017年度Ⅲの英作文でも「生兵法は大怪我のもと」が扱われていた。ことわざそれ自体も大切だが，「(ことわざ，あるいはその教訓を) 心に留めておく，肝に銘じる」という表現が共起しやすく，そのように周辺で使われそうなものを学習できているかどうかで差がつく。逆に，「痛い目を見る」は，2017年度の英作文問題に「痛い目にあう」という表現があり，同じように見えるが，文脈で捉えて言い換えてみると違ってくる。点ではなく線で捉えることが大切と言える例であろう。「円熟味が増す」といった抽象的表現に対処できるかという点も分岐点であったと思われる。

Ⅳの自由英作文は，hasty generalization「軽率な一般化」という誤った論理展開について語っている2人の会話を，空所補充で完成させる問題。空所に補うべき内容，つまり，英訳する以前の日本語の段階で前後とつながらない，前の発言と矛盾がある，といったことを避ける必要がある。この形式の自由英作文では，この下準備がむしろ大切で，そこさえしっかりとしていれば，語数制限や使用する語の制約（(3)では「if を用いて」の指定あり）があっても，難しいレベルの英訳ではないだろう。

2021年度は，2020年度まで増加傾向にあった内容説明問題が1問に減り，2014年度以前の英文和訳中心の設問に近づいたようにも見えるが，Ⅰ(1)やⅡ(3)のように下線部を和訳する中で，内容説明問題を解くのと同じような力が要求されている箇所がある。また，2016年度以降出題されてきた自由英作文も，出題形式についてはある程度のパターンが出揃ってきたと思われる。近年の出題傾向に大きな変わりはないと捉えられるので，過去問の学習を大切にしておきたい。

数学

1

◇発想◇　問１．線分 PQ の中点Mが平面 ABC 上にあるから

$$\overrightarrow{AM}=s\overrightarrow{AB}+t\overrightarrow{AC}$$

と表すことができる。また，PM⊥（平面 ABC）であるから PM⊥AB，PM⊥AC である。これらのことから，ベクトルの内積や成分計算によって s，t を求める。平面の方程式を用いる方法もある。

問２．１回目から $(n-1)$ 回目までの試行において，３種類の色が記録される場合の数を考える。3^{n-1} 通りには，１種類の色だけの場合，２種類の色だけの場合が含まれているので注意する。

解答　問１．線分 PQ の中点をMとする。

３点Ａ，Ｂ，Ｃは一直線上になく，点Mは平面 α 上にあるから，実数 s，t を用いて

$$\overrightarrow{AM}=s\overrightarrow{AB}+t\overrightarrow{AC}$$

と表される。$\overrightarrow{AB}=(-1,\ -1,\ 0)$，$\overrightarrow{AC}=(-1,\ 0,\ 2)$ より

$$\overrightarrow{AM}=(-s-t,\ -s,\ 2t)$$

これと，$\overrightarrow{AP}=(0,\ 1,\ 1)$ より

$$\overrightarrow{PM}=\overrightarrow{AM}-\overrightarrow{AP}=(-s-t,\ -s-1,\ 2t-1)$$

PM⊥α より，PM⊥AB，PM⊥AC であるから

$$\begin{cases}\overrightarrow{PM}\cdot\overrightarrow{AB}=(s+t)+(s+1)=0\\ \overrightarrow{PM}\cdot\overrightarrow{AC}=(s+t)+2(2t-1)=0\end{cases}$$

すなわち　$\begin{cases}2s+t=-1\\ s+5t=2\end{cases}$　より　$s=-\dfrac{7}{9}$，$t=\dfrac{5}{9}$

よって，$\overrightarrow{PM}=\left(\dfrac{2}{9},\ -\dfrac{2}{9},\ \dfrac{1}{9}\right)$ であるから

$$\overrightarrow{OQ}=\overrightarrow{OP}+2\overrightarrow{PM}=(1,\ 1,\ 1)+\left(\frac{4}{9},\ -\frac{4}{9},\ \frac{2}{9}\right)=\left(\frac{13}{9},\ \frac{5}{9},\ \frac{11}{9}\right)$$

したがって，点Qの座標は　$\left(\frac{13}{9},\ \frac{5}{9},\ \frac{11}{9}\right)$　……(答)

問2．n 回の試行において，玉の色の記録のされ方は全部で 4^n 通りある。

1回目から（$n-1$）回目までの試行に対して

赤色以外の1種類の色だけが記録されるのは　　3通り

赤色以外の2種類の色だけが記録されるのは

$${}_3C_2(2^{n-1}-2)=3(2^{n-1}-2) \text{ 通り}$$

であるから，赤色以外の3種類の色全てが記録されるのは

$$3^{n-1}-3(2^{n-1}-2)-3=3^{n-1}-3\cdot 2^{n-1}+3 \text{ 通り}$$

よって，n 回目の試行で初めて赤玉が取り出されて4種類全ての色が記録済みとなるのは

$$(3^{n-1}-3\cdot 2^{n-1}+3)\cdot 1=3^{n-1}-3\cdot 2^{n-1}+3 \text{ 通り}$$

したがって，求める確率は　$\dfrac{3^{n-1}-3\cdot 2^{n-1}+3}{4^n}$　……(答)

別解　問1．＜平面の方程式を用いる解法＞

$\overrightarrow{AB}=(-1,\ -1,\ 0)$，$\overrightarrow{AC}=(-1,\ 0,\ 2)$ であるから，$\vec{n}=(2,\ -2,\ 1)$ とすると，$\vec{n}\cdot\overrightarrow{AB}=0$，$\vec{n}\cdot\overrightarrow{AC}=0$ となるから，$\vec{n}$ は平面 α の法線ベクトルの1つである。よって，α の方程式は

$$2(x-1)-2y+z=0$$

すなわち　　$2x-2y+z-2=0$　……(ア)

線分PQの中点をMとすると，PM⊥α であるから，実数 k を用いて

$$\overrightarrow{PM}=k\vec{n}=(2k,\ -2k,\ k)$$

と表される。したがって

$$\overrightarrow{OM}=\overrightarrow{OP}+\overrightarrow{PM}=(2k+1,\ -2k+1,\ k+1)$$

より，Mの座標は（$2k+1,\ -2k+1,\ k+1$）で，Mは α 上にあるから，(ア)より

$$2(2k+1)-2(-2k+1)+(k+1)-2=0$$

これより　　$k=\dfrac{1}{9}$

であるから，$\overrightarrow{PM}=\left(\frac{2}{9},\ -\frac{2}{9},\ \frac{1}{9}\right)$ となり

$$\overrightarrow{OQ}=\overrightarrow{OP}+2\overrightarrow{PM}$$

$=(1,\ 1,\ 1)+\left(\frac{4}{9},\ -\frac{4}{9},\ \frac{2}{9}\right)$

$=\left(\frac{13}{9},\ \frac{5}{9},\ \frac{11}{9}\right)$

ゆえに，点Qの座標は　$\left(\frac{13}{9},\ \frac{5}{9},\ \frac{11}{9}\right)$

◀解　説▶

≪問1．平面に関して対称な点　問2．反復試行の確率≫

▶問1．問題文にただし書きがあるので，それに従って計算を進めればよい。「線分PQの中点Mが平面 α 上にある」について，〔解答〕は $\overrightarrow{AM}$ を $\overrightarrow{AB}$ と $\overrightarrow{AC}$ で表し，〔別解〕ではMの座標を α の方程式に代入した。α の法線ベクトル $\vec{n}$ は，$\vec{n}\cdot\overrightarrow{AC}=0$ より $\vec{n}=(2,\ y,\ 1)$ とおけ，$\vec{n}\cdot\overrightarrow{AB}=0$ より $y=-2$ とすれば容易にわかる。

$Q(a,\ b,\ c)$ とおき，$M\left(\frac{a+1}{2},\ \frac{b+1}{2},\ \frac{c+1}{2}\right)$ が α 上にあることと，$\overrightarrow{PQ}=(a-1,\ b-1,\ c-1)=l\vec{n}$（$l$ は実数）と表されることから $(a,\ b,\ c)$ を求めてもよいが，記述量が少し増えるので注意したい。

▶問2．赤色以外の3種類以下の色が記録されるのが 3^{n-1} 通りである。白色と青色の2種類の色が記録されるのは，2^{n-1} 通りから白色のみと青色のみの2通りを除いて $(2^{n-1}-2)$ 通りである。したがって，赤色以外の2種類の色だけが記録されるのは ${}_3C_2(2^{n-1}-2)$ 通りとなる。

2

◇発想◇　まず，点Pの x 座標を p として，曲線上の点Pにおける接線の方程式を求める。次に，接線と x 軸の交点Qの座標を求める。これより L を p で表すことができるので，p の取りうる値の範囲に注意して L の最小値を求める。計算を楽にするため，$\sqrt{}$ が出てこないように L^2 を計算したり，文字を置き換えたりするとよい。

解答　$y=\frac{1}{2}(x^2+1)$　……①より　　$y'=x$

曲線①上の点 $P\left(p,\ \frac{1}{2}(p^2+1)\right)$ における接線の方程式は

$$y-\frac{1}{2}(p^2+1)=p(x-p)\quad \text{すなわち}\quad y=px-\frac{1}{2}(p^2-1)$$

$p=0$ のとき，$y=\frac{1}{2}$ となり，これは x 軸と交わらない。よって $p\neq 0$ で，x 軸との交点Qの x 座標は

$$x=\frac{1}{2}\left(p-\frac{1}{p}\right)$$

よって

$$\begin{aligned}L^2&=\left\{p-\frac{1}{2}\left(p-\frac{1}{p}\right)\right\}^2+\left\{\frac{1}{2}(p^2+1)\right\}^2\\&=\frac{1}{4p^2}(p^2+1)^2+\frac{1}{4}(p^2+1)^2\\&=\frac{(p^2+1)^3}{4p^2}\end{aligned}$$

ここで，$p^2=t$ とおくと $t>0$（∵　$p\neq 0$）で　$L^2=\frac{(t+1)^3}{4t}$

$f(t)=\frac{(t+1)^3}{4t}$ とおくと

$$f'(t)=\frac{1}{4}\cdot\frac{3(t+1)^2t-(t+1)^3}{t^2}=\frac{(t+1)^2(2t-1)}{4t^2}$$

よって，$t>0$ における $f(t)$ の増減表は右のようになる。

t	(0)	…	$\frac{1}{2}$	…
$f'(t)$	／	－	0	＋
$f(t)$	／	↘	$\frac{27}{16}$	↗

したがって，L^2 は $t=\frac{1}{2}$ で最小値 $\frac{27}{16}$ をとる。

$L>0$ であるから，L の取りうる値の最小値は

$$\sqrt{\frac{27}{16}}=\frac{3\sqrt{3}}{4}\quad\text{……(答)}$$

◀解　説▶

≪線分の長さの最小値，分数関数の微分法≫

放物線の接線において，接点と x 軸との交点との距離の最小値を求める問題である。

接点の x 座標を p として，L^2 を p で表すのは容易である。このとき，$p\neq 0$ に注意する。L を p で表すと $L=\frac{(p^2+1)^{\frac{3}{2}}}{2|p|}$ となるので，$|p|=u$ とお

いて $L=\dfrac{(u^2+1)^{\frac{3}{2}}}{2u}$ を微分してもよい。$p=\pm\dfrac{\sqrt{2}}{2}$ のとき L が最小値をとることがわかる。

3

◇発想◇　複素数の極形式を用いる方法が考えられる。

$\alpha=\dfrac{1}{2}\left(\cos\dfrac{\pi}{6}+i\sin\dfrac{\pi}{6}\right)$ とおいて，ド・モアブルの定理を用いると，α^n の実部が $\left(\dfrac{1}{2}\right)^n\cos\dfrac{n\pi}{6}$ となることがわかる。よって，$\dfrac{1}{2}(\alpha^n+\overline{\alpha^n})$ の極限を考える。

$a_n=\left(\dfrac{1}{2}\right)^n\cos\dfrac{n\pi}{6}$，$S_l=\sum\limits_{n=0}^{l}a_n$ とおいて，$\lim\limits_{l\to\infty}S_l$ を求める方法も考えられる。$a_{k+6m}=\left(-\dfrac{1}{64}\right)^m a_k$ であることを利用して $\lim\limits_{N\to\infty}S_{6N-1}$ を求める。$\lim\limits_{N\to\infty}S_{6N-1}$ が収束することがわかれば，$\lim\limits_{n\to\infty}|a_n|=0$ を用いて $\lim\limits_{l\to\infty}S_l$ を求めることができる。

解答　$\alpha=\dfrac{1}{2}\left(\cos\dfrac{\pi}{6}+i\sin\dfrac{\pi}{6}\right)$ とおくと，0 以上の整数 n に対して，ド・モアブルの定理より

$$\alpha^n=\left(\frac{1}{2}\right)^n\left(\cos\frac{n\pi}{6}+i\sin\frac{n\pi}{6}\right)$$

が成り立つから

$$\left(\frac{1}{2}\right)^n\cos\frac{n\pi}{6}=\frac{1}{2}(\alpha^n+\overline{\alpha^n})=\frac{1}{2}(\alpha^n+\overline{\alpha}^n)\quad\cdots\cdots①$$

よって，自然数 N に対して

$$\sum_{n=0}^{N-1}\left(\frac{1}{2}\right)^n\cos\frac{n\pi}{6}=\frac{1}{2}\left(\sum_{n=0}^{N-1}\alpha^n+\sum_{n=0}^{N-1}\overline{\alpha}^n\right)\quad\cdots\cdots②$$

$\alpha\neq1$，$\overline{\alpha}\neq1$ より

$$\sum_{n=0}^{N-1}\alpha^n+\sum_{n=0}^{N-1}\overline{\alpha}^n$$

$$=\frac{1-\alpha^N}{1-\alpha}+\frac{1-\overline{\alpha}^N}{1-\overline{\alpha}}$$

$$=\frac{(1-\alpha^N)(1-\overline{\alpha})+(1-\alpha)(1-\overline{\alpha}^N)}{(1-\alpha)(1-\overline{\alpha})}$$

$$=\frac{2-(\alpha+\overline{\alpha})-(\alpha^N+\overline{\alpha}^N)+\alpha\overline{\alpha}(\alpha^{N-1}+\overline{\alpha}^{N-1})}{(1-\alpha)(1-\overline{\alpha})}\quad\cdots\cdots③$$

ここで

$$0\leqq\left(\frac{1}{2}\right)^N\cos\frac{N\pi}{6}\leqq\left(\frac{1}{2}\right)^N,\ \lim_{N\to\infty}\left(\frac{1}{2}\right)^N=0$$

であるから，はさみうちの原理によって

$$\lim_{N\to\infty}\left(\frac{1}{2}\right)^N\cos\frac{N\pi}{6}=0$$

これと①より

$$\lim_{N\to\infty}(\alpha^N+\overline{\alpha}^N)=\lim_{N\to\infty}2\cdot\left(\frac{1}{2}\right)^N\cos\frac{N\pi}{6}=0\quad\cdots\cdots④$$

これより，$\lim_{N\to\infty}(\alpha^{N-1}+\overline{\alpha}^{N-1})=0$　……⑤ も成り立つ。

また

$$\alpha+\overline{\alpha}=\cos\frac{\pi}{6}=\frac{\sqrt{3}}{2},\ \alpha\overline{\alpha}=\left(\frac{1}{2}\right)^2=\frac{1}{4}\quad\cdots\cdots⑥$$

したがって

$$\sum_{n=0}^{\infty}\left(\frac{1}{2}\right)^n\cos\frac{n\pi}{6}=\lim_{N\to\infty}\frac{1}{2}\left(\sum_{n=0}^{N-1}\alpha^n+\sum_{n=0}^{N-1}\overline{\alpha}^n\right)\quad(\because\ ②)$$

$$=\frac{2-(\alpha+\overline{\alpha})}{2(1-\alpha)(1-\overline{\alpha})}\quad(\because\ ③,\ ④,\ ⑤)$$

$$=\frac{2-(\alpha+\overline{\alpha})}{2\{1-(\alpha+\overline{\alpha})+\alpha\overline{\alpha}\}}$$

$$=\frac{2-\frac{\sqrt{3}}{2}}{2\left(1-\frac{\sqrt{3}}{2}+\frac{1}{4}\right)}\quad(\because\ ⑥)$$

$$=\frac{4-\sqrt{3}}{5-2\sqrt{3}}$$

$$=\frac{14+3\sqrt{3}}{13}\quad\cdots\cdots(答)$$

参考 $\left(\sum_{n=0}^{N-1}\alpha^n\right.$ の実部を考えて，次のようにすることもできる$\left.\right)$

$\alpha^n=\left(\frac{1}{2}\right)^n\left(\cos\frac{n\pi}{6}+i\sin\frac{n\pi}{6}\right)$ より

$$\sum_{n=0}^{N-1}\alpha^n=\sum_{n=0}^{N-1}\left(\frac{1}{2}\right)^n\cos\frac{n\pi}{6}+i\sum_{n=0}^{N-1}\left(\frac{1}{2}\right)^n\sin\frac{n\pi}{6}\quad\cdots\cdots(*)$$

また，$\alpha\neq 1$ であるから

$$\sum_{n=0}^{N-1}\alpha^n=\frac{1-\alpha^N}{1-\alpha}=\frac{1}{1-\alpha}-\frac{\alpha^N}{1-\alpha}$$

ここで

$$\begin{aligned}\frac{1}{1-\alpha}&=\frac{1}{1-\frac{1}{2}\left(\frac{\sqrt{3}}{2}+\frac{1}{2}i\right)}\\&=\frac{4}{(4-\sqrt{3})-i}\\&=\frac{(4-\sqrt{3})+i}{5-2\sqrt{3}}\\&=\frac{(14+3\sqrt{3})+(5+2\sqrt{3})i}{13}\end{aligned}$$

であるから，$\frac{\alpha^N}{1-\alpha}=p_N+q_Ni$（$p_N$，$q_N$ は実数）とおいて，$(*)$の実部を考えると

$$\sum_{n=0}^{N-1}\left(\frac{1}{2}\right)^n\cos\frac{n\pi}{6}=\frac{14+3\sqrt{3}}{13}-p_N\quad\cdots\cdots(**)$$

さらに，$0\leqq p_N\leqq\sqrt{p_N{}^2+q_N{}^2}=\left|\frac{\alpha^N}{1-\alpha}\right|=\frac{|\alpha^N|}{|1-\alpha|}$ で，$|\alpha|=\frac{1}{2}<1$ より

$\lim_{N\to\infty}|\alpha^N|=\lim_{N\to\infty}|\alpha|^N=0$ であるから　　$\lim_{N\to\infty}\frac{|\alpha^N|}{|1-\alpha|}=0$

よって，はさみうちの原理により　　$\lim_{N\to\infty}p_N=0$

これと$(**)$より

$$\sum_{n=0}^{\infty}\left(\frac{1}{2}\right)^n\cos\frac{n\pi}{6}=\lim_{N\to\infty}\sum_{n=0}^{N-1}\left(\frac{1}{2}\right)^n\cos\frac{n\pi}{6}=\frac{14+3\sqrt{3}}{13}$$

別解　＜周期性を用いる解法＞

$a_n=\left(\frac{1}{2}\right)^n\cos\frac{n\pi}{6}$，$S_l=\sum_{n=0}^{l}a_n$（$n$，$l$ は 0 以上の整数）とおく。

$$\sum_{k=0}^{5}a_k=1+\frac{1}{2}\cdot\frac{\sqrt{3}}{2}+\left(\frac{1}{2}\right)^2\cdot\frac{1}{2}+\left(\frac{1}{2}\right)^4\cdot\left(-\frac{1}{2}\right)+\left(\frac{1}{2}\right)^5\left(-\frac{\sqrt{3}}{2}\right)$$

$$=\left(\frac{1}{2}\right)^6(64+16\sqrt{3}+8-2-\sqrt{3})$$

$$=\frac{5(14+3\sqrt{3})}{64}\quad\cdots\cdots(ア)$$

m を 0 以上の整数，$k=0$，1，2，3，4，5 とすると

$$a_{k+6m}=\left(\frac{1}{2}\right)^{k+6m}\cos\left(\frac{k\pi}{6}+m\pi\right)$$

$$=\left(\frac{1}{2}\right)^{6m}\cdot\left(\frac{1}{2}\right)^k\cdot(-1)^m\cos\frac{k\pi}{6}$$

$$=\left(\frac{1}{64}\right)^m\cdot(-1)^m\cdot\left(\frac{1}{2}\right)^k\cos\frac{k\pi}{6}$$

$$=\left(-\frac{1}{64}\right)^m a_k$$

よって，N を自然数として

$$S_{6N-1}=\sum_{m=0}^{N-1}\sum_{k=0}^{5}a_{k+6m}$$

$$=\sum_{m=0}^{N-1}\sum_{k=0}^{5}\left(-\frac{1}{64}\right)^m a_k$$

$$=\sum_{m=0}^{N-1}\left(-\frac{1}{64}\right)^m\cdot\frac{5(14+3\sqrt{3})}{64}\quad(\because\ (ア))$$

$\left|-\frac{1}{64}\right|<1$ であるから

$$\lim_{N\to\infty}S_{6N-1}=\frac{5(14+3\sqrt{3})}{64}\cdot\frac{1}{1+\frac{1}{64}}=\frac{14+3\sqrt{3}}{13}\quad\cdots\cdots(イ)$$

また，$\left|\cos\frac{n\pi}{6}\right|\leqq 1$ より $0\leqq|a_n|\leqq\left(\frac{1}{2}\right)^n$ と $\lim_{n\to\infty}\left(\frac{1}{2}\right)^n=0$ から，はさみうちの原理により

$$\lim_{n\to\infty}|a_n|=0\quad すなわち\quad \lim_{n\to\infty}a_n=0\quad\cdots\cdots(ウ)$$

$k=1,\ 2,\ 3,\ 4,\ 5$ に対して

$$S_{6N-1-k}=S_{6N-1}-(a_{6N-1}+a_{6N-2}+\cdots+a_{6N-k})$$

であるから，(イ)，(ウ)より

$$\lim_{N\to\infty}S_{6N-1-k}=\frac{14+3\sqrt{3}}{13}$$

したがって　$\displaystyle\sum_{n=0}^{\infty}\left(\frac{1}{2}\right)^n\cos\frac{n\pi}{6}=\lim_{l\to\infty}S_l=\frac{14+3\sqrt{3}}{13}$

◀解　説▶

≪三角関数を含む無限級数の和≫

(等比)×(cos) 型の無限級数の和を求める問題である。問題集や参考書にある $\displaystyle\sum_{n=0}^{\infty}\left(\frac{1}{2}\right)^n\cos\frac{n\pi}{2}$ であれば無限等比級数を考えて求めることができるが，$\cos\dfrac{n\pi}{6}$ となっているのでそう簡単にはいかない。

複素数の極形式，ド・モアブルの定理を用いて，複素数の実部を考えるとわかりやすい。教科書では複素数の極限は定義されていない。したがって，複素数 α に対して $\displaystyle\lim_{N\to\infty}\alpha^N$ という表現は避けるべきである。$\alpha^N+\overline{\alpha}^N$ $(=\alpha^N+\overline{\alpha^N})$，$\alpha\overline{\alpha}$ は実数なので lim を使っても問題ない。〔解答〕，〔参考〕ではこういうことにも注意して記述した。問題文に「和」とあるので収束すると考えられるが，収束することも含めて解答しておくべきである。部分和，はさみうちの原理を用いるとよい。

〔別解〕では，余弦の周期性を利用した。$\displaystyle\lim_{N\to\infty}S_{6N-1}$ を求め（この値を S とする），$\displaystyle\lim_{n\to\infty}a_n=0$ であることから

$$\lim_{N\to\infty}S_{6N-2}=\lim_{N\to\infty}(S_{6N-1}-a_{6N-1})=S-0=S$$

$\displaystyle\lim_{N\to\infty}S_{6N-3}$，$\displaystyle\lim_{N\to\infty}S_{6N-4}$，$\displaystyle\lim_{N\to\infty}S_{6N-5}$，$\displaystyle\lim_{N\to\infty}S_{6N-6}$ も同様に S となることから $\displaystyle\lim_{l\to\infty}S_l$ が収束し，和は S である。

4

◇発想◇　曲線の長さの公式を用いる。まず $\sqrt{1+\left(\dfrac{dy}{dx}\right)^2}$ を計算する。積分区間に注意して，できるだけ簡単な式に変形する。次に定積分の計算である。置換積分，部分分数分解の利用を考える。

解答　$y=\log(1+\cos x)$ より，$\dfrac{dy}{dx}=-\dfrac{\sin x}{1+\cos x}$ であるから

$$\sqrt{1+\left(\frac{dy}{dx}\right)^2}=\sqrt{1+\frac{\sin^2 x}{(1+\cos x)^2}}$$

$$=\sqrt{\frac{(1+\cos x)^2+\sin^2 x}{(1+\cos x)^2}}$$

$$=\sqrt{\frac{2(1+\cos x)}{(1+\cos x)^2}}$$

$$=\sqrt{\frac{2}{1+\cos x}}$$

$$=\sqrt{\frac{1}{\cos^2\frac{x}{2}}}$$

$0\leqq x\leqq\dfrac{\pi}{2}$ のとき，$0\leqq\dfrac{x}{2}\leqq\dfrac{\pi}{4}$ より $\cos\dfrac{x}{2}>0$ であるから

$$\sqrt{1+\left(\frac{dy}{dx}\right)^2}=\frac{1}{\cos\frac{x}{2}}$$

よって，求める長さを L とすると

$$L=\int_0^{\frac{\pi}{2}}\frac{dx}{\cos\frac{x}{2}}=\int_0^{\frac{\pi}{2}}\frac{\cos\frac{x}{2}}{\cos^2\frac{x}{2}}dx=\int_0^{\frac{\pi}{2}}\frac{\cos\frac{x}{2}}{1-\sin^2\frac{x}{2}}dx$$

$\sin\dfrac{x}{2}=u$ とおくと，$\dfrac{1}{2}\cos\dfrac{x}{2}dx=du$ で

x	$0\to\dfrac{\pi}{2}$
u	$0\to\dfrac{1}{\sqrt{2}}$

であるから

$$L=\int_0^{\frac{1}{\sqrt{2}}}\frac{2}{1-u^2}du$$

$$=\int_0^{\frac{1}{\sqrt{2}}}\left(\frac{1}{1+u}+\frac{1}{1-u}\right)du$$

$$=\Big[\log|1+u|-\log|1-u|\Big]_0^{\frac{1}{\sqrt{2}}}$$

$$=\log\left(1+\frac{1}{\sqrt{2}}\right)-\log\left(1-\frac{1}{\sqrt{2}}\right)$$

$$=\log\frac{\sqrt{2}+1}{\sqrt{2}-1}$$

$=2\log(\sqrt{2}+1)$　……(答)

◀解　説▶

≪曲線の長さ≫

曲線の長さを求める問題で，公式を用い，定積分の計算を行うものである。

曲線 $y=f(x)$ $(a\leqq x\leqq b)$ の長さは

$$\int_a^b\sqrt{1+\left(\frac{dy}{dx}\right)^2}\,dx=\int_a^b\sqrt{1+\{f'(x)\}^2}\,dx$$

曲線 $x=f(t)$，$y=g(t)$ $(\alpha\leqq t\leqq\beta)$ の長さは

$$\int_\alpha^\beta\sqrt{\left(\frac{dx}{dt}\right)^2+\left(\frac{dy}{dt}\right)^2}\,dt=\int_\alpha^\beta\sqrt{\{f'(t)\}^2+\{g'(t)\}^2}\,dt$$

で求められる。$\sqrt{1+\left(\frac{dy}{dx}\right)^2}$ の計算では，半角の公式を用い，$\cos\frac{x}{2}>0$ を確認して $\sqrt{}$ をはずす。定積分の計算では

$$\frac{1}{\cos\frac{x}{2}}=\frac{2\left(\sin\frac{x}{2}\right)'}{1-\sin^2\frac{x}{2}}\ ,\quad \frac{2}{1-u^2}=\frac{1}{1+u}+\frac{1}{1-u}$$

と変形することがポイントとなる。

5

◆発想◆　(1)　外心Kは辺BCの垂直二等分線上にあるから，半径を求めて利用する方法と，△KBCが二等辺三角形であることを利用する方法が考えられる。

(2)　垂心をHとすると，AH⊥BC かつ BH⊥CA から，直線の傾きを利用する方法と，ベクトルの内積を利用する方法が考えられ

る。

解答　(1)　△ABC の外接円の半径を R とすると，正弦定理より

$$2R=\frac{\mathrm{BC}}{\sin\angle\mathrm{BAC}}=\frac{2\sqrt{3}}{\sin\frac{\pi}{3}}=4\quad すなわち\quad R=2$$

△ABC の外心を K とすると，K は辺 BC の垂直二等分線である y 軸上にあるから，K の座標を $(0,\ k)$ とおくと，$\mathrm{KB}^2=R^2$ より

$$3+(k+1)^2=4\quad よって\quad k=0,\ -2$$

$k=-2$ のとき，外接円の方程式は $x^2+(y+2)^2=4$ となり，常に $y\leqq 0$ であるから，A の y 座標が正であることに反する。

$k=0$ のとき，外接円の方程式は $x^2+y^2=4$ となり，(∗)を満たす。

よって，△ABC の外心の座標は　$(0,\ 0)$　……(答)

(2)　(1)より，点 A は円 $x^2+y^2=4$ の $y>0$ の部分を動く。

A の座標を $(a,\ b)$ とおくと

$$a^2+b^2=4,\ -2<a<2,\ b>0\quad \cdots\cdots ①$$

△ABC の垂心を $\mathrm{H}(X,\ Y)$ とおくと，H は A を通り BC に垂直な直線 $x=a$ と，B を通り CA に垂直な直線

$$y+1=-\frac{a-\sqrt{3}}{b+1}(x+\sqrt{3})$$

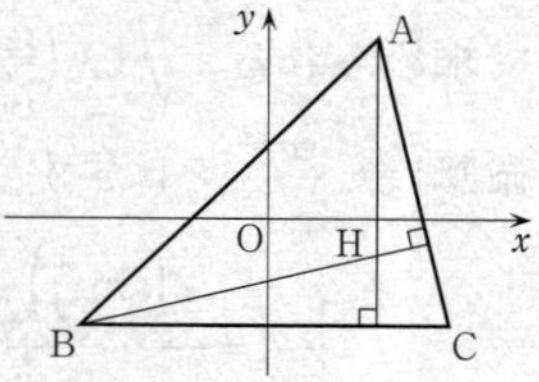

の交点であるから

$$\begin{cases} X=a & \cdots\cdots ② \\ Y+1=-\dfrac{a-\sqrt{3}}{b+1}(X+\sqrt{3}) & \cdots\cdots ③ \end{cases}$$

②を③に代入して

$$\begin{aligned} Y+1&=-\frac{(a-\sqrt{3})(a+\sqrt{3})}{b+1} \\ &=-\frac{a^2-3}{b+1} \\ &=\frac{b^2-1}{b+1}\quad (\because\ ①) \\ &=b-1 \end{aligned}$$

よって　　$b=Y+2$

これと②を①に代入して

$$X^2+(Y+2)^2=4,\ \ -2<X<2,\ \ Y>-2$$

したがって，求める軌跡は

点 $(0,\ -2)$ を中心とする半径 2 の円の $y>-2$ の部分　……(答)

別解　(1)　＜二等辺三角形を用いた解法＞

△ABC の外心を K とする。K は辺 BC の垂直二等分線である y 軸上にあるから，K の座標を $(0,\ k)$ とすると，(＊)より

$$\angle\mathrm{BKC}=2\angle\mathrm{BAC}=\frac{2}{3}\pi,\ \ k>-1$$

である。△KBC は KB＝KC の二等辺三角形であるから

$$\angle\mathrm{KBC}=\frac{1}{2}\left(\pi-\frac{2}{3}\pi\right)=\frac{\pi}{6}$$

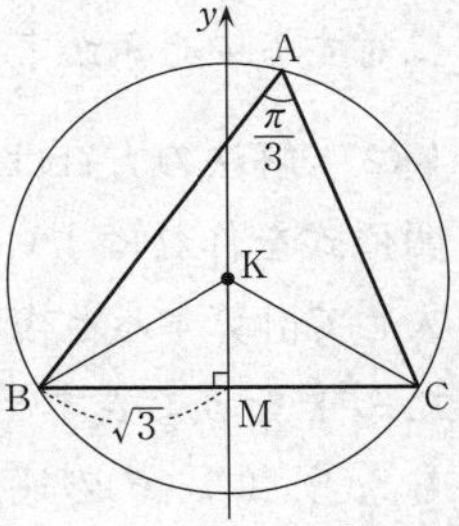

辺 BC の中点を M とすると $\angle\mathrm{KMB}=\dfrac{\pi}{2}$ であるから

$$\mathrm{KM}=\mathrm{BM}\tan\frac{\pi}{6}=\sqrt{3}\cdot\frac{1}{\sqrt{3}}=1$$

これと $\mathrm{M}(0,\ -1)$，$k>-1$ より　　$k=0$

よって，△ABC の外心の座標は $(0,\ 0)$ である。

(2)　＜ベクトルを用いた解法＞

(①までは〔解答〕と同じ)

△ABC の垂心を $\mathrm{H}(X,\ Y)$ とおく。

$\overrightarrow{\mathrm{AH}}=(X-a,\ Y-b)$，$\overrightarrow{\mathrm{BH}}=(X+\sqrt{3},\ Y+1)$，$\overrightarrow{\mathrm{BC}}=(2\sqrt{3},\ 0)$，$\overrightarrow{\mathrm{CA}}=(a-\sqrt{3},\ b+1)$ で，「$\overrightarrow{\mathrm{AH}}\perp\overrightarrow{\mathrm{BC}}$」かつ「$\overrightarrow{\mathrm{BH}}=\vec{0}$ または $\overrightarrow{\mathrm{BH}}\perp\overrightarrow{\mathrm{CA}}$」より，$\overrightarrow{\mathrm{AH}}\cdot\overrightarrow{\mathrm{BC}}=0$ かつ $\overrightarrow{\mathrm{BH}}\cdot\overrightarrow{\mathrm{CA}}=0$ であるから

$$\begin{cases}2\sqrt{3}\,(X-a)=0 & \cdots\cdots(ア)\\ (X+\sqrt{3})(a-\sqrt{3})+(Y+1)(b+1)=0 & \cdots\cdots(イ)\end{cases}$$

(ア)より　　$X=a$

これを(イ)に代入して

$$(a^2-3)+(Y+1)(b+1)=0$$

①より $a^2-3=1-b^2$ であるから

$$1-b^2+(Y+1)(b+1)=0$$
$$(b+1)(Y+2-b)=0$$

$b+1\neq 0$ より　　$b=Y+2$

（以下，〔解答〕と同じ）

◀解　説▶

≪三角形の外心，垂心の軌跡≫

底辺を固定し，頂角が $\dfrac{\pi}{3}$ であるように動くときの△ABCの垂心の軌跡を求める問題である。

▶(1)　図を描けば容易にわかるが，何らかの説明は必要である。〔解答〕は正弦定理で外接円の半径を求めて利用した。〔別解〕は外接円の弧BCに対する中心角が $\dfrac{2}{3}\pi$ であることを利用した。

▶(2)　解法の方針ははっきりしている。①，②，③を連立して X と Y の関係式を作ればよい。$a=X$ を③に代入して b を X と Y で表し，①に代入して計算すると複雑になる。②を③に代入し，さらに①を用いて，いったん Y を b で表すと計算が楽になる。〔別解〕のようにベクトルを用いても，①，(ア)，(イ)の連立方程式を解くことになり，〔解答〕と同様の計算をすることになる。$\angle \mathrm{ABC}=\dfrac{\pi}{2}$ $\left(\angle \mathrm{ACB}=\dfrac{\pi}{2}\right)$ のとき，HとB（C）が一致するので，〔解答〕および〔別解〕では考慮して記述した。

6

◇発想◇　問1．n が2以上の整数で素数でないとき，2以上の整数 p，q を用いて，$n=pq$ と表されることを利用して，もとの命題の対偶を示す，または背理法で示すことを考える。$3^{pq}-2^{pq}$ が2以上の整数の積で表されることを示せばよい。

問2．曲線上の点 $(t,\ f(t))$ における接線が原点を通るような t の条件を求め，それを満たす t が存在することを示す。平均値の定理を使うことを思い浮かべ，t の存在を示すことができるような関数を考える。

解答　問1．n を2以上の整数とする。示すべき命題の対偶「n が素数でないならば，3^n-2^n は素数でない」を示す。

n が素数でないならば，2以上の整数 p，q を用いて，$n=pq$ と表される。

このとき

$$
\begin{aligned}
&3^n-2^n\\
&=(3^p)^q-(2^p)^q\\
&=(3^p-2^p)\{(3^p)^{q-1}+(3^p)^{q-2}\cdot 2^p+(3^p)^{q-3}\cdot(2^p)^2+\cdots+(2^p)^{q-1}\}
\end{aligned}
$$

ここで，3^p-2^p，$(3^p)^{q-1}+(3^p)^{q-2}\cdot 2^p+(3^p)^{q-3}\cdot(2^p)^2+\cdots+(2^p)^{q-1}$ はともに整数である。また，$p\geqq 2$ であるから

$$
\begin{aligned}
3^p-2^p&=(3-2)(3^{p-1}+3^{p-2}\cdot 2+3^{p-3}\cdot 2^2+\cdots+2^{p-1})\\
&\geqq 1\cdot(3^{p-1}+2^{p-1})\geqq 3+2=5
\end{aligned}
$$

さらに，$q\geqq 2$ であるから

$$
\begin{aligned}
&(3^p)^{q-1}+(3^p)^{q-2}\cdot 2^p+(3^p)^{q-3}\cdot(2^p)^2+\cdots+(2^p)^{q-1}\\
&\geqq(3^p)^{q-1}+(2^p)^{q-1}\geqq 3^2+2^2=13
\end{aligned}
$$

よって，3^n-2^n は2以上の2つの整数の積で表されるから素数でない。

したがって，対偶が真であるから，もとの命題も真である。

すなわち，3^n-2^n が素数ならば n も素数である。　（証明終）

問2．曲線 $y=f(x)$ 上の点 $(t,\ f(t))$ における接線の方程式は

$$y-f(t)=f'(t)(x-t)$$

この接線が原点を通る条件は

$$-f(t)=-tf'(t)\quad \text{すなわち}\quad tf'(t)-f(t)=0\quad\cdots\cdots①$$

が成り立つような実数 t が存在することである。

$g(x)=\dfrac{f(x)}{x}$ $(x\neq 0)$ とおくと，$f(x)$ は微分可能であるから，$g(x)$ は $1\leqq x\leqq a$ で連続，$1<x<a$ で微分可能である。よって，平均値の定理より

$$\frac{g(a)-g(1)}{a-1}=g'(c)\quad\cdots\cdots②,\ 1<c<a$$

を満たす実数 c が存在する。

$$g'(x)=\frac{xf'(x)-f(x)}{x^2}$$

と②より

$$\frac{\frac{f(a)}{a}-f(1)}{a-1}=\frac{cf'(c)-f(c)}{c^2}$$

であるから

$$cf'(c)-f(c)=\frac{c^2\{f(a)-af(1)\}}{a(a-1)}=0 \quad (\because \quad f(a)=af(1))$$

したがって，$t=c$ とすると①を満たすから，曲線 $y=f(x)$ 上の点 $(c,\ f(c))$ における接線は原点を通る。

ゆえに，曲線 $y=f(x)$ の接線で原点を通るものが存在する。

（証明終）

◀解　説▶

≪問1．素数であることの証明　問2．平均値の定理≫

▶問1．対偶法または背理法を用いた素数に関する証明問題である。〔解答〕は対偶法で示した。$3^{pq}-2^{pq}$ を因数分解することで，3^n-2^n が2以上の2つの整数の積で表されることがわかる。背理法では，3^n-2^n が素数かつ n が2以上の整数で素数でない（n は合成数）として矛盾を導くが，3^n-2^n が2以上の2つの整数の積で表されることと，3^n-2^n が素数であることが矛盾することになるので，本質的には対偶法と変わらない。

▶問2．平均値の定理はロルの定理から証明でき，ロルの定理は平均値の定理の特別な場合である。

「ロル（Rolle）の定理：

関数 $g(x)$ が閉区間 $[\alpha,\ \beta]$ で連続，開区間 $(\alpha,\ \beta)$ で微分可能で $g(\alpha)=g(\beta)$ ならば

$$g'(c)=0,\ \alpha<c<\beta$$

を満たす実数 c が存在する」

本問では，$f(a)=af(1)$ であるから $\dfrac{f(1)}{1}=\dfrac{f(a)}{a}$ $(a\neq 0)$ が成り立つ。

したがって，$g(x)=\dfrac{f(x)}{x}$ ……(＊) とおけば $g(1)=g(a)$ を満たし，ロルの定理が使えるので，(＊)とおくことに気づく。〔解答〕は平均値の定理を用いたが，ロルの定理を用いて証明することもできる。

❖講 評

「数学Ⅲ」を中心に，整数，図形，確率に関する問題で，例年通り頻出分野から出題されている。5が関連のある小問2問，16がともに独立した小問2問の構成になっているのが2021年度の特徴である。

1 問1が空間図形，問2が確率からの出題で，ともに方針の立てやすい問題である。雑に解こうとするとミスをしやすいので注意したい。

2 「数学Ⅲ」の微分法の問題。分数関数の微分をする前に少し工夫がいるが，計算は容易である。

3 三角関数を含む無限級数の問題。三角関数の扱い方を考えるのに時間がかかるかもしれない。記述方法にも注意が必要である。

4 曲線の長さを求める典型問題。公式を使って立式し，置換積分法を用いて計算するだけなので取り組みやすい。

5 三角形の外心と垂心を題材にした軌跡の問題。計算を少し工夫しないと時間がかかってしまうので注意が必要である。

6 証明問題2問。問1は因数分解に気づくか，問2は平均値の定理の利用に気づき適切な関数を作れるか，ということが試されている。

2021年度は全体的に取り組みやすい問題が多く，2020年度より易化した。12はやや易，45は標準問題である。36は少しレベルの高い問題で，方針を立てるまで少し時間がかかるが，記述量は多くない。2021年度は記述の精度によって大きな差がついたであろう。論理的で評価の高い答案の書き方をマスターしておきたい。

物理

I 解答

(1)　ア．$\sqrt{V^2-2gh}$　イ．$\sqrt{1-\dfrac{V^2\cos^2\theta}{V^2-2gh}}$

ウ．$-mV_0+MV_0$　エ．$-2V_0$　オ．$\dfrac{3M-m}{M+m}V_0$　カ．$\dfrac{M-3m}{M+m}V_0$

キ．3　ク．2　ケ．$\dfrac{2V^2}{g}\sin^2\theta-3h$

(2)　コ．$a_{n-1}+1$　サ．$n+1$

シ．$\dfrac{(n+1)^2V^2\sin^2\theta}{2g}-n(n+2)h$

問1．(i)　n 回目の衝突直前の小球の速度は $-a_{n-1}V_0$，ボールの速度は V_0，衝突直後の小球の速度は a_nV_0，ボールの速度は0であるから，運動量保存則より

$$-ma_{n-1}V_0+M_nV_0=ma_nV_0$$

$$M_n=(a_{n-1}+a_n)m$$

サの結果より，$a_n=n+1$ であるから

$$M_n=(n+n+1)m=(2n+1)m$$

$$\therefore\quad \frac{M_n}{m}=2n+1\text{ 倍}\quad\cdots\cdots(\text{答})$$

(ii)　(i)の結果より，$2n+1\leqq 10$ であるから，n の上限は4である。$h=0$ のとき，シの結果より

$$h_n=\frac{(n+1)^2V^2}{2g}\sin^2\theta$$

よって　$\dfrac{h_n}{h_0}=(n+1)^2$

したがって，$n=4$ のとき

$$\frac{h_4}{h_0}=25\text{ 倍}\quad\cdots\cdots(\text{答})$$

◀解　説▶

≪斜方投射，２物体の繰り返し衝突≫

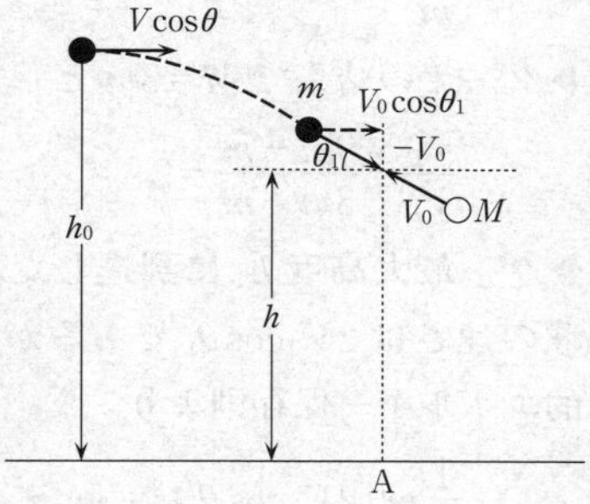

(1)　▶ア．投げ上げた点を重力の位置エネルギーの基準点として，小球の力学的エネルギー保存則より

$$\frac{1}{2}mV^2=\frac{1}{2}m{V_0}^2+mgh$$

$$\therefore\quad V_0=\sqrt{V^2-2gh}$$

▶イ．衝突直前まで小球の水平方向の速さは変わらないから

$$V_0\cos\theta_1=V\cos\theta$$

$${V_0}^2(1-\sin^2\theta_1)=V^2\cos^2\theta$$

アの結果より

$$(V^2-2gh)(1-\sin^2\theta_1)=V^2\cos^2\theta$$

$$\sin^2\theta_1=1-\frac{V^2\cos^2\theta}{V^2-2gh}$$

$$\therefore\quad \sin\theta_1=\sqrt{1-\frac{V^2\cos^2\theta}{V^2-2gh}}$$

▶ウ．図１(b)より，運動量保存則は

$$mv_1+Mw_1=-mV_0+MV_0$$

▶エ．はねかえり係数が１であるから

$$1=-\frac{v_1-w_1}{-V_0-V_0}=-\frac{v_1-w_1}{-2V_0}$$

▶オ・カ．エの結果より

$$w_1=v_1-2V_0$$

ウの結果に代入して

$$mv_1+M(v_1-2V_0)=-mV_0+MV_0$$

$$(M+m)v_1=(3M-m)V_0$$

$$\therefore\quad v_1=\frac{3M-m}{M+m}V_0$$

よって

$$w_1=\frac{3M-m}{M+m}V_0-2V_0=\frac{M-3m}{M+m}V_0$$

▶キ．カの結果で $w_1=0$ として

$$\frac{M}{m}=3$$

▶ク．オの結果で $M=3m$ として

$$\frac{v_1}{V_0}=\frac{9m-m}{3m+m}=2$$

▶ケ．最大高度 h_1 に到達したときの小球の速さは $2V_0\cos\theta_1$ であるから，力学的エネルギー保存則より

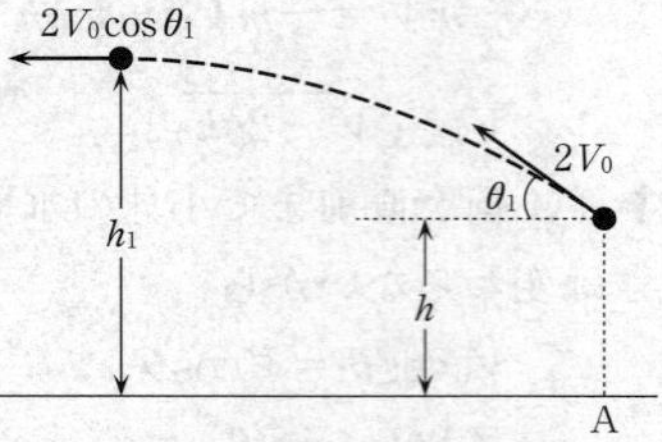

$$\frac{1}{2}m(2V_0\cos\theta_1)^2+mgh_1$$

$$=\frac{1}{2}m(2V_0)^2+mgh$$

$$h_1-h=\frac{2V_0{}^2}{g}(1-\cos^2\theta_1)=\frac{2V_0{}^2}{g}\sin^2\theta_1$$

ア，イの結果を用いて

$$h_1-h=\frac{2}{g}\cdot(V^2-2gh)\cdot\left(1-\frac{V^2\cos^2\theta}{V^2-2gh}\right)$$

$$=\frac{2}{g}(V^2-2gh-V^2\cos^2\theta)$$

$$=\frac{2V^2}{g}\sin^2\theta-4h$$

$$\therefore\quad h_1=\frac{2V^2}{g}\sin^2\theta-3h$$

(2)　▶コ．n 回目の衝突直後の小球の速度成分が $v_n=a_nV_0$ のとき，衝突直前の小球の速度成分は，$n-1$ 回目の速度成分の向きが逆になっていることに注意すると，$-v_{n-1}=-a_{n-1}V_0$ である。よって，はねかえり係数が 1 であるから

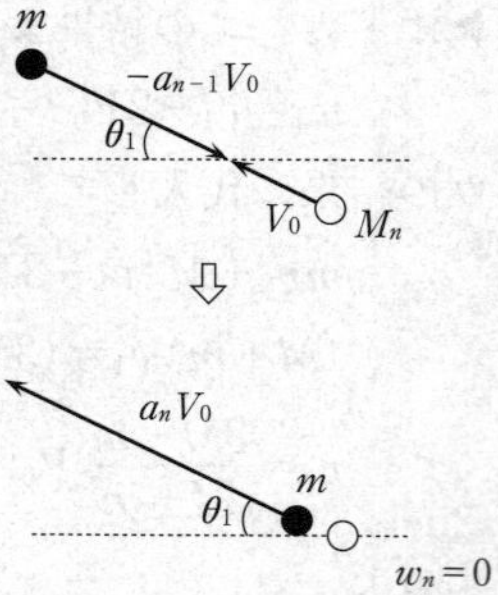

$$1=-\frac{a_nV_0-0}{-a_{n-1}V_0-V_0}$$

$$\therefore\quad a_n=a_{n-1}+1$$

▶サ．(1)クの結果より $a_1=2$ であるから，a_n は初項が 2，公差が 1 の等差数列である。よって

$$a_n=2+(n-1)\times 1$$
$$=n+1$$

▶シ．同じ高度 h で衝突するとき，運動の対称性より速度の方向と水平面とのなす角は常に θ_1 である。$v_n=(n+1)V_0$ であるから，$n+1$ 回目の衝突前に小球が到達する最大高度を h_n とすると，ケと同様，力学的エネルギー保存則より

$$\frac{1}{2}m\{(n+1)V_0\cos\theta_1\}^2+mgh_n=\frac{1}{2}m\{(n+1)V_0\}^2+mgh$$

$$h_n-h=\frac{(n+1)^2}{2g}\cdot V_0{}^2(1-\cos^2\theta_1)=\frac{(n+1)^2}{2g}\cdot V_0{}^2\sin^2\theta_1$$

ア，イの結果を用いて

$$h_n-h=\frac{(n+1)^2}{2g}(V^2\sin^2\theta-2gh)$$

$$=\frac{(n+1)^2V^2\sin^2\theta}{2g}-(n+1)^2h$$

$$\therefore\quad h_n=\frac{(n+1)^2V^2\sin^2\theta}{2g}-n(n+2)h$$

▶問１．(i)　コと同様，n 回目の衝突直前の速度が $-a_{n-1}V_0$ であることに注意し，運動量保存則の式を作ればよい。

(ii)　(i)の結果から n の上限が求まる。$h=0$ のときは，シの結果から n が大きいほど h_n は大きいとしてよい。

II　解答

(1)　イ．$\dfrac{\pi L^2B}{2T}$　ロ．$\dfrac{\pi L^2B}{2TR}$　ハ．RI^2　ニ．$\dfrac{Q}{C}I$

ホ．$\dfrac{\pi L^2IB}{2T}$

(2)　ヘ．$\dfrac{\pi L^2BC}{2T}$　ト．RC

問 1．

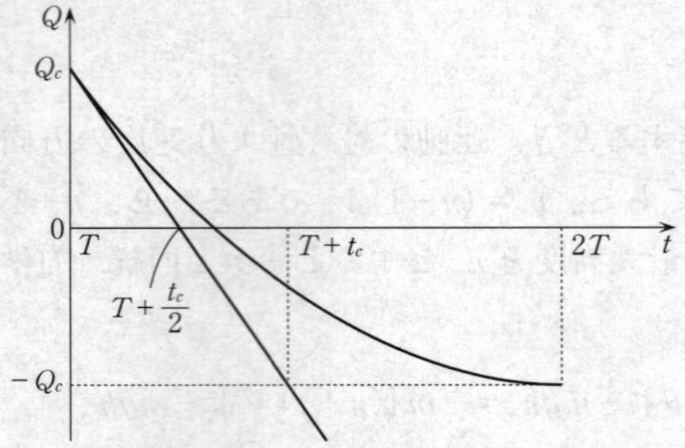

(3)　チ．$1-x$　リ．$-(1-x)^2$　ヌ．$(1-x)(1-x+x^2)$

問 2．式(iii)で，$Q_\infty=Q_c$，$Q_0=-\dfrac{4}{9}Q_c$，$Q(t_1)=\dfrac{4}{9}Q_c$ とすればよいから，

$t_1-t_0=T$ として

$$\frac{4}{9}Q_c=Q_c+\left(-\frac{4}{9}Q_c-Q_c\right)x$$

$$\frac{13}{9}x=\frac{5}{9}\qquad\therefore\quad x=\frac{5}{13}\quad\cdots\cdots(\text{答})$$

ここで，$a=\dfrac{1}{t_c}$ より $x=e^{-\frac{T}{t_c}}$ であるから

$$e^{\frac{T}{t_c}}=\frac{1}{x}=\frac{13}{5}=2.6$$

$e\fallingdotseq 2.72$ を考慮すると

$$\frac{T}{t_c}<1\qquad\therefore\quad T<t_c\quad\cdots\cdots(\text{答})$$

◀解　説▶

≪折り返し回転する導体棒の起電力，コンデンサーの充電≫

(1)　▶イ．角速度 $\omega=\dfrac{\pi}{T}$ のとき，時間 Δt の間に閉回路 OPYO を貫く磁束密度の増加 $\Delta\Phi$ は

$$\Delta\Phi=B\cdot\pi L^2\cdot\frac{\omega\Delta t}{2\pi}$$

$$=\frac{\pi L^2B}{2T}\Delta t$$

よって，起電力の大きさ V は

$$V=\frac{\Delta\Phi}{\Delta t}=\frac{\pi L^2B}{2T}$$

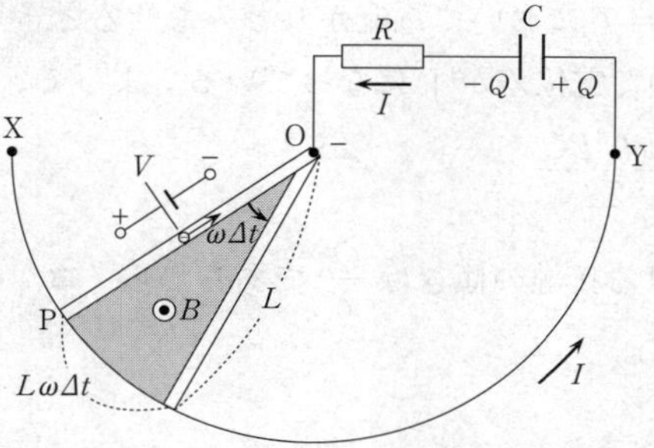

導体棒中の自由電子は P→O の向きにローレンツ力を受けて動くから，電流は O→P の向きに流れ出す。この向きが正であるから，V の符号は正である。

▶ロ．電流 I は正の向きに流れ出す。最初，コンデンサーの電位差は 0 であるから，$t=0$ での電流を I_0 とすると，イの結果より

$$V=RI_0 \qquad \therefore \quad I_0=\frac{V}{R}=\frac{\pi L^2B}{2TR}$$

▶ハ．抵抗に流れる電流 I が変化しないとき，Δt の間に抵抗で消費されるジュール熱を W_R とすると

$$W_R=RI^2\times\Delta t$$

▶ニ．コンデンサーに蓄えられる電荷が Q から $Q+\Delta Q$ に変化するとき，静電エネルギーの増加量を ΔU とすると，$(\Delta Q)^2$ の項を無視して

$$\Delta U=\frac{(Q+\Delta Q)^2}{2C}-\frac{Q^2}{2C}$$
$$=\frac{2Q\Delta Q+(\Delta Q)^2}{2C}$$
$$\fallingdotseq\frac{Q}{C}\Delta Q=\frac{Q}{C}I\times\Delta t$$

▶ホ．$V=IR+\dfrac{Q}{C}$ に注意すると，イ，ハ，ニの結果より

$$W_R+\Delta U=\{RI^2+(V-RI)I\}\Delta t$$
$$=IV\Delta t$$

$$=\frac{\pi L^2 IB}{2T}\times \Delta t$$

(2)　▶へ．時刻 $t=T$ において電流が 0 とみなせるとき，コンデンサーは充電が終了していて電位差が V になっている。よって

$$Q_c=CV=\frac{\pi L^2 BC}{2T}$$

▶ト．$t=0$ における接線の傾きは $\frac{Q_c}{t_c}$ であるから，ロ，への結果を用いると

$$I_0=\frac{Q_c}{t_c}$$

$$\therefore\quad t_c=\frac{Q_c}{I_0}=\frac{2TR}{\pi L^2 B}\cdot\frac{\pi L^2 BC}{2T}=RC$$

▶問１．折り返すと起電力の向きが逆になるので，$t=T$ での電流を I_0' とすると，電荷は Q_c であるから，キルヒホッフの第２法則より

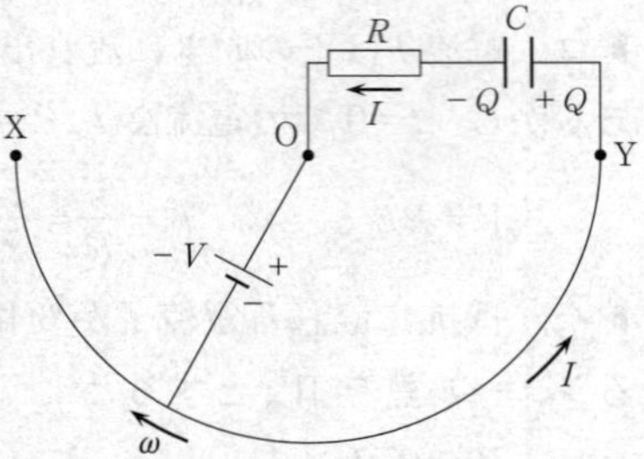

$$-V=RI_0'+\frac{Q_c}{C}$$

$t=T$ のとき $V=\frac{Q_c}{C}$ であるから，$t_c=RC$ を用いると

$$I_0'=-\frac{2Q_c}{RC}=-\frac{2Q_c}{t_c}$$

これが $t=T$ での Q の時間変化の傾きとなる。また，$t=2T$ ではコンデンサーは $-V$ で充電されているから，Q は $-Q_c$ となる。よって，〔解答〕のグラフとなる。

(3)　▶チ．$0\leqq t\leqq T$ のとき，Q_0 は $t_0=0$ での電気量，Q_∞ は導体棒が Y に到達する前に充電が終了したときの電気量であるから，$Q_0=0$，$Q_\infty=Q_c$ である。

よって，式(iii)で $t-t_0=T$ に注意すると

$$Q(T)=Q_c-Q_c e^{-aT}$$

$x=e^{-aT}$ であるから

$$Q(T)=(1-x)\times Q_c$$

▶リ．$T\leqq t\leqq 2T$ のとき，$Q_0=Q(T)=(1-x)Q_c$，Q_∞ は導体棒が折り返して X に到達する前に充電が終了したときの電気量 $-Q_c$ であるから

$$\begin{aligned} Q(2T)&=-Q_c+\{(1-x)Q_c+Q_c\}e^{-a(2T-T)} \\ &=-Q_c+(2-x)xQ_c \\ &=-(1-x)^2\times Q_c \end{aligned}$$

▶ヌ．$2T\leqq t\leqq 3T$ のとき　　$Q_0=Q(2T)=-(1-x)^2Q_c$

Q_∞ は導体棒が再び折り返したから，チと同じく Q_c である。よって

$$\begin{aligned} Q(3T)&=Q_c+\{-(1-x)^2Q_c-Q_c\}e^{-a(3T-2T)} \\ &=Q_c+\{-(1-x)^2-1\}xQ_c \\ &=\{1-(1-x)^2x-x\}Q_c \\ &=(1-x)(1-x+x^2)\times Q_c \end{aligned}$$

▶問２．時間が経過しても最大値は $\dfrac{4}{9}Q_c$，最小値は $-\dfrac{4}{9}Q_c$ のまま一定であるから，$t=t_0$ のとき $Q_0=-\dfrac{4}{9}Q_c$，$t_1=t_0+T$ のとき $Q(t_1)=\dfrac{4}{9}Q_c$ となる。$Q_\infty=Q_c$ であるから，これらから x が求まる。

T と t_c の大小関係は，与えられた e の値から考えればよい。

III　解答

(1)　あ．$2d\sin\theta$　い．$2d\sin\theta=k\lambda$

(2)　う．$\cos\theta=n\cos\theta'$　え．$\dfrac{\lambda}{n}$　お．$\dfrac{4\pi d}{\lambda}\sqrt{n^2-\cos^2\theta}$

か．$2d\sqrt{n^2-\cos^2\theta}=k\lambda$

(3)　き．$\dfrac{\lambda_0}{\sqrt{1-\dfrac{2gs}{{v_0}^2}}}$

問１．きの波長を λ とすると，位相差 $\varDelta\theta$ は近似式を用いて

$$\begin{aligned} \varDelta\theta&=2\pi\cdot\frac{l}{\lambda_0}-2\pi\cdot\frac{l}{\lambda} \\ &=\frac{2\pi l}{\lambda_0}\left(1-\sqrt{1-\frac{2gs}{{v_0}^2}}\right) \end{aligned}$$

$$\fallingdotseq \frac{2\pi l}{\lambda_0}\left\{1-\left(1-\frac{gs}{{v_0}^2}\right)\right\}$$

$$=\frac{2\pi lgs}{\lambda_0 {v_0}^2} \quad \cdots\cdots(答)$$

問２．(i)　問１の結果に $v_0=\dfrac{h}{m\lambda_0}$ を代入すると，$\alpha=\dfrac{\pi}{2}$ のとき

$$\varDelta\theta=\frac{2\pi m^2 l\lambda_0 gs}{h^2}$$

$$=2\pi\cdot\frac{m^2 g}{h^2}\cdot ls\cdot\lambda_0$$

$$=2\pi\times 6.25\times 10^{13}\times 10^{-3}\times 1.40\times 10^{-10}$$

$$=2\pi\times 8.75$$

$\varDelta\theta=2\pi\times k$（$k=0,\ 1,\ 2,\ \cdots$）のとき強め合うから，$k=0$ から $k=8$ までの９回である。　……(答)

(ii)　角度が α のとき，s が $s\times\sin\alpha$ になるから，(i)の結果を考慮すると

$$\varDelta\theta=2\pi\times 8.75\times\sin\alpha$$

はじめて弱め合うとき，$\varDelta\theta=\pi$ であるから

$$\pi=17.5\pi\sin\alpha$$

$$\therefore\quad \sin\alpha=\frac{1}{17.5}=0.0571\fallingdotseq 5.7\times 10^{-2} \quad \cdots\cdots(答)$$

◀解　説▶

≪Ｘ線の結晶による反射，中性子波の干渉≫

(1)　▶あ．原子Ｐと原子Ｑで反射された２つのＸ線の経路差は，右図より $2d\sin\theta$ である。

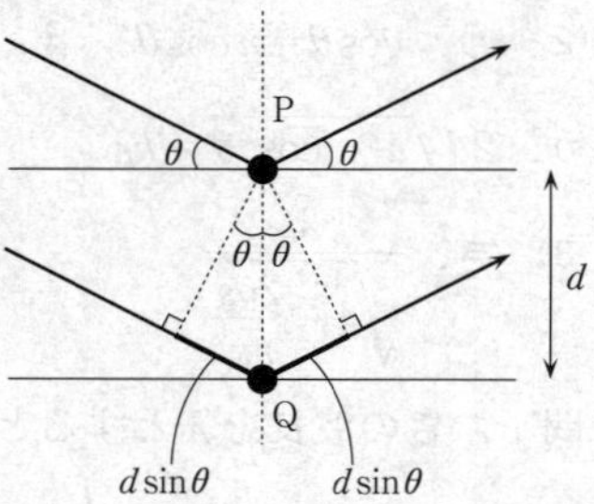

▶い．経路差がＸ線の波長 λ の正の整数倍のとき強め合うから

$$2d\sin\theta=k\lambda \quad (k=1,\ 2,\ \cdots)$$

(2)　▶う．入射角が$\frac{\pi}{2}-\theta$，屈折角が$\frac{\pi}{2}-\theta'$であるから，屈折の法則より

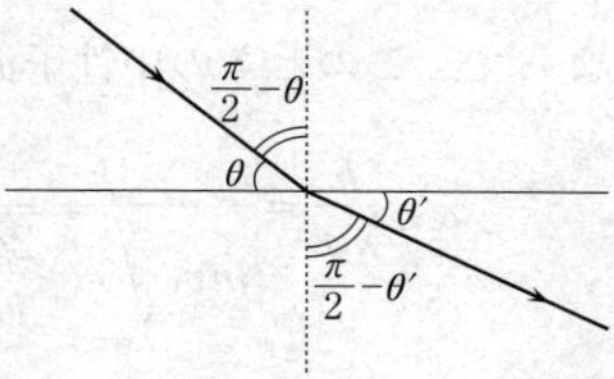

$$1\times\sin\left(\frac{\pi}{2}-\theta\right)=n\times\sin\left(\frac{\pi}{2}-\theta'\right)$$

$$\therefore\quad \cos\theta=n\cos\theta'$$

▶え．屈折率の定義より

$$n=\frac{\lambda}{\lambda'}\qquad\therefore\quad \lambda'=\frac{\lambda}{n}$$

▶お．2つのX線の経路差は$2d\sin\theta'$で，結晶中の波長λ'ごとに位相差は2π生じるから，う，えの結果を用いると

$$2\pi\times\frac{2d\sin\theta'}{\lambda'}=\frac{4\pi nd}{\lambda}\sqrt{1-\cos^2\theta'}$$

$$=\frac{4\pi nd}{\lambda}\sqrt{1-\left(\frac{\cos\theta}{n}\right)^2}$$

$$=\frac{4\pi d}{\lambda}\sqrt{n^2-\cos^2\theta}$$

▶か．おの結果より

$$\frac{4\pi d}{\lambda}\sqrt{n^2-\cos^2\theta}=2\pi\cdot k\quad(k=1,\ 2,\ \cdots)$$

$$\therefore\quad 2d\sqrt{n^2-\cos^2\theta}=k\lambda$$

(3)　▶き．$\alpha=\frac{\pi}{2}$のとき，中性子が辺 DC 上を動くときの速さをvとすると，力学的エネルギー保存則より

$$\frac{1}{2}mv_0{}^2=\frac{1}{2}mv^2+mgs$$

$$\therefore\quad v=\sqrt{v_0{}^2-2gs}$$

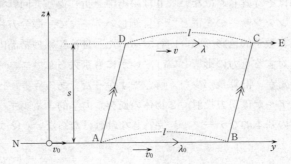

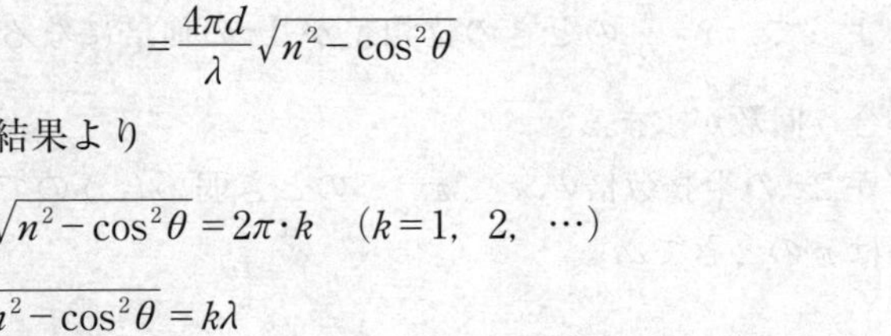

よって，このときの中性子波の波長を λ とすると，$\lambda_0=\dfrac{h}{mv_0}$ を用いて

$$\lambda=\frac{h}{mv}=\frac{h}{mv_0\sqrt{1-\dfrac{2gs}{{v_0}^2}}}$$

$$=\frac{\lambda_0}{\sqrt{1-\dfrac{2gs}{{v_0}^2}}}$$

▶問1．辺 BC と辺 AD を動くときの速さは同じなので波長も同じとなり，ここでは位相差は生じない。辺 AB を通るとき $2\pi\times\dfrac{l}{\lambda_0}$，辺 DC を通るとき $2\pi\times\dfrac{l}{\lambda}$ だけ位相が変化するので，$\lambda>\lambda_0$ に注意してこの差を計算すればよい。

▶問2．(i) 角度 α を増加させると位相差は増加し，2π 増加するごとに強め合う。よって，$\alpha=\dfrac{\pi}{2}$ のときの位相差が 2π の何倍になるかを計算すれば，強め合う回数が求まる。

(ii) 位相差が 2π の半整数倍の π，3π，…のとき弱め合うので，はじめて弱め合うのは π のときである。

❖講 評

2021 年度も理科 2 科目で 180 分（教育学部理系試験は 1 科目で 90 分），大問 3 題の出題に変化はなかった。2021 年度は全大問で導出過程を記述する論述問題が出題された。**I** は斜めに落下してくる小球にボールを繰り返し衝突させる内容で，一見複雑そうであるが運動の対称性を利用すればそう難しくはない。**II** は磁場中を折り返して回転する導体棒によるコンデンサーの充電という目新しいテーマで，微分方程式の解や漸化式など数学的色彩の強い内容であった。**III** はX線の結晶内での屈折，中性子に対する重力の影響という，いかにも京大らしいユニークなテーマであったが，計算量が少なく解きやすかったであろう。

I．(1)ア～ケは斜方投射，2 物体の衝突，力学的エネルギー保存則などの力学の基本的なテーマで，完答しなければならない。(2)コが本問の

ポイントで，運動の対称性から n 回目の衝突直前の速度が $-a_{n-1}V_0$ となることに気付かなければならない。シも対称性から衝突する角度が常に θ_1 であることに気付くかどうかである。ここをクリアすれば，問 1 の計算もそれほど難しくはないので，十分完答できる。

Ⅱ．(1)イ～ホは磁場中を回転する導体棒という頻出のテーマで，当然完答しなければならない。(2)へ・トも充電中のコンデンサーの電気量の時間変化の基本で，図 2 から容易に解答できる。問 1 は起電力の向きと充電終了後のコンデンサーの電気量の符号が逆になることに気付かないと難しいが，ここはクリアしたい。(3)が難しい。(ii)の微分方程式や，(iii)の解を見て困惑した受験生も多かったと思われる。Q_∞，Q_0，a，x などの意味を問題文から理解しないと，文字通り意味不明になってしまう。チ・リがうまく導けるかどうかで差がつく。問 2 も(iii)で Q_0，$Q(t_1)$ がどう表せるかが理解できないと解けない。

Ⅲ．(1)あ・いはX線のブラッグ反射の基本である。(2)う・えも屈折の法則の基本であるが，結晶中の屈折率 n が 1 より小さいとあるので戸惑った人もいたかもしれない。お・かは位相に慣れていないと難しいが，解けないと合格はおぼつかない。(3)は中性子ビームの重力による位相のずれと干渉という難解なテーマであるが，物質波の式も与えられており，容易に解ける。問 1 の近似計算，問 2 の数値計算も時間はかからない。

全体として，2021 年度は 3 題とも導出過程を示す論述問題が含まれたものの，2020 年度に比べて計算量は減少し，解きやすいテーマも多く，やや易化したと思われる。しかし，時間内に全問を解くのはやはり大変で，十分な計算力，読解力が必要である。

化学

I 解答

問 1．ア．Cu^{2+} イ．還元 ウ．I^- エ．酸化 オ．I_2 カ．I_3^-

問 2．$2Cu^{2+} + 5I^- \longrightarrow 2CuI + I_3^-$

問 3．$I_3^- + 2S_2O_3^{2-} \longrightarrow 3I^- + S_4O_6^{2-}$

問 4．9.10 mol

問 5．$-\log_{10}K_a$

問 6．(a)$2H_2O \longrightarrow 4H^+ + O_2 + 4e^-$ (b)$Cu^{2+} + 2e^- \longrightarrow Cu$

問 7．1.00 mol

問 8．9.0×10 %

◀解 説▶

≪電気分解，酸化還元滴定，緩衝液≫

▶問 1・問 2．『 』内の文章の変化に関して，次の各反応が進行している。

$Cu^{2+} + e^- \longrightarrow Cu^+$

$Cu^+ + I^- \longrightarrow CuI$

$2I^- \longrightarrow I_2 + 2e^-$

$I^- + I_2 \longrightarrow I_3^-$

最終的に CuI と I_3^- が生成するので，それら以外の化学種を消去すると，〔解答〕のイオン反応式が得られる。

▶問 3．手順(2)の滴定における酸化剤および還元剤の半反応式は，次の通りである。

酸化剤：$I_3^- + 2e^- \longrightarrow 3I^-$ ……①

還元剤：$2S_2O_3^{2-} \longrightarrow S_4O_6^{2-} + 2e^-$ ……②

①＋②より，〔解答〕のイオン反応式が得られる。この手順の中でデンプンは指示薬であり，青紫色が消えたところで I_3^- が全て反応する。

▶問 4．問 2・問 3 の反応式より，2.00 mL の水溶液中に溶けている Cu^{2+} の物質量は，滴定に要した $S_2O_3^{2-}$ の物質量に等しいことがわかる。よって

$$0.1000 \times \frac{18.20}{1000} = 1.820 \times 10^{-3}〔\mathrm{mol}〕$$

水溶液全体の体積は 10.00L より

$$1.820 \times 10^{-3} \times \frac{10.00 \times 10^{3}}{2.00} = 9.10〔\mathrm{mol}〕$$

▶問５．この緩衝液中には CH_3COOH と CH_3COO^- が共存し，この溶液に酸を加えると

$$CH_3COO^- + H^+ \longrightarrow CH_3COOH \quad \cdots\cdots③$$

塩基を加えると

$$CH_3COOH + OH^- \longrightarrow CH_3COO^- + H_2O \quad \cdots\cdots④$$

の反応が進行し，pH はあまり変化しない。ここで，CH_3COOH や CH_3COO^- の量に大きな違いがあった場合，③や④の反応のどちらかが起こりにくくなる。つまり，$[CH_3COOH] = [CH_3COO^-]$ で緩衝作用の能力は最も大きくなる。このときの $[H^+]$ は

$$K_a = \frac{[CH_3COO^-][H^+]}{[CH_3COOH]} \quad より \qquad [H^+] = K_a$$

▶問６．陽極では水の酸化が，陰極では Cu^{2+} の還元が起こる。

▶問７．流れた電子〔mol〕と Cu の析出量〔mol〕の比は 2：1 より

$$\frac{193 \times 1000}{9.65 \times 10^4} \times \frac{1}{2} = 1.00〔\mathrm{mol}〕$$

▶問８．理論量は問７より 1.00mol，実際の析出量は問４より

$$1.00 \times 10.0 - 9.10〔\mathrm{mol}〕$$

となる。よって

$$\frac{1.00 \times 10.0 - 9.10}{1.00} \times 100 = 9.0 \times 10〔\%〕$$

Ⅱ 解答

問１．ア．8.9×10^{-2}　イ．1.1×10^{-2}

問２．ウ．-1　エ．-1　オ．$-Q_1$　カ．$-Q_1 - Q_2$

問３．キ．1.0　ク．0.29　ケ．2.0　コ．0.89　サ．2.0×10

問４．シ．ルシャトリエ　ス．小さくなる　セ．大きくなる

問５．ソ．$0.25q$ (80)　タ．$0.75q$ (40)

◀解　説▶

≪H_2SO_4 の電離平衡，H_2SO_4 と NaOH の中和における反応熱と発熱量≫

▶問1．ア．電離反応(1)はほぼ完全に進行するため，(1)で生じる H^+ については

$$[H^+]=0.080\,[\text{mol/L}]$$

$V_{NaOH}=0\,[\text{mL}]$ では，SO_4^{2-} の存在比率が 0.11 となるので，電離反応(2)で生じる H^+ については

$$[H^+]=0.080\times0.11=0.0088\,[\text{mol/L}]$$

よって，全体では

$$[H^+]=0.080+0.0088=0.0888\fallingdotseq8.9\times10^{-2}\,[\text{mol/L}]$$

イ．$K=\dfrac{[H^+][SO_4^{2-}]}{[HSO_4^-]}=\dfrac{0.0888\times0.080\times0.11}{0.080\times0.89}$

$$=0.0109\fallingdotseq1.1\times10^{-2}\,[\text{mol/L}]$$

▶問2．NaOHaq を加えたことにより

$$H^+ + NaOH \longrightarrow H_2O + Na^+ \quad \cdots\cdots①$$

$$HSO_4^- + NaOH \longrightarrow Na^+ + SO_4^{2-} + H_2O \quad \cdots\cdots②$$

の反応が進行する。つまり加えた NaOH の物質量は，H^+ の減少量 $\Delta n(H^+)$ と，HSO_4^- の減少量 $\Delta n(HSO_4^-)$ の和に等しい。これらは負の値となるので，式(4)が成り立つ。

また，NaOHaq を V_{NaOH}〔mL〕加えたとき，式①による発熱量は式(5)から

$$-1\times Q_1\times\Delta n(H^+)$$

式②による発熱量は式(5)・式(6)から

$$-1\times(Q_1+Q_2)\times\Delta n(HSO_4^-)$$

となる。

▶問3．キ～コ．NaOHaq を 40mL 加えたとき，NaOH の物質量は $40a$〔mol〕となるので式(5)による発熱量は $40a\times Q_1$〔kJ〕である。また H_2SO_4 の物質量も $40a$〔mol〕で表せ，HSO_4^- の存在比が 0.89 から 0.60 に減少しているので，$40a\times(0.89-0.60)$〔mol〕の HSO_4^- が電離したことになる。よって，式(6)による発熱量は $40a\times(0.89-0.60)\times Q_2$〔kJ〕となる。同様に NaOHaq を 80mL 加えたとき，NaOH の物質量は $80a$〔mol〕となり，式(5)による発熱量は $80a\times Q_1=40a\times2.0Q_1$〔kJ〕である。また $40a\times0.89$〔mol〕の HSO_4^- が電離したことになり，式(6)による発熱

量は $40a\times0.89\times Q_2$〔kJ〕となる。

サ．式(8)・式(9)より

$$4.2\times80\times0.54\times10^{-3}=3.2\times10^{-3}\times(Q_1+0.29Q_2)$$

$$Q_1+0.29Q_2=56.7$$

$$4.2\times120\times0.76\times10^{-3}=3.2\times10^{-3}\times(2Q_1+0.89Q_2)$$

$$2Q_1+0.89Q_2=119.7$$

が成り立ち，これを解くと

$$Q_2=20.3\fallingdotseq2.0\times10〔\mathrm{kJ}〕$$

▶問4．$Q_2>0$ より，式(6)における HSO_4^- の電離は発熱反応となり，ルシャトリエの原理から温度を上げると反応は左に進んで H^+，SO_4^{2-} は減少する。よって，電離定数は小さくなり pH は大きくなる。

▶問5．NaOH が 30mL に対して H_2SO_4 が 10mL の場合には HSO_4^- の存在比は 0 で，量的関係の条件は q(80) と同じになる。ただし，反応する H_2SO_4 の量は $\frac{10}{40}$ となる。NaOH が 30mL に対して H_2SO_4 が 30mL の場合には HSO_4^- の存在比は 0.60 で，量的関係の条件は q(40) と同じになる。ただし，反応する H_2SO_4 の量は $\frac{30}{40}$ となる。

III　解答　(a) 問1．

A．
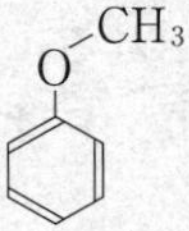

B．
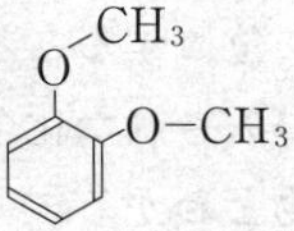

C．
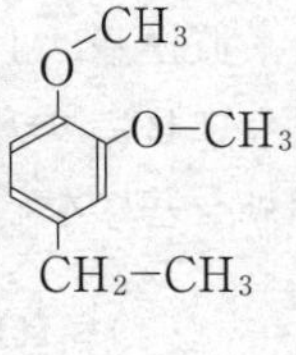

D・E．
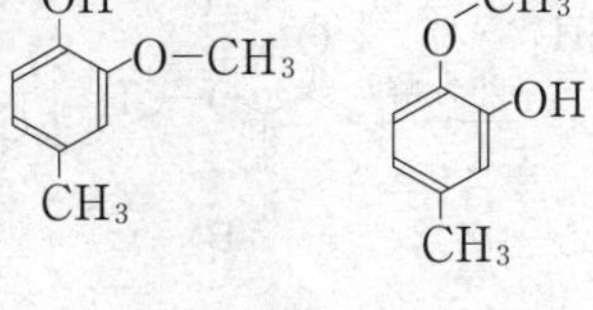

問2．F．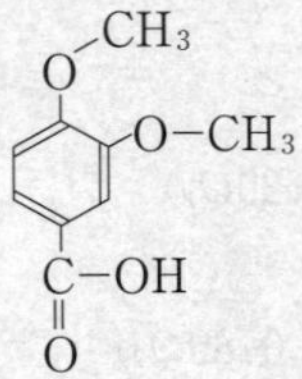　G．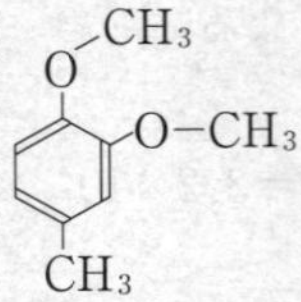　H．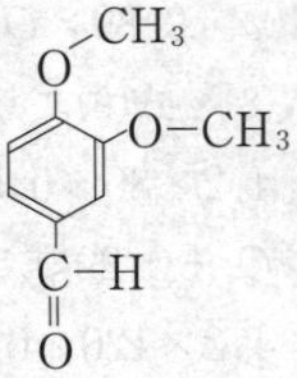

(b)　問3．I．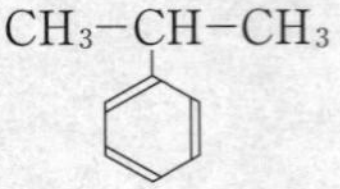　J．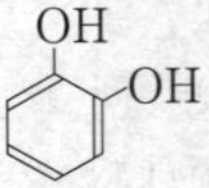

K．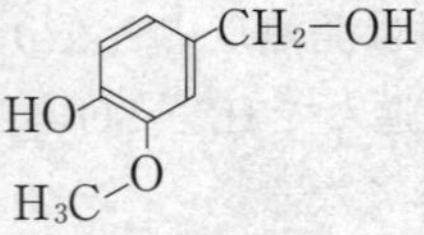　L．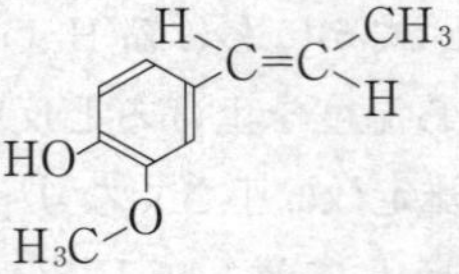

問4．2.61×10⁸kg

◀解　説▶

≪(a)リグニンの熱分解と生成物の構造決定　(b)バニリンの製法≫

(a)　▶問1・問2．AおよびBは，右図のようにフェノールおよびグアイアコールのヒドロキシ基がメトキシ基に変化した化合物である。

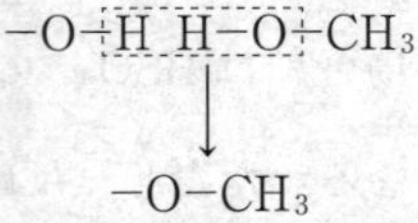

Cの酸化生成物FがBとCO_2に熱分解していることから，FはBの2つのメトキシ基を有しつつ，CO_2に分解される置換基も有すると考えられる。これはBとCの分子式の差C_2H_4より炭化水素基である。また，図1からリグニンを熱分解したとき四置換ベンゼンは生成せず，三置換ベンゼンが生成する場合，置換基は1,2,4位に位置することが推定される。よって，Cは次図のようにBにエチル基が導入された化合物であり，FはCのエチル基がカルボキシ基になった化合物とわかる。

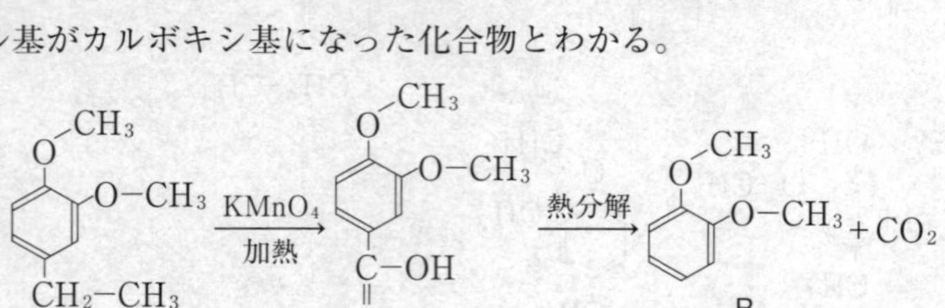

C　F　B

DおよびEについてはFから逆に反応をたどって考えると，次図のように

Fのカルボキシ基がアルデヒド基に還元された化合物がH，さらに置換基Xに還元された化合物がGと推定できる。

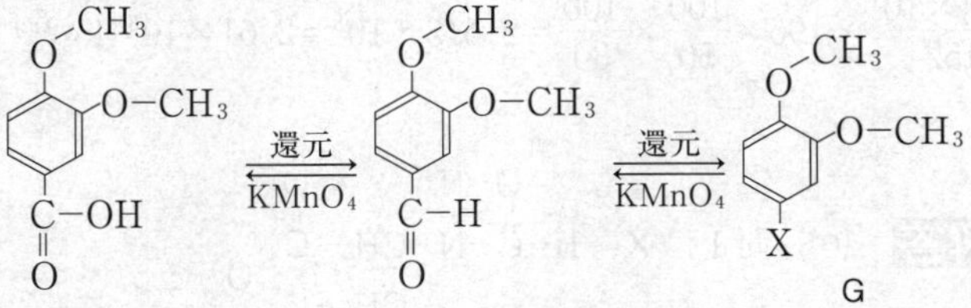

F　　H　　G

さらに次図のように，Gからメタノールを脱離させることでDまたはEの構造が推定できるが，２つのメトキシ基をヒドロキシ基にすると，構造異性体の存在がなくなる。したがって，DとEはヒドロキシ基とメトキシ基を１つずつ有し，Xは分子式から考えてメチル基と推定できる。

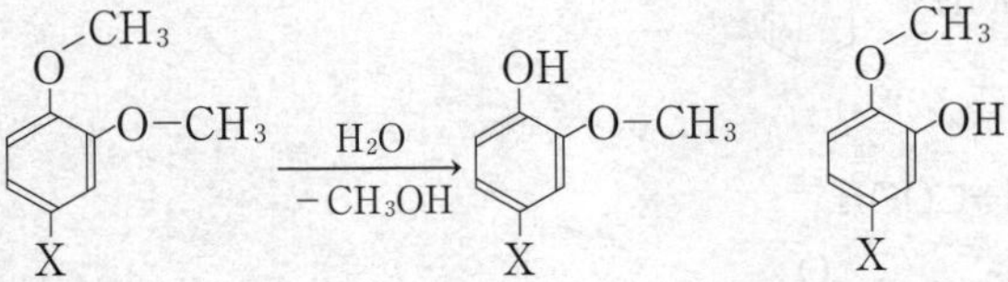

G　　DとE

(b)　▶問３．Ｉはクメン法によるフェノール合成の中間生成物クメンとわかる。Ｊはグアイアコールからメタノールを脱離させて考えると，*o*-位にヒドロキシ基が２つ結合したカテコール（*o*-ベンゼンジオール）と推定できる。さらに，グアイアコールに $-CHO$ が導入されるとバニリンが得られるので，Ｋは酸化されると $-CHO$ になる置換基が存在することがわかる。この置換基はホルムアルデヒドによって導入されるので，$-CH_2-OH$ と考えられる。

Ｌのオゾン分解でバニリンが生成することから，Ｌは右図の構造と考えられる。Ｌの分子式が $C_{10}H_{12}O_2$ よりＲの部分は $CH-CH_3$ で，Ｌはトランス型ということで〔解答〕の構造となる。

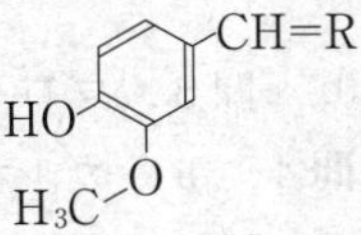

▶問４．構成単位Ｍの物質量と製造されるバニリンの物質量は等しいので，必要な構成単位Ｍは

$$\frac{3.04\times10^7}{152}\times196\text{〔kg〕}$$

リグニンはその $\frac{100}{50}$ 倍，スギ材はさらにその $\frac{100}{30}$ 倍必要となるので

$$\frac{3.04\times10^{7}}{152}\times196\times\frac{100}{50}\times\frac{100}{30}=2.613\times10^{8}\fallingdotseq2.61\times10^{8}\,[\mathrm{kg}]$$

Ⅳ　解答

(a)　問１．X．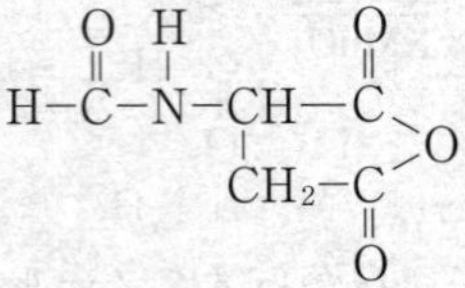

Y．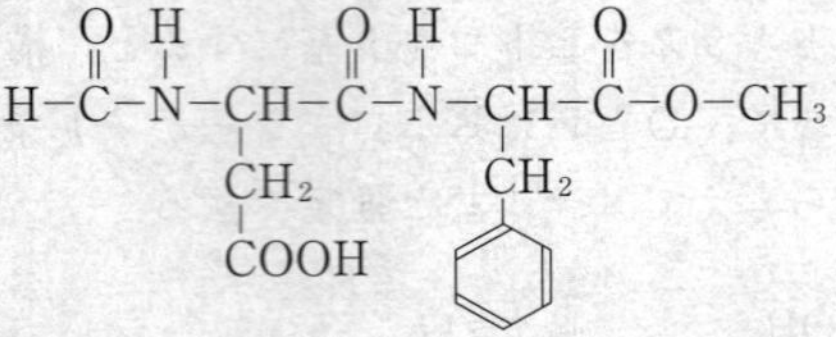

Z．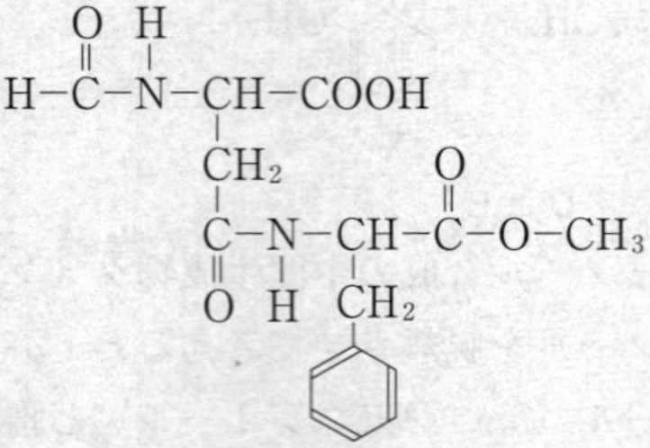

問２．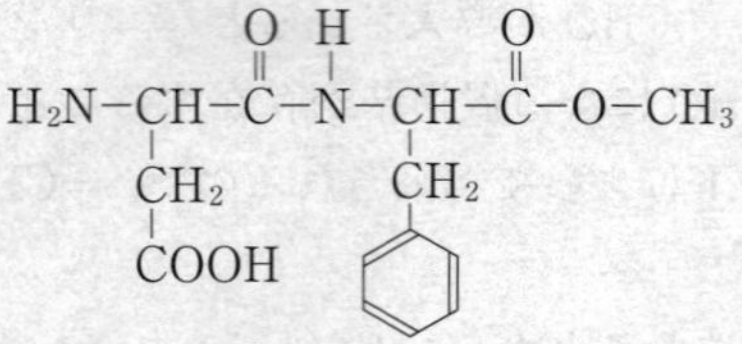

(b)　問３．プロリン，グルタミン酸

問４．a．カルボキシ　b．酸性　c．4　d．負

Ⅰ．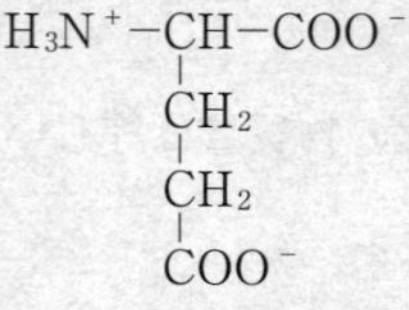　Ⅱ．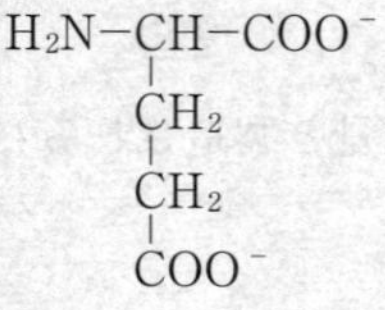

問５．ⅰ）無水酢酸

ⅱ）ラクタムが加水分解されて生じたアミノ基が，無水酢酸でアセチル化されたから。(40 字以内)

問６．グルタミン酸―ヒスチジン―プロリン

問７．

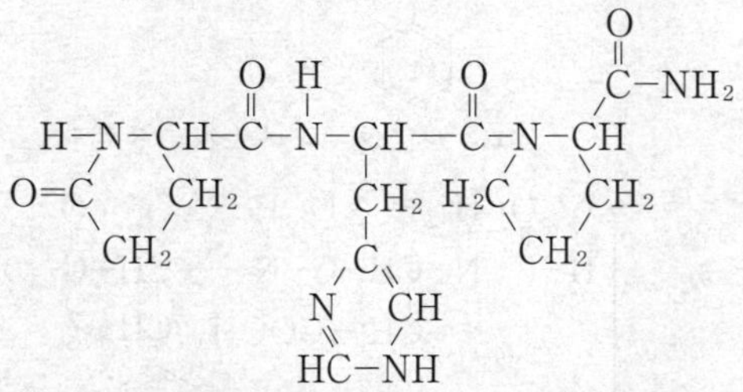

◀解　説▶

≪(a)アスパルテームの製法と構造　(b)アミノ酸の性質とトリペプチドの分析≫

(a)　▶問１．題意より，Xが得られる反応の流れは次図のように考えられる。

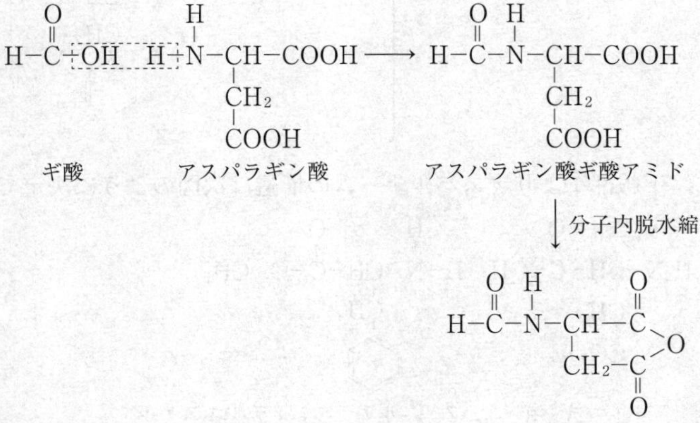

X

さらに次図のように，Xはフェニルアラニンメチルエステルとアまたはイの位置で開環してアミド結合ができる。つまり，構造異性体YまたはZが生成することになるが，下線部①よりアスパルテームの構造は推定できるので，アで開環して生成した化合物がアスパルテームのギ酸アミドYとわかる。

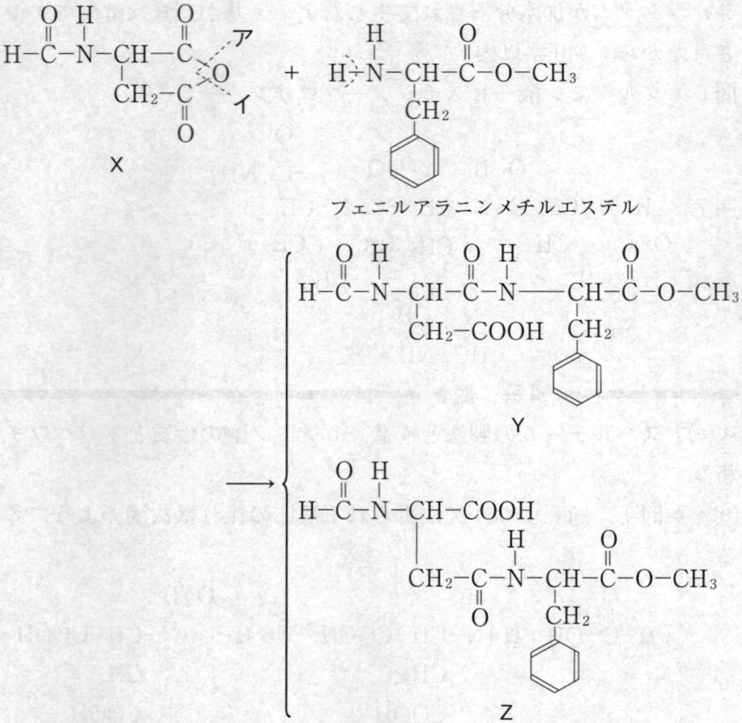

▶問２．下線部①よりアスパルテームの構造は次図のように決定できる。

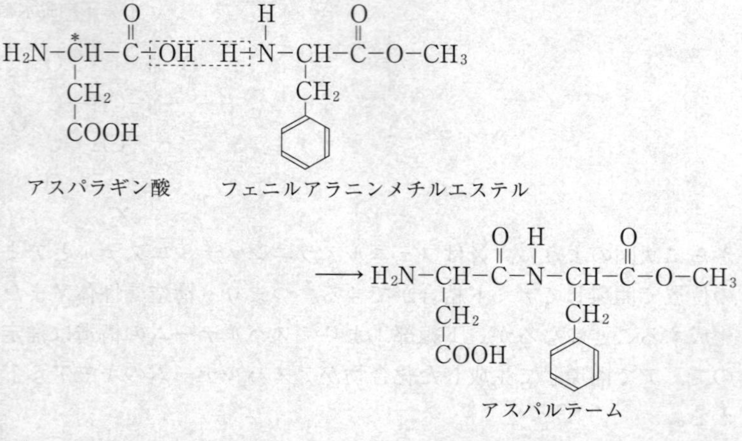

(b)　▶問３．(ウ)について，プロリンは遊離の $-NH_2$ を持たずニンヒドリ

ン反応における呈色は弱くなる（黄色）ため，プロリンの存在が予想できる。さらに，Ａの炭素数からヒスチジンとプロリンの炭素数を引けば5となるので，残る1種類はグルタミン酸とわかる。

▶問4．等電点では各イオンの電荷の和が0になり，双性イオンが最も多く存在する。等電点より pH が小さくなれば陽イオンが増加し，電気泳動では陰極に移動し，pH が大きくなれば陰イオンが増加し，陽極に移動する。

グルタミン酸は水溶液中で次図のような4種類のイオンが平衡状態で存在し，等電点は3.22より，pH6.0では陰イオンになり電気泳動を行えば陽極側に移動する。

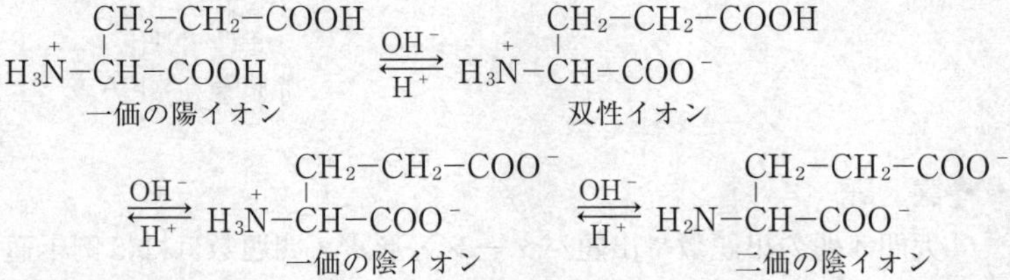

また，グルタミン酸のような等電点が酸性側にあるアミノ酸は，右図のように側鎖にカルボキシ基を持ち，酸性アミノ酸と呼ばれる。

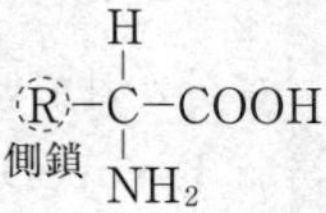

▶問5．ｉ）アセチル化は $-NH_2$ や $-OH$ のＨがアセチル基 $-CO-CH_3$ で置換する反応で，一般的な試薬として無水酢酸が使われる。

ⅱ）アセチル化が進行しないのはＡに $-NH_2$ が存在しないからであり，NaOH の存在でアセチル化が進行したのは，ラクタムが加水分解され $-NH_2$ が生じたためである。

▶問6．Ａについては，㈐よりヒスチジンのカルボキシ基側でペプチド結合ができていることから，ヒスチジンはＣ末端側には位置しない。また，㈫より五員環構造のラクタムは右図のようにグルタミン酸内でできると考えられるので，グルタミン酸はＮ末端側に位置する。よって，Ｃについても「グルタミン酸―ヒスチジン―プロリン」の配列となる。

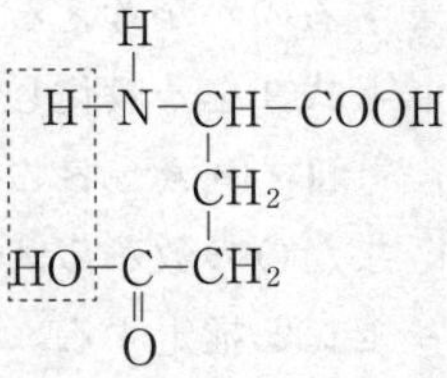
グルタミン酸

▶問7．トリペプチドCの構造は次図のようになり，(ケ)によって，Cのカルボキシ基をメチルエステル化し，さらにアンモニアと反応させて得られた脂肪酸アミドがAとわかる。

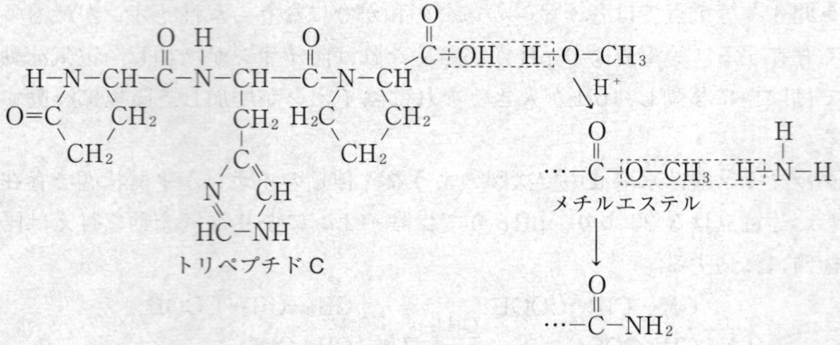

トリペプチドC　メチルエステル　脂肪酸アミドA

❖講　評

大問4題の出題数や出題パターン・形式・問題数はほぼ例年通りである。ただし，論述問題が3年ぶりに出題された。**Ⅲ**，**Ⅳ**は(a)，(b)の中問に分かれている。

Ⅰ．$CuSO_4aq$ の電気分解とヨウ素滴定を組み合わせた問題で，知識・計算ともにそれほど高度な内容ではなく，比較的解きやすかったのではないだろうか。

Ⅱ．H_2SO_4 の電離平衡に関わって，NaOH を加えたことによる量的変化，平衡移動，発熱量などを考えさせる問題でやや難しい。特にオ～コの空所補充は思考力が問われ，間違うと後の空所補充にも影響するので注意が必要である。NaOH の量に注目するのか，H_2SO_4 の量に注目するのかが考えるポイントになる。ソ・タの空所補充については，式(8)と式(9)を一般化し，それぞれの条件と照らし合わせて違いを考えよう。

Ⅲ．(a)A・Bの構造は容易にわかる。Cはリグニンの構造をよく見て，またOの数からメトキシ基とエチル基が1,2,4位に置換した三置換ベンゼンと推定する。D・EはFからさかのぼって構造を追っていこう。全体を通して，メトキシ基の数とその変化に着目して考えるのがポイントとなる。

(b)問３．バニリンの製法の各過程で関係する物質を決定する問題だが，学習した有機化学の知識を当てはめ，かつ前後の化合物の構造から予想して考えよう。問４は問３の理解とは関係なく単独で解ける問題で，計算も複雑ではない。

Ⅳ．(a)アスパルテームの構造を推定する問題だが，アミノ酸の構造が与えられているので考えやすい。問１では実際の合成法に関して中間生成物が問われているが，下線部①でアスパルテームの構造は容易に理解できるので，問２を先に考えた方が問１もわかりやすい。

(b)ペプチドの構造推定の問題だが，わかりやすい条件設定なのでやはり考えやすい。ポイントはニンヒドリン反応の結果からプロリンの存在が決定できるか，ラクタムの五員環構造がどの部分でできているか，である。また，Ｃが推定できてＡがわかるので，与えられているＡの分子式は，炭素数以外は最終確認で利用しよう。問４はアミノ酸の一般的な性質に関する問題で，確実に解答したい。

生物

I　解答

問１．(え)

問２．(え)

問３．(き)

問４．(1)―(き)

(2)　系統Ｃと野生株・系統Ａの違いは開始コドン②の有無であり，開始コドン②を失った系統Ｃはタンパク質 X2 をつくれない。したがって，暗条件下で系統Ｃの根が短かったのは，タンパク質 X2 が暗条件での根の伸長に必要であると考えられるから。

◀解　説▶

≪ゲノム編集，転写開始点と遺伝子発現≫

▶問１．GFP の蛍光によってある遺伝子の発現を確認するためには，その遺伝子が発現する条件下で GFP 遺伝子断片も転写されなければならない。したがって，GFP 遺伝子断片は開始コドンより後ろで，かつ転写が終わる終止コドンより前に挿入されていなければならない。(え)に挿入されたときには，タンパク質 X1（赤色光条件）と X2（暗条件）の発現とともに蛍光が現れ，その位置が可視化できることになる。

このほか，転写開始点である(あ)や(う)に挿入されると，転写開始点の機能が失われ転写が起こらない。(い)では，タンパク質 X1 の葉緑体移行シグナルが破壊される上，タンパク質 X2 が発現しても GFP は発現しないから不適当。(お)はそれより前で転写が終わっていて，GFP 遺伝子断片は転写されない。

▶問２．表１から，暗条件下では系統Ａ・Ｂとも細胞質基質にだけ蛍光が観察されたのに対し，赤色光条件下では，フィトクロムを合成できる系統Ａでは葉緑体に蛍光が観察され，フィトクロムのない系統Ｂでは葉緑体で蛍光が見られない。これは系統Ａでのみ葉緑体移行シグナルを持つタンパク質 X1 がつくられていることを示している。したがって，暗条件 → フィトクロムなし（Ａ・Ｂとも)→タンパク質 X2 生成（Ａ・Ｂとも)→細胞質基質に蛍光（Ａ・Ｂとも)。赤色光条件→フィトクロム生成（Ａのみ)→

タンパク質 X1 生成（Aのみ）→葉緑体に蛍光（Aのみ）。よって，「赤色光刺激により活性化されたフィトクロムの働きによって，遺伝子Xの転写開始点が転写開始点②から転写開始点①に切り替わり，葉緑体に局在するタンパク質がつくられる」となり，解答は(え)となる。

▶問３．タンパク質 X2 の開始コドン②を失った系統Cは，暗条件（赤色光条件でも）でタンパク質 X2 は生成されない。またタンパク質 X1 は赤色光条件で生成される。したがって，系統Cにおいては，GFP の蛍光は暗条件では観察されず，赤色光条件ではタンパク質 X1 が観察される部位である葉緑体で観察されることになり，解答は(き)となる。

▶問４．(1)「赤色光条件では３つの系統はいずれも正常な生育を示した」から，〈赤色光条件でタンパク質 X1 が生成すれば，根の生育は正常〉だが，３つの系統とも同じ結果ではタンパク質 X1 の有無による根の伸長に関する結果の違いはわからない。しかし，「暗条件では，野生株と系統Aに比べて，系統Cの芽生えの根が短くなっていた」から，〈暗条件で（系統Cのように）タンパク質 X2 が生成しないと，根の生育は不十分〉で，タンパク質 X2 の有無により結果が異なり，解答は(き)「タンパク質 X2 は暗条件で根の十分な伸長に必要である」とわかる。

(2)　３つの系統の違い（タンパク質 X2 生成の有無）と生育の違い（暗条件での根の生育の差）を関連付けて述べる。

II　解答

問１．ア．連鎖　イ．遺伝子型

問２．(う)

問３．25％

問４．(1)12％　(2)8.0％

問５．(い)

問６．(1)遺伝子座Ａ　(2)2.0％

◀解　説▶

≪連鎖と組換え，マーカー遺伝子≫

▶問１．ア．体色と疾病の分離のしかたから，連鎖であることがわかる。

イ．個体の遺伝子の組み合わせのパターンを意味する用語は遺伝子型という。

▶問２．「…なら，…とはならないはず」と考えて，消去法で答える。

(あ)　常染色体優性遺伝なら，「ともに劣性形質（疾患を発症していない）であるオスとメスの交配結果に優性形質（疾患を発症する）の個体は出現しない」。

(い)　性染色体優性遺伝なら，「ともに劣性形質（疾患を発症していない）であるオスとメスの交配結果に優性形質（疾患を発症する）個体は出現しない」。

(え)　性染色体劣性遺伝なら，「優性形質（疾患を発症していない）であるオスの交配結果に劣性形質（疾患を発症する）であるメスの子は出現しない」。

(あ)・(い)・(え)のどの場合も，オス１とメス１を交配した結果から，不適当とわかる。以上のことから解答は(う)常染色体劣性遺伝である。

▶問３．いま，問２から遺伝子座ＸとＡはどちらも常染色体上にあるとわかっている。疾患遺伝子をｘ，正常（疾患でない）遺伝子をＸ，白色遺伝子をａ，黒色遺伝子をＡとする。Ｘ（ｘ）とＡ（ａ）が独立であれば，いずれも疾患を発症していない黒色のオス（表現型［XA］）と黒色のメス（表現型［XA］）を交配し，生まれたマウスの中に疾患を発症するマウス（遺伝子型 xx__；_ はＡまたはａ）と白色のマウス（遺伝子型__aa；_ はＸまたはｘ）が出現したから，両親はいずれも XxAa である。したがって，出現した白色のマウス$\left(\text{全体の}\dfrac{1}{4}\right)$のうち疾患を発症すると想定されるマウス（遺伝子型 xxaa）の割合は全体の$\dfrac{1}{16}$であり，白色のマウスのうち疾患を発症すると想定されるマウス（遺伝子型 xxaa）の割合は

$$\frac{1}{16}\div\frac{1}{4}\times 100=25〔\%〕$$

▶問４．オス１～３およびメス１～３は，すべて本文中のパネル１に示されたような染色体を持っている。これにあわせて，図１の子の染色体構成から，体色の遺伝子ＡとａのB1-C1 と B2-C2 のどちらの染色体にＡまたはａがあるか）を考える。白色個体（aa）は必ず B2-C2 を持つことから遺伝子ａは B2-C2 の染色体上にあるため，染色体上の遺伝子の（組換え前の）もとの配置は B1-A-C1 と B2-a-C2 である。

図１の中で，B-C 間で二重組換えがないから B1-C1 や B2-C2 は組換わ

った配偶子ではない。よって，B1-C1 と B2-C2 の組み合わせは B-C 間で組換えが起こっていない配偶子に由来した個体で，B1-C2 や B2-C1 を持った個体は組換えが起こった配偶子を持つ個体である。

いま，親から子へと伝わった配偶子数は，オス 1 とメス 1 の組み合わせ（以下，組 1 と呼ぶ）で 16（子 8 匹分），オス 2 とメス 2 の組み合わせ（組 2 ）で 16（子 8 匹分），オス 3 とメス 3 の組み合わせ（組 3 ）で 18（子 9 匹分），全部で（16＋16＋18＝）50 である。

このうち，B と C の間で組換えの起きた配偶子に由来するものは，図 1 で「B-C 間の組換え」が「あり」となっているもので，B1-C2 または B2-C1 であるもの。その数は組 1 の左から 3・4・8 番目，組 2 の 3・4・8 番目，組 3 の 4・5・8・9 番目，合わせて 10 だから，B-C 間での組換え価を出しておくと

B-C間での組換え価
＝組換えの起きた配偶子（B1-C2 または B2-C1）数÷全配偶子数×100
＝10÷50×100＝20〔%〕

次に，A は B-C 間にあり，二重組換えはないことから，A-B 間や，A-C 間で組換えの起きた配偶子は必ず上記の B-C 間で組換えの起きた配偶子の中にある。そのうち A-B 間で組換えの起きた配偶子は① B1-a-C2 と② B2-A-C1 で，A-C 間で組換えの起きた配偶子は③ B1-A-C2 と④ B2-a-C1 である（右図）。

① B1-a-C2 が B2-C2 の配偶子（二重組換えがないから B2-a-C2）と組み合わさると，白色［a］の子となる。組 1 の左から 4 番目，組 2 の 8 番目，組 3 の 5 番目の計 3 個体がそれにあたる。

② B2-A-C1 が B2-C2 の配偶子と組み合わさると，黒色［A］の子となる。組 1 の左から 3 番目，組 3 の 4 番目と 8 番目の計 3 個体がそれにあたる。

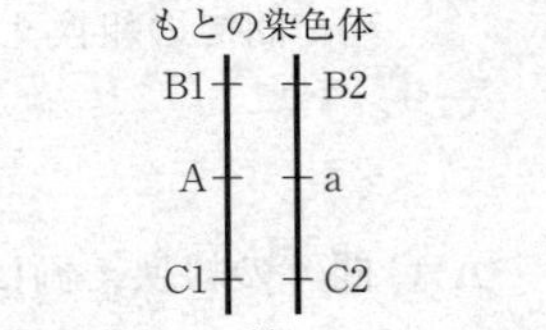

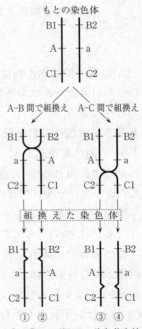

①〜④のいずれかの染色体を持つ配偶子が B2-C2（組換えていない）の配偶子との組み合わせで生じた子が，図 1 中で「B-C 間の組換え」について「あり」となっているものである。

③ B1-A-C2 が B2-C2 の配偶子と組み合わさると，黒色［A］の子となる。組 2 の 3 番目の 1 個体である。

④ B2-a-C1 が B2-C2 の配偶子と組み合わさると，白色［a］の子となる。組 1 の左から 8 番目，組 2 の 4 番目，組 3 の 9 番目の計 3 個体がそれにあたる。

A-B 間での組換え価は，A-B 間で組換えの起きた配偶子数が上記の①と②の数値を合わせた 6 であることから

A-B間での組換え価＝組換えの起きた配偶子（① または②）数 ÷全配偶子数×100

＝6÷50×100＝12〔%〕

A-C 間での組換え価は，A-C 間で組換えの起きた配偶子数が上記の③と④の数値を合わせた 4 であることから

A-C間での組換え価＝組換えの起きた配偶子（③または④）数 ÷全配偶子数×100

＝4÷50×100＝8.0〔%〕

A-C 間での組換え価は，二重組換えなしと A が B-C 間にあることから，B-C間の組換え価（20%）－A-B間の組換え価（12%）＝8.0〔%〕で求めることもできる。

▶問 5．遺伝性疾患が発現する個体（遺伝子型 xx）は，B2-C2 の配偶子と B-C 間に組換えが起こった B1-C2 または B2-C1 の配偶子との組み合わせだけに現れるから，疾患遺伝子 x のもとの配置は B2-x-C2 である。したがって，(う)や(え)ではない。

図 1 のうち組 2 の左から 3 番目（B1-C2，B2-C2，黒色［A］・疾患あり［x］）について考える。

この個体は，体色については Aa，疾病については xx である。また，組換えのない染色体 B2-C2 と組換えの起きた染色体 B1-C2 を持つ。染色体 B2-C2 は a と x を持つから，染色体 B1-C2 は A と x を持つ。B1 と A，C2 と x はいずれももとは同じ染色体上にあったから，組換えの起きた染色体は B1-A と x-C2 の 2 つの部分が組み合わさったものである。よって，遺伝子座 X は遺伝子座 A と C の間にあり，解答は(い)である。

▶問 6．問 5 より，組換えが起こる前のもとの染色体で a と x を持つものの遺伝子配置は B2-a-x-C2 である。これと A と X の遺伝子座間で組換え

が起こって，⑤ B2-a-X-C1 または⑥ B1-A-x-C2 となった配偶子により子が作られた場合，⑤からは［aX］（白色・正常），⑥からは［Ax］（黒色・疾患）の子ができる。前者は存在せず，後者は組 2 の左から 3 番目の 1 個体。よって，A-X 間の組換え価は　　1÷50×100＝2.0〔%〕

A－C 間の組換え価は 8.0% であったから，遺伝子座 X に最も近いのは遺伝子座 A である。

III　解答　(A)　問 1．低温

問 2．(お)

問 3．(1)―(お)　(2)―(あ)

(3)　日長が品種 A の限界暗期である 12 時間より短くなり，花芽が形成される 9 月下旬には屋外の気温が 20℃ 以下となり生育が遅れ，開花時期である 10 月下旬以降には屋外の気温が 9℃ を下回り，生育が停止するので，開花は起こらない。

問 4．(え)

(B)　問 5．ア．錐体細胞　イ．膜電位

問 6．(1)―(い)　(2)―(え)

(3)　興奮頻度が大きい神経細胞が，接続する神経細胞の抑制性シナプスを通して，周囲の興奮頻度の小さい神経細胞からの中枢へ伝達する興奮頻度をより小さくする。これによって，中枢に伝わる興奮頻度の大小の差を広げる。

問 7．活性化された酵素は，反応前後で消費されることなく，少数の酵素があればセカンドメッセンジャーを産生する反応を繰り返し触媒できる。

◀解　説▶

≪(A)イネの開花・光周性　(B)神経回路と情報処理≫

(A)　▶問 1．春化は通常，長日植物の花芽形成が「低温」により促進されることをいう。

▶問 2．花芽形成を促進するものは，(お)フロリゲンである。また，(あ)～(か)の植物ホルモンのうち，フロリゲン以外はタンパク質ではない。

▶問 3．(1)　品種 A の限界暗期は 12 時間。札幌市の日長が 12 時間より短くなるのは，9 月下旬以降である。温室（平均気温 26℃）での花芽形成はその時期に始まり，約 35 日後に開花が起こるから開花時期は(お) 10 月下

旬以降となる。

(2)　品種Dの開花はあまり日長に左右されず，種まき後ほぼ 90 日前後で開花する。したがって，5月下旬に種をまき温室で栽培すると，およそ 90 日後の(あ) 8 月下旬に開花すると考えられる。

(3)　短日植物のイネの品種Aは，温室で栽培した場合，限界暗期の 12 時間より短い日長で花芽形成が始まる。したがって，札幌市の日長グラフから花芽形成の開始は 9 月下旬，開花はその約 35 日後の 10 月下旬～11 月上旬となる。しかし，札幌市の日平均気温グラフから，それ以前に平均気温は生育がほぼ停止する 9℃を下回るので，屋外で栽培した場合，開花は起こらない。ポイントは，「限界暗期 12 時間→花芽形成開始 9 月下旬→26℃での開花可能時期 10 月下旬以降（約 35 日後)→気温低下（10 月下旬以降は 9℃以下)→屋外では生育不可 → 開花せず」である。

▶問 4．品種Bは種まきから開花まで，日長が適していても少なくとも 90 日あまりの期間を要することが，図 1 からわかる。また，3月から 4 月ごろまではホーチミン市の日長は 12 時間程度なので，12 月初旬の種まき後，開花までの日数は 100 日程度（時期は 3 月から 4 月ごろ）と見てよいだろう。ところが品種C・D・Eは日長 12 時間程度の条件（この時期のホーチミン市の日長条件）下では，すべて開花までの日数が 90 日に満たず，この時期には開花は終わっている。図 1 のグラフから品種Cは 75 日程度，品種Dは 90 日程度，品種Eは 50 日弱程度である。現存量の一日あたりの増加量は全品種で同一であり，生育期間を通し一定だから，この場合，各品種の開花期における現存量は種まき後から開花までの日数に単純に比例する。よって，品種Bが 100，品種Cは 75，品種Dは 90，品種Eは 50 と見てよいことになる。したがって，解答は(え)である。

(B)　▶問 5．ア．視細胞には，明暗を区別する桿体細胞と色を区別する錐体細胞がある。

イ．イオンチャネルが開閉すると細胞内の各種のイオン濃度が変化するから，「各種イオン濃度」でも間違いではないのだが，興奮伝達などの現象では結果としての「膜電位」の変化が問題にされることが多い。

▶問 6．(1)　神経細胞「g」が「d」と「f」に興奮性シナプスをつくっていると「b」の興奮頻度（頻度量 2）が「g」を通して「d」と「f」にも（頻度量 2）で伝わる。「d」と「f」にはもとから（頻度量 1）の興奮頻度が起こっていたから，これによって，合わせて（頻度量３）の興奮頻度が起こり，解答のグラフは(い)となる。

(2) 逆に，「ｇ」が「ｄ」と「ｆ」に抑制性シナプスをつくっていれば，「ｂ」興奮→「ｇ」興奮→「ｄ」・「ｆ」抑制となる。このとき，「ｄ」・「ｆ」はどちらも抑制されるから，図３の右側のグラフと比べると，「ｄ」・「ｆ」のグラフの大きさ（山）がどちらも小さくなったものとなり，解答のグラフは(え)となる。

(3) コントラストの強調とは「より大きなものはさらに大きく」または「より小さいものはさらに小さく」すること，あるいはその両方をすることである。この場合は，(2)のしくみによって，「ｄ」・「ｆ」の興奮頻度が「ｇ」が関わることで，もと（関わらない場合）の半分程度となっていることがポイントで，「より小さいものはさらに小さく」することにあたる。したがって，論述内容は「興奮頻度の大きい神経細胞が抑制性シナプスを通して（周囲の）興奮頻度が小さい神経細胞からの興奮頻度をより小さくする」というものとなる。

▶問７．酵素の特徴といえば「反応前後で変化しない（消費されない）」ことである。したがって，（少数の）受容体によって活性化された酵素は，少数であっても「反応の前後で消費されないから，繰り返し触媒としてはたらく」ことで，より大きな反応を引き起こすことができる。

Ⅳ 解答

(A) 問１．師管

問２．ファイトアレキシンと総称される抗菌物質が合成され，病原体の活動を抑制する。

問３．条件２では昆虫Ｂが葉を食害したことにより，防御応答が起こった。その結果，植物体内に誘導された防御応答により，昆虫Ａによる根での食害が抑制されたから。

問４．条件３では，先に昆虫Ａが接種されているので，昆虫Ａによる根の食害により植物体内で防御応答が誘導された。それにより後から接種された昆虫Ｂの葉への食害が抑制され，昆虫Ｂによる防御応答が誘導されず，昆虫Ａの食害は抑制されなかったから。

(B) 問５．総生産量は到達する光エネルギー量に依存する。赤道域はその年間総量が大きく，変動も小さい。中緯度域は変動が大きく，総量も小さくなる。その結果，赤道域の総生産量の方が大きい。

問６．(あ)・(い)・(う)・(お)

問７．生産効率＝生産量÷同化量＝(同化量－呼吸量)÷同化量 である。したがって，呼吸量が相対的に大きいほど低くなる。無脊椎動物と異なり，恒温動物である哺乳類では，体温維持のため呼吸量が大きくなるので，生産効率は低くなる。

◀解　説▶

≪(A)植物の防御応答　(B)生態系の物質生産≫

(A)　▶問１．師管は植物体の植物ホルモンなどの情報を伝達する経路として非常に重要である。

▶問２．植物が病原体に感染した場合，感染部位で起こる主な防御応答には次のようなものがある。

①感染部位ではファイトアレキシンと総称される抗菌物質が合成され，病原体の活動を抑制する。

②感染部位の細胞が急速に細胞死する反応（過敏感反応と呼ばれる）が起こり，周辺への感染部位の拡大を抑制する。

③病原菌の侵入部位にパピラと呼ばれる構造物がつくられ，侵入部位の周辺の細胞の細胞壁にリグニンが蓄積して硬化する。

解答は①～③のいずれかを答えればよいだろう。

▶問３．昆虫などに食われる（食害の）場合には，病原体の感染の場合と異なる反応が起こる。食害を受けた植物ではシステミンという植物ホルモンが合成され，さらにシステミンによってジャスモン酸と呼ばれる植物ホルモンが合成される。ジャスモン酸はタンパク質分解酵素阻害物質の合成を誘導し，阻害物質は植物細胞に蓄積される。これを摂食すると昆虫の体内でタンパク質の消化が妨げられるので，昆虫はこの植物を食べなくなり，食害が減少する。これが防御応答である。要するに食害→植物ホルモンの働き（防御応答・阻害物質合成)→食害抑制という図式となる。

条件２では，昆虫Ａの接種に先立つ昆虫Ｂの葉の食害により誘導された防御応答の結果，昆虫Ａの食害（昆虫Ａの摂食量や体重増加量）が減少していることになる。

▶問４．昆虫Ｂによる葉の食害と，昆虫Ａによる根の食害のどちらにおいても防御応答が誘導される。応答結果は根から葉，葉から根の双方向的に効果を現す。昆虫Aの条件1と条件3での体重増加量が条件2より大きく，昆虫Bの増加量が逆になっているのは，昆虫Aの食害時に昆虫Bの食害に対する防御応答がすでに起き，昆虫Bの食害による防御応答は起きなかったためと判断される。

(B)　▶問5．簡単に言えば，入射する光エネルギーの年間総量の違い（赤道域＞中緯度域）である。このほか，降水量なども関係するだろうが，リード文には触れられていないので，光エネルギーの年間総量の違いだけを述べればよい。

▶問6．(あ)は純生産量に影響し，一次消費者の同化量に影響する。(い)は生産者の同化量にあたる総生産量を変化させる要因で，生産者の段階で起こる変化である。(う)は生産者では生産効率＝純生産量÷総生産量だから，エネルギー効率の分母にあたる総生産量の割合の変化に関連している。(お)は生産者から移行するエネルギー量（被食量）の一部に含まれるが，これが変化すると，実際に一次消費者へ移行するエネルギー量（一次消費者の同化量）が変化してしまう。したがって，これらの変化はすべて生産者から一次消費者へのエネルギー効率に影響を与える要因といえる。

これに対して，(え)は生産者の段階ではなく一次消費者の段階内で起こる変化であるから，生産者から一次消費者に移行するエネルギーの割合であるエネルギー効率には直接影響しない。

❖講　評

大問は例年通り4題。ⅠとⅡはどちらも遺伝情報に関する出題で，京大の頻出分野である。ⅢとⅣは，どちらも(A)・(B)に2分割され，それぞれ独立した問題となっている。

Ⅰ．非常に素直な実験問題で，実験内容をきちんと考察し解答を組み立てていけばよい。取り組みやすい。

Ⅱ．非常に差がつきやすい問題で，2021年度のハイライト。時間もかかることから，取り組む順序としては最後にまわした方がよかっただろう。計算そのものは至って簡単だが，染色体上の遺伝子の配置，組換えの起こり方などを試行錯誤的に考えることになるであろうことから，実力が問われる。

Ⅲ．(A)はグラフの読み取りと内容の把握，(B)もグラフの形状と「コントラストの強調」をどう結びつけるかが問題。

Ⅳ．(A)はあまり見かけない植物の防御応答が問われているが，標準的な問題でホルモン名などは問われていない。(B)は生産量や同化量などの用語をきちんと理解できているかがポイント。

実験やグラフなどのデータの読み取りと用語の理解，その上で与えられた資料を高校での学習内容に結びつけることができるかが問われた出題であった。

地学

I 解答

(a) 問1．ア．ヘリウム　イ．水素　ウ．白色わい星

問2．(1) 1×10^{-4} パーセント

(2) 2×10^{5} 個

(3) その方向は星間物質が濃く，惑星状星雲からの光が遮られるため。(30字以内)

(b) 問3．波長帯：可視光線

理由：太陽の表面温度を5800K，放射エネルギーが最大となる波長を0.50μm，主星の放射エネルギーが最大となる波長をλ〔μm〕とすると，ウィーンの変位則より次の関係が成り立つ。

$$0.50\times5800=\lambda\times4500 \qquad \lambda\fallingdotseq0.64\text{〔}\mu\text{m〕}$$

この波長は可視光線の波長帯に含まれる。

問4．(1) 1秒

(2) 1等

(3) 主星が放射したエネルギーが半径1.5×10^{8}kmの球面に均等に届くとし，その一部である半径7.5×10^{3}kmの円盤が受けるエネルギーの割合を考える。

$$\frac{\pi\times(7.5\times10^{3})^{2}}{4\pi\times(1.5\times10^{8})^{2}}=\frac{(5.0\times10^{-5})^{2}}{4}=6.25\times10^{-10}\fallingdotseq6.3\times10^{-10}\text{倍}$$

……(答)

(4) 惑星の見かけの明るさは，主星の見かけの明るさの$6.3\times10^{-10}=6.3\times100^{-5}$倍であるとする。明るさが$100^{-1}$倍になるごとに等級は5等大きくなり，明るさが6.3倍になると等級は2等小さくなるので，主星の見かけの等級が1等のとき，惑星の見かけの等級は

$$1+5\times5-2=1+23=24\text{等} \quad \text{……(答)}$$

(5) 質量M〔太陽質量〕の主星のまわりを質量が無視できる惑星が半径a〔天文単位〕，周期p〔年〕で公転しているとき，ケプラーの第三法則より

$\frac{a^3}{p^2}=M$ が成り立つ。主星の絶対等級が 6 等で太陽より暗いので，質量光度関係より $M<1$ と考えられる。ここで $a=1$ なので $p>1$ となるから，この惑星の公転周期は 1 年より長い。

◀解　説▶

≪(a)惑星状星雲　(b)系外惑星と主星の物理的性質≫

(a)　▶問 1．星の進化過程は質量によって異なる。質量が太陽のおよそ 0.5～ 7 倍の場合，水素の核融合反応によりできたヘリウムが，巨星の中心部で核融合反応を始めるが，その量が少ないためまもなく燃え尽きて放射圧を失い，収縮して白色わい星となる。このとき外層の水素は宇宙空間に放出され，惑星状星雲として観測される。これより小質量の星は水素が燃え尽きたあとヘリウムの核融合反応が起こらず冷却されて輝きを失う。逆に大質量の星では核融合反応が先の段階へ進み，炭素＋酸素，珪素＋マグネシウム，鉄が星の質量に応じて順次合成される。最後には超新星爆発を起こし，外層部は飛散して星間物質となり，残された中心核は中性子星やブラックホールとなる。

▶問 2．(1)　主系列星の寿命に対する惑星状星雲の存在期間の割合だから

$$\frac{1\times10^4}{100\times10^8}\times100=1\times10^{-4}\text{パーセント}$$

(2)　天の川銀河の天体のうち，現在から 100 億年前までの間に誕生したものは主系列星，100 億年前から 100.0001 億年前までの間に誕生したものは惑星状星雲として現存するが，それ以前に誕生したものはすでに消えている（下図）。

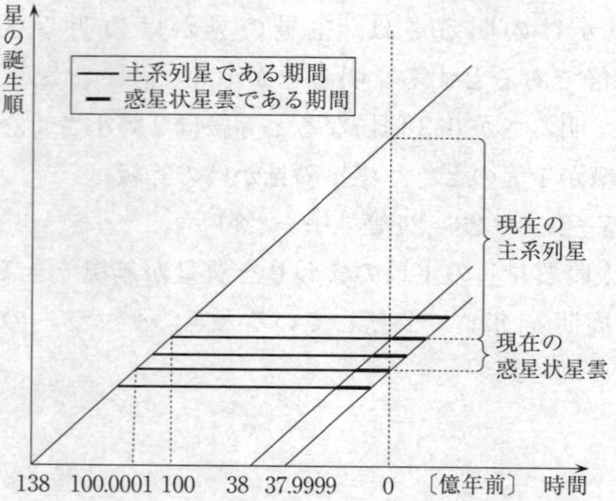

主系列星は一定の割合で誕生しているので，現在の主系列星に対する惑星状星雲の存在比は，前問と同じ割合の 1×10^{-4} パーセントであると考えることができる。よって

$2000\times10^8\times1\times10^{-4}\times10^{-2}=2\times10^5$ 個

(b) ▶問３．恒星の表面温度 T〔K〕と，その恒星が放射する電磁波のエネルギーが最大となる波長 λ〔μm〕との間には，$\lambda T=2.9\times10^3$〔μm・K〕という関係が成り立つことが知られている。これをウィーンの変位則と呼ぶ。比例定数の値がわからなくても，太陽の λ と T が既知であれば立式できる。10000 K を超えるような高温の恒星ほど，短波長の可視光線や紫外線を強く放射するので青白色～白色に見え，太陽程度の温度だと黄色に見える。さらに本問の主星を含む太陽より低温の恒星は赤色に見える。

▶問４．(1) １パーセクとは，年周視差が１秒になる距離のことである。すなわち底辺１天文単位，高さ１パーセクの直角三角形の頂角が１秒になる。したがって惑星が主星から最も離れて見えるとき，２星間の距離は視線と直交方向に１天文単位なので，このとき離角は１秒となる。

(2) 絶対等級は星を距離 10 パーセクに置いたときの等級なので，それを 10 分の１の距離である１パーセクまで近づけると $10^2=100$ 倍明るく見え，５等小さくなって $6-5=1$ 等となる。

(3) 主星はあらゆる方向にエネルギーを放射し，途中で吸収されることなく惑星の公転半径と等しい半径をもつ球面に均等に到達し，そのうち惑星はその断面積に相当するエネルギーを受けると考える。

(4) 天体の見かけの明るさが 100^{-1} 倍になるごとに等級は５等大きくなる。したがって明るさが $10^{-10}=(100^{-1})^5$ 倍になると，等級は $5\times5=25$ 等大きくなる。また表１から，明るさが 6.3 倍になると等級は２等小さくなるので，明るさが主星の 6.3×10^{-10} 倍の惑星の等級は主星より $25-2=23$ 等大きい。

(5) 惑星系や公転しあう連星系に関するケプラーの第三法則は，２星の質量を M_1，M_2〔太陽質量〕，公転周期を p〔年〕，公転半径（連星の中心間の距離）を a〔天文単位〕とすると $\dfrac{a^3}{p^2}=M_1+M_2$ で表される。惑星の場合 $M_2\fallingdotseq0$ とみなせるので，右辺は主星の質量 M_1 とみなしてよい。

Ⅱ　**解答**　問1．ア．海洋　イ．潜熱　ウ．成層圏　エ．低緯度
オ．塩素原子

問2．ハドレー循環は，熱帯から亜熱帯に向かう低緯度域の熱輸送を担う。また偏西風波動は南北方向に蛇行し，中緯度域から高緯度域への熱輸送を担う。

問3．海中生物の光合成活動により発生した酸素分子が大気中にあふれ出すと，太陽からの紫外線によってオゾン分子が生成され，オゾン層が形成された。すると地上に達する有害紫外線が減り，生物の陸上への進出が可能になった。

問4．上空ほど紫外線は強く，また上空ほど大気分子の密度が小さく熱容量が小さいため，温度が上昇しやすいから。

問5．(1)　フロンは，成層圏内の大気の流れによって極域へ運ばれる。冬季の極域上空に形成される極成層圏雲にフロン起源の塩素分子が蓄積され，春になると紫外線を受けて塩素原子が生成されるから。

(2)　南極域には安定した極渦が形成され，極成層圏雲も多く発生する。一方，北極域では海陸分布の影響を受けて極渦が蛇行し，対流圏から伝わってくる波動によって成層圏突然昇温が起こりやすいため，南極域上空ほど低温にならずに極成層圏雲が形成されにくい。

問6．黒点数の多い時期は太陽の活動が活発であり，太陽から放射される紫外線量が多くなるため，オゾンの生成量も多くなるから。

◀解　説▶

≪大気の熱輸送，オゾン層の形成と変化≫

▶問1．太陽からの入射エネルギーは，低緯度域から高緯度域に向かうほど少ない。このため高温の低緯度域から低温の高緯度域に向かって熱輸送が生じる。輸送を担うのは大気と海洋の流れで，両者の量的な割合はおよそ 2:1 である。なお大気は，大気自体の温度変化にともなう吸発熱だけでなく，大気中に含まれる水蒸気の状態変化にともなう潜熱による輸送も行っている。地球に発生した生命の光合成活動により大気中に酸素分子が増加すると，太陽から来る紫外線によってオゾン分子が生成され，成層圏内にオゾン層が形成された。しかし近年，人間の作り出したフロンなどの物質から生じる塩素原子によりオゾン分子が大量に分解され，オゾン層に穴が空くような現象（オゾンホール）が生じている。

▶問２．赤道域の強い日射で温められた大気は上昇し，圏界面付近に達すると高緯度向きに流れ出して熱を輸送する。しかし転向力を受け緯度30度付近に収束すると下降気流になり，その後地上に沿って高緯度・低緯度の両方に向かって流れていく。この低緯度域における大気の循環がハドレー循環である。緯度30度付近から60度付近の間では，偏西風が南北方向や上下方向に蛇行しながら地球を取り巻くように西から東へ向かって吹いており，これを偏西風波動と呼ぶ。暖気が高緯度まで，寒気が低緯度まで入り込むことで，中緯度域から高緯度域への熱輸送が行われている。

▶問３．海洋中に誕生した生物が光合成活動を始めると，発生した酸素分子は当初は鉄イオンの酸化沈殿に消費されたが，やがて大気中にあふれ出すようになった。すると太陽から来た紫外線の作用によってオゾン分子が生成され，その生成と分解がつり合う高度にオゾン層が形成された。その結果，地上に達する有害紫外線が減少し，生物はよりエネルギー効率のよい呼吸法を求めて進化し，陸上にまで生活圏を広げることが可能となった。

▶問４．オゾンから発生する熱は，オゾン自体の濃度が高いほど，また紫外線強度が強いほど多くなるため，発熱量の大小は濃度だけでは決まらない。また成層圏の温度は大気分子が個々に持つエネルギーで決まり，各分子が受け取る熱量が多いほど高温になる。この二つの要因により，オゾン層すなわちオゾン濃度が極大になる高度より，大気温度が極大になる高度の方が高くなっている。

▶問５．(1)　オゾンはおもに太陽放射を強く受ける低緯度域で生成され，成層圏中の流れによって極域に運ばれるが，年間を通じて紫外線の弱い極域ではあまり生成されない。またフロンも人間活動の活発な中低緯度域で多く生成され，上昇して成層圏の極域へ運ばれる。冬季の極域上空に形成される極成層圏雲に伴ってオゾンの分解プロセスが進むので，オゾン生成の少ない極域で，オゾンの分解が進むことになる。

(2)　南極域には低温の氷床で覆われた大陸があり，特に冬季になると強い西風に囲まれるようにして安定な極渦が生まれ，著しく低温になって極成層圏雲も多く形成される。一方，北半球は海陸分布や山脈の配置が複雑で，比較的変化の大きい対流圏の大気の波動に影響を受けやすいため，北極域では安定した極渦が生じにくい。また成層圏突然昇温が起こりやすく，南極域ほど低温にはならず極成層圏雲が形成されにくい。

▶問６．紫外線強度を軸にして，黒点数すなわち太陽活動の変化と，オゾン生成量の変化を結びつけて述べる。

Ⅲ　解答

問１．ア．地殻　イ．マントル　ウ．アセノスフェア
エ．モホロビチッチ不連続面（モホ面）

問２．小さい

問３．玄武岩，斑れい岩

問４．プレートが海嶺軸から離れるにつれ表面からしだいに冷えていくと，その下にあるアセノスフェアの物質も上部からしだいに熱を奪われ，硬くなってプレートに付け加わるため。

問５．日本海溝に沿ったところには，負のフリーエア異常が見られる。これは海洋プレートの沈み込みにより，密度の小さい堆積物や地殻がマントル内に引きずり込まれることで，アイソスタシーが成り立っていないためである。

問６．この深発地震は，沈み込んだ太平洋プレートの内部で起こっている。このとき震源から近畿地方や中部地方に向かう地震波は，プレートよりも軟らかいアセノスフェアを通過するとき大きく減衰する。一方東日本の太平洋側へ向かう地震波は硬いプレート内を通過するため，減衰が少ない。このため震央付近より震度が大きくなる。

問７．⑴　(i)—D　(ii)—(う)

⑵　震源距離は大森公式より

$$8.0\times5.0=40\,[\mathrm{km}]$$

震源の深さが 24km なので，震央距離は

$$\sqrt{40^2-24^2}=3.2\times10\,[\mathrm{km}]\quad\cdots\cdots(答)$$

◀解　説▶

≪地球表層の構造，異常震域，地震の観測結果の解析≫

▶問１．地球表層は構成物質の違いによって地殻（花こう岩質や玄武岩質の岩石）とその下のマントル（かんらん岩質の岩石）に区分される。それらの境界面は発見者にちなみモホロビチッチ不連続面（モホ面）と呼ばれ，その下で地震波速度が急激に大きくなる。地表面からマントル最上部までの岩石は硬いがその下は比較的軟らかく，その物性の違いに着目して上層をリソスフェア，下層をアセノスフェアと区分する。リソスフェアはいく

つかの岩盤に分かれて移動しており，プレートとも呼ばれる。

▶問２．Ｓ波速度は伝播する物質が軟らかいほど小さく，同じ硬さなら密度が大きいほど小さい。アセノスフェアは，その深さにおける岩石の融点に近い温度になっていて軟らかいため，Ｓ波速度が小さくなっている。

▶問３．表面はおもに玄武岩質マグマが海底に噴出し急冷されて固結した玄武岩，下層はおもに玄武岩質マグマがゆっくり冷却されて固結した斑れい岩である。

▶問４．リソスフェアとアセノスフェアは同じ物質であることに着目する。プレートが移動とともに冷却されていくと，その下にある軟らかいアセノスフェアも上部からしだいに冷えて硬化し，リソスフェアに付加していく。このためプレートの厚さは，しだいに増していく。

▶問５．海溝からマントル内に海洋プレートが沈み込んでいくと，その表面にあった堆積物が一部地下に持ち込まれたり，地殻が下向きの力を受けて引きずり込まれたりするため，その付近ではアイソスタシーが成立していない。これらはマントル物質よりも低密度なので，地表の重力が標準より小さくなる。海面上での測定の場合，測定値から標準重力を引き去ったものがフリーエア異常になるので，その値は海溝付近で負となる。なおアイソスタシーが成り立っている場合には，フリーエア異常は０になる。

▶問６．沈み込んでいく海洋プレート（スラブ）内で深発地震が発生することがある。このとき震源から上方に向かう地震波（下図Ａ）は軟らかいアセノスフェアを通過するため，地震波の減衰が大きい。このため地表に到達するまでにエネルギーを失って震度が小さくなる。一方，硬いプレート内を通過していく地震波（下図Ｂ）は減衰の程度が小さい。このため遠方であっても震央付近より震度が大きくなることがある。このように，震央から遠いにもかかわらず震度が大きくなる領域を異常震域と呼ぶ。

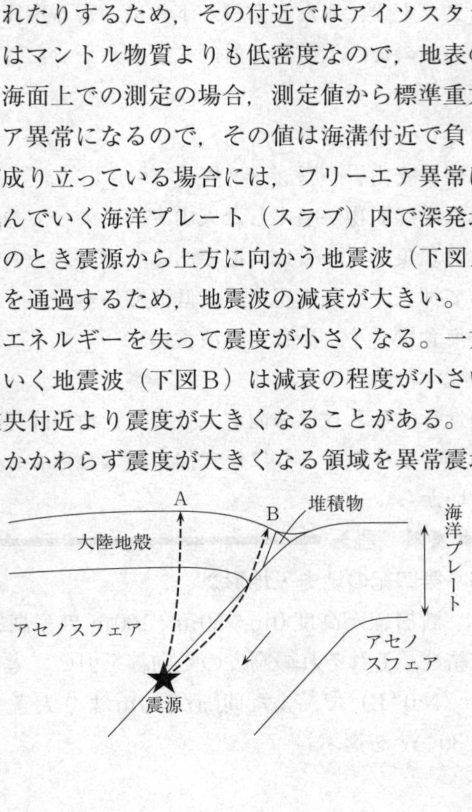

▶問７．⑴　初動の上下成分が下向き，南北成分が北向きなので，この観測点には北から引き波がやってきて，北の斜め下向きに揺れ始めたと考えられる。よって震源は観測点から見て北方の地下にあり，これを満たすのはＤである。またＤの初動が北向きであるから，この地域にはたらく圧縮力は南北方向であり，断層面の南西側の地盤が北西向き，北東側の地盤が南東向きにずれ動いた右横ずれ断層であることがわかる。

⑵　大森公式 $D=kT$ から震源距離 (D) を求め，さらに震央距離 (d) と震源の深さ (h) との間に三平方の定理 $d=\sqrt{D^2-h^2}$ を適用して解く。ここで，$k=8.0$〔km/s〕，$T=5.0$〔s〕，$h=24$〔km〕である。

Ⅳ　解答

問１．⑴―(う)　⑵―(あ)

⑶　断層の種類：逆断層

理由：貫入岩体と，Ｂ層とＣ層の境界面のずれの向きが逆なので，横ずれ断層ではない。また上盤にあたる西側が下盤にあたる東側より断層面に沿った高い位置にあるので，上盤が相対的にずり上がったことになるから。

問２．新第三紀

問３．(あ)・(え)

問４．Ｃ層→Ｂ層→安山岩→断層→Ａ層

問５．火砕流は火山砕屑物が噴出した火山ガスによって巻き上げられ一体となって流下する現象で，一般に高温である。一方，土石流は砕屑物が大量の流水によって押し流される現象で，低温である。

問６．⑴　ア．海食崖　イ．海食台（波食台）

⑵　時期：温暖化する時期

理由：温暖化が進行するときは海面が上昇し，土地の隆起の向きと一致するため，岩盤の同一水準のところに侵食作用がはたらくことで平坦面が大きく広がりやすいから。

◀解　説▶

≪地質図の読解，第四紀の地史・地形≫

▶問１．⑴・⑵　断層線が高度 0m，50m，100m の等高線と交わっている点各２カ所を結び，それぞれの高度の走向線を引いて考える。その向きから走向は南北（N 0° E）で，また間隔が 50m より大きく西の方が低いことから傾斜は 30° W を選ぶ。

(3)　貫入岩体は傾斜が90°ではなく南に傾斜しているので，南北走向の横ずれ断層であっても断層の両側で地表に現れる貫入岩の位置や高度に食い違いが生じることがある。したがって逆断層であれば合理的に説明できることを示す以外に，横ずれ断層の可能性を否定することも必要である。

▶問２．ビカリアは新第三紀の代表的な示準化石である。またアジア大陸東縁にあった地塊が，火成活動の激化によって生じたリフト帯で大陸から分離し始めたのが2000万年前頃，それらの間にできた日本海が拡大するとともに東西に分かれた地塊が逆向きに回転しながら移動し，現在の日本列島の位置にほぼ落ち着いたのが1500万年前頃で，新第三紀にあたる。

▶問３．ヌンムリテスは古第三紀の代表的な示準化石である。(あ)は4000万～5000万年前，(え)は３千数百万年前の出来事で，いずれも古第三紀にあたる。なお，(い)は約700万年前で新第三紀，(う)は約１億8000万年前で三畳紀末～ジュラ紀の出来事である。

▶問４．古第三紀にＣ層，新第三紀にＢ層が堆積した。それらの地層に安山岩が貫入したあと，逆断層の活動があった。いったん陸化して侵食を受け平坦面が形成され，沈降したあと第四紀にＡ層が不整合に堆積し，水平を保ったまま再び隆起した。断層と不整合の新旧関係は，不整合面が逆断層の両側でどちらも高度150mにあることから判断する。

▶問５．安山岩質～デイサイト質マグマの活動でできた火山では，火山灰を多量に含んで高密度になった噴煙柱の崩落や，溶岩ドームの崩壊などで突発的な火山ガスの噴出があると，火山砕屑物がガスに巻き上げられて摩擦を失い数十～百km/hの高速で一気に山麓まで流れ下ることがあり，火砕流と呼ばれている。数百℃の高温であることが多いが，それほど高温にならない流れの存在も知られている。

　普段は穏やかに流れる山間部の河川でも，豪雨後の異常出水によって谷底に堆積した土砂が数十km/hの高速で押し流されることがある。また地すべりや山体崩壊によって生じた多量の水を含んだ土砂が下流に向かって流出することがあり，これらは土石流と呼ばれている。数十トンの岩塊が流されることもある。

▶問６．海岸では波の侵食作用によって岩盤が削られ，海面直下に海食台（波食台）と呼ばれる平坦地がつくられることがある。これが進行すると水際がしだいに陸の方に移り，そこには急傾斜の崖ができる。これが海食崖である。しかしこの地域が連続的に隆起を続けたとすると，逐次海面の高さで侵食作用がはたらくので，平坦地はできない。平坦地がつくられるには，海面と土地の相対的な高度関係が一定期間変化しないことが必要である。海岸段丘すなわち平坦地に段差がある場合，土地の隆起が間欠的に起こったか，隆起が連続的な場合は海面変動があったと考えられる。前者の場合は段丘面の年代は地域によって異なる可能性があるが，後者の場合だと広域にわたって同じような年代を示すことになる。

❖講　評

例年通り論述・計算問題が中心の大問 4 題で，出題分野の構成も 2020 年度と変わらなかった。しかし小問数が増えたこともあり，難易度としては 2020 年度よりやや難化したといえる。

Ⅰ　2021 年度は(a)惑星状星雲，(b)惑星系の 2 つの中問構成であった。(a)存在期間の比が存在確率になること，(b)ウィーンの変位則の比例定数もしくは太陽の波長 λ と表面温度 T を知っているかどうかがポイント。計算自体は難しいものではないが，小問の流れに沿って順次計算を進めることになり，結果が次の計算に影響するので慎重さが必要となる。

Ⅱ　問 2 以降の論述問題は，字数制限こそないが解答欄の大きさは限られているため，内容的にいくらでも深めていける中で，どれだけ要点を絞って説明を組み立てるかが腕の見せ所となる。特にオゾンホールの消長メカニズムは難易度が高いといえる。

Ⅲ　固体地球のうちプレートと地震に特化した内容であった。問 3 は語群中にかんらん岩がないので，海洋地殻の代表的な岩石として考える。問 5 は海面上での測定であること，問 6 は震源の深さからみてスラブ内地震であることに留意して説明する。

Ⅳ　2021 年度は地質図の読解に加え，第四紀の地史と地形に関する内容であった。問 1 (3)は断層面も貫入岩体も鉛直ではないので，選択肢を肯定側だけでなく否定側からも見る注意深さが必要である。また適宜断面図を描くなどの工夫もあるとよい。問 6 (2)は絶対的な高度ではなく，岩盤と海面の相対的な高度で侵食作用のはたらく水準が決まることに気づいたかどうかがポイント。

説明は、三行内にまとめにくい点で、やや難。「歌を沙汰ある」を具体的に説明した最終文をまとめるほかに、「本文全体を踏まえて」説明する必要があるが、本文の要点としては、「歌をよく心得たる人は、歌上手にもなるなり」、「心得ぬ所などあらば、人に尋ね問ひ侍るべきなり」に集約できるので、これらの点もうまく盛り込みたい。

容を読み取って説明する必要がある点に注意。問四の理由説明も標準的。言葉が「忘れ得ぬ言葉」となる際の、「書物から来た言葉の場合」と「生き身の人間の口から自分に語られた場合」の違いを対比的に説明させるという点で、問三と似たようなタイプの設問だと言える。難易度は標準的だが、比喩を交えた抽象的な表現をうまく説明する表現力が問われる設問である。

〔二〕の現代文（評論）は、五七音数律の特殊な組み合わせという短歌の制約の中で思想内容を表現するという、どの時代にも共通する詠歌の難しさについて書かれた文章。設問数は三問、総解答量は九行で、二〇二〇年度から変化はないが、文章量は二〇二〇年度からやや増加した。問題の難易度については、特に変化はない。京都大学の現代文では、理系の問題であっても、芸術論や文芸論がよく出題されている。したがって、いろいろなテーマの文章に取り組んで慣れておく必要がある。問一の傍線部の根拠を説明する問題は、やや難。傍線部の内容説明であればそれほど難しくはないのだが、根拠が問われているという点で、解答に工夫が必要となる。抽出しがたい、不自然、人工の約束という側面を持つ、と答えるだけでは傍線部の内容説明にしかならず、根拠の説明とは言いがたいということに注意が必要である。問二の理由説明は標準的。いつの時代でも短歌を詠むことは難しいと筆者が考える理由を、定型詩という短歌の制約に関連づけ、本文の内容に即して説明する。問三の内容説明も標準的。斎藤茂吉の歌が、定型詩である短歌を詠む難しさを自覚した上での試みであることを、そのねらいと工夫に言及しながら説明すること。

〔三〕の古文（歌論）は、室町時代の歌論からの出題で、二〇二〇年度まで主流であった近世作品からは外れた。歌論の出題は、二〇一四年度の『百人一首聞書』・『牛の涎』以来。文章量は四五〇字程度で、ほぼ平均的な量である。総解答量は二〇二〇年度の九行から八行へ減少した。難易度は、難しかった二〇二〇年度に比べるとやや易化し、およそ標準的であろう。問一の現代語訳は標準的。逐語訳自体は、理系の受験生でも問題のないレベルのはずだが、ことばの補いでやや間違いやすい。問二の理由説明も標準的。傍線部(2)の直前の箇所を中心にまとめればよいと見当はつくはず。「おけば」の「おく」の解釈が大きなポイント。傍線部の後に「そのままおく」とあるのもヒントになる。問三の理由の解説、歌人たちの逸話、和歌に関する幅広い見解などを、二百項目余りの箇条書き形式で、主に随筆風に記している。藤原定家への傾倒・崇拝が強く、定家の唱えた美的理念である余情妖艶を範とし、幽玄（＝言葉では言い表せないような奥深い幻想的な情趣）を歌体の理想とする正徹の立場がよく示されている。

❖講　評

㈠の現代文（随筆）は、学生の頃の何気ない友人の言葉が「忘れ得ぬ言葉」になったというエピソードから、「本当の人間関係」について語った文章。大問㈠では、二〇一八年度から二〇二〇年度まで評論の出題が続いていたが、二〇二一年度は随筆の出題となった（二〇一三年度から二〇一七年度までも随筆の出題）。設問数は例年と変わらず四問であり、説明問題のみであった。漢字の書き取りは二〇一七年度以降、出題されていない。総解答量は、二〇二〇年度と同じく十三行であり、内容説明が二問、理由説明が二問という設問形式であった。文章量は二〇二〇年度と比べてほとんど変わらず、二九〇〇字程度で、文章自体はそれほど難解ではないが、抽象的な表現も多く、簡潔な表現でわかりやすく説明するのはやや難しい。全体的な難易度は、二〇二〇年度と比較して同程度と言えるだろう。問一の理由説明は標準的。ただし、どこまで説明するかという点において、やや注意が必要である。友人の言葉が「忘れ得ぬ言葉」となった理由が問われているため、友人の言葉を、筆者が考える「忘れ得ぬ言葉」の内容と関連づけて説明する必要がある、と判断できる。第三段落の内容だけで解答をまとめてしまうと、次の問二と解答の内容がほとんど重複してしまうという点も、盛り込むべき範囲を判断する材料になるだろう。問二の内容説明は、「罪のない」ことの具体的内容は捉えやすいが、それが「罪あることと映って来た」という表現がどういうことを意味しているのかを説明するのは、やや難しい。傍線部直後の「おとなに近い段階に押し上げられた」がヒントになる。問三の内容説明は標準的。「世間知らず」という言葉の、以前に言われたときの意味内容を簡潔に説明した上で、それとは全く別の意味内容を対比的に説明すること。「本当の意味での『世間』」といった本文中の表現をそのまま使うのではなく、その表現が示している意味内り、その点も説明に加えること。

解答作成のポイントは以下の二点である。

①「歌をよく心得たる人は、歌上手にもなるなり」を踏まえ、歌の理解が作歌上達の条件であることを示す

②「心得ぬ所などあらば、人に尋ね問ひ侍るべきなり」「会などにあひても、……心得られねどもおけば」を踏まえ、歌に理解できない点があるのに、質問せずにそのまま放置することを説明する

▼問三　「歌詠みどもあつまりて」とあり、歌は詠まずに、「歌を沙汰ある」のが、作歌上達のための一番の練習法だというのだから、「歌を沙汰ある」は、〝(歌人たち同士で)歌を批評する・歌を議論する〟ほどの意とわかる。あとは、それが、本文の主旨である〈作歌上達の条件である、歌をよく理解すること〉につながることを示していけば、「本文全体を踏まえ」た説明になる。「歌詠みどもあつまりて」「歌を沙汰ある」ことの利点の一つは、〈質問しやすい環境〉を生むことである。また、皆で歌を批評し合うのは、「衆議判の歌合」に近いので、さらに利点として、「非を沙汰し、是《ぜ》をあらはす(=歌の悪い点を指摘し、よい点を明らかにする)」であり、その過程を通じて、「人はさ心得たれども、我はさは心得ず」のように〈他人と自分との解釈の違いを知ることができる〉とし、おそらくこれは独りよがりを直すことを言ったものであろう。歌の独りよがりな解釈を是正していけば、当然、正しい解釈(理解)につながり、作歌も上達するはずである。

解答作成のポイントは以下の三点である。

①「歌を沙汰ある」の意味を明らかにする

②①の利点を説明する=質問しやすい・歌の巧拙を明確にし、他人と自分の解釈の違いを知る(独りよがりを直す)

③②が歌をよく理解し、作歌上達につながることを説明する

参考　『正徹物語』は、室町時代前期の歌人・僧である正徹(一三八一～一四五九年)の歌論書である。全二巻。自詠歌

「をば」の「ば」は、接続助詞の「ば」ではなく、強調の係助詞「は」が濁音化したもので、「をば」は単に〝を〟と訳す。「詠まば」の「ば」は、未然形に付いているので、順接仮定条件を表す接続助詞で、〝詠むならば〟の意。指示副詞の「かく」は、〝このように〟の意で、ここでは〝この古歌のように〟などと具体化する。さらに、「かくは」は、〝この古歌のようには（上手に・うまく）〟などと補って訳す。「え」は、下に打消語を伴い、〝～できない〟の意になる呼応の副詞。ここでは、打消推量（打消当然）の助動詞「まじ」の連体形「まじき」と呼応し、〝～できないだろう（～できるはずがない）〟の意。「よ」は詠嘆の間投助詞（終助詞）。以上により、〈解答〉のように訳せばよい。ただし、「ここの詞をば」は、〝（本歌取りで）この言葉を用いて〟の意味合いか、〝この言葉の箇所を〟の意味合いか、実は微妙な問題をはらむ。傍線部は「この詞をば」でなく、「ここの詞をば」となっていることに留意すると、後者と見る方がより適切なようにも思われる。〈解答〉はどちらにでもとれるが、後者の解釈を明確にする場合は、〝この古歌のここの言葉の箇所を自分が今詠むならば、この古歌の言葉のようには上手に詠むことができないだろうよ〟などと訳せる。

▼問二　傍線部(2)は、〝自分の歌の実力が上がる（作歌が上達する）はずがない〟の意。解答としては、作歌が上達する条件を示した上で、その条件を欠いているから、という流れで説明するとよい。「歌をよく心得たる人は、歌上手にもなるなり」とあるので、〈作歌が上達する条件とは、歌をよく理解すること〉である。しかし、「会などにあひても、……心得られねどもおけば」とある。「られ」は、助動詞「らる」の未然形で、ここでは可能の用法。「ね」は打消の助動詞「ず」の已然形。「ども」は逆接の接続助詞。「おけ」は四段動詞「おく」の已然形で、この「おく（置く）」は、文脈から〝そのままにする・放っておく・放置する〟の意と判断する。したがって、作歌が上達しない理由は、〈歌会などに出席しても、歌に理解できない点があるのに放置するから〉と、解答の骨格は決まる。ただし、筆者は、「上手の歌には、……心得ぬ所などあらば、人に尋ね問ひ侍るべきなり」と、優れた歌人の歌に理解できない点があれば、人に質問するべきだと述べているので、逆に言えば、〈質問しないから〉放置することになるのであ

問三　皆で歌を批評すれば、質問もしやすく、歌の短所や長所を明確にでき、他人との解釈の違いを知って独りよがりを直すことで、作歌上達のための歌の理解力がつくから。

◆全　訳◆

歌人は知識を気にかけてはならない。ただ歌の心（＝感興や意味内容）をよく理解して納得するのがよいのである。「よく心得て」とは、理解するという意味である。歌をよく理解した人は、作歌が上手にもなるのである。我々は古歌を見るときも、「この歌の心はどのような意味か。これは幽玄《ゆうげん》の歌か、長高体《ちょうこうたい》（の歌）と言うのがよいだろうか」などと当てはめるものである。「（この古歌の）ここの言葉を自分が今詠むならば、この古歌のようには（上手に）詠むことができないだろうよ」などと思うものです。優れた歌人の歌には、歌ごとに気をつけて（意味を）考えて理解できない所などがあるならば、人に質問するべきなのです。歌会などに出席しても、すぐに（歌を書きつける）懐紙短冊をくりひろげて（文台に）置いて、（歌の意味が）理解できないのに（質問もせずに）そのままにしておくと、自分の作歌の実力が上がることもあるはずがないのである。また、（歌の意味が）理解できないのに、その歌の詠み手が（こういう意味ですと）おっしゃってしまうと、「そういう意味であるようだ」と思って、（質問もせずに）そのままに放っておく人もいる。こちらからは「（あなたの歌は）理解できないのですよ」とは申し上げにくいことである。（私の和歌の師である）了俊が申しなさったことは、歌人たちが集まって、歌を詠まないで、歌を批評するのが（作歌上達のための）一番の練習法である。また、（参加者が議論して歌の優劣を定める）衆議判の歌合に一回でも出席してしまえば、千回二千回（歌を詠んで）練習しているよりも役に立つ。（衆議判では）たがいに欠点を指摘し、長所を明らかにするので、「他人はそのように理解しているけれども、自分はそうは理解していない」などという（他人との解釈の違いを通じて独りよがりを直す）ことがあるのである。

◆解　説◆

▼問一　「ここの詞《ことば》」は、前の「古歌」「この歌」を受けているので、〝（この古歌の）ここの言葉〟などと補って訳す。

て、茂吉の短歌を挙げている。具体的には、〈ラテン語を使って音韻上の親和性をたかめたり〉、〈語の選択によって「沈痛なひびき（独特の響き）」をこもらせたり〉というのが、この短歌における茂吉の工夫であるが、彼はそれを「（短歌の）この厳密な定型の約束」という条件の中でするために、彼の教養を結集させて「古今東西の語を（貪欲に）求め」たということであり、その結果としてこの短歌があるのである。以上の内容を理解した上で、解答をまとめればよい。

解答作成のポイントは以下の三点である。

① 短歌定型律という制約の中で、という条件を示す
② 表現内容に独特の響きをこめるために、というねらいを示す
③ 古今東西の語を貪欲に求めた、という工夫の内容を説明する

参考 岡井隆（一九二八～二〇二〇年）は、愛知県出身の歌人、詩人、文芸評論家。慶應義塾大学医学部卒業。短歌結社「アララギ」では写実に根差した短歌を詠んだが、慶應義塾大学医学部在学中に歌誌『未来』を創刊。内科医として病院に勤務する傍ら、前衛短歌運動に取り組み、思想性や社会性を反映する表現の可能性を広げた。塚本邦雄、寺山修司とともに前衛短歌の三雄の一人とされる。短歌だけでなく現代歌論を確立したとされる評論や発言でも歌壇を超えて注視された。主な作品に『禁忌と好色』『親和力』『ウランと白鳥』（歌集）、『注解する者』（詩集）などがある。

三

出典 正徹《しょうてつ》『正徹物語』〈上〉

解答

問一　この古歌のここの言葉を自分が今詠むならば、この古歌のようには上手に詠むことができないだろうよ。

問二　作歌の上達のためには、他人の歌の意味をよく理解することが必要なのに、歌会などでも、歌の理解できない点を人に質問もせずに、理解しないまま放置するから。

るリズム」を有しており、そのリズムは、五七五七七という短歌の「特殊な連結法——組み合わせ」の枠には収まりきらないものだからである。だからこそ、「到底、抽出しがたい」し、「不自然と呼ぶよりほかない」と筆者は述べているのである。したがって、解答の核となる部分は、〈日本語は、短歌のような特殊な組み合わせの枠には収まりきらないほど、生き生きと多彩で変化するリズム（音数律）を持っているから〉ということになる。

解答作成のポイントは以下の三点である。

① 日常語が、短歌の「特殊な組み合わせ」の枠に収まらないものであることを説明する
② ①の理由として、日本語のリズムが多彩で変化するものであることを明示する
③ 日本語が七五音数律に還元されやすいことと、音数の組み合わせ方とは、別物であることを踏まえる

▼問二　傍線部(2)の考えに対して、筆者は二段落後（第八段落）で「古代においても、中世にあっても、短歌は、現代と変わらぬ、むつかしさを抱えていたとみるべき」と述べている。その理由として、「定型詩型は、（…あらゆる内容を…集約せねばならぬという意味では、）日常語の自然なリズムと闘い、それを断ち切り、また強引に接続するというエネルギッシュな作業を、詩人に要求するもの」であること（第七段落）、さらに、短歌が「日常語の世界に単に反してあるのではなく、そこに基礎を置いて、……（反日常ではなく）非日常的世界へと昇華する」ものであること（第八段落）が挙げられている。こういった作業は、〈時代による言葉の違いに左右されない難しさ〉なのだと筆者は考えているのである。

解答作成のポイントは以下の二点である。

① 短歌が定型詩型であるということを明示する
② 難しさが、言葉によるものではなく、定型詩型であることや、短歌の性質によるものであることを説明する

▼問三　傍線部(3)は、斎藤茂吉の短歌についての説明である。そもそも、筆者は、「一部の自覚した人たち」についての、「ある表現内容を、この厳密な定型の約束のもとに表明するために、古今東西に語を求める態度」の具体例とし

二

出典 岡井隆「韻と律」（『現代短歌入門』〈第七章〉講談社学術文庫）

解答

問一　日常語は、たとえ七五音数律に還元できるとしても、短歌のような特殊な五拍七拍の組み合わせの枠には収まりきらない、多彩で変化する音数律を有していること。

問二　型に束縛される短歌には、日常に基礎を置きつつ言葉の自然なリズムを断ち切って非日常的な世界を創るという、どの時代にも共通する困難があると考えられるから。

問三　茂吉の歌は、定型詩の厳密な約束のもと、音韻上の親和性を高めつつ表現内容に独特の響きをこめるために、教養を結集し古今東西の語を貪欲に求めた結果だということ。

◆要　旨◆

日本語は、多彩で変化するリズムを有しているため、たとえ七五音数律に還元されるとしても、「五七五七七」という短歌の特殊な組み合わせを自然と生むという必然性はない。定型詩であるからには短歌も人工的な制約に縛られるのであり、その制約の中で、日常に基礎を置きながら、表現内容を非日常的世界へと昇華させる短歌を作るということは、いつの時代のどんな言葉においても困難さを有している。斎藤茂吉の歌は、そういった困難の中で、うたうべき内容を厳密な定型の約束のもとに表明するために、彼の全教養をあげて古今東西に語を求めた例として挙げられるのである。

▲解　説▼

▼問一　第四段落の「（たとえ、日本語の散文のリズムが、結局は、七五音数律のヴァリエーションに還元できるとしても、）短歌の五拍七拍のこの特殊な組み合わせ方は、不自然と呼ぶよりほかない」という記述が、傍線部(1)の言い換えであることに注意する。第二・第三段落で説明されていたように、五七（七五）の音数律に還元しやすいというのは日本語の自然な特徴であるにせよ、それが、五七五七七という特殊な連結法（組み合わせ）になるのは、必然ではない。なぜなら、日常語や散文のリズムは、「乱雑で即興的で無方向な、またそれだけに生き生きと多彩で変化す

自分のうちへ紛れ込んでしまう」とある。「筆者のマーク」とは〝筆者の個性〟の意と解釈できるので、ここは〈筆者の個性が薄れて、抽象的な意味内容だけが内面化されて定着する〉などと簡潔にまとめることができるだろう。一方、「生き身の人間」の言葉の場合は、問一でも確認したように、傍線部(4)の後に、「(言葉を発した)人間がその人間としての実在性をもって自分のうちに定着し、自分とつながりながら自分の一部にな」り、その言葉は「自分のうちで血肉の域を越えて骨身に響くものになってくる」とある。つまり〈他者がその実在性を保ったままつながることで自分のうちに定着し、自分に深く働きかけるものとなる〉などと解釈することができるだろう。以上の内容を理解した上で、説明すればよい。ただし、「(言葉が)血肉の域を越えて骨身に響く」といった比喩表現は、そのまま使わずに、言い換えて説明することも必要なので、注意しよう。

解答作成のポイントは以下の二点である。

①　書き手の個性が薄れることと、発話者が他者としての実在性を保ったままという対比ポイントに留意して説明する

②　「筆者のマーク」「骨身に響く」といった比喩表現を別の表現で言い換えて説明する

参考　西谷啓治（一九〇〇～一九九〇年）は、石川県出身の哲学者。京都帝国大学文学部哲学科に入り、西田幾多郎に師事する。京都帝大講師、助教授を経て、教授に就任。「近代の超克」の対談に参加し、戦後に公職追放される。追放解除後、京大教授に復帰し、定年退官後は名誉教授となる。ドイツ神秘主義などを研究するが、後半生は禅仏教に傾倒するなど、特定の宗教ではなく、東洋思想と西洋の宗教、哲学を広く研究し、人間存在と宗教との本質的な結びつきを探求した。仏教、キリスト教、神道などさまざまな宗教の研究者による「現代における宗教の役割研究会」の会長を、設立以来、十数年務めた。著書に『ニヒリズム』『神と絶対無』『宗教とは何か』などがある。

となの段階、乃至《ないし》はおとなに近い段階に押し上げられたと思っている」とあるので、ここで言う「罪」とは、〈幼さ・自分の至らなさ・愚かさ〉などを意味していると解釈できるだろう。以上の内容を踏まえて解答をまとめたい。

解答作成のポイントは以下の三点である。

①　一つ目の無邪気さの説明をする＝自己中心的な自分

②　二つ目の無邪気さの説明をする＝自己中心的な自分に気付いていなかったこと

③　「罪」の内容を明示する

▼問三　筆者はかつて「『世間知らず』といわれても、殆《ほと》んど痛痒《つうよう》を感じなかった」のだが、それは〈物質的にも精神的にもいろいろな種類の苦痛を嘗《な》めてきたため、友人達よりはずっと「世間」を知っていると自負していた〉からである。ここから、以前言われたような「世間知らず」とは、〈人生や日々の生活での苦労を知らない〉ことを意味していることがわかる。一方、筆者が友人の言葉によって自覚した「世間知らず」という場合の「世間」とは、傍線部(3)の直後に説明されているような、〈他者に触れ、他者とのつながりのなかで自分というものを見る眼が開けて初めて、触れることが出来るようなもの〉、すなわち〈他者とのつながりのなかで自分を知ることによって実感できるようなもの〉である。そういう意味での「世間」を知らなかった、ということに思い至った、というのが傍線部(3)の内容である。

解答作成のポイントは以下の二点である。

①　以前言われた「世間知らず」と、別の意味の「世間知らず」の違いがわかるように説明する

②　本当の意味での「世間」の内容をわかりやすく説明する

▼問四　「生き身の人間」の言葉が、「忘れ得ぬ言葉」になるとはどういうことかを、「書物から来た言葉」との違いを明確にしながら説明する。まず、「書物から来た言葉」の場合は、傍線部(4)の前に、「繰返し想起され反芻《はんすう》されているうちに、……筆者のマークがだんだん薄れて」きて、「言葉の抽象的な意味内容だけが自分のうちに定着して、……

◀解　説▶

▼問一　「からかい半分の軽い気持で」発した友人の何気ない言葉が、「私には『忘れ得ぬ言葉』になってしまった」のは、その言葉が「何かハッとさせるものをもっていた」からであり、具体的には「それまで気が付かなかった自分の姿に気が付いたというような気持」にさせるものがあったから、ということである。しかし、ただ〈自分の姿に気付かせてくれたから〉と答えるだけでは表面的な説明となってしまう。友人の言葉が忘れられない理由を問われているだけなら、その解答でもよいが、ここでは、友人の言葉が「私には『忘れ得ぬ言葉』になってしまった」理由が問われているため、筆者の考える「忘れ得ぬ言葉」がどういうものであるかを明らかにし、友人の言葉がそれにあてはまるものであったことを説明しなければならない。筆者が考える「忘れ得ぬ言葉」とは、第五段落の傍線部(4)の後で、「想起され反芻されるうちに「独立した他の人間がその人間としての実在性をもって自分のうちに定着し、自分とつながりながら自分の一部になる。彼の言葉は自分のうちで血肉の域を越えて骨身に響くものになってくる」と説明されている。あとは解答欄との兼ね合いになるが、ここでは少なくとも〈言葉を発した人間がその人間としての実在性をもって自分のうちに定着する〉という要素は拾っておきたい。

解答作成のポイントは以下の二点である。

①　友人の言葉が、それまで気付かなかった自分に気付かせてくれたことを説明する

②　筆者の考える「忘れ得ぬ言葉」の特徴と関連づけて説明する

▼問二　傍線部(2)の「その自分の『罪のない』こと」とは、〈「散々厄介をかけながら好い気持でしゃべっていたわたし」の無邪気さ〉のことである。ここで言う無邪気さとは、具体的には、第三段落で説明されているような〈自分自身のことで一杯になっていて、彼の友情や犠牲について思うことがなかったという自己中心的な自身の姿〉であり、さらには〈そういう自己中心的な自分にそれまで無自覚であったこと〉である。この二つのことに気付いたことによって、そういった無邪気さを「罪あること」と認識したのだが、傍線部(2)の後に「実際に、私はそれ以来自分がお

一

解答

出典　西谷啓治「忘れ得ぬ言葉」

問一　何気ない友人の言葉は、筆者自身のあり方を気付かせてくれただけでなく、その言葉を語った友人の実在性を伴いながら筆者の中に定着し、想起、反芻され続けるから。

問二　散々世話になったことを少しも顧慮することがなかった自己中心的な自分と、そんな自分に無自覚だったことに気付き、身をもって自らの幼さを痛感させられたということ。

問三　人生の苦労を知らないということではなく、他者の実在に触れ、そのつながりの中で自分を捉え、世間を実感として知る経験がなかったことに気付いたということ。

問四　書物の言葉は、書き手の個性が薄れ、抽象的な意味内容だけが内面化されて自分の一部として定着するが、生身の人間の言葉は、他者の実在性を保ちながら自分とつながる形で自分の一部となり、働きかけるものとなるから。

◆要旨◆

学生の頃の友人の何気ない言葉が、筆者にとっては「忘れ得ぬ言葉」となった。その言葉によって、無自覚だった自分の姿に気付かされ、その言葉を発した友人の存在に実在的に触れたことで、本当の意味での「世間」に触れることが出来たのである。このような「生き身の人間」の言葉は、他者という実在性を保ったまま自分のうちに定着し、想起、反芻されながらより実在性を高めつつ自分の一部となり、時を経るにつれてその他者との関係性が深まるのである。生死を越えて実感を増す、このような不思議な「縁」を備えた人間関係こそが、本当の人間関係なのである。

MEMO

MEMO

MEMO

MEMO

MEMO

2020年度

解答編

解答編

英語

I **解答** (1)•水面に生じる光の屈折を補正し，獲物を目がけて水を噴射できる点。

•噴射した水が獲物に当たる直前で最大の勢いとなるように，獲物との距離を測れる点。

•獲物の動き方が変わっても，獲物に噴射した水を命中させられる点。

(2)本当の意味での脳ではないが，複雑な学習や情報伝達を行える高い認知能力を備えた，数の上では脊椎動物に遠く及ばないものの，昆虫の中では最高の部類となる約 96 万個の神経細胞の密な集まり。

(3)全訳下線部参照。

◆全　訳◆

≪小さな生き物の脳に備わる高い認知能力≫

人間の認知能力がいかに優れているかを主張する様々な学説は，人間とチンパンジーを比較することでもっともらしいものになっている。認知の進化を問題にするのなら，この着眼点だけでは不公平だ。マタベレアリのような社会性昆虫に見られる協調性の進化を考えてみよう。シロアリの攻撃を受けたとき，このアリは仲間の救護をする。化学物質による信号を送ることで応援を要請すると，負傷したアリは巣に連れ戻される。彼らが回復する機会が増えることは群れ全体にとっての利益となる。アカヤマアリには簡単な算術演算をする能力と，その結果を仲間のアリに伝える能力が備わっている。

高度な神経制御が必要となる生物学的適応に関して言えば，他にも注目に値する事例を進化は示してくれる。テッポウウオは，空気と水の境界で生じる光の屈折を補正しながら，獲物に対して連続的に水を噴射することができる。また，テッポウウオは，噴射した水が獲物に当たる直前で最大の勢いとなるように，獲物との距離を捕捉することもできる。室内実験では，獲物の軌跡が変化しているときでも，テッポウウオは標的に水を噴射できることがわかっている。水を噴射して獲物を捕らえる行為は，テッポウウオのそれがなければ動物界で単独とみなされるはずの行為である投てきで用いられるのと同じ間合いを要する技術だ。人間の場合，投てきをするようになったことで，脳がさらなる飛躍的な発達を遂げた。では，テッポウウオの場合はどうか。その並外れた狩猟技術に要する計算は，およそ6個の神経細胞の相互作用に基づいて行われている。それゆえ，微小な神経網は，かつて考えられていたよりもはるかに広く動物界に存在している可能性がある。

ミツバチの研究から，微小脳が持つ認知能力が脚光を浴びている。ミツバチには本当の意味での脳は存在しない。しかしながら，彼らの神経細胞の密度は昆虫の中で最も高い部類にあり，およそ96万個の神経細胞がある。とは言え，脊椎動物に比べれば圧倒的に少ない数ではあるが。ミツバチの脳の大きさを，その体の大きさに合わせて標準化したとしても，相対的な脳の大きさは，ほとんどの脊椎動物よりも小さい。昆虫の行動は，脊椎動物の行動よりも単純で，柔軟性や修正力を欠いているはずである。しかし，ミツバチは花粉や蜜をたくさんの多様な花から採る方法を素早く学習する。彼らは子の世話をし，分業を行い，8の字ダンスを使って遠く離れた食糧や水の在処や性質に関する情報を互いにやり取りしている。

カール=フォン=フリッシュによる初期の研究は，そのような能力が柔軟性を欠いた情報処理や融通が利かない行動プログラムから生じるはずがない，と示唆している。ミツバチは学習し，記憶する。この結論を裏付けるために行われた最近の実験的研究は，ミツバチの認知能力についての驚くべき考えを提示した。彼らの世界の捉え方は，連想をつなげていくことだけで成り立っているわけではない。それははるかに複雑で，柔軟で，統合的な捉え方である。ミツバチは文脈依存型の学習や記憶，さらにはある種の概念形成も行っている。ハチは目に入る映像を，左右対称や放射対称といった抽象的な特徴に基づいて分類することができる。つまり，彼らは風景を一般化することで理解し，初めて見るものを自発的に分類するようになるのだ。彼らは最近，社会学習や道具の利用が可能な種に格上げされた。

いずれにせよ，ミツバチの脳が脊椎動物の脳よりもはるかに小さいからといって，それが脊椎動物に匹敵する認知処理，あるいは少なくともそのような認知処理に由来する行動を妨げる根本的な制約となっているようには思われない。哺乳類とハチの類似点には驚くべきものがあるが，元をたどっていっても同じ神経学上の発達を遂げてはいないはずだ。ミツバチの神経構造が未知のままである限りは，この類似性の原因を断定することはできない。

◀解　説▶

高度な認知能力は脳の大きさで決まったり，人間のみに備わっていたりするものではない。ミツバチの脳を例に，神経系の集まりから成る微小な脳でも，高度な学習や情報伝達の能力を有することに目を向けさせる内容となっている。

▶(1)テッポウウオが獲物に水を噴射する能力の特長は，下線部直後の連続する 3 つの文でそれぞれ説明されている。

1 つ目は，第 2 段第 2 文（The banded archerfish is …）の spit a stream of water at its prey, compensating for refraction at the boundary between air and water で，a stream of water は「ひとつながりの水流」，つまり，連続的に水を噴射することを意味する。compensate for ～ は「～の埋め合わせをする，～の補償をする」という意味の動詞句だが，ここでは「(refraction「(光の) 屈折」) を補正する，相殺する」の意味。

2 つ目は，同段第 3 文（It can also track the distance …）の track the distance of its prey, so that the jet develops its greatest force just before impact で，track「～を追跡する，探知する」は，ここでは「(the distance「距離」) を測る，把握する」の意味。so that 以下は，so that ～ が「～するように」という目的を表す用法で，impact は「(水が獲物に) 当たること」を意味するので，「噴射した水が獲物に当たる直前で最大の勢いとなるように」と訳せる。

3 つ目は，同段第 4 文（Laboratory experiments show …）の spits on target even when the trajectory of its prey varies であり，trajectory は「軌道，軌跡」の意味で，ここでは「獲物が動く際に通った軌跡」のことを表している。動詞 vary は「異なる，変わる」の意味であるため，even when 以下は「獲物がどのような動きをしても」と意訳することもできる。

▶(2)下線部は第3段第1文（Research on honeybees…）中にあり，この段落はミツバチの minibrains がテーマとなっている。したがって，その説明は下線部直後から同段最終文にわたる。この箇所を要約する際に，まず同段第2文（Honeybees have no…）と第3文（Their neuronal density, however, …）の対比構造を意識したい。つまり，「（ミツバチの微小脳は）本当の意味での脳ではない」が，「そのニューロン（神経細胞）の集まりの密度はとても高い（昆虫の中で最も高い部類）」という点。次に，ミツバチの脳と，脊椎動物の脳との対比がなされている点も重要となる。第3文の後半では with roughly 960 thousand neurons—far fewer than any vertebrate とあり，脳を形成するニューロンの数について vertebrate「脊椎動物」との比較がなされているし，第4文（Even if the brain size…）では，脳の大きさについて脊椎動物との比較がなされている。最後に，第6・7文（But honeybees learn … food and water.）では，このように神経細胞の数や脳の大きさで脊椎動物に劣るにもかかわらず，ハチに高度な認知能力が備わっている，ということを示す具体的な行動の例が列挙されている点も重要。ただし，「花粉の採取方法の学習」，「子の世話」，「分業」，「8の字ダンスによる情報伝達」といった具体例は，内容説明を要求される設問では全てについて記述する必要はない。むしろ，「高度な認知能力が備わっている」という要点に言及することが大切。

▶(3)**In any case, the much smaller brain of the bee does not appear to be a fundamental limitation for comparable cognitive processes, or at least their performance.**

「いずれにせよ，ミツバチの脳が脊椎動物の脳よりもはるかに小さいからといって，それが脊椎動物に匹敵する認知処理，あるいは少なくともそのような認知処理に由来する行動を妨げる根本的な制約となっているようには思われない」→主語 the much smaller brain of the bee は，そのまま名詞句として「ミツバチの脳がはるかに小さいこと（は）」と訳してもよいが，「ミツバチの脳がはるかに小さいからといって」のように理由を表す副詞節として処理してもよい。much smaller brain の much は，比較級を強調する用法。比較級 smaller は，「ミツバチの脳」が何と比較して小さいと言っているのか，同様に，comparable「（～に）匹敵する，相当する」も何に匹敵すると言っているのかを考える必要がある。第3段第3・

４文（Their neuronal density, however, … lower than most vertebrates.）では脊椎動物とミツバチの脳が対比されていることから，smaller や comparable の和訳にはその比較対象として「脊椎動物」を書き足しておくのがよいだろう。limitation for ～「～に対する制限」は，「～を制約するもの，～を妨げる制約，～の足かせ」などと訳す。limitation for の目的語は，comparable cognitive processes と their performance の２つが or で並列されているので，limitation 以下の直訳は「(脊椎動物に）匹敵する認知処理，あるいは少なくともその（＝認知処理の）遂行に対する制約」となり，答案としてはこのままでよい。or 以下が長く複雑な内容の場合は，よりわかりやすい日本語に意訳するために or at least 以下を補足的な表現として処理することも可能。なお，their performance も「認知処理の遂行」という和訳でも十分であるが，具体的には第３段で挙げられた「花粉の採取方法の学習」や「８の字ダンスによる情報伝達」といったミツバチの行動を意味するので，そのような訳語を用いてもよいだろう。

• fundamental「根本的な，本質的な」

The similarities between mammals and bees are astonishing, but they cannot be traced to homologous neurological developments.

「哺乳類とハチの類似点には驚くべきものがあるが，元をたどっていっても同じ神経学上の発達を遂げてはいないはずだ」→they が指すのは The similarities「類似点」。trace は「～の跡を追う，たどる」が基本的な意味の動詞で，「(痕跡をたどって歴史など）を明らかにする」の意味もある。受け身（be traced to ～）の形では「～に端を発する，元をたどれば～にいきつく」と訳せるので覚えておきたい。

• homologous「(性質などが）一致する，同種の」→homo- は「同一の」を意味する接頭辞。

• neurological「神経学の」

As long as the animal's neural architecture remains unknown, we cannot determine the cause of their similarity.

「ミツバチの神経構造が未知のままである限りは，この類似性の原因を断定することはできない」→As long as ～ は「～である限りは」という条件を意味する接続表現。the animal「その動物」とは，「ミツバチ」のことを指すので，そのように訳す。architecture は「建築，構造」の意味があるので the animal's neural architecture は「ミツバチの神経構造」。their similarity の their は 1 つ前の英文中にある mammals and bees を指しているので，「両者の類似性」としてもよい。

• determine「～を確定させる」

●語句・構文●

（第 1 段）doctrine「（信条・理論などの根本的）原理，学説」 cognitive「認知力の」 superiority「優位性」 plausible「（説明などが）もっともらしい」 comparison「比較」 evolutionary「進化（論）の」 cognition「認知」 focus「注目，着目」 cooperation「協力」 social insect「社会性〔群居性〕昆虫」 termite「シロアリ」 provide「～を提供する」 medical service「医療，治療」 call for ～「～を要求する」 by means of ～「～の手段で」 chemical「化学の」 nest「巣」 chance of recovery「回復の可能性」 benefit「～の利益となる」 entire「全体の」 colony「（動植物の）集団，コロニー」 perform「～を遂行する」 arithmetic operation「算術演算」 convey *A* to *B*「*A* を *B* に伝達する」

（第 2 段）when it comes to ～「～ということになると」 adaptation「（生物学上の）適応」 require「～を要する」 sophisticated「高度な」 neural「神経（系）の」 spectacular「注目に値する」（banded) archerfish「テッポウウオ」 spit「（唾・水など）を吐く」 prey「獲物」 boundary「境界」 laboratory「研究所（の）」 experiment「実験」 throwing「物を投げる行為，投てき」 otherwise「（前に述べたことを受けて）そうでなければ」→ここでは Spit hunting is a technique that requires the same timing used in throwing を受けて，「もしテッポウウオの水噴射による狩りの技術が投てきと同じタイミングを要する技術でなかったならば」という意味。regard *A* as *B*「*A* を *B* とみなす」 kingdom「王国，（～の）世界」 enormous「桁外れの」 calculation「計算」 extraordinary「並外れた」 interplay「相互作用，交流」 neuron「ニューロン（脳の神経細胞）」 widespread「広い範囲に存在している」 previously「以前（は）」

（第 3 段）bring *A* to light（本文では bring to light *A* の順）「*A* を明るみに出す」 capability「能力」 neuronal「ニューロンの」 density「密

度」 normalize「～を標準化する」 their relative brain size is lower than most vertebrates「ミツバチの相対的な脳の大きさは大半の脊椎動物よりも小さい」→size には small を使うのが普通だが，ここでは相対的な大きさについて述べており，rate や ratio「比率，割合」に近い意味で使われているため，それらと相性がよい形容詞 low が用いられている。 behavior「行動」 complex「複雑な」 flexible「柔軟な」 modifiable「修正可能な」 extract「～を抽出する」 pollen「花粉」 nectar「(花の）蜜」 care for～「～の世話をする」 distribution「配分」 waggle dance「(ミツバチの) 8の字ダンス，尻振りダンス」→waggle は「(～を）振る（こと)」。inform「～に知らせる」 location「場所，在処」

（第4段）inflexible「柔軟性のない」 rigid「厳正な，融通の利かない」 behavioral「行動の」 experimental「実験的な」 confirm「～を確かめる」 conclusion「結論」 astonishing「驚くべき」 picture「理解，捉え方，イメージ」 competence「能力」 representation「表象，想像，概念」 consist of～「～から成る」 associative chain「連想の鎖」→(心理学用語)「空腹→食べる」，「眠い→寝る」というように，直近の状態から直後の行動などを思いつくことを繰り返していく思考方法。 integrative「統合的な」 context-dependent「文脈依存型の」 concept formation「概念形成」 classify「～を分類する」 image「映像，目に映るもの」 abstract「抽象的な」 feature「特徴」 bilateral「左右対称の，両側にある」 symmetry「対称（性)」 radial「半径の，放射状の」 comprehend「～を理解する」 landscape「風景」 general「一般的な」 spontaneously「自発的に」 come to *do*「～するようになる」 new images「初めて目に映るもの」 promote *A* to *B*「*A* を *B* に格上げする」 species「(生物の）種」（be) capable of～「～の能力がある」

Ⅱ　**解答**

(1)現在のアメリカ東部沿岸に先史時代の先住民が暮らしていた時代は，世界の水の多くが北半球に広がる氷河内に閉じ込められていたために海面が現在よりもかなり低く，フロリダの場合，陸地面積は現在の2倍であった。当時は，狩猟対象としていた大型動物が絶滅したことで海産物に依存した生活を送る諸部族が沿岸部に集まっていたのだが，海面が上昇したことで，その地域が考古学上の証拠の大半もろとも，今では海に沈んでしまっているから。

⑵沿岸部に暮らす初期のアメリカ先住民は，豊かな河川や泉，燃料，海や山の幸といった食糧資源，温暖な気候といった恵まれた環境のおかげで，狩猟採集をしながら小規模の集団で移動生活を送っており，その後始まる農耕を中心とした定住生活の時代と違い，考古学的な証拠が得られにくいため。

◆全　訳◆

≪アメリカ先住民の歴史≫

部族間で異なる様々な信仰があるにもかかわらず（あるいは，それこそが一因かもしれないが），北アメリカは，古今その地に暮らしてきたインディアンを育み，同時にその彼らによって形成されてきたインディアンの故郷として一律的に捉えられてしまっている。こういった故郷のあちこちで，スペイン，イギリス，フランス，オランダ，それから後にはアメリカといった多様な帝国や民族国家がこそこそと上がりこみ，道中その土地を地図に記録して領土権を主張していった。しかし，彼らの手によって確立されたこれらの地図や占領地はいずれも，外国からの移民がその住居や村や町や都市をインディアンの祖国「の上に」築いたという事実を消し去ったり，覆い隠したりはしなかった。それゆえ，新世界の歴史は白人によって作られ，インディアンの人々に対して行われたものであるという古いモデルをいつまでも使い続ける歴史は，この地の本当の歴史とは言えない。むしろ，歴史家コリン=キャロウェイが示唆したように，カボットやコロンブスとともに新世界の歴史が始まったのではなく，彼ら，そして彼らに続いた者たちによって，すでにここに展開していた歴史に，ヨーロッパの歴史が持ちこまれたに過ぎないのである。

ヨーロッパ人が初めて大西洋岸に到達したとき，彼らは数百の部族が豊かに暮らす，とても肥沃な大地に上陸した。先史時代の最初のインディアンが，現在のアメリカ東部にあたる場所に現れたとき，世界の水はその多くが北半球の大部分に広がっていた氷河の内側に閉じ込められていたため，海面は現在よりもかなり低かった。このため，沿岸考古学では，人々の居住に関してごく断片的な記録しか発見されていない。

たとえそうだとしても，フロリダ州とノースカロライナ州にある５千年前の貝塚からは，この地域の沿岸部に暮らしていた人々の活気あふれる文化をうかがい知ることができる。バージニア州だけでも数千におよぶ先史時代の村落の遺跡の存在が判明している。このような初期の部族がどのように組織されていたのか，また彼らが自分たちをどのように理解していたのかを知るのは難しい。比較的暮らしやすい生活をもたらしたもの，つまり，豊かな河や小川や泉，豊富な燃料，水産および陸産の非常に安定した食糧資源，そして比較的温暖な気候といった要因が，この領域の考古学を困難なものにしている。この初期の段階では，沿岸部のインディアンたちは 150 人ほどから成る小さな集落で暮らしており，1 年のある時期には沿岸部で，また別の時期にはもっと内陸の場所で過ごし，魚や狩った獲物，場当たり的に採集した木の実やベリー類からカロリーの大半を摂取して，転々と移り住む傾向があったようだ。摂取できたカロリーの量に応じて，人口は潮の流れのように増減していたと思われる。考古学的証拠から，紀元前 2500 年から紀元前 2000 年の間に諸々の部族が土器を作り始めていたことがわかっているが，これは彼らが定住型の暮らしに近づいていったこと，貯蔵の必要性があったこと（このことは同様に，食糧に余剰があったことを示している），生きていくために植物への依存をより強めていったことを示している。それより少し後の時代，東部の沿岸や森林地域に暮らすインディアンは，ヒマワリ，シロザ，ウリ，アカザ，タデ，キクイモを植えたり，栽培したりしていた。

スペイン君主からフロリダの地を探検し，そこに植民する明示的な権限を得たポンセ=デ=レオンは 1513 年にフロリダに到達したが，そのときすでに，インディアンがそこに暮らし始めてから少なくとも 1 万 2 千年が経過していた。海面が現在よりも低く，先史時代のフロリダの陸地は現在の 2 倍の面積があったので，考古学上の証拠は大半が海に沈んでいる。また気候は現在よりもずっと乾燥しており，バイソンやマストドンといったあらゆる種類の大型生物が生息していた。大型生物が（気候変動や狩猟により）絶滅すると，今度は海産物が原始時代や旧石器時代の大規模社会を支えた。フロリダで農業が始まったのは遅く，紀元前 700 年頃になってようやく始まったのだが，フロリダの内陸に暮らす部族のなかには，スペイン人が征服に来た際にもまだ農業形態を一切持たない部族もあった。おそらく，淡水域や汽水性の水域の豊富な生態系が十分過ぎるほどあり，多くの様々な部族を支えてきたからだろう。1513 年の初め頃にスペイン人が出会ったのは，膨大で異質な部族集団であり，少しその例を挙げるだけでも，アイス族，アラファイ族，アマカノ族，アパラチー族，ボント族，カルーサ族，チャトト族，チネ族，グアレ族，ジョロロ族，ルカ族，マヤカ族，マヤイミ族，モコソ族，パカラ族，ペンサコーラ族，ポホイ族，サルクエ族，テケスタ族，ティミクア族，ビスカイノ族など，多様な部族があった。

◀解　説▶

アメリカ先住民の歴史を一様に捉える傾向があるが，実際には先住民といっても，多様な民族（部族）が存在しており，その数だけ違った歴史がある。先史の考古学的な証拠が得られにくい事情に触れつつ，正しい歴史の捉え方について考えさせる論評となっている。設問数は２つと少ないが，解答を論理的でわかりやすいものにするためには行間を読む必要がある。

▶(1)下線部の意味は，「沿岸考古学からは，人々の居住に関してごく断片的な記録しか発見されていない」。この理由を，第２段と第４段の内容を参考にまとめる問題。

まずは第２段から得られる情報を見ていく。第１文（When Europeans first …）には，ヨーロッパ人が the Atlantic coast に到達したときに，すでにそこが homeland to hundreds of tribes「数百の部族が暮らしている場所」であったとあり，当時の沿岸部に先住民が暮らしていたことがわかる。続く第２文（When prehistoric first Indians …）では，the water levels were considerably lower than they are now とあり，当時は海面が現在よりもかなり低かったことが説明されている。したがって，当時の沿岸部が現在は海底に沈んでいるため，そこに暮らしていた先住民の遺物や遺跡も海底に沈んでいて発見しにくいから，というのが主たる理由。このことは，第４段第２文（Because of the lower water levels, …）でも，「海面が現在よりも低く，先史時代のフロリダの陸地は現在の２倍の面積があったので，考古学上の証拠は大半が海に沈んでいる」と，より具体的に説明されている。

第４段では，第２段ですでに述べた内容の具体的事例として，現在のフロリダに暮らしていた先住民のことが挙げられているのである。また，第４段第４文（As megafauna died out …）によると，先史時代のアメリカ先住民が狩猟していた megafauna「大型動物」が絶滅したため，彼らは the fruits of the sea「海産物」に依存した生活を送るようになった。

これが，海面上昇により現在は海底に沈んでしまった当時の沿岸部に多くの人々が暮らしていたとされる理由。これらの内容を〔解答〕のようにまとめればよいが，この際には「考古学上の証拠の大半が海に沈んでいるから」という主たる理由が最後にくるようにする。

▶(2)まずは，下線部が含まれている英文（What made for a relatively easy life …）の意味を正しく捉えることが重要。What made for a relatively easy life—abundant rivers, … and a relatively mild climate—makes for bad archaeology.「比較的暮らしやすい生活をもたらしたもの（豊かな河や…比較的温暖な気候）が，考古学の進展を阻んでいる」という意味。made for や makes for とあるが，これは make for ～ で「～を促進する，～を生み出す」という意味の熟語。先住民に「暮らしやすい生活をもたらしたもの」とは，端的には“恵まれた（自然）環境”のことだが，それがなぜ「考古学の進展を阻んでいる」のかを考える。考え方としては，この「恵まれた自然環境」が，下線部直後に続く内容とどう関係するのかを見ていけばよい。下線部直後の文（It seems that, …）には，初期の先住民が「小さな集落で生活」しており，fairly mobile「転々と移り住む傾向のある」人々であったという説明があることから，「恵まれた環境」が「移動型の狩猟採集生活」を可能にした，という因果関係を導ける。また，bad archaeology「進展しない考古学」とは，「考古学上の証拠が少ない」ことを意味すると考えられるため，「移動型の狩猟採集生活」をしていたために考古学的証拠があまり残っていない，という論理展開だと判断できる。反対に，同段の第 7 文（Archaeological evidence suggests that …）の時代（2500 and 2000 BCE「紀元前 2500 年から紀元前 2000 年」）になると，人々は clay pots「土器」を作り始め，a more sedentary lifestyle「より定住型の（農耕）生活」へと移行したことが説明されている。逆に言えば，「移動型の狩猟採集生活」は，土器のような証拠が出土しないため，考古学的証拠が得られにくいことになり，先述した内容の裏付けともなる。この第 7 文以降は，「土器」を作り始め，「定住型の暮らし」へと移行していった後の時代の話題であり，その直前までの「初期の部族」の時代の話題と区別して考える必要がある。したがって，第 7 文以降の内容は，〔解答〕のように対比的情報として，「(土器のような証拠が残っている) 農耕を中心とした定住生活の時代と違い，考古学的な証拠が得られにくい」のようにまとめればよい。

●語句・構文●

(第1段) despite「〜にもかかわらず」→前置詞なので，直後には名詞（句）がくる。variety「多様性」 tribal「部族の」 in part「部分的に，一部には」 uniformly「一様に，一律的に」 see *A* as *B*「*A* を *B* とみなす」 homeland「母国，故郷，ホームランド」 various「多様な」 empire「帝国」 nation-state「民族国家」 Dutch「オランダ」 crawl「這う」 claim「(所有権などの）権利を主張する」 neither *A* nor *B*「*A* も *B* もない」 conquest「征服（地），占領（地）」 enable「〜を可能にする」 eradicate「〜を根絶する」 obscure「〜を覆い隠す」 immigrant「(流入してくる）移民」 on top of〜「〜の上に，〜に加えて」 persist in〜「〜に固執する」 those who *do*「〜する人々」 unfolding「展開している」

(第2段) the Atlantic「大西洋（の）」 incredibly「信じられないほど」 fecund「肥沃な」 tribe「部族，種族」 prehistoric「先史（時代）の」 emerge「出現する」 what is now the eastern United States「現在のアメリカ東部」 water level「海面，水位」 considerably「かなり，相当」 trap「〜を閉じ込める」 glacier「氷河」 hemisphere「半球」 coastal「沿岸の」 archaeology「考古学」 uncover「〜を明らかにする」 fractured「断片的な」 habitation「居住」

(第3段) shell midden「貝塚」 vibrant「活発な」 region「地域」 名詞＋alone「〜だけ」 site「場所，遺跡」 early「初期の」 organize「〜を組織する」 relatively「比較的」 abundant「豊富な」 stream「小川」 spring「泉」 plentiful「豊富な」 fuel「燃料」 fairly「かなり」 constant「一定の」 aquatic「水産の」 terrestrial「陸産の」 source「源」 spending part of the year on the coast, part farther inland「1年のある時期には沿岸部で，また別の時期にはもっと内陸の場所で過ごす」→後半は（spending）part（of the year）farther inland と補って考える。inland は副詞で「内陸で」の意味。game「(狩りの）獲物」 opportunistic「場当たり的な，運任せの」 harvest「収穫」 shrink「縮む，減少する」 tide「潮流」 depending on〜「〜次第で」 availability「手に入りやすさ」 BCE「紀元前（Before the Common Era)」→BC

(Before Christ) に同じ。sedentary「定住性の」 storage「蓄え，貯蔵」 in turn「今度は，同様に」 surplus「余剰」 reliance on ～「～への依存」 sustenance「栄養，生計の手段」 woodland「森林地帯（の）」 cultivate「～を栽培する」 sunflower「ヒマワリ」 lamb's-quarter「(植物) シロザ」 gourd「ウリ，ヒョウタン」 goosefoot「(植物) アカザ」 knotweed「(植物) タデ」 Jerusalem artichoke「(植物) キクイモ」

(第4段) explicit「明示的な，明確な」 permission to *do*「～する許可」 crown「王冠，君主」 explore「～を探索する」 settle「～に植民する」 land mass「陸塊」 be double ～「～の2倍である」 bison「(動物) バイソン」 mastodon「(古代生物) マストドン」 die out「絶滅する」 Archaic「原始時代の」 Paleolithic「旧石器時代の」 agriculture「農業」 be late in coming「来るのが遅い」 appear「登場する」 presumably「おそらく」 fresh「真水の，淡水の」 brackish「半塩水の，汽水性の」 ecosystem「生態系」 more than enough「十分過ぎる，有り余るくらいに」 encounter「～に出会う」 vast「広大な」 heterogeneous「異質な，異種の」 collection of ～「～の集団」 among them the Ais …「(そして) 彼らのなかにはアイス族…がいた」→among them (being) the Ais … のように being が省略された分詞構文。主語である the Ais 以下の部分が長いため，場所を表す語句である among them が先にきた倒置の形。

III 解答例

〈解答例1〉 When I was a poor college student, I barely managed to buy records, and I used to listen to the ones that I did buy over and over again until they became worn out. Of course, I remembered every title and lyric of those records. But now, CDs and downloaded music I bought online that I have never played, are just piled up or left unopened. I sometimes even buy the same products without knowing it. I strongly feel that it is true that people find things to be important and treat them as such only when they are not easily gained.

〈解答例2〉 In my school days, when I was still poor, I played the records that I had gotten after a great struggle so many times that they became worn out. I remembered all the titles of the songs and was able to recite those songs. However, now, I have a lot of CDs and downloaded songs that I have never listened to since buying them online. They are just piled up or left in the download folder. There are even times when I carelessly buy those songs that I already have. It is definitely clear that you value things more when they are scarce.

◀解　説▶

「お金のなかった学生時代にはやっとの思いで手に入れたレコードをすり切れるまで聴いたものだ」

• 「お金のなかった学生時代には」→副詞節（接続詞＋SV）で表現するなら When I was a poor college〔university〕student，副詞句（前置詞＋名詞）で表現するなら In my school days, when I was still poor となる。

• 「やっとの思いで手に入れたレコード」→節（SV）で表現するなら I barely managed to buy records である。この barely は「かろうじて～する」の意味。records を the ones で受けて次につなげればよい。日本語と同じく句（名詞句）の構造で表現するなら the records that I had gotten after a great struggle など。

• 「（レコードが）すり切れる」→become worn out となる。worn は wear「～をすり減らす〔摩耗する〕」の過去分詞。

• 「（～になる）まで（レコードを）聴いたものだ」→「繰り返し聴いた」や，「何回も聴いた」ということなので，over and over again や many times を足すのがよい。「（今はしていないが昔は）～したものだ」には used to *do* を用いる。「（～になる）まで」は until SV を用いるか，「何度も聴いたので～になる」と変換して，listen to the records so many times that SV のように so ～ that … の構文が使える。

「歌のタイトルや歌詞も全部憶えていた」

• 「（～の）全部」→every を使う場合は，その後の名詞が単数形になる点に注意。また，all of ～ という言い方はあるが，every of ～ は誤用。

• 「歌詞」→lyric を使うか，「それらの歌を暗唱する」と変換して，recite those songs とすればよい。

「それが今ではネットで買ったきり一度も聴いていない CD やダウンロード作品が山積みになっている」

• 「それが今では」→But now を用いるか，あるいは However で始めて

now, … と続ける。

• 「～したきり一度も…していない」→「～して以来（一度も）…ない」と言い換えられるので，現在完了形と since「～して以来」の組み合わせで表せる（have never *done* since SV〔*doing*〕)。または，関係代名詞を 2 つ制限用法で使って「～買って，一度も聴いていない CD…」とする。

• 「ネットで *A* を買う」→buy *A* online

• 「山積みになっている」→「CD」に対しては，それが物体なので実際に「山積みになっている」わけであるから be piled up という表現が使えるが，「ダウンロード作品」はデータなので，「山積みになっている」は比喩表現であり，厳密には「放置されている」などの日本語に変換される。したがって，be left unopened「(データなどが）開かれていないままである」や，be left in the download folder「ダウンロードフォルダの中に入ったままである」を，be piled up と or でつなぎ，併記しておくとよい。

• 「(～な）CD やダウンロード作品が山積みになっている」→「CD やダウンロード作品」(名詞）を修飾する語句が長いうえに，「(それが）山積みになっている」と続けて一文で表す場合，日本語と英語の構造上の違いから，読みづらい英文とならないような配慮が必要。I have a lot of CDs and downloaded songs that I have never listened to since I bought them online. They are just piled up … のように，2 文に分割して表現するのもよい。

「持っているのに気付かず，同じ作品をまた買ってしまうことさえある」

• 「～してしまうことさえある」→「～することがある」は S sometimes *do* や，There are times when SV で表現できる。「～さえ」を表す even を使う場合にはその位置に注意が必要で，S sometimes even *do* や，There are even times when SV となる。

• 「(持っているのに）気付かず」→「知らないうちに」という表現の without knowing〔realizing〕it，あるいは「不注意に」と捉えて carelessly で表現する。また，具体的には「それ（ら）をすでに持っていることを忘れて」という意味なので，分詞構文 forgetting that I already have it〔them〕を使うのもよい。

• 「同じ作品」→「同じ商品〔製品〕」なら the same products，「すでに持っている歌」なら the〔those〕songs that I already have など。

「モノがないからこそ大切にするというのはまさにその通りだと痛感せずにいられない」

- 「～はまさにその通りだと痛感せずにいられない」→「～ということは全く正しいと強く感じる」と言い換えて，I strongly feel that it is true that ～ とするか，「～はまったく明らかだ」として It is definitely clear that ～ などとする。
- 「モノ」→things や what we〔you〕have などとする。
- 「(～を) 大切にする」→value「～を重要視する」や，cherish〔treasure〕「～を大切にする」などとする。または，find things to be important and treat them as such「モノを大切だと感じ，実際に大切なものとしてそれらを扱う」のように説明的な表現でもよい。
- 「モノがないからこそ大切にする」→貧しくモノを手に入れるのに苦労した時代はその一つ一つを大切にしていたが，豊かになるとそのありがたみを忘れてしまう，というそれまでの内容をまとめたものである。したがって，「モノが簡単に手に入らないときだけ人はそれを大切にする」など，自分が英訳しやすい日本語へと変換しておくとよい。〈解答例１〉では，only when ～「～なときだけ」を用いて，people find things to be important and treat them as such only when they are not easily gained とし，〈解答例２〉では，scarce「乏しい」を使って you value things more when they are scarce としている。

Ⅳ 解答例

〈解答例１〉 (To whom it may concern,)

I am a Japanese university student, and I am thinking about studying at your university to further my education. However, I need financial aid to achieve this, and I would like to know whether I can apply for your scholarship program. I have only been able to find general information about the requirements for the program on your website. I would appreciate it if you could tell me more detailed information, especially in terms of how to prove my academic achievement and demonstrate financial need. I would be grateful for any information. Thank you for your kind attention to this request.

(Best regards, Y. Yoshida)

〈解答例 2〉 (To whom it may concern,)

I am writing about the scholarship program I saw on your website. I would like to know if I can get a scholarship payment before applying for admission to a university. I am a Japanese college student who is planning to study at Boston University from next year. However, my financial situation is less than ideal. I am looking for financial aid that I can use for the cost of passage and moving to Boston. If the program is not suitable for me, it would be helpful if you could give me information about another grant. A quick reply would be much appreciated〔I would appreciate it if you could reply at your earliest convenience〕.

(Best regards, Y. Yoshida)

◀解　説▶

奨学金に関する問い合わせをする英文（電子メール，または手紙文）を書く問題であるが，「丁寧な」表現であることがポイント。解答欄は，12 センチの罫線が 11 本引かれており，1 行あたり 8 語前後まで書けるので，「解答欄におさまるように」するためには，100 語程度の英文が目安となる（〈解答例 1〉は 101 語，〈解答例 2〉は 104 語である）。

書く内容は，奨学金についての問い合わせであり，実際に奨学金の審査に使われる申請書類ではないため，個人情報や申請に至った細かい理由などを詳細に説明する必要はない。まずは，問い合わせに必要な最低限の情報を「吉田さん」になりきって考え，状況設定をしておく。

〈解答例 1〉は大学の担当者に対して問い合わせている設定。伝えるべき内容を，①留学を考えている日本人学生で奨学金が必要な状況にある，②奨学金制度の応募要件を満たしているかを確認したい，③成績と経済状況の証明方法を知りたい，の 3 項目に設定した。

〈解答例 2〉は基金や財団に問い合わせている設定。伝えるべき内容を，①大学への出願前に奨学金の受給が可能か知りたい，②留学を計画している日本人学生で奨学金が必要な状況にある，③渡航費用をまかなうための奨学金を探している，④要件に合わない場合は別の奨学金制度を紹介してほしい，の 4 項目に設定した。

設問の指示にある「丁寧な」表現としてよく使われるものは，I would like to *do*「～したいと考えています」，I would appreciate it if you could *do*「～していただけるとありがたいです」。また，結びでよく使われる感謝の表現として，I would be (most) grateful for ～「(これから)～があると大変ありがたいです」，(I) thank you for your kind attention (to this request)「(この問い合わせに) 目を通していただき，ありがとうございます」，(I) thank you for your time in this matter「この件についてお時間を割いてくださり，ありがとうございます」などがある。また，日本の手紙文では礼儀として「突然のご連絡大変失礼いたします」といった書き出しが多いが，英語ではこのような謝罪的表現から始めることは普通しない。大学の生活で実際に使いそうな英語表現を使用させる問題はこれからも出題される可能性があるため，対策としてそのような場面で使用する用語を事前に覚えておくことが大切である。「奨学金についての問い合わせ」という場面で使えそうな表現としては，study abroad「留学する」，*one's* current financial situation「現在の経済状況」，apply for ～「～を申請する」，enroll in college「大学に入る」，academic achievement「成績」，requirements for ～「～に必要な条件」，be eligible to apply「申請する資格がある」，deepen *one's* study of ～「～の研究をさらに深める」，further (*one's*) education〔studies〕「進学する，より高度な教育を受ける」(further は動詞)，admission to (a) college「大学への入学 (許可)」，submit an (*one's*) application online「ネットで申請する」，send an (*one's*) application in a printed format「書類で申請する」，letter(s) of recommendation「推薦書」などがある。

❖講　評

2020年度は，読解問題2題，英作文問題2題の構成であった。大問数だけで見ると2019年度から1題増えたが，実際に出題された内容を見ると，問題の総量および読解問題と英作文問題の比率には，ここ数年大きな変化はない。また，自由英作文が出題されているという点も，2016年度以降と変わっていない。読解問題の語数は2題で約1,190語であり，2018年度の約1,080語，2019年度の約1,160語から若干増加した。しかし，読解問題の設問数は2019年度が計8問であったのに対し，2020年度は計5問と減っているため，解答時間の観点では影響ないと思われる。

Ⅰは，昆虫などの小さな脳でも，人間と同じような認知能力を発揮するものがあるということを述べた文章で，内容説明が2問，下線部和訳が1問の計3問。内容説明はいずれも答えの根拠となる箇所が明確であり，該当箇所を正確に和訳する力さえあれば，基本的には解答しやすい問題となっている。

Ⅱは，アメリカ先住民の歴史を，その多様性や考古学的証拠という観点から説明する文章であり，内容説明が2問のみの構成であった。いずれも解答の根拠となる情報のある段落が，設問のなかであらかじめ指定されていた。しかし(1)は2つの段落に分散した情報をうまくまとめて記述する力を要し，また(2)では，問いのねらいを理解することに加え，段落中に因果関係のヒントとなるディスコースマーカー（because，so，therefore など）がないため，それに頼らず文脈を捉える力が必要であり，書かれている情報から言外の意味を推測する力も求められている点が難所であった。

Ⅲの英作文問題は，やや長めの和文英訳となっている。「やっとの思いで手に入れた」や「ネットで買ったきり」などのこなれた日本語表現を基本的な英語で言い換える力が必要である。逆に，「すり切れる」や「山積みになっている」には，対応する基本的な熟語的表現を使えばよいのだが，その知識がないと苦労することになる。

Ⅳの自由英作文は，留学に必要な奨学金について，担当者に向けた問い合わせの「丁寧な文章」を書くという，条件付きの自由英作文問題となっている。ビジネスシーンのメール文書や大学生活で教授に送るメール（または手紙文）などでは，日本語と英語の表現方法に差がある。文化的な違いのためである。丁寧な表現方法はもちろん，このような文化的違いも踏まえて対策をしているかがカギとなる。

2020年度は，大問構成も各設問の構成もシンプルであるが，文法や単語の知識を基礎として，文単位ではなく文章全体の理解ができているかを効率的に問うことができる問題となっている。解いてみれば実感できるが，日頃から文化や科学に興味を持っているか，といったことまでが少なからず影響してくるあたりは京大英語の特徴と言える。

数学

1

◇発想◇　実数係数の3次方程式（＊）の解が，1つは実数，2つは互いに共役な虚数になることを確認して，とりあえず3次方程式の解と係数の関係を書いてみる。次に，正三角形である条件を用いるのであるが，これには正三角形の重心・外心を利用する方法と，中線の長さを利用する方法とが考えられる。いずれの方法も，正三角形の一辺の長さが $\sqrt{3}a$ であることを用いることになる。角の大きさや回転を考えてもよい。

解答　$z^3+3az^2+bz+1=0$　……（＊）　（a，b は実数，$a>0$）

（＊）は実数を係数とする3次方程式であるから，3つの相異なる解は

（i）　すべて実数

（ii）　1つが実数，2つが互いに共役な虚数

のいずれかであるが，3つの解が複素数平面上で正三角形の頂点になっているから，(ii)である。

したがって，（＊）の解を

$r,\ w,\ \overline{w}$　（r は実数，w は虚数）

とおくと，3次方程式の解と係数の関係より

$$\begin{cases} r+w+\overline{w}=-3a & \cdots\cdots ① \\ r(w+\overline{w})+w\overline{w}=b & \cdots\cdots ② \\ rw\overline{w}=-1 & \cdots\cdots ③ \end{cases}$$

①より，$\dfrac{r+w+\overline{w}}{3}=-a$ であるから，点 $(-a)$ は正三角形の重心であり，正三角形の重心と外心は一致するから，点 $(-a)$ は正三角形の外心でもある。正三角形の外接円の半径を R とすると，正弦定理より

$$R=\frac{\sqrt{3}a}{2\sin\dfrac{\pi}{3}}=a$$

であるから

$$r=-a\pm R=-a\pm a=0,\ -2a$$

0 は(*)の解ではないから

$$r=-2a \quad \cdots\cdots ④$$

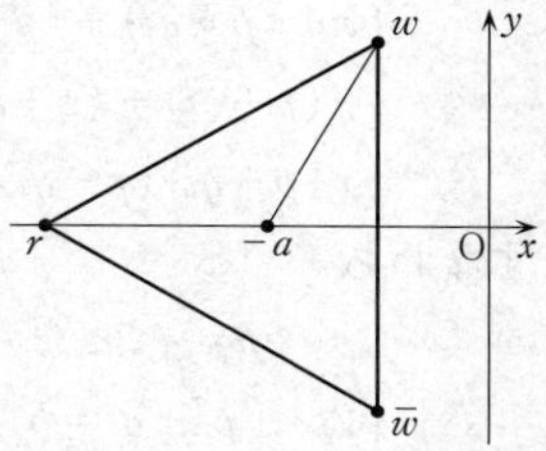

また，点 w は点 r を点 $(-a)$ のまわりに $\pm\dfrac{2}{3}\pi$ だけ回転した点であるから

$$w+a=(r+a)\left\{\cos\left(\pm\frac{2}{3}\pi\right)+i\sin\left(\pm\frac{2}{3}\pi\right)\right\}$$

$$=-a\cdot\frac{-1\pm\sqrt{3}i}{2} \quad \text{(複号同順)} \quad (\because\ ④)$$

よって　$w=\dfrac{-1\pm\sqrt{3}i}{2}a$

このとき　$\overline{w}=\dfrac{-1\mp\sqrt{3}i}{2}a$　(複号同順)

これより

$$w+\overline{w}=-a,\quad w\overline{w}=a^2 \quad \cdots\cdots ⑤$$

であるから

③，④，⑤より　$-2a\cdot a^2=-1$　すなわち　$a=\dfrac{1}{\sqrt[3]{2}}$

②，④，⑤より　$b=-2a\cdot(-a)+a^2=3a^2=\dfrac{3}{\sqrt[3]{4}}$

④より　$r=-2a=-\sqrt[3]{4}$

以上より

$$\left.\begin{array}{l} a=\dfrac{1}{\sqrt[3]{2}},\ b=\dfrac{3}{\sqrt[3]{4}} \\ (*)\text{の 3 つの解は，}-\sqrt[3]{4},\ \dfrac{-1+\sqrt{3}i}{2\sqrt[3]{2}},\ \dfrac{-1-\sqrt{3}i}{2\sqrt[3]{2}} \end{array}\right\} \cdots\cdots\text{(答)}$$

別解　＜正三角形の中線の長さを用いる解法＞

(6 行目までは〔解答〕と同じ)

したがって，(*)の解を

$$r,\ p+qi,\ p-qi \quad (p,\ q,\ r\ \text{は実数},\ q>0)$$

とおくと，3 次方程式の解と係数の関係より

$$\begin{cases} r+(p+qi)+(p-qi)=-3a \\ r(p+qi)+(p+qi)(p-qi)+(p-qi)r=b \\ r(p+qi)(p-qi)=-1 \end{cases}$$

すなわち

$$\begin{cases} r+2p=-3a & \cdots\cdots(ア) \\ 2pr+p^2+q^2=b & \cdots\cdots(イ) \\ r(p^2+q^2)=-1 & \cdots\cdots(ウ) \end{cases}$$

正三角形の一辺の長さが $\sqrt{3}a$ であるから

$$(p+qi)-(p-qi)=\sqrt{3}ai \quad すなわち \quad q=\frac{\sqrt{3}}{2}a \quad \cdots\cdots(エ)$$

また，正三角形の中線の長さは $\dfrac{3}{2}a$ になるから

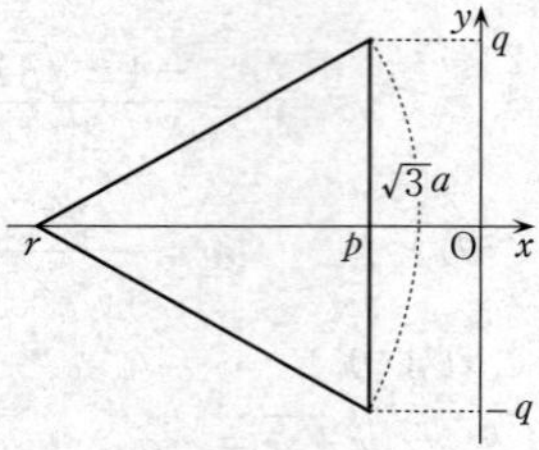

$$p-r=\pm\frac{3}{2}a \quad \cdots\cdots(オ)$$

((ア)−(オ)×2)÷3 より

$$r=-a\mp a=-2a,\ 0$$

0 は(＊)の解ではないから

$$r=-2a \quad \cdots\cdots(カ)$$

(ア)，(カ)より　　$p=-\dfrac{1}{2}a$　$\cdots\cdots$(キ)

よって，(ウ)，(エ)，(カ)，(キ)より

$$-2a\left\{\left(-\frac{1}{2}a\right)^2+\left(\frac{\sqrt{3}}{2}a\right)^2\right\}=-1 \quad から \quad a=\frac{1}{\sqrt[3]{2}}$$

(イ)，(エ)，(カ)，(キ)より

$$b=2\left(-\frac{1}{2}a\right)(-2a)+\left(-\frac{1}{2}a\right)^2+\left(\frac{\sqrt{3}}{2}a\right)^2=3a^2=\frac{3}{\sqrt[3]{4}}$$

また　　$p\pm qi=\dfrac{-1\pm\sqrt{3}i}{2}a=\dfrac{-1\pm\sqrt{3}i}{2\sqrt[3]{2}}$

以上より

$$a=\frac{1}{\sqrt[3]{2}},\ b=\frac{3}{\sqrt[3]{4}},\ 3 つの解は -\sqrt[3]{4},\ \frac{-1\pm\sqrt{3}i}{2\sqrt[3]{2}}$$

◀解　説▶

≪３次方程式の解が正三角形の頂点になる条件≫

実数係数の３次方程式の解が表す複素数平面上の点が，正三角形の頂点になる条件を考える問題である。

２重解，３重解をそれぞれ解が２個，３個と数えると，実数係数の３次方程式は，実数解３個，または実数解１個と虚数解２個のいずれかで，虚数解は互いに共役であること，互いに共役な複素数の表す２点は実軸に関して対称であること，それに３次方程式の解と係数の関係などは，基本事項として確認しておく。

さて，３つの解の表す点が一辺の長さ $\sqrt{3}a$ の正三角形の頂点となっている条件をどのように表現するかである。〔解答〕では，$\dfrac{r+w+\overline{w}}{3}$ の表す点が正三角形の重心かつ外心であることから，正三角形の外接円の半径が a で，１つの頂点を外心のまわりに $\pm\dfrac{2}{3}\pi$ だけ回転させた点が他の２つの頂点になることを用いた。〔別解〕では，互いに共役な虚数の表す２頂点を両端とする辺の長さが $\sqrt{3}a$ で，実軸上の中線の長さが $\dfrac{3}{2}a$ であることを用いた。〔解答〕や〔別解〕のほかに，$|w-r|=\sqrt{3}a$ や，$w-r=(\overline{w}-r)\left(\cos\dfrac{\pi}{3}+i\sin\dfrac{\pi}{3}\right)$ を用いる方法も考えられるが，計算が複雑になるので注意が必要である。

2

◆発想◆　(1)　解と係数の関係を利用して，数学的帰納法で証明する。ただし，通常の数学的帰納法ではなく，２段の数学的帰納法を用いる。

(2)　$-1\leqq\sin(\alpha^n\pi)\leqq1$ であるが，数列 $\{(-\alpha)^n\}$ は発散するので，このままでは $\displaystyle\lim_{n\to\infty}(-\alpha)^n\sin(\alpha^n\pi)$ を求めることはできない。(1)で証明した「$\alpha^n+\beta^n=2M_n$（M_n は整数)」であることの利用を考える。

解答　解と係数の関係より

$$\begin{cases} \alpha+\beta=2p & \cdots\cdots① \quad (p\text{ は正の整数}) \\ \alpha\beta=-1 & \cdots\cdots② \end{cases}$$

すべての正の整数 n に対し

「$\alpha^n+\beta^n$ は整数であり，さらに偶数である」　……(＊)

ことを数学的帰納法で証明する。

〔1〕　$n=1,\ 2$ のとき

$n=1$ のとき，①で p は整数であるから $2p$ は偶数である。

よって，(＊)は成り立つ。

$n=2$ のとき，①，②より

$$\alpha^2+\beta^2=(\alpha+\beta)^2-2\alpha\beta=4p^2+2=2(2p^2+1)$$

$2p^2+1$ は整数であるから，$2(2p^2+1)$ は偶数である。

よって，(＊)は成り立つ。

〔2〕　$n=k,\ k+1$（k は正の整数）のとき(＊)が成り立つと仮定すると

$$\alpha^k+\beta^k=2M_k,\quad \alpha^{k+1}+\beta^{k+1}=2M_{k+1}\quad (M_k,\ M_{k+1}\text{ は整数})$$

とおける。このとき

$$\begin{aligned}\alpha^{k+2}+\beta^{k+2}&=(\alpha^{k+1}+\beta^{k+1})(\alpha+\beta)-\alpha\beta(\alpha^k+\beta^k)\\&=2M_{k+1}\cdot 2p+2M_k\\&=2(2pM_{k+1}+M_k)\end{aligned}$$

$2pM_{k+1}+M_k$ は整数であるから，$2(2pM_{k+1}+M_k)$ は偶数である。

よって，$n=k+2$ のときも(＊)は成り立つ。

〔1〕，〔2〕より，すべての正の整数に対し，(＊)は成り立つ。

（証明終）

(2)　$$\begin{aligned}|\beta|&=\left|-\frac{1}{\alpha}\right|\quad (\alpha\neq 0)\quad (\because\ ②)\\&=\frac{1}{|\alpha|}\\&<1\quad\cdots\cdots③\quad (\because\ |\alpha|>1)\end{aligned}$$

(1)より，$\alpha^n+\beta^n=2M_n$（M_n は整数）とおけるから

$$\sin(\alpha^n\pi)=\sin\{(2M_n-\beta^n)\pi\}=\sin(2M_n\pi-\beta^n\pi)=-\sin(\beta^n\pi)$$

また，②より $-\alpha=\dfrac{1}{\beta}$ であるから

$$\lim_{n\to\infty}(-\alpha)^n\sin(\alpha^n\pi)=\lim_{n\to\infty}\left(\frac{1}{\beta}\right)^n\{-\sin(\beta^n\pi)\}$$
$$=\lim_{n\to\infty}\left\{-\frac{\sin(\beta^n\pi)}{\beta^n\pi}\cdot\pi\right\}$$

ここで，$n\to\infty$ のとき，③より $\beta^n\to 0$ であるから　$\beta^n\pi\to 0$

したがって　$\displaystyle\lim_{n\to\infty}\frac{\sin(\beta^n\pi)}{\beta^n\pi}=1$

よって　$\displaystyle\lim_{n\to\infty}(-\alpha)^n\sin(\alpha^n\pi)=-\pi$　……(答)

◀解　説▶

≪２段の数学的帰納法，三角関数の極限≫

２次方程式の解を用いて作られた数列のすべての項が偶数であることを証明し，それを用いて三角関数を含む極限を求める問題である。

▶(1)　２段の数学的帰納法を用いる。すなわち

〔１〕$n=1$，２のとき成り立つ

〔２〕$n=k$，$k+1$ のとき成り立つと仮定すると，$n=k+2$ のときも成り立つ

ことを示す。

また，偶数であることを示すのであるから，$2p$，$2(2p^2+1)$，$2(2pM_{k+1}+M_k)$ の p，$2p^2+1$，$2pM_{k+1}+M_k$ が整数であることは明記しておく。

▶(2)　$|\alpha|>1$ から $|\beta|<1$ として，与式を β に関する式に変形して考える。最後は $\displaystyle\lim_{x\to 0}\frac{\sin x}{x}=1$ を用いる。

なお，$x^2-2px-1=0$ の判別式を D とすると，$\dfrac{D}{4}=p^2+1>0$ であるから，α，β は実数である。また，$p>0$，$|\alpha|>1$ と①，②を合わせると，$-1<\beta<0$，$1<\alpha$ であることがわかる。したがって，数列 $\{(-\alpha)^n\}$ は振動することがわかる。

3

◇発想◇　球面上の４点A，B，C，Dの位置関係がわかりにくい。とりあえずわかることは，$|\overrightarrow{\mathrm{OA}}|=|\overrightarrow{\mathrm{OB}}|=|\overrightarrow{\mathrm{OC}}|=|\overrightarrow{\mathrm{OD}}|=1$ と $\overrightarrow{\mathrm{OA}}\cdot\overrightarrow{\mathrm{OB}}=\overrightarrow{\mathrm{OC}}\cdot\overrightarrow{\mathrm{OD}}=\dfrac{1}{2}$ から，△OAB と△OCD は正三角形にな

ることである。一般性を失わないように，点A，B（またはC，D）の座標を定め，順にC，D（A，B）の座標を求めていく方法が考えられる。また，ベクトルの垂直を調べて4点の位置関係を考え，角の大きさを求める方法も考えられる。

解答　$|\overrightarrow{\mathrm{OA}}|=|\overrightarrow{\mathrm{OB}}|=1$，$\overrightarrow{\mathrm{OA}}\cdot\overrightarrow{\mathrm{OB}}=\dfrac{1}{2}$ から

$$\cos\angle\mathrm{AOB}=\frac{\overrightarrow{\mathrm{OA}}\cdot\overrightarrow{\mathrm{OB}}}{|\overrightarrow{\mathrm{OA}}||\overrightarrow{\mathrm{OB}}|}=\frac{1}{2}$$

$0\leqq\angle\mathrm{AOB}\leqq\pi$ より，$\angle\mathrm{AOB}=\dfrac{\pi}{3}$ であるから，△OAB は一辺の長さが1の正三角形である。これより辺 AB の中点をMとすると，OM⊥AB である。したがって，原点Oを通り直線 AB に平行な直線を x 軸，直線 OM を y 軸，原点Oを通り x 軸と y 軸に垂直な直線を z 軸とし，

$\mathrm{A}\left(\dfrac{1}{2},\ \dfrac{\sqrt{3}}{2},\ 0\right)$，$\mathrm{B}\left(-\dfrac{1}{2},\ \dfrac{\sqrt{3}}{2},\ 0\right)$ とおいても一般性は失わない。

よって，$\overrightarrow{\mathrm{OA}}=\left(\dfrac{1}{2},\ \dfrac{\sqrt{3}}{2},\ 0\right)$，$\overrightarrow{\mathrm{OB}}=\left(-\dfrac{1}{2},\ \dfrac{\sqrt{3}}{2},\ 0\right)$ で，$\overrightarrow{\mathrm{OC}}=(c_1,\ c_2,\ c_3)$

とすると，$\overrightarrow{\mathrm{OA}}\cdot\overrightarrow{\mathrm{OC}}=-\dfrac{\sqrt{6}}{4}$，$\overrightarrow{\mathrm{OB}}\cdot\overrightarrow{\mathrm{OC}}=-\dfrac{\sqrt{6}}{4}$，$|\overrightarrow{\mathrm{OC}}|^2=1$ より

$$\begin{cases}\dfrac{1}{2}c_1+\dfrac{\sqrt{3}}{2}c_2=-\dfrac{\sqrt{6}}{4} & \cdots\cdots① \\ -\dfrac{1}{2}c_1+\dfrac{\sqrt{3}}{2}c_2=-\dfrac{\sqrt{6}}{4} & \cdots\cdots② \\ {c_1}^2+{c_2}^2+{c_3}^2=1 & \cdots\cdots③\end{cases}$$

①，②より　　$c_1=0$，$c_2=-\dfrac{\sqrt{2}}{2}$

これと③より　　$c_3=\pm\dfrac{\sqrt{2}}{2}$

$\overrightarrow{\mathrm{OD}}=(d_1,\ d_2,\ d_3)$ とすると，$\overrightarrow{\mathrm{OC}}\cdot\overrightarrow{\mathrm{OD}}=\dfrac{1}{2}$，$\overrightarrow{\mathrm{OA}}\cdot\overrightarrow{\mathrm{OD}}=\overrightarrow{\mathrm{OB}}\cdot\overrightarrow{\mathrm{OD}}$，

$\overrightarrow{\mathrm{OA}}\cdot\overrightarrow{\mathrm{OD}}=k>0$，$|\overrightarrow{\mathrm{OD}}|^2=1$ より

$$\begin{cases} -\dfrac{\sqrt{2}}{2}d_2 \pm \dfrac{\sqrt{2}}{2}d_3 = \dfrac{1}{2} & \cdots\cdots④ \\ \dfrac{1}{2}d_1 + \dfrac{\sqrt{3}}{2}d_2 = -\dfrac{1}{2}d_1 + \dfrac{\sqrt{3}}{2}d_2 & \cdots\cdots⑤ \\ \dfrac{1}{2}d_1 + \dfrac{\sqrt{3}}{2}d_2 = k > 0 & \cdots\cdots⑥ \\ {d_1}^2 + {d_2}^2 + {d_3}^2 = 1 & \cdots\cdots⑦ \end{cases}$$

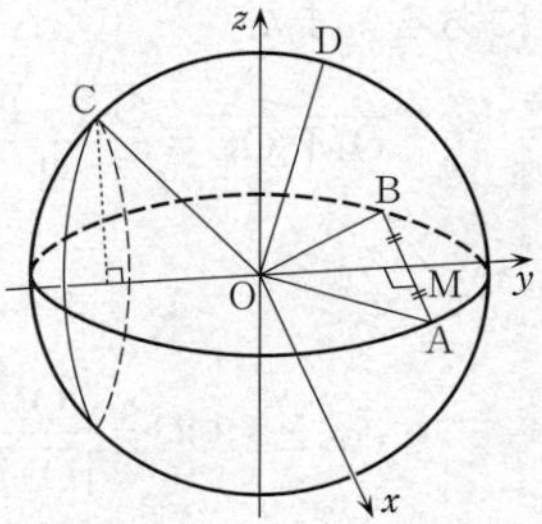

⑤より　　$d_1 = 0$

これと⑥より　　$k = \dfrac{\sqrt{3}}{2}d_2$　……⑧

ここで，$k > 0$ より　　$d_2 > 0$

④より　　$d_3 = \pm\left(d_2 + \dfrac{\sqrt{2}}{2}\right)$

これと $d_1 = 0$ を⑦に代入して

$${d_2}^2 + \left(d_2 + \frac{\sqrt{2}}{2}\right)^2 = 1 \quad \text{すなわち} \quad 4{d_2}^2 + 2\sqrt{2}\,d_2 - 1 = 0$$

$d_2 > 0$ であるから　　$d_2 = \dfrac{-\sqrt{2} + \sqrt{6}}{4}$

これと⑧より

$$k = \frac{\sqrt{3}}{2} \cdot \frac{-\sqrt{2} + \sqrt{6}}{4} = \frac{3\sqrt{2} - \sqrt{6}}{8} \quad \cdots\cdots(\text{答})$$

別解　＜ベクトルの垂直を利用する解法＞

(「△OAB は一辺の長さが 1 の正三角形である」までは〔解答〕と同じ)

したがって，辺 AB の中点を M とすると

$$\overrightarrow{AB} \perp \overrightarrow{OM} \quad \cdots\cdots(ア),\quad |\overrightarrow{OM}| = \left|\frac{\sqrt{3}}{2}\overrightarrow{OA}\right| = \frac{\sqrt{3}}{2}$$

$\overrightarrow{OA} \cdot \overrightarrow{OC} = \overrightarrow{OB} \cdot \overrightarrow{OC} = -\dfrac{\sqrt{6}}{4}$，$\overrightarrow{OA} \cdot \overrightarrow{OD} = \overrightarrow{OB} \cdot \overrightarrow{OD} = k > 0$ より

$\overrightarrow{OC} \neq \vec{0}$，$\overrightarrow{OD} \neq \vec{0}$ で

$$\overrightarrow{AB} \cdot \overrightarrow{OC} = (\overrightarrow{OB} - \overrightarrow{OA}) \cdot \overrightarrow{OC} = \overrightarrow{OB} \cdot \overrightarrow{OC} - \overrightarrow{OA} \cdot \overrightarrow{OC} = 0$$
$$\overrightarrow{AB} \cdot \overrightarrow{OD} = (\overrightarrow{OB} - \overrightarrow{OA}) \cdot \overrightarrow{OD} = \overrightarrow{OB} \cdot \overrightarrow{OD} - \overrightarrow{OA} \cdot \overrightarrow{OD} = 0$$

であるから，$\overrightarrow{AB} \perp \overrightarrow{OC}$，$\overrightarrow{AB} \perp \overrightarrow{OD}$ である。

これと(ア)より，3 点 M，C，D は，原点 O を通り直線 AB に垂直な平面上

にある。また

$$\overrightarrow{\mathrm{OM}}\cdot\overrightarrow{\mathrm{OC}}=\frac{\overrightarrow{\mathrm{OA}}+\overrightarrow{\mathrm{OB}}}{2}\cdot\overrightarrow{\mathrm{OC}}=\frac{1}{2}(\overrightarrow{\mathrm{OA}}\cdot\overrightarrow{\mathrm{OC}}+\overrightarrow{\mathrm{OB}}\cdot\overrightarrow{\mathrm{OC}})=-\frac{\sqrt{6}}{4}$$

であるから

$$\cos\angle\mathrm{MOC}=\frac{\overrightarrow{\mathrm{OM}}\cdot\overrightarrow{\mathrm{OC}}}{|\overrightarrow{\mathrm{OM}}||\overrightarrow{\mathrm{OC}}|}=\frac{-\frac{\sqrt{6}}{4}}{\frac{\sqrt{3}}{2}\cdot 1}=-\frac{\sqrt{2}}{2}$$

$0\leqq\angle\mathrm{MOC}\leqq\pi$ より　　$\angle\mathrm{MOC}=\frac{3}{4}\pi$

$|\overrightarrow{\mathrm{OC}}|=|\overrightarrow{\mathrm{OD}}|=1$，$\overrightarrow{\mathrm{OC}}\cdot\overrightarrow{\mathrm{OD}}=\frac{1}{2}$ から

$$\cos\angle\mathrm{COD}=\frac{\overrightarrow{\mathrm{OC}}\cdot\overrightarrow{\mathrm{OD}}}{|\overrightarrow{\mathrm{OC}}||\overrightarrow{\mathrm{OD}}|}=\frac{1}{2}$$

$0\leqq\angle\mathrm{COD}\leqq\pi$ より　　$\angle\mathrm{COD}=\frac{\pi}{3}$

よって

(i)　$\angle\mathrm{MOD}=\angle\mathrm{MOC}-\angle\mathrm{COD}=\frac{3}{4}\pi-\frac{\pi}{3}$ のとき

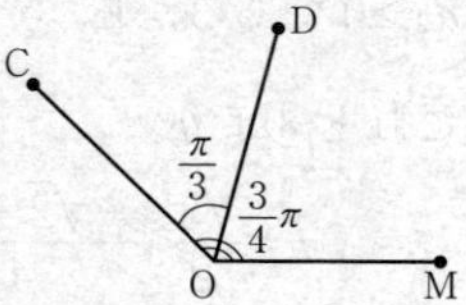

$$\cos\angle\mathrm{MOD}=\cos\frac{3}{4}\pi\cos\frac{\pi}{3}+\sin\frac{3}{4}\pi\sin\frac{\pi}{3}$$

$$=\frac{-\sqrt{2}+\sqrt{6}}{4}$$

$$\overrightarrow{\mathrm{OM}}\cdot\overrightarrow{\mathrm{OD}}=\frac{\sqrt{3}}{2}\cdot 1\cdot\frac{-\sqrt{2}+\sqrt{6}}{4}=\frac{3\sqrt{2}-\sqrt{6}}{8}>0$$

(ii)　$\angle\mathrm{MOD}=2\pi-(\angle\mathrm{MOC}+\angle\mathrm{COD})=2\pi-\left(\frac{3}{4}\pi+\frac{\pi}{3}\right)$ のとき

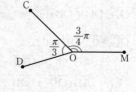

$$\cos\angle\mathrm{MOD}=\cos\left(\frac{3}{4}\pi+\frac{\pi}{3}\right)$$

$$=\cos\frac{3}{4}\pi\cos\frac{\pi}{3}-\sin\frac{3}{4}\pi\sin\frac{\pi}{3}$$

$$=\frac{-\sqrt{2}-\sqrt{6}}{4}$$

$$\overrightarrow{\mathrm{OM}}\cdot\overrightarrow{\mathrm{OD}}=\frac{\sqrt{3}}{2}\cdot 1\cdot\frac{-\sqrt{2}-\sqrt{6}}{4}=\frac{-3\sqrt{2}-\sqrt{6}}{8}<0$$

また

$$\overrightarrow{OM}\cdot\overrightarrow{OD}=\frac{1}{2}(\overrightarrow{OA}+\overrightarrow{OB})\cdot\overrightarrow{OD}=\frac{1}{2}(\overrightarrow{OA}\cdot\overrightarrow{OD}+\overrightarrow{OB}\cdot\overrightarrow{OD})=k$$

で，$k>0$ であるから，(i)，(ii) より

$$k=\frac{3\sqrt{2}-\sqrt{6}}{8}$$

◀解　説▶

≪単位球面上の 4 点の位置ベクトルと内積≫

原点Oを中心とする半径 1 の球面上にある 4 点の位置ベクトルの内積を考える問題である。

△OAB が正三角形であることに注目して，2 点A，Bの座標を設定する。座標設定は，A$(1,\ 0,\ 0)$，B$\left(\frac{1}{2},\ \frac{\sqrt{3}}{2},\ 0\right)$ などいろいろ考えられる。A，Bの座標をもとに点Cの座標を求め，さらに点Dの座標を求める。$k>0$ からDの座標は 1 通りに定まる。なお，△OCD が正三角形であることに注目して，2 点C，Dの座標を設定し，点A，Bの座標を求めることもできる。

〔別解〕は，線分 AB の中点をMとすると $\overrightarrow{OM}\cdot\overrightarrow{OD}=k$ になることに注目して，∠MOD を求めようというものである。内積の垂直条件より，$\overrightarrow{AB}\perp\overrightarrow{OM}$，$\overrightarrow{AB}\perp\overrightarrow{OC}$，$\overrightarrow{AB}\perp\overrightarrow{OD}$ がわかり，4 点O，M，C，Dが同一平面上にあることを導く。最後は平面上の 4 点O，M，C，Dの位置関係を考える。∠MOD が 2 通り考えられることに注意し，$k>0$ から 1 通りに決定する。

4

◇発想◇　$B(a)=b$ の意味を考えると，b は a に含まれる素因数 3 の個数を表していることがわかる。したがって，$A(m,\ n)$ は $f(m,\ n)$ に含まれる 3 の個数であるから，$A(m,\ n)$ の最大値を求めるには，$f(m,\ n)$ ができるだけ多く 3 で割り切れるような $(m,\ n)$ の組を考えることになる。m，n を 3 で割ったときの余りで分類し，$f(m,\ n)$ が 3 で割り切れるときの $(m,\ n)$ の組を求める。さらに $f(m,\ n)$ が 3^2，3^3，…で割り切れるような条件を繰り返し求めていく。

解答　以下，合同式はすべて法を 3 とする。

m，n は整数（$1 \leqq m \leqq 30$，$1 \leqq n \leqq 30$）で，n は 3 で割り切れないから

$$m^3 \equiv \begin{cases} 0 & (m \equiv 0) \\ 1 & (m \equiv 1) \\ 2 & (m \equiv 2) \end{cases},\quad n^2 + n \equiv \begin{cases} 2 & (n \equiv 1) \\ 0 & (n \equiv 2) \end{cases}$$

より

$$f(m,\ n) = m^3 + n^2 + n + 3 \equiv \begin{cases} 0 & (m \equiv 0,\ n \equiv 2\ ;\ m \equiv 1,\ n \equiv 1) \\ 1 & (m \equiv 1,\ n \equiv 2\ ;\ m \equiv 2,\ n \equiv 1) \\ 2 & (m \equiv 0,\ n \equiv 1\ ;\ m \equiv 2,\ n \equiv 2) \end{cases}$$

したがって，$(m,\ n) \equiv (0,\ 1)$，$(1,\ 2)$，$(2,\ 1)$，$(2,\ 2)$ のとき

$$A(m,\ n) = 0$$

(I)　$(m,\ n) \equiv (0,\ 2)$ のとき

$m = 3m_1$（$m_1 = 1,\ 2,\ 3,\ \cdots,\ 10$），$n = 3n_1 + 2$（$n_1 = 0,\ 1,\ 2,\ \cdots,\ 9$）とおくと

$$\begin{aligned} f(m,\ n) &= 3(9m_1{}^3 + 3n_1{}^2 + 5n_1 + 3) \\ &= 3\{3(3m_1{}^3 + n_1{}^2 + n_1 + 1) + 2n_1\} \end{aligned}$$

(i)　$n_1 \equiv 1,\ 2$ のとき，$3(3m_1{}^3 + n_1{}^2 + n_1 + 1) + 2n_1$ は 3 で割り切れないから

$$A(m,\ n) = 1$$

(ii)　$n_1 \equiv 0$ のとき，$n_1 = 3n_2$（$n_2 = 0,\ 1,\ 2,\ 3$）とおくと

$$\begin{aligned} f(m,\ n) &= 3^2(3m_1{}^3 + 9n_2{}^2 + 5n_2 + 1) \\ &= 3^2\{3(m_1{}^3 + 3n_2{}^2 + n_2) + 2n_2 + 1\} \end{aligned}$$

(ア)　$n_2 \equiv 0,\ 2$ のとき，$3(m_1{}^3 + 3n_2{}^2 + n_2) + 2n_2 + 1$ は 3 で割り切れないから

$$A(m,\ n) = 2$$

(イ)　$n_2 \equiv 1$ のとき，$n_2 = 1$ で

$$f(m,\ n) = 3^3(m_1{}^3 + 5)$$

- $m_1 \equiv 0,\ 2$ のとき，$m_1{}^3 + 5$ は 3 で割り切れないから

$$A(m,\ n) = 3$$

- $m_1 \equiv 1$ のとき，$m_1 = 3m_2 + 1$（$m_2 = 0,\ 1,\ 2,\ 3$）とおくと

$$f(m,\ n) = 3^4(9m_2{}^3 + 9m_2{}^2 + 3m_2 + 2)$$

$$=3^4\{3(3m_2{}^3+3m_2{}^2+m_2)+2\}$$

$3(3m_2{}^3+3m_2{}^2+m_2)+2$ は 3 で割り切れないから

$$A(m,\ n)=4$$

(II)　$(m,\ n)\equiv(1,\ 1)$ のとき

$m=3m_1+1$ $(m_1=0,\ 1,\ 2,\ \cdots,\ 9)$，$n=3n_1+1$ $(n=0,\ 1,\ 2,\ \cdots,\ 9)$

とおくと

$$f(m,\ n)=3(9m_1{}^3+9m_1{}^2+3m_1+3n_1{}^2+3n_1+2)$$
$$=3\{3(3m_1{}^3+3m_1{}^2+m_1+n_1{}^2+n_1)+2\}$$

$3(3m_1{}^3+3m_1{}^2+m_1+n_1{}^2+n_1)+2$ は 3 で割り切れないから

$$A(m,\ n)=1$$

(I)，(II)より

$A(m,\ n)$ の最大値は　　4　……(答)

最大値を与えるような $(m,\ n)$ は

$$m=3m_1=3(3m_2+1)\quad(m_2=0,\ 1,\ 2,\ 3)$$
$$n=3n_1+2=3\cdot3n_2+2=3\cdot3\cdot1+2=11$$

であるから，$A(m,\ n)$ の最大値を与えるような $(m,\ n)$ は

$(m,\ n)=(3,\ 11)，(12,\ 11)，(21,\ 11)，(30,\ 11)$　……(答)

◀解　説▶

≪整数に含まれる素因数 3 の個数の最大値≫

整数 m，n で表された正の整数に含まれる素因数 3 の個数の最大値を考える問題である。

$f(m,\ n)=3^bc$（b，c は整数で c は 3 で割り切れない）の形に書いたときの b の最大値を求めるのであるから，$f(m,\ n)$ ができるだけ多くの 3 で割り切れるような m，n を定めなければならない。最初に，m，n を 3 で割った余りで分類し，$f(m,\ n)$ が 3 で割り切れる組合せが(I)，(II)の 2 通りであることを確認する。(I)の場合は，m_1，n_1，n_2 を 3 で割った余りで分類し，$f(m,\ n)$ をどんどん 3 で割っていく。これ以上 3 で割り切れなくなったら終了である。3 で割り切れないことを示すために，3 でくくって 1 または 2 が残る形にしておくとよい。本問を合同式だけで記述することは難しいが，合同式を併用すると書きやすい部分もあるので，〔解答〕では 3 を法とする合同式を用いた。「mod 3」をそれぞれに記すことは大変なので，最初に「法を 3 とする」と明記した。

5

◇発想◇　まず1行目，次に2行目，さらに3，4行目の順に入れる数字を考えていく。このとき，2行目の入れ方に2つのパターンがあり，これによって3，4行目の入れ方に違いが生じることに注意する。また，1行目の次に，1列目，その後2～4行目の2～4列目に入れる数字を決めていく方法も考えられる。この方法では，2～4行目の1列目の数字によって，その行の2～4列目に入れる数字がある程度絞られることに注目する。

解答　a_1，a_2，a_3，a_4 を1～4の相異なる整数とする。

1行目の入れ方は4!通りある。

1行目を

a_1	a_2	a_3	a_4

とすると，1，2行目の入れ方は

(i)

a_1	a_2	a_3	a_4
a_2	a_1	a_4	a_3

a_1	a_2	a_3	a_4
a_3	a_4	a_1	a_2

a_1	a_2	a_3	a_4
a_4	a_3	a_2	a_1

(ii)

a_1	a_2	a_3	a_4
a_2	a_3	a_4	a_1

a_1	a_2	a_3	a_4
a_3	a_1	a_4	a_2

a_1	a_2	a_3	a_4
a_4	a_1	a_2	a_3

a_1	a_2	a_3	a_4
a_2	a_4	a_1	a_3

a_1	a_2	a_3	a_4
a_3	a_4	a_2	a_1

a_1	a_2	a_3	a_4
a_4	a_3	a_1	a_2

の9通りある。

(i)の場合

a_1	a_2	a_3	a_4
a_2	a_1	a_4	a_3

で考えると，1～3行目は

a_1	a_2	a_3	a_4
a_2	a_1	a_4	a_3
a_3	a_4	a_1	a_2

a_1	a_2	a_3	a_4
a_2	a_1	a_4	a_3
a_3	a_4	a_2	a_1

a_1	a_2	a_3	a_4
a_2	a_1	a_4	a_3
a_4	a_3	a_1	a_2

a_1	a_2	a_3	a_4
a_2	a_1	a_4	a_3
a_4	a_3	a_2	a_1

の4通りあり，4行目は1通りに決まる。

他の2つの場合も同様であるから

$$3\cdot4\cdot1=12\text{ 通り}$$

(ii)の場合

a_1	a_2	a_3	a_4
a_2	a_3	a_4	a_1

で考えると，1～3行目は

a_1	a_2	a_3	a_4
a_2	a_3	a_4	a_1
a_3	a_4	a_1	a_2

a_1	a_2	a_3	a_4
a_2	a_3	a_4	a_1
a_4	a_1	a_2	a_3

の 2 通りあり，4 行目は 1 通りに決まる。

他の 5 つの場合も同様であるから

$$6\cdot 2\cdot 1=12 \text{ 通り}$$

(i)，(ii)より，求める入れ方は

$$4!(12+12)=576 \text{ 通り} \quad \cdots\cdots(\text{答})$$

別解 1　＜1 行目と 1 列目を先に考える解法＞

a_1，a_2，a_3，a_4 を 1 ～ 4 の相異なる整数とする。

1 行目の入れ方は 4! 通りある。

1 行目を

a_1	a_2	a_3	a_4

とする。

1 列目の 2 ～ 4 行目に入る数字は a_2，a_3，a_4 のいずれかであるから，入れ方は 3! 通りある。

何行目の 1 列目に a_2，a_3，a_4 が入るかは考えずに，1 列目が a_2，a_3，a_4 である行の 1 ～ 4 列目を考えると

a_2	a_1	a_4	a_3
a_3	a_4	a_1	a_2
a_4	a_3	a_2	a_1

a_2	a_1	a_4	a_3
a_3	a_4	a_2	a_1
a_4	a_3	a_1	a_2

a_2	a_3	a_4	a_1
a_3	a_4	a_1	a_2
a_4	a_1	a_2	a_3

a_2	a_4	a_1	a_3
a_3	a_1	a_4	a_2
a_4	a_3	a_2	a_1

の 4 通りある。

よって，求める入れ方は

$$4!\cdot 3!\cdot 4=576 \text{ 通り}$$

別解 2　＜具体例を考える解法＞

行を上から順に j 行目（$j=1,\ 2,\ 3,\ 4$），列を左から順に k 列目（$k=1,\ 2,\ 3,\ 4$）とし，第 j 行目の第 k 列目のマスを（$j,\ k$）で表す。

1 行目の入れ方は　　$4!=24$ 通り　$\cdots\cdots$(ア)

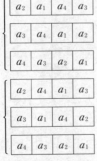

１行目が左から順に１，２，３，４のときを考える。他の場合も同様である。

次いで，２が入るマス目を考えると，右下図で２行目，３行目，４行目を入れ替えた

$3!=6$ 通り　……(イ)

が考えられる。

1	2	3	4
2			
		2	
			2

これら６通りは右図の２行目，３行目，４行目の入れ替えで得られるので，右図の場合で考える。

次いで，３を２行目のどこに入れるかで次の(i)，(ii)が考えられる。

(i)

1	2	3	4
②	3		
		②	
			②

(ii)

1	2	3	4
②			3
		②	
			②

(i)のとき

まず，２行目が決まり，次いで（3，4），（4，3）が決まり，次の１通りとなる。

1	2	3	4
②	③	4	1
4	1	②	3
3	4	1	②

(ii)のとき

まず，（3，4）が１と決まり，次いで２行目の決め方のそれぞれから（4，3）が決まり，次の３通りとなる。

1	2	3	4
②	1	4	③
3	4	②	1
4	3	1	②

1	2	3	4
②	1	4	③
4	3	②	1
3	4	1	②

1	2	3	4
②	4	1	③
4	3	②	1
3	1	4	②

よって，(i)または(ii)で４通り　……(ウ)

(ア)〜(ウ)から，全部で　$24\cdot 6\cdot 4=576$ 通り

◀解　説▶

≪4×4 のマス目に数字を入れる場合の数，ラテン方陣≫

4×4 のマス目に 1 ～ 4 の数字を，どの行，どの列にも同じ数字が 1 回しか現れない入れ方の総数を求める問題である。ラテン方陣（ラテン方格ともいう）に関する問題である。

1 行目の数字の入れ方のそれぞれに対して，2 行目の数字の入れ方は 9 通りある。これは 4 個のものの完全順列の数（モンモール数）である。この 9 通りのうち，(i)の 3 通りは，1 行目の 2 つの数字 2 組をそれぞれ入れ替えたものである。この場合は，3 行目の数字の入れ方が 4 通りずつある。また，(ii)の場合は，3 行目の数字の入れ方は 2 通りずつある。これらは具体的に数字を入れてみて確認するとよい。

〔別解 1〕では，1 行目と 1 列目の 7 個のマス目への数字の入れ方それぞれに対して，残りの 9 個のマス目への数字の入れ方が 4 通りあることを確認した。

〔別解 2〕では，1 行目に数字を入れた後，特定の数字（例えば 2）が入る場所を決めてしまってから，残りの数字の入れ方を考えた。

〔解答〕〔別解 1〕ともに一般性を考えて，マス目に入れる数字を a_1～a_4 で表した。〔別解 2〕のように，具体的に 1 ～ 4 の数字を入れ，他の場合も同様に考えられることから場合の数を計算しても，説明をつけておけばよいであろう。

6

◇発想◇　図形 S を平面 $z=u$ $(0<u\leqq\sqrt{\log 2})$ で切ったときの断面は，点 $(0,\ 0,\ u)$ を中心とする円である。また，S を平面 $x=t$ $(-1\leqq t\leqq 1)$ で切ったときの断面は曲線である。この曲線を S_t とすると，立体 V を平面 $x=t$ で切ったときの断面は，S_t を x 軸のまわりに 1 回転させてできる図形である。この図形は，点 $(t,\ 0,\ 0)$ を中心とする 2 つの同心円に挟まれた部分である。この同心円の半径を調べて断面積を求め，積分計算によって V の体積を求める。

解答　$z=\sqrt{\log(1+x)}$　$(0\leqq x\leqq 1)$ より

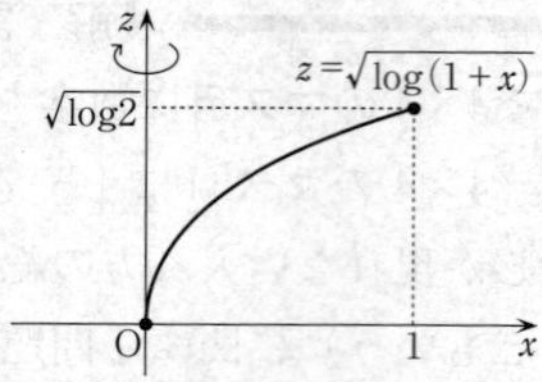

$x=e^{z^2}-1$　$(0\leqq z\leqq\sqrt{\log 2})$

よって，図形 S を平面 $z=u$ $(0\leqq u\leqq\sqrt{\log 2})$ で切ったときの断面は

$0<u\leqq\sqrt{\log 2}$ のとき，点 $(0,\ 0,\ u)$ を中心とする半径 $e^{u^2}-1$ の円

$u=0$ のとき，点 $(0,\ 0,\ 0)$

であるから

$x^2+y^2=(e^{u^2}-1)^2$　$(0\leqq u\leqq\sqrt{\log 2})$

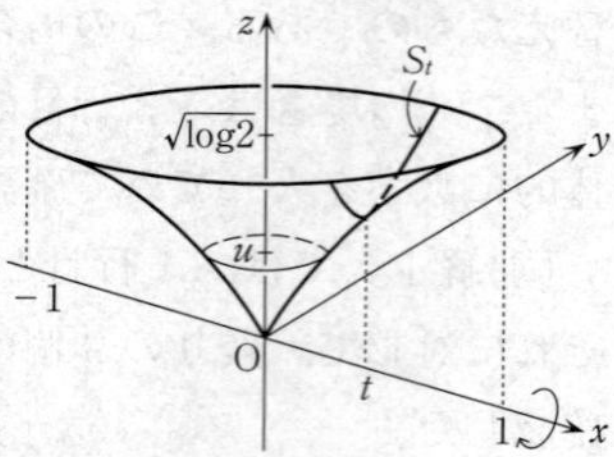

である。したがって，S は

$x^2+y^2=(e^{z^2}-1)^2$　$(0\leqq z\leqq\sqrt{\log 2})$

で表される。

S は yz 平面に関して対称　……① であるから，$0\leqq t\leqq 1$ として，S を平面 $x=t$ で切ったときの断面 S_t を考えると

$t^2+y^2=(e^{z^2}-1)^2$，$x=t$　$(0\leqq z\leqq\sqrt{\log 2}$，$0\leqq t\leqq 1)$

ここで，$y^2\geqq 0$ であるから　$t^2\leqq(e^{z^2}-1)^2$

$t\geqq 0$，$e^{z^2}-1\geqq 0$　$(\because\ z\geqq 0)$ より

$t\leqq e^{z^2}-1$　すなわち　$\sqrt{\log(t+1)}\leqq z$

よって

$S_t：y^2=(e^{z^2}-1)^2-t^2$，$x=t$

$(\sqrt{\log(t+1)}\leqq z\leqq\sqrt{\log 2}$　……②，$0\leqq t\leqq 1)$

である。

S_t 上の点 $(t,\ y,\ z)$ と点 $O_t(t,\ 0,\ 0)$ の距離を d とすると

$d=\sqrt{y^2+z^2}=\sqrt{(e^{z^2}-1)^2-t^2+z^2}$

(平面 $x=t$ 上)

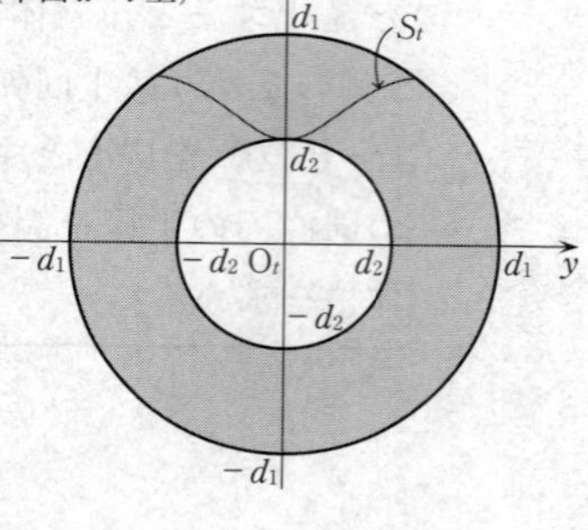

で，d は z が②の範囲のとき単調に増加するから，d は

$z=\sqrt{\log 2}$ で最大値

$d_1=\sqrt{\log 2+1-t^2}$

$z=\sqrt{\log(t+1)}$ で最小値

$d_2=\sqrt{\log(t+1)}$

をとる。

立体 V を平面 $x=t$（$0\leqq t\leqq 1$）で切ったときの断面 V_t は，S_t を x 軸のまわりに 1 回転させるとき，S が通過した部分であるから，$0<t\leqq 1$ のとき，V_t は点 $\mathrm{O}_t(t,\ 0,\ 0)$ を中心とする半径 d_1 と d_2 の同心円に挟まれた部分で，その面積は

$$\pi d_1{}^2-\pi d_2{}^2=\pi\{\log 2+1-t^2-\log(t+1)\}$$

これは $t=0$ のときも成り立つ。

①より，V も yz 平面に関して対称であるから，V の体積は

$$2\int_0^1 \pi\{\log 2+1-t^2-\log(t+1)\}\,dt$$

$$=2\pi\left[(\log 2+1)t-\frac{t^3}{3}-(t+1)\log(t+1)+t\right]_0^1$$

$$=2\pi\left(\frac{5}{3}-\log 2\right)\quad \cdots\cdots(答)$$

◀解　説▶

≪z 軸まわりの回転体を x 軸のまわりに回転させてできた立体の体積≫

曲線を z 軸のまわりに 1 回転させてできる図形を，さらに x 軸のまわりに 1 回転させてできる立体の体積を求める問題である。

$x=e^{z^2}-1$ より，$\dfrac{dx}{dz}=2ze^{z^2}$，$\dfrac{d^2x}{dz^2}=2(2z^2+1)e^{z^2}$ である。よって，

$0\leqq z\leqq\sqrt{\log 2}$ において，$\dfrac{dx}{dz}\geqq 0$，$\dfrac{d^2x}{dz^2}>0$ から，z の関数 x は単調増加で，グラフは下に凸，〔解答〕の図のようになる。これを z 軸のまわりに 1 回転させてできる図形（立体）が S であるから，S を回転軸に垂直な平面で切ったときの断面は円（または点）になる。

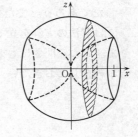

回転体 V の体積を求めるには，V を回転軸（x 軸）に垂直な平面 $x=t$ で切ったときの断面積を考えるのが基本である。この断面 V_t は，S を平面 $x=t$ で切ったときの断面 S_t を x 軸のまわりに 1 回転させてできる図形であり，S_t は平面 $x=t$ 上の曲線であるから，V_t は 2 つの同心円に挟まれた図形（または円）である。この 2 つの同心円の半径が，S_t と x 軸との距離の最大値 d_1 と最小値 d_2 であることを理解し，d_1，d_2 を求めることがポイントとなる。なお，積分計算では

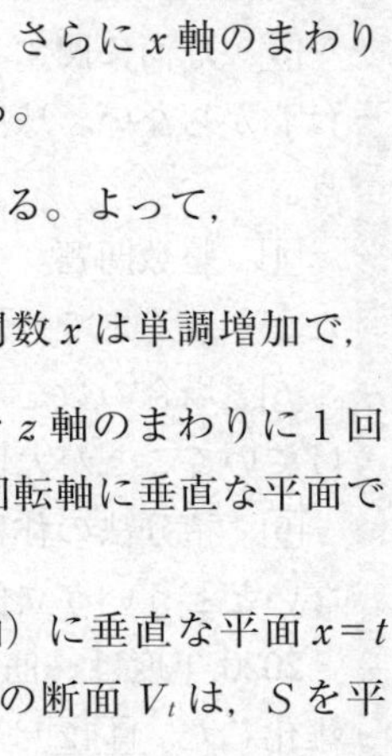

$$\int \log(t+1)\,dt = \int (t+1)'\log(t+1)\,dt$$
$$= (t+1)\log(t+1) - \int (t+1)\frac{1}{t+1}\,dt$$
$$= (t+1)\log(t+1) - t + C \quad (C\text{は積分定数})$$

を利用した。

❖講　評

「数学Ⅲ」を中心に，整数，場合の数，空間ベクトルと，頻出分野からの出題である。珍しく[2]に小問誘導形式の証明問題がある。[3][5]は文系との共通問題である。

[1]　複素数平面と図形の問題。正三角形という条件をどう表すかである。方針を誤ると手こずることになる。

[2]　(1)2段の数学的帰納法であるが，確実に証明しておきたい。(2)は三角関数の極限である。(1)の利用の仕方がわかれば解決できる。

[3]　球面に関する空間図形の問題。何から進めていけばよいかすぐにはわからない。球面上の4点の位置関係を理解するのに苦労したであろう。

[4]　整数問題。3で割り切れるように考えていくのであるが，解答にたどり着くまで，根気よく場合分けを繰り返していかなければならない。

[5]　場合の数を求める問題。ミスのないように，順々に慎重に数え上げていくことが大切である。

[6]　積分法の体積問題。z軸かつx軸のまわりの回転なので，経験がないとどういう立体になるのか理解するのに時間がかかったであろう。

2020年度は一筋縄ではいかない問題がずらりと並び，2019年度より難化した。[1][2]は標準問題といえるが，[1]は慣れていないと難しく感じたであろう。また，[4][5]は解答を進めていくのに時間がかかり，[3][6]は解法の方針を立てるまでに時間を要する，やや難レベルの問題である。どんな問題にも柔軟に対応し，なんとか解決の糸口を見つけられる訓練をしておきたい。

物理

I　解答

(1)　ア．$l+\dfrac{mg}{k}$　イ．d　ウ．$l-\dfrac{mg}{k}$　エ．$\dfrac{2mg}{k}$

オ．$\dfrac{1}{2}\sqrt{\dfrac{k}{m}\left\{d^2-\left(\dfrac{2mg}{k}\right)^2\right\}}$　カ．$\pi\sqrt{\dfrac{2m}{k}}$　キ．2

(2)　ク．$\dfrac{mg}{k}$　ケ．0　コ．$\sqrt{\dfrac{m}{k}}v$　サ．$\sqrt{v^2-2gL}$　シ．0　ス．0

セ．$4gL-\dfrac{mg^2}{k}$

問1．

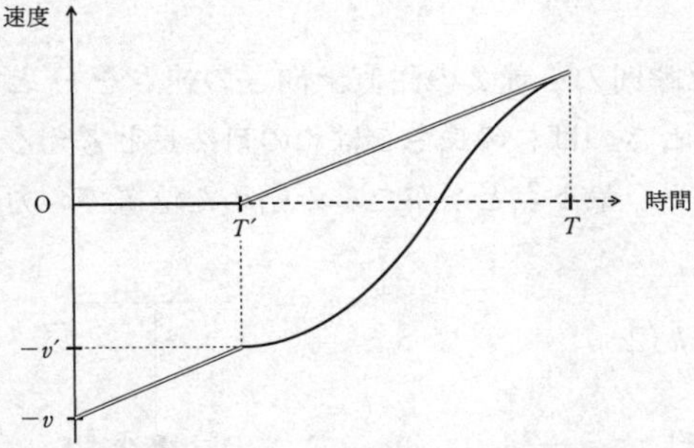

◀解　説▶

≪ばねと糸でつるされた2つの小球の運動≫

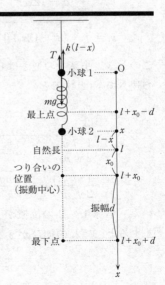

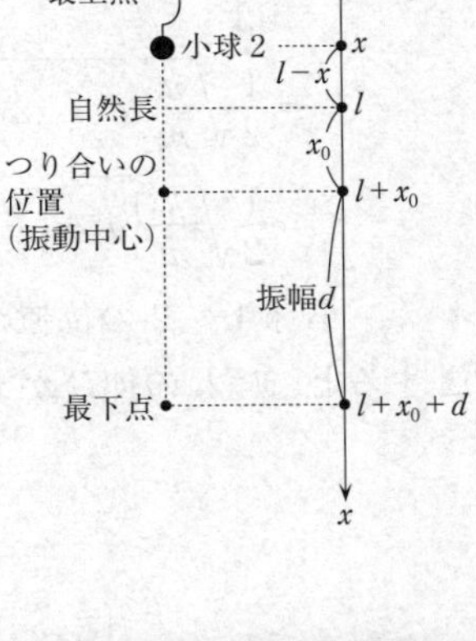

(1)　▶ア．小球2がつり合いの位置のとき，ばねが自然長から x_0 伸びているとすると，力のつり合いより

$$kx_0=mg \qquad \therefore \quad x_0=\frac{mg}{k}$$

小球2はつり合いの位置を振動中心とする単振動をするから，その位置は

$$l+x_0=l+\frac{mg}{k}$$

▶イ．振動中心から d だけ引き下げて手を離すから，振幅は d である。

▶ウ．小球 2 の位置が x ($<l$) のとき，糸の張力の大きさを T とすると，小球 1 にはたらく力のつり合いより

$$T+k(l-x)=mg$$

糸がたるみ始めた瞬間，$T=0$ であるから

$$l-x=\frac{mg}{k} \qquad \therefore \quad x=l-\frac{mg}{k} \quad (=l-x_0)$$

▶エ．振幅が d であるから，小球 2 の単振動の最上点は $l+x_0-d$ である。よって，運動の途中で糸がたるむ条件は，ウより

$$x>l+x_0-d$$

$$l-\frac{mg}{k}>l+x_0-d$$

$$\therefore \quad d>\frac{mg}{k}+x_0=\frac{2mg}{k} \quad (=2x_0)$$

▶オ．糸がたるみ始めた瞬間の小球 2 の鉛直上向きの速さを v_0 とする。小球 2 が振動中心にあるときのばねの長さをばねの自然長と考えると，重力の影響は無視できるから，最下点と糸がたるみ始めた位置での力学的エネルギー保存則より

$$\frac{1}{2}kd^2=\frac{1}{2}mv_0{}^2+\frac{1}{2}k(2x_0)^2$$

$$v_0{}^2=\frac{k}{m}\{d^2-(2x_0)^2\}$$

$$\therefore \quad v_0=\sqrt{\frac{k}{m}\{d^2-(2x_0)^2\}}$$

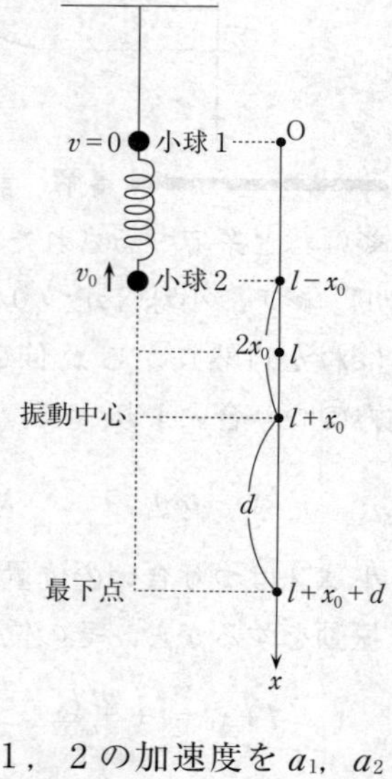

このとき，小球 1 の速さは 0 であるから，重心の速さを v_G とすると

$$v_G=\frac{v_0}{2}$$

$$=\frac{1}{2}\sqrt{\frac{k}{m}\{d^2-(2x_0)^2\}}$$

$$=\frac{1}{2}\sqrt{\frac{k}{m}\left\{d^2-\left(\frac{2mg}{k}\right)^2\right\}}$$

▶カ．小球 1，2 の位置が x_1，x_2 のときの小球 1，2 の加速度を a_1，a_2 とすると，ばねの伸びが x_2-x_1-l であることに注意して，運動方程式よ

り

$$ma_1 = mg + k(x_2 - x_1 - l)$$
$$ma_2 = mg - k(x_2 - x_1 - l)$$

よって

$$a_2 - a_1 = -\frac{2k}{m}(x_2 - x_1 - l)$$

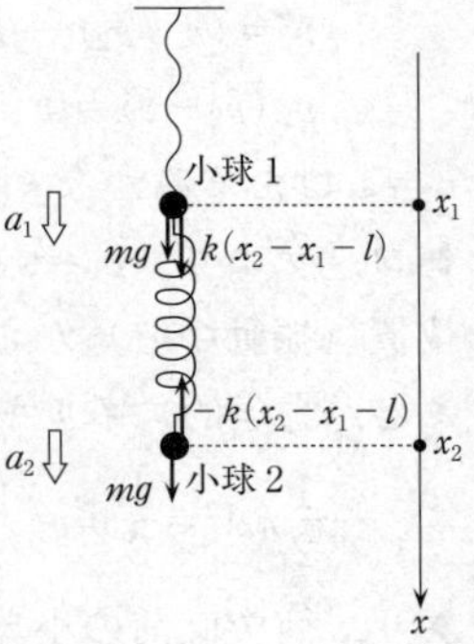

小球 1 から見た小球 2 の相対位置を $x = x_2 - x_1$, 相対加速度を $a = a_2 - a_1$ とすると

$$a = -\frac{2k}{m}(x - l)$$

これは角振動数 $\omega = \sqrt{\frac{2k}{m}}$ の単振動を表すから, 周期 T は

$$T = \frac{2\pi}{\omega} = 2\pi\sqrt{\frac{m}{2k}} = \pi\sqrt{\frac{2m}{k}}$$

▶キ．重心 G から見たときの小球 1，2 は速度 v_G, $-v_G$ で単振動を始め, $\frac{T}{2}$ 後に $-v_G$, v_G となる。このとき小球 1 の速度が最小値（負の向きの速さが最大）となるので, 小球 1 から見た小球 2 の相対速度は

$$v_G - (-v_G) = 2v_G$$

となる。

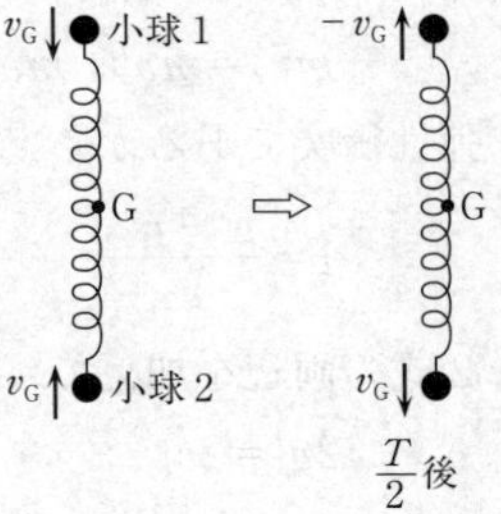

(2)　▶ク．小球 1 の位置を x_0' とすると, 力のつり合いより

$$kx_0' = mg \qquad \therefore \quad x_0' = \frac{mg}{k} \quad (= x_0)$$

▶ケ．たるみがなくなった直後の小球 1，2 の速さを v_1, v_2 とすると, 力学的エネルギー保存則より

$$\frac{1}{2}mv^2 = \frac{1}{2}mv_1{}^2 + \frac{1}{2}mv_2{}^2 \qquad \therefore \quad v^2 = v_1{}^2 + v_2{}^2$$

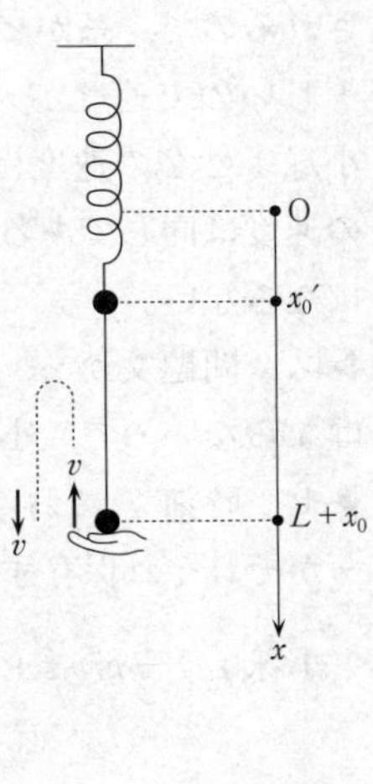

運動量保存則より

$$mv = mv_1 + mv_2 \qquad \therefore \quad v_1 = v - v_2$$

よって

$$v^2=(v-v_2)^2+v_2{}^2=v^2-2vv_2+2v_2{}^2$$

$$v_2(v_2-v)=0 \qquad \therefore \quad v_2=0,\ v$$

$v_2=v$ はたるみがなくなる直前の速度であるから，直後の速度は 0 である。

▶コ．ケより，$v_2=0$ のとき $v_1=v$ であるから，小球 1 は力のつり合いの位置（振動中心）から速度 v で単振動を始める。よって，振幅を A とすると，力学的エネルギー保存則より

$$\frac{1}{2}kA^2=\frac{1}{2}mv^2 \qquad \therefore \quad A=\sqrt{\frac{m}{k}}v$$

▶サ．衝突直前の小球 2 の速さを v_2 とすると，力学的エネルギー保存則より

$$\frac{1}{2}mv^2=\frac{1}{2}mv_2{}^2+mgL \qquad \therefore \quad v_2=\sqrt{v^2-2gL}$$

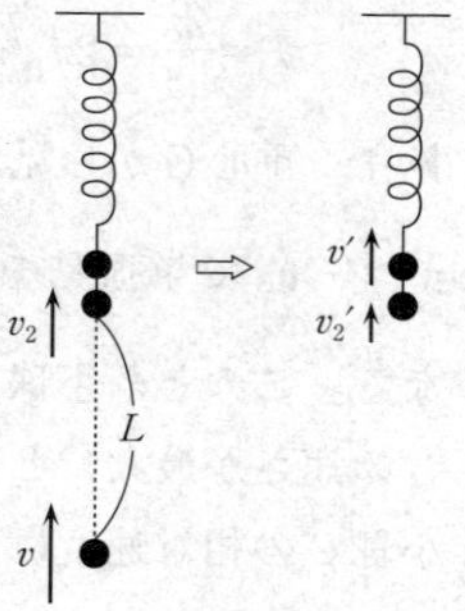

衝突直後の小球 1，2 の鉛直上向きの速さを v'，v_2' とすると，運動量保存則より

$$mv_2=mv'+mv_2' \qquad \therefore \quad v'+v_2'=v_2$$

弾性衝突であるから，はね返り係数の式より

$$1=\frac{v'-v_2'}{v_2} \qquad \therefore \quad v'-v_2'=v_2$$

2 式の両辺を加えて

$$2v'=2v_2 \qquad \therefore \quad v'=v_2=\sqrt{v^2-2gL}$$

▶シ．たるみがなくなる前後で小球 1，2 の力学的エネルギーの和が保存されるので，糸がピンと張る現象は 2 球の弾性衝突と同じになり，質量が等しいので速度が入れ替わる。時刻 T の直後に糸がたるまないためには小球 1 と 2 の速度は同じでなければならないので，時刻 T の直前も 2 球の速度は同じである。よって，小球 1 から見た小球 2 の速度は 0 でなければならない。

▶ス．問題文から，時刻 T で小球 1 にはたらくばねの力 F は 0 でなければならないので，小球 1 の位置はばねの自然長の位置で，$x=0$ である。

▶セ．時刻 T における小球 1，2 の速さを v'' とすると，力学的エネルギーがそれぞれ保存するから

小球 1 ：$\frac{1}{2}mv'^2+\frac{1}{2}kx_0{}^2=\frac{1}{2}mv''^2+mgx_0$

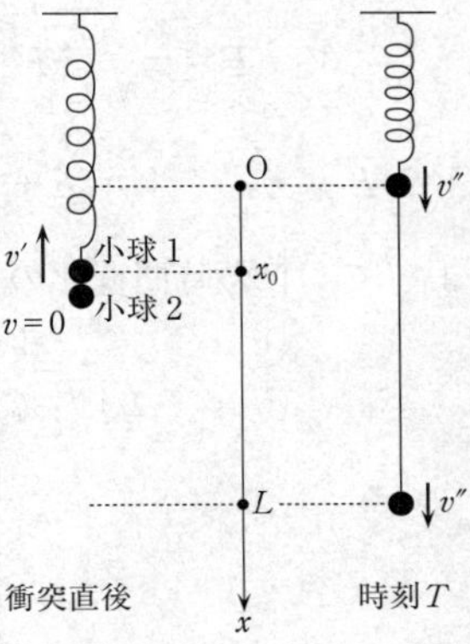

小球 2 ：$mg(L-x_0)=\frac{1}{2}mv''^2$

よって，$x_0=\frac{mg}{k}$ を用いると

$$\frac{1}{2}mv'^2+\frac{1}{2}kx_0{}^2=mgL$$

$$v'^2=2gL-\frac{k}{m}x_0{}^2=2gL-\frac{mg^2}{k}$$

サの v' の結果より

$$v^2-2gL=2gL-\frac{mg^2}{k}$$

$$\therefore\quad v^2=4gL-\frac{mg^2}{k}$$

▶問 1．小球 1 の速度は $0\leqq t<T'$ のとき 0，$t=T'$ のとき $-v'$，$T'<t<T$ のとき単振動の速度，$t=T$ のとき v'' である。小球 2 の速度は $t=0$ のとき $-v$，$0<t<T'$ のとき加速度 g の等加速度運動，$t=T'$ の直前で $-v'$，直後で 0，$T'<t<T$ のとき加速度 g の等加速度運動，$t=T$ のとき v'' である。よって，〔解答〕のグラフとなる。

II　解答

(1)　イ．$-V$　ロ．I　ハ．$\frac{\pi}{2}$　ニ．$\frac{Q_0}{\sqrt{LC}}$

(2)　ホ．$\frac{E}{r}$　ヘ．$-V'$　ト．I　チ．$\frac{\pi}{2}\sqrt{LC}$

問 1．時刻 T_1 におけるコンデンサーの電圧を V_1 とすると，コイルに蓄えられていた初期のエネルギーは $\frac{1}{2}LI_0{}^2$，電源から供給されるエネルギーは $E(CV_1-CE)$，コンデンサーに蓄積されるエネルギーは $t=0$ のとき $\frac{1}{2}CE^2$，$t=T_1$ のとき $\frac{1}{2}CV_1{}^2$ であるから

$$\frac{1}{2}CV_1{}^2-\left(\frac{1}{2}CE^2+\frac{1}{2}LI_0{}^2\right)=E(CV_1-CE)$$

$$CV_1{}^2-2CEV_1+CE^2=LI_0{}^2$$

$$C(V_1-E)^2=LI_0{}^2$$

$$V_1 - E = \pm\sqrt{\frac{L}{C}}I_0$$

$V_1 > E$ より　　$V_1 = E + \sqrt{\frac{L}{C}}I_0$　……(答)

よって，V の時間変化のグラフは次のようになる。

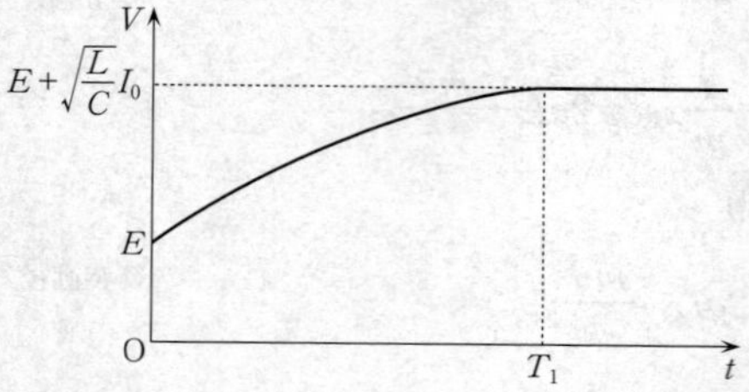

(3)　リ．E　ヌ．$-\frac{V}{R}$　ル．$E-V$　ヲ．$I-\frac{V}{R}$

問２．$L\frac{\Delta I_1}{\Delta t_1} = E$，$L\frac{\Delta I_2}{\Delta t_2} = E - V_0$，$\Delta t_1 = \alpha\Delta t_2$ より

$$L(\Delta I_1 + \Delta I_2) = (\alpha E + E - V_0)\Delta t_2$$

$\Delta I_1 + \Delta I_2 = 0$ より

$$\alpha E + E - V_0 = 0 \qquad \therefore \quad V_0 = (1+\alpha)E \quad \text{……(答)}$$

$C\frac{\Delta V_1}{\Delta t_1} = -\frac{V_0}{R}$，$C\frac{\Delta V_2}{\Delta t_2} = I_0 - \frac{V_0}{R}$，$\Delta t_1 = \alpha\Delta t_2$ より

$$CR(\Delta V_1 + \Delta V_2) = (-\alpha V_0 + RI_0 - V_0)\Delta t_2$$

$\Delta V_1 + \Delta V_2 = 0$ より

$$I_0 = \frac{(1+\alpha)V_0}{R} = \frac{(1+\alpha)^2 E}{R} \quad \text{……(答)}$$

$\alpha = 1$ のとき，$V_0 = 2E$ である。また，$\Delta t_1 = \Delta t_2 = \frac{T}{2}$ より

$$\Delta V_1 = -\frac{V_0}{CR}\Delta t_1 = -\frac{TE}{RC}$$

よって，電圧 V の変化は次のグラフのようになる。

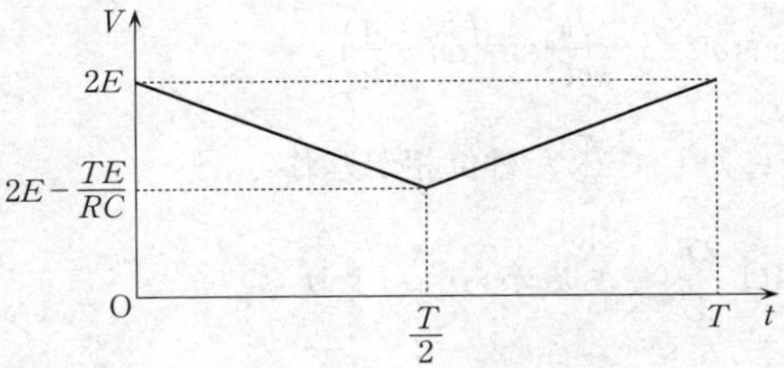

問 3．$\Delta t_1 = \alpha \Delta t_2$ のとき　　$V = V_0 = (1+\alpha)E$

よって，図 4 の抵抗で消費される電力 P は

$$P = \frac{V^2}{R} = \frac{(1+\alpha)^2 E^2}{R}$$

図 5 の抵抗で消費される電力 P_0 は

$$P_0 = \frac{E^2}{R}$$

よって　　$\dfrac{P}{P_0} = (1+\alpha)^2$ 倍　……(答)

◀解　説▶

≪コイル・コンデンサー・ダイオードを含む回路≫

(1)　▶イ．スイッチを閉じるとコンデンサーは放電するから，図 1 の矢印の向きを電流 I の向きとすると $\Delta I < 0$ である。よって，コンデンサーの電圧 V との間の関係は

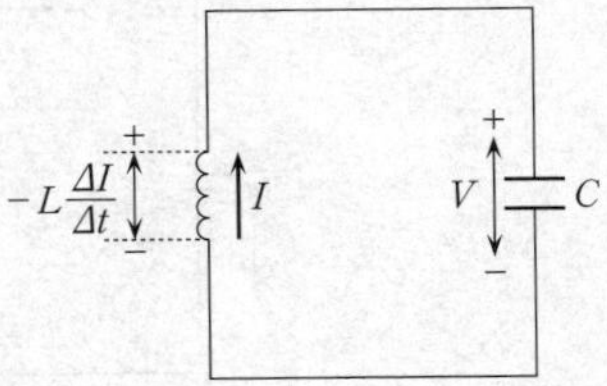

$$-L\frac{\Delta I}{\Delta t} = V \qquad \therefore \quad L\frac{\Delta I}{\Delta t} = -V$$

▶ロ．$\Delta Q = C\Delta V = I\Delta t$ より

$$C\frac{\Delta V}{\Delta t} = I$$

(注)　$I<0$ のとき，$\Delta Q<0$，$\Delta V<0$ である。

▶ハ．I は 0 から負方向に流れ始めるので，振動電流の振幅（= 最大値）を I_0，角振動数を ω とすると，時刻 t において

$$I = -I_0 \sin\omega t$$

とおくことができる。よって，ロの結果より

$$\frac{\Delta V}{\Delta t} = \frac{I}{C} = -\frac{I_0}{C}\sin\omega t$$

$$\therefore \quad V=\frac{I_0}{\omega C}\cos\omega t=-\frac{I_0}{\omega C}\sin\left(\omega t-\frac{\pi}{2}\right)$$

よって，V は I に対して $\dfrac{\pi}{2}$ だけ位相が遅れる。

▶ニ．V の振幅は $\dfrac{Q_0}{C}$ であるから，ハより

$$\frac{Q_0}{C}=\frac{I_0}{\omega C} \qquad \therefore \quad I_0=\omega Q_0$$

電気振動の周期が $T=2\pi\sqrt{LC}$ であるから

$$\omega=\frac{2\pi}{T}=\frac{1}{\sqrt{LC}}$$

よって　$I_0=\dfrac{Q_0}{\sqrt{LC}}$

(2)　▶ホ．コイルの誘導起電力が 0 でダイオードに電流が流れないから

$$E=rI \qquad \therefore \quad I=\frac{E}{r}$$

▶へ．下図の閉回路で，抵抗がないから

$$E-L\frac{\Delta I}{\Delta t}-V=0 \qquad \therefore \quad L\frac{\Delta I}{\Delta t}=-(V-E)=-V'$$

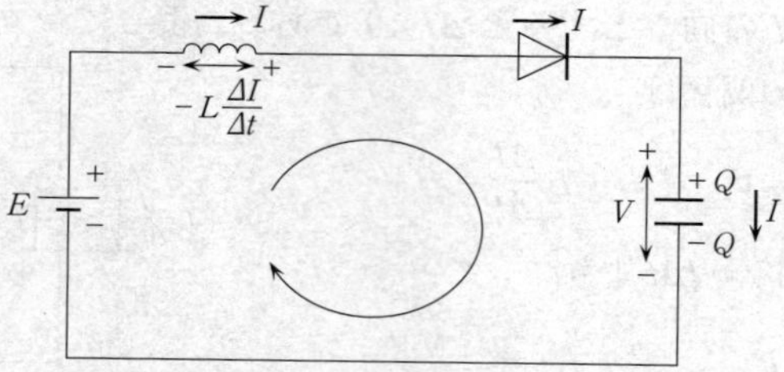

▶ト．$\Delta Q=C\Delta V$，コンデンサーは充電されるので，$I=\dfrac{\Delta Q}{\Delta t}$ であるから

$$C\frac{\Delta V'}{\Delta t}=C\frac{\Delta(V-E)}{\Delta t}=C\frac{\Delta V}{\Delta t}=\frac{\Delta Q}{\Delta t}=I$$

▶チ．式(iii)の電気振動の周期は $T=2\pi\sqrt{LC}$ としてよいから，I が I_0 から 0 になるときの時刻 T_1 は

$$T_1=\frac{T}{4}=\frac{\pi}{2}\sqrt{LC}$$

▶問 1．ハと同様に考えると，$V'=V-E$ の振幅が $\dfrac{I_0}{\omega C}=\sqrt{\dfrac{L}{C}}I_0$ となるから

$$V_1-E=\sqrt{\frac{L}{C}}I_0 \qquad \therefore \quad V_1=E+\sqrt{\frac{L}{C}}I_0$$

と考えてもよい。

(3)　▶リ．I は Δt_1 の間に ΔI_1 変化するから，下図の閉回路で

$$E-L\frac{\Delta I_1}{\Delta t_1}=0 \qquad \therefore \quad L\frac{\Delta I_1}{\Delta t_1}=E$$

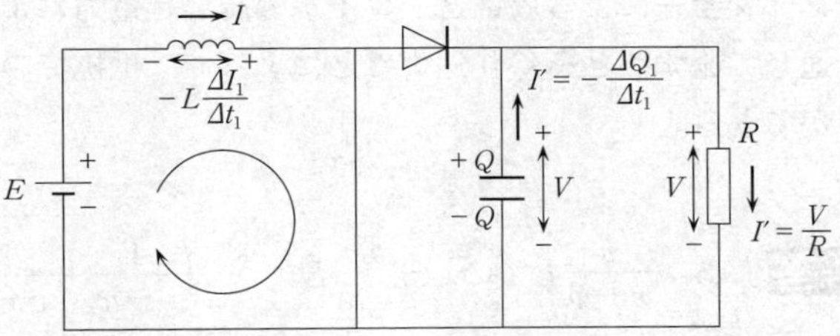

▶ヌ．コンデンサーは放電するから，コンデンサーの電荷が Δt_1 の間に ΔQ_1（<0）変化したとき，コンデンサーと抵抗に流れる電流を I' とすると

$$I'=-\frac{\Delta Q_1}{\Delta t_1}$$

$\Delta Q_1=C\Delta V_1$，$I'=\dfrac{V}{R}$ より　　$C\dfrac{\Delta V_1}{\Delta t_1}=\dfrac{\Delta Q_1}{\Delta t_1}=-I'=-\dfrac{V}{R}$

▶ル．下図の閉回路で

$$E-L\frac{\Delta I_2}{\Delta t_2}-V=0 \qquad \therefore \quad L\frac{\Delta I_2}{\Delta t_2}=E-V$$

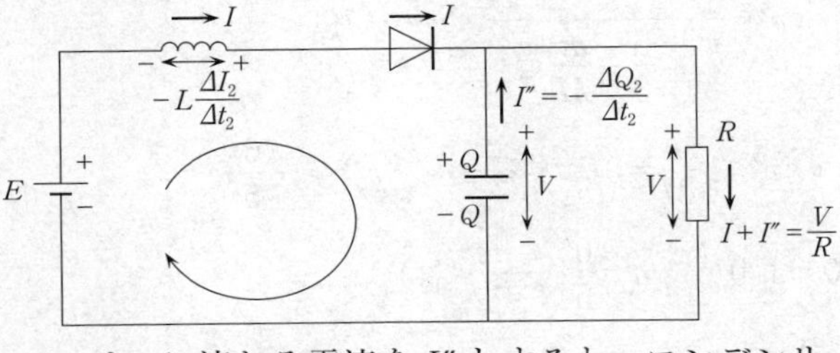

▶ヲ．コンデンサーに流れる電流を I'' とすると，コンデンサーの電荷が Δt_2 の間に ΔQ_2（<0）変化するから

$$I'' = -\frac{\Delta Q_2}{\Delta t_2}$$

抵抗 R に流れる電流は $I+I''$ であるから，$\Delta Q_2 = C\Delta V_2$，$I+I'' = \frac{V}{R}$ より

$$C\frac{\Delta V_2}{\Delta t_2} = \frac{\Delta Q_2}{\Delta t_2} = -I'' = I - \frac{V}{R}$$

▶問2．$\Delta I_1 + \Delta I_2 = 0$，$\Delta V_1 + \Delta V_2 = 0$ を利用できるように，式(iv)，(v)を変形すればよい。$\alpha = 1$ のとき，V のグラフは $t = \frac{T}{2}$ に対して対称的になる。

▶問3．コンデンサーによる放電と，コイルの誘導起電力による電流をダイオードを通じて流すことをくり返すことによって，抵抗での消費電力を増やすことができる。

Ⅲ　解答

あ．$\frac{v}{v+w}L$　い．$\frac{v}{v-w}L$　う．$\left(\frac{1}{v-w}+\frac{1}{v+w}\right)L$

え．$\frac{2L}{v}$　お．$\frac{mv^2}{L^3}$　か．2　き．$\frac{v(v'+w)}{v'(v-w)}L$　く．$-2(a+3)$　け．6

こ．$\frac{a+3}{3}$　さ．$\gamma-1$　し．$\frac{5}{3}$

問1．エネルギー保存の関係式は

$$\frac{5}{3}\cdot\frac{1}{2}mv^2 + \frac{1}{2}Mw^2 = \frac{5}{3}\cdot\frac{1}{2}mv'^2 + \frac{1}{2}Mw'^2 \quad \cdots\cdots(答)$$

運動量保存の関係式は

$$mv + Mw = -mv' + Mw' \quad \cdots\cdots(答)$$

2式より　$$v' = \frac{\left(\frac{5}{3}-\frac{m}{M}\right)v - 2w}{\frac{5}{3}+\frac{m}{M}} \quad \cdots\cdots(答)$$

問2．問1の v' で $\frac{m}{M} \fallingdotseq 0$ とすると　$v' = v - \frac{6}{5}w$

よって，式(i)より　$a = \frac{6}{5}$　……(答)

この結果より

$$\gamma=\frac{\frac{6}{5}+3}{3}=\frac{21}{15}=\frac{7}{5}\quad\cdots\cdots(答)$$

◀解　説▶

≪膨張する立方体中での粒子の運動≫

▶あ．下図より，$t_1<0$ に注意して

$$-vt_1-wt_1=L\qquad\therefore\quad t_1=-\frac{L}{v+w}$$

$$L_1=-vt_1=\frac{v}{v+w}L$$

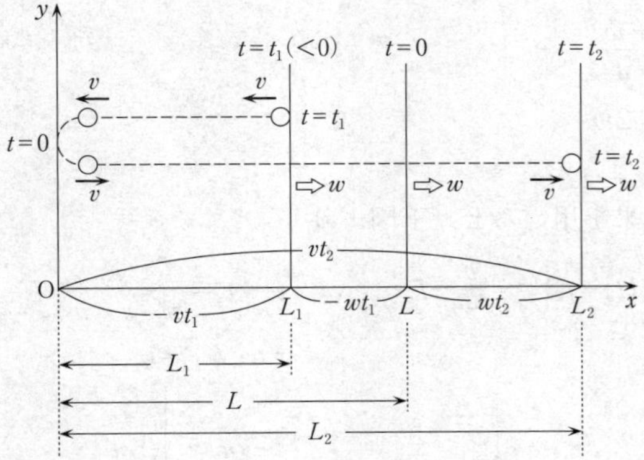

▶い．上図より

$$vt_2-wt_2=L\qquad\therefore\quad t_2=\frac{L}{v-w}$$

$$L_2=vt_2=\frac{v}{v-w}L$$

▶う．あ，いより

$$T_{12}=t_2-t_1$$

$$=\frac{L}{v-w}+\frac{L}{v+w}=\left(\frac{1}{v-w}+\frac{1}{v+w}\right)L$$

▶え．与えられた近似式を用いると

$$T_{12}=\frac{L}{v}\left(1-\frac{w}{v}\right)^{-1}+\frac{L}{v}\left(1+\frac{w}{v}\right)^{-1}$$

$$\fallingdotseq\frac{L}{v}\left(1+\frac{w}{v}\right)+\frac{L}{v}\left(1-\frac{w}{v}\right)$$

$$=\frac{2L}{v}$$

▶お．$\overline{F_x}<0$ に注意すると，粒子が受ける力積は粒子の運動量変化に等しいから，えの結果を用いて

$$-\overline{F_x}\cdot T_{12}=mv-(-mv)=2mv$$

$$\therefore\quad |\overline{F_x}|=\frac{2mv}{T_{12}}=\frac{mv^2}{L}$$

よって，圧力 P は　　$P=\dfrac{|\overline{F_x}|}{L^2}=\dfrac{mv^2}{L^3}$

▶か．はね返り係数が 1 であるから

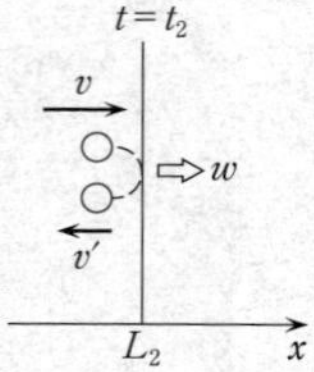

$$1=\frac{v'+w}{v-w}$$

$$\therefore\quad v'=v-2w$$

よって，$a=2$ となる。

▶き．いの結果を用いると，下図より

$$L_2=v'(t_3-t_2)=\frac{v}{v-w}L\qquad\therefore\quad t_3-t_2=\frac{v}{v'(v-w)}L$$

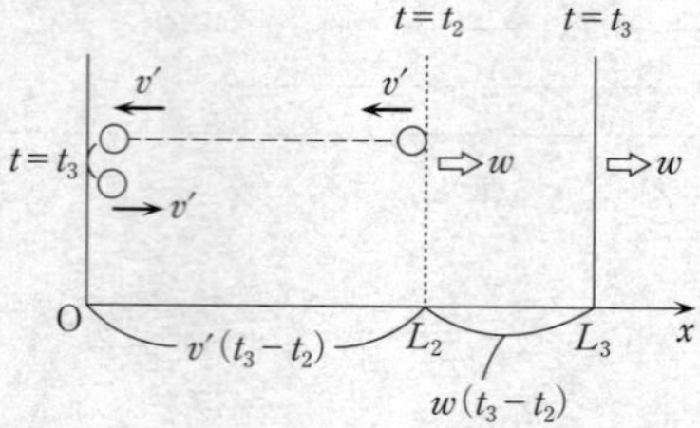

よって

$$L_3=(v'+w)(t_3-t_2)=\frac{v(v'+w)}{v'(v-w)}L$$

▶く．おの結果で v を v'，L を L_3 と置き換え，きの結果を用い，与えられた近似式を用いると，$v'=v-aw$ であるから

$$P'=\frac{mv'^2}{{L_3}^3}$$

$$=m(v-aw)^2\cdot\left\{\frac{v(v-aw+w)}{(v-aw)(v-w)}L\right\}^{-3}$$

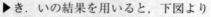

$$= \frac{mv^2}{L^3}\left(1-a\frac{w}{v}\right)^2\cdot\left\{1-(a-1)\frac{w}{v}\right\}^{-3}\cdot\left(1-a\frac{w}{v}\right)^3\cdot\left(1-\frac{w}{v}\right)^3$$

$$\fallingdotseq P\left\{1-2a\frac{w}{v}+3(a-1)\frac{w}{v}-3a\frac{w}{v}-3\frac{w}{v}\right\}$$

$$= P\left(1-2a\frac{w}{v}-6\frac{w}{v}\right)$$

$$= P\left\{1-2(a+3)\frac{w}{v}\right\}$$

$$\Delta P = P' - P = -2P(a+3)\frac{w}{v}$$

$$\therefore \quad \frac{\Delta P}{P} = -2(a+3)\times\frac{w}{v}$$

▶け．くと同様にして

$$\Delta V = (L_3)^3 - V$$

$$= \left\{\frac{v(v-aw+w)}{(v-aw)(v-w)}L\right\}^3 - V$$

$$= \left\{1-(a-1)\frac{w}{v}\right\}^3\cdot\left(1-a\frac{w}{v}\right)^{-3}\cdot\left(1-\frac{w}{v}\right)^{-3}\cdot V - V$$

$$\fallingdotseq \left\{1-3(a-1)\frac{w}{v}+3a\frac{w}{v}+3\frac{w}{v}\right\}V - V$$

$$= 6\frac{w}{v}\cdot V$$

よって $\dfrac{\Delta V}{V} = 6\times\dfrac{w}{v}$

▶こ．く，けの結果を用いると

$$\frac{\Delta P}{P} + \gamma\frac{\Delta V}{V} = 0$$

$$-2(a+3)\frac{w}{v} + \gamma\cdot 6\frac{w}{v} = 0$$

$$\therefore \quad \gamma = \frac{a+3}{3}$$

▶さ．粒子の物質量を n，気体定数を R とすると，理想気体の状態方程式より

$$(P+\Delta P)(V+\Delta V) = nR(T+\Delta T)$$

$$PV = nRT$$

比をとって

$$\left(1+\frac{\Delta P}{P}\right)\left(1+\frac{\Delta V}{V}\right)=1+\frac{\Delta T}{T}$$

$$1+\frac{\Delta P}{P}+\frac{\Delta V}{V}+\frac{\Delta P}{P}\cdot\frac{\Delta V}{V}=1+\frac{\Delta T}{T}$$

微小量の2次以上を無視し，式(iv)を用いると

$$-\gamma\frac{\Delta V}{V}+\frac{\Delta V}{V}=\frac{\Delta T}{T}$$

$$\therefore\quad \frac{\Delta T}{T}+(\gamma-1)\times\frac{\Delta V}{V}=0$$

▶し．この結果で $a=2$ として

$$\gamma=\frac{a+3}{3}=\frac{5}{3}$$

▶問1．v' を導出する途中計算を示しておくと

$$\frac{5}{3}mv^2+Mw^2=\frac{5}{3}mv'^2+Mw'^2$$

$$w'=\frac{m}{M}(v+v')+w$$

よって

$$\frac{5}{3}\frac{m}{M}v^2+w^2=\frac{5}{3}\frac{m}{M}v'^2+\left\{\frac{m}{M}(v+v')+w\right\}^2$$

$$\frac{5}{3}\frac{m}{M}(v^2-v'^2)=\frac{m^2}{M^2}(v+v')^2+\frac{2mw}{M}(v+v')$$

$$\frac{5}{3}(v+v')(v-v')=\frac{m}{M}(v+v')^2+2w(v+v')$$

$$\frac{5}{3}(v-v')=\frac{m}{M}(v+v')+2w$$

$$\left(\frac{5}{3}+\frac{m}{M}\right)v'=\left(\frac{5}{3}-\frac{m}{M}\right)v-2w$$

$$\therefore\quad v'=\frac{\left(\frac{5}{3}-\frac{m}{M}\right)v-2w}{\frac{5}{3}+\frac{m}{M}}$$

▶問2．γ は比熱比で，二原子分子気体のとき $\gamma=\frac{7}{5}$ となる。

❖講　評

2020年度も理科2科目で180分（教育学部理系試験は1科目で90分），大問3題の出題に変化はなかった。**Ⅰ**は糸とばねにつながれた2つの小球の鉛直運動で一見解きやすそうに見えるが，単振動，重心の運動，相対運動，弾性衝突などが複雑にからみ合う難問であった。**Ⅱ**はコイルの自己誘導とコンデンサーの充放電がダイオードを介してつながり合うという目新しいテーマであった。**Ⅲ**は膨張する立方体中の粒子の運動から断熱変化のポアソンの法則を導くという，いかにも京大らしいテーマであったが，二原子分子に適用する場合などの計算が膨大な難問であった。

Ⅰ．⑴ア～エは鉛直方向のばねの単振動の基本で，完答しなければならない。オ～キは2つの小球の重心運動と相対運動で，どのような運動になるか想像できれば難しくはない。⑵ケは小球1，2の速度が同じになると思い込んでしまうと誤る。力学的エネルギーの和が保存されるので，弾性衝突と同じになることに注意しよう。サは弾性衝突とあるので問題ない。ケとサは同じ質量の物体が弾性衝突するとき速度が入れ替わることを知っていれば，計算の手間が省ける。シ～セは難解である。問題文に従えば解答はできるが，本当にこうなるのか半信半疑で解いた受験生も多かったであろう。問1はサ～セから描けるが，ここまでたどり着くのは大変である。

Ⅱ．⑴イ～ニは振動回路の基本で完答したいが，$I<0$ であるから，ΔQ，ΔV も負となることに注意しないと間違える。ハは I が $-\sin\theta$ の形，V が $\cos\theta$ の形になることに気付けば計算は省ける。ニはコンデンサーとコイルに蓄えられるエネルギーから求めてもよい。⑵は充電されているコンデンサーをさらに充電する方法である。ダイオードがあるためコンデンサーは放電しない。ホ～チは問題文に従って解いていけば難しくはない。問1は電源から供給されるエネルギーの理解がポイントである。⑶は難しい。リ・ヌはコイルを含む回路とコンデンサーを含む回路が独立なので考えやすいが，ル・ヲは2つの回路が結合されるので，I と V が共有されることになる。ここで差がつくであろう。問2は単なる式変形と言えなくもないが，時間がかかる。V のグラフは難しくはない。問3は計算だけなら容易であるが，ダイオードを用いることで電

源電圧よりも大きな電力を作り出せることは興味深い。

Ⅲ．あ～えは粒子と壁の等速度運動であるが，$t_1<0$ に注意しないと間違える。おは気体分子の圧力の求め方と同様である。かの弾性衝突も頻出で，ここまでは完答しなければならない。きが意外と難しく差がつくであろう。く・けは難しい。膨大な近似計算が必要で，手が出なかった受験生も多かったであろう。こ～しはポアソンの法則を手掛かりとして解答した受験生もいたと思われる。問1は保存則を書きくだすのは容易であるが，v' の導出にはやはり多くの計算が必要である。問2は問1が解けなければ無理である。

全体として，2020年度は3題とも2019年度に比べて計算量が増加し，かなり難化したと思われる。時間内に解くのは極めて難しく，各大問の前半を確実に解き，後半の解ける設問を見極める力が必要である。

化学

I 解答

(a) 問1．ア．4　イ．1.0×10^{-14}　ウ．2.1×10^{-6}
エ．5.0×10^{-9}　オ．4.2×10^{-12}　カ．1.4×10^{4}
キ．2.4×10^{8}　ク．2.4×10^{8}　ケ．2.4×10^{8}　コ．7.1×10^{8}
サ．5.0×10^{-2}　シ．4.2×10^{-19}　ス．3.0×10^{-10}
(b) 問2．あ．1　い．2　う．2
問3．え．0.66
問4．お．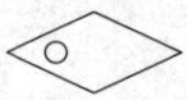　か．$\frac{1}{8}$　き．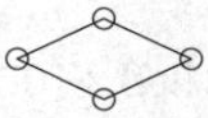　く．$\frac{5}{8}$
け．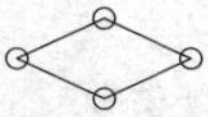　こ．$\frac{3}{8}$　さ．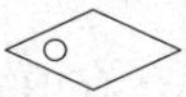　し．$\frac{7}{8}$

◀解　説▶

≪(a) pH の違いによる CdS の沈殿　(b)最密充填構造におけるイオンの位置≫

(a)　▶問1．ア．$K_{a1}=\frac{[H^+][HS^-]}{[H_2S]}=\frac{[H^+]^2}{1.0\times10^{-1}}=1.0\times10^{-7}$

$[H^+]=1.0\times10^{-4}\,(mol/L)$　　∴　$pH=4$

イ．Sを含む3種類の化学種について，モル濃度の比は

$$[H_2S]:[HS^-]:[S^{2-}]=\frac{[H^+][HS^-]}{K_{a1}}:[HS^-]:\frac{[HS^-]K_{a2}}{[H^+]}$$
$$=\frac{[H^+]}{K_{a1}}:1:\frac{K_{a2}}{[H^+]}$$

となる。

$pH=4$ の場合，$[H^+]=1.0\times10^{-4}\,(mol/L)$ なので

$$[H_2S]:[HS^-]:[S^{2-}]=\frac{1.0\times10^{-4}}{1.0\times10^{-7}}:1:\frac{1.0\times10^{-14}}{1.0\times10^{-4}}$$
$$=1.0\times10^{3}:1:1.0\times10^{-10}$$

$[H_2S]+[HS^-]+[S^{2-}]=1.0\times10^{-1}\,(mol/L)$ なので

$$[S^{2-}]=1.0\times10^{-1}\times\frac{1.0\times10^{-10}}{1.0\times10^{3}+1+1.0\times10^{-10}}\fallingdotseq1.0\times10^{-14}\,(mol/L)$$

ウ．$[Cd^{2+}][S^{2-}] \geqq 2.1\times10^{-20}\,(mol/L)^2$ で沈殿が生じるので

$$[Cd^{2+}][S^{2-}]=[Cd^{2+}]\times1.0\times10^{-14}\geqq2.1\times10^{-20}$$

$$[Cd^{2+}]\geqq2.1\times10^{-6}\,(mol/L)$$

エ．pH＝7 の場合，イと同様に

$$[H_2S]:[HS^-]:[S^{2-}]=\frac{1.0\times10^{-7}}{1.0\times10^{-7}}:1:\frac{1.0\times10^{-14}}{1.0\times10^{-7}}$$

$$=1.0:1:1.0\times10^{-7}$$

よって

$$[S^{2-}]=1.0\times10^{-1}\times\frac{1.0\times10^{-7}}{1.0+1+1.0\times10^{-7}}\fallingdotseq5.0\times10^{-9}\,(mol/L)$$

オ．ウと同様に

$$[Cd^{2+}][S^{2-}]=[Cd^{2+}]\times5.0\times10^{-9}\geqq2.1\times10^{-20}$$

$$[Cd^{2+}]\geqq4.2\times10^{-12}\,(mol/L)$$

カ．$[H^+]=1.0\times10^{-14}\,(mol/L)$ のとき，$[OH^-]=1.0\,(mol/L)$ なので

$\dfrac{[[Cd(OH)]^+]}{[Cd^{2+}][OH^-]}=K_{b1}$ より

$$[[Cd(OH)]^+]=K_{b1}[Cd^{2+}][OH^-]$$

$$=1.4\times10^4\times[Cd^{2+}]\times1.0$$

$$=1.4\times10^4\times[Cd^{2+}]$$

キ．$\dfrac{[Cd(OH)_2]}{[[Cd(OH)]^+][OH^-]}=K_{b2}$ より

$$[Cd(OH)_2]=K_{b2}[[Cd(OH)]^+][OH^-]$$

$$=1.7\times10^4\times1.4\times10^4\times[Cd^{2+}]\times1.0$$

$$=2.38\times10^8\times[Cd^{2+}]$$

$$\fallingdotseq2.4\times10^8\times[Cd^{2+}]$$

ク．同様に

$$[[Cd(OH)_3]^-]=K_{b3}[Cd(OH)_2][OH^-]$$

$$=1.0\times2.38\times10^8\times[Cd^{2+}]\times1.0$$

$$=2.38\times10^8\times[Cd^{2+}]$$

$$\fallingdotseq2.4\times10^8\times[Cd^{2+}]$$

ケ．同様に

$$[[Cd(OH)_4]^{2-}]=K_{b4}[[Cd(OH)_3]^-][OH^-]$$

$= 1.0 \times 2.38 \times 10^8 \times [Cd^{2+}] \times 1.0$
$= 2.38 \times 10^8 \times [Cd^{2+}] \fallingdotseq 2.4 \times 10^8 \times [Cd^{2+}]$

コ．　$[Cd]_{total} = [Cd^{2+}] + 1.4 \times 10^4 \times [Cd^{2+}] + 3 \times (2.38 \times 10^8 \times [Cd^{2+}])$
$= (1 + 1.4 \times 10^4 + 7.14 \times 10^8) \times [Cd^{2+}] \fallingdotseq 7.1 \times 10^8 \times [Cd^{2+}]$

サ．pH＝14 の場合，イと同様に

$$[H_2S] : [HS^-] : [S^{2-}] = \frac{1.0 \times 10^{-14}}{1.0 \times 10^{-7}} : 1 : \frac{1.0 \times 10^{-14}}{1.0 \times 10^{-14}}$$
$$= 1.0 \times 10^{-7} : 1 : 1.0$$

よって

$$[S^{2-}] = 1.0 \times 10^{-1} \times \frac{1.0}{1.0 \times 10^{-7} + 1 + 1.0} \fallingdotseq 5.0 \times 10^{-2}\ (\mathrm{mol/L})$$

シ．ウと同様に

$[Cd^{2+}][S^{2-}] = [Cd^{2+}] \times 5.0 \times 10^{-2} \geqq 2.1 \times 10^{-20}$
$[Cd^{2+}] \geqq 4.2 \times 10^{-19}\ (\mathrm{mol/L})$

ス．コより

$[Cd]_{total} = 7.14 \times 10^8 \times 4.2 \times 10^{-19}$
$= 29.98 \times 10^{-11} \fallingdotseq 3.0 \times 10^{-10}\ (\mathrm{mol/L})$

(b)　▶問２．あ．八面体間隙は面心立方格子の辺の中心と立方体の中心にあるので単位格子には４個含まれ，S^{2-} も単位格子中に４個含まれるので１倍。

い．四面体間隙は面心立方格子を８等分した小立方体の中心にあるので単位格子には８個含まれる。よって，２倍。

う．図３より，相対的な高さ１と０の面上に配置されたイオンは，右図のような個数分が単位格子に含まれる。さらに，相対的な高さ $\frac{1}{2}$ の面上には１個分の原子が含まれるので

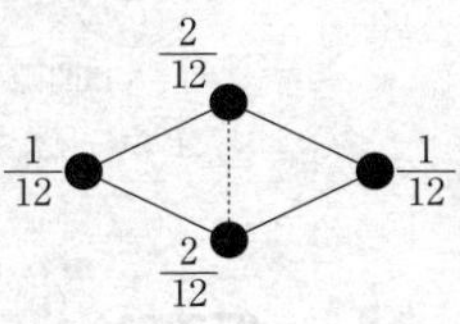

$$\frac{1}{12} \times 4 + \frac{2}{12} \times 4 + 1 = 2\text{個}$$

▶問３．え．右図のように S^{2-} 間距離を a〔nm〕，正四面体の高さを x〔nm〕とし，破線部分で切っ

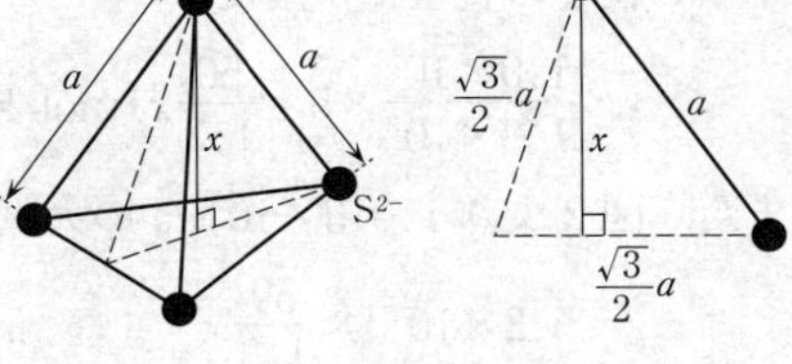

た断面を考える。格子の高さは $2x$ となるので，まず x の値を求める。

$$\sqrt{\left(\frac{\sqrt{3}}{2}a\right)^2-x^2}+\sqrt{a^2-x^2}=\frac{\sqrt{3}}{2}a$$

$$\sqrt{\left(\frac{\sqrt{3}}{2}a\right)^2-x^2}=\frac{\sqrt{3}}{2}a-\sqrt{a^2-x^2}$$

$$\left(\frac{\sqrt{3}}{2}a\right)^2-x^2=\left(\frac{\sqrt{3}}{2}a\right)^2+a^2-x^2-\sqrt{3}a\sqrt{a^2-x^2}$$

$$\sqrt{3}\sqrt{a^2-x^2}=a \qquad 3(a^2-x^2)=a^2 \qquad x=\sqrt{\frac{2}{3}a^2}=\frac{\sqrt{6}}{3}a$$

よって

$$h=2x=\frac{2\sqrt{6}}{3}a=\frac{2\times2.4}{3}\times0.41=0.656\fallingdotseq0.66〔\mathrm{nm}〕$$

▶問4．次図は高さ0の断面上のある S^{2-} を上から見たときの四面体間隙の位置と，格子を横から見たときの間隙の高さの概略を表す。つまり Cd^{2+} は高さ $\frac{1}{8}$，$\frac{3}{8}$，$\frac{5}{8}$，$\frac{7}{8}$ の位置に配列され，Cd^{2+} は間隙に1つおきに存在するので，$\frac{1}{8}$ と $\frac{5}{8}$ または $\frac{3}{8}$ と $\frac{7}{8}$ の2つの高さの組み合わせが考えられる。

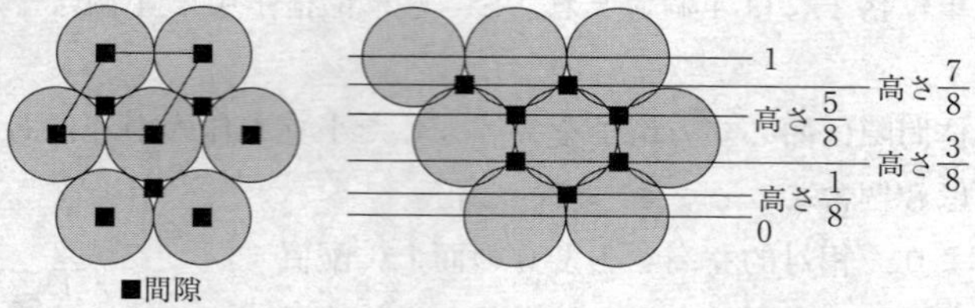

上から見たとき　　横から見たとき

II　解答

(a)　問1．求める物質量を x〔mol〕とすると，NaCl，$CaCl_2$ は完全に電離するので，水溶液中に溶解しているイオン粒子の質量モル濃度は

$$x\times\frac{1.0\times10^3}{1.3\times10^2}\times5=\frac{50}{1.3}x〔\mathrm{mol/kg}〕$$

また，図2より 1.013×10^5 Pa の大気圧における沸点上昇度は2Kなので

$$2=5.2\times10^{-1}\times\frac{50}{1.3}x \qquad \therefore\ x=0.1〔\mathrm{mol}〕\ \cdots\cdots(答)$$

問２．3.6×10^4

問３．陰極Ａ：$2H_2O+2e^- \longrightarrow 2OH^-+H_2$

　　　陽極Ｂ：$2Cl^- \longrightarrow Cl_2+2e^-$

問４．1.2×10^5

(b)　問５．1.0×10^5

問６．$p_{CO_2}+p_{CO}=P_1$

問７．(i)5.0×10^4Pa　(ii)$\dfrac{8}{3}$

(iii)　操作１開始時および操作２終了後の平衡までに反応した CO_2 の物質量をそれぞれ，n〔mol〕および a〔mol〕とすると，平衡状態における物質量の関係は以下のようになる。

$$\begin{array}{llll} CO_2 + & C\,(固) \rightleftarrows & 2CO & 全物質量 \\ n-a & & 2a & n+a \end{array}$$

物質量比と分圧比は等しくなるので，$p_{CO_2}:p_{CO}=2.5\times10^4:5.0\times10^4=1:2$ より

$$n-a:2a=1:2 \qquad \therefore \quad a=\frac{n}{2}$$

全物質量は　　$n+a=\dfrac{3}{2}n$〔mol〕

次に，操作３終了後の平衡までに反応した CO_2 の物質量を b〔mol〕とすると，平衡状態における物質量の関係は以下のようになる。

$$\begin{array}{llll} CO_2 + & C\,(固) \rightleftarrows & 2CO & 全物質量 \\ n-b & & 2b & n+b \end{array}$$

ここで，$p_{CO_2}:p_{CO}=1.0\times10^5:1.0\times10^5=1:1$ より

$$n-b:2b=1:1 \qquad \therefore \quad b=\frac{n}{3}$$

全物質量は　　$n+b=\dfrac{4}{3}n$〔mol〕

$PV=nRT$ より，$V=\dfrac{nRT}{P}$ となるので

$$\frac{V_2}{V_1}=\frac{\dfrac{\frac{4}{3}nRT}{P_2}}{\dfrac{\frac{3}{2}nRT}{P_1}}=\frac{8}{9}\times\frac{P_1}{P_2}=\frac{8}{9}\times\frac{3}{8}=\frac{1}{3}$$ ……(答)

◀解　説▶

≪(a)蒸気圧降下と気液平衡，電気分解　(b)気相平衡における分圧の変化≫

(a)　▶問２．$T=87$〔℃〕での飽和水蒸気圧は，図２より 625×10^2 Pa なので，操作Ⅰでバルブを閉じたあとの空気の圧力は

$$1.013\times10^5-625\times10^2=388\times10^2\,〔\mathrm{Pa}〕$$

$T=27$〔℃〕まで下げたときの空気の圧力は，シャルルの法則より

$$388\times10^2\times\frac{273+27}{273+87}=323.3\times10^2\fallingdotseq323\times10^2\,〔\mathrm{Pa}〕$$

$T=27$〔℃〕での蒸気圧は，図２より 33.2×10^2 Pa なので

$$323\times10^2+33.2\times10^2=356.2\times10^2\fallingdotseq3.6\times10^4\,〔\mathrm{Pa}〕$$

▶問３．Na，Ca はイオン化傾向が大きく，陰極には析出しない。

▶問４．流れた電子の物質量は

$$\frac{1.00\times10^2\times10^{-3}\times(32\times60+10)}{9.65\times10^4}=2.00\times10^{-3}\,〔\mathrm{mol}〕$$

イオン反応式より，発生する気体の総物質量も 2.00×10^{-3} mol となるので，発生した気体の圧力を x〔Pa〕とすると，状態方程式より

$$x\times\frac{3.00\times10^2}{1.00\times10^3}=2.00\times10^{-3}\times8.31\times10^3\times300$$

$$\therefore\quad x=1.662\times10^4\,〔\mathrm{Pa}〕$$

よって，容器内の全圧は

$$1.013\times10^5+1.662\times10^4=1.17\times10^5\fallingdotseq1.2\times10^5\,〔\mathrm{Pa}〕$$

(b)　▶問５．平衡状態における各成分の分圧は，図３より $p_{CO_2}=1.0\times10^5$〔Pa〕のとき $p_{CO}=1.0\times10^5$〔Pa〕と読み取れるので，(2)式に代入する。

▶問６．容器内の全圧を P_1 に保っているので，$p_{CO_2}+p_{CO}=P_1$ が成り立つ。

▶問７．(i)　求める圧力を y〔Pa〕とすると，CO_2 の分圧は $7.5\times10^4-y$〔Pa〕となり，点Bは平衡状態にあるので

$$K_P=\frac{y^2}{7.5\times10^4-y}=1.0\times10^5$$

が成り立つ。よって

$$y^2+1.0\times10^5y-7.5\times10^9=0 \qquad (y+1.5\times10^5)(y-0.5\times10^5)=0$$

$$\therefore \quad y=5.0\times10^4\,[\mathrm{Pa}]$$

(ii)　$p_{CO_2}=p_{CO}$ なので　$p_{CO}=K_P=1.0\times10^5\,[\mathrm{Pa}]$

$$P_2=p_{CO_2}+p_{CO}=2.0\times10^5\,[\mathrm{Pa}]$$

よって　$\dfrac{P_2}{P_1}=\dfrac{2.0\times10^5}{7.5\times10^4}=\dfrac{8}{3}$

III　解答　問1.

A.

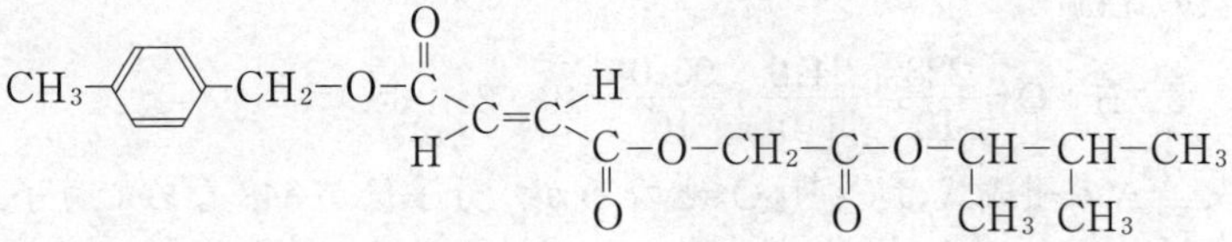

B.

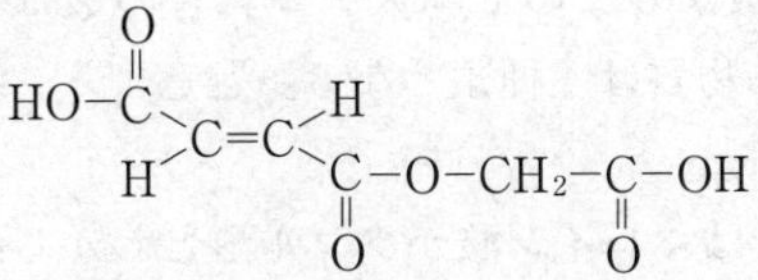

C.

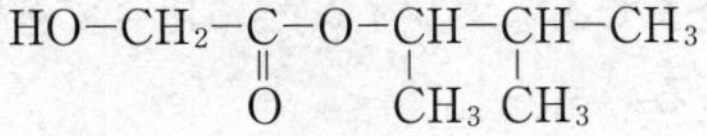

D.

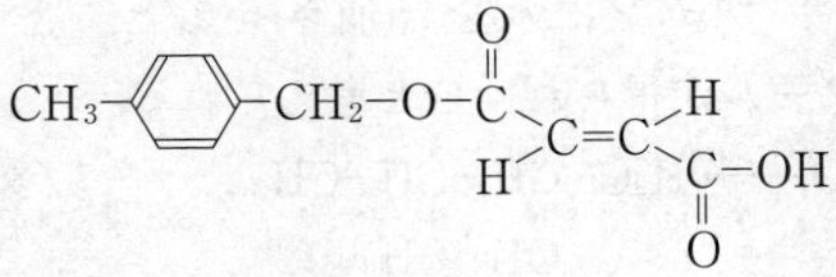

E.

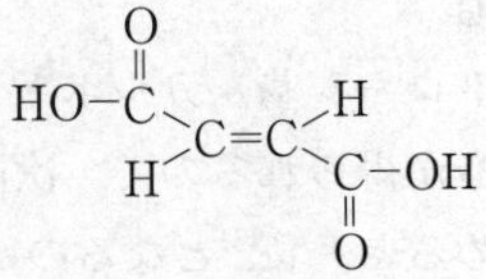

F.

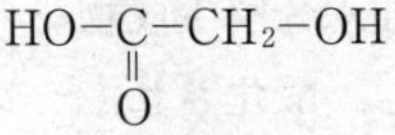

G.

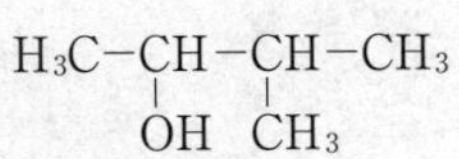

H.

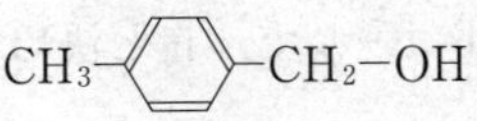

◀解　説▶

≪トリエステルの加水分解と構造決定≫

▶問1．A 1.00×10^{-3}mol の質量は，348×10^{-3}〔g〕$=348$〔mg〕で，この中に含まれるC，HおよびOをそれぞれ W_C，W_H および W_O〔mg〕とすると

$$W_C=836\times\frac{12}{44.0}=228\text{〔mg〕}$$

$$W_H=216\times\frac{2.0}{18.0}=24.0\text{〔mg〕}$$

$$W_O=348-228-24.0=96.0\text{〔mg〕}$$

原子数の比は

$$C:H:O=\frac{228}{12}:\frac{24.0}{1.0}:\frac{96.0}{16}=19:24:6$$

よって，Aの組成式は $C_{19}H_{24}O_6$ となるが，分子量が348なので分子式も $C_{19}H_{24}O_6$ である。また，O原子の数が6なのでエステル結合の数は3，最終的にAを加水分解して得られる物質は4種類となる。題意より，これらはE～Hとわかる。

(え)　分子式 $C_4H_4O_4$ のジカルボン酸はマレイン酸かフマル酸とわかるが，フマル酸は無極性分子のため，極性分子であるマレイン酸に比べて溶解度は小さい。よって，Eはフマル酸である。

(お)　次式のように，3-メチル-1-ブテンに水を付加させると，3つの $-CH_3$ をもつ3-メチル-2-ブタノールが得られ，Gと考えられる。

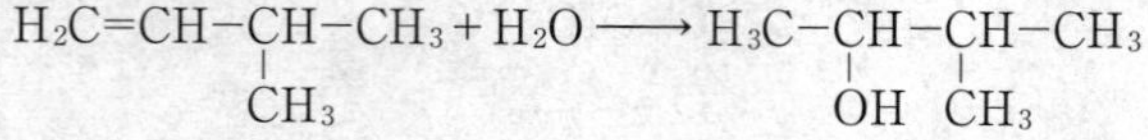

G

(か)　Hはエステルの加水分解生成物なので，ヒドロキシ基かカルボキシ基またはその両方を有し，酸化されてテレフタル酸が得られるので，次図のような種々の化合物が考えられる。分子量を求めると，122となるのは *p*-メチルベンジルアルコールで，Hと決められる。

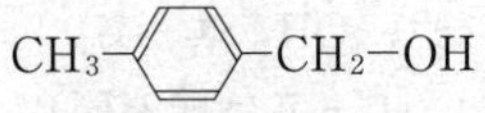

H（分子量 122）

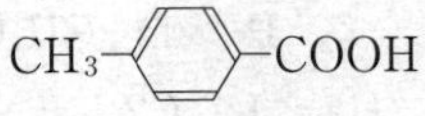

（分子量 136）

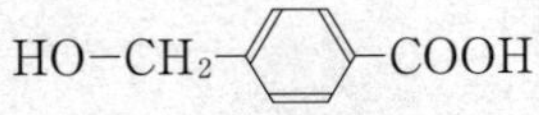

など

（分子量 152）

E，GおよびHの分子式はそれぞれ $C_4H_4O_4$，$C_5H_{12}O$ および $C_8H_{10}O$ より，Fの分子式は

$$C_{19}H_{24}O_6 + 3H_2O - C_4H_4O_4 - C_5H_{12}O - C_8H_{10}O = C_2H_4O_3$$

と求められる。

(あ)　Bの炭素数はEとFの炭素数の和より 6 とわかる。

(い)　Cの分子式は $(C_7H_{14}O_3)_n$ となるが，Aの酸素数から考えて $n=1$ しか考えられない。

(う)　Dの分子式は $(C_3H_3O)_n$ となるが，エステル結合が残っており，かつカルボキシ基をもつのでOの数は4以上の偶数となり，Aの酸素数から考えて $n=4$ しか考えられない。よって，Dは分子式が $C_{12}H_{12}O_4$ で，その炭素数からEとHがエステル結合した次図の構造と決められる。

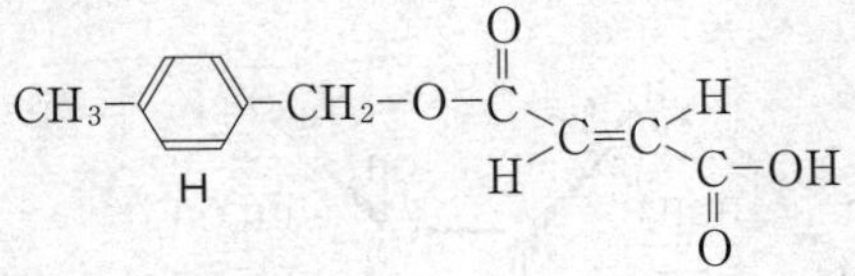

E

FはE（Dの末端でもある）とエステル結合しBを構成するが，次図のようにGは末端にしか配置できないので，FはGともエステル結合してAを構成する。つまり，ヒドロキシ基とカルボキシ基をもつヒドロキシ酸（グリコール酸）である。

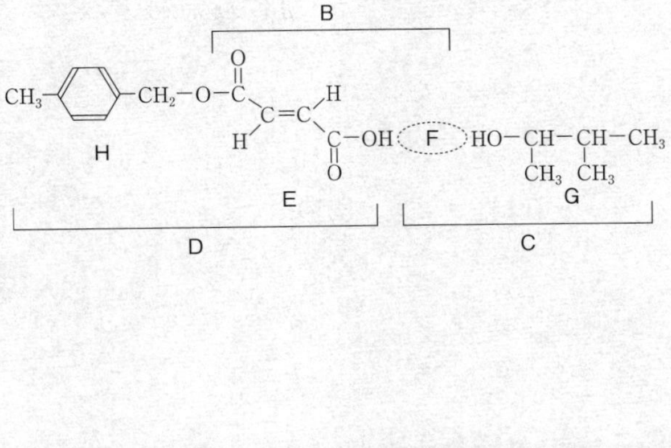

Ⅳ　解答

問１．ア．H　イ．CH_2OH　ウ．OH　エ．H

問２．(i)　Ⅰ．C2　Ⅱ．C3　（Ⅰ・Ⅱは順不同）

Ⅲ．C4　Ⅳ．C6　（Ⅲ・Ⅳは順不同）

(ii)

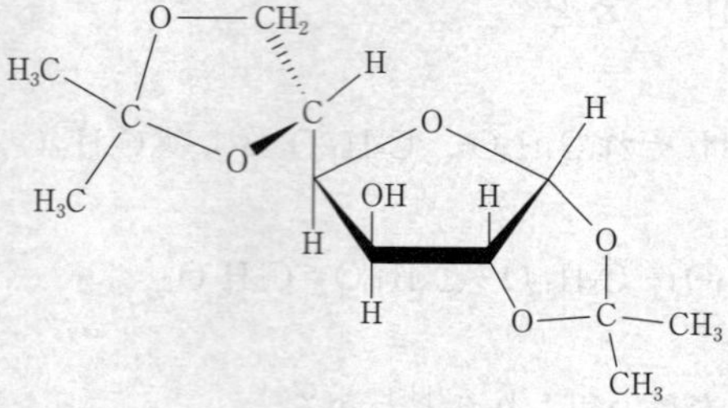

問３．C1

◀解　説▶

≪単糖の立体構造，アセタール化による保護≫

▶問１．L-ソルボースの C5 に結合した −OH が C2 の C=O と反応し五員環構造を形成した場合，次図のように２種類の異性体が考えられるが，図４の C2 と C4 に結合した −OH の位置関係から，α 構造の L-ソルボフラノースとなる。

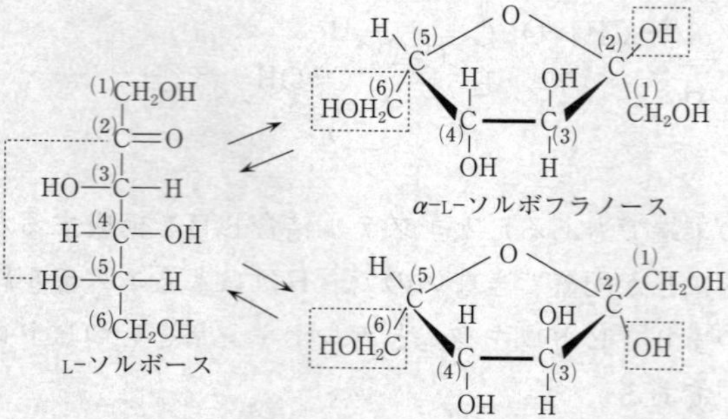

▶問 2．(i)　右図のように C2 と C3 に結合した −OH は環の面に対して同じ側にあって近接しており，アセトンと 1,2-型環構造をつくる。また，C4 と C6 に結合した −OH も環の面に対して同じ側にあって近接しているが，C5 が間にはさまれているので 1,3-型環構造をつくる。

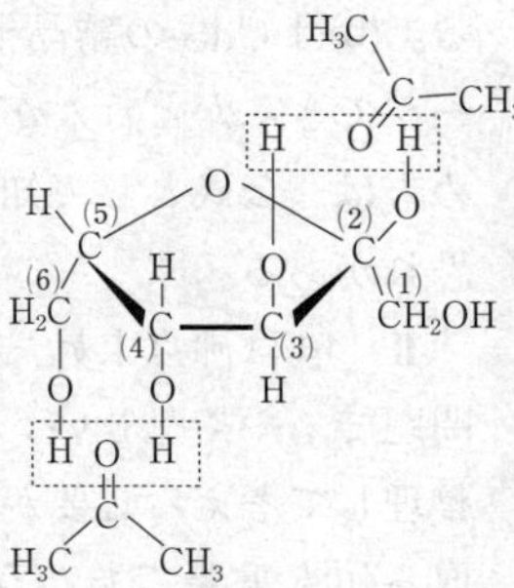

(ii)　D-グルコースは C1 の −CHO と C4 に結合した −OH で反応し，五員環構造（グルコフラノース）を形成する。この場合もソルボース同様，α 構造と β 構造の 2 種類が考えられるが，題意より，環の面に対して同じ側に近接する −OH が 2 組必要なので，次図のような α 構造のグルコフラノースと考え，アセタール化させる。

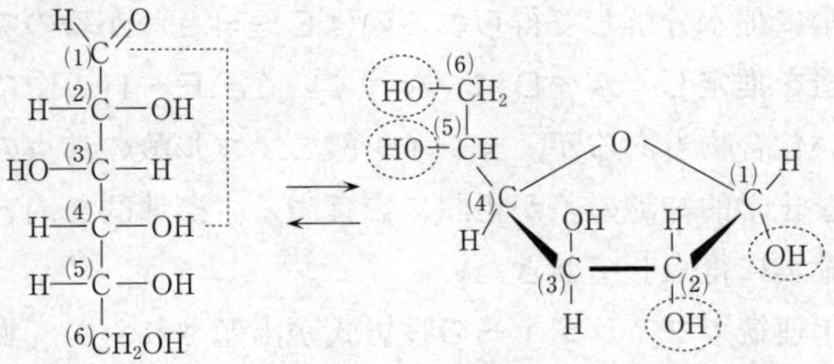

D-グルコース　　　　α-D-グルコフラノース

▶問 3．L-アスコルビン酸は，2-ケト-L-グロン酸の C1 の −COOH と C4 に結合した −OH で脱水縮合してできる。−COOH と −OH で水がとれてエステル結合ができる場合，次図のように −COOH の OH と −OH の H で脱水する。

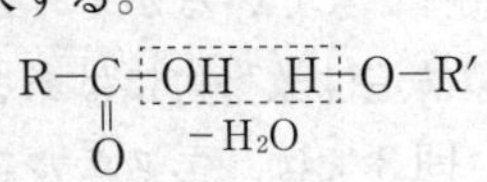

❖講　評

大問 4 題の出題数や出題パターン・形式・問題数は，ほぼ例年通りである。ただし，2019 年度に続いて論述問題は出題されなかった。

Ⅰ．(a)は pH の違いによる S^{2-} の濃度と CdS が沈殿する Cd^{2+} の濃度を，H_2S の電離平衡と CdS の溶解平衡を考慮して求める問題である。やや難しく，途中で間違うと後の計算に影響するので，注意が必要である。(b)は CdS の結晶構造に関する問題である。間隙の位置関係をイメージできるかどうかが問われ，特に問 4 が難しい。正四面体の高さの求め方は，公式として知っている方がよい。**I** で時間をかけすぎてしまう恐れがある。

II．(a)は沸点上昇，蒸気圧，気体の圧力，電気分解が組み合わさった問題で，やや難しい。操作 I ～ III の容器内の物理的・化学的状態をよく整理して考える必要がある。グラフをどのように読み取るか，また読み取る値も重要であろう。(b)は CO_2 と CO の気相平衡に関する問題である。温度変化があり，図 3 の見方も含め平衡状態の捉え方がやや難しい。中でも問 7 の(ii)・(iii)は思考力が問われる。**II** も時間がかかりそうである。

III．トリエステルとその加水分解生成物の構造推定の問題で，珍しく小問としての出題がない。元素分析の結果から化合物Ａはトリエステル，さらに完全に加水分解して得られるのはＥ～Ｈとわかるので，まずはそれらの構造を推定し，Ａ～Ｄにつなげていく。Ｅ～Ｈの中には比較的推定しやすい化合物もあるが，マレイン酸とフマル酸の沸点の違いのように，細かな化学的知識の差が正誤に影響する。標準的な内容なので，この問題で確実に得点しておきたい。

IV．２年連続でフィッシャーの投影式が出題されたが，説明が丁寧で投影式の意味は理解できるはずである。ただし，環を形成したときの官能基の位置を考えるには慣れが必要なので，戸惑うかもしれない。与えられた構造式の一部もよく吟味しながら考える必要がある。問１で間違うと問２に影響するが，逆に問２(i)の考察から問１が検証できる可能性もある。「保護」の理論と問２(i)が正しく理解できているかどうかで問２(ii)の正誤が決まるが，グルコースの五員環構造は教科書にはあまり出ていないので，やはり戸惑うかもしれない。問３では，エステル結合によって脱離した H_2O の O の由来を知っておく必要がある。

生物

I

解答

(A)　問1．ア．イントロン　イ．スプライシング
ウ．リボソーム　エ．小胞体　オ．ゴルジ体

問2．Ⅰ．エキソン3　Ⅱ．エキソン4

問3．Ⅰ型変異では，エキソン2が欠失したことによりエキソン3領域のコドンの読み枠にずれが起こり，翻訳されたエキソン3領域のアミノ酸配列が正常配列とは全く異なるものとなるため，抗体 A3 と特異的に結合する配列はポリペプチド Y-ⅰには存在しなくなるから。

問4．(い)・(え)

問5．Ⅰ．$\frac{1}{2}$　Ⅱ．$\frac{1}{8}$

(B)　問6．A1．(あ)

A2．相補鎖を鋳型にして，標識 DNA の 20 番目に続けて 21 番目にCをもつヌクレオチドを結合させる。

B1．(う)

B2．21 番目にCが結合した標識 DNA を，22 番目以降の DNA と結合させる。

問7．(い)

問8．Ⅰ．C（シトシン）・T（チミン）

Ⅱ．未修復の塩基対をもつプラスミドの複製では，Gをもつ鎖を鋳型にした G-C 塩基対のプラスミドと，いったんUをもつ鎖を鋳型に相補的なAをもつ鎖を合成し，さらに，この鎖を鋳型にした A-T 塩基対のプラスミドが作られる。Uは前者ではCに，後者ではTに置換される。

◀解　説▶

≪(A)スプライシングとその異常　(B) DNA の校正とその異常≫

(A)　▶問1．RNA ポリメラーゼはイントロンの有無にかかわらず，DNA の転写開始点から終了点まで連続して転写するので，転写された mRNA 前駆体にはアミノ酸配列の情報をもつ領域のエキソンと，もたない領域のイントロンの両方が含まれる。成熟した mRNA になるためには，いくつ

かの過程を経る必要がある。その一つがイントロン部分を切り出すことで，この過程がスプライシングである。このほかにも mRNA の先頭（5' 末端）にはCAP構造，末尾（3' 末端）にはポリA鎖が付加される。その後，成熟した mRNA をもとにリボソームで翻訳が行われ，タンパク質が合成される。分泌されるタンパク質の場合，先頭部分にあるシグナルペプチドの働きで，タンパク質は小胞体に取り込まれ，切断や糖の付加などの加工を受けながらゴルジ体に運ばれ，分泌顆粒となって細胞膜へ移動する。

▶問２．下図に①正常型ポリペプチドYと変異型の②ポリペプチドY-ⅰ，③ポリペプチドY-ⅱに関するアミノ酸数，コドン数と読み取られた塩基数およびそれらの塩基配列を示した。図からわかるように，②ポリペプチドY-ⅰではエキソン３のコドンの読み取りに読み枠のずれ（フレームシフト）が起こった結果，エキソン３末尾付近のTGA（UGA）が終止コドンとなり，読み取りが終了する。③ポリペプチドY-ⅱでは読み枠のずれが起こらないので，エキソン４末尾の終止コドンTAA（UAA）で読み取りが終了する。

①正常型ポリペプチドY

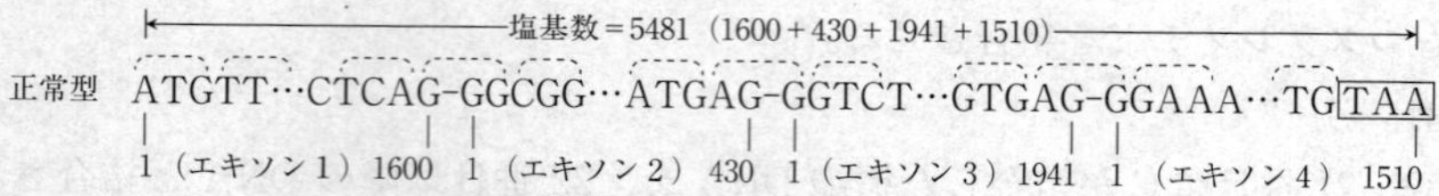

アミノ酸数＝1826
コドン数＝1826＋1＝1827（＋1は終止コドン）
読み取られた塩基数＝1827×3＝5481

②ポリペプチドY-ⅰ

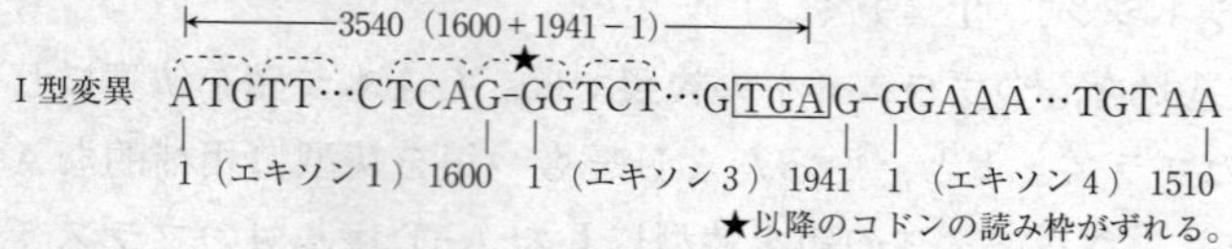

アミノ酸数＝1179
コドン数＝1179＋1＝1180
読み取られた塩基数＝1180×3＝3540

③ポリペプチドY-ⅱ

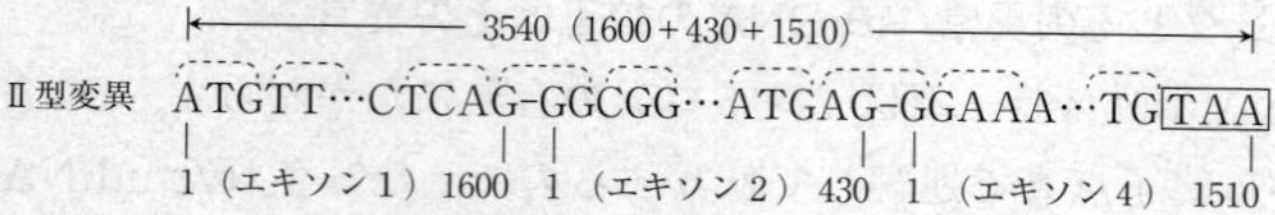

アミノ酸数＝1179
コドン数＝1179＋1＝1180
読み取られた塩基数＝1180×3＝3540

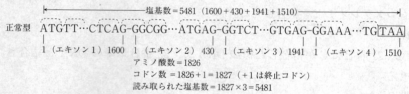

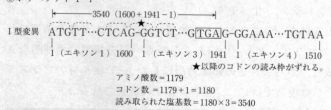

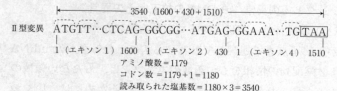

▶問3．上図に示したように，変異型のポリペプチドY-ⅰでは，エキソン3の★以降のコドンの読み枠がずれるので，この部分のアミノ酸配列は大きく変化する。このため，ポリペプチドY-ⅰには抗体A3と特異的に結合するようなアミノ酸配列が存在しないことになる。

▶問4．正常なポリペプチドYは，エキソン4によってコードされるアミノ酸配列をもつが，上図からわかるようにポリペプチドY-ⅰはその部分をもたない。前駆型三量体の形成にはエキソン4によってコードされるアミノ酸配列が必要となるので，ポリペプチドY-ⅰは正常なポリペプチドYと前駆型三量体を形成しない。よって，前駆型三量体はY-ⅰを含まず，成熟型三量体にもY-ⅰは含まれない。

▶問5．ヘテロ接合体細胞では，正常なポリペプチドYと変異型ポリペプチドがほぼ同量ずつ作られ，小胞体に送られる。

Ⅰ型変異のヘテロ接合体細胞では，ポリペプチドYはポリペプチドY-ⅰとは三量体を形成しないので，正常なポリペプチドYの量に相当するだけの（ポリペプチドYのみからなる）前駆型三量体が作られる。したがって，その量は正常遺伝子 Y をホモにもつ場合の，ほぼ $\frac{1}{2}$ と考えられる。

Ⅱ型変異のヘテロ接合体細胞では，ポリペプチドYがポリペプチドY-ⅱとランダムに組み合わさって前駆型三量体を形成する。しかし，これらの前駆型三量体のうち成熟型三量体として分泌されるのは，正常なポリペプチドYのみからなるものである。前駆型三量体のポリペプチドが3つとも正常なポリペプチドYからなる確率は $\left(\frac{1}{2}\right)^3=\frac{1}{8}$ であり，これが分泌される成熟型三量体の量と考えられる。

(B) ▶問6．DNAポリメラーゼには，エラー訂正機能が備わっている場合がある。これをDNAの校正と呼んでいる。この実験では，除去された部位に正しくヌクレオチドが挿入されて，正常な塩基対へと修復されるDNAの校正を扱っている。

実験1において，損傷塩基除去関連タンパク質を加えない試料1では，標識DNAは39塩基長だが，損傷塩基除去関連タンパク質を加えた試料2では20塩基長となり，損傷塩基除去関連タンパク質に含まれるAPエンドヌクレアーゼで，標識DNAのヌクレオチド鎖がUの手前で切断されているとわかる。試料3と4からは，切断されたヌクレオチド鎖はタンパク質Aと化合物Zの両方が存在（作用）すれば塩基長が21となり，酵素であるタンパク質Aの働きで，化合物Zを反応材料に，切断されたヌクレオチド鎖にヌクレオチドが1つ付加されたとわかる。よって，タンパク質Aは，正しいヌクレオチドを付加する働きをもつ(あ)DNAポリメラーゼである。さらにタンパク質Bが加わった試料5の結果は，試料4で21番目の塩基が修復されたヌクレオチド鎖が，残りの部分のヌクレオチド鎖と結合して，39塩基からなる1本鎖に修復されたことを示している。したがって，タンパク質Bは，2つのヌクレオチド鎖を結合させる(う)DNAリガーゼである。

以上のことから，タンパク質Aは「相補鎖を鋳型にして，標識DNAの20番目に続けて21番目にCをもつヌクレオチドを結合させる」ものであり，タンパク質Bは「21番目にCが結合した標識DNAを，22番目以降のDNAと結合させる」ものであることになる。

なお，(い)DNAヘリカーゼは，DNAの2本鎖をほどく酵素，(え)RNAポリメラーゼは，DNAなどを鋳型にRNAを合成する酵素，(お)ヒストンは，DNAを巻きつけ，核内に染色体として収納するタンパク質で，いずれも修復とは無関係である。

▶問7．問6でも解説したように，21番目の塩基Uをもつヌクレオチドは切り取られて，塩基Cをもったものに修復（置換）される。この反応には，DNAポリメラーゼとともにDNAの構成分子である塩基Cをもつヌクレオチドが用いられる。これが，化合物Zにあたる(い)デオキシシチジン三リン酸である。なお，選択肢の他の化合物は塩基の種類あるいは糖の種類が正しくない。

▶問8．塩基対G-UをもつDNA鎖を組み込んだプラスミドの複製は，以下のように起こる。まず，プラスミドDNAの2本鎖が1本鎖になる。続いて，それぞれの1本鎖を鋳型に相補鎖が形成されるが，Uをもつ鎖を鋳型にすると，Uがもつ水素結合の数（2個）や位置から，相補的な塩基にはAが選ばれる。そのAをもつ鎖を鋳型として，さらに相補的な鎖が形成されると，元のUの位置にTが入った鎖ができる。一方，Gをもつ鎖を鋳型にすると，相補鎖はCをもつことになる。これらが複製を繰り返すので，得られるプラスミドはG-C塩基対をもつもの，あるいはA-T塩基対をもつもののいずれかになる。すなわち，UはCまたはTに置換されることになる。

II 解答 問1．極体

問2．$\frac{1}{20}$

問3．ア．$\frac{9}{40}$　イ．$\frac{1}{4}$　ウ．$\frac{1}{40}$　エ．$\frac{1}{40}$　オ．$\frac{1}{4}$　カ．$\frac{9}{40}$

問4．「体色が暗黒色，かつ産卵した受精卵がすべてふ化しない雌個体」の遺伝子型は*ggee*であり，両親のどちらからも遺伝子型*ge*の配偶子を受け取る。そこで，F_1個体が作る配偶子の中で遺伝子型*ge*の卵や精子の占める割合を考える。

F_1個体のうち，ふ化する卵を産む雌個体の遺伝子型は(i) *GgEE*，(ii) *GgEe*（*G*-*E*，*g*-*e*が連鎖），(iii) *GgEe*（*G*-*e*，*g*-*E*が連鎖），(iv) *Ggee*であり，それぞれの割合は(i)$\frac{9}{20}$，(ii)$\frac{9}{20}$，(iii)$\frac{1}{20}$，(iv)$\frac{1}{20}$である。

(i)〜(iv)の各雌個体が作る卵のうち，遺伝子型*ge*のものが占める割合は，(i)では0，(iv)では$\frac{1}{2}$で，組換え価10％を考慮すると，(ii)では$\frac{9}{20}$，(iii)では$\frac{1}{20}$である。

よって，ふ化する卵を産む雌個体が作る卵全体の中で，遺伝子型*ge*の卵の占める割合は(i)$\frac{9}{20}\times 0$，(ii)$\frac{9}{20}\times\frac{9}{20}$，(iii)$\frac{1}{20}\times\frac{1}{20}$，(iv)$\frac{1}{20}\times\frac{1}{2}$で，これらの合計は　$\frac{81}{400}+\frac{1}{400}+\frac{1}{40}=\frac{92}{400}=\frac{23}{100}$

また，*ggEe*の雄個体が作る精子の$\frac{1}{2}$が遺伝子型*ge*であり，この精子と受精して生じた個体の$\frac{1}{2}$が求める雌個体の割合だから，その割合は

$$\frac{23}{100}\times\frac{1}{2}\times\frac{1}{2}=\frac{23}{400}\quad\cdots\cdots(答)$$

◀解　説▶

≪母性効果遺伝子，連鎖と組換え≫

▶問２．雌親の遺伝子産物が卵の細胞質を通じて，子供の形質に現れるという G（g）のような遺伝子を母性効果遺伝子という。組換え価10％から $GE：Ge：gE：ge=n：1：1：n$ とおいて，$10=100\times\frac{1+1}{n+1+1+n}$ を解く。$n=9$ となるので，これから，g と E を同時にもつ卵の占める比率は $\frac{1}{20}$ となる。

▶問３．遺伝子型 $GgEe$ の雌個体と $ggEe$ の雄個体との交配結果を下表に示す。

配偶子の遺伝子型とそれが占める割合

$GgEe$ の雌個体が作る配偶子　$\frac{9}{20}GE,\ \frac{1}{20}Ge,\ \frac{1}{20}gE,\ \frac{9}{20}ge$

$ggEe$ の雄個体が作る配偶子　$\frac{1}{2}gE,\ \frac{1}{2}ge$

交配結果

雄＼雌	$\frac{9}{20}GE$	$\frac{1}{20}Ge$	$\frac{1}{20}gE$	$\frac{9}{20}ge$
$\frac{1}{2}gE$	$\frac{9}{40}GgEE$	$\frac{1}{40}GgEe$	$\frac{1}{40}ggEE$	$\frac{9}{40}ggEe$
$\frac{1}{2}ge$	$\frac{9}{40}GgEe$	$\frac{1}{40}Ggee$	$\frac{1}{40}ggEe$	$\frac{9}{40}ggee$

よって，各遺伝子型の期待される値は

$$GgEE=\frac{9}{40},\quad GgEe=\frac{9}{40}+\frac{1}{40}=\frac{1}{4},\quad Ggee=\frac{1}{40}$$

$$ggEE=\frac{1}{40},\quad ggEe=\frac{9}{40}+\frac{1}{40}=\frac{1}{4},\quad ggee=\frac{9}{40}$$

▶問４．F_1 雌個体のうち，遺伝子型 $ggEE$，$ggEe$，$ggee$ の雌個体は，ふ化する卵を産まないから F_2 の計算には関与しない。また，「体色が暗黒色，かつ産卵した受精卵がすべてふ化しない雌個体」の遺伝子型は $ggee$ であるから，F_1 雌個体が作る配偶子の中で遺伝子型 ge の配偶子の占める割合を中心に考えていけばよい。$GgEe$ の中に，G–E（g–e）が連鎖したもの（GE/ge）と G–e（g–E）が連鎖したもの（Ge/gE）の２種類があることに注意すると，ふ化する卵を産む F_1 雌個体の遺伝子型は，(i) $GgEE$（GE/gE），(ii) $GgEe$（GE/ge），(iii) $GgEe$（Ge/gE），(iv) $Ggee$（Ge/ge）

の 4 種類である。まず，(i)～(iv)のそれぞれが F_1 雌個体全体に占める割合を求める。ふ化する卵を産む F_1 雌個体全体を 1 とすると，(i)～(iv)の割合は問 3 から(i)$\frac{9}{20}$，(ii)$\frac{9}{20}$，(iii)$\frac{1}{20}$，(iv)$\frac{1}{20}$ である。次に，(i)～(iv)のそれぞれの F_1 雌個体が作る卵のうちで遺伝子型 *ge* の卵が占める割合を考える。(i)は遺伝子型 *ge* の卵は作らず（割合は 0），(iv)は $\frac{1}{2}$ である。組換えが問題になる(ii)と(iii)の場合，遺伝子型 *ge* の卵は(ii)では組換えが起こっていないので $\frac{9}{20}$，(iii)では組換えが起こっているので $\frac{1}{20}$ である。よって，ふ化する卵を産む F_1 雌個体が作る卵全体の中で，遺伝子型 *ge* の卵が占める割合は $\frac{9}{20}\times 0+\frac{9}{20}\times\frac{9}{20}+\frac{1}{20}\times\frac{1}{20}+\frac{1}{20}\times\frac{1}{2}=\frac{23}{100}$ である。また，*ggEe*（*gE*/*ge*）の雄個体が作る精子の $\frac{1}{2}$ が遺伝子型 *ge* であることから，生じる F_2 個体中で遺伝子型 *ggee* の占める割合は，$\frac{23}{100}\times\frac{1}{2}=\frac{23}{200}$ となる。さらにその $\frac{1}{2}$ が求める雌個体の割合であるから，解答は $\frac{23}{200}\times\frac{1}{2}=\frac{23}{400}$ となる。

III　解答

問 1．(あ)・(う)・(え)

問 2．(1)　(a)フォトトロピン　(b)青色

(2)　(c)活性化された H^+ ポンプによる H^+ の排出が起こり，孔辺細胞は過分極を起こす。これにより，濃度勾配に逆らって K^+ チャネルから K^+ の取り込みが行われ，細胞の浸透圧が上昇する。

(d)細胞の浸透圧が上昇すると，水が流入し膨圧が上昇する。気孔側の細胞壁が厚く反対側が薄い孔辺細胞では，膨圧上昇により薄い側が伸長して細胞が湾曲し，気孔の開口が起こる。

問 3．ア―(い)　イ―(え)　ウ―(く)

◀解　説▶

≪気孔の開口，強光ストレス≫

▶問 1．(あ)セン類，(う)タイ類，(え)ツノゲケ類はコケ植物と総称される植物群で，これらのグループは維管束や根をもたない。

(い)ヒカゲノカズラ類はシダ植物であり，維管束および根をもつ。

▶問２．気孔の開口は青色光を受容するフォトトロピンにより促進される。青色光が照射されると，フォトトロピンは H^+ ポンプを活性化し，ATP が消費されて H^+ が細胞外へ能動輸送される。これにより細胞内の電位が下がって細胞内外の電位差が増大し（過分極），それに応じて細胞膜にある K^+ チャネルが開き，電位が下がった孔辺細胞内に K^+ が取り込まれ，孔辺細胞内に蓄積される。その結果，孔辺細胞の浸透圧が上昇し，水の流入→膨圧上昇→孔辺細胞の変形の過程を経て，気孔が開口する。

▶問３．光エネルギーは，光合成反応に利用される以外にも様々な反応で消費される。吸収した光エネルギー量が消費可能な量を超えると，強光ストレスや光阻害が起こる。そのため，植物は過剰なエネルギーを安全に処理するためのしくみをもっている。たとえば，光合成色素でもあるキサントフィルは過剰な光エネルギーを(い)熱エネルギーとして放出する。また，気孔が閉じ，CO_2 供給が不足した状態で光があたると，$NADPH+H^+$ が消費されず，光化学系Ｉでは電子を受け取る(え) $NADP^+$ が不足する。その結果，強力な酸化力をもつ有害な活性酸素が生じるが，(く)カロテンには，この活性酸素を除去する働きがある。

Ⅳ　解答

(A)　問１．光合成効率は青紫色光と赤色光で高いが，緑色光では低くなっている。

問２．図４から，紅藻Ｂの生育場所（水深 8m）の光環境は主に緑色光からなり，光も弱いとわかる。図１から，紅藻Ｂは紅藻Ａより緑色光をよく吸収し，図３から緑色光での光合成の効率が高いとわかる。図２から，紅藻Ｂは紅藻Ａより光飽和点が低く，弱い光に適応しているとわかる。以上のことから，紅藻Ｂはその生育場所の光環境によく適応しているといえる。

(B)　問３．アゾトバクター，クロストリジウム，ネンジュモなどから２つ

問４．(お)

問５．(あ)・(え)

問６．7.5 g/m^2 の低い窒素肥料条件下では，クローバーは共生する根粒菌からの窒素供給により十分に生育し，優占種となる。22.5 g/m^2 の十分な窒素肥料条件下では，より背丈の高くなるライグラスが光をめぐる競争に勝ち，優占種となる。

◀解　説▶

≪(A)紅藻の生育場所と光環境　(B)植物の種間競争と生産構造≫

(A)　▶問１．一般的な植物の緑葉の作用スペクトルは，緑色光である中波長（波長 500～600 nm）では低く，青～紫色光の短波長と赤色光の長波長では高くなっている。

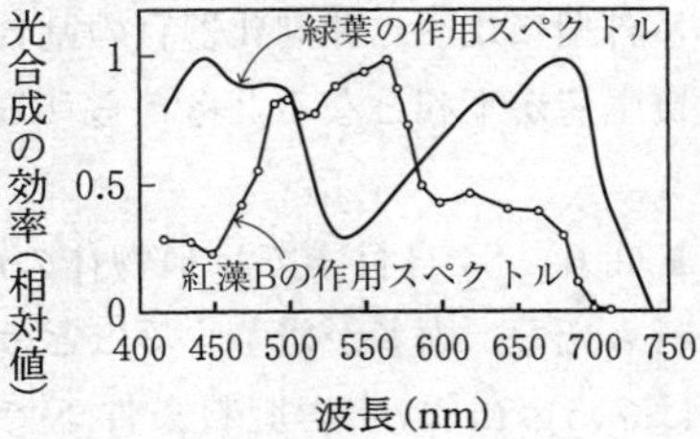

▶問２．図４から，紅藻Ｂが生育する場所の光環境を述べ，図１～３から，その光環境で，紅藻Ｂが紅藻Ａより有利な根拠を述べる。

(B)　▶問３．高校の授業内容を考慮すると，アゾトバクター，クロストリジウム，ネンジュモから２つ挙げるのが妥当だろう。窒素固定を行う生物には根粒菌や放線菌，シアノバクテリア（ラン藻），ある種の嫌気性細菌，メタン菌など一部の古細菌がある。これらのものには，種によって特定の植物や動物（シロアリなど）と共生するものもある。

▶問４．群落内部の光強度の変化は，おおむね群落上層からの葉面積を累積したものによって決まると考えてよい。113 日目の窒素肥料条件が 0 g/m^2 の群落では，群落最上面の少し下（高さの相対値 0.7 ぐらい）から葉面積の累積が急激に増加するから，このあたりから光強度も急激に低下すると考えられる。高さの相対値が 0.7 前後で光強度の相対値が急激に低下する特徴のグラフはＣである。グラフＦもグラフＣと似ているが，高さの相対値が 0.7 までの光強度の低下が少なすぎる。窒素肥料条件が 22.5 g/m^2 の群落では，葉面積の累積が徐々に増加するから，高さの相対値が１に近いところから光強度が緩やかに低下すると考えられ，グラフＡが妥当である。

▶問５．(あ)・(え)典型的なイネ科型個体群の物質生産における利点を述べたもので正しい。

(い)誤り。文の前半「広葉型個体群では葉が群落上層に局在」は現象としては正しいが，「弱光下での個体群呼吸量が多い」こととは無関係である。

(う)誤り。「群落下層に当たる光は弱い」ことと「イネ科型個体群の方が蒸散が少な」いことは無関係である。

なお，(い)は文の後半の「弱光下での個体群呼吸量が多い」の意味がとらえにくいが,「イネ科型個体群に比べ, 広葉型は弱光下（中下層）での個体群呼吸量が多い」という意味にとらえれば, 中下層において, 広葉型はイネ科型に比べ, 非同化器官の割合が高いことから呼吸量が多く, その分物質生産が不利となると考えられるので, (い)を適切とすることも可能であろう。

▶問６．84 日目までは植物体の成長量が大きくないので, 要求される肥料も光も, 両者が競争するほどは必要とされていない。しかし, それ以後は 7.5 g/m^2 の窒素肥料条件下では窒素肥料に対する要求が, 22.5 g/m^2 の窒素肥料条件下では光に対する要求が, 優占種の決定要因となる。

❖講　評

大問は例年通り４題。Ⅰ・Ⅳが(A)・(B)に２分割されている。Ⅰはほぼ単一の分野から出題されているが, Ⅳの(A)と(B)は異なる分野の出題である。論述問題は, 2019 年度の 10 問より減少して９問となった。導出過程の記述を要する計算問題が, 遺伝分野のⅡで出題されたが, 計算というよりは考え方を問うものとなっている。描図問題はなく, 論述問題に重点が置かれた出題であるところは変わりがない。

Ⅰ．(A)・(B)とも DNA の塩基配列に関する出題である。イントロンの異常によるフレームシフトや DNA の校正は, 京大としてはそれほどではないにしても, やや難度の高い出題である。

Ⅱ．2020 年度の出題で最も差がつくと考えられる, 遺伝に関する出題。組換えを扱った点では標準的な難度といえなくはないが, 内容的には問４の解答の仕方がかなり難しい。

Ⅲ．植物の色素を扱った問題としては, やや出題頻度の低いフォトトロピンとカロテノイドの働きを取り上げたもの。詳細な知識が必要とされる。

Ⅳ．(A)は藻類の生育場所の光環境と光合成効率を扱うもので, (B)は植物群落の生産構造と競争を窒素固定とからめて扱ったものである。論述問題にしっかり対応できれば, 標準的な出題であるといえる。

難度は例年よりはやや低下しているものの, 高校で学ぶ知識を一歩進めた「考える力」を必要とするという出題の性格は変わっていない。2020 年度のポイントは,「考えた内容をいかに説明するか」という論述問題の本質的な内容が問われる出題であった点にあるといえよう。

地学

I 解答

(a) 問1．ア．楕円　イ・ウ．渦巻，棒渦巻

問2．A．種族Ⅱの星　B．球状星団

問3．宇宙初期に生まれた恒星のうち，寿命が短い大質量星はすでに寿命を終えてしまい，その後星が形成されなかった銀河においては，寿命が長く表面温度が低い赤みがかった小質量星が多くを占めるから。

(b) 問4．星間塵による吸収がないとすると，恒星Xの明るさは1万倍になり，見かけの等級は

$18-5\times2=8$ 等

となる。恒星Xまでの距離は 10^4 パーセクなので，その絶対等級は

$8+5-5\log_{10}10^4=-7$ 等　……(答)

問5．恒星Xの軌道半径は 1.5×10^{11}〔km〕$=10^3$〔天文単位〕である。そこで，ブラックホールの質量を太陽質量の x 倍とすると，ケプラーの第三法則より

$$\frac{(10^3)^3}{15^2}=x$$

$x=4.4\times10^6\fallingdotseq4\times10^6$ 倍　……(答)

問6．(1) 距離が 10^4 パーセクのとき，1天文単位を見込む角度は 10^4 分の1秒である。よって，恒星Xと銀河系中心の距離 10^3 天文単位を見込む角度は

$$\frac{10^3}{10^4}=1\times10^{-1}\text{ 秒}$$　……(答)

(2) X－E　Y－B

(3) 恒星Xは観測者から遠ざかるように運動しているので，ドップラー効果により本来よりも長い波長が観測される。一方，恒星Yは観測者に近づくように運動しているので，本来よりも短い波長が観測される。また，波長のずれの大きさは，運動速度が速いほど大きい。ケプラーの第三法則より，公転速度は恒星Xの方が速いので，恒星Xの方が恒星Yより波長のずれが大きくなる。

◀解　説▶

≪(a)銀河の種類と進化　(b)ブラックホール，恒星の運動≫

(a)　▶問１．恒星などの集団である銀河は，その構造によって楕円銀河，渦巻銀河や棒渦巻銀河，不規則銀河に大別される。銀河の分布密度の高い領域では銀河どうしが衝突することがあり，互いに通り抜けることもあれば，互いの重力圏を脱しきれず合体することもある。こうしてできた巨大な銀河が楕円銀河ではないかと考えられている。衝突時に星間物質の密度が急増し恒星が一気に生まれるが，その後は恒星形成の頻度が急減するため寿命の短い青白く輝く恒星の割合は少なくなり，全体として赤みがかって見える。逆に渦巻銀河や棒渦巻銀河では，今なお恒星の誕生～超新星爆発のサイクルが一定の割合でくり返され，星間ガスや若い恒星が比較的多い。

▶問２．銀河中心部の恒星の多い領域を取り巻く球状の空間がハローで，そこには固有の運動を行う球状星団が散在している。球状星団には大質量で寿命が短い星や星間ガスは少なく，銀河形成の初期から残る種族Ⅱの星で占められている。

▶問３．通常，星間物質の重力集中→恒星の誕生→大質量星の超新星爆発→星間物質の飛散というサイクルがくり返される。しかし，質量が太陽程度の星で約百億年，太陽の半分程度の星では数百億年と，小質量の星ほど寿命が長い。また，このような星ほど，表面温度が低く赤みがかって見える。したがって，新たな星の形成がないと，しだいに大質量で青白く輝く星の割合は少なくなり，全体が赤みがかって見えるようになる。

(b)　▶問４．銀河系の円盤部，特に中心部には星間塵が多く分布し，その方向から来る光を吸収している。天の川を見上げたとき，川の中に中州があるように見えるのは，このためである。天体の等級は，明るさ（光度）が 100 倍明るくなるごとに 5 等ずつ小さくなるよう定義されているので，1 万＝100^2 倍明るいと等級は $5\times2=10$ 等小さくなる。また，距離 d パーセク $\left(\text{年周視差 } \frac{1}{d} \text{ 秒}\right)$ にある天体の見かけの等級 m と絶対等級 M の間には

$$M-m=5-5\log_{10}d$$

の関係がある。

▶問5．一般に質量 x〔太陽質量〕の天体が軌道半径 a〔天文単位〕で，質量 y〔太陽質量〕の中心天体の周りを周期 p〔年〕で公転するとき，これらの間に成り立つケプラーの第三法則は

$$\frac{a^3}{p^2}=x+y$$

と表される。なお，連星系の場合には，2星間の距離を a とおく。

▶問6．(1)　距離の単位であるパーセクは，年周視差が1秒になる距離と定義され，下図のような関係がある。

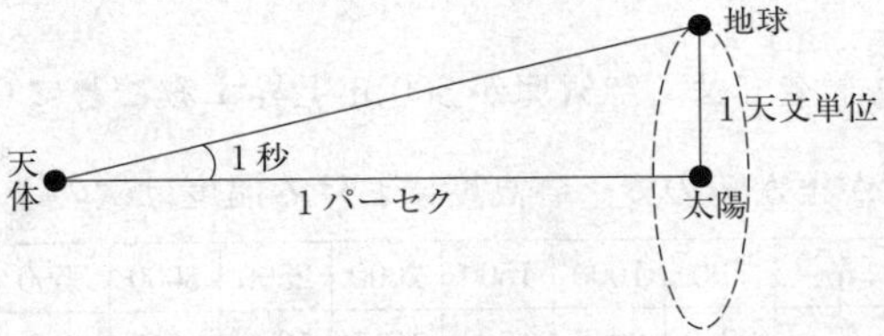

年周視差は微小角なので距離に反比例する。したがって，距離 d パーセクの天体なら年周視差は $\frac{1}{d}$ 秒となり，この距離にある2天体間の実距離が p 天文単位なら，それを見込む角度は $\frac{p}{d}$ 秒となる。

(2)・(3)　観測者に対し天体が視線方向に速度 v で遠ざかる（ただし $v \ll c$，c：光速度）場合，その天体からの光はドップラー効果により，本来の波長 λ から $\Delta\lambda=\frac{v}{c}\lambda$ だけ長く観測される（赤方偏移）。すなわち後退速度に比例して波長が長く観測される。逆に天体が近づく場合は $\Delta\lambda<0$，すなわち波長は短く観測される。また，恒星の公転速度を v，軌道半径を a，公転周期を p とすると，$v=\frac{2\pi a}{p}$ が成り立つ。これとケプラーの第三法則から，公転速度は軌道半径の平方根に反比例することがわかる。

II　解答

問1．ア．条件つき　イ．絶対　ウ．逆転
エ・オ．成層，熱

問2．•風が山地の斜面に沿って上昇する場合
•低気圧の中心のように風が周囲から吹き込んでくる場合

問3．(1)　高度500mまでは乾燥断熱減率にしたがって上昇するので

$$28.0-1.0\times\frac{500}{100}=23.0=2.3\times10\text{〔℃〕}$$ ……(答)

(2)　高度 500 m での露点が 23.0℃であるから，地上における露点は

$$23.0+0.2\times\frac{500}{100}=24.0\text{〔℃〕}$$

地上における 28.0℃，24.0℃の飽和水蒸気圧はそれぞれ 37.8 hPa，29.8 hPa なので，求める相対湿度は

$$\frac{29.8}{37.8}\times100=78.8\fallingdotseq7.9\times10\text{〔\%〕}$$ ……(答)

(3)　500 m より上空では，空気塊が 500 m 上昇するごとに $0.5\times\frac{500}{100}=2.5$〔℃〕ずつ温度が下がるので，各高度における温度は次のようになる。

高度〔m〕	500	1000	1500	2000	2500	3000	3500	4000
温度〔℃〕	23.0	20.5	18.0	15.5	13.0	10.5	8.0	5.5

上表と表 1 より，空気塊の上昇が止まる高度は，空気塊の温度と周囲の気温が等しくなる 3000 m と 3500 m の間にあることがわかる。その高度を h〔m〕とすると

$$10.5-0.5\times\frac{h-3000}{100}=10.1-\frac{10.1-8.6}{5}\times\frac{h-3000}{100}$$

が成り立つ。よって

$$h=3200=3.2\times10^3\text{〔m〕}$$ ……(答)

問 4．(1)　よく晴れた夜には，放射冷却により地表の温度が大きく低下し，それに接する下層の空気も熱を奪われて，上空の空気よりも低温になるため。

(2)　下層に低温・高密度の空気があると上下の混合が起こりにくく，汚染物質が滞留しやすくなるため。

◀解　説▶

≪大気の安定・不安定，空気塊の上昇，逆転層≫

▶問 1．ア・イ．上昇する空気塊は，上空ほど気圧が低いため膨張し，内部エネルギーを失って温度が下がる。周囲との熱の出入りがないとき，その割合は約 1.0℃/100 m（10℃/km）で，これを乾燥断熱減率とよぶ（下図一点鎖線）。しかし空気塊中の水蒸気が凝結すると，放出された潜熱に

より降温の割合は下がって約 0.5℃/100m（5℃/km）となり，これを湿潤断熱減率とよぶ（下図二点鎖線）。一方，空気塊の周囲の大気の温度低下の割合（気温減率）は，対流圏で平均すると約 0.65℃/100m（6.5℃/km）であるが，条件によってさまざまに変わる。気温減率＞1.0℃/100m の場合，空気塊がいったん持ち上げられると周囲の大気より高温になり，その後は強制力がなくても上昇し続ける。このような大気の状態を絶対不安定とよぶ。気温減率＜0.5℃/100m の場合，空気塊を上昇させても周囲より低温なため，強制力がなくなると下降して元に戻る。このような大気の状態を安定とよぶ。これらの中間の場合（上図破線はその一例），乾燥空気塊に対しては安定だが，上昇中に水蒸気の凝結が始まると，ある高度からは強制力がなくても上昇する。これを条件つき不安定とよぶ。

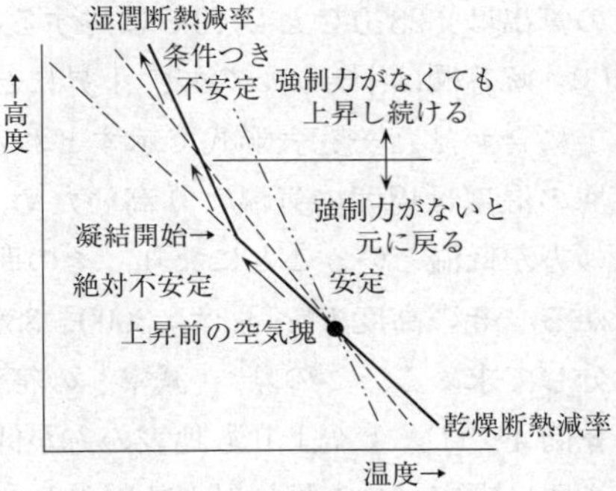

▶問 2．風下に山地があって水平方向に迂回して吹くことができないとき，風は後ろから押されるようにして山腹を登っていく。また，低気圧の中心に吹き込んできた風は行き場を失い上昇流となり，上空から周囲へ吹き出す。他にも強制的に上昇流が生じる例として，次のような例が考えられる。

- 寒冷前線や温暖前線など，寒気と暖気がぶつかる場合
- 赤道収束帯など，両側から風が吹き寄せてきてぶつかる場合
- 強い日射によって，局地的に地表付近の空気が温められた場合

▶問 3．(1)　高度 h_0〔m〕にある t_0〔℃〕の空気塊が h〔m〕まで上昇すると，その温度は，飽和していないときは $t_0-1.0\times\dfrac{h-h_0}{100}$〔℃〕となり，飽和しているときは $t_0-0.5\times\dfrac{h-h_0}{100}$〔℃〕となる。

(2)　簡略な計算では，空気塊が上昇（膨張）しても，その空気塊中の水蒸気圧は変化しないとみなすが，実際には大気圧の減少にともない空気塊中の水蒸気圧も減少する。したがって，その空気塊の露点も低下する。本問の空気塊の場合，高度 500m で 23.0℃になって飽和したが，この空気塊

が地上にあったときの露点も23.0℃というわけではない。〔解答〕に示したように計算すると，地上での露点は24.0℃である。よって，相対湿度の算出は，28.0℃と24.0℃に対する飽和水蒸気圧をもとにする。

(3)　解答欄は十分広いので，上昇にともなう空気塊の温度変化を求め，表1に合わせた一覧表形式で示すとわかりやすい。高度3000mまでは空気塊の温度は周囲の気温より高いため上昇を続けるが，3500mでは空気塊の方が低温ということになり，その間で等温になり上昇が止まることがわかる。その高度 h〔m〕は，3000～3500mの間の気温減率をもとに比例配分して求める。この際，「減率」の符号に注意すること。

▶問4．(1)　上空よりも地表の方が低温になる要因を答える。よく晴れた夜間は宇宙への赤外放射が放射される一方となるため，地表面の放射冷却が進む。するとそこに接する空気が熱を奪われ，低層からしだいに気温が下がっていく。

(2)　逆転層があると，そこでは下層ほど低温・高密度であるため大気が安定になり，上下の混合が起こりにくく，汚染物質を含んだ空気が滞留しやすくなる。

III　解答

問1．ア．Fe　イ．冷却　ウ．固化　エ．B　オ．遅

問2．P波速度，km/s

問3．地球の中心までB層が占めているならば，震央距離103°～143°の観測点にP波は到達しないが，詳細な観測によると，震央距離110°付近に微弱なP波が到達していることがわかったことから。

問4．(1)　海溝やトラフから大陸側に向かってしだいに深くなっていくような面に沿って，深さ700km程度まで震源が分布する。

(2)　(i)鉛直方向　(ii)押し

問5．h・k

問6．その付近の物質の平均密度よりも大きい密度をもつ物質。

◀解　説▶

≪地震波の伝播と地球内部構造，ジオイド≫

▶問1．地球は誕生以来，地表面から宇宙空間に向かって放熱し冷却してきた。したがって，一般に中心に向かうほど高温になる。よって，B層とC層の主成分である鉄は，圧力が一定ならば，より低温のB層で固体，よ

り高温のC層で液体となるはずである。ところがそれが逆転しているのは，中心に向かうほど圧力も増大するためである。鉄の融点は圧力が増大するほど，すなわち深くなるほど高くなる。したがって実際の温度が，その深さにおける融点を上回っていれば液体（B層），下回っていれば固体（C層）となり，両者が等しいところが2層の境界面になる。

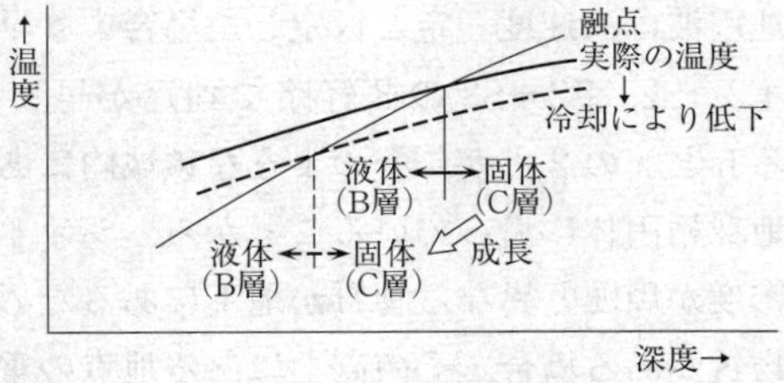

上図の太矢印に示すように，境界面の深さは地球の冷却につれて浅くなることがわかる。このようにしてC層は成長する。

▶問２．P波速度は媒質の密度や硬さに関係して変化する。大まかにみると，液体より固体の方が速く，同じ物質で同じ状態なら深くなるほど速い。このため，図１のような変化をする。

▶問３．上に液体層，下に固体層があるとき，固体の方が伝播速度が速いため，境界面に入射するP波は上向きに屈折する。また入射角が大きいと，全反射することもある。このようにして，震央距離 55° 付近の境界面に入射するP波は進路を大きく上方へ曲げられ，震央距離 110° 付近の地表に到達する。この観測結果から，深さ 5100 km 付近に液体から固体に変わる境界面の存在が推定されるようになった。

▶問４．(1)　海洋プレートが海溝やトラフから大陸側に向かって，マントル中を沈み込んでいくため，その形状に合わせて深発地震の震源が分布する。これが和達・ベニオフ面とよばれるものである。ただし深さ約 700 km 付近になると，高温高圧のため岩石が急激に破壊されることがなくなり，深発地震の震源分布もこの深さまでとなる。

(2)　震源となる断層が最初どのようにずれるかが，P波の揺れ方を決める。右図のような震源と観測点を通る東西方向の鉛直断

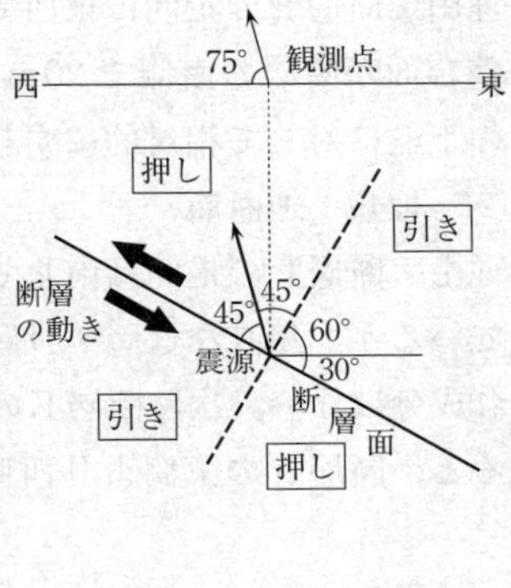

面をとると，観測点は押しの領域にあり，最も大きく押し出されるのは，水平方向から測って西の上方 30＋45＝75° の向きと考えられる。よって，疎密波であるＰ波による揺れは，この観測点では西上方 75° の方向に大きくなり，水平方向より鉛直方向の成分の方が大きいといえる。

▶問５．震源と観測点を結ぶ経路上に地震波を速く伝える領域があれば，その経路を通る地震波は，速度一定と仮定した場合より早く観測点に到達する。E1→S5，E2→S2，E2→S3 の３経路で到達が早まることから，それらの交点であるｈとｋの２点が，そのような領域内にあるとわかる。

▶問６．地形が地球楕円体に沿っていることから，ジオイド面に凹凸をもたらす要因は，密度が周囲と異なる物質が地下にあるためと考えられる。浅い所に高密度物質がある場合，その直上にある地点の重力は地球楕円体に垂直だが，周囲の地点の重力は高密度物質の方に傾く。したがってジオイドは，高密度物質の上で地球楕円体より高くなる。低密度物質がある場合はこの逆で，地球楕円体より低くなる。なお，マントルの対流とジオイド面の凹凸の関係は複雑で，上昇流・下降流との単純な位置関係だけで凹凸を説明するのは難しく，マントル深部まで含めた大規模な構造を考慮する必要があると考えられている。

Ⅳ 解答

問１．ア．示準　イ．示相

問２．全球凍結（スノーボールアース）

問３．Ｃ層からは中生代の示準化石であるモノチスの化石が産出し，Ｄ層からは古生代の示準化石であるフデイシの化石が産出しているので，Ｄ層が先に堆積したと考えられる。

問４．⑴　種類：正断層

理由：断層Ｅの走向は東西で，南に傾斜しており，水平なＢ層の下底の不整合面が断層の南側で 20m 低くなっていることから，南側の上盤が北側の下盤に対して相対的にずり落ちたことがわかる。

⑵　種類：逆断層

理由：断層Ｆの走向は南北で，等高線との交点の配置をみると西に傾斜しているが，鉛直なＣ層・Ｄ層の境界面を変位させていないことから，横ずれ成分はない。次に断層Ｅの露頭線上で東西に並ぶ２地点の高度を比較すると，断層Ｆの東側より西側の方が 40m 高いことから，西側の上盤が東側の下盤に対して相対的にずり上がったことがわかる。

問５．観察される順序：B→E→C

断層が現れる深度：断層Eの走向は東西なので，X地点の下では高度 500 m にあり，地表からの深度 520－500＝20〔m〕に現れる。

地層の境界の深度：掘削地点はB層内にある。C層との境界面は水平で高度 500 m にあり，地表からの深度 520－500＝20〔m〕に現れる。

問６．(1)　関係：不整合関係

理由：境界面は水平なので，断層とは考えにくい。B層は断層Eによって変位しており断層活動以前に堆積したが，A層は断層Eを覆っており断層活動の後に堆積したと考えられるから。

(2)　関係：不整合関係

理由：境界面は水平なので，断層とは考えにくい。境界面の上位は水平な地層，下位は垂直な地層なので傾斜が異なり，下位の地層の堆積時期と上位の地層の堆積時期には不連続があると考えられるから。

◀解　説▶

≪地質図の読解≫

▶問１．地層の堆積した時代を特定するために有用な化石を示準化石とよび，産出数が多く広く分布するが，種としての生存期間の短い古生物の化石がこれに当たる。また，地層の堆積した環境を特定するために有用な化石を示相化石とよび，限られた環境に分布するが産出数が多く，種としての生存期間の長い古生物の化石がこれに当たる。

▶問２．地球は温暖化と寒冷化を繰り返してきた。その中で先カンブリア時代のある時期に，当時の大陸分布を考慮した上での赤道域まで氷河があったことがわかり，地表面が赤道域まで氷床に覆われるような寒冷期があったのではないかと考えられるようになった。これを全球凍結（スノーボールアース）とよび，少なくとも原生代初期（約 24～22 億年前）と原生代末期（約７億年前と約６億年前）の３回あったとみられている。地表面が氷床に覆われると，太陽放射の反射率が増え吸収率が減るので，寒冷状態は長く続く。

▶問３．地層から示準化石が産出する場合，その地層の堆積した時代や，複数の地層の上下（新旧）関係がわかる。なお，地層中に上下のわかる構造が認められる場合や，不整合・貫入・断層で接している場合でも，それらに関係する地層の上下関係がわかるが，本問の場合，図１に示される地質構造（垂直）のみでは，Ｃ層・Ｄ層の上下関係を判定することはできない。

▶問４．断層の走向は与えられているので，まず傾斜の向きを図１から読み取り，その上で上盤・下盤が上下どちらにずれているかを考える。(1)は水平面の高度差から，(2)は断層Ｅの高度差から求める。ただし，断層Ｅは南に傾斜しているため，断層Ｆに水平方向の変位があっても見かけ上東西で高度差は生じるので，それがないことを押さえておく必要がある。

▶問５．Ｘ地点の東方 300ｍ にある高度 500ｍ の地点に断層Ｅと不整合面があることから，両者が同時に観察されることがわかる。断層と地層境界面の深度については，単に値だけを答えるのではなく，それに至る過程も述べる必要がある。なお，断層Ｆの走向は南北なので，Ｘ地点の下では高度 460ｍ にあると考えられ，掘削範囲には現れない。また，Ａ層との境界面は水平で高度が高いので，掘削範囲には現れず，Ｃ層とＤ層の境界は垂直なので，掘削地点の下には存在しない。

▶問６．傾斜している断層面がその後の地殻変動を受けて水平になったり，大規模な地すべりが発生してそのすべり面（断層面）が水平になったりすることもないわけではないが，断層の形成過程を考えると，水平な地層境界面が断層であることはほとんどないといってよく，最適解にはならない。
整合か不整合かを判断するには，「切る－切られる」の関係に着目するとよい。本問では，(1)は断層Ｅ，(2)は上下の地層の傾斜に着目する。なお，「切る－切られる」の関係が見つからないとき，整合か平行不整合かは，上下の地層の形成された時代の連続性を示準化石などで判断する。

❖講　評

例年通り論述・計算問題が中心の大問４題の構成であった。入試改革に先立ち，深い考察と表現力を要する論述問題が増えてきているとはいえ，込み入った計算や多分野にまたがる問題は少なくなり，難易度としては 2019 年度よりやや易化したといえる。なお，2020 年度は論述の字数制限はなかった。

Ⅰ　(a)銀河，(b)ブラックホールと恒星の２つの中問構成になった。(a)銀河の色に関する出題は見慣れないが，恒星の寿命に関する知識を応用する。(b)天体に関する計算問題が主であった。いずれも扱うべき公式は基本的なものなので，注意深く求めたい。

Ⅱ　2020 年度は 2019 年度のような総合問題ではなく，大気分野に限定された出題であった。問 2 は例がいくつも考えられるが，確実に述べられる事例に絞る。問 3 は，空気塊の上昇にともなう水蒸気圧と露点の変化を考慮した計算になるので，注意深く行う必要がある。表を用いるなど，解答の表現に一工夫あるとよい。

Ⅲ　これも地球分野に特化した内容であった。問 4(1)は和達・ベニオフ面の形状に関して述べ，二重深発面や逆断層型，アスペリティなどには触れなくてよい。また，問 6 は高密度物質があることまでを答えればよく，それが対流とどう関係しているかに触れる必要はない。このように，何が求められているかをよく見極めること。なお，問 4(2)は結果のみを答える形式だが，下書き頁に断面図を描くなどして慎重に考える必要がある。

Ⅳ　例年通り 2020 年度も地質図の読解問題であった。問 4 ～問 6 は，2 本の断層の断層面が傾斜しているので，それらの関係を立体的に把握するのがやや難しく，普段の地質図読解の練習量の差が現れるといってよい。問 3 までで着実に得点したとしても，ここで差がつくだろう。

「継ぎて」「まし」の解釈がポイント。「妹」は重要古語として知っておきたい語。「継ぎて」は意味の把握が難しかっただろう。傍線部の「まし」は、学校等でなかなか習わない用法で、反実仮想の一種で反実希望の用法とみなせるが、理系受験生は意味を文脈判断できれば十分である。問三の内容説明問題もやや難。内容の把握はおそらくできただろうが、うまく説明するのは簡単でない。

分たちの弱点から目を逸らすためであるという事実のどういう点が矛盾しているのかをうまく説明する必要がある。問四の理由説明問題は標準的。「リアリズム小説」が決定論に行き着くという点だけでなく、それの何が問題であるかという点まできちんと指摘しておきたい。

二の現代文（評論）は、大正から昭和にかけての近代化に伴い、日本の美の理想的姿だけでなく、日本人の精神や文化、人間全体に重要な役割を果たす陰翳を生み出す「闇」の領域が消失していったことについて述べた文章からの出題。設問数は三問、総解答量は九行で二〇一九年度から変化はないが、文章量は二〇一九年度からやや増加した。問題の難易度は二〇一九年度と比べて特に変化はない。京大の現代文では、理系の問題でも芸術論や文芸論がよく出題される。したがって、色々なテーマの文章に取り組んで慣れておく必要がある。問一の内容説明問題は標準的。「危機」の具体的内容は本文の記述から拾いやすい。〈陰翳の消失〉につながる「『闇』の喪失」の「闇」が「眼に見える闇」であることにも言及すること。問二の理由説明問題も標準的。妖怪を出没させるような不気味で謎めいた領域が消滅していったということを、電灯の普及によって「闇」が消滅したということだけでなく、それによって人間が管理できる範囲が広がったという要因も踏まえて説明する。問三の理由説明問題は、やや難。大人たちの心情に訴えかけて心を揺さぶったという点に注意し、近代化が進んでいた大正期という時代背景も踏まえて、『かなりや』という童謡が暗示する「謎めいた闇の空間」の消失を惜しむ気持ちが大人たちにあったことを説明する方向で解答をまとめること。

三の古文（随筆）は、江戸時代後期の考証随筆（内容的には評論）からの出題。二〇一九年度は久しぶりに近世作品からはずれたが、二〇二〇年度は再び理系で主流の近世作品に戻った。文章量は約四〇〇字あまりで、二〇一九年度の約三〇〇字からは増加したが、過去のほぼ平均的な量にとどまる。総解答量は二〇一九年度の七行から九行へ増加した。難易度は、二〇一九年度に比べて難化し、過去の平均的な難易度と比べてもやや難しかったと思われる。十分に文系並みと言える。問一の現代語訳問題は難。「事もかかれざりし」が「事も欠かれざりし」とはなかなか気づきにくい。「れ」の用法もつかみにくい。問二の心情説明問題（実質的には内容説明問題）はやや難。「妹」「せめて〜なりとも」

手段・方法を表す語で、〝～でもって・～によって〟の意。「用《よう》」は〝作用・働き〟の意。「なし」は四段動詞「なす」の連用形で、〝する〟の意。よって、「思ひよらぬ詞もて、その用をなしたる」は、〝思いがけない言葉によって、それらの言葉の作用をしている（それらの言葉の意味を表している）〟という意味である。「たがひに」は〝「ふるく」も「後世」もともに〟の意。「べし」は推量・当然の助動詞で、〝～に違いない（だろう）・～はずだ〟の意。

解答作成のポイントは以下の二点である。

① 「そ」の指示内容として、「ふるくはありて……なき詞ども」を明らかにする

② 傍線部(3)を、「その用をなしたる」の内容がわかるように説明する

参考　『北辺随筆』は、江戸時代後期の国学者・富士谷御杖（一七六八～一八二三年）の考証随筆である。文政二年（一八一九年）刊行。四巻四冊から成り、言語・歌文・有職故実など、百五十八項目を考証する。

❖講　評

一の現代文（評論）は、人間の真実を追求する上での「リアリズム小説」の限界と、「体験談」とは異なる「告白」という方法で真実を追求していく可能性を示唆した文章からの出題。設問数は例年と変わらず四問であり、漢字の書き取りの出題もなく、説明問題のみであった。総解答量は、二〇一九年度より一行減少して十三行であり、内容説明問題が三問、理由説明問題が一問という設問形式であった。文章量は二〇一九年度と比べると七〇〇字ほど増え、また、比喩表現が多く、問題文全体の主旨もつかみにくい文章であったため、二〇一九年度と比較すると難易度は上がったと言えるだろう。問一の内容説明問題は標準的。「体験談」が武勇談になってしまう心理について、指示語の指示内容を明らかにしながら説明すること。問二の内容説明問題はやや難。「共有の過敏な粘膜」という比喩表現に留意し、共有される弱点について明示しつつ説明する。自分の欠点を並べ立てると相手を攻撃することができるという理屈をうまく説明するのが厄介である。問三の内容説明問題は標準的。人間が自分たちの弱点について書いたり読んだりするのは、自

を」の「まし」を、②の用法と解釈していると判断できる。②は反実仮想の一種で、「ましかば」「ませば」「せば」などの仮定条件を伴わず、事実に反する希望を表す用法で、この和歌の「まし」（二つとも）は一般的に②の用法と解釈されている。「を」は詠嘆を表す間投助詞なので、「見ましを」は、〝見たい（見たかった）のになあ・見られたらよい（見られたらよかった）のになあ〟ほどの意に解せる。したがって、傍線部(2)は現実には無理だが、という含意の希望（空想）である。踏み込んで説明すれば、〈恋人の家さえ見られなくて残念だという気持ち〉というまとめ方もできるが、筆者はそこまで詳しく説明していないので、それはなくてよい。

解答作成のポイントは以下の二点である。

①「妹が家も」について、「妹がかほの……せめてその家なりとも」を訳す形で説明する

②「継ぎて見ましを」を、「まし」の意味合いに注意して、訳す形で説明する

参考までに、『万葉集』の和歌をもう少し全体的に見ておこう。詠歌事情ははっきりしないが、どうやら大和国にいる恋人の女性のもとに、離れた土地から贈った歌らしい。その女性の家は低い平地にあり、詠み手（天智天皇）は離れた土地にいて、いろいろなものに視界を遮られて女性の家も見えないのが現実だが、もしも大和国にある大島という山の山頂に女性の家があったら、視界を遮られずに、離れた場所からでもその家をいつも眺められるのにという理屈の歌である。ただし、「…ましかば～まし」「…ませば～まし」「…せば～まし」などの仮定条件を伴う反実仮想の構文をとらず、感情の赴くままに詠んだかのような表現の仕方なので、意味がわかりにくくなっている。

▼問三　「その用」の「そ」は、「ふるくはありて後世《こうせい》はなく、後世はありてふるくはなき詞ども」を指しているので、「ふるくはありて」以降の内容をまとめればよいことになる。「ふるく」は〝昔・古い時代〟の意。「後世」は〝後の時代〟の意。「せめて」という言葉の場合、「中昔（＝平安時代ごろ）まで」が「ふるく」、鎌倉時代以降が「後世」ということになる。したがって、「後世」を〝今・現在〟と言い換えて説明するのはあまり厳密でない。「よくたづねなば」は〝よく調べたならば〟の意だが、これは説明に加えなくてよい。傍線部の「詞もて」の「もて（以て）」は、

ることから、ここでは①の〝どうして（なぜ）〟の意味とわかる。「いにしへ人」は〝昔の人・古い時代の人〟の意。「事もかか」が難しいが、四段動詞「事かく（事欠く）」の未然形「事かか」に強調の助詞「も」が割り込んだ形。「事かく（事欠く）」は〝不自由する・（なくて）困る〟の意。「れ」は、受身・尊敬・自発・可能の助動詞「る」の未然形で、文脈から、ここでは尊敬あるいは自発の用法と判断される（打消語を伴う「る・らる」は可能の意になりやすいが、ここではそうでない）。「ざり」は打消の助動詞「ず」の連用形。「し」は過去の助動詞「き」の連体形。係助詞「ぞ」は、疑問語（ここでは「いかでか」）とともに用いて〝～なのか・～か〟の意を表す。以上により、〝どうして昔の人は、今の日常語で使う意味での「せめて」という言葉がなくても、不自由なさらなかったのか（自然と不自由しなかったのか）〟などと訳せる（かっこ内は「れ」が自発の場合の訳）。尊敬・自発のどちらかに絞るには決め手に欠けるだろう。なお、「かか」を「書か」と考えて、〝書くことができなかったのか〟などと訳しても文意は通じないので、それは間違いである。

▼問二　筆者は、「妹《いも》が家も」の「も」の文字が後の時代の「せめて」という意味に該当すると述べた上で、傍線部（2）を、「妹がかほの見まほしきが本意なれど、それかなはねば、せめてその家なりとも、継ぎて見ましを」と明確に解釈しているので、そこを訳す要領で説明すればよい。「妹」は、男性が女性を親しみを込めて呼ぶ語で、〝恋人の女性・妻・姉妹〟の意。「妹が」の「が」は連体修飾格を表す格助詞で、〝の〟の意。「まほしき」は希望の助動詞「まほし」の連体形で、〝～たい〟の意。「かなは」は四段動詞「かなふ（叶ふ）」の未然形で、〝思いどおりになる〟の意。「ね」は打消の助動詞「ず」の已然形で、〝～ない〟の意。「ば」は順接確定条件を表す接続助詞で、〝～ので〟の意。「せめて～なりとも」は〝せめて～だけでも〟の意で、希望の最小限を表す。「継ぎて」は、「日を継ぎて」の意味合いで、〝毎日・いつも〟の意。「まし」には、①反実仮想（〝もしも…ならば～だろうに〟）、②反実希望（〝～たいのに・～たらよいのに〟）、③ためらいの意志（〝～しようかしら〟）、④単なる推量や意志（〝～だろう・～しよう〟）の用法があるが、筆者は、「せめてその家なりとも（＝〝せめてその家だけでも〟）」と述べているので、「継ぎて見まし

問三　昔はあった言葉が後の時代にはもうなく、あるいは後の時代にはある言葉が昔はなかった例が多いが、それらの言葉の意味を、実は思いがけない言葉によって、後の時代でも昔でも表してきたに違いないということ。

◆全　訳◆

「せめて」という言葉は、中古（の平安時代ごろ）までは、ただ（胸に）迫ってという意味でばかり用いた。『古今和歌集』（の小野小町の歌）に、「（あの人のことが）たいそう胸に迫って恋しいときは（恋人の姿を夢で見るために）夜の衣服を裏返して着る」（とあるし）、そのほか、例を挙げるときりがない。しかしその後（の時代では）、現在日常語で言うのと同じ（意味での）「せめて」（という言葉）を、歌にも詠むこととなった。実際に事の内容によっては、（そう）言いたく思われるときも多々ある言葉であるのに、どうして昔の人は、（今の日常語で使う意味での）この（「せめて」という）言葉がなくても不自由なさらなかったのかと、理解しがたく感じていたが、『万葉集』、巻の二に、「せめていとしいあなたの家だけでも毎日見られたらなあ。大和にある大島（という山）の山頂に（あなたの）家があったらよいのになあ」という（天智天皇の）歌を見て、初めて思い知ったのは、この「妹が家も」という「も」の文字である。これはとりもなおさず後の時代の「せめて」という意味なのである。そのわけは、いとしい女性の顔が見たいのが本心ではあるが、それは思いどおりにならないので、せめてその女性の家だけでも、毎日見たいのになあという意味だからである。

この例によって考えると、古い時代にはあっても後の時代にはもうなく、（あるいは逆に）後の時代にはあっても古い時代にはなかった言葉があれこれ多いのも、よく調べたならば、思いもしない言葉で、それらの言葉の意味を表していることが、どちらの時代にもあるに違いないと思われる。さらに詳細に探究するべきである。

◆解　説◆

▼問一　「この詞《ことば》」は、「いま俗言にいふに同じき（〝せめて〜だけでも〟の意味の）せめて」という言葉を指す。「いかでか」は、副詞「いかで」に係助詞「か」がついた語で、〝①【疑問】どうして・どのようにして（〜か）、②【反語】どうして（〜か、いや〜ない）、③【願望】なんとかして（〜たい）〟の意で、直後に「心得がたくおぼえしに」とあ

「闇の領域」はどんどん失われていく状況にあり、だからこそ、歌の中で暗示されているような「闇の領域」が失われていくことを惜しむ気持ちが少なからずあったのだと解釈することができるだろう。〈大人たちは、「明るさと暗さが漂う」歌の中に、失われていきつつある「闇の領域」を感じ取り、それが失われていくことを惜しむ気持ちを持っていたからこそ、心を揺さぶられたのだ〉ということに帰結する。以上の内容を的確に読み取った上で、解答を作成すること。

解答作成のポイントは以下の三点である。

①「近代化」という背景に言及する

②大人たちが『かなりや』の歌に〈闇の世界〉を感じ取っていたことを明示する

③失われていく〈闇の世界〉を惜しむ気持ちであることを指摘する

参考 小松和彦（一九四七年～）は、東京都生まれの文化人類学者、民俗学者。東京都立大学大学院社会科学研究科博士課程修了。口承文芸論、妖怪論、シャーマニズム、民間信仰などの研究に従事する。信州大学助教授、大阪大学教授を経て、二〇一九年三月まで国際日本文化研究センター所長を務めた。鬼、妖怪、異人などを入口に、日本文化の深奥に迫る文化人類学、民俗学の第一人者である。主な著書に『神隠しと日本人』『異界と日本人―絵物語の想像力』などがある。

三

出典 富士谷御杖《みつえ》『北辺《きたのべ》随筆』〈巻之四　せめて〉

解答

問一　どうして昔の人は、今の日常語で使う意味での「せめて」という言葉がなくても不自由なさらなかったのか

問二　いとしい女性の顔を見たいのが本心だが、それは望みどおりにならないので、せめてその女性の家だけでも、毎日眺めたいのになあという気持ち。

こと〉が挙げられるが、同時に〈（海の向こうからやってきた西洋文明によって）人間の完全な管理下に置かれたこと〉も挙げられるだろう（傍線部（2）の直後の段落）。これらの要因によって、「前近代が抱えもっていた深い闇の恐怖空間」、「謎めいた闇の空間」が消滅していったのだが、ここで、「妖怪」とは何かといえば、〝人間の理解を超える奇怪で異常な現象や、あるいはそれらを起こす、不可思議な力を持つ非日常的・非科学的な存在〟という意味であるので、〈この人間にとって謎めいた闇の恐怖空間が消えてしまったことが、「妖怪」を消失させた大きな要因である〉と考えることができよう。以上の内容をまとめて解答を作成すればよい。

解答作成のポイントは以下の二点である。

①「闇の領域」が人々の身辺から消えた要因を明らかにする

②社会が人間の管理下に置かれたことで、人間の理解を超えた不気味な領域が消失したことについて言及する

▼問三　傍線部（3）の「大人たちの心情に訴えかけ」たとされる大正期の童謡『かなりや』では、「かなりや」が「海の向こうからやってきた西洋の文明」を象徴している一方で、「後ろの山」「背戸」という言葉が「前近代が抱えもっていた深い闇の恐怖空間」、「謎めいた闇の空間」を暗示している、と筆者は述べている（傍線部（2）の直後の段落）。そして、そうした「謎めいた闇の空間」は、当時の子どもたちだけでなく、大人にとっても「まだしっかり生きていた」のであり、『かなりや』という童謡に〈闇の世界〉を感じ取っていたのは、「子どもたちだけではなく、大人たちにとっても同様であった」とする（最終段落）。では、なぜそれが「大人たちの心情に訴えかける」ことができたのか。ここで、傍線部（3）の後に「それゆえ大人たちの心を揺さぶり支持された」とあることから、大人たちは、『かなりや』の歌に〈闇の世界〉を感じ取ることで、心が揺さぶられ、心情を刺激された、ということになる。ここまで確認してきたように、「近代化の波が庶民のあいだにも押し寄せ」、「闇の領域が人々の身辺から消え」始めたのが大正デモクラシーの時代である（傍線部（2）を含む段落）。そんな近代化が進む時代にあっても、大人たちは完全に「謎めいた闇の空間」を忘れてしまったわけではなく、その空間は「まだしっかり生きていた」わけである。しかし、

◆要　旨◆

光りと闇の織りなす陰翳に日本の美の理想的姿を見出したのは谷崎潤一郎であるが、陰翳の作用は、日本人の精神や日本文化全体、さらにいえば人間全体にとっても重要である。谷崎は、陰翳を生み出す「闇」の喪失の危機を文学者の鋭い感性で感じ取っていたが、その進行は、大正以降、近代化によって電灯が普及し、社会が人間の管理下に置かれたことによる。大正期に流行った童謡『かなりや』は、西洋文明の到来によって消失していきつつある闇の空間の存在を暗示しており、だからこそ、大人たちの心情に訴えかけ、心を揺さぶったのである。

◆解　説◆

▼問一　まず、傍線部（1）の「『闇』の喪失」について、ここでの「闇」は、谷崎の文章の引用の後に述べられているように、「眼が効かない漆黒の闇」ではなく、「光りと闇の織りなす陰翳」を生み出すような「眼に見える闇」であることに注意すること。この「光りと闇の織りなす陰翳」に、谷崎は「日本の美の理想的姿」を見出したわけであるが、筆者はさらに、「陰翳の作用の重要性は……、美のみではなく、日本人の精神や日本文化全体、さらにいえば人間全体にとっても重要なこと」だと述べている。したがって、「危機」というのは、〈眼に見える闇の喪失→光りと闇の織りなす陰翳の消失〉による〈日本の美の理想的姿、日本人の精神や日本文化、人間全体にとって重要なものの消失〉という意味での「危機」だということになる。以上の内容を簡潔にまとめたい。

解答作成のポイントは以下の二点である。

①「闇」が「眼に見える闇」（だからこそ「陰翳」が生まれる）であることに言及する

②〈闇の喪失→陰翳の消失〉がもたらす問題点を、「陰翳の作用の重要性」に即して簡潔にまとめる

▼問二　傍線部（2）の「それとともに」という指示語は、〈闇の領域が人々の身辺から消えるとともに〉という内容を指すので、この問題は、結局、闇の領域が消えるとともに多くの妖怪たちの姿も消え去ってしまったと筆者が言うのはなぜか、について答えることになる。「闇の領域」が消滅した理由としては、まず、〈近代化に伴って電灯が普及した

の内容を踏まえて解答を作成する。

解答作成のポイントは以下の二点である。

① リアリズム小説が、「体験談」の問題点を補うものであったことを明らかにする

② リアリズム小説を追求した結果たどりついた「決定論」の問題点を指摘する

参考 小川国夫（一九二七～二〇〇八年）は、静岡県出身の小説家。幼少期から病弱で自宅療養を余儀なくされたが、その時期に相当量の読書をしたことにより後に大きな影響を受けることとなった。二十歳でカトリックに入信し、その頃から小説を書き始める。東京大学文学部国文科に入学後、在学中に私費でフランスへ留学、帰国後は大学に復学せずそのまま創作活動に入る。ヨーロッパでの体験を自伝風に描いた『アポロンの島』が島尾敏雄に激賞されたことを契機に作家として自立、古井由吉、黒井千次らと共に内向の世代の作家と目された。主な作品に『逸民』『悲しみの港』『ハシッシ・ギャング』などがある。

二

出典 小松和彦『妖怪学新考――妖怪からみる日本人の心』〈第一部　妖怪と日本人　五　変貌する都市のコスモロジー「闇」の喪失〉（洋泉社）

解答

問一　眼に見える闇が消え、光と闇の織りなす陰翳が失われると、日本の美の理想的姿や日本人の精神と文化、さらには人間にとって重要なものが消失してしまうという意味で。

問二　近代化の進展に伴う電灯の普及によって闇が消え、社会が人間の管理下に置かれてしまったことで、人間に不気味さを感じさせるような謎めいた領域が消失したから。

問三　近代化が進む大正期でも、謎めいた闇の空間は大人たちにまだ馴染みのあるものであり、明るさと暗さが漂う童謡が暗示していた闇の空間を哀惜する気持ちがあったから。

②　他人と自分で共有される弱点の内容を具体的に説明する

▼問三　傍線部(3)の「人間が人間に対して抱くこの種の興味」とは、直前の段落で「人間はなぜ自分たちの弱点について書き、また、それを読むのだろうか」として説明されているような、〈人間の弱点について書いたり読んだりすることへの興味〉のことである。これが「矛盾している」ことを説明するわけだが、「文中のアウグスチヌスの議論を参考に」という設問条件が大きなヒントとなる。アウグスチヌスの見解は、傍線部(3)の直後に繰り返し説明されているが、簡単にまとめると〈人間が自分たちの弱点について書いたり読んだりするのは、それによって自分の弱点を認識したり見つめ直したりするためではなく、自分の弱点を認識せずに目を逸らすためである〉ということである。この〈大切なことに目を向けるためではなく、それから目を逸らすために〉という点が、本来あるべき目的からすると反対の結果になっているゆえに「矛盾している」と言い得る。そのことがわかるように説明する必要がある点に注意したい。

解答作成のポイントは以下の二点である。

①「人間が人間に対して抱くこの種の興味」の具体的内容を明示する

②どのような点が「矛盾している」のかがわかるように説明を工夫する

▼問四　傍線部(4)の「真実は小説でなければ語り得ない」というのは、「体験談」と比べた上での表現であることに注意すること。つまり、これまで確認したように、「体験談」は美化による脚色が施され、その結果、「しばしば真実を覆ってしまうもの」であるという認識がここにはある。逆に、小説（リアリズム小説）は、そういった美化によって真実を覆うのではなく、「体験談からは現れてこない人間の真実に気付いて、これをあらわにする方法」であった。しかし、リアリズム小説がもたらしたのは、「〈人生はひとつの崩壊の過程に過ぎない〉」ということ、すなわち「いくら努力しようとも人生は不幸へ向かう無意味な過程に過ぎない」（〔注〕を参照のこと）という不毛な「決定論」であり、それでは人間の生の多様な真実はとらえきれない。そのために、信念自体が失われてしまったのである。以上

◀解　説▶

▼問一　傍線部(1)冒頭の「それ」という指示語が指している内容は、〈自分が臆病であることを隠そうとする心理〉である。この心理と並列されているのが「それにこだわっている自分も見抜かれたくない」という心理、すなわち、〈自分が臆病であるかどうか、といったことにこだわる自分を隠そうとする心理〉である。これらの心理について、〈体験談を武勇談として美化して話したがる心の奥にあるものだ〉というのが第一段落から第四段落までの意味段落の主旨であり、傍線部が意味する内容である。以上のことを理解した上で解答をまとめればよい。

解答作成のポイントは以下の三点である。

①　傍線部冒頭の「それ」が何を指示しているかを明示する

②　「それにこだわっている自分も見抜かれたくない」を、指示内容を明らかにして説明する

③　①と②の両方の心理が、体験談を武勇談として語ろうとする心の奥にあるものであることを説明する

▼問二　傍線部(2)の直後に、「つまり、人間にはこうした共有の過敏な粘膜がある」という言い換え表現があることに留意しよう。傍線部(2)は、〈自分の欠点を相手のこととして並べ立てれば、相手(他人)を有効に罵ることができる〉ということだが、それは〈自分の欠点は相手の欠点でもある〉ということを意味する。これが、「こうした共有の過敏な粘膜」という比喩で表現されているわけだが、ではその具体的な内容とは何か。誰にとっても自分の〈真実〉はこの上なくつらいものであり、だからこそ人間は、それを隠すために自分の体験を美化して語ろうとする(問一参照)。そういう心理は誰にでもあるもの(＝共有のもの)であり、しかし、それは人から指摘されたくない、傷つきやすい部分(＝過敏な粘膜)でもある。だからこそ、〈そういった自分の欠点を相手のこととして並べ立てると、相手も自分と同じように傷つくのだ〉ということになる。以上の内容を踏まえて解答を作成すればよい。

解答作成のポイントは以下の二点である。

①　「共有の過敏な粘膜」という比喩表現に注意して説明する

国語

一

解答

出典　小川国夫「体験と告白」

問一　自分の勇敢さを相手に誇示しようとする心の奥には、自分が臆病だということだけでなく、臆病かどうかにこだわる自分をも隠そうとする意識が働いているということ。

問二　真実を隠して見栄を張ったり、そんな自分を隠そうとしたりすることは誰もが共通に持つ弱点であるから、それを列挙することで相手に痛烈な攻撃を加えられるということ。

問三　人間が自分たちの弱点について書いたり読んだりするのは、人間が本来持つ弱点を自分のこととして直視するためではなく、むしろ、他者をあわれみ酔いしれることで、自分の弱点を見ずに済ませるためだということ。

問四　体験談では隠されてしまう人間の真実を暴くリアリズム小説では、人生は不幸への過程であるという決定論に帰着してしまい、人生の多様な真実をとらえきれなかったから。

◆要　旨◆

人間の真実を明らかにする上で、事実を美化してしまう「体験談」は全てが真実とは言えない。そのため、リアリズム小説は人間の弱点を暴くことで真実を追求しようとしたが、多くの人間は他者の不幸にばかり目を向け、自身のあわれさを直視しようとしない。また、不幸な人生という決定論に帰着するリアリズム小説では、多様な真実を十分に表現しきれない。しかし、人々が口々に語る生の言葉の広がりが人生の外貌を形づくる以上、人間の真実を追求するための、言葉への飽くなき挑戦は続いていくだろう。その際、「体験談」とは異なる「告白」という観念が鍵になるのである。

2019年度

解答編

解答編

英語

I

解答 (1)仮想現実を構成する要素のすべてが人間の身体の動きを厳密に反映した働きをしなくてはならないため，仮想現実の研究者たちは人々がどのように現実と関わっているのかを説明する際に，物事の名前を表す言葉よりも動作を表す言葉を好んで用いるということ。

(2)人々は他人を見る際に，無意識のうちに頭と目を動かしており，そのことで得られる極めて多様な視覚情報を自分と自分が見ている相手との間でやり取りしているということ。

(3)全訳下線部参照。

(4)(ア) make　(イ) benefits　(ウ) surpass　(エ) forgetting

◆全　訳◆

≪仮想現実から学ぶ人間の実像≫

仮想現実は自分が別世界にいるかのような，それは地球ではあり得ない奇想天外な環境であるかもしれないし，さらには人間のものとは全く違う姿で自分がそこにいるのかもしれないが，そういう総合的な幻想を生み出す一つの手段である。しかし，それは同時に，認知や知覚という観点から「現実の」人間とは何なのかを考える壮大な実験道具でもある。

たとえば，仮想現実装置の視覚的側面が機能するためには，人が周りを見回す際にその仮想現実の世界で目に映るはずのものを計算しなくてはならない。視点が移動すると仮想現実を制御するコンピュータは絶え間なく，そして可能な限り即座に，その仮想世界が現実のものであったならば目に飛び込んでくるはずの画像をすべて算出する必要がある。人が右を見ようと首を回すと，仮想世界の風景はその分左へと回転しなくてはならないが，これは風景の方は動かず，その人の外側に独立して存在しているという錯覚を生み出すためだ。先行するメディアデバイスと違って，仮想現実装置はその構成要素の１つ１つが人間の身体の動きを厳密に反映した働きをしなくてはならない。

そのため仮想現実の研究者たちは人々がどのように現実と関わっているのかを説明する際に，名詞よりも動詞を好んで用いる。視覚は，神経系によって遂行され，主に頭と目の動きを通して具体化される絶え間のない実験に基づいている。身体と脳は絶えず現実世界を調査し，検証しようとしているのである。

周りを見回してみて，ほんの少しだけ頭を動かした際に何が起きているのかを意識してみよう。頭をほんのわずかに動かしただけでも，異なる距離にある物体の縁の位置を比べると，頭の動きに応じてそれらの配置がずれていくのがわかる。また，さまざまな物体の明るさの加減や表面の質感がわずかに変化していくのも見て取れるだろう。他人の肌を見てみると，頭の位置を変えながら自分がその肌の内側の情報までも集めようとしているのがわかる。人間の肌や目はこれほどのことが可能となるまで，ともに進化してきた。他人を見るときに，よく注意してみると，頭をわずかに動かすことで得られる情報が極めて多様にあり，自分と今見ているその人物との間でそれらが盛んにやり取りされているのがわかる。すべての人々の間では視覚運動に基づく情報交換が密かに行われている。

脳の観点からすれば，現実とは次の瞬間がどのようなものになるかを予測することであるが，その予測には絶えず調整が必要となる。変化しないものではなく，変化するものを探し求めそれに気づくことで視覚は機能しており，したがって，次の瞬間見えてくるものにはそれについての神経系による予測が存在していることになる。神経系は科学者集団と少し似たような振る舞い方をしており，好奇心がとても旺盛で，外の世界がどのようになっているのかに関する考えを常に検証している。その「科学者集団」に別の仮説を支持するよう一時的に納得させることができれば，仮想現実システムは成功したことになる。仮想現実の世界を予測の根拠とすべき世界として扱えるほど十分な量の刺激を神経系が与えられると，仮想現実が現実のことのように感じられ始める。

仮想現実技術の信奉者には，やがては仮想現実が人間の神経系を上回って，その技術をさらに改良しようとすることに意味がなくなるだろうと考えている人もいる。私はこの技術にまつわる状況をそのように捉えてはいない。理由のひとつは，人間の神経系は何億年にもおよぶ進化の恩恵を受けているという点だ。科学技術が人間の身体を包括的に上回ることが可能だと考えるとき，私たちは人間の身体と物理的現実について自分たちが持っている知識を忘れてしまっている。宇宙に広がる粒子の細かさにも限界はあり，調整が必要とされる場合にはすでに，人間の身体はこの上なく見事に調整されているのだ。

◀解　説▶

仮想現実（バーチャルリアリティ，VR）に関する話題だが，単に高度な先端技術として紹介，あるいは評価されているのではなく，筆者はこの技術が人間の神経系の複雑さを超えるとは考えていない，という点をおさえておきたい。バーチャルリアリティ技術の信奉者に対する反証的内容となっており，このような話題の展開は京大の長文でよく見られる傾向である。

▶(1) **That is why**

「そういう訳で」→下線部を単に和訳する問題ではなく，「どのようなことを意味しているか」という内容説明の問題なので，ここは具体的に言い換える。That は直前の内容，すなわち第 2 段最終文（Unlike prior media devices, …）の内容を指しているので，まずはここの正確な和訳が必要。注意したいのは，その中の in（tight）reflection of ～という表現で「～を（厳密に）反映して，～に（ぴったりと）合わせて」の意味。したがって，第 2 段最終文（Unlike prior media devices, every component of virtual reality must function in tight reflection of the motion of the human body.）の和訳は「先行するメディアデバイスと違って，仮想現実（装置）はその構成要素の 1 つ 1 つが人間の身体の動きを厳密に反映した働きをしなくてはならない」である。Unlike prior media devices「先行するメディアデバイスと違って」の部分は That が指す内容に含める必要はない。ここまでより，That is why は「仮想現実を構成する要素のすべてが人間の身体の動きを厳密に反映した働きをしなくてはならないため」のように言い換えておくのが正しい。

virtual reality researchers prefer verbs to nouns when it comes to describing how people interact with reality.

「仮想現実の研究者たちは人々がどのように現実と関わっているのかを説

明する際に，名詞よりも動詞を好んで用いる」→prefer *A* to *B* は「*B* より *A* を好む」，when it comes to *doing* は「～するということになると」という意味の熟語表現。「名詞よりも動詞を好む」の部分については，文字通りそのままの解釈でよい。抽象的に感じられるかもしれないが，これ以降で他に具体的に説明されたり，言い換えられたりしている箇所は見当たらないので，無理に下線部より後ろの内容を説明に盛り込もうとしないこと。ただし，下線部の直前文（Unlike prior media devices,…）では，仮想現実の制御について，人間の「身体の動き」にぴったり一致させることが重要とあるので，下線部中の verbs「動詞」はこの「身体の動き」を受けての表現だと判断される。nouns や verbs はそのまま「名詞」や「動詞」としておいてもよいし，やや説明的に「物事の名前を表す言葉」や「動作を表す言葉」と言い換えてもよい。下線部の内容説明としては，上で説明した That is why を具体的に言い換えたものと，この箇所の和訳をつなげるだけでよい。

• describe「～を描写する〔説明する〕」
• interact with ～「～と交流する」

▶(2)下線部の中の a secret visual motion language「視覚運動に基づく秘密の言語」は，すでに一度説明された事柄を端的な表現で短めに言い換えるという英語の文章によく見られる形であり，基本的には下線部の直前文（If you look at another person,…）の中にある an infinite variety of tiny head motion messages「頭をわずかに動かすことで得られる極めて多様な情報」を言い換えたもの。したがって，この下線部の直前文の内容を中心に説明をすればよい。ただ，この箇所を理解するのにもそれ以前の内容が重要で，下線部の含まれている第4段（Look around you and …）全体の流れを理解する必要がある。特に，第4段第4文（Look at another person's skin and you will see that you are probing into the interior of the skin as your head moves.）は，「他人の肌を見てみると，頭の位置を変えながら自分がその肌の内側（の情報）を綿密に調査しているのがわかる」という意味であるが，人間の目が他人の肌の表面的な部分以外についても観察し，そのために非常に詳細な情報を集めている，という主旨であることがわかれば，先ほど説明した an infinite variety of tiny head motion messages「頭をわずかに動かすことで得られる極めて多様な情報」の理解に役立つ。下線部の直前文（If you look at another person, …）では，see *A doing*「*A* が～しているのがわかる」が使われており，you will see an infinite variety of tiny head motion messages bouncing back and forth between … は「頭をわずかに動かすことで得られる極めて多様な情報が…の間で盛んにやり取りされているのがわかる」という意味。また，同文中の if you pay close attention「よく注意してみると（…がわかる)」という表現が，下線部中の secret「秘密の」で表されていて，「普段は気づかない，無意識の」といったように説明できる。

▶(3) **Your nervous system acts a little like a scientific community ; it is greedily curious,**

「神経系は科学者集団と少し似たような振る舞い方をしており，（それは）好奇心がとても旺盛であり」→nervous system は「神経系」。community は「共同体，集団」の意味なので，a scientific community は「科学者集団，科学研究団体」くらいに訳せばよい。a little「少々」は act like ～「～のように振る舞う」の前置詞 like「～に似た」を修飾しているので「～に少々似た」となる。セミコロン（；）の前後の関係は，抽象的内容とその具体的説明となっている。it は your nervous system のことであり，セミコロンの前後で主語が他のものと切り換わっていないので，つなげて訳す際には「それ」と訳出しなくてもよい。greedily「貪欲に」は curious「好奇心の強い」を強調しているので，この２語をまとめて「好奇心がとても旺盛な」などと処理する。

constantly testing out ideas about what's out in the world.

「外の世界がどのようになっているのかに関して（自分の）考えを常に検証している」→constantly testing out は分詞構文の形で，接続詞を用いて書き換えると and it is constantly testing out に等しい。what's out は「(何かの内側から見て）外にあること」を意味する。in the world は out と同格に取って「外側つまり世界に」となる。よって out in the world は人間の身体の内部にある神経系から見た「外の世界」のことと解釈できる。

- test out ～「～を試す〔検証する〕」

A virtual reality system succeeds when it temporarily convinces the

"community" to support another hypothesis.

「その『科学者集団』に別の仮説を支持するよう一時的に納得させることができれば，仮想現実システムは成功したことになる」→convince *A* to *do* は「*A* を説得して～させる，*A* を～するように納得させる」の意味。"community" は既出の a scientific community を端的に言い換えたもので，神経系の比喩であるが，和訳する上ではそのまま「科学者集団」とする。another hypothesis「別の仮説」は，「科学者集団」に比喩される神経系が現実の世界に基づいて打ち立てたのとは別の仮説ということだが，ここもそのままの和訳に留めておけばよい。

- temporarily「一時的に」
- hypothesis「仮説」

Once the nervous system has been given enough cues to treat the virtual world as the world on which to base expectations, virtual reality can start to feel real.

「神経系が仮想現実の世界を予測の根拠とすべき世界として扱えるほど十分な量の刺激を与えられると，仮想現実が現実のことのように感じられ始める」→the world on which to base expectations の和訳がポイント。on which の後ろが SV 構造になっておらず，代わりに to 不定詞となっているが，これには〈前置詞＋関係代名詞＋to *do*〉という構文が用いられている。この構文は頻出の形である〈前置詞＋関係代名詞＋S V〉の構文に書き換えられるので，和訳しにくい場合に試すとよい。まず，不定詞の位置にある *do* とセットで用いられる前置詞が，関係代名詞の直前に移動している点は，この頻出の構文と同じ（ここでは base *A* on *B*「*A* の根拠を *B* に置く」の前置詞 on が which の直前に移動）。次に SV 構造の S（V は to *do* の部分に相当）だが，これは Once 直後の節内における主語 the nervous system である。to 不定詞（ここでは to base）の意味上の主語が文全体の主語と一致している場合，to 不定詞の直前に意味上の主語をわざわざ書き表さない（意味上の主語が文全体の主語と異なる場合は，(for) *A* to *do* の *A* のように不定詞の直前にそれが置かれる）。最後に関係代名詞の直後には S be が省略されていると考え，to 不定詞は be to 構文（be to の部分が助動詞に置換できる構文）として捉える。したがって，書き換えると the world on which it（＝the nervous system）is to base expectations，よりわかりやすいのはonを後ろに戻し，is toを適当な助動詞に置換して，the world which it should base expectations on「(それが) 予測の根拠とするべき世界」となる。

- once S V「いったん〔一度〕～すると」
- enough *A* to *do*「～するほど十分な数〔量〕の*A*」
- cue「手がかり，(ある行動を促す) 刺激」

▶(4)(ア) make senseで「意味を成す」という意味の基本熟語であるため，空所直後のsenseから察しをつけてmakeを空所に補ってみる。空所が含まれる文のvirtual reality will eventually become better … try to improve it anymoreの箇所は，2つの節がso thatで接続されている。so thatは結果を導く接続表現であるため，so thatより前の節が原因，後ろの節が結果という関係になるはず。空所があるのは後ろの節内であるので，空所にmakeを補ったときに，前の節の内容に対する結果となっていれば問題ない。makeを補うとit would not make sense to try to improve it anymore「それ（＝仮想現実の技術）をさらに改良しようとすることに意味がなくなるだろう」となり，so thatの前で述べられた内容である「やがては仮想現実（の技術）が人間の神経系を上回るだろう」に対する結果として適切である。

(イ) benefit from ～で「～の恩恵を受ける，～から利益を得る」の意味。空所がある段落の第1文（Some virtual reality believers …）・第2文（I do not see …）から，仮想現実の技術がいつか人間の神経系を上回るという考えに筆者が反対していることがわかる。それに続く空所が含まれる第3文は，One reason is that … で始まり，筆者が反対する根拠となっている。空所直後にはfrom hundreds of millions of years of evolution「何億年にもおよぶ進化から」とあるので，人間の神経系が長期におよぶ進化の産物であることを主張し，つまりは技術が簡単にそれを上回るはずがないとする論だと判断される。この主旨に近づき，人間の神経系は「何億年にもおよぶ進化の恩恵を受けている」という意味となるのはbenefitである。主語が単数，時制は現在であるため，三単現の-sを補ってbenefitsとする。

(ウ) surpassは「～を上回る」という意味の動詞。空所がある段落の第1文（Some virtual reality believers …）の中に，virtual reality will eventually become better than the human nervous system「仮想現実の技術がやがては人間の神経系を上回る」という箇所がある。空所前後の technology「技術」と our bodies「人間の身体」から考えて，空所が含まれる文は，前半の When で始まる節で第1文のこの箇所を言い換えていると判断できる。つまり，technology は第1文中の virtual reality を指し，our bodies は第1文中の the human nervous system のことを指している。空所の位置関係から，この両者に挟まれている動詞句 become better than ～「～よりよくなる」を換言した動詞が空所に入ると考えられるため，surpass が正解となる。

㈡空所が含まれる文は When で始まる前半の節で「科学技術が人間の身体を包括的に上回ることが可能だと考えるとき」とあるが，㈠で説明したように筆者はこのような考え方に反対の立場であるため，この後に続く主節部分は，たとえば「私たちは（何か）間違っている」とか「私たちは（何か）見落としている」といった否定的な内容になるはず。選択肢として与えられた動詞の中では，forget のみが否定的意味合いを持つため，これを空所に補う。ただし，空所の直前に be 動詞 are があるため，進行形と捉えて forgetting とすればよい。

●語句・構文●

（第1段）virtual「事実上の，仮想の」 means「手段」 comprehensive「包括的な，総合的な」 illusion「錯覚」 fantastical「空想的な」 alien「異質の」 far from ～「～にはほど遠い」 and yet「しかし，しかも」 farthest-reaching→far-reaching「広範囲の，（計画などが）遠大な」の最上級。apparatus「機器」 in terms of ～「～の観点からすると」 cognition「認知」 perception「知覚」

（第2段）in order for *A* to *do*「*A* が～するためには」→ここでは *A* に当たる語句が the visual aspect of the virtual reality。visual「視覚の」 aspect「側面」 work「（機械などが）うまく機能する」 calculate「～を計算する〔算出する〕」 wander「さまよう」 constantly「絶え間なく」 instantly「すぐに」 whatever graphic images they would see were the virtual world real「その仮想世界が現実のものであったならば目に飛び込んでくるはずの画像のすべて」→were the virtual world real の部分は if が省略されたことによる倒置が起きている（＝if the virtual world were real)。look to the right「右を見る」 in compensation「埋め合わせに，その代わりに」 stationary「動かない，変化しない」 independent「独立した」 unlike「〜とは違って」 prior「以前の，先行する」 media device「端末，メディアデバイス」 component「構成要素」 function「機能する」

(第 3 段) vision「視覚」 continuous「連続した」 experiment「実験」 carry *A* out「*A* を実行する」 nervous system「神経系」 actualize「〜を実現する」 in large part「主に」 probe「〜を調査する」 test「〜を試す」

(第 4 段) a tiny bit「ほんの少し」 absolutely「完全に」 edge「端，縁(へり)」 object「物体」 distance「距離」 line up「立ち並ぶ」 in response to〜「〜に応じて」 subtle「わずかな」 lighting「照明」 texture「質感」 skin「肌，皮膚」 interior「内側，内部」 evolve「進化する」 pay close attention「よく注意してみる」 infinite「無限な」 a variety of〜「多様な〜」 bounce back and forth (between〜)「(〜の間を) 往復する」

(第 5 段) from *one's* point of view「〜の観点では」 expectation「予測，期待」 what S be like「S はどのようなものか」 adjust「調整する」 pursue「〜を追求する」 notice「〜に気がつく」 constancy「不変(性)，恒常性」 neural「神経の」 be about to *do*「今にも〜するところである」 a neural expectation exists of what is about to be seen「次の瞬間見えてくるものには，それについての神経系による予測が存在している」→本来は a neural expectation of what is about to be seen exists の語順だが，動詞 exists の位置が前に移動しているので注意。

(第 6 段) eventually「最終的には，やがては」 improve「〜を改善する」 things「状況，事態」 that way「そのように」 hundreds of millions of〜「何億もの〜」 evolution「進化」 physical「物理的な」 infinitely「無限に」 fine「(粒が) 細かい」 grain「粒子」 finely「立派に，細かく」 as〜as anything can ever be「この上なく〜」

Ⅱ　解答　(1)全訳下線部(a)参照。

(2)〈解答例１〉かつては，たとえピントがずれたものでも撮影した写真を保存することが愛着を意味し，写真を廃棄することは例えば無関心を意味していたが，現在では写真を何枚撮影しても追加料金は発生せず，後で選定できるように数十枚分もの撮影をしておくことが可能となったため，それらのデジタル画像を修整し，選定し，タグ付けし，分類し，さらにその大半を削除するという作業が愛着を意味し，反対にただデジタル画像を保存しておくことは無関心を意味するように変化した，ということ。

〈解答例２〉写真を何度撮影しても追加料金は発生せず，何であれ写真を撮る際には，後で選定できるように数十枚分もの撮影をしておくことが可能となったことで，愛する人を撮影した写真に対する扱いが，かつてはたとえピントがずれたものでも廃棄せずに保存するという作業であったのに対し，現在ではデジタル画像が豊富に存在するため，写真を修整し，選定し，タグ付けし，分類し，その大半を削除するという作業へと変化した，ということ。

(3)全訳下線部(c)参照。

(4)〈解答例１〉 I use my camera phone mainly to capture memories. Unlike digital cameras, many of us can carry around our camera phones on a daily basis. We can record unexpected events with them〔our camera phones〕and use them as photo albums that we can look through whenever and wherever we want to. Recently, I ran into an old friend at a mall and took a photo to commemorate our reunion. We went to a café later, where we shared our recent photos and talked about the memories associated with them. Camera phones make it easier to record memories.（95 語）

〈解答例２〉 The greatest benefit of a camera phone is its contribution to maintaining relationships. Thanks to my camera phone, I continue to keep in touch with a friend who moved to a remote country a year ago. It would be difficult and time-consuming to tell another person everything you want to say by letter or e-mail without including images. In a video call, you do not have to explain everything because video images convey much more information. My friend got a dog the other day, and I just had to see it on screen instead of reading about its description. This convenient device supports relationships. (104語)

〈解答例3〉 Camera phones provide the easiest way to express yourself. If you were an artist, it would be rather obsolete to show your art-work only at an art gallery. These days, even ordinary people are expressing themselves on social networking sites. Wherever they go, they take selfies when they find objects or sceneries that they like, and share these with others on the spot via their camera phones. I like touring by bicycle. While traveling, I take photos of beautiful scenery or things I find interesting and upload them on SNSs, along with simple comments. It is easy to express yourself with a camera phone. (104語)

◆全　訳◆

≪写真のデジタル化がもたらす変化≫

最初の市販向けデジタルカメラは1990年に発売された。(a)その後10年の間に，デジタルカメラは写真家や写真を専門に研究する学者の間に多大な不安をもたらした。この転換によって写真はおしまいだと断言する者まで現れた。最初，これはあまりにも大きな変化であったために技術再編として分類されることはなく，技術転換として捉えられた。古きものが終わりを迎え，新しいものが誕生したのだ，と。

デジタル画像は複写や複製，そして編集も容易に可能である。最後の編集に関しては，それによって写真が表現し得るものの可変性がより顕著となった。また，それは私たちが自分自身や自分の生活を表現する方法を容易で安価で迅速なものへと変えてくれた。追加の写真にもはや追加料金は付随しないし，何の写真を撮るにせよ，後で選定できるように私たちは10枚，20枚，30枚と写真を撮影することが可能で，実際そのようにしている。このことは，個々の画像の価値を変えただけでなく，その保存や廃棄という行為の両方に伴うとされていた情緒的意味合いを変化させた。最愛の人たちの現像写真は，ピントがずれていても，画像が不鮮明でも，現像段階で失敗があったとしても，かつては取っておかれたものだ。デジタル画像が豊富に撮影されるという状況下で，愛する者のためにかける手間は，今では写真を修整し，選定し，タグ付けし，分類し，その大半を削除する作業を意味するようになった。写真を削除するのを受け入れるという最近のこの流れは写真の社会的価値が減少したことの表れだという主張を耳にすることもあるが，非常に多くのデジタル撮影による画像がプリントアウトされたり，さまざまなデバイスのロック画面の画像に設定されたり，パソコン画面の壁紙として使用されたりしている。全体的にみれば，デジタル化によって写真の中心的役割が写真そのものから写真を撮影する行為へと変化していったと言えるだろう。

最初のカメラ付き携帯電話が登場したのは21世紀が始まってすぐのことだ。2001年初頭，BBCが日本で発明された最初のカメラ付き携帯電話について報道した。世界中でこれを読んだ人々が，この風変わりな発明の使い道について自分なりの考えを投稿した。10代の若者にはさまざまな利用方法（衣服の買い物の効率化，自分が人気アイドルに会ったことの証明，友人たちとのデートのお膳立て）があるだろうが，大人にとっては全く無意味なものだろうと言う者もいた。スパイ活動をしたり，競争相手の作品をこっそり写真に撮ったり，交通事故や怪我をいち早く知らせたりする手助けとなる実用的な道具だと考える者もいた。(c)さらに，旅行中の人が家族と連絡を取り合ったり，趣味に興じる人が美術品や収集物を他人に披露したりするのにそれは適しているかもしれないと考える者もいた。私が個人的に気に入っているうちのひとつは，公園で出会う人懐っこい犬の写真が撮れるように，自分の国でこの機器が手ごろな価格で手に入るようになる日が待ちきれないと書いた人たちの投稿だ。ビデオ通話ができるようにカメラを携帯電話の画面側に付けるべきだと提案した者もいたが，この機能が実現したのは2003年になってからのことだ。

あるデジタル文化研究者は，カメラを常に携帯しているという事実が，見る，記録する，議論する，記憶するといった行為の対象となり得る範囲や現に対象となっているものに変化をもたらすと主張している。写真を研究する学者の中には，カメラ付き携帯電話とそれで撮影する画像に3つの社会的利用方法があると主張する者がいる。その3つとは，記憶の保存，人間関係の維持，自己表現である。これとは対照的に，カメラ付き携帯電話は他の携帯可能な画像生成機器と全く同じで，1980年代に家庭用ビデオカメラに割り当てられていた利用方法や意味合いである，記録，コミュニケーション，自己表現は何ら変化していないと主張する学者もいる。この意味においては，科学技術や写真の社会的役割に関する文化的憶測は多様な再編を遂げ，変化したものの，その社会的役割は変わっていないように思われる。

◀解　説▶

写真を現像するのが一般的であったアナログの時代と，デジタルカメラにより撮影されたデジタル画像を加工，選別，削除するのが当たり前となった今日とを比較し，変化したものと，そうでないものとを考察している。論説文は，過去と現在といった対比構造を意識して読み進めていく必要がある。

▶(1) **In the decade that followed, it created a lot of anxiety in photographers and photography scholars.**

「その後 10 年の間に，デジタルカメラは写真家や写真を専門に研究する学者の間に多大な不安をもたらした」→In the decade that followed は，the decade を先行詞として，主格の関係代名詞 that と動詞 follow「(事が) 次に起こる，続く」の過去形が用いられている。したがって，直訳は「(デジタルカメラが登場した 1990 年の) 次に続いた 10 年の間に」。it はデジタルカメラを指す。

Some went as far as declaring photography dead as a result of this shift.

「この転換によって写真はおしまいだと断言する者まで現れた」→go as far as *doing*〔to *do*〕は「～さえする」という表現で even と同じ。declaring photography dead の箇所は，declare *A* (to be) ～「*A* が～であると断言する」が用いられているので，「写真はおしまいであると断言する」の意味。photography には「写真の技術，写真撮影業」といった意味もあるが，あえてそれらにする必要のある文脈ではないため，ここでは「写真」と訳すのが一番よい。shift は「変化，転換」で，this shift はデジタルカメラの登場による状況の変化を表しているが，和訳では「この転換」に留める。

▶(2)内容説明の問題であるが，まずは下線部の意味が正しく取れていることが必要。this has altered the emotional meanings we attributed both to keeping and getting rid of individual photographs の意味は「このこ

とは個々の写真の保存や廃棄という行為の両方に伴うとされていた情緒的意味合いを変化させた」である。attribute *A* to *B* が用いられているが，ここでは「*A* の性質が *B* にあると考える」の意味で，*A* にあたるのは the emotional meanings。省略されている目的格の関係代名詞に注意する（the emotional meanings（that）we attributed both to …）。ここで，attributed の過去形と meanings の複数形に着目すると，過去に keeping individual photographs と getting rid of individual photographs という２つの行為に対して何らかの感情的な意味合いがあったのだと考えられる。さらに，has altered「変化した」の具体的な説明が求められているので，「過去に～であったものが，現在は…のようになった」のような内容にする必要がある。

下線部中の this より後の「個々の写真の保存や廃棄という行為の両方に伴うとされていた情緒的意味合いを変化させた」は抽象的であり，具体的に書き換える必要がある。keeping「保存」と getting rid of「廃棄」についての具体的な説明は下線部の直後の第２段第６文（Printed images of loved ones …）と同段第７文（In the context of the massive …）にそれぞれある。第２段第６文では「最愛の人たちの現像写真は，ピントがずれていても，画像が不鮮明でも，現像段階で失敗があったとしても，かつては取っておかれたものだ」とあり，昔は写真をとにかく keeping「保存」することに例えば〈愛着〉という意味があったとわかる。昔の getting rid of「廃棄」には言及されていないが，行為として反対のことなので，感情にも〈愛着〉の反対で〈無関心〉などが想定される。同段第７文では「（デジタル画像が豊富に存在する現在は）愛する者のためにかける手間は，写真を修整し，選定し，タグ付けし，分類し，その大半を削除する作業へと変化した」とあり，今では愛する人の画像を編集して最高のものを選び，最後に不要になった大半を削除するという getting rid of「廃棄」が〈愛着〉を意味するとわかる。反対にデジタル画像を大量に撮ってそのままにしておくことは〈無関心〉を意味すると考えられる。

また，this が指す内容は，直前の文である第２段第４文（Additional shots now come with …）の内容，つまり「追加の写真に料金は必要なく，何を撮るにせよ後で選定できるように 10 枚，20 枚，30 枚と写真を撮影することが可能である」ということである。this が指す内容と，写真の扱い方に込められた感情の変化について，本文の言葉から逸脱しすぎない範囲で要約し，足りない部分は推測によって補いつつ答案にまとめる。この点を踏まえて，〈解答例１〉では，本文に直接的には書かれていないが推測可能な〈無関心〉という感情的意味について言及している。一方，〈解答例２〉では，〈無関心〉に相当する感情的意味に直接は言及していないが，基本的には〈解答例１〉と同じ内容の説明となっている。いずれの解答例も，写真の保存や廃棄に付随する感情的意味が過去と現在とで逆転してしまったことを説明している点で共通している。下線部中の the emotional meanings に焦点を当てるならば，meanings が複数形になっている点を考慮して，〈愛着〉と〈無関心〉という２つの感情的意味の両方に言及している〈解答例１〉の方がより具体的な説明であると言える。下線部がこの箇所だけに引かれている問題であったならば，〈無関心〉に相当することばで説明を加えておく必要性はより確実なものとなるだろう。実際には，下線部中に this has altered … の部分も含まれており，まずは指示語 this が指す内容を具体的に説明しなくてはならない問題となっている。this が指す内容を適切に説明し，写真の保存や廃棄に付随する感情的意味が過去と現在とで逆転してしまったことを説明できていればよい，というのが正答の条件であると判断して〈解答例２〉も可としている。〈解答例２〉では，this より後ろの部分の具体的な説明は，概ね下線部の後ろに続く２文（Printed images of loved ones …）を和訳したものを中心としている。

▶(3) **Yet others thought …**

「さらに，…と考える者もいた」→Yet には「しかし」の意味もあるが，第３段第４文（Some said it could have …）から下線部を含めた同段最終文（Someone suggested the camera …）までの各文が，日本で開発されたカメラ付き携帯電話に対する人々の反応の列挙であるため，前後の文が逆接の関係にはなっていない。そのため，ここでは「さらに」の意味。

it might be nice for travelers to keep in touch with their families or hobbyists to show art or collections to others.

「旅行中の人が家族と連絡を取り合ったり，趣味に興じる人が美術品や収集物を他人に披露したりするのにそれは適しているかもしれない」→it might be nice for *A* to *do*「*A* が～するのにいいかもしれない」の形では

to 不定詞の意味上の主語が for *A* である。ここでは，*A* to *do* の位置に相当する語句が，（hobbyists の直前にある方の）or で並列されている。1 つ目が travelers to keep in touch with their families「旅行中の人が家族と連絡を取り合う」で，2 つ目が hobbyists to show art or collections to others「趣味に興じる人が美術品や収集物を他人に披露する」。

- keep in touch with ～「～と連絡を取り続ける」
- hobbyist「空いた時間を趣味のために費やす人」

My personal favourites include …

「私が個人的に気に入っているもののなかには…がある」→複数形名詞〔集合名詞〕の主語＋include ～ で「（主語）のなかに～がある〔いる〕」と訳せる。主語が集合の全体を表し，include の目的語がその部分を表す。favourites は，（筆者が）気に入っている意見〔アイディア〕のこと。

commenters who wrote they couldn't wait for the device to be available at a reasonable price in their home country, so they can take pictures of the friendly dogs they meet at the park.

「公園で出会う人懐っこい犬の写真が撮れるように，自分の国でこの機器が手ごろな価格で手に入るようになる日が待ちきれないと書いた人たち（の投稿）」→commenters は「コメントを書いた人々」だが，ここでは「コメントをした人々の記事〔投稿〕」と扱って問題ない。the device は「カメラ付き携帯電話」のこと。so (that) *A* can *do* は「*A* が～できるように」という目的の用法で処理できる。so の直前にカンマがある場合には結果の用法であることが多いが絶対的なルールではない。文脈重視で判断するのだが，ここでは目的でも結果でも処理可能で，結果として扱うのなら「自分の国でこの機器が手ごろな価格で手に入って，（その結果として）公園で出会う人懐っこい犬の写真が撮れるようになるのが待ちきれない…」となる。

- wait for *A* to *do*「*A* が～するのを待つ」
- available「手に入る」
- reasonable「（値段が）手ごろな」

Someone suggested the camera needs to be on the front to allow for video calls, which didn't happen in practice until 2003.

「ビデオ通話ができるようにカメラを携帯電話の画面側に付けるべきだと

提案した者もいたが，この機能が実現したのは 2003 年になってからのことだ」→allow for ～ は「～を可能にする」の意味。which が指しているのは「(携帯電話の画面側にカメラが付いたことで可能な) ビデオ通話（の機能)」のことで，継続用法であるのでカンマの前を先に訳してから「(…であったが)，それは～」と続ける。which didn't happen until 2003 の直訳は「それは 2003 年まで起こらなかった」だが，「それは 2003 年になって（ようやく）実現した」とか，「それが実現したのは 2003 年になってからのことだった」のように意訳する。

• in practice「実際には」

▶(4)下線部の three social uses が指しているのは，その直後の to capture memories「記憶の保存」，to maintain relationships「人間関係の維持」，to express yourself「自己表現」の３つであり，このうち重視する１つを選び，理由を「具体例を挙げて」100 語程度の英語で述べる問題。まずは自分がどれを選んだかを明確にし，次に自分が考えるその強みや有益な点を述べ，それを具体的に表した事例を挙げる，という展開が一般的な英文の構成であるため無難と言える。口語ではないので，I think で書き始めないように練習しておくとよい。また，具体例を書く際には For example を用いるのが一般的だが，〈解答例〉のように一切使わずに書き表すこともできる。書く内容に対して語数制限が厳しい場合は，これらの機能語やディスコースマーカーを敢えて使わないこともある。

〈解答例１〉は「記憶の保存」を重視する場合で，和訳は次の通り。「カメラ付き携帯電話を主に記憶の保持に使っている。デジタルカメラと違って日々それを持ち歩いている人が多い。予期せぬ出来事をカメラ付き携帯電話で記録でき，いつでもどこでも好きなときに見ることができるフォトアルバムとしてそれを利用できる。最近，私はショッピングモールで旧友にばったり出会い，再会を記念して写真を撮った。それから喫茶店へ行き，最近の写真を見せ合ってそれらにまつわる出来事を話した。カメラ付き携帯電話があれば手軽に記憶を保存できる」

〈解答例２〉は「人間関係の維持」を重視する場合で，和訳は次の通り。「カメラ付き携帯電話の一番の利点は人間関係の維持を助けることだ。私はカメラ付き携帯電話のおかげで，１年前に遠くの国へ引っ越した友人と今でも連絡を取り合っている。写真のない手紙やＥメールで自分の伝えたいことすべてを伝えるのは難しく，時間も取られるだろう。ビデオ通話にすれば，ビデオ画像の方がはるかに多くの情報を伝達できるので，すべてを説明する必要はない。友人が先日犬を飼い始めた。それがどんな犬であるかの説明を読む必要はなく，画面で犬を見るだけでよかった。この手軽な機器は関係性を維持してくれる」
〈解答例3〉は「自己表現」を重視する場合で，和訳は次の通り。「カメラ付き携帯電話を使えば自己表現が最も手軽に行える。仮にあなたが芸術家なら，画廊だけに自分の作品を展示するのは時代遅れだろう。今では，一般の人々でさえ，ソーシャルネットワーク上で自己表現を行っている。どこへ行っても，彼らは気に入った物や風景を見つけると自撮りをして，カメラ付き携帯電話でその場でそれを共有する。私は自転車ツーリングが好きだ。移動中に，自分が興味を持った美しい景色や物を写真に撮り，簡単なコメントを添えてその写真をSNSにアップロードしている。カメラ付き携帯電話があれば自己表現は簡単にできる」

●語句・構文●

(第1段) commercially available「商用の，市販の」 launch「～を開始する，(新商品など) を発売する」 initially「最初は」 too steep a change「急すぎる変化」→too「～すぎる」は直後が形容詞または副詞でなければならないため，a steep change に too を付けると形容詞 steep が a よりも優先されて，この語順になる。be classified as ～「～と分類される」 reconfiguration「再編成」 break「急な変化」
(第2段) digital「デジタル (の)」 image「画像，映像」 duplicate「(データなど) を複製する」→copy は「(紙など) を複写する」。edit「～を編集する」 the latter「(2つあるうちの) 後者，(3つ以上あるものの) 最後の方」→the latter の直前にある copied, duplicated and edited の最後である edited「編集可能なこと」を指している。flexibility「柔軟性」 what photos can be seen as representing「写真が表現し得るもの」→representing「～を表している」の目的語が what「もの，こと」であり，それが前へ移動している。be seen as ～「～とみなされる」の部分は和訳するとくどくなるので省いている。obvious「明白な，顕著な」→made the flexibility of … more obvious には make O C「OをCにする〔変える〕」の第5文型が使われていて，Cの位置が more obvious。

additional「追加の」 shot「撮影した写真」 any given ～「任意の～，どんな～でも」 sort through ～「～を分類する」 transform「～を（すっかり）変える」 individual「個々の」 alter「～を変更する」 loved ones「愛する人たち」 used to *do*「昔は～したものだ（が今はしていない）」 out of focus「ピントがずれている」 blurry「ぼやけた，不鮮明な」 development「（写真の）現像」 in the context of ～「～という状況下にあって」 massive「極めて多い」 the labour of love「愛情からかける手間」→the が付いているので既出の情報である第 2 段第 6 文（Printed images of loved ones used to …）を指しており，「愛する者のためにかけていたその手間」と訳せる。tag「タグ付けをする」 categorize「～を分類する」 delete「～を削除する」 majority of ～「～の大半」 occasionally「時折」 claim「～を主張する」 emergent「現れつつある」 acceptance「受容，容認」 be indicative of ～「～を示している」 their diminished social worth「写真の社会的価値が減少したこと」→their は前にある photos を指す。現像した写真を壁に貼ったりする習慣が減ってきていることを意味している。plenty of ～「豊富な～」 lock-screen「（携帯端末などの）ロック画面」 device「機器，（スマートフォンなどの）端末」 overall「全体的にみれば」 digitalization「デジタル化」 shift ～ from *A* to *B*「～を *A* から *B* に変える」 focus「焦点，中心」

（第 3 段） date back to ～「（起源などが）～に遡る」 offer「～を提供する」 peculiar「一風変わった」 invention「発明（品）」 streamline「～を効率化する」 outfit「衣服」 prove「～だと証明する」 a pop idol「人気アイドル」 set up *A* on a date「*A*（人）にデートのお膳立てをする」 pretty「かなり」 pointless「無意味な」 practical「実用的な」 aid「補助（器具）」 sneak「こそこそした」

（第 4 段） propose「～を提案する」 capture「～を記録する」 maintain「～を維持する」 no different from ～「～と何ら変わらない」 portable「持ち運び可能な」 image making device「画像生成機器」 the uses and meanings attributed to home videos「家庭用ビデオカメラに割り当てられていた利用方法や意味合い」→attribute *A* to *B*「*A*（性質など）が *B* にあると考える」が受け身の形となっていて，which were が attributed の直前に省略されていると考える。home video「家庭用ビデオカメラ」remain「(変わらず) 留まる」despite「〜にもかかわらず」cultural imaginaries about it「それ (＝写真の社会的役割) に関する文化的憶測」→it は同文中の the social function of photography を指す。

III　解答例

〈解答例 1〉　When you hear the word "minority," perhaps you first think of a small group of people within a much larger group. It is misleading, however, to take the idea of a minority as just a matter of numbers. Any group that is defined by such attributes as race or religion can be referred to as a minority as long as its members are oppressed in society in terms of their historical or cultural backgrounds. In this sense, even a group that has a large number of members can be considered to be a minority. For example, in society where most of the managers in any organizations are male, women can be thought of as a minority.

〈解答例 2〉　A "minority" might be associated with a small group within society, but it is dangerous to deal with the problems of minorities only from the viewpoint of number. If those groups that consist of people of the same race or religion are being oppressed in society due to its historical or cultural prejudices, they are minorities. Considering this, a group that is large in number can still be a minority. If men, for instance, dominate managerial positions in an organization, female workers there can be regarded as a minority.

◀解　説▶

「『マイノリティ』という言葉を聞くと，全体のなかの少数者をまず思い浮かべるかもしれない」

• 「『マイノリティ』という言葉を聞くと，〜をまず思い浮かべるかもしれない」→英作文は主節の動詞に何を使うのかを優先的に考えていく。動詞は大切な要素なので，語法（その動詞の正しい使い方）に関して自信があるものを選定する。「*A* を聞くと *B* を思い浮かべる」の場合，主節の動詞は「(*B* を) 思い浮かべる」であり，これに think of 〜「〜のことを思う〔思い浮かべる〕」を用いるなら，その主語は you となる。次に「*A* を聞くと」が when you hear *A* で表せる。listen to ～ は，意識的に人の話などにじっくりと耳を傾ける場合に用いる。「(短めの音や単語など) を耳にする」，「(自然に)～が聞こえてくる」という意味の hear がここでは適当。また，think of ～ 以外にも *A* is associated with *B*「*A* を聞くと *B* を連想する」という表現を知っていれば，この動詞を中心に考えて，主語には the word “minority” や a “minority” を用いる。「～かもしれない」には，S might V や perhaps S V「ひょっとしたら～」がよく使われる。

• 「全体のなかの少数者」→「少数者」は a small group (of people)，a small number of people などで表せる。「全体のなかの」は，「社会における」と捉えて in society としてもよい（society は可算名詞・不可算名詞の両方があるが，a classless society「階級のない社会」のように間に形容詞を挟む場合に a を付けることが多く，society 単独で使う場合は無冠詞になるのが普通)。あるいは，「より大きな集団のなかの（小集団)」という意味で（a small group）within a much larger group とするのも可。

「しかし，マイノリティという概念を数だけの問題に還元するのは間違いのもとである」

• 「(～するの）は間違いのもとである」→「(～するの）は誤解を招く〔危険だ〕」と捉えて it is misleading〔dangerous〕to *do* とするか，「～は間違いだろう」なら it would be wrong to *do* となる。

• 「しかし」→等位接続詞の but ではなく，接続副詞の however, を用いる場合は，〈解答例 1〉のように文中に置かれることが多いが，位置に自信がなければ文頭で However, S V とすればよい。いずれにせよ，however 直後にカンマを付けること。

• 「マイノリティという概念」→そのまま the idea of a minority とするか，the problems of minorities「マイノリティの抱える問題」とかえても要点は変わらない。概念や単語としての minority ではなく，具体的な「マイノリティに相当する集団」を言い表す場合は可算名詞として扱うので a を付けたり，複数形 minorities とする。

• 「(マイノリティという概念を）数だけの問題に還元する」→「還元する」とは「もとの性質に戻す」という意味で，ここでは「社会的弱者としてさまざまな意味合いを持つマイノリティ」を「少数のものという狭い意味でのマイノリティ」へと落とし込んで捉えること。「還元する」を直訳しようとせずに，要は「数だけの問題として捉える〔受け取る〕」とか，「数の観点でのみ問題を扱う」ということだと判断して，take 〜 as just a matter of numbers や，deal with 〜 only from the viewpoint of number のように英訳できる。

「人種あるいは宗教のような属性によって定義づけられる集団は，歴史的，文化的な条件によって社会的弱者になっている場合，マイノリティと呼ばれる」

• 「(…集団は) マイノリティと呼ばれる」→主節の動詞となる箇所なのでここから考えていく。「*A* は *B* と呼ばれる」なら *A* is called *B*，*A* is referred to as *B* など。… can be referred to as a minority のように助動詞 can「〜し得る」を付けて断言する形を避けることも多い。「呼ばれる」という動詞を英語にすることが目的ではなく，和文の内容が伝わる英文を作るのが本来的作業。例えば，「歴史的，文化的な条件によって社会的弱者になっている場合」はその集団は「マイノリティである」と言えるので，〈解答例２〉の they are minorities のように，*A* is *B*「*A* は *B* である」の形で表現することも可。

• 「人種あるいは宗教のような属性によって定義づけられる集団」→「*B* によって定義づけられる *A*」の形であれば，*A* that is defined by *B* となる。*A* は any group「どんな集団でも」とすることで「(集団に属する人々の)数は問題ではない」ということが強調できる。*B* には such attributes as race or religion「人種あるいは宗教のような属性」が入る。また，「属性」をそのまま attribute で表すのが難しい場合などは，「同じ人種や宗教を持つ人々から構成される集団」と日本語を言い換えればよい。その場合は *A* consist of *B*「*A* は *B* から構成される」を活用して，those groups that consist of people of the same race or religion となる。

• 「(…集団は) 歴史的，文化的な条件によって社会的弱者になっている場合」→「〜になっている場合」は，if や when の他に as long as 〜「〜な限りは」などの接続詞が使える。「社会的弱者になっている」は (be) the weak in society でもよいが，響きがよくないのでマイノリティの問題を扱う場合などは婉曲的に (be) not represented in society「社会で評価されていない」という表現がよく使われる。ただ，受験生レベルでは高度な表現となるので，「社会で虐げられている」と捉えて，be oppressed in society とすればよい。他にも「社会的に弱い立場にある」と考えて，be in a socially weak position としてもよい。「歴史的，文化的な条件によって」の「条件」は，マイノリティの歴史的・文化的な「背景」から，とも解釈できるし，社会の歴史的・文化的な「偏見」による，という意味とも取れる。前者なら in terms of their historical or cultural backgrounds，後者なら due to its historical or cultural prejudices となる（ただし，their や its の部分はそれが指す名詞に応じて適当な代名詞にする）。

「こうした意味で，数としては少なくない集団でもマイノリティとなる」

- 「こうした意味で」→そのまま In this sense で始めるか，分詞構文を用いて Considering this, …「この点を考慮すれば，…」などとする。
- 「(…でも) マイノリティとなる」→consider *A* to be *B*「*A* を *B* とみなす〔考える〕」を用いるなら，その受動態を使って … can be considered to be a minority「…はマイノリティと考えられ得る」と表せる。もっと単純に … can be a minority「…はマイノリティになり得る」でも要点は同じ。
- 「数としては少なくない集団でも」→主語になる箇所なので名詞句で表現したいので，a group を先行詞にして関係詞節で修飾する。「数としては少なくない」は「(集団の構成員の) 数が多い」ということなので，a group that has a large number of members や a group that is large in number と表す。

「例えば，組織の管理職のほとんどが男性である社会では，女性はマイノリティと考えられる」

- 「組織の管理職のほとんどが男性である社会では」→「管理職」は managerial position (s)，あるいは「運営者」と言い換えて manager (s) とする。「どの組織でもその運営者のほとんどが男性である社会では」なら in society where most of the managers in any organizations are male。「ある組織で男性が管理職を支配しているなら」として if を使えば，if men dominate managerial positions in an organization となる。male は形容詞なので be male のように be 動詞の補語として，man は名詞なので men と複数形で用いる。
- 「女性はマイノリティと考えられる」→すでに「マイノリティと呼ばれ

る」や「マイノリティとなる」の箇所で使ったのと全く同じ動詞表現を単純に繰り返すと英語らしくない英訳となるため注意が必要。まだ上記の〔解説〕で登場していない表現である think of A as B や regard A as B の受動態を用いるなど，表現力に幅を持たせておく必要がある。women can be thought of as a minority, female workers there can be regarded as a minority のようになるが，female は形容詞で用いることが多いので female workers「女性労働者」のように名詞 workers を補う必要がある。

❖講　評

2019年度は，読解問題2題，英作文問題1題の構成で，2017・2018年度と比べると英作文に関する大問が1つ減っている。しかし，大問Ⅱの読解問題の中で，その話題に関連した100語程度の自由英作文が出題されている。そのため，問題の総量や読解問題と英作文問題の割合は概ね同じと言える。自由英作文が連続して出題されているという点では2016年度以降変わっていない。読解問題の語数は2題で約1,160語であり，2017・2018年度とほぼ同じである。

Ⅰは，バーチャルリアリティの技術が進むほど現実の人間がどれほど高度に進化しているかがわかる，という内容の文章になっており，内容説明が2問，下線部和訳が1問，空所補充が1問の計4問。(2)の主に a secret visual motion language についての説明を求めた問題は，段落全体の意味をつかむインプットと，自分の理解を適切に日本語で説明するアウトプットの両方の能力が問われるもので，受験生の間で差が出やすいものとなっている。

Ⅱは，デジタルカメラやカメラ付きの携帯電話が登場したことによる変化についての英文で，内容説明が1問，下線部和訳が2問，カメラ付き携帯電話の利点に関する自由英作文が1問の計4問。内容説明や下線部和訳は特に難解というものではなく，京大の例年の難度から考えると少し易しめにも感じる。(4)の自由英作文も，カメラ付き携帯電話について与えられた3つの利用方法から1つ選択できるため，自分の取り組みやすいものを選べばそれほど難しいものではない。ただし，自由英作文への慣れと時間配分への注意が必要だろう。

Ⅲの英作文問題は，やや長めの和文英訳となっている。マイノリティの概念に関する社会学的な話題で，「還元する」や「属性によって定義づけられる」といった堅い表現も登場するが，日本語の意味を文脈に沿った形で解釈できれば英訳自体は柔らかめの表現で実現できるだろう。マイノリティに関する英文を読んだことがある受験生ならなお有利と言えるので，日頃からさまざまな話題の英文に触れておきたいところ。

2019 年度も出題形式の変化が多少見られたが，全体的な難易度や分量は，例年と大きく変わっていない。むしろ各設問の難易度的にはやや易化したが，形式の変化にも落ち着いて対処できるかは重要なポイントと言える。2018 年度の〔講評〕で「思考力を問うための試験問題には，パターン化を避けようとするための工夫がしばしば見られる。受験生も形式の変化に動揺することなく，本質的理解を追求するよう日々の学習において心がけることが肝要だろう」としたが，再度留意したい。

数学

1

◇発想◇　問 1．2 倍角・3 倍角の公式を用いて，$\cos\theta$，$\cos 2\theta$，$\cos 3\theta$ の関係式を導くのであるが，$\cos\theta$ は無理数，$\cos 2\theta$ と $\cos 3\theta$ は有理数であることに注目する。$\cos^2\theta$ や $\cos^3\theta$ は無理数か有理数か不明であるから，導く関係式は $\cos\theta$ の 1 次式でなければならないということである。問題文のただし書きは，求まった θ の値に対して $\cos\theta$ が無理数であることを確認するときに用いる。

問 2．部分積分法，置換積分法を用いて積分計算を行う。

解答　問 1．$\cos 3\theta = 4\cos^3\theta - 3\cos\theta = \cos\theta\{2(2\cos^2\theta - 1) - 1\}$

$= \cos\theta(2\cos 2\theta - 1)$

$2\cos 2\theta - 1 \neq 0$ とすると

$$\cos\theta = \frac{\cos 3\theta}{2\cos 2\theta - 1}\quad\cdots\cdots①$$

$\cos 2\theta$ と $\cos 3\theta$ がともに有理数であれば①の右辺も有理数であるから，$\cos\theta$ は有理数になる。

よって，$\cos\theta$ は有理数ではないが，$\cos 2\theta$ と $\cos 3\theta$ がともに有理数となるなら

$$2\cos 2\theta - 1 = 0\quad すなわち\quad \cos 2\theta = \frac{1}{2}\quad（有理数）$$

である。$0 < \theta < \frac{\pi}{2}$ より，$0 < 2\theta < \pi$ であるから

$$2\theta = \frac{\pi}{3}\quad ゆえに\quad \theta = \frac{\pi}{6}$$

このとき　　$\cos 3\theta = \cos\frac{\pi}{2} = 0$　（有理数）

また，$\cos\theta = \cos\frac{\pi}{6} = \frac{\sqrt{3}}{2}$ より　　$2\cos\theta = \sqrt{3}$　$\cdots\cdots②$

ここで，3 は素数であるから $\sqrt{3}$ は有理数でない。

$\cos\theta$ が有理数であるとすると，②の左辺も有理数になるが，これは②の右辺が有理数でないことに矛盾する。

よって，$\cos\theta$ は有理数でない。

したがって　　$\theta=\dfrac{\pi}{6}$　……(答)

問 2．(1)　$\displaystyle\int_0^{\frac{\pi}{4}}\frac{x}{\cos^2 x}dx=\Big[x\tan x\Big]_0^{\frac{\pi}{4}}-\int_0^{\frac{\pi}{4}}\tan x dx$

$$=\frac{\pi}{4}+\int_0^{\frac{\pi}{4}}\frac{-\sin x}{\cos x}dx$$

$$=\frac{\pi}{4}+\Big[\log|\cos x|\Big]_0^{\frac{\pi}{4}}$$

$$=\frac{\pi}{4}+\log\frac{1}{\sqrt{2}}$$

$$=\frac{\pi}{4}-\frac{1}{2}\log 2\quad\text{……(答)}$$

(2)　$\displaystyle\frac{1}{\cos x}=\frac{\cos x}{\cos^2 x}=\frac{\cos x}{(1+\sin x)(1-\sin x)}$

$$=\frac{\cos x}{2}\left(\frac{1}{1+\sin x}+\frac{1}{1-\sin x}\right)$$

であるから

$$\int_0^{\frac{\pi}{4}}\frac{dx}{\cos x}=\frac{1}{2}\int_0^{\frac{\pi}{4}}\left(\frac{\cos x}{1+\sin x}-\frac{-\cos x}{1-\sin x}\right)dx$$

$$=\frac{1}{2}\Big[\log|1+\sin x|-\log|1-\sin x|\Big]_0^{\frac{\pi}{4}}$$

$$=\frac{1}{2}\left\{\log\left(1+\frac{1}{\sqrt{2}}\right)-\log\left(1-\frac{1}{\sqrt{2}}\right)\right\}$$

$$=\frac{1}{2}\log\frac{\sqrt{2}+1}{\sqrt{2}-1}$$

$$=\frac{1}{2}\log(\sqrt{2}+1)^2$$

$$=\log(\sqrt{2}+1)\quad\text{……(答)}$$

参考　$\displaystyle\int_0^{\frac{\pi}{4}}\frac{dx}{\cos x}=\int_0^{\frac{\pi}{4}}\frac{\cos x}{\cos^2 x}dx=\int_0^{\frac{\pi}{4}}\frac{\cos x}{1-\sin^2 x}dx$

$\sin x=u$ とおくと，$\cos x dx=du$ で，

x	$0\to\frac{\pi}{4}$
u	$0\to\frac{1}{\sqrt{2}}$

より

$$\int_0^{\frac{\pi}{4}}\frac{dx}{\cos x}=\int_0^{\frac{1}{\sqrt{2}}}\frac{du}{1-u^2}=\frac{1}{2}\int_0^{\frac{1}{\sqrt{2}}}\left(\frac{1}{1-u}+\frac{1}{1+u}\right)du$$
$$=\frac{1}{2}\Big[-\log|1-u|+\log|1+u|\Big]_0^{\frac{1}{\sqrt{2}}}$$
$$=\frac{1}{2}\left\{-\log\left(1-\frac{1}{\sqrt{2}}\right)+\log\left(1+\frac{1}{\sqrt{2}}\right)\right\}$$

（以下，〔解答〕と同じ）

◀解　説▶

≪問1．２倍角・３倍角の公式と有理数・無理数　問2．部分積分法と置換積分法≫

問1．三角関数に有理数・無理数の問題を融合したものである。$\theta=\frac{\pi}{6}$ が条件を満たすことはわかるが，これ以外にないことを示さなければならない。$\cos 3\theta=\cos\theta(2\cos 2\theta-1)$ を導くことがポイントとなる。式変形の途中で $\cos 3\theta=\cos\theta(4\cos^2\theta-3)=\cos\theta\left(4\cdot\frac{1+\cos 2\theta}{2}-3\right)$ と半角の公式を用いてもよい。有理数であるかないかについては注意が必要である。有理数同士の加減乗除の結果は０で割ることを除いて有理数であることは用いてよい。しかし，有理数と有理数でない数，有理数でない数同士の加減乗除の結果は有理数であるかないか不明である。例えば，(有理数)×(有理数でない数)＝(有理数でない数) としてはいけないということである。0×(有理数でない数)＝0 は有理数である。問題文で「無理数」とはしないで「有理数ではない」としているのは，このことを強調していると考えられる。したがって，背理法を用いて適切に説明することが重要となる。なお，本問では，「p が素数のとき，$\sqrt{p}$ が有理数でない」ことは証明しなくてよいが，$\sqrt{2}$ が無理数であることを示す方法と同様にして証明することができる。

問2．(1)　$(\tan x)'=\frac{1}{\cos^2 x}$ であるから，部分積分法 $\int f(x)g'(x)\,dx$

$=f(x)g(x)-\int f'(x)g(x)\,dx$ を用いる。また，置換積分法により $\int \frac{f'(x)}{f(x)}dx=\log|f(x)|+C$（$C$ は積分定数）である。

(2)　$\frac{1}{(1+\sin x)(1-\sin x)}=\frac{1}{2}\left(\frac{1}{1+\sin x}+\frac{1}{1-\sin x}\right)$ と部分分数分解し，置換積分法を用いる。

2

◇発想◇　p が素数ならば，p は 2 または奇数である。また，連続する 2 整数 n，$(n+1)$ は一方が偶数，他方が奇数である。このことをふまえて整数の偶奇に注目すると，$f(n)=n^2+2n+2$（n は整数）では n と $f(n)$ の偶奇が一致することに気がつく。したがって，n と $|f(n)|$，$(n+1)$ と $|f(n+1)|$ の偶奇が一致することから，$f(n)$，$f(n+1)$ がどのような整数であるかを考える。

解答　整数 n は

$$n=2k,\ 2k+1\quad (k \text{ は整数})$$

のいずれかの形で表される。

(i)　$n=2k$ のとき

$$|f(n)|=|f(2k)|=|8k^3+8k^2+2|=2|4k^2(k+1)+1|$$

$|4k^2(k+1)+1|$ は整数であるから，$|f(n)|$ は偶数である。

よって，$|f(n)|$ が素数となるのは $|f(n)|=2$ だけであるから

$$|4k^2(k+1)+1|=1\quad \text{すなわち}\quad 4k^2(k+1)+1=\pm 1$$

これより

$$4k^2(k+1)=0\quad \cdots\cdots①\quad \text{または}\quad 2k^2(k+1)=-1\quad \cdots\cdots②$$

①より　　$k=0,\ -1$　このとき　$n=0,\ -2$

$|f(0)|=2$，$|f(1)|=5$ はともに素数，

$|f(-2)|=2$，$|f(-1)|=3$ もともに素数である。

②は，$k^2(k+1)$ が整数であるから，左辺は偶数，右辺は奇数となり，②を満たす整数 k は存在しない。

(ii)　$n=2k+1$ のとき

$$|f(n+1)|=|f(2(k+1))|=2|4(k+1)^2(k+2)+1|$$

$|4(k+1)^2(k+2)+1|$ は整数であるから，$|f(n+1)|$ は偶数である。

よって，$|f(n+1)|$ が素数となるのは $|f(n+1)|=2$ だけであるから

$$|4(k+1)^2(k+2)+1|=1 \quad \text{すなわち} \quad 4(k+1)^2(k+2)+1=\pm 1$$

これより

$$4(k+1)^2(k+2)=0 \quad \cdots\cdots ③$$

または

$$2(k+1)^2(k+2)=-1 \quad \cdots\cdots ④$$

③より　$k=-1,\ -2$　このとき　$n=-1,\ -3$

$|f(-1)|=3,\ |f(0)|=2$ はともに素数，

$|f(-3)|=7,\ |f(-2)|=2$ もともに素数である。

④は，$(k+1)^2(k+2)$ が整数であるから，左辺は偶数，右辺は奇数となり，④を満たす整数 k は存在しない。

(i)，(ii)より，求める整数 n は

$$n=-3,\ -2,\ -1,\ 0 \quad \cdots\cdots(答)$$

◀解　説▶

≪素数となる条件≫

整数の偶奇に注意して，素数となる条件を考える問題である。偶数の素数は2だけであることがポイントとなる。

$f(x)=x^3+2(x^2+1)$ に注意すれば，n と $f(n)$，$(n+1)$ と $f(n+1)$ の偶奇は一致することがわかる。n，$n+1$ は一方が偶数，他方が奇数であるから，$|f(n)|$，$|f(n+1)|$ の一方が偶数，他方が奇数となる。したがって，$|f(n)|$ と $|f(n+1)|$ がともに素数となる条件は，$|f(n)|=2$ または $|f(n+1)|=2$ である。

以上のような流れで n を求めることになる。②を満たす整数 k が存在しないことを示す際も，両辺の偶奇に注目するとよい。また，(ii)は(i)と同様なので記述量を減らすことも可能である。

なお，(i)の $|f(n)|=2|4k^2(k+1)+1|$ を見れば，$k\leqq -2$ または $1\leqq k$，すなわち n が「$n\leqq -4$ または $2\leqq n$」の偶数のとき $|f(n)|$ は素数にならないことがわかる。また，(ii)の $|f(n+1)|=2|4(k+1)^2(k+2)+1|$ から，$k\leqq -3$ または $0\leqq k$，すなわち n が「$n\leqq -5$ または $1\leqq n$」の奇数のとき $|f(n+1)|$ は素数にならないことがわかる。これらのことから，$n=-3,\ -2,\ -1,\ 0$ のときの $|f(n)|$ と $|f(n+1)|$ を調べるという解法

も可である。

3

◇発想◇　三角形 ABC を xy 座標平面上におき，適切に座標を定める。点 P の描く曲線の方程式を求めるのであるが，曲線の方程式を，t を媒介変数として表示する方法と，t を消去して y を x で表す方法が考えられる。いずれの方法でも，P の描く曲線と線分 BC によって囲まれる部分を確認し，定積分によって面積を計算する。

解答　三角形 ABC は鋭角三角形であるから，直線 BC を x 軸に，点 B を通り直線 BC に垂直な直線を y 軸にとり，頂点の座標を

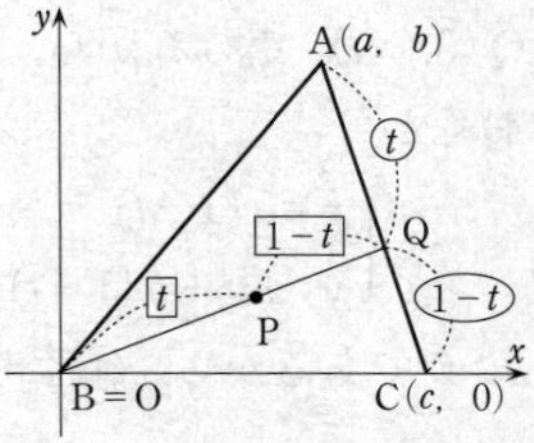

A$(a,\ b)$，B$(0,\ 0)$，C$(c,\ 0)$，ただし，$0<a<c$，$b>0$ とすることができる。

Q$(ct+(1-t)a,\ (1-t)b)$ であるから，P の座標を $(x,\ y)$ とおくと

$$\begin{cases} x=t\{ct+(1-t)a\}=(c-a)t^2+at \\ y=t(1-t)b=-b(t^2-t) \end{cases}$$

これが P の描く曲線の方程式である。これより

$$\frac{dx}{dt}=2(c-a)t+a$$

$$\frac{dy}{dt}=-b(2t-1)$$

で，$c-a>0$，$a>0$，$b>0$ であるから，$0<t<1$ における x，y の変化は右のようになる。

t	(0)	…	$\frac{1}{2}$	…	(1)
$\frac{dx}{dt}$		+	+	+	
x	(0)	→	$\frac{a+c}{4}$	→	(c)
$\frac{dy}{dt}$		+	0	−	
y	(0)	↑	$\frac{b}{4}$	↓	(0)

よって，求める面積を T とすると

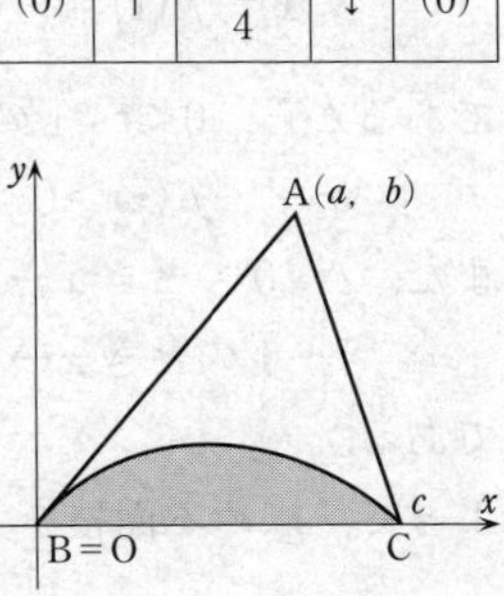

$$T=\int_0^c ydx$$

$$=\int_0^1\{-b(t^2-t)\}\{2(c-a)t+a\}dt$$

$$=b\int_0^1\{2(a-c)t^3+(2c-3a)t^2+at\}dt$$

$$=b\left[\frac{a-c}{2}t^4+\frac{2c-3a}{3}t^3+\frac{a}{2}t^2\right]_0^1$$

$$=b\left(\frac{a-c}{2}+\frac{2c-3a}{3}+\frac{a}{2}\right)$$

$$=\frac{bc}{6}$$

$S=\dfrac{bc}{2}$ であるから　　$T=\dfrac{1}{3}S$　……(答)

別解　＜媒介変数を消去する解法＞

三角形 ABC は鋭角三角形であるから，直線 AC を y 軸に，点 A を通り直線 AC に垂直な直線を x 軸にとり，頂点の座標を A$(0,\ 0)$，B$(a,\ b)$，C$(0,\ c)$，ただし，$a>0$，$0<b<c$ とすることができる。

Q$(0,\ ct)$ であるから，P の座標を $(x,\ y)$ とおくと

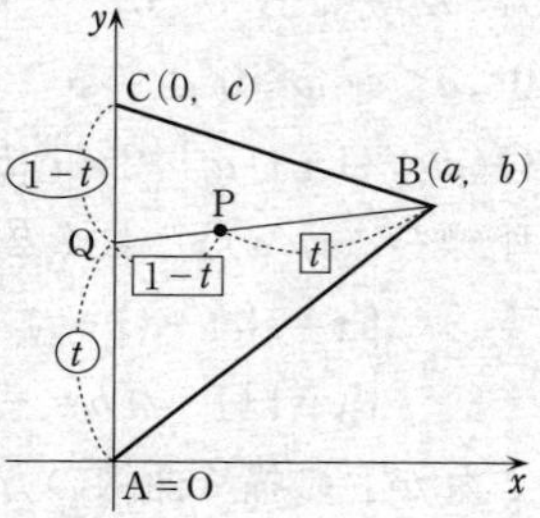

$$\begin{cases} x=a(1-t) & \cdots\cdots ① \\ y=ct^2+b(1-t) & \cdots\cdots ② \end{cases}$$

$a>0$ であるから，①より

$$1-t=\frac{x}{a},\quad t=1-\frac{x}{a}$$

これと②より

$$y=c\left(1-\frac{x}{a}\right)^2+b\cdot\frac{x}{a}=\frac{c}{a^2}x^2-\frac{2c-b}{a}x+c\quad (=f(x)\ とおく)$$

直線 BC の方程式は　　$y=\dfrac{b-c}{a}x+c\quad (=g(x)\ とおく)$

これより

$$g(x)-f(x)=-\frac{c}{a^2}x(x-a)$$

であるから，$0<t<1$ のとき，$0<x<a$ で

$$g(x)-f(x)>0$$

また，$t\to 0$ のとき $x\to a$ で　　$g(x)-f(x)\to 0$

　　$t\to 1$ のとき $x\to 0$ で　　$g(x)-f(x)\to 0$

である。

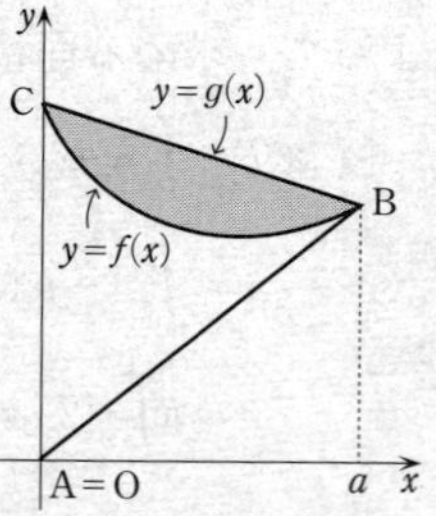

よって，求める面積を T とすると

$$T=\int_0^a \{g(x)-f(x)\}dx$$
$$=-\frac{c}{a^2}\int_0^a x(x-a)\,dx$$
$$=\frac{c}{a^2}\cdot\frac{a^3}{6}$$
$$=\frac{ac}{6}$$

$S=\dfrac{ac}{2}$ であるから　　$T=\dfrac{1}{3}S$

◀解　説▶

≪媒介変数表示された曲線と面積≫

三角形の内部を動く点の軌跡の方程式を媒介変数表示し，その曲線と三角形の一辺によって囲まれる部分の面積を求める問題である。

まず，座標軸を設定する。設定の仕方によって計算量に差が出てくる。曲線と辺 BC によって囲まれる部分の面積を求めるのであるから，直線 BC を x 軸にとるのがよいであろう。P の描く曲線の方程式を，t を媒介変数として媒介変数表示して，定積分によって面積を計算するのであるが，P の描く曲線の概形を確認しておかなければならない。$0<t<1$ のとき，$\dfrac{dx}{dt}>0$，$y>0$ の確認は必須である。x，y の変化を表にし，曲線の概形を図示しておくとよい。△ABC が鋭角三角形，すなわち $0<a<c$ であることがここで関係してくる。あとは $\int_0^c ydx=\int_0^1 y\dfrac{dx}{dt}dt$ として計算すればよい。

〔別解〕のように直線 AC を y 軸にとると，P の描く曲線の方程式から容易に t を消去することができる。その結果，曲線は放物線の一部になることがわかる。

なお，$0<t<1$ であるから P の描く曲線は両端を含まないが，$t\to0$ のとき P→B，$t\to1$ のとき P→C に近づき，辺 BC は両端 B，C を含むから，曲線と辺 BC で囲まれることになる。

4

◇発想◇　条件を満たす目の出方を具体的に書いてみる。4以下の目が出る事象をA，5以上の目が出る事象をBとして，X_1，X_2，…，X_nの出方を順に並べると，A，A，…，A，B，B，…，B，A，A，…，Aとなる。ただし，Bの前にあるAの個数をp個，Bの個数をq個とすると，$0 \leqq p \leqq n-1$，$1 \leqq q \leqq n-p$であり，Bの後にあるAの個数は$(n-p-q)$個となる。この条件を満たす目の出方の確率の総和を求める。

解答　1つのさいころを1回投げて，4以下の目が出る事象をA，5以上の目が出る事象をBとする。

条件を満たすX_1，X_2，…，X_nの出方を順に並べると

A，A，…，A，B，B，…，B，A，A，…，A　……①

ただし，Bの前にあるAの個数をp個，Bの個数をq個　……②とすると，$X_0=0$であることから

$0 \leqq p \leqq n-1$，$1 \leqq q \leqq n-p$　……③

で，このときBの後にあるAの個数は$(n-p-q)$個で，$0 \leqq n-p-q \leqq n-1$となる。

①かつ②となるような目の出る確率は

$$\left(\frac{2}{3}\right)^p\left(\frac{1}{3}\right)^q\left(\frac{2}{3}\right)^{n-p-q}=\frac{2^{n-q}}{3^n}\quad\cdots\cdots④$$

求める確率は，p，qが③を満たすときの確率④の総和であるから

$$\sum_{p=0}^{n-1}\sum_{q=1}^{n-p}\frac{2^{n-q}}{3^n}=\frac{2^n}{3^n}\sum_{p=0}^{n-1}\sum_{q=1}^{n-p}\left(\frac{1}{2}\right)^q$$

$$=\frac{2^n}{3^n}\sum_{p=0}^{n-1}\frac{1}{2}\cdot\frac{1-\left(\frac{1}{2}\right)^{n-p}}{1-\frac{1}{2}}$$

$$=\frac{1}{3^n}\left(2^n\sum_{p=0}^{n-1}1-\sum_{p=0}^{n-1}2^p\right)$$

$$=\frac{1}{3^n}\left(2^n\cdot n-\frac{2^n-1}{2-1}\right)$$

$$=\frac{(n-1)2^n+1}{3^n}\quad\cdots\cdots(答)$$

◀解　説▶

≪さいころの目の出方と確率，等比数列の和≫

条件をみたすようなさいころの目の出方の確率を求める問題である。

1つのさいころを1回投げたとき，4以下の目が出る確率は $\frac{2}{3}$，5以上の目が出る確率は $\frac{1}{3}$ で，条件をみたす目の出方は

$$\underbrace{A,\ A,\ \cdots,\ A}_{p\text{回}},\ \underbrace{B,\ B,\ \cdots,\ B}_{q\text{回}},\ \underbrace{A,\ A,\ \cdots,\ A}_{(n-p-q)\text{回}}\quad\cdots\cdots①$$

ただし　$0 \leqq p \leqq n-1,\ 1 \leqq q \leqq n-p$　……③

のときである。この①，③を導くのが本問のポイントである。①のように出る確率を $p,\ q,\ n$ で表し，まず p を固定して $q=1,\ 2,\ \cdots,\ n-p$ のときの確率の和を計算する。その和に対して $p=0,\ 1,\ \cdots,\ n-1$ のときの値の総和を計算する。

$$\sum_{p=0}^{n-1} 1 = \underbrace{1+1+\cdots+1}_{n\text{個}} = n,\quad \sum_{p=0}^{n-1} 2^p = 1+2+\cdots+2^{n-1} = \frac{2^n-1}{2-1}$$

であることに注意する。

5　◇発想◇　球面と四角錐を座標空間内において考える方法と，幾何的に考える方法がある。変数の取り方はいろいろ考えられるが，四角錐の体積の公式を考慮すれば，球の中心と四角錐の底面との距離，または四角錐の高さを変数にすると，体積を表す式に $\sqrt{\quad}$ が出てこないので計算しやすい。変数を用いて体積を表した後は，微分法を用いて最大値を求める。

解答　半径1の球面を S，正方形 $B_1B_2B_3B_4$ を含む平面を α とする。S の方程式を $x^2+y^2+z^2=1$，α の方程式を $z=-t$ $(0 \leqq t < 1)$ としても一般性を失わない。

S と α が交わってできる円を C とすると，C の方程式は

$x^2+y^2=1-t^2$，$z=-t$ であるから，C の半径は $\sqrt{1-t^2}$ である。

正方形 $B_1B_2B_3B_4$ は C に内接するから，面積は

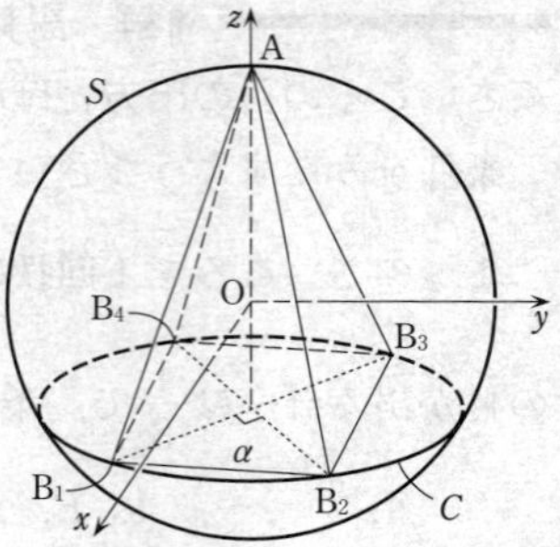

$$4\cdot\frac{1}{2}(\sqrt{1-t^2})^2=2(1-t^2)$$

点Aの z 座標を a とすると，$-1\leqq a\leqq 1$（$a\neq -t$）で，四角錐の高さは $|a+t|$ であるから，t を固定して考えると，$t\geqq 0$ より，$|a+t|$ は $a=1$ のとき最大値 $1+t$ をとる。

このとき，四角錐の体積を $f(t)$ とすると

$$f(t)=\frac{1}{3}\cdot 2(1-t^2)(1+t)$$

$$=-\frac{2}{3}(t^3+t^2-t-1)$$

求める最大値は，$0\leqq t<1$ における $f(t)$ の最大値である。

$$f'(t)=-\frac{2}{3}(3t^2+2t-1)$$

$$=-\frac{2}{3}(t+1)(3t-1)$$

よって，$0\leqq t<1$ における $f(t)$ の増減表は右のようになるから，求める最大値は

t	0	…	$\frac{1}{3}$	…	(1)
$f'(t)$		+	0	−	
$f(t)$		↗	$\frac{64}{81}$	↘	

$$f\left(\frac{1}{3}\right)=\frac{64}{81}\quad\cdots\cdots(答)$$

別解　＜幾何的に考える解法＞

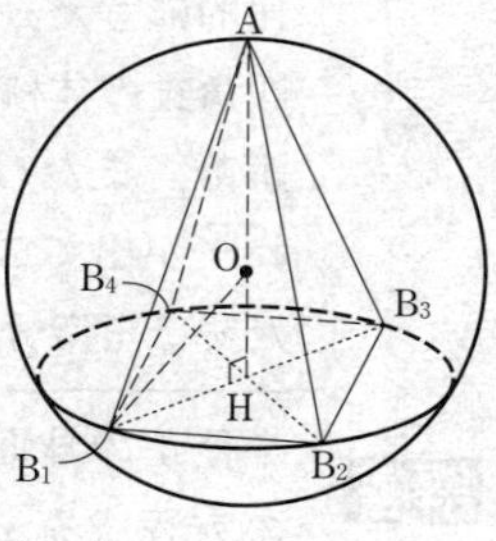

球面の中心をO，正方形 $B_1B_2B_3B_4$ を含む平面を α とし，Oが α 上にないときを考える。

Oから α に垂線 OH を下ろすと，$OB_1=OB_3$，$OB_2=OB_4$ であるから，Hは線分 B_1B_3 の中点かつ線分 B_2B_4 の中点，すなわち正方形 $B_1B_2B_3B_4$ の2本の対角線の交点である。

四角錐の高さを h とすると，h は点Aから α へ下ろした垂線の長さで

$$h\leqq OA+OH=1+OH$$

が成り立つ。ここで等号が成り立つのは，半直線 HO 上にAがあるときで，そのとき，h は最大値 $1+OH$ をとり，底面 $B_1B_2B_3B_4$ を固定したとき，四角錐の体積は最大となる。

このとき，AH＝xとおくと，$1<x<2$で

$$B_1H^2=OB_1{}^2-OH^2=1^2-(x-1)^2=2x-x^2$$

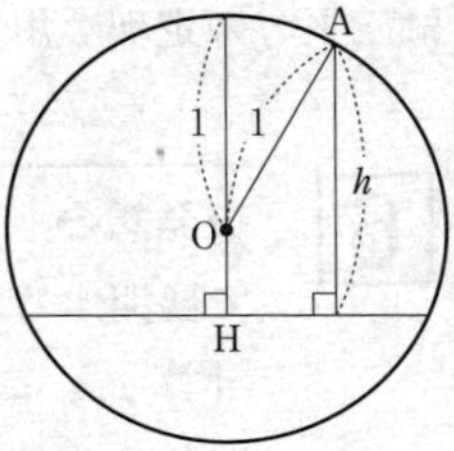

であるから，正方形$B_1B_2B_3B_4$の面積は

$$4\cdot\frac{1}{2}B_1H^2=2(2x-x^2)$$

四角錐の体積を$V(x)$とおくと

$$V(x)=\frac{1}{3}\cdot 2(2x-x^2)x=-\frac{2}{3}(x^3-2x^2)\quad\cdots\cdots①$$

である。

Oがα上にあるときは，OH＝0，$x=1$として①が成り立つ。

よって，$1\leqq x<2$の範囲で$V(x)$を考えると

$$V'(x)=-\frac{2}{3}(3x^2-4x)=-2x\left(x-\frac{4}{3}\right)$$

$1\leqq x<2$における$V(x)$の増減表は右のようになるから，求める最大値は

x	1	…	$\frac{4}{3}$	…	(2)
$V'(x)$		+	0	−	
$V(x)$		↗	$\frac{64}{81}$	↘	

$$V\left(\frac{4}{3}\right)=\frac{64}{81}$$

◀解　説▶

≪球面に内接する四角錐の体積の最大値≫

半径1の球面に内接する四角錐の体積の最大値を求める問題である。

四角錐の体積は$\frac{1}{3}\times$(底面積)$\times$(高さ) であるが，まず底面を固定して高さが最大になるときを考える。そのときの点Aの位置は直感的にわかるが，説明をつけておくべきである。Aの位置を定め，変数を用いて高さの最大値を表す。次に，底面（正方形）を動かして，体積が最大になるときを考える。

〔解答〕では，底面のz座標を$-t$（$0\leqq t<1$）とした。球面の中心と底面との距離を変数tとしたことになる。底面は正方形であるから，外接円の半径，すなわち対角線の長さの$\frac{1}{2}$がわかれば，面積は容易に求められる。

〔別解〕では，四角錐の高さを変数x（$1\leqq x<2$）とした。球面の中心から底面に垂線を下ろす際，中心が底面上にある場合に注意する。$\triangle OB_1H$

に三平方の定理を用いて B_1H^2 を x で表す。

6

◆発想◆　まず，$(1+i)^n+(1-i)^n$ を計算する。二項定理を用いて展開すると複雑になる。ここは，ド・モアブルの定理を用いて計算することがポイントである。次に，常用対数を用いて n の取りうる値の範囲を調べる。常用対数表の注意書きには，「小数第 5 位を四捨五入し，小数第 4 位まで掲載している」とある。例えば，$0.30095 \leqq \log_{10}2 < 0.30105$ ということである。常用対数の値を不等式で表し，計算を進めていかなければならない。

解答　ド・モアブルの定理より

$$(1+i)^n+(1-i)^n$$

$$=\left\{\sqrt{2}\left(\cos\frac{\pi}{4}+i\sin\frac{\pi}{4}\right)\right\}^n+\left[\sqrt{2}\left\{\cos\left(-\frac{\pi}{4}\right)+i\sin\left(-\frac{\pi}{4}\right)\right\}\right]^n$$

$$=(\sqrt{2})^n\left(\cos\frac{n\pi}{4}+i\sin\frac{n\pi}{4}\right)+(\sqrt{2})^n\left\{\cos\left(-\frac{n\pi}{4}\right)+i\sin\left(-\frac{n\pi}{4}\right)\right\}$$

$$=(\sqrt{2})^n\left\{\left(\cos\frac{n\pi}{4}+i\sin\frac{n\pi}{4}\right)+\left(\cos\frac{n\pi}{4}-i\sin\frac{n\pi}{4}\right)\right\}$$

$$=(\sqrt{2})^n\cdot 2\cos\frac{n\pi}{4}$$

$$=2^{\frac{n}{2}+1}\cos\frac{n\pi}{4}$$

よって，求める n は

$$2^{\frac{n}{2}+1}\cos\frac{n\pi}{4}>10^{10}\quad\cdots\cdots①$$

をみたす最小の正の整数 n である。

$\cos\dfrac{n\pi}{4}\leqq 1$ より　　$2^{\frac{n}{2}+1}\cos\dfrac{n\pi}{4}\leqq 2^{\frac{n}{2}+1}$

これと①より　　$2^{\frac{n}{2}+1}>10^{10}$

この式の両辺は正であるから，常用対数をとって

$$\left(\frac{n}{2}+1\right)\log_{10}2>10$$

常用対数表より，$0.30095\leqq\log_{10}2<0.30105$ ……②であるから

$$n+2>\frac{20}{\log_{10}2}>\frac{20}{0.30105}=66.4\cdots \quad より \quad n>64.4$$

n は正の整数であるから　$n\geqq65$

$n=65$ のとき

$$2^{\frac{n}{2}+1}\cos\frac{n\pi}{4}=2^{\frac{67}{2}}\cdot\frac{1}{\sqrt{2}}=2^{33}$$

$$\log_{10}2^{33}=33\log_{10}2<33\times0.30105=9.93465<10=\log_{10}10^{10}$$

（∵　②）

すなわち，$2^{33}<10^{10}$ であるから，①を満たさない。

$66\leqq n\leqq70$ のとき，$\cos\frac{n\pi}{4}\leqq0$ であるから①を満たさない。

$n=71$ のとき

$$2^{\frac{n}{2}+1}\cos\frac{n\pi}{4}=2^{\frac{73}{2}}\cdot\frac{1}{\sqrt{2}}=2^{36}$$

$$\log_{10}2^{36}=36\log_{10}2\geqq36\times0.30095=10.8342>10=\log_{10}10^{10}$$

（∵　②）

すなわち，$2^{36}>10^{10}$ であるから，①を満たす。

ゆえに，求める n の値は　$n=71$　……(答)

参考　$0.300<\log_{10}2<0.302$ としても

$$\frac{20}{\log_{10}2}>\frac{20}{0.302}=66.2\cdots$$

$$33\log_{10}2<33\times0.302=9.966$$

$$36\log_{10}2>36\times0.300=10.8$$

であるから，〔解答〕と同じ結果を導くことができる。

◀解　説▶

≪ド・モアブルの定理，常用対数≫

実数になるような虚数の n 乗の和を計算し，不等式を満たす最小の正の整数 n を求める問題である。

虚数を極形式に直し，ド・モアブルの定理を用いて式変形を行い，与式と同値である不等式①を導く。常用対数を用いて①を解くのであるが，常用対数表を見て，$\log_{10}2=0.3010$ としてはいけない。ただし書きに注意し

て，$\log_{10}2$ を不等式で評価しなければならない。したがって，①を直接解くのではなく，まず必要条件を求め，次にそのうち十分条件でもあるものを確認する方法がよい。

〔解答〕では $\cos\dfrac{n\pi}{4}\leqq 1$ を用いて計算を進めたが，①より $\cos\dfrac{n\pi}{4}>0$ であるから，少し手間はかかるが，$n=8k$，$8k\pm 1$（k は整数）の場合を考えてもよい。

$n=8k$ のときは $\cos\dfrac{n\pi}{4}=1$ であるから，〔解答〕と同様にして

$8k=n>64.4$　より　$k\geqq 9$　すなわち　$n\geqq 72$

$n=8k\pm 1$ のときは $\cos\dfrac{n\pi}{4}=\dfrac{1}{\sqrt{2}}$ であるから，〔解答〕と同様にすると

$2^{\frac{n+1}{2}}>10^{10}$　より　$n+1>66.4\cdots$　よって　$n>65.4$

$n=8k+1$，$8k-1$ のいずれのときも $k\geqq 9$ となり

$n=8k+1$ のとき　$n\geqq 73$，$n=8k-1$ のとき　$n\geqq 71$

したがって，$n=71$ のときを確認することになる。

なお，〔参考〕のように $\log_{10}2$ の存在範囲を少し広くとっても問題ない。

❖講　評

7 年ぶりに独立した小問が出題された。証明問題は出題されていないが，論理を問う問題や立体図形に関する問題は例年通り出題されている。

1　独立した小問 2 問。問 1 は三角関数の有理数・無理数に関する問題で，方針を立てるのに少し時間がかかったのではなかろうか。問 2 は「数学Ⅲ」としては基本的な積分計算である。

2　整数問題。素数に関する標準的な問題で，素数 2 に注目できるかがポイントとなる。

3　積分法の面積問題。ベクトルにこだわると時間を浪費する。適切に座標軸を設定しないと計算量が多くなるので注意が必要である。

4　確率と数列の融合問題。条件の意味を正確に読み取ることが重要。さらに，条件を式に直し等比数列の和を計算する際に間違いやすい。

5　立体と微分法の融合問題。問題設定はよくあるもので，何を変数にとればよいかがわかっていれば解きやすい。

[6]　ド・モアブルの定理と対数の問題。常用対数表を用いて適切に評価できるかが問われている。

京大らしく小問誘導のない出題に戻った。[4][5]は文系との共通問題である。記述量は少なめで 2018 年度より易化したといえる。とはいえ，[1]問 2 を除けば，解法の方針や記述方法に注意を要するものが並び，[3][4]はやや難レベルの問題である。論理的な思考力・表現力および図形感覚を身につけておくことが重要である。

物理

I

解答　(1)　ア．$G\dfrac{Mm_{\mathrm{A}}}{(R+a)^2}$　イ．$m_{\mathrm{A}}(R+a)\omega^2$

ウ．$G\dfrac{Mm_{\mathrm{B}}}{(R-b)^2}$　エ．$m_{\mathrm{B}}(R-b)\omega^2$　オ．1　カ．-1

キ．$3m_{\mathrm{A}}\omega^2$

(2)　ク．$\sqrt{\dfrac{GM}{R}}$　ケ．$1-\dfrac{\theta}{2\pi}$　コ．$2\left(\dfrac{T_1}{T_0}\right)^{\frac{2}{3}}-1$　サ．$\sqrt{\dfrac{2d}{R+d}}$

問1．サの結果を用いると

$$\Delta V=V_1-V_0=\left(\sqrt{\frac{2d}{R+d}}-1\right)V_0=\left(\sqrt{\frac{\dfrac{2d}{R}}{1+\dfrac{d}{R}}}-1\right)V_0$$

ケ，コの結果より，$\theta\ll\pi$ のとき

$$\frac{d}{R}=2\left(\frac{T_1}{T_0}\right)^{\frac{2}{3}}-1=2\left(1-\frac{\theta}{2\pi}\right)^{\frac{2}{3}}-1$$
$$\fallingdotseq 2\left(1-\frac{\theta}{3\pi}\right)-1=1-\frac{2\theta}{3\pi}$$

よって

$$\sqrt{\frac{\dfrac{2d}{R}}{1+\dfrac{d}{R}}}=\sqrt{\frac{2-\dfrac{4\theta}{3\pi}}{2-\dfrac{2\theta}{3\pi}}}=\left(1-\frac{2\theta}{3\pi}\right)^{\frac{1}{2}}\cdot\left(1-\frac{\theta}{3\pi}\right)^{-\frac{1}{2}}$$
$$\fallingdotseq\left(1-\frac{\theta}{3\pi}\right)\cdot\left(1+\frac{\theta}{6\pi}\right)$$
$$\fallingdotseq 1-\frac{\theta}{3\pi}+\frac{\theta}{6\pi}=1-\frac{\theta}{6\pi}$$

したがって

$$\Delta V=\left(1-\frac{\theta}{6\pi}-1\right)V_0=-\frac{1}{6\pi}\cdot\theta V_0$$

となり，ΔV は θ と V_0 に比例する。比例係数は

$$\frac{\Delta V}{\theta V_0}=-\frac{1}{6\pi}\quad\cdots\cdots(答)$$

◀解　説▶

≪人工衛星に取り付けた小物体の運動，楕円軌道の周期≫

(1)　▶ア・イ．小物体Aにはたらく万有引力の大きさをF_A，角速度ωで小物体Aと共に円運動する観測者から見たときの遠心力の大きさをf_Aとすると

$$F_A=G\frac{Mm_A}{(R+a)^2},\quad f_A=m_A(R+a)\omega^2$$

小物体Aにはたらく力のつりあいより，$F_A+N_A=f_A$となる。

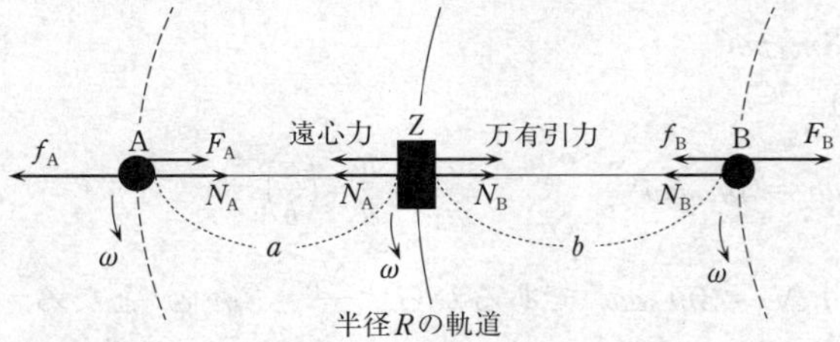

▶ウ・エ．同様にして，小物体Bにはたらく万有引力の大きさをF_B，遠心力の大きさをf_Bとすると

$$F_B=G\frac{Mm_B}{(R-b)^2},\quad f_B=m_B(R-b)\omega^2$$

小物体Bにはたらく力のつりあいより，$F_B=N_B+f_B$となる。

▶オ．人工衛星Zが小物体を取り付ける前の力のつりあいの式は

$$G\frac{Mm_Z}{R^2}=m_ZR\omega^2\quad\cdots\cdots①$$

取り付けた後の力のつりあいの式は

$$G\frac{Mm_Z}{R^2}+N_B=m_ZR\omega^2+N_A$$

よって，同じ円軌道を角速度ωで動き続けるとき，$N_A=N_B$である。

▶カ．式①より$\dfrac{GM}{R^2}=R\omega^2$であることを用いると，ア・イより

$$N_A=m_A(R+a)\omega^2-G\frac{Mm_A}{(R+a)^2}$$

$$= m_{\mathrm{A}}\left\{(R+a)\,\omega^2 - R\omega^2\left(1+\frac{a}{R}\right)^{-2}\right\}$$

$$\fallingdotseq m_{\mathrm{A}}\left\{(R+a)\,\omega^2 - R\omega^2\left(1-\frac{2a}{R}\right)\right\}$$

$$= 3m_{\mathrm{A}}a\omega^2$$

$$N_{\mathrm{B}} = G\frac{Mm_{\mathrm{B}}}{(R-b)^2} - m_{\mathrm{B}}(R-b)\,\omega^2$$

$$= m_{\mathrm{B}}\left\{R\omega^2\left(1-\frac{b}{R}\right)^{-2} - (R-b)\,\omega^2\right\}$$

$$\fallingdotseq m_{\mathrm{B}}\left\{R\omega^2\left(1+\frac{2b}{R}\right) - (R-b)\,\omega^2\right\}$$

$$= 3m_{\mathrm{B}}b\omega^2$$

$N_{\mathrm{A}} = N_{\mathrm{B}}$ より

$$3m_{\mathrm{A}}a\omega^2 = 3m_{\mathrm{B}}b\omega^2 \qquad \therefore \quad \frac{m_{\mathrm{A}}}{m_{\mathrm{B}}} = \frac{b}{a} = \left(\frac{a}{b}\right)^{-1}$$

▶キ．カより $N_{\mathrm{A}} = 3m_{\mathrm{A}}a\omega^2$ であるから，$\dfrac{N_{\mathrm{A}}}{a} = 3m_{\mathrm{A}}\omega^2$ となる。

(2)　▶ク．速さ V_0，半径 R の等速円運動であるから

$$m_{\mathrm{Z}}\frac{{V_0}^2}{R} = G\frac{Mm_{\mathrm{Z}}}{R^2} \qquad \therefore \quad V_0 = \sqrt{\frac{GM}{R}}$$

▶ケ．円軌道を角度 $2\pi-\theta$ 回転する時間が楕円軌道の周期と同じであればよいから

$$T_0 \times \frac{2\pi-\theta}{2\pi} = T_1 \qquad \therefore \quad \frac{T_1}{T_0} = 1 - \frac{\theta}{2\pi}$$

▶コ．ケプラーの第三法則より，公転周期の2乗は長半径の3乗に比例するから

$$\frac{{T_0}^2}{R^3} = \frac{{T_1}^2}{\left(\dfrac{R+d}{2}\right)^3}$$

$$\frac{R+d}{2R} = \left(\frac{T_1}{T_0}\right)^{\frac{2}{3}} \qquad \therefore \quad \frac{d}{R} = 2\left(\frac{T_1}{T_0}\right)^{\frac{2}{3}} - 1$$

▶サ．ケプラーの第二法則より

$$\frac{1}{2}V_1R = \frac{1}{2}V_{\mathrm{D}}d$$

力学的エネルギー保存則より

$$\frac{1}{2}m_{\mathrm{U}}V_1{}^2-G\frac{Mm_{\mathrm{U}}}{R}=\frac{1}{2}m_{\mathrm{U}}V_{\mathrm{D}}{}^2-G\frac{Mm_{\mathrm{U}}}{d}$$

2式より V_{D} を消去し，$GM=RV_0{}^2$ を用いると

$$V_1{}^2-\frac{2GM}{R}=\left(\frac{R}{d}V_1\right)^2-\frac{2GM}{d}$$

$$\left\{\left(\frac{R}{d}\right)^2-1\right\}V_1{}^2=2\left(\frac{R}{d}-1\right)V_0{}^2$$

$$\left(\frac{R}{d}+1\right)V_1{}^2=2V_0{}^2 \qquad \therefore \quad \frac{V_1}{V_0}=\sqrt{\frac{2d}{R+d}}$$

▶問1．$(1+\delta)^x \fallingdotseq 1+x\delta$ および，δ^2 の項を無視する近似を用いて変形していけばよい。

II　解答

(1)　イ．$B_0\left(1-\dfrac{r}{R}\right)$　ロ．$e\omega B_0 r\left(1-\dfrac{r}{R}\right)$

ハ．$\omega B_0 r\left(1-\dfrac{r}{R}\right)$　ニ．$\dfrac{1}{6}\omega B_0 R^2$

(2)　ホ．$B_0\left(1-\dfrac{r}{R}\right)\Delta S$

問1．下図で $\Phi_R=\dfrac{1}{3}\pi R^2 B_0$ は底面積 πR^2，高さ B_0 の円錐の体積である。

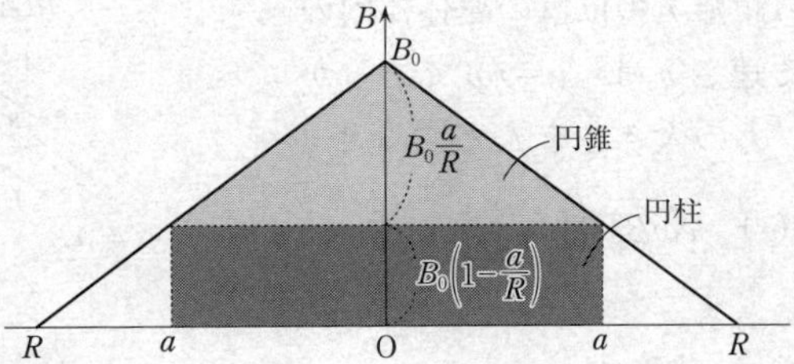

一方，Φ_a は底面積 πa^2，高さ $B_0\left(1-\dfrac{a}{R}\right)$ の円柱と，底面積 πa^2，高さ $B_0\dfrac{a}{R}$ の円錐の体積の和であるから

$$\Phi_a=\pi a^2\cdot B_0\left(1-\frac{a}{R}\right)+\frac{1}{3}\cdot\pi a^2\cdot B_0\frac{a}{R}$$

$$=\pi B_0a^2\left(1-\frac{a}{R}+\frac{a}{3R}\right)=\pi B_0a^2\left(1-\frac{2a}{3R}\right)$$

(3)　へ．$\dfrac{ba}{2}\left(1-\dfrac{2a}{3R}\right)$　ト．$\dfrac{eba}{2m}\left(1-\dfrac{2a}{3R}\right)t$

問2．トの速さを v とおくと，半径 a が一定の円運動であるから

$$m\frac{v^2}{a}=evB \qquad \therefore \quad v=\frac{eaB}{m}$$

ここで，$B=B_0\left(1-\dfrac{a}{R}\right)=bt\left(1-\dfrac{a}{R}\right)$ であるから，トより

$$\frac{eba}{2m}\left(1-\frac{2a}{3R}\right)t=\frac{eabt}{m}\left(1-\frac{a}{R}\right)$$

$$\frac{1}{2}\left(1-\frac{2a}{3R}\right)=1-\frac{a}{R}$$

$$\therefore \quad \frac{a}{R}=\frac{3}{4} \quad \cdots\cdots(答)$$

◀解　説▶

≪軸対称な磁場中を回転する導体棒に生じる起電力，ベータトロン≫

(1)　▶イ．$B(r)$ は $r=0$ で B_0，$r=R$ で 0 で，r の1次関数で減少するから

$$B(r)=B_0\cdot\frac{R-r}{R}=B_0\left(1-\frac{r}{R}\right)$$

▶ロ．点Oから距離 r の位置の導体棒内の電子が回転する速さ v は，$v=r\omega$ であるから，ローレンツ力の大きさを f_r とすると

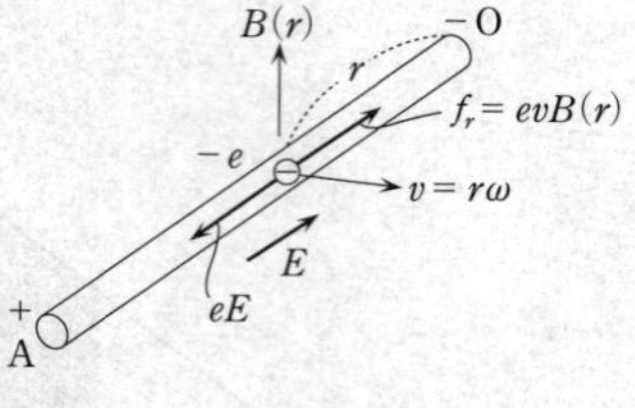

$$f_r=evB(r)=e\omega B_0r\left(1-\frac{r}{R}\right)$$

向きはA→Oである。

▶ハ．電子はO側へ移動し，Aが正，Oが負に帯電し，A→Oの向きに電場が生じる。その大きさは E であるから，電子は電場からO→Aの向きに大きさ eE の力を受け，これがローレンツ力とつりあう。よって

$$eE=e\omega B_0r\left(1-\frac{r}{R}\right) \qquad \therefore \quad E=\omega B_0r\left(1-\frac{r}{R}\right)$$

▶ニ．ハの結果より，E は r の関数なので $E=E(r)$ とする。

$$E(r)=\frac{\omega B_0}{R}r(R-r)$$

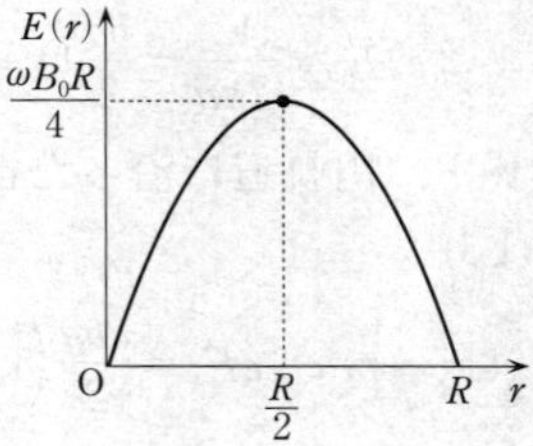

与えられた $f(x)=(x-p)(q-x)$ で，$p=0$，$q=R$ として電位差を V とすると，V は $E(r)$ と r 軸で囲まれた面積なので

$$V=\frac{\omega B_0}{R}\cdot\frac{(R-0)^3}{6}=\frac{1}{6}\omega B_0R^2$$

別解　$V=\int_0^R E(r)\,dr=\omega B_0\int_0^R\left(r-\frac{r^2}{R}\right)dr$

$$=\omega B_0\left[\frac{r^2}{2}-\frac{r^3}{3R}\right]_0^R=\omega B_0\left(\frac{R^2}{2}-\frac{R^2}{3}\right)=\frac{1}{6}\omega B_0R^2$$

(2)　▶ホ．イの結果より

$$\Delta\Phi=B(r)\,\Delta S=B_0\left(1-\frac{r}{R}\right)\Delta S$$

▶問1．問題文に与えられた式を用いるが，Φ_a は円柱の上に円錐があることに注意。Φ_a は積分を用いて，次のように求めてもよい。$z=0$ の面内で点Oからの距離が r と $r+dr$ の間の円環の面積は $2\pi r\cdot dr$ であるから，この円環を貫く磁束を $d\phi$ とすると

$$d\phi=B(r)\cdot2\pi rdr=2\pi B_0r\left(1-\frac{r}{R}\right)dr$$

よって，半径 a の円を貫く磁束 Φ_a は

$$\Phi_a=\int_0^a d\Phi=2\pi B_0\int_0^a\left(r-\frac{r^2}{R}\right)dr=2\pi B_0\left[\frac{r^2}{2}-\frac{r^3}{3R}\right]_0^a$$

$$=2\pi B_0\left(\frac{a^2}{2}-\frac{a^3}{3R}\right)=\pi B_0a^2\left(1-\frac{2a}{3R}\right)$$

(3)　▶ヘ．$B_0=bt$ のとき，問1の結果より

$$\Phi_a=\pi ba^2\left(1-\frac{2a}{3R}\right)t$$

よって，半径 a の円軌道に沿って発生する起電力の大きさを V' とすると

$$V'=\frac{\Delta\Phi_a}{\Delta t}=\pi ba^2\left(1-\frac{2a}{3R}\right)$$

円軌道に沿った電場の大きさを E_a とすると，円周は $2\pi a$ であるから

$$E_a\times2\pi a=V'$$

$$\therefore\quad E_a=\frac{V'}{2\pi a}=\frac{ba}{2}\left(1-\frac{2a}{3R}\right)$$

▶ト．円軌道に沿った電子の加速度の大きさを α とすると，運動方程式より

$$m\alpha=eE_a=\frac{eba}{2}\left(1-\frac{2a}{3R}\right)\qquad\therefore\quad\alpha=\frac{eba}{2m}\left(1-\frac{2a}{3R}\right)$$

よって，時刻 t における電子の速さを $v(t)$ とすると，$t=0$ で静止していたので

$$v(t)=\alpha t=\frac{eba}{2m}\left(1-\frac{2a}{3R}\right)t$$

▶問２．電子の回転半径を一定に保ったまま加速する装置をベータトロンという。実際のベータトロンの磁場は図３のような１次関数的な変化ではないが，本問はそれをモデル化したものである。

III　解答

あ．$\dfrac{\lambda}{n}$　い．$-pE\sin 2\pi\left(ft+\dfrac{z}{\lambda}\right)$

う．$qE\sin 2\pi\left(ft-\dfrac{nz}{\lambda}\right)$　え．$pqq'E$　お．$-\dfrac{4\pi nD}{\lambda}$

問１．いと式(ii)の結果より

$$E_{\mathrm{R_0}}+E_{\mathrm{R_1}}=-pE\sin 2\pi\left(ft+\frac{z}{\lambda}\right)+pqq'E\sin\left\{2\pi\left(ft+\frac{z}{\lambda}\right)+\phi\right\}$$

$\theta=2\pi\left(ft+\dfrac{z}{\lambda}\right)$ とおき，加法定理を用いると

$$\begin{aligned}E_{\mathrm{R_0}}+E_{\mathrm{R_1}}&=-pE\sin\theta+pqq'E\sin(\theta+\phi)\\&=(qq'\cos\phi-1)pE\sin\theta+pqq'E\sin\phi\cdot\cos\theta\end{aligned}$$

よって，$a=(qq'\cos\phi-1)pE$，$b=qq'\sin\phi\cdot pE$ として与えられた合成の式を用いると

$$\begin{aligned}A^2&=a^2+b^2\\&=\{(qq'\cos\phi-1)^2+(qq'\sin\phi)^2\}p^2E^2\\&=(q^2q'^2-2qq'\cos\phi+1)p^2E^2\quad\cdots\cdots(\text{答})\end{aligned}$$

か．$\dfrac{2m-1}{4n}$　き．$(qq'+1)pE$　く．$\dfrac{m}{2n}$　け．$qq'(1+p^2)E$

こ．$\dfrac{2m-1}{4n}$　さ．$qq'(1-p^2)E$

問２．$\dfrac{D}{\lambda}=\dfrac{m}{2n}$ のとき，全ての透過光の電場の位相は等しいので，干渉光の振幅は

$$qq'E(1+p^2+p^4+\cdots)=qq'E\sum_{k=0}^{\infty}(p^2)^k=\frac{qq'E}{1-p^2}$$

$p^2+qq'=1$ より，$qq'=1-p^2$ であるから，干渉光の振幅は E となる。

よって，光の強度は　E^2　……(答)

$\dfrac{D}{\lambda}=\dfrac{2m-1}{4n}$ のとき，透過光 T_i と T_{i+1} の電場の位相は逆位相なので，干渉光の振幅は

$$qq'E(1-p^2+p^4-p^6+\cdots)=qq'E\sum_{k=0}^{\infty}(-p^2)^k=\frac{qq'E}{1+p^2}$$

$qq'=1-p^2$ より，干渉光の振幅は $\dfrac{1-p^2}{1+p^2}E$ となる。

よって，光の強度は　$\left(\dfrac{1-p^2}{1+p^2}\right)^2E^2$　……(答)

問３．特定の波長の光を選択して抽出するには，波長によって光の強度が大きく変わるほうがよい。よって，薄膜Xを用いるのがより適当である。

また，図２の薄膜Xのグラフより，弱い光の強度は０に近くなっている。光の強度が最小のとき $\left(\dfrac{1-p^2}{1+p^2}\right)^2E^2$ であるから，薄膜Xの p の値は１に近い。

◀解　説▶

≪薄膜による光の多重反射と干渉，波の式≫

▶あ．屈折率 n の薄膜中では光の速さは $\dfrac{1}{n}$ になるから，波長も $\dfrac{1}{n}$ になる。

▶い．面A（$z=0$）の入射光Ｉの電場は $E\sin 2\pi ft$，反射光 R_0 の電場は振幅 pE で，位相が π ずれるので（固定端反射）

$$pE\sin(2\pi ft+\pi)$$

この電場が，$z=0$ から z 軸の負の向きに波長 λ で伝わるので

$$E_{\mathrm{R}_0}=pE\sin\left\{2\pi\left(ft+\frac{z}{\lambda}\right)+\pi\right\}$$（答は，この π を含む式でもよい）

$$= -pE\sin 2\pi\left(ft + \frac{z}{\lambda}\right)$$

▶う．面A（$z=0$）の透過光 T_1' の電場は，振幅 qE で位相変化は0なので $qE\sin 2\pi ft$ である。

この電場が，$z=0$ から z 軸の正の向きに波長 $\frac{\lambda}{n}$ で伝わるので

$$E_{T_1'} = qE\sin 2\pi\left(ft - \frac{nz}{\lambda}\right)$$

▶え・お．下図のように振幅は面Bの反射で p 倍，面Aの透過で q' 倍になり，R_1 光の振幅は $pq'E$ となる。

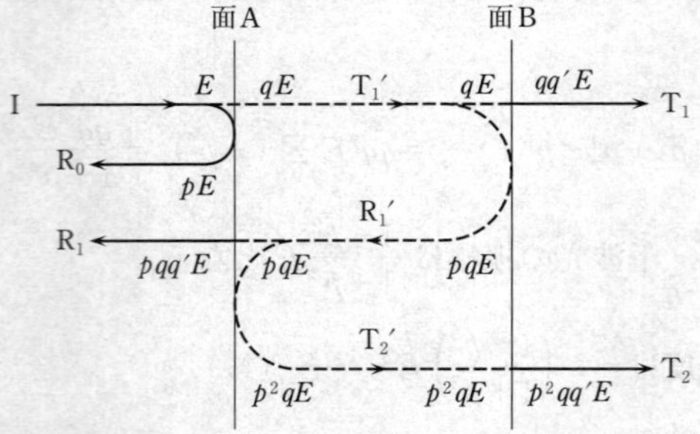

面Bでの反射の位相変化は0なので，R_0 光に比べて光学距離は $2nD$ だけ長いので，位相は R_0 光より

$$2\pi \times \frac{2nD}{\lambda} = \frac{4\pi nD}{\lambda}$$

遅れる。よって

$$E_{R_1} = pqq'E\sin\left\{2\pi\left(ft + \frac{z}{\lambda}\right) - \frac{4\pi nD}{\lambda}\right\}$$

別解　え・お．面B（$z=D$）での透過光 T_1' の電場は，$E_{T_1'}$ の式より

$$qE\sin 2\pi\left(ft - \frac{nD}{\lambda}\right)$$

反射光 R_1' の電場は，振幅 pqE で位相変化は0（自由端反射）なので

$$pqE\sin 2\pi\left(ft - \frac{nD}{\lambda}\right)$$

この電場が，$z=D$ から z 軸の負の向きに波長 $\frac{\lambda}{n}$ で伝わるので

$$E_{R_1'}=pqE\sin 2\pi\left[\left\{ft+\frac{n(z-D)}{\lambda}\right\}-\frac{nD}{\lambda}\right]$$

面A（$z=0$）での R_1' 光の電場は，$E_{R_1'}$ の式より

$$pqE\sin 2\pi\left\{\left(ft+\frac{-nD}{\lambda}\right)-\frac{nD}{\lambda}\right\}$$

$$=pqE\sin 2\pi\left(ft-\frac{2nD}{\lambda}\right)$$

R_1 の電場は，振幅 $pqq'E$ で位相変化は 0 なので

$$pqq'E\sin 2\pi\left(ft-\frac{2nD}{\lambda}\right)$$

この電場が，$z=0$ から z 軸の負の向きに波長 λ で伝わるので

$$E_{R_1}=pqq'E\sin 2\pi\left\{\left(ft+\frac{z}{\lambda}\right)-\frac{2nD}{\lambda}\right\}$$

$$=pqq'E\sin\left\{2\pi\left(ft+\frac{z}{\lambda}\right)-\frac{4\pi nD}{\lambda}\right\}$$

▶問１．与えられた合成の式を用いて E_{R_0} と E_{R_1} の和を求めればよい。

▶か．A^2 が最大となるのは $\cos\phi=-1$ のときであるから，おの結果より

$$\phi=-\frac{4\pi nD}{\lambda}=-(2m-1)\pi\quad(m=1,\ 2,\ \cdots)$$

$$\therefore\quad D=\frac{2m-1}{4n}\lambda$$

▶き．このとき

$$A^2=(q^2q'^2+2qq'+1)p^2E^2$$

$$=(qq'+1)^2p^2E^2$$

$$\therefore\quad A=(qq'+1)pE$$

▶く．T_1 光の $z=D$ での電場は $qq'E\sin 2\pi\left(ft-\frac{nD}{\lambda}\right)$ であり，z 軸の正の向きに $z-D$ 進むので

$$E_{T_1}=qq'E\sin 2\pi\left(ft-\frac{z-D}{\lambda}-\frac{nD}{\lambda}\right)$$

T_2' 光の $z=0$ での電場は $p^2qE\sin\left(2\pi ft-\frac{4\pi nD}{\lambda}\right)$ であり，これが z 軸の正の向きに z 進むので

$$E_{T_2'}=p^2qE\sin 2\pi\left(ft-\frac{nz}{\lambda}-\frac{2nD}{\lambda}\right)$$

T_2 光の $z=D$ での電場は $p^2qq'E\sin 2\pi\left(ft-\frac{nD}{\lambda}-\frac{2nD}{\lambda}\right)$ であり，これが z 軸の正の向きに $z-D$ 進むので

$$E_{T_2}=p^2qq'E\sin 2\pi\left(ft-\frac{z-D}{\lambda}-\frac{nD}{\lambda}-\frac{2nD}{\lambda}\right)$$

ここで，$2\pi\left(ft-\frac{z-D}{\lambda}-\frac{nD}{\lambda}\right)=\theta'$，$-\frac{4\pi nD}{\lambda}=\phi$ とおくと

$$E_{T_1}=qq'E\sin\theta',\ \ E_{T_2}=p^2qq'E\sin(\theta'+\phi)$$

となる。

T_1 光と T_2 光の干渉光は問 1 と同様に

$$\begin{aligned}E_{T_1}+E_{T_2}&=qq'E\sin\theta'+p^2qq'E\sin(\theta'+\phi)\\&=qq'E\sqrt{p^4+2p^2\cos\phi+1}\,\sin(\theta'+\beta')\end{aligned}$$

振幅を A' とすると

$$A'=qq'E\sqrt{p^4+2p^2\cos\phi+1}$$

である。

T_1 光と T_2 光の干渉光の強度が最大となるのは $\cos\phi=1$ のときで，このとき R_0 光と R_1 光の干渉光の強度は最小となっている。よって

$$\phi=-\frac{4\pi nD}{\lambda}=-2\pi m\quad(m=1,\ 2,\ \cdots)$$

$$\therefore\quad D=\frac{m}{2n}\lambda$$

▶け．$\cos\phi=1$ のとき　　$A'=qq'(1+p^2)E$

▶こ．くより，T_1 光と T_2 光の干渉光の強度が最小となるのは $\cos\phi=-1$ のときである。かと同じ条件であり，このとき R_1 光と R_2 光の干渉光の強度は最大となっている。

▶さ．$\cos\phi=-1$ のとき，$p^2<1$ に注意して　　$A'=qq'(1-p^2)E$

▶問 2．$\frac{D}{\lambda}=\frac{2m-1}{4n}$ のとき，下図より T_{i+1} 光の振幅は T_i 光の p^2 倍で位相が等しくなる。

$\frac{D}{\lambda}=\frac{2m-1}{4n}$ のとき

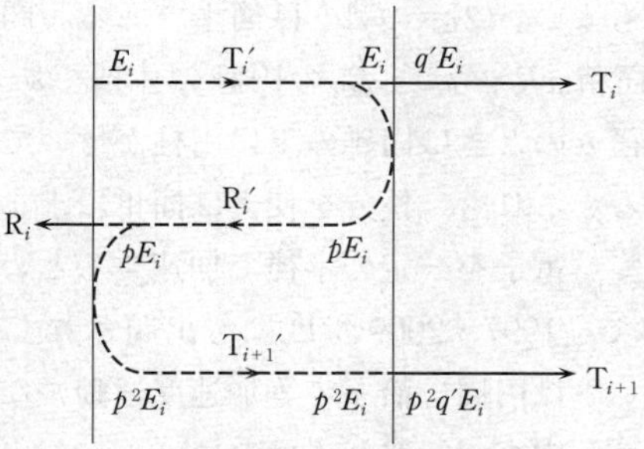

また，$\frac{D}{\lambda}=\frac{m}{2n}$ のときは，さで示したように，T_{i+1} 光の振幅は T_i 光の p^2 倍で位相が逆位相になる。よって，これらを無限個加えればよい。

▶問 3．図 2 の薄膜 X，薄膜 Y のグラフから，薄膜 X のほうが抽出しやすいのは明らかである。薄膜 X の p の値は，$\left(\frac{1-p^2}{1+p^2}\right)^2 \fallingdotseq 0$ より $p \fallingdotseq 1$ であることがわかる。

❖講　評

2019 年度も理科 2 科目で 180 分（教育学部理系試験は 1 科目で 90 分），大問 3 題の出題に変化はなかった。**Ⅰ** は万有引力による運動で，楕円軌道の複雑な計算が出題された。**Ⅱ** は磁束が空間的，時間的に変化するときの電磁誘導で，目新しい内容であった。**Ⅲ** は光の多重反射という京大らしいユニークなテーマで，波の式を直接扱うという，複雑な計算が必要な難問であった。

Ⅰ．(1)ア～オは万有引力，遠心力の基本で，完答しなければならない。カ・キは近似式を含む面倒な計算で，ここで時間を取られすぎると失敗する。(2)ク・ケは容易。コは受験生になじみの薄いケプラーの第三法則で，差がつくかもしれない。サのケプラーの第二法則は類題も多く，解きやすかったであろう。問 1 の近似計算は複雑で時間がかかる。θ^2 の微小量を無視せよとは書かれていないが，近似計算に慣れていれば当然無視できたであろう。

Ⅱ．(1)イ～ハはローレンツ力と電場の基本であるが，イを誤ると全滅するので，慎重に解きたい。ニは積分を使えば容易であるが，与えられた公式を用いてもよい。(2)ホの $\Delta\Phi$ は簡単である。問 1 は，問題文にある Φ_R の式が底面積 πR^2，高さ B_0 の円錐の体積であることを利用するのであるが，半径 a のときは円錐の下に円柱が付いていることに気がつくかどうかである。これも，積分を使えば簡単に求まる。(3)は磁束を時間的に変化させて，電子を一定の半径で加速するという，ベータトロンについての内容で，1997・2009 年度にも出題されている。への誘導電場は頻出である。トは円周に沿って等加速度運動になる。問 2 はベータトロン条件を求める内容で，難しくはない。

Ⅲ．薄膜による光（電場）の多重反射という目新しいテーマで，多くの受験生は戸惑ったであろう。計算も複雑で，完答は難しいと思われる。あの薄膜中の波長は問題ないが，い・うの電場の式が書けなかった受験生が多かったのではなかろうか。え・おは反射や透過ごとに振幅の変化を考えて，位相のずれも考えなければならない。問 1 は三角関数の和をまともに計算しなければならず，この辺りでお手上げになった受験生がほとんどであろう。か～さの干渉条件と振幅は，実は問 1 が解けなくても解答できる。通常の薄膜干渉と同じになるが，そこに気付いた人は得点できたはずである。問 2 は難しそうであるが，透過光の振幅の絶対値が p^2 倍になっていくことに気付けばよい。

全体として，2019 年度は 3 題とも京大らしいユニークなテーマで，計算量も多く，2018 年度に比べて難化したと思われる。時間内に解くのは難しく，各大問の前半を確実に解き，後半の解ける設問を見極める力が必要となる。

化学

I **解答** (a)　問1．$Cr_2O_7^{2-}+H_2O$

問2．Ⅰ．6.0×10^{-5}　Ⅱ．3.0×10^{-6}

問3．2.0×10^{-2}mol/L

(b)　問4．Ⅲ．1.8×10^{-7}　Ⅳ．5.4×10^{-10}　Ⅴ．6.0×10^{-6}

問5．ア－2　イ－1　ウ－2

◀解　説▶

≪(a)沈殿滴定による Cl^- の定量，溶解度積　(b)濃淡電池≫

(a)　▶問1．水溶液中で CrO_4^{2-} は $Cr_2O_7^{2-}$ と次式のような平衡状態にあり，酸性にすると平衡が右に移動して $Cr_2O_7^{2-}$ が増加する。

$$2CrO_4^{2-}+2H^+ \rightleftarrows Cr_2O_7^{2-}+H_2O$$

また，塩基性条件下では次式のように褐色の Ag_2O が生成するため，滴定に影響を与える。

$$2Ag^++2OH^- \longrightarrow Ag_2O+H_2O$$

▶問2．AgCl と Ag_2CrO_4 では AgCl の方が溶解度が小さいため，少量の CrO_4^{2-} を含む Cl^- 水溶液に Ag^+ を滴下すると，まず白色の AgCl が沈殿し，その後暗赤色の Ag_2CrO_4 が沈殿する。ここが滴定の終点と考えられ，含まれていた Cl^- の量が求められる。このような K_2CrO_4 を指示薬とする沈殿滴定をモール法という。

Ⅰ．$[Ag^+]^2[CrO_4^{2-}]\geqq K_{sp}$　(Ag_2CrO_4 の溶解度積)

を満たすところで沈殿が生じる。よって

$$[Ag^+]^2[CrO_4^{2-}]=[Ag^+]^2\times1.0\times10^{-3}=3.6\times10^{-12}\,(mol/L)^3$$

$$[Ag^+]^2=3.6\times10^{-9}$$

$$[Ag^+]=6.0\times10^{-5}\,[mol/L]$$

Ⅱ．水溶液中には $[Ag^+][Cl^-]=1.8\times10^{-10}\,(mol/L)^2$ を満たす Ag^+ と Cl^- が沈殿せずに溶解している。よって

$$[Ag^+][Cl^-]=6.0\times10^{-5}\times[Cl^-]=1.8\times10^{-10}\,(mol/L)^2$$

$$[Cl^-]=3.0\times10^{-6}\,[mol/L]$$

▶問3．Ag^+ の滴下に伴い AgCl が沈殿するが，滴定の終点では

$[Ag^+]=[Cl^-]$ となる。

このとき，$[Ag^+][Cl^-]=1.8\times10^{-10}(mol/L)^2$ が成り立つので，$[Ag^+]=[Cl^-]=\sqrt{1.8}\times10^{-5}$〔mol/L〕となる。

ちょうどここで指示薬が変化すれば，正しい滴定終点を知ることができるが，K_2CrO_4 の量によっては操作上の滴定終点と正しい滴定終点が異なってしまう。実際に題意の条件では，$[Ag^+]=6.0\times10^{-5}$〔mol/L〕で Ag_2CrO_4 が沈殿するので，やや過剰に Ag^+ を滴下することになる。そこで

$$[Ag^+]=\sqrt{1.8}\times10^{-5}\text{〔mol/L〕}$$

で Ag_2CrO_4 の沈殿が生じるには

$$[Ag^+]^2[CrO_4{}^{2-}]=(\sqrt{1.8}\times10^{-5})^2\times[CrO_4{}^{2-}]$$
$$=3.6\times10^{-12}(mol/L)^3$$
$$[CrO_4{}^{2-}]=2.0\times10^{-2}\text{〔mol/L〕}$$

であればよい。

(b)　▶問４．Ⅲ．水溶液Ａには $[Ag^+][Cl^-]=1.8\times10^{-10}(mol/L)^2$ を満たす Ag^+ が溶解している。題意より，$[Cl^-]=1.0\times10^{-3}$〔mol/L〕なので

$$[Ag^+]\times1.0\times10^{-3}=1.8\times10^{-10}(mol/L)^2$$
$$[Ag^+]=1.8\times10^{-7}\text{〔mol/L〕}$$

Ⅳ．水溶液Ｂも同様に

$$[Ag^+]\times1.0\times10^{-3}=5.4\times10^{-13}(mol/L)^2$$
$$[Ag^+]=5.4\times10^{-10}\text{〔mol/L〕}$$

Ⅴ．水溶液Ａに溶解している Ag^+ の濃度は

$$[Ag^+][Cl^-]=[Ag^+]\times2.0\times10^{-3}=1.8\times10^{-10}(mol/L)^2$$
$$[Ag^+]=9.0\times10^{-8}\text{〔mol/L〕}$$

電流が流れなくなったことより，水溶液ＡおよびＢの Ag^+ の濃度が等しくなっていることがわかる。よって，水溶液Ｂの Ag^+ も 9.0×10^{-8} mol/L となるので

$$[Ag^+][Br^-]=9.0\times10^{-8}\times[Br^-]=5.4\times10^{-13}(mol/L)^2$$
$$[Br^-]=6.0\times10^{-6}\text{〔mol/L〕}$$

▶問５．Ag^+ の濃度は水溶液Ｂの方が小さいため

水溶液Ｂの電極では　　$Ag \longrightarrow Ag^+ + e^-$　（酸化）

水溶液Ａの電極では　　$Ag^+ + e^- \longrightarrow Ag$　（還元）

の反応がおこり，濃度差を小さくしようとする方向に反応が進行する。その結果，e^- は水溶液Bの電極から水溶液Aの電極に移動する，つまり電流は水溶液Aから水溶液Bの方向へ流れる。水溶液Aでは Ag^+ が減少するため AgCl が溶解する。このようなしくみで電流を取り出す装置を濃淡電池という。

Ⅱ　解答

(a)　問1．ア．共有　イ．非共有　ウ．二酸化炭素　エ．0　オ．水　カ．2　キ．4　ク．0　ケ．アンモニア　コ．1

問2．(1) $\left[\ :\!\overset{\cdot}{\underset{\cdot}{\mathrm{O}}}::\mathrm{N}::\overset{\cdot}{\underset{\cdot}{\mathrm{O}}}\!:\ \right]^{+}$　(2)直線形

(b)　問3．あ．$\dfrac{[\mathrm{B}]^2}{[\mathrm{A}]}$　い．K_cRT　う．$\dfrac{K_p}{p}$

問4．え．0.5　お．2

問5．容器1内の全圧が p のとき，平衡移動によって変化したAの分圧を x とする。ここで，コックを開く前後と新しい平衡に達するまでの分圧の変化を次式のように考える。

	A	$\rightleftarrows$	2B
コックを開く前	$\dfrac{p}{2}$		$\dfrac{p}{2}$
コックを開いた瞬間	$\dfrac{p}{6}$		$\dfrac{p}{6}$
新たな平衡	$\dfrac{p}{6}-x$		$\dfrac{p}{6}+2x$

新たな平衡状態でも $K_p=\dfrac{p}{2}$ が成り立つので

$$\frac{\left(\dfrac{p}{6}+2x\right)^2}{\dfrac{p}{6}-x}=K_p=\frac{p}{2}$$

$$72x^2+21px-p^2=0$$

$$(24x-p)(3x+p)=0$$

$$x=\frac{p}{24},\quad -\frac{p}{3}\ (\text{不適})$$

これより　$\dfrac{\dfrac{p}{6}-\dfrac{p}{24}}{\dfrac{p}{6}}=\dfrac{4-1}{4}=0.75$ 倍　……(答)

◀解　説▶

≪(a)分子の形と電子対の数　(b)気体反応における平衡定数・モル分率・分圧≫

(a)　▶問１．E原子の周りに二重結合に関わる２組の電子対が配置される場合，右図のような直線形であれば電子対の間の反発が最小となる。またE原子の周りに４組の電子対が配置される場合，電子対が右図の位置関係にあれば，反発が最小となる。したがって，５つの条件を考慮した表１の物質の電子対の様子，および分子の形は次図のようになる。

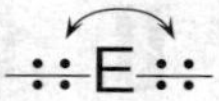

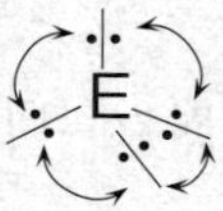

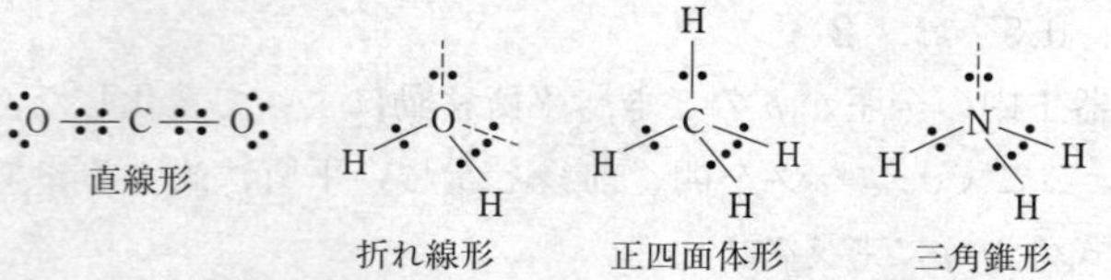

ただし，折れ線形，正四面体形，三角錐形における共有結合の結合角はそれぞれ異なる。

▶問２．N^+ の価電子数はC原子と同じなので，CO_2 と同じ電子対の配置と形になると考えられる。ただし，実際には次式のような共鳴構造となるため，常にN原子上に正電荷が存在するわけではない。

$$\mathrm{O^+ \Leftarrow N{=}O \rightleftharpoons O{=}N^+{=}O \rightleftharpoons O{=}N \Rightarrow O^+}$$

(b)　▶問３．い．平衡状態における化合物AおよびBの物質量を n_A および n_B，気体の体積を V とすると，AおよびBそれぞれについて

$$p_AV=n_ART \qquad \therefore \quad p_A=\frac{n_A}{V}RT=[\mathrm{A}]RT$$

$$p_BV=n_BRT \qquad \therefore \quad p_B=\frac{n_B}{V}RT=[\mathrm{B}]RT$$

が成り立つ。よって

$$K_p=\frac{(p_B)^2}{p_A}=\frac{([\mathrm{B}]RT)^2}{[\mathrm{A}]RT}=\frac{[\mathrm{B}]^2}{[\mathrm{A}]}RT=K_cRT$$

う．分圧＝全圧×モル分率 より，$p_A=p\times x_A$，$p_B=p\times x_B$ が成り立つので

$$K_p=\frac{(p_B)^2}{p_A}=\frac{(x_Bp)^2}{x_Ap}=\frac{(x_B)^2}{x_A}p=K_xp \qquad \therefore \quad K_x=\frac{K_p}{p}$$

▶問 4．え．x_A と x_B が等しくなるときは，$x_A=x_B=0.5$ となるので

$$K_x=\frac{(0.5)^2}{0.5}=0.5$$

お．K_x が 0.5 のときは，$K_x=\frac{K_p}{p}=0.5=\frac{1}{2}$ より，p が K_p の 2 倍のときである。

▶問 5．コックを開く直前のAとBの物質量は等しく，それぞれの分圧は $\frac{p}{2}$，コックを開いた瞬間に気体の体積は 3 倍になるので，ボイルの法則からそれぞれの圧力は $\frac{p}{6}$ となる。全圧が下がったので，ルシャトリエの原理に従って分子数の増加する向きに平衡が移動する。そのため，Aが減少しBが増加するが，温度が変化していないので圧平衡定数 K_p は $\frac{p}{2}$ に保たれる。

III 解答

(a)　問 1．ア．アセトンまたは 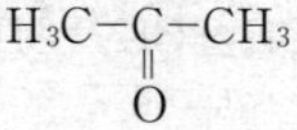

イ．エチレングリコール（1,2-エタンジオール）または 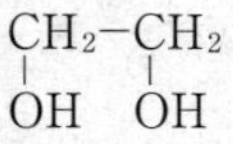

問 2．A．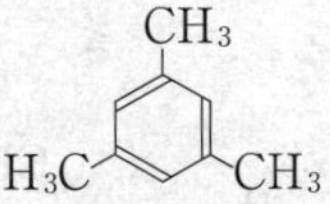　B．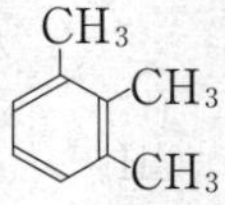　D．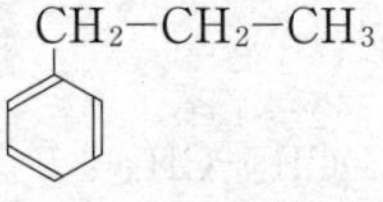

問 3．J．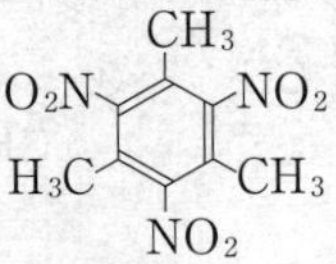　K．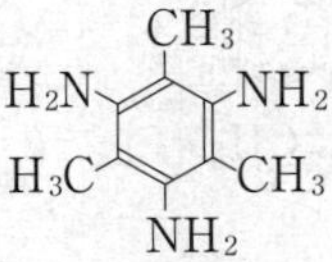

問 4．37.5g

(b)　問 5．M．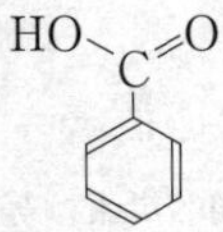　O．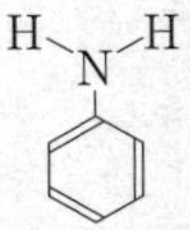

問6．

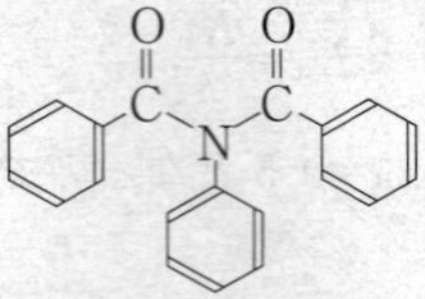

問7．

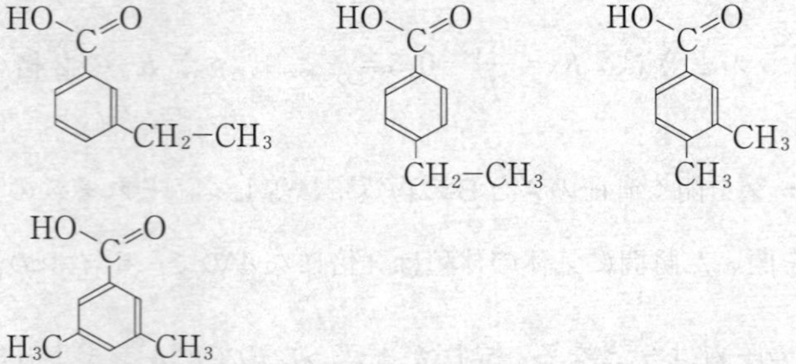

◀解　説▶

≪(a)芳香族炭化水素の性質と構造決定　(b)イミドの加水分解と構造決定≫

(a)　▶問1・問2．題意の芳香族炭化水素の異性体として，次のあ～くの8種類が考えられる。

あ

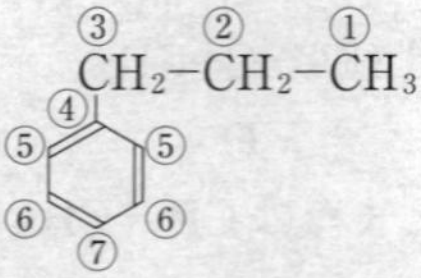

い

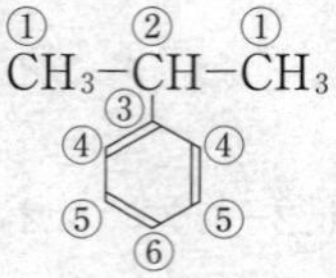

う

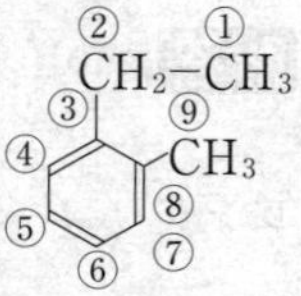

え

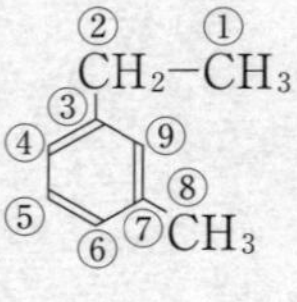

お

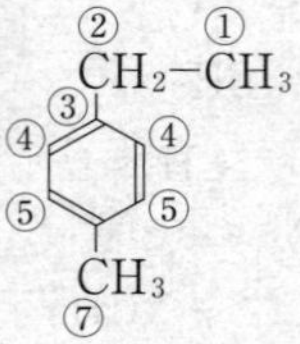

か

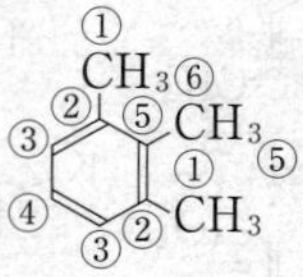

き

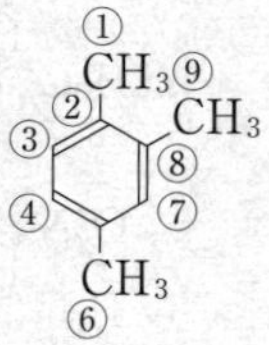

く

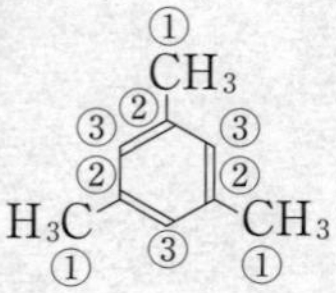

○数字が同じ炭素は等価の炭素である。

これらの中で，３種類の化学的に非等価なＣ原子が存在する化合物はくだけで，これがＡとなる。６種類の化学的に非等価なＣ原子が存在する化合物は，いとかで，このうちい（クメン）は，次式のように空気酸化後，分解するとフェノールとアセトンが生成する（クメン法)。

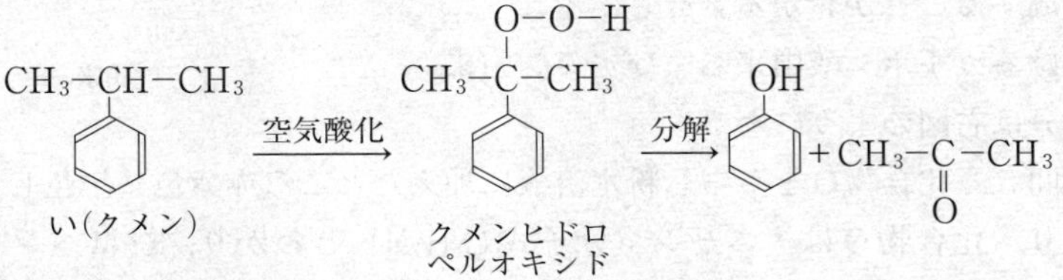

よって，Ｃはい，Ｂはかとなる。

７種類の化学的に非等価なＣ原子が存在する化合物は，あとおで，あを酸化すると安息香酸が得られる。よって，Ｄはあ，Ｅはおとなる。おを酸化するとテレフタル酸（化合物Ｉ）となり，エチレングリコールと縮合重合させるとポリエチレンテレフタラートが得られる。残るう・え・きには化学的に等価なＣ原子がない。

▶問３．Ａのニトロ化合物に関しては，置換する $-NO_2$ の数により次図のような３種類が考えられ，さが３種類の化学的に非等価なＣ原子をもつ。よって，Ｊはさとなる。

け

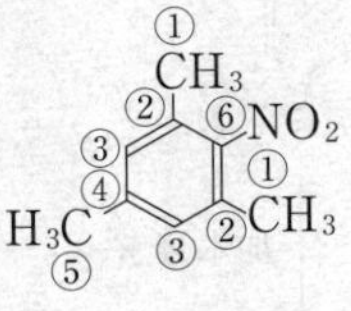

こ

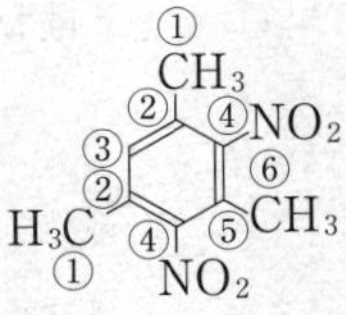

さ

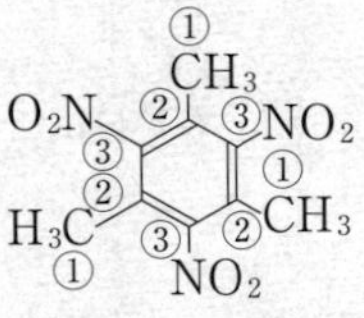

そして，さの３つの $-NO_2$ を $-NH_2$ に還元した化合物がＫとなり，やはり３種類の化学的に非等価なＣ原子をもつ。

▶問４．化合物Ｉ（テレフタル酸）の燃焼の化学反応式は

$$2C_8H_6O_4+15O_2 \longrightarrow 16CO_2+6H_2O$$

よって，燃焼したＩの物質量は

$$\frac{88.0}{44.0}\times\frac{2}{16}=0.25〔\mathrm{mol}〕$$

C_9H_{12} のモル質量は 120 g/mol より，求める質量は

$$0.25\times\frac{100}{80.0}\times120=37.5〔\mathrm{g}〕$$

(b)　イミドを完全に加水分解すると，2つのカルボン酸と1つの第一級アミンが生成することがわかる。そしてイミドにおけるカルボン酸由来およびアミン由来部分は右図のようになる。

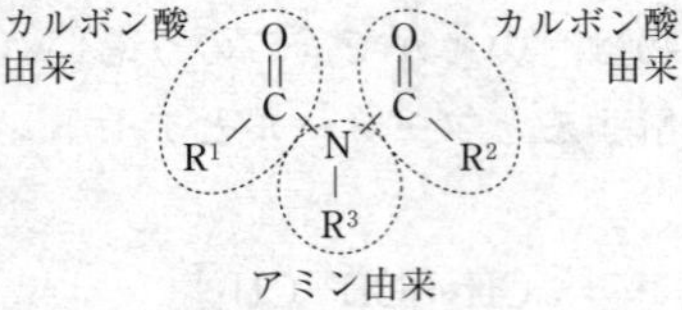

▶問5．化合物Oをさらし粉水溶液に加えたところ赤紫色に呈色したことより，化合物Oはアニリン（分子式 C_6H_7N）とわかり，R^3 はベンゼン環となる。また完全な加水分解で1種類のカルボン酸Mが得られるので，$R^1=R^2$ となり，イミドの分子式 $C_{20}H_{15}NO_2$ から考えて，R^1，R^2 もベンゼン環となる。つまり，Mは安息香酸（分子式 $C_7H_6O_2$）である。
また，アミドNの加水分解の結果からも，次式のようにMの分子式は $C_7H_6O_2$ とわかる。

$$C_{13}H_{11}NO+H_2O-C_6H_7N=C_7H_6O_2$$

なお，Lが完全に加水分解される反応は次のようになる。

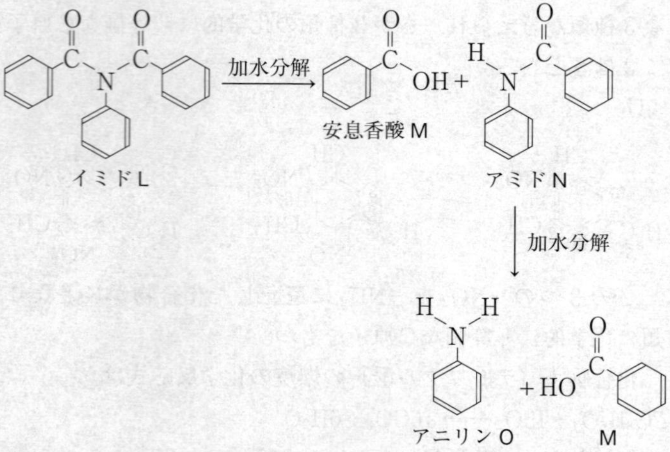

▶問6．化合物Pを完全に加水分解すると p-メチル安息香酸，化合物O，化合物Qとなるので，Pにおける R^1 は p-位にメチル基の結合したベンゼン環，R^3 はベンゼン環で，Pは次図のような構造と決定できる。

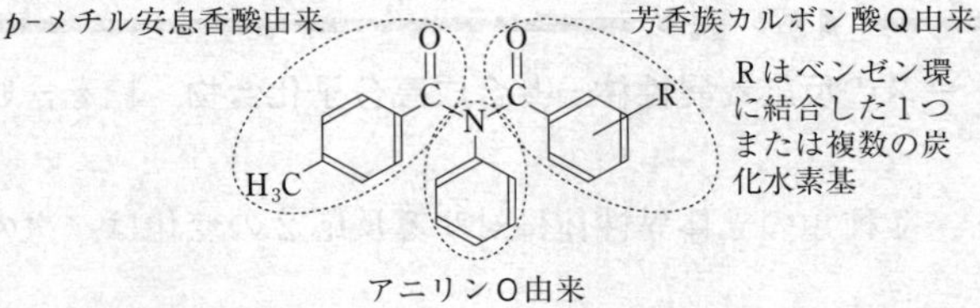

これより，Q中の炭化水素基Rは

$$C_{23}H_{21}NO_2 - C_8H_7O - C_6H_5N - C_7H_4O = C_2H_5$$

となり，Qは$-COOH$に対して*m*-位や*p*-位に$-C_2H_5$または2つの$-CH_3$が結合した化合物とわかる。

Ⅳ 解答

(a) 問1．

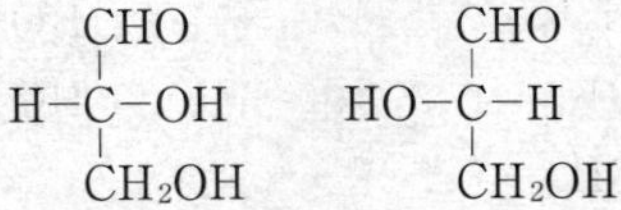

問2．(あ)，(え)，(か)，(き)

問3．H．

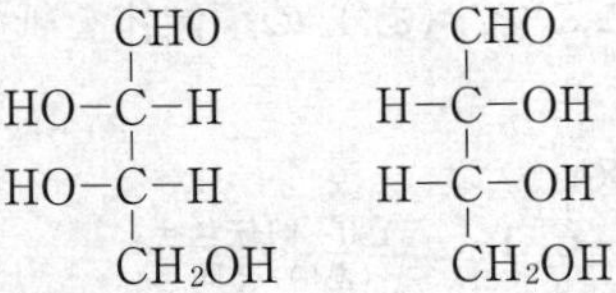

G．(い)，(く)

(b) 問4．I．

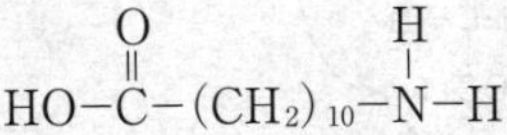

J．

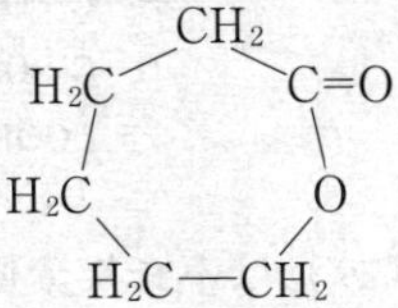

問5．

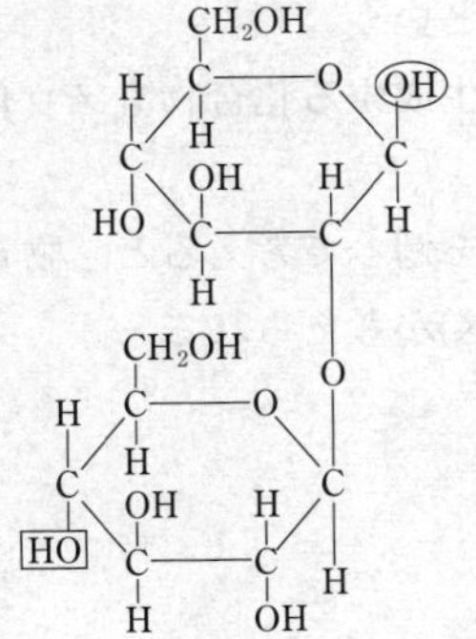

問6．け−2　こ−3　さ−2　し−1　す−2　せ−2

◀解　説▶

≪(a)アルドースの反応と異性体　(b)合成高分子化合物，糖を含む界面活性剤≫

(a)　▶問1．4種類の立体異性体に対する反応2の変化は，次のようになる。

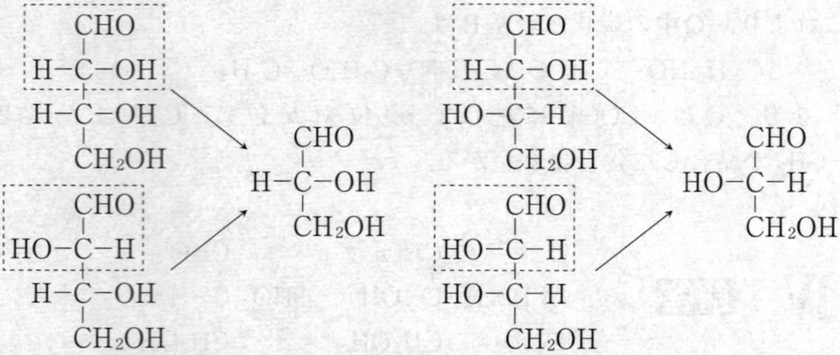

▶問2．例えば(あ)に対して反応1を行い，生成した化合物（あ′）とその鏡像体の関係は次のようになる。ここで，（あ′）の鏡像体を紙面上で180°回転させると（あ′）と重なる。

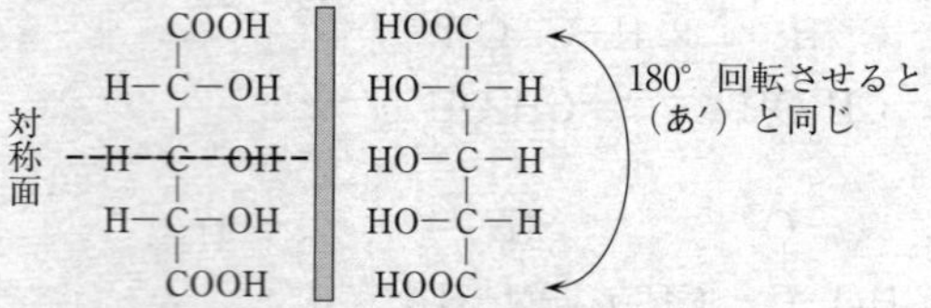

（あ′）　（あ′）の鏡像体

つまり（あ′）は不斉炭素原子を持つが分子内に対称面があり，鏡像異性体が存在しない。このような化合物をメソ体という。

同様に考えて，(え)，(か)，(き)に反応1を行って生成する化合物もメソ体となる。

▶問3．EまたはFから反応1および反応2を遡って考えると，物質の変化は次のようになり，Gとして(あ)，(い)，(き)，(く)が考えられる。

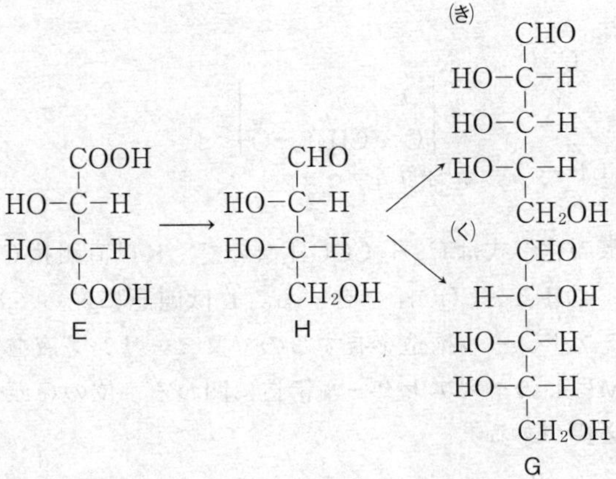

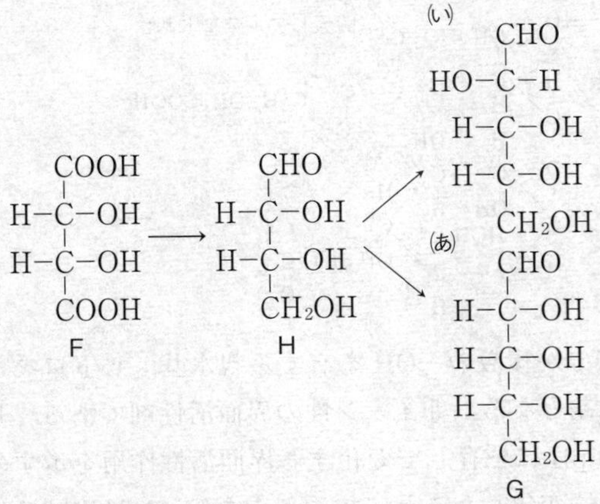

ただし(あ)と(き)は反応 1 でメソ体が生成するため，題意に合わない。

(b)　▶問 4．ナイロン 66 やナイロン 6 のようなポリアミドが，1 種類のモノマーで合成されるには，モノマー分子の末端にアミノ基とカルボキシ基をもつか，環状で分子内アミド結合をもつ必要がある。I は分岐のない炭化水素鎖とあるので前者となる。また，J を重合して得られる高分子は化学式から推定してポリエステルであり，かつ J は ε-カプロラクタムと同じ環状構造をもつことが題意より読み取れるので，ε-カプロラクトンと呼ばれる環状エステルとなる。J を重合させると次式のようにポリカプロラクトンと呼ばれる生分解性プラスチックとなる。

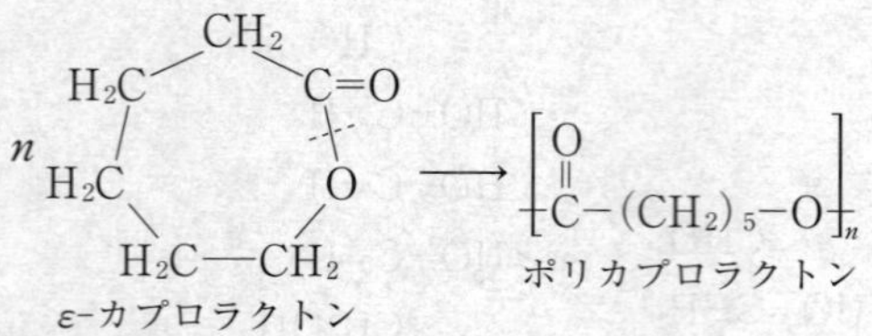

▶問５．オレイン酸の化学式は $C_{17}H_{33}COOH$ なので，Ｋは直鎖状 C_{17} の炭化水素鎖の両端に −OH と −COOH を有する。Ｌは題意に従って次図の構造となるが，ヘミアセタール構造を有するのでフェーリング液を還元する。したがって，ＭはＬのヘミアセタール構造に関わる１位のＣ原子の位置で脱水縮合する必要がある。

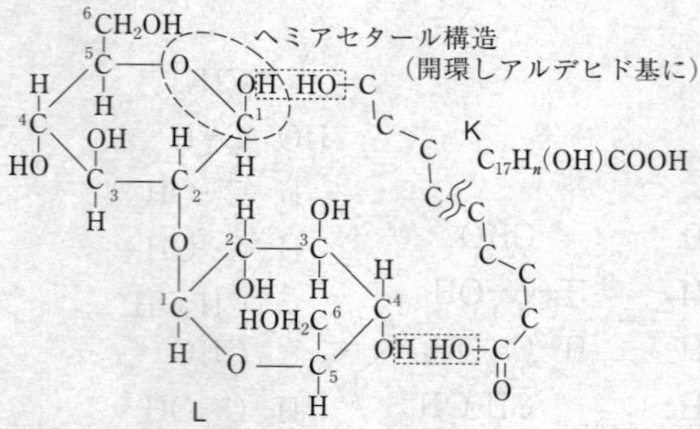

▶問６．Ｍは，二糖部分が複数の −OH を有する親水基，ヒドロキシ酸部分は炭化水素基が疎水基となる，非イオン性の界面活性剤である。しかし，Ｍを加水分解したＮは pH に依存して変化する界面活性作用を示すので，イオン性の界面活性剤に変化したことになる。つまり，Ｎは次図のようにＭのエステル結合が加水分解されて，カルボキシ基をもつ化合物となる。

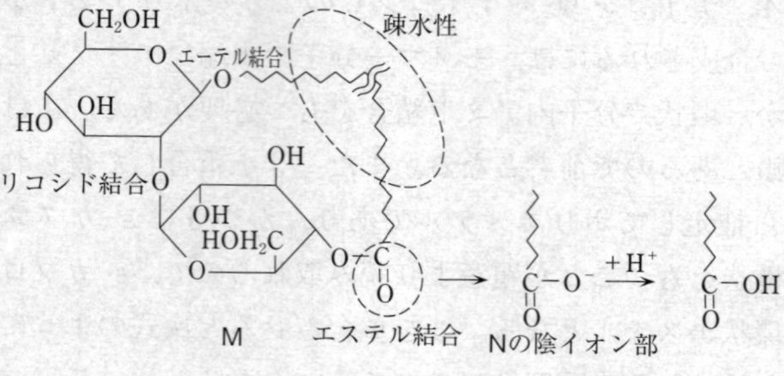

グリコシド結合やエーテル結合が分解してもイオン性の原子団は現れない。また，エーテル結合が分解した場合には，ヘミアセタール構造の開裂によりアルデヒド基が生じるため，Nはフェーリング液を還元するので，題意に合わない。さらにカルボキシ基は弱酸の官能基で，H^+ を加え pH を小さくすると電離度が小さくなり，この部分の疎水性がイオンの場合より強くなる。つまり親水基は二糖由来の部分となり，この部分を外側に向け，ヒドロキシ酸由来部分を内側に向けて集合し，ミセルとなる。

❖講　評

大問 4 題の出題数や出題パターン・形式はほぼ例年通りである。2019 年度の問題量はやや増加となったが，論述問題が出題されなかった。

Ⅰ．(a)はモール法による沈殿滴定の問題だが，説明と誘導が丁寧であり解きやすかったのではないだろうか。(b)は Ag^+ の濃淡電池と溶解度積を組み合わせた問題である。濃淡電池については詳しく学習しないかもしれないが，やはり説明が丁寧なので，初見でも理解しやすい。

Ⅱ．(a)は分子やイオンの電子対と，その反発による形を考える問題で標準的である。確実に解答したい。(b)は気相平衡における，濃度平衡定数・圧平衡定数・モル分率平衡定数および平衡移動の量的関係に関する問題で，やや難しい。モル分率平衡定数については初めて聞く受験生も多かったのではないだろうか。問 5 に関しては着目する平衡定数により，複数の解法がある。

Ⅲ．(a)は芳香族炭化水素を，まずは等価（不等価）なC原子の数で分類し，さらに性質の違いで構造を決定する問題である。まずは異性体をすべて書き出し，炭素の環境が正しく判断できれば難しくはない。(b)はイミドの加水分解生成物の性質から，イミドの構造を決定する問題である。イミドについてはなじみがないだろうが，説明を読めば構造や反応は容易に理解できる。比較的単純な $C_{20}H_{15}NO_2$ の構造を考える中から，複雑な $C_{23}H_{21}NO_2$ を考えるコツがつかめるはずである。

Ⅳ．(a)はアルドースの立体構造と性質に関する問題で，フィッシャーの投影式に慣れていなかったり，メソ体の知識がない受験生にはやや難しかったであろう。(b)は環境に配慮したナイロンやポリエステルの構造と，糖を含む界面活性剤の問題で，特に後者の構造をイメージするのは難しい。Ⅰ～Ⅲで時間を使い過ぎると答えきれない。また，Ⅳでは構造式を正確に書く力が求められる。

生物

I 解答

問 1．(お)

問 2．(い)

問 3．$\mathrm{P^b}$ は構造が不安定で 25℃では正常型酵素 $\mathrm{P^{wt}}$ と同程度の活性をもつが，37℃では立体構造が変化して，活性が低下するから。

問 4．正常型遺伝子 P^{wt} をもたない患者Kは，正常型のホモである遺伝子型 $P^{wt}P^{wt}$ の人に比べて 9％と非常に低い酵素活性しかもたないので，この疾患を発症する。両親は P^{wt} をヘテロにもち，父親では 55％，母親では 54％と約半分の酵素活性をもつので発症しない。

◀解　説▶

≪酵素の反応，フェニルケトン尿症≫

▶問 1．体内でタンパク質の分解などにより生じたアミノ酸は，酵素反応によりピルビン酸やオキサロ酢酸などの有機酸に分解され，クエン酸回路に利用される。フェニルアラニンの場合は，フェニルアラニン水酸化酵素（これが正常型酵素 $\mathrm{P^{wt}}$ にあたる）により，まずチロシンに代謝される。その後，アミノ基が取り除かれて，いくつかの反応を経て有機酸へと代謝される。フェニルケトン尿症はフェニルアラニンからチロシンへの反応が正常に進行しないことにより起こるので，(お)のチロシンが正解である。

▶問 2．酵素反応は，酵素分子が触媒となって効率よく化学反応を進行させる反応である。この反応では，まず酵素分子は基質分子と結合して酵素基質複合体を形成する。この複合体では，酵素がないときよりずっと小さいエネルギーで基質分子を生成物に変化させる。これが，酵素は反応に必要な活性化エネルギーを小さくするということである。このため反応する基質分子数が飛躍的に増加する。

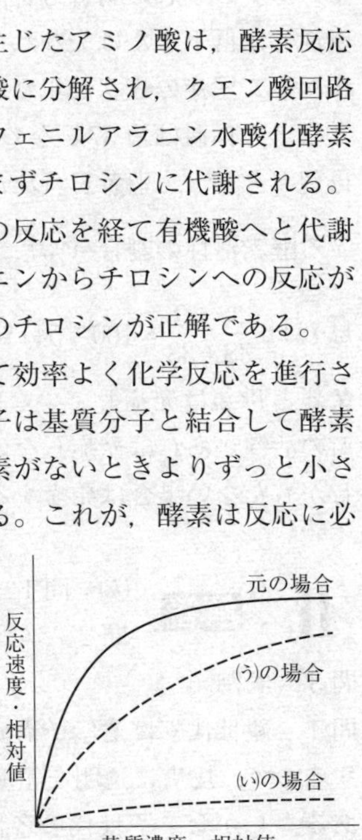

酵素反応で反応速度が小さくなる理由としては，(う)の酵素分子と基質分子が結合する力が弱まった場合と，(い)の活性化エネルギーが大きくなった場合が考えられる。(う)

の場合には基質濃度を高くすれば反応速度は大きくなるが，(い)の場合には基質濃度を高くしても反応速度は大きくならない（前図）。図1を見ると，酵素 $\mathrm{P^a}$ は(い)の場合に近い。よって，正解は(い)となる。

▶問3．酵素などタンパク質は，ポリペプチド鎖間に形成される水素結合などにより折りたたまれて一定の立体構造をとる。水溶性のタンパク質では，親水性アミノ酸は折りたたまれた構造の表面上に多く位置し，疎水性アミノ酸は内部に多く位置する。酵素 $\mathrm{P^b}$ では，本来なら折りたたまれた内部に位置する疎水性アミノ酸が親水性アミノ酸に置換されているので，立体構造が不安定で，温度上昇などにより容易に変化する。この結果，25℃では正常型酵素 $\mathrm{P^{wt}}$ と同程度の活性を示すが，37℃では，構造の崩れにより活性が低下すると考えられる。

▶問4．フェニルケトン尿症は正常型遺伝子 P^{wt} に起こった異常だが，この異常については遺伝子解析の結果，世界で450種以上の変異が同定されている。いずれの場合も程度の差はあっても，フェニルアラニン水酸化酵素活性が低下または失われて血液中にフェニルアラニンが蓄積し，フェニルケトン尿症の症状が現れる。

ヒトの体温は約37℃なので，表1の37℃の数値を用いて，父親（$P^{wt}P^{a}$），母親（$P^{wt}P^{b}$），患者K（$P^{a}P^{b}$）の，正常型をホモにもつ人（$P^{wt}P^{wt}$）に対する酵素活性の割合（%）を推定すると，父親は $\dfrac{38+4}{38+38}\times100\fallingdotseq55$〔%〕，母親は $\dfrac{38+3}{38+38}\times100\fallingdotseq54$〔%〕，患者Kは $\dfrac{4+3}{38+38}\times100\fallingdotseq9$〔%〕となる。父親と母親は発症していないので，正常型をホモにもつ人に比べて約50%の活性があれば発症しないことになり，患者Kのように非常に低い活性しかもたない場合は発症することになる。

Ⅱ　解答

(A)　問1．ア．雌　イ．雄　ウ．雌

問2．エ．開放血管系　オ．毛細血管をもたない。

問3．表割

問4．親世代では遺伝子構成の異なる $\mathrm{Z}^A\mathrm{Z}^A$，$\mathrm{Z}^A\mathrm{Z}^a$，$\mathrm{Z}^a\mathrm{Z}^a$ の体細胞が混在するので，皮膚に透明な領域がまばらに形成された表現型が現れる場合がある。しかし，子世代の各個体の体細胞は単一の配偶子に由来するので

Z^aW となり，皮膚全体の細胞が同じ透明の表現型となる。

(B)　問５．形成体（オーガナイザー）

問６．(1)　$X=\dfrac{\log_e a-\log_e c}{b}$

(2)　野生型の指３が生じる位置を $X_{\text{野}}$ として，上記(1)の式に $a=1.0$，$b=0.030$，$c=0.50$ を代入すると $\log_e 1.0=0$，$\log_e 0.50=\log_e\dfrac{1}{2}=-\log_e 2=-0.69$ だから

$$X_{\text{野}}=\frac{\log_e a-\log_e c}{b}=\frac{\log_e 1.0-\log_e 0.50}{0.030}$$

$$=\frac{0-(-0.69)}{0.030}=23\,[\mu\text{m}]$$

よって，野生型の指３の位置は原点の前方 23μm となる。

変異型の指３が生じる位置を $X_{\text{変}}$ とすると，$X_{\text{変}}$ については，SSH の分泌量が２倍になるから，$a=2.0$ であり，これと $b=0.030$，$c=0.50$ を上記(1)の式に代入する。

$$X_{\text{変}}=\frac{\log_e 2.0-\log_e 0.50}{0.030}=\frac{0.69-(-0.69)}{0.030}$$

$$=\frac{1.38}{0.030}=46\,[\mu\text{m}]$$

変異型の指３の位置は原点の前方 46μm となるので，位置の変化は

$$X_{\text{変}}-X_{\text{野}}=46-23=23\,[\mu\text{m}]$$

よって，変異型個体における指３の位置は前方に 23μm 変化する。

……(答)

(3)　(い)・(え)・(お)

◀解　説▶

≪(A)カイコガと遺伝　(B)発生における位置情報の決定≫

(A)　▶問１．ア．皮膚が透明になるこの変異体は油蚕（あぶらこ）と呼ばれる。雌の場合を考える。野生型の卵に，下線部②の核の分裂が卵の中心部で盛んに行われる時期に変異原を注入すると，Z 染色体上の遺伝子 A に機能欠損型の変異が起こった場合には，その変異した遺伝子 a をもつ核は Z^aW の遺伝子型となる。この核をもつ細胞の分裂により形成される領域の皮膚組織は透明になる。遺伝子 A に変異が起こらなかった場合には，

遺伝子型はZ^AWのままであるから，その核をもつ細胞の分裂により形成される領域は白色の皮膚組織となる。この両者が混在するため，白色の領域と透明な領域がまばらに現れる。雄の場合を考えると，核内に2本あるZ染色体上の遺伝子Aの両方が遺伝子aに変異しなければ，透明な領域が現れない。同じ核内の2本のZ染色体に変異が同時に起こる確率は低いから，Z^aZ^aの核をもつ雄は極めて少ない。よって，白色の領域と透明な領域がまばらに形成される幼虫は雌のほうが多い。

イ・ウ．まばらな領域をもつ幼虫を育てて，その雌を野生型の雄（Z^AZ^A）と交配する場合，野生型の雄の配偶子はZ^A染色体をもつものだけだから，次世代は必ずZ^A染色体をもち，すべて野生型となる。これに対して，まばらな領域をもつ雄（Z^AZ^A，Z^AZ^a，Z^aZ^aが混在）を野生型の雌と交配する場合には，野生型の雌からの配偶子（Z^A染色体とW染色体が半数ずつ）と，まばらな領域をもつ雄からの配偶子（多数のZ^A染色体と少数のZ^a染色体）が組み合わされる。このとき，実験1でまばらな領域が現れた個体であっても，変異したZ^a染色体をもつ細胞は少数であり，これらの個体が作り出す配偶子において，Z^a染色体をもつものは少数となる。この交配の結果，半数は野生型の雄，残り半数は多数の野生型の雌と少数の変異型の雌が現れる。したがって，まばらな領域をもつ雄の個体を交配に用いた場合にだけ，次世代の雌の幼虫の一部に皮膚全体が透明になったものが現れる。

▶問2．昆虫類の血管系は開放血管系であり，毛細血管をもたない。

▶問4．問1の〔解説〕で述べたように，変異原の注入によって親世代では変異した遺伝子aをもつ細胞群だけが透明な皮膚組織となり，白色の皮膚組織とまばらに混在する。これに対して，子世代は単一の受精卵から発生したものであり，すべての体細胞は同じ染色体（遺伝子）をもち，すべて同じ表現型となるので，皮膚全体が一様になる。

(B)　▶問5．発生において，隣接する未分化な細胞群に作用して一定の組織に分化させる誘導作用をもつものを形成体（オーガナイザー）と呼ぶ。

▶問6．(1)　式(i)について，両辺の自然対数をとって

$$\log_e y = \log_e ae^{-bx} = \log_e a + \log_e e^{-bx}$$
$$= \log_e a - bx$$

移項して整理すると

$$x=\frac{\log_e a-\log_e y}{b}$$

モルフォゲン濃度 $y=c$ のとき，位置 $x=X$ だから

$$X=\frac{\log_e a-\log_e c}{b}$$

⑵　上記の式を用いて，野生型では $a=1.0$，$b=0.030$，$c=0.50$ を代入，変異型では $a=2.0$，$b=0.030$，$c=0.50$ を代入して，位置 X を計算すればよい。

⑶　誘導現象では，誘導する側で起こることと，誘導される側で起こることを考えることがポイントである。変異型における指３形成位置の変化はモルフォゲン濃度の上昇によるものだが，野生型における指３の位置に変異型の指３が形成されるためには，化合物の処理により①モルフォゲン濃度が低下する，または②誘導される領域の反応性が低下する，のいずれか（あるいは両方）が引き起こされることが考えられる。(い)と(お)は①の場合，(え)は②の場合であるので，この３つが正解となる。

Ⅲ　解答

問１．ア．休眠　イ．アブシシン酸

問２．発芽抑制を引き起こすのは長波長の遠赤色光で，葉を通過後の光にはクロロフィルなどにより吸収されにくい遠赤色光が多い。

問３．(い)

問４．鳥が丸飲みにできる程度の大きさで，果肉や油脂分を含む外皮をもつ種子は，鳥に選択的に摂食され，種子そのものは糞として排出される。鳥は移動能力が高いので種子も広く散布される。そのため，ギャップや林縁部などの光条件のよい場所に散布された場合に，光発芽の性質をもつことで以後の生育面で有利になる。

◀解　説▶

≪種子の休眠，光発芽種子の発芽≫

▶問１．生物が成長や活動を，一時的に停止または極度に低下させた状態を休眠という。植物では種子，胞子，芽などにみられ，乾燥，低温，高温などの不利な環境条件に対する抵抗力が増大する。種子などの休眠の原因が植物ホルモンである場合はアブシシン酸が原因である場合が多い。

▶問２．発芽を促進する植物ホルモンのジベレリンの合成は，フィトクロムという色素タンパク質で調節されている。赤色光（波長660nm付近）が照射されているときに増加する活性型（Pfr型・遠赤色光吸収型）はジベレリンの合成を促進して，発芽が促進される。一方で，遠赤色光（波長730nm付近）が照射されているときに増加する不活性型（Pr型・赤色光吸収型）はジベレリンの合成を促進せず，発芽が抑制される。

ここで，植物の葉を通過する前後の光の波長とエネルギー量の関係を示すと下図のようになる。

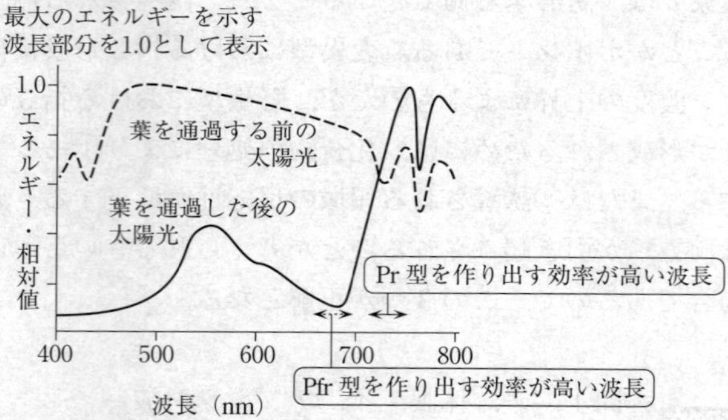

この変化はクロロフィルなど光合成色素による光の吸収に起因し，遠赤色光は光合成色素によってあまり吸収されないため，葉を通過した後の光に多く含まれる。したがって，葉を通過した後の光が照射されると，活性型が減少して発芽が抑制される。解答としては，発芽抑制を引き起こす光の特徴として（赤色光が少なく，）遠赤色光が多い点を，光の特徴が変化する理由としてクロロフィルなどの光合成色素によって赤色光が吸収される点を述べる。

▶問３．ジベレリンの合成を調節する色素（光受容体）はフィトクロムであり，促進するのは活性型，すなわち遠赤色光吸収型であるから，正解は(い)である。

▶問４．移動することができない植物にとって，種子散布は分布域を広げる機会である。種子が生育に適した環境に到達する確率を高めるため，多様な種子散布の様式が進化した。そのうちのひとつが，鳥による散布であり，果肉や油脂分を含む外皮を報酬として提供する代わりに，種子の長距離移動を鳥類に託すものである。動物は似たような環境を利用することが多いので，この種子を餌とする鳥の出現場所は親木の生育場所（生育に適している場所）に似ている可能性が高く，種子にとって生育に適した場所に散布される可能性も高くなる。さらに，光発芽という特性は，ギャップや林縁部など光条件のよい場所に散布された場合に，発芽後の順調な生育可能性を高めることができるので，生存上有利にはたらくことになる。

Ⅳ　解答

(A)　問1．ア．生殖的隔離　イ．遺伝的浮動

問2．移動個体の数が少ないほど，大陸の集団との違いが大きくなりやすい。集団が小さくなるので，偶然による遺伝子頻度の変化の影響が大きくなるからである。

問3．被子植物は，他の動物や風などを利用することによって種子を広範囲に散布し，分布を広げることができる。一方，陸産貝類は，移動範囲が狭く，その範囲で交配するため，分布が広がりにくい。そのため，陸産貝類の方が，地理的隔離が起こりやすく，種分化率が高い。

(B)　問4．ウ．触媒　エ．古細菌（アーキア）

問5．熱水成分からの電子が電子伝達系を移動して海水成分に引き渡される反応を利用して，細胞膜内外に水素イオン（H^+）濃度勾配を発生させる。この濃度勾配を用いて ATP を合成し，この ATP を用いて炭酸同化を行う。

問6．シロウリガイの共生細菌では遺伝子数が減少しており，その生存や繁殖には宿主細胞からの物質の供給が不可欠だから。

◀解　説▶

≪(A)隔離と種形成　(B)熱水噴出孔の生物≫

(A)　▶問1．地理的隔離の結果，形質に差異が生じ，交配が不可能となった状態は生殖的隔離と呼ばれ，生殖的隔離が起こると種分化が起こる。また，偶然による集団内の遺伝子頻度の変化は遺伝的浮動と呼ばれる。

▶問2．大きな母集団から移動などによって小集団が形成された場合，遺伝子頻度が元の母集団と大きく異なったものになる場合が多い。このような現象はびん首効果と呼ばれる。

▶問3．被子植物の種子は鳥など移動能力の高い動物を利用したり，風を利用したりして移動するので，高い分散能力をもつ。しかし，カタツムリなどの陸産貝類にはそのような手段をもつものは極めて少なく，分散能力

が低い。この結果が，種分化率の差になっている。

(B) ▶問4．RNA ワールド説によると，生物の進化の初期段階ではRNA が遺伝情報を担い，リボザイムとしてもはたらいていたと考える。ウについては直前に「遺伝」とあるので，もう一つの機能である触媒を答える。エについては熱水噴出孔周辺に特徴的にみられるドメインであるから古細菌があてはまる。

▶問5．下線部に，「酸化されやすい熱水成分」と「還元されやすい海水成分」とあるので，これがヒントとなるであろう。両者間での電子の授受を利用して電子伝達系を駆動し，細胞膜内外に水素イオン濃度勾配を発生させる。この濃度勾配にしたがって水素イオンが ATP 合成酵素内を流れる際に ATP が合成され，この ATP が炭酸同化をはじめとする物質生産に利用される。

▶問6．シロウリガイの共生細菌は，過去に独立生活をしていた時期には自らが行っていた代謝などの機能を，宿主細胞に肩代わりさせることで，その機能に関与する遺伝子を失っていった。一方，シロウリガイは，食物を一切摂らず，鰓の共生細菌から栄養を摂取して生活している。両者は極めて密接な共生（相互依存）関係にあるといえ，共生細菌を宿主細胞から分離して培養することは難しい。これに対し，チューブワームとその共生細菌との関係は，共生する細菌を毎世代環境から取り込むこと，共生細菌の遺伝子数の多さから，前者の関係ほど密接ではないと考えられる。

❖講 評

大問は例年通り4題。2題が(A)・(B)に2分割されている。分割されていないものも含め，複数分野にまたがる出題が多い。論述問題については，2018年度の15問から，さらに減少して2019年度は10問となった。計算問題として，生物の出題としては珍しく対数を扱ったものが出題されているが，例年通り論述問題に重点が置かれた出題であるところは変わりがない。

Ⅰはフェニルケトン尿症に見られる酵素の変異とその遺伝を扱ったもので，酵素の立体構造を問題にした典型的な出題である。

Ⅱの(A)は人工的な変異原を用いたモザイク様個体の作出と伴性遺伝を組み合わせた出題である。(B)は，拡散によるモルフォゲン濃度の変化の数式化を扱ったもので，対数の扱いを要求する点で生物の問題としては目新しい。計算そのものはそれほど難しくはない。

Ⅲはフィトクロムと光発芽種子と光の波長を取り上げたもので，ごく標準的な問題である。

Ⅳの(A)は遺伝的浮動とびん首効果，種分化と（個体の）分散，(B)は熱水噴出孔の生物群の特徴を取り上げたもの。やや難度の高い論述問題である。

全体としてみると，高校で学ぶ知識そのものより一歩進めてそこから考える力を問題にするという出題の性格は例年と変わらないが，論述量は減少し，難度も例年よりは易化している。とはいっても，Ⅱの(B)やⅣなどは生物は暗記すればよいと考えている受験生には取りつきにくかったであろう。

地学

I 解答

問1．ア．4　イ．鉄　ウ．超新星

問2．①―Y　②―Z

問3．(1)1×10^{-2}秒　(2)1×10^{3}パーセク

問4．星団Ⅰを構成する主系列星のうち，HR図上で最も左上にある恒星Aの寿命が，星団Ⅰの年齢を表していると考えられる。恒星Aの光度は太陽の16倍あるので，恒星A，太陽の質量をそれぞれM，$M_{\circ}$とすると，光度が質量の4乗に比例することから

$$16=\left(\frac{M}{M_{\circ}}\right)^4$$

$$M=2.0M_{\circ}$$

主系列星の寿命は消費可能な水素の量に比例し，さらに恒星の質量に比例する。一方，光度が単位時間あたりの水素消費量に比例することから，消費可能な水素が尽きるまでの時間は，質量の4乗に反比例するといえる。よって，恒星Aの寿命は，太陽の寿命が100億年であることから

$$1.0\times10^{10}\times\frac{2.0}{2.0^4}=1.25\times10^9\fallingdotseq1.3\times10^9\text{年}\quad\cdots\cdots(\text{答})$$

問5．(1)　星団Ⅰでは太陽の質量の2倍以上の恒星が主系列を離れているので，白色わい星が存在し，新星が出現する可能性はある。一方，星団Ⅱは主系列の左上の大質量星がまだ寿命を迎えていない若い星団で，白色わい星は生まれていないと考えられ，そのため新星も出現する可能性はない。したがって，新星が発生したのは星団Ⅰである。(150字程度)

(2)　光度は単位時間あたりの水素消費量に比例する。求める質量，太陽の質量をそれぞれm，$M_{\circ}$とすると，太陽の寿命である100億年間に消費される全水素量は$0.1M_{\circ}$，新星の光度は太陽の1万倍なので

$$\frac{m}{0.1}=\frac{0.1M_{\circ}}{1\times10^{10}}\times1\times10^4$$

$$\frac{m}{M_{\circ}}=\frac{0.1\times0.1\times1\times10^4}{1\times10^{10}}=1\times10^{-8}$$

(答)　1×10^{-8}倍

◀解　説▶

≪恒星の進化，HR 図，星団の特徴≫

▶問１．恒星の一生のうち大部分の期間を占める主系列星の段階では，中心部で水素原子核４個がヘリウム原子核１個に変わる核融合反応が生じ，莫大なエネルギーが生み出される。その期間や次の段階への進化の過程は恒星の質量によって異なり，太陽程度の質量の場合はガスを宇宙空間に放出して中心部に白色わい星を残す。大質量の恒星は，中心部で鉄を合成する核融合反応まで達した後，超新星爆発を起こして中性子星やブラックホールとなる。

▶問２．HR 図上では，主系列星は左上から右下にかけて帯状に分布し，赤色巨星はその右上方（図１中の領域Ｙ），白色わい星は左下方（領域Ｚ）に分布する。なお領域Ｘは，寿命の短い大質量の星が位置していた領域である。

▶問３．(1)　天体までの距離と年周視差は反比例の関係にあり，距離をパーセク単位で表すと，年周視差の逆数で示される。よって距離が 100 パーセクのとき，年周視差は　$\frac{1}{100}=1\times10^{-2}$ 秒

(2)　同じ表面温度をもつ主系列星は，絶対等級がほぼ等しい。また天体の見かけの等級が５等級暗いことは，見かけの明るさが 100 分の１であることを意味しており，見かけの明るさは天体の距離の２乗に反比例することから，恒星Ｃは恒星Ａの $\sqrt{100}=10$ 倍の距離にあると考えられる。よって

$$100\times10=1\times10^{3}\ \text{パーセク}$$

▶問４．星団を構成する主系列星はほぼ同時に誕生したと考えられるが，HR 図上で左上にある大質量星から順に寿命を終え，主系列を離れる。したがって現在最も左上に位置する星の寿命が，星団の年齢を表していると考えてよい。一般に，主系列星の光度すなわち単位時間に放出するエネルギー量は，単位時間あたりの水素消費量に比例する。これが星の質量の４乗に比例し，また，消費可能な水素量は星の質量に比例することから，結局，主系列星の寿命は質量の３乗に反比例するといえ，大質量の星ほど短時間で赤色巨星へ移行することがわかる。

▶問５．(1)　星団Ⅱには，HR 図上で左上方の大質量の星が存在する。つまり星団が誕生してまだ間もないことがわかる。大質量の星から順次赤色

巨星へと進化していくので，白色わい星に変化するような太陽質量の 10 倍以下の恒星はまだ主系列段階にあり，新星現象を生み出すような白色わい星は存在していない。

(2)　光度は単位時間あたりのエネルギー発生量，すなわち水素消費量に比例する。よって，それぞれの星の消費可能な水素の総量を核融合反応終了までの時間で割った値が，それぞれの光度の比と等しくなる。

Ⅱ 解答

問１．ア．地球型　イ．天王星　ウ．太陽風
エ．熱帯収束　オ．亜熱帯高圧

問２．太陽からきたプラズマ粒子は，地球磁場の影響で地球の後方に集まりプラズマシートを形成する。太陽活動が活発化すると荷電粒子が磁力線に沿って極域の上空へ侵入するようになり，大気分子と衝突して発光する。これがオーロラである。(100 字程度)

問３．B

問４．太陽放射中の紫外線が地表に達していた頃は，生物は海中にしか生息できなかった。しかし光合成生物の繁栄により大気中の酸素濃度が増し，一部がオゾンに変化してオゾン層が形成されると，紫外線が遮られて生物の陸上進出が可能となった。(100 字程度)

問５．(1)　大気層：$0.2S+(R/100)E=2A$　地球表面：$0.5S+A=E$

(2)　(1)の２式から A を消去して E を求めると

$$E=\frac{120S}{200-R}$$

であるから，S が一定のとき，R が増えると E は大きくなる。

シュテファン・ボルツマンの法則より，E が大きくなると T は上昇する。

ゆえに，S が一定のとき，R が増えると T が上昇する。

問６．日本周辺には亜熱帯環流の一部である黒潮と分流した対馬海流が流れており，いずれも暖流である。冬季の日本海上にはユーラシア大陸からの低温で乾燥した北西季節風が吹くため，蒸発にともなう潜熱輸送が特に大きい。太平洋上では水温の高い黒潮からの放射・顕熱による熱輸送が特に大きく，潜熱による熱輸送も大きい。(150 字程度)

◀解　説▶

≪惑星の特徴，太陽風，地磁気，太陽放射，温室効果，大気と海洋≫

▶問１．太陽系の惑星は，内部構造や大気組成に基づいて地球型（水星・金星・地球・火星）と木星型に大別され，さらに後者は木星型（木星・土星）と天王星型（天王星・海王星）に区分できる。これらの惑星が存在する空間には，太陽から放射された電磁波だけでなくプラズマ粒子が絶えず吹きつけており，これは太陽風とよばれている。

地球に入射した太陽放射エネルギーの緯度差によって引き起こされる地球大気の大循環は，地球自転にともなう転向力の影響を受けて，各半球で大きく３つの循環に分かれている。そのうち最も低緯度にある循環がハドレー循環である。

▶問２．太陽から吹きつける太陽風のプラズマ粒子は地球磁場の存在により進路を曲げられ，磁力線間隔の広い地球の影の部分に吹きだまりのように集められてプラズマシートを形成する。太陽活動が活発化すると太陽風のエネルギーが高まり，シート中にある荷電粒子が加速されて磁力線に巻き付くようにして極域の上空に侵入するようになる。これが大気分子と衝突すると分子を励起して発光させ，オーロラとなる。プラズマ粒子が直に地球大気圏に突入し，大気との摩擦熱で光を放つのではない。

▶問３．地球磁場の様子は，地球中心部に自転軸に対して約 10° 傾けて置いた棒磁石のまわりにできる磁場で近似できる。地表の小磁針のＮ極が北を指すことから，仮想的な棒磁石は北極側にＳ極，南極側にＮ極を向けていることがわかる。したがってこの棒磁石のつくる磁力線は，南極側から出て北極側に向かう。

▶問４．太陽放射に含まれる紫外線は生物に有害であるため，紫外線が地球大気に吸収されることなく地表に達していた時代には，生物は安全な海中にしか生息できなかった。太古代末頃，酸素発生型光合成生物の活動が活発になると，生じた酸素は海水中の鉄イオンと結合して縞状鉄鉱層を形成し，その後さらに生じた酸素は大気中に放出されるようになって，大気中の酸素濃度が上昇した。その酸素の一部はおもに大気上層で紫外線を吸収してオゾンに変化し，オゾン濃度はしだいに増加してオゾン層が形成された。有害な紫外線が十分遮られるようになると，陸上も生物にとって安全となり，光合成や呼吸の効率に優れた陸上への生物の進出が始まった。

▶問5．(1)　大気層への入射エネルギー $0.2S+(R/100)E$ と大気層からの放射エネルギー $A+A=2A$ がつりあっている。
同様に，地球表面への入射エネルギー $0.5S+A$ と地球表面からの放射エネルギー $(R/100)E+(1-R/100)E=E$ がつりあっている。
(2)　(1)の2式から A を消去して E を求め，シュテファン・ボルツマンの法則に代入して T を求めると

$$T=\sqrt[4]{\frac{120S}{200-R}\cdot\frac{1}{\sigma}}$$

となり，S が一定のとき，R が大きくなると T が大きくなることがわかる。
▶問6．日本周辺には亜熱帯環流の一部を成す暖流の黒潮が流れており，その一部は日本海へも対馬海流として流入している。冬季の日本海上には大陸から低温で乾燥した北西季節風が吹き込んでいる。そのため温度差の大きい海面から大気への放射と伝導による顕熱輸送が効率よく行われるだけでなく，飽和水蒸気量の増大によって蒸発が盛んに起こり，潜熱輸送が非常に大きくなっている。太平洋上では，高水温の黒潮からの放射や顕熱による熱輸送が効率よく行われるほか，脊梁山脈を越えてフェーン現象で乾燥化した風が吹くため，潜熱輸送も大きくなっている。全体として，日本周辺の熱輸送は他と比べて大きくなっている。

III　解答

(a)　問1．ア．ジオイド　イ．地球楕円体
ウ．標準重力　エ．ブーゲー　オ．逆
問2．重力加速度の実測値から，測定点の標高による影響を取り除く補正をフリーエア補正とよび，この補正を施した値から標準重力を差し引いたものをフリーエア異常という。アイソスタシーが成り立っている地域では，マントル内のある一定の深さにある均衡面より上にある物質の質量がどこでも等しい。フリーエア補正後の値は測定点の地下にある物質の質量を反映したものなので，アイソスタシーが成り立っている地域ではどこでもほぼ等しく，異常値は顕著に表れない。
問3．津波は長波であるから，その速さは，重力加速度を g，水深を h とすると $\sqrt{gh}$ で表される。

$$\frac{1.7\times10^4\times10^3}{\sqrt{1.0\times10^1\times4.0\times10^3}}=\frac{1.7\times10^7}{2.0\times10^2}=8.5\times10^4〔\mathrm{s}〕$$ ……(答)

(b) 問4．カ．100　キ．水　ク．かんらん　ケ．玄武岩　コ．枕状溶

問5．圧力

問6．マグマが冷却して融点の高い鉱物から順に晶出し，残液の成分が変化していくこと。(40字程度)

問7．(1) カリウム-アルゴン法

(2) ある放射性同位体の半減期を T とすると，時間 t 経過後のその同位体の存在比は $\left(\frac{1}{2}\right)^{\frac{t}{T}}$ になるから

$$\frac{1}{32}=\left(\frac{1}{2}\right)^5=\left(\frac{1}{2}\right)^{\frac{t}{1.0\times10^7}}$$

$$5=\frac{t}{1.0\times10^7}$$

$t=5.0\times10^7$ 年　……(答)

◀解　説▶

≪(a) 重力異常，津波　(b) マグマの分化，放射年代≫

(a) ▶問1．重力の向き（鉛直線）に垂直な方向を連ねた閉曲面のうち，大洋域で平均海水面に一致するものをジオイドとよび，ジオイドの形と大きさに最もよく近似する回転楕円体を地球楕円体とよぶ。ジオイドと地球楕円体の差は最大で100m程度になる。重力の実測値は場所により異なるが，別の場所の値と比較するためには，補正が必要となる。補正後の値と標準重力との差が重力異常で，これは地下構造を反映している。

▶問2．フリーエア補正（高度補正）は測定点の標高の違いによる影響を取り除くものである。したがって補正後の値は，測定点の地下にある物質の質量だけを反映したものと考えてよい。アイソスタシーが成立している地域では，マントル内にある均衡面における圧力がどこでも等しい。すなわち地表の測定点の地下にある物質の質量がどこでも等しいことになる。よって補正後の重力加速度はどこでも等しく，差は生じない。つまり異常は顕著に出ない。ただし実際は，標高の基準はジオイド，標準重力の基準は地球楕円体で両者には差があること，さらに地球内部の密度分布の不均質性などもあり，フリーエア異常が全く0になるわけではない。

▶問3．津波は海面に生じる通常の波とは異なり，水深に対して波長が非常に長い長波の一種である。その速さは一般に，水深と重力加速度の積の平方根で求められる。太洋上では200m/s（700km/h）以上に達するほど速く，太平洋をおよそ1日で横断する。

(b)　▶問4・問5．プレートの沈み込み帯では，海洋プレートが持ち込んだ水のはたらきによりかんらん岩の融点が低下し，深さ100kmを超えるあたりからマグマが発生する。発生したマグマは玄武岩質であるが，上昇途中で他のマグマと混合したり地殻物質を溶かし込み，安山岩質に変化する。一方，プレートの拡大境界やホットスポットでは，地下深部から上昇してきた物質が圧力低下により融け始め，玄武岩質マグマを発生する。これが海底に噴出して急冷されると，枕状溶岩となる。

▶問6．本源マグマは玄武岩質であるが，冷却にともなって融点が高く苦鉄質成分の多い鉱物から順次晶出し，沈積していく。すると残ったマグマの苦鉄質成分の割合は減少する。このようにして，冷却にともないマグマの成分がしだいに変化していく過程が結晶分化作用である。残留マグマの成分の変化にともない，次に晶出する鉱物の成分も変化していく。

▶問7．放射性同位体が時間の経過とともに壊変して別の元素に変わっていく過程は，温度や圧力などの条件に左右されず，一定の割合で進む。存在量が半分になるまでの時間を半減期といい，これは放射性同位体の種類によって決まっている。半減期 T の放射性同位体のある時点の存在量を N_0，そこから時間 t 経過後の存在量を N とすると

$$\frac{N}{N_0}=\left(\frac{1}{2}\right)^{\frac{t}{T}}$$

の関係がある。炭素14法は有機物に対しては広く用いられるが，火山岩の年代測定には向かない。またウラン-鉛法やウラン-トリウム法は火山岩にも用いられるが，深成岩の年代測定に用いられることが多い。

Ⅳ　解答

問1．d

問2．正断層

問3．泥岩→凝灰岩→断層→花こう岩

問4．(1)　ア．Al_2SiO_5　イ．紅柱石　ウ．珪線石　エ．SiO_2

オ．$CaCO_3$　カ．多形（同質異像）

(2)　接触変成作用

(3)　珪藻，放散虫

(4)　釘などの金属でひっかいて傷がつかなければ石英，傷がつけば方解石である。

問5．石英は化学的風化に対して強いが，斜長石・カリ長石や黒雲母は水と反応して粘土鉱物に変化しやすいため。(50字程度)

問6．温度変化により膨張と収縮をくり返すと鉱物間に隙間が生じ，岩石が表面から順に同心円状に割れていき，玉ねぎ状構造となる。(50字程度)

問7．日本列島が大陸から分離し，その間にできた日本海の海底で起こった火山活動の噴出物が黒鉱鉱床のもとになった。(50字程度)

◀解　説▶

≪地質構造，変成作用，風化作用，黒鉱鉱床≫

▶問1．地層境界線とある高度の等高線の交点を複数見つけて結ぶと，その高度の走向線になる。図1の場合，地層境界の走向線の向きは南北で，かつ西側にある走向線ほど高度が低い。よって傾斜は50°Wになる。また断層露頭の走向線は北からやや東に振れており，かつ南東側ほど低い。よって走向・傾斜はN20°E，60°SEになる。

▶問2．図1の中央付近にある地層境界線と断層線の交点の高度を見ると，断層の北西側は約230m，南東側は220mである。断層面は南東に傾き，上盤である南東側が下がっているので，正断層である。

▶問3．地層境界面は西に傾斜しているので，下位にある泥岩が先，凝灰岩が後から堆積した。そして断層が活動してずれた後，それらを切るように花こう岩が貫入した。

▶問4．(1)　鉱物が安定に存在できる温度・圧力条件は鉱物ごとに決まっており，それ以外の条件下にさらされると，新しい条件下で安定な別の鉱物に変わる。このとき，結晶構造が変わっても化学組成が変化しない鉱物の関係を多形とよぶ。

(2)　マグマが貫入してきたとき，その周囲にあった鉱物がマグマから得た熱の作用で別の鉱物に変わることを，接触変成作用とよぶ。この作用の及ぶ範囲は比較的狭く，接触部からせいぜい数百メートルに限られる。

(3)　珪藻，放散虫の主成分はSiO_2で，チャートのもとになる。一方，サンゴ，フズリナ，ウミユリの主成分は$CaCO_3$で，石灰岩のもとになる。

(4)　硬度の違いに注目する。石英と方解石の両者がそろっていてそれらを区別するときは，互いにこすり合わせて判別することもできる。他に，酸性の水に浸すと方解石が発泡して溶けることでも区別は可能である。

▶問5．花こう岩を構成する鉱物のうち，石英は化学的に安定で風化を受けにくい。一方，長石類や黒雲母は岩石の割れ目にしみこんできた水と反応して粘土鉱物に変化する。そして粘土が洗い流されると石英粒だけが残り，真砂《まさ》とよばれるようになる。

▶問6．岩石を構成する鉱物によって膨張率が異なるため，温度変化がくり返されると鉱物同士に隙間が生じて結合が切れ，岩体表面からはがれるようにして玉ねぎ状構造をつくる。もともと花こう岩は地下の圧力の強いところで固結したものなので，地表に露出する際に圧力から解放されて膨張しようとすることでも破壊がさらに進む。

▶問7．大陸東縁にリフト帯（地溝帯）が形成され，それが拡大するとともに海水が浸入して日本列島が大陸から分離した。その間にできた日本海では海底火山活動が活発になった。これをグリーンタフ変動とよぶ。このとき海底に堆積した硫化物を多く含む噴出物が，のちの黒鉱鉱床のもとになった。

❖講　評

例年通り論述・計算問題中心で，大問4題の構成であった。大問ごとの総合化が進んでいるが，描図問題は出題されず，また計算問題も手間のかかるものが少なくなった。難易度としては2018年度並みといえる。

Ⅰ　恒星の進化と星団の距離に関するもので，一部2018年度Ⅰと内容が重なるところもあった。冒頭のリード文が長いが，恒星の寿命，質量や光度に関する重要な情報が含まれているので，読み飛ばしのないよう慎重に取りかかりたい。問5(1)は長めの字数制限がついていたが，解答する上での留意点が書かれているので，注意深く述べたい。

Ⅱ　宇宙・地球・地史・大気・海洋分野にまたがる総合問題であった。語句指定を含む論述（3問）や計算など量的にやや多く，断片的な知識の暗記だけではきちんと対応できない。ここでどれだけ力を発揮できたかが，合否の鍵となっただろう。

Ⅲ　問2の論述には字数制限はないが，冗長にならないようキーワードを絞り要領よくまとめたい。重力異常ではブーゲー異常の意味を問われるものはよくあるが，フリーエア異常とアイソスタシーの関係を問うものは珍しい。理解の厳密さがポイントとなる。

Ⅳ　地質図の読解とケイ酸塩鉱物，風化，黒鉱鉱床に関する出題であった。地質図は等高線の形が複雑なので，高度の読み取りミスのないよう注意したい。問1～問3のすべての正誤に関わってくる。

とを意味しているということを理解し、「対象に一つの枠をはめてしま」うことを避けて「無性格な中性的な言葉で呼ぶ」ことは、批評の本義からはずれたものだということを指摘すればよい。その際に「無性格な中性的な言葉」といった比喩表現は適宜言い換えて説明すること。問三の理由説明問題も標準的。「批評のほうが、その対象よりわかりやすいと考える」ことが間違いであることを、「批評は解説ではない」こと、「批評がそれ自身、一つの作品」であることという二点から説明する。批評と批評対象はどちらも一つの作品であるため、わかりやすさの比較は成り立たない、という筆者の主張を理解して解答をまとめること。

三の古文（物語）は、平安時代中期の作り物語からの出題。理系では、二〇一三年度から二〇一八年度まで、六年連続で近世作品が出題されていたが（ただし二〇一五年度の『雑々集』は室町時代後期成立の可能性もある）、二〇一九年度は久しぶりに近世作品からはずれた。物語の出題も、二〇一二年度の擬古物語『苔の衣』以来となった。問題文の文章量は約三〇〇字で、例年と比べても最も短い部類に入る。総解答量は二〇一八年度の一〇行から七行に減少した。難易度は、二〇一八年度に比べてやや易化した。普段から古文学習をしっかり積んできた受験生にとっては、学力を十分に発揮できる問題だった。問一の和歌の現代語訳問題は標準的。「つゆ」の掛詞だけは難しい。「消えよ」は歌意がはっきりするように訳したい。問二の内容説明問題は標準〜やや難。「とありともかかりとも」の具体化がポイントで、場面状況やあこきの発言内容をしっかり押さえる必要がある。「よきことはありなむや」は、単なる現代語訳にならないようにすること。問三の現代語訳問題は標準的。「殿」が少しわかりにくかったか。あとは、「まじけれ」「ば」「消え失せ」「なむ」「わざ」「もがな」「思ほす」と、基本文法や基本古語が問われている。それぞれに得点が設定されていると考えて、丁寧な訳出を心がけたい。

ら二〇一七年度までは随筆からの出題が続いていたが、二〇一九年度は二〇一八年度に続き評論からの出題となった。設問数は例年と変わらず四問であり、二〇一八年度と同様に漢字の書き取りの出題もなく、説明問題のみであった。総解答量は、一行減って十四行であったが、理由説明問題が三問、内容説明問題が一問と、理由説明問題が目立った。とは言うものの、問題文の文章量は二〇一八年度と比べると一頁ほど減り、表現面での読みにくさも特になかったため、二〇一八年度と同程度の難易度で、ある程度取り組みやすい印象である。問一の理由説明問題は標準的。「事態」の内容を明らかにし、「遥かに複雑」という比較の表現を踏まえた解答を工夫すること。問二の理由説明問題も標準的。「〈実験〉」が前提とする経験と「〈経験〉」とが違うものであることを、両者の違いが明確になるように説明する。問三の内容説明問題も標準的。「〈経験からの退却〉」という近代科学の特徴とは趣を異にする寺田寅彦の物理学の特徴を説明しつつ、「惜しむかのような風情」という表現のニュアンスが出るように解答を工夫する必要がある。問四の理由説明問題はやや易。トレサン伯爵の〈電流〉に関する言説が科学とは到底言いがたいものであったことを、その理由と合わせて説明する。「し損ない」という表現意図を汲んで、本人は物理学的言説であろうとしているつもりだが、そのようにはなっていないという点を指摘しておきたい。

三の現代文（評論）は、良い批評家の心構えや能力について述べた上で、批評も一つの言語芸術であり作品であることを述べた文章である。設問数は三問、総解答量は九行で二〇一八年度から変化はなく、問題文の文章量もほぼ同じ。問題の難易度は二〇一八年度と比べて特に変化はなく、標準的。しかし、芸術批評というテーマは、特に理系の受験生にとって読みにくさを感じるものだったかもしれない。一般に芸術論を苦手とする受験生は多いが、京大の現代文では、理系の問題であっても芸術論や文芸論がよく出題される。したがって、いろいろなテーマの文章に取り組んで慣れておく必要がある。問一の理由説明問題は標準的。「自分の考えを筋道たてて説明したり、……訂正したり」というのは「手間をかける」ことの具体的内容であって、理由ではないことに注意。「他人を説得し、納得させるため」という直接の理由を押さえること。問二の内容説明問題も標準的。「批評の降伏」というのが、批評を断念すること、諦めるこ

▼問三　「尼になりても」は〝（たとえ）尼になっても〟の意。「殿」は唐突でわかりにくいが、〝貴人の邸宅・御殿〟の意があり、ここでは姫君が住んでいる邸宅（＝父中納言の邸宅）を指す。「まじけれ」は打消推量の助動詞「まじ」の已然形で、ここでは不可能の用法。「けれ」は過去の助動詞ではないので、注意。接続助詞「ば」は、已然形に付いているので、順接確定条件で、〝～ので〟の意。「ただ」は〝ひたすら・ただもう〟の意で、「思ほす」に係ると見るのが妥当。「消え失せ」は下二段動詞「消え失す」の連用形。傍線部直前に「いかで死なむと思ふ心深し」とあるので、傍線部（1）の「消ゆ」と同じく、〝死ぬ〟の意。〝この場からいなくなる〟の意ではない。「な」は完了（強意）の助動詞「ぬ」の未然形。「む」は推量の助動詞「む」の連体形で、ここでは婉曲の用法。婉曲の〝～ような〟は訳出してもしなくてもかまわない。「わざ」は〝方法・手段〟の意。「もがな」は願望の終助詞で、〝～があればいいのになあ〟の意。「思《おも》ほす」は「思《おぼ》す」と同じく「思ふ」の尊敬語で、〝お思いになる〟の意。「思ほす」は主に平安時代中期頃まで用いられ、その後「思す」に取って代わられた。なお、「殿の内離るまじければ」について、当時は尼になっても、邸内の片隅に暮らし、修行生活を行う例が多かった。

参考　『落窪物語』は平安時代中期の作り物語。『源氏物語』よりは少し前の、十世紀末に成立したと見られる。作者は源順《したごう》とする説もあるが、未詳。全四巻。継子いじめの物語で、書名は主人公の姫君が落ち窪んだ部屋に住まわされたことに由来する。継母の虐待に耐えかねた落窪の姫君は、恋人となった少将道頼と侍女のあこき（あこぎ）によって救出され、幸福を得るに至る。一方で、姫君をいじめた継母は道頼から執拗な報復を受ける、という筋書きである。当時の貴族社会の有様をかなり写実的に描いていて、『源氏物語』に影響を与えた作品としても位置づけられる。

❖講　評

一の現代文（評論）は、近代科学の成立の経緯を明らかにした上で、それからすればやや異色とも言える寺田寅彦の物理学が示唆する可能性について考察した文章。一では、二〇一二年度に小説が出題されて以降、二〇一三年度か接仮定条件の用法で、〝〜ならば〟の意。「立ち帰り」は、設問文に「姫君が亡くなった実母に呼びかけたものである」とあるので、〝あの世からこの世に帰ってくる〟の意。「立ち」には「（あの世を）発ち」の意を掛けていると思われるが、明示する必要はないだろう。「共にを」の「を」は、注にあるように強意の間投助詞で、特に訳出の必要はない。「消えよ」は下二段動詞「消ゆ」の命令形。この「消ゆ」は、「母君、我を（あの世に）迎へたまへ」とあるので、〝この世から消える・死ぬ〟の意を明示すること。なお、「つゆ（露）」「消えよ」の縁語関係もわかるように訳しておきたい。

▼問二「かかり」は「かくあり」の縮約した形なので、「とありともかかりとも」は、「とありともかくありとも」として考える。「と」と「かく」はそれぞれ副詞で、「と〜かく〜」とセットの形で〝ああ〜こう〜〟の意の連語になり、傍線部初めの「と」は漠然と何かを指し示す言い方である。「とも」は逆接仮定条件を表す接続助詞で、〝（たとえ）〜としても・〜ても〟の意。よって、「とありともかかりとも」は、〝（たとえ）ああであってもこうであっても（いずれにせよ）〟の意である。あとは、「と」と「かく」の指示内容を明らかにしたい。そこで文脈を押さえると、姫君はあこきから少将との結婚話を聞かされたところなので、〝（たとえ）少将と結婚しても、あるいは結婚せずにこのままの生活を続けても（いずれにせよ）〟くらいの意に解することができる（順番を逆に考えてもよい）。「よきことはありなむや」は、助詞「や」の用法に注意。直後に「幸ひなき身と知りて」とあるので、〝よいことはきっとあるだろうか、いやないだろう〟と訳せる。したがって、「や」は疑問でなく反語の用法とわかる。あとは説明問題なので、〈よいことはないだろう（もう幸福は望めない）〉などと、反語の結論内容を明確化して説明したい。また「女親のおはせぬに」（＝〝母親がいらっしゃらないのだから〟）を理由として加えてもよい。

解答のポイントは以下の二点である。

①「とありともかかりとも」の具体化＝少将と結婚しても、しなくても（この邸で生活を続けても）

②「よきことはありなむや」の「や」の意味の明確化＝よいことはないだろう（幸福になれるとは思えない）

問三　たとえ尼になっても、この邸の中から出て行くことはできそうにないので、ひたすらこの世から消えて死んでしまうような方法があればいいのになあとお思いになる。

◆全　訳◆

八月一日頃であるだろう。姫君は一人横になって、眠ることもできないままに、「母君様、私を（あの世に）お迎えください」と（言い）、「つらい」と言いながら、

私に少しでも情けをかけてくださるならば、（あの世からこの世に）帰ってきて、露が消えるように一緒に死んでください。つらいこの世を離れてしまいましょう。

気休めに（このように歌を）詠んでも何のかいもない。翌朝、（侍女のあこきが姫君と）お話をしての折に、「帯刀がこのように（少将と姫君の結婚話を）申しておりますのは、どのようにしましょうか。こうして（つらい境遇でいらっしゃる）ばかりでは、どうして、一生をお過ごしになれましょうか、いえなれないでしょう」と言うが、（姫君は）返事もしない。（あこきが）困っているうちに、（継母が）「三の君の手を洗うお水を差し上げなさい」と言ってお呼びになるので、（あこきは）立ち去った。（姫君の）心の中では、ああであってもこうであっても（＝少将と結婚して暮らしても、このままの生活を続けても、どちらにせよ）、よいことはきっとあるだろうか、いやないだろう、（実の）母親がいらっしゃらないのだから、幸せのない身の上だと知って、なんとかして死にたいと思う心が深い。たとえ尼になっても、この邸内を離れることはできそうにないので、ひたすら（この世から）消えて死んでしまうような方法があればいいのになあと（姫君は）お思いになる。

▲解　説▼

▼問一　「つゆ」は、副詞の「つゆ」と名詞の「露」の掛詞になっている。副詞の「つゆ」は〝少しでも〟の意で、「かけば」に係る。名詞の「露」は「消えよ」と縁語の関係にある。「あはれ」は名詞で、ここでは〝情け・憐れみ・同情〟ほどの意。「かけ」は下二段動詞「かく（掛く・懸く）」の未然形。接続助詞「ば」は、未然形に付いているので、順

う。批評家が対象の核心を簡潔な言葉で言い当てるとき（問二）、その表現には批評家自身の好みや主観的傾向を含んだ考えが反映されていることになる（問一）。つまり、批評とは、作品を介在させながら批評家が自らの思想を表明したものだとも言い得るのである。だからこそ、「読まれ、刺激し、反発され、否定され、ときに共感され、……」といった読み手の反応を引き起こすのである。そう考えれば、批評も一つの作品だという筆者が言わんとすることを理解できるだろう。以上の内容を踏まえた上で解答を作成する。

解答作成のポイントは以下の二点である。

① 批評が単なる解説ではなく一つの作品であることを明示する

② 批評が一つの作品であるとはどういうことかを（問一・問二を踏まえて）補って説明する

参考 吉田秀和（一九一三～二〇一二年）は、東京都生まれの音楽評論家。東京帝国大学仏文科卒業。『音楽芸術』誌に『モーツァルト』を連載し、本格的に評論活動を始める。チェリストの斎藤秀雄や作曲家の柴田南雄とともに「子供のための音楽教室」を開設し、初代室長となる（一期生には小澤征爾（指揮者）、中村紘子（ピアニスト）、堤剛（チェリスト）らがいる）。また、日本の前衛作曲家たちが大同団結した二十世紀音楽研究所の創設にかかわり所長となるなど、音楽評論だけでなく、実践的な活動にも精力的に取り組んだ。日本に音楽批評を定着させた業績によって文化功労者に選ばれ、文化勲章を受章。主な著書に、『吉田秀和全集』『セザンヌ物語』『永遠の故郷』など。

三

出典 『落窪物語』〈巻一〉

解答

問一　母君が私に少しでも情けをかけてくださるならば、あの世から帰ってきて、露が消えるように一緒に死んでください。

問二　少将と結婚しても、今のままの生活を続けても、どのみち母のいない自分に人生の好転はないだろうということ。

▼問二　「対象の核心を簡潔な言葉でいいあてる」批評は、同時に、言葉によって「対象に一つの枠をはめて」しまうことにもなる。しかし、批評がこの「レッテルをはるやり方」からまぬがれるのは至難の業である。なぜなら、そもそも批評とは、言葉で対象に「名前を与える作業」であり、それを避けると「批評」そのものが成立しなくなってしまうからである。「批評の降伏」とは、作品を「無性格な中性的な言葉で呼ぶ」ことを指しているが、「無性格な中性的な言葉」とは、〈対象を明確に特徴づけるわけではない無難な言葉〉のことであり、対象に枠をはめることを避けて無難な言葉で形容することは批評の断念を意味することになる。それを筆者は「批評の降伏」と比喩して言っているのである。以上の内容を理解したうえで解答をまとめればよい。

解答作成のポイントは以下の三点である。

① 批評の両面性を説明する

② 「無性格な中性的な言葉」をわかりやすく言い換える

③ ①と②の関係性を「降伏」というニュアンスが伝わるように説明する

▼問三　傍線部（3）は、「批評を読めば作家なり作品なりがわかりやすくなるだろうという考え」が「誤解」であるという筆者の主張を、比較の視点で言い換えたものであることに留意したい。すなわち、〈「批評」と「対象（作品）」を比較して「批評」のほうがわかりやすいと考えるのは誤解だ〉ということである。その理由として、「批評は解説ではない」こと、さらに「批評がそれ自身、一つの作品だから」ということが挙げられる。この二点をつなげると、〈批評は作品の単なる解説ではなく、それ自身一つの作品だから〉ということになる。つまり、批評を作品の解説だとする一般的な認識では、作品より批評のほうがわかりやすいといった印象が生じかねないが、筆者は、〈批評は作品の解説ではなく、批評自身も一つの作品であるから、作品と作品を比較してどちらがわかりやすいというのはおかしい〉と考えているのである。しかし、では、「批評がそれ自身、一つの作品だ」とはどういうことなのだろうか。

ここで「批評は作品を、作家を理解するうえで、役に立つと同じだけ、邪魔をするだろう」という記述に注目しよあるため、それ自身、対象と同じく一つの作品だと言えるから。

◆要　旨◆

良い批評家の条件とは、自分の考えを絶対視せず、自分の好みや主観的傾向を意識して、読者を説得し、納得させる心構えと能力があることである。また、対象の核心を簡潔な言葉でいいあてる力がなければならない。これは、対象に一つの枠をはめてしまうことにもなるが、それこそが批評であって、無難な言葉で対象を表すだけでは批評とは言えない。また、批評は作品を説明した解説ではなく、それ自身が言葉を用いた一つの作品である。したがって、批評のほうが対象よりわかりやすいと考えるのは間違いである。

▲解　説▼

▼問一　まず、傍線部（1）を含む一文で、「他人を説得し、納得させるため」に、「手間をかける」と述べられていることから、「手間をかける」直接の理由は、「他人を説得し、納得させる」ことである。また、良い批評家とは、「自分の考えをいつも絶対に正しいと思わず、むしろ自分の好みや主観的傾向を意識して」いる批評家のことだとわかる。以上の内容を踏まえると、〈良い批評家は、好みや主観が含まれる自分の考えを絶対視せず、読者を納得させようとするから〉などと答えをまとめることができる。さらに、良い批評家は、自分とは考えを異にする読者の存在を想定しているであろうことにも言及しておきたい。なぜなら、自分と似た考えを持つ読者であれば、説得に「手間をかける」必要もないわけで、自分とは異なった考えを持つ読者を想定するからこそ、筋道をたてて説明したり、正当化につとめたり……という「手間をかける」のである。

解答作成のポイントは以下の三点である。

①　良い批評家の条件を説明する
②　「手間をかける」直接の理由を説明する
③　想定される読者についても言及する

的な経験的直観を基盤として推論を重ねたものは、考察の対象や方法いずれにおいても「〈経験からの退却〉」を前提とした科学とは言いがたい。しかし、トレサン伯爵自身はあくまでも「物理学的言説であろうとし」ていたのだから、その言説は「し損ない」と言うより他ないものだということになる。以上の内容を踏まえて解答を作成すること。

解答作成のポイントは以下の三点である。

①「〈経験からの退却〉のし損ない」とされている、トレサン伯爵の言説の特徴をまとめる

②どういった点が「し損ない」なのかを説明する

③「し損ない」という言葉のニュアンスに留意する

参考　金森修（一九五四～二〇一六年）は、北海道札幌市出身の哲学研究者。専門は、フランス哲学、科学思想史、生命倫理学。東京大学教養学部教養学科フランス分科卒業。同大学院人文科学研究科比較文学比較文化博士課程満期退学。数理哲学者のジャン＝トゥサン・ドゥサンティに指導を仰いでパリ第一大学で学び、哲学博士号を取得。筑波大学助教授、東京水産大学教授、東京大学教授を歴任する。主な著書に『バシュラール――科学と詩』『サイエンス・ウォーズ』『〈生政治〉の哲学』などがある。

二

出典　吉田秀和「音を言葉でおきかえること」

解答

問一　良い批評家は、好みや主観的傾向を含んだ自分の考えを決して絶対視することなく、自分とは違った考えを持つ読者の存在を想定し、その読者を説得し納得させようとするから。

問二　批評とは、的確な言葉で作品を特徴づける行為であり、対象に枠をはめてしまうことを恐れて無難な言葉を用いるのは、評価し分類する批評の仕事の断念になるということ。

問三　批評は、作品の単なる解説ではなく、批評家が自らの感性や思想を駆使して対象の核心を端的に言い表したもので

筆者は述べているのである。

解答作成のポイントは以下の三点である。

①「〈実験〉」が前提とする経験の特殊性を具体的に説明する

②「〈経験〉」が「日常的な経験」を指していることを示す

③「〈経験〉」と、「〈実験〉」が前提とする経験とが異質なものであることを説明する

▼問三　「惜しむ」には、〝大切にする・もったいないと思う・残念がる〟などの意味があるが、ここでは〝残念がる〟という意味で用いられていることに留意する。「近代科学の〈経験からの退却〉」とは、《近代科学が日常的な経験を排除していること》を意味しているが、寺田寅彦（の物理学）はそのことを「惜しむ」、すなわち、残念がっているかのようである、と筆者は述べる。なぜなら、寺田寅彦は、「割れ目、墨流し、金平糖」「市電の混み具合」といった「日常世界での経験」を研究や考察の対象として好んで取り上げており、そういった著作にこそ彼らしさが存分に発揮されているからである。以上の内容を踏まえて、解答を作成すること。「〜かのような風情」は、〝〜であるように思える・〜という印象を受ける〟などの意味合いであり、言い換えて説明する。また、後述されているトレサン伯爵とは違い、寺田寅彦の研究はれっきとした科学的手法にのっとったものであったということにも言及しておきたい。

解答作成のポイントは以下の三点である。

①「〜を惜しむかのような風情」だと筆者が感じる根拠を説明する

②寺田寅彦とトレサン伯爵との違いを盛り込む

③「〜を惜しむかのような風情」という表現のニュアンスを上手く出せるように工夫する

▼問四　「〈経験からの退却〉のし損ない」とされているトレサン伯爵の言説の特徴は、「日常的水準での直観が基盤となり、その直観からそのまま連続的な推論がなされている」ところにある。問三でも確認したように、「〈経験からの退却〉」とは、日常的な経験を排除するという近代科学の特徴を意味しているが、トレサン伯爵の言説のような、日常

▲解 説▼

▼問一 まず、傍線部(1)の「事態」というのは、《近代科学が生まれた経緯》を指していることを押さえる。また「遥かに複雑」という表現から、その経緯が、「観念から経験へ」という従来の一般的な理解と比較した上で「複雑」なものであると述べていることがわかる。さらに「複雑」の具体的内容を確認すると、傍線部(1)の直後に「それは、今述べたばかりの〈常識〉とは、むしろ逆方向を向いている」とあり、さらに「伝統的経験への、この上ない不信感、それこそが、近代科学の黎明期に成立した特殊な眼差しだったのだ」とあることから、《(従来の理解とは違って)混乱の集積であるに過ぎない日常的な経験を信用し過ぎないことが近代科学を成立させた》ことを指して、「複雑」と述べていることがわかる。以上の内容を理解した上で解答を作成する。なお、「観念から経験へ」という表現もそのまま用いずに、言葉を補って説明を加えた上で解答に盛り込みたい。

解答作成のポイントは以下の三点である。

①「事態」が何を指しているかを明示する

②何と何を比べて「遥かに複雑」と述べているのかを押さえる

③「観念から経験へ」をわかりやすく説明する

▼問二 「〈実験〉は、〈経験〉の漫然とした延長ではない」と筆者がわざわざ否定するのは、実験が経験を扱うものであり、したがって、経験を観察することが実験の第一歩になる、という認識が一般的にあるからだろう。しかし、「〈実験〉」とは、「一定の目的意識により条件を純化し、可能な限り感覚受容を装置によって代替させることで、緻密さの保証をする」、「原基的構想がどの程度妥当かを、〈道具と数〉の援助を介在させながら試してみること」であり、だからこそ、実験が扱う経験は「極めて構築的な経験、極めて人工的な経験」だと言える。一方、傍線部(2)の「〈経験〉」とは、従来「観察」の対象とされてきた「日常的な経験」のことであり、「ごちゃごちゃとした混乱の集積であるに過ぎ」ないものである。両者は「経験」と言っても全く違うものであり、それゆえに「延長ではない」と

国語

一

出典　金森修《おさむ》『科学思想史の哲学』〈第三部　科学思想史とその〈外部〉　小文Ⅵ　日常世界と経験科学――寺田寅彦論〉（岩波書店）

解答

問一　観念的な思考から経験的な観察への移行という常識的な理解とは異なり、実際には、混乱の集積である日常的経験を疑う姿勢が近代科学の誕生を促したと言えるから。

問二　科学における実験が前提としているのは、明確な目的意識によって条件を厳密化し、装置や数字を介在させて緻密さを保証する極めて人工的な経験であり、観察の対象とされる雑然とした日常的経験とは異質なものだから。

問三　寺田寅彦の物理学では、近代科学の手法に立脚しながらも、日常世界での経験が研究の対象として好んで取り上げられているため、科学が日常世界での経験を切り捨てることを彼自身が残念がっている印象を受けるということ。

問四　トレサン伯爵の言説は、物理学であろうとしながらも実は日常的経験における直観を基盤とした連続的推論であり、対象や方法のいずれにおいても科学とは言いがたいから。

◆要　旨◆

観念から経験への移行が西欧近代科学を成立させたという従来の常識的な理解とは違い、むしろ、混沌とした日常的世界での経験を捨象することこそが、近代の科学的認識に必要な前提である。そういった認識からすると、科学的手法にのっとって学問的な物理学を究めながらも日常的経験を対象として好んで取り上げた寺田寅彦の物理学は異色であり、また、興味深い可能性を持つものだと言える。すなわち、文化全体の中で捉えられる自然科学という、西欧近代科学とは違った自然科学の可能性を示唆しているのである。

2018年度

解答編

解答編

英語

I **解答** (1)自分は突如現れては人々を救済する能力がある救済者で，自分には答えや為すべきことがわかっているが，助けを必要とする方の人間は救済者が現れるのをただ待っているだけだと思い込み，自分本位で一方的な手助けの仕方を選択してしまう心理状態。

(2)全訳下線部参照。

(3)ア―④　イ―①　ウ―⑤　エ―②　オ―⑥

◆全　訳◆

≪相手を尊重した手助けの方法≫

すべての人々にとって幸運なことだが，多くの人々は他人を手助けすることに関心を抱いており，自分の仕事や人生をその目的に費やす人々もいる。もちろん，そこまで高い意識を持つ人ばかりというわけではなく，ほとんどの人は時には利己的になってしまうものだ。進化生物学者や心理学者なら，私たちは「常に」利己的なものであり，私たちが他人を助けようとする場合，それは単に自己満足を達成しようとしているのに過ぎないと主張するかもしれない。しかしながら，動機がどうであれ，同僚や家族や友人，さらには赤の他人にさえ救いの手を差し伸べる人々の数は著しく多いものだ。

立派な行為ではあるが，他人を手助けすることは危険性もはらんでおり，それは人助けが実際には利己的な行為であり得ることに関連したものだ。この危険性とは，「救世主コンプレックス」と呼ばれる状態に陥ることである。これは，まさにその名のとおり，自分はどこからともなく現れては人々を救済する使命にあると感じている人物が周囲に対して取る立ち居振る舞いや姿勢のことだ。これは手助けの仕方としては公平なものではなく，救済者は，自分はすべての答えを握り，何をするべきかもわかっているが，助けを必要としている人々は救済者が現れるのをただ待っているだけだと決めつけているのだ。

これは確かに問題だが，救世主コンプレックスが抱える本当の落とし穴に足を取られて，最も慈悲深い本能の一つ，すなわち人に手を貸そうとする本能までも消し去ってはならない。そのためには，自分が人々の救済者であると思い込んだり，そうであるかのように振る舞ったりすることなく彼らを支援するべきなのだ。

つまり，「実際に」手助けをすることに劣らず重要なのは，「どのように」手助けするかであり，だからこそ「どのようにお手伝いしましょうか」という問いかけで切り出すことが不可欠だ。この問いかけで始めれば，謙虚な姿勢で指示を仰いでいることになる。あなたは，相手がその人自身の人生の専門家であることを認めているのであり，何らかの援助を供給しつつも，相手が自らの人生に責任を持ち続ける機会を与えていることにもなる。

先日，私は『ザ・モス』という番組の中で素晴らしい話を聴いた。その話では，「どのように」手助けするかを相手に尋ねることの大切さが強調されていた。『ザ・モス』は実話を取り上げているラジオ番組やポッドキャスト配信であり，それらの実話は世界各地から来た人々によって生放送で語られる。そこで語られる話はどれも魅力的なのだが，先日，その中で自分の自立についての価値観を語った 80 歳代の女性による話が放送された。彼女は常に自分のことは自分で行い，80 歳を過ぎてもまだそのようにできていることを喜んでいた。そんな折，彼女は脳卒中で倒れた。

入院している間，ニューヨーク市の彼女が暮らすアパートの住民たちが，彼女にとって初めての脳卒中であるため，これから必要になるはずの歩行器を使った生活がしやすいようにと，彼女の部屋を少しばかりリフォームしたのだった。彼女は隣人たちと付き合いはあったものの，親しい友人関係にあるわけではなかったので，はじめは非常に驚いた。しかし，彼らの善意ある行動により，彼女は他人にいくらか依存することで，自分の生活が実際に豊かになること，そして特にこれは彼女がお礼をした場合について言えることだと認識するようになった。そこで彼女は，隣人たちが中に入っておしゃべりをすることを歓迎する旨の看板を部屋の玄関ドアに吊り下げた。それから彼女は，おしゃべりをするために頻繁に隣人たちが訪問してくれた様子を語り，彼らが何か手伝ってくれようとする際には，決まって「どのように」手伝いましょうか，と問いかけてくれた点を感謝とともに強調していた。どのように支援すればよいのかを尋ねることで，彼らは彼女が自分の自立と尊厳とを保てるようにしてくれていたのだ，と彼女は説明した。

◀解　説▶

人を支援する際には，“How can I help?”と問いかけることで，相手の自立を損なうことなく，その人を援助することが大切だという論旨。人間関係にまつわる，生活に身近な内容ではあるが，途中で言及される“the savior complex”は「メサイア〔救世主〕コンプレックス」とも呼ばれ，問題を抱える人に優しくし，優越感に浸ることで自己満足を得ようとする心理を指す精神分析の用語であり，学術的内容への素養や関心が問われている点もおさえておきたい。

▶(1) **the savior complex**

savior は「救済者，救世主」で，動詞 save の派生語。complex は「コンプレックス，強迫観念，固定観念」の意味。日本語の「コンプレックス」は一般的に「劣等感」の意味で用いられる傾向が強いが，英語で「劣等感」は an inferiority complex，逆に「優越感」は a superiority complex と表すことからもわかるとおり，本来は「コンプレックス」単独で「劣等感」の意味はなく，「無意識のまま抱えている複雑な感情」のこと。下線部のある第2段はこの the savior complex「救世主コンプレックス」を話題に導入し，これについて説明するための段落である。そのため，下線部の内容説明には，下線部直後の2文（This is just what … for a savior to come along.）が該当し，この箇所の和訳を参考に答えをまとめる。まず，第2段第3文（This is just what …）の―（ダッシュ）以降，an attitude or stance toward the world where you believe you are the expert who can suddenly appear to save others「自分はどこからともなく現れては人々を救済する専門家〔熟達者〕だと感じている人物がその世界に対して取る立ち居振る舞いや姿勢のこと」が，the savior complex の定義。続く同段最終文（It is an uneven approach to …）では，the savior complex がどのような問題点を抱えるものなのかを説明している。特に，an uneven approach to helping とあるように「対等な関係でない援助の仕方」が，同段冒頭文（Although admirable …）中で前置きした

risk「危険（性），問題点」となるわけだから，この部分は答案に欠かせない。「対等な関係でない援助の仕方」というのは具体的には，やはり同段冒頭文中で前置きされている helping can actually be selfish の部分から，「利己的な〔自分本位の〕援助の仕方」と言い換えてもよい。

▶(2) **All of which is to say that**

「つまり〔要するに〕」→that is to say「つまり，すなわち」の基本熟語のバリエーションである。which is to say も同じ意味だが，that（指示代名詞）が，接続詞の働きを兼ね備える関係代名詞 which に変化すると，前の文との連続性が高まる。that も which も直前の内容を指す代名詞である点は変わらない。また，which is to say は，カンマの後ろで使う（非制限用法）ことが多いので，文中で用いるイメージが強いかもしれないが，要は直前文との連続性を示す働きであるため，前文さえ存在していれば，文頭で用いられることもある。下線部も文頭で用いる which のパターンで，これに修飾語句 all of が付いている形。直訳すると「前で述べたことすべてはつまり～ということに集約される」程度になる。

***how* you help matters just as much as that you *do* help,**

「『実際に』手助けをすることに劣らず重要なのは，『どのように』手助けするかであり」→斜字体の箇所は強調されているので「　」付きで訳出する。*A* matters just as much as *B*「*B* に（ちょうど）同じく *A* は重要だ」 この matter は「重要である」の意。*A* と *B* の位置にある how S V「どのように～するのか（ということ）」と，that S′ V′「～ということ」はいずれも名詞節。that you *do* help の do は助動詞で，直後の動詞を強調し，「実際に～する」と訳す。

which is why it is essential to begin by asking, "How can I help ?"

「だからこそ『どのようにお手伝いしましょうか』という問いかけで切り出すことが不可欠だ」→which はカンマの前の部分（*how* you help matters…）の内容を指すので，which is why … は and that is why …「だから，そういう訳で」に等しい。"How can I help ?" は，直前で *how* you help matters「『どのように』手伝うかが重要である」と強調されているので，「どのようにお手伝いしましょうか」のように手助けの仕方を尋ねる和訳にする。

If you start with this question, you are asking, with humility, for

direction.

「この問いかけで始めれば，謙虚な姿勢で指示を仰いでいることになる」→進行形の部分（you are asking）は，「(If 節で述べられた条件を満たすとき，あなたは)～していることになる」とか，「～するのと同じことだ」のように訳す。with humility は「謙虚に」のように副詞として処理する（with＋抽象名詞＝副詞）。

• start with ～「～で始める」
• ask for ～「～を求める」
• humility「謙虚，謙遜」
• direction「指示」

You are recognizing that others are experts in their own lives, and you are affording them the opportunity to remain in charge, even if you are providing some help.

「あなたは，相手がその人自身の人生の専門家であることを認めているのであり，何らかの援助を供給しつつも，相手が自らの人生に責任を持ち続ける機会を与えていることにもなる」→直前の文にある If 節からの続きであるため，進行形の部分（You are recognizing と you are affording）は，直前の文中にある進行形（you are asking）と同じ用法。文頭に If you start with this question が省略されていると考えるとよい。others「他者」は，「助けを必要とする人々」のことで「相手」くらいに訳せる。afford *A* *B* の形で「*A*（人）に *B*（物）を与える」の意味となる。in charge は後ろに of their own lives が省略されていると考える。(be) in charge of ～ で「～の責任がある，～を管理している，～の責任〔担当〕者である」の意味。to remain の意味上の主語は them（＝others「(助けを必要としている) 人々」)。afford them the opportunity to remain in charge (of their own lives), even if you are providing some help の直訳は，「あなたは何らかの援助を提供しながらも，彼らが（自分自身の人生に）責任を持ったままでいられる機会を彼らに与える」となる。「何らかの手助けと同時に，彼らには自身の人生の主導権を握らせたままにしておく機会をも提供する」と意訳するのもよい。

• expert in ～「～における専門家」
• opportunity to *do*「～する機会」

▶(3)第 6 段は，第 5 段で紹介された『ザ・モス』というラジオ番組で取り上げられた 80 歳代のある女性の話の続き。第 5 段最後の 2 文（She loved the fact that … had a stroke.）で，彼女は人に頼らず自活していることに満足していたが，脳卒中で倒れた，というところまでが述べられている。その点を踏まえて，以下の検討をする。

ア．第 6 段第 1 文（While she was in the hospital, …）の内容から，女性のアパートの住人らが，何らかの目的で彼女の居住部屋を少し改装したことがわかる。同段第 3 文（But their gesture of goodwill …）に goodwill「善意」や，enrich her life「彼女の生活を豊かにする」とあることから，改装の目的はもちろん彼女の利益のために行ったこと。また，空所直後の a walker は「歩行器」なので，その直前には，「(道具）を使って」という意味の前置詞 with（“道具”の with）がくる。これらの点から，空所には④の live there with を補って，「彼女が歩行器を使ったそこでの生活がしやすくなるように」とする。for *A* to *do*「*A* が～する」は，*A* と *do* の間に主述関係が成り立つ点に注意。

イ．同じアパートの住人らが部屋を改装してくれたことに対する彼女の反応が，空所以降から順を追って説明されている。したがって，ものごとを列挙する際，最初に用いられる表現の To begin with「まず，最初は」が最も適切であるため，空所には①の begin with を補う。空所直後の she was taken aback は「彼女は驚いた」の意。

ウ．空所の直前には inspire *A* to *do*「*A* が～するよう触発する」，直後には that 節があることから，that 節を直後に伴う動詞の原形が空所に入る。第 5 段では，他人に頼らずに自立していることに女性が満足していたとあったが，第 6 段第 5 文（She then recounted how …）の後半には「彼ら（＝アパートの住人たち）が手伝ってくれる際には，決まって『どのように』手伝いましょうか，と問いかけてくれた点を感謝とともに強調した」とあり，彼女が他人の手助けを受け入れていることがわかる。つまり，住人による予期せぬ善意の行動をきっかけに，彼女の「認識」が変わったことが伺えるので，空所には⑤の recognize を補うのが正しい。

エ．空所直前の welcome *A* to *do*「*A* が～するのを歓迎する」は，*A* と *do* が主述の関係になる点に注意する。隣人たちが何をするのを女性は歓迎したのかを考えればよい。第 6 段第 5 文（She then recounted how her neighbors …）の前半に,「それから彼女は, おしゃべりをするために頻繁に隣人たちが訪問してくれた様子を語った」とあるので, 隣人たちが歓迎されたことは「彼女のところに立ち寄りおしゃべりをすること」。したがって, 空所には②の come in for「～を求めて〔～のために〕(部屋の) 中へ入る」を補う。

オ．第 6 段第 5 文 (She then recounted how her neighbors …) には, they always asked *how* they could help「彼ら (＝アパートの住人たち) は, 決まって『どのように』手伝いましょうか, と問いかけてくれた」とある。この質問の仕方は, 第 4 段 (All of which is to say that … で始まる段落) で述べられていた主旨, つまり, 相手に「どのように」手助けをしましょうか, と問いかけることで, 相手を尊重し, その人の生活における自立性を奪わないようにすること, に通じるものである。空所を含む文の冒頭にある By asking her how they could help は, 手助けの仕方を相手に問いかけるという手法であるため, それにより得られるのは, 女性自身の自立や尊厳の維持と考えられる。空所前後の語句は, 彼女が自分の自立と尊厳を「保持する」ことができる, という動作で結ばれるのが適切。したがって, ⑥の retain が入る。

●語句・構文●

(第 1 段) devote their careers and lives to it「彼らの職業や生活をそれ〔人を手助けすること〕に捧げる」→devote *A* to *B*「*A* を *B* に捧げる」 inclined「したいと思っている, 傾向のある」 self-interested「利己的な, 自分本位の」 some of the time「時には」 regardless of ～「～にかかわらず」 remarkable「著しい」 help *A* out「*A* を手助けする」(help out *A* の語順でもよいが, *A* が代名詞の場合は不可) colleague「同僚」

(第 2 段) admirable「称賛に値する, 立派な」 actually「実際には」 selfish「利己的な, 自分本位の」 prey「えじき, 獲物」 fall prey to ～「～の犠牲〔えじき〕となる」 attitude or stance toward ～「～に対する立ち居振る舞いや立場」 approach「取り組み方」 *A* in need「困っている *A* (人)」→the person or group (who is) in need のように, 間の〔関係詞＋be 動詞〕が省略されている。wait for *A* to *do*「*A* が～するのを待つ」 come along「やって来る, 現れる」

(第 3 段) genuine「本物の, 真の」 pitfall「落とし穴, 隠れた危険」

humane「人道的な，思いやりのある」 one of the most humane instincts (that) there is「(存在している) 最も人間らしい本能の一つ」→先行詞の後に there is が続く場合，主格の関係代名詞は省略できる（例：Father explained to me the difference (which) there is between the two.「父親は2つの間にある違いを説明してくれた」)。trick「(〜するための) こつ〔秘訣〕」

(第5段) underscore「〜を強調する」 feature「(番組などで)〜を特集する」 in *one's* eighties「(人が) 80歳代の」 independence「自立（していること)」 stroke「脳卒中」

(第6段) apartment「(集合住宅内の) 1世帯分の住居」→アパートの建物全体は apartment building〔apartment house〕。minor「小規模な」 renovation「(建物・家具などの) 修復，改築，リフォーム」→英語の reform には，建物のリフォームという意味はなく，「(制度・組織などの) 改革」の意。cordial「誠心誠意の」→cordial with 〜「〜(人) と親しい」 gesture「意思表示の行為〔言葉〕，(感情などの) 証」 enrich「〜を豊かにする」 favor「(善意からの) 親切な行為」 recount「〜を詳しく話す，列挙する」 come by「立ち寄る」 gratitude「感謝（の気持ち)」 offer to *do*「〜することを申し出る」 dignity「威厳，尊厳」

II 解答

(1)衝突回避や資源回収の効率化のために小惑星や彗星の軌道を変えること。その資源を宇宙で使う燃料にその場で加工するか，そこから地球への資源供給を行うこと。

(2)全訳下線部(b)参照。

(3)全訳下線部(c)参照。

◆全 訳◆

≪地球近傍天体の軌道修正と資源活用≫

現在地球の海に存在する水が小惑星や彗星によってもたらされたのかどうかは別にしても，それらには非常に有益な資源が大量に含まれていることは明らかだ。将来，地球上にある資源への需要が産出可能な分量を上回ることになれば，小惑星や彗星が不可欠なものとなることがわかるだろう。

彗星や小惑星に接近飛行し，それらに着陸することで（すでにこれらは実現しているが)，大きなことをいくつか実践できる。1つ目は，それらの軌道を変えられるということだ。万一地球と衝突する軌道上にある天体を見つけた場合，器用に少しだけそれを押すことで，確実にそれを地球から逸らすことができる。十分早い段階で天体を捉えていれば，それが地球に衝突しないようにするための軌道修正は比較的小さくて済む。あるいはまた，採掘する価値があるほど十分な量の魅力ある資源を含有する天体を見つけた場合，それが地球や月の周囲を巡る新たな安定した軌道を通るように，その軌道を変えてしまうこともできる。これにより，回収した資源を地球に持ち帰るのに必要な移動コストが削減されるだろう。２つ目は，対象となる天体の軌道をそのままにしておこうが，地球や月を周回する軌道へと修正しようが，いずれにせよ，天体の資源をその場で加工処理して宇宙で使用する燃料とすることもできるし，場合によっては地球で必要とされる別の需要を満たすこともできるということだ。小惑星や彗星が宇宙に浮かぶ最初のサービスステーションとなり，水や燃料や建築材料を提供することが可能になるのだ。

小惑星や彗星の軌道修正や，それらからの資源採掘，そのどちらも達成可能な目標だ。しかしながら，こうした天体をどのようにして発見するのか。それらのすべてを発見したという判断はどのようにして行うのか。天体の軌道の算出方法や，地球への衝突の危険性があるかどうかの判断，そして天体の構成要素の見極めをどのようにして行うのだろうか。

私たちが関心を強く抱いている天体は，いわゆる地球近傍天体（NEOs）である。(b)それらを発見するには忍耐か幸運のいずれかが必要だ。小惑星は，太陽系の惑星とほぼ同じく，主に太陽系平面から数度の範囲内に存在するが，彗星はあらゆる方向からやって来る可能性がある。それらはまた非常に素早く移動していることもある。このため，天体に接近飛行し，場合によっては，どうにか危険なものではなくなる程度にその軌道を変えるというのは非常に難しいことである。

このような困難な状況であっても，地球近傍天体を発見するための方法は，空全体を監視しながら天体の痕跡，つまり，星々を背にして移動する暗い光の点を見つけることしかない。地球近傍天体も，惑星それ自体にやや似て，暗く光る遊星のように映る。

小惑星と彗星の表面はいずれも非常に暗い色をしているため，一般的にそれらは光をあまり反射しない。このため，それらの天体はごくわずかに光る程度で，たくさんの光を集める巨大な望遠鏡を用いない限りは，それらすべてを発見することはないかもしれない。(c)しかしながら，NASAによる資金援助のもとで，十分活用されていない小型望遠鏡をネットワーク化するNEO探索計画がある。これらの望遠鏡は観測可能な天空領域を最大限にする目的で，一般的に広い視野を備えているが，それでも直径100メートル未満の非常に暗い天体を検知するのには困難を伴う。何よりも，これらの望遠鏡は，本来はNEO探索に特化して利用されるべきだろうが，実際にはそれらを利用できる限られたわずかな時間帯にだけNEO探索に使用される程度なのだ。

◀解　説▶

地球に接近する小惑星や彗星の軌道を修正したり，そこに眠る資源を将来有効活用したりする可能性について述べた文章。下線部和訳では rendezvous や trajectory など難しい語彙もあるが，文脈や周辺知識から推測できるようにしたい。たとえば，小惑星イトカワに着陸した探査機「はやぶさ」が地球へのサンプルリターンに成功した話題なども周辺知識として役立つだろう。

▶(1)下線部を含む文の冒頭 By rendezvousing and landing on comets and asteroids「彗星や小惑星にランデブー飛行〔接近飛行〕し，それらに着陸することによって」は，下線部の「大きなこと」を達成するための手段であり，「大きなこと」の具体的な答えではない。具体的内容は下線部直後の First と，第2段最後から2文目にある Second によって列挙されている。端的には，小惑星や彗星について，First 直後の「それらの軌道を変えること」(to alter their orbits)，そして Second のある文の主節部分「そこに眠る資源を（宇宙空間上，あるいは地球上で）活用すること」(to process the materials …) が答案の中心となる。First で挙げられた軌道修正には，想定される2つの目的があり，1つは同段第3文（Should we find …），もう1つは同段第5文（Alternatively, should we find …）で述べられている。いずれも仮定法 If S should V「万一SがVすることがあれば」の if が省略されて，倒置が起きた形となっている。つまり，第3文なら，If we should find one on a collision course with Earth, … に同じ。If で始まるこの2カ所の内容も盛り込みたいので，前者を「衝突回避（のため）」，後者を「資源回収の効率化（のため）」のように要約するとよい。与えられた解答欄のスペースから 75 字程度が目安となるので，不要な部分はそぎ落とし，短く答案にまとめる。

• rendezvous「ランデブー飛行〔接近飛行〕をする」　2 つの宇宙船などがドッキングなどの準備段階として同じ軌道に乗って，接近した状態で飛行すること。

• collision「衝突」（＜collide「衝突する」）

▶(2) **Finding them takes either patience or luck.**

「それらを発見するには忍耐か幸運のいずれかが必要だ」→Finding them は無生物主語なので，「それらを発見するためには」など，目的を表す副詞句のように和訳するとよい。them は Near-Earth Objects（NEOs）のことであるので，「地球近傍天体」や「NEO」とするのも可。take は「(時間・労力など）を必要とする」の意味。

• patience「忍耐」

Asteroids are mainly contained to within a few degrees of the plane of the solar system, much like the planets, but comets could come from any direction. They could also be moving really quickly.

「小惑星は，太陽系の惑星とほぼ同じく，主に太陽系平面から数度の範囲内に存在するが，彗星はあらゆる方向からやって来る可能性がある。それらはまた非常に素早く移動していることもある」→be contained「(ある物の中に）含まれている，入っている」は，ここでは「(ある範囲内に）存在する」の意味。to within a few degrees of ～「～から数度の範囲内までに」は，前置詞の to と within（それぞれ“程度”と“範囲”を表す）が並んだ二重前置詞。the plane of the solar system は，plane が「面，平面」の意味で，惑星の公転軌道面が円盤型に広がる太陽系のこと。much like ～「～とよく似て」は asteroids と planets の分布位置が近いことを言っている。comets could come と They could also be moving の could はいずれも可能性を表す。They は直前の文中にある comets のみを指しているように見えるが，下線部のある第 4 段冒頭文にある Near-Earth Objects（NEOs），すなわち地球に接近する asteroids と comets の総称を指す。次の段落（第 5 段）においても，them や their の形でこの代名詞が継続使用され，その最終文（Somewhat like the planets …）から，それがNEOsを指していることが確認できる。

• asteroid「小惑星」

• comet「彗星」

This makes it challenging to rendezvous with one and perhaps modify its trajectory enough to somehow make it safe.

「このため，天体に接近飛行し，場合によっては，どうにか危険なものではなくなる程度にその軌道を変えるというのは非常に難しいことである」→This「このこと」は，直前で述べられた「天体が非常に素早く移動している」ことを指す。itは形式目的語でto rendezvous以下の内容を指す。This makes it challenging to *do* は，無生物主語であるため，「このことにより～することが非常に難しいものとなっている」のように訳せる。oneは小惑星や彗星などNEOと呼ばれる地球近傍天体のうちの1つを指す代名詞。perhapsは「ことによると，場合によっては」の意でmodifyにかかる。modify「修正〔変更〕する」の目的語であるtrajectoryの意味は知らなくても文脈から推測できる。make it safeのitは地球に接近する天体のことであり，それを「安全なものにする」というのは，第2段第3文（Should we find one on a collision course …）にあるように，地球衝突回避のためにそれを少し押すことである。これは，その「軌道を変える」と言い換えられる。したがって，modifyの対象であるtrajectoryは「軌道」とわかる。

• challenging「困難だがやりがいのある」

• somehow「どうにかして，何とかして」

▶(3) **However, there are NEO search programs funded by NASA that network underutilized small telescopes.**

「しかしながら，NASAによる資金援助のもとで十分活用されていない小さな望遠鏡をネットワーク化するNEO探索計画がある」→関係代名詞thatの先行詞はNEO search programsで，直後のnetworkは動詞で「～をネットワーク化する，～を連携させる」の意。

• funded by ～「～によって資金援助を受けた」

• underutilized「十分に活用されていない」

• telescope「望遠鏡」（＜tele-「遠くを」＋scope「見る鏡」）

These telescopes generally have large fields of view for maximiz-

ing the areas of sky that can be monitored,

「これらの望遠鏡は観測可能な天空領域を最大限にする目的で一般的に広い視野を備えている（が…）」→field of view で「視野」の意。ここでは望遠鏡の視野のこと。for maximizing the areas of sky の for は“目的”を表す。

- maximize「～を最大化する」
- monitor「～を監視する，観察する」

but they still struggle to detect the really faint objects that have diameters below one hundred meters.

「…だが，それでも直径 100 メートル未満の非常に暗い天体を検知するのには困難を伴う」→they は小型望遠鏡のこと。struggle to *do* は「～するのに苦労する」の意味。faint は「光がかすかな，暗い」の意味。object は「物体」という意味だが，ここでは「（小）天体」のように具体的に訳す。diameters below X（数詞）は「X に満たない直径」。

- detect「～を見つける，検出する」
- diameter「直径」（*cf.* radius「半径」）

●語句・構文●

（第 1 段）significant quantities of ～「かなりの量の～」 Earthbound「地に根付いた，地上の」 outweigh「～より重い，～に勝る」→動詞の接頭語 out- には「～より（…の点で）優れている」の意味もある（例：outdo「～をしのぐ」，outnumber「～より数で勝る」，outpace「～より（足が）速い」，outrun「～より速く走る」，outwit「～の裏をかく」）。producible「産出可能な」 essential「絶対不可欠な」

（第 2 段）land on ～「～に着陸する」 orbit「軌道」 subtly「巧妙に，器用に，繊細に」 Caught early enough, the changes in the orbit needed for it to miss Earth are relatively minor.「十分早い段階で天体を捉えていれば，それが地球に衝突しないようにするための軌道修正は比較的小さくて済む」→Caught early enough は受け身の分詞構文だが，厳密に書き表す場合は It caught early enough（独立分詞構文の形）が正しい。この It（および主節中にある it）は，直前の文中の one on a collision course with Earth「地球に衝突する軌道上の天体」のこと。直前の文で Should we find one …「万一，地球に衝突する軌道上の天体を見つけたら…」と述べたばかりであるため，Caught early enoughとだけ述べても，be caught「見つけられる」の主語が「その天体（＝it）」であることは文脈から明白。したがって，文頭にあるべきItが抜け落ちた形となっている（懸垂分詞構文）。接続詞と主語を補うと，If it is caught early enough, the changes…となる。alternatively「あるいは」 enough interesting materials to make it worth exploiting「それ〔天体〕を採掘する価値があるほど十分な量の魅力的資源」→enoughは，interestingという形容詞単独を修飾しているのではなく，interesting materials「魅力的資源」という名詞句を修飾している。enough＋名詞（可算名詞の場合は必ず複数形）＋to *do*「～するほど十分な数〔量〕の（もの）」 exploit「～を搾取する，（資源を）開発する〔採掘する〕」 stable「安定した，一定の」 commute「通勤〔通学〕する，（定期的に同じ経路を長距離）移動する」 space-based「宇宙に拠点を置く」 service station「給油所，サービスステーション」

（第3段）orbital「軌道の」（＜orbit） modification「修正，変更」（＜modify） mining「採掘（すること）」（＜mine「（鉱物などを）採掘する」） achievable「達成可能な」 pose a（～）threat「（～な）脅威を与える」 impact「衝突，衝撃」

（第4段）so-called「いわゆる」

（第5段）the only way S V is if S′ V′「SがVするための唯一の道〔方法〕はS′がV′することだ」→wayとifは，それぞれ「（ある方向へ続く）道」と「いくつかある方向性のうちの1つ」と捉えれば互いに同様の意味で，「～へと至るのは唯一…する場合だけだ」と訳せる。この表現中ではthe only wayの後の動詞には主にbe going to, will, canなどの助動詞が付く。signature「（他と区別される）特徴」 pinpoint「ごく小さな点」 somewhat「少々，やや」 wandering star「遊星，迷星」（惑星のことであるが，wandering starは惑星の古い呼び方）

（第6段）typically「通常は，一般的に」 spot「～を発見する」 on top of all that「さらにそのうえ」 NEO hunting「NEO（地球近傍天体）の探索」 a fraction of the available time「それらを利用できる時間の内，限られたわずかな時間（に）」→直前に“期間”を表す前置詞forが省略されており，are only usedにかかっている。a fraction of～「何分の1かの〔わずかな〕〜」 when perhaps they should be entirely dedicated to it「小型の望遠鏡をつないだもの（＝they）は，NEO 探索（＝it）のためだけに利用されるべきときに」→この when は接続詞で“譲歩”の when と捉えて，「〜であるにもかかわらず」とか，「本来は〜であるべきところを」と訳せる。be dedicated to 〜「〜に専念する」（＜dedicate *A* to *B*「*A* を *B* に捧げる」）

III　解答例

〈解答例 1〉 While〔Whilst〕talking about the popularity of Japanese food among tourists from abroad, one person said he doubted their ability to savor its taste because their cultural backgrounds are different. Can this be true ? In my opinion, it is actually the dietary choices of your childhood environment that determine your food preferences. Americans who were raised in health-conscious households, for example, are likely to be comfortable with Japanese cuisine. I should add that despite sharing a common culture, not all Japanese people have the same taste for Japanese food due to variations in home life.

〈解答例 2〉 When someone said that more and more foreign tourists have been hooked on Japanese cuisine, another person said he was doubtful about whether people from abroad could appreciate its taste given that they have different cultural backgrounds. Would you support his opinion ? If what he said is true, it means that in the same way, Japanese people could also hardly appreciate the taste of food from other countries. In the first place, considering that Japanese people have been raised in different circumstances, it follows that even Japanese people could not appreciate Japanese food.

◀解　説▶

文章単位の和文英訳だが，途中の空所には欠如した文を考えて補わなくてはならない。空所前後の流れがつながるようにしなくてはならないし，問題文の指示である「全体としてまとまりのある英文」にするためには，与えられた和文の箇所に工夫が必要になることもあるだろう。特に空所の後ろに続く和文の箇所をどう取るか，またどうしたら文脈が空所の内容とつながるようになるかには熟慮を要する。

解答欄は，長さ12.1cmの罫線が12本引かれている。1行あたり約8語の単語が書けるので，全体で95語前後の分量の英文を書けばよい。また，空所に入る英文の数は1文か，短めのもの2文までが限度であろう。

まずは，文全体の論理展開に矛盾が生じないように，先に大まかな全体の流れを決めておく。特に，「文化」と「育った環境」が別ものだと考える場合と，同じものだと考える場合で空所と続きの英文の内容が変わるので，どちらの解釈を取るか決めておく必要がある。〈解答例1〉では別もの，〈解答例2〉では同じものと解釈して英訳している。

「海外からの観光客に和食が人気だという話になったときに，文化が違うのだから味がわかるのか疑問だと言った人がいたが，はたしてそうだろうか」

•「～だという話になったときに」→「～について話している際に」ならWhile〔Whilst〕talking about～,「誰かが～だと言ったときに」と解釈するならWhen someone said that～と表せる。the topic「話題」を用いるならWhen the topic of our conversation switched to the fact that～なども可。

•「海外からの観光客に和食が人気だ（という話）」→talking aboutの目的語としてなら，the popularity of Japanese food among tourists from abroad「海外からの観光客のあいだの和食人気」のような名詞句にする必要がある。said thatの続きとしてなら，more and more foreign tourists have been hooked on Japanese cuisine「ますます多くの外国人観光客が和食にはまっている」のような節（SV構造）の形で表す。

•「～だと言った人がいたが」→「私たちの中の誰か一人が言った」のなら，one person said that S Vなど。When someone said～で始めたのなら，another person said that S Vのように，someとanother〔other〕の呼応表現を意識したい。また，saidに続くS Vは，時制の一致に留意する。

•「文化が違うのだから」→「ある人の生まれ育った文化」という意味で「文化」と言う場合には，「文化的背景」という意味のcultural background を用いるのが普通。because以外にも，「～を考慮すれば」という意味のgiven that S Vも使える。

•「（その）味がわかる」→savor「～を堪能する」を用いてsavor its taste

や，appreciate「～の本当のよさがわかる」を用いて appreciate its taste とする。「味を判断する」と考えて，judge its taste とするのも可。

•「(味がわかるのか）疑問だ」→doubt や be doubtful about ～「～を疑わしく思う」を用いると，その目的語は their ability to judge its taste「和食の味を判断する彼らの能力」(名詞句）や，whether people from abroad could appreciate its taste「海外からの人々に和食の味がわかるかどうか」(名詞節）となる（could は時制の一致による)。

•「(…だと言った人がいた）が，はたしてそうだろうか」→…, but can this be true？ この可能性を表す助動詞の can「～であり得る」は，疑問文で使用すると，強い疑いの気持ちを含意して，「はたして～だろうか」の意味となる。「あなたならこの人物の言うことを支持するだろうか」と言い換えれば，Would you support his opinion？なども可。

(空所部分について)

「はたしてそうだろうか」(＝文化的背景のせいで外国人には日本食の味がわからないと言えるのか）に続けやすいのは，この人物の主張の盲点をつくか，反論を述べる内容である。〈解答例 1〉は，「人の味覚を決定するのは実のところ子供の頃の食事環境だと考える。たとえば，健康志向の家庭で育ったアメリカ人は日本食になじむ可能性は高いだろう」と，味覚の決定要因が文化的背景ではなく，別のところにあると主張している。〈解答例 2〉の和訳は，「この人物の言うことが本当ならば，日本人も同様に外国の料理の味はわからないということになる」。これは外国人の立場を，日本人に置き換えることで先の主張の矛盾点を考えさせるものである。仮定法過去形 could を用いることで，「日本人には外国の料理の味がわからない，そんなことはあり得るだろうか」と，その可能性が低いことを示唆している。

「さらに言うならば，日本人であっても育った環境はさまざまなので，日本人ならわかるということでもない」

•「さらに言うならば」→「さらに」と単純に“追加”として捉えるなら，Moreover〔What's more〕, I should add that S V など。“強意”表現と捉えるなら，One could go so far as to say that S V「極言すれば～」, in the first place「そもそも」など。大きく逸脱しない限りは，与えられた日本語をそのまま英訳することより，空所とのつながりを重視した表現を使う方がよい。

•「日本人であっても」→「日本人同士のあいだでも」と言い換えられるので，even among Japanese people などとするか，あるいは，次に続く「育った環境はさまざまなので」の主語に Japanese people を用いればそれで済む。

•「育った環境はさまざま（なので）」→「環境」を主語にすれば，the environments in which they have been brought up are different from one another（, so …），「日本人」を主語にするなら，considering that Japanese people have been raised in different circumstances など。

•「日本人ならわかるということでもない」→省略されている「わかる」の目的語（＝和食の味）を補う必要がある。また，ここは抽象的な言い回しなので，空所に補う英文の内容に応じた，多少自由度のある和文英訳と捉えるのがよい。また，文章全体の整合性を保つためには，もう少し具体的な内容の表現にすることもあるだろう。〈解答例１〉では，「（文化は同じでも）育った（家庭）環境は違うので，日本人なら（皆が同じように和食の味を）わかっているということでもない」のように，丸括弧内の情報を補足しながら英訳（despite sharing a common culture, not all Japanese people have the same taste for Japanese food due to variations in home life）してある。〈解答例２〉では，「日本人ですら日本食の味がわからないということになる」と捉え，it follows that even Japanese people could not appreciate Japanese food という英文にしてある。

Ⅳ　解答例

〈解答例１〉(1) Could you tell me whose essay again? And I would like to know the spelling of the writer's name, too.

(2) I would appreciate it if you would tell me the guidelines I should follow.

(3) I have written an essay in English about accepting foreign workers. The main point was that we need to have a variety of perspectives by learning about different cultures so we can coexist with foreigners.

(4) This term, we have covered a lot of themes〔topics〕. Is there anything I should focus on especially while I am studying?

〈解答例２〉 (1) Could you tell me the name of the writer again? I'd like to make a note.

(2) Could you please clarify them for me?

(3) I have written some essays in English, but now I think they were more like journals because I didn't know much about the report format. I will refer to the example of the format on the course website.

(4) Are there any good chapters in the textbook for reviewing the basics?

◀解　説▶

2017 年度に引き続き，対話文中の空所に入る発言を補う問題となっているが，2017 年度のようなディベート的要素のない，単純な会話のやり取りであるため，補うべき英文の内容は比較的容易に推測できる。空所はすべて，学生が教師に対して発言している箇所なので，丁寧な英語表現を知っているかどうかが重要なポイントとなる。

（会話の日本語訳）

〔教師の研究室で〕

教師：どうぞ座ってください。

学生：お会いくださって，ありがとうございます。

教師：昨日の授業に出られなかったのは残念ですね。宿題についての質問があるのでしょう。基本的には，短めのレポートをパソコンで作成して今度の木曜日に私に提出すればよいです。レポートをタイピングするためのパソコンはお持ちですか。

学生：はい，新しいノートパソコンがあります。もう一度，レポートのテーマを教えてくださいませんか。

教師：ロンドンとニューヨークの類似点と相違点について説明してください。まず，類似点から始めて，その後に相違点に触れるように。情報を集めるために，最初にグレンドンによるエッセーを読んでください。講座のウェブサイトにそれが掲載してあります。

学生：(1)＿＿＿＿＿＿＿＿＿＿＿＿＿＿＿＿

教師：グレンドンですか。G，l，e，n，d，o，nです。ファーストネームはサラで，スペルはS，a，r，a，hです。

学生：ありがとうございます。ウェブサイトを見てみます。レポートの書式についての細かい注意点を自分がすべて把握しているのか自信がありません。(2)＿＿＿＿＿＿＿＿＿＿＿＿＿＿＿＿

教師：わかりました。1つ目は，パソコンでタイプしたレポートを印刷しなくてはなりません。また，名前と日付をレポート用紙の左上に入力してください。次に，わかりやすい表題を必ず記載してください。今回のレポートは段落を分けて書くことが大切です。繰り返しになりますが，まずは類似点を最大4つまで述べて，それから3つの主要な相違点だとあなたが考えるものについて説明してください。読んで調べた内容からの情報をもとに，自分の主張に対する根拠を必ず挙げてください。書式の記入例についても講座のウェブサイトに掲載してあります。英語でも，日本語でも，あるいは他の言語でもかまわないので，あなたがこれまでに書いたことのある小論文やレポートについて聞かせてください。

学生：(3)＿＿＿＿＿＿＿＿＿＿＿＿＿＿＿＿＿＿＿＿＿＿＿＿

教師：わかりました。あ，それから2週間後に最終試験があるので忘れないように。それに向けての勉強をしっかりしてくださいね。

学生：(4)＿＿＿＿＿＿＿＿＿＿＿＿＿＿＿＿＿＿＿＿＿＿＿＿

教師：それはよい質問です。教科書の第1章から第4章までを勉強しておくことをお薦めします。

解答欄は，長さ12.1cmの罫線が，(1)，(2)，(4)はそれぞれ2本引かれているが，(3)だけ4本引かれている。1行あたり約8語の単語が書けるので，(1)，(2)，(4)は基本的には1文，(3)は2文程度が目安となる。

▶(1)空所前の教師の発言で「グレンドンによるエッセー」に触れており，空所の後でも教師は「グレンドンのことですか」と同じ名前を繰り返していることから，学生がエッセーの著者であるGlendonの名前を確認したくて，聞き返している場面。さらに，教師はスペルまで丁寧に説明しているので，学生はスペルも尋ねたのかもしれない。そこで，「どなたのエッセーかもう一度聞かせてもらってよいですか。できれば著者の名前のスペルも教えてください」といった内容の英文にする。〈解答例2〉では，スペルを尋ねる代わりに，「(著者の名前を) メモに取りたい」と伝えている。丁寧に何かを頼むときは，Could you ～？やWould you ～？などで始める。疑問詞で始めて末尾に again をつけると，聞き返したり，再確認したりしたいときの表現となる（例：What was your name again?「お名前は何とおっしゃいましたか」)。

▶(2)空所直前で「書式（format）に関して細かい点のすべてを理解できているか自信がありません」と学生は発言しており，空所の後で教師は Okay と承諾したうえで，the report format に関して守るべき注意点を列挙している。このことから，学生はレポートの書式に関する注意点を確認させてもらいたいと訴えたことが推測できる。〈解答例 1〉は「従うべき指針を教えていただけると有り難いのですが」，〈解答例 2〉は「それら（＝all of the details）を明確に示してもらってもよろしいですか」という内容。I would appreciate it if S could〔would〕V「～していただけると有り難いです」は，it が必要なので注意する。

▶(3)空所直前で，教師が「(どの言語かに関係なく）あなたがこれまでに書いたことのある小論文やレポートについて聞かせてください」と質問しているので，空所に入る学生の発言内容は，比較的自由に考えられる。〈解答例 1〉の和訳は，「外国人労働者の受け入れについての小論文を英文で書いたことがあります。外国人と共生するために異文化について学び，さまざまな視点を持つ必要があるというのが主張でした」。〈解答例 2〉の和訳は，「英語でいくつか小論文を書いたことがありますが，今思うと，レポートの書式についてあまり知らなかったので，それらはどちらかと言えば日記のようでした。学内ウェブサイトの書式サンプルを参照してみます」。

▶(4)空所直前で，教師が「2 週間後の最終試験」の勉強をするようにと発言している。これに関して，学生が何かを質問したため，空所の後で教師は，テスト勉強に関する具体的な助言をしている。もちろん，「どこが試験に出ますか」というようなテスト内容についての直接的な質問をしているわけではないので，少し工夫が必要である。〈解答例 1〉では，「今学期はたくさんのテーマを扱いました。勉強の際に特に優先するべきものは何かありますか」としている。〈解答例 2〉では，「基本の復習をするのに教科書の単元でちょうどよいところはありますか」と，基本をおさらいするための助言を求める発言にしている。

❖講　評

2018年度は，読解問題2題，英作文問題2題の構成で，2017年度と基本的には同じである。しかし，大問Ⅲの和文英訳では，日本語の文章の一部が空所になっており，そこを埋める自由英作文が必要な問題となっていた。大問Ⅳは，2017年度と同様，会話文中の空所を補う自由英作文の形式であったが，どちらかと言えば会話力を純粋に試す問題であり，2017年度のような高い論理的思考力を要するものではなかった。読解問題の語数は2題で約1,080語であり，2017年度とほぼ同じであった。

Ⅰは，他人を手助けする際には相手を尊重した手助けの仕方が重要だという内容の文章になっており，内容説明が1問，下線部和訳が1問，空所補充が1問の計3問。(1)の the savior complex について説明する問題は，解答の根拠となる箇所の判断はさほど難しいものではないが，うまく日本語にまとめるのに手間取るかもしれない。文章全体の語彙レベルは比較的易しかった。(3)の空所補充も，選択肢同士で紛らわしいものは特になく，解きやすいものとなっていた。

Ⅱは，地球に接近する小惑星や彗星の軌道修正や資源活用について論じた英文で，内容説明が1問，下線部和訳が2問の計3問。(1)の内容説明は，解答欄におさまるようにするための言葉の取捨選択がポイントとなる。(2)の下線部和訳では，rendezvous や trajectory のように，受験生の多くは見慣れないであろう語彙が含まれていた。すぐに辞書に頼らないで読み進める練習を普段から心がけておくことが，これらの語彙の推測に役立つことだろう。

Ⅲの英作文問題は，従来の和文英訳から，和文英訳＋自由英作文の混合問題となっている。与えられた日本語の文章の中ほどが空所になっており，その前後と論理的につながるような英文を考えた上で，文章全体を英訳するもの。あらかじめ与えられた日本語の解釈の仕方に注意が必要な内容となっており，論理的思考力と英作文能力ともに高度なレベルが要求される。

Ⅳは，会話文の空所に入る適当な発言を書くという自由英作文問題で，2016・2017年度に引き続き出題された。ただし，2018年度では空所の数は2カ所から4カ所に増え，その代わり，空所に入れるべき応答文の内容は，前後の流れから比較的容易に推測できるものとなっている。空所はすべて，教師に対しての学生の発言であるため，丁寧な英語表現を意識する必要がある。

2018 年度の全体的な難易度や分量は，京大の標準レベルとも言える出題であった。2017 年度と同様に，2018 年度の読解問題は，文章も特に読みづらいというものではなく，下線部和訳も難解なものではない。ただし，日本語でうまくまとめる高度な文章能力がないと，内容説明問題に手間取り，試験時間内での解答が厳しくなってくるだろう。また，新しい試みが見られたⅢの英作文問題では，こなれた日本語の英訳といった従来からの特徴はあまり見られない。しかし，日本語を分析する力が要求されるという点では，従来通りと言える。思考力を問うための試験問題には，パターン化を避けようとするための工夫がしばしば見られる。受験生も形式の変化に動揺することなく，本質的理解を追求するよう日々の学習において心がけることが肝要だろう。

数学

1

◇発想◇　(1) $f(x)=ax^2$, $g(x)=b(x-1)^2+c$ とおくと，C_1 と C_2 が接する条件は，$f(X)=g(X)$ かつ $f'(X)=g'(X)$ を満たす実数 X が存在することである。C_1 と C_2 が接する条件を，$f(x)=g(x)$ が x の2次方程式でかつ重解をもつこととして解くこともできる。

(2) C_1 と C_2 の接点を $(X,\ Y)$ とおくと，(1)より X, Y は a と c で表されているから，これと条件(i)より a, c を消去して X, Y の不等式を導く。

解答　(1)　$f(x)=ax^2$, $g(x)=b(x-1)^2+c$　$(abc\neq 0)$　とおく。

条件(ii)より，C_1 と C_2 の接点の x 座標を X とすると

$$\begin{cases} f(X)=g(X) \\ f'(X)=g'(X) \end{cases} \quad \text{すなわち} \quad \begin{cases} aX^2=b(X-1)^2+c & \cdots\cdots① \\ 2aX=2b(X-1) & \cdots\cdots② \end{cases}$$

②で $X=1$ とすると $a=0$ となり，$a\neq 0$ に反するから　　$X\neq 1$　……③

よって　　$b=\dfrac{aX}{X-1}$　……④

これを①に代入して

$$aX^2=aX(X-1)+c \qquad aX=c$$

$a\neq 0$ より　　$X=\dfrac{c}{a}$　　このとき　　$f(X)=\dfrac{c^2}{a}$

したがって，C_1 と C_2 の接点の座標は　　$\left(\dfrac{c}{a},\ \dfrac{c^2}{a}\right)$　……(答)

(2)　C_1 と C_2 の接点の座標を $(X,\ Y)$ とすると，(1)より

$$X=\frac{c}{a}\ \cdots\cdots⑤,\quad Y=\frac{c^2}{a}\ \cdots\cdots⑥$$

ここで $c\neq 0$ より，$X\neq 0$, $Y\neq 0$　……⑦ である。

⑥÷⑤ より　　$c=\dfrac{Y}{X}$　……⑧

これと⑤より　　$a=\dfrac{Y}{X^2}$　……⑨

⑧，⑨を条件(i)に代入して

$$1+\left(\frac{Y}{X}\right)^2\leqq 2\cdot\frac{Y}{X^2}\qquad X^2+Y^2\leqq 2Y\quad (X^2\neq 0)$$

よって

$$X^2+(Y-1)^2\leqq 1\quad (X\neq 1,\ X\neq 0,\ Y\neq 0)\quad \cdots\cdots⑩\quad (\because\ ③,\ ⑦)$$

したがって，接点（X，Y）は⑩を満たす範囲になければならない。逆に，この範囲の（X，Y）に対して，⑨，④，⑧で a，b，c を与えて C_1，C_2 を考えると，$abc\neq 0$ で①，②すなわち条件(i)，(ii)が成り立ち，（X，Y）はこの C_1，C_2 の接点になっている。

ゆえに，C_1 と C_2 の接点が動く範囲は

$$x^2+(y-1)^2\leqq 1\quad (x\neq 0,\ x\neq 1)$$

で，右図の網かけ部分（境界線を含む，ただし，y 軸上の点および点（1，1）は除く）である。

……(答)

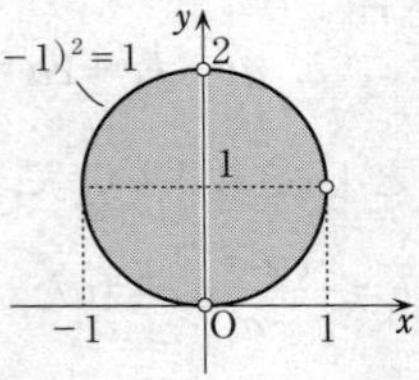

別解　(1)　＜2次方程式の重解条件を用いる解法＞

$$ax^2=b(x-1)^2+c$$

とすると

$$(a-b)x^2+2bx-(b+c)=0\quad \cdots\cdots(ア)$$

条件(ii)より $a-b\neq 0$ で，(ア)の判別式を D とすると

$$\frac{D}{4}=b^2+(a-b)(b+c)=0\quad \cdots\cdots(イ)$$

このとき，(ア)の解は重解で　　$x=-\dfrac{b}{a-b}$　……(ウ)

(イ)より　　$b(c-a)=ca$

この式の（右辺）$\neq 0$ であるから　　$c-a\neq 0$

よって　　$b=\dfrac{ca}{c-a}$

これを(ウ)に代入して　　$x=-\dfrac{\dfrac{ca}{c-a}}{a-\dfrac{ca}{c-a}}=\dfrac{c}{a}\quad (a\neq 0)$

したがって，C_1 と C_2 の接点の座標は　$\left(\dfrac{c}{a},\ \dfrac{c^2}{a}\right)$

◀解　説▶

≪２つの放物線の接点の存在範囲≫

２つの放物線の接点の存在範囲を求め，図示する問題である。

▶(1)　C_1 と C_2 が接するための必要十分条件は，①と②の２式が成り立つことである。この２式から b を消去して，X を a と c で表す。②より $b(X-1)=aX$ であるから，これを①に代入して $aX^2=aX(X-1)+c$ としてもよいが，〔解答〕では(2)で除外点を見落とさないように，④で b を a と X で表した。

〔別解〕では，重解条件である判別式 $D=0$ を用いた。(イ)を変形して

$$ab-bc+ca=0 \qquad -ab=c(a-b) \qquad -\frac{b}{a-b}=\frac{c}{a}$$

としてもよい。ここでも(2)で除外点を見落とさないように，$c-a\neq0$，$b=\dfrac{ca}{c-a}$ を入れた。$c\neq a$ から $x=\dfrac{c}{a}\neq1$ がわかる。

▶(2)　点の軌跡を求めるときと同様に，接点を（X，Y）とおき，(1)と条件(i)を用いて a と c を消去，X と Y の式を作る。その際，除外点をすべて求めることが重要である。$a\neq0$，$b\neq0$，$c\neq0$ を確認するとよい。
$Y\neq0$ は $X\neq0$ のときに含まれるので，除外する点は $X=0$，1 の点である。

2

◇発想◇　n^3-7n+9 に，$n=1$，2，3，4 を代入して計算すると，順に 3，3，15，45 となるので，n^3-7n+9 は 3 の倍数であると推測し，まずこれを証明する。3 の倍数であることの証明は，n の 3 次式であることから連続する 3 整数の積を利用する方法と，n を 3 で割ったときの余りで分類する方法が考えられる。n^3-7n+9 が 3 の倍数であることがわかれば，素数となることから，$n^3-7n+9=3$ を解けばよい。

解答　　$n^3-7n+9=(n-1)n(n+1)-3(2n-3)$　（n は整数）

ここで，$(n-1)n(n+1)$ は連続する 3 整数の積であるから 3 の倍数，

$2n-3$ は整数であるから，$3(2n-3)$ も 3 の倍数である。

よって，n^3-7n+9 は 3 の倍数で，これが素数となるとき

$$n^3-7n+9=3$$

$$n^3-7n+6=0$$

$$(n-1)(n-2)(n+3)=0$$

ゆえに　　$n=-3,\ 1,\ 2$　……(答)

別解　＜n を 3 で割ったときの余りで分類する解法＞

整数 n は，整数 k を用いて，$n=3k,\ 3k\pm1$ のいずれかで表される。

$$N=n^3-7n+9$$

とおくと

(i)　$n=3k$ のとき

$$N=27k^3-21k+9=3(9k^3-7k+3)$$

$9k^3-7k+3$ は整数であるから，N は 3 の倍数である。

(ii)　$n=3k\pm1$ のとき

$$\begin{aligned}N&=(3k\pm1)^3-7(3k\pm1)+9\\&=27k^3\pm27k^2+9k\pm1-21k\mp7+9\\&=3(9k^3\pm9k^2-4k+3\mp2)\end{aligned}$$　（複号同順）

$9k^3\pm9k^2-4k+3\mp2$ は整数であるから，N は 3 の倍数である。

(i)，(ii)より，N は 3 の倍数である。

（以下，〔解答〕と同じ）

◀解　説▶

≪与式が素数となるような自然数≫

整数 n の 3 次式の値が素数になるような n を求めるのであるが，内容は n の 3 次式の値が 3 の倍数であることを示す問題である。

素数というだけでは見当がつかないので，まず n^3-7n+9 の n に具体的に整数をいくつか代入してみて，的確に推測する。そして，その推測が正しいことを証明するという手法をとることが大切である。n^3-7n+9 が 3 の倍数であることを見抜くことがポイントとなるが，それを証明するには，連続 3 整数の積が 6 の倍数であることを用いるとよい。3 の倍数で素数であるのは 3 だけであるから，あとは容易である。

〔別解〕のように，$n=3k,\ 3k\pm1$（k は整数）と分類して，3 の倍数であることを示すこともできる。$n^3-7n+9=n(n^2-7)+9$ と変形して，n

が3の倍数でないときには n^2-7 が3の倍数であることを用いてもよい。

3

◇発想◇　適当な変数を用いて各辺の長さを表し，k の最大値を求める。変数を角の大きさにする場合と辺の長さにする場合が考えられる。

$\angle \mathrm{BAC}=\theta$ とおき，正弦定理を用いて各辺の長さを表す。または，円の中心をOとしたとき，$\angle \mathrm{OAB}=\theta$ とおき，各辺の長さを余弦を用いて表す方法も考えられる。

辺の長さを変数にする場合はトレミーの定理を用いると楽になる。

解答　$\angle \mathrm{BAC}=\theta$ とおくと，$0<\theta<\alpha$ で，条件(ii)より

$$\angle \mathrm{ACB}=\pi-(\alpha+\theta),\ \angle \mathrm{CAD}=\alpha-\theta$$

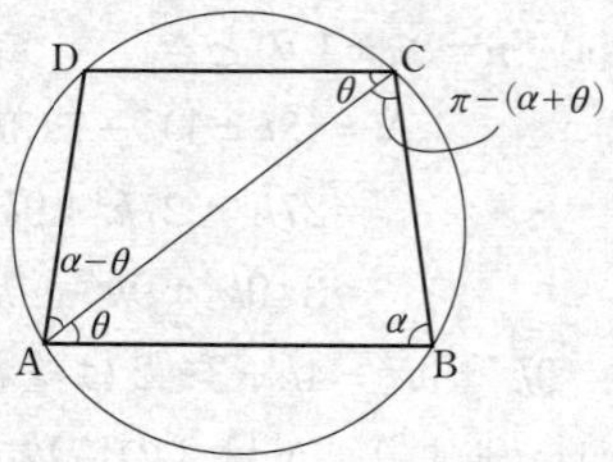

また，条件(i)より，四角形 ABCD は円に内接するから，$\angle \mathrm{BCD}=\pi-\alpha$ より

$$\angle \mathrm{ACD}=\angle \mathrm{BCD}-\angle \mathrm{ACB}=\theta$$

また，$\triangle \mathrm{ABC}$，$\triangle \mathrm{CDA}$ の外接円の半径が1であるから，正弦定理より

$$\frac{\mathrm{AB}}{\sin\{\pi-(\alpha+\theta)\}}=\frac{\mathrm{BC}}{\sin\theta}=\frac{\mathrm{CD}}{\sin(\alpha-\theta)}$$

$$=\frac{\mathrm{DA}}{\sin\theta}=2$$

よって

$$\mathrm{AB}=2\sin\{\pi-(\alpha+\theta)\}=2\sin(\alpha+\theta)$$

$$\mathrm{BC}=\mathrm{DA}=2\sin\theta$$

$$\mathrm{CD}=2\sin(\alpha-\theta)$$

であるから

$$k=\mathrm{AB}\cdot\mathrm{BC}\cdot\mathrm{CD}\cdot\mathrm{DA}=16\sin(\alpha+\theta)\sin(\alpha-\theta)\sin^2\theta$$

$$=16\cdot\left\{-\frac{1}{2}(\cos 2\alpha-\cos 2\theta)\right\}\cdot\frac{1-\cos 2\theta}{2}$$

$$=-4(\cos 2\theta-\cos 2\alpha)(\cos 2\theta-1)$$

$\cos 2\theta=t$ とおくと，$0<2\theta<2\alpha\leqq\pi$ より，$\cos 2\alpha<t<1$　……①　で

$$k=-4(t-\cos 2\alpha)(t-1)$$
$$=-4\left(t-\frac{1+\cos 2\alpha}{2}\right)^2+(1+\cos 2\alpha)^2-4\cos 2\alpha$$
$$=-4\left(t-\frac{1+\cos 2\alpha}{2}\right)^2+(1-\cos 2\alpha)^2$$
$$=-4\left(t-\frac{1+\cos 2\alpha}{2}\right)^2+4\sin^4\alpha$$

$\cos 2\alpha<\dfrac{1+\cos 2\alpha}{2}<1$ であるから，①より

k は，$t=\dfrac{1+\cos 2\alpha}{2}$ で最大値 $4\sin^4\alpha$ をとる。　……(答)

参考 1　円の中心をOとし，$\angle\mathrm{OBC}=u$ とおくと　$0<u<\dfrac{\pi}{2}$

$0<u\leqq\alpha$ のとき

$\angle\mathrm{OCB}=u$

$\angle\mathrm{OAB}=\angle\mathrm{OBA}=\alpha-u$

$\angle\mathrm{ODA}=\angle\mathrm{OAD}=\alpha-(\alpha-u)=u$

$\angle\mathrm{OCD}=\angle\mathrm{ODC}=\pi-\alpha-u=\pi-(\alpha+u)$

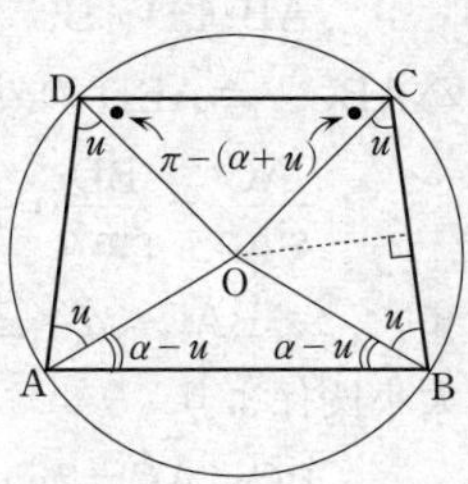

$\alpha<u<\dfrac{\pi}{2}$ のとき，同様に

$\angle\mathrm{OCB}=\angle\mathrm{ODA}=\angle\mathrm{OAD}=u$

$\angle\mathrm{OAB}=\angle\mathrm{OBA}=u-\alpha$

$\angle\mathrm{OCD}=\angle\mathrm{ODC}=\pi-(\alpha+u)$

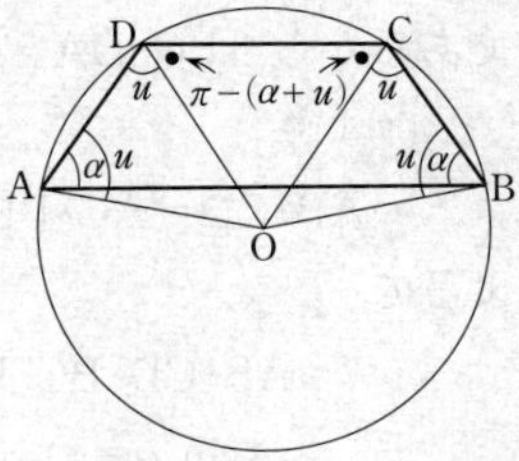

円の半径は 1 であるから

$\mathrm{AB}=2\cos(\alpha-u)$

$(\because\ \ \cos(u-\alpha)=\cos(\alpha-u))$

$\mathrm{BC}=\mathrm{DA}=2\cos u$

$\mathrm{CD}=2\cos\{\pi-(\alpha+u)\}=-2\cos(\alpha+u)$

よって

$$k=\mathrm{AB}\cdot\mathrm{BC}\cdot\mathrm{CD}\cdot\mathrm{DA}=-16\cos(\alpha+u)\cos(\alpha-u)\cos^2u$$
$$=-16\cdot\frac{1}{2}(\cos 2\alpha+\cos 2u)\cdot\frac{1+\cos 2u}{2}$$
$$=-4(\cos 2u+\cos 2\alpha)(\cos 2u+1)$$

$\cos 2u = s$ とおくと，$0 < 2u < \pi$ より，$-1 < s < 1$ ……② で

$$k = -4(s + \cos 2\alpha)(s+1)$$
$$= -4\left(s + \frac{1+\cos 2\alpha}{2}\right)^2 + (1-\cos 2\alpha)^2$$
$$= -4\left(s + \frac{1+\cos 2\alpha}{2}\right)^2 + 4\sin^4\alpha$$

$0 < 2\alpha \leqq \pi$ より，$-1 < -\dfrac{1+\cos 2\alpha}{2} \leqq 0$ であるから，②より

　　k は，$s = -\dfrac{1+\cos 2\alpha}{2}$ で最大値 $4\sin^4\alpha$ をとる。

別解　＜トレミーの定理を利用する解法＞

四角形ABCDが円に内接するから，トレミーの定理より

$$\mathrm{AB}\cdot\mathrm{CD} + \mathrm{BC}\cdot\mathrm{DA} = \mathrm{AC}\cdot\mathrm{BD} \quad \cdots\cdots(ア)$$

△ABC，△ABDの外接円の半径が1であるから，正弦定理より

$$\frac{\mathrm{AC}}{\sin\alpha} = \frac{\mathrm{BD}}{\sin\alpha} = 2 \qquad \mathrm{AC} = \mathrm{BD} = 2\sin\alpha \quad \cdots\cdots(イ)$$

また，$\angle\mathrm{BAC} < \alpha = \angle\mathrm{ABC}$，$\angle\mathrm{ABD} < \alpha = \angle\mathrm{DAB}$ と，三角形の辺と角の大小関係より

$$\mathrm{BC} < \mathrm{AC} = 2\sin\alpha,\ \ \mathrm{DA} < \mathrm{BD} = 2\sin\alpha \quad (\because\ (イ))$$

であるから，$\mathrm{BC}\cdot\mathrm{DA} = z$ とおくと　　$0 < z < (2\sin\alpha)^2 = 4\sin^2\alpha$ ……(ウ)

(ア)，(イ)より

$$\mathrm{AB}\cdot\mathrm{CD} = \mathrm{AC}\cdot\mathrm{BD} - \mathrm{BC}\cdot\mathrm{DA} = 4\sin^2\alpha - z$$

よって

$$k = \mathrm{AB}\cdot\mathrm{CD}\cdot\mathrm{BC}\cdot\mathrm{DA}$$
$$= (4\sin^2\alpha - z)z$$
$$= -(z - 2\sin^2\alpha)^2 + 4\sin^4\alpha$$

$0 < 2\sin^2\alpha < 4\sin^2\alpha$ であるから，(ウ)より

　　k は，$z = 2\sin^2\alpha$ で最大値 $4\sin^4\alpha$ をとる。

参考2　$\angle\mathrm{ABC} = \angle\mathrm{DAB} = \alpha$ で，四角形ABCDは円に内接するから

$$\angle\mathrm{BCD} = \angle\mathrm{CDA} = \pi - \alpha$$

より，四角形ABCDは $\mathrm{BC} = \mathrm{DA}$，$\mathrm{AB} /\!/ \mathrm{DC}$ の等脚台形である。

$\mathrm{BC} = \mathrm{DA} = x$，$\mathrm{AB} = y$ とおく。

$0<\alpha \leqq \dfrac{\pi}{2}$ より，DC≦AB で，頂点C，Dから辺 AB に垂線 CE，DF を下ろすと

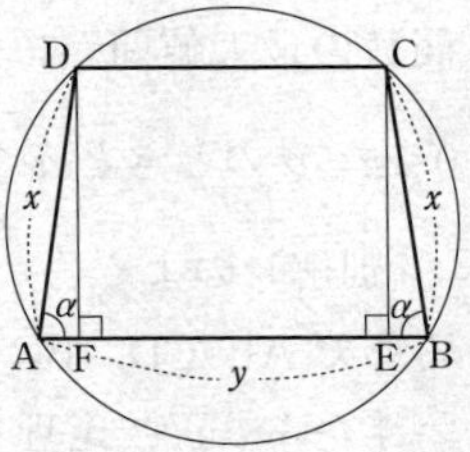

$$AF=BE=x\cos\alpha$$
$$CD=EF=y-2x\cos\alpha$$

また，△ABC の外接円の半径が 1 であるから，正弦定理より

$$AC=2\sin\alpha$$

△ABC に余弦定理を用いて

$$(2\sin\alpha)^2=x^2+y^2-2xy\cos\alpha$$
$$y^2-2x\cos\alpha\cdot y+x^2-4\sin^2\alpha=0$$

$y>BE=x\cos\alpha$ より

$$\begin{aligned} y&=x\cos\alpha+\sqrt{x^2\cos^2\alpha-(x^2-4\sin^2\alpha)}\\ &=x\cos\alpha+\sqrt{4\sin^2\alpha-x^2(1-\cos^2\alpha)}\\ &=x\cos\alpha+\sqrt{(4-x^2)\sin^2\alpha}\\ &=x\cos\alpha+\sqrt{4-x^2}\cdot\sin\alpha \quad (\because\quad \sin\alpha>0)\end{aligned}$$

$$\begin{aligned} CD&=y-2x\cos\alpha\\ &=\sqrt{4-x^2}\cdot\sin\alpha-x\cos\alpha\end{aligned}$$

よって

$$AB\cdot CD=y\cdot CD=(4-x^2)\sin^2\alpha-x^2\cos^2\alpha=4\sin^2\alpha-x^2$$

したがって

$$\begin{aligned} k&=AB\cdot CD\cdot BC\cdot DA\\ &=(4\sin^2\alpha-x^2)x^2\\ &=-(x^2-2\sin^2\alpha)^2+4\sin^4\alpha\end{aligned}$$

$\angle BAC<\alpha=\angle ABC$ より　　$BC<AC$　すなわち　$0<x<2\sin\alpha$

よって　　$0<x^2<4\sin^2\alpha$

$0<2\sin^2\alpha<4\sin^2\alpha$ であるから

　k は，$x^2=2\sin^2\alpha$ すなわち $BC=DA=\sqrt{2}\sin\alpha$ のとき最大値 $4\sin^4\alpha$ をとる。

◀解　説▶

≪円に内接する四角形の 4 辺の長さの積の最大値≫

　半径 1 の円に内接する四角形で，1 組の隣り合う 2 角が等しい四角形の

4辺の長さの積の最大値を求める問題である。

$\angle BAC=\theta$ とおき，正弦定理，積和の公式，半角の公式を用いて，2次関数の最大値問題に帰着する。〔参考1〕のように $\angle OBC=u$ とおくと，$0<u\leqq\alpha$ のときと $\alpha<u<\dfrac{\pi}{2}$ のときがあるので複雑になる。

〔別解〕のように，辺の長さを変数にとる方法もある。円に内接する四角形で AB·CD，BC·DA が問題に見えているので，トレミーの定理が思い浮かぶ。正弦定理を用いて AC，BD を求め，トレミーの定理を使えば計算量が少なくて済む。〔参考2〕のように，$BC=DA=x$ とおいて余弦定理を用いて k を求めると，〔別解〕とよく似た式を導くことができる。

4

◇発想◇　$\dfrac{-1+\sqrt{3}i}{2}$（$=\omega$ とおく）が1の3乗根の1つであることに注目して，z_n が1，ω，$\overline{\omega}$ $\left(=\dfrac{-1-\sqrt{3}i}{2}\right)$ のいずれかになることを確認する。$z_n=1$，$z_n=\omega$，$z_n=\overline{\omega}$ となる確率をそれぞれ a_n，b_n，c_n として，条件から連立の漸化式を作り，a_n を求める。

解答　$\omega=\dfrac{-1+\sqrt{3}i}{2}$ とおくと

$$\omega^2=\frac{1-2\sqrt{3}i-3}{4}=\frac{-1-\sqrt{3}i}{2}=\overline{\omega}$$

$$\overline{\omega}\omega=1$$

$$\overline{\overline{\omega}}=\omega$$

(i)より　　$z_1=\omega$　または　$z_1=1$

(ii)より，$k=2,\ 3,\ \cdots,\ n\ (n\geqq2)$ に対し

$z_{k-1}=\omega$ のとき　　$z_k=\omega^2=\overline{\omega}$

$z_{k-1}=1$ のとき　　$z_k=\omega$　または　$z_k=1$

$z_{k-1}=\overline{\omega}$ のとき　　$z_k=\overline{\omega}\omega=1$　または　$z_k=\overline{\overline{\omega}}=\omega$

よって，帰納的に z_k は1，ω，$\overline{\omega}$ のいずれかとなる。

$z_k=1$，$z_k=\omega$，$z_k=\overline{\omega}$ となる確率をそれぞれ a_k，b_k，c_k（$k=1,\ 2,\ \cdots,\ n$）とすると

$$a_1=\frac{1}{2},\ \ b_1=\frac{1}{2},\ \ c_1=0 \quad \cdots\cdots①$$

以下，$n\geqq 2$ とし，$k=2,\ 3,\ \cdots,\ n$ に対し

$$\begin{cases} a_k=\dfrac{1}{2}a_{k-1}+\dfrac{1}{2}c_{k-1} \quad \cdots\cdots② \\ b_k=\dfrac{1}{2}a_{k-1}+\dfrac{1}{2}c_{k-1} \quad \cdots\cdots③ \end{cases}$$

また　　$a_{k-1}+b_{k-1}+c_{k-1}=1 \quad \cdots\cdots④$

①，②，③より　　$a_k=b_k \quad (k\geqq 1)$

これと④より，$k\geqq 2$ に対して

$$2a_{k-1}+c_{k-1}=1 \quad \text{すなわち} \quad c_{k-1}=1-2a_{k-1}$$

これを②に代入して

$$a_k=\frac{1}{2}a_{k-1}+\frac{1}{2}(1-2a_{k-1})=-\frac{1}{2}a_{k-1}+\frac{1}{2}$$

よって

$$a_k-\frac{1}{3}=-\frac{1}{2}\left(a_{k-1}-\frac{1}{3}\right) \quad (k=2,\ 3,\ \cdots,\ n)$$

したがって，$k=1,\ 2,\ \cdots,\ n$（$n\geqq 1$）に対し，数列 $\left\{a_k-\dfrac{1}{3}\right\}$ は初項

$a_1-\dfrac{1}{3}=\dfrac{1}{6}$，公比 $-\dfrac{1}{2}$ の等比数列であるから

$$a_k-\frac{1}{3}=\frac{1}{6}\left(-\frac{1}{2}\right)^{k-1} \quad (k=1,\ 2,\ \cdots,\ n)$$

ゆえに，求める確率は

$$a_n=\frac{1}{3}+\frac{1}{6}\left(-\frac{1}{2}\right)^{n-1}=\frac{1}{3}\left\{1-\left(-\frac{1}{2}\right)^n\right\} \quad \cdots\cdots(\text{答})$$

参考　④の代わりに，$c_k=b_{k-1}$ ……④′ を用いて，次のように解くこともできる。

①，②，③より　　$a_k=b_k \quad (k\geqq 1)$

これと④′ より　　$c_k=a_{k-1}$

これと②より，$k=2,\ 3,\ \cdots,\ n-1$（$n\geqq 3$）に対して

$$a_{k+1}=\frac{1}{2}a_k+\frac{1}{2}c_k=\frac{1}{2}a_k+\frac{1}{2}a_{k-1}$$

よって

$$a_{k+1}+\frac{1}{2}a_k=a_k+\frac{1}{2}a_{k-1} \quad \cdots\cdots ⑤$$

$$a_{k+1}-a_k=-\frac{1}{2}(a_k-a_{k-1}) \quad \cdots\cdots ⑥$$

の2通りに変形できる。

$a_2=\frac{1}{2}a_1+\frac{1}{2}c_1=\frac{1}{4}$（∵　①）であるから，$k=2,\ 3,\ \cdots,\ n\ (n\geqq 2)$ に対して

⑤より　　$a_k+\frac{1}{2}a_{k-1}=a_2+\frac{1}{2}a_1=\frac{1}{2}$　……⑤′

⑥より，数列 $\{a_k-a_{k-1}\}$ は初項 $a_2-a_1=-\frac{1}{4}$，公比 $-\frac{1}{2}$ の等比数列であるから

$$a_k-a_{k-1}=-\frac{1}{4}\left(-\frac{1}{2}\right)^{k-2}=-\left(-\frac{1}{2}\right)^k \quad \cdots\cdots ⑥'$$

⑤′×2＋⑥′ より　　$3a_k=1-\left(-\frac{1}{2}\right)^k$

すなわち　　$a_k=\frac{1}{3}\left\{1-\left(-\frac{1}{2}\right)^k\right\}$　$(k=2,\ 3,\ \cdots,\ n\ ;\ n\geqq 2)$

これは $k=1$ のときも成り立つから

$$a_n=\frac{1}{3}\left\{1-\left(-\frac{1}{2}\right)^n\right\}$$

◀解　説▶

≪確率と連立の漸化式≫

　コインを投げた結果によって複素数の列 $z_1,\ z_2,\ \cdots,\ z_n$ が決定されるときの確率に関する問題である。

　複素数 $1,\ \omega,\ \overline{\omega}$ の表す点を複素数平面上に図示すると右図のようになる。この3点が(i)，(ii)で定められた確率で変化するとき，$z_n=1$ となる確率を求める。そのためには，連立の漸化式を作り，それらを解く方法がわかりやすい。数列 $\{a_n\}$，$\{b_n\}$，$\{c_n\}$ に関する3つの漸化式から，$\{b_n\}$，$\{c_n\}$

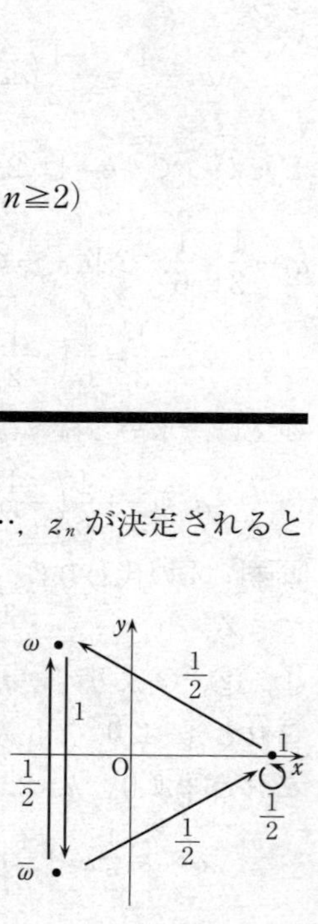

を消去して $\{a_n\}$ に関する漸化式を作る。〔解答〕では隣接２項間の漸化式，〔参考〕では隣接３項間の漸化式にして a_n を求めた。n は自然数であるので，添え字 k については注意して記述するとよい。$n \geqq 2$ に対し，$k=1,\ 2,\ \cdots,\ n-1$ とすると，②，③，④はそれぞれ

$$a_{k+1}=\frac{1}{2}a_k+\frac{1}{2}c_k,\quad b_{k+1}=\frac{1}{2}a_k+\frac{1}{2}c_k,\quad a_k+b_k+c_k=1$$

と書ける。

5

◇発想◇　(1)法線に平行なベクトルの１つを $\vec{n}$ とすると，$\overrightarrow{AB}=\dfrac{\vec{n}}{|\vec{n}|}$ である。$\vec{n}$ を t で表し，$\overrightarrow{OB}=\overrightarrow{OA}+\overrightarrow{AB}$ で点Bの座標を求める。法線の方程式を求め，その法線上に点 $B(u(t),\ v(t))$ があることと $AB=1$ とから $u(t)$，$v(t)$ を求めることもできる。

(2) $A(x,\ y)$ とし，$f(t)=\sqrt{\left(\dfrac{dx}{dt}\right)^2+\left(\dfrac{dy}{dt}\right)^2}$，$g(t)=\sqrt{\left(\dfrac{du}{dt}\right)^2+\left(\dfrac{dv}{dt}\right)^2}$ とおくと，$L_1(r)=\displaystyle\int_r^1 f(t)\,dt$，$L_2(r)=\displaystyle\int_r^1 g(t)\,dt$ であるが，計算が複雑にならないようにしたい。先に $f(t)$，$g(t)$ を簡単にした後，$L_1(r)-L_2(r)=\displaystyle\int_r^1\{f(t)-g(t)\}\,dt$ を計算する。

解答　(1)　$y=\log x$ より $y'=\dfrac{1}{x}$ であるから，点Aにおける法線の傾きは $-t$ である。よって，法線に平行なベクトルの１つは $\vec{n}=(1,\ -t)$ と表せる。

このとき，$\overrightarrow{AB}\,/\!/\,\vec{n}$，$|\overrightarrow{AB}|=1$，Bの x 座標は t より大きいことから

$$\overrightarrow{AB}=\frac{\vec{n}}{|\vec{n}|}=\left(\frac{1}{\sqrt{1+t^2}},\ -\frac{t}{\sqrt{1+t^2}}\right)$$

$$\overrightarrow{OB}=\overrightarrow{OA}+\overrightarrow{AB}=\left(t+\frac{1}{\sqrt{1+t^2}},\ \log t-\frac{t}{\sqrt{1+t^2}}\right)$$

したがって，点Bの座標は

$$(u(t),\ v(t))=\left(t+\frac{1}{\sqrt{1+t^2}},\ \log t-\frac{t}{\sqrt{1+t^2}}\right)\quad\cdots\cdots(\text{答})$$

また

$$\frac{d}{dt}u(t)=1-\frac{\frac{1}{2}\cdot\frac{1}{\sqrt{1+t^2}}\cdot 2t}{(\sqrt{1+t^2})^2}=1-\frac{t}{(1+t^2)^{\frac{3}{2}}}$$

$$\frac{d}{dt}v(t)=\frac{1}{t}-\frac{\sqrt{1+t^2}-t\cdot\frac{1}{2}\cdot\frac{1}{\sqrt{1+t^2}}\cdot 2t}{(\sqrt{1+t^2})^2}$$

$$=\frac{1}{t}-\frac{(1+t^2)-t^2}{(1+t^2)^{\frac{3}{2}}}=\frac{1}{t}-\frac{1}{(1+t^2)^{\frac{3}{2}}}$$

よって

$$\left(\frac{du}{dt},\ \frac{dv}{dt}\right)=\left(1-\frac{t}{(1+t^2)^{\frac{3}{2}}},\ \frac{1}{t}-\frac{1}{(1+t^2)^{\frac{3}{2}}}\right)\ \cdots\cdots(答)$$

(2)　点Aの座標を $(x,\ y)$ とおくと，$x=t$，$y=\log t$ $(t>0)$ より

$$\sqrt{\left(\frac{dx}{dt}\right)^2+\left(\frac{dy}{dt}\right)^2}=\sqrt{1^2+\left(\frac{1}{t}\right)^2}=\frac{\sqrt{t^2+1}}{t}\quad(\because\ t>0)$$

よって　$L_1(r)=\displaystyle\int_r^1\frac{\sqrt{t^2+1}}{t}dt$

また　$1-\dfrac{t}{(1+t^2)^{\frac{3}{2}}}=1-\dfrac{1}{1+t^2}\sqrt{\dfrac{t^2}{1+t^2}}>0$　……①

であるから

$$\sqrt{\left(\frac{du}{dt}\right)^2+\left(\frac{dv}{dt}\right)^2}=\sqrt{\left\{1-\frac{t}{(1+t^2)^{\frac{3}{2}}}\right\}^2+\left\{\frac{1}{t}-\frac{1}{(1+t^2)^{\frac{3}{2}}}\right\}^2}$$

$$=\sqrt{\left\{1-\frac{t}{(1+t^2)^{\frac{3}{2}}}\right\}^2\left(1+\frac{1}{t^2}\right)}$$

$$=\left\{1-\frac{t}{(1+t^2)^{\frac{3}{2}}}\right\}\frac{\sqrt{t^2+1}}{t}\quad(\because\ ①,\ t>0)$$

よって　$L_2(r)=\displaystyle\int_r^1\left\{1-\frac{t}{(1+t^2)^{\frac{3}{2}}}\right\}\frac{\sqrt{t^2+1}}{t}dt$

したがって

$$L_1(r)-L_2(r)=\int_r^1\left[\frac{\sqrt{t^2+1}}{t}-\left\{1-\frac{t}{(1+t^2)^{\frac{3}{2}}}\right\}\frac{\sqrt{t^2+1}}{t}\right]dt$$

$$=\int_r^1 \frac{dt}{1+t^2}$$

ここで，$t=\tan\theta$ とおくと　　$\dfrac{dt}{d\theta}=\dfrac{1}{\cos^2\theta}$

$0<r<1$ より，$r=\tan\theta_0$　……② を満たす θ_0 が $0<\theta_0<\dfrac{\pi}{4}$ に存在し

t	$r\to 1$
θ	$\theta_0\to\dfrac{\pi}{4}$

であるから

$$\begin{aligned} L_1(r)-L_2(r) &= \int_{\theta_0}^{\frac{\pi}{4}} \frac{1}{1+\tan^2\theta}\cdot\frac{1}{\cos^2\theta}\,d\theta \\ &= \int_{\theta_0}^{\frac{\pi}{4}} d\theta \\ &= \Big[\theta\Big]_{\theta_0}^{\frac{\pi}{4}} \\ &= \frac{\pi}{4}-\theta_0 \end{aligned}$$

②より，$\displaystyle\lim_{r\to+0}\theta_0=0$ であるから

$$\lim_{r\to+0}(L_1(r)-L_2(r))=\lim_{r\to+0}\left(\frac{\pi}{4}-\theta_0\right)=\frac{\pi}{4}\quad\cdots\cdots(\text{答})$$

別解　(1)　＜法線の方程式を用いた解法＞

$y=\log x$ より $y'=\dfrac{1}{x}$ であるから，点Aにおける法線の方程式は

$$y-\log t=-t(x-t)$$

点 B$(u(t),\ v(t))$ は法線上にあるから

$$v(t)-\log t=-t\{u(t)-t\}\quad\cdots\cdots(ア)$$

また，AB$=1$ より AB$^2=1$ であるから

$$\{u(t)-t\}^2+\{v(t)-\log t\}^2=1$$

(ア)を代入して整理すると

$$(1+t^2)\{u(t)-t\}^2=1$$

$$\{u(t)-t\}^2=\frac{1}{1+t^2}$$

$u(t)>t$ であるから　　$u(t)=t+\dfrac{1}{\sqrt{1+t^2}}$

これと(ア)より

$$v(t)=-t\{u(t)-t\}+\log t=\log t-\frac{t}{\sqrt{1+t^2}}$$

(以下，〔解答〕と同じ)

◀解　説▶

≪曲線の長さと極限≫

曲線上の点Aにおける法線上に，Aとの距離が1である点Bをとり，Aが動くときにAとBが描く曲線の長さの差の極限を求める問題である。

▶(1)　直線ABの傾きが $-t$，$\mathrm{AB}=1$，$u(t)>t$ であることから，点Bの座標を求める。ベクトルを用いると計算量が少なくて済む。〔別解〕のように法線の方程式を用いると計算量が増える。

▶(2)　$L_2(r)$ を求めるための積分計算が煩雑である。$\dfrac{dv}{dt}=\dfrac{1}{t}\cdot\dfrac{du}{dt}$ に注目すれば　$\sqrt{\left(\dfrac{du}{dt}\right)^2+\left(\dfrac{dv}{dt}\right)^2}=\dfrac{du}{dt}\cdot\dfrac{\sqrt{t^2+1}}{t}$　$\left(\because\ \dfrac{du}{dt}>0,\ t>0\right)$

これに $\sqrt{\left(\dfrac{dx}{dt}\right)^2+\left(\dfrac{dy}{dt}\right)^2}=\dfrac{\sqrt{t^2+1}}{t}$，$1-\dfrac{du}{dt}=\dfrac{t}{(1+t^2)^{\frac{3}{2}}}$ も考え合わせれば

$$\sqrt{\left(\frac{dx}{dt}\right)^2+\left(\frac{dy}{dt}\right)^2}-\sqrt{\left(\frac{du}{dt}\right)^2+\left(\frac{dv}{dt}\right)^2}=\left(1-\frac{du}{dt}\right)\cdot\frac{\sqrt{t^2+1}}{t}=\frac{1}{1+t^2}$$

が見えてくる。

6

◇発想◇　(1)幾何的に示す方法とベクトルを用いて示す方法が考えられる。前者の方法では△QABについて考える。後者の方法では $\overrightarrow{\mathrm{AB}}\cdot\overrightarrow{\mathrm{PQ}}=0$ を示す。

(2)四面体ABCDを平面 α で切ってできる2つの部分の体積を計算する方法は手間がかかる。図形の対称性を利用して，2つの部分が合同であることを示す方がわかりやすい。

解答　(1)　△ACDと△BDCにおいて

$\mathrm{AC}=\mathrm{BD}$，$\mathrm{AD}=\mathrm{BC}$，$\mathrm{CD}=\mathrm{DC}$

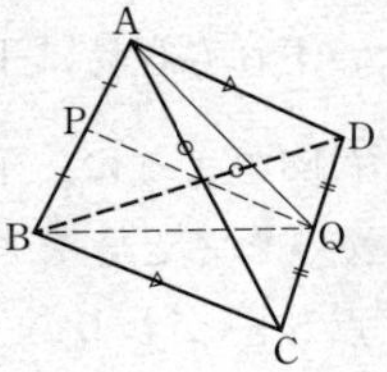

であるから，3 辺相等より　$\triangle \mathrm{ACD} \equiv \triangle \mathrm{BDC}$

よって　$\angle \mathrm{ACD} = \angle \mathrm{BDC}$　……①

$\triangle \mathrm{ACQ}$ と $\triangle \mathrm{BDQ}$ において

　$\mathrm{AC} = \mathrm{BD}$，$\mathrm{CQ} = \mathrm{DQ}$　（∵　Q は辺 CD の中点）

　$\angle \mathrm{ACQ} = \angle \mathrm{BDQ}$　（∵　①）

であるから，2 辺夾角相等より　$\triangle \mathrm{ACQ} \equiv \triangle \mathrm{BDQ}$

よって　$\mathrm{AQ} = \mathrm{BQ}$

したがって，$\triangle \mathrm{QAB}$ は $\mathrm{QA} = \mathrm{QB}$ の二等辺三角形で，P は辺 AB の中点であるから，$\mathrm{AB} \perp \mathrm{PQ}$ である。　（証明終）

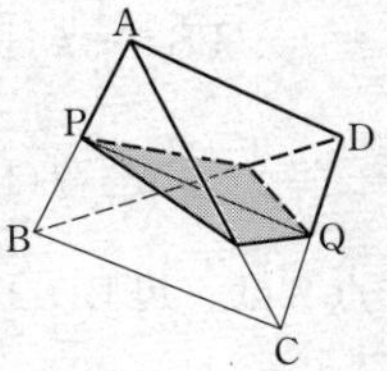

(2)　(1)と同様に

　$\triangle \mathrm{CAB} \equiv \triangle \mathrm{DBA}$

　（$\mathrm{AC} = \mathrm{BD}$，$\mathrm{BC} = \mathrm{AD}$，$\mathrm{AB} = \mathrm{BA}$ の 3 辺相等）

より　$\angle \mathrm{CAB} = \angle \mathrm{DBA}$

よって

　$\triangle \mathrm{CAP} \equiv \triangle \mathrm{DBP}$

　（$\mathrm{AC} = \mathrm{BD}$，$\mathrm{AP} = \mathrm{BP}$，$\angle \mathrm{CAP} = \angle \mathrm{DBP}$ の 2 辺夾角相等）

であるから　$\mathrm{CP} = \mathrm{DP}$

したがって，$\triangle \mathrm{PCD}$ は $\mathrm{PC} = \mathrm{PD}$ の二等辺三角形で，Q は辺 CD の中点であるから，$\mathrm{CD} \perp \mathrm{PQ}$ である。　……②

(1)より $\mathrm{AB} \perp \mathrm{PQ}$ で，P は辺 AB の中点であるから，2 点 A，B は直線 PQ に関して対称である。

同様に，②より $\mathrm{CD} \perp \mathrm{PQ}$ で，Q は辺 CD の中点であるから，2 点 C，D は直線 PQ に関して対称である。

よって，四面体 ABCD は直線 PQ に関して対称である。平面 α による四面体 ABCD の断面も直線 PQ に関して対称であるから，四面体 ABCD を平面 α で切ってできる 2 つの部分も直線 PQ に関して対称である。

ゆえに，2 つの部分は合同であるから体積は等しい。　（証明終）

参考　四面体 ABCD の体積を V とし，平面 α で四面体 ABCD を切って分けた 2 つの部分のうち，頂点 A を含む方の体積を V' とする。このとき，$V' = \dfrac{1}{2}V$ であることを示す。

平面 α が，3 点 A，B，Q を通るとき，3 点 C，D，P を通るときは，

いずれも容易に $V'=\dfrac{1}{2}V$ であることがわかる。

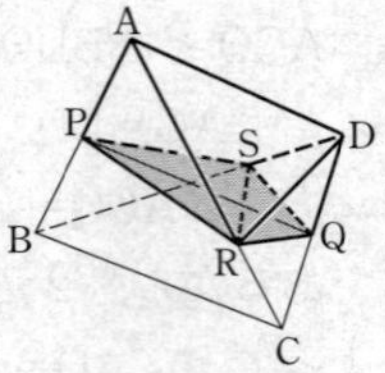

右図のように，平面 α が辺 AC（両端を除く）と点 R で交わるときを考える。このとき，平面 α は辺 BD と点 S で交わり，4 点 P，Q，R，S は同じ平面 α 上にあるから

$$\overrightarrow{\mathrm{PS}}=k\overrightarrow{\mathrm{PQ}}+l\overrightarrow{\mathrm{PR}}\quad (k,\ l \text{は実数})$$

と表される。

ここで，AR：RC $=t:(1-t)$ $(0<t<1)$ とすると

$$\overrightarrow{\mathrm{PS}}=\frac{1}{2}k\left(\overrightarrow{\mathrm{PC}}+\overrightarrow{\mathrm{PD}}\right)+l\left\{(1-t)\overrightarrow{\mathrm{PA}}+t\overrightarrow{\mathrm{PC}}\right\}$$

$$=-l(1-t)\overrightarrow{\mathrm{PB}}+\left(\frac{1}{2}k+lt\right)\overrightarrow{\mathrm{PC}}+\frac{1}{2}k\overrightarrow{\mathrm{PD}}\quad \left(\because\quad \overrightarrow{\mathrm{PA}}=-\overrightarrow{\mathrm{PB}}\right)$$

点 S は，辺 BD 上にあり，$\overrightarrow{\mathrm{PB}}$，$\overrightarrow{\mathrm{PC}}$，$\overrightarrow{\mathrm{PD}}$ は同じ平面上にないから

$$\frac{1}{2}k+lt=0\quad \cdots\cdots ③\quad かつ\quad -l(1-t)+\frac{1}{2}k=1\quad \cdots\cdots ④$$

③－④ より　　$l=-1$

これと③より　　$k=2t$

よって

$$\overrightarrow{\mathrm{PS}}=(1-t)\overrightarrow{\mathrm{PB}}+t\overrightarrow{\mathrm{PD}}$$

であるから，BS：SD $=t:(1-t)$ である。

四角形 APSD の面積は

$$\triangle \mathrm{APS}+\triangle \mathrm{ADS}=\frac{1}{2}t\cdot\triangle \mathrm{ABD}+(1-t)\cdot\triangle \mathrm{ABD}=\left(1-\frac{1}{2}t\right)\cdot\triangle \mathrm{ABD}$$

また　　$\triangle \mathrm{DQS}=\dfrac{1}{2}(1-t)\cdot\triangle \mathrm{BCD}$

V' は，四角錐 R-APSD の体積と三角錐 R-DQS の体積の和であるから

$$V'=\left(1-\frac{1}{2}t\right)tV+\frac{1}{2}(1-t)^2V=\frac{1}{2}V$$

平面 α が辺 BC（両端を除く）と交わるときも同様である。

別解　(1)　＜ベクトルを用いた解法＞

$\overrightarrow{\mathrm{AB}}=\vec{b}$，$\overrightarrow{\mathrm{AC}}=\vec{c}$，$\overrightarrow{\mathrm{AD}}=\vec{d}$ とおく。

AC＝BD，AD＝BC より，$|\overrightarrow{\mathrm{AC}}|^2=|\overrightarrow{\mathrm{BD}}|^2$，$|\overrightarrow{\mathrm{AD}}|^2=|\overrightarrow{\mathrm{BC}}|^2$ であるから

$$\begin{cases} |\vec{c}|^2=|\vec{d}-\vec{b}|^2 \\ |\vec{d}|^2=|\vec{c}-\vec{b}|^2 \end{cases}$$

すなわち

$$\begin{cases} |\vec{c}|^2=|\vec{d}|^2-2\vec{b}\cdot\vec{d}+|\vec{b}|^2 & \cdots\cdots(ア) \\ |\vec{d}|^2=|\vec{c}|^2-2\vec{b}\cdot\vec{c}+|\vec{b}|^2 & \cdots\cdots(イ) \end{cases}$$

(ア)+(イ) より

$$|\vec{c}|^2+|\vec{d}|^2=|\vec{d}|^2+|\vec{c}|^2-2\vec{b}\cdot(\vec{c}+\vec{d})+2|\vec{b}|^2$$

$$\vec{b}\cdot(\vec{c}+\vec{d})-|\vec{b}|^2=0$$

$$\vec{b}\cdot\{(\vec{c}+\vec{d})-\vec{b}\}=0$$

よって

$$\overrightarrow{AB}\cdot(2\overrightarrow{AQ}-2\overrightarrow{AP})=0$$

$$\overrightarrow{AB}\cdot(\overrightarrow{AQ}-\overrightarrow{AP})=0$$

$$\therefore \quad \overrightarrow{AB}\cdot\overrightarrow{PQ}=0$$

したがって，辺 AB と線分 PQ は垂直である。

◀解　説▶

≪四面体を切ってできる2つの部分の体積の関係≫

向かい合う2組の辺の長さが等しい四面体を切ってできる2つの部分の体積が等しいことを示す問題である。

▶(1)　二等辺三角形の性質を利用するのがわかりやすい。QA＝QB の二等辺三角形 QAB において，底辺 AB の中点を P とすると，AB⊥PQ である。これは，△QPA≡△QPB（3辺相等）から容易に導かれる。

〔別解〕のようにベクトルの内積を用いて示す方法も有力である。

$$\overrightarrow{AB}\cdot\overrightarrow{PQ}=\overrightarrow{AB}\cdot(\overrightarrow{AQ}-\overrightarrow{AP})=\vec{b}\cdot\left(\frac{\vec{c}+\vec{d}}{2}-\frac{\vec{b}}{2}\right)$$

と，(ア)+(イ) から導かれる式に注目することがポイントとなる。

▶(2)　四面体 ABCD が直線 PQ に関して対称であることを示すことによって，平面 α で四面体 ABCD を切ってできる2つの部分が合同，したがって体積が等しいことを示す。そのためには，四面体の頂点の対称性を調べればよい。AB⊥PQ かつ AP＝BP，CD⊥PQ かつ CQ＝DQ から対称性がわかる。直線 PQ を軸に 180° 回転させると重なると考えても同じである。平面 α で四面体 ABCD を切った切り口も PQ に関して対称で，「二等辺三角形」または「凧型（四角形）」である。〔参考〕のように，平面 α

で切ってできる2つの部分のうちの1つを四角錐 R-APSD と三角錐 R-DQS，または3つの三角錐 R-APS，R-ADS，R-DQS に分けて体積を計算することによって，2つの部分の体積が等しいことを示すこともできる。

❖講　評

1　2次関数，領域，微分法に関する問題。(1)は基本的，(2)も軌跡の考え方が理解できていれば容易に解けるが，除外点を正確に把握できたであろうか。

2　整数問題。3の倍数であることの発見と素数の使い方がわかれば短時間で解決できるが，2つのポイントを外すと時間を浪費する。

3　三角関数の問題。適切に変数を設定し4辺の長さを表すことができるか，三角関数の公式を用いて要領よく計算できるかが試されている。

4　複素数を題材にした確率と数列の融合問題で，頻出問題と言える。添え字など細かい所にも注意して記述したい。

5　曲線の長さに関する微・積分法と極限の融合問題。「数学Ⅲ」としては標準的な問題である。(2)は計算力が問われている。

6　空間図形の問題。(1)は初等幾何の知識またはベクトルの内積を利用すれば解けるが，(2)は四面体に関する立体的感覚と柔軟な発想力がなければ解決の糸口さえつかめないであろう。

微・積分法，整数問題，三角関数，確率，空間図形に，数列，極限，複素数を融合した例年通りの内容である。2 6は文系との共通問題，2017 年度同様，3題に小問がついている。1(1)と6(1)は易，6(2)は難レベル，その他は標準的な問題であるが，3と5(2)は計算力が必要である。2017 年度よりやや易化した感はあるが，どの問題にも油断できないポイントが含まれている。偏りのない総合的な数学の力をつけておくことが重要である。

物理

I

解答　ア．$\dfrac{mg}{k}$　イ．$\dfrac{m}{k}$　ウ．g　エ．③

オ．$\sqrt{\dfrac{mg}{c}}$　カ．$\dfrac{1}{2}\sqrt{\dfrac{m}{cg}}$　キ．5.8m/s　ク．8.2m/s

問1．キ，クの結果より $\dfrac{v_2}{v_1}=\dfrac{8.2}{5.8}=1.4\fallingdotseq\sqrt{2}$ である。また，$\dfrac{m_2}{m_1}=2.0$ であるから，終端速度を v，質量を m とすると v は $\sqrt{m}$ に比例する。よって，オの結果と比べると，抵抗力の大きさは速さの2乗に比例していると考えられる。

ケ．0.3s　コ．④　サ．vS　シ．$-\rho S$

◀解　説▶

≪重力と抵抗力を受ける物体の落下運動≫

(1)　▶ア．$v=v_{\mathrm{f}}$ のとき重力と抵抗力がつりあうから

$$mg=kv_{\mathrm{f}}\qquad\therefore\quad v_{\mathrm{f}}=\frac{mg}{k}$$

▶イ．$v=v_{\mathrm{f}}+\overline{v}$ とすると，式(i)より

$$m\frac{\Delta(v_{\mathrm{f}}+\overline{v})}{\Delta t}=k(v_{\mathrm{f}}-v_{\mathrm{f}}-\overline{v})=-k\overline{v}$$

v_{f} は定数であるから

$$\frac{\Delta\overline{v}}{\Delta t}=-\frac{\overline{v}}{\dfrac{m}{k}}=-\frac{\overline{v}}{\tau_1}\qquad\therefore\quad \tau_1=\frac{m}{k}$$

▶ウ．ア，イの結果より

$$v_{\mathrm{f}}=g\cdot\frac{m}{k}=g\times\tau_1$$

▶エ．$\dfrac{\Delta\overline{v}}{\Delta t}=-\dfrac{\overline{v}}{\tau_1}$ より $\dfrac{\Delta\overline{v}}{\overline{v}}=-\dfrac{\Delta t}{\tau_1}$ であるから，積分して

$$\log_e\overline{v}=-\frac{t}{\tau_1}+C\quad（C\text{ は積分定数}）$$

$\therefore\quad \bar{v}=C'e^{-\frac{t}{\tau_1}}\quad (C'=e^{C})$

よって　$v=v_{\mathrm{f}}+\bar{v}=v_{\mathrm{f}}+C'e^{-\frac{t}{\tau_1}}$

初速度が0の場合

$$0=v_{\mathrm{f}}+C'\qquad\therefore\quad C'=-v_{\mathrm{f}}$$

時間 t での速度を v_{a} とすると

$$v_{\mathrm{a}}=v_{\mathrm{f}}\left(1-e^{-\frac{t}{\tau_1}}\right)$$

初速度が $2v_{\mathrm{f}}$ の場合

$$2v_{\mathrm{f}}=v_{\mathrm{f}}+C'\qquad\therefore\quad C'=v_{\mathrm{f}}$$

時間 t での速度を v_{b} とすると

$$v_{\mathrm{b}}=v_{\mathrm{f}}\left(1+e^{-\frac{t}{\tau_1}}\right)$$

これより，$v_{\mathrm{a}}+v_{\mathrm{b}}=2v_{\mathrm{f}}$ となるから，v_{a} と v_{b} は $v=v_{\mathrm{f}}$ の点線に対して上下対称となる。また，指数関数で変化するから，グラフは③である。

(2)　▶オ．アと同様，重力と抵抗力のつりあいより

$$mg=cv_{\mathrm{t}}^2\qquad\therefore\quad v_{\mathrm{t}}=\sqrt{\frac{mg}{c}}$$

▶カ．$v=v_{\mathrm{t}}+\bar{v}$ より

$$m\frac{\Delta(v_{\mathrm{t}}+\bar{v})}{\Delta t}=mg-c(v_{\mathrm{t}}+\bar{v})^2$$
$$=mg-c(v_{\mathrm{t}}^2+2v_{\mathrm{t}}\bar{v}+\bar{v}^2)$$

$\bar{v}$ の1次までで近似し，$mg=cv_{\mathrm{t}}^2$ を用いると，v_{t} は定数であるから

$$m\frac{\Delta\bar{v}}{\Delta t}=-2cv_{\mathrm{t}}\bar{v}\qquad\therefore\quad\frac{\Delta\bar{v}}{\Delta t}=-\frac{\bar{v}}{\dfrac{m}{2cv_{\mathrm{t}}}}=-\frac{\bar{v}}{\tau_2}$$

よって，オの結果を用いると

$$\tau_2=\frac{m}{2cv_{\mathrm{t}}}=\frac{m}{2c}\sqrt{\frac{c}{mg}}=\frac{1}{2}\sqrt{\frac{m}{cg}}$$

(3)　▶キ．表1より，どの1.0s間の距離の変化も5.8mであるから

$$v_1=\frac{5.8}{1.0}=5.80\fallingdotseq 5.8\,[\mathrm{m/s}]$$

▶ク．表1より，どの1.0s間の距離の変化も8.2mであるから

$$v_2=\frac{8.2}{1.0}=8.20\fallingdotseq 8.2\,〔\mathrm{m/s}〕$$

▶問1．抵抗力の大きさが速さの2乗に比例していれば，オの v_{t} の結果より終端速度は $\sqrt{m}$ に比例するはずである。$m_1:m_2=1:2$ であるから，$v_1:v_2=1:\sqrt{2}$ であることを示せばよい。

▶ケ．オ，カの結果より

$$\tau_2=\frac{1}{2}\sqrt{\frac{m}{cg}}=\frac{1}{2g}\sqrt{\frac{mg}{c}}=\frac{v_{\mathrm{t}}}{2g}$$

$m_1=1.0$〔kg〕のとき，$v_{\mathrm{t}}=v_1=5.8$〔m/s〕であるから

$$\tau_2=\frac{5.8}{2\times 9.8}=0.29\fallingdotseq 0.3\,〔\mathrm{s}〕$$

▶コ．表1と図2より，実験1，2とも3.0s後には終端速度に達している。これに適するのは②・④・⑤である。これらのうち，緩和時間について，実験1で0.3s，実験2で $0.3\times\sqrt{2}\fallingdotseq 0.4$〔s〕に適しているのは④である（②・⑤では実験2の方がはやく終端速度に達している)。

(4)　▶サ．Δt の間に円柱は $v\Delta t$ 進むから，衝突する質量 Δm は

$$\Delta m=\rho\cdot v\Delta t\cdot S=\rho\times vS\times\Delta t$$

▶シ．運動量保存則より，サの結果を用いて

$$\begin{aligned}mv&=(m+\Delta m)(v+\Delta v)\\&=(m+\rho vS\Delta t)(v+\Delta v)\\&=mv+\rho v^2S\Delta t+m\Delta v+\rho vS\Delta t\cdot\Delta v\end{aligned}$$

Δt，Δv の2次の微小量を無視すると

$$m\Delta v=-\rho v^2S\Delta t\qquad\therefore\quad m\frac{\Delta v}{\Delta t}=-\rho S\times v^2$$

II　解答

(1)　イ．$\dfrac{l}{v_0}$　ロ．$\dfrac{eVl^2}{2mdv_0{}^2}$　ハ．$\sqrt{v_0{}^2+\left(\dfrac{eVl}{mdv_0}\right)^2}$

ニ．$\dfrac{eVl}{mdv_0{}^2}\left(\dfrac{l}{2}+L\right)$　ホ．$\dfrac{Vl}{2V_pd}\left(\dfrac{l}{2}+L\right)$

(2)　ヘ．$\sqrt{\dfrac{2eVy}{md}}$　ト．$\dfrac{2mV}{eB^2d}$　チ．$-\dfrac{eV}{md}$　リ．①　ヌ．①

(3)

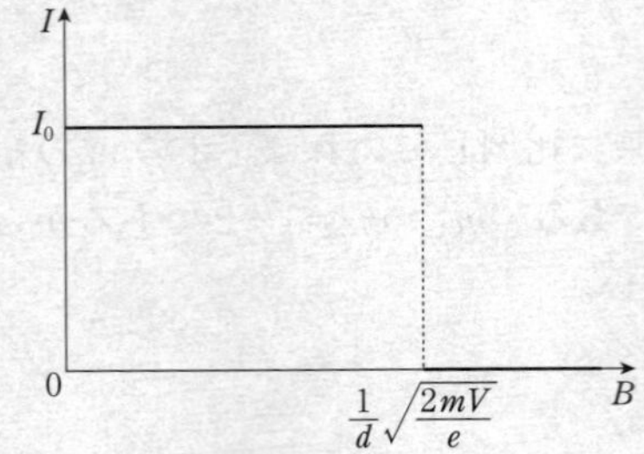

◀解　説▶

≪電界・磁界中の荷電粒子の運動≫

(1)　▶イ．領域1には y 軸負方向に大きさ $E=\dfrac{V}{d}$ の電界が生じるから，電子は y 軸正方向に電界から大きさ eE の力を受ける。x 軸正方向へは速さ v_0 の等速度運動であるから，領域1を通過する時刻 t は

$$t=\frac{l}{v_0}$$

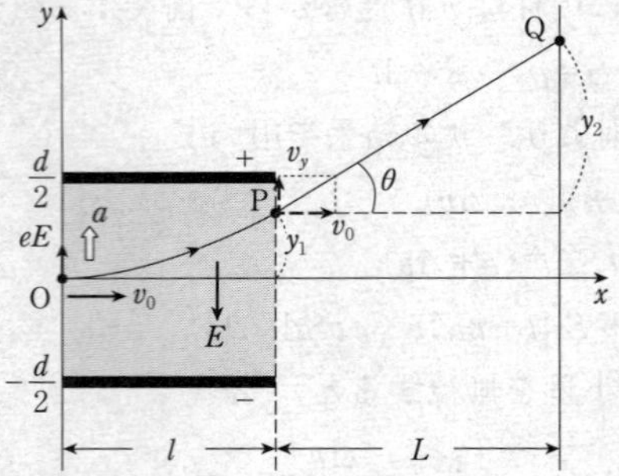

▶ロ．y 軸正方向の加速度の大きさを a とすると，運動方程式より

$$ma=eE=\frac{eV}{d}\qquad\therefore\quad a=\frac{eV}{md}$$

y 軸正方向へは等加速度運動であるから，点Pの y 座標を y_1 とすると

$$y_1=\frac{1}{2}at^2=\frac{1}{2}\cdot\frac{eV}{md}\cdot\left(\frac{l}{v_0}\right)^2=\frac{eVl^2}{2mdv_0{}^2}$$

▶ハ．点Pでの x 軸正方向への速さは v_0 である。y 軸正方向への速さを v_y とすると

$$v_y=at=\frac{eVl}{mdv_0}$$

よって，点Pでの速さを v_{P} とすると

$$v_{\mathrm{P}}=\sqrt{{v_0}^2+{v_y}^2}=\sqrt{{v_0}^2+\left(\frac{eVl}{mdv_0}\right)^2}$$

別解　電子は点Oから点Pへ動くまでに電界から eEy_1 の仕事をされるから，仕事と運動エネルギーの関係より

$$\frac{1}{2}m{v_{\mathrm{P}}}^2=\frac{1}{2}m{v_0}^2+eEy_1$$

$$ {v_{\mathrm{P}}}^2={v_0}^2+\frac{2eV}{md}\cdot\frac{eVl^2}{2md{v_0}^2}={v_0}^2+\frac{e^2V^2l^2}{m^2d^2{v_0}^2}$$

$$\therefore\quad v_{\mathrm{P}}=\sqrt{{v_0}^2+\left(\frac{eVl}{mdv_0}\right)^2}$$

▶ニ．電子が点Pを出るときに x 軸となす角を θ とすると

$$\tan\theta=\frac{v_y}{v_0}=\frac{eVl}{md{v_0}^2}$$

点Pと点Qの y 座標の差を y_2 とすると，PからQまでは等速直線運動なので

$$y_2=L\tan\theta=\frac{eVlL}{md{v_0}^2}$$

よって，点Qの y 座標を y_{Q} とすると

$$y_{\mathrm{Q}}=y_1+y_2=\frac{eVl}{md{v_0}^2}\left(\frac{l}{2}+L\right)$$

▶ホ．あらかじめ電圧 V_p で加速したときの速さが v_0 であるから

$$\frac{1}{2}m{v_0}^2=eV_p\qquad\therefore\quad m{v_0}^2=2eV_p$$

よって，ニの結果より

$$y_{\mathrm{Q}}=\frac{Vl}{2V_pd}\left(\frac{l}{2}+L\right)$$

(2)　▶ヘ．電子が磁界から受けるローレンツ力は常に電子の速度と垂直であるから，仕事をしない。電界からは，座標 y へ行くまでに eEy の仕事をされるから，電子の速さを v とすると

$$\frac{1}{2}mv^2=eEy=\frac{eVy}{d}\qquad\therefore\quad v=\sqrt{\frac{2eVy}{md}}$$

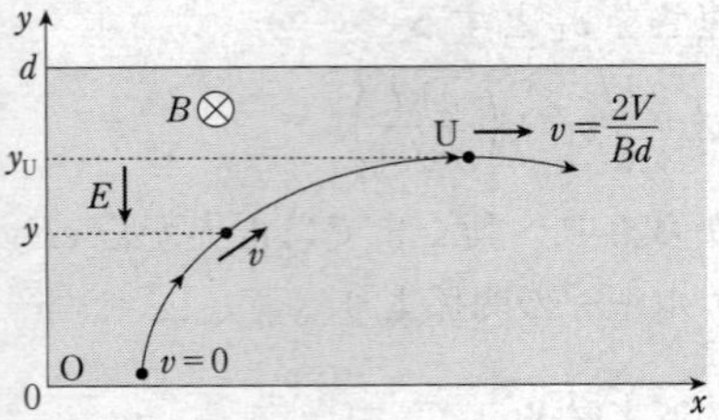

▶ト．への結果で $y=y_U$ のとき $v=\frac{2V}{Bd}$ であるから

$$\sqrt{\frac{2eVy_U}{md}}=\frac{2V}{Bd}$$

整理すると　　$y_U=\frac{2mV}{eB^2d}$

▶チ．電子は y 軸正方向へ電界からの力 eE，y 軸負方向にローレンツ力 evB を受ける。$v=\frac{2V}{Bd}$ より，y 軸方向の加速度を a_U とすると，運動方程式より

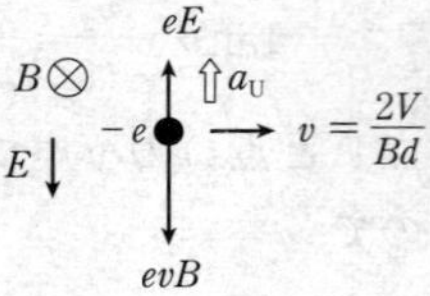

$$ma_U=eE-evB$$

$$=\frac{eV}{d}-e\cdot\frac{2V}{Bd}\cdot B=-\frac{eV}{d}$$

∴　$a_U=-\frac{eV}{md}$

▶リ．正のイオンは電界から力を受けて y 軸の負の向きに動き出すが，そうするとローレンツ力を x 軸の正の向きへ受けるので，x 軸の正の向きに移動する。よって，①である。

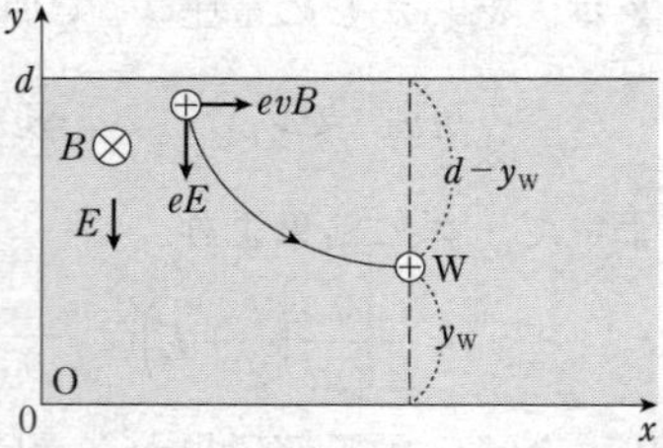

▶ヌ．陽極から点Wまでの距離は $d-y_W$，正のイオンの質量は M であるから，トの結果を用いると，$M>m$ より

$$d-y_W=\frac{2MV}{eB^2d}>\frac{2mV}{eB^2d}=y_U \qquad \therefore \quad y_U<d-y_W$$

よって，①である。

▶(3)　B を大きくしていくと，y_U が小さくなるが d より小さくなると電子が陽極に届かなくなり，$I=0$ となる。このときの B を B_d とすると

$$d=\frac{2mV}{eB_d{}^2d} \qquad \therefore \quad B_d=\frac{1}{d}\sqrt{\frac{2mV}{e}}$$

B が B_d より小さければ電子はすべて陽極に届くので，$I=I_0$ である。

よって，〔解答〕のグラフのようになる。

参考　へ，トの結果は電子の運動方程式を解いて求めることもできる。

座標 $(x,\ y)$ のときの速度成分を $(v_x,\ v_y)$ とすると，x，y 方向の運動方程式は

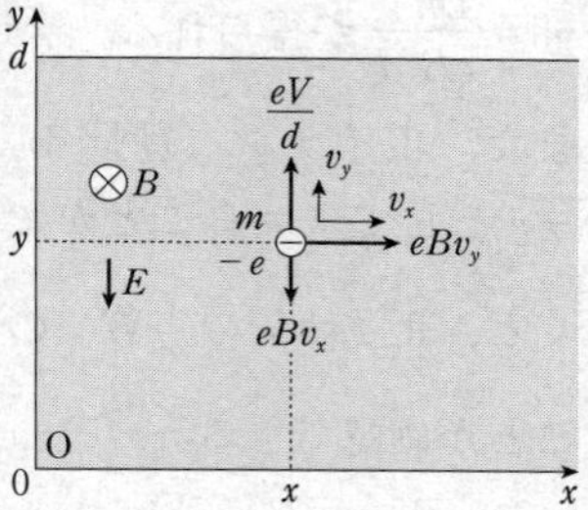

$$\begin{cases} m\dfrac{dv_x}{dt}=eBv_y & \cdots\cdots① \\ m\dfrac{dv_y}{dt}=\dfrac{eV}{d}-eBv_x & \cdots\cdots② \end{cases}$$

①の両辺を t で微分して，②の $\dfrac{dv_y}{dt}$ を代入すると

$$m\frac{d^2v_x}{dt^2}=\frac{eB}{m}\left(\frac{eV}{d}-eBv_x\right)$$

$$\therefore \quad \frac{d^2v_x}{dt^2}=-\frac{e^2B^2}{m^2}\left(v_x-\frac{V}{Bd}\right)$$

これは単振動の運動方程式で，$t=0$ で $v_x=0$ となる解は

$$v_x=\frac{V}{Bd}(1-\cos\omega t) \quad , \quad \omega=\frac{eB}{m}$$

これを積分して，$t=0$ で $x=0$ の解を求めると

$$x=\frac{mV}{eB^2d}(\omega t-\sin\omega t)$$

v_x を①に代入して

$$v_y=\frac{V}{Bd}\sin\omega t$$

これを積分して，$t=0$ で $y=0$ の解を求めると

$$y=\frac{mV}{eB^2d}(1-\cos\omega t)$$

v_x，v_y より

$$v_x{}^2+v_y{}^2=\frac{2eV}{md}y$$

よって，座標 $(x,\ y)$ における電子の速さを v とすると

$$v=\sqrt{v_x{}^2+v_y{}^2}=\sqrt{\frac{2eVy}{md}}$$

となり，への結果が求まる。また，問題文中にあるように，$v_x=\dfrac{2V}{Bd}$ のとき $\cos\omega t=-1$ より $\sin\omega t=0$ であるから，$v_y=0$ となり，トの結果 $y_{\mathrm{U}}=\dfrac{2mV}{eB^2d}$ が得られる。

また，正イオン（質量 M，電荷 $+e$）の場合は，①，②で m を M，e を $-e$ として求めることができる。$t=0$ で $v_x=v_y=0$，$x=0$，$y=d$ として解くと，正イオンの点Wでの x 軸方向の速さは電子の場合と同じ $\dfrac{2V}{Bd}$ となることが確認できる。

なお，$a=\dfrac{mV}{eB^2d}$，$\theta=\omega t$ とおくと

$$\begin{cases} x=a(\theta-\sin\theta) \\ y=a(1-\cos\theta) \end{cases}$$

となるが，これはサイクロイドと呼ばれる曲線で，半径 a の円がすべらずに回転するときに円上の点が描く軌跡である。サイクロイドは，物理的には2点間を摩擦なしですべり下りるとき最短時間となる曲線（最速降下線）や，この曲線に沿って振動する振り子の周期が振幅によらず一定になること（等時曲線）として知られている。

Ⅲ　解答

あ．$n_lmS\Delta z$　い．$-n_lmg\Delta z$　う．$\dfrac{mg}{kT}$

え．$P_0e^{-\frac{mg}{kT}z}$　お．$\dfrac{P_0}{kT}e^{-\frac{mg}{kT}z}$

問1．式(6)より $n_l\fallingdotseq n(z_l)=\dfrac{P_0}{kT}e^{-\frac{mg}{kT}z_l}$ であるから，l 番目の小領域内の気体分子の位置エネルギーを U_l とすると，$z_l=l\Delta z$ を用いて

$$U_l=mgz_ln_lS\Delta z=\frac{P_0Smg}{kT}\cdot(\Delta z)^2\cdot le^{-l\left(\frac{mg\Delta z}{kT}\right)}$$

与えられた公式を用いると

$$\sum_{l=1}^{\infty} le^{-l\left(\frac{mg\Delta z}{kT}\right)} \fallingdotseq \left(\frac{kT}{mg\Delta z}\right)^2$$

よって，位置エネルギーの総和 U は

$$U=\sum_{l=1}^{\infty} U_l \fallingdotseq \frac{P_0Smg}{kT}\cdot(\Delta z)^2\cdot\left(\frac{kT}{mg\Delta z}\right)^2$$

$$=\frac{P_0S}{mg}kT$$

か．$\dfrac{P_0S}{mg}$　き．$\dfrac{3}{2}kT$　く．kT　け．$\dfrac{5}{2}kT$　こ．$\dfrac{5}{2}k$　さ．①

し．$\dfrac{Mg}{S}$　す．$\dfrac{kT}{gh}\log_e\dfrac{P_BS}{Mg}$　せ．7×10^{-26}kg

◀解　説▶

≪円筒内の気体の圧力・数密度の高度変化，１粒子あたりの比熱≫

(A)　▶あ．小領域にある気体分子の数は $n_lS\Delta z$ であるから，質量は

$$m\times n_lS\Delta z=n_lmS\Delta z$$

▶い．力のつりあいより

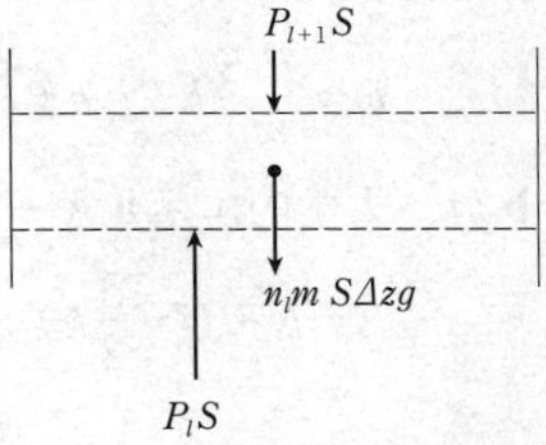

$$P_lS=P_{l+1}S+n_lmS\Delta zg$$

$$\therefore\quad P_{l+1}-P_l=-n_lmg\Delta z$$

▶う．$n_l=\dfrac{P_l}{kT}$ より

$$P_{l+1}-P_l=-\frac{mg}{kT}\times\Delta zP_l$$

参考　物質量を n，アボガドロ定数を N_A，気体定数を R とすると，ボルツマン定数 $k=\dfrac{R}{N_A}$ を用いれば，理想気体の状態方程式より

$$P_l\cdot S\Delta z=nRT=\frac{n_lS\Delta z}{N_A}RT$$

$$\therefore\quad P_l=n_l\cdot\frac{R}{N_A}T=n_lkT$$

すなわち式(2)が成立する。

▶え．式(3)より，$P_l=P(z)$ とおくと，$P_{l+1}=P(z+\Delta z)$ となるので

$$\frac{P(z+\Delta z)-P(z)}{\Delta z}=-\frac{mg}{kT}P(z)$$

与えられた方程式の解と比較すると，$P(0)=P_0$ より

$$P(z)=P_0e^{-\frac{mg}{kT}z}$$

▶お．式(2)において，$P_l=P(z)$，$n_l=n(z)$ より

$$P(z)=n(z)kT$$

$$\therefore\quad n(z)=\frac{P(z)}{kT}=\frac{P_0}{kT}e^{-\frac{mg}{kT}z}$$

(B)　▶か．N 個の分子の質量は Nm であるから，底面にはたらく力より

$$P_0S=Nmg \qquad \therefore\quad N=\frac{P_0S}{mg}$$

▶き．エネルギー等分配則より，温度 T のときの単原子分子 1 個の運動エネルギーは $\frac{3}{2}kT$ である。よって，運動エネルギーの総和を K とすると

$$K=\frac{3}{2}kT\times N$$

▶く．位置エネルギーの総和を U とすると，問 1 と式(7)より

$$U=\frac{P_0S}{mg}kT=kT\times N$$

▶け．力学的エネルギーの総和 E は，き，くの結果より

$$E=K+U=\frac{5}{2}kT\times N$$

▶こ．T を $T+1$ にするとき，E は分子 1 個あたり $\frac{5}{2}k$ 増加する。よって，1 粒子あたりの比熱は $\frac{5}{2}k$ である。

▶さ．重力場がないときは $U=0$ であるから，$E=\frac{3}{2}kT\times N$ となり，1 粒子あたりの比熱は $\frac{3}{2}k$ となる。よって，①である。

(C)　▶し．ピストンの力のつりあいより

$$P(h)S=Mg \qquad \therefore\quad P(h)=\frac{Mg}{S}$$

▶す．式(5)で $z=h$，$P_0=P_B$ として式(11)を用いると

$$P(h)=P_Be^{-\frac{mg}{kT}h}=\frac{Mg}{S} \qquad e^{-\frac{mg}{kT}h}=\frac{Mg}{P_BS}$$

両辺の対数をとると

$$-\frac{mgh}{kT}=\log_e\frac{Mg}{P_BS}$$

$$=-\log_e\frac{P_BS}{Mg}$$

$$\therefore\quad m=\frac{kT}{gh}\log_e\frac{P_BS}{Mg}$$

▶せ．与えられた数値と近似式を用いて

$$m=\frac{1.4\times10^{-23}\times300}{9.8\times30}\times\log_e\frac{1005}{1000}$$

$$=\frac{1.4\times10^{-22}}{9.8}\times\log_e\left(1+\frac{1}{200}\right)$$

$$\fallingdotseq\frac{1.4\times10^{-22}}{9.8\times200}=7.1\times10^{-26}\fallingdotseq7\times10^{-26}\,[\mathrm{kg}]$$

❖講　評

2018 年度も理科 2 科目で 180 分（教育学部理系試験は 1 科目で 90 分），大問 3 題の出題に変化はなかった。**I** は抵抗力を受けたときの物体の運動で，速さの 2 乗に比例する抵抗力という難解なテーマが出題された。**II** の前半は電界中の電子の運動という頻出のテーマで，受験生にとって解きやすかったであろう。後半は磁界も加わった場合で，一見複雑そうであるが実は解きやすい内容であった。**III** の熱力学は微小変化を扱ったかなり数学的な内容で，戸惑った受験生も多かったと思われる。

I．ア〜ウは終端速度や緩和時間といったあまりなじみのない物理量が出てきて驚かされるが，問題文に従って解いていけば容易に解ける。エのグラフが悩ましく，差がつくであろう。オ〜コと問 1 は難解である。指示通りにやれば解けるとは思うが，近似式を用いる理由や，τ_2 と τ_1 の違いなどがよくわからなかった受験生がほとんどだったのではないだろうか。コのグラフ選択がやはり悩ましい。サ・シの近似計算は解けなければいけない。

II．イ〜ホは完答したい。ヘ・トはローレンツ力が仕事をしないことに気がつけばよいが，運動方程式を解き出すと泥沼にはまる。チは単独で解ける。リ・ヌは負電荷と正電荷で運動が対称的になることがわかれば容易である。(3)は設定が複雑なのでわかりづらいが，電子が陽極に達するかどうかだけが問われている。本問は 3 題中で最も解きやすかったであろう。

Ⅲ. あ～うは小領域の力のつりあいで，ここで間違えるようではいけない。え・おは数学的には微分方程式を解いて指数関数を求めているのであるが，結果は問題文に与えられているので，式にあてはめるだけでよい。なお，これはⅠの終端速度を求める式と同じである。問 1 も公式が与えられているので，解答するのはそれほど難しくはないが，数学の問題を解いているようで困惑した受験生もいたであろう。か～けは気体の力学的エネルギーの計算であるが，テーマががらりと変わり，エネルギー等分配則を知っていないと答えにくいので，差がつきそうである。こ・さの 1 粒子あたりの比熱もわかりにくい概念である。し～せは問題文の指示通りやれば解けるが，対数の近似計算は初めてという受験生も多かったであろう。

全体として，2018 年度は 3 題とも京大らしいユニークなテーマで，計算量も 2017 年度に比べて増加し，数学的要素の濃いものであった。2017 年度は比較的解きやすかったが，2018 年度は 2016 年度以前の難易度に戻った感がある。時間内に解くには，十分な読解力や計算力が必要である。

化学

I 解答

(a)　問1．ア．12　イ．24　ウ．0.39　エ．0.93
オ．0.30　カ．解答省略

問2．A．4　B．解答省略

問3．4.2×10^{-20}J

(b)　問4．(i)あ．$2Cl^- \longrightarrow Cl_2+2e^-$　い．$2H_2O+2e^- \longrightarrow H_2+2OH^-$

(ii)陽極，$4OH^- \longrightarrow 2H_2O+O_2+4e^-$

問5．$HCO_3^- \rightleftarrows H^+ + CO_3^{2-}$

より，電離定数 K_a は

$$K_a=\frac{[H^+][CO_3^{2-}]}{[HCO_3^-]}=\frac{10^{-10.0}\times0.100}{0.200}=5.0\times10^{-11.0}\text{〔mol/L〕}$$

調製時に HCl 水溶液を v〔mL〕加えたとすると，平衡時の各イオンの物質量はそれぞれ

$$HCO_3^-=0.200+1.00\times\frac{v}{1000}\text{〔mol〕}$$

$$CO_3^{2-}=0.100-1.00\times\frac{v}{1000}\text{〔mol〕}$$

$$H^+=10^{-9.9}\text{〔mol〕}$$

と考えられるので

$$K_a=\frac{10^{-9.9}\times\left(0.100-\dfrac{v}{1000}\right)}{0.200+\dfrac{v}{1000}}=5.0\times10^{-11.0}$$

$$\frac{0.100-\dfrac{v}{1000}}{0.200+\dfrac{v}{1000}}=\frac{5.0\times10^{-11.0}}{10^{-9.9}}=\frac{5.0\times10^{-11.0}}{10^{-10}\times10^{0.1}}=\frac{1}{2.52}$$

$$v=14.7\fallingdotseq15\text{〔mL〕}\quad\cdots\cdots(\text{答})$$

◀解　説▶

≪氷の結晶格子と粒子の結合，陽イオン交換膜法，緩衝溶液の電離平衡≫

(a)　▶問１．ア．$16\times\dfrac{1}{2}+4=12$

イ．$16\times\dfrac{1}{2}+16=24$

ウ．結晶格子の底面は右図のようなひし形となるので，底面積は

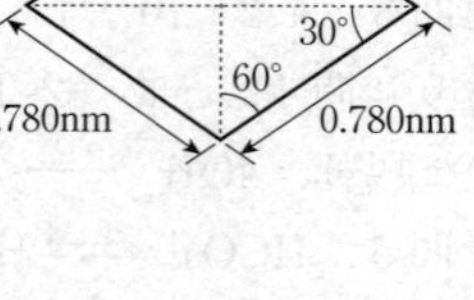

$$\left(0.780\times\frac{\sqrt{3}}{2}\times2\right)\times\left(0.780\times\frac{1}{2}\times2\right)\times\frac{1}{2}$$

$$=0.780^2\times\frac{\sqrt{3}}{2}\,[\mathrm{nm}^2]$$

よって，体積は

$$0.780^2\times\frac{\sqrt{3}}{2}\times0.740=\frac{0.450\times1.73}{2}=0.389\fallingdotseq0.39\,[\mathrm{nm}^3]$$

$$=0.39\times10^{-21}\,[\mathrm{cm}^3]$$

エ．１つの結晶格子に 12 個分の H_2O が含まれるので

$$\frac{12\times\dfrac{18.0}{6.0\times10^{23}}}{0.389\times10^{-21}}=0.925\fallingdotseq0.93\,[\mathrm{g/cm}^3]$$

オ．酸素原子のファンデルワールス半径とは，右図のように酸素分子どうしの結合における原子核間距離の半分である。つまり原子を硬い球と仮定した場合の半径でもあり，ファンデルワールス半径では酸素原子の原子核どうしは

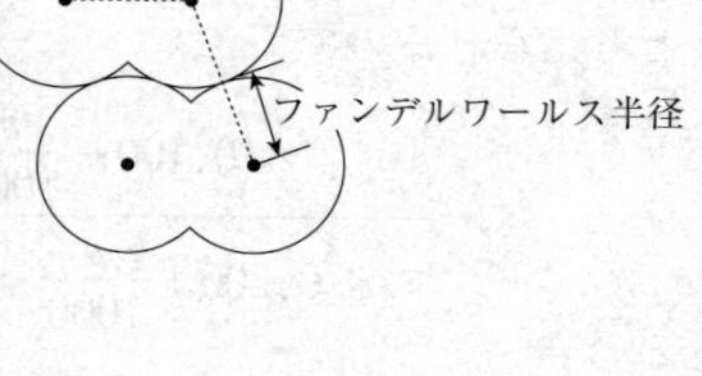

$$0.152\times2=0.304\fallingdotseq0.30\,[\mathrm{nm}]$$

までしか近づけないことになる。しかし，原子核のまわりの電子雲が重なって共有結合や水素結合ができるため，そのときの原子半径はファンデルワールス半径より短くなる。

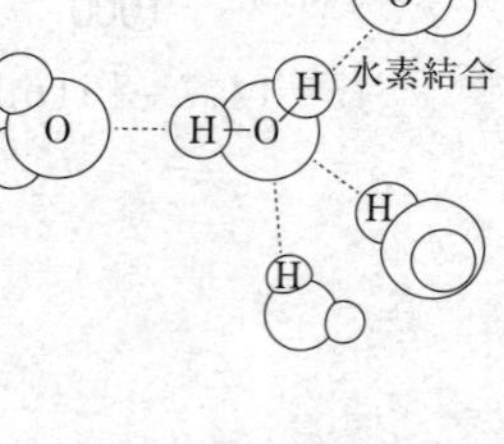

▶問２．A．右図のように，１つの水分子は正四面体の頂点方向にある別の４つの水分子と水

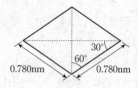

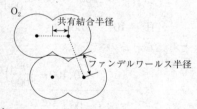

素結合を形成する。

▶問３．問２から，水１分子あたりの水素結合の数は，水分子の数の２倍と考えられる。よって

$$\frac{2.83\times10^{3}}{\frac{1}{18.0}\times6.0\times10^{23}\times2}=4.24\times10^{-20}\fallingdotseq4.2\times10^{-20}\,〔\mathrm{J}〕$$

(b)　▶問４．陰極では H_2 が発生すると同時に OH^- が生じるが，陽イオン交換膜を通過できないので陰極槽にとどまる。陽極では Cl_2 が発生するが，Na^+ は変化せず陽イオン交換膜を通過して陰極槽に移動する。つまり陰極槽では NaOH 水溶液ができることになる。液の供給と排出を止め，陽イオン交換膜を取り除くと，陰極で生じた OH^- が陽極槽に移動し，〔解答〕のように O_2 が発生する。

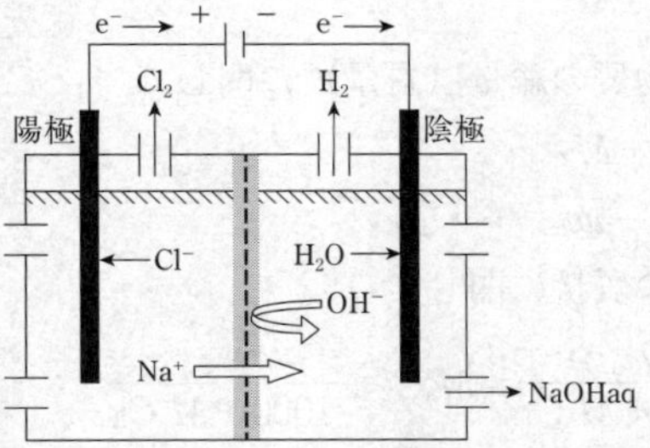

▶問５．題意の緩衝溶液に対して，HCl 水溶液を加えない場合の平衡（Ⓐ），HCl 水溶液を v〔mL〕加えた場合の平衡（Ⓑ）の，各イオンの物質量の関係は次のようになる。

	HCO_3^- $\rightleftarrows$	H^+ +	CO_3^{2-}	
Ⓐ	0.200	$10^{-10.0}$	0.100	〔mol〕
Ⓑ	$0.200+\frac{v}{1000}$	$10^{-9.9}$	$0.100-\frac{v}{1000}$	〔mol〕

体積は 1L，電離定数は不変なので，〔解答〕の計算ができる。

Ⅱ　解答

(a)　問１．$T_1=T_0-K_\mathrm{f}C_1$

問２．ア．$\dfrac{w_2M_\mathrm{s}C_2}{1000+M_\mathrm{s}C_2}$　イ．$\dfrac{C_1(1000+M_\mathrm{s}C_2)}{C_2(1000+M_\mathrm{s}C_1)}$

問３．(B)

(b)　問 4．あ．$\dfrac{l_{CO}}{l_{O_2}}$　い．$n_{CO}+n_{O_2}-\dfrac{a}{2}$　う．減少

え．$\dfrac{4x^2V}{(n_{CO}-2x)^2(n_{O_2}-x)RT}$

◀解　説▶

≪凝固点降下，CO の燃焼における圧力変化と平衡定数≫

(a)　▶問 1．Δt（凝固点降下度）$=K_f$（モル凝固点降下）$\times C$（質量モル濃度）より　　$T_0-T_1=K_fC_1$　　$T_1=T_0-K_fC_1$

▶問 2．ア．状態②は，$(1000+M_sC_2)$〔g〕の溶液に対して，M_sC_2〔g〕の溶質が溶解していることになる。今，溶液が w_2〔g〕なので

$$M_sC_2\times\frac{w_2}{1000+M_sC_2}=\frac{w_2M_sC_2}{1000+M_sC_2}\text{〔g〕}$$

となる。

イ．ビーカー内の物質の総量（質量）に関して

$$w_1+M_1=w_2+M_2$$

$$M_2=w_1+M_1-w_2\quad\cdots\cdots①$$

ビーカー内の溶質の質量に関して

$$M_sC_1\times\frac{w_1}{1000+M_sC_1}=M_sC_2\times\frac{w_2}{1000+M_sC_2}$$

$$w_2=\frac{w_1C_1(1000+M_sC_2)}{C_2(1000+M_sC_1)}\quad\cdots\cdots②$$

がそれぞれ成り立つ。

②を①に代入して

$$M_2=w_1+M_1-\frac{w_1C_1(1000+M_sC_2)}{C_2(1000+M_sC_1)}$$

$$=M_1+w_1\left\{1-\frac{C_1(1000+M_sC_2)}{C_2(1000+M_sC_1)}\right\}$$

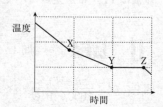

▶問 3．室温付近にある水溶液を冷却した場合の温度と時間のグラフは，右図のようになる。X までは水溶液のまま温度が下がり，X で氷が生じ始める。X―Y 間は水のみが凝固するので，溶液の濃度は次第に大きくなり凝固点が下がる。Y で溶液が飽和し，Y―Z 間は一定の凝固点で水と溶質が

同時に凝固する。Zですべてが凝固する。加熱する場合の温度変化は，その逆を考える。

(b)　▶問4．あ．両気体の圧力は等しいため，物質量の比＝体積の比 となる。

い．充塡時と平衡時の物質量の関係は次のようになる。

$$2CO + O_2 \rightleftarrows 2CO_2$$

	$2CO$	O_2	$2CO_2$	
充塡時	n_{CO}	n_{O_2}	−	〔mol〕
平衡時	$n_{CO}-a$	$n_{O_2}-\dfrac{a}{2}$	a	〔mol〕

よって

$$n_{CO}-a+n_{O_2}-\frac{a}{2}+a=n_{CO}+n_{O_2}-\frac{a}{2}\text{〔mol〕}$$

う．いより，平衡時の物質量は充塡時より減少しているので，圧力も減少する。

え．平衡状態における全圧を P とすれば

$$K_p=\frac{\left(\dfrac{a}{n_{CO}+n_{O_2}-\dfrac{a}{2}}P\right)^2}{\left(\dfrac{n_{CO}-a}{n_{CO}+n_{O_2}-\dfrac{a}{2}}P\right)^2\left(\dfrac{n_{O_2}-\dfrac{a}{2}}{n_{CO}+n_{O_2}-\dfrac{a}{2}}P\right)}\quad\cdots\cdots③$$

また，$PV=\left(n_{CO}+n_{O_2}-\dfrac{a}{2}\right)RT$ より

$$P=\frac{n_{CO}+n_{O_2}-\dfrac{a}{2}}{V}RT\quad\cdots\cdots④$$

④を③に代入して

$$K_p=\frac{\left(\dfrac{a}{V}RT\right)^2}{\left(\dfrac{n_{CO}-a}{V}RT\right)^2\left(\dfrac{n_{O_2}-\dfrac{a}{2}}{V}RT\right)}\quad\cdots\cdots⑤$$

さらに，$x=\dfrac{a}{2}$ より $a=2x$ を⑤に代入して

$$K_p=\frac{\left(\dfrac{2x}{V}RT\right)^2}{\left(\dfrac{n_{CO}-2x}{V}RT\right)^2\left(\dfrac{n_{O_2}-x}{V}RT\right)}=\frac{4x^2V}{(n_{CO}-2x)^2(n_{O_2}-x)RT}$$

III 解答

(a)　問1．F．

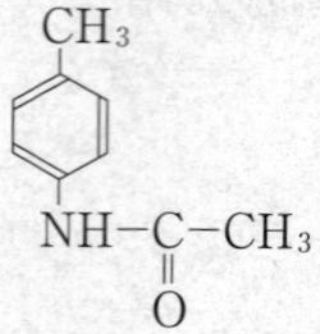

I．

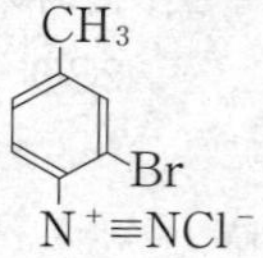

問2．あ．N原子がもつ非共有電子対の影響で，アセチルアミノ基はベンゼン環の電子密度を増加させるため，*o* 位の反応性が上がる。(50 字程度)

い．アセチルアミノ基は大きな原子団なので，立体的な障害を発生させ，*o* 位でのさらなる臭素化は起こりにくくなる。(50 字程度)

(b)　問3．K．

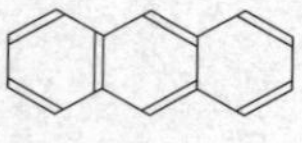

L．

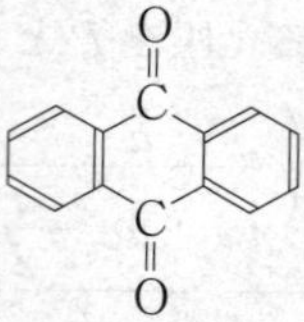

問4．う．水層　O．

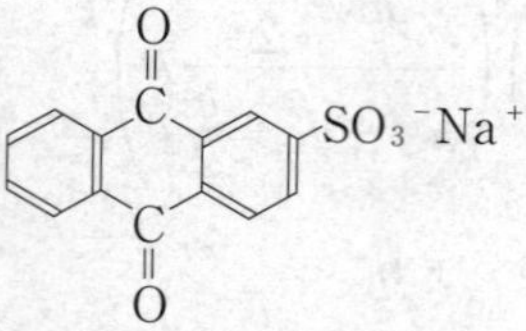

問5．2.5kg

◀解　説▶

≪配向性と化合物の合成，アリザリンの合成経路，有機化合物の分離≫

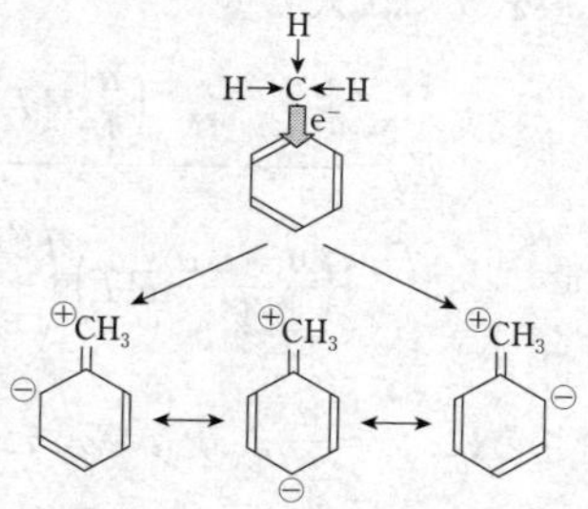

(a)　▶問1・問2．右図のように，トルエンのメチル基は，ベンゼン環に対して電子を押し出す性質（電子供与性）をもつ置換基で，*o* 位と *p* 位の電子密度を大きくするため，ニトロ化はこの位置で起こる（*o*,*p* 配向性）。こうして生成した *p*-ニトロトルエン（C）を還元するとDが得られ，これ

をアセチル化すると〔解答〕にあるＦとなる。Ｆのアセチルアミノ基は，Ｎがもつ非共有電子対によりメチル基同様電子供与性をもち，*o*,*p* 配向性となる。さらに，アセチルアミノ基の立体障害のため，アセチルアミノ基に対して１つの *o* 位で臭素化が起こり，Ｇが得られる。Ｇを加水分解して得られたのがＨで，ＨをジアゾＨ化した化合物が〔解答〕にあるＩとなる。ＩのようなジアゾニウムＨ塩に H_3PO_2（次亜リン酸）を作用させると，次式のように $-N{\equiv}N$ が $-H$ に置換される。

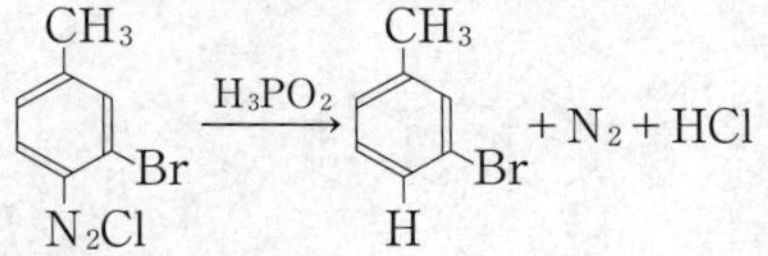

(b)　▶問３．図２の反応経路において，副生成物が存在しない。よって，アリザリンの炭素骨格は変わらないと考え，Ｋはアントラセンとわかる。さらに，ＬとＮの分子式の差はＯ１つなので，ＬはＮの $-OH$ を $-H$ に置換した化合物となる。実際に，アントラセンを酸化すると，次式のようにＬ（9,10-アントラキノン）が生成する。

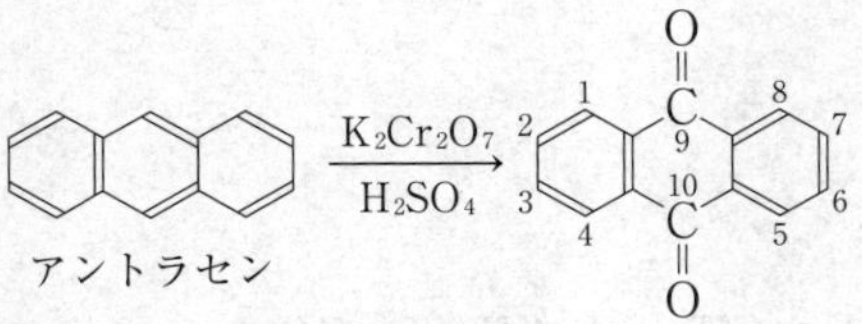

▶問４．ＬとＭの分子式の差は SO_3 なので，ＭはＬをスルホン化した化合物と推定される。スルホ基が置換する位置は，Ｎとの構造比較から７位であるとわかる。これより，題意の分離は下図のようになる。また，Ｍをアルカリ融解してスルホ基をヒドロキシ基に置換した化合物がＮである。

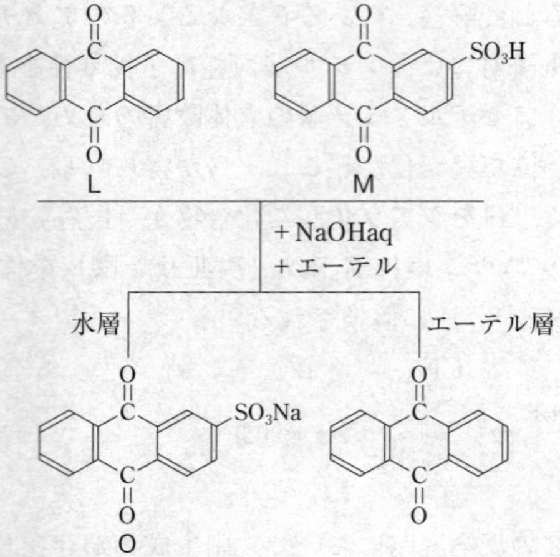

▶問5．アリザリンの完全燃焼の反応式は

$$C_{14}H_8O_4 + 14O_2 \longrightarrow 14CO_2 + 4H_2O$$

モル質量は240g/molより

$$\frac{960}{240} \times 14 \times 44.0 \times \frac{1}{1000} = 2.46 \fallingdotseq 2.5\,[\mathrm{kg}]$$

Ⅳ　解答　(a)　問1．

A．$CH_3-CH_2-CH=CH-CH_2-CH=CH-CH_2-\underset{\underset{O}{\|}}{C}-OH$

問2．B．$CH_3-CH=CH-CH_2-CH=CH-CH_2-\underset{\underset{O}{\|}}{C}-OH$

C．$CH_3-CH=CH-CH_2-\underset{\underset{OH}{|}}{CH}-CH_2-CH_2-\underset{\underset{O}{\|}}{C}-OH$

(b)　問3．双性　　問4．リシン　　問5．$H_3\overset{+}{N}-\overset{\overset{CH_2-COOH}{|}}{CH}-COOH$

(c)　問6．イ．2　ウ．1　エ．+3　オ．−2

問7．9

◀解　説▶

≪カルボン酸の酸化開裂と構造決定，アミノ酸と等電点，ポリペプチドの構造と中和≫

(a)　▶問１．３分子に酸化開裂していることから，AはC=Cを２つもつ化合物とわかり，その開裂反応を次式のように仮定して考える。

$$R_1-CH=CH-R_2-CH=CH-R_3-COOH$$

$$\xrightarrow{KMnO_4} R_1-COOH + HOOC-R_2-COOH + HOOC-R_3-COOH$$

プロピオン酸１分子とマロン酸２分子が生成するには，R_1 がエチル基，R_2 と R_3 は共にメチレン基となる。

▶問２．逆から考えて，次式のようにDを加水分解した化合物がCとなる。

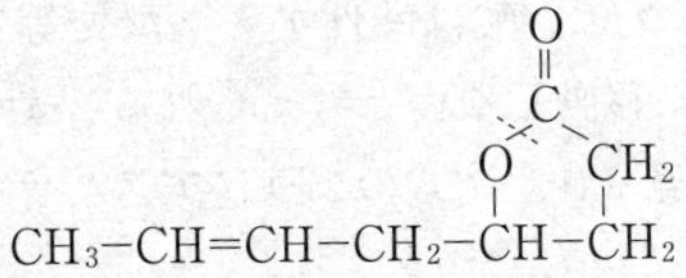

D

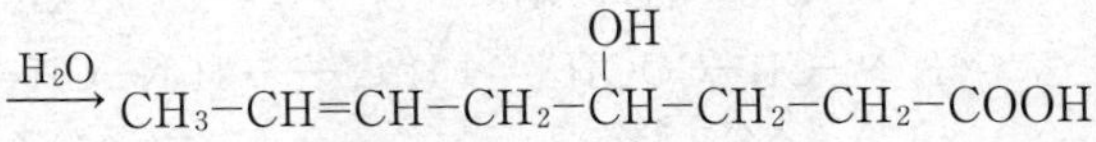

C

さらに，Cを脱水させるとBの構造がわかるが，次のように２通りの脱水の仕方が考えられる。

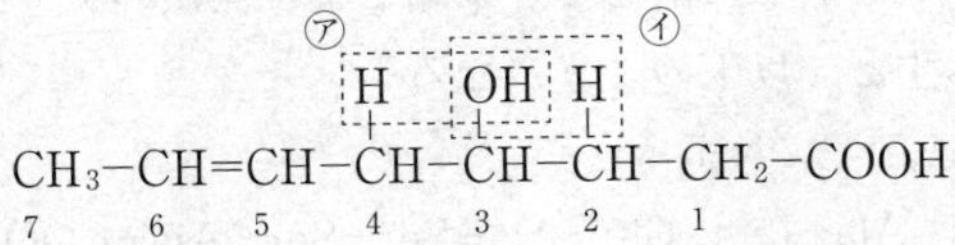

ここで，BはC=Cの開裂によりマロン酸が得られるので，㋑の脱水で生じる2,3位にC=Cをもつ化合物となる。

(b)　▶問４．リシンは $-NH_2$ を２つもつ塩基性アミノ酸で，水中では次式のような電離平衡の状態にある。

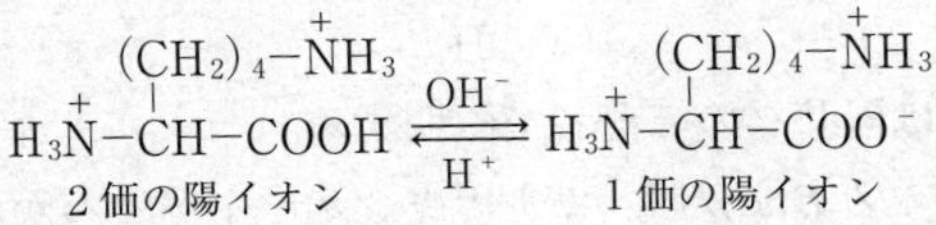

２価の陽イオン　　　１価の陽イオン

$$\xrightleftharpoons[H^+]{OH^-} \underset{\text{双性イオン}}{H_2N-\overset{(CH_2)_4-\overset{+}{N}H_3}{\overset{|}{C}H}-COO^-} \xrightleftharpoons[H^+]{OH^-} \underset{\text{1 価の陰イオン}}{H_2N-\overset{(CH_2)_4-NH_2}{\overset{|}{C}H}-COO^-}$$

これより，正と負の電荷を等しくするには，塩基性にして平衡を右に移動させる必要があり，リシンの等電点は 9.75 と考えられる。この水溶液の pH を 7.0 にした場合，上記の平衡が等電点の状態より左に移動していることになり，正に帯電する。よって，陰極側に移動する。

▶問 5．等電点と電気泳動の関係を一般化すると，等電点より酸性にすれば陰極側に移動し，塩基性にすれば陽極側に移動する。よって，実験 2 において pH が 4.0 で陰極側に移動するのは，等電点が 4.0 より大きなアミノ酸となり，4 種類存在する。グルタミン酸は酸性アミノ酸で等電点は 3.22 なので，pH が 4.0 では陰極側に移動しないと考えられる。また，アスパラギンは強酸性条件下で加水分解され，次式のようにアスパラギン酸となる。

$$\underset{\text{アスパラギン}}{H_2N-\overset{CH_2-CO-NH_2}{\overset{|}{C}H}-COOH} + H_2O \longrightarrow \underset{\text{アスパラギン酸}}{H_2N-\overset{CH_2-COOH}{\overset{|}{C}H}-COOH} + NH_3$$

アスパラギン酸はグルタミン酸同様酸性アミノ酸で，pH が 4.0 では陰極側に移動しない。つまり E はアスパラギン酸である。

(c)　▶問 6．題意のポリペプチドに関して，末端および側鎖のアミノ基とカルボキシ基の位置を示すと，以下のようになる。

$$H_2N-\text{Ala}-\text{Ser}-\overset{NH_2}{\overset{|}{\text{Lys}}}-\text{Ala}-\overset{NH_2}{\overset{|}{\text{Lys}}}-\underset{COOH}{\underset{|}{\text{Glu}}}-\text{Ala}-\text{Ser}-\text{Ser}-\text{Ala}-COOH$$

末端の官能基が逆の

$$HOOC-\text{Ala}-\text{Ser}-\overset{NH_2}{\overset{|}{\text{Lys}}}-\text{Ala}-\overset{NH_2}{\overset{|}{\text{Lys}}}-\underset{COOH}{\underset{|}{\text{Glu}}}-\text{Ala}-\text{Ser}-\text{Ser}-\text{Ala}-NH_2$$

も考えられるが，考え方は同じなので前者で説明する。

これより，末端以外でアミノ基は 2 個，カルボキシ基は 1 個とわかる。

また，pH＝2.0 は強酸性，pH＝12.0 は強塩基性より，それぞれの水溶液中では以下の陽イオンおよび陰イオンで存在する。

pH＝2.0 の場合

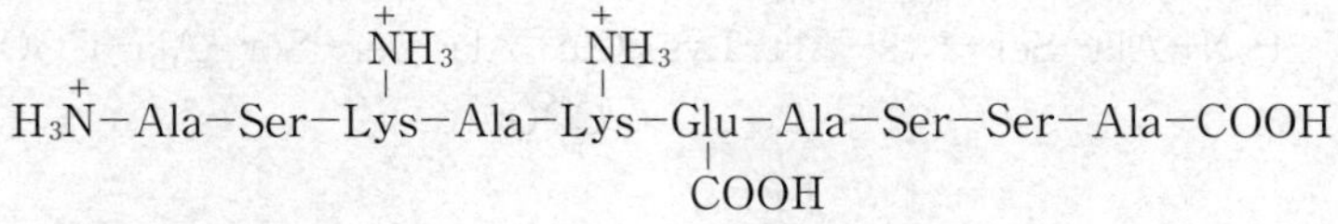

pH＝12.0 の場合

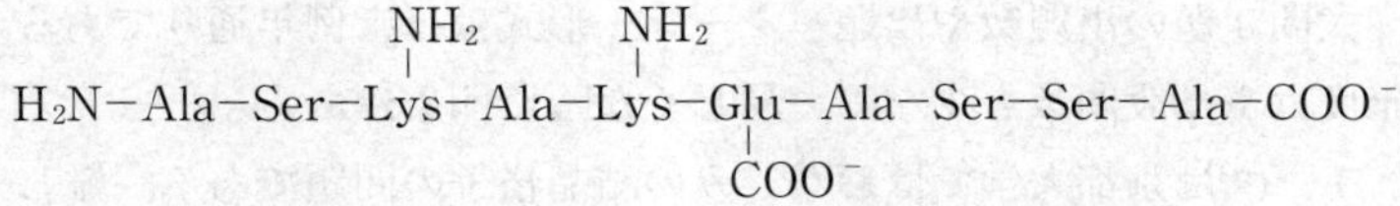

▶問 7．等電点では主に次の双性イオンになっていると考えられる。

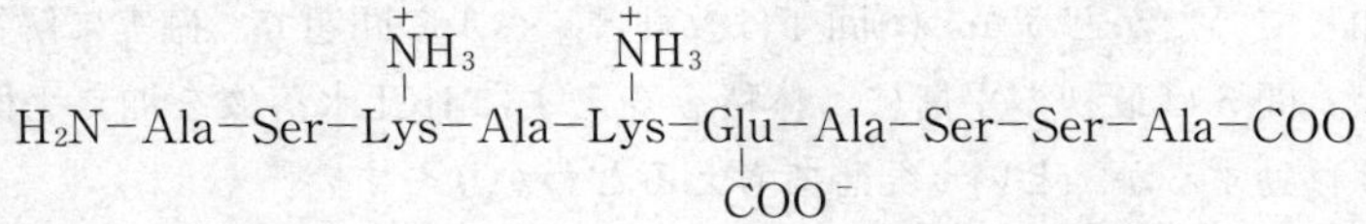

Ｆを NaOHaq で滴定する場合，次のように順次中和されてイオンが変化するが，双性イオンになるまでにＦに対して 3 倍の物質量の NaOH が必要となる。そこで図 4 の横軸目盛りが 3.0 のところを読み取ると，pH は約 9 とわかる。

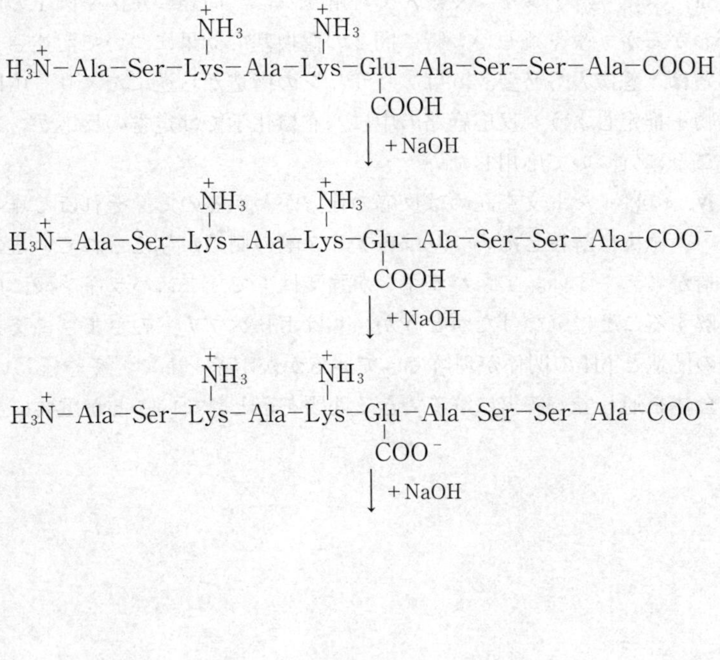

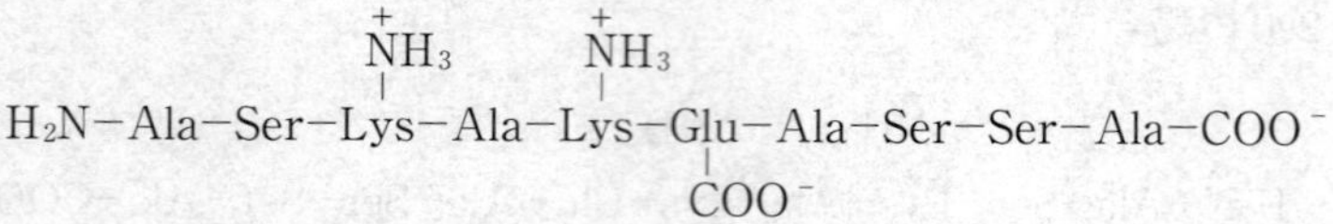

❖講 評

大問4題の出題数や出題パターン・形式はほぼ例年通りである。2018年度はやや設問数も少なく，易しくなった印象がある。

Ⅰ．(a)は京都大学ではおなじみの結晶格子の問題である。難しくはないが計算ミスに注意する必要がある。ファンデルワールス半径の意味を知っていたかどうか。(b)問4は教科書レベルの問題で，確実に解答したい。問5は最初の平衡に，体積を変えずにHCl水溶液を加え平衡がどう移動するか，という発想で考えるとわかりやすい。

Ⅱ．(a)問1は公式そのものなので，確実に解答したい。問2は与えられた量をよく理解し，代数的な立式ができるかどうか。単位が与えられていないが常識的な単位として判断しよう。(b)問4のあ～うは標準的な問題で，確実に解答したい。えはやや難しい。xの表す意味がポイント。

Ⅲ．(a)はリード文をよく読んで理解すれば，問題の意図や図1の流れがわかるが，やや難しい。特に問2の置換基の効果について記述させる問題は，想像力も必要。(b)はアリザリンの構造から逆にたどり，中間生成物を推定しよう。反応経路の中に，有機化学では定番の反応が含まれることに気づいて応用したい。

Ⅳ．(a)はリード文を読めば反応の仕方がわかるので，それほど難しくない。確実に解答したい。(b)は各アミノ酸の側鎖が与えられているので，構造が考えやすい。アスパラギンが強酸性下で，アスパラギン酸に加水分解することに気づけたかどうか。(c)はポリペプチドのさまざまなイオンの構造とpHの関係が理解できているかがポイントで，やや難しい。

全体を通して，確実に解答できる問題を落とさないことが重要になる。

生物

I 解答

(A) 問1．ア．葉　イ．師管（師部）

問2．フィトクロム

問3．光処理Xで処理された葉ではフロリゲンのはたらきを阻害する物質が合成される。この物質が茎頂部に移動し，花芽形成を抑制する。

問4．(1) 変異した部分以降の塩基の読み枠がずれたため。

(2) 置換結果が元と同じアミノ酸指定であったため。

(B) 問5．ウ．学習　エ．樹状突起　オ．伝達

カ．活動電位（活動電流）　キ．慣れ

問6．神経伝達物質の受容体の増加。

問7．シナプスにはシナプス強度の増加・維持を促進するタンパク質のmRNAが存在しており，物質Aがはたらくことでその翻訳が促進され，シナプス後膜の受容体数を増加・維持させると考えられる。

◀解　説▶

≪花芽形成・遺伝子の変異，学習・神経の可塑性≫

(A) ▶問1．日長条件はある程度成長した葉で感知される。この現象にはフィトクロムなどの色素が関係し，細胞内でのタンパク質合成を通して，花芽形成（フロリゲン合成）が調節される。フロリゲンはFTタンパク質やHd3aタンパク質などと呼ばれるタンパク質がその実体である。日長条件が花芽形成に適したものとなると，葉の細胞の核内でフロリゲンのmRNAの転写が起こり，葉の細胞内でフロリゲンが合成される。合成されたフロリゲンは師管（師部）を通って茎頂分裂組織などの花芽形成部位に運ばれる。

▶問2．日長などの光条件は，葉のフィトクロムという色素の型変換（Pr型 $\rightleftarrows$ Pfr型（活性型））によって感知され，Pfr型によってフロリゲン合成が誘導される。したがって，光受容体はフィトクロムである。

▶問3．実験1とリード文の内容から，短日処理→フロリゲン生成，光処理X→フロリゲン生成なしとわかる。実験2からは，フロリゲンが花芽の形成部分（茎頂部）ではなく，離れた部分で合成され，茎頂部に輸送され

ていることがわかる。実験３と実験４の比較から，葉が除去されると光処理Ｘは効果を表さないので，光処理Ｘは葉で感知されるとわかる。さらに実験４では，植物の下部で合成されている（はずの）フロリゲンが茎頂部での花芽形成誘導を行っていないことがわかる。すなわち，植物の下部で作られたフロリゲンのはたらきが光処理Ｘにより作られた何かにより阻害されていることになる。しかし，阻害の実態がどのようなものであるかは，これらの実験からは明らかでない。そこで光処理Ｘによって作られた物質により，花芽形成が阻害されたと答えることになる。

実際には，フロリゲンのはたらきを阻害する「アンチフロリゲン（AFT タンパク質)」の存在が知られている。花芽形成にあたっては，まず茎頂の細胞内の FD 遺伝子によって作られた FD タンパク質と運ばれてきたフロリゲン（FT タンパク質）が結合したものがはたらいて，花芽形成の初期段階に必要な遺伝子である AP1 遺伝子の転写が促進され，花芽形成が始まる。しかし，(光処理Ｘにより）アンチフロリゲンが合成されると，茎頂部に運ばれて，FD タンパク質と FT タンパク質の結合を阻害し AP1 遺伝子の転写は起こらなくなる。

▶問４．(1)　フレームシフト変異という。DNA の塩基配列は３個で１組となり，アミノ酸を指定する。塩基が１つ（または２つ）欠失または挿入されると，読み枠（フレーム）がずれ（シフトし）て，以後のアミノ酸指定が大きく変化する。

(2)　アミノ酸 20 種に対して，３個１組の塩基の組み合わせは 64 通りあり，１種のアミノ酸に対して複数の塩基の組み合わせが対応している。とくに，３個１組の３番目の塩基が別の塩基に入れ替わってもアミノ酸指定が変わらないことはよくある。この場合は塩基の置換は（タンパク質として現れるはずの）形質としては現れない。

(B)　▶問５．ウ．経験による行動の変化を獲得することを学習という。

エ．神経細胞（ニューロン）には細胞体，軸索と複数の樹状突起と呼ばれる部分がある。

オ・カ．神経細胞間ではアセチルコリンなどの伝達物質により情報（興奮）が伝わり，神経細胞内では情報は活動電位（活動電流）が伝導することで伝わる。

キ．学習の一つである，繰り返される無害な刺激を無視する（応答が衰える）学習を慣れという。

▶問6．外界からの刺激により学習などが起こると，神経細胞には構造的にも機能的にも変化が起こる。これを神経（シナプス）の「可塑性」という。この可塑性により，シナプスでの伝達効率（シナプス強度）が変化するが，シナプス強度が増加する場合の（伝達物質を受け取る側の）シナプスの変化としては樹状突起における「受容体の増加」が代表的なものである。

▶問7．タンパク質への翻訳を阻害しておくとシナプス強度の増加が起こらないことから，シナプス強度の増加にはタンパク質合成が必要とわかる。ただし，細胞体を切り離しても物質Aの効果は変わらないことから，物質AはDNAからmRNAへの転写に関連するものではなく，すでに転写されて細胞質中に送り込まれていたシナプス強度の増加に関わるタンパク質のmRNAの翻訳を促進しているとわかる。ただし，シナプス強度の増加が軸索の側（シナプス前膜）の変化の結果なのか，樹状突起側（シナプス後膜）の変化の結果なのかはわからない。可能性としては，合成されたタンパク質によりシナプス前膜では「伝達物質の放出量が増加する」「放出部位の配置が調節される」「放出された伝達物質の回収，再利用の効率が上昇する」などの可能性が考えられる。シナプス後膜では問6にも述べたように「受容体数を増加させる」などの可能性が考えられる。

II　解答

問1．ア．精原細胞　イ．卵原細胞　ウ．一次精母細胞　エ．二次精母細胞　オ．精細胞

問2．14時間

問3．一次卵母細胞は減数第一分裂を終えて第一極体を放出し，二次卵母細胞となって，減数第二分裂に入る。二次卵母細胞は，第二分裂中期でいったん分裂を停止するが，排卵後に精子が進入すると，第二極体を放出して減数分裂を終え，核が融合して受精が完了する。

問4．胎盤

問5．(1)　F_1世代の雌は組換え遺伝子をヘテロに持つため，卵形成では組換え遺伝子を含む染色体を持つ卵と含まない染色体を持つ卵がほぼ同じ割合で形成されるから。

(2)　F_1世代の雌により卵が形成されるとき，GFP遺伝子により一次卵母

細胞の細胞質内にはF_1世代の雌のDNAから転写されたmRNAなどの母性因子が含まれており，それによりGFPの緑色蛍光を発すると考えられる。

◀解　説▶

≪マウスの卵形成と胚発生・母性因子≫

▶問1．始原生殖細胞が精巣に移動して精原細胞，卵巣に移動して卵原細胞となる。「減数分裂に入る」のは一次精母細胞と一次卵母細胞である。第一分裂が終わると二次精母細胞，第二分裂が終わると4個の精細胞となる。

▶問2．8個の細胞が10.5−6.5＝4日の間に1024個になるのだから，1個の細胞がn回分裂して1024÷8＝128個になったことになる。$128=2^7$より，$n=7$で，分裂回数は7回である。そこで，1回の分裂に要する時間は4×24÷7＝13.7≒14時間となる。

▶問3．卵巣内において，第一分裂前期で減数第一分裂を停止していた一次卵母細胞は，個体の成熟に伴い第一分裂を再開する。第一分裂を終了し，第一極体を放出した二次卵母細胞は第二分裂に入るが，第二分裂中期で再び分裂は停止する。排卵後に精子がこの二次卵母細胞に進入すると，二次卵母細胞は第二分裂中期で停止していた分裂を再開し，第二極体を放出して，卵細胞となる。その後，卵核と精核が融合して受精は完了する。

▶問4．受精後，卵は卵割しながら子宮に達するころには，内部の細胞塊とそれを包む外部の細胞層に分かれた胚盤胞となっている。外部の細胞層は栄養膜とも呼ばれ，胎盤（の胎児側である絨毛膜）や臍帯（へその緒）の血管などになる。

▶問5．(1)　F_1世代の遺伝子組換え個体の雌は，遺伝子Aをコードする染色体について組換え遺伝子を持つ染色体と持たない染色体をヘテロに持つ。したがって，この雌が作る卵には，この染色体について組換え遺伝子を持つものと持たないものが1：1の割合で生じる。そこで組換え遺伝子を持たない雄の精子と受精させると，約半数の個体が組換え遺伝子を持つ個体となる。

(2)　F_1雌は，組換え遺伝子を（ヘテロに）持っているから，F_1雌のすべての細胞は，この組換え遺伝子を持つ。したがって，卵原細胞（一次卵母細胞）もこの遺伝子を持ち，（その遺伝子が発現していれば細胞質内に）

その産物（mRNA など）を持つことになる。この細胞が減数分裂により卵を形成すると，卵はタンパク質 GFP の遺伝子を持たない場合でも，細胞質内にその遺伝子産物は持っていることになる。発生の初期段階においては，この産物がはたらくことによって「母親は持っているが，卵は持っていないはずの遺伝子」の形質が現れることがある。このような卵細胞内の因子を母性因子と呼び，その遺伝子を母性効果遺伝子という。ショウジョウバエの体軸決定に関するビコイドタンパク質の mRNA などが母性因子の代表的なものである。ただし，ミトコンドリアの遺伝などにみられる細胞質遺伝ではないことに注意すること。なぜなら F_1 雌が作る卵は，組換え遺伝子を持たない母親の細胞質を受け取っているから，単純な細胞質遺伝であれば，この形質は下線部⑤の胚には現れないはずだからである。

Ⅲ　解答

(A)　問１．(a)・(d)・(h)・(i)

問２．•数量的に遺伝的な差異を検討できる。

•形態の差を比較しにくい離れた分類群の生物どうしの差異を検討できる。

問３．種３と種４は，分子的には系統が離れているが，沖合で魚食するという生活様式が類似している。このため，雑食で祖先の形態に近いと思われる種５，種６とは異なった形態へと収束的に進化したと考えられる。

(B)　問４．この栽培植物の祖先種は，連鎖した SNP 座位 1-SNP 座位 2 に A-A と C-G の組み合わせを持つ２種類の DNA を持ち，A-G と C-A の組み合わせの DNA はそれらの組換えによって生じた。

問５．(1)“丸”：“しわ”＝0：1　(2)“丸”：“しわ”＝9：7

問６．20％

◀解　説▶

≪系統分類と人為分類・分子系統と形態の類似，一塩基多型（SNP）と組換え≫

(A)　▶問１．系統分類は生物の類縁関係に基づく分類法で自然分類ともいう。(a)・(d)・(h)・(i)がこの分類法による分類群に当たる。これに対して，(b)草本植物と(e)水生植物は生活形による分類，(c)薬用植物と(g)穀類は人類とのつながりからの分類，(f)食虫植物は栄養摂取の観点からの分類で，いずれも人為分類である。

▶問２．タンパク質のアミノ酸配列や，遺伝子の塩基配列の解析から生物の類縁関係を考えようとする学問分野を分子系統学という。この分野で用いられる手法では，従来の分類と比べて「遺伝的な差異の数量化ができる」「表面的な形態によらない（形態に現れなくても）差異を検討できる」「中間の化石がなくても種間の類縁関係を推測できる」などの利点がある。

▶問３．異なる湖に生息する種５，種６はどちらも祖先に近いと思われる種７と同様に雑食性であり，祖先に近い形態を維持した。これに対して，種３と種４はどちらも沖合の魚類を食べるため，体高が低く開けた水域で大きな速度を出せる，よく似た形態に収束するように進化したと考えられる。

(B)　▶問４．各品種は遺伝的にはホモ（純系）であると考える。もしこの２種のSNP座位が独立（連鎖していない）であれば，原種から1000品種もの品種が分化する過程で，DNAのSNP座位の組み合わせはランダムなものとなり，組み合わせの数値は設問文にあるようにそれぞれの対立遺伝子頻度の積に近いものになるはずである。そこで，この栽培植物ではSNP座位１とSNP座位２は連鎖していると考えられる。「組み合わせの頻度が積で求められる期待頻度である」のは「遺伝子座が独立しているときである」ことを知っていれば，逆に「組み合わせの期待頻度が積でない⇒連鎖している」と推測できるだろう。そこで解答としては，「SNP座位１とSNP座位２が連鎖しているから」とだけ記しても間違いではない。しかし，これでは特定の組み合わせの割合が高い理由などに触れていないので，解答としてはもの足りない。

実際にはSNP座位１にA，SNP座位２にAを持つDNA（以下DNA$_{A\text{-}A}$のように記す）やDNA$_{C\text{-}G}$を持つ品種が多く，DNA$_{A\text{-}G}$やDNA$_{C\text{-}A}$を持つ品種は少ない。この理由を推測すると，この栽培植物の原種が持っていたDNAがもともとDNA$_{A\text{-}A}$とDNA$_{C\text{-}G}$の２種であり，品種の固定過程で，この２種のDNAの一方をそのまま受け継いだ品種が多く（45%と35%）なった。これに対して組換えは少数しか起こらないから，組換えで生じるDNA$_{A\text{-}G}$やDNA$_{C\text{-}A}$を品種の固定過程で受け継ぐ品種は15%と5%と少なくなっているものと考えられる。なお，SNP座位１がAとC以外，SNP座位２がAとG以外の塩基が現れるような結果となるDNA（たとえばDNA$_{G\text{-}C}$など）は（生存に不利なので）淘汰されて，現れなかった（残らなかった）と考えられる。これらを解答に加えればよい。

▶問5．(1)　新規突然変異体と“丸”純系との間のF_1は“丸”の形質だから，新規突然変異遺伝子は劣性である。新規突然変異遺伝子をr′とすると，r′とrはいずれも正常なデンプン分枝酵素Ⅰを合成できず，遺伝子型r′r′，r′r，rrはすべて“しわ”の形質となる。いま“しわ”と新規突然変異体（遺伝子型r′r′）のF_1はr′rだからこの自家受粉によるF_2はr′r′：r′r：rr＝1：2：1となるが，いずれもデンプン分枝酵素Ⅰを合成できず，すべて“しわ”の形質となる。

(2)　新規突然変異遺伝子をsとすると，親に用いた“丸”はRRSS，純系の“しわ”はrrSS，新規突然変異体の“しわ”はRRssである。“丸”純系との間のF_1はRRSsで正常なデンプン分枝酵素Ⅰを作り，“丸”の形質となる。よって，表現型［RS］は“丸”，［Rs］・［rS］・［rs］は正常なデンプン分枝酵素Ⅰを作れずに“しわ”の形質となる。F_2は［RS］：［Rs］：［rS］：［rs］＝9：3：3：1だから，“丸”：“しわ”＝9：(3＋3＋1)＝9：7となる。

▶問6．組換えが起こると親が持たないパターンのDNAやその産物が現れる。親1は「小-A」，親2は「大-G」のパターンのDNAを持ち，交雑結果のF_1はこの両者が組み合わさったもの（「小-A」かつ「大-G」）となっている。各番号のBC_1世代は，戻し交雑に用いた親2と同じものから「大-G」を受け継いでいるから，組換えが起こらなかったものは「小-A」・「大-G」または「大-G」・「大-G」のどちらかとなる。この両者のどちらのパターンでもない組み合わせを探す。それらがF_1で組換えが生じた結果によるものである。すると，番号2・7・10・16が組換えの結果生じたものとわかる。BC_1世代の2と10が示すパターンは，「小-G」・「大-G」であり，組換えが起きたために生じた「小-G」を持っている。同様に7と16は「大-A」・「大-G」であり，組換えが起きたために生じた「大-A」を持っている。組換え個体が4，全個体数が20だから，組換え価は4÷20×100＝20〔%〕である。なお，2重の組換えは極めて少ないので，起こらなかったと考えてよい。

Ⅳ　解答　(A)　問1．ア．個体群　イ．ヘルパー

問2．個体が特定の範囲内に定住するとき，その範囲を行動圏という。さらに，その定住する範囲またはその一部を同種の他個体

の侵入から防衛するとき，防衛される範囲を縄張りという。

問3．(あ)

問4．(a)　㋐

(b)　Dだけが子を作り，群れで保育することから，幼期の死亡率が低い型と考えられるため。

(B)　問5．ウ．表皮　エ．クチクラ層

問6．孔辺細胞，根毛

問7．(c)　多くの葉が食害による傷害を受けるような食害昆虫の個体数が多いこと。

(d)　食害昆虫の多い条件下で，毛の密度が高いほど成長量が大きくなる関係があること。

◀解　説▶

≪行動圏と縄張り・群れと順位，誘導防御≫

(A)　▶問1．ア．一定の地域内の同種の個体の集まりを個体群という。

イ．群れの内部で自己は繁殖せず，他個体の繁殖を助けるものをヘルパーという。ヘルパーの存在はミーアキャットやセグロジャッカルなどにみられる。

▶問2．行動圏（home range）も縄張り（territory）も，一定の空間を表す概念である。行動圏は，個体が（通常の）生活を行うときの空間が一定の範囲内であるときの，その空間を意味する。同種の個体間の行動圏は重なることがあり，行動圏内の生活や繁殖に必要な資源が特定の個体によって独占的に利用されるとは限らない。これに対して，縄張りは，行動圏，またはその一部が同種の他の個体に対して防衛される場合に，その防衛される空間をいう。この場合，縄張りである空間内の資源である食物や配偶相手などを縄張り所有者が排他的，独占的に利用する。行動圏と縄張りの違いは「防衛行動」「排他的」「独占的」などの用語の有無で表現されることが多い。

▶問3．リード文末尾に「Dだけが出産し」とあるので，群れの中ではDが最上位と考えられる。するとDはBより優位だからBが行う腹見せ行動は，劣位者が優位者に対して行う行動とわかる。Dは最上位であるので，劣位者の行動である腹見せ行動はAとDではAが，CとDではCが行うことになり，解答は(あ)となる。

▶問４．群れで最優位者の繁殖だけが行われることから，雌当たりの産子数が少ないといえる。また保育（親による保護）も行われることから，生存曲線は幼期における少産少死の㋐のグラフ型であるとわかる。

(B)　▶問５．陸上植物では乾燥などへの対応として表皮の外側にクチクラ層が発達する。

▶問６．　表皮細胞の中には，孔辺細胞や根毛など高校で学ぶもの以外にも，毛状突起と呼ばれるものもある。じつは根毛もこの一種で，ほかには粘液や蜜を分泌するもの，ここで問題となっている食害を減少させる効果のある剛毛や動物などに付着するかぎ状になったものなどがある。

▶問７．「誘導防御」が適応進化するためには，「毛の密度を高くする」というコストがかかることが「成長量が大きくなる」という利点をもたらすために必要である。そこで「食害昆虫の個体数」や「毛の密度」と「成長量」の関係については，次のように考えられる。

(c)　食害昆虫の個体数が多いときには，毛を生やして（コストをかけて）防御することで食害を低下させるという利点をもたらす。

(d)　コストをかけて毛の密度を高くするほど，食害を低下させる利点も大きくなる。そこで，コストをかける条件として食害昆虫の多い条件下で「毛の密度」を高くするほど，食害を減らした結果として「植物の成長量」が大きくなるという関係があることが必要である。

したがって，誘導防御が適応進化するためには，食害昆虫の個体数が多いことと，その場合に毛の密度の高いほうが成長量が大きいことを述べればよい。

❖講　評

大問は例年通り４題。３題が(A)・(B)に２分割されている。分割されていないものも含め，複数分野からの出題が多い。論述問題については，2017 年度の 20 問から 2018 年度は 15 問と減少した。複雑ではないものの，計算問題は２問出題されているが，例年通り論述問題に重点が置かれた出題となっている。

Ⅰの(A)は花芽形成と遺伝子の変異に関する出題で，高校の授業では出てこないアンチフロリゲンに関連する内容を含み，やや難しいところがある。(B)は学習と神経伝達の強度の変化に関する出題で，高校で学習した神経伝達のしくみをもとに柔軟な発想をする必要がある。

Ⅱの前半は，ほ乳類の卵形成と胚発生に関するやや詳細な知識が必要な出題である。後半は「母親の形質が発現している」ことと「細胞質遺伝ではない」ことに気づくかどうかがポイントである。やや難しい。

Ⅲの(A)は分類に関する出題で，最近の分類学の大きな流れである分子系統分類を取り上げたもの，(B)はDNAの塩基を遺伝子とみなして遺伝現象を考えさせるもの。遺伝問題のパターンの一つといえるだろう。

Ⅳは(A)が動物の典型的な社会関係である「縄張り」と「順位」を扱ったものだが，標準的な内容である。(B)は誘導防御という現象をコストと利点という観点で考えさせる内容で，これも難度は標準的なものである。

出題は，高校で学ぶ知識より，学んだ知識をもとに一歩進めてそこから「考える力」を必要とするという性格のものであった。全体的な難度は例年並みだが，「生物は覚えていればよい」と考えている受験生には取りつきにくく，「なぜそうなっているのか」を考えていないと，「手強い」と感じさせられたであろう。

地学

I 解答

問１．ア．主系列　イ．核融合　ウ．赤色巨星
エ．惑星状星雲

問２．恒星は５等級暗くなるごとに光度が 1×10^{-2} 倍になる。シリウスＢはシリウスＡより 10 等級暗いので，光度は 1×10^{-4} 倍である。シリウスＡの光度は太陽の 10 倍だから，シリウスＢは太陽に対して

$$10\times(1\times10^{-4})=1\times10^{-3}\quad\cdots\cdots(\text{答})$$

問３．天体の光度は全表面から１秒間に放射されるエネルギーで表されるから，太陽，シリウスＢの半径をそれぞれ R，r とすると，シュテファン・ボルツマンの法則と問２の結果を用いて

$$4\pi R^2\times\sigma\times6000^4\times1\times10^{-3}=4\pi r^2\times\sigma\times10000^4$$

$$\left(\frac{r}{R}\right)^2=\frac{6000^4\times10^{-3}}{10000^4}=\frac{0.6^4}{10^3}$$

$$\frac{r}{R}=\frac{0.6^2}{10\sqrt{10}}=\frac{0.36}{32}\fallingdotseq\frac{1}{100}$$

よって，シリウスＢの半径は太陽の半径の約 100 分の１である。

問４．シリウスまでの距離は 2.6 パーセクなので，その年周視差は $\frac{1}{2.6}$ 秒角である。

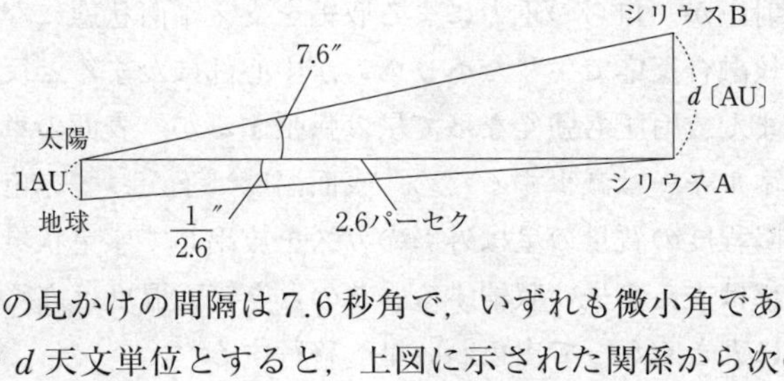

また，連星の見かけの間隔は 7.6 秒角で，いずれも微小角である。連星の平均距離を d 天文単位とすると，上図に示された関係から次の比例式が成り立つ。

$$\frac{1}{2.6}:7.6=1:d$$

$d=7.6\times2.6=19.7\fallingdotseq20$

よって，シリウスAとシリウスBの平均距離は約20天文単位である。

問5．$M_A:M_B=R_B:R_A=2:1$ より　$M_A=2M_B$

また，連星の平均距離が20天文単位，公転周期が50年なので

$$M_A+M_B=3M_B=\frac{20^3}{50^2}=3.2$$

よって

$$\left.\begin{array}{l} M_B=\dfrac{3.2}{3}=1.06\fallingdotseq1\ \text{〔太陽質量〕} \\ M_A=3.2-1.1=2.1\fallingdotseq2\ \text{〔太陽質量〕} \end{array}\right\}\ \cdots\cdots\text{(答)}$$

問6．シリウスBの半径は太陽の100分の1，よって，体積は100^3分の1である。しかし質量はほぼ等しいので，シリウスBの平均密度をρ〔g/cm^3〕，太陽の体積をVとすると

$$1.4V=\rho\frac{V}{100^3}$$

$$\therefore\quad \rho=1.4\times10^6\fallingdotseq1\times10^6\ \text{〔}g/cm^3\text{〕}\quad\cdots\cdots\text{(答)}$$

◀解　説▶

≪太陽の進化，連星系≫

▶問1．恒星が最も長い時間安定して輝くのは，主系列の段階である。太陽は約50億年前に誕生し，主系列星としての寿命は約100億年と考えられているので，あと50億年くらいは主系列星の一つとして輝き続ける。主系列星が安定なのは，中心部で起こる水素の核融合反応で発生するエネルギーの放射圧が，自らの重力による収縮を支え平衡状態になっているからである。核融合反応で生じたヘリウムが中心部にたまると反応の場が外側へ移り，また放射圧も強くなって星は膨張するが，表面の単位面積あたりの放射エネルギーは減少するため，表面温度は下がって赤色巨星となる。その後，太陽程度の質量の星は外層のガスを放出して惑星状星雲を形成し，残った中心部は支えを失い収縮する。このとき表面温度は高くなり，また密度は非常に大きくなって白色わい星へ移行する。

▶問2．光度とは，天体が単位時間に放射する全エネルギーのことである。エネルギーの多くは可視光線なので，目に見える明るさを表す量と考えてよい。また明るさは等級で表すこともあり，両者は明るさが100倍になる

ごとに等級が5小さくなるよう定められている。したがって，シリウスBはシリウスAより10（=5+5）等級大きい（暗い）ので，明るさは100分の1の100分の1，すなわち10^{-4}倍である。

▶問3．シュテファン・ボルツマンの法則で与えられるエネルギーは単位面積・単位時間あたりの量なので，これに全表面積を乗ずると，その星の光度がわかる。また表面積は半径の2乗に比例する。したがって，星の光度は表面温度の4乗と半径の2乗の積に比例するといえる。しかしいきなりこの関係を公式のように扱って説明するのではなく，σT^4から順を追ってシリウスBの半径が太陽の約100分の1になることを示す。なお，計算式を書きっぱなしにして終わるのではなく，最後は証明すべき結論を再度明示しておきたい（問4も同様）。

▶問4．太陽―シリウス間の距離が長く年周視差や連星の見かけの間隔は微小角なので，三角関数を用いない単純な比例式が成り立つ。描図の指示はないが解答欄は十分広いので，図を描く方が説明がしやすくなる。

▶問5．ケプラーの（第三）法則は数値の単位に〔年〕,〔太陽質量〕を用いると簡潔に表現される。また連星の質量と公転半径に関する逆比例式の扱いに注意して数値を代入する。最終結果は有効数字1桁で表すので，途中はせいぜい2桁の値で扱えば十分である。

▶問6．シリウスBの半径は太陽の100分の1なので，その体積は太陽の100^3分の1すなわち10^6分の1である。設問文には平均質量とあるが，体積に平均密度を乗ずると質量が求まるので，これで等式を作る。

Ⅱ　解答

問1．ア．エルニーニョ　イ．ラニーニャ　ウ．温室

問2．デリンジャー現象は太陽フレアで放射されたX線や紫外線が原因で起こる現象なので，フレア発生後8分余りで始まる。これに対し磁気嵐は太陽フレアから放出された高エネルギーの荷電粒子が引き起こす現象で，フレア発生後1～数日して始まるため，両者の発生時期は一致しない。

問3．赤道付近の熱帯収束帯で上昇した大気は圏界面付近に達すると水平方向に流れ出す。この流れは地球自転の影響を受け北東方向に向かう。北緯30°付近に収束すると下降して亜熱帯高圧帯を形成し，地表面に沿って高緯度側と低緯度側へ流れ出す。低緯度側への流れは地球自転の影響を受

け南西方向へ吹く北東貿易風となって熱帯収束帯に向かい，ハドレー循環を形成する。

問4．(1)

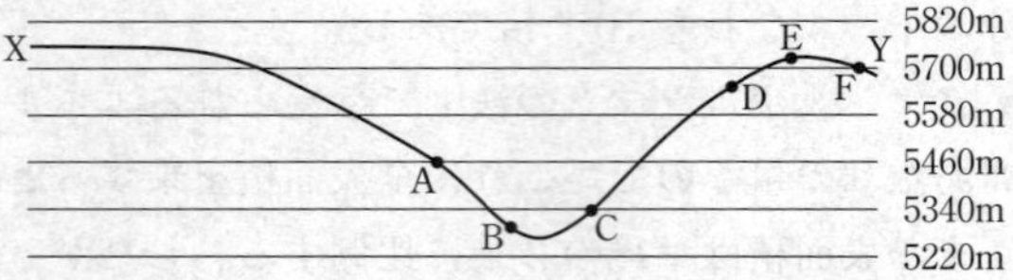

(2)　C

(3)　P

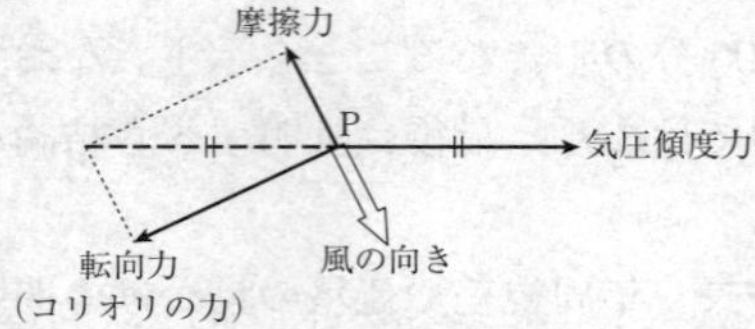

Q

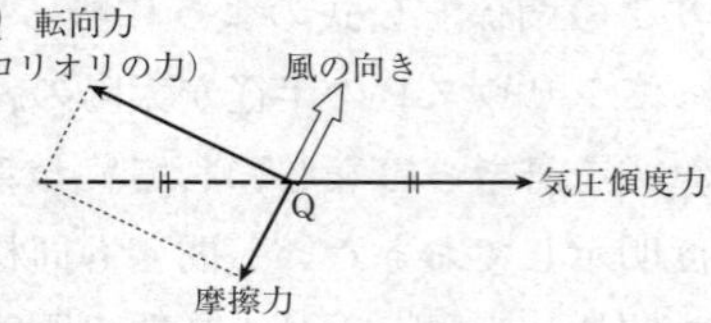

問5．太平洋赤道域の海面上を東から西に向かって吹く貿易風に引きずられて，表層の暖水は西部に吹き寄せられている。そしてそれを補うように東部では深層から冷水が湧昇し，海面水温が低くなっている。この結果，太平洋赤道域では地上付近の大気が相対的に西部で高温・低圧，東部で低温・高圧となり，貿易風を安定して吹かせる要因となっている。

問6．(1)　エーロゾル（エアロゾル）

(2)　澄んだ大気中では水蒸気は露点以下になっても凝結せず，過飽和の状態になっている。しかしエーロゾルが存在すると，それを核として凝結が始まり，雲粒が形成される。

◀解　説▶

≪エネルギー輸送と大気・海洋の循環，相互作用≫

▶問1．ア・イ．問5の〔解説〕参照。

ウ．地上からの赤外放射を吸収し，地上に向かって赤外線を再放射するはたらきを温室効果という。このはたらきは温室効果ガスだけでなく，エーロゾルの一部も果たしている。

▶問2．デリンジャー現象は太陽フレアで放射された強いX線や紫外線が電離層を乱すことで起こる通信障害で，光速でやって来るためフレア発生後8分余りで発生する。一方，磁気嵐は太陽フレアから放出された太陽風の高エネルギー荷電粒子が地球磁気圏をゆがめるために生じる現象である。

粒子速度は速くても数百 km/s のためフレア発生後 1 ～数日して始まる。

▶問 3．熱帯収束帯で暖められ上昇した大気は圏界面に沿って高緯度方向へ流れ出す。地球自転による転向力は高緯度ほど大きくなるので，この流れはしだいに北東方向に向かうようになる。そして北緯 30° 付近で収束し，下降して亜熱帯高圧帯を形成する。その後は地表面に沿って高緯度側と低緯度側へ流れ出す。低緯度へ向かう流れは転向力を受け北東貿易風となり，熱帯収束帯に戻る。このような循環をハドレー循環とよぶ。風の名称と流れていく向きは逆になっていることに注意する。

▶問 4．(1)　断面図は次のように作成する。

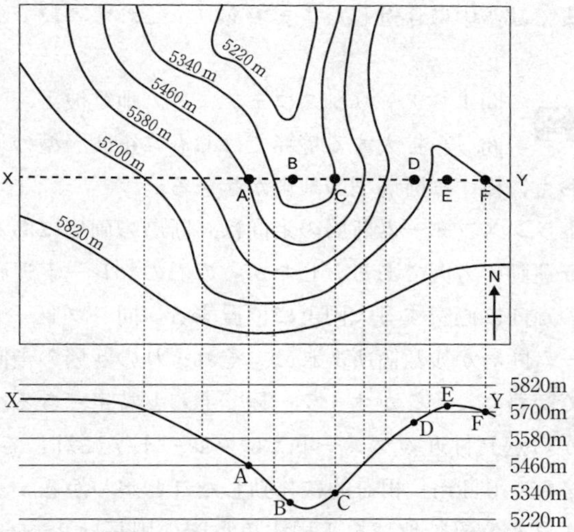

(2)　この高度では，図の上部中央から点 B 付近にかけ気圧の谷が存在している。気圧の谷の東側では，等圧線に沿って北向きに流れる偏西風の速度がしだいに増すため発散が起こり，それを埋めるように地上から暖気が上昇してくるため，地上では温帯低気圧が発生しやすくなる。

(3)　等圧線が円形であることから，風の流れには遠心力もはたらいているが，主要な 3 力のつりあいとあるので，ここでは気圧傾度力，転向力（コリオリの力），摩擦力のみを考えればよい。

▶問 5．大気と海水は相互に影響し合いながら一つの系として定常状態を生み出している。もし定常状態が揺らぎ，たとえば貿易風が弱まって東西間の水温差・気圧差が小さくなるとエルニーニョ現象，逆のことが起こるとラニーニャ現象，およびそれらに関わる諸現象がもたらされる。いずれも異常現象とはいえ大気・海水の複雑な相互作用の結果であるので，直ちに回復することなく数年間継続することも多い。

▶問６．(1)　大気中に浮遊する塵や液体の微粒子で半径0.001～10μm程度のものをエーロゾルという。海塩粒子や火山灰，土壌粒子のほか，人間活動で放出されたものもある。

(2)　澄んだ大気中では水蒸気は露点以下でも通常は凝結せず，過飽和状態になっている。そこへ何らかの刺激が加えられたり凝結核となるものが入ると，急激に凝結が始まる。しかし微細なため，何らかの原因でその粒子が成長するまでは空中に浮遊したままであり，これが雲粒である。

Ⅲ　解答

問１．ア．リソスフェア　イ．地震波

問２．拡大する境界ではおもに正断層型の地震，すれ違う境界ではおもに横ずれ断層型の地震が起きる。

問３．(1)　トランスフォーム断層の走向は，断層の両側にあるプレートの相対的な回転運動の方向である。したがってこのプレート運動のオイラー極は，断層の走向に直交する大円上に位置する。同じプレートの境界にトランスフォーム断層が複数箇所あれば，それぞれの断層の走向に直交する大円は１点で交わり，そこがオイラー極であると特定できる。

(2)　図１ｂから点Ｐ付近のプレートＸはプレートＹに対して最近78万年間に19.5×2＝39.0〔km〕相対的に移動したことがわかる。またオイラー極から60°離れた位置で地球を１周する小円の周長は$2\pi\times6400\sin60°$なので，この期間のプレートの相対的な回転角は

$$2\pi\times\frac{39.0}{2\pi\times6400\sin60°}=\frac{39.0\times2}{6400\times1.73}=7.04\times10^{-3}\text{〔ラジアン〕}$$

したがって，78万年（＝780千年）間の回転角速度を求めると

$$\frac{7.04\times10^{-3}}{780}=9.02\times10^{-6}$$

$$\fallingdotseq9.0\times10^{-6}\text{〔ラジアン/1000年〕}\quad\cdots\cdots\text{(答)}$$

問４．(1)　中央海嶺直下に上昇してきたアセノスフェアの物質は，冷却固結してプレートとなる。その後中央海嶺から離れるにつれ表面から冷却が進んで密度が大きくなるとともに，下部には新たにアセノスフェアが冷却

して固結した物質が付け加わってプレートは厚くなっていく。このためアイソスタシーを保とうとしてプレート全体がアセノスフェア中に沈んでいく。したがってプレートの表面すなわち海洋底の深さは，しだいに深くなっていく。

(2)　浅海では炭酸カルシウムに富む殻を持った生物の生産量が高く，遺骸も多く堆積する。しかしある深さより深くなると炭酸カルシウムは海水中に溶け出してしまうのに対し，ケイ質堆積物はほとんど溶け出さないため，深海底ではケイ質に富む生物の遺骸が多くを占めるようになる。

問５．図２ｂによると，６～７億年前の地磁気の北極の移動経路は一致しているので，３大陸は合体していたことが確認できる。しかし７～８億年前は大陸ＡとＢの経路は一致しているが，大陸Ｃは 20° 西にずれていく。これは８億年前の大陸Ｃが，大陸Ａ・Ｂに対し７億年前に比べ東に 20° ずれた位置にあったことを意味する（図３ａ）。さらに８～10 億年前は大陸ＡとＣの経路は平行，すなわち両大陸は同一方向へ移動していたが，大陸Ｂはそれらに対して 20° 東にずれていく。これは大陸ＡとＣの相対位置関係に変化はないが，10 億年前の大陸Ｂは大陸Ａ・Ｃに対し８億年前に比べ西に 20° ずれた位置にあったことを意味する（図３ｂ）。

◀解　説▶

≪球殻状プレートの運動，大陸移動≫

▶問１．地殻とマントル最上部は硬い岩石で構成されており，リソスフェアとよばれる。その下は温度が高くマントルの岩石の融点に近いため柔らかくて流動しやすくなっており，アセノスフェアとよばれる。ここは地震波速度（特にＳ波速度）の遅い低速度層に相当する。リソスフェアは岩盤の板であるプレートに分かれ，アセノスフェアの上でそれぞれが固有の運動をしている。

▶問２．拡大する境界では水平方向に引っ張る力がはたらくため，正断層型の地震が起こることが多い。ただし断層面の傾きが鉛直に近いと，上下よりも横ずれ成分の多い横ずれ断層型の地震が起きることもある。すれ違い境界では，境界（断層面）をはさんで互いにずれる向きが逆になっている横ずれ断層型の地震がおもに発生する。

▶問３．(1)　プレートの運動は厳密には平板の並進運動ではなく球殻の回転運動であり，一つのプレート内でも場所によって運動の向きや速さは異なる。この回転軸の極にあたるところをオイラー極という。オイラー極を通る大円に対し直交する方向にプレートは回転運動するので，逆にプレートの運動方向の分布からオイラー極の位置を推定することができる。そのための最もわかりやすい手段として，トランスフォーム断層が利用される。

(2)　プレートXのプレートYに対する78万年間の相対移動距離は19.5kmではなく39.0kmであること，また点Pはオイラー極から60°離れた小円上を回転運動していることに気付けたかどうかがポイントとなる。回転角度はラジアン単位で表すことに注意する。

▶問4．(1)　リソスフェアは中央海嶺では形成されたばかりで非常に薄いが，離れるにつれしだいに厚く高密度に，すなわち重くなっていく。するとその下のアセノスフェアは流動性があるので，アイソスタシーを保とうとしてリソスフェア全体がしだいにアセノスフェア中に沈んでいく。このことはハワイ諸島―天皇海山列など，プレート上に形成された火山島が移動とともにしだいに沈み，海山化していくことで確認できる。

(2)　浅海底には炭酸カルシウムもケイ質物質も堆積する。しかしある深さ（CCD：炭酸塩補償深度という。5000m前後）より深くなると，高圧・低温のため炭酸カルシウムは炭酸水素イオンとカルシウムイオンに分かれ海水中に溶け出す。一方ケイ質堆積物はほとんど溶け出さないため，CCDより深いところではケイ質堆積物の割合が多くなる。

▶問5．極の移動曲線を過去にさかのぼってたどることは，実際の時間経過にそった大陸の移動とは全く逆のことをみていることに注意して，大陸移動の過程を考える。結果的には，それぞれの年代における各大陸から求めた極の位置を一致させるには，各大陸をどこに動かせばよいかを考えることになる。たとえば8億年前の大陸Cを東へ20°動かすと，そこから推定される極も東に20°ずれ，極の推定位置を一致させることができる。

Ⅳ　解答

問1．ア．花こう岩　イ．玄武岩　ウ．単鎖　エ．90　オ．120（60）

問2．SiO_4四面体1個はケイ素1個，酸素4個で構成されるが，酸素のうち2個は他の四面体とは共有されず，2個はそれぞれ隣の四面体と共有されている。したがって，1個のケイ素に対し$1\times2+0.5\times2=3$個の酸素が配置されたパターンが単位となり，それが並んで単鎖状の骨格を作っているとみなせる。よって，輝石を構成するケイ素と酸素の比は1：3である。

問3．角閃石は，SiO_4 四面体が2または3個の酸素を共有して横2列に並んだ複鎖（二重鎖）構造をしている。また黒雲母は，SiO_4 四面体が3個の酸素を共有して平面的に並んだ網状構造をしている。

問4．(1)　a．石英　b．斜長石　c．輝石

(2)　水温4℃の水の密度は $1.0\,g/cm^3$ であるから，水中に沈めた体積 v〔cm^3〕の試料は浮力を受け v〔g〕だけ軽くなる。よって

$$v=3.1-2.2=0.9\,〔cm^3〕$$

この試料の質量は $3.1\,g/cm^3$ なので，密度は

$$\frac{3.1}{0.9}=3.44\fallingdotseq 3.4\,〔g/cm^3〕\quad\cdots\cdots(答)$$

(3)　花こう岩質岩石：密度×組成比の和が全体の平均密度になる。よって

$$2.6\times0.25+2.7\times0.25+2.7\times0.50=2.67\fallingdotseq 2.7\,〔g/cm^3〕\quad\cdots\cdots(答)$$

玄武岩質岩石：同様に

$$2.7\times0.60+3.4\times0.25+3.6\times0.15=3.01\fallingdotseq 3.0\,〔g/cm^3〕\quad\cdots\cdots(答)$$

(4)　アイソスタシーの成立から，大陸地殻の深さ 100.0km までの各物質の（密度）×（厚さ）の和と，海洋地殻の深さ 100.0km までの各物質の（密度）×（厚さ）の和とは等しくなる。よって

$$2.7\times35.0+3.0\times15.0+3.3\times(100.0-35.0+h-15.0)$$
$$=1.0\times4.0+3.0\times7.0+3.3\times(100.0-4.0-7.0)$$

$$3.3h=1.0\times4.0+3.0\times7.0+3.3\times89.0-2.7\times35.0-3.0\times15.0-3.3\times50.0$$
$$=14.2$$

$$h=\frac{14.2}{3.3}=4.30\fallingdotseq 4.3\,〔km〕\quad\cdots\cdots(答)$$

◀解　説▶

≪ケイ酸塩鉱物の構造，アイソスタシー≫

▶問1．地殻は花こう岩質岩石や玄武岩質岩石で構成されているが，いずれもケイ酸塩鉱物で作られている。ケイ酸塩鉱物の構造の基本単位は SiO_4 四面体で，それらがどのように結合して骨格を作っているか，その並び方によって鉱物の種類が変わる。また骨格構造の違いによって，鉱物

の割れ方（へき開）や結晶面同士の成す角度などにもそれぞれ固有の特徴を示す。

▶問２．となりの四面体と共有される酸素は，0.5個の配置として数える。解答欄は十分広いので，説明のために図を用いてもよい。

▶問３．有色鉱物では，早期に晶出するものほどSiO_4四面体が作る骨格は単純な構造をしている。かんらん石：独立，輝石：単鎖，角閃石：複鎖，黒雲母：平面網状である。なお，無色鉱物はSiO_4四面体が立体的な網状構造をしており，Siが一部Alで置き換わったものが長石類，SiとOのみで構成されているものが石英である。

▶問４．⑴　アとイのどちらにも含まれるbが斜長石である。また花こう岩質岩石だけに含まれるaは石英，玄武岩質岩石だけに含まれるcは輝石である。

⑵　試料の空気中での重さは質量を表し，水中での重さは浮力を受けている分だけ軽くなっているので，２つの重さの差が浮力の大きさであるとみなせる。また浮力の大きさは試料と同体積の水の重さに等しい（アルキメデスの原理）ので，浮力の大きさから試料の体積がわかる。ここでは水の密度は$1.0\,\mathrm{g/cm^3}$なので，浮力と体積を表す数値は同じになる。

⑶　各成分の密度と組成比がわかっているとき，それぞれの密度と組成比の積の和が全体の密度になる。

⑷　地下のある面に加わる単位面積あたりの荷重とは，その面に加わる上からの圧力のことで，上にある物質の（密度）×（厚さ）の和で求めることができる。あえて単位をcmなどにそろえたり，重力加速度を乗ずる必要はない。また大陸地殻の下部地殻の底面（深さdとする）から深さ100.0kmまでは，海洋地殻と同じマントル物質が存在しているので，深さdにおいて両地殻の圧力は等しくなっていると考えてよいが，ここでは深さ100.0kmを基準面として等式を作る。

❖講　評

例年通り論述・計算問題中心の大問４題の構成であった。しかし計算は手間のかかる問題が全体としては少なくなり，このため難易度としては，2017年度よりやや易化したといえよう。

Ⅰ　太陽の進化と連星系の物理量に関する内容であった。計算問題は未知の値を求めるものの他に既知の関係を証明するという形式でも出題され，例年になかった傾向といえる。しかし有効数字 1 桁で導出すればよいなど，計算そのものは難しいものではない。問 4 は考え方の説明のため簡単な図を描くなどの工夫もするとよいだろう。

Ⅱ　大気・海洋分野の融合問題で内容は多岐にわたり，決して難問というわけではないが，断片的な知識の羅列だけではきちんと対応できないものであった。問 5 は単に貿易風による吹き寄せだけでなく，大気・海水の相互作用としていかに的確に説明できたかがポイント。

Ⅲ　プレートを平板ではなく球殻とみなし，その運動を考えるものであった。小問ごとにある長めの説明文や図を丁寧に読み込み，運動の様子をいかに 3 次元的に組み立てられるかがよい解答への分岐点である。

Ⅳ　ケイ酸塩鉱物と火成岩に関する限られた範囲での出題であった。とはいえ，最終的にはアイソスタシーの計算まで行う，やや時間のかかる内容であったといえる。問 4 は初めの計算結果を誤ると最後までそれが響いてくるので，細かい配慮と慎重さが求められている。

の『雑々集』は室町時代後期成立の可能性もある）、注目される。文章量は約四二〇字で、例年並み。ただし、和歌は含まれていなかった。総解答量は二〇一七年度と同じく、一〇行。難しかった二〇一七年度に比べて、難易度はかなり易化したが、例年比で言えば標準レベルである。問一の現代語訳問題は標準的。比喩と実意の区別もそう難しくはないはず。問二の内容説明問題は、「たがひに」に合わせて説明できるかどうかが大きなポイント。また、「言葉もなし」の解釈はやや微妙で、迷うかもしれない。まとめにくく、やや難であろう。問三の現代語訳問題は標準的だが、「よすが」の解釈だけはやや難。解答欄が四行あって広いので、それに合わせて語句を補う必要があるのかどうか、判断に迷うかもしれない。「言葉を補いつつ」などの条件は付いていないが、解答欄の大きさをにらみながら、適宜文脈も踏まえて訳した方が適切と見ておきたい。

比較すると増加したが、文章内容はオーソドックスな言語論であり、総じて難易度は、二〇一七年度に比べるとやや易化した。問一は標準的。「一本のキイ・ワード」が「こころ」という和語であることを押さえ、言葉の意味と人間の心の働きとに繋がりがあることを説明する。問二も標準的。分節化という言語の働きが恣意的であることだけでなく、言語による違いについても言及すること。問三も標準的。漠然とした感情が、言語の分節化の働きによって認識されたとたんその言葉の意味通りに形作られるという、言葉による人間の心への働きかけを説明させる問題であることを理解すること。問四はやや難。言葉と心の働きの相互作用という点から意味論の問題点を指摘しつつ、それが学問として不十分であると筆者が考える理由を説明する。

二の現代文（評論）は、科学の方法では決して把握できないものがあるという、科学の限界について述べられた評論文。文章量は二〇一七年度とほぼ同程度である。設問数も二〇一七年度と変わらず三問だが、総解答量は一行減少し九行だった。科学的方法の限界という頻出テーマであったことから、文章自体に読みにくさはなかっただろう。設問内容も、すべて理由説明問題だった二〇一七年度に比べると、理由説明問題が二問になり、内容説明問題も設問条件が付されていたことから解答しやすく、難易度はやや易化した。とはいうものの、理系のみの現代文としては、例年並みの標準的な難易度である。問一の理由説明問題は標準的。科学が前提とする事実について説明した上で、そこに文学的な要素が含まれていることを指摘する。問二の理由説明問題も標準的。「別の意味で極めて貴重なもの」「絶対的なもの」といった漠然とした表現を使わずに、それが意味する内容について具体的に説明すること。問三の内容説明問題は、やや難。「宿命」というニュアンスを説明するのが厄介である。科学の本質を担う科学的手法では人間の本質的な部分を把握できないという点を指摘した上で、科学が万能になり得ないのは、まさに科学を発展させたその手法によるものであるという、科学の限界（＝宿命）について説明する。

三の古文（紀行文）は、江戸時代の連歌師・俳人である西山宗因の文章からの出題。入試で採用されることは稀な出典である。理系では、二〇一三年度以降、これで六年連続、近世作品が出題されたことになり（ただし二〇一五年度

〝①身を寄せる所、②頼りとなる人・縁者、③手段・方法〟の意だが、肥後には宗因の親きょうだいや旧友がいるので、①や②はあると考えられ、ここでは③の意味に解したい。肥後では士官先を失い、生計を立てる手段がなくなったと見ておく。「行く末」は〝将来〟の意。「さだめたる」の「たる」は完了・存続の助動詞で、〝～た・～ている〟の意。「なけれ」は形容詞「なし」の已然形。過去の助動詞「けれ」ではないので、〝なかった〟と過去形で訳さないこと。「ど」は逆接の接続助詞で、〝～けれど・～が〟の意。「しらぬ」の「ぬ」は打消の助動詞「ず」の連体形。「里」は〝人里・村里〟の意で、ここでは〝土地・場所〟などの訳でもよい。「身」は〝流浪のわが身〟くらいに具体化しておくとよい。「はづる」は上二段動詞「はづ（恥づ）」の連体形。「じ」は打消推量の助動詞で、〝～ないだろう・～まい〟の意。

参考　『肥後道記』は、江戸時代前期の連歌師・俳人である西山宗因（一六〇五～一六八二年）の紀行文である。宗因は十五歳の頃から肥後国八代城主・加藤正方に仕えたが、寛永九年（一六三二年）五月に主家改易に伴って浪人し、のちに大坂天満宮の連歌所宗匠となった。また、俳諧にも強く関心を寄せ、談林俳諧の祖となった。『肥後道記』は、主家改易事件の顛末を記した序文と、寛永十年（一六三三年）九月二十五日に故郷熊本を離れて、十月十五日に京へ着くまでの約二十日間の旅を綴った紀行文からなる。今回の問題文は序文の後半の箇所である。

❖講　評

〔一〕の現代文（評論）は、言語の意味と人間の心的活動の関係性を明らかにした上で、意味論の問題点を指摘した文章。〔一〕では、二〇一二年度に小説が出題されて以降、二〇一三～二〇一七年度までは、五年連続で随筆の出題が続いていたが、二〇一八年度では評論からの出題となった。設問数は二〇一七年度と変わらず四問であり、二〇一七年度と同様に漢字の書き取りの出題はなく、内容説明問題のみであった。総解答量は、三行増えて一五行とやや増加したものの、理由を問われるものは問四のみであり、二〇一七年度よりは取り組みやすい印象である。文章量は二〇一七年度と定めて、九月の末頃、秋の別れとともに出立しました。

◀解　説▶

▼問一　比喩としては「民《たみ》の草葉」「徳風」「かうばしき」「なびき」の四語、あとは比喩というより、意味が二重の語として「あやし」に注意して訳したい。まず、「あやし」は〝①奇妙だ・不思議だ、②身分が低い・卑しい、③粗末だ・みすぼらしい〟の意だが、「民」には②の意味で係り、「草葉」には③の意味で係っている。「民の草葉」（民草ともいう）は、〝民衆〟を〝草葉〟にたとえた語である。「徳風」は、〝仁徳が人を感化していくさま〟を〝風〟にたとえた語で、ここでは二代の藩主の仁徳や徳政を指す。「かうばしき」は、〝（藩主の仁徳や徳政が）すばらしいさま〟を〝（風が）香ばしい〟ことにたとえた語。「なびき」は、〝（人民が藩主に）従うさま〟を〝（草葉が風に吹かれて）なびく〟ことにたとえた語。なお、〔全訳〕のような語順で訳してもよい。

▼問二　「たがひに」とあるので、「宗因」と「親はらから恋しき人」の両面から、「こぞことし（去年今年）のうさつらさ（憂さ辛さ）」が、「言葉もなし」とはどういうことか、説明する。「はらから」は〝兄弟姉妹〟の意。「言葉もなし」は〝それを言い表す言葉が見つからない・言葉では言い表せないほどだ〟の意と考えられる。ただし、「たがひに」で、面と向かい合っているさまをイメージするなら、文字通り〝口から言葉が出てこない〟の意に解して、〈去年と今年の辛酸のあまり、再会しても互いに言葉を発することもできなかった〉などの解釈の余地も残る。

解答のポイントは以下の三点である。

① 「こぞことしのうさつらさ」について、宗因の側から説明する
② 「こぞことしのうさつらさ」について、「親はらから恋しき人」の側から説明する
③ 「言葉もなし」とはどういうことか、説明する

▼問三　設問文に「言葉を補いつつ」などの条件はないが、広い解答欄（四行）に合わせながら、適宜言葉を補って訳すのが適切だと思われる。まずどこに「とどまる」のか明らかにする。助動詞「べき」は可能の用法。「よすが」は

三

出典　西山宗因『肥後道記』

解答

問一　粗末な草葉も香ばしい風に吹かれてなびくように、身分の低い人民も藩主の仁徳のすばらしさに心から従って

問二　藩主改易以降の、去年から今年にかけての辛苦は、江戸や京にも流浪し帰郷した宗因にとっても、肥後に残っていた親きょうだいなどにとっても、それぞれ言葉では言い表せないほど甚だしかったということ。

問三　肥後に残ることのできる生活の手立てもなく、将来といっても特に決めていることもないけれど、よその知らない人里で生活していくなら、流浪の身の上を恥ずかしく思う必要もないだろう

◆全　訳◆

そもそも（加藤家が）この肥後の国（＝現在の熊本県）を統治し始めなさった年月を数えると、四十年余りで、（清正公・忠広公の）二代にわたる藩主でいらっしゃったので、勇猛な武士も（藩主の）お恵みの厚いことになじみ、身分の低い人民も、粗末な草葉が香ばしい風になびくように、藩主の仁徳のすばらしさに心から従って、家が富み国が栄えていた（のに、そんな）頼み（とする藩主）を失ってから、身の置き所もなさそうにさまよい合っていたことは、当然過ぎることである。物の数にも入らない自分も頼みとしていた主人（の正方公）につき従って、関東の武蔵の国（の江戸）まで流浪して回って、今年の七月頃、京へ帰り上っても、やはり住み慣れた（肥後の）国のことは忘れがたく、親きょうだい（など）恋しい人が多くて、見舞いも兼ねて下りましたが、（藩主改易以降の）去年から今年にかけての辛酸は、互いにそれを表す言葉もない（ほど甚だしかった）。こうしてしばらく滞在して、再び京の方へ（行こう）と思い立ったが、老いた親や旧友などが慕って引きとどめて、「貧しい時世をも同じ場所にいて互いに助け合おう」などと、さまざまに言うのを、振り捨てにくくはございましたが、（肥後に）残ることのできる（生活の）手立てもなく、将来といっても特に決めたこともないけれども、（よその）知らない人里では（流浪の）わが身を恥ずかしく思う必要もないだろうなどと思い

い〉というのが「科学の宿命」の概要である。

さらに、「科学の宿命をその限界と呼ぶべきであるならば」と述べられていることから、「科学の宿命」は〝科学の限界〟の意として言い換えることができるが、そこで留意したいのは、この科学の限界が、本文冒頭で提示された中心話題であり、「科学（の発展）によってすべての問題が解決される可能性を、将来に期待」するといった「素朴な科学万能論」を、「信ずることはできない」という問題提起の解答として書かれたのが、第二段落以降の文章だということである。ここから、〈科学がどれだけ発展しても決して万能にはなり得ないのは、まさに科学を発展させたその手法（科学の本質）によるものである〉というのが、「科学の宿命」つまり限界であると理解することができる。この部分まで踏まえた解答を作成したい。

解答作成のポイントは以下の三点である。

① 設問条件でもある科学の本質の具体的内容を明らかにする
② 科学の本質を担う手法では、人間の本質的な部分を把握できないという点を指摘する
③ 科学の発展が科学的手法によるものである以上、決して万能ではあり得ないという限界に言及する

参考 湯川秀樹（一九〇七〜一九八一年）は、京都府出身の理論物理学者。京都帝国大学理学部を卒業。大阪帝国大学助教授を経て、京都帝国大学教授となった。東京帝国大学、アメリカのプリンストン高等研究所、コロンビア大学などの教授を兼ねたが、定年退官まで京都大学基礎物理学研究所所長の職にあった。中間子の存在を予言し、日本人として初めてノーベル物理学賞を受賞。科学上の業績のほかに、パグウォッシュ会議、世界平和アピール七人委員会などで科学者の平和運動に貢献した。また文筆にもすぐれ、『湯川秀樹自選集』など多くの著書がある。

の前提となる「事実」には、文学が本領とする個人的体験が含まれざるを得ないという点で、〈科学と文学の境界は曖昧になってしまっている〉と言えるのである。

以上の内容を理解した上で、解答を作成する。解答のポイントは以下の二点である。

① 科学が前提とする「事実」について説明する

② 科学が前提とする「事実」の客観化に、文学的な要素が含まれていることを指摘する

▼問二　〈個人的体験を抽象して客観化された多くの事実から法則を導き出す〉という科学の方法では、「最も生き生きした体験の内容であった赤とか青とかいう色の感じそのもの」、すなわち〈個人的体験の内実を担うような感覚や感性〉は脱落せざるを得ない。なぜなら、一部の性質を抽象して客観化することは、同時に、それ以外の性質が捨象されることを意味するからである。そして、この科学の抽象化（捨象化）の働きによって取りこぼされた感覚や感性こそが、芸術的価値の本質で、芸術において不可欠なものなのである。

以上の内容を踏まえて、解答を作成する。解答のポイントは以下の三点である。

① 「赤とか青とかいう色の感じ」という表現を一般化して説明する

② 科学的手法では、感性や感覚を捕えきれない理由を説明する

③ 感性や感覚と芸術的価値の関係に言及する

▼問三　まず、傍線部(3)直前の指示語「このような」が、「科学が自己発展を続けてゆくためには、その出発点において、またその途中において、……多くの大切なものを見のがすほかなかった」ことを指していることに留意しよう。「多くの大切なもの」というのは、個人的な体験を担う感覚や感性（問二）であり、また、哲学や宗教の根本ともなる人間の自覚である。そういった人間の本質ともいえる部分を、科学が「見のがすほかなかった」のは、ここまで繰り返し確認してきたように、科学の本質が体験を客観化した事実から法則を定立するという手法にあるからである（問一・問二）。したがって、〈科学の本質を担う科学的手法では、人間の本質といえる部分を把捉することができな

二

出典　湯川秀樹「科学と哲学のつながり」（湯川秀樹『湯川秀樹―詩と科学』平凡社）

解答

問一　科学が前提とする事実は、個人的体験を他者にも把握できるように客観化したものであるが、個人的経験を他者に向けて表現するのは、文学が本来担う役割であるから。

問二　芸術に不可欠な、感性や感覚といった個人的体験の内実は、体験を客観化する科学では常に捨象されるものだから。

問三　科学の本質が、体験の客観化を経て得た事実から法則を定立するという手法にある以上、どれだけ有用な知識を増やせても、感性や自覚のような体験の本質を担う部分は決して把捉できず、万能にはなれないという科学の限界。

◆要　旨◆

科学が有用な知識を絶え間なく増加し人類に貢献する一方で、大多数の人は漠然とした科学の限界を予想している。その理由は、個人的体験を抽象して客観化された事実を確認し、法則を定立させるという科学の本質的な手法にある。すなわち、科学的手法では、芸術や哲学、宗教の本質となる、決して客観化されえない個人的な体験の内実を担う感性や感覚、人間の自覚などを把捉することができない。こういった限界を自覚することで、科学は、人間の他の諸活動と相補いつつ、人類の全面的な進歩向上に貢献していくべきである。

▲解　説▼

▼問一　第二段落の記述に注目すると、科学に対する定義を与える上で、まず確実に言えるのは、「科学の本質的な部分が事実の確認と、諸事実の間の関連を表す法則の定立にあること」であり、そのための「事実」は「個人的体験であるに止まらず、同時に他の人々の感覚によっても捕え得るという意味における客観性を持たねばならぬ」ことである。したがって、科学が前提とする事実は、〈個人的体験を他者にも把握できるように客観化したもの〉だと言える。しかし、傍線部（1）の直後にあるように「自己の体験の忠実な表現は、むしろ文学の本領だ」、すなわち〈個人的体験を他者に向けて（他者に理解されるように）忠実に表現する〉のは、そもそも文学の役割である。したがって、科学

ろ」に働きかけ、あたかもそういった感情であったかのように「こころ」を規定する。しかし、一方で、第三意味段落で述べられているように、人間の「こころ」も言葉の意味に作用する。人間の「こころ」が言葉の意味に作用して、言葉の意味を変えていくのである。したがって、〈言葉の意味は人間の「こころ」を規定するが、その言葉の意味は人間の「こころ」によって変化するという相互作用のもとに、言葉の意味は成立している〉のだと言えるだろう。

しかし、「意味論は、意味を客観的認識の対象として、当の言語主体から切り離しすぎ」ている（第一意味段落）、と筆者は主張する。これは、〈言葉の「意味」について研究する学問である「意味論」が、その言葉の意味変化にとって重要な働きを担う人間の「心的活動」を考慮していない〉ということを指摘することでもある。ここから、傍線部（4）のように、「意味論」は「『こころ』の学」とならねばなるまい、とする筆者の主張は理解できるだろう。なぜなら、〈「意味」と人間の「こころ」の相互関係において「意味変化」の前提にあるのが「人間」であり、言葉の「意味」を考えるには、人間の「こころ」という要素が必要不可欠だから〉である。

以上の内容をまとめて解答を作成する。ポイントは以下の三点である。

①「意味論」に対する筆者の批判（第一意味段落）を押さえる
②「人間の『こころ』と言葉の『こころ』の相互関係」の具体的内容に言及する
③②の内容を踏まえて、筆者が「意味論」を批判する理由を補う

参考 佐竹昭広（一九二七～二〇〇八年）は、東京都出身の国文学者。京都大学文学部卒業。同大学文学部の教授を務め、名誉教授となる。退職後も成城大学教授や国文学研究資料館館長を歴任し、紫綬褒章を受章した。十九歳で『万葉集』と『古今和歌集』の歌語の法則を発表し注目される。古代・中世文学を、民俗学的視点をくわえて分析するなど、古代から現代までの日本語研究ですぐれた業績をあげるとともに、岩波古語辞典の編纂や『万葉集』の校訂注解など、研究の基礎をつくる仕事にも貢献した。主な著作に、『下剋上の文学』『閑居と乱世 中世文学点描』『古語雑談』などがある。

の連続である外界を、いくつかの類概念に区切り、そこにおける固定した中心、思想の焦点としての名称をもって配置する」のが言語の働きであり、また、その働きによって「客観的世界ははじめて整理せられ、一定の秩序と形態を与えられる」からである。

以上の内容を理解して、解答を作成する。ポイントは以下の二点である。

① 言語の分節化の働きについて説明する

② ①を踏まえた上で、言語が違えば、認識の仕方も違う（＝見え方が違う）ということを説明する

▼問三 「言葉が、彼女の『こころ』を鍛えあげてゆく」「人間の『こころ』が、言葉につかみとられて、否応なしに連行されてゆく」といった記述がヒントとなるが、いずれも比喩表現であるので、うまく言い換えて説明する必要がある。「愛」「嫉妬」「憎悪」はいずれも、感情を示す言葉である。したがって、傍線部(3)を一般化すると、〈言葉とともに、その言葉が示す感情が結晶してくる〉ということである。感情が「結晶する」というのは、〝形作られる・現象する〟などの意味合いであろう。では、なぜ、言葉で示されると感情が形作られるのか。それは、問二でも確認したように、〈人間は言葉で世界を分節することで、その事象を認識することができるから〉である。言語化しえなかった漠然とした感情は、言葉によって示されることで認識可能なものとなり、その言葉が持つ意味通りの感情として形作られる。「愛」と示されれば、「愛」だと認識し、「嫉妬」と示されれば「嫉妬」だと認識することで、実際にその言葉通りの感情として明確なものとなるのである。

以上の内容を理解した上で解答を作成すればよい。ポイントは以下の三点である。

① 「愛」「嫉妬」「憎悪」を一般化し、「感情」一般の説明とする

② 「人間の『こころ』が、言葉につかみとられて、否応なしに連行されてゆく」という記述を参考にする

③ 「結晶してくる」という比喩のニュアンスが出るように表現を工夫する

▼問四 ここまで確認してきたように、言葉は人間の認識作用と密接にかかわっており、かつ、認識された内容は「ここ

素を抜きにして言葉の意味を探究しようとする「意味論」は、学問として不十分だと言えるだろう。

◀解　説▶

▼問一　＊で区切られた一つ目の意味段落の内容の理解が問われる設問。傍線部(1)を構成している、「語の意味」「言語主体の心的活動」「一本のキイ・ワード」「(〜で) 架橋される」という四つの要素に注目してみよう。「言語主体の心的活動」とは〝人間の心の働き〟のことであり、「(〜で) 架橋される」という比喩は〝橋渡しされる・繋げられる〟という意味であるから、傍線部 (1) はまず〈語の意味と人間の心の働きは、一本のキイ・ワードで繋げられる〉といった意味であることを理解する。では、「語の意味」と「人間の心の働き」を繋げる「一本のキイ・ワード」とは何か。これについては、「『意味』という漢語を知らない時代にも、『意味』を含意する言葉は存在した。それが、『こころ』という和語であった…」という記述から、「こころ」という和語であることがわかる。また、「語の意味」と「こころ」との対応関係は、冒頭部分から繰り返されているように、「語を人間とのアナロジーで捉える観点から導かれた」ものであることにも留意したい。

解答作成のポイントは以下の三点である。

① 語を人間とのアナロジー（類比）で捉える観点であること
② 語の「意味」に対応する概念として「こころ」という和語が用いられてきたこと
③ ②から、語の意味と人間の心の働き（＝言語主体の心的活動）が、繋がったものだとわかるということ

▼問二　傍線部(2)の「もっとも客観的に見える自然界」は、〈誰が見ても同じように見える〉とか〈人間の主観に左右されない〉などの内容に言い換えることができる。その自然界が、「実際は、なんら客観的に分割されていない」ということを説明していく上で、ヒントは傍線部(2)の後の具体的説明にある。すなわち、虹の例からもわかるように「言語によって、色彩の目盛りの切り方が相違して」おり、用いる言語が違えば見え方も異なってくる（「同じ虹に対しても、人はその属する言語の構造という既成の論拠の上においてのみ、色合を認知しうる」）。なぜなら、「無限

国語

一

解答

出典　佐竹昭広「意味変化について」（今西祐一郎他編『佐竹昭広集　第二巻　言語の深奥』岩波書店）

問一　語を人間と類比させ、「意味」という概念として用いられてきた「こころ」という和語に注目すると、語の意味と人間の心の働きは切り離せないことがわかるということ。

問二　誰が見ても同じように思える自然界でさえも、連続した世界を分節する人間の言語活動によって初めて認識可能なものとなり、秩序や形態を与えられるため、異なる分節の仕方をする言語活動においては、見え方も違ってくること。

問三　名状しがたい感情だったものが言葉で示されると、その言葉が持つ意味として認識され心に働きかけるため、その意味通りの感情として形作られていくということ。

問四　言葉が人間の心を規定し、人間が言葉の意味を変化させる、という人間と言葉の相互作用を考慮せず、言葉の意味を人間から独立した客観的対象とする意味論には、言葉の意味を研究するのに不可欠な人間という要素が抜け落ちてしまっており、有意義な学問となっていないから。

◆要　旨◆

一般的に「意味論」は、意味を客観的認識の対象として、言語主体である人間から切り離しすぎた傾向があるが、言葉を人間と類比させ、語の「意味」という概念で用いられてきた「こころ」という和語によって語の意味を認識しなおすと、語の意味と人間の心の働きは切り離せないものであることがわかる。語の意味は人間の心に作用するが、その一方で、人間の心が語の意味を変化させるものだからである。言葉の意味変化が、人間の心の変化を前提とする以上、人間という要

2017年度

解答編

解答編

英語

I **解答** (1)世界の乾燥地や半乾燥地の最大 70％が，程度の差はあるものの砂漠化問題を抱えているという推定。

(2)砂漠化は，世界規模で起きているものとして認識された最初の主要な環境問題であったので，「砂漠化の危機」が政策課題として概念化され，作り上げられ，そして取り組まれるようになった過程が，森林伐採，生物多様性の喪失，気候変動といった後続の環境危機に対する人々の反応の仕方を，様々な形で決定づけることになった。

(3)世界の乾燥地は価値がなく，森林が伐採されてしまった土地であるという前提のせいで，諸々の事業や政策が，植民地時代以降に展開されてきた。これらは，乾燥地の環境をしばしば計画的に破壊し，多数の先住民を軽視したものであったが，彼らの多くはその土地を持続的に活用していたのだ。

◆全　訳◆

≪誤った砂漠化のイメージ≫

通常私たちが思い浮かべる砂漠や乾燥地は，1994 年に採択された国連砂漠化対処条約や，無数に存在する国営開発機関，そして様々な民間公益団体によって体現されているように，不毛で，森林伐採や過放牧が進められた大地，つまり，緑を取り戻し，現状を改善する必要のある，ほとんど無価値な荒れ果てた大地である。世界の乾燥地や半乾燥地の最大 70％が，程度の差はあるものの砂漠化問題を抱えているということが，頻繁に言われている。しかし，「砂漠化」という言葉に一意的な定義はなく，砂漠化の測定基準は統一されていないし，人為的な荒廃なのか，それとも乾燥地の干ばつによる影響なのかを見極めるのは非常に難しく，そのため砂漠化に対するそのような推定にはどうしても疑問の余地が残る。事実，砂漠化に対する推定は著しく誇張されたものであり，その言葉が 100 年近く前に初めて生み出されて以来，指摘されてきたような森林伐採や焼き畑や過放牧を原因とする砂漠の拡大は，世界の乾燥地の大半においては実際には見られない，ということが 25 年以上前から学術研究によって判明しているのだ。このため，乾燥地専門の生態学者たちの多くは，大規模な恒久的砂漠化を裏づける科学的証拠は不十分であるという決断を下している。

しかしながら，概念上の砂漠化は，それによって生じる懸念が要因となって，何百万人もの生活に影響を及ぼすことになる数百万ドル規模の世界的砂漠化防止事業が展開されるため，極めて重要である。また，砂漠化は，世界規模で起きているものとして認識された最初の主要環境問題であったという点でも重要だ。そのような状況であったので，「砂漠化の危機」が政策課題として概念化され，作り上げられ，そして取り組まれるようになった過程が，森林伐採，生物多様性の喪失，気候変動といった後続の環境危機に対する人々の反応の仕方を，様々な形で決定づけることになった。砂漠化への国際的関心が最も高まったのは，一般的には 1970 年代とされており，この時代には，深刻な干ばつと飢饉がサハラ以南のアフリカを襲い，甚大な被害と多数の死者が出たが，これを受けて 1977 年には国連砂漠化会議という形で，国際的な協調行動が取られた。しかし，砂漠化への懸念が世界規模の乾燥地政策を推し進めてきたのは，もっとずっと前からのことであり，ユネスコ乾燥地帯プログラムが実施された 20 世紀中頃や，さらにはそれよりはるか前の，世界の乾燥地への様々な植民支配進出が行われた時代にまで遡る。

実際，「砂漠化」という言葉がフランス人の植民地森林官によって 1920 年代に考案される以前，西洋の帝国主義勢力は，把握している砂漠地帯の拡大を食い止めようと，また資本主義の目的に応じた生産性をもたらすべく，乾燥地を「修復」しようとして，多種多様な計画を展開していた。これらの取り組みの根底にあったのは，砂漠はたいてい森林地帯が荒廃したものであるとみなす，複雑で長期に及ぶ，アングロ・ヨーロッパを中心とした解釈の仕方であった。このような砂漠に対する考え方が長い期間を経てどのように変化してきたのかを検証すれば，乾燥地における環境悪化が最も著しい事例の多くは，砂漠には有用性がなく，砂漠化はそこの住人による「従来的な」土地の利用方法が主な原因だとする，古い考え方を基軸とした政策の結果であるということが見えてくるだろう。実際には，乾燥地における社会集団は，予測のつかないその環境下で何千年もの間，独創的な技術を用いながら，上手く暮らしてきたのである。世界の乾燥地は価値がなく，森林が伐採されてしまった土地であるという前提のせいで，諸々の事業や政策が，植民地時代以降に展開されてきた。これらは，乾燥地の環境をしばしば計画的に破壊し，多数の先住民を軽視したものであったが，彼らの多くはその土地を持続的に活用していたのだ。

◀解　説▶

砂漠化は，人為的な環境問題であり，そのような砂漠は価値のないものであるという印象が強いが，推定されている世界の砂漠化は実際には著しく誇張されたものであり，このような概念は人々の不安を煽るばかりか，乾燥地の環境を逆に悪化させてきたという主張の論説文。環境問題そのものよりも，乾燥地に対する誤った認識を文化的，歴史的側面から考察している点に注意しておきたい。

▶(1) **such estimates**

estimate は，金額や数量などの数値を用いた見積もりに対して主に用いられる語であることを念頭に置いておく。ここでは「そのような推定」という意味で，答案は指示語 such が指している部分を明確にしながら，「〜という推定」のようにまとめるのが基本。下線部(a)が含まれている第１段第３文（Yet the word …）は，逆接のディスコースマーカーである Yet で始まり，第１段はこの語を境に，その前後が対比の構造となっている。Yet より前は，砂漠に対する一般的な概念（第１文：The most common conception …）と，それを支持する一般的な数値的根拠（第２文：Up to 70％ of …）の紹介，Yet の後ろは，これらの捉え方や根拠が誤ったものであるという批判となっている。この批判のうち，下線部(a)を含む which makes such estimates of desertification questionable「そのことが砂漠化に対するそのような推定を疑わしいものとしている」の部分は，estimate が数値を用いた見積もりに使用される語であることから，特に第２文（Up to 70％ of global arid and semiarid lands are frequently claimed to be suffering from varying degrees of desertification.）で述べられている，一般的な数値的根拠に対して向けられた批判であるとわかる。したがって，下線部(a)が指す内容は，この第２文の内容，「世界の乾燥地や半乾燥地の最大 70％が，程度の差はあるものの砂漠化問題を抱えているということが，頻繁に言われている」を中心にまとめればよい。

• which makes such estimates of desertification questionable→which は直前の内容（it is very difficult to differentiate degradation caused by humans from the effects of drought in the drylands）を指し，「そのこと」と訳せる。

• questionable at best「ひいき目に見ても疑問の余地がある」

• up to＋数詞「(最高)～に至るまで，最大～」

• arid「(土地・気候が）乾燥した」

• semiarid「(土地・気候が）半乾燥の」

• claim O to be C「OがCであると主張する〔言う〕」

• suffer from ～「(被害など）で苦しむ，(害など）を受ける」

• varying degrees of ～「様々な度合いの～」

• desertification「砂漠化」

▶(2) **As such,**

「砂漠化は，世界規模で起きているものとして認識された最初の主要な環境問題であったので」→such は前述の内容を指して「そのようなこと〔状況〕」の意味で，as は“理由”を表す。したがって，as such の直訳は「そのような状況であったので」。設問の指示により，この such が指す内容を明らかにして和訳する必要がある。下線部の主旨は，「『砂漠化の危機』への対処方法が，その後の環境問題への反応の仕方を方向づけた」であり，なぜそうなったのかと言えば，直前の文中（Desertification is also …）の because 以下，it was the first major environmental issue to be recognized as occurring on a global scale にあるように，「それ（＝砂漠化）が世界規模で起きているものとして認識された最初の主要な環境問題であった」からに他ならない。

• it「砂漠化」(同文の先頭にある Desertification を指す)

• the first＋名詞＋to *do*「～する最初の…」

• environmental issue「環境問題」

• be recognized as ～「～として認識される」(recognize O as C「OをCとしてみなす〔認識する〕」の受動態)

• on a ～ scale「～な規模で」

the way that the “crisis of desertification” was conceptualized, framed, and tackled as a policy problem

「『砂漠化の危機』が政策課題として概念化され，作り上げられ，そして取り組まれるようになった方法（が）」→the way that S V の形で「S が V する方法，どのように S が V するか」。the “crisis of desertification” に引用符が付いているのは，それが筆者自身の用語ではないこと，またこの場合はむしろ，一般的にはそう言われているが筆者としてはその用語や概念に対して批判的であることの表れ。したがって，その和訳も「　」（カギ括弧）でくくること。as a policy problem は，それより前にある 3 つの動作（was conceptualized, framed, and tackled）すべてを修飾する。

• crisis「危機」

• conceptualize「～を概念化する」

• frame「～を作り上げる，～を枠にはめる」

• tackle「(問題など）に取り組む」

shaped in numerous ways our reactions to subsequent environmental crises such as deforestation, biodiversity loss, and climate change.

「森林伐採，生物多様性の喪失，気候変動といった後続の環境危機に対する人々の反応の仕方を，様々な形で決定づけることになった」→in numerous ways「多くの方法で，様々な形で」が，動詞 shape「(考えなど）を形作る，方向づける」と，その目的語である our reactions to ～「～に対する私たちの反応（の仕方)」の間に挿入されている。subsequent environmental crises は，subsequent が「(順序が）その後の～，それに続く～」という意味であるため，「その後に続いて起きた環境危機」と訳されるが，これは直前の文中（Desertification is also …）で述べられた，最初の主要な環境問題である砂漠化の後に続いて起きたということ。

• deforestation「森林伐採」

• biodiversity loss「生物多様性の喪失」←bio-「生物」＋diversity「多様性」

▶(3) **The assumption that the world’s drylands are worthless and deforested landscapes**

「世界の乾燥地は価値がなく，森林が伐採されてしまった土地であるという前提（が)」→the assumption that S V の that は同格の接続詞であるため，「～という前提〔思い込み〕」と訳す。The assumption が主語となる，このような無生物主語の文においては，多くの場合，「〜という前提のせいで〔によって〕」のように訳し始めることができる。

• dryland「乾燥地」（＝arid land）
• deforested「森林が伐採された」
• landscape「（一目で見渡せる陸地の）風景，地形」

has led, since the colonial period, to programs and policies

「諸々の事業や政策が，植民地時代以降に展開されてきた」→*A* lead to *B*「*A* は *B* へとつながる，*A* が *B* を引き起こす」の形になっているので，直訳的には「（…という前提が）植民地時代以降，様々な事業や政策へとつながってきた」。since the colonial period は，それが修飾する語句（has led）の直後に挿入されている。programs や policies は複数形なので「様々な〔諸々の〕事業や政策」のように訳せる。

that have often systematically damaged dryland environments and marginalized large numbers of indigenous peoples,

「これら（の事業や政策）は，乾燥地の環境をしばしば計画的〔組織的〕に破壊し，先住民の多くを軽んじるものであった」→関係代名詞の that 以下は，直前の programs and policies を修飾・説明しているが，説明部分が長い（that 以下の関係詞節の内部に，indigenous peoples を補足説明する関係詞節（many of whom …）がさらに続いている）ので，より自然な和訳をするためには，that 直前でいったん区切るとよい。その際は，主格の関係代名詞を主語として扱い，「これら（の事業や政策）は…」で始める。systematically は「組織的に，計画的に」で damaged を修飾。marginalize は「〜を軽視する，（社会的に）周縁に追いやる」という意味の動詞。

• indigenous「先住の」（＝native）

many of whom had been using the land sustainably.

「（…多数の先住民を軽んじるものであったが，）彼らの多くはその土地を持続的に活用していた」→whom の先行詞は indigenous peoples で，many of whom は but many of them の働きと同じ。乾燥地に暮らす先住民を軽視した「砂漠化問題」への政策が行われたことに対して，実際には，彼らが乾燥地を「持続的に活用していた」（had been using the land sustainably）のだから，many of whom の前後は，逆接的につなげて和訳する。

• sustainably「(環境を破壊せずに) 持続的に」

●語句・構文●

(第 1 段) conception「概念」→The most common conception of ～は「最も一般的な～についての概念」が直訳だが，conception を動詞的に訳して「通常私たちが思い浮かべる～は」くらいに訳すと日本語としてもわかりやすい。embody「(思想など) を体現する」→2つのカンマで挟まれた as embodied by ～の部分は，「～によって体現されているように」という意味で，文全体を修飾している。convention「会議，集会」 combat「(問題など) に対抗する」 innumerable「数え切れないほどの」 agency「(政府などの) 機関」 nongovernmental「非政府の，民間の」 barren「不毛の」 overgraze「～に過放牧する」 wasteland「荒れ地，荒廃した場所」 agreed「意見の一致した，同意した」 definition「定義」 measure「測定基準，尺度」 standardize「～を標準化する，統一する」 differentiate *A* from *B*「*A* と *B* を区別する〔見分ける〕」 degradation「劣化，悪化」 drought「干ばつ」 academic「学術的な，教育機関の」 significantly「大いに，著しく」 exaggerate「～を誇張する」 invade「～に侵入する」 as claimed「指摘されてきたような」 invent「～を考案する」 a majority of ～「大部分の～」 ecologist「生態学者」 conclude that S V「～だと判断する〔結論づける〕」 insufficient「不十分な」 large-scale「大規模な」 permanent「恒久的な，永続的な」

(第 2 段) extremely「極めて」 not least because S V「特に〔とりわけ〕～という理由から」 generate「～を生む，作り出す」 *A* drive *B*「*A* が *B* を引き起こす」 multimillion-dollar「数百万ドル (規模) の」 anti-「反～，対～」 campaign「事業，運動」 impact「～に影響を与える」 concern about ～「～についての懸念」 date to ～「(時代など) に遡る，始まる」 famine「飢饉」 hit「(天災などが場所を) 襲う」 sub-Saharan region「サハラ以南の地帯」 mortality「死亡者数，死の必然性」 *A* result in *B*「*A* の結果 *B* に至る」 coordinated「協調的な，組織的な」 in the form of ～「～の形で」 UN Conference on ～「～に関する国連会議」

(第 3 段) forester「林務官，森林官」 imperial「帝国の，皇帝の」 power「大国，列強」 execute「(計画など）を実行する」 restrain「～を抑える」 perceive「～を知覚する，～に気づく」 restore「～を修復する，回復させる」 productivity「多作であること，生産性」 capitalist「資本家，資本主義者」 Underlying these attempts was a …→(*A* was underlying *B* の倒置）Underlying *B* was *A*.「*B* の根底にあったのは *A* だ」この文の前と後ろのつながりを自然なものにするために，直前で触れた情報を指す *B*（these attempts）が先に，直後で詳説される *A*（a complex … much of the time）が後に来ている。complex「複雑な」 long-standing「長期に及ぶ」 Anglo-European「アングロ・ヨーロッパの」 equate *A* with *B*「*A* と *B* を同一視する」→*A* にあたる them は直前の deserts のこと。ruin「～を破壊する，台無しにする」 much of the time「たいてい（の時）」→動詞 equate を修飾。examine「～を検証する」 duration「(継続）期間」 reveal「～を暴露する，明らかにする」 unpredictable「予想〔予測〕できない」 ingenious「独創的な，創意工夫に富む」

Ⅱ　**解答**　(1)ア―④　イ―②　ウ―⑥　エ―③

(2)現在に完全に没頭することを避けるもう一つの，さらに極端な方法は，人生のすべてを準備段階として捉えるというものだ。そこには夕食の準備から来世への準備に至るまでの様々な段階があり，最終試験の準備はこの両者の間のどこかに位置する。

(3)人が今を大切に生きることに不安を覚える理由は二つある。一つは，今この瞬間の人生こそ究極の現実であるが，それが自分の期待を裏切るものなら，人生そのものに失望するかもしれないと常におびえているからである。もう一つは，今感じる至福の瞬間の儚さが，物事には終わりがあり，人も必ず死ぬ運命にあるということを自覚させるからである。(130～160字)

◆全　訳◆

≪人が今を生きることに不安を覚える理由≫

ローマの哲人皇帝であったマルクス=アウレリウスは，「人生のあらゆる行動は，あたかもそれが人生最後の行動であるかのように行え」と言った。もしこの言葉に聞き覚えがあるとすれば，それは哲学者や信心深い思想家が，おおよそ同じようなことを古くから繰り返し唱えてきたからだ。

「今ここに注意を向けよ」
「常に今の自分に意識を集中せよ」
「現在この瞬間を生きよ」

明らかに，私たち人間は今この瞬間に意識を向けて生きるというのが大変苦手であるにちがいない。そうでなければ，そこまでたくさんの哲学者が，このような教訓を繰り返す必要性を感じる理由があるだろうか。

一見したところ，この場この瞬間をしっかりと体験するというのは，それほど難しいことには思えない。「この場」というのは私たちの目の前にあるまさにその場所である。そして，「この瞬間」というのは，まさに今現在を指す。では，何が問題なのか。

今ここにあるものよりも良いものを望むことで，今現在から離れる人もいれば，「次は何だ？」と気にして遠のいていく人もいる。現在に完全に没頭することを避けるもう一つの，さらに極端な方法は，人生のすべてを準備段階として捉えるというものだ。そこには夕食の準備から来世への準備に至るまでの様々な段階があり，最終試験の準備はこの両者の間のどこかに位置する。その一方では，懐かしい想いや，後悔の念，あるいはその両方が混ざり合った感情を抱いたままに，いつまでも過去にしがみついて暮らしている人もいる。

このように私たちが現在から乖離していくのには，人間の想像力と高度な記憶力が関係している。私たちはいつでも，自分の人生を実際のそれとは違った形で想像することができる。つまり，私たちにはいつでも別の自分を見る能力が備わっているのだ。これは大半の人々にとって抑えがたい衝動であるようだ。同様に，私たちは過去に人生がどのようなものであったかを思い出すことができ，それをじっくりと味わいたい気持ちはやはり抑えがたいように思われる。

さらに，今を十分に生きることには，私たちをひどく不安にさせる何らかの要素があるのではと，私は考える。この不安感の原因は何だろうか。一つには，私たちが自分の人生に，もっと言えば，人生そのものに失望しかねないといった永続的不安感を抱いて暮らしていることが挙げられるかもしれない。私たちは，今のこの場この瞬間の人生がその極限であることを直観的に知っている。すなわち，人生が「まさに今この瞬間」以上に現実的になり得ることはないのだと。しかし，この場この瞬間の人生にひどく物足りなさを感じている場合はどうなるのか。もしそれが「あるのはこれだけ？」と強く感じさせるようなものだとしたら。この極限の現実を刺激のないもの，あるいはさらに悪いことに，困難なもの，不当なもの，苦しいものと感じているとしたらどうなのか。このような存在意義に関わる失望への不安感に対処するために，私たちは反射的に別の何かを想像することで，つまり，自分の意識を未来や過去，あるいは想像上の別の人生へと向けることで，今を生きることに対して先手を打っておくのである。

私たちが今を大切に生きることを控えがちであるもう一つの原因として考えられるのは，それが死の必然性を暗示させる性質をはらんでいるという点だ。今のこの場この瞬間に完全に没頭しているときというのは同時に，止めることのできない時の流れや移ろいを深く認識しているときでもある。たいていの人には，たとえば，ハトの群れが突然頭上に現れたとか，ある曲の一節が思いがけなく見事に演奏されたとか，道すがら素敵な笑顔の人を見かけた，といった単純なできごとからもたらされる充足した至福の瞬間を感じた経験があるだろう。このような瞬間は儚いものだ。それこそがその瞬間を濃密なものとしている要件である。しかし，この儚い瞬間は，すべてのものには終わりがあるというほろ苦さを私たちに自覚させる。そして，この自覚はさらに，自分がいつか必ず死を迎える存在なのだということを否応なしに私たちに認識させる。この一瞬一瞬の積み重ねはいつか終わりを迎え，そのとき自分はもう存在しなくなるという事実を，私たちは十分に認識しているのだ。

◀解　説▶

人が今という一瞬一瞬を大切にして生きることが苦手な理由には，人間の想像力と記憶力の作用で，未来や過去に意識が向かうという傾向もあるが，そもそも今を直視すること自体が人を不安にさせる要因をはらんでいるからなのだ，と筆者は主張している。人間の心理を考察した，抽象度の高い論説文となっている。

▶(1)ア．空所前後の和訳は「明らかに，私たち人間は今この瞬間に意識を向けて生きるというのが大変苦手であるにちがいない。(　　)，そこまでたくさんの哲学者が，このような教訓を繰り返す必要性を感じる理由があるだろうか」。空所直後には「なぜそこまでたくさんの哲学者が，このような教訓（＝第1段の最後に挙げられた3つの台詞：*Be here now. Be ever mindful. Live in the present.*）を繰り返す必要性を感じるのだろうか」とあるが，空所の直前の文（Clearly, we human beings …）で既に述べられているように，その答えは，人間が今この瞬間に意識を向けて生きるというのが苦手だからである。答えが出ているのに，理由を問うという矛盾を解決できるのは，間に「もしその答えが違うとしたら」という仮定が入るとき。したがって，otherwise「もしそうでなければ」を空所に補う。空所直後の why would … の would は仮定法過去形。

イ．第 5 段第 2 文（We can always imagine …）で述べた，we can always see alternatives「私たちはいつでも別の自分を見ることができる」と，続く第 3 文（Apparently, that is …）の a temptation that is hard for most of us to resist「(それは）大半の人々にとって抑えがたい衝動」の部分が，空所の後ろにある we can remember the way life was in the past「私たちは過去に人生がどのようなものであったかを思い出すことができる」と，chewing that over also seems irresistible「それをじっくりと味わいたい気持ちはやはり抑えがたい」の部分が，類似の構造となっている。したがって，likewise「同様に」を空所に補う。

ウ．空所を含む文（What if we find this ultimate reality uninspiring or, (　　), hard, unfair, and painful ?）では，find O C「O が C だとわかる〔思う〕」が使われており，O が this ultimate reality，C は uninspiring or … and painful の部分。訳は「この極限の現実を，刺激のないもの，あるいは（　　），困難なもの，不当なもの，苦しいものと感じているとしたらどうなのか」となる。C に相当する箇所は uninspiring「刺激のない」or，（　　），hard「困難な」，unfair「不公平な」，and painful「苦しい」とネガティブな意味の形容詞の列記になっている。また，or の前後では，uninspiring < [hard,　unfair,　and painful] とネガティブさの度合いが増している。すなわち，A or，（　　），B_1，B_2 and B_3 であって，空所には what is worse「さらに悪いことには」の意味を表わす worse が入る。

エ．空所を含む文は，we will be no（　　）の形で終わっているが，be 動詞の後には，no と空所しかなく，we の補語になれる語は選択肢の中にはない。we の補語になれるような語が，空所の後ろに省略されている可能性もあるが，前方にそれらしき語も見あたらない。したがって，（否定語の no を抜きにして考えると）we will be C「私たちは～になるだろう」

という第 2 文型ではなく，we will be「私たちは存在するであろう」（第 1 文型）の形で機能しているとわかる。no more には「もはや～ない」の意味があるので，この否定語句を足せば，we will be no more（＝we will exist no more）「私たちはもはや存在しなくなるだろう」という意味になる。これは，その直前にある then「そのとき」，つまり「この一瞬一瞬の積み重ねがいつか終わりを迎える」（the sum of our here-and-now moments will reach their end）ときに，私たちがどうなるのかを考えれば，十分推測可能な内容でもある。

▶(2) **Another, more thorough way of avoiding full immersion in the present is by seeing all of life as stages of preparation,**

「現在に完全に没頭することを避けるもう一つの，さらに極端な方法は，人生のすべてを準備段階として捉えるというもの〔方法〕だ」→Another「もう一つの」と more thorough「より徹底した，さらに極端な」はともに way「方法」を修飾。full immersion のような〈形容詞＋(動作を表す）名詞〉のセットは，品詞通りに直訳して「完全な没頭」としてもよいが，硬い印象の和訳を避けたい場合には，形容詞は副詞（fully「完全に」）として，名詞は動（名）詞（immerse「没頭する（こと）」）として和訳するのもよい。by *doing* は，“手段・方法”を表し，Another, more thorough way の補語になっているので，「～(する）という手段〔方法〕」のように名詞として訳せばよい。

- immersion in ～「～に浸すこと，～への没頭，熱中」
- the present「現在」
- see *A* as *B*「*A* を *B* とみなす」

ranging from preparing for dinner to preparing for life in the Hereafter, with preparing for final exams falling somewhere in between.

「そこには夕食の準備から来世への準備に至るまでの様々な段階があり，最終試験の準備はこの両者の間のどこかに位置する」→ranging from *A* to *B* は，「(直前で述べた内容について）その範囲は *A* から *B* に至るまで様々である」という意味の分詞構文。ここでは，直前の stages of preparation「(様々な）準備段階」を受けて，その具体例を挙げるために用いられている。文が長いので，この分詞構文を境に区切って訳す場合は，

「そこには…」とか,「その準備段階には…」のようにして，書き出しの部分で直前とのつながりを保持しておく必要がある。with 以下は，付帯状況を表す with O C「OがCである状態で」の形になっており，Oは preparing for final exams「最終〔期末〕試験の準備」，Cは falling somewhere in between「(先述した) 両者の間のどこかに位置する〔入る〕」。

• the Hereafter「来世，死後の世界，天国」

• in between「(その) 2つの間に〔中間に〕」→この場合の「2つ」とは，preparing for dinner と preparing for life in the Hereafter のことを指す。

▶(3)下線部中の this fear とは，下線部直前の文（Besides, I suspect …）で触れた,「今を十分に生きること」に対する不安のこと。この不安の原因は，続く One reason … で始まる第6段第3文から同段第7文（What if we find this ultimate reality …）までと，Another possible reason … で始まる最終段全体の2カ所で説明されている。これらの理由を含めて，130〜160字にまとめる。

(一つ目の理由)：第6段第3文（One reason could be that …）には，人は「人生そのものに失望するかもしれないという永続的不安感を抱いている」とあるので，ここが理由の核心部分となる。

• perpetual「永続的な」

• terror「恐怖」

• indeed「(前言を強調的に言い直して) いやそれどころか」

「失望するかもしれない」とあるが，人々は今の人生がどういうものだと想定しているのか。それは，続く第4文（We know intuitively that …）で説明されている。life in the here and now is life's ultimate「今のこの場この瞬間の人生がその極限〔最高地点〕である」はわかりにくいかもしれないが，直後で life cannot get any realer than *right now*「人生が『まさに今この瞬間』以上に現実的になり得ることはない」と言い換えてある。したがって,「今この瞬間の人生こそが究極の現実である」と人々は想定している。

• intuitively「直観的に，本能的に」

• ultimate「究極，最高地点」

続く第5文（But what if …）から第7文（What if we find this ultimate

reality …）までは，この究極の現実が物足りなかったり，苦しいものであったりした場合，つまり期待を裏切るものであった場合に人々が失望することを示唆している。ここまでの情報を一つ目の理由として，1文でまとめるのが目安。

（二つ目の理由）：最終段第1文（Another possible reason …）の it is fraught with intimations of our mortality は「それ（＝今を大切に生きること）は死の必然性を暗示させる性質をはらんでいる」という意味で，なぜそのような暗示に至るのかが，これ以降の文で説明されている。

• be fraught with ～「（危険など）をはらんでいる〔伴う〕」→be filled with ～に近いが，fraught は形容詞で「（不安などに）満ちた，（事が）気がかりな」というネガティブな意味合いをもつ。

• intimation「ほのめかすこと，暗示」→動詞 intimate［íntəmèit］「～をほのめかす」の名詞形。ちなみに，intimate［íntəmit］「親密な」の名詞形は intimacy「親密」であるため，混同しないように注意。

• mortality「死の必然性，死を免れないこと」

最終段第3文（Most of us …）にある highly charged moments of bliss「充足した至福の瞬間」は，同段第6文（But these fleeting moments …）で述べられているように，その儚さから「すべてのものには終わりがあるというほろ苦さを私たちに自覚させる」。

• fleeting「儚い，束の間の」→動詞 fleet「（時間などが）すばやく過ぎ去っていく」の分詞形容詞。

• leave *A* with *B*「*A* に *B* を残す」

そして，続く第7文（And with that awareness comes …）で「その自覚は自分がいつか必ず死を迎える存在なのだということを否応なしに私たちに認識させる」とあるので，この一連の流れを二つ目の理由としてまとめる。

• come with ～「～を伴う」→最終段第7文は，倒置により，前置詞句 with that awareness が先に来ているが，本来の語順は，And the inescapable knowledge of our mortal existence comes with that awareness. である。

●語句・構文●

（第1段）as though S V「まるで～であるかのように」→as if S V と同じ意味で，V は仮定法となる。Marcus Aurelius「マルクス=アウレリウス」（第16代ローマ皇帝。軍事よりも学問を好んだと言われる） emperor「皇帝」 philosopher「哲学者，哲人」←philosophy「哲学」（philo-「～を愛する」＋sophy「知」） have a familiar ring「（話などが）聞き覚えがある」 religious「宗教の，信心深い」 thinker「思想家」 more or less「多かれ少なかれ，おおよそ」→直後の the same thing を修飾して「おおよそ同じようなこと」の意。immemorial「（記録にない）遠い昔の」→直前の time を修飾（後置修飾）して，from time immemorial は「大昔から」の意。*Be ever mindful.*「常に今の自分に意識を集中せよ」→mindful は「意識している，心に留める」だが，心理学的には「今この瞬間に起きていることに意識を向けた状態」を表す語。ever はここでは「いつも」の意味。the present「現在」

（第2段）have difficulty（in）*doing*「～するのに苦労する」 mindfully「意識を集中させた状態で」 keep *doing*「～し続ける」

（第3段）on the face of it「一見したところ，表面上は」 engage in ～「～に従事する〔参加する，携わる〕」 that difficult「それほど難しい」→that＋形容詞「それほど（も）～」（この that は副詞）

（第4段）drift away「漂って離れていく，疎遠になる」→第2文（Others drift away into "What's next?"）では，away が「離れていく」，into は「近づく，ある状態へと至る〔変化する〕」という意味であるため，「（今この瞬間から意識が）離れて『次は何だろうか』ということばかり気にかける人もいる」ということ。at the other extreme「その一方で」（extreme「極端」） （there are）those of us who ～「私たちの中には～する人々（もいる）」→those who ～「～する人々」が基本の形。persistently「しつこく，頑固に」 dwell「住む，（ある状態に）残る」 with either nostalgia or regret or a mix of the two→この with は"所有"を表し「～を持った〔抱いた〕状態で」。また，either は通常2つの選択肢に対して用いられるが，either *A* or *B* or *C* のように，3つ以上の選択肢に用いて「いずれか」を意味することもある。the two は nostalgia と regret の2つのこと。

〈第 5 段〉*A* come along with *B*「*A* は *B* を伴う」 capacity「能力」 extended「広大な，広範囲な」 imagine *A* as *B*「*A* が *B* であるのを想像する」 what they actually are「実際の人生」→what S is で「S の本質，実際の S」という意味。この they は直前の our lives「人生」を指す。alternative「代わりのもの，別の可能性」 apparently「どうやら～らしい」 temptation「誘惑」 chew *A* over「*A* についてじっくり考える」（chew over *A* の語順でもよいが，*A* が代名詞の場合は不可） irresistible「抵抗できない」

〈第 6 段〉besides「さらに」 suspect that S V「～ではないかと思う」 there is something about … that deeply frightens us→関係代名詞 that の先行詞は something である。frighten「～を怖がらせる，おびえさせる」 here-and-now「今この瞬間の，この場この時の」（ハイフンで連結されて形容詞化） lacking「不足している，物足りない」 What if S V?「～だとしたらどうか」 strike「（人に）印象を与える」→主語になっている it は直前の文（But what if …）中にある the here-and-now life のこと。the full force of ～「全力の～，ありったけの～」→with＋抽象名詞は，with ease（＝easily）のように副詞と同じ働きをするので（strikes us） with the full force of ～で「～（という印象を）強く〔思いっ切り〕（私たちに与える）」という意味。"Is that all there is?"「あるのはこれだけ？」→all の直後には関係代名詞の that が省略されていて，all (that) there is で「存在するすべて」の意味。uninspiring「刺激のない，つまらない」 unfair「不公平な，不当な」 deal with ～「（問題など）に対処する，取り組む」 existential「存在の，存在に関する」 preemptive「先制攻撃の，先手を取る」→make a preemptive strike on ～で「～に先制攻撃を行う〔先手を打つ〕」。reflexively「反射的に」 consciousness「意識」

〈最終段〉refrain from ～「～を控える，～をやめる」 mortality「死ぬ運命」 profoundly「深く，心から」 unstoppable「止められない」 progression「進行」 charged「感情の高まった，激しい」 occasioned by ～「～によって引き起こされた」 appearance「出現」 flock「（鳥などの）群れ」 dove「ハト」→平和・聖霊などの象徴で，良い兆しや幸運を感じさせるものの事例として挙げられている。overhead「頭上に」 astonishing「驚嘆する，思いがけない」 a passage of ～「（曲）の一節」

enchanting「魅力的な，うっとりさせるような」 essential「不可欠な」 intensity「強烈さ，激しさ，（光・色などの）強さ」 bittersweet「悲喜こもごもの，ほろ苦い」→「嬉しく（sweet）も悲しい（bitter）」という意味だが，bittersweet awareness that everything ends は「すべてのものには終わりがあるという嬉しくも悲しい認識」のように直訳すると，それが「嬉しい」認識とは言えないはずの内容であるために日本語としては不自然なので，bitter のほうの訳を優先するか，先に「嬉しい反面，…」と訳出しておけば自然。「すべてのものには終わりがある」という認識は，第 3 文（Most of us …）にある highly charged moments of bliss「充足した至福の瞬間」と表裏一体であるため，bittersweet が用いられている。 inescapable「不可避の」 mortal「死ぬべき運命の」（⇔immortal「不死の」） be cognizant of ～「～を認識している」

III 解答

〈解答 1〉 People often say that a little learning is a dangerous thing. In this modern era, when anyone can easily publish information publicly, we have to keep this lesson in mind more than ever. If you show off some secondhand knowledge as if you had thought of it on your own, you will surely make a fool of yourself. Even if you are an expert in a field, you should be cautious because experts tend to forget they are laypersons outside their own fields. It is important to reconsider the significance of obtaining correct information, not least because we live in a world where we can readily get all sorts of news.

〈解答 2〉 There is a proverb saying, “A little bit of knowledge can be dangerous.” In this modern age, you can disseminate any piece of information with great ease, but this should be done especially carefully. Using some information that you have learned from other people, as though you yourself had come up with it, will never fail to embarrass you sooner or later. Experts should also remember this; they often forget that they are amateurs out of their own fields. Today, all kinds of information are easily available, and this makes it all the more important to stop and think about what it means to acquire deep knowledge.

◀解　説▶

「生兵法は大怪我のもと」に相当する英語の諺の知識が問われているが，万一それを知らない場合でも，この諺の意味を説明的に英訳する力が必要。「聞きかじった」「痛い目にあう」「油断は禁物」などの英訳も難しいが，まずは問題文のテーマ（情報社会において人々が陥りやすい危険性）を把握しておかなければ，まとまりのない英訳となりかねないので注意する。

生兵法は大怪我のもとというが，現代のように個人が簡単に発信できる時代には，とくに注意しなければならない。

• 「生兵法は大怪我のもと」→英語にも同じ意味の諺〔格言〕，“A little learning is a dangerous thing.” が存在するため，これを用いる（または，“A little bit of knowledge can be dangerous.”）。この諺の意味は「少しばかりの知識や技術は（それに頼ることで）かえって大失敗をする」ということであるから，説明的な英訳で回避するなら，not knowing enough about something can lead you into dangerous situations など。

• 「～というが」→一般の人々（we / you / people）を主語にして，People often say that S V や，We have all heard the saying that S V「～という諺は誰もが耳にしたことがある」などとするか，諺（the saying〔proverb〕）を主語にして，There is a proverb saying, S V や，As the saying goes, S V「諺にもあるように，～」といった定型表現を用いる。また，ここまでで文をいったん区切るほうが英訳しやすい。接続詞を用いて文を続ける場合には，前後が逆接の関係ではないので，but ではなく and を用いる。

• 「個人が発信できる」→何を発信するのかは明記されていないが，他動詞（publish / post など）を用いる場合には目的語が必要なので，「個人が（情報を）発信できる」のように名詞を補う。主語は「個人が」となっているが，「誰でも（～できる時代）」ということなので，anyone を用いればよい。「（情報などを）発信する」は，publish information publicly「情報を（誰でも閲覧可能な状態で）発信する」や，post a message「（SNS などで）メッセージを投稿する」の他，disseminate information「情報を広める〔発信する〕」もよく使われる。make information public「情報を誰でも閲覧可能な状態にする」としてもよい。

• 「簡単に」S easily V / S V with (great) ease

• 「現代のように〜できる時代には」→関係副詞 when を用いて，in this modern era, when S can V とするか，「私たちは〜できる時代に生きているので」と解して，since we live in an age when S can V などと表せる。関係詞を使わない場合は，in this modern age, S can V, but 〜 のように接続詞（but）を用いて，文を後ろに付け足していく。

• 「とくに注意しなければならない」→we〔you〕have to be especially careful でよい。後で出てくる「(専門家とて) 油断は禁物」のところで be careful を使いたい場合は，同じ表現の重複を避けるために，たとえば keep *A* in mind「*A* を心に留めておく」と more than ever「ますます，これまで以上に」を用いて，we have to keep this lesson in mind more than ever「この（諺の）教訓をこれまで以上に心に留めておかなければならない」のように言い換えておく。

聞きかじった知識を，さも自分で考えたかのように披露すると，後で必ず痛い目にあう。

• 「聞きかじった知識」→「他人から得た（部分的な）情報〔知識〕」と言い換えられる。secondhand「(知識などが) 受け売りの，また聞きの」を用いて，some secondhand knowledge とするか，関係代名詞を用いて，some information that you have learned from other people のように英訳する。

• 「さも自分で考えたかのように」→「まるでそれを自分自身で思いついたかのように」ということなので，as if〔though〕S V（仮定法）「まるで〜かのように」で表す。「〜を思いつく」think of 〜 / come up with 〜「自分自身で」on *one's* own / *oneself*

• 「(それを) 披露する」→show off 〜「〜を見せびらかす」は，it を用いる場合，show it off の語順になるので注意。他にも，「(他人から得た情報を) 使用する」と解せば，use を使って〈解答 2〉のように表すこともできる。

• 「後で必ず（〜する）」S will surely V / S will never fail to *do* (sooner or later)

• 「痛い目にあう」→熟語である make a fool of *oneself*「(人) が馬鹿を見る，恥をかく」を覚えておきたい。または，無生物主語で始めて

embarrass「～に恥をかかせる」を用いてもよい。

専門家とて油断は禁物，専門外では素人であることを忘れがちだ。

→「専門家も注意を払っておく必要がある，というのも彼らは自分の専門外では素人であることを忘れがちであるからだ」と言い換えられるので，カンマから後ろはbecauseで接続すればよい。

• 「専門家とて」→「あなたがもしある分野の専門家だとしても」のようにSVの形がはっきりとした日本語に置き換えると英訳しやすい。その場合，Even if you are an expert in a (certain) field, となる。

• 「油断は禁物」→「注意しておくべきだ」とか「次のことを覚えておくべきだ」のような平易な日本語に言い換えれば，(you) should be cautious〔careful〕とか，(experts) should also remember this となる。

• 「(彼らの) 専門外では」outside their own fields / out of their own fields

• 「素人」layperson（複数形はlaypersons）/ amateur

• 「～しがちだ」tend to *do* / be apt to *do* / S often V

さまざまな情報がすぐに手に入る世の中だからこそ，確かな知識を身に付けることの重要性を見直すことが大切である。

• 「さまざまな情報がすぐに手に入る世の中」→「私たちはさまざまな情報を簡単に得られる世界に住んでいる」と考えれば，we live in a world where we can readily〔easily〕get all sorts of news〔information〕となる。getではなく，availableを使う場合は，物を主語にしてall kinds of information are easily availableとする。

• 「～だからこそ」→becauseを直接強調するなら，especially because ～や，not least because ～ など。〈解答 2〉は，(Today, all kinds of information are easily available, and) this makes it all the more important to *do*「(今日ではさまざまな情報が簡単に手に入る，そして) このことが～することをなおさら重要にしている」のように，all the＋比較級「なおさら～」を用いた強調。

• 「確かな知識」→「正確な情報」と解してcorrect information,「深い知識」と考えればdeep knowledgeなど。

• 「～することの重要性を見直す」はreconsider the significance of *doing*と表せる。あるいは，stop and think about what it means to *do*

「〜することの何たるかを立ち止まって考える」としてもよい。

IV 解答例

〈解答例 1〉 (1) I think music is a universal language because anyone can enjoy foreign music, such as salsa, opera, classical music, and Asian pop. Even if you don't understand the words of a song, you can still enjoy its melodies, harmonies, rhythms, and emotions. Actually, my Chinese friend loves K-pop.

(2) It is one thing to like something, and quite another to understand it. If you don't know the cultural background, you won't be able to understand the music fully. Each kind of music has its regional and cultural boundaries. We can't understand or create music from other cultures to the same extent as the native people.

〈解答例 2〉 (1) I mean, music is something that transcends the boundaries of language and culture. Most people enjoy music, but they don't always understand the lyrics of a song in a different language. Many of my Japanese friends don't speak English well but they know lots of American pop songs and often sing them at karaoke.

(2) We can't say that there are no borders just because American culture is dominant around the world. Japan especially is said to be more Americanized than America, so no wonder American songs are easily received by the Japanese. I bet there are very few American teenagers who can sing Japanese pop songs.

◀解　説▶

2016 年度に引き続き，対話文中の 2 カ所の空所に入る発言を考えさせる問題が出題された。2016 年度は対話をしている 2 人のうち，一方の人物の発言のみに空所が設けられていたが，2017 年度は両方の人物の発言に空所が含まれており，「音楽に国境はない」とする意見と，逆に「音楽に国境はある」という，相反する意見の両方についてその根拠となる内容を考えなければならないため，ディベート的な要素が付加されていると言える。

(会話の日本語訳)

アン：文学には言葉の壁があるから，外国の文学を理解するのは本当に難しいわ。文学には間違いなく国境があるのよ。でも音楽には国境がないわ。そこが音楽のいいところよね。

ケン：ちょっと待ってよ。「音楽に国境がない」ってどういうこと？

アン：(1)______________________________

この事例が音楽に国境がないことを表していると私は思うの。

ケン：うーん，実際にはこの問題はそんなに単純ではないよ。

(2)______________________________

だから，音楽にも結局のところ国境はあると僕は思うんだ。

解答欄は(1)，(2)とも，長さ 12.1 cm の罫線が 7 本引かれている。1 行あたり約 8 語の単語が書けるので，全体で 50〜60 語程度の分量の英文を書けばよい。

(1)は「音楽に国境がない」と考える理由を入れる。アンが「文学には言葉の壁があるから…」と言っているので，外国の音楽にはなぜ壁を感じないかを考え，歌詞以外の要素に着目するとよいだろう。たとえば，「歌詞の意味はわからなくても洋楽を聴くのを楽しんでいる友達は実際にたくさんいる」とか，「音楽は歌詞よりも，旋律，ハーモニー，リズム，情感などを楽しむことができる」といった主張が考えられる。口語表現なので，I mean, 〜「つまり，〜ということ」のようなフレーズで始めるのもよい。「歌詞」は the lyrics〔words〕of a song。

(2)は「音楽に国境がある」と考える理由を入れる。(1)で触れられた内容を否定する形なら，「歌詞を含めた理解ができなければ，その音楽を完全に理解したことにはならない」とか，「何かを好きであることと理解することは違う（It is one thing to like something, and quite another to understand it.)」などの主張になるだろう。(1)で触れられた内容とは別の視点を指摘する形なら，「音楽には文化の違いが反映されているから，外国の音楽をその土地の人々と同じレベルで（to the same extent as the native people）理解すること，あるいは作り出すことはできない」などが考えられる。〈解答例 2〉では，(1)の「歌詞がわからなくてもアメリカのポップスを楽しむ日本人もたくさんいるから，音楽に国境があるとは思えない」という主張に対して，(2)では「それは日本がアメリカ文化の影響を強く受けているからであって，逆にアメリカ人が同様に日本の歌を聴いたり歌ったりはしない」と，これを否定した形の主張になっている。

講　評

2017 年度は，読解問題 2 題，英作文問題 2 題の構成で，2016 年度と同様，大問Ⅳが会話文中の空所を補う自由英作文となっていた。読解問題の語数は 2 題で約 1100 語であり，2016 年度とほぼ同じであった。

Ⅰは，砂漠化問題に対する一般的なイメージを批判的に捉え，論じた論説文となっており，内容説明が 1 問，下線部中の一部についての内容説明を含む和訳が 1 問，純粋な下線部和訳が 1 問の計 3 問。(1)と(2)は両方とも such が指す箇所についての内容説明が求められているが，該当箇所は比較的容易に判別できるレベルであった。(3)は，marginalize や indigenous のように，下線部中の他の語彙と比べるとやや難度の高いものも含まれているが，京大においては標準レベルのものと言える。また，前者は 2016 年度の大問**Ⅰ**(2)で問われた語でもある margin「周辺」が動詞化したものであり，後者は文脈から推測することも可能である。

Ⅱは，今を大切に生きることになぜ人は不安を覚えるのか，ということについて論じた英文で，2016 年度と同じ形式の空所補充問題が出題された。4 カ所の空所に対し，与えられた 6 個の選択肢は，-wise で終わるものが 2 個，比較級（less, more, worse）が 3 個，というように複数の選択肢に共通性をもたせることで，紛らわしいものとなっている。下線部和訳の問題は，京大の出題としてはそれほど難しいものではない。(3)の内容説明問題は，該当する箇所の判別は容易だが，抽象的な内容の英文であるため，しっかりとした内容理解ができていないと難しい。さらに，130～160 字の字数制限があり，日本語で上手くまとめるのも時間を要するだろう。

Ⅲの英作文問題は従来通りの和文英訳問題で，難度は高い。冒頭から「生兵法は大怪我のもと」という諺の知識が問われている。また，「発信できる」「聞きかじった」「披露する」「痛い目にあう」などの英訳は，局所的な視点だけでは対応できないものとなっており，いかにも京大らしい問題と言える。

Ⅳは，会話文の 2 カ所の空所に入る適当な発言を書くという自由英作文問題で，2016 年度に初めて出題された形式のものである。いくら文法的に正しい英文を書いても，会話の流れに沿うものでなければ得点できないだろう。2017 年度は，1 つ目の空所には「音楽に国境はない」と考える理由，2 つ目の空所にはその反対意見の理由をそれぞれ補わなければならないが，無論，それらが論理的な理由になっていることが前提となる。会話文とは言え，このタイプの自由英作文は書き始める前にしっかりと論理構成を準備しておくべきである。

2017 年度の全体的な難易度や分量は，京大の標準レベルとも言える出題であった。2016 年度の大問 I の内容説明問題は難度が高かったが，2017 年度の読解問題では，同等の難度と言える問題は見られなかった。しかし，Ⅳの自由英作文問題は，会話している 2 人の相反する意見の両方を論理的に書き表さなくてはならず，その点で 2016 年度のものとはまた別の難しさがある。いずれにせよ，深い考察力，批判的思考力，多岐にわたる分野への興味関心を測ろうとする京大の意図が問題から感じられる点に変わりはない。

数学

1 ◇発想◇ (1)　$w+\dfrac{1}{w}=x+yi$ と $|w|=R$ から，w と i を消去して x，y，R の方程式を導く。このままでは，技術的な工夫が必要となるので，$w=R(\cos\theta+i\sin\theta)$ とおいて，θ と i を消去する方がスムーズである。

(2)　偏角 α が与えられているので，$w=r(\cos\alpha+i\sin\alpha)$ $(r>0)$ とおいて，r と i を消去する。

解答 (1)　$|w|=R$ $(R>1)$ であるから

$$w=R(\cos\theta+i\sin\theta)\quad(0\leqq\theta<2\pi)\quad\cdots\cdots①$$

と表される。このとき

$$\begin{aligned}w+\frac{1}{w}&=R(\cos\theta+i\sin\theta)+\frac{1}{R(\cos\theta+i\sin\theta)}\quad(\because\quad w\neq0)\\&=R(\cos\theta+i\sin\theta)+\frac{1}{R}(\cos\theta-i\sin\theta)\\&=\left(R+\frac{1}{R}\right)\cos\theta+i\left(R-\frac{1}{R}\right)\sin\theta\end{aligned}$$

であるから，$w+\dfrac{1}{w}=x+yi$（x，y は実数）より

$$x=\left(R+\frac{1}{R}\right)\cos\theta,\quad y=\left(R-\frac{1}{R}\right)\sin\theta\quad\cdots\cdots②$$

$R>1$ より，$R+\dfrac{1}{R}\neq0$，$R-\dfrac{1}{R}\neq0$ であるから

$$\cos\theta=\frac{x}{R+\dfrac{1}{R}},\quad\sin\theta=\frac{y}{R-\dfrac{1}{R}}\quad\cdots\cdots③$$

よって

$$\frac{x^2}{\left(R+\dfrac{1}{R}\right)^2}+\frac{y^2}{\left(R-\dfrac{1}{R}\right)^2}=1\quad\cdots\cdots④$$

したがって，条件を満たす点（x，y）は楕円④上にあり，逆に，楕円④上の任意の点（x，y）に対して③すなわち②を満たすθが存在し，このθを用いて①で定まるwをとると$w+\dfrac{1}{w}=x+yi$かつ$|w|=R$が成り立つ。

ゆえに，求める軌跡は，楕円$\dfrac{x^2}{\left(R+\dfrac{1}{R}\right)^2}+\dfrac{y^2}{\left(R-\dfrac{1}{R}\right)^2}=1$　……(答)

(2)　wの偏角がαであるから

$$w=r(\cos\alpha+i\sin\alpha)\quad(r>0)$$

と表される。このとき

$$w+\frac{1}{w}=\left(r+\frac{1}{r}\right)\cos\alpha+i\left(r-\frac{1}{r}\right)\sin\alpha$$

であるから，$w+\dfrac{1}{w}=x+yi$（x，yは実数）より

$$x=\left(r+\frac{1}{r}\right)\cos\alpha,\quad y=\left(r-\frac{1}{r}\right)\sin\alpha$$

$0<\alpha<\dfrac{\pi}{2}$より，$\cos\alpha>0$，$\sin\alpha>0$　……⑤であるから

$$r+\frac{1}{r}=\frac{x}{\cos\alpha},\quad r-\frac{1}{r}=\frac{y}{\sin\alpha}$$

よって

$$\frac{x}{\cos\alpha}+\frac{y}{\sin\alpha}=2r\quad\cdots\cdots⑥,\quad \frac{x}{\cos\alpha}-\frac{y}{\sin\alpha}=\frac{2}{r}\quad\cdots\cdots⑦$$

より

$$\left(\frac{x}{\cos\alpha}+\frac{y}{\sin\alpha}\right)\left(\frac{x}{\cos\alpha}-\frac{y}{\sin\alpha}\right)=4$$

したがって

$$\frac{x^2}{4\cos^2\alpha}-\frac{y^2}{4\sin^2\alpha}=1\quad\cdots\cdots⑧$$

また，$r>0$であるから，⑥，⑦より

$$\frac{x}{\cos\alpha}+\frac{y}{\sin\alpha}>0,\quad \frac{x}{\cos\alpha}-\frac{y}{\sin\alpha}>0\quad\cdots\cdots⑨$$

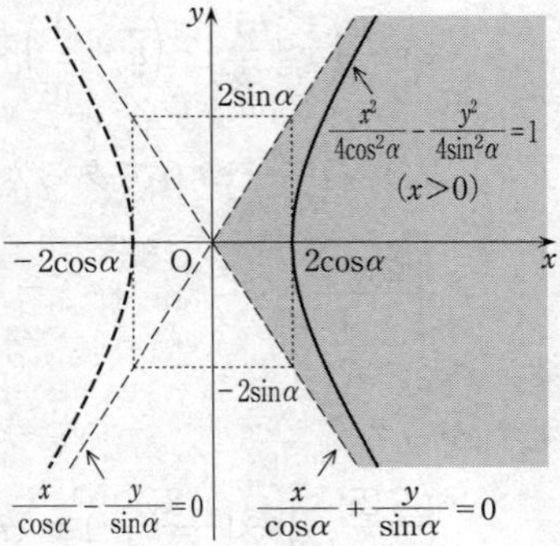

⑤より，⑨は右図の網かけ部分（境界は含まない）である。

よって $(x,\ y)$ は双曲線⑧の $x>0$ の部分にある。

逆にこの部分の $(x,\ y)$ に対して⑥で r を与えると，⑨より $r>0$ であり，$w=r(\cos\alpha+i\sin\alpha)$ で定まる w に対して $w+\dfrac{1}{w}=x+yi$ かつ $\arg w=\alpha$ が成り立つ。

ゆえに，求める軌跡は

　双曲線 $\dfrac{x^2}{4\cos^2\alpha}-\dfrac{y^2}{4\sin^2\alpha}=1$ の $x>0$ の部分　……(答)

別解　(1)　＜条件から直接 w を消去する解法＞

$w+\dfrac{1}{w}=x+yi$（$x,\ y$ は実数）より

$$\overline{w+\frac{1}{w}}=x-yi\quad \text{すなわち}\quad \overline{w}+\frac{1}{\overline{w}}=x-yi$$

よって

$$2x=\left(w+\frac{1}{w}\right)+\left(\overline{w}+\frac{1}{\overline{w}}\right)$$

$$=w+\overline{w}+\frac{w+\overline{w}}{w\overline{w}}$$

$$=(w+\overline{w})\left(1+\frac{1}{|w|^2}\right)$$

$$=(w+\overline{w})\left(1+\frac{1}{R^2}\right)$$

$1+\dfrac{1}{R^2}\neq 0$ であるから

$$\frac{2x}{1+\dfrac{1}{R^2}}=w+\overline{w}$$

また

$$2yi=\left(w+\frac{1}{w}\right)-\left(\overline{w}+\frac{1}{\overline{w}}\right)=(w-\overline{w})\left(1-\frac{1}{R^2}\right)$$

$R>1$ より，$1-\dfrac{1}{R^2}\neq 0$ であるから

$$\frac{2yi}{1-\dfrac{1}{R^2}}=w-\overline{w}$$

したがって

$$\left(\frac{2x}{1+\dfrac{1}{R^2}}\right)^2-\left(\frac{2yi}{1-\dfrac{1}{R^2}}\right)^2=(w+\overline{w})^2-(w-\overline{w})^2$$

$$\frac{4x^2}{\left(1+\dfrac{1}{R^2}\right)^2}+\frac{4y^2}{\left(1-\dfrac{1}{R^2}\right)^2}=4w\overline{w}=4R^2$$

ゆえに

$$\frac{x^2}{\left(R+\dfrac{1}{R}\right)^2}+\frac{y^2}{\left(R-\dfrac{1}{R}\right)^2}=1 \quad \cdots\cdots(ア)$$

よって，条件を満たす点 $(x,\ y)$ は楕円(ア)上にある。

逆に，楕円(ア)上の任意の点 $(x,\ y)$ に対して

$$w=\frac{Rx}{R+\dfrac{1}{R}}+\frac{Ry}{R-\dfrac{1}{R}}i$$

とおくと

$$|w|=\sqrt{\left(\frac{Rx}{R+\dfrac{1}{R}}\right)^2+\left(\frac{Ry}{R-\dfrac{1}{R}}\right)^2}=R \quad \cdots\cdots(イ) \quad (\because\ (ア))$$

$$w+\frac{1}{w}=w+\frac{\overline{w}}{|w|^2}=\frac{Rx}{R+\dfrac{1}{R}}+\frac{Ry}{R-\dfrac{1}{R}}i+\frac{\dfrac{1}{R}x}{R+\dfrac{1}{R}}-\frac{\dfrac{1}{R}y}{R-\dfrac{1}{R}}i \quad (\because\ (イ))$$

$$=x+yi$$

となり，条件 $w+\dfrac{1}{w}=x+yi$ かつ $|w|=R$ を満たす w が存在する。

ゆえに，求める軌跡は，楕円 $\dfrac{x^2}{\left(R+\dfrac{1}{R}\right)^2}+\dfrac{y^2}{\left(R-\dfrac{1}{R}\right)^2}=1$

◀解　説▶

≪複素数平面上の点の軌跡，楕円，双曲線≫

$w+\dfrac{1}{w}=x+yi$（w は複素数，x，y は実数）に対して，(1)は w の絶対値が一定の値，(2)は w の偏角が一定の値をとりながら動くときの点（x，y）の軌跡を求める問題である。

▶(1)　複素数 w を極形式で表すと解きやすい。$\cos\theta$，$\sin\theta$ を x，y，R で表し，$\cos^2\theta+\sin^2\theta=1$ を用いることにより，x，y，R の方程式を導くことができる。軌跡を求める際には，「条件を満たす任意の点がその図形上にある」ことと，「その図形上の任意の点が条件を満たす」ことを示さなければならない。

〔別解〕のように，w の極形式を用いないで求めることもできる。このとき，楕円(ア)上の任意の点に対して条件 $w+\dfrac{1}{w}=x+yi$ を満たす w が存在することが明らかとは言えないので，説明しておく。

▶(2)　$\arg w=\alpha$ が与えられているので，w を極形式で表す。答えは双曲線の一部になるが，〔解答〕では双曲線のどの部分になるのかをグラフで確認した。$x=\left(r+\dfrac{1}{r}\right)\cos\alpha$ で，$\cos\alpha>0$，$r>0$ より $x>0$，あるいは $r+\dfrac{1}{r}\geqq 2\sqrt{r\cdot\dfrac{1}{r}}=2$ より $x\geqq 2\cos\alpha$ としても結果は同じになる。

2

◇発想◇　(1)　$\overrightarrow{DG}$，$\overrightarrow{EF}$ を $\overrightarrow{OA}$，$\overrightarrow{OB}$，$\overrightarrow{OC}$ で表し，$\overrightarrow{EF}=k\overrightarrow{DG}$（$k$ は実数）と表されることと，4点O，A，B，Cが同一平面上にないことを用いて証明する。

(2)　(1)の利用を考える。正八面体ということから $\overrightarrow{DG}/\!/\overrightarrow{EF}$，よってAE：EB＝CF：FBが成り立つ。平行なベクトルは他にもあるから，同様に考えて辺の比を調べ，正八面体の頂点が四面体OABCの各辺の中点であることを示す。さらにこれを用いて，四面体OABCの各面が正三角形であることを示す。

解答　(1)　$\overrightarrow{\mathrm{OA}}=\vec{a}$，$\overrightarrow{\mathrm{OB}}=\vec{b}$，$\overrightarrow{\mathrm{OC}}=\vec{c}$ とおき

$\mathrm{AE}:\mathrm{EB}=p:(1-p)$，$\mathrm{CF}:\mathrm{FB}=q:(1-q)$

$\mathrm{OD}:\mathrm{DA}=r:(1-r)$，$\mathrm{OG}:\mathrm{GC}=s:(1-s)$

（ただし，$0<p<1$，$0<q<1$，$0<r<1$，$0<s<1$）

とすると

$\overrightarrow{\mathrm{OD}}=r\vec{a}$，$\overrightarrow{\mathrm{OG}}=s\vec{c}$

$\overrightarrow{\mathrm{OE}}=(1-p)\vec{a}+p\vec{b}$，$\overrightarrow{\mathrm{OF}}=q\vec{b}+(1-q)\vec{c}$

より

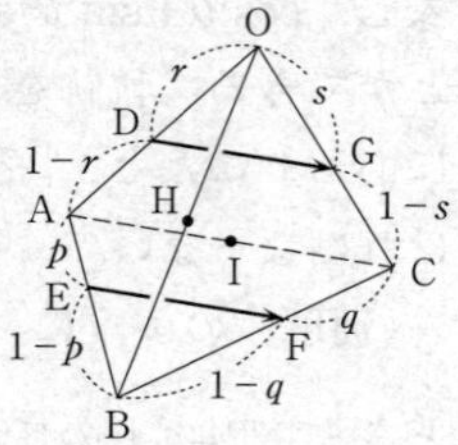

$\overrightarrow{\mathrm{DG}}=\overrightarrow{\mathrm{OG}}-\overrightarrow{\mathrm{OD}}=-r\vec{a}+s\vec{c}$

$\overrightarrow{\mathrm{EF}}=\overrightarrow{\mathrm{OF}}-\overrightarrow{\mathrm{OE}}$

$=-(1-p)\vec{a}+(q-p)\vec{b}+(1-q)\vec{c}$

$\overrightarrow{\mathrm{DG}}/\!/\overrightarrow{\mathrm{EF}}$ ならば，$\overrightarrow{\mathrm{EF}}=k\overrightarrow{\mathrm{DG}}$（$k$ は実数）と表されるから

$-(1-p)\vec{a}+(q-p)\vec{b}+(1-q)\vec{c}=-kr\vec{a}+ks\vec{c}$

$\vec{a}$，$\vec{b}$，$\vec{c}$ は同一平面上にない（……①）から

$-(1-p)=-kr$，$q-p=0$，$1-q=ks$　……②

よって，$p=q$ であるから

$\mathrm{AE}:\mathrm{EB}=\mathrm{CF}:\mathrm{FB}$　　（証明終）

(2)　D，E，F，G，H，I が正八面体の頂点となっているとき，四角形DEFGは正方形であるから　$\overrightarrow{\mathrm{DG}}=\overrightarrow{\mathrm{EF}}$

これは，②で $k=1$ のときであるから

$p=q=1-r=1-s$　……③

また，四角形DIFHも正方形であるから　$\overrightarrow{\mathrm{DH}}=\overrightarrow{\mathrm{IF}}$　……④

$\mathrm{OH}:\mathrm{HB}=t:(1-t)$，$\mathrm{AI}:\mathrm{IC}=u:(1-u)$

（ただし，$0<t<1$，$0<u<1$）

とすると，$\overrightarrow{\mathrm{OH}}=t\vec{b}$，$\overrightarrow{\mathrm{OI}}=(1-u)\vec{a}+u\vec{c}$ より

$\overrightarrow{\mathrm{DH}}=\overrightarrow{\mathrm{OH}}-\overrightarrow{\mathrm{OD}}=-r\vec{a}+t\vec{b}$

$\overrightarrow{\mathrm{IF}}=\overrightarrow{\mathrm{OF}}-\overrightarrow{\mathrm{OI}}=-(1-u)\vec{a}+q\vec{b}+(1-q-u)\vec{c}$

これと④，および①より

$$-r=-(1-u),\ t=q,\ 1-q-u=0$$

すなわち

$$q=t=1-u=r \quad \cdots\cdots ⑤$$

③の $q=1-r$ と⑤の $q=r$ より

$$1-r=r \quad \text{すなわち} \quad r=\frac{1}{2}$$

これと③，⑤より

$$p=q=r=s=t=u=\frac{1}{2}$$

よって，D，E，F，G，H，Iは四面体OABCの各辺の中点である。
したがって，中点連結定理により

OA＝2HE，OB＝2DE，AB＝2DH

△DEHは正八面体の1つの面であるから

HE＝DE＝DH

ゆえに　OA＝OB＝AB　すなわち，△OABは正三角形である。
同様にして，△OBC，△OCA，△ABCも正三角形であるから，四面体OABCは正四面体である。 （証明終）

◀解　説▶

≪正八面体の頂点を辺上にもつ四面体≫

正八面体の6個の頂点がそれぞれ四面体の6本の辺上にあるとき，その四面体は正四面体であることを示す問題である。

▶(1)　一般に「$s\vec{a}+t\vec{b}+u\vec{c}=\vec{0}$ ならば $s=t=u=0$」が成り立つとき，$\vec{a}$，$\vec{b}$，$\vec{c}$ は1次独立であるといい，$\vec{a}$，$\vec{b}$，$\vec{c}$ が同一平面上にないとき，$\vec{a}$，$\vec{b}$，$\vec{c}$ は1次独立である。本問ではこれを用いて証明する。なお，「$\vec{a}$，$\vec{b}$，$\vec{c}$ が同一平面上にない」を「4点O，A，B，Cが同一平面上にない」としても同じ意味である。②で $k\neq 0$ であるから，$r=s$ すなわちAD：DO＝CG：GOもわかる。

▶(2)　四角形DEFG，DIFH，EHGIは正方形である。このうち2つの正方形を利用する。〔解答〕では $\overrightarrow{DG}=\overrightarrow{EF}$ から③を導いたが，(1)の結果と $\overrightarrow{DE}/\!/\overrightarrow{GF}$ より $p=1-r$（または $q=1-s$）となることから③を導いてもよ

い。正方形DEFGによって③が成り立つことから，同様に考えると正方形DIFHによって⑤が成り立つことがわかる。

3

◇発想◇ まず，$q=1$ のときは $\tan 2\beta$ の値が存在しないので，このときに条件を満たす p が存在するかを調べる。

次に，$q \geqq 2$ のとき，加法定理と2倍角の公式を用いて条件から p と q の不定方程式を導く。ここで，条件を満たす $(p,\ q)$ が存在するような q の値の範囲を絞り，最後は q に具体的な自然数の値を代入して確認する。先に $p=1$ と $p \geqq 2$ に場合分けをした後，q の範囲を絞る方法も考えられる。

解答 (i) $q=1$ のとき

$\tan\beta=1$ より，$\beta=\dfrac{\pi}{4}+n\pi$（$n$ は整数）と表されるから

$$\tan(\alpha+2\beta)=\tan\left(\alpha+\frac{\pi}{2}+2n\pi\right)=-\frac{1}{\tan\alpha}=-p$$

これと，$\tan(\alpha+2\beta)=2$ より　　$p=-2$

これは p が自然数であることに反する。

(ii) $q \geqq 2$ のとき

$0<\dfrac{1}{q}\leqq\dfrac{1}{2}$ より，$\tan^2\beta=\left(\dfrac{1}{q}\right)^2\neq 1$ であるから

$$\tan 2\beta=\frac{2\tan\beta}{1-\tan^2\beta}=\frac{\dfrac{2}{q}}{1-\dfrac{1}{q^2}}=\frac{2q}{q^2-1}$$

$\tan(\alpha+2\beta)=2$ より

$$\frac{\tan\alpha+\tan 2\beta}{1-\tan\alpha\tan 2\beta}=2$$

$$\frac{\dfrac{1}{p}+\dfrac{2q}{q^2-1}}{1-\dfrac{1}{p}\cdot\dfrac{2q}{q^2-1}}=2$$

$$q^2-1+2pq=2\{p(q^2-1)-2q\}$$

よって

$$\tan(\alpha+2\beta)=2$$

$$\Longleftrightarrow 2(q^2-q-1)p=q^2+4q-1 \quad \cdots\cdots①$$

ここで，①の左辺は偶数，$4q-1$ は奇数であるから，q^2 は奇数，よって q は奇数である。

①より

$q=3$ のとき，$10p=20$ より　　$p=2$　……②

$q=5$ のとき，$38p=44$ より　　$p=\dfrac{22}{19}$　……③

また，$q \geqq 7$ のとき

$$q^2-q-1=q(q-1)-1 \geqq 7\cdot 6-1=41>0$$

であるから，①より

$$p=\frac{q^2+4q-1}{2(q^2-q-1)}=\frac{1}{2}+\frac{5q}{2(q^2-q-1)}=\frac{1}{2}+\frac{5}{2\left(q-1-\dfrac{1}{q}\right)}$$

ここで

$$q-1-\frac{1}{q} \geqq 7-1-\frac{1}{q}>7-1-1=5 \quad (\because \quad q \geqq 7)$$

であるから　　$p<\dfrac{1}{2}+\dfrac{5}{2\cdot 5}=1$　……④

p は自然数であるから，②，③，④より　　$(p,\ q)=(2,\ 3)$

(i)，(ii)より，求める p，q の組は　　$(p,\ q)=(2,\ 3)$　……(答)

別解　＜p について場合分けをする解法＞

(①までは〔解答〕と同じ)

$p=1$ のとき

①より　　$q^2-6q-1=0$　　よって　　$q=3\pm\sqrt{10}$

これは，q が自然数であることに反する。

$p \geqq 2$ のとき

$$q^2-q-1=q(q-1)-1 \geqq 2\cdot 1-1=1>0$$

これと①より

$$2(q^2-q-1)\cdot 2 \leqq q^2+4q-1$$

$$3q^2-8q-3 \leqq 0 \qquad (3q+1)(q-3) \leqq 0$$

よって　　$-\frac{1}{3} \leqq q \leqq 3$

q は自然数で $q \geqq 2$ であるから　　$q=2,\ 3$

①より

$q=2$ のとき，$2p=11$ より　　$p=\frac{11}{2}$

$q=3$ のとき，$10p=20$ より　　$p=2$

p は自然数で $p \geqq 2$ であるから　　$(p,\ q)=(2,\ 3)$

(i)，(ii)より，求める p，q の組は　　$(p,\ q)=(2,\ 3)$

◀解　説▶

≪加法定理，不定方程式の整数解≫

三角関数を用いて表された条件から，未知数が２個の不定方程式を作り，その自然数解を求める問題である。

まず条件から p，q に関する方程式を作るのであるが，$q=1$ のときは $\tan 2\beta$ の値が存在しないので注意が必要である。$q \geqq 2$ のときは，加法定理，２倍角の公式を使って p，q に関する方程式を作ることができる。この方程式に，$q=2,\ 3,\ 4,\ \cdots$ と代入して p の値を調べてもよいが，偶奇に注目すると，q は奇数であることがわかるので楽になる。$q \geqq 7$ のとき $p<1$ になるが，これは $q \geqq 2$ で $\frac{q^2+4q-1}{2(q^2-q-1)}<1$ を解くと，$3+\sqrt{10}<q$ となることからもわかる。したがって，$q=3,\ 5$ と $q \geqq 7$ の場合に分けて p の値を調べればよいことになる。

〔別解〕のように，$q \geqq 2$ のときの①から，$p=1$ と $p \geqq 2$ の場合に分けて q の値を調べてもよい。

4

◆発想◆　(1)　三角形の内心は，内角の二等分線の交点であることを利用する。

(2)　BC の長さと∠BPC の大きさは固定されている。このとき，△ABC が鋭角三角形であることに注意して，図形的に点 P の軌跡を考える。r は点 P と辺 BC の距離である。また，$r=\mathrm{BP}\sin\angle\mathrm{CBP}$ であることから，r を三角関数を用いて表し，取りうる値の範囲を求める方法も考えられる。

解答　(1)　BP，CP はそれぞれ∠ABC，∠ACB の二等分線であるから

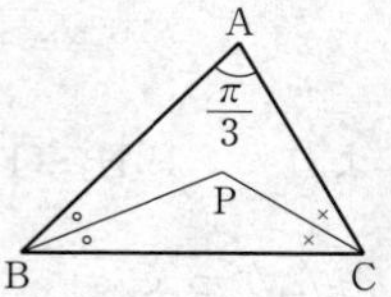

$$\begin{aligned}\angle\mathrm{BPC} &= \pi-(\angle\mathrm{PBC}+\angle\mathrm{PCB})\\ &= \pi-\frac{1}{2}(\angle\mathrm{ABC}+\angle\mathrm{ACB})\\ &= \pi-\frac{1}{2}(\pi-\angle\mathrm{BAC})\\ &= \pi-\frac{1}{2}\left(\pi-\frac{\pi}{3}\right)\\ &= \frac{2}{3}\pi\quad\cdots\cdots(\text{答})\end{aligned}$$

(2)　△ABC に正弦定理を用いて

$$\frac{\mathrm{BC}}{\sin\frac{\pi}{3}}=2\cdot 1\quad\text{より}\qquad \mathrm{BC}=2\sin\frac{\pi}{3}=\sqrt{3}$$

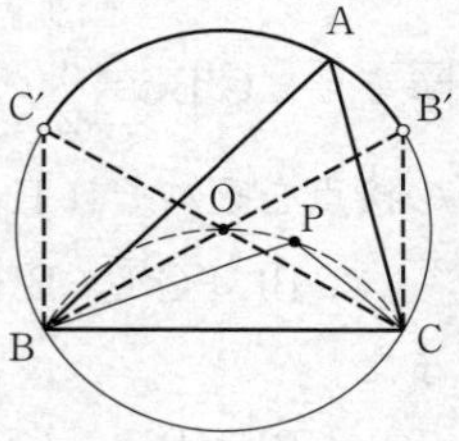

△ABC の外接円 O の中心を O とする。直線 BO，CO と円 O の交点のうち B，C でない点をそれぞれ B′，C′ とすると，$\angle\mathrm{C'BC}=\angle\mathrm{B'CB}=\frac{\pi}{2}$ である。

辺 BC を固定して点 A を動かすと，点 A は円 O 上を動き，△ABC が鋭角三角形であるから，点 A は劣弧 $\overset{\frown}{\mathrm{B'C'}}$（両端を除く）上を動く。
△C′BC，△B′CB の内心をそれぞれ $\mathrm{P_1}$，$\mathrm{P_2}$ とすると

$$\angle\mathrm{BOC}=\angle\mathrm{BPC}=\frac{2}{3}\pi\ \ (\because\ \ (1))$$

であるから，点 A が劣弧 $\overset{\frown}{\mathrm{B'C'}}$（両端を除く）上を動くとき，点 P は△OBC の外接円の劣弧 $\overset{\frown}{\mathrm{P_1P_2}}$（両端を除く）上すべてを動く。点 O，$\mathrm{P_1}$ から辺 BC にそれぞれ垂線 OH，$\mathrm{P_1H_1}$ を下ろすと

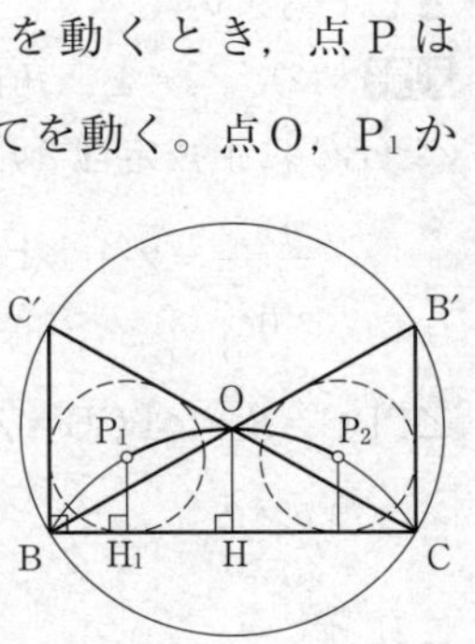

$$\mathrm{OH}=\sqrt{\mathrm{OB}^2-\mathrm{BH}^2}=\sqrt{1^2-\left(\frac{\sqrt{3}}{2}\right)^2}=\frac{1}{2}$$

また，$\angle\mathrm{C'BC}=\frac{\pi}{2}$，$\mathrm{BC}=\sqrt{3}$，$\mathrm{CC'}=2$ より

$$\mathrm{CB'}=1$$

よって

$$\triangle C'BC = \frac{1}{2}P_1H_1\cdot(C'B + BC + CC')$$

$$= \frac{1}{2}\cdot C'B\cdot BC$$

より　　$P_1H_1\cdot(1+\sqrt{3}+2) = 1\cdot\sqrt{3}$

したがって　　$P_1H_1 = \dfrac{\sqrt{3}}{3+\sqrt{3}} = \dfrac{\sqrt{3}-1}{2}$

直線 OH に関する対称性を考えて

$$P_1H_1 < r \leqq OH$$

すなわち　　$\dfrac{\sqrt{3}-1}{2} < r \leqq \dfrac{1}{2}$　……(答)

参考　$\angle C'BC = \dfrac{\pi}{2}$ の直角三角形において，内接円と辺 BC，CC′，C′B との接点をそれぞれ H_1，K，L とおくと

$$BL + C'L + BH_1 + CH_1 = BC' + BC = 1+\sqrt{3}$$

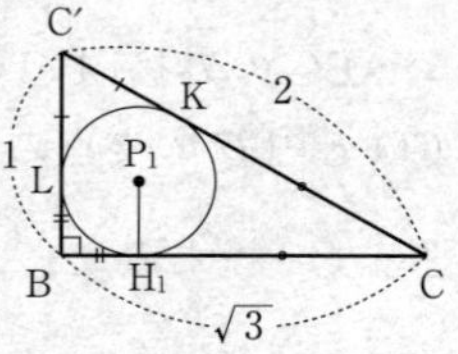

また

$$BL = BH_1,\ CH_1 = CK,\ C'K = C'L$$

であるから

$$2BL + C'K + CK = 1+\sqrt{3}$$

$$2BL + CC' = 1+\sqrt{3}$$

$$2BL = \sqrt{3}-1 \quad (\because\ CC' = 2)$$

よって　　$P_1H_1 = BL = \dfrac{\sqrt{3}-1}{2}$

としてもよい。

別解　(2)　＜r を三角関数を用いて表す解法＞

△ABC に正弦定理を用いて

$$\frac{BC}{\sin\frac{\pi}{3}} = 2\cdot 1 \quad より \qquad BC = 2\sin\frac{\pi}{3} = \sqrt{3}$$

$\angle PBC = \beta$，$\angle PCB = \gamma$ とすると，△ABC が鋭角三角形より

$$\beta < \frac{\pi}{4},\ \gamma < \frac{\pi}{4}$$

これと

$$\beta=\pi-\angle\mathrm{BPC}-\gamma=\pi-\frac{2}{3}\pi-\gamma=\frac{\pi}{3}-\gamma \quad \cdots\cdots(ア)$$

より　$\dfrac{\pi}{12}<\beta<\dfrac{\pi}{4}$　……(イ)

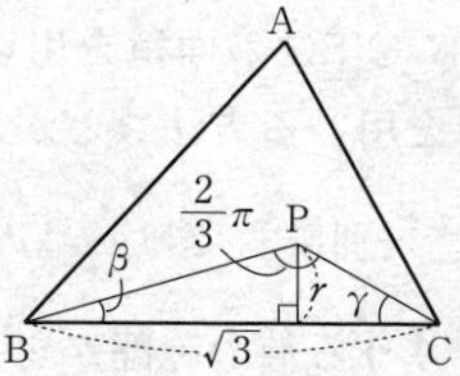

△PBC に正弦定理を用いて

$$\frac{\mathrm{BP}}{\sin\gamma}=\frac{\sqrt{3}}{\sin\frac{2}{3}\pi} \quad より \quad \mathrm{BP}=2\sin\gamma$$

よって

$$\begin{aligned} r&=\mathrm{BP}\sin\beta\\ &=2\sin\beta\sin\gamma\\ &=-\{\cos(\beta+\gamma)-\cos(\beta-\gamma)\} \end{aligned}$$

ここで，(ア)より　$\beta+\gamma=\dfrac{\pi}{3}$

また，$\gamma=\dfrac{\pi}{3}-\beta$ より　$\beta-\gamma=2\beta-\dfrac{\pi}{3}$

であるから

$$r=\cos\left(2\beta-\frac{\pi}{3}\right)-\frac{1}{2} \quad \cdots\cdots(ウ)$$

(イ)より，$-\dfrac{\pi}{6}<2\beta-\dfrac{\pi}{3}<\dfrac{\pi}{6}$ であるから　$\dfrac{\sqrt{3}}{2}<\cos\left(2\beta-\dfrac{\pi}{3}\right)\leqq 1$

したがって，(ウ)より

$$\frac{\sqrt{3}-1}{2}<r\leqq\frac{1}{2}$$

◀解　説▶

≪円に内接する三角形の内接円の半径≫

1つの角が $\dfrac{\pi}{3}$ である三角形について，その内接円の半径の取りうる値の範囲を求める問題である。

▶(1)　三角形の内心に関する知識があれば容易に解ける。

▶(2)　$\angle\mathrm{BOC}=\angle\mathrm{BPC}=\dfrac{2}{3}\pi$ に注目すれば，内心Pは△OBCの外接円の円周上にあることがわかる。さらに，△ABCは鋭角三角形であることから，内心Pの存在する範囲は劣弧 $\overset{\frown}{\mathrm{P_1P_2}}$ となる。ここで，劣弧とは半円周より小さい弧をいう（半円周より大きい弧を優弧という）。$P_1H_1 < r \leqq OH$ は図から判断できる。△C′BC の内接円の半径は〔解答〕のように△C′BC の面積を用いる方法や〔参考〕のように接線の長さが等しいことを用いる方法などがある。

〔別解〕では，△PBC において，$\angle BPC = \dfrac{2}{3}\pi$，$BC = \sqrt{3}$，および β の取りうる値の範囲から r の取りうる値の範囲を求めた。式変形の途中で積和の公式を用いるとよい。

5

◇発想◇　$y = xe^{-x}$ の増減および曲線 $y = xe^{-x}$ と直線 $y = ax$ の共有点の x 座標を調べてグラフを描くと，$S(a)$ は a の値によって場合分けをして求めなければならないことがわかる。それぞれの場合について $S(a)$ を考え，$S(a)$ の増減を調べることによって，$S(a)$ の最小値を求める。

解答　$f(x) = xe^{-x}$ とおくと

$$f'(x) = e^{-x} - xe^{-x} = (1-x)e^{-x}$$

$0 \leqq x \leqq \sqrt{2}$ における $f(x)$ の増減表は右のようになる。

x	0	⋯	1	⋯	$\sqrt{2}$
$f'(x)$		+	0	−	
$f(x)$	0	↗	e^{-1}	↘	$\sqrt{2}e^{-\sqrt{2}}$

また，$y = f(x)$ と $y = ax$ の共有点の x 座標は

$$xe^{-x} = ax \quad より \quad x(e^{-x} - a) = 0$$

$a > 0$ のとき　　$x = 0,\ -\log a$

また，$f'(0) = 1$ であるから，$y = f(x)$ の原点における接線の傾きは1である。

(i)　$0 \leqq a \leqq e^{-\sqrt{2}}$ のとき

$0 \leqq x \leqq \sqrt{2}$ において

$$f(x) - ax = x(e^{-x} - a)$$
$$\geqq x(e^{-\sqrt{2}} - a) \geqq 0$$

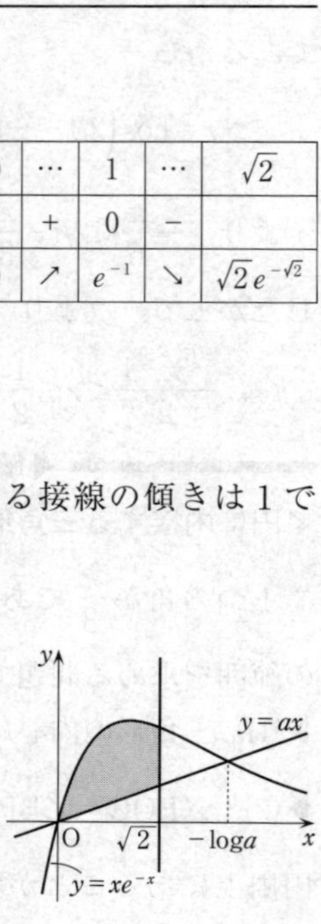

で，グラフは右図のようになり，$S(a)$ は単調に減少し，最小値は $S(e^{-\sqrt{2}})$ になる。

(ii)　$e^{-\sqrt{2}} \leqq a \leqq 1$ のとき

$0 \leqq -\log a \leqq \sqrt{2}$ であるから，グラフは右図のようになり

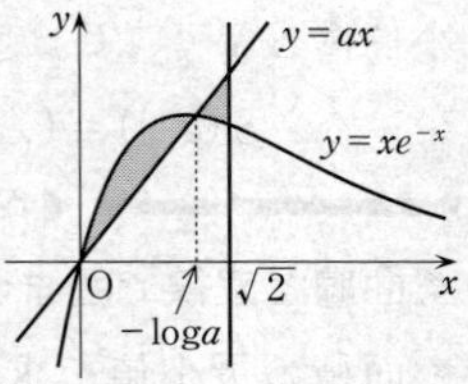

$$S(a) = \int_0^{-\log a} \{f(x) - ax\}\,dx + \int_{-\log a}^{\sqrt{2}} \{ax - f(x)\}\,dx$$

ここで

$$\int \{f(x) - ax\}\,dx = \int (xe^{-x} - ax)\,dx = -xe^{-x} - \frac{a}{2}x^2 + \int e^{-x}dx$$

$$= -xe^{-x} - \frac{a}{2}x^2 - e^{-x} + C \quad (C \text{ は積分定数})$$

$$= -(x+1)e^{-x} - \frac{a}{2}x^2 + C$$

よって，$F(x) = -(x+1)e^{-x} - \dfrac{a}{2}x^2$ とおくと

$$\begin{aligned} S(a) &= F(-\log a) - F(0) - \{F(\sqrt{2}) - F(-\log a)\} \\ &= 2F(-\log a) - F(0) - F(\sqrt{2}) \\ &= 2\left\{(\log a - 1)a - \frac{a}{2}(\log a)^2\right\} - (-1) - \{-(\sqrt{2}+1)e^{-\sqrt{2}} - a\} \\ &= 2a(\log a - 1) - a(\log a)^2 + a + 1 + (\sqrt{2}+1)e^{-\sqrt{2}} \quad \cdots\cdots① \end{aligned}$$

$$\begin{aligned} S'(a) &= 2(\log a - 1) + 2a \cdot \frac{1}{a} - (\log a)^2 - a \cdot 2(\log a) \cdot \frac{1}{a} + 1 \\ &= 1 - (\log a)^2 \end{aligned}$$

$e^{-\sqrt{2}} \leqq a \leqq 1$ における $S(a)$ の増減表は右のようになり，最小値は $S(e^{-1})$ になる。

a	$e^{-\sqrt{2}}$	…	e^{-1}	…	1
$S'(a)$		$-$	0	$+$	
$S(a)$		↘	極小かつ最小	↗	

(iii)　$a \geqq 1$ のとき

$0 \leqq x \leqq \sqrt{2}$ において

$$f(x) - ax = x(e^{-x} - a) \leqq x(1-a) \leqq 0$$

で，グラフは右図のようになり，$S(a)$ は単調に増加し，最小値は $S(1)$ になる。

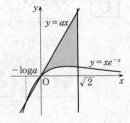

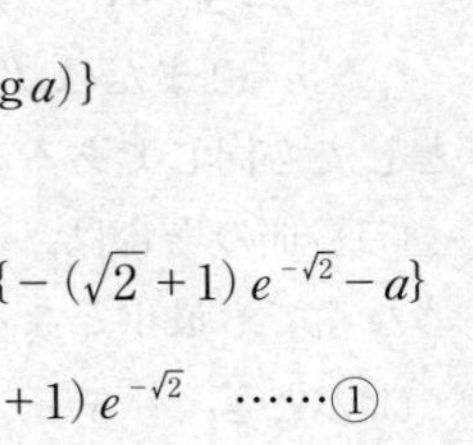

$S(e^{-1})<S(e^{-\sqrt{2}})$，$S(e^{-1})<S(1)$ であるから，(i)〜(iii)より $S(a)$ の最小値は $S(e^{-1})$ で，①より

$$S(e^{-1})=(\sqrt{2}+1)e^{-\sqrt{2}}-4e^{-1}+1 \quad \cdots\cdots(答)$$

◀解　説▶

≪曲線と直線で囲まれた部分の面積の最小値，部分積分法≫

面積の最小値を求める問題である。$0\leqq x\leqq\sqrt{2}$ の範囲で曲線 $y=xe^{-x}$ と 2 直線 $y=ax$，$x=\sqrt{2}$ の少なくとも 2 つ以上で囲まれた部分の面積が $S(a)$ であるから，$e^{-\sqrt{2}}\leqq a<1$ のときに曲線 $y=xe^{-x}$ と直線 $y=ax$ で囲まれた部分の面積も $S(a)$ に含むことになる。

$0\leqq x\leqq\sqrt{2}$ の範囲で，$y=xe^{-x}$ と $y=ax$ のグラフを考えると

$$0\leqq a\leqq\frac{f(\sqrt{2})}{\sqrt{2}},\ \frac{f(\sqrt{2})}{\sqrt{2}}\leqq a\leqq f'(0),\ f'(0)\leqq a \quad \cdots\cdots(*)$$

に場合分けして $S(a)$ を考えなければならないことがわかる。(＊)は，$y=xe^{-x}$ と $y=ax$ の共有点の x 座標を考えて

$$a=0 \text{ または } \sqrt{2}\leqq-\log a,\ 0\leqq-\log a\leqq\sqrt{2},\ -\log a\leqq 0$$

としても同じである。

(i)，(iii)の場合は，グラフより $S(a)$ の単調性がわかるので，$S(a)$ を求めなくても最小となる a の値が求まる。具体的に $S(a)$ を求めてみると

(i)のとき　　$S(a)=-a+1-(\sqrt{2}+1)e^{-\sqrt{2}}$

(iii)のとき　　$S(a)=a-1+(\sqrt{2}+1)e^{-\sqrt{2}}$

で，ともに a の 1 次関数になる。(ii)で $S(a)$ を求める積分計算には部分積分法を用いるが，先に不定積分を計算してから x に数値を代入すると，計算が少し楽になる。

6

◇発想◇　n 桁の数 X を 3 で割ったとき，余りが 0，1，2 となる確率をそれぞれ p_n，q_n，r_n とおく。正の整数を 3 で割ったときの余りは，その整数の各位の和を 3 で割ったときの余りと等しい。このことを利用して，漸化式を作り，$p_n+q_n+r_n=1$ に注意して p_n を求める。

解答　n 桁の数 X を3で割ったとき，余りが0，1，2となる確率をそれぞれ p_n，q_n，r_n とおく。k 番目に取り出したカードの数を x_k とすると，X を3で割ったときの余りは，$\sum_{k=1}^{n} x_k$ を3で割ったときの余りに等しい。

$\sum_{k=1}^{n+1} x_k$ を3で割ったときの余りが0になるのは，次の(i)～(iii)のいずれかである。

(i)　$\sum_{k=1}^{n} x_k$ を3で割ったときの余りが0で　　$x_{n+1}=3$

(ii)　$\sum_{k=1}^{n} x_k$ を3で割ったときの余りが1で　　$x_{n+1}=2,\ 5$

(iii)　$\sum_{k=1}^{n} x_k$ を3で割ったときの余りが2で　　$x_{n+1}=1,\ 4$

よって

$$p_{n+1}=\frac{1}{5}p_n+\frac{2}{5}q_n+\frac{2}{5}r_n=\frac{1}{5}p_n+\frac{2}{5}(q_n+r_n)\quad\cdots\cdots①$$

また，$p_n+q_n+r_n=1$ であるから　　$q_n+r_n=1-p_n$　……②

②を①に代入して

$$p_{n+1}=\frac{1}{5}p_n+\frac{2}{5}(1-p_n)=-\frac{1}{5}p_n+\frac{2}{5}$$

これより

$$p_{n+1}-\frac{1}{3}=-\frac{1}{5}\left(p_n-\frac{1}{3}\right)$$

したがって，数列 $\left\{p_n-\frac{1}{3}\right\}$ は初項 $p_1-\frac{1}{3}=\frac{1}{5}-\frac{1}{3}=-\frac{2}{15}$，公比 $-\frac{1}{5}$ の等比数列であるから

$$p_n-\frac{1}{3}=-\frac{2}{15}\cdot\left(-\frac{1}{5}\right)^{n-1}$$

ゆえに，X が3で割り切れる確率 p_n は

$$p_n=\frac{1}{3}+\frac{2}{3}\cdot\left(-\frac{1}{5}\right)^{n}\quad\cdots\cdots(答)$$

◀解　説▶

≪カードを並べて作った数が3で割り切れる確率，漸化式≫

1～5のカードを並べて作った n 桁の数が3で割り切れる確率を求め

る問題である。3で割ったときの余りで分類すること，n桁と$(n+1)$桁の関係から漸化式を作ることがポイントとなる。①に対応して

$$q_{n+1}=\frac{2}{5}p_n+\frac{1}{5}q_n+\frac{2}{5}r_n,\quad r_{n+1}=\frac{2}{5}p_n+\frac{2}{5}q_n+\frac{1}{5}r_n\quad\cdots\cdots(*)$$

も成り立つが，p_nを求めるには，①のq_n+r_nをp_nで表せばよいので，②を使うべきである。①，②より基本的な隣接2項間の漸化式が導かれる。

なお，$q_n=r_n=\frac{1}{3}-\frac{1}{3}\cdot\left(-\frac{1}{5}\right)^n$であるが，これは$q_1=r_1=\frac{2}{5}$と$(*)$，②から求めるか，または式の対称性を考えて$q_n=r_n=\frac{1}{2}(1-p_n)$から求めることができる。

講　評

1　複素数平面上の図形問題で，式と曲線との融合問題。標準的であるが慣れていないと戸惑ってしまう。(1)できちんと方針が立てられれば(2)はスムーズに解ける。

2　ベクトルを用いた空間図形に関する証明問題。(1)は頻出問題といえるが，(2)は使用する文字も多く，苦労する。

3　三角関数を題材にした整数問題。整数解を求める問題に慣れていないと時間がかかってしまう。

4　平面図形と三角比・三角関数に関する問題。(1)は易しい。(2)は図形を利用してきちんと説明するのに力がいる。

5　「数学Ⅲ」の微・積分法の標準的な計算問題。場合分けをする必要はあるが，面積，最小値は頻出事項である。

6　確率と数列の融合問題。漸化式を利用して確率を求める頻出問題で，解きやすい。

以上，微・積分法，図形問題，整数問題，確率，数列からの出題は例年通り。2017年度は極限の問題がなく，複素数平面からの出題があった。2016年度と比べて難易度に変化はない。4(1)は易。6はやや易，1 2(1) 3 5は標準，2(2)と4(2)がやや難レベルの問題である。ただし，1と3も対策を立てていないと難しく感じるであろう。論証力や図形感覚，計算力など，数学の総合的な力をつけるとともに，融合問題に対して幅広く対策しておくことが重要である。

物理

I

解答 (1) ア．$\sqrt{\dfrac{2E}{m}-4gr}$ イ．$2\sqrt{gr}$ ウ．$4mgr$

(2) エ．$\dfrac{1}{16}E$ オ．$\dfrac{9}{16}E$ カ．9 キ．$\dfrac{9}{4}mgr$ ク．$\sqrt{2}r$

(3) ケ．$F-mg\cos\theta$ コ．$E_2-mgr(1-\cos\theta)$ サ．$\dfrac{2}{3}$

問1．二重レールの高さ h_2 の点では運動エネルギーを持たないが，斜方投射の最高到達点では速度成分があり運動エネルギーを持つ。よって，力学的エネルギー保存則より，後者の方が重力の位置エネルギーが小さくなるため。(100字以内)

◆テーマ◆

≪鉛直面内の円運動，水平投射，2球の衝突≫

(1)は鉛直面内での円運動から水平投射に移る運動がテーマで，類題も多い。最下点での速さのかわりに運動エネルギーが与えられている。力学的エネルギー保存則と水平投射の基本的な理解が求められている。(2)は2球の非弾性衝突がテーマで，運動エネルギーで答えさせている。運動量保存則と反発係数の式の理解が求められている。(3)は鉛直面内での円運動の典型的な内容であるが，球が二重レールから受ける力の向きが変わる点が目新しい。問1は斜方投射の最高到達点で水平方向の速度が0でないことからすぐにわかるが，100字以内という字数制限がある。

◀解　説▶

(1) ▶ア．点Bにおける球①の速さを v_B とすると，力学的エネルギー保存則より

$$\frac{1}{2}mv_B{}^2+2mgr=E$$

$$\therefore\quad v_B=\sqrt{\frac{2E}{m}-4gr}$$

▶イ．点Bから水平台までの落下時間を t とすると

$$\frac{1}{2}gt^2=2r \qquad \therefore \quad t=2\sqrt{\frac{r}{g}}$$

水平方向へは一定の速さ v_{B} で運動するから，$L=4r$ より

$$4r=v_{\mathrm{B}}t$$

$$\therefore \quad v_{\mathrm{B}}=\frac{4r}{t}=2\sqrt{gr}$$

▶ウ．アの E の式にイの v_{B} を代入して

$$E=\frac{1}{2}m\cdot 4gr+2mgr$$

$$=4mgr$$

(2)　▶エ・オ．図 1 の右向きを正として，衝突直前の球①の速度を v_0，衝突直後の球①，②の速度を v_1，v_2 とすると

$$E=\frac{1}{2}mv_0{}^2, \quad E_1=\frac{1}{2}mv_1{}^2, \quad E_2=\frac{1}{2}mv_2{}^2$$

運動量保存則より

$$mv_0=mv_1+mv_2 \qquad \therefore \quad v_1+v_2=v_0$$

反発係数の式より

$$0.5=\frac{v_2-v_1}{v_0} \qquad \therefore \quad v_2-v_1=\frac{1}{2}v_0$$

２式より v_1，v_2 を求めると

$$v_1=\frac{1}{4}v_0, \quad v_2=\frac{3}{4}v_0$$

よって

$$E_1=\frac{1}{2}m\cdot\frac{1}{16}v_0{}^2=\frac{1}{16}E$$

$$E_2=\frac{1}{2}m\cdot\frac{9}{16}v_0{}^2=\frac{9}{16}E$$

▶カ．力学的エネルギー保存則より

$$mgh_1=E_1, \quad mgh_2=E_2$$

よって，エ，オの結果を用いると

$$\frac{h_2}{h_1}=\frac{E_2}{E_1}=9$$

▶キ．ばねを最も縮めた場合，ウの結果より $E=4mgr$ であるから，オの

E_2 に代入して

$$E_2=\frac{9}{16}\times 4mgr=\frac{9}{4}mgr$$

▶ク．球②が点Bから水平投射される速さを $v_B{}'$ とすると，力学的エネルギー保存則より

$$\frac{1}{2}mv_B{}'^2+2mgr=E_2$$

$$v_B{}'^2=\frac{9}{2}gr-4gr=\frac{1}{2}gr$$

$$\therefore\quad v_B{}'=\sqrt{\frac{gr}{2}}$$

落下時間はイと同じであるから

$$L=v_B{}'t$$

$$=\sqrt{\frac{gr}{2}}\cdot 2\sqrt{\frac{r}{g}}=\sqrt{2}\,r$$

(3)　▶ケ．重力の円の中心に向かう成分は $-mg\cos\theta$ であるから

$$m\frac{v^2}{r}=F-mg\cos\theta$$

▶コ．角度 θ における水平台からの高さは

$$r-r\cos\theta=r(1-\cos\theta)$$

よって，力学的エネルギー保存則より

$$\frac{1}{2}mv^2+mgr(1-\cos\theta)=E_2$$

$$\therefore\quad \frac{1}{2}mv^2=E_2-mgr(1-\cos\theta)$$

▶サ．$\theta=\theta_V$ で $v=0$ となるから，コの結果より

$$E_2=mgr(1-\cos\theta_V)$$

$\theta=\theta_F$ で $F=0$ となるから，ケの結果より

$$m\frac{v^2}{r}=-mg\cos\theta_F$$

また，このとき力学的エネルギー保存則より

$$E_2=\frac{1}{2}mv^2+mgr(1-\cos\theta_F)$$

$$= -\frac{1}{2}mgr\cos\theta_F + mgr(1-\cos\theta_F)$$

$$= mgr\left(1-\frac{3}{2}\cos\theta_F\right)$$

よって

$$mgr(1-\cos\theta_V) = mgr\left(1-\frac{3}{2}\cos\theta_F\right)$$

$$\cos\theta_V = \frac{3}{2}\cos\theta_F \qquad \therefore \quad \frac{\cos\theta_F}{\cos\theta_V} = \frac{2}{3}$$

▶問 1．100 字以内という制限があるので，要領よくまとめる必要がある。斜方投射の最高到達点で運動エネルギーを持つということと，力学的エネルギー保存則から説明できるという 2 点は入れておかねばならないであろう。

II　解答

(1)　イ．qE_1　ロ．$\frac{qE_1}{k}$　ハ．qv_1B　ニ．y 軸の正

ホ．J　へ．v_1B　ト．v_1Bw　チ．$qnwdv_1$　リ．qd

(2)　ヌ．$\frac{\varepsilon S}{L}$　ル．$\frac{L}{v_2t}C$　ヲ．$\frac{L}{L-v_2t}C$　ワ．$\frac{v_2t}{LC}(Q-q_1)$

カ．$\frac{L-v_2t}{LC}(Q+q_2)$　ヨ．$\frac{qN}{L}$　タ．0

問 1．

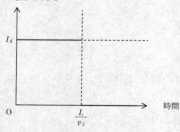

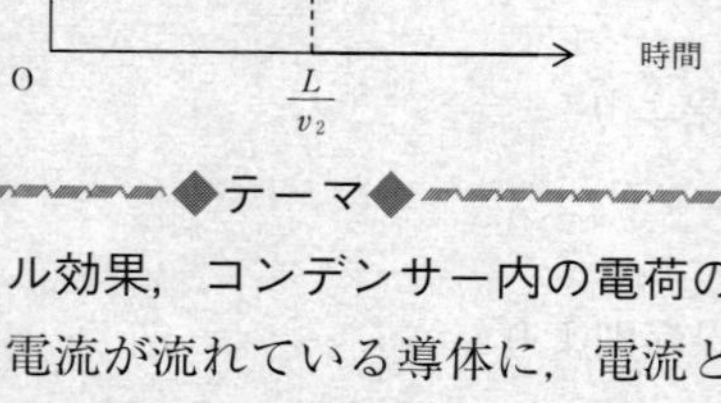

◆テーマ◆

《ホール効果，コンデンサー内の電荷の移動》

(1)は電流が流れている導体に，電流と垂直に磁界をかけると，電流と磁場の両方に垂直な面内に電圧が生じるというホール効果がテーマで，類題も多い。(2)は平行板コンデンサーの極板間に注入した電子群の運動を考え

るという京大らしいユニークなテーマである。一見難しそうであるが，問題文の指示通りに解いていけば解答できる。

◀解　説▶

(1)　▶イ．電界は x 軸の負の向きに生じているから，電気量 $-q$ の電子が電界から受ける電気力は x 軸の正の向きで，大きさは qE_1 となる。

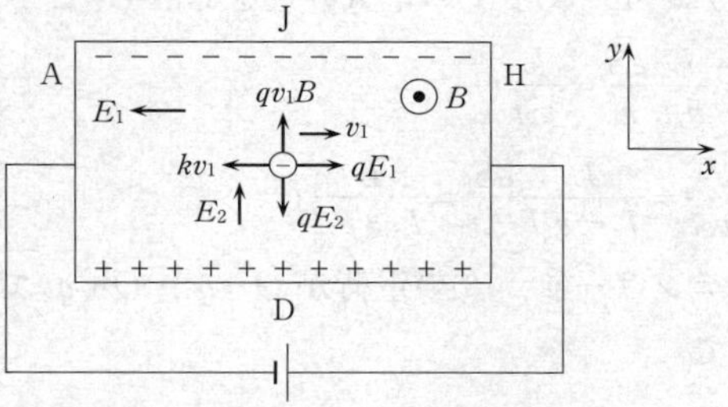

▶ロ．$v=v_1$ のとき $F=0$ となるから

$$0=qE_1-kv_1 \qquad \therefore \quad v_1=\frac{qE_1}{k}$$

▶ハ・ニ．v_1 は x 軸の正，B は z 軸の正の向きであるから，負電荷 $-q$ の電子が磁界から受けるローレンツ力の向きは，フレミング左手の法則より y 軸の正の向きで，大きさは qv_1B である。

▶ホ．電子は y 軸の正の向きへ移動するから，面Jに集まり，面Jは負に，面Dは正に帯電する。よって，y 軸の正の向きに電界が生じ，電子は y 軸の負の向きに qE_2 の力を受けることになる。

▶へ．qE_2 とローレンツ力 qv_1B のつり合いより

$$qE_2=qv_1B \qquad \therefore \quad E_2=v_1B$$

▶ト．面Jと面D間の電圧は

$$U=E_2w=v_1Bw$$

となり，面Dのほうが高電位となる。

▶チ．電流の大きさは，単位時間にある断面を通過する電気量であるから

$$I=q\times n\times wd\times v_1$$
$$=qnwdv_1$$

▶リ．ト，チの結果から v_1 を消去して

$$I=qnwd\cdot\frac{U}{Bw}=\frac{qndU}{B}$$

$\therefore\quad B=qd\times\dfrac{nU}{I}$

(2)　▶ヌ．平行板コンデンサーの電気容量の式より

$$C=\frac{\varepsilon S}{L}$$

▶ル・ヲ．コンデンサー①，②の電気容量を C_1，C_2 とすると

$$C_1=\frac{\varepsilon S}{v_2t}=\frac{L}{v_2t}\frac{\varepsilon S}{L}=\frac{L}{v_2t}C$$

$$C_2=\frac{\varepsilon S}{L-v_2t}=\frac{L}{L-v_2t}\frac{\varepsilon S}{L}=\frac{L}{L-v_2t}C$$

▶ワ・カ．コンデンサー①，②の電荷が $Q-q_1$，$Q+q_2$ であるから，ル，ヲの結果を用いて

$$V_1=\frac{Q-q_1}{C_1}=\frac{v_2t}{LC}(Q-q_1)$$

$$V_2=\frac{Q+q_2}{C_2}=\frac{L-v_2t}{LC}(Q+q_2)$$

▶ヨ．コンデンサー①と②は直列であるから

$$V_1+V_2=V=\frac{Q}{C}$$

$$Q=C(V_1+V_2)$$

$$=\frac{v_2t}{L}(Q-q_1)+\frac{L-v_2t}{L}(Q+q_2)$$

$\therefore\quad q_1v_2t=q_2(L-v_2t)$

$-qN=-q_1-q_2$ であるから

$$q_2=\frac{qN}{L}\times v_2t$$

▶タ．電子群は，面Hに到達した後は移動しないので，電流は 0 になる。

▶問 1．電子群が面Hに到達した時刻を t_{H} とすると

$v_2t_{\mathrm{H}}=L$　より　　$t_{\mathrm{H}}=\dfrac{L}{v_2}$

ヨ，タの結果より，時刻 0 から t_{H} までの電流の大きさは I_{d} で一定であり，時刻 t_{H} 以後の電流の大きさは 0 として，グラフを描けばよい。

III 解答

(1)　あ．$\dfrac{c}{f}$　い．$\dfrac{c_R}{f}$　う．f

(2)　え．$\dfrac{c+V}{f}$　お．$\dfrac{c-V}{c+V}f$　か．$\dfrac{c+V}{c}\dfrac{c_R}{f}$　き．$\dfrac{c}{c+V}\dfrac{c_R+W}{c_R}f$

(3)　く．$U\sin\theta$　け．$\dfrac{c-U\sin\theta}{c}$　こ．$2L\tan\theta$

さ．$\dfrac{U}{c}$　し．f

(4)　す．$\dfrac{\sqrt{c^2-U^2}}{2f}$　せ．※

※　(4)せについては，問題文中に条件設定が不足しており，正解が1つに定まらない設問となっていたため，受験生全員を正解にする扱いとした，と大学から発表された。

◆テーマ◆

≪ドップラー効果，音波の干渉≫

(1)は波の基本式を問う内容である。音源も観測者も静止しているので，ドップラー効果はない。(2)は音源が動く場合のドップラー効果で，音源が動くと波長が変化することがわかればよい。観測者が動くと，観測する音速が変化するが，波長は変化しない。(3)は斜めのドップラー効果と音の反射で，反射板と平行に音源・観測者が動くとき，ドップラー効果はどうなるのかが問われている。

◀解　説▶

(1)　▶あ．音波の振動数はf，音速はcであるから，求める波長をλとすると

$$\lambda=\frac{c}{f}$$

▶い・う．壁Mの振動数はfなので，部屋Rを伝わる音波の振動数もfとなる。音速はc_Rであるから，求める波長をλ_Rとすると

$$\lambda_R=\frac{c_R}{f}$$

(2)　▶え．単位時間で考えると，距離$c+V$の間にf個の音波が入ることになるから，求める波長をλ_1とすると

$$\lambda_1=\frac{c+V}{f}$$

▶お．壁Mが受け取る音波の振動数 f_1 は

$$f_1=\frac{c}{\lambda_1}=\frac{c}{c+V}f$$

壁Mで反射した音波の波長は λ_1 で，運転手Dは壁Mから速さ V で遠ざかっているから，運転手Dに対する音速は $c-V$ となる。よって，求める振動数を f_2 とすると

$$f_2=\frac{c-V}{\lambda_1}=\frac{c-V}{c+V}f$$

▶か．振動数は f_1，音速は c_R であるから，求める波長を λ_R' とすると

$$\lambda_R'=\frac{c_R}{f_1}=\frac{c+V}{c}\frac{c_R}{f}$$

▶き．観測者Qに対する音速は c_R+W であるから，求める振動数を f_1' とすると

$$f_1'=\frac{c_R+W}{\lambda_R'}=\frac{c}{c+V}\frac{c_R+W}{c_R}f$$

(3)　▶く．下図より，車Sが移動する速度の音波が進む方向の成分は $U\sin\theta$ である。

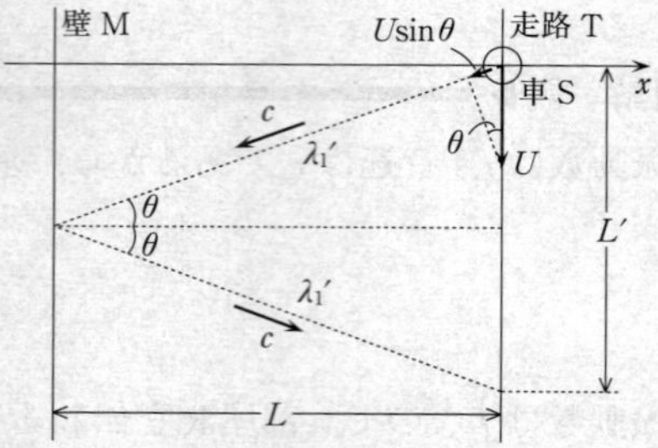

▶け．この方向の音波の波長を λ_1' とすると

$$\lambda_1'=\frac{c-U\sin\theta}{f}$$

$$\therefore\quad \frac{\lambda_1'}{\lambda}=\frac{c-U\sin\theta}{c}$$

▶こ．上図より　　$L'=2L\tan\theta$

▶さ．音波が車Sから壁Mまで伝わる時間を t とすると，右図より

$$\sin\theta=\frac{Ut}{ct}=\frac{U}{c}$$

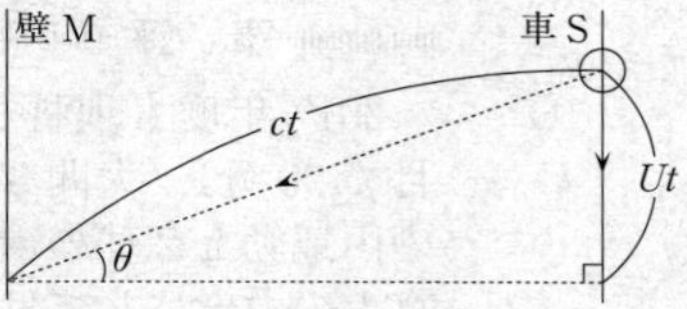

▶し．車Sの速度の，反射音の進む方向の成分の大きさは $U\sin\theta$ で，音波から遠ざかるから，運転手Dに対する音速は $c-U\sin\theta$ となる。よって，運転手Dの聞く反射音の振動数を f_D とすると

$$f_D=\frac{c-U\sin\theta}{\lambda_1'}=f$$

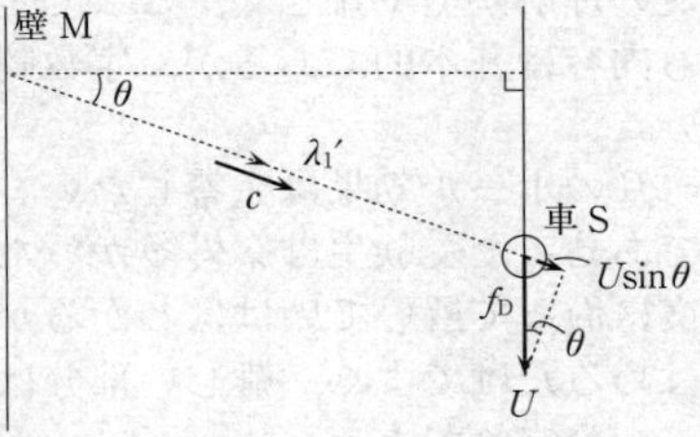

講　評

2017 年度も理科 2 科目で 180 分（教育学部理系試験は 1 科目で 90 分），大問 3 題の出題に変化はなかった。Ⅰは鉛直面内の円運動と 2 球の衝突という力学で頻出のテーマで，計算量も京大の力学にしては少なめであった。Ⅱの前半はホール効果の典型的な内容で，受験生にとって解きやすかったであろう。後半はコンデンサー内の電荷の移動という京大らしいテーマであるが，問題自体はむしろ易しい。Ⅲのドップラー効果もオーソドックスなテーマであった。

Ⅰ．ア〜カは基本的で，完答しなければならない。キ・クはウの結果を用いることに気付けば容易。ケ・コも基本である。サは問題文の理解がやや難しく，ここで差がつくであろう。問 1 の論述も内容は基本的であるが，字数制限が設けられているのが珍しい。

Ⅱ．イ〜リのホール効果は完答したい。チの電流の式を思い出せなくてあせった受験生は案外多かったかもしれない。ヌ〜タは問題文に沿って解いていけばわかるが，コンデンサーの公式にあてはめるだけでよく，難しい部分は全て問題文中に示されており，十分完答できる。

Ⅲ．音源や観測者が動く場合のドップラー効果で，あ〜きは基本的で完答しなければならない。く〜しは斜めのドップラー効果で，難しくはないが，類題を解いたことがあるかどうかで差がつくであろう。しの結果は少し意外かもしれない。

まとめると，2017 年度は 3 題とも頻出のテーマで，計算量もそれほど多くなく，論述や描図も京大にしては易しかったので，2016 年度に比べてかなり解きやすかったと思われる。しかし，答えにくい設問もいくつかあり，時間内に解くには十分な読解力，計算力が必要なのは言うまでもない。

化学

I **解答** (a) 問 1．それぞれの単位格子 1 つの中に，4 個分の $CuFeS_2$ と FeS_2 が含まれる。アボガドロ定数を N_A〔/mol〕とすれば

$$\frac{d_1}{d_2}=\frac{\dfrac{\dfrac{184}{N_A}\times 4}{2.93\times 10^{-28}}}{\dfrac{\dfrac{120}{N_A}\times 4}{1.57\times 10^{-28}}}=0.821\fallingdotseq 0.82 \quad \cdots\cdots(\text{答})$$

問 2．$FeS_2+H_2SO_4 \longrightarrow FeSO_4+H_2S+S$

問 3．①$2Cu_2S+3O_2 \longrightarrow 2Cu_2O+2SO_2$

②$2Cu_2O+Cu_2S \longrightarrow 6Cu+SO_2$

問 4．Fe^{3+} は酸化力を有するので，$2Fe^{3+}+Cu \longrightarrow 2Fe^{2+}+Cu^{2+}$ の反応により銅をイオン化できるため。

(b) 問 5．ア．Fe^{3+}　イ．Al^{3+}　ウ．Cu^{2+}　エ．Zn^{2+}

問 6．(i) $Al(OH)_3$，$Fe(OH)_3$　(ii) 2.9×10^{-7} mol/L

問 7．(i)　題意より

$$[H^+]=1.0\times 10^{-x}\,〔\text{mol/L}〕$$

$$[[Zn(OH)_4]^{2-}]=1.0\times 10^{y}\,〔\text{mol/L}〕$$

$$K=\frac{[[Zn(OH)_4]^{2-}]}{[OH^-]^2}$$

よって　$$K=\frac{1.0\times 10^{y}}{\left(\dfrac{1.0\times 10^{-14}}{1.0\times 10^{-x}}\right)^2}$$

両辺の常用対数をとって

$$\log_{10}K=y+28-2x$$

$$y=2x+\log_{10}K-28 \quad \cdots\cdots(\text{答})$$

(ii)　$[Zn^{2+}][OH^-]^2=K_{sp}$ より　　$[Zn^{2+}]=\dfrac{K_{sp}}{[OH^-]^2}$

$K=\dfrac{[[Zn(OH)_4]^{2-}]}{[OH^-]^2}$ より　　$[[Zn(OH)_4]^{2-}]=K[OH^-]^2$

題意より

$$\frac{[[Zn(OH)_4]^{2-}]}{[Zn^{2+}]}=\frac{K[OH^-]^2}{\dfrac{K_{sp}}{[OH^-]^2}}=\frac{K}{K_{sp}}[OH^-]^4=10$$

$$[OH^-]^4=10\times\frac{K_{sp}}{K}=10\times\frac{1.2\times10^{-17}}{4.4\times10^{-5}}=\frac{1.2}{4.4}\times10^{-11}$$

$[OH^-]=\sqrt[4]{\dfrac{1.2}{4.4}}\times10^{-2.75}$ より　　$[H^+]=\sqrt[4]{\dfrac{4.4}{1.2}}\times10^{-11.25}$

$$pH=11.25-\frac{1}{4}\log_{10}4.4+\frac{1}{4}\log_{10}1.2=11.25-0.16075+1.98\times10^{-2}$$

$=11.1\fallingdotseq11$　……(答)

◀解　説▶

≪黄銅鉱と黄鉄鉱の密度比と反応，金属イオンの溶解度と溶解度積≫

(a)　▶問1．黄銅鉱の単位格子1つに含まれるイオンの数は

Cu^{2+}：$\dfrac{1}{8}\times8+\dfrac{1}{2}\times4+1=4$ 個

Fe^{2+}：$\dfrac{1}{4}\times4+\dfrac{1}{2}\times6=4$ 個

S^{2-}：$1\times8=8$ 個

黄鉄鉱も同様に

Fe^{2+}：$\dfrac{1}{8}\times8+\dfrac{1}{2}\times6=4$ 個

$S_2{}^{2-}$：$\dfrac{1}{4}\times12+1=4$ 個

▶問2．$S_2{}^{2-}$ を（$S^{2-}+S$）と考えるとわかりやすい。

▶問3．最終生成物が Cu と SO_2 なので，下線部②では S 成分が SO_2 となって取り除かれる必要がある。よって，下線部①で生成する Cu 化合物は Cu_2O と考えられる。

▶問4．イオン化傾向は Fe＞Cu であるが，Fe^{3+} は酸化力をもつため

$$Fe^{3+}+e^-\longrightarrow Fe^{2+}$$

の変化により，金属の Cu をイオン化することができる。

(b)　▶問5．各水酸化物の溶解度積は次のようになり，一般に溶解度積の値が大きいほど溶解度も大きい。

$[Zn^{2+}][OH^-]^2=1.2\times10^{-17}$〔$mol^3/L^3$〕

$[Al^{3+}][OH^-]^3=1.1\times10^{-33}$〔$mol^4/L^4$〕

$[Fe^{3+}][OH^-]^3=7.0\times10^{-40}$〔$mol^4/L^4$〕

$[Cu^{2+}][OH^-]^2=6.0\times10^{-20}$〔$mol^3/L^3$〕

例えば pH＝5 の状態を考えると，$[OH^-]=1.0\times10^{-9}$〔mol/L〕なので，溶解している金属イオンの濃度はそれぞれ

$[Zn^{2+}]=1.2\times10$〔mol/L〕　$[Al^{3+}]=1.1\times10^{-6}$〔mol/L〕

$[Fe^{3+}]=7.0\times10^{-13}$〔mol/L〕　$[Cu^{2+}]=6.0\times10^{-2}$〔mol/L〕

となる。これよりグラフと対応する金属イオンは〔解答〕の通りである。

▶問6．(i)　$[Zn^{2+}][OH^-]^2=1.0\times10^{-2}\times1.0\times10^{-18}$

$=1.0\times10^{-20}<1.2\times10^{-17}$

$[Al^{3+}][OH^-]^3=1.0\times10^{-2}\times1.0\times10^{-27}=1.0\times10^{-29}>1.1\times10^{-33}$

$[Fe^{3+}][OH^-]^3=1.0\times10^{-29}>7.0\times10^{-40}$

$[Cu^{2+}][OH^-]^2=1.0\times10^{-20}<6.0\times10^{-20}$

各イオンの濃度の積が溶解度積より大きくなる $Al(OH)_3$ と $Fe(OH)_3$ が沈殿となっている。

(ii)　$[Zn^{2+}][OH^-]^2=1.0\times10^{-2}\times[OH^-]^2=1.2\times10^{-17}$

$[OH^-]=2\sqrt{3}\times10^{-8}$〔mol/L〕

よって

$$[H^+]=\frac{1.0\times10^{-14}}{2\sqrt{3}\times10^{-8}}=\frac{\sqrt{3}\times10^{-6}}{6}=2.88\times10^{-7}\fallingdotseq2.9\times10^{-7}\text{〔mol/L〕}$$

▶問7．(i)　$Zn(OH)_2$ の溶解反応は

$Zn(OH)_2$(固)$+2OH^-\rightleftarrows[Zn(OH)_4]^{2-}$

となるが，$Zn(OH)_2$ は固体なので平衡定数には含まれない。

II　解答

(a)　問1．$k_P:k_R=4:1$

問2．$-\dfrac{7.82\times10^{-5}-8.00\times10^{-5}}{5.0-0}=k_R\times8.00\times10^{-5}$ より

$k_R = 0.0045 = 4.5\times10^{-3}$〔$s^{-1}$〕　……(答)

問3．[X]：$[X]_0 - [Y] - [YZ]$

[Z]：$[Z]_0 - [YZ]$

問4．図1ⓑの左側の水溶液の濃度は

$$[X]+[Y]+[Z]+[YZ]$$
$$=([X]_0-[Y]-[YZ])+[Y]+([Z]_0-[YZ])+[YZ]$$
$$=[X]_0+[Z]_0-[YZ]$$
$$=[G]_0-[YZ]$$

[YZ] に相当する浸透圧が2.00×10^2Pa に相当するので

$$2.00\times10^2=[YZ]\times8.31\times10^3\times300$$

$[YZ]=8.02\times10^{-5}\fallingdotseq8.0\times10^{-5}$〔mol/L〕　……(答)

(b)　問5．ア．1.3×10^4　イ．0.45　ウ．$\dfrac{P-\pi_B}{\pi_A-\pi_B}$　エ．0.35

問6．$p_A=y_A\times P=x_A\times\pi_A$ より　$P=\dfrac{x_A\times\pi_A}{y_A}$

$x_A=\dfrac{P-\pi_B}{\pi_A-\pi_B}$ に代入し

$$x_A=\frac{\dfrac{x_A\times\pi_A}{y_A}-\pi_B}{\pi_A-\pi_B}$$

$y_A=\dfrac{x_A\times\pi_A}{x_A(\pi_A-\pi_B)+\pi_B}$　……(答)

オ．2

◀解　説▶

≪反応速度・化学平衡・浸透圧，混合物のモル分率と蒸気圧，熱量≫

(a)　▶問1．XとYの濃度の和は常に1.000×10^{-4}mol/L なので，①の平衡状態では

$[X]=2.000\times10^{-5}$〔mol/L〕，$[Y]=8.000\times10^{-5}$〔mol/L〕

$$k_P[X]=k_R[Y]$$

が成り立っており，$k_P:k_R=4:1$となる。

▶問2．$[Y]_1=8.00\times10^{-5}$〔mol/L〕，$[Y]_2=7.82\times10^{-5}$〔mol/L〕と考えて，式(1)に代入する。

▶問3．下線部③の状態ではXの一部はYに変化し，さらにYの一部はYZに変化しているので

$[X]_0-[X]=[Y]+[YZ]$

$[X]=[X]_0-[Y]-[YZ]$

また，Zの一部はYZに変化しているので

$[Z]_0-[Z]=[YZ]$

$[Z]=[Z]_0-[YZ]$

▶問4．左側の水溶液とG水溶液の濃度差が，浸透圧2.00×10^2Paとなる。

(b)　▶問5．ア．300Kから370Kに加熱した際に吸収された熱量は

$1.4\times10^2\times n_A\times(370-300)=9.8\times10^3\times n_A$〔J〕

$0.10\times n_A$〔mol〕の気体が生じた際に吸収された熱量は

$31\times10^3\times0.10\times n_A=3.1\times10^3\times n_A$〔J〕

合計$12.9\times10^3\times n_A$〔J〕の熱量が吸収されたことになり，1molあたりだと

$12.9\times10^3\fallingdotseq1.3\times10^4$〔J〕

イ．図2ⓒの状態における気体相の体積をV〔L〕とすれば

$1.70\times10^5\times V=n_A\times R\times400$

図2ⓓの状態で注入した物質Bの物質量をn_B〔mol〕とすれば

$7.0\times10^4\times5V=(n_A+n_B)\times R\times370$

よって

$$\frac{1.70\times10^5\times V}{7.0\times10^4\times5V}=\frac{n_A\times R\times400}{(n_A+n_B)\times R\times370}$$

$$\frac{n_A}{n_A+n_B}=0.4492\fallingdotseq0.45$$

ウ．図2ⓔの状態における成分A，Bの分圧をそれぞれP_A，P_B〔Pa〕とすれば

$$\begin{aligned}P&=P_A+P_B\\&=x_A\times\pi_A+x_B\times\pi_B\\&=x_A\times\pi_A+(1-x_A)\pi_B\end{aligned}$$

$$x_A=\frac{P-\pi_B}{\pi_A-\pi_B}$$

エ．370 K における成分Aの蒸気圧は，図2ⓑの状態から 1.60×10^5 Pa とわかる。よって

$$x_{\mathrm{A}}=\frac{1.00\times10^5-6.7\times10^4}{1.60\times10^5-6.7\times10^4}=0.354\fallingdotseq0.35$$

▶問6．〔解答〕の式を変形すると

$$y_{\mathrm{A}}=\frac{\pi_{\mathrm{A}}}{\pi_{\mathrm{A}}-\pi_{\mathrm{B}}+\dfrac{\pi_{\mathrm{B}}}{x_{\mathrm{A}}}}$$

となり，x_{A} が増加すれば y_{A} も増加することがわかる。

Ⅲ　解答

(a)　問1．$C_{16}H_{20}O_6$

問2．グリセリン

問3．D．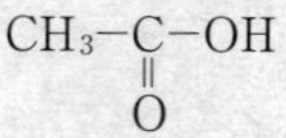　F．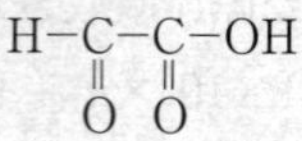

問4．

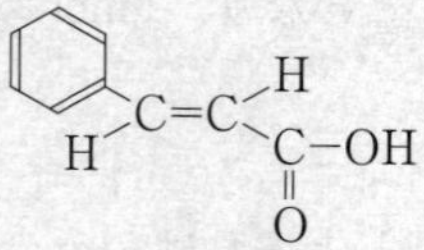

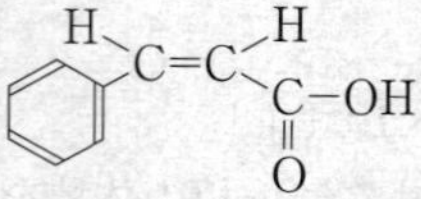

問5．

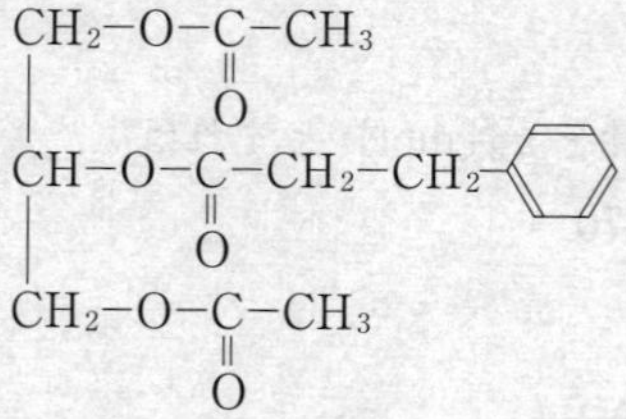

(b)　問6．ア．OH　イ．COOH

問7．

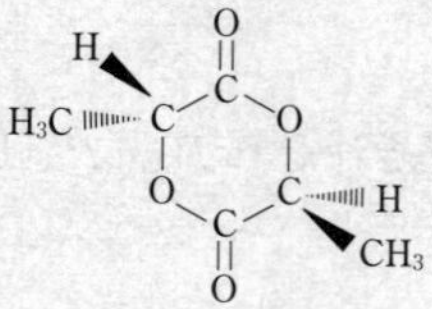

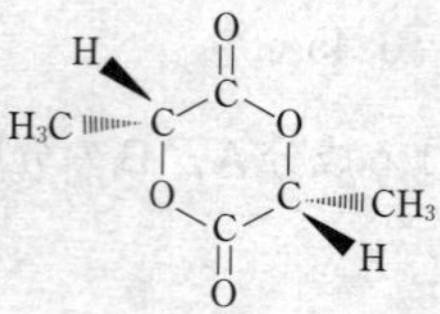

問8．分子鎖の配列が規則正しく，結晶部分の割合が大きいため。(30字以内)

問9．ウ－2　エ－1　オ－2

◀解　説▶

≪トリグリセリドの加水分解と構造決定，ラクチドとポリ乳酸≫

(a)　▶問 1．$C_{16}H_{18}O_6=306$ より，化合物Ａ 10.0 g の物質量は

$$\frac{10.0}{306}=0.03267\fallingdotseq 0.0327\,[\text{mol}]$$

標準状態の水素 0.732 L の物質量は

$$\frac{0.732}{22.4}=0.03267\fallingdotseq 0.0327\,[\text{mol}]$$

よって，化合物Ｂは化合物Ａ 1 分子に，H_2 1 分子が付加したものである。

▶問 2．油脂を加水分解すると，グリセリンと高級脂肪酸が得られる。分子量から考えて，化合物Ｃはグリセリン $C_3H_8O_3$ である。

▶問 3・問 4．化合物Ａはトリグリセリドで，その加水分解反応は

$$C_{16}H_{18}O_6+3H_2O \longrightarrow C_3H_8O_3+2D+E$$

と表せる。これより，2D とＥの分子式の和は $C_{13}H_{16}O_6$ とわかる。また，化合物Ｄ，Ｅには $-COOH$ が 1 つずつ含まれると考えられ，オゾン分解の結果から化合物Ｅは 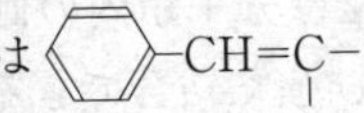 の構造をもつ。そこで化合物Ｄ，Ｅに含まれる $-COOH$ と化合物Ｅに含まれる C_8H_6- の原子数を除くと，残りは C_2H_7 となる。化合物Ｄは銀鏡反応を示さないことから $H-COOH$ は不適当なので，CH_3-COOH，化合物Ｅは 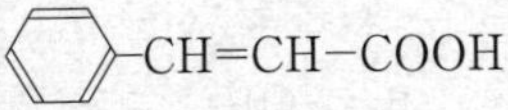 となる。

化合物Ｅをオゾン分解するとベンズアルデヒドと化合物Ｆが得られる。

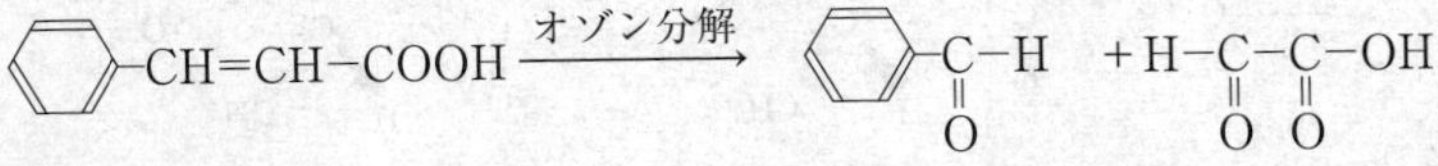

ベンズアルデヒド　　化合物Ｆ

▶問 5．グリセリンと化合物Ｄ，Ｅからなるトリグリセリドには，次式の 2 種類が考えられるが，右の構造では不斉炭素原子が存在する。

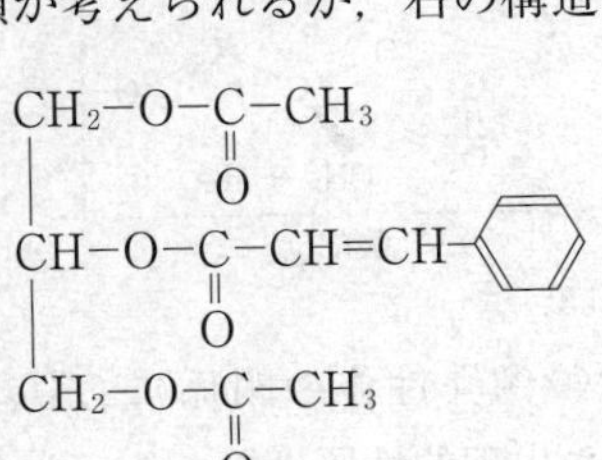

化合物Ａ

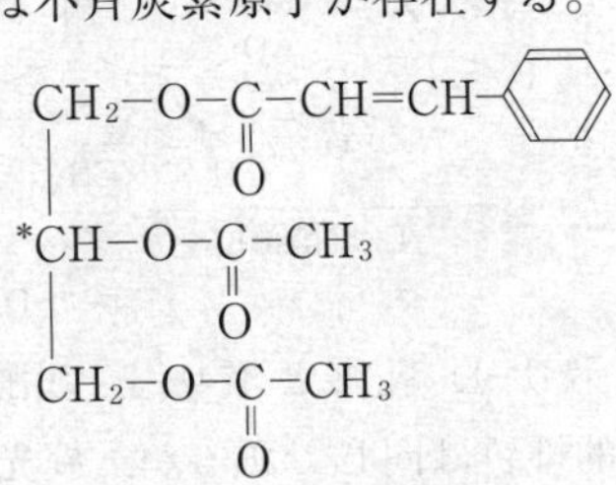

＊不斉炭素原子

化合物AのCH=CH部分にH_2を付加させた化合物がBである。

(b) ▶問6．図1のL-ラクチドの構造をもとにL-乳酸を書き出すと，次図のようになる。これよりD-乳酸の構造もわかる。

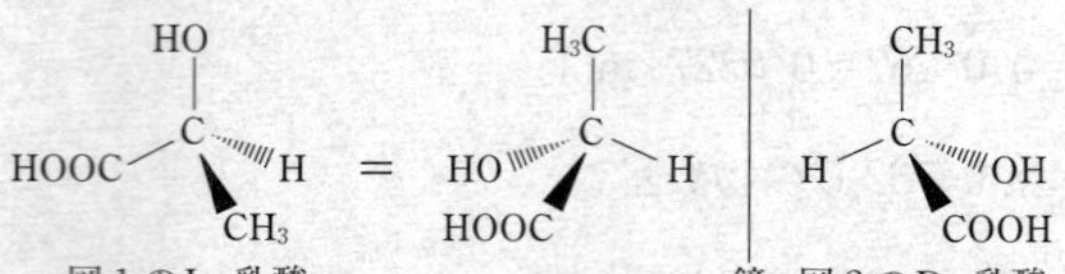

図1のL-乳酸　　　　鏡　図2のD-乳酸

▶問7．L-ラクチド以外に，次図のようにD-乳酸とL-乳酸が縮合してできるDL-ラクチド，D-乳酸2分子が縮合してできるD-ラクチドが考えられる。

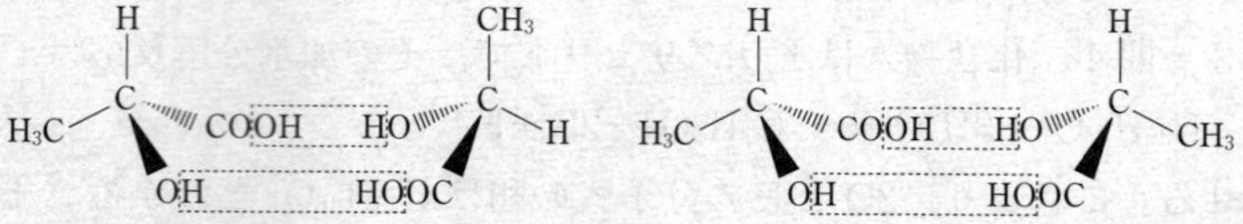

D-乳酸　L-乳酸　D-乳酸　D-乳酸

▶問8．次図のように，ポリ-L-乳酸は分子鎖内の側鎖配列が規則正しいため，分子鎖どうしが規則正しく並び強く結合できる部分（結晶部分）が多く存在するので，かたくて融点も高くなる。しかし，ポリ-DL-乳酸は分子鎖内の側鎖配列が規則正しくないため，分子鎖どうしの結合が弱くなる。

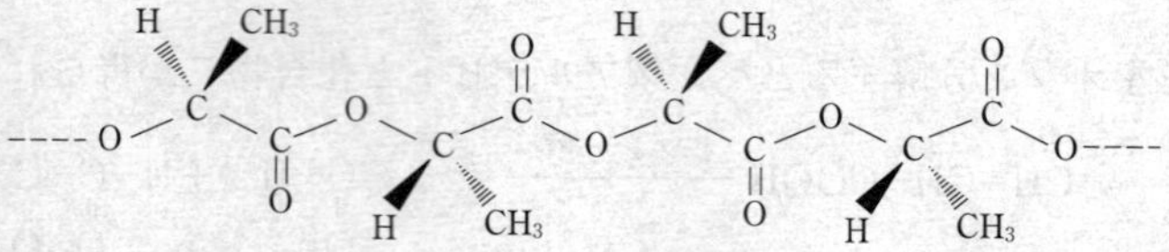

ポリ-L-乳酸

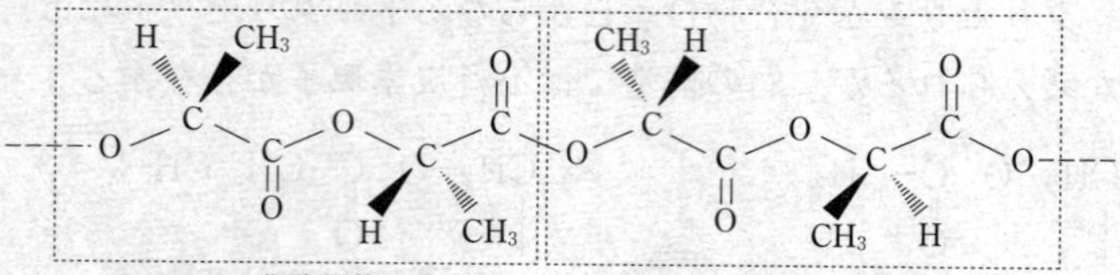

L-乳酸部位　D-乳酸部位

ポリ-DL-乳酸

▶問9．ポリ-D-乳酸とポリ-L-乳酸は鏡像異性体の関係にあり，物理的・化学的性質は同じであるが，旋光性や生理的性質は異なる。したがって，微生物による生分解のされやすさには違いがある。

Ⅳ　解答

(a)　問1．ア．1　イ．3　ウ．6　エ．4

問2．N_2^+

問3．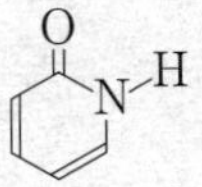

問4．チミン

問5．(i) 309

(ii)　ベンゾ［*a*］ピレンの物質量は

$$\frac{1.134\times10^{-7}}{252}=4.50\times10^{-10}\text{〔mol〕}$$

細胞1個中のグアニンの物質量は

$$\frac{3.40\times10^{-12}\times\frac{40}{100}}{309}=4.401\times10^{-15}\text{〔mol〕}$$

よって

$$\frac{4.50\times10^{-10}}{4.401\times10^{-15}}=1.022\times10^{5}\fallingdotseq1.02\times10^{5}\text{ 個}$$　……(答)

(b)　問6．Ⓟ

問7．え

問8．(i)オ．1　カ．4　キ．0　ク．5

(ii) *β*-グルコース

◀解　説▶

≪核酸塩基の水素結合と脱アミノ化反応，六炭糖の立体構造≫

(a)　▶問1．DNA の二重らせん構造を形成する塩基どうしの水素結合は，相手が決まっており，次図のようにアデニンに対しチミン，グアニンに対してシトシンが結合する。

アデニン　チミン

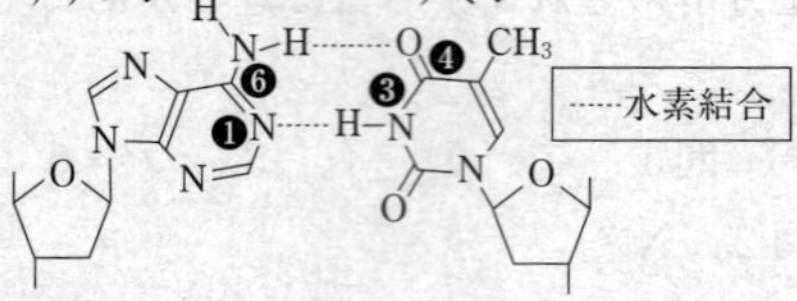

グアニン　シトシン

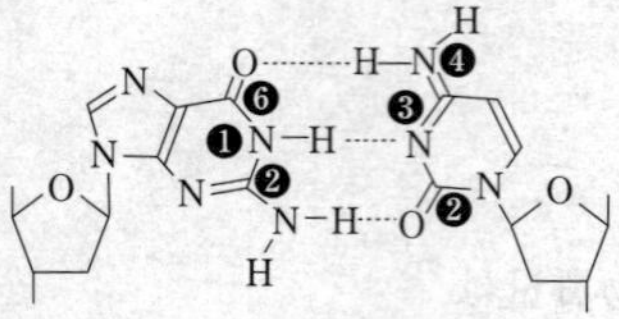

▶問２．アニリンのジアゾ化と同様に考える。

▶問３．ピリミジン塩基は次図のように，ラクチム型とラクタム型の互変異性をとる。

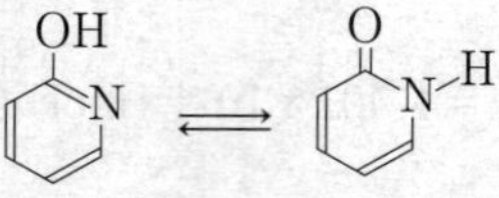

ラクチム型　ラクタム型

▶問４．下線部の反応の流れは以下のようになる。

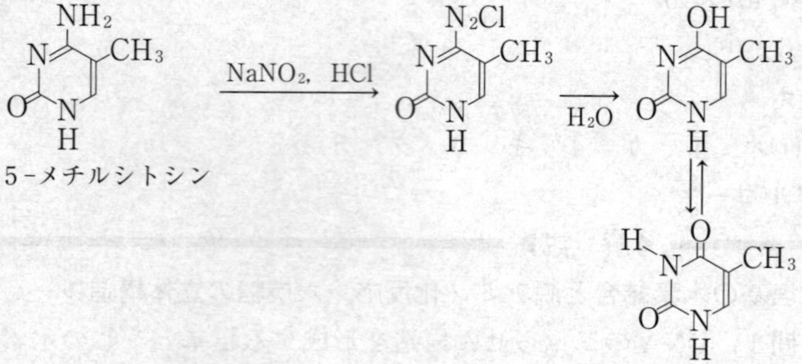

チミン

▶問５．(i)　塩基対の関係から，アデニンとチミンの比率は同じ 10％ずつ，グアニンとシトシンの比率も同じで 40％ずつとなる。よって

$$(310+300)\times\frac{10}{100}+(330+290)\times\frac{40}{100}=309$$

(b)　▶問６．題意の化合物を簡略化して表すと次図のようになる。六員環を平面に見立てた場合，Ⓠでは C^2 と C^6 に結合したメチル基が平面に対

して垂直で同じ面側に存在するため，混み合っていて立体反発が大きくなる。

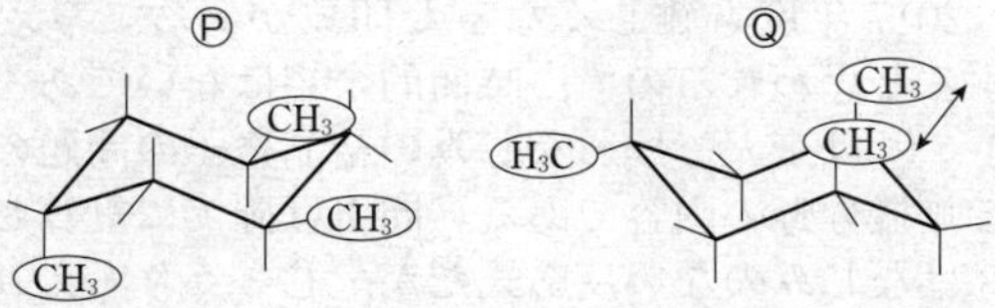

▶問 7．α-ガラクトースの立体反発が小さいいす形構造を図 2 のように表すと右図のようになる（H は省略）。○囲みの原子団は平面に対して垂直，□囲みの原子団はほぼ平行に位置している。ちなみに立体反発が大きい構造は次図のようになる。

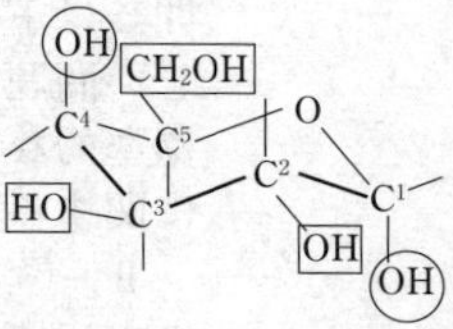

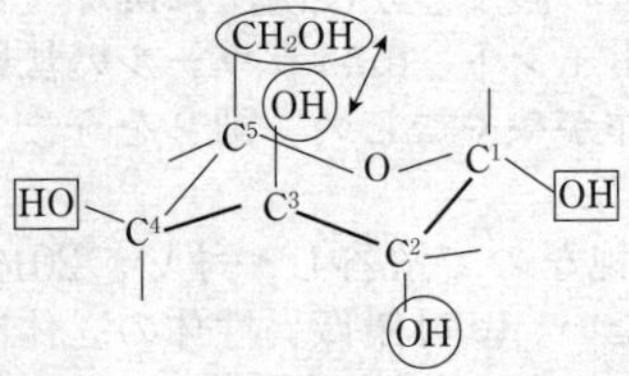

▶問 8．(i)・(ii)　α-グルコース，β-グルコースおよび β-ガラクトースの立体反発が小さいいす形構造を図 2 のように表すと次図のようになる。

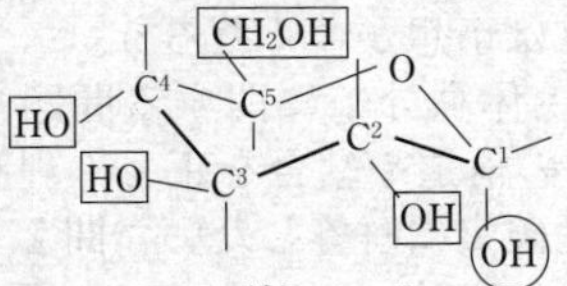

α-グルコース

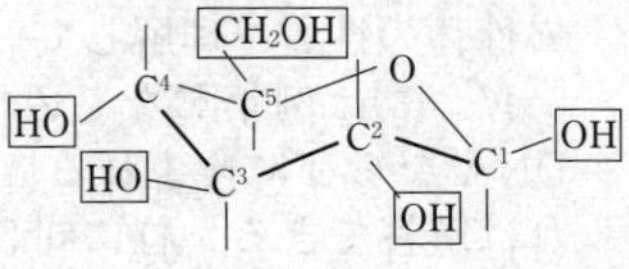

β-グルコース

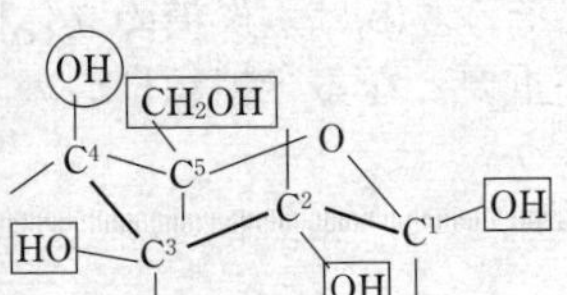

β-ガラクトース

すべての原子団が環に対してほぼ平行に位置した β-グルコースが，最も立体反発が小さい。

講　評

大問 4 題の出題数や出題パターン・形式はほぼ例年通りである。2017 年度も難しくなった印象がある。考える時間を相当要すると思われるので，時間的余裕はないであろう。

Ⅰ．(a)は京大ではおなじみの結晶格子の問題のように見えて，ほぼ無機分野の内容である。問 1 は確実に計算したい。問 2・問 3 はなじみのない反応式だが，じっくり考えれば予想がつく。問 4 は Fe^{3+} の酸化力に気づいたかどうか。(b)は一部にやや難しい問題を含む。問 5 はグラフの見方がわかりづらい。問 6 は標準的な問題で確実に解答したい。問 7 は溶解度積や平衡定数に関する深い理解と，代数的な力が必要である。

Ⅱ．(a)問 1・問 2 は確実に解答したい。ただし，問 2 は式(1)の右辺で初期濃度が使われていることに注意しよう。問 3 は実験 2 の内容と，前提となる平衡反応を正しく理解することが必要。問 4 は左側と右側の溶液の濃度差が浸透圧に関係することがわかっているかどうかがポイント。(b)はラウールの法則に関する出題であるが一連の操作がややこしい。図 2 をうまく利用して内容を把握したい。

Ⅲ．(a)は条件が比較的単純なので解答しやすい。2017 年度の問題の中では得点源にしたい。(b)は鏡像異性体の立体構造がイメージできるかがポイントになる。問 8 はポリ乳酸の構造の違いが正確にわからなくても，高分子化合物の性質から想像がつくのではないだろうか。問 9 は題意に基づかなくても，鏡像異性体の性質を理解していれば予想がつくだろう。

Ⅳ．(a)は例年おなじみの生体高分子に関する問題である。DNA ならびに含まれる塩基の構造や結合を正しく理解していれば解答できる。特に問 5 は確実に解答したい。問 2 〜問 4 では，ジアゾ化から始まることは容易にわかるので，題意をよく理解して順次生成物を割り出そう。(b)は六炭糖の立体構造を正しく理解しているかどうかが重要となる。糖類についてはよく出題されるので注意しておこう。

生物

I

解答 (A) 問1．ナトリウムチャネルは，濃度勾配に従い，ナトリウムイオンを細胞膜の外側から内側に受動的に透過させる。一方，ナトリウムポンプは，濃度勾配に逆らって，能動輸送によりナトリウムイオンを内側から外側に輸送する。

問2．吸光度が大きいほどチャネルロドプシンが開き，膜電位は上昇する。しかし，活動電位は全か無かの法則により，膜電位が閾値を超えた場合のみ一定の値で発生して，それ以下では全く発生しないから。

問3．(う)・(か)

(B) 問4．ア．硝化菌　イ．グルタミン酸　ウ．グルタミン
エ．相利共生　オ．脱窒素細菌

問5．根粒内の感染細胞では鉄含有タンパク質が作り出され，酸素と結合することで根粒内の酸素濃度が低く保たれ，ニトロゲナーゼの不活性化が抑止されている。

問6．変異体では過剰な根粒形成の抑制が十分でなく，有機物やエネルギーが過剰に消費される。そのため，それらを必要とする植物体の成長が妨げられるから。

◀解　説▶

≪チャネルとポンプ，光刺激とチャネル，窒素固定，根粒形成≫

(A) ▶問1．ナトリウムチャネルなどのチャネルは，細胞内外の物質の濃度差に従う受動輸送の通路となり，電位変化や伝達物質の働きなどにより開閉する。ナトリウムポンプなどのポンプは，エネルギーを用いた濃度差に逆らう能動輸送を行う構造である。

▶問2．チャネルには光に応答して開閉するチャネルロドプシンというものがある。チャネルロドプシンは吸収した光エネルギー（これが吸光度にあたる）に応じて Na^+ を細胞内へ透過させて，細胞膜内外の電位差である膜電位を上昇させる。膜電位が閾値を超えると，電位依存性ナトリウムチャネルが一斉に開いて，活動電位が発生する。しかし，チャネルロドプ

シンが多少開いても，膜電位が閾値を超えなければ活動電位は全く発生しない。また，発生した場合の活動電位（の大きさ）は，チャネルロドプシンではなく電位依存性ナトリウムチャネルの働きで決まるから，一定である。ここでは吸光度（＝チャネルロドプシンの開口度）が流入する Na^+ 量を決め，それに応じた膜電位の電位上昇が，閾値を境とした全か無かの法則に従って，活動電位を発生させていると考えればよい。

▶問３．チャネルには光刺激によって Cl^- を透過させるものもある。この場合，刺激が与えられて陰イオンが細胞内に透過すると，細胞内の電位はより低くなる。電位が上昇することを脱分極，逆に低下することを過分極という。閾値を超える脱分極は活動電位を発生させるが，逆に過分極は活動電位の発生を抑制する。言い換えれば，結果的に閾値を上昇させて，活動電位の発生頻度を低下させることになる。したがって，解答は活動電位の発生頻度が低下した(か)，および活動電位の発生が見られなかった(う)となる。

なお，発生する活動電位そのものの大きさは，電位依存性ナトリウムチャネルの開口によって起こる Na^+ の流入によるものだから，これらの働きによって変化しない。そこで，Cl^- による細胞内電位の低下は考えなくてよい（$-V_1$ の低下であり，問題文にも触れられている）。

(B)　▶問４．下図は，土壌や生物体内での窒素化合物の変換と移動を示したものである。図中にエを除く解答を示した。問題文後半はマメ科植物と根粒菌の相利共生の関係に言及した内容であるので，空所エには相利共生が入る。

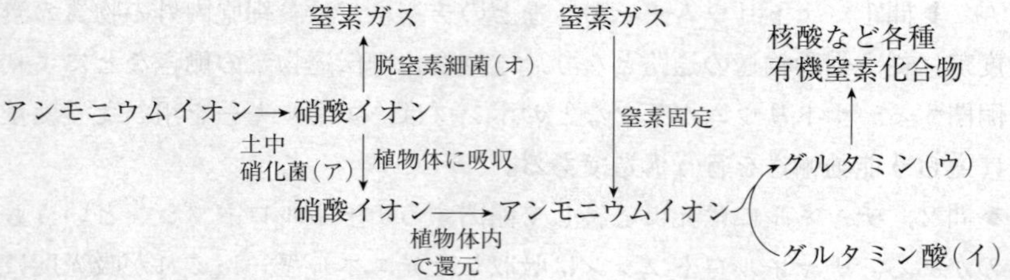

▶問５．ニトロゲナーゼは酸素濃度が高いと不可逆的に不活性化される。マメ科植物の根粒内ではレグヘモグロビンと呼ばれる鉄含有タンパク質が大量に作られ，根粒内の酸素濃度を低下させるように働く。このタンパク

質の働きでニトロゲナーゼの活性が維持される。なお，ニトロゲナーゼ自身はモリブデンを含むタンパク質である。

▶問６．実際には，根粒形成が過剰に起こらないような抑制が，植物体の地下部と地上部との間でホルモンなどを通した情報のやり取りによって行われていることが知られている。

Ⅱ 解答

(A)　問１．ヒスチジン合成経路に関与する酵素の遺伝子。

問２．肝臓抽出液に含まれる物質と有機化合物Ｙから変異原が作り出され，この変異原が作用して変異体Ａにヒスチジン合成が可能となる復帰突然変異が起こったから。

問３．肝臓抽出液を加熱すると，この物質と有機化合物Ｙから変異原が作り出される働きが失われるから，この物質はタンパク質であることが推定される。

(B)　問４．プロモーターにトランスポゾンを挿入された必須遺伝子は転写されなくなるので，マイコプラズマは増殖できない。

問５．グルコースを含む培地で生育する人工細菌では，それ以外の炭素源を利用させるように働く遺伝子は必須遺伝子ではない。したがって，グルコースを欠く培地では必須遺伝子のみをもつ人工細菌は増殖できない。

問６．DNA の複製，mRNA への転写，タンパク質への翻訳，ATP の代謝，細胞膜の形成

◀解　説▶

≪突然変異の誘発，復帰突然変異，最小遺伝子の人工細菌≫

(A)　▶問１．ヒスチジンを含む培地では増殖でき，含まない培地では増殖できないから，変異体Ａは「ヒスチジン要求性突然変異体」である。

▶問２．ヒスチジン要求性突然変異体である変異体Ａが，ヒスチジンを含まない培地でも増殖できるように再び変異を起こす現象は，「復帰突然変異」と呼ばれる。この現象は，化学物質が遺伝子突然変異誘発性をもつかどうかの検査（復帰突然変異試験という）に利用される。ここでは，Ｙが肝臓抽出液（に含まれる物質）と共存したときに復帰突然変異を誘発する変異原が作られることを示している。ただし，肝臓抽出液の中の関与した物質が「単数なのか複数なのか」，変異原を作り出す際に「酵素として働いたか基質の一つであったか」などは断定できないから，〔解答〕では触

れていない。

▶問 3．「加熱」によって働きをなくす（失活する）から，物質はタンパク質であろうと推定することになる。

(B)　▶問 4．プロモーターは mRNA への遺伝子の転写にあたって，RNA ポリメラーゼが結合する部分である。この部分にトランスポゾンが挿入されると，プロモーターとしての機能が失われ，RNA ポリメラーゼが結合できないから，この遺伝子の転写が起こらず遺伝子としての働きも失われる。

▶問 5．グルコース以外の炭素源もエネルギー源として利用できるようにする遺伝子は，グルコースを含む培地を前提にして作成された人工細菌にとっては，増殖するにあたっての「必須遺伝子」ではない。環境の変化や突発的な障害などの事態に備えて，予備となるものを備えておくことを「冗長性をもつ」といい，大腸菌がエネルギー源としてラクトースを利用できるようになる遺伝子などを備えることがそれにあたる。しかし，増殖などに最低限必要な必須遺伝子には，そのような予備となる遺伝子は含まれない。だから，必須遺伝子だけの人工細菌はグルコースなしには生育できない。

▶問 6．〔解答〕では，問題文に例示された窒素同化とクエン酸回路は取り上げなかった。クエン酸回路については酸素がないと進行しないので，酸素なしでも行われる「炭素化合物の代謝」や「解糖系」などの方がよい。ここではエネルギー生産という観点で「ATP の代謝（エネルギー代謝）」とした。

なお，この人工細菌は JCV-syn3.0 と呼ばれるものである。473 個の必須遺伝子のうち 195 個は転写と翻訳，34 個は DNA の複製，84 個は細胞膜の形成，81 個は窒素化合物の代謝（窒素同化）や炭素化合物の代謝，エネルギー代謝などの働きを行うために必要な遺伝子とされているが，（必須であるとはわかっているが）働きが判明していない遺伝子も多数残っている。

III　解答

(A)　問１．普通の細胞の表面には自己と非自己を識別する元となる MHC 分子が発現するが，無核の細胞である赤血球の表面には MHC 分子が発現していないから。

問２．赤血球と異なって，血小板には MHC 分子が発現しているので，繰り返し血小板を輸血すると二次応答が現れ，血小板の破壊が早期に起こるようになる。

問３．輸血されたＴ細胞が，異なる MHC 分子を発現している移植先患者の細胞に対して免疫反応を示すから。

(B)　問４．オーキシンは幼葉鞘先端から基部側に移動する。移動時に重力により下側に偏った高濃度のオーキシンによって幼葉鞘下側の伸長成長が促進され，屈曲する。

問５．ア―(あ)　イ―(え)

問６．復元力が働くことにより，幼葉鞘先端の過度な屈曲が抑制される。その結果，屈曲が茎の水平部分に集中し，先端部は垂直上方に伸長することができるようになる。

問７．植物の光刺激に対する応答の際に，植物体には光刺激以外に重力刺激が常に作用する。したがって光屈性のモデル化にあたっては，重力による屈曲の効果を，作成するモデルに含めるように変更する必要がある。

◀解　説▶

≪輸血と拒絶反応，幼葉鞘の屈性とそのモデル化≫

(A)　▶問１．有核の細胞では MHC 抗原（ヒトでは HLA 抗原ともいう）クラスⅠと呼ばれる分子が細胞表面に発現している。自己以外の MHC 抗原を発現している細胞には拒絶反応が起こり，臓器移植などでは問題となる。しかし，赤血球は無核の細胞で，この抗原が発現していない。したがって輸血しても拒絶反応が起こらない。

▶問２．赤血球と異なり，血小板には上記の抗原が発現しているので，繰り返しの血小板移植では免疫反応（二次応答）が起こることになる。

▶問３．移植した骨髄由来のＴ細胞は，移植先の臓器などの MHC 抗原を非自己と認識して免疫反応（拒絶反応）を起こすことになる。

(B)　▶問４．オーキシンは極性移動により植物体の基部へ向けて移動するが，植物体を水平に置くと，重力によって植物体の下側に多く分布するようになる。このため高濃度になったオーキシンにより幼葉鞘では下側の成長が促進されるから，幼葉鞘は上向きに曲がり，負の重力屈性を示す。

▶問 5．ア．点 N における重力刺激の程度を考える。幼葉鞘が垂直になっているとき（このときは $A_N=0°$）には屈曲が起こらないから 0 である。逆に点 N が水平になっているとき（このときは $A_N=90°$）に最も大きくなる。また，点 N における重力の影響だけを考えるときには θ_N の大きさは無関係だから，アの解答の中に θ_N は含まれない。選択肢の中で，これらの条件にあてはまるものは(あ)である。

イ．屈曲の大きさは θ_N の大きさで示される。(あ)〜(う)は θ_N の要素を含まないから不適当。また，幼葉鞘が垂直になっているときには，重力との角度 $A_N=0°$ であり，屈曲は起こっていないから $\theta_N=0$ である。このときは復元力は働かないから復元力＝$\beta\times$［イ］＝0 となる。ここから，$A_N=0°$ かつ $\theta_N=0$ のときに 0 とならない(お)・(か)・(け)は不適当とわかる。(く)は屈曲が起こっていないとき（$\theta_N=0$）でも，幼葉鞘が水平（このときは $A_N=90°$）なら，復元力が働くことになり，不適当。(き)は幼葉鞘が逆「くの字」状になっていても復元力（$\theta_N\neq 0$ だが $A_N=0°$ で，$\theta_N\times A_N$ は 0 となる）が働かないことになるから不適当（右図）。

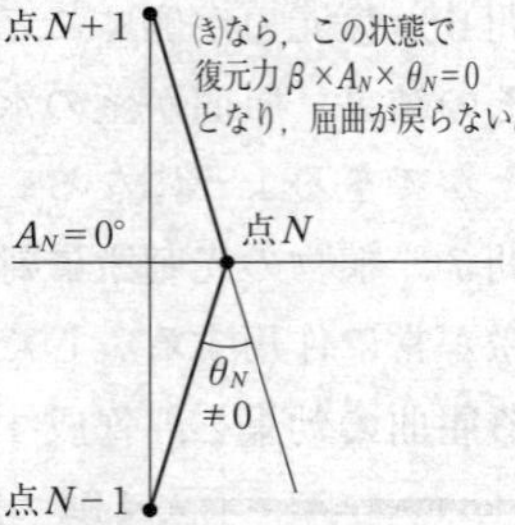

結局，解答としては(え)だけが残ることになる。したがって，このモデルでは，復元力は重力の向きと無関係に植物体の屈曲の大きさだけで決まっていることになる。

▶問 6．復元力の働かない場合の計算結果を示した図 3 に比べ，復元力を組み込んだ図 4 のほうが，実際の成長の様子である図 1 により近い結果となっている。このことから，復元力によって「過度な屈曲が抑制」されているとわかる。

▶問 7．光が全くない状態を作り出すことは容易だから，重力屈性のモデルでは光の関与がないモデルを検証することができる。しかし，光屈性の場合は幼葉鞘に重力が働かないことは（地球上では）ありえないので，光に対する応答と重力応答の両方の効果を屈曲モデルに組み込むことが必要となる。

IV **解答** (A)　問１．図１の樹種１のような樹種は，光補償点が高いので弱光下では二酸化炭素吸収速度が小さく，成長速度の順位が低い。光飽和する強光下では高い光合成速度を示し，二酸化炭素吸収速度も大きくなるので順位は高くなる。このため弱光から強光に移すと順位を大きく上げる。

問２．林床まで明るい大きなギャップでは，樹種１のような樹種が高木まで成長する。逆に林床が暗い，ギャップのない場所やごく小さなギャップでは樹種３のような樹種が成長する。規模による違いも含め林床部にいろいろな光条件をもたらすギャップが種多様性を維持している。

(B)　問３．植物プランクトンには非同化器官がないので純生産量は大きいが，被食量も大きいので現存量は小さい。

問４．ア．光合成の際に光化学反応で電子を発生させる基質として，水ではなく硫化水素などを利用する。

イ．光合成細菌のバクテリオクロロフィルから，シアノバクテリアのクロロフィルａに変化した。

問５．あ．紅藻

い．酸素発生型光化学系をもつシアノバクテリアが宿主細胞と共生して紅藻類となり，さらに紅藻類が別の宿主細胞と共生してクリプト藻類が生じた。

◀解　説▶

≪ギャップ形成と種多様性，海洋の物質生産と光合成系の進化≫

(A)　▶問１．成長速度は二酸化炭素吸収速度に比例するから，図１のグラフの高さが成長速度であると考えてよく，順位の変動は下図のように考えてよい。ここから，図２で順位の変動が（＋の値で）大きい樹種の幼木は弱光下での二酸化炭素吸収速度が小さく，強光下で吸収速度が大きい「陽生植物」のような特徴をもつとわかる。逆に－の値になるものは「陰生植物」のような特徴をもつ。「陽生植物」は光飽和下で発揮される高い光合成速度を活かして強光下での成長に適した植物で，「陰生植物」は光補償点の低さを活かして弱光下での成長に適した植物である。前者のような樹種は順位を上げ，後者のような樹種は順位を下げることになる。ただし，どちらも幼木の時期を過ぎて高木に成長して十分に受光できるようになった後は，このようなことは問題とならない。

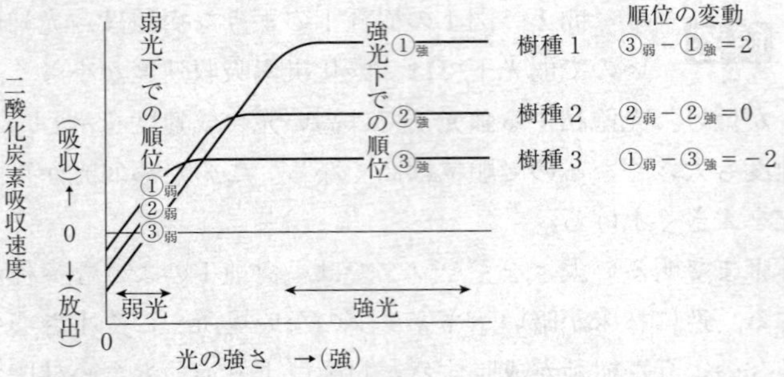

▶問2．極相林内にギャップが形成されるとき，原因や状況などの違いにより，ギャップの大きさは変化する。ギャップが大きいと林床の照度は高くなるが，ギャップが小さいと照度はあまり高くならない。このため，ギャップにより林床の照度はさまざまな値となり，その状況下で順位が高くなった樹種が，いち早く成長し林冠を形成することになる。これが，ギャップが高い種の多様性をもたらす理由である。

(B) ▶問3．光合成による有機物の年間生産量は，陸地全体で500～600億トン（炭素換算），海洋全体では400～500億トンで，ほぼ同じである。海洋の生産量はほとんどが植物プランクトンによるものである。これに対して地球全体の陸上植物の現存量は5000～6000億トンだが，海洋の植物プランクトンの現存量はわずか10億トンで，実に500倍以上の違いがある。陸上植物は植物プランクトンに比べて1世代の時間が長く（一年生草本では数カ月，樹木では数十～数百年），この間は生産した有機物のかなりの部分は非同化器官である根や茎などの形で蓄積される。したがって陸上生態系の植物の現存量は非常に大きくなる。ところが植物プランクトンは陸上植物と異なり，非同化器官にあたるものをほとんどもたず，現存量のほぼすべてが同化器官であり，大きな純生産量を確保できる。その上，植物プランクトンは分裂で増殖するので世代時間は1週間以下と非常に短かく，増殖速度は非常に大きい。しかし，海洋では増加した分が直ちに他の動物などに被食されてしまい，現存量としてはほとんど残らないのである。

解答のポイントとしては「非同化器官をもたないので純生産量を大きくできる」ことと「被食によって現存量が小さくなる」ことである。

▶問4．ア．酸素非発生型光合成は，緑色硫黄細菌などの光合成を指す。

光化学系で酸素が発生しない理由は，基質として「水ではなく硫化水素などが使われるから」である。吸収する光の波長の違いもあり，バクテリオクロロフィルでは水を分解するだけの高い電位が得られないから，硫化水素などが電子供与体として利用されるのである。

イ．バクテリオクロロフィルとクロロフィル a の構造はよく似ており，クロロフィル a はバクテリオクロロフィルから生じたと考えられている。バクテリオクロロフィルにもいくつかの種類があるが，バクテリオクロロフィル a の合成系をもった光合成細菌のいくつかの遺伝子の働きが変化するだけで，クロロフィル a の合成が可能になるという。

▶問5．下線部⑤の記述から，4枚の膜に包まれた DNA（葉緑体 DNA）が最初に共生したシアノバクテリア由来の DNA であり，2枚目と3枚目の膜の間にある DNA が，2度目の共生にかかわった紅藻に由来する DNA とわかるであろう。ここからクリプト藻類は，クロロフィル a を含む細胞が，2度の共生をへて進化したと考えることができる。シアノバクテリアとの最初の共生を一次共生，その結果生じた紅藻との共生を二次共生という。陸上植物などは，その葉緑体が2枚の膜に包まれたものであるから，一次共生由来の葉緑体をもっていることになる。

講　評

大問は例年通り4題。4題とも(A)・(B)に2分割され，1題に複数分野が出題されている。論述問題については，2016 年度の 10 問から 2017 年度は 20 問と，問題数も論述量も増加した。2017 年度は計算問題の出題がなく，論述問題に重点が置かれた出題となっている。

問題別に見ると，Ⅰの(A)は光刺激で開口するチャネルと細胞の興奮を結びつけた出題で，チャネルロドプシンは膜電位を上げ，活動電位はナトリウムチャネルが発生させるという点に思い至ったかどうかがポイント。(B)はマメ科植物と根粒菌の共生に関する出題で，問題文の内容を丁寧に読み込めば解答できるだろう。Ⅱの(A)の復帰突然変異の出題は標準的なもの。(B)は目新しい「人工細菌」に関連した問題だが，問5・問6は知識というより「考えさせる問題」で，やや取り組みにくい。Ⅲの(A)は臓器移植と MHC 抗原（クラスⅠ）の関連を問1の問題文から読み取れるかどうかで差がつく。(B)は新傾向。問5のイは答えにくい。ここも「考えさせる問題」といえよう。Ⅳは(A)がギャップ更新に関する出題で，図２のグラフの意味を考えさせる問題。(B)は問３が海洋生態系の特徴に関する出題で，問４・問５は五界説以後の現時点で考えられている生物界の分類に関連した出題。授業ではあまり取り扱われない内容である。

最新の生物学の傾向が反映された内容の出題は，知識量より一歩進んで「考える力」を要求するものであった。受験生にはなかなか「手強い」と感じさせたであろう。この点で，例年より難度はやや高くなった印象がある。

地学

I 解答

(a) 問1．ア．磁場　イ．黒点　ウ．コロナ
エ．プロミネンス　オ．フレア

問2．誕生時の太陽の質量はM〔kg〕で，すべて水素で構成されていたとする。また，太陽の主系列星としての寿命を1.0×10^{10}年とする。この間に消費される水素の質量は$0.10M$で，その0.7％がエネルギーに変換されるから，発生するエネルギーについて

$$0.10M\times0.007\times(3.0\times10^8)^2=3.8\times10^{26}\times3\times10^7\times1.0\times10^{10}$$

が成り立つ。よって

$$M=\frac{3.8\times10^{26}\times3\times10^7\times1.0\times10^{10}}{0.10\times0.007\times(3.0\times10^8)^2}$$

$$=1.8\times10^{30}\fallingdotseq2\times10^{30}\text{〔kg〕}\quad\cdots\cdots\text{(答)}$$

問3．(1)　太陽を中心とする半径Dの球面に到達する太陽エネルギーの総量はL，その表面積は$4\pi D^2$なので，単位面積あたりの到達量は

$$\frac{L}{4\pi D^2}$$

地球の断面積はπR^2なので，地球が受け取るエネルギーEは

$$E=\frac{L}{4\pi D^2}\times\pi R^2=\frac{LR^2}{4D^2}\quad\cdots\cdots\text{(答)}$$

(2)　地球が1秒間に宇宙に放射しているエネルギーは

$$\sigma T^4\times4\pi R^2=4\pi\sigma T^4R^2$$

これがEに等しいことから

$$\frac{LR^2}{4D^2}=4\pi\sigma T^4R^2\qquad T=\sqrt[4]{\frac{L}{16\pi\sigma D^2}}$$

したがって，TはRによらず一定の値になる。

(3)　$L=3.8\times10^{26}$〔J〕，$R=6.4\times10^6$〔m〕，$D=1.5\times10^{11}$〔m〕を(1)で求めた式に代入すると

$$E=\frac{3.8\times10^{26}\times(6.4\times10^6)^2}{4\times(1.5\times10^{11})^2}$$

$= 1.7 \times 10^{17} \fallingdotseq 2 \times 10^{17}$〔J〕　……(答)

(b)　問４．太陽の赤道における自転速度は太陽西端の視線速度に等しい。

よって，$\dfrac{\Delta\lambda}{\lambda} = \dfrac{v}{c}$ において $\lambda = 600$〔nm〕，$\Delta\lambda = 0.0040$〔nm〕，$c = 3.0 \times 10^8$〔m/s〕なので

$$\frac{0.0040}{600} = \frac{v}{3.0 \times 10^8}$$

$$v = \frac{0.0040 \times 3.0 \times 10^8}{600} = 2.0 \times 10^3 \text{〔m/s〕}$$

したがって，自転周期は

$$\frac{2 \times 3.14 \times 7.0 \times 10^8}{2.0 \times 10^3} \fallingdotseq 2.20 \times 10^6 \text{〔s〕}$$

これを日単位に直すと

$$\frac{2.20 \times 10^6}{8.6 \times 10^4} = 25.5 \fallingdotseq 26 \text{ 日}$$　……(答)

問５．下図のように，早朝は地球の自転により観測者が太陽に近づいていくため，観測者から見た太陽面のすべての場所の相対的な視線速度がマイナスの方向にずれ，$\Delta\lambda$ をマイナス方向にずらすから。

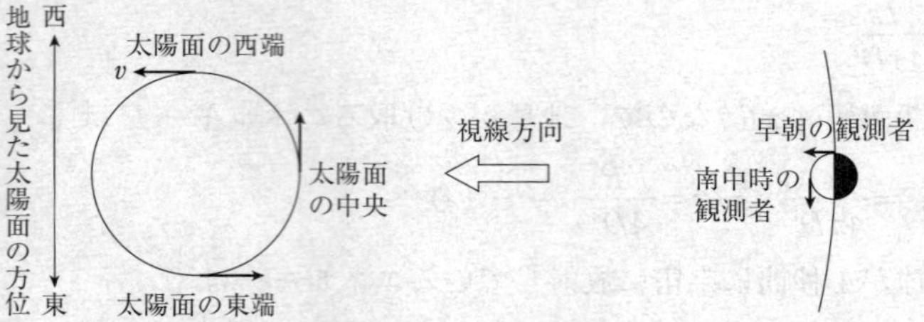

◀解　説▶

≪太陽放射と地球が受け取るエネルギー，太陽の自転≫

(a)　▶問１．ア・イ．太陽の光球は，電荷を帯びた高温のガス（プラズマ）の対流によって運ばれてきたエネルギーが，可視光線として放射されるところである。しかし磁場の強いところでは対流が妨げられるため，まわりより温度が低くなって暗く見える。これが黒点である。

ウ～オ．コロナは 100 万K以上の高温で希薄な大気のため，通常は見えない。しかしその中の比較的低温なガス雲は，水素の放つ光（Hα 線）を特

殊なフィルターを通して見ることができる。これがプロミネンス（紅炎）である。またフレアは，表面の磁場に蓄えられたエネルギーが一気に解放される爆発的な現象で，その影響は地球にも及ぶ。

▶問２．太陽の放射エネルギーは，水素の核融合反応によるものである。したがって，主系列星段階で消費可能な水素の総量を仮定すると，それによって発生する総エネルギー量が求められる。なお，ここで発生するエネルギーは，水素の質量そのものではなく，核融合による質量の減少分（質量欠損）に光速の２乗を乗じたものであることに注意する。そしてこの量が，単位時間あたりの放射エネルギーに主系列星としての寿命を乗じたものに等しくなる。なお太陽の寿命が示されていないが，解答は有効数字１桁で表せばよいので，一般によく用いられる 1.0×10^{10} 年という値を使う。

▶問３．(1)　E は地球全体が受け取るエネルギーである。これは半径 D の球面の単位面積あたりに届くエネルギー（太陽定数：I）に，地球の断面積をかけることで求められる。

(2)　シュテファン・ボルツマンの法則で表されるエネルギー σT^4 は，単位時間・単位表面積あたりの量である。したがって，これに地球の表面積を乗じたものが地球の全放射エネルギーであり，これが E に等しい。

(3)　R と D の値が示されていないが，それぞれ 6.4×10^6 m，1.5×10^{11} m を使い，m 単位と km 単位が混在しないよう注意する。なお $I \fallingdotseq 1400$〔W/m^2〕であることを記憶していれば，これに地球の表面積を乗じて解答の適否を確認できる。

(b)　▶問４．$\Delta\lambda$ は，図１のグラフが極小となる値を読み取る。視線速度 $v=0$ となる太陽面の中央では $\Delta\lambda=0$ である。また，太陽の自転により観測者に近づいている東端では $v<0$，$\Delta\lambda<0$，逆に遠ざかる西端では $v>0$，$\Delta\lambda>0$ となる。〔解答〕の問５に示したような図を描いて考えるとわかりやすい。(b)の文章中に示されたドップラー効果の式は，各辺の分子・分母の数値には同じ単位を用いる。すなわち，$\Delta\lambda$，λ はともに nm 単位で，v，c はともに m/s 単位で表す。

▶問５．解答欄の大きさからみて，図を描いて説明の補助に使い文章は簡潔にする方がよいだろう。太陽の南中時に比べて，早朝は太陽の東端，中央，西端とも，視線速度がマイナス方向にずれ，したがって $\Delta\lambda$ の値もマイナス方向にずれ，そのためグラフの極小も横軸の左方へずれる。つまり吸収線の位置が全体にマイナス方向にずれて見えることになる。

Ⅱ　解答

問1．ア．表層混合層〔混合層〕

イ．主水温躍層〔水温躍層〕　ウ．深層　エ．中層水

問2．熱帯と中高緯度は降水量が蒸発量よりも多いため，海水が薄められて塩分が低い。逆に亜熱帯は蒸発量が降水量より多いため，塩類が海中に取り残されて塩分が高い。

問3．図1から赤道付近と南緯60°付近の水温差，塩分差はそれぞれ25℃，1.0‰程度と読み取れる。よって，水温変化にともなう密度変化は

$25\times0.2=5$〔kg/m^3〕

また，塩分変化にともなう密度変化は

$1.0\times0.8=0.8$〔kg/m^3〕

したがって，水温の影響の方が大きい。　……(答)

問4．(1)　南極大陸周辺の深層には，北太平洋に比べ低温・高塩分・高酸素濃度の海水が存在している。これは表層の高酸素濃度の海水が，冷却・結氷によって高密度になり深層に向かって沈み込んでいるためと考えられる。一方，北太平洋ではそのような海水は見られず，沈み込みは起こっていないと考えられる。

(2)　水深500～1000mでは酸素は消費されるのみなので濃度が低下するはずであるが，それにもかかわらず，中低緯度には溶存酸素濃度の高い海水が存在している。ここから濃度の高い領域をたどると中高緯度の表層につながっていることからみて，この海水は中高緯度の表層で酸素を供給されたものが流入してきたものであると考えられる。

◀解　説▶

≪海水の循環≫

▶問1．海洋は表面から太陽熱の供給を受け，また昇温によって密度が小さくなるため，基本的には表層ほど高温で深さとともに水温は下がる。しかし深さ数十～100m ぐらいの範囲は，風浪などにより混合されていて水温がほぼ一定になっており，表層混合層または混合層とよばれている。その下数百mまでは水温が急激に低下していき，主水温躍層または水温躍層

とよばれる。その下の水温変化がほとんどない部分が深層である。

▶問２．塩分は溶媒である水の出入りによって変化する。蒸発，結氷などにより水が取り去られると塩分は高くなり，逆に降水，海氷の融解，河川水の流入などがあると塩分は低くなる。

▶問３．日射量の緯度変化が大きいため，表層水温は緯度により大きく変化している。一方表層塩分の変化率は３％程度しかない。このため水温変化が大きく影響しているといえる。なお図１には「＞25」や「＜34.2」とあり具体的な最大値，最小値はわからないが，有効数字１桁で大小関係を判断するだけなので計算は概数で行えばよい。

▶問４．(1)　特に溶存酸素濃度の違いに着目する。濃度を増加させるはたらきは表層でのみ行われるので，中層以下の深さで考えたとき濃度が高い海域には沈降流，濃度が低い海域には湧昇流が存在すると推定できる。なお北太平洋では図１の３項目とも等値線がやや右上がりになっていることから，この海域では弱い湧昇流が存在することも推定できる。これは深層循環に関するコンベアベルト説の一つの根拠になっている。

(2)　単に中低緯度の溶存酸素濃度が高いというだけでなく，海水の流入（移動）方向を明確に示すためには，濃度の高い領域が中高緯度側の表層につながっていることも述べておく。

Ⅲ　解答

問１．ア．液状化　イ．広域変成　ウ．付加体

問２．マグニチュードM_1，M_2（$M_1<M_2$）の地震のエネルギーを，それぞれE_1，E_2とする。マグニチュードが２大きくなるごとにエネルギーは1000倍になることから

$$\frac{E_2}{E_1}=10^{1.5(M_2-M_1)} \quad \text{すなわち} \quad \log_{10}\frac{E_2}{E_1}=1.5(M_2-M_1)$$

これに，$M_1=6.5$，$M_2=7.3$を代入すると

$$\log_{10}\frac{E_2}{E_1}=1.5\times(7.3-6.5)=1.2=2\log_{10}4.0=\log_{10}16$$

$$\frac{E_2}{E_1}=16$$

よって，16倍　……(答)

問３．(1)　深さ105km以深には，比較的低温（500℃程度）の状態で沈

み込んだ海洋プレートが存在している。これに熱を奪われるため，マントルの温度は境界面に向かって低下している。

(2)　沈み込み帯では，海洋プレートによってマントル中に持ち込まれた水でかんらん岩が飽和しており，融解曲線はBの状態にあるとみられる。すると火山フロント直下においては，温度分布(X)が深さ55～85kmの範囲で融解曲線(B)を上回ることになり，その範囲でマグマが発生する。

問4．(1)　$V_2=8.0$〔km/s〕

また，図2ⓐから$x=28.8$〔km〕で$t=6.0$〔s〕なので

$$V_1=\frac{28.8}{6.0}=4.8\text{〔km/s〕}$$

与式に代入して

$$6.0=2d\sqrt{\frac{1}{4.8^2}-\frac{1}{8.0^2}}+\frac{28.8}{8.0}=d\times\frac{1}{3.0}+3.6$$

$$d=(6.0-3.6)\times 3.0=7.2\text{〔km〕}\quad\cdots\cdots\text{(答)}$$

(2)　屈折波Bは第2層内を曲線を描いて上方に向かってきたものである。したがって，経路の最下点が第2層の下面に接する屈折波Bが最も遠方に到達するものということになり，その距離が650kmである。また屈折波Cは第4層の上面まで達して戻ってくる波のため，地表で観測される震央距離には最小値が存在し，それが1100kmである。またP波が第3層の上面で下方に屈折し，第4層の上面で上方に屈折していることから，第3層での速度は第2，4層よりも遅いということがわかる。つまり地球表層のマントル内には，地震波の低速度層が存在する。

◀解　説▶

≪地震のエネルギー，マグマの発生，地球内部構造≫

▶問1．未固結で地下水位の高い沖積平野では，強い地震動により地盤液状化現象が発生しやすい。

▶問2．天体の光度と等級の関係と同じように考えればよい。実際には，地震のエネルギーE〔J〕とマグニチュードMの間には$\log_{10}E=1.5M+4.8$の関係がある。

▶問3．(1)　一般に高温物体と低温物体が接していると，熱は前者から後者に向かって流れ温度勾配が生じる。この関係を沈み込み帯のマントルと海洋プレートに当てはめて考えればよい。海洋プレートは誕生した当初は

周囲のマントルとの温度差がほとんどないが，移動する間に表面から熱を放出して冷却が進み，海溝から沈み込むときには同じ深さのマントルよりかなり低温になっている。

(2)　マントルの温度分布(X)が融解曲線を上回っているところでかんらん岩が部分融解し，マグマが発生する。水のない環境では融解曲線はAの状態にあるので融解は起こらないが，水があると融解温度が低下するため，水分量や温度分布次第では融解が起こる可能性が生じる。なお，沈み込み帯では沈み込んだプレートからその上部のマントルに水が供給されるため，その部分のかんらん岩は水で飽和しているものとして考える。

▶問４．(1)　図２ⓐから V_1，x，t を求め，与式に代入する。計算は煩雑であるが強引に行わず，式の変形，約分などを利用してできるだけ簡略な形にしてからする方がよい。屈折波Aの式には，$x=44.8$，$t=8.0$ を代入してもよい。

(2)　図２ⓒの屈折の方向から，P波速度は第１層より第２層の方が速く，第２層内では下部ほど速くなる。しかし第３層は第２層より遅く，第４層ではまた速くなることがわかる。ここでは第１層と第２層がリソスフェア（第１層は地殻），第３層がアセノスフェアと考えられる。なお，第１～４層がそれぞれ地殻，マントル，外核，内核というイメージを持って考えると，地震波の影にあたる部分が，ある震央距離の範囲に生じることも理解できるであろう（下図左）。なお屈折波Cは第３層の速度の大小にかかわらず第４層に到達して戻ってくる波のため，その地表上での到達範囲は震央を中心とするドーナツ状になるが，第３層が薄い場合は屈折波Bの到達範囲と重なってしまい影が生じない場合もある（下図右）。

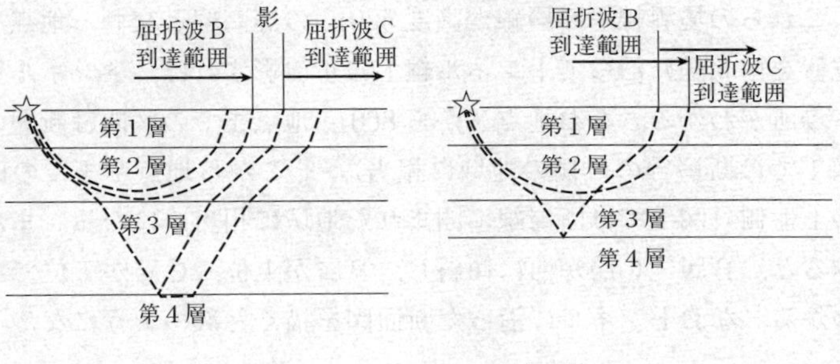

Ⅳ　**解答**　問1．ア．ホルンフェルス　イ．かんらん石
ウ．斜長石　エ．マグネシウム

問2．地点Xから500m地点までは泥岩，そこから700m地点までは玄武岩，そこから800m地点までは泥岩，そこから地点Yまでは砂岩が現れる。

問3．断層面は，南北走向で東に傾斜している。図1で断層線に囲まれた地域の東部では上盤側のC層と下盤側のB層が接しているが，C層の方が下位なので，断層Dは上盤側が上昇した逆断層である。

問4．ペルム紀にCの砂岩層，Bの泥岩層の順に堆積し，西に傾斜した。その後玄武岩が鉛直に貫入し，接触変成作用をもたらした。そして東傾斜の逆断層Dの活動があり，上盤側が上昇した。第四紀になると侵食を受けてできていた山のまわりにAの砂礫層が水平に堆積した。

問5．各大陸に残されている古い氷河堆積物の分布や流れた方向が，超大陸を仮定するとうまくひとつにまとまることから。

◀解　説▶

≪地質構造・地史の組立て，大陸移動説≫

▶問1．ア．泥岩がマグマの貫入により接触変成作用を受けると，ホルンフェルスが作られる。

イ・ウ．玄武岩の構成鉱物としてはかんらん石，輝石，斜長石が考えられるが，結晶構造を参考に語群から選ぶ。

エ．主要なケイ酸塩鉱物でSiO_4四面体の間に入る金属イオンとして語群に示されているのはK，Ca，Mgであるが，このうち有色鉱物であるかんらん岩を構成するのはMgである。

▶問2．B層，C層，断層の走向はいずれも南北である。したがって図1中で，これらの境界線や断層線が高度520mの等高線と交わる地点を探し，その位置を南北線に沿ってトンネル線上に正射影すれば，トンネル壁面に現れる場所がわかる。なお地点Xから800m地点までの区間は断層の下盤側（図1では断層線の外側の地域に相当），そこから地点Yまでの区間は断層の上盤側（図1では断層線に囲まれた地域に相当）になる。また上盤側をみると，B層・C層が西に傾斜し，B層が上位，C層が下位であることがわかる。なおトンネルに沿った断面図を描くと次のようになる。

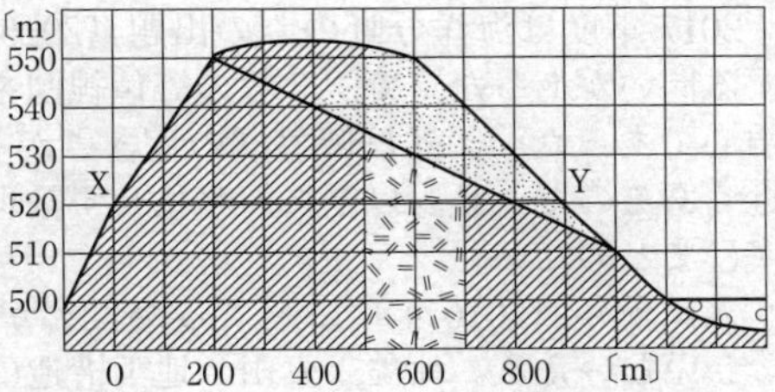

▶問 3．まず断層面の傾斜方向がどちらであるかを確認する。そしてその断層面を境にして上盤・下盤の地層がどのように接しているかをみて，断層活動の方向（上盤側が上昇したか下降したか）を判断する。上盤側が上昇していれば逆断層，その逆なら正断層である。

▶問 4．よく見かけるのは，ある高度の水平な不整合面上に新しい地層が堆積した地質図であるが，ここでは高度 500 m 以下に新しい地層が水平に堆積している。ある岩体が水平面上を離れたところから移動してくることがないわけではないが，第四紀層の上にあるということは限られた短期間内でそれが起こったということになり，事実としてはほとんどありえない。したがって高度 500 m にあるのは不整合面や断層面ではなく，山のまわりの低いところを新しい水平層が埋めた結果であると考える。

▶問 5．〔解答〕に示したほかにも，以下のような根拠が挙げられる。

- 大西洋を渡って移動することができないような陸生動植物の化石が，大西洋の両岸で見つかること。
- 古い造山帯の褶曲構造や断層の分布が，超大陸を仮定すると一つにつながること。

講　評

例年通り論述中心の大問 4 題の構成であったが，数値を扱う計算問題が 2016 年度より増加した。また論述の字数指定はなくなったが，解答欄はかなり大きいものが多く，書き方に工夫を要する。そのため難易度としては，2016 年度よりやや難化したといえよう。

I　太陽・地球のエネルギー収支と太陽の自転に関する内容で，計算問題が増えた。また 2016 年度と同様グラフを読んだり図を描いて考察するものが出題されており，基本的な内容ながらそれに至る過程の論理構成ができているかどうかをみる京大の地学らしさが現れている。

Ⅱ　2017 年度は海洋分野のみの出題（2016 年度も深層循環に関する問いがあった）で，3 枚の等値線図を見て考察する問題が中心であった。論述は解答欄の大きさが B5 判解答用紙の半分近くあるので，必要以上に簡略化せず論理の飛躍がないよう丁寧にまとめたい。

Ⅲ　入試前年（2016 年）に起こった災害が題材に含まれるのは珍しいといえる。地震，火山，地下構造に関してグラフの読み取りをもとにした論述・計算問題が中心で，かつ暗記事項の羅列だけでは済まされないものが多く，かなり時間を取られたのではないだろうか。

Ⅳ　例年通り地質図から地質構造や地史を考えていく問題である。問 2 は走向が南北なので，東西方向の簡単な断面図を描いて考えるとわかりやすい。問 4 は高度 500 m にあるのは不整合面ではないと即座に判断できたかどうかがポイントとなる。

も二行増加し、一〇行（問一の現代語訳三行含む）となった。難易度は二〇一六年度よりも難化し、今回易化した文系と比べると、理系の問題の方が難しかったのではないかと思われる。問一の現代語訳問題は標準的。基本的な古語や文法の知識があれば、傍線部はすべて対処できる。ただし、「さりとも」「はて」「わたり」など、細かい注意を払って訳出すべき語も含まれている。問二の内容説明問題は難問。解答自体に揺れはないが、「何かさのみはとて」について、「何か」の意味や疑問・反語の判断、「さ」の指示内容、「とて」の後の補いと、どれも把握が難しかった。問三の和歌の内容説明問題はやや難。結局のところ、A・B二つの和歌を訳出していく要領で解答欄内にまとめればいいのだが、このような和歌の設問形式に当たり慣れていないと、難しく感じられたのではないか。Aの和歌は中世以降の「まし」の用法に注意が必要。Bの和歌は「死出の山路に杖ひ」くのが誰か、間違わないようにしたい。

標準的な問題と言える。問三の理由説明問題は標準的。傍線部を含む一文の「ところが」という接続語と、「邪気のない」のニュアンスを踏まえて解答する必要がある。問四の理由説明問題は、やや難。「太陽にとっては秘密の土地」という表現の解釈が難しい。傍線部を含む意味段落だけでなく、太陽の光線について説明されている四つ目の意味段落から最後の意味段落までの内容より解答に必要な手がかりを見つけ、この表現が〈この村に注ぐ秋の太陽が筆者にとって特別なものに感じられた〉ことによるものである、ということを説明する。説明すべき要素がいろいろとあり、すべてを盛り込んで解答をまとめるのがやや厄介である。

[二]の現代文（評論）は、近代文学を発展させた「言文一致体」について、写実を重んじた客観性が要求されたことから起こった矛盾と、それを解消させる一つの方向として一人称小説が生まれた過程について説明した文章。文章量は二〇一六年度とほぼ変化なし、総解答量は二〇一六年度の一一行からさらに一〇行へと減少した。設問数は変わらず三問である。文章自体の難度も二〇一六年度とほぼ同じといったところで、読みにくさはない。ただ、設問が三問とも理由説明問題だったという点から見ても、設問の難易度は二〇一六年度と比較するとやや難化したといえるだろう。問一は標準的。「これ」という指示語の指示内容を明示したうえで、その事態が抱える矛盾について説明すること。問二は、問一で説明した矛盾を解消するために、言文一致体に客観性のよそおいを凝らそうとした結果、かえって逆に写実からかけ離れていく結果を生んだ、というパラドックス（矛盾）について説明する。難易度は標準的。問三の理由説明問題はやや難。傍線部のように筆者が推定しうる理由を問うているものだということをまず確認したい。その上で、傍線部の「この主張」や「明確に『顔』の見える『私』を表に出すのが一番明快である、という考え」を言い換えて説明するだけでは理由説明にならないことに注意し、傍線部のように言うことができる根拠を傍線部前後のつながりや本文全体の趣旨から判断して説明する必要がある。

[三]の古文（随筆）は、近世（江戸時代）末期の歌人・国学者である中島広足の随筆からの出題。入試で採用されることは極めて稀な出典である。理系では、二〇一三年度以降、これで五年連続、近世作品が出題されたことになる（ただし二〇一五年度の『雑々集』は室町時代後期成立の可能性もある）。二〇一六年度は和歌が一首も含まれていなかったが、二〇一二・二〇一四・二〇一五年度に続き、二〇一七年度は、和歌（三首）を含む文章が復活した。文章量は三五〇字弱で、およそ例年並みかやや少なめ。総解答量は二〇一六年度より

山でも「死出の山路」だったとは、という歌である。なお、作者が野辺送り（葬送のこと）に杖をついて行くというのではない。

解答作成のポイントは以下の二点である。A・Bの和歌の現代語訳を下敷きにしながら、解答欄に収まるようにまとめること。

① Aの敦化の和歌を踏まえた説明→春霞が立つ頃に（作者とともに）出かけて野山の散策をしたい

② Bの和歌の説明→春霞が立つ頃に死別して敦化が死出の山路を越えて行くことになろうとは思いもしなかった

参考 『海人のくぐつ』は、幕末の歌人・国学者である中島広足（一七九二～一八六四年）の考証的な随筆である。嘉永三年（一八五〇年）正月に山本晴海の序文を付して刊行された。『源氏物語』各巻の言葉の注釈に始まり、橘守部・本居宣長・香川景樹などの学説に対して自説を唱えたりしているほか、亡くなった知人・門人たちを悼んだり、外国の文物に関する考察を述べたりもしている。「くぐつ」は海藻や貝を入れる袋や籠のことで、書名は『万葉集』の「潮干《しほひ》の御津《みつ》の海女《あま》のくぐつ持ち玉藻《たまも》刈るらむいざ行きて見む」という和歌に拠っている。

講評

［一］の現代文（随筆）は、山村に移住した友人からの葉書で鮮やかによみがえってきたその村の記憶について綴った文章。［一］では、二〇一二年度に小説が出題されたが、以降、二〇一三年度からは五年連続で随筆が出題されている。特に二〇一七年度は、かつての京大で多く見られたような柔らかい文体の随筆（随想）からの出題となった。設問数は二〇一六年度と変わらず四問であるが、二〇一六年度に出題された漢字の書き取り問題がなくなり、記述説明のみの四問である。本文の文章量は二〇一六年度とほぼ同じ。説明問題が一問増えたが、総解答量は二〇一六年度と変わらず、一二行である。文章自体は少なくとも表面的には読みやすいが、設問の難易度は全体的にやや難化した。問一は、「ずるい」という心情の背景を、同じく羨望の表れである「贅沢な」との違いから推測する。本文中の記述からのみでは解答しにくいという点で、やや難。問二の内容説明問題は、指示語の指示内容を簡潔にまとめさせる問題。必要な要素を二行でまとめるのに工夫が必要だが、

▼問三　これも説明問題だが、まずはA・Bそれぞれの和歌の正確な解釈を行いたい。まずAの敦化の和歌の上の句から考える。「立ちいで」は「立ち出づ」という動詞で、ここでは〝出立する・出かける〟の意だが、「立ち」は掛詞になっていて、「（霞が）立つ」の意を掛けている。したがって、「この春は霞とともに立ちいでて」は、〝今春は霞が立つとともに出かけて〟の意。ただし、作者の返歌の「ともにあそばむ」なども参照すると、「霞とともに」には〝作者とともに〟の意を含ませたものかもしれない（〔解答〕はその解釈で説明した）。

　さらに、下の句の「野にも山にも杖をひかまし」は、〝野でも山でも杖をひこう〟が直訳。「杖をひく（曳く）」とは、〝杖をついて散歩する〟ほどの意で、文脈からもおよその見当はつくはず。注意したいのは助動詞「まし」で、ここでは意志を表す用法と認められる。「まし」は、中世以降、実質的に「む」とほぼ同じ意味用法で使われることがあり、ここでも意志を表す「む」に置き換えて考えるとよい。仮定条件を伴っていない点からも、また文脈から考えても、反実仮想の用法ではないので、注意したい。もしも反実仮想なら、実際には野山に出かけられないという歌意になってしまい、作者の返歌の「うれしかりけり」や「ともにあそばむ」と矛盾してしまう。また、「まし」には疑問語と呼応する、ためらいの意志（〜しようかしら）という用法があるが、この和歌では疑問語を伴っていないので、それでもない。単純に意志（〜しよう）の用法と考えたい（ただし、もともとは反実仮想の助動詞なので、現実には難しいかもしれないが、できればそうしたいといったニュアンスを含ませている可能性はある）。以上から、「野にも山にも杖をひかまし」は、〝野でも山でも杖をひいて散歩しよう〔散歩したい〕〟の意。

　次に、Bの作者の和歌について。「思ひきや」は〝思ったか、いや思いもしなかった〟の意の慣用表現。「や」は反語の用法で、終助詞として使われている。したがって、初句切れの歌である。また、「思ひきや」は、「春の霞の……杖ひかむとは」と倒置法になっている。「立ち」は「立ち別れ」と「（霞が）立ち」の掛詞になっている。「立ち別る」は〝別れて旅立つ〟の意で、ここでは〝死別する〟の意。「死出の山路」は、〝死者が赴いて越えて行く、あの世の険しい山路〟のことなので、「死出の山路に杖ひ」くのは、敦化である。Aの和歌で「山にも」と言っていたが、山は末尾の「何かさのみはとて」は、具体的な内容をつかむのが難しかったと思われるが、リード文に「親しい知人たちに次々と先立たれたことを述べた文章の末尾の部分である」とあって、ここで文章を終えているのがヒントになる。文脈から、「何かさのみは（あるべき）と（思ひ）て（記さず）」くらいに補って考えられ、〝どうしてそのように（＝故人を悼む歌文を書いて）ばかりは（いられようか、いやいられない）と（思っ）て（もう書き記さない）〟ほどの意と判断できる。以下、語法的に細かく見ていこう。まず、「何か」は、代名詞＋係助詞の場合、〝①【疑問】何が（～か）、②【反語】何が（～か、いや何も～ない）〟の意、副詞＋係助詞の場合、〝①【疑問】どうして（～か）、②【反語】どうして（～か、いや～ない）〟の意になる。「さのみ」は〝そのようにばかり・そうむやみに〟の意。ただし、「何かさのみは」は、ある程度慣用的な言い回しで、「何かさのみは（あるべき）」くらいに補って考えられ、〝どうしてそのようにばかりはいられようか、いやそのようにばかりはいられない〟ほどの意味と見当のつけられるところである。「さ」は、傍線部（2）の直前までの内容を受けていて、〈親しい知人たちに次々と先立たれたことを、歌を中心に書いてきた〉こと、要するに、〈故人を悼む歌（歌文）を書く〉ことを指している。したがって、〝どうしてそのように故人を悼む歌（歌文）を書いてばかりもいられようか、いやいられない〟の意で、〈そんな歌文を書いてばかりいても仕方がない〉くらいの気持ちであろう。「とて」は「と（思ひ）て（記さず）」くらいに補って考えるとよい。まとめると、〈死別や供養の折に詠んだ歌はまだたくさん残っているが、そうむやみに故人を悼む歌（歌文）を書いてばかりいても仕方がないので、それらの歌についてはもう書き記さないで、筆を置く〉ということである。

解答作成のポイントは以下の三点である。説明する際には、「何かさのみはとて」を、訳すだけでなく、結局どういうことかわかるようにすること。

①「なほ……あまたあれど」の内容説明→死別や供養の際に詠んだ歌はまだ数多くあるが

②「何かさのみはとて」の内容説明→故人を悼む歌（歌文）を書いてばかりいるわけにもいかないと思い

③「とて」の後の省略された内容の説明→それらの歌はもう書くのをやめる

分の哀傷歌はたくさん残っているが、どうしてそのように（故人を悼む歌文を書いて）ばかりもいられようか（いやいられない）と思って（それらの哀傷歌についてはもう書き記さないことにし、ここで筆を置く）。

着眼 ▼問一　「をりをりは（折々は）」は、〝時々は・その折その折は〟の意。「おこたりざま」は「おこたる」という動詞の連用形に、名詞の「さま」が付いて一語の名詞になったもの。古語の「おこたる」には〝病勢が緩む・快方に向かう・病気が回復する〟の意があることから、「おこたりざま」はそのような様子を指す。〝小康状態〟と訳してもよい。「にもありしかば」の「に」は、断定の助動詞「なり」の連用形。「しか」は過去の助動詞「き」の已然形。「ば」はここでは順接確定条件を表す接続助詞。「にもありしかば」は〝～でもあったので〟の意。「さりとも」は〝①そうだとしても・そうはいっても、②いくらなんでも〟の意。①で解せば、「さ」は「病ひの床に臥し」を受けて、〝病床に臥しているとしても〟と具体的に訳せるが、簡略に②で訳してもよい。「つひには」は〝最後には・最終的には〟の意。「さはやぎ」は四段動詞「さはやぐ」の連用形。「さはやぐ（爽やぐ）」は〝さわやかになる・（病気が治って）気分がよくなる〟の意。古語では多く病気の回復に関して使われる。「はて」は下二段動詞「はつ（果つ）」の未然形。ここでは補助動詞の用法で、〝～しきる・すっかり～する〟の意。助動詞「む」は推量の用法。「のみ」は限定や強調を表す副助詞で、〝～だけ・～ばかり〟の意。「わたり」は四段動詞「わたる」の連用形。ここでは補助動詞の用法で、〝～し続ける・ずっと～する〟の意。「き」は過去の助動詞の終止形。

▼問二　説明問題だが、まずは傍線部の正確な解釈を試みること。「なほ」は、ここでは〝なおもまだ・さらに〟の意で、「あまたあれど」に係っている。「別れ」は〝死別〟の意。具体的には、葬儀などの死別の際を指すと思われる。「あと弔《と》ふ」は〝死後を弔う・供養する〟の意で、そうした「をりをり（折々）」とは、忌日などに行われる法事のときを指す。「よみ出づるおのれが歌はあまたあれど」は、〝詠み出した自分の歌はたくさんあるが〟の意。したがって、ここまで、〝なおもまだ、親しい知人たちとの（葬儀などの）死別の際にも、死後を弔う（法事の）折々にも、詠み出した自分の歌はたくさんあるが〟の意となる。逆接の接続助詞「ど」に注意しておきたい。

三

出典　中島広足《ひろたり》『海人《あま》のくぐつ』〈嘉永元年のしはすばかりにおもひし事〉

解答

問一　時々は快方に向かう様子でもあったので、そのように病床に臥していても最後にはすっかり平癒するだろうとばかりずっと思っていた

問二　人々との死別や供養の折々に自分が詠んだ哀傷歌はまだ数多くあるが、故人を悼む歌文を書いてばかりいても仕方がないので、それらの歌はもう書き記さないということ。

問三　春霞が立つ頃に作者とともに出かけて野山の散策をしたいものだと、敦化から心強い歌を贈られて喜んでいたのに、そうなる頃に死別して敦化が死出の山路を越えて行くことになろうとは、思いもしなかったということ。

◀解　説▶

通釈　敦化は、自分より二歳ほど下の年齢だった。四年ほど前から、病床に臥せっていたけれども、時々は快方に向かう様子でもあったので、そのように（病床に臥）していても最後にはすっかり平癒するだろうとばかりずっと思っていた。今年の一月の初め頃は、とりわけ気分もさわやかに思われたのだろうか、（敦化が）

　この春は霞が立つのと同時に（あなたと一緒に）出かけて、野でも山でも杖をひいて散策したいものです。

と詠んでよこしたので、すぐに私の方から、

　いつにも増してうれしいことですよ。野にも山にも一緒に遊べるような春だと思いますと。

と言い贈ったのも昨日のこと（のように思われること）だよ。三月の初めから、急に容態が重くなって、十二日に、永遠の別れの人になってしまった。

　思ったか、いや思いもしなかった。春霞が立つ頃に死別して（敦化が山は山でも）死出の山路に杖をひいて越えて行くことになろうとは。

と嘆かずにはいられなかった。さらにまだ親しい知人たちとの死別の際にも、死後を弔う法事の折々にも、詠み出した自

という一つの文学史的な経緯を説明させることだと解釈することができる。写実主義の風潮の中で口語的な言文一致体に写実の客観性を求めるという矛盾（問一）が、花袋の「平面描写論」のような、「話者である『私』（の主観）を隠していくためのさまざまな技術」を発達させ、それが逆に読者の想像の自由を生んだことで、写実からはかけ離れてしまうというパラドックスとなった（問二）。泡鳴の「一元描写論」は、まさにこのパラドックスが持つ欺瞞を批判したものであり、だからこそ、作者の主観を隠すのとは逆の方向の〈特定の一人の人物に主観を移入して、その視点で語れ〉という主張になった。

ここで留意したいのは、「話者である『私』（の主観）を隠」すべしという花袋の立場からは、一人称の「私」を設定するという発想は生まれ得ないであろう、ということである。なぜなら、「私」を隠してしまう描写法では、一人称の「私」を設定しようがないからである。したがって、一人称の「私」を設定するという発想は、まさに泡鳴が〈主観を移入せよ〉と主張したから生まれたものであると考えられるのであり、その流れを説明させるのがこの設問の意図だということである。

以上の内容を踏まえた上で、解答を作成する。ポイントは以下の三つである。

①　傍線部のように想定できる理由が問われている、ということに留意する
②　傍線部を言い換える方向での説明にならないよう注意する
③　花袋の主張への反発から生まれた泡鳴の主張が、「私」を設定する小説につながった、という流れを説明する

参考　安藤宏（一九五八年〜）は、東京都出身の近代日本文学研究者。太宰治が専門。東京大学文学部国文学専修課程を卒業後、東京大学大学院人文科学研究科国語国文学専門課程博士課程を中退。東京大学大学院人文社会系研究科准教授などを経て、二〇一七年現在、東京大学大学院人文社会系研究科教授。「近代小説の表現機構」で、東京大学国文科で初の近代文学の論文博士となる。また、『近代小説の表現機構』でやまなし文学賞、角川源義賞を受賞。他の著書に、『太宰治―弱さを演じるということ』『日本近代小説史』などがある。

置くのが一番明快であるという考えに行き着くことの必然性を説明していく方向である。この、三人称→一人称の流れが必然的だと言うことができれば、「行き着くことになるだろう」と筆者が想定しうる根拠になると言えるからだ。

しかし、この方法で説明しようとすると、困難にぶつかる。〈三人称で書くより、一人称で書く方がわかりやすいから〉という方向で解答を作成しようとすると、傍線部中の「一番明快である」を言い換えただけになってしまい、一番明快であるとなぜ言えるのかの説明にはならない。また、〈三人称で書くよりも一人称で書いたほうが、より写実性を増すことになるから〉〈三人称で書くよりも一人称で書くほうが、効果的だから〉というような理由を思いつくこともできるが、しかし、果たして本当にそう言えるのか、と考えると疑問が残る。実際、三人称小説より一人称小説の方が写実的であるとか、三人称小説より一人称小説のほうがわかりやすいなどと言えるかどうかは不明であるし、三人称よりも一人称が効果的だといったことを裏付ける根拠は、実は本文中にはない。したがって、三人称を設定せよという主張をおしつめると、一人称の「私」を置くのが一番明快であるという考えに行き着くという流れが必然的なものである、ということを裏付ける決定的な根拠を提示することはできない、ということになる。

では、明確な根拠もないのに、なぜ筆者は「おしつめれば、…行き着くことになるだろう」などと想定できるのだろうか。ここで、傍線部(3)の後の記述に留意したい。傍線部の後には、「一人称の『自分』を大胆に打ち出し、作中世界のすべてをその『自分』の判断として統括しようと企てることになる」という白樺派の若者たちの実践が歴史的事実として述べられている。この記述に注目するなら、筆者はこの歴史的事実を踏まえたうえで、泡鳴の主張という歴史的事実の延長に白樺派の実践という歴史的事実があり、〈泡鳴の主張が結果的に、一人称の「私」を設定する小説の実践に繋がった〉と考えているのだ、ということが読み取れるだろう。だからこそ、それを根拠にして〈泡鳴の主張をおしつめれば、「私」を設定するのが一番明快だという考えに行き着くことになる〉などと想定しうるのだ、と考えることができる。

したがって、この設問で問われているのは、筆者の想定の根拠を問うことで、《泡鳴の主張～一人称小説の実践》

ってしまう〉ということを意味する。〈写実を重んじた結果、写実ではなくなるという矛盾〉、これこそが「パラドックス」の内容である。

解答に当たっては、次の二点に留意してまとめること。

①　どういった状況のことを指しているのかを明示する

②　それのどういった点が「パラドックス」であるのかがわかるよう、説明を工夫する

▼問三　まず、傍線部（3）の内容を確認してみよう。「この主張」というのは、直前で説明されている「はっきりと一人の人物の視点に立ち、その判断で統一を図れ」という岩野泡鳴の主張を指していることは明らかである。これは、〈特定の一人の人物の視点に立って語れ〉ということであるから、要するに、〈三人称の一人の人物（＝筆者の主観を移入した人物）を設定し、その視点で語れ〉ということだと解釈できる。さらに、傍線部の「明確に『顔』の見える『私』を表に出す」というのは、〈一人称の「私」を設定する〉ということだと考えることができるだろう。よって、この傍線部全体をわかりやすく言い換えれば、〈三人称の一人の人物を設定してその視点で語れ、という主張をおしつめると、一人称の「私」を置くのが一番明快である、という考えに行き着くことになるだろう〉ということになる。

ここで、この傍線部が「この主張をさらにおしつめれば」という仮定から始まり「…という考えに行き着くことになるだろう」という推論で終わる、想定文（推定文）であることに注意しよう。これについて、「このように言えるのはなぜか」と問われているので、この問いは、〈傍線部のように筆者が想定できるのはなぜか〉という理由（根拠）を問うものだと理解することができる。すなわち、三人称の一人の人物を設定してその視点で語れ、という主張をおしつめると、一人称の「私」を置くのが一番明快である、という考えに行き着くことになると、筆者が想定できる理由、ということである。

解答の方向性の一つとしてまず考えられるのは、三人称を設定せよという主張をおしつめると、一人称の「私」を

文一致体は〈本来きわめて主観的な、身振りや省略を伴う口語を模した文体〉ということになる。一方、写実主義は「物事を正確に写し取っていく」ことを目指すものであり、そのために、「客観性」が期待されることとなる。

以上の内容を踏まえると、〈主観的な特徴を持つ文体に、客観性を期待する〉ということが「おかしなこと」だと考える理由の中心的内容だということになる。ここで注意しておきたいのは、理由の内容だけを説明するのではなく、何について「おかしなこと」だとされているのか、その対象を明らかにしておく必要があるということである。すなわち、「これ」という傍線部の指示語の指示内容を明らかにした上で、その矛盾点を説明する、という解答作成の方向が望ましい。解答欄のスペースが限られているので、簡潔な表現で両者をまとめる工夫が必要である。

以上により、解答作成のポイントは次の二点である。

①「これ」という指示語の指示内容を明示すること

②主観的な口語を模した言文一致体に客観的な写実を求めるという矛盾について説明すること

▼問二　傍線部(2)の「大変興味深いパラドックスであった」について、何について、なぜ、「パラドックスであった」といえるのか、を説明する問題である。まず、〈何について〉に関しては、傍線部の前の内容から〈「話者である『私』」を隠す技術の発達が、読者の想像の自由を膨らませることになったこと〉などとまとめることができる。では、なぜこれが「パラドックス」であると言えるのか。

そもそも、〈話者である『私』を隠す技術〉が発達したのは、「言文一致体にいかに客観的なよそおいを凝らしていくか」という課題を受けてのことであるが、言文一致体に客観性を求めることになったのは、問一で確認したように「写実主義の風潮の中で、過度に客観性が期待されてしまった」からである。つまり、〈写実主義が過度に客観性を期待したことが、言文一致体において話者を隠す技術を発達させた〉ということである。そして、その結果、〈読者の想像の自由を生む〉ことになったが、対象をありのままに正確に描写することを目指す「写実主義」にとって、〈自由な想像〉が可能になるということは、結局、表現に曖昧さを含むということになり、〈正確な描写ではなくな

二

出典　安藤宏『「私」をつくる―近代小説の試み』〈第三章　「あなた」をつくる―読者を誘導する仕掛け、志賀直哉と太宰治〉（岩波新書）

解答

問一　写実主義において、言文一致体が対象の正確な描写に最適だとされたことは、きわめて主観的で省略などを伴う口語を模した文体に客観性を求める点で矛盾しているから。

問二　写実主義による過度な客観性の期待は、言文一致体において話者を隠す技術を発達させたが、結果的に、読者の想像の自由を生み、写実とは逆の事態をもたらしたから。

問三　言文一致体で写実を徹底するには、作者の主観を隠すより、むしろ特定の一人の人物に主観を移入し、その視点で全てを描写すべきだという主張が、その後の、一人称の「私」を設定する小説の実践に繋がったと筆者は考えるから。

◀解　説▶

要旨　言文一致体の普及で近代小説は一気にその全盛時代を迎えたが、きわめて主観的な口語を模した文体に過度な客観性が期待されたことで大きな矛盾を抱えることになった。客観性を重んじ、話者である「私」を隠す技術の発達が、結果的に写実とはかけ離れた作品を生むという矛盾への批判から、明確な一人の人物の視点に立つことで作品の統一を図れという主張がなされたが、その主張は、話者として一人称の「自分」を設定し、作中世界のすべてを統括しようとする、近代の一人称小説を生み出すこととなった。

着眼　▼問一　傍線部(1)の「これ」は、要するに、〈写実主義の浸透にともない、言文一致体が正確な描写にもっともふさわしい手立てであると考えられたこと〉を指している。これが「おかしなこと」である、と考える理由を問われているので、言文一致体の特徴が、正確な描写の特徴と一致していない（＝矛盾している）ことを説明すればよいということになる。

「言文一致体」は「口語を模した」文体であるが、「口語」は「本来きわめて主観的なもの」であり、「表情やみぶり（身振り）で内容を補うこともできる」し、「自由に内容を省略することもできる」ものである。したがって、言ない平凡なこの村を選んだのだ〉という「物語」である。そして、そういった「物語」を感じさせるほど、〈この村の秋の太陽の光は筆者にとって特別なものに感じられた〉ということである。

　では、筆者がその特別さを感じ取ることができたのはなぜか。四つ目の意味段落に「その頃私は、物そのものよりも、色や光の組み合わせによって風景を見て、またそういう印象を強く残そうとしていた」とある。そして、そのためなのか、太陽の色合が「私に何か物語をきかせているようだった」とある。つまり〈色や光で風景を見ていた筆者だからこそ、この村の太陽の光が特別なものであると感じることができた〉ということになる。

　以上の内容を踏まえて解答を作成する。ポイントは以下の五点である。

①「太陽にとっては秘密の土地である」という表現の解釈→秋になると太陽が秘かに憩うための土地

②「秘密の」の説明→平凡な村だからこそ目立たず秘かに憩うことができる

③「秋の太陽」であることへの言及→夏から秋への陽射しの変化

④①〜③のような「物語」を筆者が感じるほど、「この村」の秋の太陽の光が特別なものであったこと

⑤④に筆者が気づいた理由→色や光で風景を見て印象づけようとしていたこと

参考　串田孫一（一九一五〜二〇〇五年）は、東京都出身の詩人、哲学者、随筆家。東京帝国大学文学部哲学科卒業。中学時代から登山を始め、山や登山を自らの思索の軸として旺盛な執筆活動を続けた。上智大学や旧制東京高等学校、東京外国語大学などで教鞭をとるかたわら、『若き日の山』をはじめとする山の本を数多く上梓し、尾崎喜八らと山の文芸誌『アルプ』を創刊、終刊するまで責任編集者を務めた。著作は山岳文学、画集、小説、人生論、哲学書、翻訳など多岐にわたる。代表作に、詩集『羊飼の時計』や随想集『山のパンセ』などがある。

いでいる」からである。つまり、〈「この村」は特徴があるわけでもない平凡な村だが、太陽にとっては特別の土地だ〉ということである。それは、「秋の太陽に愛されている土地」という表現からもうかがうことができる。

　では、「太陽にとっては秘密の土地」という表現はどのように解釈できるだろうか。「この村は秋の、そこに秘かに憩う太陽の愛撫をうけて」という表現があることから、〈秋の太陽が秘かに憩うための秘密の土地だ〉ということになるが、秋の太陽が秘かに憩うとはどういうことかをさらに考える必要がある。

　四つ目の意味段落で、「西に廻《まわ》った太陽からのやわらかな橙《だいだい》色の陽光による、あたり一面の、かすかにほてるような、あるいは恥《はずか》しさのための赤らみのような、その色合が私に何か物語をきかせているようだった」という記述があり、その「物語」は、「改めて私から人に語れるような筋を持ったものではなく、私をその場所で深く包み込んで行くような物語」だと述べられている。実際に、その「物語」がどういうものかを直接的に説明している記述はない。しかし、傍線部（4）で「太陽にとっては秘密の土地」とあり、さらに最後の意味段落での「秋の太陽に愛されている土地」「この村は秋の、そこに秘かに憩う太陽の愛撫をうけて」などという表現から、〈柔らかな、優しさがこぼれたような光〉が秋の太陽の光の形容であり、筆者は〈この村は、秋の太陽が秘かに憩うための特別な土地であり、何の変哲もない平凡な村だからこそ、太陽は目立たずに秘かに憩うことができるのだ〉という「物語」を感じたのだ、と読み取ることができる。その証拠に「昔ながら住んで土を耕している者たちは、そんなことに気もつかずにいるかも知れない」と述べられている。

　さらに、「秋になると」「秋の太陽に」「秋の、そこに秘かに憩う太陽」とあるように、あくまでも「秋」であることにも注意を払う必要がある。「秋になると」「秘かに憩う」といった表現から、これが、夏のあいだの強烈な陽射しから秋の穏やかで柔らかな陽射しへの変化を踏まえたものだと解釈することができるだろう。これらの内容を踏まえて、筆者が感じた「物語」をあえて擬人化して解釈するなら、それは、〈夏のあいだ強烈な光を発し続けていた太陽が、秋になってその陽光を和らげ一息ついているのだ〉という「物語」であり、〈太陽は秘かに憩うために、目立た傍線部に至る経緯について確認しておこう。筆者は農夫と話をしているときに「柿が急に食べたくなって、三つ四つ売ってもらえないものかと頼んだ」。すると「農夫は、竿《さお》をにぎって柿を少し乱暴にはたき落した」。さらに、見事なものに見えていた柿は「受け取ってみると、あっちこっちに黒いしみだの傷もあった」。事実だけが淡々と並べられている記述部分ではあるが、一連の経緯において、

・売ってもらえないものかと頼んだ柿を農夫が少し乱暴にはたき落としたこと
・受け取ってみると、思っていたのとは違ってあっちこっちに黒いしみや傷のある柿だったこと

という二点について、筆者が少なからずとまどいを抱いたと推測できる。筆者にしてみれば売り物として求めた柿なのに、それを無造作にはたき落とす農夫の素っ気ない態度や、受け取った柿も思っていたようなものではなかったことが不本意であり、農夫の態度に悪気があるように思えてしまったのである。しかし、だからこそ、「それを持って行って食べなさい」という言葉によって、〈農夫は黒いしみや傷だらけの柿を売るつもりなどなく、初めからただで渡すつもりであり、だからこそ無造作な態度だったのだ〉ということがわかり、「なんにも邪気のない」農夫のありのままの態度であることがわかったのだ、と読み取れる。

以上の内容をまとめて解答を作成すること。単に〈親切心や善意を感じたから〉と説明するだけでは「ところが」「なんにも邪気のない」といった表現のニュアンスが伝わらないので、注意が必要。解答作成のポイントは以下の二点である。

①「ところが」に至るまでの経緯と筆者の心情を説明すること
②傍線部のように心情が変化したことがわかるように、きっかけを含めて説明すること

▼問四　傍線部（4）の前段落で、「この村」については、「どこに特徴があるというのでもない」「平凡なもの」と説明されている。そんな平凡な村を「太陽にとっては秘密の土地であるに違いない」と筆者がみなしたのは、太陽がこの村に「秋になると暫くのあいだ、この村が好きで好きでたまらなくなると言った、優しさがこぼれたような光をそそ

▼問二 指示内容を踏まえて、傍線部の内容を説明することになる。傍線部（2）を含む一文を踏まえると、「こういう旅」とはまず、〈秋が安らかに草に住む虫たちを鳴かせ、羊のような雲を空に遊ばせておく限り、続けていたい気持にさせられてしまうような旅〉であることがわかる。また、傍線部（2）の二つ前の段落の「ほんの一日二日歩くつもりで出かけた」「景色を眺めるというより秋の空気の匂いを嗅いで歩くのが嬉しかった」「そろそろ帰ることも考えなければと思いながら、空の色とそこを並んでゆっくりと通る雲があまり穏やかで、そのまま上州の山麓へと足を向けた」などの記述から、

① 秋の自然を身体で感じることの楽しさを味わう旅

② 明確な予定があるわけでなく、気の向くままに歩く旅

といった特徴を拾い上げることができるだろう。

さらに、傍線部（2）の前段落に「泊った場所や宿のことなどは何も想い出せない」という記述があることから、人間の営みに関わるものではない、秋の自然のありさまに心を奪われていることがうかがえる。ここから、

③ 人間の営みから離れた自然に心を奪われるような旅

であることもわかる。以上の三点を盛り込んで解答を作成すること。解答欄が二行なので、ポイントを簡潔に盛り込んでまとめる必要がある。

▼問三 傍線部（3）のような心情になった直接のきっかけが、「それ（＝柿）を持って行って食べなさい」という農夫の発言であるのは明らかだが、ここで注目すべきは、この傍線部を含む一文が「ところが」という接続詞から始まっていることである。「ところが」という逆接の接続詞は、予想外の事実や心情が後に続く場合に用いられる。したがって、ここで「ところが」が用いられているということは、「それを持って行って食べなさい」と言われるまでは、農夫の態度に悪気（＝邪気）があるような印象を筆者は少なからず持ってしまっていた、ということを示していると考えることができる。よって、傍線部に至るまでの経緯と筆者の心情の変化を含めた説明が必要である。

者からすると〈うらやましい〉こと、もしくは「ずるい」ことだったとしても、友人にはやむを得ない事情があったのかもしれないから、〈うらやましい〉ぐらいは言えても「ずるい」は言い過ぎ、ということである。

もう一つ、〈うらやましい〉と「ずるい」の違いの背景には、実現可能性の高低の違いがあると考えることもできる。すなわち、〈あこがれ〉が単なる淡いあこがれ程度なら、それを実行した相手に対して「ずるい」とまでは思わないということである。自分が初めから到底無理だと考えていることを他人が実現した場合、〈うらやましい〉という感情が働いたとしても、「ずるい」とまでは思わないだろう。

また、「〜わけには行かなかった」という表現は、〝諸々の事情を考慮すると、（心理的に）〜することができない〟という意味合いの場合に用いられる。したがって、「ずるい奴だとまでは思うわけには行かなかった」という表現は、〈そこまで本気で移住を考えているわけではなく、淡いあこがれ程度のものであるがゆえに、「ずるい」とまで言うのはおこがましい〉といった心情の表れであるとも解釈できる。

以上の内容を踏まえて解答を作成する。ポイントは以下の三点である。

① うらやましいという心情（＝「贅沢」と「ずるい」の共通点）への言及

② 「ずるい」とは言いがたい理由の説明→友人は筆者のあこがれを知らず、自分にとっては単なるあこがれに過ぎない

③ 「思うわけには行かない」という表現のニュアンスへの考慮

なお、ここで注意したいのは、「だから……、私がついそう思ってしまったように決して贅沢なことなどではないのかも知れない」という記述部分を踏まえて、〈友人の状況がわからないから〉ということを理由として解釈するのは不適切だということである。友人の状況についてわからないことを理由に挙げてしまうと、うらやましい（＝贅沢な）という心情すら成り立たないことになってしまう。この設問で求められているのは「贅沢な」と「ずるい」の違いの説明であることに留意して解答を作成する必要がある。

くれた友人はこういう村に今住んでいる。

着眼 ▼問一　傍線部（1）直前の「何という贅沢《ぜいたく》な奴なのだろうと思った」という記述の「贅沢」と、傍線部の「ずるい」の違いを踏まえたうえで、「思うわけには行かなかった」という表現にも留意した解釈をする必要がある。

まず、「何という贅沢な奴」という表現からは、都会の生活を捨てて山奥の村に移り住んだという友人に対して、うらやましく思う筆者の心情を読み取ることができる。また、「何というずるい奴」という表現も、うらやましさの表れの一種だと考えることができるが、「贅沢な」とは違う含みが込められている。やはりこの違いまで考えたい。「ずるい」というのは、〝人を出し抜いて自分だけが得をするようにうまく立ち回るさま〟という意味合いで用いられる言葉である。したがって、相手に対する単なる羨望だけでなく、〈自分だけがよい思いをして抜け駆けだ〉といった思いが込められた言葉だと解釈できる。ここから、本文の内容に即して解釈するなら、都会の生活を捨てて山奥に移り住む暮らしにあこがれていたのは筆者も同じなのに、友人だけがすでにそれを実現させていて出し抜かれた、と感じる心情が「ずるい」だということになる。まして、本文末尾に述べられているように、筆者はこの村に実際に行ってその美しさを感じたにもかかわらず、立ち入ることすら躊躇されるような気持ちを感じたことがあるのだから、「ずるい」と言ってもおかしくはないだろう。

では、「贅沢な奴」と思うのは可であり、「ずるい奴だ」と「思うわけには行かなかった」（＝不可）のはなぜだろうか。この理由についてはこの場面では直接述べられていない。しかし、推測する手がかりはいくつかある。まず一つは、「ずるい」という言葉に込められた〈人を出し抜いて自分だけが〉が成り立つには、筆者が山村暮らしにあこがれを抱いているということを相手が知っていたということが前提となるが、「何しろ二十年は会っていない」友人であり、その友人にとって筆者のあこがれは知る由もないことであろう。よって「ずるい」とは言いがたい、と考えることができるだろう。

また、「彼にしてみれば……決して贅沢なことなどではないのかも知れない」というのも一つの理由であろう。筆

国語

一

出典　串《くし》田《だ》孫一《まごいち》「山村の秋」（『山のパンセ』実業之日本社、ヤマケイ文庫他）

解答

問一　自分にとって印象深い記憶のある山村に住む友人をうらやましく思うが、友人はそれを知る由もなく、また、自分には真似のできない所業なので、出し抜かれたと思うこともできないということ。

問二　人の営みから離れた秋の自然を、眺めるだけでなく身体に感じる喜びに満たされながら、気の赴くままに足を運ぶ旅。

問三　売ってくれと求めた柿の扱いや状態にとまどいを覚えたが、ただで譲ろうという思いがけない言葉で、農夫の行動が彼にとってはごく自然なものだったとわかったから。

問四　平凡な村だからこそ、夏の頃の威力を弱めた太陽が目立たず憩うための格好の場所とみなしたのだと思うほど、この村に降り注ぐ優しく柔らかい秋の陽光は、色や光で風景を捉えようとしていた筆者には特別なものに感じられたから。

◀解　説▶

要旨　山奥の村に移り住んでいるという古い友人からの思いがけない葉書で、その村を訪れた遠い過去の記憶が鮮やかによみがえってきた。秋の数日間、足の向くままに歩く自由な旅の途中で訪れたその村は、これといった特徴のない平凡な村であったが、そこでは秋の太陽が優しく高貴な特別な光を村に注いでおり、その光と村の光景との調和は、他所からの移住者はもちろんのこと、旅人ですらそこに加わることをためらわせるような完璧なものとして印象づけられた。葉書を

2016年度

解答編

解答編

英語

I **解答** (1)この教会は，地面にあいた穴の上に建てられており，穴は周囲の建造物と関係があると同時に，それとは無関係な歴史ももっている。この象徴的な話を広げてみたい。アメリカ史における宗教について考える際に，私たちは，穴の上に建っている教会のみに注目し，穴そのものには，さらに，その内部の土を自分の血と骨の一部にするために行列を作る人々には，注目しないことがあまりに多かった。

(2) the middle：新大陸発見は，スペインカトリック教会の君主，フェルナンドとイサベラの命令と資金援助を受けたコロンブスが，キリストの母の名の船に乗って成し遂げられたということ。(60～80 字)

the margins：コロンブスの新大陸発見は，当時のスペインによって国外追放された宗教的少数派のユダヤ教徒とイスラム教徒の船員なしには達成できなかっただろうということ。(60～80 字)

◆全　訳◆

≪異なる宗教的観点から見たアメリカ史≫

赤く乾燥した，ニューメキシコ州チマヨの大地。そこの地面に１つの穴（hole）があり，人はそれを，聖なる（holy）穴と呼ぶ。彼らはだじゃれや言葉遊びでそう呼んでいるのではない。その穴は，真面目な問題なのだ。穴を大事に思っている地元の人間は，大地にあいた小さな穴を冗談の種にはしないだろう。それは，頭や心臓にあいた穴を冗談の種にしないのと同じことなのだ。

この穴には，様々な要素が絡む，長く折衷的な宗教の歴史があるが，現在はローマカトリック教会であるエル=サンチュアリオ=デ=チマヨの奥の一角に収まっている。この教会は，アメリカで最も多くの参拝客が訪れる，宗教的巡礼地の一つである。何十万人もの熱烈な信者や物見高い者たちが毎年訪れ，大切な故人の写真がちりばめられた付属の礼拝堂に列を作る。

彼らは穴の周囲の小部屋くらいの空間に押し寄せ，ひざまずいてかがみ込み，ひんやりとした穴に両手を差し入れ，手にいっぱいの土を握って引き上げる。チマヨを訪れる者たちは，この土を食べれば奇跡がもたらされると信じている。

これを民間信仰だという者もいよう。つまりこれは，キリスト教会の本来の宗教行為でも，正統的な宗教行為でもなく，ミサで聖体を受け取るという承認された儀式が，この地で改悪されたものだというのだ。あるいは，これは実は，もっと複雑なものだと示唆する者もいるかもしれない。つまりこれは，まぎれもなくアメリカ的な宗教混合主義であり，信仰の各伝統があまりにも完全に混じり合った挙げ句，分離するのが難しくなっているものなのだと。これらの説明のそれぞれに，もっと明らかな物理的真実が暗示されている。(1)この教会は，地面にあいた穴の上に建てられており，穴は周囲の建造物と関係があると同時に，それとは無関係な歴史ももっている。この象徴的な話を拡大解釈してみたい。アメリカ史における宗教について考える際に，私たちは，穴の上に建っている教会のみに注目し，穴そのものには，さらに，その内部の土を自分の血と骨の一部にしようと行列を作る人々には，注目しないことがあまりに多かった。アメリカ合衆国は，その内部の宗教的多様性――目に見えるものもあれば，隠れたものもあるが――によって形成され特徴づけられた国であるが，私たちすべてが教わってきた歴史は，大部分においてこのことを伝え切れていない。(2)私たちは歴史を，周辺部というよりもむしろ中心部から学んできた。もっとも，私たちの文化の非常に多くの部分を形成してきたのは，まさにその周辺部なのだが。

これが正しいことを知るには，しばしばアメリカ史の出発点とみなされている時点を見るだけでよい。それは私たちが学校で覚えた，「1492 年にコロンブスは紺碧の海を渡り……」という歴史だ。そしてコロンブスは，スペインのカトリック両王，フェルナンドとイサベラの命を受け，その資金援助を得て，それを成し遂げた，と私たちはみな教わった。彼の船団の最大の船はキリスト教の救世主の母にちなんで名付けられた。彼の航海日誌は，「我らが神，イエス=キリストの名において」という祈りの言葉で始まっているが，その中で彼は，やがて自らが征服することになる土地に持ち込まれる十字架を帯びた旗について書いている。

コロンブスとともに航海した船乗りたちは，彼ほどは名が知られていなかったし，十字架というキリスト教の象徴を自分たちのものだとは考えていなかった。その後のアメリカ同様，当時のヨーロッパは多宗教が入り交じる過去をめぐって際限なく衝突がくり返される土地であった。イベリア文化の非常に多くの部分をつくった後，ユダヤ教とイスラム教の実践者たちはスペインのカトリック教徒たちに，この世界はキリスト教の教会だけでつくられたのではないということを日々思い出させるものを与えた。この思い出させるものが，単に困惑させる何かであろうと，存続を脅かすものであろうと，それは彼らを強制的に追い出す理由として十分だった。コロンブスは航海日誌の最初の言葉を，彼が航海を始めたその年にスペインが宗教的少数派を強制的に国外追放したという理由で，スペインを賞賛することに充てている。しかし自身の冒険は，その祖国を追い払われる姿をコロンブス自身もいたく満悦して見た，当の民族から選ばれた男たちなしには達成できなかったであろう。乗員たちの何名かを，一攫千金よりも海の藻屑と消える可能性のほうが高い任務に参加する気にさせたのは，まさに国外追放された信仰心に対する彼らの結びつきだったのだ。

◀解　説▶

アメリカ，ニューメキシコ州にあるカトリックの人気巡礼地の紹介から始まり，その宗教的考察から，アメリカの歴史の二面性に触れていく。下線部和訳問題が１問，字数制限付きの内容説明問題が１問出題されている。(2)の内容説明問題は注意深く読まないと間違えやすいし，設問の意図が理解できず，その結果，該当箇所もわからないということになりかねない。

▶(1) **The church was built over a hole in the ground**

「その教会は，地面にあいた穴に覆い被さるように建てられた」→この穴は直径が 40 センチほど，深さが 10 数センチの小さな凹みである。状況としては，教会の内部にある小部屋の土の床に，小さな丸い凹みがあいているというもの，もしくは，地面にある丸い凹みを取り囲むように教会が建てられているといったものである。

that has history both connected to and independent of the structure around it.

「それはその周囲の建造物と結びついてもおり，それとは無関係な歴史ももっている」→関係代名詞 that の先行詞は a hole (in the ground)「地面の穴」。前置詞 to の目的語は，the structure around it「その周囲の建造物」。it は hole を指す。

To extend the symbolic story :

「その象徴的な話を拡大すると」→この不定詞は独立不定詞句を作る不定詞で，「～すれば」という意味を表す。to begin with や to tell the truth, to be frank with you といった不定詞句と同じ用法。

• extend「拡大する，広げる，拡大解釈する」

• story「話，歴史」

In thinking about religion in American history,

「アメリカ史における宗教について考える際に」

• in thinking＝when we think

we have too often focused only on the church standing above the hole and not on the hole itself,

「私たちは，あまりにもしばしば，穴の上に建っている教会のみに焦点を当て，穴そのものには焦点を当ててこなかった」→not on は we have not focused on ということ。

• focus on ～「～に焦点を合わせる，～に集中する，～に関心を向ける」

nor on the people lining up to make the soil within a part of their blood, their bones.

「その内部の土を自分たちの血の一部，そして骨の一部にするために列を作る人々にも（焦点を当ててこなかった）」→nor on the people は we have not focused on the people, either ということ。

• line up「行列を作る，1列に並ぶ」

• make 以下は, make O(＝the soil within)C(＝a part of … bones)「O を C にする」の第 5 文型。a part of …は within の目的語ではないことに注意。

• soil「土」→この土のことを“dirt”で表したり，また，乾燥しているので，“sand”と称する者もいる。

▶(2) **We have learned history from the middle rather than the margins, though it is the latter from which so much of our culture has been formed.**

「私たちは歴史を，その周辺部というよりもむしろその中心部から学んできた。もっとも，私たちの文化の非常に多くの部分が形成されてきたのは，まさに後者からなのだが」→the latter「後者」は，the margins「周辺部」を指す。日本語訳では the middle と the margins が逆の順番になるので注意する必要がある。though 以下の後半部は強調構文である。

• margin(s)「周辺部，重要でない部分」

“the middle” と “the margins” が具体的にどのようなことを指すのかは，下線部(2)と，第4段第2文の we all have been taught から判断する。

まず **“the middle”** に関しては，下線部(2)に，「私たちは歴史を中心部から学んだ」とあり，第4段第2文の we all have been taught の前後に，その学んだことが，具体的に述べられている。つまり，「コロンブスは，スペインのカトリック両王，フェルナンドとイサベラの命を受け，その資金援助を得て，それ（＝新大陸の発見）を成し遂げた。船団の最大の船はキリスト教の救世主（＝イエス=キリスト）の母（＝聖母マリア）にちなんで名付けられた」とある。この部分を 60～80 字にまとめる。なお，船の名前に関する記述は，字数によっては省略してもよいだろう。

• Ferdinand「フェルディナンド」→英米ではこの綴りで通用しているが，スペイン語では Fernando「フェルナンド」と綴られ，両者は混在している。日本では，「フェルナンド」が一般的である。

次に **“the margins”** については，下線部(2)に「私たちの文化の非常に多くの部分を形成してきた」とあり，中心部より重要でない周辺部のほうが文化をつくってきたとはどういうことなのか考える。すると，最終段第3文前半に，「イベリア文化の非常に多くの部分はユダヤ教とイスラム教によってつくられた」とあり，第5文前半には「コロンブスが航海を始めた年に，スペインが宗教的少数派（＝ユダヤ教徒とイスラム教徒）を国外追放した」こと，そして第5文後半の and yet 以下に，「彼の冒険はその祖国を追われた男たちなしには達成できなかっただろう」ということが述べられているので，これらを 60～80 字にまとめる。

本文のメインテーマが宗教であることに鑑みれば，the middle がマジョリティであるキリスト教側，the margins が宗教的マイノリティの側の立場を表すという対比的関係も理解されてくる。from は概念的な視点・観点を表すものでもあるので，前者を「～というキリスト教中心史観」，後者を「～という傍流の事実を捉える観点」などとまとめてもよいだろう。

この “the middle” と “the margins” を読み誤りやすい理由の一つとし

て，冒頭のチマヨの聖なる穴についての記述が考えられる。空間把握上，「聖なる穴＝the middle」「それを覆う教会＝the margins」とどうしてもイメージしがちだが，筆者の見解では，“the middle”というのは「キリスト教およびその教会（制度・組織的なもの。具体的にはカトリック教会)」つまりここでは建物であり，“the margins”は「宗派を超えた信仰心およびその信者（制度・組織とは無縁のもの)」つまりここでは聖なる穴に群がる人々なのだ。中心部と周辺部のイメージが逆転しているので，それが混乱を引き起こすと思われる。

• Having shaped ～「～を形成して」→完了形分詞構文。主語は，practitioners of Judaism and Islam「ユダヤ教とイスラム教の教えを実践する者たち」。

• Iberian culture「イベリア文化」→現在のスペインに当たる地域の文化。

• devote ～ to praising …「～を，…を賞賛することに充てる」

• evict「法的手段で住人を立ち退かせる，追い払う」

• men (who were) drawn from the very peoples (that) he〔Columbus〕was so pleased to see driven from their homes「祖国を追い払われる姿をコロンブスがとても喜んで見た，当の（宗教的少数派の）民族から選ばれた男たち」→draw〔choose〕「選ぶ」 drive「追い払う」 see の目的語は the very peoples「まさにその民族（＝ユダヤ教徒とイスラム教徒)」。

●語句・構文●

(第１段) Chimayo「チマヨ」はアメリカ，ニューメキシコ州の州都サンタフェの約 50km 北に位置する巡礼地。pun「だじゃれ」 play on words「言葉遊び」→hole と holy を掛けているということ。the locals「地元の住民」 tend to ～〔take care of ～〕「～を気にかける，～の世話をする」 no more ～ than …「…でないのと同様～でない」 they would と a hole の間に joke about が省略されている。

(第２段) eclectic「様々な要素から成る，折衷的な」 sit「位置する，ある」 back corner「奥まった（静かな）場所」 El Santuario de Chimayo「エル=サンチュアリオ=デ=チマヨ」はスペイン語名。英語に言いかえると The Sanctuary of Chimayo「チマヨの聖なる場所」となる。pilgrimage site「巡礼地」 curious souls「好奇心の強い人たち」 side chapel「付属の礼拝堂」 (be) strewn with ～「～が一面に散らばった，～に埋め尽くされた」 loved ones lost「亡くなった家族（あるいは恋人や友人)」 crowd into～「～に押し寄せる，～（狭い場所）に群がる」 closet-sized「収納室〔物置部屋〕くらいの広さの」 bend at the knees「両膝をついてかがみ込む」 dip「手を差し入れる」 gap「すき間，裂け目」→穴の中にある土の割れ目の部分のこと。pull up～「～を引き上げる」 handfuls of dirt「両手に握った土」

(第 3 段) folk religion「民間信仰，民俗宗教」→教義とか教団組織をもたない，地域共同体に根付いた庶民の信仰〔宗教〕。legitimate「正統と認められた」 practice「行為，慣行」 indigenous「その土地固有の」 corruption「改悪，堕落」←「本来の質が低下したもの」と考えればよい。sanctioned「承認された」 sacrament of Communion「聖餐式〔聖体拝領〕の中心的儀礼」 distinctly「明確に」 syncretism「(宗教・哲学などの）混合主義」 faith traditions「信仰の伝統」 so complete that …「あまりにも完全無欠であるので…」→a blending of faith traditions を修飾。implicit「それとなく示された，暗黙の」→この第 3 文は倒置文。主語は a more obvious physical truth である。inform「影響を与える，性格づける」 internal religious diversity「内部の宗教的多様性」 some of it obvious「そのうちのいくらかは明白で」→it の後に is が省略されている。次の some of it も同様。and yet「しかし」 has failed to convey this「このことを伝えられていない」の this はこの文の前半，hidden までを指す。

(第 4 段) look to～「～に目を向ける」→第 1 文は，平叙文なのに助動詞用法の need が用いられているが，これは only が否定語であるため。純粋な平叙文では need は助動詞としては用いられない。the beginning「起源」 to know は in order to know ということ。he did so は，Columbus discovered America ということ。on orders of〔from〕～「～の命令を受けて」←on the order of～とも。at the expense of～「～の費用で，～の負担で」←この意味では一般に，at *one's* expense の形が用いられる。Ferdinand はアラゴン王フェルナンド 2 世で， Isabella はその妻イサベラ 1 世のこと。monarch「君主」 Catholic monarchs で「カトリック両王」となる。savior「救世主」→the mother of the Christian savior とは結局，聖母マリアのこと。journal「航海日誌」 prayer「祈り」 Lord

Jesus Christ「主イエス=キリスト」 write of～「～について書く」 standards「旗」 bearing〔which bore〕 the cross（that was）brought onto the lands（that）he was soon to conquer「彼がやがて征服することになる土地に持ち込まれる十字架を帯びた」←bearingはstandardsを修飾。which boreと同義。

（最終段）Less well known are … は倒置文。the men以下が文の主部。2つ目の関係代名詞whoの先行詞もthe menである。文意から明らかであるが，文法的に見ても，もしこの先行詞がColumbusであれば，whoの前にコンマが必要。this symbolは十字架を指す。第2文のNo less than America would beは「その後のアメリカがそうなったのと同様に〔その後のアメリカに劣らず〕」で，wouldは過去における未来を示す。would beの後にa place endlessly … pastを補って読み取るとよい。conflict over～「～をめぐって対立する」 multi-religious past「多宗教の過去」 Spain's Catholics「スペインのカトリック教徒たち」 daily reminder「毎日思い出させてくれるもの」 the church「キリスト教の教会」 existential threat「存続に関わる脅威」 be reason enough to …「…の理由としては十分である」 force～out「～を追放する」 exiled faiths「追放された信仰心」 less likely to end in riches than a watery grave「水中〔海底〕の墓場というよりも富〔財産〕という結果に終わる可能性がより小さい」→「一財産稼ぐよりも海の藻屑と消える可能性のほうが大きい」

II　解答

(1)ア―④　イ―⑦　ウ―⑧　エ―⑥　オ―①

(2)もし我々の脳が，文字通りあらゆるものを，食器棚にスープの缶詰を貯蔵するように貯蔵できるのなら，我々はものを覚えるのが実際よりもはるかにうまくできるはずだ。記憶というものは当てにならず，ある種の物事だけを覚えていて，ほかのことは覚えていないように思われるが，そのはっきりした理由はほとんどない場合が多いようだ。

(3)もちろん我々は，周囲の状況や過去の体験についてのある種の情報を神経系が保持するのを可能にしてくれる神経化学活動を用いて，過去の何らかの類いの情報を思い起こすことができるのだということを知っている。しかしながら，現代科学が駆使できるあらゆるものをもってしても，人間の記憶は相変わらず，気が遠くなるほど不可解なのだ。

◆全　訳◆

≪記憶の謎≫

「記憶」という概念は我々の言語と文化に非常に深く ア根付いているので，記憶がどのように働くのかに対する万人に受け入れられる科学もモデルもないということを知ると，少しばかりショッキングである。自分の中から知識をどうやって取り戻すのかは，その詳細の大部分が今なお イ不明であるし，多くの科学的研究と議論のテーマとなっている。

記憶についての広く受け入れられている概念は，貯蔵庫というたとえだ。我々は，記憶というのは頭の中にある1つの場所（一種のデータベースあるいはファイルキャビネットのような）であり，そこに，我々の脳が体験したことを貯蔵し，必要なときにそれらをそこから引き出すのだと思い込んでいる。20年ほど前までは，認知科学でさえこれで間違いないと考えていたが，それ以降は，記憶というものは考えられているよりずっと複雑だということを認めている。

それでも，貯蔵庫というたとえは，それがひどい誤解を招くものであるにせよ，我々が記憶について慣例的に語るときのやり方だ。(a)もし我々の脳が，文字通りあらゆるものを，食器棚にスープの缶詰を貯蔵するように貯蔵できるのなら，我々はものを覚えるのが実際よりもはるかにうまくできるはずだ。記憶というものは当てにならず，ある種の物事だけを覚えていて，ほかのことは覚えていないように思われるが，多くの場合，そのはっきりした理由はほとんどないように思われる。2005年のある研究では，広く報道されたバス爆破事件のテレビ映像を見たことがあるかとイギリス人に尋ねている。回答者の84パーセントが，そのような映像はまったく存在していなかったにもかかわらず，見たことがあると答え，その何人かは質問に回答して，詳細な情報を綿密に述べたのだ。より最近の研究でわかったことだが，「写実的記憶力」をもっていると一般に思われている人たちの記憶力すら，通常の記憶力をもっていると思われている人たちと同じくらい ウ当てにならないのだ。

(b)もちろん我々は，周囲の状況や過去の体験についてのある種の情報を神経系が保持するのを可能にしてくれる神経化学活動を用いて，過去の何らかの類いの情報を思い起こすことができるのだということを知っている。しかしながら，現代科学が駆使できるあらゆるものをもってしても，人間の記憶は相変わらず，気が遠くなるほど不可解なのだ。

問題は，記憶がどのように働くのかについて適切な設計図を描くために我々はどのようなことを知る必要があるのかということなのだ。従来の認知科学からすると，記憶がどう作用するかについては，多くの様々なモデルがあるが，その多くはエ似通ったテーマが形を変えたものなのだ。そのような記憶モデルは，研究者が，被験者の行動と，脳内のエネルギーと血液の動きを観察してわかるわずかな事柄に見出す様々なパターンに基づいて，何年もかけて築かれてきたものなのだ。このようなモデルは，これらの機能の一つ一つを実行する個別の分野が脳にあるのだという誤った考えに我々を導きかねない。現実には，それほどオ明快なものではないのだ。

◀解　説▶

「記憶」の謎について述べた英文。ありふれたテーマであるが，これといった新たな内容は紹介されておらず，記憶という非常に身近な現象が不可思議なものである，と改めて確認している。

▶(1)ア．「『記憶』という概念は我々の言語と文化に非常に深く（　　）ので」→「浸透している，関与している，結びついている」というような語が入ると推測できるので，これに最も近い意味をもつ ingrained「染み込んでいる，根付いている」を選ぶ。

イ．第1段第1文後半および still「いまだに」という副詞から，知識を retrieve「取り戻す，回復する」方法は「まだよくわかっていない」と考えられるので，unknown を選ぶ。

ウ．even those who … に注目する。「写真のような（優れた）記憶力をもっていると思われている人ですら，普通の記憶力をもっていると思われている人と」→当該箇所を含む第3段では記憶の不確かさについて論じられていることを考慮すれば，「実はそれほど変わらない」のだと見当がつく。しかし，この that 節の主語が those who であり，are nearly as (　　) as those … という形を考えると，same と similar は文法上不可。as が「同じくらい」という意味を含んでいるので，as same as という形はないし，similar の場合は後に前置詞 to が必要。したがって，unreliable「信頼できない」を選ぶ。

エ．most of which are variations on (　　) themes　次文（最終段第3文）に注目すれば，当該文の many different models は限られた範囲の研

究結果に基づくということが理解できる。similarを入れれば文脈に適う。sameは直前に定冠詞theを必要とするので使えない。

オ．in actuality「（しかし）現実には」 it is not so (　　)「それほど（　　）ではない」と，前文のthinking there are distinct areas「個別の領域があると考えること」から，機能ごとに個別の分野がある，という状態を描写するのにふさわしい語が入ると考えられる。clear-cutとclear-sightedで迷うが，前者は「（物事や事態が）明確な」，後者は「（人が）視力がよい，理解〔判断〕力がある」という意味なので，clear-cutを選ぶ。

▶(2) **If our brains literally stored everything away like cans of soup in a cupboard,**

「もし我々の脳が食器棚にスープ缶を貯蔵するように文字通りあらゆるものを貯蔵したら」→仮定法過去の文である。like cans of soup in a cupboard「食器棚のスープ缶のように」はstored awayを修飾していると解釈する。なお，訳としては「食器棚にスープ缶を貯蔵するように（…を貯蔵する）」と訳す方が自然。

- literally「文字通りに」
- store ～ away「～を貯蔵する，～を蓄える」→storeだけでも「記憶する」とか「データを保存する」という意味がある。
- cupboard「食器棚，戸棚」

we should be much better at remembering than we actually are.

「我々は実際よりも覚えるのがずっと得意なはずだ」→仮定法過去の主節部分。shouldは「～のはずである」の意味。than以下は「実際にそうであるよりも」という意味。areの後にgood at rememberingを補って意味を取るとよい。

Memory is untrustworthy and seems to hang onto only certain things and not others, often with little apparent reason.

「記憶は当てにならず，しばしば明確な理由がほとんどないまま，ある事柄は保持して別の事柄は保持していないように思われる」→not othersは，seems not to hang onto other thingsが省略されたもの。often with little apparent reasonは，seems to hangからnot othersまでを修飾。

- untrustworthy〔unreliable〕「信頼できない，当てにならない」

• hang onto ～「～を（手放さずに）持ち続ける，～にしがみつく」

▶(3) **Of course, we know that we can recall some sort of information from our past,**

「もちろん我々は，自分の過去から何らかの類いの情報を思い出すことができることを知っている」→some sort of は a certain あるいは a kind of の意味。information from our past は「自分の過去の情報，昔の情報」ということ。

using neurochemical activity that makes it possible for our nervous systems to retain a kind of information about our environment and past experience.

「周囲の状況や過去の体験についてのある種の情報を神経系が保持するのを可能にしてくれる神経化学活動を用いて」→using は分詞構文で，can recall を修飾。関係代名詞 that の先行詞は neurochemical activity「神経化学活動」。it は形式目的語で，to retain …「…を保持すること」を指し，our nervous systems がその主語となっている（正確には，it は for から experience までを指す）。

• neurochemical「神経化学の」←neuron「神経細胞」＋chemical「化学の」

However, in spite of all that modern science has at its disposal, human memory remains a stunning enigma.

「しかしながら，現代科学がその自由になるようにもっているすべてにもかかわらず，人間の記憶は相変わらず，驚くほどの謎なのだ」→関係代名詞 that の先行詞は all。前半部は「現代科学が自由に使えるあらゆるものを駆使しても〔あらゆるものをもってしても〕」ということ。

• at *one's* disposal「～の自由になるように」

• stunning「驚くべき，衝撃的な」

• enigma「謎」

●語句・構文●

（第 1 段）so ～ that it is … の it は to learn 以下を指す。universally accepted「万人に認められている」 model はここでは「（科学）モデル」という意味で「模型」と訳してはいけない。how it works の it は memory を指す。

（第 2 段）prevailing「広く受け入れられている」 storage「貯蔵」 metaphor「暗喩」 assume「決めてかかる，当然と思い込む」 like「～のように」 関係副詞 where の先行詞は a place in our heads である。when needed は when they are needed の省略。pull them out の them と，ここの they は experiences を指す。cognitive science「認知科学」 since「それ（20年ほど前）以来」 acknowledge「（消極的に）認める」

（第 3 段）still「それでも」 conventionally「慣例的に，従来通り」 misleading「誤解を招きやすい，人を誤らせる」 television footage「テレビ映像」→footage は初期のフィルム時代の，ワンシーンのフィルムの長さから。 well-publicized「十分報道された」 bus bombing「バス爆破事件」 participant「参加者，回答者」 they had の後に seen the footage が省略されている。providing は分詞構文で，some of them はその主語。elaborate「入念な」 popularly「一般に」 those who we think of as having ～「～をもっていると我々が思っている人たち」→think of *A* as *B*「*A* を *B* だとみなす」 those considered to have ～「～をもっていると思われている人たち」＝those who are considered to have ～

（最終段）most of which「その多くは」→which の先行詞は different models。variation on ～「～の変形版，～の亜種，～の焼き直し」 theme「テーマ」 based on ～「～に基づいて」→分詞構文で，直前の分詞 being が省略されており，have been built を修飾。 see の目的語は the patterns。test-subject (s)「被験者」 in the little (that) we can learn「我々が学ぶことができるそのわずかなことの中に」→the little は，a little「少量」の不定冠詞が定冠詞に変わっただけ。mislead *A* into *doing*「*A*（人）を誤解させて～させる」 distinct「別個の，まったく異なった」 関係代名詞 that の先行詞は areas。

III **解答** 〈解答 1〉Bread is food that is easily available to anyone, but when we try to bake bread by ourselves, we find that it takes great time and effort to finish making bread. Especially, we must wait until the dough swells enough. Even if we use a home electric appliance whose selling point is to enable us to bake bread in an easy way, the whole process will take at least 4 or 5 hours. It is only after we try to bake bread by ourselves that we will appreciate the bread that is sold at bakeries.

〈解答2〉 You can eat bread easily, but you'll have a lot of trouble making bread for yourself. Above all, you have to wait for the dough to rise fully. Even though you use a home electrical product featuring a handy bread maker, it takes more than four or five hours to finish the full process. It is not until you bake bread yourself that you'll realize how wonderful the bread sold at stores is.

◀解　説▶

主語は，you か we にする。bread は不可算名詞なので，代名詞 one で受けることができない点にも注意。

• 「パン」bread

• 「手軽に食べる」easily eat（人が主語・パンが目的語）/ be easily available（パンが主語）/ eat at any time or any place（人が主語・パンが目的語）

• 「実際に作ってみるとなると」→「自分で作ると」make〔bake〕bread by〔for〕*oneself*→「パンを作る」は make bread と bake bread の両方が可能。

• 「出来上がる」finish / complete

• 「大変な手間」a lot of trouble〔time and effort〕

• 「生地」dough←「パン生地」は dough で表す。doughnut「ドーナツ」の dough である。思い浮かばない場合は，bread material や，単に bread で表してみよう。

• 「しっかり」→「十分」enough / fully

• 「膨らむ」→「パン生地が膨らむ」は一般に rise で表すが，swell でもよい。両方とも思い浮かばない場合は expand や grow bigger〔larger〕といった表現を使ってみよう。

• 「生地がしっかり膨らむまで待つ」の「生地」と「膨らむ」の英訳が思いつかない場合，wait until the bread grow large before it is baked というように訳してみるのも1つの手である。

• 「簡単にパンを焼けることが売りの」→「簡単にパンを焼けることがそのセールスポイントの」と考え，whose selling point is to enable us〔you〕

to make〔bake〕bread easily〔in an easy way〕とするか，「手頃なパン焼き器を特色とする」と考え，featuring〔which features〕a handy bread maker とするか，あるいは「～だということを宣伝される」と読みかえて，be advertised that we〔you〕can bake bread easily / be advertised as a handy bread maker などとする。

- 「家電製品」home electric〔electrical〕appliance〔equipment〕
- 「全工程」the whole〔full〕process→all the process とするのは誤り。
- 「4，5時間は」→「少なくとも4，5時間」あるいは「4，5時間以上」ということ。
- 「必要である」は need を用いる場合は人を主語にする。
- 「自分で経験してみて」→「自分で作ってみて」
- 「～してみて初めて」〈解答1〉で前半を Only after we try to bake bread by ourselves とした場合，that we will … の箇所は will we … と倒置形にする。
- 「～のありがたみが分かる」は，appreciate で表すか，「～がいかに素晴らしいかが分かる」と読みかえて訳す。

Ⅳ 解答例

(1)〈解答例1〉*Tsundoku* is one way of reading, such as *tadoku* or extensive reading, and *seidoku* or intensive reading. The word *tsundoku* is made up of two parts: “tsun” or piling up, and “doku” or reading. People doing *tsundoku* buy their favorite books that they have been looking forward to reading, but the books usually remain unread.

〈解答例2〉The word *tsundoku* means that people pile up books they've bought and never read them. This word is a pun, or a play on words. It is derived from ways of reading, such as, *randoku* or random reading, or *mokudoku* or silent reading. So, some joke that *tsundoku* is one way of reading.

(2)〈解答例1〉You'll wonder why I won't read them. Well, that's not because I don't like reading, but because I can read them at any time, you know? I'm sure I'll certainly read them sometime. But I must look at this situation. I should stop buying a new one until I have finished one in this collection.

〈解答例 2〉 You know, I am a booklover. Most of those books are my favorites. I'm looking forward to reading them someday. But I feel that once I've read a beloved book, the joy of reading it cannot be regained. I want to save the joy of reading as long as possible. So I haven't read them.

◀解　説▶

状況に合う会話を入れさせる問題で，このタイプの英作文問題は2011年度の東大入試問題でも出題された（東大の場合，15〜20語の語数指定があった）。このタイプの問題は，会話の状況（人物・場所・話題）をきちんと把握し，それに合った内容の英文を書くことが大切である。

(会話の日本語訳)

ドリー：あなた，とてもたくさん本を持ってるのね！　きっと読書マニアなんだわ。

ケ　ン：いやいや，実はこれ，まだ読んでないんだよ。部屋に山積みになって，埃にまみれているだけなんだ。これは「積ん読」と言ってね。

ドリー：あ，そうなの？　「積ん読」というのは初めて聞くけど。もっと教えてくれる？

ケ　ン：(1)＿＿＿＿＿＿＿＿＿＿＿＿＿＿＿＿＿＿＿＿＿＿＿＿＿＿

ドリー：そうなんだ。で，「積ん読」についてあなたはどう思ってるの？

ケ　ン：(2)＿＿＿＿＿＿＿＿＿＿＿＿＿＿＿＿＿＿＿＿＿＿＿＿＿＿

解答欄は(1)，(2)とも，長さ12.1cmの罫線が7mm間隔で7本引かれている。使用する単語の長さにもよるが，この間隔だと普通，1行に8語前後の単語が書けるので，全体で50〜60語程度までの分量の英文を書けばよいということになるだろう。

(1)は「積ん読」の説明に充てる。「積ん読」が「多読」「精読」「乱読」「黙読」「音読（reading aloud)」といった「読書」の一形態（one of the variations）であること，この語が「積む」と「読む」の2つの言葉を組み合わせたものであるといったことを説明する。英文中の日本語の部分はイタリック体にするか，引用符で囲む。「積ん読をする人」を〈解答例1〉では people doing *tsundoku* と英訳しているが，*tsundoku* people としてもよい。また「積ん読」という表現は，言葉遊び，だじゃれ，語呂合わせなので，〈解答例 2〉のように，大問Ⅰに出てきた，pun と play on words を利用してもいいだろう。

(2)は，ケンが目の前にある本の山（自分がため込んだ「積ん読書籍」のコレクション）を見ながら会話をしているという状況が伝わる英文を作成することが大切。「積ん読をする人間は，いつかは読もうと思って本を買っているのだ」ということ，また「買って手元に置くと，いつでも読めるという安心感から，結局読まないままになってしまう」といったようなことを書けばよい。また，〈解答例 2〉のように，収集マニアによくあるコレクター心理について述べてもよいだろう。これは，好きな食べ物を最後に取っておく心理と同じである。彼らは基本的には「愛書家」なのだ。

講 評

2016年度は，読解問題2題＋英作文問題2題という構成で，従来の大問Ⅲが2つに分かれた形となった。全体の分量に変化はなかった。読解問題の語数は2題で約1070語であり，2015年度とほぼ同じであった。

Ⅰは，アメリカ史を宗教的観点から考察した英文で，設問は下線部和訳1問と内容説明問題1問の計2問のみ。一見簡単そうに見えるが，(2)の内容説明問題は難しい。2つの説明にそれぞれ60～80字という字数の設定は妥当であるが，設問の意図を正しく読み取り，“the middle” と “the margins” が何を指しているのか，その該当部分を特定するのは簡単ではない。2015年度の内容説明問題が，該当箇所を容易に判別でき，楽に解答できたことを考えると，かなり難化したと言える。英文の難度も高い。

Ⅱは「記憶」について考察した標準的な英文。2015年度に続き，空所補充問題が出題された。5カ所の空所に対し8個の選択肢が与えられており，正解以外の3個の選択肢は，いずれも紛らわしいおとりの選択肢である。下線部和訳問題は2問出題され，難易度は京大の標準レベル。下線部の語彙は，stunning と enigma 以外は標準レベル。neurochemical は2つに分解して意味を把握できるだろう。

Ⅲの英作文問題は従来通りの和文英訳問題。4つの文から成っており，難易度は京大の標準レベルで，つまり，英作文問題としての難度は高い。「生地」や「～が売りの」の英訳が特に難しいが，「出来上がる」とか「しっかり膨らむ」「家電製品」

「全工程」「ありがたみが分かる」などの英訳も十分な考察が必要で，実力の差が出たであろう。

Ⅳは会話文の 2 カ所の空欄に適当な応答文を書くという自由英作文問題で，コミュニケーションということを意識した出題。過去に東大入試でも出題されていたタイプの状況型英作文問題である。語数指定ではなく，解答欄におさまるようにという条件が与えられている。このタイプの問題は，ポイントを押さえて応答文を作ることが大切で，会話の流れと状況に合わない応答文を作っても点をもらえないだろう。新形式問題の出題に京大受験生は若干当惑したかもしれないが，2015 年度と 2016 年度の英作文問題から，京大の英作文問題の方向性が見えてくるかもしれない。

2016 年度もテーマ・分量・難易度ともに京大スタンダードとも言える出題であったが，全体的に難化し，2015 年度の揺り戻しといった印象を受ける。深い思考力や考察，歴史や科学等に関する豊かな背景知識が要求されており，京大志望者は早いうちから様々な分野の知識を身につけておく努力をすべきであろう。

数学

1

◇発想◇　(1)　まず微分し，微分した式を積の形に表すこと。それによって増減を調べることができる。

(2)　極限を求めるには，自然対数の底 e の定義式を使うとよい。

解答　(1)　$f_n(\theta)=(1+\cos\theta)\sin^{n-1}\theta$ より

$$\begin{aligned}f_n'(\theta)&=-\sin\theta\cdot\sin^{n-1}\theta+(1+\cos\theta)\cdot(n-1)\sin^{n-2}\theta\cdot\cos\theta\\&=\sin^{n-2}\theta\cdot\{-\sin^2\theta+(n-1)(\cos\theta+\cos^2\theta)\}\\&=\sin^{n-2}\theta\cdot\{-1+\cos^2\theta+(n-1)(\cos\theta+\cos^2\theta)\}\\&=\sin^{n-2}\theta\cdot(n\cos^2\theta+(n-1)\cos\theta-1)\\&=\sin^{n-2}\theta\cdot(n\cos\theta-1)(\cos\theta+1)\end{aligned}$$

$n\geqq 2$ より $0<\dfrac{1}{n}\leqq\dfrac{1}{2}$ だから，$\cos\theta=\dfrac{1}{n}$ となる θ は $0<\theta<\dfrac{\pi}{2}$ の範囲にただ 1 つ存在する。それを α_n とする。$0<\theta<\dfrac{\pi}{2}$ における $f_n(\theta)$ の増減表は下のようになる。

θ	0	$\cdots$	α_n	$\cdots$	$\dfrac{\pi}{2}$
$f_n'(\theta)$		$+$	0	$-$	
$f_n(\theta)$		↗	最大	↘	

よって，$f_n(\theta)$ の $0\leqq\theta\leqq\dfrac{\pi}{2}$ における最大値 M_n は $f_n(\alpha_n)$ である。

$$\cos\alpha_n=\frac{1}{n},\quad \sin\alpha_n=\sqrt{1-\cos^2\alpha_n}=\sqrt{1-\frac{1}{n^2}}$$

より

$$M_n=f_n(\alpha_n)=(1+\cos\alpha_n)\sin^{n-1}\alpha_n=\left(1+\frac{1}{n}\right)\left(1-\frac{1}{n^2}\right)^{\frac{n-1}{2}}\quad\cdots\cdots(\text{答})$$

(2)　$$(M_n)^n=\left(1+\frac{1}{n}\right)^n\left(1-\frac{1}{n^2}\right)^{\frac{n(n-1)}{2}}$$

ここで　$\displaystyle\lim_{n\to\infty}\left(1+\frac{1}{n}\right)^n=e$

また　$\displaystyle\lim_{n\to\infty}\left(1-\frac{1}{n^2}\right)^{\frac{n(n-1)}{2}}=\lim_{n\to\infty}\left\{\left(1-\frac{1}{n^2}\right)^{-n^2}\right\}^{-\frac{n(n-1)}{2n^2}}$

$$=\lim_{n\to\infty}\left\{\left(1-\frac{1}{n^2}\right)^{-n^2}\right\}^{-\frac{1-\frac{1}{n}}{2}}=e^{-\frac{1}{2}}$$

よって

$$\lim_{n\to\infty}(M_n)^n=e\cdot e^{-\frac{1}{2}}=\sqrt{e}\quad\cdots\cdots(答)$$

◀解　説▶

≪関数の最大値とその n 乗の極限≫

▶(1)　$f_n'(\theta)=\sin^{n-2}\theta\cdot(n\cos\theta-1)(\cos\theta+1)$ までは一本道の計算である。

θ の範囲は $0\leqq\theta\leqq\dfrac{\pi}{2}$ だが，両端を除外して，$0<\theta<\dfrac{\pi}{2}$ の範囲を考えると，

$f_n'(\theta)$ の符号は，$\cos\theta=\dfrac{1}{n}$ となる θ（$=\alpha_n$ とする）の前後で変化する。

$f_n(\theta)$ は連続関数だから，$f_n(\theta)$ の増減を調べる上で，両端の $\theta=0,\ \dfrac{\pi}{2}$ における $f_n'(\theta)$ や $f_n(\theta)$ の値を気にかける必要はない。

ちなみに，$\theta=0$ における $f_n'(\theta)$ の値は，$n=2$ のときと $n\geqq3$ のときとで違ってくる。すなわち，$n\geqq3$ のときは，$\sin^{n-2}0=0$ より $f_n'(0)=0$ となり，$n=2$ のときは，$f_n'(\theta)=(2\cos\theta-1)(\cos\theta+1)$ より $f_n'(0)=2$ となる。

▶(2)　$(M_n)^n=\left(1+\dfrac{1}{n}\right)^n\left(1-\dfrac{1}{n^2}\right)^{\frac{n(n-1)}{2}}$ である。

この極限を求めるための公式は　$\displaystyle\lim_{t\to0}(1+t)^{\frac{1}{t}}=e$

$t=\dfrac{1}{n}$ とおけば　$\displaystyle\lim_{n\to\infty}\left(1+\frac{1}{n}\right)^n=e$

$t=-\dfrac{1}{n^2}$ とおけば　$\displaystyle\lim_{n\to\infty}\left(1-\frac{1}{n^2}\right)^{-n^2}=e$

となる。したがって，$\left(1-\dfrac{1}{n^2}\right)^{\frac{n(n-1)}{2}}$ の極限を求めるには，これを

$$\left(1-\frac{1}{n^2}\right)^{\frac{n(n-1)}{2}}=\left\{\left(1-\frac{1}{n^2}\right)^{-n^2}\right\}^{-\frac{n(n-1)}{2n^2}}$$

と変形しておけばよい。

$\lim_{n\to\infty}\left(-\frac{n(n-1)}{2n^2}\right)=-\frac{1}{2}$ から，上の極限が求まる。

2

◆発想◆　どこから手をつけるかが難しいが，まず p，q の偶奇に着目するとよい。一方が偶数，他方が奇数でなければならないことに気づけば，偶数の方は自動的に値が確定する。この先は，もう一方の奇数にいくつかの値を代入して探りを入れてみると，一般的な性質が浮かんでくるだろう。

解答　p，q の偶奇が一致すると，p^q+q^p は偶数となり，しかも $p>1$，$q>1$ より $p^q+q^p>2$ であるから，p^q+q^p は素数にならない。

よって，p^q+q^p が素数になるのは，p，q の一方が奇数，他方が偶数のときだけである。偶数の素数は 2 だけであるから，p，q の対称性より，$q=2$ としてよい。すなわち，p^2+2^p が素数となるような奇素数 p を調べればよい。

(i) $p=3$ のとき

$$p^2+2^p=3^2+2^3=17$$

となり，これは素数である。

(ii) $p>3$ のとき

p は素数であることより，3 の倍数ではないから

$$p\equiv\pm1\pmod 3$$

である。このとき

$$p^2\equiv(\pm1)^2=1\pmod 3$$

となり，また，p は奇数であるから

$$2^p=(3-1)^p\equiv(-1)^p=-1\pmod 3$$

以上より

$$p^2+2^p\equiv1-1=0\pmod 3$$

となり，p^2+2^p は 3 の倍数である。ところが，$p>3$ より $p^2+2^p>3$ であるから，p^2+2^p は素数にならない。

(i)，(ii)より，p^q+q^p が素数になるのは，$p=3$，$q=2$（または $p=2$，$q=3$）のときだけであり，そのとき

$p^q+q^p=17$ ……(答)

別解 (ii)を，合同式を用いないで，次のように解いてもよい。

$p>3$ のとき，p は 3 の倍数ではないから，$p=3m\pm1$（m は自然数）とおける。このとき

$$p^2=(3m\pm1)^2=3(3m^2\pm2m)+1$$
$$=3M+1 \quad (M\text{ は整数}) \quad \cdots\cdots①$$

また，二項定理より

$$2^p=(3-1)^p$$
$$=3^p+{}_pC_1 3^{p-1}\cdot(-1)+{}_pC_2 3^{p-2}\cdot(-1)^2+\cdots$$
$$+{}_pC_{p-1}3\cdot(-1)^{p-1}+(-1)^p$$
$$=3N-1 \quad (N\text{ は整数}) \quad \cdots\cdots②$$

①，②より

$$p^2+2^p=3M+1+3N-1=3(M+N)$$

となり，p^2+2^p は 3 の倍数である。（以下は〔解答〕と同じ）

◀解　説▶

≪p^q+q^p が素数となるような素数 p，q≫

p，q がともに奇数，またはともに偶数のときは，p^q+q^p は 2 より大きい偶数となって，不適。したがって，p，q は，一方が奇数，他方が偶数でなければならない。ここまでが第一ステップ。

次には，偶数の素数は 2 だけであることに思い至らないといけない。したがって，「$q=2$，p は奇素数」の場合だけを調べればよい。ここまでが第二ステップ。

問題はその次である。p^2+2^p が素数となる奇素数 p の性質を直ちに見抜くのは困難。こういうときは，$p=3$，5，7，… を代入して，様子を探ってみるとよい。$p=3$のときは素数になる。しかし，$p=5$，7 のときは素数にならない。しかも，3 の倍数になる。ここで何かに気づけば，しめたものである。ポイントは，p が 3 より大きい奇素数のとき，$p=3m\pm1$ とおけることである。この先は，合同式を用いるとすっきり解ける。つまり

$p=3m+1$ は

$$p\equiv1 \pmod 3 \quad (p\text{ と 1 は 3 を法として合同})$$

$p=3m-1$ は

$$p \equiv -1 \pmod 3$$

と表現できる。したがって，いずれの場合も

$$p^2 \equiv (\pm 1)^2 = 1 \pmod 3$$

である。

2^p についても，$2 \equiv -1 \pmod 3$ より

$$2^p \equiv (-1)^p = -1 \pmod 3 \quad (p \text{ は奇数だから})$$

となる。これで

$$p^2 + 2^p \equiv 0 \pmod 3$$

となり，p^2+2^p は素数にならないことがわかるのである。

ただし，〔別解〕のように，二項定理で展開して同様の結果を得ることもできる。

3

◇発想◇　解く方法はいろいろ考えられるが，計算に頼りすぎると，迷路にはまる可能性がある。「垂線」「外心」という図形的特徴に着目するとよい。

解答　頂点Aから平面 OBC に下ろした垂線の足をHとすると，仮定より，Hは△OBC の外心である。

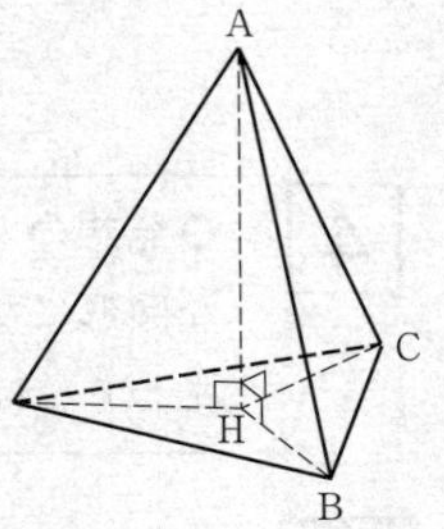

AH⊥平面 OBC より

$$\angle AHO = \angle AHB = \angle AHC = 90°$$

よって，△AOH，△ABH，△ACH に三平方の定理を適用して

$$AO^2 = AH^2 + HO^2,\ AB^2 = AH^2 + HB^2,\ AC^2 = AH^2 + HC^2 \quad \cdots\cdots ①$$

また，Hは△OBC の外心だから

$$HO = HB = HC \quad \cdots\cdots ②$$

①，②より

$$AO^2 = AB^2 = AC^2 \qquad \therefore \quad AO = AB = AC \quad \cdots\cdots ③$$

同様に，Bを頂点，△AOC を底面と見ることにより

$$BA = BO = BC \quad \cdots\cdots ④$$

Cを頂点，△AOB を底面と見ることにより

$$CA=CO=CB \quad \cdots\cdots ⑤$$

③，④，⑤より

$$OA=OB=OC=AB=BC=CA$$

となり，すべての面が正三角形だから，四面体OABCは正四面体である。

（証明終）

◀解　説▶

≪条件を満たす四面体が正四面体になることの証明≫

この種の問題は，空間ベクトルや空間座標などを用いて解くことも考えられる。しかし，変数を一般的にとって，計算に頼ろうとすると，行き詰まる危険性がある。簡明なのは，三平方の定理を用いて，純粋に図形的に解くことである。

頂点Aから平面OBCに下ろした垂線の足をHとすると，△AOH，△ABH，△ACHは直角三角形となり，しかも，Hが△OBCの外心であることから，HO＝HB＝HCである。これらの条件をもとに三平方の定理を使うと，AO＝AB＝ACが簡単に得られる。他の底面への垂線についても同様のことが成り立つから，結局，四面体のすべての辺の長さが等しくなる。

4

◇発想◇　図形 D を平面 $y=t$ で切ったとき，切り口がどのような図形になるかを調べること。次に，その切り口の図形を y 軸のまわりに回転したとき，どういう図形になるかを調べる。

解答　図形 D を平面 $y=t$ で切断すると，切り口は

$$y=t,\ \ z=t,\ \ -\frac{e^t+e^{-t}}{2}+1\leqq x\leqq\frac{e^t+e^{-t}}{2}-1$$

の線分となる。そこで

$$P\left(\frac{e^t+e^{-t}}{2}-1,\ t,\ t\right),\ Q(0,\ t,\ t),\ R\left(-\frac{e^t+e^{-t}}{2}+1,\ t,\ t\right),$$

$$T(0,\ t,\ 0)$$

とすると，線分PRを y 軸のまわりに1回転させた図形は，Tを中心とし半径がTPの円から，Tを中心とし半径がTQの円を切り取ったリング状

の図形となる。

y 軸方向から見ると，線分 PR を y 軸のまわりに 1 回転させた図形は右下図の網かけ部分である。

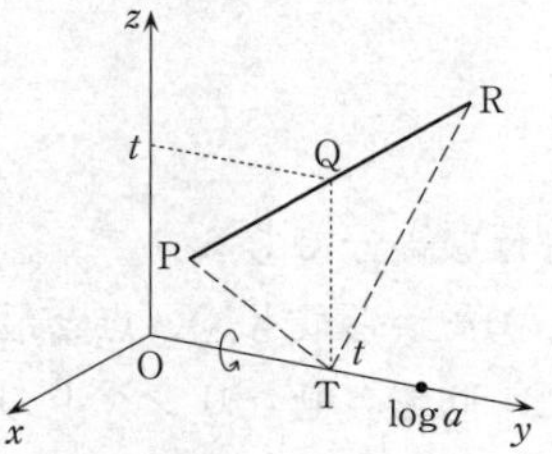

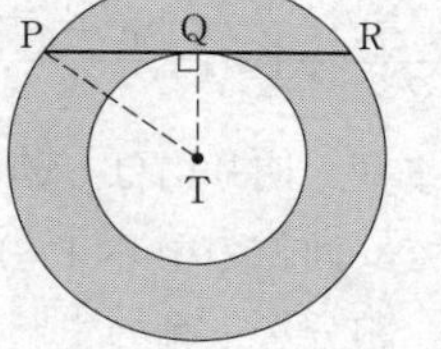

リング部分の面積を $S(t)$ とすると

$$
\begin{aligned}
S(t) &= \pi\left(\mathrm{TP}^2-\mathrm{TQ}^2\right)\\
&= \pi\mathrm{PQ}^2 \quad \text{（三平方の定理より）}\\
&= \pi\left(\frac{e^t+e^{-t}}{2}-1\right)^2
\end{aligned}
$$

よって，求める体積を V とすると

$$
\begin{aligned}
V &= \pi\int_0^{\log a}\left(\frac{e^t+e^{-t}}{2}-1\right)^2 dt\\
&= \pi\int_0^{\log a}\left(\frac{e^{2t}+2+e^{-2t}}{4}-e^t-e^{-t}+1\right)dt\\
&= \pi\left[\frac{1}{4}\left(\frac{1}{2}e^{2t}+2t-\frac{1}{2}e^{-2t}\right)-e^t+e^{-t}+t\right]_0^{\log a}\\
&= \pi\left\{\frac{1}{4}\left(\frac{1}{2}a^2+2\log a-\frac{1}{2}a^{-2}\right)-a+a^{-1}+\log a\right.\\
&\qquad\qquad \left.-\frac{1}{4}\left(\frac{1}{2}+0-\frac{1}{2}\right)+1-1-0\right\}\\
&= \pi\left(\frac{a^2}{8}-\frac{1}{8a^2}-a+\frac{1}{a}+\frac{3}{2}\log a\right) \quad \text{……（答）}
\end{aligned}
$$

◀解　説▶

≪平面上の図形を回転させた回転体の体積≫

図形 D の正確な全体像を知る必要はない。目的は D を y 軸のまわりに 1 回転させた回転体の体積を求めることだから，重要になるのは，D を平面 $y=t$ で切ったときの切り口である。

D は平面 $y=z$ 上にあるから，$y=t$ で切ったときの切り口上の点はすべて

$y=t,\ z=t$

を満たす。また，$|x|\leqq\dfrac{e^y+e^{-y}}{2}-1$ に $y=t$ を代入することにより，x 座標の範囲は

$$-\frac{e^t+e^{-t}}{2}+1\leqq x\leqq\frac{e^t+e^{-t}}{2}-1$$

である。つまり，切り口は x 軸に平行な線分である。
その線分上で，回転の中心 T(0, t, 0) から最も遠い点と最も近い点を調べることで，線分を y 軸のまわりに1回転させたリング上の図形の外側の半径と内側の半径を求めることができる。
最後は，積分計算を正確に実行する計算力の問題となる。積分計算の途中で

$$e^{\log a}=a$$

が，公式的に使われる。覚えておくべき大事な式である。

5

◇発想◇　n 秒後に $x=0,\ 1,\ 2$ である確率をそれぞれ $a_n,\ b_n,\ c_n$ として，$a_n,\ b_n,\ c_n$ を $a_{n-1},\ b_{n-1},\ c_{n-1}$ で表す（連立漸化式を作る）という方針で臨むとよい。

解答　n 秒後に動点Xの x 座標が0，1，2である確率をそれぞれ a_n, b_n, c_n とする。そのとき，条件より次の式が成り立つ。

$$\begin{cases} a_n=\dfrac{1}{2}a_{n-1}+\dfrac{1}{3}b_{n-1} & \cdots\cdots① \\ b_n=\dfrac{1}{2}a_{n-1}+\dfrac{1}{3}b_{n-1}+\dfrac{1}{2}c_{n-1} & \cdots\cdots② \\ c_n=\dfrac{1}{3}b_{n-1}+\dfrac{1}{2}c_{n-1} & \cdots\cdots③ \\ a_n+b_n+c_n=1 & \cdots\cdots④ \end{cases}$$

②，④より

$$b_n=\frac{1}{2}(a_{n-1}+b_{n-1}+c_{n-1})-\frac{1}{6}b_{n-1}=\frac{1}{2}-\frac{1}{6}b_{n-1}$$

よって

$$b_n-\frac{3}{7}=-\frac{1}{6}\left(b_{n-1}-\frac{3}{7}\right)$$

これは，数列 $\left\{b_n-\dfrac{3}{7}\right\}$ が公比 $-\dfrac{1}{6}$ の等比数列であることを意味するから

$$b_n-\frac{3}{7}=\left(-\frac{1}{6}\right)^n\left(b_0-\frac{3}{7}\right)=-\frac{3}{7}\left(-\frac{1}{6}\right)^n\quad(\because\quad b_0=0)$$

$$\therefore\quad b_n=\frac{3}{7}-\frac{3}{7}\left(-\frac{1}{6}\right)^n\quad\cdots\cdots⑤$$

④，⑤より

$$a_n+c_n=1-b_n=\frac{4}{7}+\frac{3}{7}\left(-\frac{1}{6}\right)^n\quad\cdots\cdots⑥$$

また，①−③ より

$$a_n-c_n=\frac{1}{2}(a_{n-1}-c_{n-1})=\left(\frac{1}{2}\right)^n(a_0-c_0)$$

$$=\left(\frac{1}{2}\right)^n\quad(\because\quad a_0=1,\ c_0=0)\quad\cdots\cdots⑦$$

⑥，⑦より

$$a_n=\frac{1}{2}\left\{\frac{4}{7}+\frac{3}{7}\left(-\frac{1}{6}\right)^n+\left(\frac{1}{2}\right)^n\right\}$$

$$=\frac{2}{7}+\frac{3}{14}\left(-\frac{1}{6}\right)^n+\left(\frac{1}{2}\right)^{n+1}\quad\cdots\cdots(答)$$

別解　②，④から〔解答〕の⑤を導くところまでは，〔解答〕と同じ。
⑤を①に代入すると

$$a_n=\frac{1}{2}a_{n-1}+\frac{1}{7}-\frac{1}{7}\left(-\frac{1}{6}\right)^{n-1}$$

これを解く。まず，この式より

$$a_n-\frac{2}{7}=\frac{1}{2}\left(a_{n-1}-\frac{2}{7}\right)-\frac{1}{7}\left(-\frac{1}{6}\right)^{n-1}$$

$a_n-\dfrac{2}{7}=p_n$　……⑧ とおくと

$$p_n=\frac{1}{2}p_{n-1}-\frac{1}{7}\left(-\frac{1}{6}\right)^{n-1}$$

両辺に $(-6)^n$ をかけると

$$(-6)^np_n=-3(-6)^{n-1}p_{n-1}+\frac{6}{7}$$

$(-6)^np_n=q_n$　……⑨ とおくと

$$q_n=-3q_{n-1}+\frac{6}{7}$$

$$q_n-\frac{3}{14}=-3\left(q_{n-1}-\frac{3}{14}\right)=(-3)^n\left(q_0-\frac{3}{14}\right)$$

ここで，⑨，⑧より

$$q_0=(-6)^0p_0=p_0=a_0-\frac{2}{7}=1-\frac{2}{7}=\frac{5}{7}$$

よって

$$q_n-\frac{3}{14}=(-3)^n\left(\frac{5}{7}-\frac{3}{14}\right)=\frac{1}{2}(-3)^n$$

$$\therefore\quad q_n=\frac{3}{14}+\frac{1}{2}(-3)^n$$

⑨より

$$p_n=\left(-\frac{1}{6}\right)^n q_n=\frac{3}{14}\left(-\frac{1}{6}\right)^n+\frac{1}{2}\left(\frac{1}{2}\right)^n=\frac{3}{14}\left(-\frac{1}{6}\right)^n+\left(\frac{1}{2}\right)^{n+1}$$

⑧より

$$a_n=\frac{2}{7}+p_n=\frac{2}{7}+\frac{3}{14}\left(-\frac{1}{6}\right)^n+\left(\frac{1}{2}\right)^{n+1}$$

◀解　説▶

≪格子点上を点が移動するときの確率≫

動点Xの x 座標が0，1，2である状態を，それぞれ A，B，C とすると，状態間を遷移する確率は，仮定より右のようになる。

前＼後	A	B	C
A	$\frac{1}{2}$	$\frac{1}{2}$	0
B	$\frac{1}{3}$	$\frac{1}{3}$	$\frac{1}{3}$
C	0	$\frac{1}{2}$	$\frac{1}{2}$

これを式に表したものが，〔解答〕の漸化式①～③である。また，④は当然成り立つ式である。なお，①～④は独立な式ではなく，そのうちの任意の3式から，残りの1式は必然的に導かれる。しかし，①～④をすべて明示的に用いた方が連立漸化式は解きやすくなる。

①～④を解いて a_n を求めるのが目的だが，その方法はさまざまある。〔解答〕の方法はなかでも簡明なものの一つである。

ポイントは，①～④が，a_n と c_n については対称的で，b_n だけが特別な扱いになっていることに気づくことである。その観点で4つの式を眺めると，②と④から a_n と c_n が一度に消去できて，b_n だけの漸化式を作れることがわかる。それを解けば，まず b_n が求まる。
その際，$b_n=pb_{n-1}+q$ $(p\neq 1)$ の形の漸化式を解くことになる。これを解くには，これをまず

$$b_n-\alpha=p(b_{n-1}-\alpha)$$

の形に変形しなければならない。そのときの α は $x=px+q$ の解として得られる。知っておくと便利である。
b_n が求まると，a_n と c_n が対称であることに着眼して，a_n+c_n と a_n-c_n が求まる。この2式を足して2で割れば a_n が求まる，という手順になる。
なお，b_n が求まった後，〔別解〕のように，これを直ちに①に代入し，そこから得られる a_n についての2項間漸化式を解くという方法もある。ただ，これを解くのは容易ではない。漸化式を解く計算練習と思ってやってみることを勧める。

6

◇発想◇　$x^6+ax^3+b=(x^2+ax+b)$ (x の4次式) とおき，両辺の係数を比較するのが1つの発想である。あるいは，
$f(x)=(x-\alpha)(x-\beta)$ とおき，$f(x^3)=(x^3-\alpha)(x^3-\beta)$ が
$(x-\alpha)(x-\beta)$ で割り切れるような α，β を求めるという発想もある。

解答　$b=0$ とすると，$f(x)=x^2+ax=x(x+a)$ となり，$f(x)=0$ の解は $x=0$，$-a$ である。
$f(x^3)=x^6+ax^3+b$ $(=g(x)$ とする$)$ が $f(x)$ で割り切れることより，
$g(0)=0$，$g(-a)=0$ でなければならない。
$b=0$ より，$g(0)=0$ は成り立つ。

$$g(-a)=a^6-a^4=a^4(a+1)(a-1)=0$$

より $a=0$，1，-1 となるが，これは a，b の少なくとも一方が虚数であることに反する。よって，$b\neq 0$ でなければならない。そのとき，x^6+ax^3+b が x^2+ax+b で割り切れることより

$$x^6+ax^3+b=(x^2+ax+b)(x^4+px^3+qx^2+rx+1)$$

とおける（両辺の x^6 の係数が等しいことより，右辺の右側の項の x^4 の係数は1であり，両辺の定数項が等しいことと $b\neq 0$ より，右辺の右側の項

の定数項は1である)。両辺のx^5, x^4, x^3, x^2, xの係数を比較することより

$$\begin{cases} p+a=0 & \cdots\cdots① \\ q+ap+b=0 & \cdots\cdots② \\ r+aq+bp=a & \cdots\cdots③ \\ 1+ar+bq=0 & \cdots\cdots④ \\ a+br=0 & \cdots\cdots⑤ \end{cases}$$

これを解いてa, bを求める。

①より　$p=-a$

ゆえに，②より　$q=a^2-b$

⑤と$b\neq0$より　$r=-\dfrac{a}{b}$

これらを③，④に代入する。まず③に代入すると

$$-\frac{a}{b}+a^3-ab-ab=a$$

$\therefore\ a(a^2b-2b^2-b-1)=0$　……⑥

④に代入すると

$$1-\frac{a^2}{b}+a^2b-b^2=0$$

$\therefore\ a^2b^2-b^3-a^2+b=0$　……⑦

⑥において，$a=0$のときは，⑦より

$b^3-b=0$　$\therefore\ b=0,\ \pm1$

となり，a, bとも実数となるから，不適。よって，$a\neq0$である。

そのとき，⑥より

$a^2b-2b^2-b-1=0$　……⑧

⑦より

$b^2(a^2-b)-(a^2-b)=0$

$(a^2-b)(b+1)(b-1)=0$

$\therefore\ b=1,\ -1,\ a^2$

(i) $b=1$のとき，⑧に代入すると

$a^2-4=0$　$\therefore\ a=\pm2$

a, bとも実数となるから，不適。

(ii) $b=-1$ のとき，⑧に代入すると

$$a^2+2=0 \qquad \therefore \quad a=\pm\sqrt{2}i$$

(iii) $b=a^2$ のとき，⑧に代入して a を消去すると

$$b^2+b+1=0$$

これを満たす b は，$b^3=1$ の 1 以外の虚数解だから

$$b=\omega,\ \omega^2 \quad \left(ただし，\omega=\frac{-1+\sqrt{3}i}{2}\right)$$

(a) $b=\omega$ のとき

$$a^2=\omega=\omega^4 \quad (\because \quad \omega^3=1) \qquad \therefore \quad a=\pm\omega^2$$

(b) $b=\omega^2$ のとき

$$a^2=\omega^2 \qquad \therefore \quad a=\pm\omega$$

$\omega=\dfrac{-1+\sqrt{3}i}{2}$ より $\omega^2=\dfrac{-1-\sqrt{3}i}{2}$ だから，条件を満たす $f(x)$ は

$$f(x)=\begin{cases} x^2\pm\sqrt{2}ix-1 \\ x^2\pm\dfrac{-1-\sqrt{3}i}{2}x+\dfrac{-1+\sqrt{3}i}{2} \\ x^2\pm\dfrac{-1+\sqrt{3}i}{2}x+\dfrac{-1-\sqrt{3}i}{2} \end{cases} \quad \cdots\cdots(答)$$

別解 1　$f(x)=x^2+ax+b=0$ の解を $x=\alpha,\ \beta$ とすると，
$f(x)=(x-\alpha)(x-\beta)$ であり

$$a=-(\alpha+\beta),\ b=\alpha\beta \quad \cdots\cdots①$$

である。また，$f(x^3)=(x^3-\alpha)(x^3-\beta)$ を $g(x)$ とおく。
もし $\alpha=\beta$ であるとすると

$$f(x)=(x-\alpha)^2$$

$$g(x)=f(x^3)=(x^3-\alpha)^2$$

$g(x)$ が $f(x)$ で割り切れることより，少なくとも $g(\alpha)=0$ でなければならないが

$$g(\alpha)=(\alpha^3-\alpha)^2=\alpha^2(\alpha-1)^2(\alpha+1)^2=0$$

$$\therefore \quad \alpha=0,\ 1,\ -1\ (=\beta)$$

となり，①より $a,\ b$ とも実数となるから，不適。よって，$\alpha\neq\beta$ でなければならない。
このとき，$g(x)$ が $f(x)$ で割り切れるための必要十分条件は

$g(\alpha)=g(\beta)=0$ である。すなわち

$$(\alpha^3-\alpha)(\alpha^3-\beta)=(\beta^3-\beta)(\beta^3-\alpha)=0$$

(i) $\alpha^3-\alpha=0$，$\beta^3-\beta=0$ のとき

$$\alpha=0,\ 1,\ -1 \qquad \beta=0,\ 1,\ -1$$

α，β が上のどの組合せになっても，①より a，b とも実数となるから，これは不適。

(ii) $\alpha^3-\alpha=0$ ……②，$\beta^3-\alpha=0$ ……③ のとき

②より　　$\alpha=0,\ 1,\ -1$

(a) $\alpha=0$ のとき，③より

$$\beta^3=0 \qquad \therefore\ \beta=0$$

となり，$\alpha\neq\beta$ に反する。

(b) $\alpha=1$ のとき，③より

$$\beta^3-1=0 \qquad (\beta-1)(\beta^2+\beta+1)=0$$

$\beta\neq\alpha$ $(=1)$ より

$$\beta^2+\beta+1=0 \qquad \therefore\ \beta=\frac{-1\pm\sqrt{3}i}{2}$$

このとき，①より

$$\left.\begin{aligned} a&=-\left(1+\frac{-1\pm\sqrt{3}i}{2}\right)=\frac{-1\mp\sqrt{3}i}{2}\\ b&=1\cdot\frac{-1\pm\sqrt{3}i}{2}=\frac{-1\pm\sqrt{3}i}{2}\end{aligned}\right\}\ \text{（複号同順）}$$

(c) $\alpha=-1$ のとき，③より

$$\beta^3+1=0 \qquad (\beta+1)(\beta^2-\beta+1)=0$$

$\beta\neq\alpha$ $(=-1)$ より

$$\beta^2-\beta+1=0 \qquad \therefore\ \beta=\frac{1\pm\sqrt{3}i}{2}$$

このとき，①より

$$\left.\begin{aligned} a&=-\left(-1+\frac{1\pm\sqrt{3}i}{2}\right)=\frac{1\mp\sqrt{3}i}{2}\\ b&=-1\cdot\frac{1\pm\sqrt{3}i}{2}=\frac{-1\mp\sqrt{3}i}{2}\end{aligned}\right\}\ \text{（複号同順）}$$

(iii) $\alpha^3-\beta=0$，$\beta^3-\beta=0$ のときは，(ii)と α，β が入れ替わっただけだから，

a, b の値は(ii)と同じ。

(iv) $\alpha^3-\beta=0$, $\beta^3-\alpha=0$ のとき，β を消去すると

$$\alpha^9-\alpha=0 \qquad \alpha(\alpha^8-1)=0$$

$$\therefore\quad \alpha=0,\ \cos\frac{k}{4}\pi+i\sin\frac{k}{4}\pi \quad (k=0,\ 1,\ 2,\ \cdots,\ 7)$$

それぞれに対して

$$\beta=\alpha^3=0,\ \cos\frac{3k}{4}\pi+i\sin\frac{3k}{4}\pi \quad (k=0,\ 1,\ 2,\ \cdots,\ 7)$$

つまり

α	0	1	$\frac{1+i}{\sqrt{2}}$	i	$\frac{-1+i}{\sqrt{2}}$	-1	$\frac{-1-i}{\sqrt{2}}$	$-i$	$\frac{1-i}{\sqrt{2}}$
β	0	1	$\frac{-1+i}{\sqrt{2}}$	$-i$	$\frac{1+i}{\sqrt{2}}$	-1	$\frac{1-i}{\sqrt{2}}$	i	$\frac{-1-i}{\sqrt{2}}$

①に代入して，a, b の少なくとも一方が虚数になるものを探すと

$$(a,\ b)=(-\sqrt{2}i,\ -1),\ (\sqrt{2}i,\ -1)$$

以上より，求める $f(x)$ は

$$f(x)=\begin{cases} x^2+\dfrac{-1\pm\sqrt{3}i}{2}x+\dfrac{-1\mp\sqrt{3}i}{2} & (\text{複号同順}) \\ x^2+\dfrac{1\pm\sqrt{3}i}{2}x+\dfrac{-1\pm\sqrt{3}i}{2} & (\text{複号同順}) \\ x^2\pm\sqrt{2}ix-1 & \end{cases}$$

別解 2　$f(x^3)=x^6+ax^3+b$ を $f(x)=x^2+ax+b$ で割ると，余りは

$$-a(a^4-4a^2b-a^2+3b^2+b)x-b(a^4-3a^2b-a^2+b^2-1)$$

となる。よって，割り切れることより

$$\begin{cases} a(a^4-4a^2b-a^2+3b^2+b)=0 & \cdots\cdots① \\ b(a^4-3a^2b-a^2+b^2-1)=0 & \cdots\cdots② \end{cases}$$

$a=0$ だと，②に代入することにより

$$b(b^2-1)=0 \qquad \therefore\quad b=0,\ 1,\ -1$$

これは a, b がともに実数となるから，不適。

$b=0$ だと，①に代入することにより

$$a(a^4-a^2)=0 \qquad \therefore\quad a=0,\ 1,\ -1$$

これも同じく不適。よって，$a\neq0$, $b\neq0$ である。

そのとき，①，②より

$$\begin{cases} a^4-4a^2b-a^2+3b^2+b=0 & \cdots\cdots③ \\ a^4-3a^2b-a^2+b^2-1=0 & \cdots\cdots④ \end{cases}$$

③を b について整理すると，たすき掛けで因数分解することができ

$$(b-a^2)(3b-a^2+1)=0$$

となる。

(i) $b-a^2=0$（つまり $a^2=b$）のとき，④に代入すると

$$b^2-3b^2-b+b^2-1=0$$

$$b^2+b+1=0 \qquad \therefore \quad b=\omega,\ \omega^2$$

このとき

$$a^2=\omega\ (=\omega^4),\ \omega^2 \qquad \therefore \quad a=\pm\omega^2,\ \pm\omega$$

すなわち　$(a,\ b)=(\pm\omega,\ \omega^2),\ (\pm\omega^2,\ \omega)$

(ii) $3b-a^2+1=0$（つまり $a^2=3b+1$）のとき，④に代入すると

$$(3b+1)^2-3b(3b+1)-(3b+1)+b^2-1=0$$

$$b^2-1=0 \qquad \therefore \quad b=1,\ -1$$

このとき

$$a^2=4,\ -2 \qquad \therefore \quad a=\pm 2,\ \pm\sqrt{2}i$$

a，b の少なくとも一方が虚数の組は

$$(a,\ b)=(\pm\sqrt{2}i,\ -1)$$

（以下は〔解答〕と同じ）

◀解　説▶

≪$f(x^3)$ が $f(x)$ で割り切れるような係数が実数でない2次式 $f(x)$≫

〔解答〕は，$f(x^3)$ が $f(x)$ で割り切れることを

$$x^6+ax^3+b=(x^2+ax+b)(x^4+px^3+qx^2+rx+s)$$

と表し，これを満たす a，b を求めるという発想に立っている。ここで，両辺の定数項が等しいことから $s=1$ が自明と考えるのは正しくない。なぜなら，$b=0$ だと，$s=1$ でなくても $b=bs$ は成り立つからである。$b=0$ のときは，〔解答〕で計算されているように，a も実数になり，a，b の少なくとも一方が虚数であるという条件を満たさない。これで $b\neq 0$ とわかり，$s=1$ としてよいことになるのである。

あとは，両辺の係数を比較して得られる a，b，p，q，r に関する連立方程

式（〔解答〕の①～⑤）を解いて，a，b を求めればよい（s をそのまま残して，a，b，p，q，r，s についての 6 個の連立方程式を作ってもよいが，解くのが少し面倒になる）。

なお，解く過程で $b^2+b+1=0$ が出てくるが，この解は

$$b^3-1=(b-1)(b^2+b+1)=0 \quad (1 \text{ の } 3 \text{ 乗根})$$

の虚数解であって，解の 1 つを ω とすると，他方は ω^2 となる。

〔別解 1〕は，$f(x)=0$ の 2 つの解を α，β とおき，条件を満たす α，β を先に求めてから，$a=-(\alpha+\beta)$，$b=\alpha\beta$ によって a，b を求めるという発想に立っている。

ただし，$\alpha \neq \beta$ なら $g(x)$ が $f(x)=(x-\alpha)(x-\beta)$ で割り切れるための必要十分条件は $g(\alpha)=g(\beta)=0$ であるが，$\alpha=\beta$ だと，$g(\alpha)=g(\beta)=0$ は $g(x)$ が $f(x)$ で割り切れるための必要条件にすぎない。そのため〔別解 1〕では，$\alpha=\beta$ のときを特別に調べ，そのとき a，b はともに実数となるから不適であることを確認している。

なお，〔別解 1〕の(iv)において，$\alpha^8-1=0$ という方程式が出てくるが，これは 1 の 8 乗根を意味する式であり，その解は

$$\alpha=\cos\left(\frac{k}{8}\cdot 2\pi\right)+i\sin\left(\frac{k}{8}\cdot 2\pi\right) \quad (k=0,\ 1,\ 2,\ \cdots,\ 7)$$

である。

〔別解 2〕は，$f(x^3)$ を $f(x)$ で実際に割り算して，余りが 0 になることより，a，b の連立方程式を作っている。割り算はなかなか大変な計算だし，得られる連立方程式も，解きやすいものではない。しかし，ほかに方法が浮かばないときには，最後の手段として採用するのもよいだろう。

なお，〔解答〕，〔別解 1〕，〔別解 2〕のどの方法で解いても，a，b がともに実数になることにより不適となった a，b がある。$f(x^3)$ が $f(x)$ で割り切れるという条件だけなら，それらも答えに含めないといけない。参考までに，そのような $f(x)$ を書き出すと，次のようになる。

$$f(x)=x^2,\ x^2+x,\ x^2-x,\ x^2+1,\ x^2-1,\ x^2+2x+1,\ x^2-2x+1$$

いずれも，$f(x^3)$ がたしかに $f(x)$ で割り切れることを確認してみるとよい。

講 評

1 (1)は，微分して増減を調べるという，関数の基本的な処理技術を問うている。(2)は，自然対数の底 e の定義式を使う問題である。標準レベルの問題といえる。

2 京大の理系らしい整数問題であり，解くための入り口を探すのが難しい。$q=2$ と確定したあとは，p を 3 で割った余りに着目するのだが，これに気づくのは簡単ではない。やや難のレベルである。

3 図形的処理だけで解けることに気づけば，あっけなく証明できるが，計算に持ち込もうとすると，迷路にはまるかもしれない。図形の特徴に気づくかどうかの問題である。

4 図形 D を平面 $y=t$ で切ったときの切り口を調べることに気づけば，それ以降の計算は比較的スムーズに進むはずである。標準レベルの問題である。

5 漸化式を用いて確率を求める問題であり，このパターンの問題は，京大では過去に何度も出題されている。十分練習しておくべきである。標準レベルの問題である。

6 方針が立ったとしても，そのあとの計算に場合分けが多く，もれなく調べるのはなかなか難しい。やや難のレベルである。

以上のように，1345は標準レベルの問題，26は難度の高い問題である。全体的な難易度は，2015 年度並みと考えてよい。図形的な判断力をみる問題，漸化式を利用した確率の問題，整数問題など，京大で過去によく出題されている問題が出題されており，この種の問題の練習は不可欠である。

物理

I

解答　(1)ア．0　イ．$\dfrac{mg}{\cos\theta}$　ウ．$mg\tan\theta$　エ．$g\tan\theta$

オ．$Mg\tan\theta$　カ．$(M+m)g\tan\theta$

(2)キ．$V_0+\sqrt{\dfrac{2Mgh}{M+m}}$　ク．$V_0-\dfrac{m}{M}\sqrt{\dfrac{2Mgh}{M+m}}$

(3)ケ．V_0　コ．V_0　サ．$\sqrt{\dfrac{2mgh}{k}}$

(4)シ．$V_0-\sqrt{\dfrac{2Mgh}{M+m}}$　ス．$\dfrac{1}{\tan\theta}\sqrt{\dfrac{2Mh}{(M+m)g}}$　セ．$\sqrt{\dfrac{2Mgh}{M+m}}$

問1．

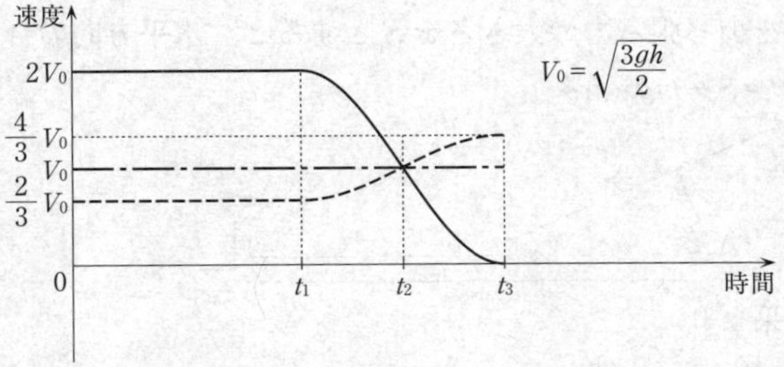

◆テーマ◆

≪斜面台と台上の球の運動，ばねとの衝突≫

(1)は力と運動方程式がテーマで，球Pと台Qの加速度が同じであるということがポイントとなる。(2)は運動量保存則と力学的エネルギー保存則がテーマで，計算力が問われる。(3)も(2)と同じテーマであるが，ばねが最も縮んだ瞬間，球Pと台Qの速度が等しくなるということがポイントである。(4)は，ばねとの衝突が弾性衝突であることがポイント。問1は，各区間での球Pと台Qの速度を V_0 で表すことができるかがポイントである。また，運動量の和が一定のとき，重心が等速度運動することは頻出である。

◀解　説▶

▶(1)ア．球Pは水平右向きへ加速度運動するから，合力の向きも水平右向きである。よって，合力が水平方向となす角は0である。

▶イ．球Pが台Qから受ける抗力の大きさをNとすると，鉛直方向の力のつり合いより

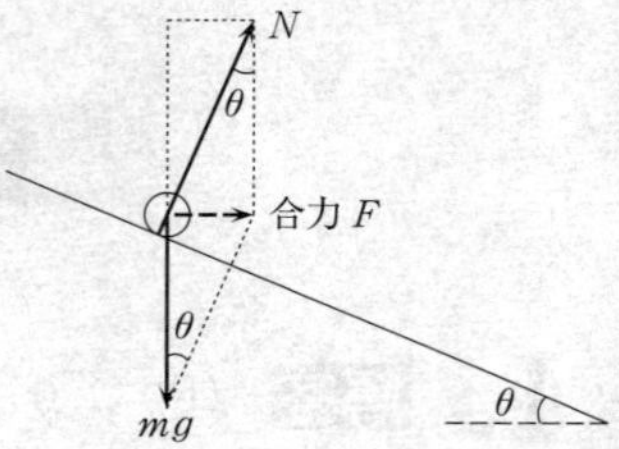

$$N\cos\theta=mg \qquad \therefore \quad N=\frac{mg}{\cos\theta}$$

▶ウ．合力の大きさをFとすると，イの結果を用いて

$$F=N\sin\theta=mg\tan\theta$$

▶エ．球Pの水平方向の加速度をaとすると，運動方程式より

$$ma=F=mg\tan\theta \qquad \therefore \quad a=g\tan\theta$$

▶オ．台Qの加速度は小球と同じくaであるから，合力の向きも水平右向きで，合力の大きさをF'とすると，運動方程式より

$$Ma=F' \qquad \therefore \quad F'=Mg\tan\theta$$

▶カ．糸が台Qを引っ張る力の大きさをSとすると，水平方向の合力は

$$S-N\sin\theta=S-mg\tan\theta$$

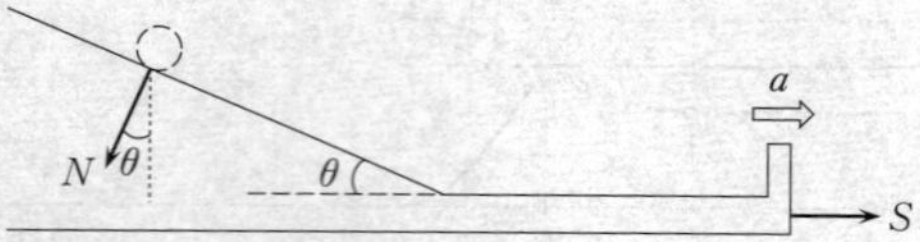

よって，オの結果より

$$Mg\tan\theta=S-mg\tan\theta$$

$$\therefore \quad S=(M+m)\,g\tan\theta$$

別解　球Pと台Qの全体の運動方程式とエの結果より

$$(m+M)\,a=S \qquad \therefore \quad S=(m+M)\,g\tan\theta$$

▶(2)キ・ク．水平方向の運動量保存則より

$$(M+m)\,V_0=mv_1+MV_1$$

力学的エネルギー保存則より

$$\frac{1}{2}(M+m)\,V_0{}^2+mgh=\frac{1}{2}mv_1{}^2+\frac{1}{2}MV_1{}^2$$

2式よりV_1を消去してv_1を求めると

$$\frac{1}{2}(M+m)\,V_0{}^2+mgh=\frac{1}{2}mv_1{}^2+\frac{1}{2}M\left\{\frac{(M+m)\,V_0-mv_1}{M}\right\}^2$$

$$M(M+m)\,V_0{}^2+2Mmgh=Mmv_1{}^2+\{(M+m)\,V_0-mv_1\}^2$$

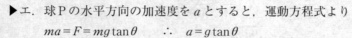

$$m(M+m)v_1{}^2-2m(M+m)V_0v_1+m(M+m)V_0{}^2-2Mmgh=0$$

$$v_1{}^2-2V_0v_1+V_0{}^2=\frac{2Mgh}{M+m}$$

$$(v_1-V_0)^2=\frac{2Mgh}{M+m}$$

$$\therefore\quad v_1=V_0\pm\sqrt{\frac{2Mgh}{M+m}}$$

このとき

$$V_1=\frac{(M+m)V_0-mV_0\mp m\sqrt{\frac{2Mgh}{M+m}}}{M}=V_0\mp\frac{m}{M}\sqrt{\frac{2Mgh}{M+m}}$$

球Pは台Qの水平面に達するのであるから，$v_1>V_1$ である。よって

$$v_1=V_0+\sqrt{\frac{2Mgh}{M+m}},\quad V_1=V_0-\frac{m}{M}\sqrt{\frac{2Mgh}{M+m}}$$

▶(3)ケ・コ．ばねが最も縮んだ瞬間，球Pの速度と台Qの速度は等しくなるから，V とおくと，水平方向の運動量保存則より

$$(M+m)V_0=(M+m)V\qquad\therefore\quad V=V_0$$

よって　　$v_2=V_2=V_0$

▶サ．糸を切った瞬間とばねが最も縮んだ瞬間について，力学的エネルギー保存則より

$$\frac{1}{2}mV_0{}^2+\frac{1}{2}MV_0{}^2+mgh=\frac{1}{2}mV_0{}^2+\frac{1}{2}MV_0{}^2+\frac{1}{2}kX^2$$

$$\frac{1}{2}kX^2=mgh$$

$$\therefore\quad X=\sqrt{\frac{2mgh}{k}}$$

▶(4)シ．球Pがばねから離れた直後の台Qの速度を V_3 とすると，水平方向の運動量保存則より

$$(M+m)V_0=mv_3+MV_3$$

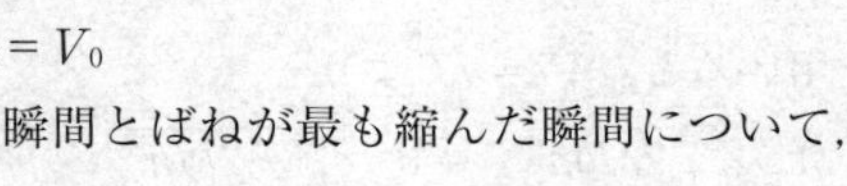

ばねとの衝突は弾性衝突とみなせるから，はねかえり係数を1として

$$1=\frac{V_3-v_3}{v_1-V_1}$$

キ・クの結果を用いて

$$V_3-v_3=v_1-V_1=\left(1+\frac{m}{M}\right)\sqrt{\frac{2Mgh}{M+m}}=\sqrt{\frac{2(M+m)gh}{M}}$$

2式より V_3 を消去して

$$(M+m)V_0=(M+m)v_3+\sqrt{2M(M+m)gh}$$

$$\therefore\quad v_3=V_0-\sqrt{\frac{2Mgh}{M+m}}$$

参考　はねかえり係数の式の代わりに，力学的エネルギー保存則

$$\frac{1}{2}mV_0{}^2+\frac{1}{2}MV_0{}^2+mgh=\frac{1}{2}mV_3{}^2+\frac{1}{2}MV_3{}^2$$

を用いても求められる。この場合，(2)キ・クの v_1，V_1 と v_3，V_3 が対応しており，計算による答えは同じで，判定条件 $v_1>V_1$ が $v_3<V_3$ となる。

▶ス・セ．$v_3=0$ であるから，シの結果より

$$V_0=\sqrt{\frac{2Mgh}{M+m}}$$

また，エの結果を用いると，$V_0=aT$ より

$$T=\frac{V_0}{a}=\frac{1}{g\tan\theta}\sqrt{\frac{2Mgh}{M+m}}=\frac{1}{\tan\theta}\sqrt{\frac{2Mh}{(M+m)g}}$$

▶問1．$M=3m$ のとき，セの結果より

$$V_0=\sqrt{\frac{6mgh}{3m+m}}=\sqrt{\frac{3gh}{2}}$$

また，キ・ク・セの結果より

$$v_1=V_0+V_0=2V_0,\quad V_1=V_0-\frac{1}{3}V_0=\frac{2}{3}V_0$$

ケ・コの結果より

$$v_2=V_0,\quad V_2=V_0$$

シの結果より

$$v_3=0,\quad V_3=\sqrt{\frac{2(3m+m)gh}{3m}}=\sqrt{\frac{8gh}{3}}=\frac{4}{3}V_0$$

また，重心，球P，台Qの速度を v_G，v，V とすると，水平方向の運動量保存則より

$$mv+MV=mV_0+MV_0$$

よって

$$v_G=\frac{mv+MV}{m+M}=V_0$$

となり，重心の速度は V_0 で一定となる。また，t_1 から t_2 の間にばねが縮み，t_2 から t_3 の間にばねが伸びるから，球Pの速度は t_1 から t_2 の間は上に凸，t_2 から t_3 の間は下に凸となる。台Qの速度は，t_1 から t_2 の間は下に凸，t_2 から t_3 の間は上に凸となる。以上より，速度変化は〔解答〕の図のようになる。

II

解答　イ．IBl　ロ．$\dfrac{mg-IBl}{M+m}$　ハ．vBl　ニ．$-L\dfrac{\Delta I}{\Delta t}$

ホ．$\dfrac{vBl-RI}{L}$　ヘ．$\dfrac{mgR}{(Bl)^2}$　ト．$\dfrac{mg}{Bl}$

問１．$E_m=\dfrac{1}{2}Mv^2+\dfrac{1}{2}mv^2-mgy=\dfrac{1}{2}(M+m)v^2-mgy$ より

$$\frac{\Delta E_m}{\Delta t}=(M+m)v\frac{\Delta v}{\Delta t}-mg\frac{\Delta y}{\Delta t}$$

ロの結果と $\dfrac{\Delta y}{\Delta t}=v$ を用いて

$$\frac{\Delta E_m}{\Delta t}=(M+m)v\cdot\frac{mg-IBl}{M+m}-mgv$$
$$=-IvBl$$

$E_c=\dfrac{1}{2}LI^2$ でホの結果を用いると，運動エネルギー $\dfrac{1}{2}Mv^2$ と同様に

$$\frac{\Delta E_c}{\Delta t}=LI\frac{\Delta I}{\Delta t}=LI\cdot\frac{vBl-RI}{L}$$
$$=IvBl-RI^2$$

よって　$$\frac{\Delta E_m}{\Delta t}+\frac{\Delta E_c}{\Delta t}=-RI^2$$

RI^2 は抵抗での消費電力であるから，この結果は，導体棒とおもりの力学的エネルギーとコイルが持つエネルギーの和は保存せず，抵抗での消費電力分だけ減っていくことを表している。

チ．$-\dfrac{Bl}{M}I$　リ．$\dfrac{Bl}{L}v$　ヌ．$\dfrac{L}{Bl}$　ル．$\dfrac{(Bl)^2}{L}$　ヲ．$\dfrac{2\pi}{Bl}\sqrt{ML}$　ワ―①

カ．$\sqrt{{v_0}^2+\dfrac{L}{M}{I_0}^2}$　ヨ．$\sqrt{{I_0}^2+\dfrac{M}{L}{v_0}^2}$

問 2．

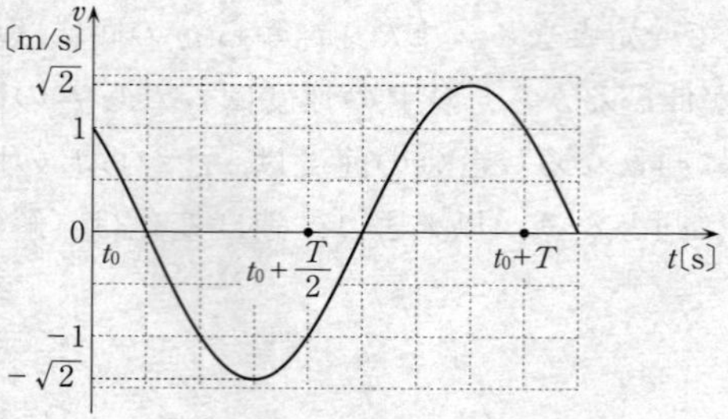

図 3

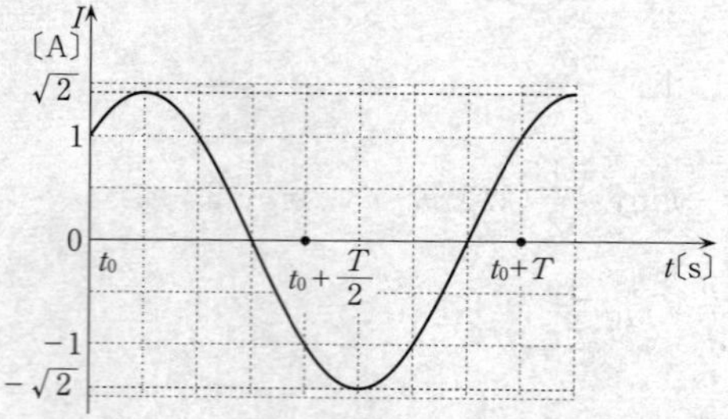

図 4

◆テーマ◆

≪磁界を横切る導体棒の運動，単振動≫

磁界を横切る導体棒という頻出のテーマであるが，速度，電流，運動エネルギーなどの瞬間的変化率（時間微分）の理解が本質であり，京大らしい内容である。イ～トは電磁誘導の基本知識を問う設問である。問 1 は実質的には微分の内容であるが，結果は問題文中に与えてある。チ～ヲは，ばねの単振動との類推を考えさせる内容である。ワ～ヨと問 2 が本問のメインテーマで，単振動の式，グラフが要求される。振幅と初期位相の求め方がポイントである。

◀解　説▶

▶イ．電流 I が磁束密度 B の磁界から受ける力の大きさ F は，導体棒の長さが l のとき $F=IBl$ で，向きは I から B の向きに右ねじを回すとき，ねじの進む向きとなる。

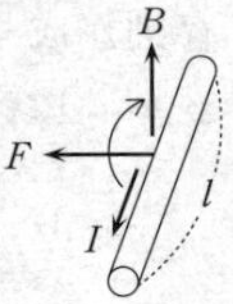

▶ロ．糸の張力の大きさを T，導体棒とおもりの加速度を a とすると，運動方程式は

導体棒：$Ma=T-IBl$

おもり：$ma=mg-T$

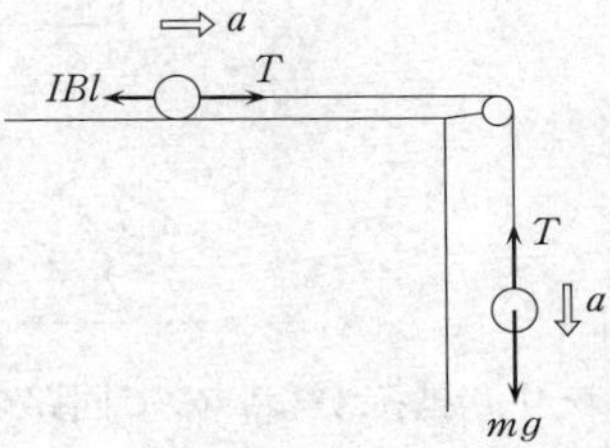

両辺より T を消去して

$(M+m)\,a=mg-IBl$

よって

$$\frac{\Delta v}{\Delta t}=a=\frac{mg-IBl}{M+m}$$

▶ハ．導体棒の両端に生じる誘導起電力を V とする。V の大きさは導体棒が単位時間あたり横切る磁束 vBl に等しく，速度 v が正の向きのとき V の向きは正である。

よって　　$V=vBl$

▶ニ．コイルの自己誘導起電力は $-L\dfrac{\Delta I}{\Delta t}$ である。

▶ホ．起電力の総和は $vBl-L\dfrac{\Delta I}{\Delta t}$ であるから

$$vBl-L\frac{\Delta I}{\Delta t}=RI \qquad \therefore \quad \frac{\Delta I}{\Delta t}=\frac{vBl-RI}{L}$$

▶ヘ・ト．式(1)で，$I=I_0$ のとき $\dfrac{\Delta v}{\Delta t}=0$ より

$$mg-I_0Bl=0 \qquad \therefore \quad I_0=\frac{mg}{Bl}$$

式(2)で，$v=v_0$，$I=I_0$ のとき $\dfrac{\Delta I}{\Delta t}=0$ より

$$v_0Bl-RI_0=0 \qquad \therefore \quad v_0=\frac{RI_0}{Bl}=\frac{mgR}{(Bl)^2}$$

▶問１．微分で考えると

$$\frac{d\,(v^2)}{dt}=2v\frac{dv}{dt},\quad \frac{d\,(I^2)}{dt}=2I\frac{dI}{dt},\quad \frac{dy}{dt}=v$$

となる。抵抗での消費電力による熱エネルギーも含めると，エネルギー保存則が成り立つ。

▶チ．導体棒の運動方程式より

$$M\frac{\Delta v}{\Delta t}=-IBl \qquad \therefore \quad \frac{\Delta v}{\Delta t}=-\frac{Bl}{M}I$$

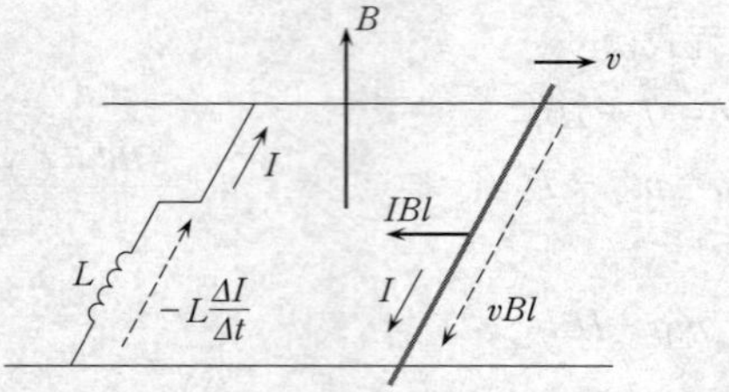

▶リ．抵抗がないので回路の起電力の和が 0 となり

$$vBl-L\frac{\Delta I}{\Delta t}=0 \qquad \therefore \quad \frac{\Delta I}{\Delta t}=\frac{Bl}{L}v$$

▶ヌ．式(4)より　　$v=\frac{L}{Bl}\cdot\frac{\Delta I}{\Delta t}$

よって，$x=\frac{L}{Bl}\times I$ とすれば，$\frac{\Delta x}{\Delta t}=v$ となる。

▶ル．式(3)より，ヌの I を用いると

$$\frac{\Delta v}{\Delta t}=-\frac{Bl}{M}\cdot\frac{Bl}{L}x=-\frac{(Bl)^2}{ML}x$$

$$\therefore \quad M\frac{\Delta v}{\Delta t}=-\frac{(Bl)^2}{L}x$$

よって，求めるばね定数を k とすると

$$k=\frac{(Bl)^2}{L}$$

▶ヲ．角振動数を ω とすると

$$\omega^2=\frac{(Bl)^2}{ML} \qquad \therefore \quad \omega=\frac{Bl}{\sqrt{ML}}$$

よって　　$T=\frac{2\pi}{\omega}=\frac{2\pi}{Bl}\sqrt{ML}$

▶ワ・カ・ヨ．時刻 t の電流 I を

$I=I_1\sin(\omega t+\alpha)$　α：初期位相

とおくと，式(4)より

$$v=\frac{L}{Bl}\cdot\frac{\Delta I}{\Delta t}=\frac{L\omega I_1}{Bl}\cos(\omega t+\alpha)$$

$$=\frac{L\omega I_1}{Bl}\sin\left(\omega t+\alpha+\frac{\pi}{2}\right)$$

よって，速度 v の位相は電流 I の位相より $\frac{\pi}{2}$ 進んでいる。

時刻 t_0 での導体棒とコイルのエネルギーの和は

$$\frac{1}{2}M{v_0}^2+\frac{1}{2}L{I_0}^2$$

位相差 $\frac{\pi}{2}$ より，速度の最大値 $v=v_1$ のとき，$I=0$ であるから，エネルギー保存則より

$$\frac{1}{2}M{v_0}^2+\frac{1}{2}L{I_0}^2=\frac{1}{2}M{v_1}^2 \qquad \therefore \quad v_1=\sqrt{{v_0}^2+\frac{L}{M}{I_0}^2}$$

同様に電流の最大値 $I=I_1$ のとき，$v=0$ であるから

$$\frac{1}{2}M{v_0}^2+\frac{1}{2}L{I_0}^2=\frac{1}{2}L{I_1}^2 \qquad \therefore \quad I_1=\sqrt{{I_0}^2+\frac{M}{L}{v_0}^2}$$

▶問 2．$t=t_0$ をあらためて $t=0$ とおいて考える。$v_0=1$〔m/s〕，$I_0=1$〔A〕，$L=1$〔H〕，$M=1$〔kg〕とすると，カ・ヨの結果より

$v_1=\sqrt{2}$〔m/s〕，$I_1=\sqrt{2}$〔A〕

よって，$I=\sqrt{2}\sin(\omega t+\alpha)$〔A〕とおくと，$t=0$ で $I=I_0=1$〔A〕より

$$1=\sqrt{2}\sin\alpha \qquad \therefore \quad \sin\alpha=\frac{1}{\sqrt{2}}$$

このとき

$$v=\sqrt{2}\sin\left(\omega t+\alpha+\frac{\pi}{2}\right)\text{〔m/s〕}=\sqrt{2}\cos(\omega t+\alpha)\text{〔m/s〕}$$

であるから，$t=0$ で $v=v_0=1$〔m/s〕より

$$1=\sqrt{2}\cos\alpha \qquad \therefore \quad \cos\alpha=\frac{1}{\sqrt{2}}$$

これらを満たす α は　　$\alpha=\frac{\pi}{4}$

よって，$t=t_0$ を原点として

$$v=\sqrt{2}\cos\left\{\omega(t-t_0)+\frac{\pi}{4}\right\}=\sqrt{2}\cos\left(2\pi\frac{t-t_0}{T}+\frac{\pi}{4}\right)$$

$$I=\sqrt{2}\sin\left\{\omega(t-t_0)+\frac{\pi}{4}\right\}=\sqrt{2}\sin\left(2\pi\frac{t-t_0}{T}+\frac{\pi}{4}\right)$$

のグラフを描けば，図3，図4のようになる。なお，位相$\frac{\pi}{4}$は$\frac{T}{8}$に相当するので，$\sqrt{2}\cos 2\pi\frac{t-t_0}{T}$，$\sqrt{2}\sin 2\pi\frac{t-t_0}{T}$のグラフを1目盛左へずらして描けばよい。

III　解答

(1)　あ．$P_1-\rho gh$

(2)　い．$P_1+2\rho gx$　う．P_1S　え．ρgS

お．$\frac{3(P_1+2\rho gl)S}{2}$　か．$3\rho gS$　き．$\frac{(5P_1+6\rho gl)S}{2}$　く．$4\rho gS$

(3)け．$\frac{2Q}{5nR}$　こ．$\frac{2}{5}Q$

(4)さ．$\rho Sg\Delta y$　し．$-\frac{5P_3S^2}{3V_3}\Delta y$　す．$P_3>\frac{3\rho gV_3}{5S}$

問1．$P_3>\frac{3\rho gV_3}{5S}$を満たす図3の状態から，さらに熱を加えつづけて気体を膨張させると，液体があふれ出していくので，気体の圧力Pが減少していく。条件$P>\frac{3\rho gV}{5S}$が満たされているときはピストンにはたらく力のつりあいは安定で，ピストンはゆっくり上昇していく。液体がすべてあふれ出た場合の気体の体積，すなわちU字管の体積をV_0，外気圧をP_0とするとき，$P_0>\frac{3\rho gV_0}{5S}$が満たされていれば，すべての液体はゆっくりとあふれ出していく。この条件が満たされていなければ，途中で力のつりあいは不安定となり，ピストンは一気に上昇するので，残りの液体は一気に噴出する。

◆テーマ◆

≪管内の気体の状態変化，断熱変化，力のつりあいの安定性≫

(1)は気体と液体による圧力のつりあいがテーマ。(2)は気体の圧力がxによって変わることがポイントである。気体がした仕事はP-Vグラフから求める。内部エネルギー，熱力学第1法則も頻出のテーマである。(3)は，定圧変化であることがポイントとなる。(4)の断熱変化は京大で頻出のテーマで，近似式の扱い方がポイントとなる。力のつりあいの安定性が目新しいテーマであるが，液体がピストンを押し下げる力と気体がピストンを押し上げる力がともに減少するので，液体が押し下げる力の減少のほうが大きければ，ピストンは一気に上昇することになる。問1ではこのような安定性の説明が求められる。

◀解　説▶

▶(1)あ．外気圧を P_0 とすると，ピストンの位置での圧力は等しいから

$$P_1=P_0+\rho gh$$

$$\therefore\quad P_0=P_1-\rho gh$$

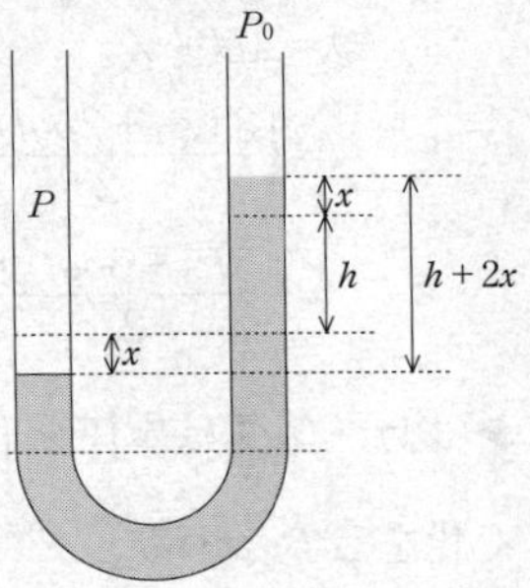

▶(2)い．気体の圧力を P とすると，ピストンの位置からの液面の高さが $h+2x$ となるから

$$P=P_0+\rho g(h+2x)$$
$$=P_1+2\rho gx$$

▶う・え．気体の圧力と体積のグラフは下図のようになるから，気体がした仕事 W はグラフの面積より

$$W=P_1\cdot xS+\frac{1}{2}\cdot xS\cdot 2\rho gx$$
$$=P_1S\times x+\rho gS\times x^2$$

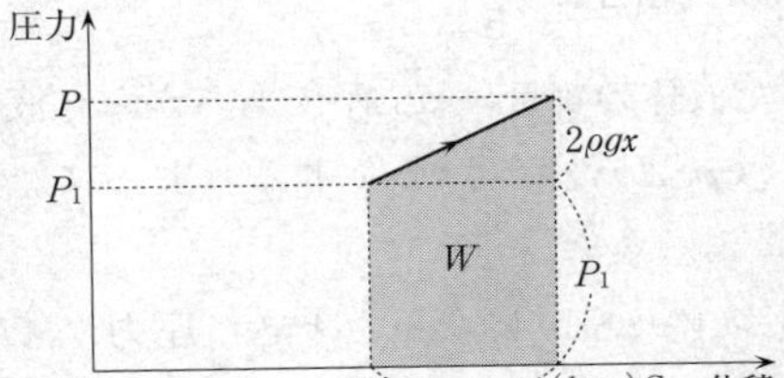

▶お・か．図1の気体の温度を T_1，ピストンが x 下がったときの温度を T とすると，状態方程式より

$$P_1lS=nRT_1$$
$$(P_1+2\rho gx)(l+x)S=nRT$$

単原子分子理想気体の内部エネルギーの変化 ΔU は

$$\Delta U=\frac{3}{2}nR(T-T_1)$$
$$=\frac{3}{2}\{(P_1+2\rho gx)(l+x)S-P_1lS\}$$
$$=\frac{3S}{2}\{(P_1+2\rho gl)x+2\rho gx^2\}$$
$$=\frac{3(P_1+2\rho gl)S}{2}\times x+3\rho gS\times x^2$$

▶き・く．気体に加えた熱量を Q とすると，熱力学第1法則より

$$Q=\Delta U+W$$
$$=\left\{\frac{3(P_1+2\rho gl)S}{2}+P_1S\right\}\times x+(3\rho gS+\rho gS)\times x^2$$
$$=\frac{(5P_1+6\rho gl)S}{2}\times x+4\rho gS\times x^2$$

▶(3)け．気体は定圧変化をする。定圧モル比熱は $\frac{5}{2}R$ であるから，温度変化を ΔT とすると

$$Q=\frac{5}{2}nR\Delta T \qquad \therefore \quad \Delta T=\frac{2Q}{5nR}$$

▶こ．気体の内部エネルギーの変化 $\Delta U'$ は　$\Delta U'=\frac{3}{2}nR\Delta T$

であるから，気体がした仕事 W' は，熱力学第1法則より

$$W'=Q-\Delta U'=nR\Delta T=\frac{2}{5}Q$$

▶(4)さ．あふれ出た液体の質量は $\rho S\Delta y$ であるから，液体がピストンに及ぼす下向きの力は $\rho S\Delta y\cdot g$ だけ減少する。よって，求める変化量は $+\rho Sg\Delta y$ である。

▶し．気体の体積が $V_3+S\Delta y$ になったとき，圧力が $P_3+\Delta P$ になったとすると，断熱変化であるから，与えられた式と近似式を用いて

$$P_3V_3^{\frac{5}{3}}=(P_3+\Delta P)(V_3+S\Delta y)^{\frac{5}{3}}$$
$$=P_3V_3^{\frac{5}{3}}\left(1+\frac{\Delta P}{P_3}\right)\left(1+\frac{S\Delta y}{V_3}\right)^{\frac{5}{3}}$$
$$\fallingdotseq P_3V_3^{\frac{5}{3}}\left(1+\frac{\Delta P}{P_3}\right)\left(1+\frac{5S\Delta y}{3V_3}\right)$$

2 次の微小量は無視すると

$$1 \fallingdotseq 1+\frac{\Delta P}{P_3}+\frac{5S\Delta y}{3V_3}$$

$$\therefore \quad \Delta P=-\frac{5P_3S}{3V_3}\Delta y$$

よって，気体がピストンに及ぼす上向きの力の変化は

$$\Delta PS=-\frac{5P_3S^2}{3V_3}\Delta y$$

▶す．さとしの和が負の場合，力のつりあいが安定であるから

$$\rho Sg\Delta y-\frac{5P_3S^2}{3V_3}\Delta y<0$$

$$\therefore \quad P_3>\frac{3\rho gV_3}{5S} \quad (\because \quad \Delta y>0)$$

▶問 1．力の安定性の条件が気体の膨張によってどのように変化するかを説明するのであるから，安定性の条件がどのようなときに破られるかを示せばよい。

講　評

2016 年度は理科 2 科目で 180 分（教育学部理系試験は 1 科目で 90 分），大問 3 題の出題に変化はなかった。Ⅰは力学の総合問題で特に目新しい内容ではないが，計算量が多い。Ⅱの電磁気も内容は電磁誘導と電気振動であるが，微小変化で式が書かれており，戸惑うかもしれない。Ⅲの熱力学も頻出の断熱変化であるが，最後の力のつりあいの安定性が京大らしいテーマである。

Ⅰ．ア～カは基本的で，確実に解答したい。キ・クも基本的であるが，計算はかなり面倒である。ここを乗り切ればケ～サは容易である。シ～セの設定が目新しく，ここと問 1 のグラフの描図で得点に差がつくであろう。

Ⅱ．テーマとしてはオーソドックスで，イ～ヲは十分完答できる。ワの位相のずれが難しい。これができなければ問 2 のグラフが描けないので，差がつく。カ・ヨの振幅は単独で解けるので，失点しないことが大切である。

Ⅲ．3 題中で最も解きにくかったと思われる。あ・いの圧力は基本であるが，う～くは P-V グラフを描けるかどうかで差がつく。け・この定圧変化も簡単そうで答えにくい。さ～すと問 1 の力のつりあいの安定性は難問である。特に，問 1 は問題

文の意味を把握しづらかったと思われる。

まとめると，2016 年度は難易度は例年とそう変わらなかったものの，記述量が増えた分，2015 年度より解きにくかったと思われる。時間内に解くのは大変であろう。

化学

I　解答

(a)　問1．ア．Au　イ．Ag　ウ．Cu

エ．イオン化傾向　オ．Fe　カ．六方最密構造

キ．体心立方格子

問2．4.5

問3．①　$3Cu+8HNO_3 \longrightarrow 3Cu(NO_3)_2+4H_2O+2NO$

②　$Ti+2H_2O \longrightarrow TiO_2+2H_2$

問4．(1)(i)　$2H_2O \longrightarrow 4H^++4e^-+O_2$

(ii)　$Ag^++e^- \longrightarrow Ag$

(2)0.34 L

(b)　問5．水素の分圧 P_{H_2} は図1より

$$\log_{10}P_{H_2}=4.0 \qquad P_{H_2}=1.0\times10^4〔Pa〕$$

したがって，容器内に存在する H_2 の物質量 n_{H_2} は

$$1.0\times10^4\times3.0=n_{H_2}\times8.31\times10^3\times(1000+273)$$

$$n_{H_2}=2.83\times10^{-3}〔mol〕$$

$2HI \rightleftarrows H_2+I_2$ の平衡となるので，生成した I_2 も 2.83×10^{-3}mol である。

また，存在する HI は

$$1.0\times10^{-2}-2\times2.83\times10^{-3}=4.34\times10^{-3}〔mol〕$$

よって，求める平衡定数は

$$K=\frac{[H_2][I_2]}{[HI]^2}=\frac{\left(\dfrac{2.83\times10^{-3}}{3.0}\right)\left(\dfrac{2.83\times10^{-3}}{1.0}\right)}{\left(\dfrac{4.34\times10^{-3}}{1.0}\right)^2}$$

$$=0.141\fallingdotseq0.14 \quad \cdots\cdots(答)$$

◀解　説▶

≪各種金属の性質，チタンの水素吸収と HI の分解，電気分解≫

◆(a)　▶問1．ア．Au のイオン化傾向は極めて小さく，塩酸・希硫酸などの強酸や希硝酸・濃硝酸・熱濃硫酸などの酸化力のある酸には溶解しない。また，延性・展性が金属の中でも最大である。

イ・ウ．Ag や Cu は上述の酸化力のある酸に溶解し，H_2 以外の気体を発生させる。Ag の電気伝導性・熱伝導性は金属の中でも最大で，Cu はそれに次ぐ。また，ハロゲン化銀 AgX は次式のように光により分解し，銀が遊離する。

$$2AgX \longrightarrow 2Ag\,(黒) + X_2$$

オ．Fe は希酸に溶解し H_2 を発生させるが，濃硝酸・熱濃硫酸には不動態を形成するため溶解しない。また，ヘモグロビンは赤血球中にあるタンパク質で，鉄イオンを含む。

カ・キ．常温における Ti の単位格子は，Zn や Mg と同様，六方最密構造で，加熱により体心立方格子に変化する（変態）。また，Fe 同様，不動態を形成するため，耐食性が高い。

▶問２．$\dfrac{47.9}{10.6}=4.51\fallingdotseq 4.5$〔$g/cm^3$〕

▶問４．(2)　$\dfrac{0.50\times(3\times60+13)\times60}{9.65\times10^4}\times\dfrac{1}{4}\times22.4=0.336\fallingdotseq 0.34$〔L〕

◆(b)　▶問５．平衡時における HI と I_2 の体積は 1.0 L だが，H_2 の体積は（2.0+1.0）L となる。

Ⅱ　解答

(a)　問１．0.91

問２．サリチル酸の１価の陰イオンは，右図のように分子内水素結合を形成し安定化される。したがって，第一段階の電離は起こりやすく，また第二段階の電離が起こりにくいため，第一段階の電離はサリチル酸の方が起こりやすく，第二段階の電離は *m*-ヒドロキシ安息香酸の方が起こりやすい。よって，サリチル酸の方が酸性は強い。

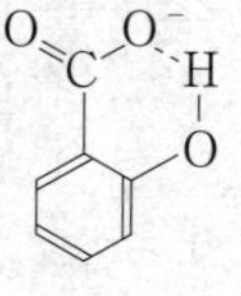

(b)　問３．ア．2.0　イ．陽極

問４．$-\dfrac{y+2z}{100}$

問5．(i)

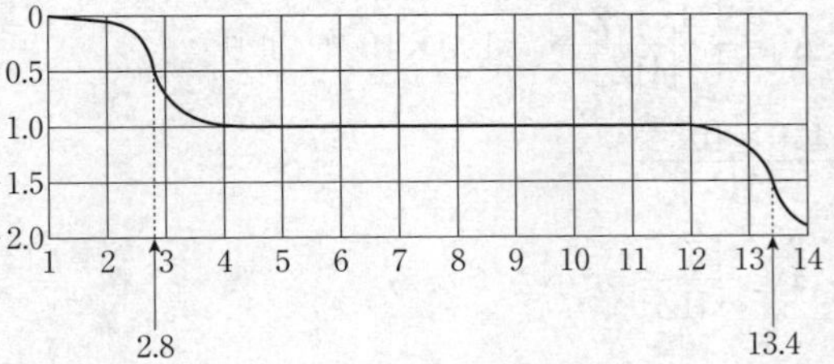

(ii)

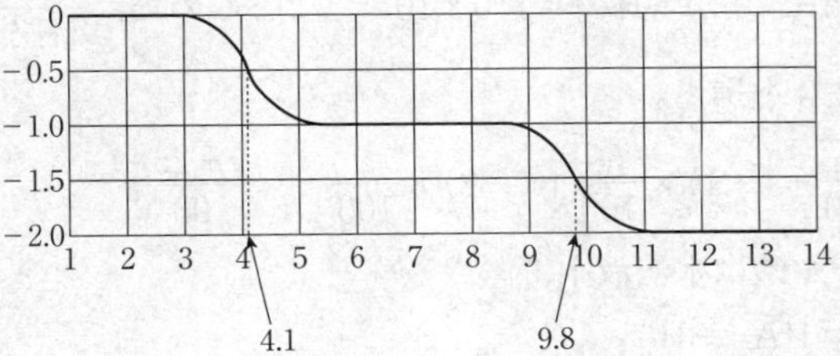

問6．11.6

◀解　説▶

≪サリチル酸の電離平衡とpH，pHの変化と平均荷電数，電気泳動速度≫

◆(a)　▶問1．図2より，pH3.8ではA^{2-}はほとんど存在しないため，第一段階の電離だけを考える。サリチル酸（H_2Aとする）の濃度をC〔mol/L〕，求める電離度をαとすれば，平衡時の各成分のモル濃度はそれぞれ

$$[H_2A]=C(1-\alpha),\ [HA^-]=C\alpha,\ [H^+]=1.0\times10^{-3.8}$$

したがって

$$K_{a1}=\frac{[H^+][HA^-]}{[H_2A]}=\frac{1.0\times10^{-3.8}\times C\alpha}{C(1-\alpha)}=1.0\times10^{-2.8}$$

$$\therefore\quad \alpha=0.909\fallingdotseq0.91$$

▶問2．炭酸のように$K_{a1}\gg K_{a2}$である2価の酸の強さは，第一段階の電離でほとんど決まる。サリチル酸の場合，第一段階で生じた陰イオンがさらに安定な分子内水素結合体を作るため，逆反応が起こりにくくなり，K_{a1}がm-ヒドロキシ安息香酸より大きくなる。またK_{a2}の値はm-ヒドロキシ安息香酸の方が大きいが，これは水素結合によってフェノール性ヒドロキシ基の電離が妨げられるからである。

◆(b)　▶問 3．$K_a = \dfrac{[H^+][Z^-]}{[HZ]} = 1.0 \times 10^{-5.0}$ より

$$\frac{[Z^-]}{[HZ]} = \frac{1.0 \times 10^{-5.0}}{[H^+]}$$

$[H^+]$ が大きいほど $\dfrac{[Z^-]}{[HZ]}$ が小さくなる。

選択肢のうち pH2.0 が $[H^+] = 1.0 \times 10^{-2.0}$ になるので，$\dfrac{[Z^-]}{[HZ]}$ が最も小さい。よって 2.0 を選ぶ。

▶問 4．$0 \times \dfrac{x}{100} + (-1) \times \dfrac{y}{100} + (-2) \times \dfrac{z}{100} = -\dfrac{y+2z}{100}$

▶問 5．サリチル酸は水溶液中で

$$H_2A \rightleftarrows HA^- + H^+$$

$$HA^- \rightleftarrows A^{2-} + H^+$$

の平衡が成り立っており，pH の違いにより平衡が移動して，H_2A，HA^-，A^{2-} の存在比率が変わる。図 2 より，pH が約 5 ～11 の範囲では HA^- の存在比率がほぼ 100％となっている。つまりこの範囲では，$y = 100$，$z = 0$ より，平均荷電数は -1 となる。pH がこの範囲より小さくなれば，図 2 に従い H_2A が増加（x が増加）し，HA^- が減少（y が減少）するが，A^{2-} は存在しない（$z = 0$）。つまり平均荷電数は -1 より大きくなる。
したがって，平均荷電数が -0.5 の場合

$$-\frac{y+2z}{100} = -\frac{y+0}{100} = -0.5$$

$$x + y = 100$$

これより　　$x = y = 50$

よって

$$K_{a1} = \frac{[H^+][HA^-]}{[H_2A]} = [H^+] = 1.0 \times 10^{-2.8} \qquad \therefore \quad pH = 2.8$$

同様に，pH が 11 より大きくなれば，A^{2-} が増加（z が増加）し，HA^- が減少（y が減少）するが，H_2A は存在しない（$x = 0$）。つまり平均荷電数は -1 より小さくなる。したがって，平均荷電数が -1.5 の場合

$$-\frac{y+2z}{100} = -1.5$$

$y+z=100$

これより　　$y=z=50$

よって

$$K_{a2}=\frac{[H^+][A^{2-}]}{[HA^-]}=[H^+]=1.0\times10^{-13.4}\qquad\therefore\quad pH=13.4$$

m-ヒドロキシ安息香酸についても同様に考えて，〔解答〕のグラフが描ける。

▶問６．問５の２つのグラフより，pH＝3.5 以上では pH＝11.6 のときが最も平均荷電数の差が大きく，電気泳動速度が最も異なるとわかる。

Ⅲ　解答

(a)　問１．E．フマル酸　G．エタノール

Ｉ．アセトン　問２．$C_{11}H_{18}O_4$

問３．A．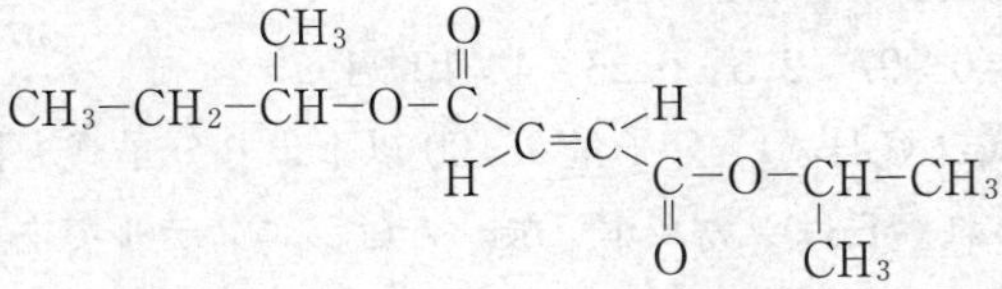

H．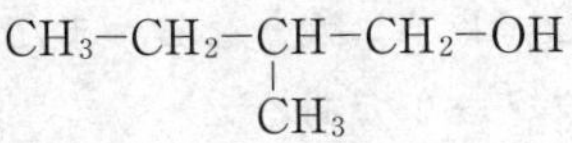　J．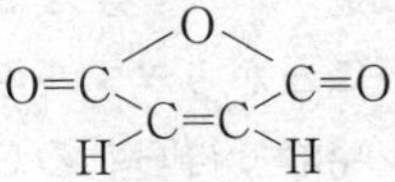

(b)　問４．M．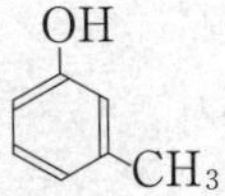　N．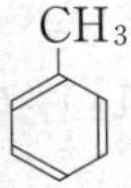

問５．オルト・パラ　問６．５

問７．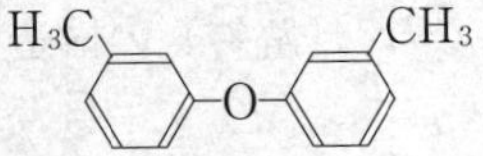

問８．(i)　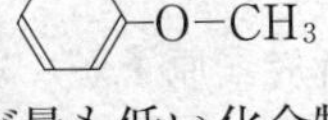

(ii)　沸点が最も低い化合物はエーテルで，ナトリウムと反応しないが，それ以外は反応する。

◀解　説▶

≪脂肪族ジエステル・芳香族エーテルの構造決定と分解生成物の性質≫

◆(a)　▶問１．酢酸カルシウムを乾留すると，次式のようにアセトンが生

成する。

$$Ca(CH_3COO)_2 \longrightarrow CaCO_3 + (CH_3)_2CO$$

また，クメン法では最終的にアセトンとフェノールが生成する。したがってＩはアセトンである。$K_2Cr_2O_7$で酸化してアセトンＩが得られるＣは2-プロパノール（C_3H_8O）である。さらにＤ 18.5mg中のC，HおよびOの質量をそれぞれw_C，w_Hおよびw_O〔mg〕とすれば

$$w_C = 43.9 \times \frac{12.0}{44.0} = 11.972 \fallingdotseq 11.97\text{〔mg〕}$$

$$w_H = 22.5 \times \frac{2.0}{18.0} = 2.5\text{〔mg〕}$$

$$w_O = 18.5 - 11.97 - 2.5 = 4.03\text{〔mg〕}$$

$$C : H : O = \frac{11.97}{12.0} : \frac{2.5}{1.0} : \frac{4.03}{16.0}$$

$$= 0.997 : 2.5 : 0.25 \fallingdotseq 4 : 10 : 1$$

よってＤの組成式は$C_4H_{10}O$，分子量が100以下より分子式も同じで，アルコールと考えられ，Ｅはジカルボン酸，Ａはジエステルである。Ｅはその分子式とC=Cを持つことを考えると，マレイン酸かフマル酸となり，分子内で脱水しないことからフマル酸，Ｆはマレイン酸となる。また，ブドウ糖のアルコール発酵で得られるＧはエタノールである。

▶問２．化合物Ａの分子式は

$$C_3H_8O + C_4H_{10}O + C_4H_4O_4 - 2H_2O = C_{11}H_{18}O_4$$

となる。

▶問３．Ａが不斉炭素原子を持つには，アルコールＤに不斉炭素原子がなければならない。よってＤは2-ブタノールとなり，〔解答〕の構造とわかる。また，化合物Ｈの分子式は

$$C_{11}H_{18}O_4 + 2H_2O - C_4H_4O_4 - C_2H_6O = C_5H_{12}O$$

となる。Ｂが不斉炭素原子を持つには，Ｈに不斉炭素原子がなければならない。また，ヨードホルム反応が陰性なので，$CH_3-\underset{OH}{\underset{|}{CH}}-$ の構造を有しない。よって，2-メチル-1-ブタノールが適当である。

◆(b)　▶問４・問５．題意よりMはクレゾールの異性体の１つと考えられる。$-OH$ と $-CH_3$ はともに *o*,*p*-配向性より，*m*-クレゾールの場合，右図のように臭素化により３カ所での置換が考えられ，化合物Oが生成できる。

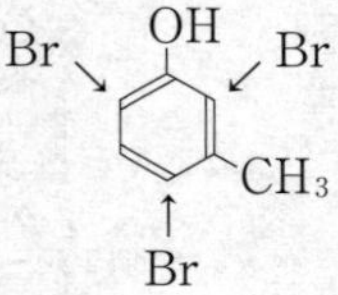

また，Nの分子式は

$$C_{14}H_{14}O+H_2-C_7H_8O=C_7H_8$$

となり，トルエンとわかる。

▶問６．下図あのように左に *o*-クレゾール構造を配置した場合，右側のベンゼン環に $-CH_3$ が結合する位置の違いによって①，②および③の異性体が考えられる。同様にいの場合には，④，⑤および⑥の異性体が考えられるが，④は②と同じ化合物となる。うの場合には⑦と③，⑧と⑥が同じ化合物である。

あ．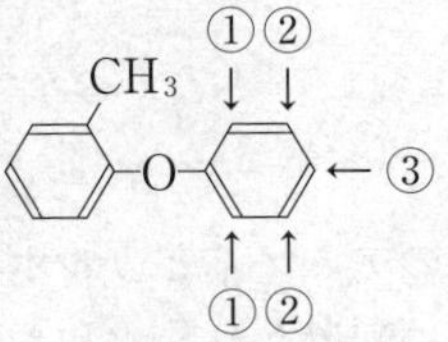　い．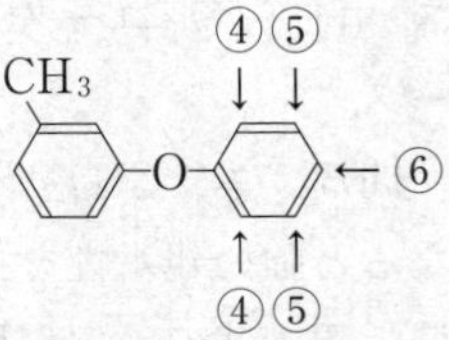

う．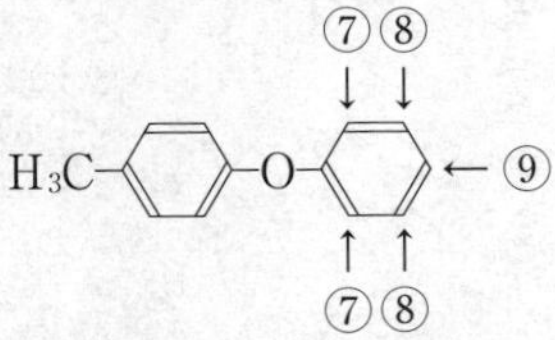

したがって，Lを含めると６種類の構造が考えられる。

▶問７．次図のえ，おの構造の場合，切断される位置（点線部分）の違いによってオルトクレゾールやパラクレゾールの生成も考えられる。したがって，どちらの切断に対してもメタクレゾールを生じる化合物がLとなる。

え．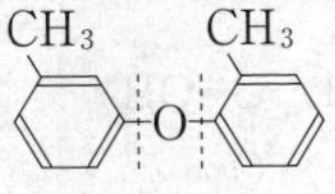　お．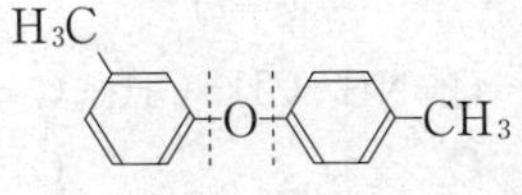

L．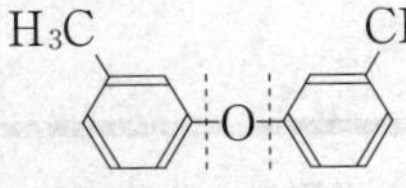

▶問８．化合物Mの構造異性体には次の５種類が考えられる。

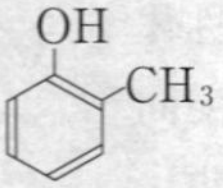

o-クレゾール
（他に *m*-，*p*-の異性体）

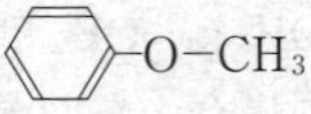

メチルフェニルエーテル

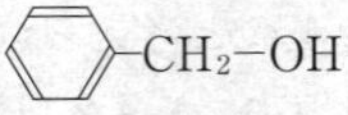

ベンジルアルコール

これらのうち，クレゾールとベンジルアルコールはヒドロキシ基を有するため，水素結合により沸点が高くなる。またナトリウムと反応する。メチルフェニルエーテルはヒドロキシ基がなく，沸点は低い。またナトリウムと反応しない。

Ⅳ　解答

(a)　問1．5

問2．A．マルトトリオース　B．ネオテーム　C．セロビオース　D．スクロース　E．クルクリン　F．フルクトース　G．マルトース　H．グルコース

問3．スクロース

(b)　問4．11　問5．エ．CH_3　オ．H

問6．環状になると強い親水性を持つ末端のアミノ基とカルボキシ基が失われるとともに，親水基の一部が環の内側に配置され，水和されにくい構造となるから。

問7．

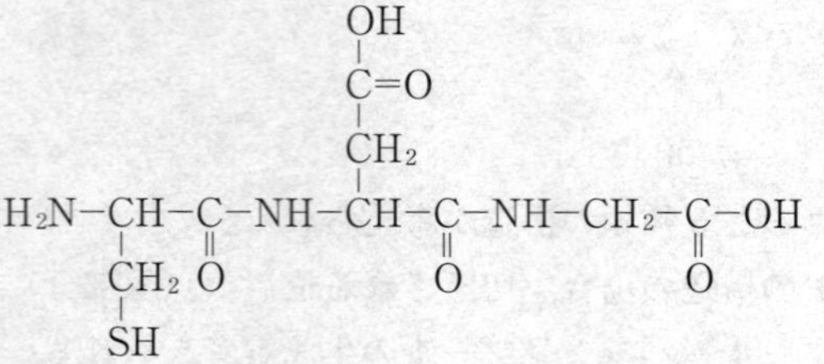

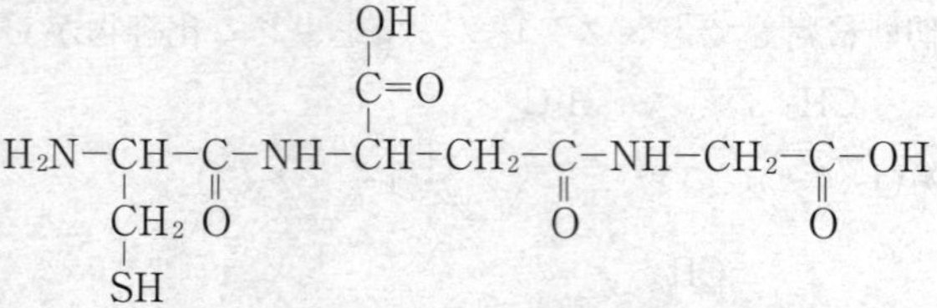

◀解　説▶

≪各種糖類とペプチドの性質，環状ペプチドの性質，D型光学異性体≫

◆(a)　▶問1・問2．(あ)　アミノ酸やタンパク質にニンヒドリン水溶液を

加えると，青紫〜赤紫色に変化（ニンヒドリン反応）する。

(い)　ビウレット反応であり，トリペプチド以上のポリペプチドで赤紫色を呈する。

(う)　タンパク質は加熱や酸・重金属イオン・アルコールなどの存在により凝固や沈殿し（変性），タンパク質の性質や生理機能が失われる。

以上より，Eがタンパク質のクルクリン，Bがジペプチドのネオテームとなる。

(え)　アミロースは酵素アミラーゼにより，マルトースやマルトトリオースに加水分解される。マルトトリオースは1,4-グリコシド結合によりα-グルコースとマルトースが縮合した三糖である。セルロースは酵素セルラーゼによりセロビオースCに加水分解される。

(お)　A中のC，HおよびOの質量をw_C，w_H，およびw_O〔mg〕とすれば

$$w_C=376.2\times\frac{12.0}{44.0}=102.6\text{〔mg〕}$$

$$w_H=136.8\times\frac{2.0}{18.0}=15.2\text{〔mg〕}$$

$$w_O=239.4-102.6-15.2=121.6\text{〔mg〕}$$

$$\mathrm{C:H:O}=\frac{102.6}{12.0}:\frac{15.2}{1.0}:\frac{121.6}{16.0}=8.55:15.2:7.6$$

$$=1.125:2:1=9:16:8$$

マルトースおよびマルトトリオースの分子式はそれぞれ$C_{12}H_{22}O_{11}$および$C_{18}H_{32}O_{16}$より，Aがマルトトリオース，Gがマルトースとなる。

同様に，CおよびG中のC，HおよびOの質量をw_C'，w_H'，およびw_O'〔mg〕とすれば

$$w_C'=369.6\times\frac{12.0}{44.0}=100.8\text{〔mg〕}$$

$$w_H'=138.6\times\frac{2.0}{18.0}=15.4\text{〔mg〕}$$

$$w_O'=239.4-100.8-15.4=123.2\text{〔mg〕}$$

$$\mathrm{C:H:O}=\frac{100.8}{12.0}:\frac{15.4}{1.0}:\frac{123.2}{16.0}=8.4:15.4:7.7$$

$$=1.090:2:1\fallingdotseq 12:22:11$$

マルトース(G)およびセロビオース(C)の分子式は$C_{12}H_{22}O_{11}$より，この

元素分析の結果と矛盾しない。

(カ) マルトトリオース(A)，セロビオース(C)，マルトース(G)を希硫酸で加水分解するとグルコース(H)のみが得られる。Dがスクロースで，加水分解すると，グルコース(H)とフルクトース(F)が得られる。

▶問３．次図のα-グルコースのように，ヘミアセタール構造を持つ糖は開環してアルデヒド基を有する鎖状構造となるため，フェーリング液を還元する。

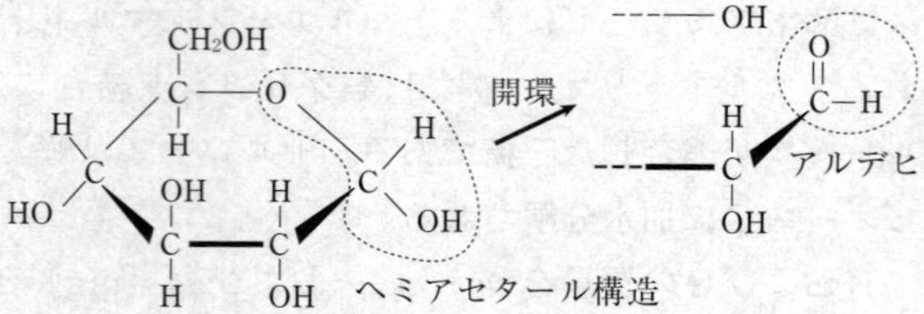

α-グルコース

グルコースが鎖状に縮合してできるマルトース，セロビオース，マルトトリオースもヘミアセタール構造を持つ。スクロースは下図のようにヘミアセタール構造を持たず，開環しないためフェーリング液を還元しない。

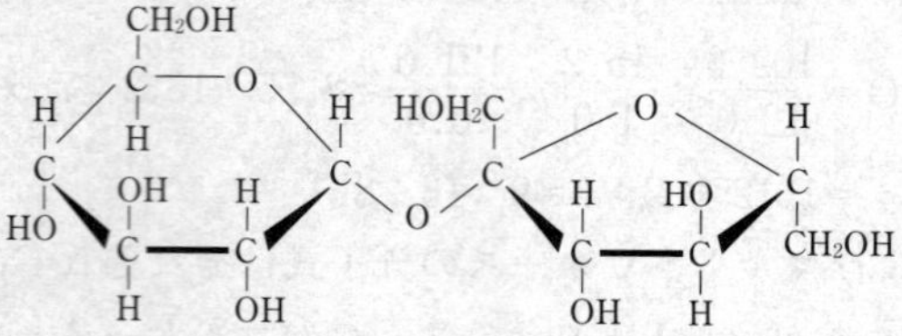

スクロース

フルクトースにも開環してケトン基を持つ鎖状構造が存在し，この末端で転位反応が起こりアルデヒド基となるため，フェーリング液を還元する。

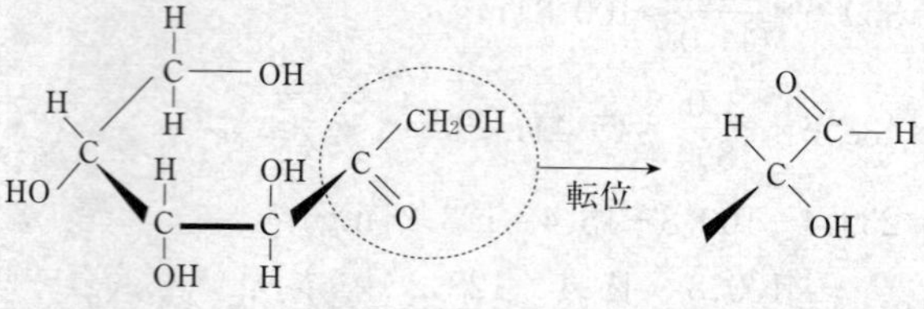

フルクトースの鎖状構造

◆(b) ▶問４．次図のようにペプチド結合で切断する（点線部）と11分子のアミノ酸が結合してできていることがわかる。

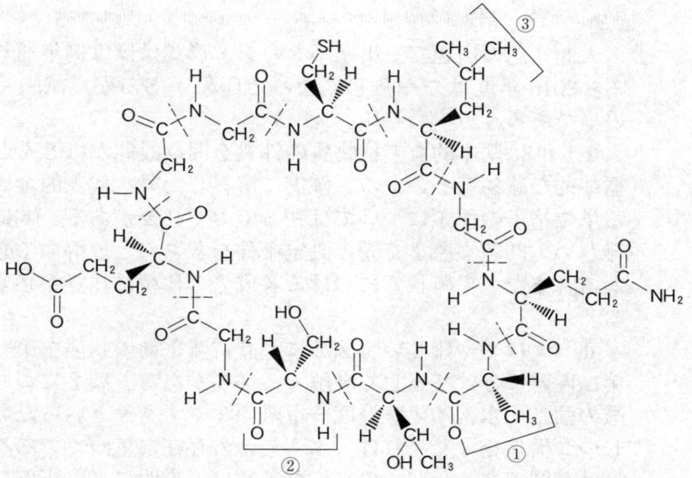

▶問５．問４の解説図において，各アミノ酸の α 位の不斉炭素原子に結合するＨ原子の向きに着目する。ほとんどのアミノ酸の立体的な接続は同じであり，かつ，Ｈ原子は下向き（‥‥Ｈ）に結合している。しかし，①と②のアミノ酸では上向き（◀Ｈ）に付いている。ところが，②を他のアミノ酸と同じ立体的な配置に戻すと右のような構造になるので，これはＬ型である。一方，①はそうではない。したがって，①がＤ型で次の D-アラニンである。

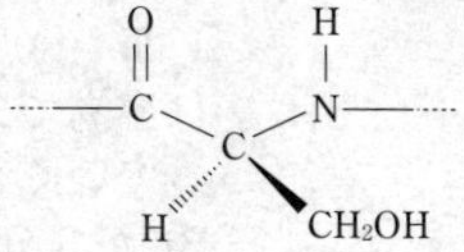

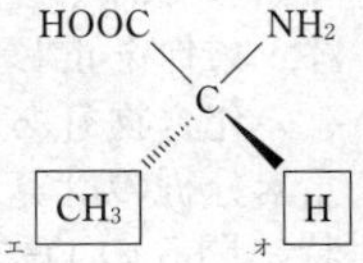

▶問６．ペプチドは親水基が水和されコロイドとなって水に溶ける。環状になることで一部の親水基が内側に配列され，また末端の強い親水基の $-NH_2$ や $-COOH$ が失われるため，水和されにくくなる。

▶問７．問４の解説図の③部分のような大きなアルキル基を持つアミノ酸は，疎水性が高い。カルボキシ基２つを有するアスパラギン酸のような親水性の高いアミノ酸に置換することで，ペプチドの親水性も高まる。この場合，ペプチド結合を形成するカルボキシ基の違いにより２種類の構造異性体が考えられる。

講 評

大問 4 題の出題で，出題パターン・形式はほぼ例年通りである。2016 年度はやや難しくなった印象があるが，試験時間は妥当であろう。

I (a)は基本的な無機物質の性質を問う設問がほとんどで，標準的な難易度といえる。確実に解答したい。代表的金属がとる単位格子の種類については知っておく必要がある。(b)はやや難しい。問題文をよく読み設定条件をきちんと理解する必要がある。また，平衡状態における各成分の体積に注意が必要である。

II (a)はやや難しい。図 2 により電離平衡の状態を第一段階，第二段階に分けて正しく理解する必要がある。問 2 については，酸の強さ→水素イオン濃度→電離のしやすさ，といった発想をしつつ構造をよく見れば，水素結合の存在に気づくであろう。(b)は難問である。問 4 の平均荷電数は，説明に従い正確に立式できるかどうか。そこから，問 5 のグラフを描くには時間がかかるだろう。図 2 から平均荷電数が変化しない領域をまず見極め，変化する領域を正しく描くことがポイントになる。指示に従い，平均荷電数が -0.5 と -1.5 になる pH を求めることで，グラフ全体が見えてくる。

III (a)については，題意よりジエステルと予想できれば推定は容易である。確実にわかる化合物があるので，そこから手繰っていくとよい。(b)も特に問題はない。M から O への変化で，Br が 3 分子置換していることから配向性を考える。ただ，主な官能基の配向性は知っておく必要があるだろう。

IV (a)については，条件を正しく理解すれば難しくはない。教科書に載っていない化合物もあるが，説明されており問題はない。IIIも含めて元素分析の計算が多く，慎重に計算しよう。(b)はやや難しい。特に問 5 の D-アミノ酸の見分け方は簡単にはいかない。問 6 は，水に溶けにくい→水和されにくい，といった発想をしつつ構造をよく観察し，理由を考えたい。問 7 は疎水基となる大きな炭化水素基がないか，まず探すことが重要。

生物

I　解答

(A)　問1．(1) 50％　(2) 67％

(B)　問2．A－B：2.0％　B－C：4.0％　C－D：1.0％

問3．右図。

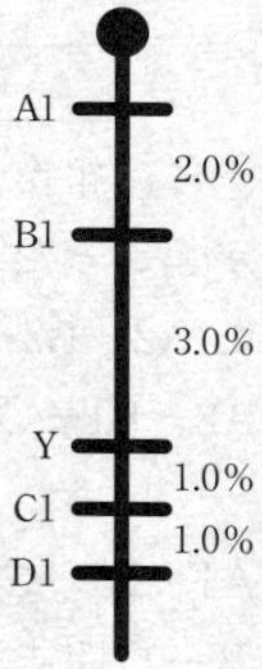

(C)　問4．欠失，重複，転座（順不同）

問5．ア．B1　イ．C2　ウ．C1　エ．B2　オ．A2　カ．D2

問6．逆位部分で乗換えが生じた染色体は，動原体を1個でなく，0個または2個持つ。このため，減数分裂において動原体の働きが異常となり，配偶子が正常に形成されず，組換えが生じた産子を得られない。逆位の外側での乗換えでは動原体数は正常であり，正常な配偶子形成が起きて，組換えを生じた産子が得られる。

◀解　説▶

≪致死遺伝子，組換え価の計算，逆位と組換え≫

◆(A)　▶問1．よく知られているマウスの第二染色体上の遺伝子Yの劣性致死遺伝の出題である。突然変異を生じたY遺伝子をY，正常型のY遺伝子をyと表記する。

(1)　灰色マウスはyy，黄色マウスはYyであるから，両者の間に生じる産子は　　Yy (黄)：yy (灰)＝1：1

したがって，黄色になる産子の割合は50％（有効数字2桁に注意）である。

(2)　黄色マウス同士の交配では，交配結果はYY：Yy：yy＝1：2：1となる。YYは致死性となるので，産子は　　Yy (黄)：yy (灰)＝2：1

したがって，黄色になる産子の割合は66.6…≒67％（有効数字2桁に注意）。

◆(B)　▶問2．表1に下のように番号（①－⑧）を付す。また，灰色のホモ個体からA2－B2－C2－D2が必ず伝わるから，もとの表1内の遺伝子型の / の右側にあるA2－B2－C2－D2の遺伝子は灰色のホモ個体から伝わったものであり，①～⑧のすべてに共通するので省略し，/の左側だけ表記しておく。

		①	②	③	④	⑤	⑥	⑦	⑧
遺伝子型	マーカーA	A2	A2	A2	A2	A1	A1	A1	A1
	マーカーB	B2	B2	B2	B1	B1	B1	B1	B2
	マーカーC	C2	C2	C1	C1	C1	C2	C2	C2
	マーカーD	D2	D1	D1	D1	D1	D2	D2	D2
表現型		灰色	灰色	黄色	黄色	黄色	黄色	灰色	灰色
匹　数		90	2	2	3	96	2	4	1

①には組換えなしのA2―B2―C2―D2の配偶子，②はC－D間で組換えが起こったA2―B2―C2―D1の配偶子，③はB－C間で組換えが起こったA2―B2―C1―D1の配偶子が伝わる。以下，④はA－B間で組換えたA2―B1―C1―D1，⑤は組換えなしのA1―B1―C1―D1の配偶子が伝わっている。さて⑥と⑦についてだが，⑥はB－C間で組換えが起こってA1―B1―C2―D2の配偶子が，⑦もA1―B1―C2―D2だから，どちらもB－C間で組換えが起こった配偶子が伝わっていることに気がつかねばならない。遺伝子型は同一で表現型（黄色か灰色か）が異なっているのである。この部分は問3で問題になる。⑧はA－B間で組換えたA1―B2―C2―D2の配偶子が伝わっている。

以上のように整理すると，組換えなしは①・⑤，A－B間で組換えたものは④・⑧，B－C間で組換えたものは③・⑥・⑦，C－D間で組換えたものは②となる。

以上より，A－B間の組換え価は④・⑧の数値（匹数）から

$$\frac{\text{組換えた配偶子}}{\text{全配偶子}}\times 100=\frac{3+1}{200}\times 100=2$$

である。有効数字が2桁だから，解答は2.0％と記すこと。

同様にして，B－C間の組換え価は③・⑥・⑦の数値から

$$\frac{2+2+4}{200}\times 100=4$$ となり　　4.0％

C－D間の組換え価は②の数値から

$$\frac{2}{200}\times 100=1$$ となり　　1.0％

となる。隣接した遺伝子間では二重乗換えはないとあるから，計算した組換え価の数値はそのまま用いてよい。

▶問３．交配に用いた黄色個体から表１の個体へ伝わった遺伝子Ｙまたはｙを考えよう。まず，ＡとＹ（ｙ）について考える。A1 とＹ（A2 とｙ）は同じ染色体上にあったから，A2 を持ち灰色の形質（ｙ）の個体（①・②）と A1 を持ち黄色い形質（Ｙ）の個体（⑤・⑥）は組換えなしの配偶子から形成され，逆に，A2 を持ち黄色い形質（Ｙ）の個体（③・④）と A1 を持ち灰色（ｙ）の個体（⑦・⑧）は組換えた配偶子から形成される。したがって，Ａ－Ｙの組換え価は③・④・⑦・⑧の数値から

$$\frac{2+3+4+1}{200}\times 100=5\quad \text{ゆえに}\qquad 5.0\%$$

となり，B1－C1 間にＹがあるとわかる。

A1 はＹに隣接していない（二重乗換えがあるかもしれない）ので念のために，Ｂ－Ｙ間の組換え価を求めておこう。B1 で黄色（Ｙ）のもの（④・⑤・⑥）と B2 で灰色（ｙ）のもの（①・②・⑧）が組換えなし，B1 で灰色（ｙ）のもの（⑦）と B2 で黄色（Ｙ）のもの（③）が組換えありだから，組換え価は③・⑦の数値から $\frac{2+4}{200}\times 100=3$ となる。したがって，ＹはＢとＣ間でＢから 3.0％の位置にある。

以上を，まとめて図示すれば，〔解答〕の図のようになる。

別解　⑥の個体は黄色の表現型だからＹ遺伝子を持った配偶子が，⑦は灰色だからｙ遺伝子を持った配偶子が伝わっている。そこで⑥に伝わった配偶子は，A1－B1－C2－D2 とＹを持つ。⑦には A1－B1－C2－D2 とｙを持った配偶子が伝わっている。隣接遺伝子間では二重乗換えがないから，Ｙは B1 と C1 の間にあったことになる。したがってＢ－Ｙについて⑦は組換えた配偶子（B1－ｙ）が伝わった個体である。また逆に，③も組換えた配偶子（B2－Ｙ）を持つ個体である。よって，Ｂ－Ｙ間での組換え価は③・⑦の数値から $\frac{2+4}{200}\times 100=3$ となる。したがって，ＹはＢとＣ間でＢから 3.0％の位置にある。

◆(C)　▶問４．染色体突然変異のうち，構造の変化とされるものは（逆位・）重複・欠失・転座である。染色体数の変化を伴う倍数化や特定の染

色体を失っていたり，複数持っていたりする異数化は構造の変化ではない。なお，〔解答〕に述べた以外の構造変化として，相互転座や切断などと呼ばれるものもあるが，高校の授業では触れられない。

▶問5．図3をもとにして，B－C間で乗換えが起こったものをみてみよう（図ⓐ)。図ⓐは，4本ある染色分体のうちの（異なる相同染色体由来の）2本で乗換えが起こった場合を示している。このとき，図ⓐの①と④は乗換えなし（組換えなし)，②と③は乗換えあり（組換えあり）である。これを，図2と同じように染色体を伸ばした状態に描いたものが，図ⓑである。

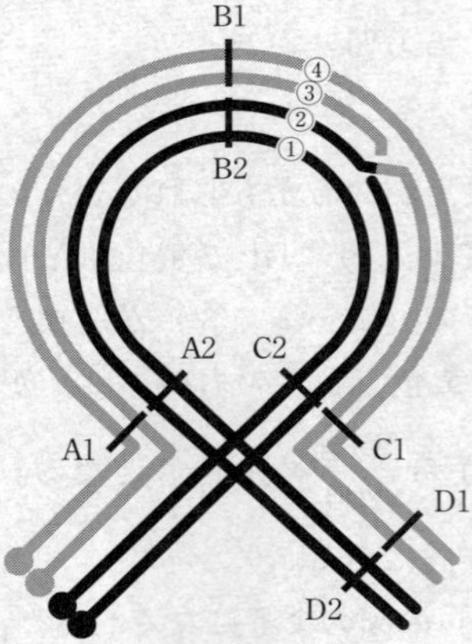

図　ⓐ

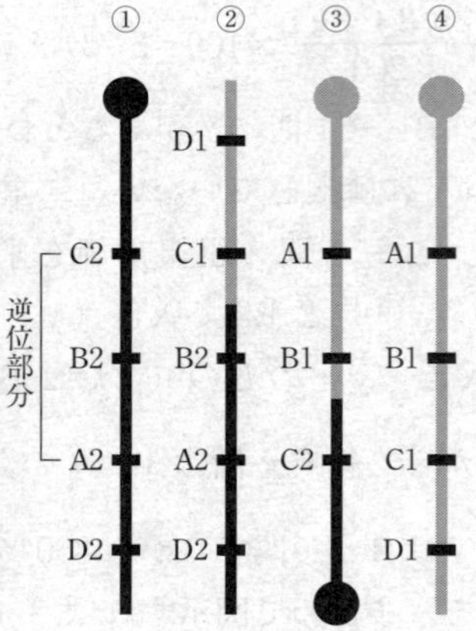

図　ⓑ

このうち，動原体を2つ持つ③が（動原体)－(A1)－(ア)－(イ)－(動原体）となるものである。そこで図ⓑからア．B1，イ．C2となる。動原体を持たないもの②が（D1)－(ウ)－(エ)－(オ)－(カ）であり，図ⓑからウ．C1，エ．B2，オ．A2，カ．D2となる。

▶問6．動原体が2つあったり，全くなかったりすると減数分裂時に染色体の配分が均等に行われない配偶子形成の異常が起こる。また，乗換えが起こった染色体は，遺伝子の配分にも異常が現れる。例えば図ⓑの②の染色体はDが重複し，③はDが失われている。このため，配偶子が作られたとしても，受精卵は正常に発育しない。したがって，A－B－C（逆位部分）の内側（図3の輪になった部分）で乗換えが起こった場合は，組換えた遺伝子構成の産子が得られない。これに対して逆位部分の外側（図3の輪になった部分の外側）で乗換えが起こった場合は，そのようなことがなく，配偶子は正常に形成され，遺伝子の配分も正常であるから，組換えを生じた産子が得られることになる。

ここにみられるように，逆位など組換えを抑制する働きを持った染色体はバランサー染色体と呼ばれ，注目した染色体を組換えを起こさずに追跡したり，ホモ接合にすることができるなど重要な遺伝学上の手法として利用されている。

II　解答　(A)　問１．収束進化（収れん進化）

問２．(あ) Aa　(い) aa

問３．自家受粉できない短花柱花と長花柱花は，ハチの消失で両者間の受粉が起こりにくく，結実率や種子生産数が，自家受粉が可能な等花柱花に比べ極端に低い。そのため，短花柱花と長花柱花の遺伝子頻度は低下し，等花柱花の遺伝子頻度が集団内で急速に高まると考えられる。

(B)　問４．近交弱勢（近交退化，内婚劣勢）

問５．同じ巣内のワーカーや兵隊は，すべて同じ女王と王から生まれており，血縁関係にある。したがって，直接に子孫を残さなくても，女王と王を助けることで，自分の持つ遺伝子と同じ遺伝子を持つ兄弟や姉妹を増やせば，結果的に自己の遺伝子をより多く残すことができるから。

問６．(あ) CC，DD

(い)副女王は，女王が持つ２本の相同染色体の一方を２本ずつ持つような卵の単為生殖により作られるが，ワーカーは通常の卵と精子の受精により作られる。

問７．AA，AB，BB

◀解　説▶

≪サクラソウ集団の花型の遺伝，ヤマトシロアリの社会と単為生殖≫

◆(A)　▶問１．有袋類であるフクロモモンガと真獣類であるモモンガが同じような外見を持つように，系統上では全く異なる生物が，同じような形態や特徴を示すように進化することを収束進化（収れん進化）という。

▶問２．(A)の問題文中には「短花柱花と長花柱花の間で受粉が起こると正常に種子ができるが，同じ型の花同士では……種子が形成されない」とある。また設問文には「いずれの花が生産した種子からも短花柱花と長花柱

花が等しい確率で生じる」とあるから，すべての短花柱花（表現型A）は長花柱花（aa）からだけ花粉を受け取って

短花柱花（表現型A）：長花柱花（表現型a）=1：1

の子孫を生じていることになる。したがって，すべての短花柱花の遺伝子型はAaと考えられる。

また，次のように考えてもよい。AAの遺伝子型の個体はAA同士，AAとAa，Aa同士の3通りの交配からしか生じない。ところが，これらはすべて短花柱花同士の交配となるが，問題文に「同じ型の花同士では……種子が形成されない」とあるから，短花柱花同士の交配は起こらない。したがって，AAの遺伝子型の個体は生じない。よって，短花柱花はすべてAaであり，長花柱花はaaである。

この問題は，同じ型のサクラソウの間では受粉が起こらないことをどうとらえるかがポイントである。

▶問3．〔解答〕ではマルハナバチの消失による遺伝子頻度の低下を主に問題にしたが，表1に示された種子生産数から解答することもできる。その場合は，「長花柱花と短花柱花はどちらも種子生産数が，等花柱花よりかなり少ないので，短花柱花と長花柱花の遺伝子より，等花柱花の遺伝子のほうが次代により多く伝わる。このためサクラソウ集団では等花柱花が優占するようになる。」などと答えることになる。

◆(B)　▶問4．同じ親から生じた（遺伝的に近い）個体同士の交配を「近親交配」といい，近親交配が繰り返されると，遺伝子がホモになる確率が高く，有害遺伝子が劣性であっても，生存に不利な形質として現れやすくなる。このことを，「近交弱勢（近交退化，内婚劣勢）」といい，空所アにはこの用語が入る。この逆の意味の用語に「雑種強勢」があり，これは（同種内の）純系個体よりも，遺伝的に異なる別々の純系を交雑した雑種個体の方が生存に有利になる現象のことである。この原因が，劣性の有害遺伝子がヘテロになりやすく，表現型として現れにくいからであることも，あわせて押さえておくとよいだろう。

なお，(A)の文中の空所アは「近親交配」としても意味は通じる。しかし，(B)文中の空所アには，その直前に「近親交配」の語が用いられているので，空所アにこの語を用いることができないことにも注意が必要である。

▶問5．適応度とは，自然淘汰における成功の尺度で，個体が残せる子の

数で表される。ワーカーや兵隊は子を残さないので，個体としての適応度は0となる。しかし，遺伝子レベルでみると，自分と同じ遺伝子を持った個体を多く残せば，個体が残せる遺伝子の数という意味での適応度（これを包括適応度という）は高まることになる。具体的には，同じ親から生まれる血縁個体（兄弟姉妹など）を多く残すと，自分の遺伝子と同じ遺伝子が多く残るということである。生殖階級と労働階級が分かれている社会性昆虫では，このようにして自己の遺伝子の適応度を高めている例が多い。遺伝子を共有する血縁個体の繁殖成功度を高めることで，その遺伝子の頻度を高めていくのだという考え方を「血縁選択説」などという。

▶問６．図２の③～⑥の副女王の結果は電気泳動のバンド（黒い部分）が１つだけで，②の女王の２つのバンドのいずれか一方だけである。したがって，副女王はＣまたはＤのいずれか一方だけを持っていることになり，王に由来する遺伝子（染色体）は持っていない。ところで，(B)の問題文中に「すべての個体の染色体は 42 本」とあるから，副女王もまた複相である。よって，③～⑥の副女王はＣまたはＤのいずれかを２個ずつ持っていることになる。このことから，副女王は，はじめに巣を作った女王から単為生殖によって作られた個体で CC または DD であるとわかる。ただし，副女王は女王と全く同じ遺伝構成のクローンではなく，女王が持っていた相同染色体の一方だけを２本ずつ持った個体である。

▶問７．副王は，副女王と異なって，王と女王の交配で作られるから，ＡまたはＢのうちの１個，ＣまたはＤのうちの１個の遺伝子を受け継ぎ，AC・AD・BC・BD のいずれかの遺伝子型となる。したがって，副王が作り出す配偶子は，Ａ・Ｂ・Ｃ・Ｄのいずれかの遺伝子を持つ。女王または副女王が作り出す配偶子はＣまたはＤであるから，これらの間で作られるワーカーは AC・AD・BC・BD・CC・CD・DD のいずれかの遺伝子型となる。よって，適当でないのは AA・AB・BB である。

III　解答

(A)　問１．トウモロコシ，サトウキビ

問２．水が少ないと蒸散を抑制するため気孔の開度は小さくなり，植物体内の CO_2 濃度が低下する。しかし，C_4 植物は CO_2 濃縮回路を持つため光合成の効率を維持することができるから。

問３．CO_2 濃度が十分に高ければ，濃縮回路なしでも C_3 植物は十分な効率で光合成を行える。この場合，濃縮回路やそこでのATP消費が不要なC_3植物の方が有利である。

問4．(お)

(B)　問5．ア．受容器　イ．効果器　ウ．中枢神経系

エ．大脳髄質（白質）　オ．連合野

問6．(1)跳躍伝導

(2)神経繊維の伝導速度は繊維が太いほど大きい。ヤリイカの神経繊維は非常に太いので，無髄神経繊維であってもその伝導速度は大きく，有髄神経に匹敵する。

問7．(い)・(え)・(お)

問8．視交叉によって，左右眼とも，左視野の情報は大脳右半球，右視野の情報は左半球の視覚野に入る。脳梁の機能が失われている右利きのヒトでは，右視野の情報は脳梁を経由せず左半球の言語野に到達できるため正常に処理・認識されるが，左視野の情報は右半球から左半球に連絡されず，言語野での処理ができなかったため，物体としては認識されても言語（文字）として認識することはできなかったと考えられる。

◀解　説▶

≪C_3植物とC_4植物，神経繊維の伝導速度，大脳の働き≫

◆(A)　▶問1．C_4植物は，低CO_2濃度に適応して進化したとも，乾燥した熱帯の草原などに適応して進化したとも考えられている。代表例として，トウモロコシ，サトウキビ，オヒシバ，キビなどが知られている。イネ科やヒユ科の植物に多くみられるが，イネやコムギはC_4植物ではなくC_3植物である。

▶問2．CO_2濃度が低い場合，C_3植物よりも，図1の（左側部分に示された）経路（C_4ジカルボン酸回路）を持つC_4植物のほうが有利であることが多い。また，C_4植物はC_3植物に比べ水分使用率（蒸散で失う水に対する光合成に利用する水の比）が大きく，乾燥に強いことや，強光条件をうまく利用できることなどから，高温・乾燥・強光条件下での生育に適している。

▶問3．ルビスコは二酸化炭素を固定する反応で重要な役割を果たしているが，その働きはかなり効率が悪い。植物は，これを大量のルビスコを作ることで補う。葉緑体に含まれる量は極めて多く，葉緑体に含まれるタン

パク質の半分近くになる。このため，ルビスコは単一のタンパク質としては地球上で最も多いと言われている。ところが，ルビスコは酸素分子とも結合する。このため低 CO_2 条件下では，ルビスコに酸素分子が結合し，カルビン・ベンソン回路の働きを妨げる産物を作ってしまうので，光合成の効率が低下する。

C_4 植物では CO_2 の取り込みは葉肉細胞で，カルビン・ベンソン回路は維管束鞘細胞と役割の分担が行われている。この分担によって低 CO_2 条件下でも CO_2 を効率よく利用しているわけだが，この役割分担を行うために C_4 ジカルボン酸回路の酵素群や，図 1 にみられるような ATP の消費などを必要とする。しかし CO_2 濃度が十分に高ければ，C_3 植物でもルビスコによる O_2 取り込みは抑制され，光合成の効率は低下しない。この場合は C_4 植物が用いている余分な酵素や ATP 消費は必要でなくなる。したがって，その分だけ C_3 植物のほうがエネルギー的に有利になると考えられる。

▶問 4．C_4 植物は C_4 ジカルボン酸回路による CO_2 濃縮機構を持つので，CO_2 濃度が低くても光合成速度が大きくなる。この特徴から，下図において，低 CO_2 濃度での曲線の立ち上がりが大きくなる①の(a)または(c)が C_4 植物であるとわかる。また，問 3 の内容（CO_2 濃度が十分高ければ C_3 植物が有利）と照らし合わせれば，下図の②に示したように，高 CO_2 濃度での C_4 植物は，C_3 植物より不利で（グラフの線が下で）あるものを選ぶことになる。よって，(c)が C_4 植物，(b)が C_3 植物ということになる。

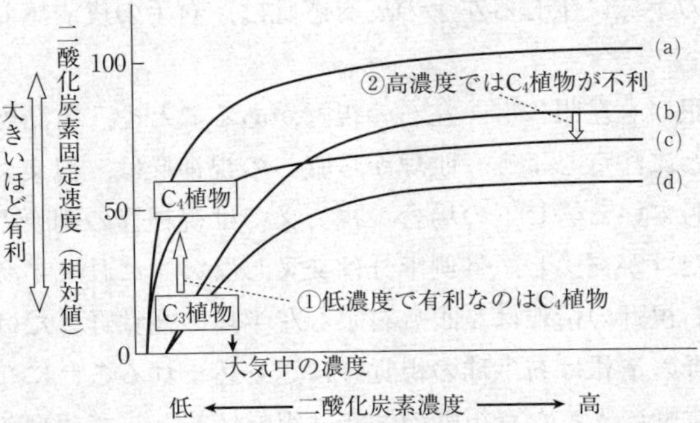

◆(B)　▶問 5．大脳は領域ごとに役割の分担があり，部位によって，その機能が異なっている。この考え方を「脳機能局在論」という。大脳皮質の

うち運動野・感覚野を除く部分を「連合野」といい，前頭連合野と側頭連合野・頭頂連合野などに区分される。感覚野・運動野のニューロンと連絡し，認知・判断・記憶・言語などの機能を統合するとされる。

▶問6．同じ太さであれば，有髄神経は跳躍伝導を行うことによって無髄神経よりずっと大きい伝導速度を持つ。しかし，伝導速度は軸索の構造だけで決まるのではなく，軸索の太さによっても変化し，太い軸索を持つものは伝導速度が大きい。例えば，無髄神経であってもヤリイカのように直径500μmと太い軸索であれば，カエルの直径10μmの有髄神経の軸索が示す25m/secの伝導速度と同じ値を示す。ヤリイカの巨大軸索には直径1mmに達するものもある。

▶問7．(あ)誤り。運動の伝導経路は延髄で交叉するので，右手の運動は左大脳半球の運動野の活動の結果生じる。

(い)正しい。言語処理に関係する言語野の中でも，言葉を聞いて理解する段階はウェルニッケ野と呼ばれる部分が担当し，自分から言葉を発する段階についてはブローカ野と呼ばれる部分が担当している。

(う)誤り。大脳辺縁皮質は情動や欲求・本能などの機能を受け持つ。食欲や性欲など動物としての本能的な欲望や快感や怒りなどに関連する，動物としての基本的な処理をする部分である。ヒトでは大脳辺縁皮質より，大脳新皮質のほうが発達している。

(え)正しい。視覚の中枢（視覚野）は大脳後頭葉にある。

(お)正しい。皮膚感覚の伝導経路も延髄で交叉するので，右大脳半球が損傷すると，その半球に生じる左手の皮膚感覚は，右手の皮膚感覚より低下する。

▶問8．右眼にも左眼にも，左右の視野があることや，言語野が左半球にだけあることに注意しよう。眼球から脳への視神経は，視交叉と呼ばれる部分で交叉している。ヒトの場合，視交叉では視神経の網膜の内側半分からの視神経だけが交叉し，外側半分は交叉しない。これを半交叉という。その結果，右視野の情報は左眼も右眼も左半球の視覚野にだけ送られる。逆に，左視野の情報は右半球の視覚野に送り込まれることになる。その後，左半球の視覚野に入った右視野の情報は視覚情報として認識された後，連合野を経て同じ半球にある言語野で処理され，言語（文字）として認識される。ところが左視野の情報は右半球の視覚野でいったん視覚（物体）情報として処理されたのち，脳梁を経て左半球にある言語野に送り込まれてはじめて，言語として認識される（下図参照)。したがって，脳梁が機能を失っていると，左視野の情報は物体としては認識するが文字としては認識しないことになる。この場合でも，左視野に提示された文字に手で触ることはでき，（左視野の）視覚が失われているわけではない。ポイントは「①左視野の視覚情報は右半球の視覚野だけに入（って，視覚は発生す）る。②脳梁の異常で右半球の視覚野からの情報は，左半球にある言語野に入らない。③その結果，（言語化されないので，）文字として答えられない」ということになる。

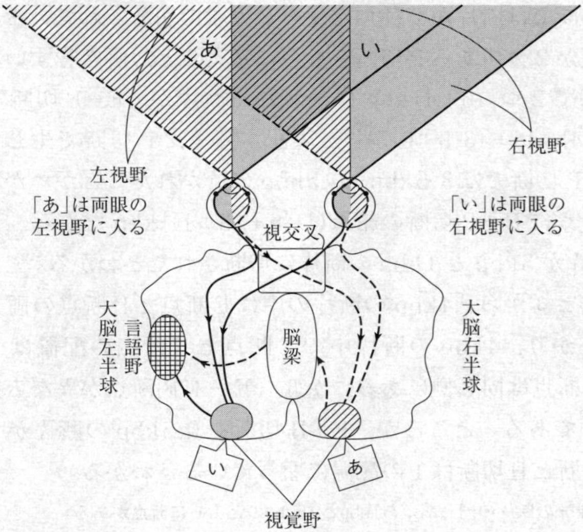

Ⅳ　解答

(A)　問１．(う)　問２．(か)

(B)　問３．ア．ポリA尾部（ポリA鎖）　イ．逆転写

問４．A．ATTCTG　B．CTAATA

(C)　問５．(1) 120°

(2)図４より，ATP 濃度 200μmol/L のとき，分子モーターは１秒間あたり360 個の ATP を分解して 120 回転するから，１個の ATP あたり $\frac{1}{3}$ 回転する。したがって，１個の ATP あたりの回転角度は 120° である。

問６．回転速度は ATP アーゼと ATP の複合体の濃度で決まる。しかし，

ATP 濃度が十分に高くなり，すべての ATP アーゼが複合体を形成するようになると，ATP 濃度をさらに大きくしても，複合体の濃度はそれ以上大きくならず，回転速度も一定の値にとどまる。

◀解　説▶

≪制限酵素地図，プライマーの塩基配列，分子モーター≫

◆(A)　▶問１．制限酵素 *Eco*RI で切断することをＥ切断，その断点をＥ断点と呼ぶこととし，２種類の酵素を用いた場合はＥ＋Ｈ切断などと記し，他の酵素による切断についても同様に表記する。次の順で，考えよう。

①　プラスミドはＥ切断とＨ切断で断片は１種類になるから１カ所で切断され，Ｐ切断では断片が２種類だから２カ所で切断されている。

以下は断点が２カ所あるＰ切断をもとに考えると，解きやすい。

②　Ｐ切断で２つ（6＋4）kbp に分かれた断片が，Ｅ＋Ｐ切断では３つになる。{6＋4}＝{6＋(3.5＋0.5)} と表記すると，Ｐ切断で生じた 4kbp の断片がＥ＋Ｐ切断では 3.5kbp＋0.5kbp に分かれたことがわかりやすい。

③　同じようにＨ＋Ｐ切断の結果は {6＋(3＋1)}kbp だから，Ｈ切断でも 4kbp の断片が 3kbp と 1kbp の断片に切断されたとわかる。

④　上の②と③から「4kbp の断片の中にＥ断点とＨ断点の両方が入っている」とわかり，4kbp の断片中のＥ断点とＨ断点の配置は，下図のⅠ（Ｅ・Ｈ両断点は同じ側にある）かⅡ（Ｅ・Ｈ両断点が異なる側にある）のどちらかである。ところが，Ｅ＋Ｈ切断で 0.5kbp の断片ができているから，Ｅ切断とＨ切断はⅠの配置になっているとわかる。

Ⅰ　4kbpの断片の同じ端から1kbpと0.5kbpのところに断点がある

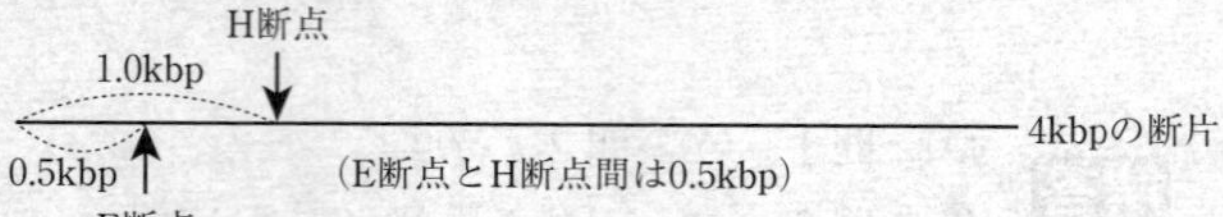

Ⅱ　4kbpの断片の異なる端から1kbpと0.5kbpのところに断点がある

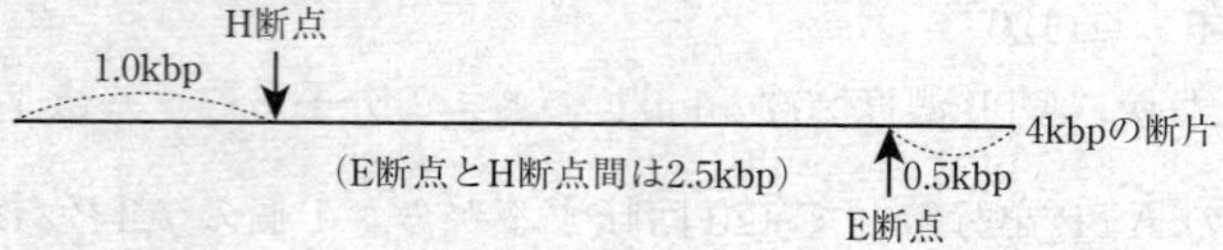

⑤　最後に，6kbp の断片と④のⅠをつなげて環状にすると，右図のようになる。この図は，回転・反転してもよく，答えは(う)である。ここに示されたような制限酵素による切断点の位置を示した一種の地図を制限酵素地図（制限地図，制限酵素切断地図）という。

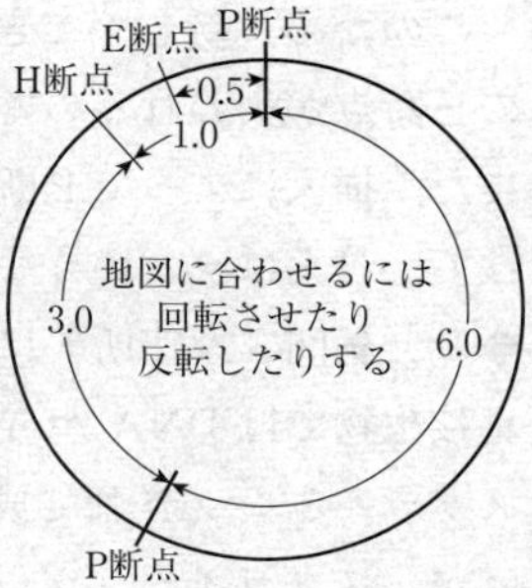

別解　選択肢から選ぶ方法で解答することも可能である。その場合は，以下のようになる。

(あ)は，選択肢の図からはH＋P切断で6kbp，3.5kbp，0.5kbpの断片ができるが，レーン6のH＋P切断の結果（断片は6kbp，3kbp，1kbp）と合わず，不適当。(い)は，選択肢の図からはE＋H切断で7.5kbp，2.5kbpの断片ができるが，レーン4のE＋H切断の結果（断片は9.5kbp，0.5kbp）と合わず，不適当。(え)は，選択肢の図からはE＋P切断で6kbp，2.5kbp，1.5kbpの断片ができるが，レーン5のE＋P切断の結果（断片は6kbp，3.5kbp，0.5kbp）と合わず，不適当。

以上から(う)が解答となる。ただし，選択肢がない問題では，この手法は使えない。

▶問２．制限酵素 *Eco*RI と制限酵素 *Mfe*I による切断は6対1組の塩基対の配列を認識して起こる。断片面のつきだした部分は同じTTAA（AATT）で，DNAリガーゼを用いて接着することはできる。しかし，いったん接着すると，接着点の塩基配列は下図のように，6対1組でみるとどちらの制限酵素にも認識されない配列になる。

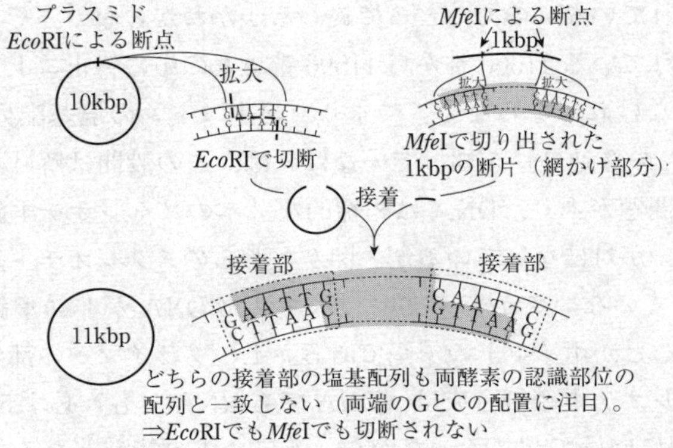

このため，新しくできたプラスミドに*Mfe*Iによる断点は現れず，もとのE断点が失われるので，断点は3つ（P断点2つとH断点1つ）である。また，挿入によってP断点とH断点間は1だけ広がって2となる。したがって，答えは(カ)ということになる。

◆(B)　▶問3．空所アには，ポリA尾部（ポリA鎖）という用語が入る。真核生物ではDNAからの転写によって，核内でmRNA前駆体が作られ，スプライシングされて成熟mRNAとなる。高校では学習しないことも多いが，スプライシング以外にも，成熟mRNAとなるまでに先頭部分の5′末端にCapと呼ばれる構造や，3′末端にポリA尾部（poly-A tail）と呼ばれる50〜200塩基ほどのアデニンヌクレオチドがつながった構造の付加が起こる。

したがって，成熟mRNAから逆転写酵素によって，cDNA（イントロン部分を持たないDNA）を合成するには，末端のポリA尾部と相補的なチミンヌクレオチドが並ぶプライマーを用いることになる。

▶問4．プライマーはDNAポリメラーゼでDNAを複製するときに，複製を開始する先頭になる5′末端側にあたる短い核酸の断片である。プライマーなしにDNAの複製を始めることができないので，PCR法でも化学合成した短い（20塩基程度）断片のプライマーが用いられる。複製（PCR法では増幅という）対象の2本鎖DNAの両鎖それぞれの5′末端側の配列をプライマーとして用意する。したがってプライマーAは転写開始点と同じ配列の21塩基となり，5′末端側の6塩基は設問の図と同じATTCTGである。3′末端側は「終止コドンの終わりまで」としか，設問文には書かれていないので，どこで終わるかがわからない。そこで，設問の図に示されている11560番から11596番塩基の中に終止コドンにあたるものを探さなければならない。つまり，終止コドンの塩基配列（UAA，UAG，UGAの3通り）を知っていなければ，この設問は解けないだろう。

もう一つ問題があり，DNAは相補的な2本のヌクレオチド鎖（鋳型鎖と非鋳型鎖）が対になっているが，図がどちらのヌクレオチド鎖であるかが明記されていないことで，文中に示されたDNAが非鋳型鎖（センス鎖）であることがポイントの一つである。上のプライマーの部分でも述べたが，ヌクレオチド鎖の合成は（DNAでもRNAでも）必ず5′末端側から3′末端側に向けて起こる。だから，逆に合成の鋳型となるヌクレオチド鎖は3′末端から5′末端の方向に読み取られていく。問題に示されたヌクレオチド鎖は5′末端が転写開始点になっているから，実際には，これに相補的なヌクレオチド鎖が下図に示すように鋳型鎖になって，転写が起こる。そして転写されたRNAは，設問の図に示されている非鋳型鎖と（T→Uの違いはあるが）同じ塩基配列を持つ。

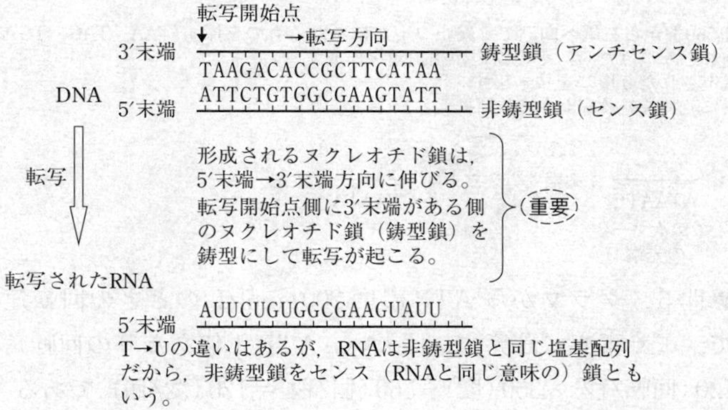

さて，終止コドンはmRNAでは，UAA，UAG，UGAの3通りである。いま，設問の図の非鋳型鎖であるDNA塩基配列では終止コドンにあたる塩基配列はTAA，TAG，TGAである。そこで次のようにして解いていこう。

① 11560番から11596番塩基の配列のうち，この3塩基の配列のどれかが並ぶ部分を探すと，11589番から11591番にあるTAGだけである。

② プライマーBは図の11591番（これがプライマーBの5′末端にあたる）から左方向に21個分の塩基の相補配列である。

③ その末端（先頭）の6塩基は，設問の図の11586番から11591番のTATTAGの相補配列ATAATCとなる。

④ ただし，5′末端を左にして，CTAATAと答えなければならない。

この部分をまとめたものが下図で，上記①～④の内容も図中に同じ番号で示した。

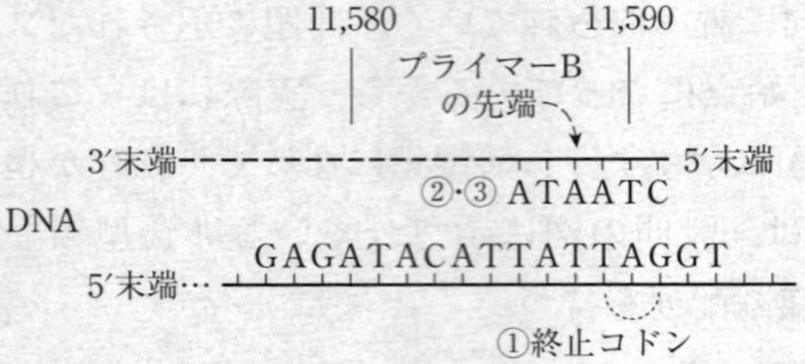

①11,560番から右端へ向けて，終止コドンにあたるものを探す（TAA，TAG，TGAを探す）。
②それをみつけたら，その周辺の相補鎖を作成する。
③指定された 6 塩基を抜き出す。
④左に5′末端が来るように並び換える。

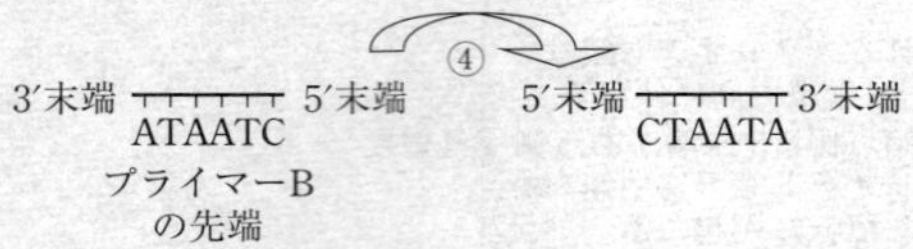

◆(C)　▶問 5．グラフから ATP 濃度 200μmol/L のときの回転速度を読み取って，ごく素直に計算すればよい。ATP 1 個あたりの回転角度の計算は，120（回転/秒）×360（度）÷360（個/秒）＝120（度/個）である。

▶問 6．分子モーターの回転は，一種の酵素反応である。このとき，ATP は基質，反応速度の大きさは分子モーターの回転速度，分子モーター自身は酵素にあたる。酵素反応であるから，「反応速度は酵素基質複合体の濃度で決まる。基質（ATP）濃度が十分に高くなると酵素基質複合体濃度はそれ以上高くならず，反応速度もそれ以上大きくならない」という酵素反応の特徴があてはまる。

講　評

大問は例年通り 4 題。**I** を除き，複数分野を一つにまとめた出題となっていて，実質は 7 ～ 8 題の構成となっている。論述問題は，2015 年度の 15 問に対し，2016 年度は 10 問と，数こそ減少したようにみえるが，解答枠の大きさや行数からすると量としてはそれほど減っていない。例年のように相当量出題されている。

問題別にみると，**I** のうち，(B)の組換え価の計算と描図は標準的だが(C)の逆位による組換えの抑制は目新しい出題で，あたえられた図などをもとにした考察力が必要であり，やや難度が高い。**II** の(A)のサクラソウ集団の花型の遺伝は標準的であるが，(B)は血縁者の繁殖支持行動と単為生殖を問題にしたもので，問 4 の解答である「近交弱勢」はやや聞き慣れない用語だったかもしれない。Ⅲの(A)は C_3 植物と C_4 植物を扱ったもので，CO_2 濃度と酵素ルビスコに関する出題。最近，光合成関連で時折出題されるようになった考察問題である。(B)は大脳の機能局在や視交叉および軸索の太さによる伝導速度の違いなどを扱っている。視神経の半交叉を知識として知っていたかどうか。Ⅳの(A)は問題内容をきちんと図解すれば標準的といえる。(B)は，高校では学習機会が少ない「ポリA尾部」の用語や終止コドンの塩基配列などの知識がないと解答できない難度の高い記述問題である。(C)は計算や論述問題だが，それほど難しくはない。

2016 年度の出題では，扱っている内容が高校の授業内容より発展的なものが多く，細かい知識も必要とされている。この点で，例年より難度はやや高くなった印象がある。

地学

I

解答　(a)　問１．ア．組成　イ．短く　ウ．長く
エ．ドップラー

問２．太陽の光度を L_0，半径を R_0，この星の平均光度を L，平均半径を R とすると，絶対等級が太陽より $4.9-(-2.6)=7.5$ 等小さいことから

$$L=10^{0.4\times7.5}L_0=10^3L_0$$

また２星の表面温度は等しいので，シュテファン・ボルツマンの法則から，単位時間・単位面積から放射されるエネルギー E は等しい。したがって

$$L=4\pi R^2E,\ L_0=4\pi R_0{}^2E$$

$$\frac{L}{L_0}=\frac{4\pi R^2E}{4\pi R_0{}^2E}=\frac{R^2}{R_0{}^2}$$

$\dfrac{L}{L_0}=10^3$ より

$$\frac{R^2}{R_0{}^2}=10^3\qquad\therefore\quad\frac{R}{R_0}=10^{\frac{3}{2}}=\sqrt{10}\times10\fallingdotseq3\times10$$

よって，R は太陽半径のおよそ 3×10 倍。……(答)

問３．(1)　この星がおよそ 16km/s の視線速度で地球に近づいているため。

(2)　(i)―C

(ii)　星が膨張から収縮に転じるとき最も大きくなる。このとき光源の視線速度は星自体の速度すなわち平均視線速度になるため。(50 字程度)

(b)　問４．(i)　白色矮星

(ii)　与式から

$$r=\frac{GM}{v^2}=\frac{6.7\times10^{-11}\times2.0\times10^{30}}{(3.6\times10^6)^2}=1.03\times10^7\fallingdotseq1.0\times10^7\,[\mathrm{m}]$$

これは太陽半径の 70 分の１，すなわち地球よりやや大きい程度であるが，太陽と同じ質量をもつことから，白色矮星と考えられる。

問５．

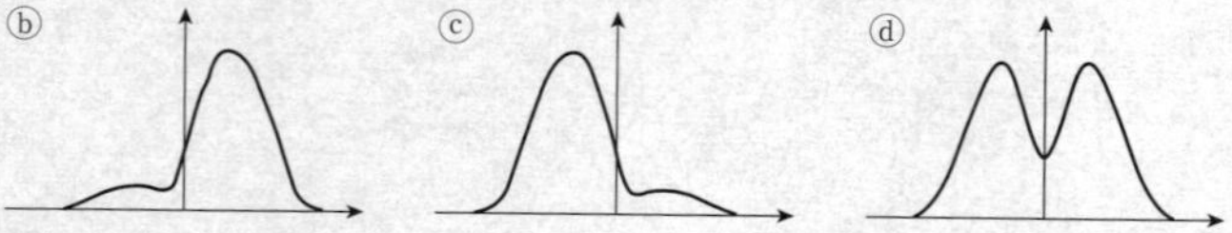

◀解　説▶

≪脈動変光星の大きさ，視線速度，連星の運動，スペクトル≫

◆(a)　▶問１．ア．線スペクトルの波長からガスの種類がわかるが，それだけでなく線スペクトルの相対的な強さ（明るさ）の比較からガスの存在比も推定できるので，ここは組成と答える。

▶問２．星の絶対等級が５小さくなると光度は10^2倍，１小さくなると光度は$10^{0.4}$倍になる。また光度は単位時間・単位面積から放射されるエネルギーに星の表面積を乗じたものに比例する。このエネルギーは星の表面温度の４乗に比例する（シュテファン・ボルツマンの法則）が，ここでは表面温度が等しいので，結果として光度は星の半径の２乗に比例する。

▶問３．星の地球に面した表面の視線速度は，星自体（星の中心）の視線速度に膨張・収縮の速度を加えたものである。よって膨張・収縮が止まる最大・最小のとき，光源の視線速度は星自体の視線速度に等しくなる。このうち，Ｃが最大のとき，Ｄの約半日後が最小のときである。なお，最大のときに最も明るく，最小のときに最も暗くなるわけではない。

◆(b)　▶問４．与式は，万有引力の法則にしたがって円盤内のガス粒子が回転運動していることを表している。ここに数値を代入して，円盤内縁の半径 r，すなわち主星の半径を求める。

▶問５．ⓑのとき伴星が円盤の左側，すなわちガスが地球に近づいてくるためスペクトルが短波長側にずれている部分をほぼすべて隠すので，図３の縦軸よりも短波長側のフラックスがかなり小さくなる。ⓒはこの逆で，長波長側がかなり小さくなる。ⓓのとき伴星は円盤を隠さないので，ⓐのときと同じ形のフラックスになる。

II　解答

問１．ア．時計　イ．左　ウ．右　エ．低　オ．熱帯　カ．遠心　キ．気圧傾度

問２．(1)　風向：東北東

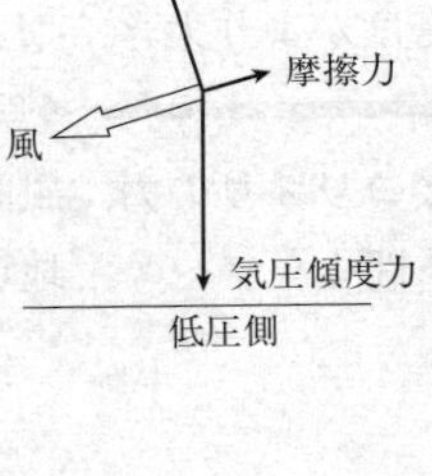

理由：Ａ点付近は等圧線がほぼ東西方向にのびているので，南向きの気圧傾度力，進行方向に対し右向きのコリオリの力，進行方向と逆向きの摩擦力が右図のようにつりあい，空気塊は西南西に向かって吹く。よって風向は東北東となる。

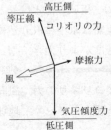

(2)

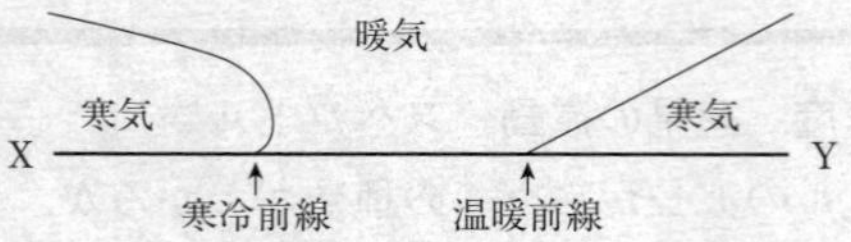

(3)　• 積乱雲が発達しやすい理由：台風の中心に向かって風は回転しながら吹き込もうとするが，中心に近づくほど風速が速くなり，外側向きの転向力と遠心力が強くなる。このため風はしだいに等圧線に沿って吹くようになる。すると後から吹き込んできた風は逃げ場を求め上昇気流となる。上昇する空気塊は温度が高く多量の水蒸気を含んでおり，断熱膨張により水蒸気が凝結すると潜熱を放出して不安定になり，強い上昇気流を生じ積乱雲が発達しやすい。

• 中心部には雲が発生しにくい理由：中心部には風がほとんど吹き込んでこないため上昇気流が生じず，雲が発生しにくい。

(4)　海面上（25℃）における飽和水蒸気量は22.8 g/m^3 である。この空気塊の高度1kmでの温度は

$25-0.50\times10=20$〔℃〕

この温度における飽和水蒸気量は17.2 g/m^3 なので1 km^3 あたりの凝結量は

$(22.8-17.2)\times10^9=5.6\times10^9\fallingdotseq6\times10^9$〔g〕

$=6\times10^6$〔kg〕　……(答)

問3．(1)　海上を吹く貿易風によって低緯度表面の海水は西向きに引きずられるが，コリオリの力を受けて深度とともに流向が変化し，海水総量としては流線の北側へ運ばれる。同様に，偏西風によって中緯度表面の海水は東向きに引きずられるが，総量としては南側へ運ばれる。このため亜熱帯高圧帯下の海面が高くなって圧力傾度力が生じ，これとコリオリの力がつりあうようにして時計回りの環流が形成される。

(2)　極域の海水はもともと低温で密度が大きい。さらに結氷が起こると，塩類は氷中に取り込まれず海水中に残るため塩分濃度が高くなり，海水の密度がより大きくなって深層に沈み込んでいく。

◀解　説▶

≪コリオリの力，風向，低気圧・台風の特徴，海水の循環≫

▶問1．ア～エ．地球は西から東に向かって自転しているので，南極点上

空から見ると地面は時計回りに回転していることになる。その上に立つ観測者からは周囲が反時計回りに回転しているように見え，慣性の法則にしたがい直線運動する物体は，左へ曲がっていくように見える。すなわち進行方向に対し左向きに力がはたらいているように感じ，この見かけの力がコリオリの力である。この力は低緯度ほど小さく，赤道上では生じない。

オ～キ．熱帯低気圧（台風）でも地上付近では摩擦力がはたらくが，等圧線に沿って吹く中心付近の風では，転向力・遠心力（外側向き），気圧傾度力（内側向き）がつりあっている。

▶問２．(1)　Ａ点付近では等圧線はほぼ直線とみなせるので遠心力は無視でき，３力のつりあいで考える。また風向は風上の方位で示すことに注意する。風向と等圧線のなす角度は，ふつう海上で15～30度，陸上では30～45度程度になるので，風向は北東ではなく東北東と答える。

(2)　暖気と寒気の境界面（前線面）が地表に接するところが前線である。

(3)　台風の中心に向かって吹き込んでくる風は，中心に近づき回転半径が小さくなるほど回転速度すなわち風速が速くなる。このため転向力・遠心力ともに強くなり，風向と等圧線のなす角がしだいに小さくなる。そして気圧傾度力とつりあうようになると風は等圧線に沿って吹き，それ以上内側へ入り込めなくなる。これが目のできる原因である。また後から続いて吹き込んでくる空気は上昇気流を生み出す。さらに，水蒸気を多量に含んでいるため潜熱の放出が多く大気は非常に不安定になることが，積乱雲の発達する要因である。なお台風の目には弱い下降気流の存在が知られている。

(4)　体積が $1\mathrm{km}^3$（$10^9\mathrm{m}^3$）の空気塊であることに注意する。

▶問３．(1)　東西方向の風で引きずられ流れ始めた海水がコリオリの力により右向きに曲げられ，時計回りになるのではない。定常的な流れが存在するためには，力のつりあいが必要。北半球の環流の場合は，進行方向右（内側）向きのコリオリの力と，内側の海面が高いため生じる進行方向左（外側）向きの圧力傾度力のつりあいが生じている。

(2)　海水は純水と違って低温になるほど密度は大きくなり，また凝固点は約－2℃である。海水が凍っても氷には塩類は取り込まれないので，北大西洋や南極沿岸の極域まで運ばれてきた表層の海水は，表面からの冷却と結氷により密度が大きくなり，深層に向かって沈み込んでいく。

Ⅲ　解答

(a)　問1．鉄，ニッケル

問2．二酸化炭素が海水中に溶けこみ，カルシウムイオンと結合して石灰岩として海底に固定されることにより，原始大気中の二酸化炭素濃度が大幅に減少した。

問3．ストロマトライトは原核生物の一種であるシアノバクテリアの活動により作られる。これが約27億年前の層準以後に多く見られることから，シアノバクテリアの出現と繁栄がそのときに始まったことがわかる。シアノバクテリアは光合成により酸素を放出する。この酸素が水中の鉄イオンと結合し酸化鉄となって沈殿し，縞状鉄鉱層が当時の浅海に広範囲に形成された。やがて鉄イオンが消費されると酸素は原始大気中に放出され，大気中の二酸化炭素濃度が減少する代わりに酸素濃度は増加していった。また海水中の酸素濃度の増加は，反応性の強い酸素からDNAを保護するための核や，効率よくエネルギーを取り出せる酸素呼吸を行うための小器官を細胞内に備えた真核生物の出現を促した。(200～300字程度)

(b)　問4．(1)　^{182}Hfの量が当初の10分の1になるまでの時間をt〔年〕とすると

$$\left(\frac{1}{2}\right)^{\frac{t}{8.9\times10^6}}=\frac{1}{10}$$

両辺の対数をとり整理すると

$$\frac{t}{8.9\times10^6}\log_{10}2=1$$

$$\therefore\quad t=\frac{8.9\times10^6}{\log_{10}2}=\frac{8.9\times10^6}{0.301}=2.95\times10^7\fallingdotseq3.0\times10^7\text{ 年}$$

よって，3.0×10^7年以上かかった。……(答)

(2)　大きい方：マントル

理由：核とマントルの分離完了時には，^{182}W同位体比は核とマントルとで等しかったと考えられる。その後マントルでは残っていた^{182}Hfの放射壊変により^{182}Wは増加していくが，核には^{182}Hfが残らなかったため^{182}Wは増加せず，同位体比は保たれた。よって現在の^{182}W同位体比で比べると，マントルの方が大きい。

◀解　説▶

≪原始地球の特徴，生物の進化≫

◆(a)　▶問1．核の主成分は，微惑星を構成していた成分の中で密度の大きい鉄とニッケルである。鉄は質量の大きい恒星内部の核融合反応で最終的に合成される元素で，原始太陽系星雲内では比較的太陽に近い領域に固体微粒子のひとつとして分布していたものである。それが原始地球の形成後マグマオーシャンの時代に，岩石質物質との密度差により中心部に沈み込んだ。

▶問2．二酸化炭素は水に溶けやすい物質で，海水温の低下とともに水中に溶け込んでいった。ただしそれだけではやがて平衡状態に達し，溶解量に限界がある。大気中から多量に取り除かれるためには，さらに水中からも取り除かれる過程が必要で，それがカルシウムイオンと結合して炭酸カルシウム（石灰岩）化し，不可逆的に地下に固定されることである。こうして，原始大気中から急速に二酸化炭素が減少していった。

▶問3．酸素発生型光合成が始まるまでは，水中の有機物を吸収・分解して生活するものや，光を利用し二酸化炭素と硫化水素から炭水化物を合成（硫黄を生成）しエネルギーを得る原核生物がいた。その中で二酸化炭素と水を用いて光合成し，その結果酸素を発生するシアノバクテリアの出現は，地球環境を劇的に変える原因となった。そのコロニーがもとになって作られたストロマトライトの出現し始める層準から，約 27 億年前のできごとであったことがわかる。指定語の中では真核生物のみが異質であるが，単に原核生物との構造的な差異を述べるだけでなく，真核生物が出現した要因（酸素の反応性やエネルギー効率）についても触れておく。ただし真核生物の出現はもう少し後の時代と考えられるので，細胞内共生説など出現の細かい経緯まで触れる必要はない。

◆(b)　▶問4．(1)　半減期が T 年の放射性同位体は，T 年経過するごとに $\frac{1}{2}$ に減少する。よって t 年経過した後には $\left(\frac{1}{2}\right)^{\frac{t}{T}}$ の割合になる。つまりその時点での存在量 N と当初の存在量 N_0 との間には

$$\frac{N}{N_0}=\left(\frac{1}{2}\right)^{\frac{t}{T}}$$

が成り立つ。

(2)　核・マントル分離時には ^{182}Hf がすべてマントル内に集まった。その ^{182}Hf の壊変が起こらない限り ^{182}W の量は増えず，よってW全体に対する ^{182}W の同位体比も増えないことに着目する。

Ⅳ　解答

問1．地点1，地点2，地点7

問2．A～D層が南北方向に軸をもつ背斜構造を示すことから，この地域は三畳紀以後に東西方向の圧縮力を受け，その後1億年前以前に東西方向に引っ張りの力を受けたことが，南北走向で流紋岩を切っていない正断層Fの存在からわかる。(100 字程度)

問3．(a)―(い)

(b)　C層の走向・傾斜がB層・A層と一致しているので，これらは整合関係にある。したがってC層の堆積は三畳紀に堆積したB層よりも後である。またこれらの地層を切る断層Fが流紋岩により切られているので，C層の堆積は1億年前の流紋岩貫入よりも古い。したがって，2つの年代にはさまれた(い)と考えられる。(150 字程度)

問4．(う)　問5．(か)

◀解　説▶

≪地質構造・地史の組立て，流紋岩≫

▶問1．薄い凝灰岩層は，A層のほぼ中央の層準にはさまれている。これと同じ層準にあるのは地点1・2・7である。地点3・4・5・6はこれらよりも下位の層準になるので，凝灰岩層が観察されることはない。

▶問2・問3．図1からこの地域の東西方向の地質断面図を描くと，次のようになる。

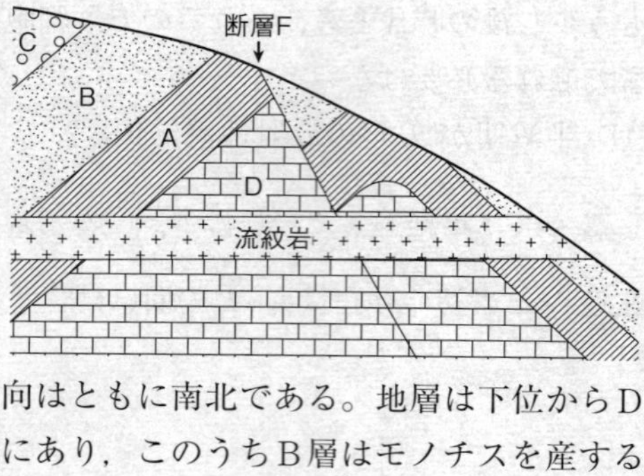

地層，断層の走向はともに南北である。地層は下位からD，A，B，C層の順に整合関係にあり，このうちB層はモノチスを産するので三畳紀の地

層である。C層はこれよりも新しい。これらは背斜構造をしているので，三畳紀以後に東西方向の強い圧縮力を受けたことが推定できる。また断層Fはこれらの地層を切っているが，流紋岩層に切られているので，断層が活動したのは流紋岩が貫入した1億年前（白亜紀）以前のことになる。断層の形態は正断層であることから，この時はたらいた力は東西方向に引っ張る力ということになる。なお海成層であるA～D層が陸上で見られることから，いつかの時点で何らかの力を受け隆起したことは確かであるが，それが上記の強い圧縮力によるものか，それ以前から陸上にあったのか，またどういう力を受けて隆起したのかなどは図1から判断できないので，あえてこのことに触れる必要はないだろう。

▶問4．流紋岩は酸性（ケイ長質）の火山岩である。よって色指数は15％以下で，斑状組織を示す。またCaに富む斜長石やかんらん石を含むことはない。

▶問5．中生代白亜紀末（6600 万年前）の大量絶滅のことを指している。このときアンモナイトが絶滅したが，三葉虫・フズリナ・オパビニア・フデイシはそれよりも前，ヌンムリテス・デスモスチルスはそれ以後に絶滅した。また二枚貝・鳥類は生き延びたが，デスモスチルスの出現は新第三紀になってからである。

講　評

2016 年度も大問 4 題の出題であったが，例年 1 題の地質・地史・岩石分野が 2 題に分離した代わりに，固体地球物理分野からの出題がなかった。計算問題は減少したものの，論述問題中心である点には変化はなかった。

Ⅰ　脈動変光星と連星系の物理を考える内容で 2015 年度と類似のものであったが，計算はやや簡単になった。代わりにグラフをみて考察したり描図する問題が出題されており，大局的な宇宙観に基づいた論理構成ができるかどうかをみる現行課程の地学らしさが表れているといえる。

Ⅱ　2015 年度と同じく気象分野からの出題で，ここでも計算量が減り論述と描図が中心となった。論述は解答欄が比較的大きいので，必要以上に簡略化せず論理の飛躍がないよう丁寧にまとめたい。とはいっても，冗長にならないよう心がけなければならない。

Ⅲ　原始地球における内部構造，環境変化や生物進化に関する出題であった。(1)はなじみ深い内容であるが，論述にあたっては重要事項を漏らさず，かといって冗長にならないよう気をつけたい。まずポイントを箇条書きにし，それを組み立て肉付けしていくような工夫が必要である。(2)は 2015 年度と同様，あまりなじみのない現象を扱っているが，問われている内容は難しくないので，注意深く読んで解答にあたりたい。

Ⅳ　地質図から地質構造と地史を考えていく問題である。走向がすべて南北なので，東西方向の断面図を描いて考えるとわかりやすい。図１だけではＣ層と断層Ｆが直接接していないため新旧関係がよくわからないが，断面図をみるとＤ，Ａ，Ｂ，Ｃ層が整合なので，断層活動はそれらの堆積後と判断してよいだろう。これらの地域を隆起させた力をどう扱うか迷った受験生もいたかもしれないが，判断材料がないので触れる必要はないと思われる。

以上，試験時間に対して論述や描図の出題量は少なくないが，難易度としては 2015 年度より若干易化したといえよう。

を丁寧にまとめながら、説明を傍線部につなげれば、解答になる。

でもある。もはや存在せず見ることもできないものを、物質的証拠によって「事実」として「知る」ことができるという感動について、問二から問三の内容を踏まえたうえで説明する。これも標準的な問題。

〔二〕の現代文（評論）は、中世のヨーロッパにおける情報の伝達と共有のあり方について説明した文章。文章量は二〇一五年度よりやや減少しており、総解答量も二〇一五年度の一三行から一一行へと減少した。設問数は変わらず三問である。文章自体の難易度も二〇一五年度とほぼ同じかやや易といったところで、読みにくさはない。全体的にみて、二〇一五年度とほぼ同じか、やや易化したと言える。問一の内容説明問題は標準的。中世の人々があらゆる音を意味あるものとして聞いていたということを、その理由や背景も含めて説明すること。その際に「段違いの耳をもつ」という比喩表現をそのまま使わないように、本文中の言い換え表現に注意して説明する必要がある。問二の内容説明問題も標準的。「美しさ」「便利さ」が意味している具体的内容をそれぞれ明らかにしたうえで、中世の写本においてその両方の特質が分かちがたく結びついていたことを説明する。問三の理由説明問題も標準的。「筆者はなぜこのように述べているのか」という問い方に注意し、中世と近代以降の絵画の意味付けの違いという背景を説明したうえで、中世の画家に求められた能力に言及して解答をまとめること。

〔三〕の古文（狂言論）は、近世（江戸時代）の狂言の教訓書『わらんべ草』からの出題。入試で採用されることは極めて稀な出典である。理系では、二〇一三年度以降、これで四年連続、近世作品が出題されたことになる（ただし二〇一五年度の『雑々集』は室町時代後期成立の可能性もある）。また、二〇一四・二〇一五年度は二年連続で和歌についての注釈や和歌が含まれる文章であったが、二〇一六年度は和歌が一首も含まれていなかった。文章量は例年並み。総解答量は八行で二〇一五年度よりも一行減少したが、文系並みの表現力重視の出題となっている。難易度は二〇一五年度と同程度と思われる。問一の現代語訳問題はやや難。「ことばを補って」などの条件は付いていないが、解答欄が二行設定されているので、文脈的要素も補って訳す必要がある。「いづれ」の指示内容が把握しにくく、具体的に書くのが難しかった。また、「筆に及ばざる」はわかりやすい意訳が必要で、理系の受験生にとっては難しかったか。問二は(2)(3)ともに標準的。どちらもまとめるべき本文箇所ははっきりしている。ただし、(2)はだらだら表面的に訳すだけにならないように、言葉をわかりやすく言い換えるなど、答え方を工夫する必要がある。(3)は「不嗜み」の解釈が難しいが、傍線部の前

①　敵のないときは油断して不注意になることの説明

②　そういう自分に勝とうと思うべきだという説明

③　油断しがちな自分（自分自身の油断）は勝つのが難しい敵であるという説明

参考　『わらんべ草（童子草）』は、江戸時代前期、万治三年（一六六〇年）に成立した狂言の教訓書で、五巻・八九段から成る。作者は狂言役者である大蔵虎明《おおくらとらあきら》（一五九七～一六六二年）。亡父虎清の教えをもとにした、狂言の理念・作法・心構え・故事、虎明自身の体験談など、広範囲にわたって、子孫への教訓になるように書き記している。なお、狂言は、猿楽から生まれた伝統芸能で、猿楽の滑稽・卑俗な要素を活かした対話的喜劇である（同じ猿楽から生まれた能とは区別される）。室町時代に発達したが、江戸時代初期には流派が確立し、大蔵流・和泉《いずみ》流・鷺《さぎ》流の三派があった。

講　評

一の現代文（随筆）は、もはや存在せず見ることもできないものを事実として「知る」という知的感興について述べた文章である。一では、二〇一二年度に小説が出題されたが、二〇一三年度以降、これで四年連続で随筆が出題されたことになる。設問数は二〇一五年度と変わらず四問であるが、二〇一六年度は、二〇一三・二〇一四年度で出題され、二〇一五年度では出題されていなかった漢字の書き取りが再び出題され、記述説明は三問となった。本文の文章量は二〇一五年度とほぼ変わらず、文章内容自体の難易度も二〇一五年度と同程度であった。ただし、文章の前半部分は科学的記述が続き、やや読みにくさを感じたかもしれない。記述問題の総解答量は、記述問題が一問減ったこともあり、二〇一五年度の一四行から一二行へと減少している。全体的に標準レベルの問題で、難易度も二〇一五年度と同程度である。問一の漢字の書き取りは標準的。（イ）の「四囲」がやや難といったところか。問二の内容説明問題は標準的。まとめるべき文章の範囲が広く、要点を押さえて五行でまとめるのにやや苦労する。必要な要素を取捨選択する力が問われる。問三の理由説明問題は標準的。「想像する」という、一般的には豊かなものだとされる営為を、「貧しい」とする筆者独自の見解について、「想像する」という営みの特徴を説明したうえで、それを〈物質的証拠による事実がもつ重さ〉と比較して説明する。問四は、指示語の指示内容を踏まえた傍線部内容説明問題であり、文章全体の主旨把握問題まく表現しきれていないとあるのを参考にすると、〝どの事柄の内容（意味）も、言葉でうまく書き表せていないことが多い〟くらいに訳せば十分であろう。

▼問二　(2)、ここでの「晴《はれ》」は、「褻《け》（＝日常的なこと）」の反対で、〝公式の場であること〟の意。したがって、傍線部(2)は、〝日常の稽古を公式の場とし、公式の場を日常の稽古にせよ（するべきだ）〟の意。これの具体的説明は、直後に「かりそめに稽古するとも、……やすくすべし」とあるので、そこをまとめればよい。「晴」は「貴人高人の前」の「舞台」であることを示すこと。あとは、〈稽古では「いかにも慎み」「うやまひて大事にす」〉⟷〈晴の舞台では「前の心を忘れ、やすくす」〉という対比がわかるように説明すればよい。「やすく」は「安し」で、〝①安心だ、②気楽だ〟の意があるが、ここでは②の意味。

解答作成のポイントは以下の四点である。

①　稽古について、「晴とし」＝貴人を前にした舞台のつもりで、などの説明

②　稽古について、慎重に礼を尽くして演じる、気を引き締めて丁重に演じる、などの練習の仕方の説明

③　晴＝舞台について、「稽古にす」＝日常の稽古のつもりで、などの説明

④　晴＝舞台について、緊張せずに気を楽にして演じる、などの演じ方の説明

(3)、傍線部(3)の「これ」は、「油断して必ず不嗜みになる」ような「我」を指す（あるいは「我」の「油断」ともとれる）。したがって、〈油断しがちな自分（自分自身の油断）は勝つのが難しい敵である〉というようなまとめ方にすればよい。あとは傍線部直前の「敵なき者は……思ふべし」の内容も踏まえて説明する。「不嗜み」は、辞書的には〝普段の用意や心掛けが足りないこと〟の意だが、ここでは「油断」に近い意味で、〝不注意・気が緩むこと〟くらいの意であろう。なお、「むつかし」は〝①不快だ・いやだ、②面倒だ・厄介だ、③困難だ・難しい〟の意があり、ここでは現代語と同じく③の意味と思われるが、②の意味に解してもよかろう。

解答作成のポイントは以下の三点に分けられる。

容（と思うこと）に、（実は）深い内容のことがある。（逆にまた）深い内容と思うことに、（実は）浅い内容のことがある。どの事柄も注意して見たり聞いたりすれば、興味深いことばかりである。（在原）業平の歌は（言い表そうとする）心（＝感情・意味・内容）があり余っていて（それを表現するのにふさわしい）言葉が足りていない（＝表現が不十分だ）と（紀貫之が『古今和歌集』仮名序で）言っていることでわかるだろう。どの事柄の内容も、言葉でうまく書き表せていないことが多い。（したがって）注意して見るならば、書き残した言葉よりも、もっと深い意味が込められていることもきっとあるだろうよ。

　兵法の習練では、大敵を小敵と考え、小敵を大敵と思えということである。それと同じように、この（狂言の）道も、稽古を晴れの舞台とし、晴れの舞台を稽古にしなさいと言っていることと同じである。ちょっと稽古するとしても、きわめて慎重にし、貴人高人の前と思い、礼を尽くして大切にすべきである。そうして（晴れの）舞台へ出ては、それまでの（引き締めた）心を忘れ、気を楽にして演じるべきだということである。大敵のある者はその人に勝つことを思い、気をつけるものだが、敵のない者は油断して必ず不注意になる。そのとき、（油断してしまう）自分を相手にして、自分に打ち勝つことを思うべきだ。（しかし）これは（勝つのが）難しい敵である。（中国の古典『大学』にも）君子はその独りを慎む（＝立派な人物は他人の見ていない所でも自分の行為を慎む）とかいう。必ず簡単な所に失敗がある。油断大敵である。

着眼 ▼問一「いづれ」は〝どれ・どちら〟の意。「筆に及ばざる」は、「（姫君の）美しさ、絵に書くとも、筆も及びがたく」（『住吉物語』）などの例があるように、「筆」＝「書くこと」で、〝うまく書き表すことができない〟ほどの意である。したがって、傍線部(1)は〝どれもうまく書き表せないことが多い〟などと、ひとまず現代語訳できる。ただし、解答欄が二行設定されているので、「いづれ」が何を指してそう言っているのか明らかにしておきたい。「いづれ」（二カ所ある）は、さまざまな「こと草（＝文章・書物）」で述べられた「深きこと」や「浅きこと」を指し、〝どの事柄も〟などと訳せる。さらに、在原業平の歌の批評で、「心（＝感情・意味・内容）」が「言葉足らず」でう

①「忠実な対象写影」が、近代以降の絵画の特徴であることに言及する

②中世の絵画が、①とは違う役割（＝情報の通信（伝達・共有）手段という役割）を果たしていたことを説明する

③②を踏まえて、画家の関心が物語表現に集中せざるをえない理由（画家に求められた能力）について説明する

参考　樺山紘一（一九四一年～　）は、東京都出身の歴史学者、評論家。東京大学文学部西洋史学科卒業、同大学院人文科学研究科修士課程修了。専門はフランス中世史、西洋中世史、西洋文化史。京都大学人文科学研究所助手を経て、東京大学文学部教授を務める。東京大学文学部名誉教授。専門のヨーロッパ中世史のみならず、思想や文化全般におけるひろい分野で評論活動をおこなう。東京大学教授を退官後は、国立西洋美術館館長や印刷博物館館長を歴任。二〇一五年、『歴史の歴史』で毎日出版文化賞を受賞。その他、『ゴシック世界の思想像』『ルネサンス周航』『歴史のなかのからだ』など、数々の著作がある。

三

出典　大蔵虎明『わらんべ草』〈一段〉

解答

問一　どの事柄の内容も、言葉でうまく書き表せていないことが多い

問二　(2)日常の稽古では、貴人が見る公式の舞台と思い、気を引き締めて丁重に演じ、公式の舞台では、日常の稽古と思って気を楽にして演じようということ。

(3)敵のないときは油断して気が緩むものなので、そんな自分に向き合って打ち勝とうと思うべきだが、油断しがちな自分は克服するのが困難な敵だということ。

◀解　説▶

通釈　昔の人（＝作者の亡き父・虎清）が言ったことには（以下の通りである）、さまざまな書物を見ていると、浅い内

④「写本」が①と②の性質を兼ね備えていた（同時に有していた）ことを説明する

▼問三　傍線部(3)において、画家が忠実な対象写影ではなく、記号としての物語表現に関心を集中させていたと筆者が判断する根拠を説明する。

まず、「忠実な対象写影」「記号としての物語表現」というそれぞれの語句が意味するものについて確認してみよう。「忠実な対象写影」が、第十一段落の「近代の絵画のように、絵そのものが対象を描写する」という記述を踏まえた語句であることは明らかである。すなわち、「忠実な対象写影」とは、我々現代人に馴染み深い〈対象を精密に描写することを目的とした近代（以降）の絵画〉のことを指している。一方、「記号としての物語表現」というのは、同じく第十一段落で説明されているような「通信用の記号」としての絵の性質、すなわち、「絵には、明瞭な語りが秘められていた」「絵画は鑑賞されるのではなく、解読されるものだった」という、中世の絵が果たしていた役割のことを指している。したがって、まず、画家の関心が物語表現に集中されていた背景として、当時の絵画と現在の絵画の意義づけの違いに注目して、〈中世の絵画は、対象を精密に描写し鑑賞の対象となる近代の絵画とは違って、情報の伝達・共有のための通信手段という役割を果たしていた〉などと説明していくことができる。

しかし、ここで注意すべきなのは、以上の内容を踏まえたうえで、「画家にとっての関心」が「物語表現に集中されていた」理由を説明する必要があるということ、すなわち、傍線部の主語が「画家にとっての関心は」なので、画家を主体とした理由の説明をしなければいけないということである。当時の絵画に求められていた役割が〈情報を通信する手段〉であったがゆえに、画家に求められるのも、対象描写の忠実さではなく、〈解読されるべき語り（物語）をいかに表現するかという能力〉であったと考えられる。したがって、単に、近代以降の絵画と中世の絵画の意味付けの違いという背景を説明するだけではなく、その背景の違いに基づいて〈画家に求められる能力〉の内容を示すことで傍線部が示す事実の理由を説明しなければならない。

以上、解答作成のポイントは以下の三点である。

なっていた」ということを、別の表現で言い換えて説明したい。

まず、「美しさ」について。「みごとな細密挿画がくわえられた」「凝った装飾がつけられた」（第八段落）と説明されており、また、傍線部直前に「写本はモノとしての重みを兼備した財宝である」とあることから、〈写本は、見事な細密挿画や凝った装飾が施された財宝としての価値をもっていた〉ということを意味していると考えることができる。ここで「財宝」ということばを使うのはよいが、「モノとしての重みを兼備した財宝」という表現をそのまま使うのは、「モノとしての重みを兼備する」という表現が抽象的で漠然としているので避けたほうがよい。「美しさ」の説明であることも考慮して〈芸術品としての価値を備えたもの（財宝）〉というように言い換えて説明したいところである。

また、「便利さ」というのが、通信手段としての写本の意義を意味しているのは明らかであろう。「情報を正確に蓄蔵し、空間と時間とをこえて伝達する手段」「写本は通信手段として、かなり洗練された利器となった」（いずれも第七段落）と説明されており、このあたりの記述を用いてその「便利さ」について説明すればよい。

さらに、それら（「美しさ」「便利さ」）が「分離できぬ一体となっていた」ということだから、「写本」が〈その両方の特質を兼ね備えていた、同時に有していた〉などと言い換えて説明することができる。その際に、傍線部の内容を説明するだけでなく、傍線部全体が「写本」についての説明であることがわかるように、きちんと主語を補って明示しておくこと。

解答作成のポイントは以下の四点である。

① 「美しさ」の説明→芸術品としての価値をもった財宝としての写本の性質を指摘する

② 「便利さ」の説明→通信手段としての写本の特質の具体的内容（情報の蓄蔵・時空をこえて伝達する手段）の説明

③ ①と②が「写本」についての説明であることを明示する

を聞き取ろうとするだろう。何らかの音が自分にとって意味のない音である場合に、その音は耳障りで不快な「雑音・騒音」になるのである。したがって、「騒音・雑音というべきものはありえなかった」という表現が意味しているのは、〈どんな音でも意味のあるものとして受け止められていた（把握できていた）〉という状態であることが理解できる。要するに、中世という時代は「音声ひとつひとつに意味がみちあふれていた時代」（第六段落）であったのだ。

では、なぜ中世の人々は〈どんな音でも意味のあるものとして受け止める〉ことができたのか。それは、「想像するところ、かれら中世人たちは、いまのわたしたちとは段違いの耳をもっていたようだ」（第五段落）からであろう。「段違いの耳をもつ」という表現は比喩的な表現であるが、同じく第五段落に「人びとは、その音と声のすべてを子細に聞きわける能力をとぎすませていた」と言い換えられているので、ここでいう「段違いの耳をもつ」とは、〈すべての音を子細に聞き分けるとぎすまされた能力（聴力）をもっていたということ〉と理解できる。また、「そのころ、人間社会は音にみちた世界をいとなんでいた」（第五段落）とあることも踏まえると、〈中世の人々は、多種多様な音にみちた生活を営みつつ、自らの優れた聴力によって、その多種多様な音の一つ一つをすべて意味のあるものとしてとらえていたからこそ、（どんなに多数の音源があっても）雑音・騒音というべきものはありえなかったのだ〉ということと理解できる。

以上の内容をまとめればよい。解答作成のポイントは以下の四点である。

① 「雑音・騒音というべきものはありえなかった」とはどういう状態のことを意味しているか、説明する
② なぜ「雑音・騒音というべきものはありえなかった」のか、という理由説明を盛り込む
③ ②に付随して、中世の人々の状況（「音にみちた世界をいとなんでいた」）について説明する
④ 「段違いの耳をもつ」という比喩的表現をそのまま使わずに、言い換えて説明できているかどうか

▼問二　傍線部(2)の「美しさ」「便利さ」がそれぞれ何を意味するかを明らかにし、さらにそれが「分離できぬ一体と

二

出典　樺山紘一『情報の文化史』〈I　通信と交通の社会文化史　聴覚と視覚の通信〉（朝日選書）

解答

問一　様々な音にみちあふれた生活を営み、すべての音を子細に聞き分ける研ぎ澄まされた聴力をもった中世の人々にとっては、どんな音もすべて意味あるものとして受けとめられていたということ。

問二　中世の写本は、情報を蓄蔵し時空をこえて正確に伝達する洗練された通信手段でありつつ、細密挿画や凝った装飾を施された芸術品としての価値も兼ね備えていたということ。

問三　中世の絵画は、対象を精密に描写しようとする、鑑賞のための近代絵画とは違い、情報を人々に伝達し共有するための通信手段としての役割を果たすものであったがゆえに、画家に求められたのは、解読されるべき物語をいかにして明瞭に絵画に表現するかという能力であったと考えられるから。

◀解　説▶

要旨　機械的方法による通信を当然と考える現代人からすれば、中世の情報伝達はかなり困難であったと思われるが、当時の人々は、優れた聴力によって、肉声による音声通信をかなり効率的に行っていたらしい。また、情報を正確に蓄蔵し、空間と時間をこえて伝達するために写本や書簡という文字による通信手段も多く用いられていた。さらに、絵画も有効な情報通信手段であり、解読されるべき物語が明瞭に表現された絵画は、人々の情報伝達と共有に大きな役割を果たしていたのである。

着眼　▼問一　傍線部(1)の「雑音・騒音というべきものはありえなかった」という表現がどういった状態を表しているのか、なぜそういった状態が可能であったのか、という二点に注目して、解答作成に必要な要素を確認していこう。

まず、「雑音・騒音というべきものはありえなかった」について。「雑音・騒音」というのは、一般的に、〝耳障りで不快な音〟のことを指すが、何らかの音が〝耳障りで不快なもの〟として聞こえるのは、その音が自分にとって必要なものではないからである。自分にとって有用な音であればその音に耳を澄まし、その音が何を意味しているのか在りし日にそれを見ていた者を見ることができる、――彼がたしかにそれを見ていたという現実を証明する物質的な証拠を見ることができ、つまりはそれによってその光を知ることができるということ」と言い換えられている。つまり、傍線部では「知ること」がもたらす「感動」について筆者は述べているのであり、それは「想像することをはるかに越えて豊かで本質的な営みとしてあると言うべき」ものであり、また、「いかなる想像も追いつきようのないものを知ることができるというのは、これはまた何と人を興奮させる出来事であることか」という記述で本文が締め括られていることからも、その「感動」とは、〈知ることがもたらす感興、知的興奮〉であることがわかる。

以上の内容を踏まえると、筆者は、〈カーンとポンピアのオウムガイの成長線についての仮説による推論（問二）から導きだせる事実について、その事実が、もはや存在しないもの、決して見ることのできないものの存在をも事実として人々に示しており、それを知ることによって得られる知的興奮の豊かさは、単に現在からの類推にすぎない人間の想像力を越えたものである（問三）〉ということを、本文全体を通して主張している、ということを読み取ることができる。問二から問三の理解が着実にできていれば、問四の解答作成はそれほど難しくはないだろう。

解答作成のポイントは以下の三点である。

①「知ること」の説明→〈もはや存在しないものの存在を、物質的証拠によって知ることができる〉ということ

②人間にとって、「知ること」のほうが「想像すること」よりはるかに豊かで本質的な営みであること

③「知ること」がもつ豊かさについての感動の具体的内容→知的興奮、知的な感興をもたらしてくれること

参考　松浦寿輝《ひさき》（一九五四年～）は、東京都出身の詩人、小説家、批評家、フランス文学者。東京大学教養学部教養学科フランス分科卒業。東京大学名誉教授。東京大学で教鞭をとりながら、詩作、文学評論、映画評論など幅広く活躍し、一九八八年、詩集『冬の本』で高見順賞受賞。二〇〇〇年に『知の庭園』で芸術選奨文部大臣賞受賞、『花腐し』で芥川賞受賞。二〇〇五年、『半島』で読売文学賞受賞。他に評論『エッフェル塔試論』『折口信夫論』など。

さらに筆者は、「いかなる場合でも想像は現実には及びようがない」（第三段落）、「昔の光は、昔、たしかにあった。この『あった』の重さにはいかなる想像力も追いつきようがない」「これら九本の微細な線の前ではいかなる人工的なイメージも無力である」「知ることとは、ここで、想像することをはるかに越えて豊かで本質的な営みとしてあると言うべきである」（第四段落）と説明を加えていく。つまり、〈「イメージとは無関係に存在している、確固とした事実」（第四段落）が「たしかにあった」という重さと比べると、人間の想像力は及びようがないものである〉ということである。

ここで、以上の内容を踏まえると、「想像する」という営為が、「知る」という営為と比べて「貧しい」ものであるとされていることが明らかであるため、「知ること」との比較で解答を作成していくという方向で考えた受験生も多くいるだろう。もちろん、「知ること」についてまで言及できればそれに越したことはないのだが、解答欄が三行と少なく、盛り込める内容に限度があること、また、問四の中心内容が「知ること」についてであることから、内容の重複を避ける意味でも、問三では〈事実がもつ重さ〉との比較にとどめておく、といった書き分けの工夫が必要である。

解答作成のポイントは以下の三点である。

①「想像する」という営みの具体的説明

②〈事実がもつ重さ〉との比較説明

③「事実」の説明→「物質的な証拠」による「事実」であることの説明

▼問四　指示語の指示内容を踏まえた傍線部内容説明問題であり、文章全体の主旨把握問題でもある。まず、傍線部（C）の「ここ」という指示語は、「彼ら（四億二千万年前のオウムガイ）がみずからの肉体に残った痕跡の形でいわばわれわれに遺贈してくれたこの証言、これ以上物質的ならざるはないこの証言を通じて、われわれはそうした光が存在したことを知ることができる」ことを指しており、これは傍線部の後で「それを見ることはできないが、かつて

② 現存種には隔壁間の一小室に三十本の細線が見られる→隔壁は月の周期によって作られると仮定できる

③ 一小室あたりの細線数は年代が古いほど規則的に少なくなり、四億二千万年前の最古の化石では九本となる

→当時のひと月は九日間しか持っていなかった

→当時の月は今よりずっと地球に近いところにあり、わずか九太陽日で地球の周りを公転していた

④（結論）当時の月は、地球からの現在の距離の五分の二強というところを回っていた

なお、ここで注意したいのは、第一段落の最終部分の「古生代のオウムガイは……巨大な月を眺めていたのである」という記述は、カーンとポンピアの推論に基づいた筆者の見解であって、カーンとポンピアが推論したことではないということである。解答をまとめるにあたっては、この部分を省いた第二段落の内容をまとめる必要がある。

具体的内容についての記述部分がかなり長いので、まとめるにあたっては項目の取捨選択が必要となってくるが、傍線部では「彼らの推論の大まかな方向づけ」とあるので、あまりに細かい具体的な数字より、彼らが何を根拠にどういった推論を立てたのか、という考察の筋道を明らかにすればよいと考えられる。

▼問三 「想像する」という、一般的にはプラスなものとして捉えられる営為を「貧しいもの」だと考える、筆者ならではの見解について、わかりやすく理由を説明すること。まず、「想像する」という営為がどのようなものであるかを確認し、さらに、それが何と比べて「貧しい」と言いうるのかを本文中から読み取っていく必要がある。

「想像する」という営為について、まず、第三段落で「今の光からの類推によってイメージを作る」と具体的に説明されており、また第四段落でも「人工的なイメージ」という表現があることから、〈現在からの類推によって人工的なイメージを作ること〉などと理解することができる。それは、「豊富であると貧弱であるとを問わず」貧しいものであり、その理由は「いずれにせよ想像されたものは、結局想像されたものでしかないから」と述べられている。ここから、〈どれほど豊かなものであっても、想像という営みは、現在からの類推による人工的なイメージの域を越え出ることはできない〉と筆者が考えていることがわかるだろう。

人間に知的な感興をもたらしてくれるのである。

着眼

▼問一 (ア)「懸念」は〝気にかかって不安に思うこと〟の意。

(イ)「四囲」は〝周囲〟の意。

(ウ)「絵空事」は〝現実にはありそうもない、架空の作り事〟の意。

(エ)「迫真」は〝真に迫っていること〟の意。

(オ)「行使」は〝権利や権力などを実際に使うこと〟の意。

▼問二 傍線部(A)の具体的内容を説明すること。「彼らの推論」とは、第二段落冒頭の「オウムガイの殻に残った細線の数が意味するもの」に関する、P・G・カーンとS・M・ポンピアの推論のことであり、その具体的内容は第一段落で説明されている。カーンとポンピアが行った調査とそれに基づく推論としては、まず、「現存種のオウムガイの殻の外面に見える細かい成長線の数を数え、二枚の隔壁の間に挟まれた小室一つ一つに平均約三十本の細線が含まれること、その数はどの殻を見てもまた同じ殻のどの小室を見てもほとんど変わらない」ということについて、深海に棲み夜になると海面に浮かび上がってくるオウムガイの習性からオウムガイの殻の成長線は一日の成長の記録と考えるところから始まる。また、現存種の成長線が隔壁間に三十本ということから、「隔壁は月の周期に同調して作られるのだと仮定」している。さらに、四億二千万年前から二千五百万年前にわたる様々な年代のオウムガイ類の化石について同じ調査を行った結果、その成長線の数が年代の古いものほど規則的に少なくなっており、最古の化石では成長線がわずか九本であったことから、四億二千万年前の地球ではひと月はたった九日間しかなかったのだと考えられる。地球の自転が今より速く一日が二十一時間しかなかった四億二千万年前には、月は地球からの現在の距離のたった五分の二強という、今よりもずっと近いところで、わずか九太陽日で地球の周囲を公転していたと結論できる。

以上が、カーンとポンピアの推論の具体的内容であり、これをまとめると次のようになる。

① オウムガイは太陽の周期に合わせて浮沈する→オウムガイの殻の成長線は一日ごとの成長の記録である

一

出典　松浦寿輝『青天有月』〈三　昔の光〉（講談社文芸文庫）

解答

問一　（ア）懸念　（イ）四囲　（ウ）絵空事　（エ）迫真　（オ）行使

問二　夜のみ深海から海面に浮かび上がるオウムガイの殻の成長線は、一日ごとの成長の記録だが、現存種では隔壁間に約三十本あるのに対し、最古の化石では九本である。隔壁が月の周期に同調して作られると仮定すると、当時のひと月は九日間で、月は今よりずっと地球の近くを回っていたと推論できる。

問三　想像という営みは、どれほど豊かなものであれ現在から類推した人工的なイメージでしかなく、物証による確固とした事実がもつ圧倒的な重さには及びようがないから。

問四　もはや存在せず、見ることもできないものについて、物質的証拠によってその存在を事実として知ることができるということは、人間にとって本質的な豊かさをもつ営みであり、想像力を越えた知的な感興をもたらしてくれるということ。

▲解　説▼

要旨　オウムガイの殻に刻まれた成長線に関する推論から、「太古の海で巨大な月を見つめているオウムガイ」に思いを馳せることができるように、われわれは、もはや存在せず、見ることもできないものについて、それが過去に確かに存在したという事実を示す物質的証拠によって知ることができるし、さらに、知り得たものに思いを馳せることができるのだ。こういった「知る」という営為は、単なる現在からの類推による想像力には及びようもない本質的で豊かな営為であり、

2015年度

解答編

解答編

英語

I **解答** (1)これらの音符は，組み合わさって初めて，クラシックと呼ばれる複雑な音楽になる。基本的には，音楽は階層体系の一例にすぎない。そこではいくつものパターンがより大きなパターンの中に入れ子状態になっており，これは単語で文が作られ，それから章が，そして最終的に小説になるのに似ている。

(2)〈解答１〉「基礎物理から複雑な生体物質に至る少数の普遍的構成要素から様々な機能が生じる」という理論的枠組み。(30～50字)

〈解答２〉「少数の普遍的構成要素から様々な機能が生じる」というパラダイム。(30～50字)

(3)絹糸を紡ぐ過程でアミノ酸鎖が作用し合って物質を形成するメカニズムに対する我々の理解は，その音楽を聴くことによって深まった。たとえば，低品質の絹糸を形作ったアミノ酸鎖は，攻撃的で不快な音楽になり，一方，高品質の糸を形作ったアミノ酸鎖は，よりやわらかくよりなめらかに聞こえた。それはより緻密に織り合わさった網状組織から得られたものだからだ。

◆全　訳◆

≪絹糸の階層構造を作曲に変換すると≫

一個の物質がもつ数々の特性は，その基本的構成要素そのものではなく，その構成要素がどのように組み合わさって階層を構成しているかで定義される。このパラダイム――そこでは構造によって機能が定義されるのだが――は，生体系を包括する原理の一つであり，それらがあらかじめ有している成長と自己修復の，そして新たな機能へと変容していく能力にとっての鍵となるものなのだ。クモの糸は自然界にある物質の中でも最も見事な例の一つだが，これは鋼鉄よりも強い繊維へと紡ぎ出された単純なタンパク質から作られる。

我々が階層の普遍的重要性を認識し始める中，工学者たちはこの知識を合成素材や装置の設計に応用しつつある。彼等は驚くべきものをよりどころにインスピレーションを得たりする。それが，音楽だ。

音楽の世界では，限られた一組の音符がメロディの出発点であり，次にそのメロディが複雑な構造にアレンジされてシンフォニーが生まれる。オーケストラを考えてみよう。オーケストラでは個々の楽器が比較的単純な連続した音符を奏でる。(1)これらの音符は，組み合わさって初めて，クラシック音楽と呼ばれる複雑なサウンドになる。基本的には，音楽は階層体系の一例にすぎない。そこではいくつものパターンがより大きなパターンの中に入れ子状態になっており，これは単語で文が作られ，それから章が，そして最終的に小説になるのに似ている。

作曲家は多重階層という概念を，もしかすると知らず知らずのうちに何千年もの間利用してきたが，近年になってやっとこれらのシステムが数学的に理解されることとなった。この数学理論が示すところによると，作曲の原理は，一見多様に見える多くの階層体系と共通のものであり，これは同時に，探求すべき魅力的な手法の数々を示唆している。ひも理論の基礎物理学から複雑な生体物質まで，少数の普遍的構成要素から様々な機能が生じるのだ。私はこれを普遍多様性パラダイムと呼んでいる。

自然はその素材を設計するためにこのパラダイムを使用し，新たな構成要素というよりもむしろ既存の構成要素を用いて作られた新奇な構造を介して，新しい機能を生み出す。しかしそれぞれの時代を経る中で人類は世界を組み立てるためにまったく異なった方法によって，新しい機能が必要とされるときは，新たな構成要素や素材を取り入れてきた。

より優れた，より耐久性のある，あるいはより丈夫な素材を生み出す我々の能力を制限しているのは，構成要素自体ではなく，これらの構成要素をうまく組み換える方法を我々が意のままにできないことなのだ。この限界を克服するために，私は自然と近しい方法で新素材を設計しようと努力している。私の研究室では，デザイナーシルク（意図的に作られた絹）のような人工素材や，医療や工学に応用できる別の素材を創るために音楽の隠れた構造を用いている。音符やメロディ，リズムといった概念を用いて素材の設計を別途の方法で再公式化できるかどうかを見極めたいのである。

我々の脳には音楽の階層構造を処理できる生来の能力が備わっているが，この能力が，人工素材を理解したり設計したりするための，より優れた創造的潜在能力を解き放ってくれるかもしれないのだ。たとえば，近年の業績になるが，我々は天然のアミノ酸の配列をもとに異なる配列を設計し，より優れた特性をもった我々独自の素材を創り出すために様々な組み合わせを取り入れた。しかし，異なった配列をもつアミノ酸がどのように相互作用し繊維を形成するのかは大部分が謎であり，実験で観察するのが困難である。より深い理解を得るために，我々はアミノ酸配列が絹の繊維に紡ぎ出される過程を，作曲過程に置き換えた。

絹から音楽へのこの変換を行うにあたって，我々はタンパク質の構成単位（アミノ酸の配列）を，それと対応する音楽の構成単位（音符とメロディ）に置き換えた。その音楽が演奏されるとき，我々は自ら設計したアミノ酸配列を「聞く」ことができ，たとえばその力学的強度といった，素材がもつ数々の特性がどのように音楽の空間上に出現するのかを推論することができた。(3)絹糸を紡ぐ過程でアミノ酸鎖が作用し合って素材を形成するメカニズムについての我々の理解は，その音楽を聴くことによって深まった。たとえば，低品質の絹糸を形作ったアミノ酸鎖は，攻撃的で不快な音楽になり，一方，高品質の糸を形作ったアミノ酸鎖は，よりやわらかくよりなめらかに聞こえた。それはより緻密に織り合わさった網状組織から得られたものだからだ。将来的には，我々はこうした絹の生成法を，よりよい特質を映し出すそれら音楽の質を高めることで改良していきたい――すなわち，よりやわらかで流麗で一音一音が緻密に織り合わされたメロディを際立たせることを望んでいるのだ。

◀解　説▶

絹糸の品質をデータ変換して音楽の作曲に応用してみたらどうなったかという興味深い実験についての論説文。第 1 段に出てくる spider silk は「クモの糸」ということだが，その後の silk は「絹」と考えてよい。絹は蚕の繭から作られるが，クモの糸も絹もともにアミノ酸配列でできているからだ。この研究の発想は非常に意外なものだが，実験から得られた結果はきわめて納得のいくものであった。

▶(1) **Only when combined do these tones become the complex sound we call classical music.**

「組み合わされて初めてこれらの音符は，我々がクラシック音楽と呼ぶ複雑なサウンドになる」→Only when combined が強調されて倒置形（疑問文の形）になったもの。These tones become the complex sound that we call classical music only when they are combined. ということ。

• tone「音，音符，楽音」→音楽を構成するドレミ等の各音。

• sound「サウンド，音，（スタイルとしての）音楽」

Essentially, music is just one example of a hierarchical system,

「基本的には，音楽は階層体系の一例にすぎない」→Essentially は文修飾副詞。

• essentially「基本的に」（あるものについて最も重要な性質を強調する意味合いがある）

where patterns are nested within larger patterns

「そこではパターンがより大きなパターンの中に入れ子にされており」→関係副詞 where の先行詞は直前の a hierarchical system である。

• be nested「入れ子にされて」→ロシアのマトリョーシカ人形のような構造。情報の一部が他の部分に組み込まれるように納められている状態を指す。

— similar to the way words form sentences, then chapters and eventually a novel.

「——単語が文を形成し，それから章を，そして最終的には小説を形成するやり方に似た」→それぞれの要素が，さらに大きな部分の構成要素になっているということ。

▶(2) **this paradigm**

「このパラダイム」→paradigm とは「ある分野またはある時代で共有される思考法や科学的認識の体系または方法論」のことで，「理論的枠組み」と和訳されたりするが，カタカナの「パラダイム」という訳語も定着しており，どちらを使用してもいいだろう。this paradigm は前段最終文の universality-diversity-paradigm「普遍多様性パラダイム」を指しており，それはすなわち，I call this の this にほかならない。この this が指すのは前文（From the basic physics of string theory to complex biological materials, different functions arise from a small number of universal building blocks.）の内容なので，それを 30～50 字で述べればよい。前半部を解答に入れるかどうかで字数に幅が出てくる。

• basic physics「基礎物理」

• biological material「生体物質，生物材料」

• arise from ～「～から生じる」

• universal building block「普遍的構成要素」

▶(3) **Listening to the music improved our understanding of the mechanism**

「その音楽を聴くことはそのメカニズムに対する我々の理解を高めた」

• our understanding of the mechanism「そのメカニズムについての我々の理解」→ここでの of は about の意味。

by which the chains of amino acids interact to form a material during the silk-spinning process.

「それによってアミノ酸鎖が，絹糸を紡ぐ過程の間，互いに作用し合って材料を形作る」→which の先行詞は the mechanism である。

• the chains of amino acids「アミノ酸鎖」

• interact「互いに作用し合う，互いに影響し合う」

The chains of amino acids that formed silk fibres of poor quality, for example, translated into music that was aggressive and harsh,

「たとえば，低品質の絹繊維を形作ったアミノ酸鎖は，攻撃的で不快な音楽になった」

• silk fibres＝silk fibers「絹繊維，絹糸」

• translate into ～「結果的に～に変わる，～になる」→この translate は自動詞。translate は基本的には「翻訳する」という意味だが，本文では主として「(データ) 変換する」という意味で使用されている。

• harsh「不快な，耳障りな」

while the ones that formed better fibres sounded softer and more fluid,

「一方，良質の繊維を形作ったアミノ酸鎖は，よりソフトでなめらかに聞こえた」→ones は chains of amino acids を指す。

• soft「やわらかい，心地よい，穏やかな，なめらかな」

• fluid「なめらかな，流麗な，優雅な」

as they were derived from a more interwoven network.

「それらはより緻密に織り合わさった網状組織から得られたからだ」→as は理由を表す接続詞。for に置き換えることができる。they は the ones that formed better fibres を指す。

• be derived from ～「～に由来する，～から得られる」

• interwoven「織り合わさった」←interweave「織り合わせる，織り交ぜる」の過去分詞。

●語句・構文●

（第1段）building block「積み木，構成要素」 overarching「すべてのものに影響を与える，すべてを含む，重要な」 innate ability「生まれながらの能力」 morph into ～「変態して～になる」→コンピュータ技術を使用した画像変換にも使用される語。protein「タンパク質」（be）spun into ～「～に紡がれる，紡がれて～になる」

（第2段）universal「普遍的な，すべてに及ぶ」 design「設計」 synthetic「合成の」

（第3段）不定詞 to create は結果用法で and（they）create の意味。

（第4段）exploit「活用する」→いい意味と悪い意味の両方がある語。but only recently …「しかし最近になってやっと…」→only recently が冒頭に来たために疑問文の形に倒置されたもの。seemingly「見たところ，一見」 avenue「道，方法，手段」 string theory「ひも理論」←「弦理論」とも。

（第5段）第1文：via「～を経て」 novel「新奇な，斬新な」 built using existing building blocks「既存の構成要素を用いて作られた」→built は形容詞用法の過去分詞で，novel structures を修飾する。using は分詞構文で，built を修飾している。using の前のコンマは省略されている。fresh ones は fresh building blocks のこと。第2文の when 節は introducing（分詞構文）を修飾。

（第6段）第1文は強調構文。強調される部分は not *A* but rather *B* という構造になっているが，文のバランス上，後半部（but rather *B* に該当する部分）は後ろに回されている。our inability to control … は名詞構文で，that we cannot control … と同意。第3文の designer silks の designer は「設計者（designer）が意図した」という意味。「設計者による意図的な」ということ。reformulate「再公式化する」 using は付帯状況を示す分詞構文で by using と同じ意味。

（第７段）第１文：a talent that … は a natural capacity を同格的に説明。unlock「～の鍵を開ける」→「～を明らかにする，解き放つ」第２文：based on … ones「天然のアミノ酸配列に基づいた」は different sequences of amino acids「異なったアミノ酸配列」を修飾。introducing は分詞構文で and introduced の意味。第３文：the way in which … は how … と書き換えられる。最終文：translate *A* into *B*「*A* を *B* に変換する」

（最終段）corresponding「対応する，相当する」 deduce「推論する」 enhance「（質）を高める」

II 解答

(1)実際は，「無」に関する諸問題は「過去のものであり 17 世紀末には解決済みで，それ以降『無』は語るべき対象ではなく，思い悩むものでもまったくない」というどころか，「無」は今なお謎であり続けるだけでなく，（もしかしたらそれゆえ）――我々が気づいていなくてもほとんどあらゆる階層の中に，姿を見せ続けているのだ。

(2)より多くのことを知っていればいるほど，知らないことは当然少なくなるわけなので，あらゆることについて知っていればいるほど，「無」について知っていることも少なくなるという，例の奇妙な矛盾の一つが残る。

(3)ア．Brought　イ．sung

◆全　訳◆

≪「無」についての考察≫

その歴史をよく考えたら，人は次のように思ったことだろう。「無」に関する諸問題は今となっては過去のものであり，17 世紀が終わるずっと前に解決され，以降「無」は語るべき対象ではなく，思い悩むものでもまったくないのだと。

どうやらそうでもなさそうなのだ。(1)実際，そんなことは決してない。「無」は今なお謎であり続けるだけでなく，（もしかしたらそれゆえ）――我々が気づいていなくてもほとんどあらゆる階層の中に，姿を見せ続けているのだ。

しかし，ならば我々はどうしたら「無」に気づけるのか？　そこが確かに，「無」についての肝心な点だ。「無」は……無である。しかし「無」はそこにある。健在で，今なお頑として。科学や技術が進歩し，そして最も顕著なことには情報や知識を集める我々の能力の進歩にもかかわらず，「無」が理解されているとは相変わらず言い難い。実はある意味では，我々は他のあらゆることについてあまりにも多くを知っているからこそ，「無」はむしろ一層謎を深めているのだ。(2)より多くのことを知っていればいるほど，知らないことは当然少なくなるわけなので，あらゆることについて知っていればいるほど，「無」について知っていることも少なくなるという，例の奇妙な矛盾の一つが残る。

そこで現実を直視してみよう。「無」はまったく意味をなさないのだ。それゆえ，「無」は十二分に煩わしい。世界を理解しようと努力している者にとって，「無」は人を小馬鹿にするものなのだ。

もし過去に権力者たちが，一般民衆が「無」について考えることすらさせなかったとしても，「無」は今日では十分に公で論議されるようになっている。禁断の思考の奥深くから，哲学と宗教の神聖なる殿堂の内部にある名誉ある場所へ，そして最終的には広い世界へと引き出されることで，「無」は強迫観念となるほどに，芸術の各分野に広く受け入れられてきた。映画，テレビ，音楽，文学，演劇あるいは視覚芸術のいずれであろうと，「無」の探求（ゆえに「無」を理解すること）は，ときには表面上に，またあるときは表面下に常に存在し，まるで「無」が，それを使えば何もかもがよりよく理解できる，聖なる杯であるかのごときものとなっている。

芸術にとっては，「無」は最後の辺境，あらゆるものを表現する道を阻む風車，解決すべき究極の謎のように思われる。「無からは何も生まれぬ」というリア王の暗い予言が誤りであることをだれもが証明しようとする過程で，「無」は思索され，笑いの対象とされ，書き表され，歌われ，絵画に描かれ，造形されるのだ。

◀解　説▶

「無」についての考察。イタリック体の *nothing* は考察の対象の「無」であり，存在として認められる「無」である。「何もない」「何も存在しない」という意味での単なる nothing と区別しなければならない。たとえば，Nothing matters. なら「何も重要でない」だが，*Nothing* matters. なら「『無』は重要だ」となる。そこに気をつけて読んでいこう。

▶(1) **Far from it, in fact.**

「実際は，決してそうではない」→far from ～「決して～でない」 it は第1段の you'd have thought に続く２つの that 節の内容を指す。この２つの that 節を和訳し「決してそうではない」という形で否定すればよい。

• １つ目の that 節：by now「今はもう」 problems with *nothing*「『無』に関する問題」→イタリック体の *nothing* はカッコでくくっておく。(be) sorted out「解決されて」→(be) solved と同意。well before the end of ～「～末のずっと前に」→well が修飾する語は，直前の sorted out ではなく before だと解釈するのが自然。

• ２つ目の that 節：thereafter「それ以降」 nothing to talk about ～「～について話すべきものではない」 nothing to worry about ～「～について心配すべきものではない」

Not only does *nothing* remain a mystery,

「『無』は相変わらず謎であるだけではなく」→not only *A* but also *B* の前半部。not only が文頭に出て疑問文の形に倒置されている。

but (and possibly because of it)—*nothing* also keeps on making an appearance in virtually every walk of life,

「しかし（そしてひょっとするとそのため）『無』はほとんどあらゆる階層に現れ続けてもいる」→not only *A* but also *B* の後半部。it は前半部の *nothing* remain a mystery を指す。

• make an appearance「出現する，登場する」

• virtually「ほとんど，実質的に」→every を修飾。

• walk of life「階層，職業，活動分野」

even when we don't notice.

「たとえ我々が気づいていないときでも」→keeps on を修飾。

▶(2) **Since it follows that the more we know, the less we don't know,**

「当然，より多くのことを知っていればいるほど，知らないことはそれだけ少なくなるので」→the＋比較級 …, the＋比較級 ～「…すればするほど，それだけ～」

• it follows that …「当然…ということになる」

we are left with one of those strange paradoxes

「我々にはあの奇妙な矛盾の一つが残される」→leave *A* with *B*（*A* は人。

*B*は時間・金・印象・選択肢等。通常受け身）「*A*に*B*を残す」

• paradox「矛盾，理屈に合わないこと，逆説，パラドックス」

that the more we know about everything, the less we know about *nothing*.

「我々があらゆることについてより多く知っていればいるほど，『無』について知っていることはそれだけ少なくなるという」→直前の paradoxes の同格節。

※この文の前半で筆者は① the more we know, the less we don't know「より多くのことを知っていればいるほど，知らないことはそれだけ少なくなる」と言っているのに，この後半部では筆者は，② the more we know about everything, the less we know about *nothing*「我々があらゆることについてより多く知っていればいるほど，『無』について知っていることはそれだけ少なくなる」と言っており，この①と②は矛盾している。前半部の記述に合わせるのなら，②は the more we know about everything, the less we don't know about *nothing* でなければならない。ここに筆者の詭弁が見られる。筆者の詭弁を明確にするために，①の know の目的語に about things を補って考察してみよう。すると①′ the more we know about things, the less we don't know about things という文ができる。この文の the less we don't know about things の下線部 "not things" の部分を筆者は nothing に置き換え，the less we know about nothing と言い換えた。その nothing「何もない」という否定語を，イタリック体の *nothing*「無，ゼロ」という肯定語に変えて，理屈から言えば「わかっていないことが減る」はずなのに，詭弁によって「わかっていることが減る」という矛盾（逆説）を創り出したというわけだ。

▶(3)ア．空所直前に today *nothing* is well out of the closet「今日では『無』は十分に公で論議されるようになり」とあり，空所の後に，～ out from the recesses of forbidden thought to an honored place …, and finally into the wide world, …「禁じられた思想の奥まった部分から出て名誉ある場所に…そして最後には広い世界に…」とあるので，〈何かの移動を表す動詞〉が入ると考えられる。また，文の主語は *nothing* なので，空所は受け身の分詞構文と考えられる。したがって bring の過去分詞形を入れる。

• be out of the closet「(隠されていたことが) 明らかになって」

イ．この部分を能動態に変えた場合，動詞の目的語は *nothing* なので，sing〔annoy / hide〕about *nothing* が文法上また文脈上成り立つかどうかを考えればよい。この場合の動詞は about の存在から自動詞でなければならないが，annoy は他動詞なので不適切。hide の場合は「『無』について隠れる」となり意味上不適切。

●語句・構文●

(第２段) apparently「どうやら～で」 not は第１段の２つの that 節の内容を否定している。つまり，第１段の２つの be 動詞を否定している。

(第３段) alive and well「健在で」 as far away as ever from ～「相変わらず決して～ではなく」 前置詞 despite の目的語は our advances …, in の後に science, technology, our ability が並列されている。most spectacularly「最も顕著には」 in some way「ある意味では」 more of a mystery「むしろ謎である」 precisely because ～「～だからこそ」

(第４段) let's face it「現実を直視しよう，現実を見よう，率直に認めよう」→it は「現実，現状，状況」を指す。more than ～「十二分に～，～どころではない」 affront「人にショックを与えたり人を怒らせる何か侮辱的なもの」

(第５段) the powers-that-be「(表に出ない) 当局者，権力者，お偉方」 the powers that be とも。hallowed「神聖な」 take ～ on board「～を受け入れる，理解する」 obsession「頭から離れないこと，妄想などにとりつかれること，強迫観念」 the holy grail「聖杯，達成困難な究極の目標」→それを用いればあらゆるものがよりよく理解されるという神器，といったニュアンス。

(最終段) 第１文の the last frontier と, the one windmill と, the ultimate mystery は並列関係。depict「表現する」 第２文の with は付帯状況。disprove「～が正しくないことを証明する」 fashion「～を創る」

III 解答

(1)〈解答１〉Hanako : Did you read yesterday's evening paper? I hear Toki are dying out, but it said a baby Toki was born.

Taro　: I'm sure it was very hard for the keepers.

Hanako: But this baby was born of parents returned to nature.

Taro : The environment where Toki can live comfortably may be comfortable for us humans, too. There, they can enjoy clean water and air, and are free from people chasing them around with curiosity.

〈解答 2〉 Hanako: Did you read the evening newspaper yesterday? I learned Toki were endangered, but it said a baby Toki had hatched out.

Taro : It must've been very tough for the keepers.

Hanako: But this baby was born of parents who had been returned to nature.

Taro : We may find the surroundings that are good for Toki to live in comfortable. There is clean air and water, and there aren't any people searching for them for their rarity.

(2) 〈解答 1〉 I hear there are many languages without any letters in the world. To us who live every day surrounded by letters, such languages seem to be very inconvenient. However, whether a language has letters or not, the basic functions of languages are the same. If you think that a language with letters is better than one without letters, you'll be said to be very arrogant.

〈解答 2〉 There seem to be a lot of languages with no writing systems in the world. We tend to regard those languages very inconvenient, for we live every day among letters. But there are no differences in basic functions between languages with letters and ones without. The idea that the former is superior to the latter would be quite inflated.

◀解 説▶

(1)は会話文の英訳。会話なので，できるだけ平易な表現を用いて，文章も1文あたりがあまり長くならないようにするとよい。和文英訳というよりも，会話の内容を英語で伝達するという観点から，英語に置き換えていこう。また，短縮形が可能な場合は短縮形を使用するとよい。(2)は従来型の英作文。2015 年度は「思い上がり」の英訳に考えさせられるが，それ以外は英訳しやすい平易な日本語である。

▶(1)（花子）昨日の夕刊見た？

→「見た？」は「読んだ？」ということ。

•「昨日の夕刊」yesterday's evening (news) paper

（花子）絶滅の危機に瀕していたトキの雛が孵ったと書いてあったわ。

→日本語の文構造を1文にまとめて表すのは難しい。It said that a couple of Toki, which are in danger of extinction, had a baby. というように英訳することもできるが，会話でこのような関係代名詞を用いるのは堅苦しくて不自然。「トキの雛が孵ったとその新聞は言っていた」「トキは絶滅の危機に瀕している」というように2つに分けるとよい。

•「絶滅の危機に瀕して」(be) endangered / (be) dying out / becoming extinct / be in danger of extinction

•「トキの雛が孵った」a young Toki hatched from the egg→「トキの赤ちゃんが生まれた」a baby Toki was born / a couple of Toki had a baby

（太郎）飼育係の人はさぞかし大変だったろうね。

→「さぞかし大変だったろう」は「大変だったに違いない」ということ。

•「飼育係」keepers　飼育係はたぶん1人ではないだろうから複数形にする。

•「～は大変だ」it is hard〔tough〕for ～

•「さぞかし」は I'm sure か must've been で表す。

（花子）でも，この雛は自然に戻されたトキから生まれたのよ。

→「でも」は But を使用。会話では However は使わない。

•「～から生まれる」be born of ～

•「自然に戻す」release〔return〕～ to〔into〕nature / release ～ into the wild　これらの表現を受動態で用いてもよい。

（太郎）トキが住みやすい環境，つまり，きれいな水や空気があり，珍しい鳥だからと追いかけ回されたりしない場所というのは，僕たち人間にとっても居心地のよいものなのかもしれないね。

→長い文なので，「トキが住みやすい環境は，僕たち人間にとっても居心地のよいものなのかもしれない」と「きれいな水や空気があり，珍しい鳥だからと追いかけ回されたりしない場所」に分けて訳すとよい。ちなみにここを直訳すると The environment where Toki can live comfortably, that is, places where there is clean water and air, and where they won't be chased because they are rare birds, may also be places which are comfortable for us humans to live in. というようになるが，会話なのでもう少し簡潔に表現したい。

•「トキが住みやすい環境」the environment where Toki can live comfortably / the surroundings〔circumstances〕for Toki to live in comfortably〔easily〕

•「珍しい鳥だからと追いかけ回されたりしない」→「珍しい鳥だからという理由で追いかける人がいない」there aren't any people running after them because they are rare birds 「その珍しさのために…」there … for their rarity 「好奇心に駆られて…」there … with curiosity

•「～を追いかける」run after ～ / chase (after) ～←chase は他動詞・自動詞両方の用法がある。

•「人間にとっても居心地のよいものなのかもしれない」may be comfortable for us humans, too でよいが，〈解答 2〉では，find O C「OをCだと思う」の構文で表した。O は the surroundings … live in である。

▶(2)世界には文字を持たない言語がたくさんあるらしい。

•「～らしい」は seem を用いるのが適切だが，I hear ～ も可。

•「文字」letters / alphabets / writing systems / systems of writing

•「～を持たない」は without ～ か with no ～ または don't have ～ で表す。

毎日文字に囲まれて暮らしている私たちからすれば，さぞ不便なことだろうと思ってしまいがちだ。

→「毎日文字に囲まれて暮らしている私たちは，そのような言語を非常に不便だとみなす傾向がある」

•「～に囲まれて」surrounded by ～ / among

•「不便な」inconvenient

•「～してしまいがちだ」tend to *do*

しかし，文字があろうがなかろうが，ことばの基本的な働きに変わりはない。

→「しかし，その言語が文字を持っていようがいまいが…」

•「～であろうがなかろうが」whether ～ or not

•「ことばの基本的な働き」basic functions of languages

•「変わりはない」→「同じだ」the same

※〈解答 2〉のように「文字のある言語と文字のない言語の間に基本的な働きにおいて差異はない」というように訳してもよい。

文字のある言語のほうがない言語より優れているなどと考えるのは，とんでもない思い上がりだろう。

→「などと」は訳さなくてよい。「〜と考えるのは…」は「もし〜と考えるなら…」または「〜という考えは…」と考えて和訳する。「文字のある言語のほうがない言語より」の部分は，〈解答 2〉のように前文の繰り返しを避けるために the former, the latter を利用することもできる。

•「〜より優れている」better than 〜 / superior to 〜

•「とんでもない思い上がり」→「非常に傲慢な」very arrogant〔conceited / overconfident / self-important〕〈解答 2〉のように「〜という考え」という形で書いた場合は，概念や考え方が思い上がっていることを表しうる形容詞（inflated / presumptuous など）を用いるようにする。

•「〜だろう」は will で表せばよい。

講　評

2015 年度も，読解問題 2 題＋英訳問題 1 題という構成であった。読解問題の語数は 2 題で約 1060 語であり，2014 年度からの大きな増減はなかった。

I は，絹糸の階層構造を音楽にデータ変換したらどういう曲ができたかについて述べた英文で，意外性のある興味深いテーマであった。意外なテーマであるがゆえに，内容の理解や，hierarchical の和訳に苦心した受験生もいたかもしれない。設問に字数制限（30〜50 字）付きの内容説明問題が出題されたが，該当箇所が容易に判別でき，字数にも幅があるので，受験生は比較的楽に解答できたものと思われる。英文和訳問題の難易度は標準であった。

II は「無」について考察した英文。語形変化を伴う空所補充問題が出題されたが，2 カ所の空所に入れる選択肢は 4 つと少なく，紛らわしい選択肢もなかったので，平易な出題であった。英文和訳の下線部(1)の walk of life は知らないと推測が難しかったかもしれない。また，下線部(2)は，素直に和訳すればいいのだが，筆者が *nothing* と nothing を意図的に混同させて創り出したパラドックスに困惑した受験生もいたであろう。

Ⅲの英作文問題は従来通り２問の和文英訳から成っており，うち１問は会話文の英訳問題であった。コミュニケーション英語を意識した出題なのかもしれない。ならばその意図をくんで，口語英語に置き換える必要があるのかもしれない。そういう意味では，(1)はどのレベルの英語に置き換えるかで，難易度の受け止め方が変わってくるといった問題である。(2)は従来の難解な京大の和文英訳と比較すると平易であり，文構造の取り方や表現で苦心するようなところもなかった。

2015 年度もテーマ・分量・難易度ともに京大スタンダードとも言える出題であったが，全体的に若干易しくなり，とっつきやすくなったような印象を受ける。しかし，深い思考力や考察，豊かな背景知識が要求されていることに変わりはない。京大志望者は過去問にしっかり取り組んで十分な練習を積んでおくべきだろう。

数学

1

◇発想◇　まず準備作業として，グラフの概形を描き，さらに2曲線の交点の座標を求めることが必要となる。

解答　まず，2 曲線の交点の x 座標を求める。

$$\sin 2x-\sin\left(x+\frac{\pi}{8}\right)=0$$

$$2\cos\frac{3x+\frac{\pi}{8}}{2}\sin\frac{x-\frac{\pi}{8}}{2}=0$$

$$\therefore\quad \cos\left(\frac{3}{2}x+\frac{\pi}{16}\right)\sin\left(\frac{x}{2}-\frac{\pi}{16}\right)=0$$

ここで，$0\leqq x\leqq\frac{\pi}{2}$ より $\frac{\pi}{16}\leqq\frac{3}{2}x+\frac{\pi}{16}\leqq\frac{13}{16}\pi$ であるから

$\cos\left(\frac{3}{2}x+\frac{\pi}{16}\right)=0$ のとき　　$\frac{3}{2}x+\frac{\pi}{16}=\frac{\pi}{2}$　　$\therefore\quad x=\frac{7}{24}\pi$

同様に，$-\frac{\pi}{16}\leqq\frac{x}{2}-\frac{\pi}{16}\leqq\frac{3}{16}\pi$ であるから

$\sin\left(\frac{x}{2}-\frac{\pi}{16}\right)=0$ のとき　　$\frac{x}{2}-\frac{\pi}{16}=0$　　$\therefore\quad x=\frac{\pi}{8}$

よって，$0\leqq x\leqq\frac{\pi}{2}$ における 2 曲線は次のようになる。

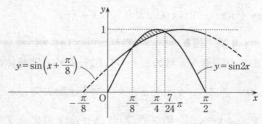

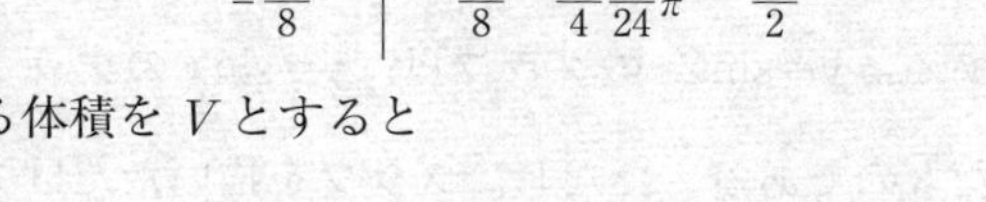

ゆえに，求める体積を V とすると

$$V=\pi\int_{\frac{\pi}{8}}^{\frac{7}{24}\pi}\left\{\sin^2 2x-\sin^2\left(x+\frac{\pi}{8}\right)\right\}dx$$

$$=\pi\int_{\frac{\pi}{8}}^{\frac{7}{24}\pi}\left\{\frac{1-\cos 4x}{2}-\frac{1-\cos\left(2x+\frac{\pi}{4}\right)}{2}\right\}dx$$

$$=\frac{\pi}{2}\left[-\frac{1}{4}\sin 4x+\frac{1}{2}\sin\left(2x+\frac{\pi}{4}\right)\right]_{\frac{\pi}{8}}^{\frac{7}{24}\pi}$$

$$=\frac{\pi}{8}\left\{-\left(\sin\frac{7}{6}\pi-\sin\frac{\pi}{2}\right)+2\left(\sin\frac{5}{6}\pi-\sin\frac{\pi}{2}\right)\right\}$$

$$=\frac{\pi}{8}\left\{-\left(-\frac{1}{2}-1\right)+2\left(\frac{1}{2}-1\right)\right\}$$

$$=\frac{\pi}{16}\quad\cdots\cdots(\text{答})$$

別解 交点の座標を次のように求めることもできる。

$\sin\left(x+\frac{\pi}{8}\right)=\sin 2x$ のとき

$$x+\frac{\pi}{8}=2x+2n\pi\quad(n\text{ は整数})\quad\cdots\cdots①$$

または

$$x+\frac{\pi}{8}=\pi-2x+2n\pi\quad(n\text{ は整数})\quad\cdots\cdots②$$

①のとき

$$x=\frac{\pi}{8}-2n\pi\qquad 0\leqq x\leqq\frac{\pi}{2}\text{ より}\qquad x=\frac{\pi}{8}$$

②のとき

$$x=\frac{7}{24}\pi+\frac{2}{3}n\pi\qquad 0\leqq x\leqq\frac{\pi}{2}\text{ より}\qquad x=\frac{7}{24}\pi$$

◀解　説▶

≪2曲線で囲まれた図形を x 軸のまわりに回転させた回転体の体積≫

$y=\sin\left(x+\frac{\pi}{8}\right)$ のグラフは，$y=\sin x$ のグラフを x 軸方向に $-\frac{\pi}{8}$ だけ平行移動したものである。$y=\sin 2x$ のグラフは，$y=\sin x$ のグラフを x 軸方向に $\frac{1}{2}$ 倍に圧縮したものである。ただし，グラフを描いただけでは，交点の座

標はわからない。交点を求めるには，方程式

$$\sin\left(x+\frac{\pi}{8}\right)=\sin 2x$$

を解く必要がある。この方程式は，$\sin 2x-\sin\left(x+\frac{\pi}{8}\right)$ を和 → 積の変換公式で積の形に変形することで解くことができる。あるいは，〔別解〕のように

$$\sin\alpha=\sin\beta \Longleftrightarrow \begin{cases}\alpha=\beta+2n\pi \\ \quad \text{または} \\ \alpha=\pi-\beta+2n\pi\end{cases}$$

を用いて解いてもよい。

ここまでの準備ができると，体積は

$$\pi\int_{\frac{\pi}{8}}^{\frac{7}{24}\pi}\left\{\sin^2 2x-\sin^2\left(x+\frac{\pi}{8}\right)\right\}dx$$

を計算することで求まる。積分計算においては，半角の公式

$\sin^2\dfrac{\theta}{2}=\dfrac{1-\cos\theta}{2}$ を用いる。

2

◇発想◇　隣り合う 2 つの内角が 90° の場合と，向かい合う 2 つの内角が 90° の場合とに，場合分けして調べるとよい。それぞれについて，まず図を描き，その上で何かを変数にとって，面積をその変数で表すこと。最小値を調べるのは，そのあとの作業になる。

解答　条件を満たす四角形を，次の(i)，(ii)に分類する（3 つ以上の内角が 90° であるものは，いずれの分類にも含まれるから，それを特別に考察する必要はない）。

(i)　隣り合う 2 角が 90° である場合

四角形の頂点，および円との接点に，右図のように記号をつける。

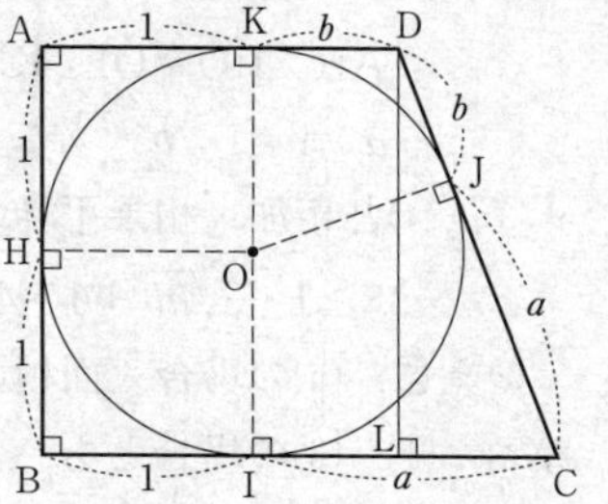

$\mathrm{CI}=\mathrm{CJ}=a$，$\mathrm{DJ}=\mathrm{DK}=b$

（$a\geqq b$ としてよい）

とする。そのとき，四角形（台形である）の面積 S は

$$S=\frac{1}{2}\cdot 2\cdot(a+1+b+1)=a+b+2 \quad \cdots\cdots ①$$

また，D から BC に下ろした垂線の足を L としたとき，DL＝2，CL＝$a-b$ より

$$(a+b)^2=(a-b)^2+2^2 \qquad \therefore \quad ab=1 \quad \cdots\cdots ②$$

①，②と相加・相乗平均の関係より

$$S\geqq 2\sqrt{ab}+2=2\cdot 1+2=4$$ （等号は $a=b=1$ のとき成立）

ゆえに，(i)の場合，面積の最小値は 4 である。

(ii)　向かい合う内角が 90° である場合

(i)と同様に，各点に右図のように記号をつけ

$$AH=AK=a,\ CI=CJ=b$$

とする。そのとき，四角形の面積 S は

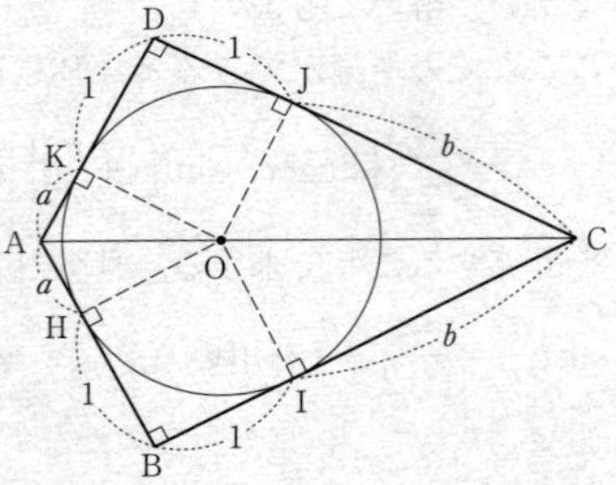

$$S=\triangle ABC+\triangle ADC$$

$$=\frac{1}{2}(a+1)(b+1)\cdot 2$$

$$=ab+a+b+1 \quad \cdots\cdots ③$$

また

$$\angle BAD+\angle BCD=180°$$

であり，OA，OC はそれぞれ∠BAD，∠BCD の二等分線だから

$$\angle OAH+\angle OCI=90°$$

また，∠OAH＋∠AOH＝90° であるから，この 2 式より

$$\angle AOH=\angle OCI$$

ゆえに，△AOH∽△OCI となり

$$AH:HO=OI:IC$$

$$a:1=1:b \qquad \therefore \quad ab=1 \quad \cdots\cdots ④$$

③，④と相加・相乗平均の関係より

$$S\geqq 1+2\sqrt{ab}+1=4$$ （等号は $a=b=1$ のとき成立）

ゆえに，(ii)の場合，面積の最小値は 4 である。

なお，(i)，(ii)の場合とも，等号が成立するのは，$a=b=1$ のときで，それ

は四角形が1辺の長さ2の正方形のときである。

以上より，四角形が1辺の長さ2の正方形のとき面積は最小となり，その最小値は4である。　……(答)

別解　＜その1＞　(i)の場合，a，b の間に成り立つ関係 ($ab=1$) を，〔解答〕の(ii)と同様に，次のように求めることもできる。

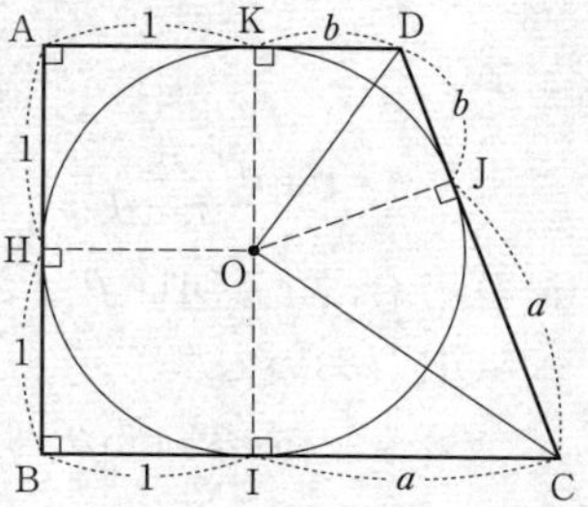

$$\angle ADC+\angle BCD=180°$$

であり，OD，OC はそれぞれ $\angle ADC$，$\angle BCD$ の二等分線だから

$$\angle ODK+\angle OCI=90°$$

また，$\angle ODK+\angle DOK=90°$ であるから，この2式より　　$\angle DOK=\angle OCI$

ゆえに，$\triangle DOK \backsim \triangle OCI$ となり

$$KD : KO=IO : IC$$

$$b : 1=1 : a \qquad \therefore \quad ab=1$$

別解　＜その2＞　(ii)の場合，a，b の間に成り立つ関係を次のように求めることもできる。

面積 S を，以下のように2通りに表す。

$$S=\triangle ABC+\triangle ADC=\frac{1}{2}(a+1)(b+1)\cdot 2=ab+a+b+1$$

$$\begin{aligned}S&=\text{四角形AHOK}+\text{四角形CJOI}+\text{正方形OHBI}+\text{正方形OJDK}\\&=2\triangle AHO+2\triangle OIC+2\\&=2\cdot\frac{1}{2}\cdot a\cdot 1+2\cdot\frac{1}{2}\cdot b\cdot 1+2\\&=a+b+2\end{aligned}$$

以上より

$$ab+a+b+1=a+b+2$$

$$\therefore \quad ab=1$$

別解　＜その3＞　$ab=1$ は，次のような計算で求めることもできる。

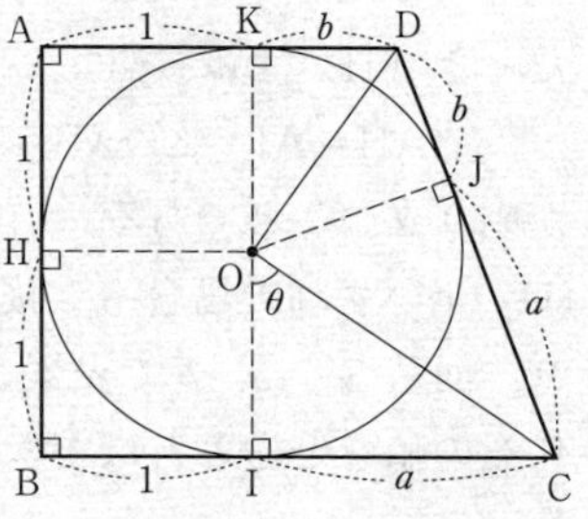

(i)の場合，$\angle COI=\theta$ とおくと，$\triangle OIC$ において

$$a=1\cdot\tan\theta=\tan\theta$$

また

$$\angle \mathrm{KOD}=\frac{180°-2\theta}{2}=90°-\theta$$

であるから，△KOD において

$$b=1\cdot\tan(90°-\theta)=\frac{1}{\tan\theta}$$

となり

$$ab=\tan\theta\cdot\frac{1}{\tan\theta}=1$$

(ii)の場合，∠AOH＝θとおくと，△AOH において

$$a=1\cdot\tan\theta=\tan\theta$$

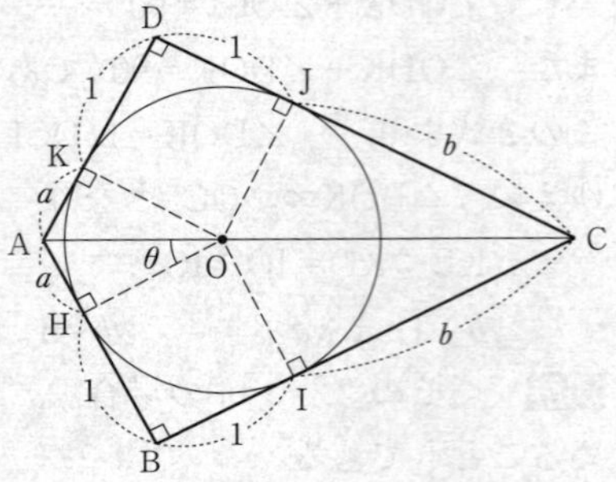

また

$$\angle \mathrm{COI}=\frac{360°-2\theta-2\cdot 90°}{2}$$

$$=90°-\theta$$

であるから，△COI において

$$b=1\cdot\tan(90°-\theta)=\frac{1}{\tan\theta}$$

となり

$$ab=\tan\theta\cdot\frac{1}{\tan\theta}=1$$

◀解　説▶

≪円に外接する四角形の面積の最小値≫

本問を解く上で重要な役割を果たす基本事項は，円の接線の性質である。すなわち，円Oの外部の点Aから円Oに2つの接線 AH，AI を引いたとき（H，I は接点）

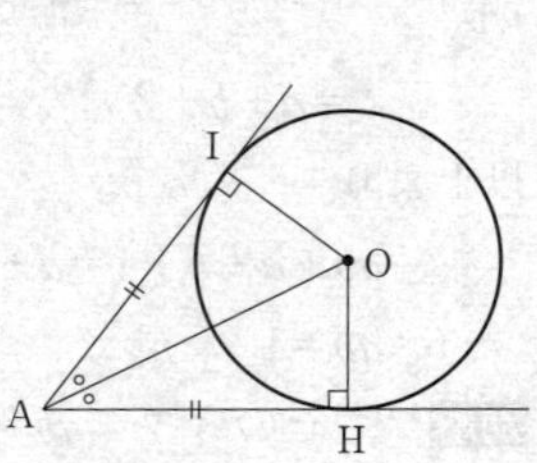

$$\mathrm{AH}=\mathrm{AI},\quad \angle \mathrm{OAH}=\angle \mathrm{OAI}$$

が成り立つことである。

(i)，(ii)いずれの場合も，接線の長さを〔解答〕のように a，b と定めたとき，面積 S を a，b で表すことは容易である。大事なのは，a，b が独立に任意の値をとることはできず，たとえば a を決めれば，b はおのずと１つ

に確定することである（a を適当に決めて，条件を満たす図を描いてみれば，四角形が一つに決まることが確認できる）。
そこで，a，b の関係を求めることが重要になる。その方法は何通りも考えられ，〔解答〕や〔別解〕は，一例にすぎない。各自それぞれ，自分なりの工夫で求めてみるとよい。そのとき手がかりになるのは，上に示した円の接線の性質である。
なお，最小値を求めるときには，相加・相乗平均の関係が役立つ。すなわち，$a>0$，$b>0$ としたとき

$$a+b \geqq 2\sqrt{ab} \quad （等号は a=b のとき成立）$$

である。

3

◆発想◆　(1)点（t，e^t+1）における接線が（a，0）を通るような t が，いかなる a に対しても，ただ1つ存在することを示せばよい。
(2)まず a_{n+1} と a_n の関係式を作ること。

解答　(1)　$(e^x+1)'=e^x$ より，$y=e^x+1$ 上の点（t，e^t+1）における接線の方程式は

$$y=e^t(x-t)+e^t+1$$

である。これが点（a，0）を通る条件は

$$e^t(a-t)+e^t+1=0$$

$$\therefore \quad a=t-e^{-t}-1 \quad \cdots\cdots①$$

任意の実数 a に対して，①を満たす実数 t が必ずただ1つ存在することを示せばよい。そのために，関数 $t-e^{-t}-1$ のグラフを調べる。

$$(t-e^{-t}-1)'=1+e^{-t}>0$$

より，$t-e^{-t}-1$ は単調増加である。また

$$\lim_{t\to-\infty}(t-e^{-t}-1)=-\infty \quad (\because \quad t\to-\infty,\ e^{-t}\to\infty)$$

$$\lim_{t\to\infty}(t-e^{-t}-1)=\infty \quad (\because \quad t\to\infty,\ e^{-t}\to 0)$$

ゆえに，任意の実数 a に対して，①を満たす実数 t は必ずただ1つ存在する。　　　　（証明終）
(2)　t の方程式①において，$a=a_n$ のときの解が a_{n+1} だから

$$a_{n+1}-e^{-a_{n+1}}-1=a_n$$

が成り立つ。すなわち

$$a_{n+1}-a_n=\frac{1}{e^{a_{n+1}}}+1 \quad \cdots\cdots ②$$

②より，すべての n に対して，$a_{n+1}-a_n>1$ となるから

$$a_{n+1}=a_1+\sum_{k=1}^{n}(a_{k+1}-a_k)$$
$$>a_1+n\cdot 1=1+n$$

である。よって

$$\lim_{n\to\infty}a_{n+1}=\infty$$

である。ゆえに，②より

$$\lim_{n\to\infty}(a_{n+1}-a_n)=\lim_{n\to\infty}\left(\frac{1}{e^{a_{n+1}}}+1\right)=1 \quad \cdots\cdots(答)$$

◀解　説▶

≪接線がただ1本引けることの証明，数列の階差の極限≫

▶(1)　点 $(t,\ e^t+1)$ における接線が点 $(a,\ 0)$ を通るような t が，いかなる a に対しても，必ずただ1つ存在することを示せばよい。

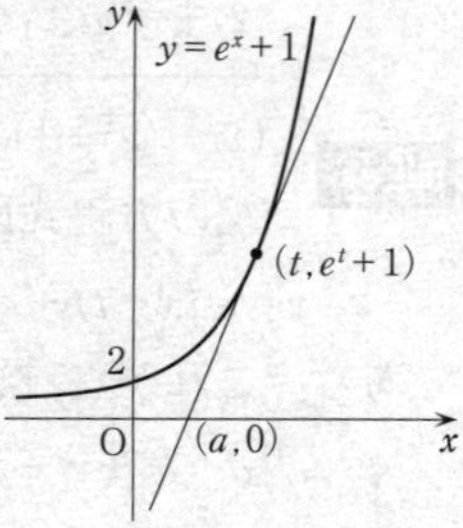

接線が $(a,\ 0)$ を通る条件は，〔解答〕の計算により

$$a=t-e^{-t}-1$$

とわかる。これを満たす t が，いかなる a に対しても，ただ1つ存在することを示せばよい。そのためには，$y=t-e^{-t}-1$ のグラフを調べるとよい。

$$(t-e^{-t}-1)'>0$$
$$\lim_{t\to-\infty}(t-e^{-t}-1)=-\infty,\ \lim_{t\to\infty}(t-e^{-t}-1)=\infty$$

から，$y=t-e^{-t}-1$ は単調増加（右上がり）で，しかも，$-\infty$ から ∞ までの全実数値をとることがわかる（右図）。したがって，いかなる a に対しても，$t-e^{-t}-1=a$ となる t は必ずただ1つ存在するのである。

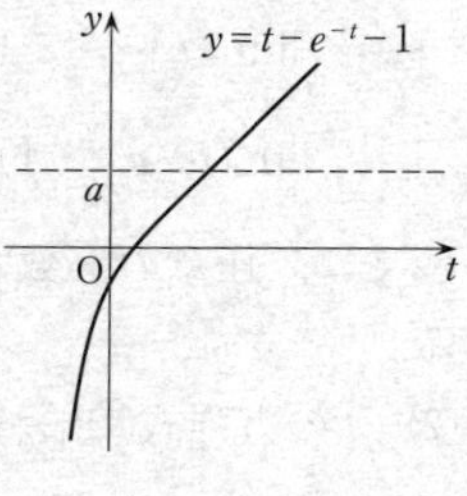

▶(2)　$a=a_n$ のときの，$a=t-e^{-t}-1$ の解が a_{n+1} であることから

$$a_n=a_{n+1}-e^{-a_{n+1}}-1$$

なる関係式が得られる。すなわち

$$a_{n+1}-a_n=\frac{1}{e^{a_{n+1}}}+1$$

である。したがって，$\lim_{n\to\infty}(a_{n+1}-a_n)$ を求めるためには，$\lim_{n\to\infty}\left(\frac{1}{e^{a_{n+1}}}+1\right)$ を求めればよい。そのためには，$\lim_{n\to\infty}a_{n+1}$ を知る必要がある。その手がかりは

$$a_{n+1}-a_n=\frac{1}{e^{a_{n+1}}}+1>1 \qquad \therefore \quad a_{n+1}-a_n>1$$

である。階差が常に 1 より大きいから，$\lim_{n\to\infty}a_{n+1}=\infty$ となるのである。そのことをきちんと示すには

$$a_{n+1}=a_1+\sum_{k=1}^{n}(a_{k+1}-a_k)>1+n$$

とすればよい。

4

◇発想◇　AQ$=x$ とおき，$\cos\angle$PDQ を x を用いて表すという発想が自然である。使う考え方は，三角比，ベクトルなどがありうる。

解答　AQ$=x$ とする $(0\leqq x\leqq 1)$。△APQ において余弦定理より

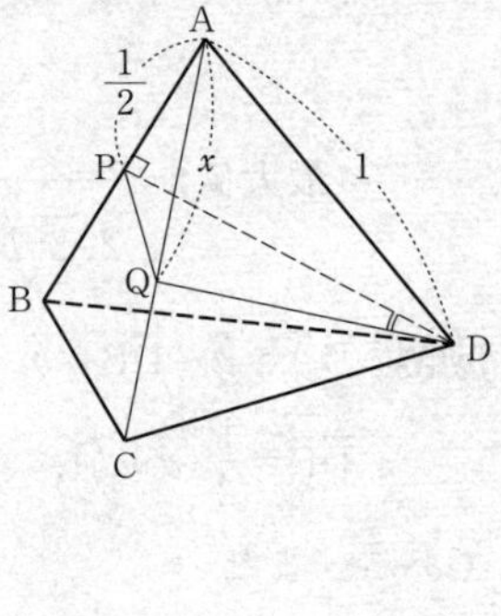

$$\mathrm{PQ}^2=\left(\frac{1}{2}\right)^2+x^2-2\cdot\frac{1}{2}\cdot x\cos 60^\circ$$

$$=x^2-\frac{1}{2}x+\frac{1}{4}$$

△ADQ において余弦定理より

$$\mathrm{DQ}^2=1^2+x^2-2\cdot 1\cdot x\cos 60^\circ$$

$$=x^2-x+1$$

また，直角三角形 APD において　　$\mathrm{PD}=\frac{\sqrt{3}}{2}$

ゆえに，△PDQ において余弦定理より

$$\cos\angle \mathrm{PDQ}=\frac{\mathrm{DP}^2+\mathrm{DQ}^2-\mathrm{PQ}^2}{2\cdot\mathrm{DP}\cdot\mathrm{DQ}}$$

$$=\frac{\frac{3}{4}+(x^2-x+1)-\left(x^2-\frac{1}{2}x+\frac{1}{4}\right)}{2\cdot\frac{\sqrt{3}}{2}\cdot\sqrt{x^2-x+1}}$$

$$=\frac{-x+3}{2\sqrt{3}\sqrt{x^2-x+1}}\quad\cdots\cdots①$$

$0\leqq x\leqq 1$ では①は常に正だから，①が最大になるのは，次の関数 $f(x)$ が最大になるときである。

$$f(x)=\frac{(-x+3)^2}{x^2-x+1}=\frac{(x-3)^2}{x^2-x+1}$$

そのとき

$$f'(x)=\frac{2(x-3)(x^2-x+1)-(x-3)^2(2x-1)}{(x^2-x+1)^2}=\frac{(x-3)(5x-1)}{(x^2-x+1)^2}$$

$0\leqq x\leqq 1$ における $f(x)$ の増減表は

x	0	…	$\frac{1}{5}$	…	1
$f'(x)$		+	0	−	
$f(x)$	9	↗	最大	↘	4

よって，$\cos\angle \mathrm{PDQ}$ は $x=\frac{1}{5}$ のとき最大となる。その最大値は，①より

$$(\text{最大値})=\frac{-\frac{1}{5}+3}{2\sqrt{3}\sqrt{\left(\frac{1}{5}\right)^2-\frac{1}{5}+1}}=\frac{\sqrt{7}}{3}\quad\cdots\cdots(\text{答})$$

別解 $\overrightarrow{\mathrm{DA}}=\vec{a}$，$\overrightarrow{\mathrm{DB}}=\vec{b}$，$\overrightarrow{\mathrm{DC}}=\vec{c}$ とおくと，条件より

$$\overrightarrow{\mathrm{DP}}=\frac{1}{2}(\vec{a}+\vec{b}),\quad \overrightarrow{\mathrm{DQ}}=(1-t)\vec{a}+t\vec{c}\quad(0\leqq t\leqq 1)$$

である。また

$$|\vec{a}|^2=|\vec{b}|^2=|\vec{c}|^2=1,\quad \vec{a}\cdot\vec{b}=\vec{b}\cdot\vec{c}=\vec{c}\cdot\vec{a}=1\cdot 1\cdot\cos 60^\circ=\frac{1}{2}$$

である。ゆえに

$$\cos\angle \mathrm{PDQ}=\frac{\overrightarrow{\mathrm{DP}}\cdot\overrightarrow{\mathrm{DQ}}}{|\overrightarrow{\mathrm{DP}}|\cdot|\overrightarrow{\mathrm{DQ}}|}$$

において

$$\begin{aligned}\overrightarrow{\mathrm{DP}}\cdot\overrightarrow{\mathrm{DQ}}&=\frac{1}{2}(\vec{a}+\vec{b})\cdot\{(1-t)\vec{a}+t\vec{c}\}\\&=\frac{1}{2}\{(1-t)|\vec{a}|^2+(1-t)\vec{a}\cdot\vec{b}+t\vec{b}\cdot\vec{c}+t\vec{c}\cdot\vec{a}\}\\&=\frac{1}{2}\left\{(1-t)+\frac{1}{2}(1-t)+\frac{1}{2}t+\frac{1}{2}t\right\}\\&=\frac{1}{4}(3-t)\end{aligned}$$

$$|\overrightarrow{\mathrm{DP}}|^2=\frac{1}{4}|\vec{a}+\vec{b}|^2=\frac{1}{4}(|\vec{a}|^2+2\vec{a}\cdot\vec{b}+|\vec{b}|^2)=\frac{1}{4}\left(1+2\cdot\frac{1}{2}+1\right)=\frac{3}{4}$$

$$\therefore\quad |\overrightarrow{\mathrm{DP}}|=\frac{\sqrt{3}}{2}$$

$$\begin{aligned}|\overrightarrow{\mathrm{DQ}}|^2&=|(1-t)\vec{a}+t\vec{c}|^2\\&=(1-t)^2|\vec{a}|^2+2t(1-t)\vec{a}\cdot\vec{c}+t^2|\vec{c}|^2\\&=(1-t)^2+t(1-t)+t^2\\&=t^2-t+1\end{aligned}$$

$$\therefore\quad |\overrightarrow{\mathrm{DQ}}|=\sqrt{t^2-t+1}$$

よって

$$\cos\angle \mathrm{PDQ}=\frac{\frac{1}{4}(3-t)}{\frac{\sqrt{3}}{2}\sqrt{t^2-t+1}}=\frac{3-t}{2\sqrt{3}\sqrt{t^2-t+1}}$$

以下は〔解答〕と同じ。

◀解　説▶

≪正四面体の内部にとられる角に対する cos の最大値≫

AQ$=x$（$0\leqq x\leqq 1$）とおくと，余弦定理を用いて，DP，DQ，PQ の長さが x で表せる。したがって

$$\cos\angle \mathrm{PDQ}=\frac{\mathrm{DP}^2+\mathrm{DQ}^2-\mathrm{PQ}^2}{2\cdot \mathrm{DP}\cdot \mathrm{DQ}}\quad（余弦定理を変形した式）$$

が，x で表せることになる。

最後は，その x の式を微分して，増減を調べればよい。その際，〔解答〕では，平方して分母の根号をはずしてから微分しているが，そのまま微分してもかまわない。なお，〔別解〕のように，ベクトルを用いる方法もある。そのときは

$$\cos\theta=\frac{\vec{a}\cdot\vec{b}}{|\vec{a}|\cdot|\vec{b}|}\quad (右図)$$

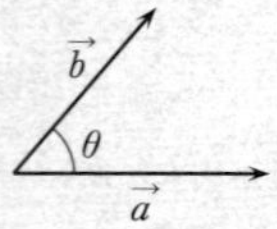

を用いて計算することになる。

5

◇発想◇ $f(x)=(px+q)g(x)+r$ とおいて，$r=0$ であることを示す，という発想に立つのがよい。さらに，$\dfrac{f(n+1)}{g(n+1)}-\dfrac{f(n)}{g(n)}$ という階差をとると，展望が開けるだろう。

解答 $f(x)$ を $g(x)$ で割ったときの商を $px+q$，余りを r とする。すなわち

$$f(x)=(px+q)(dx+e)+r$$

とする。そのとき

$$\frac{f(x)}{g(x)}=px+q+\frac{r}{dx+e}\quad (=h(x)\ とおく)$$

仮定より，すべての正の整数 n に対して $h(n)$ は整数だから，
$h(n+1)-h(n)$ も整数である。

$$h(n+1)-h(n)=p(n+1)+q+\frac{r}{d(n+1)+e}-pn-q-\frac{r}{dn+e}$$

$$=p-\frac{dr}{\{d(n+1)+e\}(dn+e)}\quad (=k(n)\ とおく)$$

$k(n)$ はすべての n で整数だから，$k(n+1)-k(n)$ も整数である。

$$k(n+1)-k(n)=p-\frac{dr}{\{d(n+2)+e\}\{d(n+1)+e\}}-p+\frac{dr}{\{d(n+1)+e\}(dn+e)}$$

$$=\frac{2d^2r}{\{d(n+2)+e\}\{d(n+1)+e\}(dn+e)}$$

$$(=l(n)\ とおく)$$

ここで，条件より $d \neq 0$ なので，もし $r \neq 0$ とすると

$$\lim_{n \to \infty} l(n) = 0 \quad かつ \quad l(n) \neq 0 \quad (すべての\ n\ について)$$

である。したがって，十分大きい n に対して

$$0 < |l(n)| < 1$$

が成り立つ。これは，すべての n で $l(n)$ が整数であることに反する。よって，$r=0$ でなければならない。すなわち，$f(x)$ は $g(x)$ で割り切れる。

（証明終）

別解　$h(n+1) - h(n) = p - \dfrac{dr}{\{d(n+1)+e\}(dn+e)} \quad (=k(n))$

までは，〔解答〕と同じ。

$k(n)$ は常に整数であり，しかも $\lim_{n \to \infty} k(n) = p$ であるから，p は整数である。なぜなら，もし p が整数でないとすると，内部に整数を含まない $p-s<x<p+s$ という区間が存在する。そして，$\lim_{n \to \infty} k(n) = p$ より，十分大きい n に対して

$$p-s < k(n) < p+s$$

が成り立つ。これは，すべての n で $k(n)$ が整数であることに反する。

よって，p は整数である。

そこで

$$l(n) = k(n) - p = -\frac{dr}{\{d(n+1)+e\}(dn+e)}$$

とおくと，$l(n)$ はすべての n に対して整数である。

ここで，もし $r \neq 0$ とすると，$d \neq 0$ より，すべての n で $l(n) \neq 0$ であり，また $\lim_{n \to \infty} l(n) = 0$ である。よって，十分大きい n に対して，$0 < |l(n)| < 1$ となり，$l(n)$ が常に整数であることに反する。よって，$r=0$ でなければならない。

◀解　説▶

≪すべての正の整数 n に対して $\dfrac{f(n)}{g(n)}$ が整数になるとき，$f(x)$ は $g(x)$ で割り切れることの証明≫

$$f(x) = (px+q)(dx+e) + r$$

とおいて

$$\frac{f(x)}{g(x)}=px+q+\frac{r}{dx+e} \quad (=h(x))$$

と変形するところから，話は始まる。目的は $r=0$ を示すことである。この先は，$h(n+1)-h(n)$ という階差を調べることに気づく必要がある。すべての n で $h(n)$ は整数だから，その階差 $h(n+1)-h(n)$ も整数なのである。計算してみると

$$h(n+1)-h(n)=p-\frac{dr}{\{d(n+1)+e\}(dn+e)} \quad (=k(n)) \quad \cdots\cdots Ⓐ$$

となる。$k(n)$ は常に整数だから，再び階差をとって，$k(n+1)-k(n)$ も整数になる。計算すると

$$k(n+1)-k(n)=\frac{2d^2r}{\{d(n+2)+e\}\{d(n+1)+e\}(dn+e)} \quad (=l(n))$$

となり，$\lim_{n\to\infty} l(n)=0$ である。ところが，$r\neq 0$ とすると，$d\neq 0$ も仮定されているから，$l(n)\neq 0$ である。ゆえに，$0<|l(n)|<1$ となる（十分大きい）n が存在し，$l(n)$ が常に整数であることに反する。これが〔解答〕の考え方である。

ただし，$k(n)$ の階差をとらなくても，〔別解〕のように，Ⓐのままで証明することも可能である。そのときには，まず p が整数であることを示しておく必要がある。

なお，〔解答〕，〔別解〕とも，極限に関する次の性質を用いている。

数列 $\{a_n\}$ が収束し，$\lim_{n\to\infty} a_n=\alpha$ であるとき，n を十分大きくとれば，a_n はいくらでも α に近づく。このことを厳密に表すと，ε をどのように小さい正の数だとしても，ある N より大きい n に対して（十分大きい n に対して）

$$\alpha-\varepsilon<a_n<\alpha+\varepsilon \quad （つまり，|a_n-\alpha|<\varepsilon）$$

が成立するということである。$a_n=\alpha$ となる n が存在しないときには

$$0<|a_n-\alpha|<\varepsilon$$

が成立する。

6

◇発想◇　漸化式を用いて解けばよいことは，問題の構造から，看取できるはず。そのためには，状態の遷移を調べなければならない。x_n がどの範囲にあると，x_{n+1} がどの範囲にくるかを調べるのである。その移りゆきを調べていくと，$0<x<1$ を3つの領域に分けておくと考えやすくなることがわかるだろう。

解答　$0<x<1$ が満たされていると，$0<\frac{x}{2}<1$，$0<\frac{x+1}{2}<1$ も満たされるから，$0<x_0<1$ であることより，0 以上のすべての整数 n に対して，$0<x_n<1$ である。そこで

$0<x<\frac{1}{3}$ である状態を A

$\frac{1}{3}\leqq x<\frac{2}{3}$ である状態を B

$\frac{2}{3}\leqq x<1$ である状態を C

とする。

$0<x<\frac{1}{3}$ のとき　　$0<\frac{x}{2}<\frac{1}{6}$，$\frac{1}{2}<\frac{x+1}{2}<\frac{2}{3}$

$\frac{1}{3}\leqq x<\frac{2}{3}$ のとき　　$\frac{1}{6}\leqq\frac{x}{2}<\frac{1}{3}$，$\frac{2}{3}\leqq\frac{x+1}{2}<\frac{5}{6}$

$\frac{2}{3}\leqq x<1$ のとき　　$\frac{1}{3}\leqq\frac{x}{2}<\frac{1}{2}$，$\frac{5}{6}\leqq\frac{x+1}{2}<1$

であるから，状態の遷移の可能性は

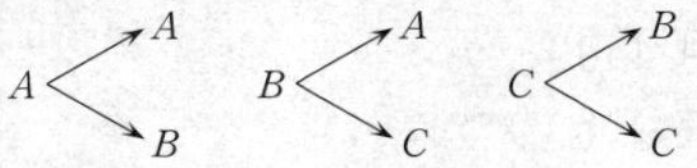

となり，2股に分岐しているどの遷移も，確率は $\frac{1}{2}$ ずつである。

そこで，x_n が A の状態である確率を a_n，B の状態である確率を b_n，C の状態である確率を c_n とすると，次の関係式が成り立つ。

$$a_{n+1}=\frac{1}{2}a_n+\frac{1}{2}b_n \quad \cdots\cdots①$$

$$b_{n+1}=\frac{1}{2}a_n+\frac{1}{2}c_n \quad \cdots\cdots②$$

$$c_{n+1}=\frac{1}{2}b_n+\frac{1}{2}c_n \quad \cdots\cdots③$$

また

$$a_n+b_n+c_n=1 \quad \cdots\cdots④$$

であり，さらに仮定より

$$a_0=0,\ b_0=1,\ c_0=0 \quad \cdots\cdots⑤$$

である。①－③より

$$a_{n+1}-c_{n+1}=\frac{1}{2}(a_n-c_n)$$

$$a_n-c_n=\left(\frac{1}{2}\right)^n(a_0-c_0)=0 \quad (⑤より)$$

$$\therefore \quad a_n=c_n \quad \cdots\cdots⑥$$

①，④より

$$a_{n+1}=\frac{1}{2}(1-c_n)=\frac{1}{2}(1-a_n) \quad (⑥より)$$

ゆえに

$$a_{n+1}-\frac{1}{3}=-\frac{1}{2}\left(a_n-\frac{1}{3}\right)$$

$$a_n-\frac{1}{3}=\left(-\frac{1}{2}\right)^n\left(a_0-\frac{1}{3}\right)=-\frac{1}{3}\left(-\frac{1}{2}\right)^n$$

$$\therefore \quad a_n=\frac{1}{3}-\frac{1}{3}\left(-\frac{1}{2}\right)^n \quad \cdots\cdots⑦$$

求める P_n は $P_n=a_n+b_n$ であるから

$$\begin{aligned}P_n&=a_n+b_n\\&=1-c_n \quad (④より)\\&=1-a_n \quad (⑥より)\\&=1-\left\{\frac{1}{3}-\frac{1}{3}\left(-\frac{1}{2}\right)^n\right\} \quad (⑦より)\\&=\frac{2}{3}+\frac{1}{3}\left(-\frac{1}{2}\right)^n \quad \cdots\cdots(答)\end{aligned}$$

◀解　説▶

≪漸化式を立てて解く確率≫

$0<x<\frac{1}{3}$，$\frac{1}{3}\leqq x<\frac{2}{3}$，$\frac{2}{3}\leqq x<1$ の 3 つの状態 A，B，C に分けると，状態

の遷移が確定する。〔解答〕にあるように

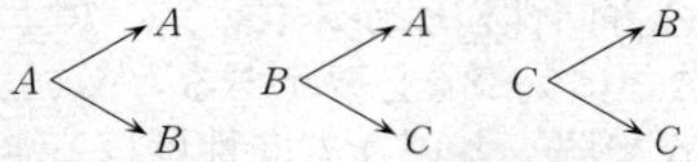

である。この遷移図より，たとえば，x_{n+1} が A の状態になるのは，x_n が A の状態にあって，そこから確率 $\frac{1}{2}$ で A の状態になったか，または，x_n が B の状態にあって，そこから確率 $\frac{1}{2}$ で A の状態になったかの，いずれかである。すなわち

$$a_{n+1}=\frac{1}{2}a_n+\frac{1}{2}b_n$$

が成立する。b_{n+1}，c_{n+1} についても同様である。これらと，自明な関係式

$$a_n+b_n+c_n=1$$

を用いて，連立漸化式を解けばよい。求める P_n は，$P_n=a_n+b_n$ である。

なお，①，②，③の辺々を加えると

$$a_{n+1}+b_{n+1}+c_{n+1}=a_n+b_n+c_n$$

となり，これより

$$a_n+b_n+c_n=a_0+b_0+c_0=1$$

が導けるから，①～④のうち，独立な漸化式は 3 個である（たとえば，①，②，④から③を導くこともできる)。だが，①～④をすべて明示的に使った方が，漸化式は解きやすくなる。

講　評

1 交点の座標を正しく求めることが，本問で最も重要な点である。交点さえ求まれば，体積を求めるための積分計算は容易である。

2 図形のどの部分を変数にとるかの判断に迷うかもしれない。ただし，何を変数にとっても，その変数を用いて四角形の面積を求めるのは難しくないはず。最小値を求めるとき，相加・相乗平均の関係が使えることに気づくのも重要である。

3 (1)は，接線の本数に関する頻出問題である。(2)は，a_{n+1} と a_n の関係式を作ってみると，自然に見通しが立つようにできている。迷うことなく解き進められる問題であろう。

4 AQ$=x$ とおき，cos∠PDQ を x を用いて表す。そこまでくれば，最後の微分処理は簡単である。必ず解き切りたい問題

である。

5 証明の方向性がつかみにくく，難しい問題であろう。階差をとることに気づく必要がある。

6 漸化式で解くという方向性ははっきりしているが，3つの状態を考えないと，遷移の特徴がつかめない。それに気づくのが難しい。

以上のように，1 2 3 4 は標準レベルの問題，5 6 はやや難度の高い問題である。ただし，標準レベルの問題とはいっても，それぞれに，乗りこえるべき障壁は用意されている。解き切るには，普段の練習に裏打ちされた，相応の力が必要である。

物理

I　解答

あ．$mR\Omega^2\sin\theta\cos\theta$　い．$\dfrac{g}{R\Omega^2}$

う．$\sqrt{\dfrac{g}{R}}$　え．$mR\Omega^2$　お．$\sqrt{\dfrac{g}{R}\left(1-\dfrac{R\Omega^2}{g}\right)}$

か．$-mR\Omega^2\sin^2\theta_0$　き．$\Omega\sqrt{1-\left(\dfrac{g}{R\Omega^2}\right)^2}$　く．$\sqrt{\dfrac{g}{2R}}$

問1．

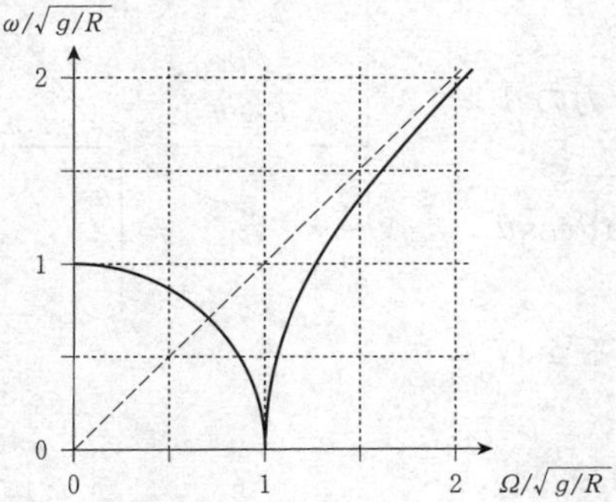

問2．(a)

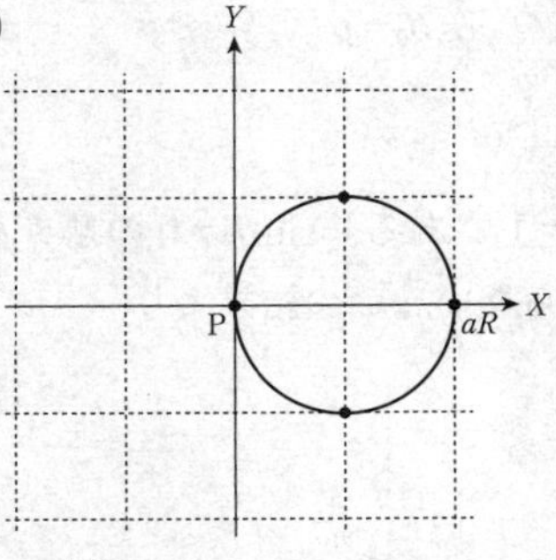

(b)円

◆テーマ◆

≪回転するリング上での物体の微小振動≫

あ～えは回転するリング上の物体にはたらく力のつり合いがテーマで，遠心力の理解が問われる。リングの回転角速度 Ω が $\Omega<\Omega_c$ のときと $\Omega>\Omega_c$ のときで，物体のつり合いの位置の角度 θ_0 が異なることがわかるが，このことを以下の設問で利用することになる。お～きが本問のメインテーマで，$\Omega<\Omega_c$ のときと $\Omega>\Omega_c$ のときの物体の微小振動の角振動数 ω を求めさせている。単振動の運動方程式，近似式の使い方の理解が問われる。問1は Ω と ω の関係のグラフ化で，作図能力が問われる。く，問2は $\omega=\Omega$ となる場合の物体の運動を水平面に投射したとき，どういう軌道になるかであるが，数学的な処理能力が問われる。

◀解　説▶

▶あ．回転半径が $R\sin\theta$ であるから，リングと共に回転している観測者から見たときに物体にはたらいて見える遠心力の大きさは

$$mR\sin\theta\cdot\Omega^2=mR\Omega^2\sin\theta$$

よって，重力 mg と遠心力の合力のリングに沿った接線方向の成分は

$$F=-mg\sin\theta+mR\Omega^2\sin\theta\cos\theta \quad \cdots\cdots ①$$

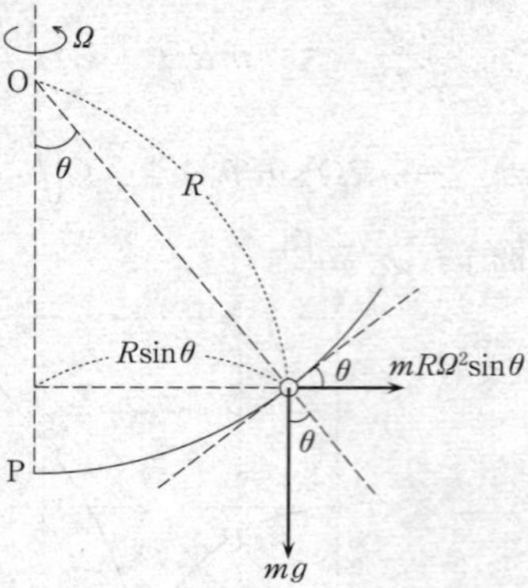

▶い．$\theta=\theta_0$ のとき $F=0$ であるから，①式より

$$\sin\theta_0\cdot(R\Omega^2\cos\theta_0-g)=0$$

よって　　$\sin\theta_0=0$　　および　　$R\Omega^2\cos\theta_0=g$

$$\therefore\quad \cos\theta_0=\frac{g}{R\Omega^2}$$

▶う．$\sin\theta_0=0$ の解のときは $\cos\theta_0=1$ である。$\sin\theta_0\neq0$ の解が存在するときだから，$\cos\theta_0<1$ でなければならない。いの結果より

$$\frac{g}{R\Omega^2}<1$$

$$\Omega^2>\frac{g}{R} \qquad \therefore\quad \Omega>\Omega_c=\sqrt{\frac{g}{R}}$$

▶え．リングの中心方向に物体がリングから受ける力の大きさを N とすると，3力のつり合いより

$$\cos\theta_0=\frac{mg}{N}$$

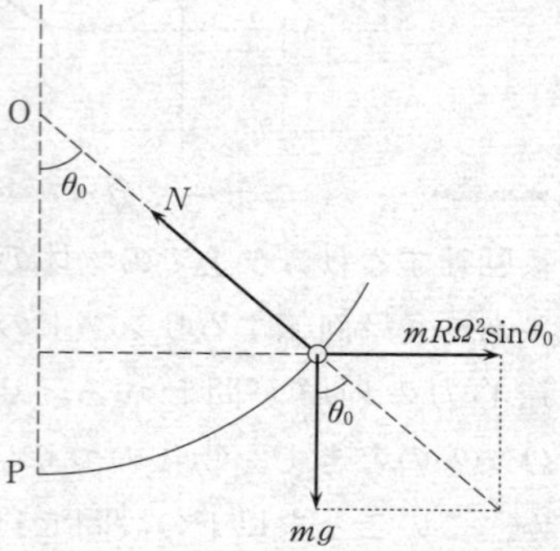

よって，いの結果を用いると

$$N=\frac{mg}{\cos\theta_0}=mR\Omega^2$$

▶お．$\Omega<\Omega_c$ のとき，つり合いの位置は $\theta_0=0$ であるから，$\theta=\phi$ である。

よって，あの結果に $\cos\phi\fallingdotseq 1$，$\sin\phi\fallingdotseq\phi$，$x=R\phi$ を用いると

$$\begin{aligned}F&=-mg\sin\phi+mR\Omega^2\sin\phi\cos\phi\\&\fallingdotseq-mg\phi+mR\Omega^2\phi\\&=-mg\left(1-\frac{R\Omega^2}{g}\right)\phi\\&=-\frac{mg}{R}\left(1-\frac{R\Omega^2}{g}\right)x\end{aligned}$$

$$\therefore\quad \omega=\sqrt{\frac{g}{R}\left(1-\frac{R\Omega^2}{g}\right)}\quad\cdots\cdots②$$

▶か．$\Omega>\Omega_c$ のとき，$\theta=\theta_0+\phi$ であるから

$$\begin{aligned}F&=-mg\sin(\theta_0+\phi)+mR\Omega^2\sin(\theta_0+\phi)\cos(\theta_0+\phi)\\&=-mg\sin(\theta_0+\phi)\cdot\left\{1-\frac{R\Omega^2}{g}\cos(\theta_0+\phi)\right\}\\&=-mg(\sin\theta_0\cos\phi+\cos\theta_0\sin\phi)\\&\qquad\times\left\{1-\frac{R\Omega^2}{g}(\cos\theta_0\cos\phi-\sin\theta_0\sin\phi)\right\}\\&\fallingdotseq-mg(\sin\theta_0+\phi\cos\theta_0)\left\{1-\frac{R\Omega^2}{g}(\cos\theta_0-\phi\sin\theta_0)\right\}\end{aligned}$$

ここで，いの結果の $\cos\theta_0=\dfrac{g}{R\Omega^2}$ を用い，ϕ の 2 乗に比例する項を無視すると

$$\begin{aligned}F&=-mg(\sin\theta_0+\phi\cos\theta_0)\cdot\frac{R\Omega^2}{g}\phi\sin\theta_0\\&\fallingdotseq-mR\Omega^2\sin^2\theta_0\times\phi\end{aligned}$$

▶き．かの結果で $x=R\phi$ として

$$F=-m\Omega^2\sin^2\theta_0\cdot x$$

よって　　$\omega=\Omega\sin\theta_0$

ここで，$\cos\theta_0=\dfrac{g}{R\Omega^2}$ より

$$\sin\theta_0=\sqrt{1-\left(\frac{g}{R\Omega^2}\right)^2}$$

よって

$$\omega=\Omega\sqrt{1-\left(\frac{g}{R\Omega^2}\right)^2}\quad\cdots\cdots③$$

▶問１．$\Omega_c=\sqrt{\dfrac{g}{R}}$ であるから，横軸 $\dfrac{\Omega}{\Omega_c}=x$，縦軸 $\dfrac{\omega}{\Omega_c}=y$ とおくと

$\Omega<\Omega_c$，すなわち $x<1$ のとき，②式より

$$\omega=\Omega_c\sqrt{1-\left(\frac{\Omega}{\Omega_c}\right)^2}\qquad\therefore\quad y=\sqrt{1-x^2}$$

これは，半径１の円の $x>0$，$y>0$ の部分である。

$\Omega>\Omega_c$，すなわち $x>1$ のとき，③式より

$$\frac{\omega}{\Omega_c}=\frac{\Omega}{\Omega_c}\sqrt{1-\left(\frac{\Omega_c{}^2}{\Omega^2}\right)^2}$$

$$\therefore\quad y=x\sqrt{1-\frac{1}{x^4}}$$

これは，点（1，0）から始まり，x が大きくなると $\sqrt{1-\dfrac{1}{x^4}}$ の値が１に近付いていくから，$y=x$ に漸近する曲線である。

以上より，〔解答〕の図のようになる。

▶く．問１の図より，$x<1$ のとき $y=x$，すなわち $\omega=\Omega$ となる解がある。このとき，②式より

$$\Omega=\Omega_c\sqrt{1-\left(\frac{\Omega}{\Omega_c}\right)^2}=\sqrt{\Omega_c{}^2-\Omega^2}$$

$$\Omega^2=\Omega_c{}^2-\Omega^2$$

$$\therefore\quad\Omega=\frac{\Omega_c}{\sqrt{2}}=\sqrt{\frac{g}{2R}}$$

▶問２．$\sin\phi\fallingdotseq\phi$ のとき

$$X=R\sin\phi\cdot\cos\Omega t\fallingdotseq R\phi\cos\Omega t$$

$$Y=R\sin\phi\cdot\sin\Omega t\fallingdotseq R\phi\sin\Omega t$$

$\omega=\Omega$ より

$$\phi=a\cos\omega t=a\cos\Omega t$$

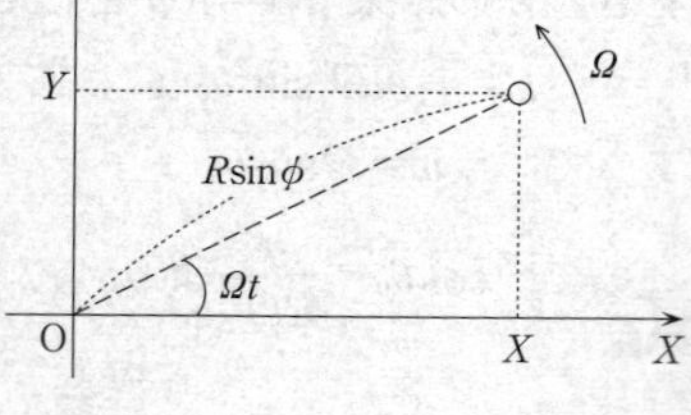

よって

$$X=aR\cos^2\Omega t=\frac{aR}{2}(1+\cos 2\Omega t)$$

$$Y=aR\sin\Omega t\cos\Omega t=\frac{aR}{2}\sin 2\Omega t$$

$$\therefore\ \left(X-\frac{aR}{2}\right)^2+Y^2=\left(\frac{aR}{2}\right)^2$$

これは，中心 $\left(\frac{aR}{2},\ 0\right)$，半径 $\frac{aR}{2}$ の円を表す。

$\Omega t=\frac{\pi}{4}$ のとき，$(X,\ Y)=\left(\frac{aR}{2},\ \frac{aR}{2}\right)$

$\Omega t=\frac{\pi}{2}$ のとき，$(X,\ Y)=(0,\ 0)$

$\Omega t=\frac{3\pi}{4}$ のとき，$(X,\ Y)=\left(\frac{aR}{2},\ -\frac{aR}{2}\right)$

$\Omega t=\pi$ のとき，$(X,\ Y)=(aR,\ 0)$

となる。この位置を黒丸で示せば〔解答〕のようになる。

II　解答

問 1．$\frac{\mu_0 I}{2\pi a}$　問 2．(a)πb^2B_1　(b)$-\pi b^2B_1$

問 3．

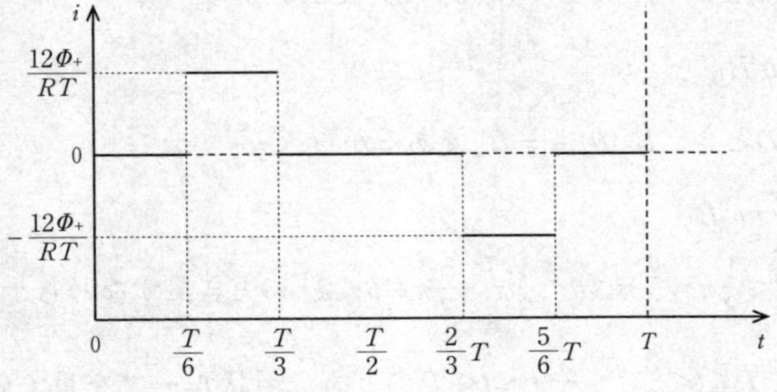

問 4．$\frac{12\Phi_+{}^2\omega}{\pi R}$　問 5．$\frac{1}{2}Ml^2\omega^2$　問 6．$Ml^2\omega\Delta\omega$

問 7．$\frac{12\Phi_+{}^2}{\pi Ml^2R}$　問 8．1×10^{-4} rad/s

◆テーマ◆

≪回転矩形コイルが作る磁場による電磁誘導≫

問１は直線電流が作る磁場，問２は磁束の計算がテーマで，基本知識が問われる。問３は磁束密度の変化のグラフから誘導電流を求めさせる内容で，向きの理解がポイントとなる。問４はジュール熱，問５は運動エネルギーの基本知識が問われる。問６・問７が本問のメインテーマで，発熱による角速度の減少を近似式を用いて求めさせている。問８はかなり面倒な数値計算で，計算量をいかにして減らすかがポイントである。

◀解　説▶

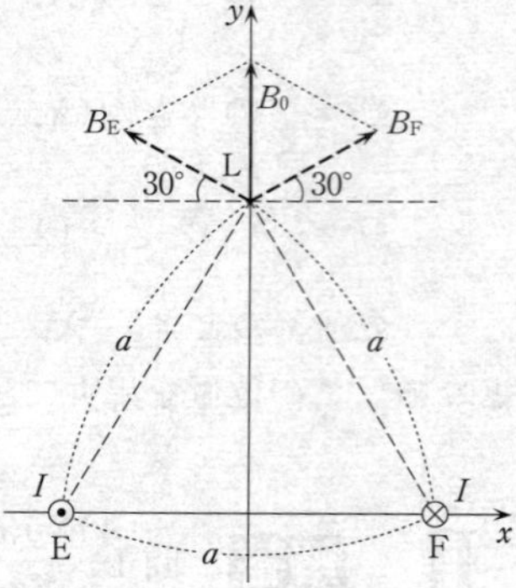

▶問１．E，Fに流れる電流 I がLに作る磁束密度の大きさを B_E，B_F とすると

$$B_E = B_F = \frac{\mu_0 I}{2\pi a}$$

よって，y 成分 B_0 は

$$B_0 = B_E \sin 30° + B_F \sin 30°$$

$$= \frac{\mu_0 I}{2\pi a}$$

▶問２．図２のように簡略化すると，

$0 \leqq \theta < \frac{1}{3}\pi$，$\frac{5}{3}\pi \leqq \theta < 2\pi$ のとき $B_y(\theta) = B_1$ であるから

$$\Phi_+ = \pi b^2 B_1$$

$\frac{2}{3}\pi \leqq \theta < \frac{4}{3}\pi$ のとき，$B_y(\theta) = -B_1$ であるから

$$\Phi_- = -\pi b^2 B_1$$

▶問３．$0 \leqq \theta < \frac{1}{3}\pi$，$\frac{2}{3}\pi \leqq \theta < \frac{4}{3}\pi$，$\frac{5}{3}\pi \leqq \theta < 2\pi$ のとき，すなわち

$0 \leqq t < \frac{1}{6}T$，$\frac{1}{3}T \leqq t < \frac{2}{3}T$，$\frac{5}{6}T \leqq t < T$ のとき，環状ループを貫く磁束は変化しないから，誘導起電力は0で誘導電流も流れず $i = 0$ である。

$\frac{1}{3}\pi \leqq \theta < \frac{2}{3}\pi$，すなわち $\frac{1}{6}T \leqq t < \frac{1}{3}T$ のとき，$\frac{1}{6}T$ の間に磁束は Φ_+ から Φ_- に変化するので，誘導起電力の大きさ V は，$\Phi_- = -\Phi_+$ より

$$V=\left|\frac{\Phi_{-}-\Phi_{+}}{\frac{T}{6}}\right|=\frac{2\Phi_{+}}{\frac{T}{6}}=\frac{12\Phi_{+}}{T}$$

環状ループを y 軸の正方向へ貫く磁束が減少するので，環状ループには y 軸の正方向の磁束を作るように G 側から H 側へ誘導電流が流れる。よって，i は正で

$$i=\frac{V}{R}=\frac{12\Phi_{+}}{RT}$$

$\frac{4}{3}\pi\leqq\theta<\frac{5}{3}\pi$，すなわち $\frac{2}{3}T\leqq t<\frac{5}{6}T$ のときは，環状ループを貫く磁束の変化は $\frac{1}{6}T\leqq t<\frac{1}{3}T$ のときの逆になるので，誘導電流も逆になり

$$i=-\frac{12\Phi_{+}}{RT}$$

よって，〔解答〕のグラフのようになる。

▶問 4．半周期 $\frac{T}{2}$ の間を考えると，$\frac{1}{6}T\leqq t<\frac{1}{3}T$ の間だけ一定の電流 $i=\frac{12\Phi_{+}}{RT}$ が流れるから，発熱量 ΔW は

$$\Delta W=Ri^2\cdot\frac{T}{6}=R\cdot\frac{144\Phi_{+}{}^2}{R^2T^2}\cdot\frac{T}{6}=\frac{24\Phi_{+}{}^2}{RT}=\frac{12\Phi_{+}{}^2\omega}{\pi R}$$

▶問 5．はずみ車の回転の速さは $l\omega$ であるから，運動エネルギー K は

$$K=\frac{1}{2}M(l\omega)^2=\frac{1}{2}Ml^2\omega^2$$

▶問 6．近似式 $(1+x)^n\fallingdotseq 1+nx$ $(|x|\ll 1)$ を用いると

$$\begin{aligned}\Delta K&=\frac{1}{2}Ml^2\omega^2-\frac{1}{2}Ml^2(\omega-\Delta\omega)^2\\&=\frac{1}{2}Ml^2\omega^2\left\{1-\left(1-\frac{\Delta\omega}{\omega}\right)^2\right\}\\&\fallingdotseq\frac{1}{2}Ml^2\omega^2\left\{1-\left(1-\frac{2\Delta\omega}{\omega}\right)\right\}\\&=Ml^2\omega\Delta\omega\end{aligned}$$

▶問 7．問 4 と問 6 の結果より

$$Ml^2\omega\Delta\omega=\frac{12\Phi_+{}^2\omega}{\pi R}\qquad\therefore\quad\Delta\omega=\frac{12\Phi_+{}^2}{\pi Ml^2R}$$

▶問8．$\Phi_+=\pi b^2B_1=\dfrac{8\pi b^2B_0}{7}=\dfrac{8\pi b^2}{7}\cdot\dfrac{\mu_0 I}{2\pi a}=\dfrac{4\mu_0 b^2 I}{7a}$ であるから

問7の結果より

$$\begin{aligned}\Delta\omega&=\frac{12}{\pi Ml^2R}\left(\frac{4\mu_0 b^2 I}{7a}\right)^2\\&=\frac{192\mu_0{}^2b^4I^2}{49\pi Ml^2Ra^2}\\&=\frac{192\times(4\pi\times10^{-7})^2\times(3\times10^{-2})^4\times10^6}{49\pi\times10\times(2\times10^{-1})^2\times1\times10^{-6}\times(2\times10^{-1})^2}\\&=\frac{192\times16\times\pi\times81\times10^{-16}}{49\times4\times4\times10^{-9}}\\&\fallingdotseq4\times3\times81\times10^{-7}\\&=972\times10^{-7}\\&\fallingdotseq1\times10^{-4}\,\text{[rad/s]}\end{aligned}$$

III　解答

(1)　ア．$\dfrac{h}{p}$　イ．$\dfrac{2\pi r}{\lambda_e}$　ウ．$Rch\left(\dfrac{1}{n_L{}^2}-\dfrac{1}{n_H{}^2}\right)$

エ．$\dfrac{1}{R\left(\dfrac{1}{n_L{}^2}-\dfrac{1}{n_H{}^2}\right)}$　オ．6.5×10^{-7}　カ．8.2×10^{-7}

(2)　キ．$d\sin\theta$　ク．$\dfrac{d\Delta z}{L}$　ケ．2　コ．(あ)

(3)　サ．$\dfrac{c-v_x}{c}\lambda_0$　シ．$\dfrac{k_BT}{m}$　ス．①　セ．$\dfrac{k_BT\lambda_0{}^2}{mc^2}$　ソ．(う)

◆テーマ◆

≪ボーアの水素原子模型，回折格子，ドップラー効果≫

(1)ア・イはド・ブロイの物質波の基本知識，ウ・エは水素原子の線スペクトルの基本知識が問われる。オ・カは簡単な数値計算である。(2)キ・クは回折格子の基本。ケ・コが本問のメインテーマで，$(n_H,\ n_L)$ の組み合わせをいかにして絞り込むかが問われる。(3)サはドップラー効果の基本。シ・スは分子運動論の知識が問われる。セ・ソは熱運動による光のスペク

トルの広がりに関する内容で，熱ドップラー効果という現象である。

◀解　説▶

▶(1)ア．ド・ブロイの物質波の理論より，運動量 p の電子の波長 λ_e は

$$\lambda_e=\frac{h}{p}$$

▶イ．半径 r の円周上に電子波が整数個あるとき閉じた波となり，安定な定常波となる。よって

$$2\pi r=n\lambda_e \qquad \therefore \quad \frac{2\pi r}{\lambda_e}=n \quad (n=1,\ 2,\ \cdots)$$

▶ウ．放出する光子の波長を λ とすると，エネルギーは $\dfrac{hc}{\lambda}$ であるから，ボーアの振動数条件より

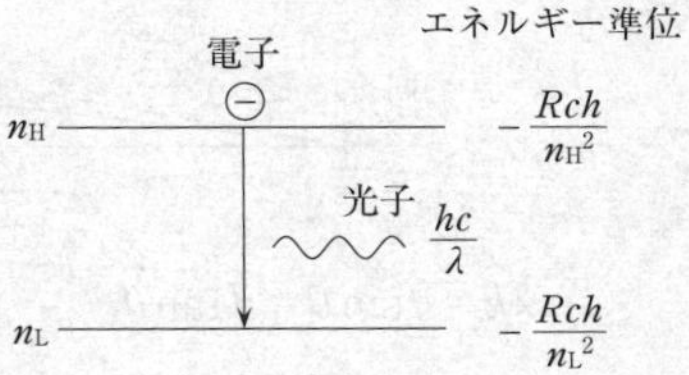

$$\frac{hc}{\lambda}=-\frac{Rch}{n_H{}^2}-\left(-\frac{Rch}{n_L{}^2}\right)$$

$$=Rch\left(\frac{1}{n_L{}^2}-\frac{1}{n_H{}^2}\right)$$

▶エ．ウの結果より

$$\lambda=\frac{1}{R\left(\dfrac{1}{n_L{}^2}-\dfrac{1}{n_H{}^2}\right)}$$

▶オ．$R=1.1\times10^7$/m，$n_H=3$，$n_L=2$ のとき，エの結果より

$$\lambda=\frac{1}{1.1\times10^7\times\left(\dfrac{1}{4}-\dfrac{1}{9}\right)}$$

$$=\frac{1}{1.1\times10^7\times\dfrac{5}{36}}$$

$$=\frac{36}{1.1\times5}\times10^{-7}$$

$$=6.54\times10^{-7}\fallingdotseq6.5\times10^{-7}\,[\mathrm{m}]$$

▶カ．$n_L=3$ のとき，λ が最小となるのは $n_H\to\infty$ のときで，このとき

$$\lambda=\frac{1}{1.1\times10^7\times\dfrac{1}{9}}=\frac{9}{1.1}\times10^{-7}=8.18\times10^{-7}\fallingdotseq8.2\times10^{-7}\,[\mathrm{m}]$$

▶(2)キ．隣接するスリットから角 θ の方向へ回折した光の光路差は $d\sin\theta$ であるから，光が強め合う条件は

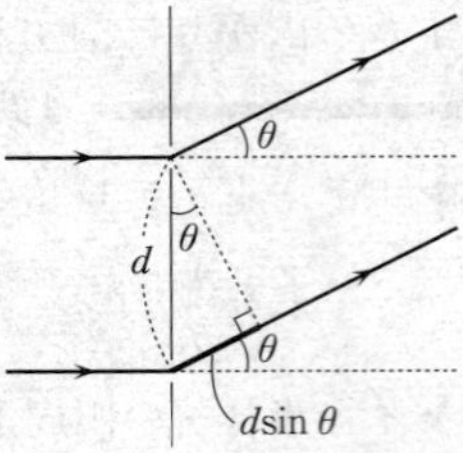

$$d\sin\theta=\lambda k \quad (k=0,\ 1,\ 2,\ \cdots)$$

▶ク．スクリーン上で $k=0$ のときの明線の位置を $z=0$ とし，k 番目の位置を z，回折角を θ，$k+1$ 番目の位置を $z+\varDelta z$，回折角を $\theta+\varDelta\theta$ とすると

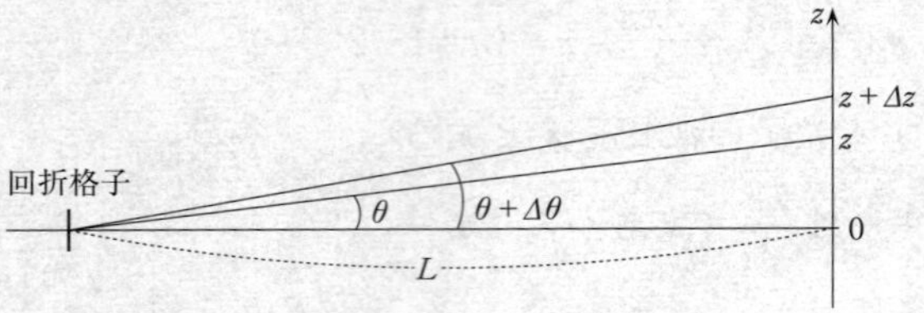

$$\lambda k=d\sin\theta \fallingdotseq d\tan\theta$$

$$=d\frac{z}{L}$$

$$\lambda(k+1)=d\sin(\theta+\varDelta\theta)\fallingdotseq d\tan(\theta+\varDelta\theta)=d\frac{z+\varDelta z}{L}$$

よって，辺々引いて

$$\lambda=d\frac{\varDelta z}{L}$$

▶ケ．カの結果より，$n_{\mathrm{L}}=3$ のとき λ の最小値は $8.2\times10^{-7}\,\mathrm{m}$ で，$4.5\times10^{-7}\,\mathrm{m}<\lambda<7.0\times10^{-7}\,\mathrm{m}$ の範囲外である。よって，$n_{\mathrm{L}}=2$ または 1 であるが，$n_{\mathrm{L}}=1$ とすると，λ の最大値は $n_{\mathrm{H}}=2$ のとき

$$\lambda=\frac{1}{1.1\times10^{7}\times\left(1-\dfrac{1}{4}\right)}=\frac{4}{1.1\times3}\times10^{-7}\fallingdotseq1.2\times10^{-7}\,[\mathrm{m}]$$

であるから，これも範囲外である。よって，$n_{\mathrm{L}}=2$ のときを考えると

$$4.5\times10^{-7}<\frac{1}{1.1\times10^{7}\times\left(\dfrac{1}{4}-\dfrac{1}{n_{\mathrm{H}}{}^{2}}\right)}<7.0\times10^{-7}$$

よって

$$\frac{1}{7.0\times1.1}<0.25-\frac{1}{n_{\mathrm{H}}{}^{2}}<\frac{1}{4.5\times1.1}$$

$$0.13<0.25-\frac{1}{n_{\mathrm{H}}{}^2}<0.202$$

$$0.048<\frac{1}{n_{\mathrm{H}}{}^2}<0.12$$

$$\frac{1}{0.12}<n_{\mathrm{H}}{}^2<\frac{1}{0.048}$$

$$8.3<n_{\mathrm{H}}{}^2<20.8$$

これを満たす整数は $n_{\mathrm{H}}=3$，4の2通りである。

▶コ．$n_{\mathrm{L}}=2$，$n_{\mathrm{H}}=3$ のときの波長 λ_3 は

$$\lambda_3=\frac{1}{R\left(\frac{1}{4}-\frac{1}{9}\right)}=\frac{36}{5R}=\frac{7.2}{R}$$

$n_{\mathrm{L}}=2$，$n_{\mathrm{H}}=4$ のときの波長 λ_4 は

$$\lambda_4=\frac{1}{R\left(\frac{1}{4}-\frac{1}{16}\right)}=\frac{16}{3R}=\frac{5.3}{R}$$

クの結果より，明線間隔 Δz は波長 λ に比例するから，明線パターンは右図（縦軸 z' は $z'=\frac{Rd}{L}z=R\lambda k$ の値）のようになり，㈲が正解である。

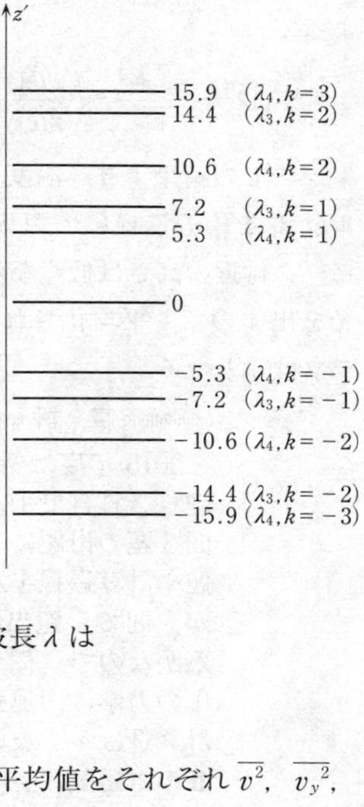

▶(3)サ．原子Xは測定装置の向きに v_x で動くから，ドップラー効果より，観測される波長 λ は

$$\lambda=\frac{c-v_x}{c}\lambda_0$$

▶シ．原子Xの速さ v および v_y，v_z の2乗の平均値をそれぞれ $\overline{v^2}$，$\overline{v_y{}^2}$，$\overline{v_z{}^2}$ とすると

$$\frac{1}{2}m\overline{v^2}=\frac{3}{2}k_{\mathrm{B}}T,\quad \overline{v^2}=\overline{v_x{}^2}+\overline{v_y{}^2}+\overline{v_z{}^2}$$

単原子分子理想気体はどの方向にも等しく運動していると見なせるから，$\overline{v_x{}^2}=\overline{v_y{}^2}=\overline{v_z{}^2}$ より $\overline{v^2}=3\overline{v_x{}^2}$ としてよく

$$\frac{3}{2}m\overline{v_x{}^2}=\frac{3}{2}k_{\mathrm{B}}T\qquad\therefore\quad \overline{v_x{}^2}=\frac{k_{\mathrm{B}}T}{m}$$

▶ス．シの結果より

$$\sqrt{\overline{v_x{}^2}} = \sqrt{\frac{k_{\mathrm{B}}T}{m}}$$

であるから，温度 T が高いほど原子Xは速く運動するので，ドップラー効果の影響は大きいと予想される。よって，①。

▶セ．サ，シの結果を用いて

$$\Delta\lambda = \frac{c - v_x}{c}\lambda_0 - \lambda_0 = -\frac{v_x}{c}\lambda_0$$

よって

$$\overline{\Delta\lambda^2} = \frac{\overline{v_x{}^2}\lambda_0{}^2}{c^2} = \frac{k_{\mathrm{B}}T\lambda_0{}^2}{mc^2}$$

▶ソ．セの結果より，温度 T を高くすると $\overline{\Delta\lambda^2}$ が増すので光のスペクトルは λ_0 を中心に横に広がるが，原子が出す光の頻度は変わらないので，ピーク付近の高さは低くなる。また，原子はいろいろな方向に動きながら光を出すので，平均化されピークの位置は λ_0 のままである。よって，グラフは(う)となる。

講　評

2015年度は新教育課程に基づいた初めての出題であった。理科2科目で180分（教育学部理系試験は1科目で90分），大問3題の出題に変化はないが，ここしばらく続いていた論述問題や計算過程を示す問題が姿を消し，空所補充形式のないものが大問で1題出題された。これが2016年度も続くかどうかは不明なので，従来通りの対策をしておくほうがよいであろう。Ⅰの力学は円運動と単振動の組み合わせで，近似計算もあるが計算量は多くない。2つの作図の出来が鍵となりそうである。Ⅱの電磁気は空所補充形式がなくなり，問題文がかなり長くなった。最後まで読みこなせるかどうかである。Ⅲは原子・波動・熱力学の融合問題（問題の一部に熱力学を含む）で京大らしいと言えるが，十分完答できる。

Ⅰ．あ〜えは基本。お〜きの単振動の近似計算は類題も多く，完答したい。問1のグラフが描きにくく，ここで差がつきそうである。くは問1の作図ができないと難しい。問2はリングが1回転するとき物体が1往復するので見当はつくが，式を要求されてはいないので，かえって戸惑うかもしれない。

Ⅱ．問1・問2は問題文は長いが内容は基本的である。問3

のグラフで誘導電流 i の向きを間違えやすい。問 4 は問 3 のグラフが描けていれば容易である。問 5 ～問 7 の近似計算は易しい。問 8 の数値計算が面倒で，ここで時間をとられすぎると失敗する。

Ⅲ．(1)ア～エは水素原子のエネルギー準位と光子の放出で，エネルギー準位の式は与えられているが，物質波の波長の式は与えられていないので，旧課程履修者は戸惑ったかもしれない。内容は基本的である。オ・カの数値計算は短時間で処理したい。(2)キ・クは回折格子の基本で，間違えてはいけない。ケの数値計算が大変面倒で，コのパターン選択も悩ましく，ここで差がつくであろう。(3)サ～スは基本知識である。セ・ソは熱運動による光のスペクトルの広がりという見慣れない内容で難しい。

まとめると，2015 年度は出題形式が少し変わったものの，比較的解きやすかったと思われる。ただ，作図や数値計算に時間がとられそうで，時間内に解くのは大変であろう。

化学

I 解答

問1．$2H_2O \longrightarrow O_2+4H^++4e^-$

問2．2

問3．黄緑

問4．$Cl_2+2KI \longrightarrow 2KCl+I_2$

問5．析出した亜鉛が希硫酸に溶解して，質量が減少するため。(30字以内)

問6．$2H^++2e^- \longrightarrow H_2$

問7．3

問8．エ．5.0×10^{-3}　オ．$\dfrac{nF}{900}$

◀解　説▶

≪KCl・$ZnSO_4$・$AgNO_3$水溶液の直列電解≫

▶問1．電解槽A～Cの各極板の左側は陽極，右側は陰極となり，それぞれ次の反応が起こる。

電解槽A　陽極：$2Cl^- \longrightarrow Cl_2+2e^-$　……(1)

陰極：$2H_2O+2e^- \longrightarrow H_2+2OH^-$　……(2)

電解槽B　陽極：$2H_2O \longrightarrow O_2+4H^++4e^-$　……(3)

陰極：$Zn^{2+}+2e^- \longrightarrow Zn$　(主たる変化)

電解槽C　陽極：$Ag \longrightarrow Ag^++e^-$　……(4)

陰極：$Ag^++e^- \longrightarrow Ag$

▶問2．(2)式と(3)式より，発生するH_2の体積はO_2の2倍とわかる。

▶問3．(1)式より，発生する気体は黄緑色のCl_2である。

▶問4．酸化力の強さは$Cl_2>I_2$より，Cl_2はI^-を酸化してI_2に変化させる。このI_2によりデンプンが青紫色になる。

▶問5．極板のCuは希硫酸に溶解しないが，析出したZnは溶解するため，すぐに取り出す必要がある。

▶問6．水溶液の電気分解においては，イオン化傾向がH_2より特に大きい Li，K，Ca，Na，Mg，Al などは析出せず，H_2 が発生する。イオン化傾向が H_2 に近い Zn，Fe，Ni，Sn，Pb などは析出すると同時に，H_2 も発生する。本問では，電解槽B内の電解液は硫酸酸性となっているため，H_2 はさらに発生しやすい。

▶問7．(2)式より OH^- が生成するため，水溶液は塩基性になる。

▶問8．エ．溶解した Ag の物質量は

$$\frac{0.540}{108}=5.00\times10^{-3}\text{〔mol〕}$$

(4)式より，流れた電子の物質量も 5.00×10^{-3} mol となる。

オ．求める電流値を i〔A〕とすれば

$$i\times15\times60=nF\text{〔C〕}$$

$$i=\frac{nF}{900}\text{〔A〕}$$

II 解答

(a) 問1．ア．1.0×10^4　イ．1.0×10^4　ウ．8.0×10^3
エ．4.0×10^3

問2．ⓒ

(b) 問3．オ．1.1×10^5　カ．2.0×10^{-8}　キ．1.3×10^{-7}　ク．5.4×10^4
ケ．1.6×10^5

◀解　説▶

≪水の飽和蒸気圧，気体の溶解度≫

◆(a)　▶問1．ア．容器A内には，0.34g 以上の水が入っており，容器内は 47℃における飽和蒸気圧を示す。

イ．0.88g の水がすべて気体になったと仮定し，その圧力を p〔Pa〕とすれば

$$p\times10.0=\frac{0.88}{18.0}\times8.3\times10^3\times(273+47)$$

$$p=1.29\times10^4\fallingdotseq1.3\times10^4\text{〔Pa〕}$$

この値は 47℃における飽和蒸気圧より大きい。したがって，容器内の圧力は飽和蒸気圧を示す。

ウ．容器Bを真空にすると，それまで飽和蒸気圧を示していた 0.34g 分の水蒸気が失われる。したがって，(0.88－0.34) g の水がすべて気体にな

ったと仮定し，その圧力を p'〔Pa〕とすれば

$$p' \times 10.0 = \frac{0.88 - 0.34}{18.0} \times 8.3 \times 10^3 \times (273 + 47)$$

$$p' = 7.96 \times 10^3 \fallingdotseq 8.0 \times 10^3 \text{〔Pa〕}$$

この値は47℃における飽和蒸気圧より小さい。つまり容器内は飽和しておらず，この圧力を示す。

エ．容器AとBを満たしていた気体の半分が失われるため，圧力はウの半分となり

$$\frac{7.96 \times 10^3}{2} = 3.98 \times 10^3 \fallingdotseq 4.0 \times 10^3 \text{〔Pa〕}$$

▶問２．排気を始めてすぐに水は蒸発し始め，その際に蒸発熱が奪われるため温度が下がる。沸騰している間も蒸発熱は奪われるので，温度は下がり続ける。

◆(b)　▶問３．オ．求める分圧を P_{N_2}〔Pa〕とすれば，ボイル・シャルルの法則より

$$\frac{1.0 \times 10^5 \times 50}{273 + 10} = \frac{P_{N_2} \times 50}{273 + 35} \qquad \therefore \quad P_{N_2} = 1.08 \times 10^5 \fallingdotseq 1.1 \times 10^5 \text{〔Pa〕}$$

カ．ヘッドスペース中の CO_2 の分圧と物質量の関係は，気体の状態方程式で表されるので

$$p \times \frac{50}{1000} = n_1 \times 8.3 \times 10^3 \times (273 + 35)$$

$$\therefore \quad n_1 = 0.0195 \times 10^{-6} \times p \fallingdotseq 2.0 \times 10^{-8} \times p$$

キ．溶解した CO_2 の物質量は，ヘンリーの法則より分圧に比例するので

$$n_2 = 0.59 \times \frac{500}{1000} \times \frac{p}{1.0 \times 10^5} \times \frac{1}{22.4}$$

$$= 0.0131 \times 10^{-5} \times p \fallingdotseq 1.3 \times 10^{-7} \times p$$

ク．$n_1 + n_2 = 8.1 \times 10^{-3}$〔mol〕より

$$1.95 \times 10^{-8} \times p + 1.31 \times 10^{-7} \times p = 8.1 \times 10^{-3}$$

$$p = 5.38 \times 10^4 \fallingdotseq 5.4 \times 10^4 \text{〔Pa〕}$$

ケ．N_2 と CO_2 の分圧の和になるので，オ，クより

$$1.08 \times 10^5 + 5.38 \times 10^4 = 1.61 \times 10^5 \fallingdotseq 1.6 \times 10^5 \text{〔Pa〕}$$

Ⅲ 解答

(a)　問1．A．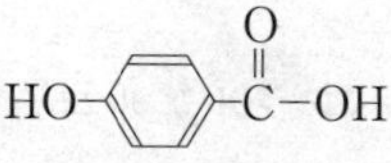　B．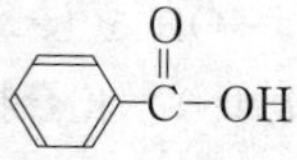

C．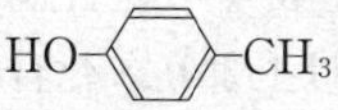　D．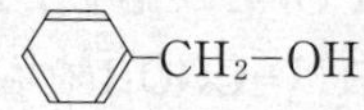

問2．

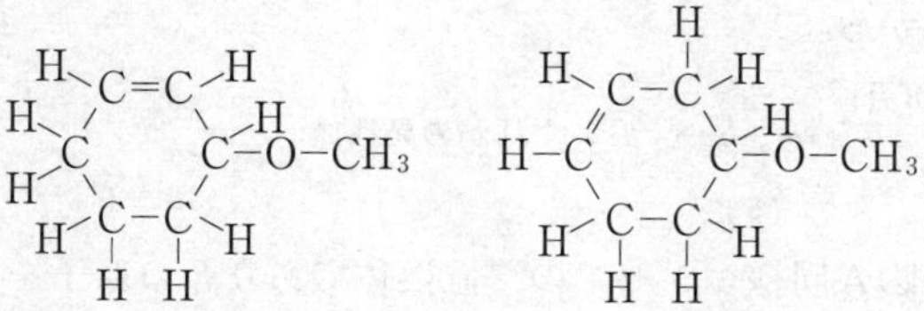

問3．(オ)→(イ)→(ウ)→(ア)→(エ)

(b)　問4．F．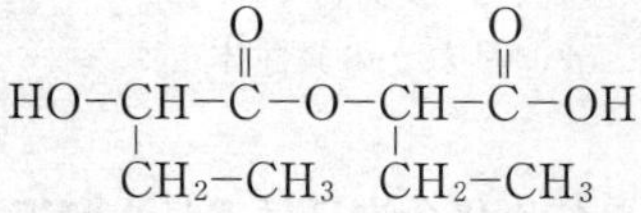

G．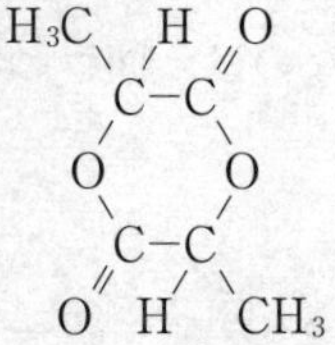

問5．6

問6．ルシャトリエの原理より，水を除くと，影響を緩和するようにポリ乳酸生成の向きに平衡が移動するため。(50字以内)

◀解　説▶

≪六員環構造をもつ化合物の構造，ヒドロキシカルボン酸の縮合生成物≫

◆(a)　▶問1．題意の分析と反応操作の結果から，以下のように導くことができる。

(あ)　化合物Aの分子式は $C_7H_xO_3$ と表せる。

また，化合物Dの原子数比は

$$C:H:O=\frac{78}{12.0}:\frac{7.4}{1.00}:\frac{100-78-7.4}{16.0}=6.5:7.4:0.91$$

$$\fallingdotseq 7:8:1$$

より，化合物Dの分子式は C_7H_8O となる。

(い)　化合物AとCはフェノール類である。

(う)　無水酢酸でエステル化されるには−OHが必要であり，化合物A，C，

Dは−OH をもつ。

以上より，化合物Dはベンジルアルコールとわかる。

(え)　水層に溶解するのは，$NaHCO_3$ と反応して塩を生成する物質つまり炭酸より強い酸で，化合物A，Bは−COOH をもつ。以上より，化合物Aは図アの化合物とわかる。

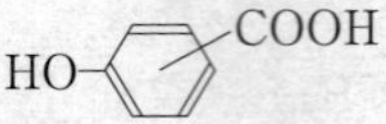

o−，*m*−，*p*−いずれかの異性体

図ア

(お)　化合物Cは化合物A同様ベンゼンの二置換体であり，O原子を１つもつことから，図イの化合物とわかる。

o−，*m*−，*p*−いずれかの異性体

図イ

また，化合物Dを酸化して得られる化合物Bは安息香酸である。

(か)　混酸でニトロ化し，２種類の異性体の生成が可能なのは，図ウのように *p*−異性体である。

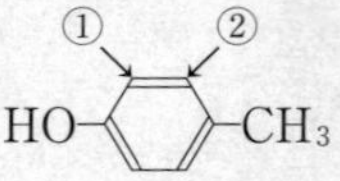

①，②の位置での置換生成物が考えられる

図ウ

▶問２．(き)より化合物Eの分子式は C_7H_yO で表され，C=C を１つ含む。また(い)および(う)より−OH をもたず，(く)より−CHO ももたないことがわかり，エーテル結合の存在が予想される。炭素数から考えて，エーテル結合が存在しうるのは炭素環とメチル基の間のみである。よって，二重結合が炭素環内にあることもわかる。以上より，考えられる異性体および水素付加生成物は次図のようになる。

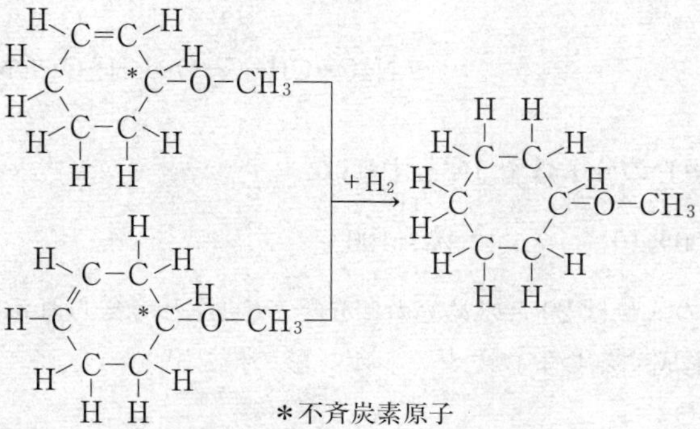

＊不斉炭素原子

▶問３．下図のように分離できる。

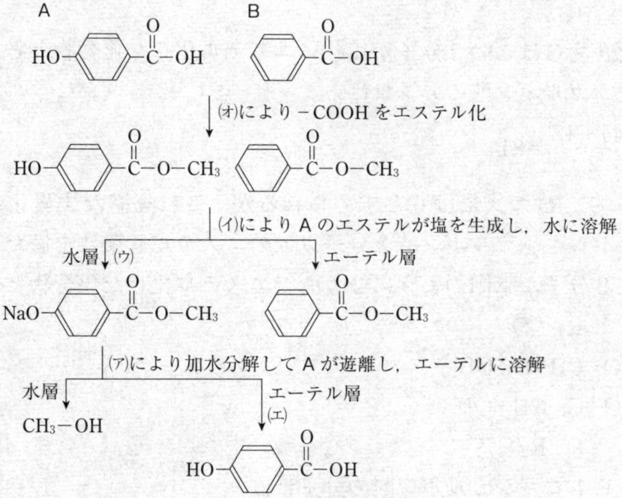

◆(b)　▶問４．Ｆ．題意より化合物Ｆの構造式を

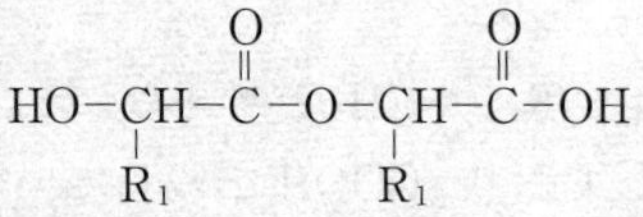

とすると，金属 Na との反応は次式で表せる。

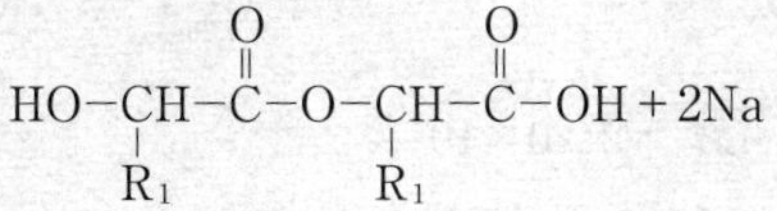

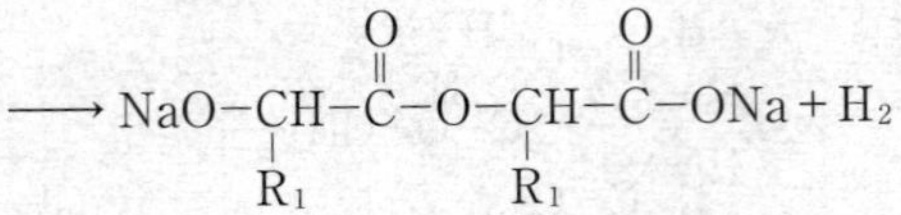

これより，化合物Fの分子量を M_1 とすれば

$$\frac{1.90}{M_1}=1.00\times10^{-2} \qquad \therefore \quad M_1=190$$

したがって，R_1 の式量は 29 と求められ，$R_1=-C_2H_5$ と考えられる。

G．化合物Gを構成するヒドロキシカルボン酸の構造式を

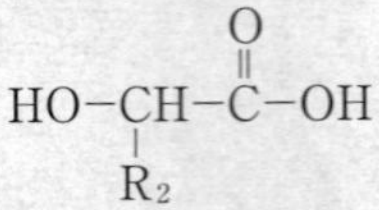

とし，化合物Gはこの２分子が鎖状にエステル化した化合物と考えると，ヒドロキシカルボン酸の分子量は

$$\frac{144+18}{2}=81$$

したがって，R_2 の式量は６と求められるが，これを満たす炭化水素基はない。ヒドロキシカルボン酸３分子以上のエステルも条件を満たさない。そこで，２分子が下図のように２カ所でエステル化した化合物と仮定する。

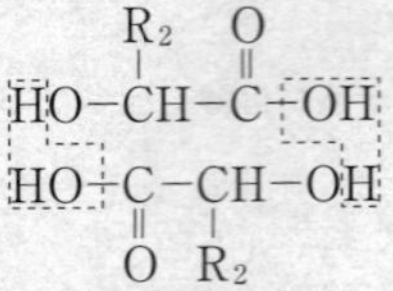

これよりヒドロキシカルボン酸の分子量は

$$\frac{144+2\times18}{2}=90$$

したがって，R_2 の式量は 15 と求められ，$R_2=-CH_3$ と考えられる。

▶問５．化合物Hは $NaHCO_3$ と反応しており $-COOH$ を残していることがわかる。この反応では化合物Hと同物質量の CO_2 が発生するので，化合物Hの分子量を M_2 とすれば

$$\frac{1.10}{M_2}=5.00\times10^{-3} \qquad \therefore \quad M_2=2.20\times10^{2}$$

また，化合物H 2.20g の物質量と，反応した NaOH の物質量の比は

$$\mathrm{H}:\mathrm{NaOH}=\frac{2.20}{2.20\times10^{2}}:\frac{1.20}{40.0}=1:3$$

したがって，化合物H 1molあたり，$-COOH$の中和に1mol，加水分解に2molのNaOHが使われたと考えられる。そこで，化合物Hの構造式をヒドロキシ酸3分子がエステル化した下記のように仮定する。

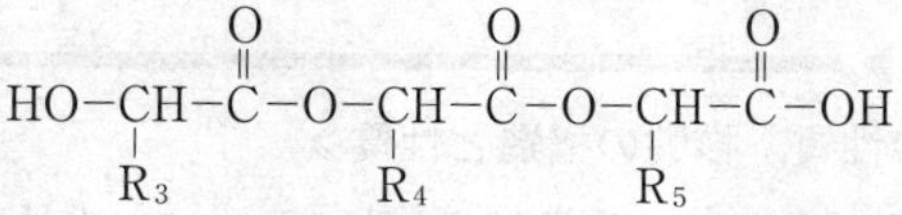

分子量が2.20×10^{2}よりR_3，R_4，R_5の式量の和は31となる。水素と炭化水素基でこの数値となるのは，($-H\times1$，$-CH_3\times2$) と ($-H\times2$，$-C_2H_5\times1$) の組み合わせであり，R_3，R_4，R_5の位置の違いを考慮すれば，6種類の異性体が考えられる。

▶問6．次式のように乳酸が重合すると，生分解性プラスチックの一種であるポリ乳酸が生成する。これは平衡反応であるため，ルシャトリエの原理より，H_2Oを除くことで平衡が右へ移動しポリ乳酸の重合度が高くなる。

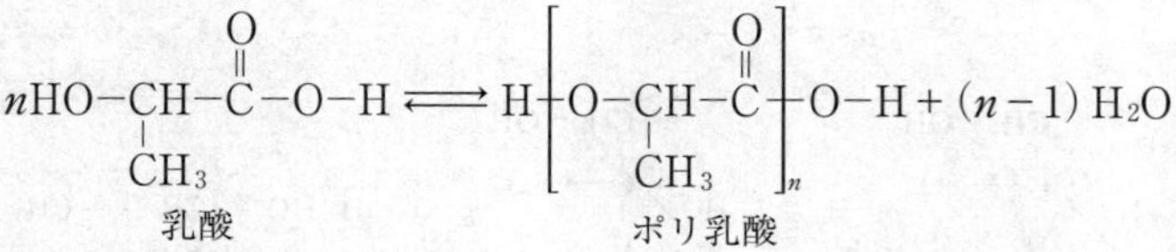

IV **解答** 問1．(i)

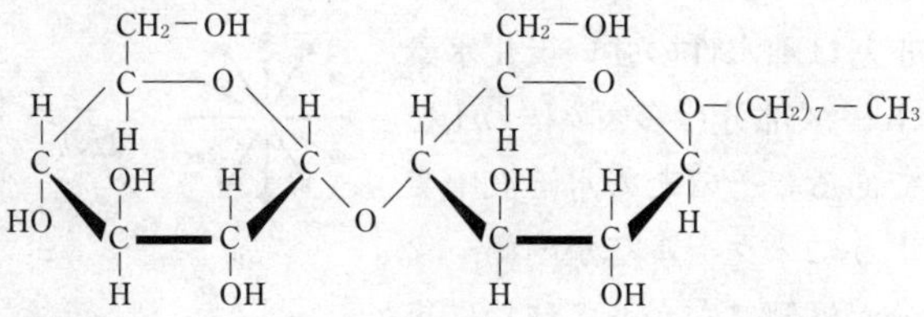

(ii)疎水性が強い性質（10字以内）

問2．ア．セルロース　イ．グリコーゲン　ウ．アミロース
エ．アミロペクチン

問3．(i)―ア　(ii)らせん構造

問4．(i)

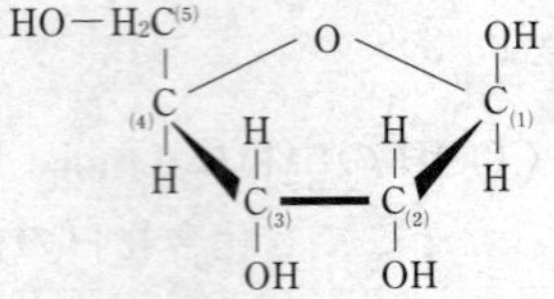

(ii)—(1) (iii)—(3)，(5) (iv)—(2) (v)シトシン (vi)—(あ)

◀解 説▶

≪単糖とその重合生成物の性質，核酸の構造と性質≫

▶問1．(i) 次図のように，マルトースには1位に結合した$-$OHの位置の違いにより，α型とβ型が存在する。また，β-マルトースの1位の$-$OHと1-オクタノールの$-$OHは次図のように縮合し，アルキルグリコシドを生成する。

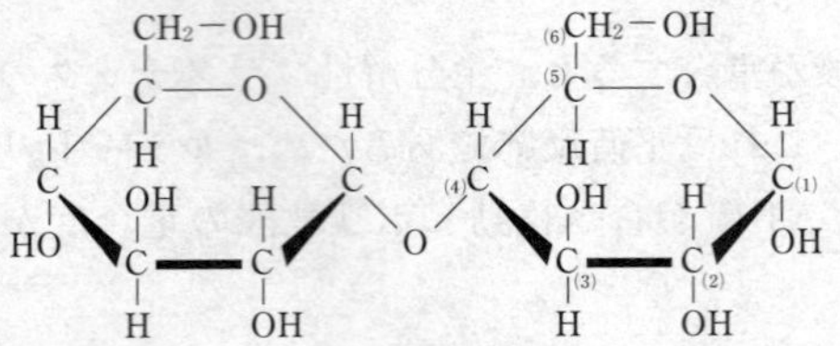

α-マルトース

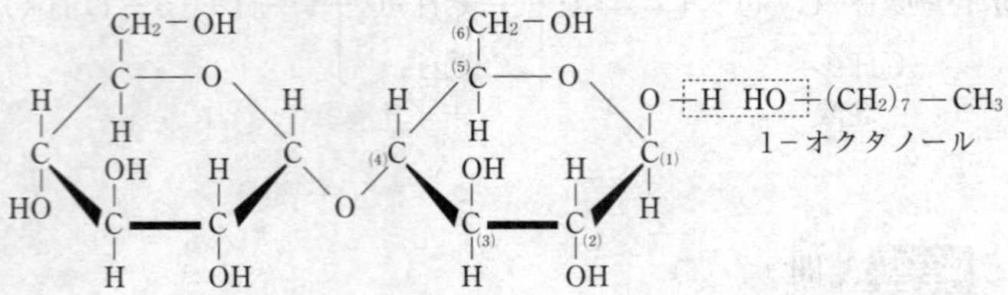

β-マルトース

(ii) オクチル基は疎水性の強い炭化水素基で，マルトース部分は多くの$-$OHを有し親水性である。そのため水溶液中では，右図のようにオクチル基が内側，マルトース部分が外側に向かって球状に集まりコロイドの一種であるミセルを形成する。

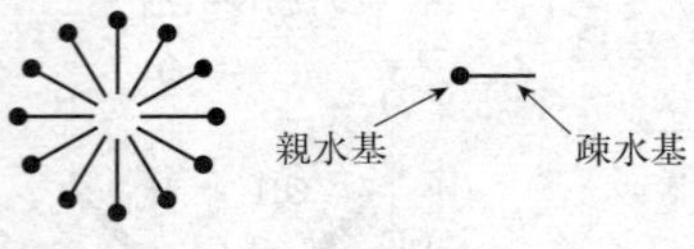

ミセル

▶問2・問3．セルロースは，β-グルコースが1,4-グリコシド結合により結合した鎖状構造の多糖。グリコーゲンは，動物体内でα-グルコースからつくられる分枝構造を多くもつ多糖。アミロースは，α-グルコースが1,4-グリコシド結合により結合した鎖状構造の多糖。アミロペクチンは，1,4-グリコシド結合に加えて，1,6-グリコシド結合による分枝構造を含む多糖。これらのうち，セルロース以外は直鎖部分がらせん構造となり，右模式図のようにI_2が取り込まれることで呈色する。

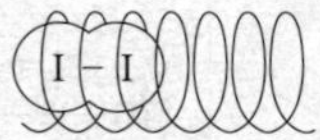

▶問4．(i)　リボースは次図のように鎖状構造と環状構造が平衡状態となる。

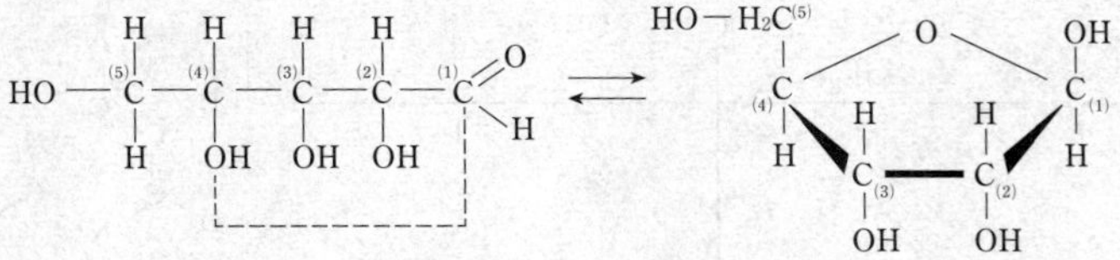

リボースの平衡

(ii)・(iii)　核酸にはDNAとRNAの2種類があり，Nを含む核酸塩基・ペントース・リン酸が結合したヌクレオチドが，さらに縮合重合してできる。RNAでは次図のように，リボースの1位のC原子に結合した$-OH$と核酸塩基，5位のC原子に結合した$-OH$とH_3PO_4がそれぞれ縮合してヌクレオチドが生成し，さらにヌクレオチドどうしは，リボースの3位のC原子に結合した$-OH$とリン酸部分で縮合する。また，DNAはペントースがデオキシリボースとなる。

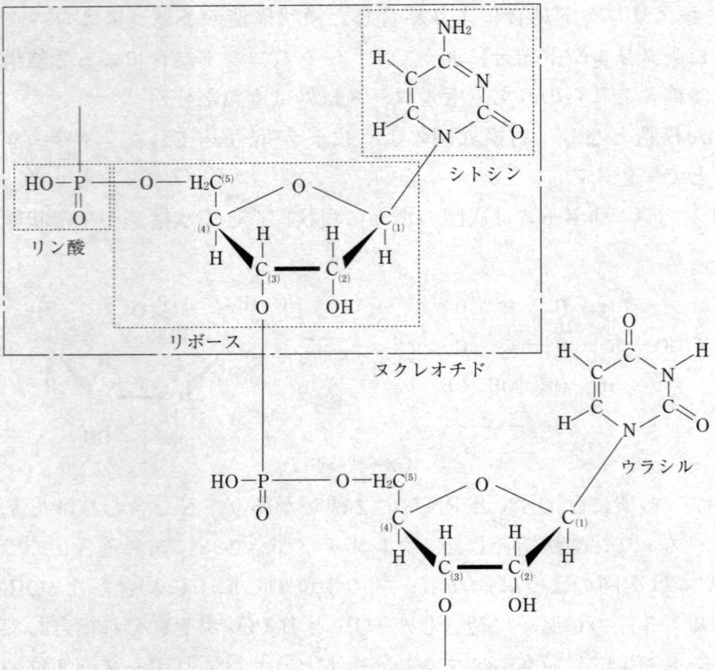

RNA の構造の例

(iv)　デオキシリボースは右図のようにリボースの 2 位の C 原子に結合した−OH が H 原子に置き換わった構造をしている。

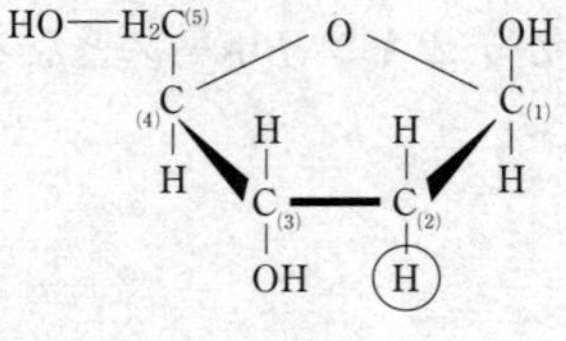

デオキシリボース

(v)　チミンは DNA 固有，ウラシルは RNA 固有，アデニン・グアニン・シトシンは DNA と RNA 共通の塩基である。

(vi)　核酸塩基は複素環を構成する N 原子部分でペントースと結合する。

講　評

大問 4 題の出題数や出題パターン・形式は例年通りである。2015 年度はやや標準的な問題が多くなり，取り組みやすかったのではないか。試験時間に対して妥当な問題量であろう。

Ⅰ．3 つの電解槽が連結されているが，電解液・電極を含め単純な直列なので，標準的な難易度といえる。確実に解答したいが，まずは各極での変化を正しく導き出せるかどうかである。注意すべきは，Zn の析出は H_2 の発生と同時に起こっている点と，Zn は析出しても希硫酸に溶ける点に気づくかどうかである。計算は基本的である。

Ⅱ．(a)は標準的である。各操作を正しく理解し，飽和蒸気圧を意識して気体の圧力を求めることが大切である。問 2 は蒸発熱が奪われるため温度が下がると，単純に考えるだけである。(b)も標準的である。答えの導出法は難しくないが，計算ミスには十分注意しよう。

Ⅲ．例年通りの構造決定の問題である。この種の問題は過去問も含めて数多く解いておく必要がある。(a)については，分析・反応操作の結果から条件がかなり限定されるので推定しやすい。含まれる官能基や位置を正しく特定し，構造を考えればよい。注意すべきは化合物Eにおける不斉炭素原子の位置であろう。(b)はやや難しい。化合物Gが二量体となっている点，化合物Hは 3 分子の重合体である点を，それぞれ見抜けるかどうかである。

Ⅳ．例年，糖類やタンパク質に関する出題が多い大問で，2015 年度も糖類が中心である。本問はやや難しい。糖類やDNA の構造を細かな点まで覚えておく必要があったため，差がついたのではないか。思考力よりも知識力が問われているので，今後，類似問題の出題も想定して細かな点まで学習しておく必要がある。

生物

I　解答

(A)　問1．ア．NADPH　イ．水素イオン
ウ．カルビン・ベンソン

問2．吸収された光のエネルギーが光化学系Ⅱの反応中心に集められ，水を水素イオンと酸素分子と電子に分解する。

問3．低温

問4．クロロフィル量を減らすと，過度な強光でない，弱光などの光条件のときに十分な光合成を行えないから。

問5．紅葉のころは，光はまだ強いのに気温が低下してくるので，光化学系に比べて酵素系が十分に機能せず，還元力が過剰になりやすい。紅葉の時期のクロロフィル分解には，このような条件下での還元力の過剰な生成をおさえて，細胞の生理的な機能を正常に維持するような意義がある。

(B)　問6．(g)　問7．(c)　問8．(e)

問9．(い)・(お)・(か)・(き)

◀解　説▶

≪光化学反応と活性酸素の生成，X染色体の不活性化≫

◆(A)　▶問1．光化学系Ⅱから放出されて伝達された電子は，光化学系Ⅰでチラコイド外部の $NADP^+$ と H^+ から$_{\text{ア}}$NADPHを生成する。NADPHはATPとともに$_{\text{ウ}}$カルビン・ベンソン回路での二酸化炭素還元（固定）に用いられる。NADPHとは別に，電子伝達に伴ってチラコイド内腔に輸送された$_{\text{イ}}$水素イオン（H^+）は，水の分解で発生したものと合わさってチラコイド膜内外に大きなイオン濃度差を形成するので，これを利用したATP合成が行われる。

▶問2．光エネルギーを利用して，電子を放出したクロロフィルの反応中心は水から電子を受けとる。電子を失った水は酸素分子と水素イオンに分解される。こうして作り出された酸素は大気中に放出されて，現在の組成の大気が形成された。還元力とは電子を与える力と考えてよく，通常は $NADP^+$ と H^+ に与えられてNADPHを作り出すが，光合成系で発生する電子が過剰になると，これが過剰な還元力として働き，「活性酸素」を生

み出す原因となる。ここでいう活性酸素は総称であり，スーパーオキサイド・過酸化水素・ハイドロキシラジカル・一重項酸素などが含まれる。活性酸素は，生体内の酵素や DNA をはじめとして各種有機物と反応し，損傷を与える

▶問３．二酸化炭素の固定反応とは，カルビン・ベンソン回路の反応である。この反応は酵素反応であるから，反応速度を低下させる要因の代表的なものは温度条件（低温や最適温度以上の高温）である。他にも，強光により過剰に生じた還元力が作り出す活性酸素が酵素群を損傷して，二酸化炭素の固定反応の速度を低下させることも考えられるので，「強光」条件も解答としてはありうるが，還元力は光合成系の方をより大きく阻害するとされているので取り上げていない。他にも，酸性雨や大気汚染物質などのストレスを要因としてあげることもできるが，その作用のしくみは明確でないので，ここでは取り上げないほうがよいだろう。

▶問４．クロロフィル量を減らせば過剰な還元力生成は少なくできるが，逆に弱光条件などのときには光エネルギーを十分に利用できないから不利になるので，解答は下線部の内容を述べることになる。実際には，植物はクロロフィル量を減らすことにより，強光下でも過剰に生じた還元力に対応するための活性酸素消去系をもったり，キサントフィルサイクルなどと呼ばれる反応系をもったりして対応する。また，細胞内で葉緑体を移動させて光条件に対応する植物や，若葉の時期に葉が赤くなるベニカナメモチなどアントシアニンなどの色素によって光エネルギーを吸収して過剰な還元力を生じないような対応をとる植物もある。これらはクロロフィルを減らさずに強光に対応するしくみと考えることができる。

▶問５．秋に緑葉が，紅や黄色に変わる現象の意義としては，普通「光合成の働きが低下するので，不要となったクロロフィルを分解して，窒素化合物などを回収する」ような意味があるとされている。もちろん，「窒素化合物の回収」でも解答としては間違ってはいないので，この解答も可能である。しかし，ここでは本問が「過剰な還元力」を問題にしているところから，「低温による光合成機能の低下とそれに伴う強光条件下での過剰な還元力発生を回避する」という観点から解答した。紅葉や黄葉の生理的意義や適応的意義については諸説があり，定説とされるものは定まっていないのが実情である。

◆(B)　哺乳類（真獣類）の雌はX染色体をホモ（2本）にもつが，そのうちの一方がメチル化によって不活性化される。この現象はライオニゼーションと呼ばれる。これは胚発生の初期に起こり，細胞ごとにどちらのX染色体が不活性化されるかは決まっていない（不活性化はランダムに起こる）。いったん不活性化が起こると，その細胞から増殖した細胞はすべて同じX染色体が不活性化されたままとなる。身近なところでは三毛猫がこの例にあたるので，調べてみるとよい。ただし，生殖細胞は例外で，X染色体の不活性化はない。

本問を考える上でのポイントは男性の表現型である。図2より，X染色体の遺伝子AのPCR 産物は，分子量からみると3通りである。父親のDNA 配列は中ぐらいの分子量のバンドで，その遺伝子Aを以下 A$_{\text{中}}$ と表記しよう。また父の血液細胞の酵素活性は 100％だから，A$_{\text{中}}$ は正常遺伝子Bと連鎖している。これを A$_{\text{中}}$—Bと表記しよう。母の弟に現れているのは大きい分子量のバンドであり，この男性は酵素活性が 0 であるから，大きい分子量のバンドの DNA 配列（以下 A$_{\text{大}}$ と表記）は変異した酵素遺伝子（以下ｂと表記）と連鎖している。A$_{\text{大}}$—ｂと表記しよう。また兄の結果から，兄には母から A$_{\text{小}}$—Bと表記できるX染色体が伝わっているとわかる。これらをもとに以下の問いを考えていこう。

▶問6．制限酵素 *Msp* Ⅰは活性化・不活性化にかかわらず CCGG 配列を切断する。したがって，この制限酵素で処理された DNA 配列は増幅されないから，PCR 産物にはバンドは現れない。

▶問7．酵素活性が 50％だから，A$_{\text{小}}$—Bが活性化された細胞と A$_{\text{大}}$—ｂの活性化された細胞の両方が（半分程度ずつ）存在することがわかる。よって，*Hpa* Ⅱで切断されない不活性化されたX染色体にも A$_{\text{小}}$—Bと A$_{\text{大}}$—ｂの両方があることになり，大小両方のバンドが現れる。

▶問8．姉は A$_{\text{中}}$—Bと A$_{\text{大}}$—ｂのX染色体をもつ。X染色体を1本しかもたない男子（父）の結果から，Bをもつ A$_{\text{中}}$—BのX染色体だけが活性化していれば酵素活性は 100％である。母親の結果から，両方のX染色体が活性化されていれば酵素活性は 50％のはずだが，実際には 0％であることから，姉はすべての血液細胞で A$_{\text{大}}$—ｂのX染色体が活性化し，A$_{\text{中}}$—BのX染色体が不活性化しているとわかる。よって，大（A$_{\text{大}}$—ｂ）のバンドは現れず，中（A$_{\text{中}}$—B）のバンドだけが現れる。

▶問9．妹は父親から$A_{中}$－BのX染色体，母親から$A_{大}$－bあるいは$A_{小}$－BのX染色体のいずれかを受け継ぐ。したがって，その組み合わせは①$A_{中}$－B・$A_{大}$－bまたは②$A_{中}$－B・$A_{小}$－Bのいずれかである。

①$A_{中}$－B・$A_{大}$－bの組み合わせの場合，*Hpa* II処理なしでは大・中のバンドパターン(a)となる。また酵素活性が100％となるためには$A_{大}$－bのX染色体がすべて不活性化されていなければならず，*Hpa* II処理ありでは活性化された中（$A_{中}$－B）のバンドが現れないバンドパターン(d)となる。①の場合は(a)―(d)の組み合わせである(い)を選ぶことになる。

②$A_{中}$－B・$A_{小}$－Bの組み合わせの場合，*Hpa* II処理なしでは中・小のバンドパターン(b)である。*Hpa* II処理ありでは（細胞によって異なるが）$A_{中}$－Bと$A_{小}$－BのどちらかのX染色体が不活性化されているときの中・小のバンドパターン(b)でも，$A_{中}$－BのX染色体がすべて不活性化されているときの中だけのバンドパターン(e)でも，$A_{小}$－BのX染色体がすべて不活性化されているときの小だけのバンドパターン(f)でも，B遺伝子がすべての細胞で活性化されているから酵素活性は100％となる。したがって，②の場合は(b)―(b)，(b)―(e)，(b)―(f)の組み合わせである(お)・(か)・(き)の3つを選ぶことになる。

II 解答

(A) 問1．ア．無　イ．有　ウ．4C　エ．2C
オ．2^{23}　カ．2^{46}

問2．無性生殖では，体細胞分裂で作られる細胞から新個体が形成されるので親子のゲノムは同一である。一方，単為生殖では，減数分裂の際に相同染色体間の分離や乗換えによって多様な配偶子が生じ，それが単独で発生して新個体を形成するので，親子のゲノムは異なる。

問3．異なる純系同士の交雑で得た品種が優れた形質をもつ場合，2組あるいはそれ以上の組の対立遺伝子がそれぞれヘテロの遺伝子型になっている。この場合，自家受粉したときには対立遺伝子をホモにもつものが現れるので，親と同じ表現型を示す種子は一部のものだけになる。

問4．染色体2セットをもつ複相の細胞から1セットの単相の配偶子を作り出すためにゲノムの半減が必須だから。

(B)　問5．(1)―(あ)　(2)―(い)

問6．(1) 12.5％　(2) 0.5％

問7．(1)$\frac{7}{16}$　(2)0％　(3)100％

◀解　説▶

≪有性生殖と無性生殖・単為生殖，マウスの精子形成とその遺伝≫

◆(A)　▶問1．単細胞生物では，酵母菌やゾウリムシなどのように，生育環境が良好なときにはア無性生殖，乾燥や貧栄養などで生育環境が悪化するとイ有性生殖を行う生物は多い。多細胞動物でも，ミズクラゲやヒドラなどは有性生殖と無性生殖の両方を行う。複相の生物では，体細胞ではG_1期に2CであったDNA量は，配偶子が形成される減数分裂時には第一分裂に入る前に複製されて4Cとなる。その後，第一分裂終期まではウ4C，その後第二分裂終期まではエ2C，それ以降はCと変化する。ヒトの配偶子の染色体の組み合わせはオ2^{23}通りであり，両親の双方から生じた子（兄弟姉妹）の染色体の組み合わせは2^{23}通り×2^{23}通り＝カ2^{46}通りとなる。

▶問2．無性生殖では，体細胞分裂により生じた細胞から作られる子のゲノムは親と同一で，親子はクローンとみなすことができる。これに対して，単為生殖では卵（配偶子）を形成するので，無性生殖ではなく有性生殖の一種とみなされる。ふつう単為生殖は，減数分裂を行って形成された卵が受精することなく発生して新たな個体となるもので，単為発生と呼ばれることもある。卵の形成時に減数分裂が行われるので，通常，単為生殖では母親の半数の染色体をもった個体が発生する。また，相同染色体間の分離や乗換えも起こる。したがって，単為生殖では親子のゲノムは異なっていることになる。ただし，厳密には染色体数が半減しない減数分裂を行う種（ギンブナなど）などもあり，親子のゲノムが同一になる場合もある。

▶問3．雑種強勢と呼ばれる現象がこれにあたる。遺伝子型がAAbbの品種とaaBBの品種の交雑で作られたF_1（AaBb）が［AB］の表現型となり，この表現型が優れた形質を表すような場合である。F_1を自家受粉させると，［AB］の優れた形質を現さない種子である［Ab］や［aB］，［ab］などが生じることになる。

▶問4．複相である親と同じゲノム構成をもつような受精卵が，2つの配偶子の接合により生じるためには，個々の配偶子のゲノム構成は単相でなければならない。このためには染色体2セットをもつ複相の細胞から1セットの単相の配偶子を作り出す減数分裂が必須である。

◆(B)　▶問５．正常な精子形成には，正常な精原細胞と正常なセルトリ細胞の両方が必要であり，野生型精原細胞を変異マウス系統Ｂ精巣に移植した場合に精子形成が起こっているから，系統Ｂのセルトリ細胞は正常であることをまず押さえておく。すると表１は次のように表せる。

		セルトリ細胞（精巣）	
		正常	系統Ａセルトリ細胞
精原細胞	正常	精子形成あり	(あ)
	系統Ａ精原細胞	(い)	(う)

(1)　系統Ａが精原細胞に異常をもつもの（セルトリ細胞は正常）であるなら表１は，次のように表せる。

		セルトリ細胞（精巣）	
		正常	正常
精原細胞	正常	精子形成あり	(あ)
	異常	(い)	(う)

(あ)は精原細胞とセルトリ細胞の両方が正常だから精子形成が起こり，(い)と(う)は精原細胞が異常だから精子形成は起こらない。

(2)　系統Ａがセルトリ細胞に異常をもつもの（精原細胞は正常）であるなら表１は，次のように表せる。

		セルトリ細胞（精巣）	
		正常	異常
精原細胞	正常	精子形成あり	(あ)
	正常	(い)	(う)

(い)は精原細胞とセルトリ細胞の両方が正常だから精子形成が起こり，(あ)と(う)はセルトリ細胞が異常だから精子形成は起こらない。

▶問６．(1)　遺伝子Ｄの遺伝子型は問われていない。Ｃについてだけ考えると，F_1 は Cc である。F_1 世代を交配して得られる F_2 世代は CC：Cc：cc＝1：2：1 で現れるから，遺伝子型が cc となる個体は F_2 全体の $\frac{1}{4}$＝25％であり，雄はその半数だから，12.5％である。

(2)　F_1 の遺伝子型は CcDd，ＣとＤ（ｃとｄ）が同一染色体上にあって組換え価が 20％だから，$\frac{1+1}{n+1+1+n}=0.2$ を解いて $n=4$ より，F_1 が作る配偶子は CD：Cd：cD：cd＝4：1：1：4 である。よって，F_2 の遺伝子型とその割合は下の表のようになる。

	4CD	1Cd	1cD	4cd
4CD	16CCDD	4CCDd	4CcDD	16CcDd
1Cd	4CCDd	1CCdd	1CcDd	4Ccdd
1cD	4CcDD	1CcDd	1ccDD	4ccDd
4cd	16CcDd	4Ccdd	4ccDd	16ccdd

遺伝子型が ccDD となる個体は影をつけた部分で，その割合は F_2 全体の $\frac{1}{100}=1$％，雄はその半分だから解答は 0.5％となる。

▶問７．トランスジーンＣをもつことを遺伝子Ｔと表記し，もたないことをｔと考えると答えやすい。交配に用いられた雄は，「ゲノム全体で１箇所組み込まれた」とあるから，系統１や系統２の雄はトランスジーンＣを組み込んだ染色体を１本だけもっている。したがって，系統１や系統２の雄は CCTt と表せる。系統１ではトランスジーンＣが野生型遺伝子とは別の常染色体上にあるからＣとＴは独立，系統２ではトランスジーンＣが野生型遺伝子と同じ常染色体上にあるから連鎖（組換えなし）の関係である。また，系統３では $CCXY^T$ のように表すことになる。下図には交配に用いた系統１の雄の場合の模式図を示してある。

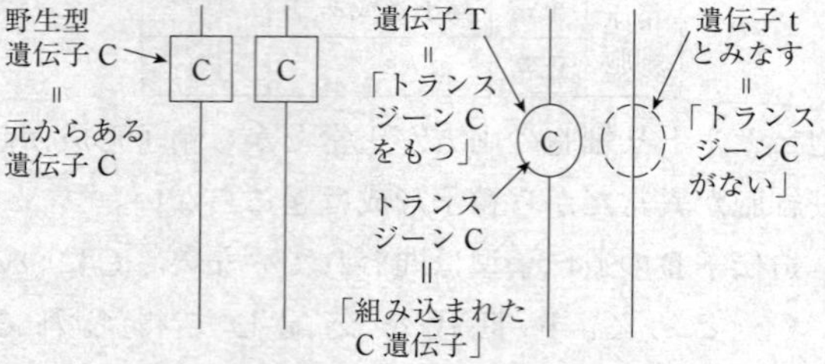

交配に用いられた系統１の雄
遺伝子型 CCTt

(1)　上図の雄（遺伝子型 CCTt）と変異マウス系統Ａの雌（遺伝子型 cctt）を交配すると，F_1 は CcTt：Cctt＝1：1 に分離する。F_1 はＣ遺伝子をもつから，雄は不妊にならず，すべて交配可能である。この F_1 マウス同士を交配するわけだから，CcTt：Cctt＝1：1$\left(\right.$分数で表記すると $\frac{1}{2}$CcTt＋$\frac{1}{2}$Cctt$\left.\right)$での自由交配が行われることになる。遺伝子Cをもつ配偶子は遺伝子型 cc の F_2 の形成に関与しないから，以下は遺伝子Cをもつ配偶子を除いて考えよう。

$\frac{1}{2}$CcTt が作る配偶子のうち，遺伝子型 cc の F_2 を作る配偶子は c を含むもの（cT と ct）で，$\frac{1}{2}$cT＋$\frac{1}{2}$ct である。また，$\frac{1}{2}$Cctt が作る配偶子で遺伝子型 cc の F_2 を作る配偶子は ct だけである。これらを合わせた cT と ct の割合は，$\frac{1}{2}\left(\frac{1}{2}\mathrm{cT}+\frac{1}{2}\mathrm{ct}\right)+\frac{1}{2}\mathrm{ct}=\frac{1}{4}\mathrm{cT}+\frac{3}{4}\mathrm{ct}$ である。よって，自由交配で得られる遺伝子型 cc の F_2 は $\left(\frac{1}{4}\mathrm{cT}+\frac{3}{4}\mathrm{ct}\right)\times\left(\frac{1}{4}\mathrm{cT}+\frac{3}{4}\mathrm{ct}\right)$ $=\frac{1}{16}(1\mathrm{ccTT}+6\mathrm{ccTt}+9\mathrm{cctt})$ である。これから，遺伝子型 cc の F_2 雄のうち繁殖可能な（雄が不妊でない）ものは 1ccTT＋6ccTt であり，その頻度は $\frac{1+6}{1+6+9}=\frac{7}{16}$ となる。

⑵　上図のCとTが（組換えなしで）連鎖している場合を考えればよい。親は CCTt と cctt で，F_1 は CcTt と Cctt となる。F_1 の配偶子は，CcTt からCとT（c と t）が組換えなしで連鎖しているので CT：ct＝1：1，Cctt から Ct：ct＝1：1となる。⑴と同様に F_2 で遺伝子型 cc の個体を作る配偶子（c を含むもの）だけを考えると，CcTt からは ct のみ，Cctt からも ct のみである。したがって，F_2 で遺伝子型 cc となるものは cctt だけである。これらは，遺伝子Cも遺伝子T（トランスジーンC）ももたないから，遺伝子型 cc の F_2 雄には繁殖可能な個体は存在しない。

⑶　F_1 の雄はすべて雄親に由来する Y^T 染色体をもつ。この雄との交配によって作られる F_2 雄もすべて Y^T 染色体をもつから，すべて繁殖可能である。

III　解答　(A)　問1．ア．延髄　イ．アセチルコリン
ウ．ノルアドレナリン　エ．間脳視床下部

問2．原尿中のグルコース濃度が高いと，細尿管でグルコースを再吸収しきれないので，尿中に排出されてしまうから。

問3．グルカゴン

問4．糖質コルチコイド

(B)　問5．オ．カルシウム　カ．能動

問6．軸索末端に活動電位が到達すると，末端にあるシナプス小胞が細胞表面に押し出されて，細胞膜と融合し，小胞内部にある神経伝達物質がシナプス間隙に放出される。

問7．(キ)―(う)　(ク)―(い)　(ケ)―(う)　(コ)―(う)

問8．(1)　トロポニンがカルシウムイオンと結合すると，アクチンフィラメントがミオシン頭部と結合できるようになる。

(2)　トロポミオシンが，アクチンフィラメントのミオシン頭部との結合部をブロックし，両者の結合を妨げる。

問9．(1)　サルコメア長が1.6μm以下ではミオシンフィラメントがZ膜に押し縮められ，収縮に逆らう弾力が発生する。サルコメア長が短くなるほど弾力は増大し，張力は急激に低下する。

(2)　張力はミオシン頭部とアクチンフィラメントの結合数に比例する。頭部が存在しないミオシンフィラメント中央部をアクチンフィラメントが移動している間は，結合数は変わらず張力は変化しない。

◀解　説▶

≪血糖調節，筋収縮のしくみ，サルコメアの長さと張力≫

◆(A)　▶問1．呼吸運動や血液循環の中枢は$_{ア}$延髄である。自律神経のうち安静時に働く副交感神経末端からの$_{イ}$アセチルコリンは心拍数を減少させ，運動時や緊張時に働く交感神経末端からの$_{ウ}$ノルアドレナリンは心拍数を増加させる。インスリンやグルカゴンなどの分泌による血糖調節の中枢は$_{エ}$間脳視床下部である。

▶問2．腎臓の腎小体で，血しょうがろ過されて原尿が生じる。原尿へろ過された血糖（血しょう中のグルコース）は細尿管（近位細尿管）で能動輸送により再吸収される。しかし，その再吸収速度には限界があるので，原尿中のグルコース濃度が高くなりすぎている場合には，尿の中にグルコ

ースが排出されることになる。

▶問3．血糖濃度を上昇させる働きのあるホルモンには，グルカゴン・アドレナリン・糖質コルチコイドなどがある。このうち，すい臓からはグルカゴンが分泌されている。

▶問4．低血糖時には糖質コルチコイドによりタンパク質を分解（アミノ酸からアミノ基を除去）し，糖新生することなどを通して血糖を増加させる。

◆(B)　▶問5．筋収縮ではカルシウムイオンが重要な働きをする。弛緩時にはカルシウムは筋小胞体に蓄えられており，筋繊維に興奮（活動電位）が伝わると筋小胞体のカルシウムチャネルが開き，$_{\text{オ}}$カルシウムイオンが筋小胞体から放出される。問8で問われているように，放出されたカルシウムイオンの働きで筋収縮が起こった後，筋小胞体膜に存在するカルシウムポンプの$_{\text{カ}}$能動輸送によって筋小胞体内に再び回収されると，筋は弛緩する。筋小胞体のカルシウムポンプはATP 1分子を分解することで2個のカルシウムイオンを小胞体内に取り込むが，筋小胞体を構成するタンパク質の約60％を占め，内外の濃度差（約10000倍の差）に逆らってカルシウムを輸送するという。

▶問6．軸索末端での神経伝達物質の放出にも，カルシウムイオンが関係する。活動電位が軸索末端に達すると，シナプスの細胞膜に存在する電位依存性カルシウムチャネルが開き，細胞外からカルシウムイオンが流入する。これをきっかけにシナプス小胞はアクティブゾーンと呼ばれるシナプス間隙に面した部分の細胞膜と融合し，シナプス間隙に向かって開口して神経伝達物質を放出する。

▶問7．薬剤Xは，神経から筋肉（筋細胞）への興奮伝達を阻害するから，神経を刺激しても興奮は筋細胞に伝わらず，筋収縮は起こらないので(キ)は(う)を選ぶ。しかし，直接に筋細胞に刺激を与えれば，筋小胞体からカルシウムイオンが分泌され筋収縮が起こる。このとき，筋小胞体からのカルシウムイオン分泌は直接には薬剤Xの影響を受けないから，収縮の強さは変化しない。したがって，(ク)には(い)を選ぶ。

薬剤Yは筋小胞体からのカルシウム分泌を直接に阻害する。カルシウムイオンは筋収縮に必須のものだから，この場合は神経と筋細胞のどちらを刺激しても，カルシウム分泌が阻害されて筋収縮は起こらない。したがって，(ケ)・(コ)のどちらにも(う)を選ぶことになる。

▶問８．下図にアクチンフィラメント・トロポニン・トロポミオシン・ミオシン頭部を模式的に示してある。トロポミオシン上には一定間隔でトロポニンが付着している。図は弛緩した状態で，カルシウムイオンが存在しないときである。このときは繊維状のトロポミオシンがミオシン頭部とアクチンフィラメントの結合部を覆い隠して，両者の結合を妨げているので，筋は弛緩している。これに対して収縮時には，まず筋小胞体から放出されたカルシウムイオンがトロポニンと結合する。すると，その働きでトロポミオシンの位置がずれ，ミオシン頭部がアクチンフィラメントと結合できるようになる。そしてアクチンフィラメントと結合したミオシン頭部はATP 分解酵素として働き，アクチンフィラメントを引き寄せるようにして収縮が起こる。弛緩時には，筋小胞体へカルシウムイオンが回収されて，トロポニンと結合していたカルシウムイオンが失われるので，トロポミオシンによるミオシン頭部とアクチンフィラメントの結合を阻害する働きが回復する。その結果，ミオシン頭部がアクチンフィラメントからはずれて筋は弛緩する。したがって，(1)の収縮過程の説明では「トロポニンはカルシウムイオンと結合して，ミオシン頭部とアクチンフィラメントを結合させる」ことを述べる。(2)の弛緩過程では「トロポミオシンは，ミオシン頭部とアクチンフィラメントの結合をブロックする」ことを述べる。

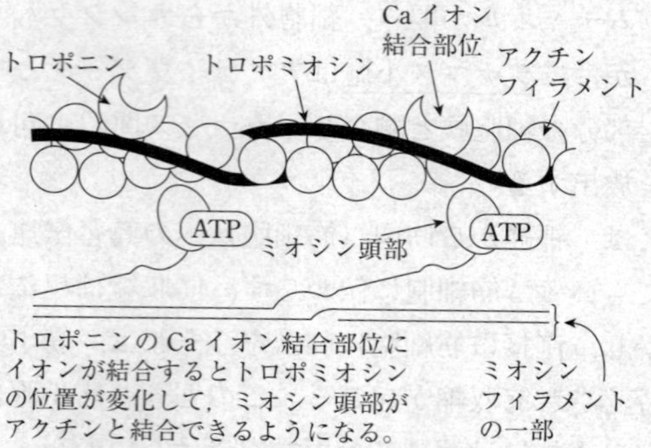

▶問９．下に問題の図２Ａ～Ｅのときのサルコメアの状態を模式的に示す。図２はＥからＡの方向に（サルコメア長が長い方から短くなる方へと）見ていくとわかりやすい。ミオシンフィラメントには，問題の図１に細い斜線で示されたミオシン頭部が突き出ている部分（以下有効部分と呼ぶこと

にする）と，それがない部分（ミオシンフィラメント中央部の斜線が描かれていない部分，以下無効部分と呼ぶことにする）がある。

サルコメア長がEより大きい（3.7μm 以上の）ときには，アクチンフィラメントとミオシンフィラメントの有効部分には，重なりがない。収縮が起こるときに発生する張力は，基本的にはアクチンフィラメントとミオシン頭部の結合数に比例するから，アクチンフィラメントと有効部分の重なりの長さに比例する。したがって，この重なりがないときには張力が発生しない。

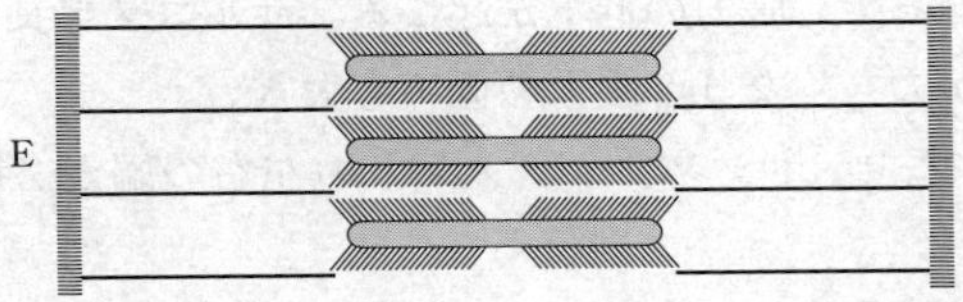

サルコメア長がこれより長いと張力は発生しない

ミオシン頭部とアクチンフィラメントの結合が始まる
張力が発生し始める

E～D（サルコメア長 3.7～2.25μm）では，サルコメア長が短くなるほどアクチンフィラメントと有効部分の重なりが増加する。したがって，このときにはサルコメア長が短くなるほど張力は大きくなる。

D（サルコメア長 2.25μm）は，アクチンフィラメントの端が無効部分に達したときである。

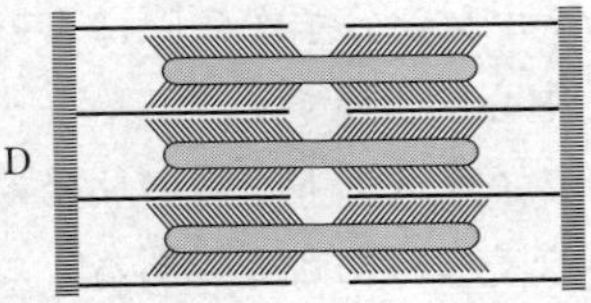

EとDの間ではサルコメア長がEより短くなるほどミオシン頭部が存在する部分（有効部分）とアクチンフィラメントの重なりが大きくなり，張力が大きくなる

Dの状態では，すべてのミオシン頭部がアクチンフィラメントと結合しているので張力はこれ以上大きくならない

D～C（サルコメア長 2.25～2.0μm）では，アクチンフィラメントがさらにサルコメアの内側に向かって移動するのだが，ミオシンフィラメントの有効部分はすでにすべてアクチンフィラメントと重なっているので，アクチンフィラメントと有効部分との重なりの長さは変化しない。したがって，D～Cの間は張力が変化しない。(2)は，この内容である「ミオシンフィラメント中央部には張力を発生させるミオシン頭部が存在しないから」を中心に論述する。

C（サルコメア長 2.0μm）は，左右から移動してきたアクチンフィラメントの両方の先端が接触し始めるときである。

C
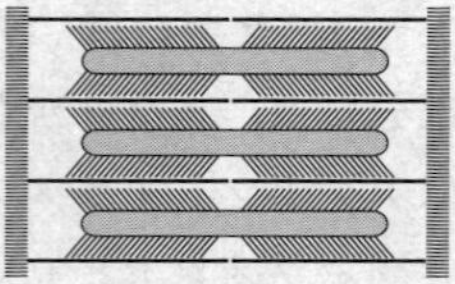
サルコメア長がＤとＣの間では
ミオシン頭部がアクチンフィラメントと結合している数は変わらないので張力はＤと同じ

左右のアクチンフィラメントが接触する

C～B（サルコメア長 2.0～1.6μm）では，左右からぶつかったアクチンフィラメント同士が干渉しあって，張力の低下が起こる。サルコメア長が短くなるほど干渉の度合いが大きくなり，張力の低下も大きい。

B（サルコメア長 1.6μm）は，ミオシンフィラメントの左右の端がＺ膜にぶつかるときである。

B
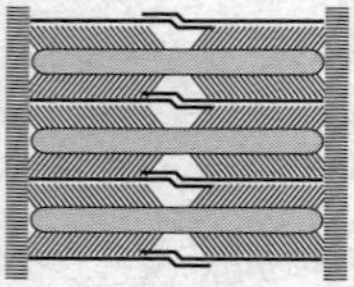
アクチンフィラメント同士が重なって張力は低下する

ミオシンフィラメントの両端がＺ膜にぶつかる

B～A（サルコメア長 1.6～1.25μm）では，ミオシンフィラメントが押し縮められる。この押し縮めに対するミオシンフィラメントの反発力（弾力）が急激に張力を低下させる。⑴は，「ミオシン分子がＺ膜によって左右から押し縮められるので」という内容を中心に論述する。

A（サルコメア長 1.25μm）は，ミオシンフィラメントからの反発力が大きくなり，これ以上押し縮めることができなくなったときである。

A
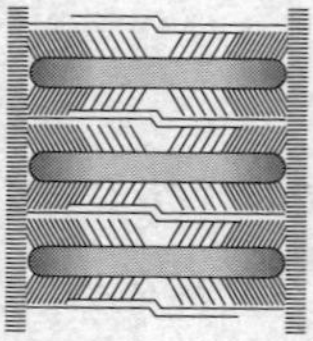
ミオシンフィラメントが押し縮められる
ミオシンフィラメントが押し返すので
張力は急激に低下する

これ以上は，押し縮めることができなくなる

Ⅳ 解答

問 1．ア．ベルクマンの法則

イ．動物の体の熱収支では，放熱は体表面積に比例し，発熱量は体重に比例する。体表面積は体長の 2 乗に，体重は 3 乗に比例するから，体が大きいほど体重あたりに失われる熱量は小さくなり，寒いところでは有利である。

問 2．個体群密度が高いと雄からの雌への求愛行動の頻度が高くなる。すると一夫多妻で多くの雌を独占するメリットより，それを維持するため他の雄を排除するコストのほうが大きくなるから，雄は他の雄が雌と交尾することを妨げない。そこで雌も複数の雄と交尾するようになる。

問 3．夏緑樹林

問 4．ニホンジカの密度が非常に高い地域Bでは，1983 年から 1984 年にかけての大量死があったときでも高い密度が続き，ガマズミの小枝の先端や新芽は食われ続けた。そのため，その長さは短いままであった。大量死でニホンジカの密度が大きく低下した地域Aでは，ガマズミへの被食が小さくなり，小枝は長くなった。長く成長した小枝は食害を受けにくく，長さは維持されるようになった。

問 5．トゲがより長く鋭く硬い形態の変異をもった個体は，ニホンジカによる食害を受けにくい。この変異が遺伝するものであり，ニホンジカによる被食という選択が続いたので，キンカアザミは，本土の種であるダキバヒメアザミとは異なる特徴をもつ変種へと分化していったと考えられる。

問 6．(ウ)被食者―捕食者相互関係 (エ)寄生 (オ)片利共生

(カ)・(キ)シバ，ニホンジカ（順不同）

問 7．間接効果

◀解　説▶

≪生物と環境，生物の相互作用，間接効果≫

▶問 1．体が大きいと体積当たりの表面積が小さくなるので，失われる熱量は相対的に小さくなる。同じような近縁の動物は，寒冷地では体が大きい方が有利である傾向がある。これをベルクマンの法則（規則）といい，クマ（ホッキョクグマ→ヒグマ→ツキノワグマ→マレーグマ）などに例がみられる。

▶問 2．種内関係は個体群密度によって大きな影響を受ける。とくに個体群密度が著しく高くなると，その種にみられる社会的な関係が通常のもの

と異なってくることがよくある。その原因の多くは個体間の干渉が増加することで，シカの場合も密度が高くなると雄同士の干渉（配偶をめぐる争い）が大きくなると考えられる。アユでも，密度が著しく高まると，エサ（ケイソウ）をめぐる争いが増加する結果，なわばりが崩壊するなどの現象が知られている。いずれの場合も，社会関係を維持するメリットとデメリットの大小で説明される。したがって，雌を独占するメリットより，そのために他の雄と争うデメリット（コスト）の方が大きくなれば一夫多妻が放棄されることになる。

▶問３．「ブナの優占する」とあるので，夏緑樹林である。

▶問４．ニホンジカはガマズミの新芽や柔らかい小枝の先端部を食害する。地域Ｂのようにニホンジカの密度が高いとガマズミの先端部や新芽は食害され続けるので，ガマズミは（常に先端部を切り詰めた）盆栽状を呈することになる。大量死によっても，地域Ｂのニホンジカの密度は高いままだったので小枝の長さは大きくは変化していない。地域Ａでは，もともとガマズミの小枝が長く，その長さに幅（図１の黒点の上下の線の幅）があり，食害が地域Ｂほど激しくないことをうかがわせる。また，グラフから1983年の大量死で，小枝が一斉に長くなったことがわかる。したがって，この年にニホンジカの食害をまぬかれて長くなった小枝は，長くなったことによって食害を受けにくくなり，ニホンジカの個体数の減少ともあいまって，翌年も長いままであったと考えることができる。

▶問５．自然選択説そのものの内容である。「より長く鋭く硬いトゲをもつ変異は遺伝する。ニホンジカによる被食という選択で，変種への分化が起きた」という内容で論述する。

▶問６．ニホンジカはシバを食料として利用し，シバはニホンジカによる食害作用を利用して他の植物との競争に打ち勝って生育できるので，相利的な共生といえる。

▶問７．日本のかつての生態系におけるオオカミは，ニホンジカの個体数を抑えるような働きがあり，本来の植生が維持されていた。生態系の上部にあって，オオカミのような捕食者は，その行動を通して生態系全体に影響を与えることが多い。このような種をキーストーン種というのだが，このときオオカミは植生であるガマズミやススダケに，ニホンジカという第三者を介して影響を及ぼしている（いた）ことになる。このようなオオカミとガマズミ・ススダケの関係は「間接効果」と呼ばれるが，比較的新しく用いられるようになった学術用語である。なお，「第三者を介して」とあるので「相互作用」「食物連鎖」「食物網」などは解答として不適当であろう。同じような間接効果の例としては，アラスカのラッコがウニを捕食することでコンブに影響を与えることや，岩礁潮間帯のヒトデがムラサキイガイやフジツボを捕食することで海藻類に影響を与えることなどもこれにあたる。

講　評

新課程の最初の入試とあって注目されたが，出題分野の範囲と難度からみるとほぼ例年と同じ程度の出題であった。論述問題の解答欄に行数を示す罫線が入ったので，字数の見当がつけやすくなった。論述量は例年並みで，やはり相当に多いといえよう。

問題別にみると，**I**は(A)が光合成の光化学系で放出された電子（還元力）を扱ったもの。高校の授業レベルを一段進めた内容で，葉緑体内部で起こる反応を体系的に理解していないと難しい。(B)は2011年度にも出題されたX染色体の不活性化を扱った問題だが，論理的に考える考察力が必要な良問である。**II**は，(A)が生殖の出題。問2は高校では扱わなくなった「単為生殖」である部分を除けば，完答したいところ。(B)は問6・問7が古典的ともいえる分離比を答えさせる問題で，新課程では扱いが少なくなった部分だが，遺伝の問題を考える上ではやはり基本的な部分が必要だと感じさせる。**III**は，(A)が血糖調節で，答えやすく落とせない問題。(B)は筋収縮で，問7までは完答したい。問8はやや新しい分子レベルの筋収縮機構で知識が必要。問9は，大学の生理学ではよく知られたグラフで，自分で図解して解答する。これも考察力を求められている良問だ。**IV**は問1のベルクマンの法則は最近では教科書で扱われなくなった術語であり，問7の間接効果も，それほど一般的に用いられていない術語であるところから，問1と問7が答えにくい。

全体としての，難度や分量は変わらないので，やはり空所補充や術語記述などの部分では完答やそれに近い正答率がまずは必要だと思われる。その上で，考察力や論述力を要する部分をいかにこなすかが合否の分かれ目となるであろう。受験生の学力を問うという面からは，さすがに京大と思わせる出題であった。

地学

I **解答** 問1．ア．光球 イ．粒状斑 ウ．ヘリウム エ．$\dfrac{2\pi a}{P}$

問2．恒星の光度をL，質量をmとすると，k_1，k_2を定数として

$L=k_1m^4$，$R=k_2m$

また，$L=4\pi\sigma R^2T^4$より

$k_1m^4=4\pi\sigma k_2{}^2m^2T^4$

$\therefore\quad m=k_3T^2\quad\left(k_3=\dfrac{4\pi\sigma k_2{}^2}{k_1}\right)$ （答） およそ2乗に比例

問3．主系列星の寿命は質量に比例し，光度に反比例する。太陽の寿命，光度，質量をそれぞれt_0，L_0，m_0，シリウスの寿命，光度，質量をそれぞれt，L，mとすると

$$\frac{t}{t_0}=\frac{L_0}{m_0}\frac{m}{L}=\frac{m_0{}^4m}{m_0m^4}=\frac{m_0{}^3}{m^3}$$

表1より$m=2m_0$なので

$$\frac{t}{t_0}=\frac{m_0{}^3}{8m_0{}^3}=0.125\fallingdotseq 0.1\text{ 倍}$$ ……(答)

問4．太陽の質量をM_0，地球の公転半径，公転周期をそれぞれa_0，P_0，がか座ベータ星の質量をM，がか座ベータ星の惑星の公転半径，公転周期をそれぞれa，Pとすると

$M=1.7M_0$，$a=8a_0$

この惑星の質量は$0.007M_0$程度で中心星の質量$1.7M_0$に比べて十分小さく，地球と同様にケプラーの第三法則の式が成り立つので

$$\frac{a_0{}^3}{P_0{}^2}=\frac{GM_0}{4\pi^2},\quad \frac{8^3a_0{}^3}{P^2}=\frac{G\cdot 1.7M_0}{4\pi^2}$$

$$\frac{P^2}{P_0{}^2}=\frac{8^3}{1.7}\fallingdotseq 300$$

$$\frac{P}{P_0}=\sqrt{300}=17.3\fallingdotseq 17\text{ 年}$$ ……(答)

問５．がか座ベータ星までの距離が20パーセクなので年周視差は0.050″，したがって，がか座ベータ星から地球－太陽を見込む角は最大0.050″になる。微小角なので恒星－惑星を見込む角は惑星の公転半径に比例し，がか座ベータ星の惑星の公転半径は8.0天文単位なので，地球からがか座ベータ星－惑星を見込む角は最大で

$0.050\times 8.0=0.40\fallingdotseq 0.4$〔″〕　……(答)

別解　問３．太陽の寿命，光度，質量をそれぞれt_0，L_0，m_0，シリウスの寿命，光度，質量をそれぞれt，L，mとすると，図１，表１より

$L=25L_0$，$m=2m_0$

主系列星の寿命は質量に比例し，光度に反比例するので

$$\frac{t}{t_0}=\frac{L_0}{m_0}\frac{m}{L}=\frac{L_0}{25L_0}\frac{2m_0}{m_0}=\frac{2}{25}=0.08\text{ 倍}$$

◀解　説▶

≪主系列星の表面・質量・寿命，系外惑星≫

▶問１．太陽の中心部では，水素核融合反応によって莫大なエネルギーが生み出されている。そのエネルギーは太陽内部を電磁波として外側へ向けて伝わっていくが，表層近くになるとガスの対流で運ばれるようになり，その様子が光球面上の粒状斑として観察される。

▶問２．主系列星は，水素核融合反応が安定的に継続して起こる段階にある星である。大質量の星ほど中心部の核融合反応が激しく起こって放出されるエネルギーが大きくなり，光度も大きくなる。一方，星の単位表面積から単位時間に放出されるエネルギーはシュテファン・ボルツマンの法則により求められ，これに星の表面積を乗じたものが光度に相当する。したがって，両者を等しいとおくことにより，質量と表面温度の関係を導くことができる。

▶問３．主系列星の寿命は消費可能な水素の総量によって決まるので，星の質量に比例するといえる(㋐)。また光度は単位時間当たりの全放射エネルギーを表し，単位時間当たりの水素消費量に比例している。すなわち主系列星の寿命は光度に反比例する。よって，光度－質量の関係から，寿命は質量の約４乗に反比例する(㋑)。㋐と㋑を考え合わせると，主系列星の寿命は質量の約３乗に反比例するといえる。

なお，〔解答〕と〔別解〕とで結果が異なっているようにも見えるが，

有効数字 1 桁の誤差の範囲内であり，いずれの解法・解答でもよい。

▶問 4．ケプラーの第三法則はニュートンの万有引力の法則から導かれ，どのような惑星系，連星系についても成り立つ。式の右辺の質量は，連星系の場合 2 星の質量の和となるが，惑星系の場合，惑星の質量は中心星の質量と比べて無視できる程度に小さいので，右辺の質量は中心星の質量のみで考えればよい。〔解答〕では，がか座ベータ星の惑星の質量が十分小さいことを確認しておく。

▶問 5．θ が微小角なので，半径 20 パーセクの円の円周で地球，惑星の公転半径を近似でき，下図のようにそれぞれの長さは中心角（年周視差に相当）に比例する。

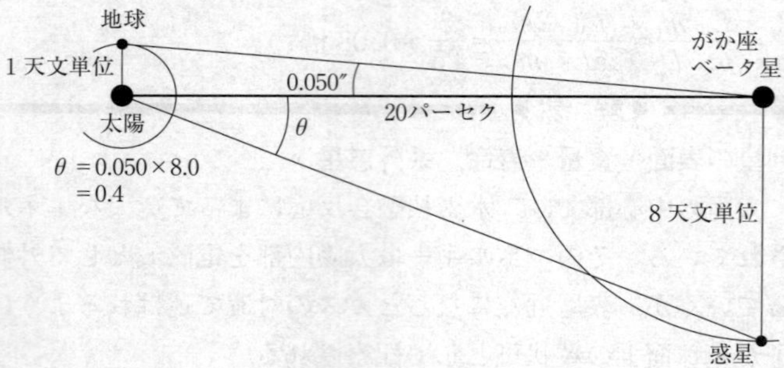

Ⅱ　解答

問 1．成層圏に存在するオゾン分子が紫外線を吸収して昇温するが，太陽から来る紫外線の強度は上空ほど強いため。(50 字以内)

問 2．ア．対流　イ．中間

問 3．(1)　23.6℃に対する飽和水蒸気圧は

$$23.4+(31.7-23.4)\times\frac{23.6-20.0}{25.0-20.0}=23.4+5.97$$

$$=29.37\fallingdotseq 29.4\,\text{〔hPa〕}$$

したがって，相対湿度は

$$\frac{29.4}{42.4}\times 100=69.3\fallingdotseq 69\,\text{〔\%〕}\quad\cdots\cdots(\text{答})$$

(2)　乾燥断熱減率で上昇する空気塊の温度が，ある高度で露点温度に達したとき雲が発生する。そのときの高度を h〔km〕とすると

$$30.0-1.00\times10h=23.6-0.200\times10h$$

$$h=\frac{30.0-23.6}{(1.00-0.200)\times10}=0.800\fallingdotseq0.80\,[\mathrm{km}]$$ ……(答)

このときの温度は

$$30.0-1.00\times10\times0.800=22.0\fallingdotseq22\,[℃]$$ ……(答)

(3) 雲底から上では，空気塊は湿潤断熱減率で上昇するので

$$22.0-0.500\times\frac{1200}{100}=16.0\fallingdotseq16\,[℃]$$ ……(答)

(4) 空気塊は2.0km下降し，この間乾燥断熱減率で昇温するので，地表における温度と露点はそれぞれ

$$16.0+1.00\times\frac{2000}{100}=36.0=36\,[℃]$$ ……(答)

$$16.0+0.200\times\frac{2000}{100}=20.0\,[℃]$$

となり，それぞれの温度における飽和水蒸気圧は

$$56.2+(73.7-56.2)\times\frac{36.0-35.0}{40.0-35.0}=59.7\,[\mathrm{hPa}],\ 23.4\,\mathrm{hPa}$$

よって，相対湿度は

$$\frac{23.4}{59.7}\times100=39.1\fallingdotseq39\,[\%]$$ ……(答)

問4．(え)，(き)

◀解　説▶

≪オゾン層，フェーン現象，大気組成の変化≫

▶問1．成層圏では，酸素分子が強い紫外線を受けて酸素原子に分解し，それが別の酸素分子と結合することでオゾン分子が生成される。オゾン分子もまた紫外線を吸収し酸素分子と酸素原子に分解するが，生成と分解が平衡状態になっており濃度が一定に保たれている。この過程で熱が放出され，まわりの空気分子が暖められる。また，高度20～30kmの成層圏中部でオゾン濃度が最も高いにもかかわらず気温はその上空でさらに上昇を続けている。これは，昇温のエネルギー源である紫外線の強度が，上空ほど強いためである。

▶問2．大気圏は，図1にあるように気温変化が極値となる高度を境にして，4つの層に区分される。

▶問 3．フェーン現象を考える計算問題である。空気塊が上昇すると，上空ほど気圧が低いため断熱膨張し内部エネルギーを失って温度が低下する。このとき空気塊に含まれる水蒸気圧（水蒸気の量）は雲が発生しない限り変化しないとして扱うことが高校地学では多いが，実は水蒸気圧も上昇にともない減少するので，その空気塊の露点温度も高度とともに低下していく。この割合を示したものが露点温度減率である。したがって(1)の空気塊の露点は 23.6℃だが，この空気塊が 640m 上昇して温度が 23.6℃になったとしても，雲はまだ発生しない。(2)の結果のように，800m 上昇し 22℃になってはじめて飽和し，雲が発生する。(4)はこれと全く逆の過程として考えればよい。

▶問 4．それぞれ(あ)シルル紀，(い)・(う)・(お)・(か)先カンブリア時代，(く)カンブリア紀，(け)三畳紀のできごとである。

III 解答

問 1．ア．プレートテクトニクス　イ．太平洋　ウ．核　エ．ケイ酸　オ．玄武岩　カ．小さ〔低〕　キ．安山岩　ク．大き〔高〕　ケ．熱水鉱床

問 2．略

問 3．(1)　図 4 から，相境界の温度は圧力が低いほど高温になることがわかる。よって圧力の低い点Aの方が温度が高い。(50 字以内)

(2)　2 点の圧力差は

$$30\times28=8.4\times10^2\,〔\mathrm{MPa}〕$$

で点Aの方が低い。よって，温度差は

$$\frac{-8.4\times10^2}{-2.8}=3.0\times10^2\,〔℃〕\quad\cdots\cdots(答)$$

問 4．a．72　b．9.3×10^2

c．水蒸気の供給量を毎秒 x〔kg〕とすると

$$x\times4.3\times10^6=(1000-x)\times4.2\times10^3\times80$$

$$(4300+336)\,x=336000$$

$$x=72.4\fallingdotseq72$$

よって，地下水の供給量は

$$1000-x=928\fallingdotseq9.3\times10^2\,〔\mathrm{kg}〕$$

◀解　説▶

≪プレートテクトニクス，マントルの物性，温泉≫

▶問１．プレートは中央海嶺で生み出され，両側へ広がっていく。移動するにつれしだいに冷えていくので，プレートは密度を増すと同時に下部のアセノスフェアを冷やし固結させるため厚くなっていく。そして，海溝からマントル中に沈み込んでいく。沈み込んだプレート（スラブ）は，深さ660km 付近の上部マントル—下部マントル境界に達すると，いったん滞留すると考えられている。また，沈み込みの途中，プレートを構成する鉱物からの脱水反応により生じた水が上方のマントルに供給され，玄武岩質マグマが発生する。このマグマは上昇過程でさまざまな性質のマグマに分化したり，地殻物質を溶かし込むなどの過程を経て地表へ向かう。このため，噴火前のマグマにはさまざまな性質のものができ，噴火様式もさまざまに変化する。

▶問３．沈み込んできた低温のスラブが滞留している付近のマントルは，同じ深さにおけるマントルの平均温度にくらべ低温になっている（下図参照）。

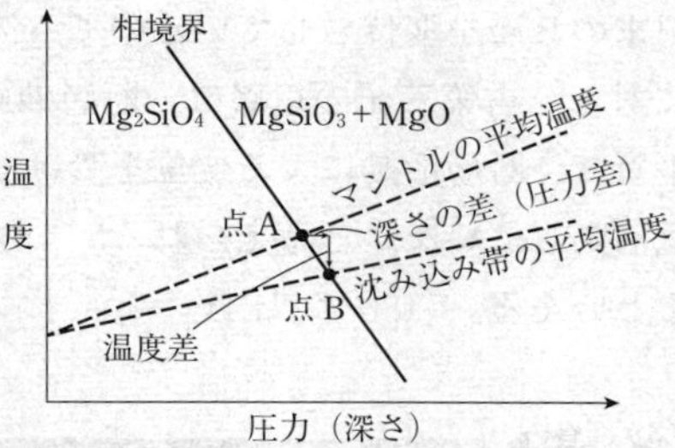

したがってここでは相変化はまだ起こらず，上部—下部の境界はもう少し深い所になる。ただし，深くなって圧力が増大すると，相境界の温度が下がるという効果がはたらくので，平均的なマントルにある点Aと同じ温度にまで達する必要はない。それが点Bである。これらを念頭に置いて，図4を解釈すればよい。

▶問４．問題文の説明にしたがって式を立てる。水の 4.2×10^3 J/(kg·℃)という値は比熱であり，質量とともに温度差を乗じなければならないが，水蒸気の 4.3×10^6 J/kg という値は，相変化に伴う凝結熱の放出や温度差も考慮されているため，質量のみを乗ずることに注意する。

Ⅳ 解答

問１．(お)

問２．(a)―(う)

(b)Ａ層とＢ層の境界線が東西走向の直線で断層ではないので，２層は垂直層である。また，Ｂ層は白亜紀末，Ａ層は化石から中生代で，Ｂ層のある南側が上位であり，Ｂ層内に級化層理があると北側が粗粒，南側が細粒となる。よって図２の下方が北である。(120字以内)

問３．(a)―(か)

(b)断層Ｚは地点２で高度120m，地点３・４で高度20mなので，走向は東西，傾斜は南である。Ｂ層は垂直層で東西にずれても層準に変化はないが，標高が異なる地点１・５が同層準であることから傾斜方向にずれている。(100字以内)

問４．断層Ｚは地点２・３での高度から，南へ水平距離で100mにつき，高度が100m低くなることがわかる。よって，地点５では，地点３よりさらに100m低くなって高度－80mとなり，高度120mの地表からは200m掘り下げなければならないことがわかる。(150字以内)

問５．(a)―(う)

(b)断層Ｚは，白亜紀末のＢ層を変位させているので，活動時期は白亜紀末以降である。これに対し，古第三紀のＣ層は，断層の両側とも高度180m以上に分布する水平層で，断層活動による変位を受けていない。つまり古第三紀以降に断層は活動していないと考えられる。よって，活動が終了したのは白亜紀であるといえる。(180字以内)

問６．(か)，(き)

◀解　説▶

≪地質図をもとにした地質構造の読解≫

▶問１．Ｂ層最下部はアンモナイトの絶滅の時期，すなわち白亜紀末である。Ｃ層の貨幣石は，古第三紀の代表的な示準化石である。

▶問２．Ａ層，Ｂ層の境界線は直線ではあるが断層ではないので，垂直に立った層であることがわかる。さらに北側のＡ層がジュラ紀～白亜紀，南側のＢ層は白亜紀末であるから，北が下位になる。級化層理は下位側が粗粒に，上位側が細粒になる。

▶問３．地点１・２・３・５を通る地質断面図は下図のようになる。

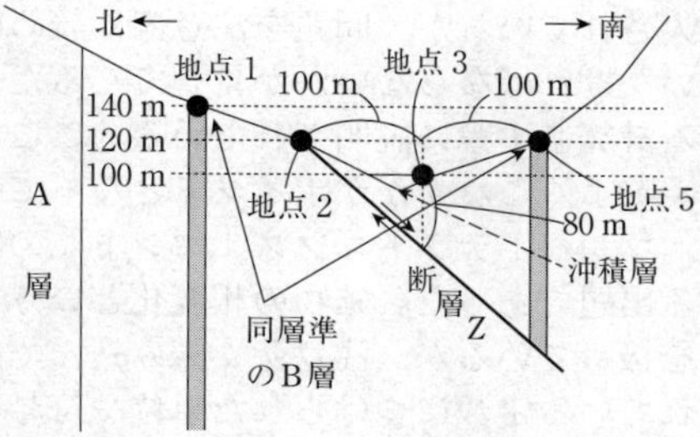

断層Zは東西に並ぶ地点3と4で同高度にあることから，走向は東西であることがわかる。また，それらより北方にある地点2で地表に現れているので，傾斜は南である。さらに地点1・5が同層準であることから，この断層は少なくとも傾斜方向（南北）にずれた断層であることがわかる。ただし走向方向（東西）にずれても層準は見かけ上変わらないので，全くずれていないかどうかの判定はできない。

▶問4．断層Zは，南へ100m 進むと高度が100m 下がる，傾斜角 45° の断層である（上図参照）。

▶問5．古第三紀に形成されたC層が水平層で，かつ断層の南北で同じ高度に分布していることに注目する。

▶問6．地点6は高度 260m なので，地表から 100m の深さのところはジュラ紀～白亜紀のA層の中ということになる。各化石の時代は，(あ)・(い)古生代，(う)・(え)・(お)・(く)新生代である。

講　評

2015 年度から出題範囲が「地学基礎・地学」となったが，例年どおり大問4題の出題で，出題分野の構成や論述・計算問題中心であることに変化はなかった。

I は太陽系外の惑星系を題材にしたものであるが，オーソドックスな内容の計算問題が中心であった。新課程「地学」では深く立ち入らない内容にも関わっているためか，問題文には解答を導くまでの過程に必要な思考について丁寧な説明がなされている。あとは数式をいかに適切に処理できるかがポイントとなる。有効数字1桁で答えるということ自体が，枝葉末節にこだわるのではなく，大局的な宇宙観に基づいた論理構成ができるかどうかの能力が試されているといえるだろう。

II は大気圏の構造とフェーン現象に関する問題で，ここでも計算問題が多く出された。露点温度減率という見慣れない物理量が導入されているが，問題を注意深く読めば，どのように計算に用いなければならないかが見えてくるだろう。また，内分法による計算も丁寧に説明されている。ここでは，数値計算をいかに手際よくこなすかがポイントとなってくる。

Ⅲは，プレートテクトニクス，マントルの物性と，熱水鉱床に関する出題であった。鉱物の相変化というあまりなじみのない現象を扱っているが，注意深く読み込んで解答にあたりたい。与えられている定数につけられた単位や符号の意味を解釈するとわかりやすい。問４の鉱床は新課程ならではの題材であるが，内容的にはやや煩雑な数値計算問題であった。

Ⅳは地質図から地質構造を考えていく問題である。Ａ・Ｂ層は鉛直な層，Ｃ・Ｄ・沖積層は水平な層であることをまず読みとれたかどうかがポイントとなる。論述量は多く，１問にこだわっているとすべてに適切な字数で解答することは難しい。とりあえず要点を箇条書きにし，それを文章に組み立てやすいところから取り組んでいくなどの工夫が必要である。

試験時間に対して計算や論述の出題量は少なくないが，難易度としてはこれまでと同程度もしくは若干難化したといえよう。

る四つの理由を簡潔にまとめていく際に、傍線部で「当然の権利」とされる理由が問われていることに留意し、どの要素を中心にしてまとめるか、ということを工夫していく必要がある。問二の内容説明問題は、指示語の指示内容を明らかにしつつ、「そうではない」とする理由を比較の視点から補って説明していく。これも標準的な問題。問三の理由説明問題は、「本文に即して」という設問条件を踏まえて、文章全体の内容を理解した上で要約的に説明させる問題。問一と問二での理解をもとに、そこで取り上げられていた要素を盛り込みながら、〈不安感〉が正常な判断力を人々から奪ってしまうという理由内容を自分で補って説明していく必要がある、という点でやや難。

三の古文（説話）は、近世初期までに成立したと思われる説話集からの出題。入試で採用されることはまれな出典だが、京大では一九九三年度後期でも出題されている。二〇一五年度の本文箇所は、典型的な歌徳説話で、大意の読み取りにそう困難はないはず。ただし、文系並みの表現力重視の出題になっていて、総解答量は九行で二〇一四年度と同じだが、まとめにくくて難化している。問一の理由説明問題は、傍線部直前の記述「この女、……さらに心あはず」をまとめることになるが、「琵琶、琴弾き、草紙、歌」「世の事わざ」「夷」「心あはず」など、的確に説明する必要のある箇所が多く、やや難である。問二の現代語訳問題は標準的。傍線部自体は逐語訳で済む。「文意が明らかになるように、ことばを補って」と条件が付いているが、解答欄（二行）に余裕はないので、補う語句は簡潔にする必要がある。問三の心情説明問題は、和歌の解釈力と記述力の両方が求められていて、やや難。ただし、注は丁寧に付けられているので、解答のヒントは意外と多い。仮に「つれな」の注釈がなければ、「つれな」はいろいろと解釈できるところだが、注釈が付いている以上、それに添った解釈でまとめること。とはいえ、それでも女の気持ちには推測の余地がかなり残る。和歌解釈に合理性を確保した上で、自分なりのことばで女の気持ちをまとめること。

る話である。

講評

㊀の現代文（随筆）は、長編小説との違いについて触れながら、短編小説のあり方について論じた文章である。大問㊀では、二〇一二年度に小説が出題されたが、以降、二〇一三・二〇一四年度に引き続き、二〇一五年度も随筆が出題された（ただし今回の出題箇所はかなり評論に近い）。設問数は二〇一四年度と変わらず四問であるが、二〇一三・二〇一四年度で出題されていた漢字の書き取りがなくなり、記述説明のみの四問となった。本文の文章量はかなり減少しており、文章内容も二〇一四年度に比べると読みやすいものであった。とは言うものの、記述説明問題のみとなったため、総解答量は二〇一四年度の一一行から一四行と増加している。総合的に見ると、難易度は二〇一四年度と変わらず、といったところだろう。問一の理由説明問題は標準的なレベル。ただし、問二との書き分けという意味で、どこまでの内容を含めるかの判断が必要。短編の特徴を説明するのではなく、短編を成立させる条件を説明する、という点にも留意すること。問二は、傍線部の内容を対比的に説明する問題で、これも標準的。「評論や哲学論文」になぞらえられる長編をどのように説明していくかがポイントとなる。問三の理由説明問題は、単に「写生」と〈文章化〉の違いについて説明するのではなく、文章化の過程を「写生」ということばで表してしまうことによってどういった問題が起こるか、ということにまで言及する必要があるという点で、やや難。問四の理由説明問題はやや易。「後の二つの段落を踏まえて」という設問条件が大きなヒントとなる。『めんどり』という作品を冒頭に置いたルナールの意図を〈会話描写〉という側面から説明し、さらに〈会話描写〉という自らの特質を生かそうとした、という点にまで言及してまとめていけばよい。

㊁の現代文（評論）は、近代的な個人として主体的に生きることを余儀なくされている現代人が情報を必要とせざるを得ない状況と、それがはらんでいる危険性について述べた文章である。文章量は二〇一四年度より増加しており、設問数は変わらず三問だが、総解答量が九行から一二行へと増加した。しかし、文章自体の難易度は二〇一四年度より下がっており、比喩表現の解釈といった文学的文章ならではの設問もなかった分、二〇一四年度よりは全体的にやや易化したと言える。問一の理由説明問題は標準的。第一段落で説明されてい

に、表に出してはっきりと、私に出て行けとあなたは思っているのだろうか〟の意。これは、〝いい歌を詠みなさい。そうでなければ寄り添い申し上げるまい（＝離縁しよう）〟と述べた男のことばを聞いての、女の受け止め方である。

　次に下二句について。「つれなの我や」と「あきを見るから」は倒置法になっている。「つれなし」には〝平気だ、素知らぬ顔だ〟の意がある。ただし、穏やかでない内心とは裏腹にわざと平気なふりをする場合に使うことも多く、注を参照すれば、ここでもそう解釈する必要がある。したがって、「つれなの我やあきを見るから」は、〝夫から飽きられたと見て取れるけれども、素知らぬ顔の（ふりをする）私ですよ〟くらいの意になる。気丈にも平気を装っているだけなので、内心は平気でなく、気持ちは「いと恨めしく恥づかし」と同方向ということになる。

〔解答〕では、夫から冷たいことばを浴びせかけられても、感情的な対応をせず、教養ある女性のたしなみとして、〈慎み深くこらえる気持ち〉という方向でまとめた。気持ちの具体的な解釈には、許容されるある程度の幅がありそうで、いろいろな説明の仕方が可能と思われるが、和歌全体の説明を加えながら、「つれな」＝〈表面的には素知らぬふうを取りつくろっても、内心はつらい（悲しい等々の）気持ち〉といった方向性でまとめればよい。「いと恨めしく恥づかし」を利用して説明する場合は、内心について、〈男の薄情さが恨めしく、また自分自身をも情けなく思う気持ち〉などとまとめられるだろう。

　以上の検討により、解答作成のポイントは以下の二点である。ただし、和歌を詠んだきっかけ、つまり男が放ったことばにも軽く言及しながらまとめるとわかりやすい。

①　和歌全体を踏まえての説明…特に「いね（去ね）」と「あき（飽き）」をうまく説明に盛り込むこと

②　「つれなの我や」の気持ちの説明…表面と内心の違いがわかるように、自分なりのことばで説明すること

参考

　『雑々集』は、室町時代後期〜江戸時代初期までに成立したと推測される、全四十話の説話集である（編者は不明）。このうち三十三話に和歌が含まれ、和歌説話中心の構成になっている。今回出題の箇所は、苦難（ここでは離婚危機）に陥った主人公が、和歌を詠むことによって、人を感動させ、利益や幸せを得るという、いわゆる「歌徳説話」の部類に入

①　男について、風流に無理解なこと、またはそれを言い換えて、実生活上の能力を重視することの説明

②　女について、風流に深い心得があるばかりで、家事などの生活能力に劣っていたことの説明

③　「心あはず」＝気心が合わない・気にくわない

▼問二　傍線部（2）は、前後の文脈から、「立ち去らん」と考えている男が、女に離縁を切り出す口実を探している箇所と判断すること。「文意が明らかになるように、ことばを補って」と条件が付いているが、本問の場合、補うべき箇所はそう多くない。①主語と②「言ひ出づ」の目的語の二点を補って訳せば十分だろう（実際解答欄も二行である）。「言ひ出づ」「求め出で」「待ちゐ」の主語は、どれも男なので、一カ所に〝男は〟と主語を補う。「言ひ出づ」の目的語として〝（女に）離縁を〟などと補う。「疵」は〝欠点、難点〟の意。ここでは〝落ち度〟と訳してもよい。「疵」が女のものであることを示しておくと丁寧だが、示さなくても可。「か」は疑問を表す係助詞で、意志を表す助動詞の「ん」に係って係り結びになっている。「折節」は、ここでは〝機会〟くらいの意。「待ちゐ」の「ゐ（ゐる）」は補助動詞の用法で、〝～し続ける、ずっと～する〟の意。「たる」は完了・存続の助動詞「たり」の連体形、「に」は接続助詞で、「たるに」は〝～ていると、～ていたところ、～ていたが〟などと訳す。

▼問三　「つれな」の注が大きなヒントになるが、「素知らぬふう」なので、内心は穏やかでない気持ちということになる。女が「いと恨めしく恥づかし」と思って詠んだ歌であることからも、それに近い気持ちを言ったものと見当がつく。

では、「和歌全体を踏まえて」とあるので、和歌全体を解釈していこう。解釈の際には、三句切れおよび四句切れの歌であることにも注意したい。まずは上三句の解釈から。「穂に出でて」は細かくわかる必要はないが、「穂に出づ」は、〝（稲の）穂が出る、穂に実を結ぶ〟の意と、〝表面に出る、はっきりと表に出す〟の意を掛けた表現。「いね」は、注に「稲」と「去ね」との掛詞とあり、〝この家から出て行け〟が主意。「や」は疑問の係助詞で、現在推量の助動詞「らん」に係って係り結びしている。「人」はここでは男を指し、〝あなた〟の意（男女間でやり取りされる和歌では「人」は相手を指すことが多い）。以上から、「穂に出でていねとや人の思ふらん」は、〝稲の穂が出るよう

機会を待ち続けていたところ、風がちょっと吹き、門前の田の稲の葉がそよそよと揺れ合って、何となく寂しい夕方に、（男が）「この稲の葉にことよせて、よいような歌を詠みなさい。そうでなかったら（今後おまえと）連れ添い申し上げるつもりはない」と言うので、女はたいそう恨めしく恥ずかしいと思って、顔をぽっと赤らめて、

稲の穂が出るように、表に出してはっきりと、（私に）出て行けとあなたは思っているのだろうか。平気な（ふりをする）私ですよ。秋になって（あなたは私に）飽きたと見て取れるけれども。

と詠んだところ、男はたいそういじらしく思って、少し家事が上手でないことをも思いこらえ、末長い（夫婦の）縁となって添い遂げたとかいうことだよ。したがって、男女の仲立ちともなったのは、まさしくこの和歌であるということである。

着眼 ▼問一「もの情けなげなる」「夷」男と、「琵琶、琴弾き、草紙、歌のみ心深く、世の事わざや後れたりけん」という女とでは、「心あはず」、すなわち、そりが合わなかった、という方向で説明すればよい。

「情け」には〝風流心、風情を解する心〟の意があり、「なげなる」は「無げなる」なので、男は風流心がなく、「夷（＝無骨な田舎者）」である。一方、女は、「琵琶、琴弾き、草紙、歌のみ心深く」と、風流な方面だけに長けている。なお、「何事につけても拙からず（＝どんなことも未熟でない）」とある「何事」は、〈風流なこと全般〉を指すと考えると、続く文脈にうまく合う。一方で、女は「世の事わざ」には「後れ」ていたとある。「世の事わざ」は〝俗世間の仕事〟くらいの意だが、ここでは家事や夫の身の回りの世話などについて言ったものだろう。「後る」には〝劣る、十分でない〟の意があり、女は家事などが下手で、生活能力が乏しかったことになる。したがって、男は風流など生活の足しにならないことしか能のない女に嫌気がさしていたと見当がつき、「心あはず」は〝気心が合わない〟あるいは〝気にくわない〟ほどの意とわかる。

以上の内容を踏まえて、解答作成のポイントは以下の三点である。男と女の価値観や能力の違いがよくわかるようにまとめること。〈解答〉では、女について〈顔かたち美しく〉にも言及したが、これはなくても可。

学中からオーギュスト＝コントの研究にいそしむ。東京大学文学部副手、上智大学・東北大学各講師、読売新聞社論説委員を経て、一九四六年に二十世紀研究所を設立。一九四九年から一九六九年まで学習院大学教授を務める。社会学・社会心理学の領域に新しい問題提起を行うとともに、平和問題にも強い関心をもち、講和問題、基地反対闘争、六〇年安保闘争の理論的指導者となる。主な著作に『倫理学ノート』『社会学講義』『わが人生の断片』『わが精神の放浪記』などがある。

三

出典　『雑々集』〈十九　穂に出でてと詠める歌の事〉

解答

問一　女は容貌が美しく、風流なこと全般に造詣が深いが、家事などの仕事は得意でなかったので、田舎者で実生活重視の男は、女と全く気心が合わなかったから。

問二　男は、離縁を言い出すのに適当な言葉がなくて、どんな欠点を探し出そうかと、機会を待ち続けていると

問三　詠歌を求める男の言葉からは、男から飽きられてしまい、はっきり家から出て行けという男の本心が見えるかのようだが、取り乱さずに平静を装いながら、男の冷酷な仕打ちを耐え忍ぶ気持ち。

▲解　説▼

通釈　今となってはもう昔のことだが、（とはいえ）そう遠くはない昔のことであろうか、貧しく落ちぶれた女が、生活の手段もないので、似つかわしくもなく、ものの情趣を解さないような男の妻となって、辺ぴな田舎に住んでいましたが、この女は、容貌が美しく、（風流な方面では）何事についても未熟でなく、琵琶や琴を弾き、文学や和歌ばかりに造詣が深く、（その一方で家事などの）実生活上の仕事は得意でなかったのだろうか、その無教養で田舎者の男は、全く気心が合わないと思って、（女と離縁して）立ち去ろうとした。しかしこの女は、愛嬌があり、（礼儀や態度など）きちんとした様子だったので、（男は、離縁を）言い出すのに適当な言葉が見つからなくて、（女の）どのような欠点を探し出そうかと、

つつ、解答に必要な要素を盛り込んでいかなければならない。

まず、傍線部（3）のような事態が「報道、通信、交通がその機能を果さなくなった時」に起こりうる事態であることは、本文からも明らかであろう。この、人間の感覚器官とも言うべき「報道、通信、交通」が「その機能を果さなくなった時」に人々がどういった状況に陥るかは、問二で確認した通りである。すなわち、〈感覚が麻痺してしまうことに対処不可能であることから、甚だしい不安感に陥る〉のである。この〈不安感〉が、「どんな暗示にも容易にひっかかってしまう」理由であると言えるのだが、さらに言葉を補うと、〈不安であるゆえに適切な判断力を失い、どんな暗示にもすがろうとして、容易にひっかかってしまう〉のだと言えるだろう。

ここで、「どんな暗示にも」の内容を具体的に説明するならば、直前の「後になっては荒唐無稽として容易に片づけることの出来るような言葉」という表現を参考にして、〈全く根拠のない情報〉などと表すことができる。

さらに、問一との関連で考えるなら、〈不安感〉によって何にでもすがりたくなるのは、〈環境に適応して主体的に生きていくためには情報が必要不可欠である〉からだと言えるだろう。適応して生きていくための手段が失われるからこそ、甚だしい〈不安感〉に襲われるのである。

以上の内容を踏まえて、解答作成のポイントは以下の五点である。

① 「報道、通信、交通」が人間の感覚器官と言うべきものであることについて言及すること
② 〈感覚の麻痺による〉対処不可能な事態であることが人々を不安に陥れる（問二）ことについて説明すること
③ 環境に適応して生きていくための手段（問一）を奪われることが人々を不安に陥れることについて説明すること
④ 〈不安感〉が人々から適切な判断力を奪ってしまう、ということを補って説明すること
⑤ 「どんな暗示にも」の具体的内容を説明すること

参考 清水幾太郎（一九〇七～一九八八年）は、東京都出身の社会学者、評論家。東京帝国大学文学部社会学科卒業。在

① 四つの理由が押さえられているかどうか
② 「権利に基づいている」とされる理由として、〈近代的な、主体的に生きる個人〉であることを中心に説明すること
③ 〈近代的個人が、現代社会に適応するため〉という理由を説明すること

▼問二 傍線部（2）「そうではない」が示す内容は、〈われわれの感覚器官の延長であるようなものが機能不全になった場合に底知れぬ不安に襲われるが、それは眼や耳が機能を果たさなくなったときと同じとは言えない〉ということである。なぜ同じとは言えないのか、というと、「それよりももっと不安なもの」だと筆者は考えるからである。その理由としては、〈眼や耳の故障ならばその原因は自分の身体の中にあるが、感覚器官の延長であるようなものの場合、その原因は自分の外に、しかも、容易に知ることのできないところにある〉ということが挙げられる。

ここで、「吾々の感覚器官の延長であるようなもの」という表現は抽象的であり、漠然としているので、その具体的内容を明らかにしておく必要がある。これは、第二段落で「（現在の）報道、交通、通信の機関」が、人間の感覚器官を補足する役割を果たす、と述べられていることから、〈われわれの感覚器官の役割を果たす、報道、交通、通信機関〉などと説明することができるだろう。

以上の内容を理解した上で、解答を作成すればよい。解答のポイントは以下の三点である。

① 〈眼や耳の機能不全〉と〈感覚器官の延長であるようなものの機能不全〉の違いを対比的に説明すること
② 「吾々の感覚器官の延長であるようなもの」の具体的内容を説明すること
③ 〈眼や耳の機能不全〉より〈感覚器官の延長の機能不全〉の方がより不安なことを、理由も踏まえて説明すること

▼問三 「本文に即して答えよ」という設問条件が付いていることから、本文全体の内容を踏まえた上での要約的な内容説明問題であると判断することができるだろう。したがって、ここまで確認してきた問一・問二の内容を再度確認し

人々はその不安感から、荒唐無稽な情報ですら無判断に信じ込むような事態に陥りかねないのである。

着眼

▼問一　傍線部（1）は、「報道は人間の生理的な必要である」という記述から始まる第一段落の内容を締めくくる役割を果たしているので、第一段落から報道が人間の生理的な必要である理由を読み取って、それをまとめていく方向で基本的に解答作成を考えればよい。

報道が人間の生理的な必要であるとされる理由は四点挙げられており、第一に、世界の諸国が緊密に結び合わされていること、第二に、社会の事情が甚だしく複雑性を加えて来ていること、第三に、社会の変化と運動とがその激しさを加えて来たこと、第四に、近代社会において各個人が自分で生きていかねばならぬということ、である。よって、この内容をまとめれば、「現代の人間が報道を欲する」理由は説明できるだろう。

しかし、ここで、傍線部中の「その当然の権利に基づいている」という表現に注意する必要がある。すなわち、現代を生きる人間の当然の権利によって、報道が必要とされるのだ、と筆者が考える理由を問われているということなので、先述した四つの理由を単純にまとめていくだけでは、答えるべき内容のポイントがずれてしまう。「権利」というにふさわしい理由は、四つのうちのどれだと考えられるだろうか。

第一～第三の理由は、現代社会のあり方に基づく理由であるが、第四の理由は、近代以降の個人のあり方、つまり〈主体的に生きる個人主義的傾向〉によるものである。当然、「権利」というのは、主体的な個人が自ら責任をもって行動することによって得られるものであると考えられるので、ここで中心となるのは、第四の理由、ということになる。

ここから、解答のまとめ方としては、〈個人主義的傾向が顕著となった近代的個人（第四の理由）が、現代社会（第一～第三の理由）を主体的に生きていくためには、報道によって情報を得ることが不可欠だから〉というように、第四の理由を中心にして、第一～第三の理由を補足する方向でまとめることが望ましい。

よって、解答作成のポイントは以下の三点である。

（現在のＴＢＳ）に入社し、ラジオやテレビのディレクターとして活躍するかたわらで小説を書き続け、一九六二年に「子供部屋」で文學界新人賞を受賞。一九六八年に処女短篇集『未成年』を刊行。一九七〇年に、短篇「司令の休暇」で注目を集めた後、ＴＢＳを辞して文筆生活に入る。小説の題材は自らの家族に関わるものが多く、私小説の系統を引いており「内向の世代」の作家である。短篇小説の名手として知られた。エッセイ集も評価が高い。代表作に『大いなる日』、『千年』（毎日出版文化賞）、『人生の一日』（芸術選奨新人賞）などがある。

二

出典　清水幾太郎『流言蜚語』〈第一部　流言蜚語と報道　一　報道の機能　二　流言蜚語の発生〉（岩波書店）

解答

問一　近代以降の個人主義的傾向が顕著な現代においては、国際化が進み、複雑で常に変動する社会環境に適応しながら主体的に生きる必要があり、そのための情報を報道によって得ることは不可欠だから。

問二　人間の感覚器官とも言える報道・通信・交通の機能不全は、外因的で感知できないものであるゆえ、身体の感覚器官の機能不全より一層の不安を与えるということ。

問三　感覚器官の役割を果たす報道・通信・交通が機能不全に陥ると、対処不可能であることからくる甚だしい不安感と、生きていくための適応の術を奪われる恐怖感が人々から正常な判断力を奪い、根拠のない情報にすらすがりたくなるから。

◀解　説▶

要旨　自ら環境を知り、適応しながら主体的に生きていくことを余儀なくされる近代以降の個人が、世界各国が緊密に結び合わされ、社会が複雑化、流動化する現代において、生きていくための情報を欲するのは、生理的な要求である。それゆえに、今や、報道・通信・交通といった機関は人間の感覚器官とでも言うべき機能を果たしているのである。しかし、そういった機関が機能不全に陥ってしまうと、それが外的要因であるゆえに対処不可能となり、正常な判断力を失ったの二つの段落を踏まえて」という設問条件にも十分に留意すること。

まず、『にんじん』という小説において『めんどり』という作品を巻頭に配した作者ルナールの意図を指して、「彼一流の計算」と筆者が称しているのは明らかだろう。その具体的内容としては、最後から二つ目の段落に「それは一編の挿話でありながら、要領のいい人物紹介を兼ねている」「各人物のこの物語における位置や役割や相互の関係といったものを一挙に示す、わかり易い見取り図にもなっている」「抜け目のない作者は只の一語も紹介や説明の労をとるわけではない」とあり、最終段落に「会話ぐらい直接的、具体的、即効的にその人物を表現してのけるものはない」などと説明されていることから、『めんどり』という作品が〈会話を有効に用いることで作品における登場人物の相互関係や各人物像を示す〉という点で、作品への導入として冒頭に置くにふさわしいと判断したルナールの意図をくみ取ることができる。

さらに、文章の最後（最終段落）で、「ルナールがこういう書き方を選んだのは、会話こそ自分の最強の武器であることをよく心得ていたからであろう」と筆者は締めくくっている。ここから、『めんどり』を冒頭にもってきた意図として、〈自分にとって最強の武器である会話描写の効果を十分に発揮してやろう〉という意図があったと筆者が考えていることも読み取れるだろう。

以上の二点を指して、筆者は「彼一流の計算」と表現しているのである。よって、この内容を踏まえて解答をまとめていけばよい。解答作成のポイントは以下の三点である。

①　『めんどり』という作品が会話を巧みに利用することで、登場人物やその人間関係をわかりやすく示していること

②　①であるからこそ、冒頭に置いて作品の導入にしようとしたこと【ルナールの意図の説明1】

③　会話描写が自分の特質だということを理解した上での配置だったということ【ルナールの意図の説明2】

参考　阿部昭（一九三四～一九八九年）は、広島県生まれの小説家。東京大学仏文学科卒業。大学を卒業後、ラジオ東京

明していく方向で解答作成を考えていけばよい。

「写生」というのは、主に絵画などで〝（事物の）見たままをそのまま写し取る〟という態度を表す。これは一見、レンズである作家の目で捕らえた対象を文章にしていく、という作家の作業にも共通するところがあるように思えるゆえに「文章でも写生ということがよく言われる」のだと考えられる。

しかし、筆者は「その喩えはむしろ誤解を生みやすい」とする。その理由として、傍線部（3）の直後に「書くためには記憶というフィルターと、回想できるようになるまでの十分な時間が必要である」という記述があることに注目しよう。ここで〈記憶と回想するための十分な時間が必要〉という点が重要である。なぜなら、先述したように、「写生」の場合は見たままをその場で描き取るわけなので、〈記憶や回想のための十分な時間を必要としない〉からである。ここから、「誤解」は〈文章化に記憶や時間が必要だということが見落とされてしまうこと〉によって生まれるということがわかる。この内容を明らかにすれば、〈対象を文章化するには記憶や時間の作用が必要なのに、それを見たままに写し取るという「写生」ということばで表してしまっては、記憶や時間作用の必要性が見落とされてしまうから〉という解答の大枠ができあがるだろう。あとは、「対象」の具体的内容（作家が自身の目によって捕らえたイメージ）を補って説明し、かつ、全体の重複表現をうまくまとめていけばよい。

よって、解答作成のポイントは以下の四点である。

①「写生」ということばの意味内容の説明

②作家が対象を文章化していく作業において、記憶と時間が重要であることを説明すること

③作家が対象を文章化していく作業を「写生」ということばで喩えると、②の側面が見落とされてしまうこと（＝「誤解」を生み出す理由の中心）に言及すること

④対象を文章化していく作業の具体的説明を補うこと

▼問四　傍線部（4）の理由説明問題。「彼一流の計算」が何を意味するのか、ということを具体的に説明していく。「後

るはイメージしかない。具体的な物の形や印象を、手早く読者の脳裏に焼きつけなくてはならない」などと説明されているように、〈「イメージ」をいかに読者に印象づけるか〉が重要であり、これは「抒情詩」ということばから連想される、感覚的なイメージを重視する韻文の性質と一致するだろう。

その一方で、長編の方は、本文中の記述からはなかなかヒントをつかみづらい。短編とは対比的な性質をもつことから〈説明や注釈を用いて〉といった説明はできるにせよ、それだけでは「評論や哲学論文」という表現を十分に説明したとは言い難い。とは言うものの、「評論や哲学論文」に対応する表現は本文中にはないので、ここは自分でことばを補って説明するほかない。

まず、評論や哲学論文は「イメージ」もしくは〈感覚〉を伝える抒情詩とは違い、意見や考えを述べるものである、というのは一般的な定義として問題ないだろう。この、意見や考え、さらに言うなら作家の「思想」までも伝えるのが長編なのである。さらに、韻文とは違う特徴として、構成や論展開が綿密に考えられていることもその特徴の一つだと言える。ここから、感覚的にイメージを読者に印象づけるのではなく、じっくりと読ませる論理的な文章展開が長編には必要だと考えることができるだろう。

以上の内容を踏まえて、短編と長編の特徴を対比的に説明していけばよい。解答のポイントは以下の二点である。

① 短編の特徴…具体的な「イメージ」を読者に感覚的に手早く印象づける

② 長編の特徴…「説明や注釈」を用いて、論理的な文章展開で「思想」までも伝える

なお、答え方についてだが、「どのような相違を述べたものか」と問われていても、必ずしも「……という相違」という文末にする必要はない。「短編は……であるが、長編は……である」という書き方をすれば自ずと相違について説明できる。字数の調整や自然な文章にするための参考にしてほしい。

▼問三　〈文章に写生という喩えを用いると誤解を生みやすい〉と筆者が考える理由を説明する問題。まず、「写生」ということばの意味を明らかにした上で、それを文章にあてはめるとなぜ「誤解」になってしまうのか、ということを説

着眼

▼問一 「ただ長い物語を短くしたものが短編ではない」、すなわち〈短編が短編として成立するのは、単に物語の長短によるものではない〉と筆者が考える理由を説明させる問題である。

解答作成の方向としては、〈短編を成立させる条件（短編かどうかを決定づけるもの）は、話の長短ではなく、……であるから〉といった書き方が考えられるだろう。具体的には、傍線部（1）直後のサローヤンの喩えを用いて筆者が説明している記述部分が解答作成の中心内容となる。すなわち、「短いというのは、……むしろ文章の性質から来る」「十枚で完結すべき物語はすでにその分量に相応した文章の調子を持っている」とあることから、〈作品として完成するにふさわしい分量に相応した文章の調子を備えているか、といった文章の性質〉が、短編を成立させる条件だと筆者は考えているのである。

ここで、第三段落で述べられている短編の特徴（「短編では、……悠長なことはやっていられない」「説明や注釈にも頼れない」「イメージしかない」「具体的な物の形や印象を、手早く読者の脳裏に焼きつけなくてはならない」）についても触れるべきかどうか、やや迷うところかもしれない。ただ、問二で、傍線部（2）になぞらえる形で短編と長編の相違が問われていることを考慮するならば、ここではあくまでも「短いというのは、話の長短よりもむしろ文章の性質から来る」という、第二段落の記述に基づいて説明する方向で解答をまとめればよいと判断できるだろう。

よって、解答作成のポイントは以下の三点である。

① 「話の長短よりもむしろ文章の性質から来る」という、本文中の記述を軸とした解答の方向になっていること
② 「文章の性質」の内容を「文章の調子」と関連づけて説明していること
③ 短編小説の特徴を述べるだけでなく、短編小説が成立する条件を説明すること

▼問二 傍線部（2）の比喩表現を解釈して、短編と長編の相違を説明させる問題である。短編は「抒情詩」に近いものであり、長編は「評論や哲学論文」になぞらえられる、という比喩説明をどのように解釈するか。

まず、短編の方から考えてみよう。短編の特徴については、第三段落で「説明や注釈にも頼れない。となると、残

国語

一

出典　阿部昭『短編小説礼讃』＜第三章　にんじんはテーブルの下で――ルナール＞（岩波新書）

解答

問一　短編を成立させる条件は物語の長短ではなく、作品として完成させるために必要な分量に相応した文章の調子を備えているか、といった文章の性質であるから。

問二　短編は具体的なイメージを読者に感覚的に手早く印象づけようとするものだが、長編は丹念な説明や論理的で緻密な文章展開によって作者の思想をも伝えるものである。

問三　見たものをその場でそのまま写し取るという意の「写生」ということばでは、作家が自身の目で捕らえたイメージを想起し反芻しながら文章化していく過程での記憶や時間の重要性が見落とされてしまうから。

問四　『にんじん』の冒頭に『めんどり』という作品を置くことは、会話によって登場人物像や人間関係を示せるという点で物語の導入としてふさわしく、また会話描写の巧みさというルナール自身の特質をも印象づけられるから。

◀解　説▶

要旨　短編小説とは、単に長い物語を短くしたものではない。描かれるべき物語の分量に相応した文章の調子をもっているという点で、そもそも長編とは文章の性質が違ったものである。また、丁寧な説明や丹念に練られた文章展開で作家の思想をも伝えようとする長編とは違って、短編は作家が捕らえ増幅させたイメージの積み重なりや広がりを描くことが主眼となる。そのためには、イメージを記憶に定着させ回想する十分な時間が必要となるし、またルナールの作品に見られるような、会話描写を有効に用いるといった戦略も必要となるのである。

MEMO

MEMO

MEMO

MEMO

MEMO

2022年版
大学入試シリーズ

京都大学

理系

総合人間〈理系〉・教育〈理系〉・経済〈理系〉・理・医・薬・工・農学部

別冊

問題編

教学社

大学入試シリーズ

京都大学/理系

別冊・問題編

◇目次

※解答用紙は赤本ウェブサイト（akahon.net）に掲載しています。

2021年度

問題編

問題編

▶試験科目

学　部	教　科	科　　　目
総合人間(理系)・理・農	外国語	コミュニケーション英語Ⅰ・Ⅱ・Ⅲ，英語表現Ⅰ・Ⅱ
	数　学	数学Ⅰ・Ⅱ・Ⅲ・A・B
	理　科	「物理基礎・物理」，「化学基礎・化学」，「生物基礎・生物」，「地学基礎・地学」から２科目選択
	国　語	国語総合・現代文B・古典B
教育(理系)	外国語	コミュニケーション英語Ⅰ・Ⅱ・Ⅲ，英語表現Ⅰ・Ⅱ
	数　学	数学Ⅰ・Ⅱ・Ⅲ・A・B
	理　科	「物理基礎・物理」，「化学基礎・化学」，「生物基礎・生物」，「地学基礎・地学」から１科目選択
	国　語	国語総合・現代文B・古典B
経済(理系)	外国語	コミュニケーション英語Ⅰ・Ⅱ・Ⅲ，英語表現Ⅰ・Ⅱ
	数　学	数学Ⅰ・Ⅱ・Ⅲ・A・B
	国　語	国語総合・現代文B・古典B
医・薬	外国語	コミュニケーション英語Ⅰ・Ⅱ・Ⅲ，英語表現Ⅰ・Ⅱ
	数　学	数学Ⅰ・Ⅱ・Ⅲ・A・B
	理　科	「物理基礎・物理」，「化学基礎・化学」，「生物基礎・生物」から２科目選択
	国　語	国語総合・現代文B・古典B
	面　接	医学部医学科のみに課される
工	外国語	コミュニケーション英語Ⅰ・Ⅱ・Ⅲ，英語表現Ⅰ・Ⅱ
	数　学	数学Ⅰ・Ⅱ・Ⅲ・A・B
	理　科	「物理基礎・物理」，「化学基礎・化学」
	国　語	国語総合・現代文B・古典B

▶配　点

学部・学科		外国語	数学	理科	国語	面接	合計
総合人間（理系）		150	200	200	150	—	700
教育（理系）		200	200	100	150	—	650
経済（理系）		200	300	—	150	—	650
理		225	300	300	150	—	975
医	医	300	250	300	150	※	1000
	人間健康科	200	200	200	150	—	750
薬		200	200	200	100	—	700
工		200	250	250	100	—	800
農		200	200	200	100	—	700

▶備　考

- 外国語はドイツ語，フランス語，中国語も選択できる（理・医（人間健康科学科）・薬・工学部は英語指定）が，編集の都合上省略。
- 「数学Ⅰ」，「数学Ⅱ」，「数学Ⅲ」，「数学Ａ」は全範囲から出題する。「数学Ｂ」は「数列」，「ベクトル」を出題範囲とする。
- 医学部医学科においては，調査書は面接の参考資料とする。

※医学部医学科の面接は，医師・医学研究者としての適性・人間性などについて評価を行い，学科試験の成績と総合して合否を判定する。従って，学科試験の成績の如何にかかわらず不合格となることがある。

- 新型コロナウイルス感染症の影響に伴う出題範囲等について
  高等学校の教科書にいわゆる発展的な学習内容などとして掲載されるような事項を題材とする問題は，設問中に必要な説明を加えるなどして出題する。

英語

（120 分）

（注）　150 点満点。教育（理系）・経済（理系）・医（人間健康科）・薬・工・農学部は 200 点満点に，理学部は 225 点満点に，医（医）学部は 300 点満点に換算。

I　次の文章の下線をほどこした部分(1)～(3)を和訳しなさい。　(50 点)

Telling stories is an activity that has been with human beings from the beginning of time. We might go so far as to say we are story-telling animals born with narrative instinct. We go to work in the morning, see our officemates, and tell them what happened on the previous night; we go home in the evening, see our family, and tell them what happened during the day. We love to tell stories and we love to listen to them. Narrative is everywhere: news, gossip, dreams, fantasies, reports, confessions, and so on and so forth.

In particular, we spend a deal of time consuming all kinds of fictional narratives, such as novels, cartoon stories, movies, TV serials. Surely it will be of some use to ponder whether fiction is good for us or not. Indeed, this is a problem with a long history going back to ancient philosophers. Plato famously excluded poets from his ideal republic, for he thought their creations were ultimately untrue. Put in the simplest terms, he regarded poems as lies. He did not believe something offered as fiction could justify itself. His brightest pupil Aristotle thought differently. One major point of Aristotle's theory is said to be: (1)<u>while history expresses the particular, concentrating on specific details as they happened, poetry can illuminate the universal, not allowing the accidental to intervene. Hence the justification.</u>

As the debate continues to the present time, researchers in psychology have shown us a new way of dealing with this old problem. From various experiments, it emerges that fiction has the power to modify us. Reportedly, (2) "when we read nonfiction, we read with our shields up. We are critical and skeptical. But when we are absorbed in a story, we drop our intellectual guard. We are moved emotionally, and this seems to make us rubbery and easy to shape." This might sound rather simplistic, but importantly, researchers are attempting to tell us that reading fiction cultivates empathy. When a reader is immersed in the fictional world, she places herself in the position of characters in the narrative, and the repeated practice of this activity sharpens the ability to understand other people. So, nurturing our interpersonal sensitivity in the real world, fiction, especially literary fiction, can shape us for the better.

Although this is not exactly news, it is surely comforting to have scientific support for the importance of fiction. Nevertheless, a careful distinction is in order here. It may be true that fiction actually makes one behave with better understanding towards the people around one. Empathy, however, does not necessarily lead to social good. A recent article on the topic points out: "Some of the most empathetic people you will ever meet are businesspeople and lawyers. (3) They can grasp another person's feelings in an instant, act on them, and clinch a deal or win a trial. The result may well leave the person on the other side feeling anguished or defeated. Conversely, we have all known bookish, introverted people who are not good at puzzling out other people, or, if they are, lack the ability to act on what they have grasped about the other person." (Here bookish people are, we are meant to understand, keen readers of fiction.) Empathetic understanding and sympathetic action are different matters — how and why they are so, in connection with reading fiction, will be further explored by future research, we hope.

Ⅱ　次の文章を読み，下の設問(1)～(3)に答えなさい。　(50 点)

One of the early significant responses to Charles Darwin's thinking came from a highly-talented journalist, George Henry Lewes. Having read a piece by Lewes, Darwin wrote to a friend, saying that the author of that article is "someone who writes capitally, and who knows the subject." Indeed, as a modern scholar states, "apart from Thomas Huxley, no other scientific writer dealt with Darwin's theory with such fairness and knowledge as Lewes" at that time. Here is what Lewes wrote (with modification) about the background of Darwin's most famous book:

The Origin of Species made an epoch. It proposed a hypothesis surpassing all its predecessors in its agreement with facts, and in its wide reach. Because it was the product of long-continued research, and thereby gave articulate expression to the thought which had been inarticulate in many minds, its influence rapidly became European; because it was both old in purpose and novel in conception, it agitated the schools with a revolutionary excitement. No work of our time has been so general in its influence. This extent of influence is less due to the fact of its being a masterly work, enriching science with a great discovery, than to the fact of its being a work which clashed against one and chimed with the other of the two great conceptions of the world that have long ruled, and still rule, the minds of Europe. One side recognized a powerful enemy, the other a mighty champion. It was immediately evident that the question of the "origin of species" derived its significance from the deeper question which loomed behind it. What is that question?

(a) If we trace the history of opinion from the dawn of science in Greece through all succeeding epochs, we shall observe many constantly-reappearing indications of what may be called an intuitive feeling rather than a distinct vision of the truth that all the varied manifestations of life are but the flowers from a common root — that all the complex forms have been evolved from pre-existing simpler forms. This idea about evolution survived opposition, ridicule, refutation; and the reason of this persistence is that the idea harmonizes with one general conception of the world which has been called the monistic because it reduces all phenomena to community, and all knowledge to unity. This conception is irreconcilable with the rival, or dualistic, conception, which separates and opposes force and matter, life and body. The history of thought is filled with the struggle between these two general conceptions. I think it may be said that every man is somewhat by his training, and still more by his constitution, predisposed towards the monistic or the dualistic conception. There can be little doubt that the acceptance or the rejection of Darwinism has, in the vast majority of cases, been wholly determined by the monistic or dualistic attitude of mind.

(b) And this explains, what would otherwise be inexplicable, the surprising ease and passion with which men wholly incompetent to appreciate the evidence for or against natural selection have adopted or "refuted" it. Elementary ignorance of biology has not prevented them from pronouncing very confidently on this question; and biologists with scorn have asked whether men would attack an astronomical hypothesis with no better equipment. Why not? They feel themselves competent to decide the question from higher grounds. Profoundly convinced of the truth of their general conception of the world, they conclude every hypothesis to be true or false, according as it chimes with, or clashes against, that conception.

So it has been, so it will long continue. The development hypothesis is an inevitable deduction from the monistic conception of the world; and will continue to be the battle-ground of contending schools until the opposition between monism and dualism ceases. For myself, believing in the ultimate triumph of the former, I look on the development hypothesis as one of the great influences which will by its acceptance, in conjunction with the spread of scientific culture, hasten that triumph.

Darwin seems to have liked Lewes's observations on his work, for when he read this and other related pieces, he wrote to the journalist and encouraged him to publish them in a book form. Although from the point of view of today's science what he says may be dated, Lewes remains a highly interesting writer.

(1) 文章全体から判断して,『種の起源』が大きな影響力を持った要因として Lewes が最重要視しているものを，第 2 パラグラフ（*The Origin of Species* から What is that question? まで）から選び，日本語で書きなさい。

(2) 下線部(a)を和訳しなさい。

(3) 下線部(b)を和訳しなさい。

※解答欄　(1)：ヨコは 12 センチ×4 行

Ⅲ　次の文章を英訳しなさい。　　　　　　　　　　　　　　　　　　　　(25 点)

言うまでもなく，転ばぬ先の杖は大切である。しかし，たまには結果をあれこれ心配する前に一歩踏み出す勇気が必要だ。痛い目を見るかもしれないが，失敗を重ねることで人としての円熟味が増すこともあるだろう。あきらめずに何度も立ち上がった体験が，とんでもない困難に直面した時に，それを乗り越える大きな武器となるにちがいない。

Ⅳ　Noah と Emma の次の会話を読んで，下線部(1)～(4)に入る適当な発言を(　)内の条件に従って記入し，英語 1 文を完成させなさい。解答欄の各下線の上に単語 1 語を記入すること。カンマ(，)等の記号は，その直前の語と同じ下線に含めることとし，1 語と数えない。短縮形(例：don't)は 1 語と数える。　(25 点)

Noah:　I went to that new restaurant yesterday.

Emma:　How was it?

Noah:　I ate a plate of pasta but it was horrible. All the food that restaurant offers must be awful.

Emma:　But you have only been there once, haven't you? I think it's too much to say that all dishes are terrible at that restaurant. Maybe you found that pasta terrible because (1)____________. (8 語以上 12 語以下で) Another possibility is that (2)____________. (12 語以上 16 語以下で)

Noah:　Maybe you are right.

Emma:　The other day, I learned from a book that this is called a hasty generalization, which means drawing an overly generalized conclusion from one or a few examples. It's so easy for us to make a hasty generalization in everyday life. We often do this not just when we purchase something, but in other situations too. For example, (3)____________. (if を用いて 20 語以上 28 語以下で)

Noah:　I totally understand what you mean. I'll (4)____________. (8 語以上 12 語以下で) That way, I will be able to test whether my claim about that restaurant is true or not.

Emma:　Good! I think we should try not to overgeneralize.

数学

(150 分)

(注)　200 点満点。経済(理系)・理学部は 300 点満点に，医(医)・工学部は 250 点満点に換算。

1

(40 点)

次の各問に答えよ.

問 1　xyz 空間の 3 点 A$(1, 0, 0)$，B$(0, -1, 0)$，C$(0, 0, 2)$を通る平面 α に関して点 P$(1, 1, 1)$と対称な点 Q の座標を求めよ．ただし，点 Q が平面 α に関して P と対称であるとは，線分 PQ の中点 M が平面 α 上にあり，直線 PM が P から平面 α に下ろした垂線となることである.

問 2　赤玉，白玉，青玉，黄玉が 1 個ずつ入った袋がある．よくかきまぜた後に袋から玉を 1 個取り出し，その玉の色を記録してから袋に戻す．この試行を繰り返すとき，n 回目の試行で初めて赤玉が取り出されて 4 種類全ての色が記録済みとなる確率を求めよ．ただし n は 4 以上の整数とする.

2

(30 点)

曲線 $y = \dfrac{1}{2}(x^2 + 1)$ 上の点 P における接線は x 軸と交わるとし，その交点を Q とおく．線分 PQ の長さを L とするとき，L が取りうる値の最小値を求めよ.

3

(30 点)

無限級数 $\displaystyle\sum_{n=0}^{\infty}\left(\frac{1}{2}\right)^n \cos\frac{n\pi}{6}$ の和を求めよ.

4

(30 点)

曲線 $y = \log(1 + \cos x)$ の $0 \leqq x \leqq \dfrac{\pi}{2}$ の部分の長さを求めよ.

5

(30 点)

xy 平面において, 2 点 $B(-\sqrt{3}, -1)$, $C(\sqrt{3}, -1)$ に対し, 点 A は次の条件(∗)を満たすとする.

(∗)　$\angle BAC = \dfrac{\pi}{3}$ かつ点 A の y 座標は正.

次の各問に答えよ.

(1)　△ABC の外心の座標を求めよ.

(2)　点 A が条件(∗)を満たしながら動くとき, △ABC の垂心の軌跡を求めよ.

6

(40 点)

次の各問に答えよ.

問 1　n を 2 以上の整数とする. $3^n - 2^n$ が素数ならば n も素数であることを示せ.

問 2　a を 1 より大きい定数とする. 微分可能な関数 $f(x)$ が $f(a) = af(1)$ を満たすとき, 曲線 $y = f(x)$ の接線で原点 $(0, 0)$ を通るものが存在することを示せ.

物理

（教育（理系）学部　1 科目　90 分
　その他　　　　　　2 科目 180 分）

（注）　100 点満点。理・医（医）学部は 2 科目 300 点満点に，工学部は 2 科目 250 点満点に換算。

物理問題　I

次の文章を読んで，[　　　] に適した式または数値を，それぞれの解答欄に記入せよ。なお，[[　　　]] はすでに [　　　] で与えられたものと同じものを表す。また，**問 1** では，指示にしたがって，解答をそれぞれの解答欄に記入せよ。ただし，重力加速度の大きさは g とする。

（1）　**図 1** (a)のように，質量 m の小球を，初速度の大きさ V，地表から上向きに角度 θ で投げ上げる。小球は最大高度 h_0 に達した後，落下し始めるが，地点 A の高度 h において，質量 M のボールと一次元的に衝突させ，その反動を利用して小球を高く跳ね上げる。ここで一次元的に衝突するとは，**図 1** (b)のように衝突直前直後の小球とボールが同一直線上に沿って運動することをさし，その直線に沿う衝突軸を定義する。衝突軸は衝突直前のボールの進行方向を正とし，衝突軸方向の速度成分を，以下略して「速度成分」と記載する。なお，衝突は瞬間的に起こるものとし，小球とボールの大きさ，および空気抵抗の影響は無視する。

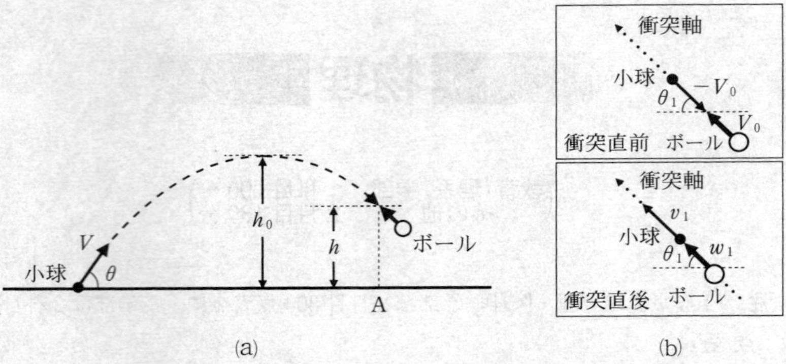

図1

図1(b)のように，衝突直前の小球について，その速度の大きさをV_0，速度の方向と水平面とのなす角度の大きさをθ_1とすると，V，θ，h，gを用いて$V_0 =$ ［ア］，$\sin\theta_1 =$ ［イ］ と表せる。衝突直後の小球，ボールの速度成分をそれぞれv_1，w_1と表し，衝突直前のボールの速度の大きさが小球と同様にV_0だったとすると，運動量保存則は次式で表される。

$$mv_1 + Mw_1 = \text{［ウ］} \qquad \text{(i)}$$

ここで，［ウ］ はm，M，およびV_0を用いて表される量である。衝突が弾性衝突であったとすると，

$$1 = -\frac{v_1 - w_1}{\text{［エ］}} \qquad \text{(ii)}$$

が成り立つので，式(i)，(ii)より，衝突直後の速度成分v_1，w_1は，V_0，m，Mを用いて$v_1 =$ ［オ］，$w_1 =$ ［カ］ と表せる。これより，ボールの質量Mが小球の質量mの ［キ］ 倍だった場合，衝突直後のボールの速度成分w_1は0となり，衝突直後の小球の速度成分v_1の大きさはV_0の ［ク］ 倍となる。このとき，跳ね上がった小球が到達する最大高度h_1は，h，V，θ，gを用いて$h_1 =$ ［ケ］ となる。

(2) (1)の小球をさらに高く跳ね上げるため，**図2**のように，最大高度に到達した後に落下してくる小球めがけて，高度hでボールを衝突させる，という過程を繰り返し行なったとしよう。ここで，(1)と同様に，小球とボールは一次元的に

衝突し，**図 3** のように衝突ごとに定義される衝突軸方向の速度成分を，以下略して「速度成分」と記載する。また n 回目（$n \geqq 1$）の衝突時のボールは，衝突直前の速度の大きさが V_0，衝突直後の速度成分 w_n が 0 となる質量 M_n を有するものとする。

このとき，n 回目の衝突直後における小球の速度成分 v_n を a_nV_0 と表し，衝突が弾性衝突であったとすると，a_n と a_{n-1} の間に，次の関係式が成り立つ。ただし，$n \geqq 2$ とする。

$a_n =$ ［ コ ］ (iii)

（1）より，$a_1 =$ ［ ク ］ であるため，式(iii)を解いて，$a_n =$ ［ サ ］ と求まる。これより，$n+1$ 回目の衝突より前に小球が到達する最大高度 h_n は，h，V，θ，g，n を用いて，$h_n =$ ［ シ ］ となる。

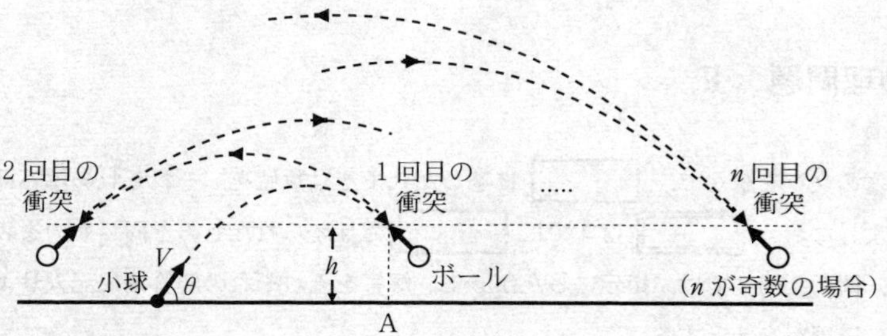

図 2

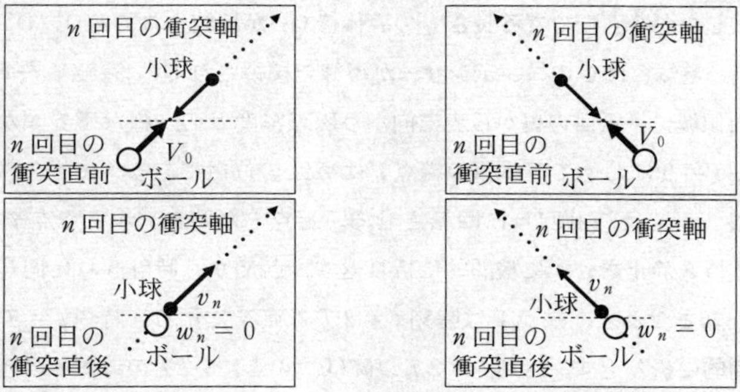

(a) n が偶数の場合 (b) n が奇数の場合

図 3

問 1　(2)における衝突過程について，以下の問いに答えよ。

(i)　n 回目に衝突させるボールの質量 M_n は，小球の質量 m の何倍にすればよいか。n を用いて表せ。導出過程も示せ。

(ii)　衝突させるボールの質量に上限があると，衝突直後のボールの速度成分が 0 となる衝突回数に上限ができる。ボールの質量の上限が小球の質量 m の 10 倍である場合，衝突回数が上限に達したときの小球が到達する最大高度は，ボールと衝突する前の最大高度 h_0 に比べて何倍になるか，$h=0$ の場合について答えよ。

※解答欄　問 1 (i)：ヨコ 14.3 センチ×タテ 7 センチ
　　　　　　(ii)：ヨコ 14.3 センチ×タテ 9.4 センチ

物理問題　II

次の文章を読んで，［　　］に適した式または数値を，それぞれの解答欄に記入せよ。なお，［［　　］］はすでに［　　］で与えられたものと同じものを表す。また，**問 1**，**問 2** では，指示にしたがって，解答をそれぞれの解答欄に記入せよ。ただし，円周率を π とする。

図 1 のように，半径 L の円弧形をした導線 XY に，中心 O を支点として端点 P で円弧と接しながら回転できる長さ L の導体棒 OP が接続されており，OY 間に抵抗値 R の抵抗と電気容量 C のコンデンサーが導線で接続されている。XY を直径とする灰色の半円領域に，紙面の裏から表に向かう磁束密度 B の一様な磁界がかけられており，時刻 $t=0$ において導体棒の端点 P は点 X の位置にある。まず，導体棒を一定の角速度 $\dfrac{\pi}{T}$ で反時計回りに回転させる。端点 P が時刻 $t=T$ で点 Y に到達した後，導体棒を静止させずに瞬間的に折り返す。点 Y から時計回りに同じ大きさの角速度で回転させると，端点 P は時刻 $t=2T$ で点 X に戻り，時刻 $t=T$ のときと同様に瞬間的に折り返す。時刻 $t=2T$ 以降は，$0 \leqq t \leqq 2T$ の導体棒の運動を繰り返すとする。導線，導体棒，円弧の接点における抵抗は無視できるとし，時刻 $t=0$ においてコンデンサーに電荷は蓄えられていなかったものとする。電流の符号は**図 1** の

矢印の向きに流れる場合を正とし，導体棒に生じる起電力の符号は，正の電流を流す場合を正とする。また，回路を流れる電流がつくり出す磁場は無視する。

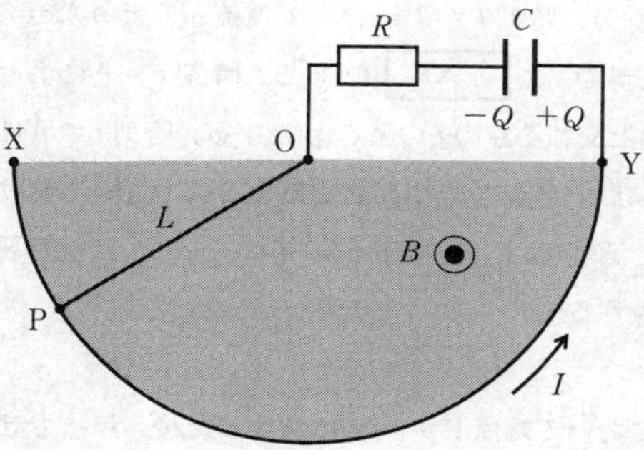

図 1

(1)　時刻 $t = 0$ で導体棒の端点 P が点 X から動き始めたとき，閉回路 OPYO を貫く磁束の変化から，導体棒の両端に生じる起電力は [イ] と求められる。閉回路には電流 [ロ] が流れ出し，コンデンサーには電荷が蓄えられ始める。

導体棒が点 Y に向かって回転しているとき，時刻 $t\,(0 < t < T)$ において回路を流れる電流を I，コンデンサーに蓄えられている電気量を Q とする。このとき，キルヒホッフの第 2 法則より

$$\boxed{\text{イ}} = IR + \frac{Q}{C} \qquad \text{(i)}$$

の関係がある。電流 I は，時刻 $t = 0$ のときの電流 [ロ] よりも小さい。導体棒は回転方向と反対向きに磁界から力を受けるため，導体棒を一定の角速度で回転させ続けるためには，外部から仕事を与えなければならない。いま，微小時間 Δt の間にコンデンサーに蓄えられる電気量が $\Delta Q = I\Delta t$ だけ増加したとする。ただし，微小時間 Δt の間に電流 I は変化せず，ΔQ，Δt の 2 次以上の項は無視することとする。微小時間 Δt の間に抵抗で消費されるジュール熱は [ハ] $\times \Delta t$，コンデンサーに蓄えられる静電エネルギーの増加量は [ニ] $\times \Delta t$ である。ただし，[ハ]，[ニ] は Δt を含まない式で答えること。この両者の和は，I，B，L，T を用いて [ホ] $\times \Delta t$ と表すことができ，Δt の間に外部から導体棒に与えた仕事に等しい。

（2）　導体棒の端点Pが点Xを出発した後，$0 \leqq t \leqq T$の間においてコンデンサーに蓄えられている電気量Qは，**図2**のグラフの曲線で示されるような時間変化を示した。導体棒の角速度が小さく，端点Pが点Yに到達するよりも前に電流が十分小さくなり，時刻$t = T$において電流が0とみなせるとき，時刻$t = T$における電気量Q_cは［　ヘ　］である。時刻$t = 0$における曲線の接線が$Q = Q_c$の直線と交わる点のtの値をt_cとする。時刻$t = 0$における接線の傾きが，導体棒の端点Pが点Xを出発した直後の微小時間における電気量の変化を表すことに注意すると，t_cはB，L，T，C，Rのうち必要なものを用いて［　ト　］と表せる。

問 1　時刻$t = T$において端点Pが点Yに到達した後，静止させずに瞬間的に折り返すと，電流が再び流れ出し，点Xに到達するよりも前に電流が0とみなせる状態になったとする。$T \leqq t \leqq 2T$の間においてコンデンサーに蓄えられている電気量Qの時間変化を，時刻$t = T$における接線の傾きが分かるように，**図2**と同様に描け。

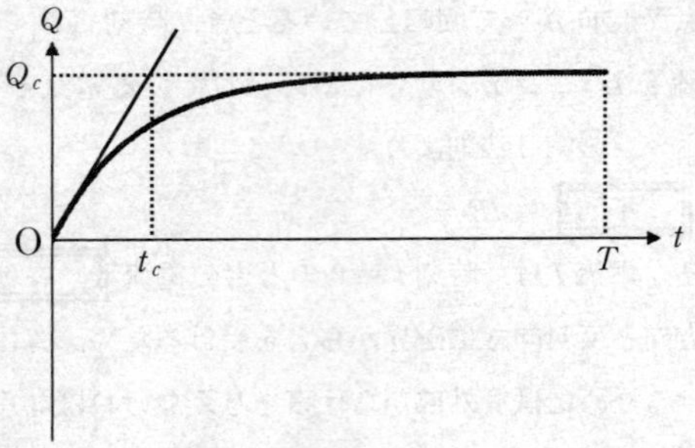

図2

（3）　次に，導体棒の角速度が大きく，時刻$t = T$で端点Pが点Yに到達したときに電流が0とみなせない場合を考える。

時刻tにおいてコンデンサーに蓄えられている電気量を$Q(t)$，回路を流れる電流を$I(t) = \dfrac{\Delta Q(t)}{\Delta t}$，導体棒に生じる起電力を$V(t)$とすると，キルヒホッフの第2法則は

$$V(t) = R\frac{\Delta Q(t)}{\Delta t} + \frac{Q(t)}{C} \qquad \text{(ii)}$$

と書くことができ，$Q(t)$ についての解が求められることが知られている。ある時刻範囲 $t_0 < t < t_1$ において導体棒の起電力 $V(t)$ が一定であるとすると，$t_0 \leqq t \leqq t_1$ における $Q(t)$ についての式(ii)の解は

$$Q(t) = Q_\infty + (Q_0 - Q_\infty)e^{-a(t-t_0)} \qquad \text{(iii)}$$

と表すことができる。ここで，Q_0 は時刻 $t = t_0$ においてコンデンサーに蓄えられている電気量，Q_∞ は t_1 が十分大きく，電流が 0 とみなせるときの時刻 $t = t_1$ における電気量，$e \fallingdotseq 2.72$ は自然対数の底，$a = \dfrac{1}{t_c}$ であり，t_c は [ト] で表される定数である。

まず，$0 \leqq t \leqq T$ の場合を考える。$0 < t < T$ において $V(t)$ は一定値 [イ] であるので，(2)より $Q_\infty = Q_c$ とおける。したがって，$x = e^{-aT}$ とおくと，時刻 $t = T$ においてコンデンサーに蓄えられている電気量は，x を用いて $Q(T) =$ [チ] $\times Q_c$ と表せる。

次に，$T \leqq t \leqq 2T$，$2T \leqq t \leqq 3T$ の場合を考えると，それぞれ $t_0 = T$，$t_0 = 2T$ として，式(iii)の Q_0 と Q_∞ を適当な式で置き換え，$Q(2T)$，$Q(3T)$ を求めることができる。時刻 $t = 2T$，$t = 3T$ においてコンデンサーに蓄えられている電気量は，$Q(T)$ と同様に x を用いて，それぞれ $Q(2T) =$ [リ] $\times Q_c$，$Q(3T) =$ [ヌ] $\times Q_c$ と表すことができる。

問 2　導体棒を何度も往復させながら十分な時間が経過したとき，コンデンサーに蓄えられている電気量は，最大値 $\dfrac{4}{9}Q_c$ と最小値 $-\dfrac{4}{9}Q_c$ の間で変化し，さらに時間が経過しても最大値と最小値は一定のままであった。この場合の T と t_c の大小関係について，x の値を求めて説明せよ。

※解答欄　問 1・問 2：各ヨコ 14.3 センチ×タテ 13 センチ

物理問題　Ⅲ

次の文章を読んで，[　　] に適した式または数値を，それぞれの解答欄に記入せよ。なお，[[　　]] はすでに [　　] で与えられたものと同じものを表す。また，**問 1**，**問 2** では，指示にしたがって，解答をそれぞれの解答欄に記入せよ。ただし，円周率を π とする。

(1)　図 1 のように，X 線の結晶による反射を考える。結晶の中で，原子は間隔 d で平行に並んだ面Ⅰ，Ⅱ，Ⅲ，…上に規則正しく並んでいる。また，X 線の発生源は結晶から十分離れた場所に置かれており，X 線は結晶に対して同じ方向から平行に入射するとしてよい。このとき，入射 X 線と結晶面のなす角度を θ とする。原子により反射された X 線を結晶面から角度 θ の方向にある検出器で検出する。検出器も結晶から十分離れた場所にあり，検出器で観測する反射 X 線は全て平行であるとしてよい。ここで，θ は 0 から $\frac{\pi}{2}$ の範囲で考えるものとする。また，X 線の波長を λ とする。

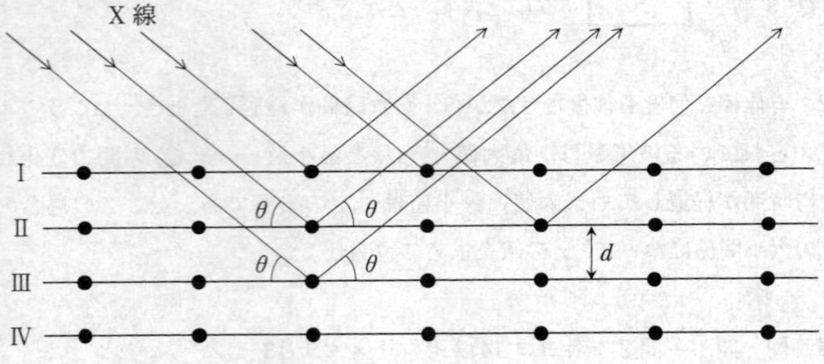

図 1

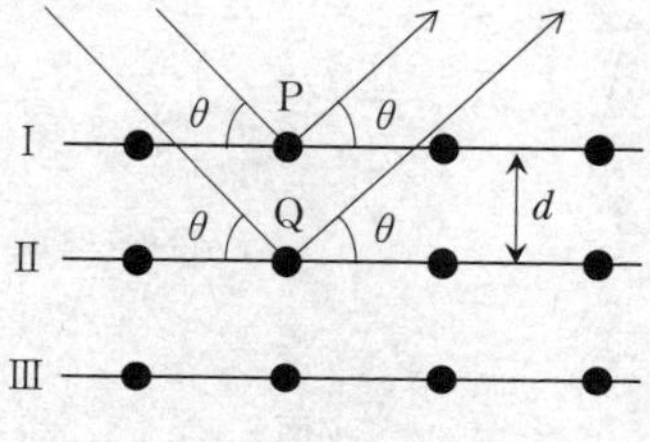

図2

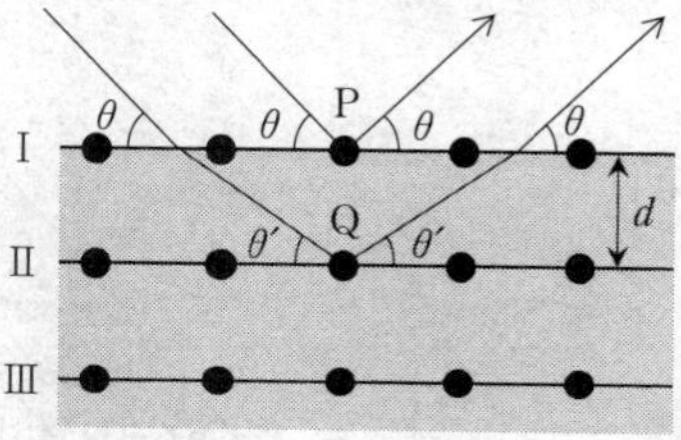

図3

図2に示すように，結晶面Ⅰ上にある原子Pと，その一層下の結晶面Ⅱ上にある原子QによるX線の反射を考える。原子Qは原子Pの直下にあるものとする。このとき，2つのX線の経路差はdおよびθを用いて あ と表される。従って，2つのX線が強め合うための条件式は，kを正の整数として波長λ，間隔d，および角度θを用いて い で表される。

(2) 原子とX線の間にはたらく力により，X線の軌道は結晶内に入るとわずかながら変化する。それを屈折率の形で表すと，結晶中の屈折率nは1よりごくわずかに小さい値を持つ。また，X線の空気中の屈折率は1であるとする。屈折率を考慮すると(1)で求めた条件式がどのように変更されるか考察しよう。図2と同様に，結晶面Ⅰ上にある原子Pと，その一層下の結晶面Ⅱ上にある原子QによるX線の反射を考える。ただし，X線は全反射が起こらない角度で入射するものとする。このとき，結晶内ではX線の波長が変化し，図3に描かれているように原子Qには角度θより小さい角度θ'でX線が入射することになるが，$\cos\theta$と$\cos\theta'$の間には う という関係式が成り立つ。また，結晶中の波長をλ'とすると，λ'は空気中での波長λと結晶中の屈折率nを用いて え で表される。従って，2つのX線の位相の差は，d，λ，n，θを用いて お と表される。ただし，X線の発生源における2つのX線の初期位相は同じであるものとする。また， お が2πの整数倍の場合にはX線が強め合うという条件から，2つのX線が強め合うための条件式は，d，λ，n，θ，正の整数kを用いて か で表される。

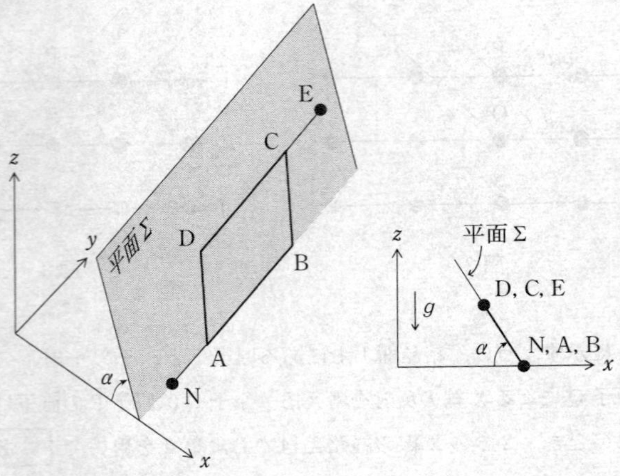

図 4

(3)　電子や中性子などの粒子は，波動の性質も示すことが知られている。これをド・ブロイ波(物質波)といい，その波長 λ は粒子の質量を m，速さを v として

$$\lambda = \frac{h}{mv}$$

で与えられる。ここで，h はプランク定数と呼ばれる定数である。ド・ブロイ波は周期 T，波長 λ の正弦波で表せ，粒子が結晶に入射すると X 線のときのように回折や干渉が起こる。

いま，**図 4** に示すような xy 平面が水平面，z 軸下向きが重力の向きとなるよう直交座標軸をとり，重力加速度の大きさを g とする。平面 Σ は，水平面と交わる直線が y 軸と平行となる平面であり，その直線を軸にして回転できるものとする。平面 Σ が水平面となす角を α とする(**図 4** の角度の向きを正とする)。平面 Σ 内に平行四辺形 ABCD，そして点 E，N が存在し，辺 AB は水平面上にある。点 N，A，B および点 D，C，E は，それぞれ同じ直線上にあり，辺 AB と辺 DC の間隔は s である(**図 5** 参照)。

平面 Σ 内の詳細を**図 5** に示す。ここで，中性子が平行四辺形 ABCD 上の辺を運動するよう，適当な結晶を点 A，B，C，D に適切な角度で配置し，点 N にある中性子源から点 A に速さ v_0 を持つ中性子のビームを入射させる。ただし，中性子は十分に速く，中性子の軌道は重力によって影響を受けないとする。また，結晶の厚さは無視できるほど十分薄いとし，さらに，結晶中の屈折率は近似的に

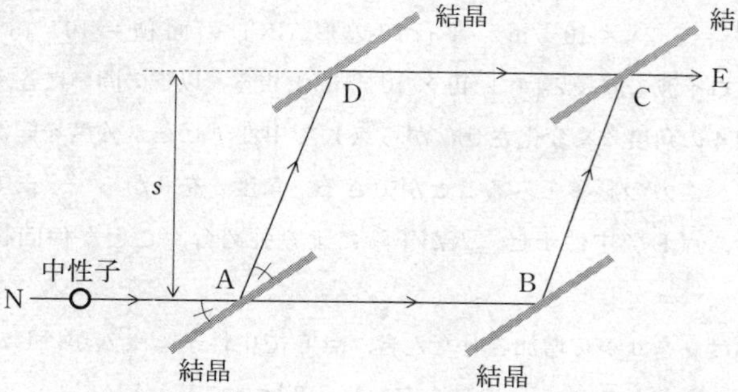

図 5

$n = 1$ として取り扱うものとする。中性子の質量を m とし，入射するド・ブロイ波の波長を λ_0 とする。この中性子ビームは一般に結晶を透過する成分と結晶により散乱される成分に分かれるが，散乱される成分に対しては(1)で求めた反射の条件が満たされるものとする。結晶で 2 つに分かれた中性子の波を再度 2 つの結晶上の点 B および D で反射させることにより，点 C に集約させ，点 E でド・ブロイ波を観測する。

$\alpha = \frac{\pi}{2}$ にとり，平行四辺形 ABCD が水平面に対して垂直になる場合を考える。中性子が辺 DC を動くときは，速さが v_0 と異なるため，λ_0, g, v_0, s を用いると，波長は き となる。 き と λ_0 の違いは非常に小さいが，2 つの異なる経路によるド・ブロイ波の干渉を見ることにより，中性子に対する重力の影響を観測することができる。

問 1 $\alpha = \frac{\pi}{2}$ にとり，辺 AB の長さを ℓ としたとき，中性子が経路 ABCE を通る場合と経路 ADCE を通る場合で，正弦波の位相の差を求め，λ_0, m, g, s, ℓ, h, v_0 の中から必要なものを用いて答えよ。導出過程も示せ。なお，ド・ブロイ波の周期 T は 2 つの経路で変化せず，位相の差は波長の違いのみで決まる。さらに，gs は $v_0{}^2$ に比べてはるかに小さいものとし，必要に応じて $|x|$ が 1 より十分に小さいときに成り立つ近似式

$$\sqrt{1 - x} \fallingdotseq 1 - \frac{x}{2}$$

を用いてもよい。

問 2　$\dfrac{m^2g}{h^2} = 6.25 \times 10^{13}/\mathrm{m}^3$，平行四辺形 ABCD の面積 $= 10^{-3}\,\mathrm{m}^2$，入射するド・ブロイ波の波長 $\lambda_0 = 1.40 \times 10^{-10}\,\mathrm{m}$ とする。以下の問いに答えよ。

(i)　**図 4** の角度 α を変化させながら点 E で中性子ビーム強度を観測することにより，重力の影響をみることができる。角度 α を 0 から $\dfrac{\pi}{2}$ まで増加させたとき，点 E で中性子ビームが干渉により強め合うことが何回起こるか答えよ。

(ii)　角度 α を 0 から増加させたとき，点 E で中性子ビームがはじめて干渉により弱め合うときの $\sin\alpha$ の値を有効数字 2 けたで答えよ。

※解答欄　問 1 ：ヨコ 14.3 センチ×タテ 18 センチ
問 2 (i)：ヨコ 14.3 センチ×タテ 9.4 センチ
(ii)：ヨコ 14.3 センチ×タテ 7 センチ

化学

（教育（理系）学部　1科目　90分
その他　2科目180分）

（注）　100点満点。理・医（医）学部は2科目300点満点に，工学部は2科目250点満点に換算。

化学問題　I

次の文章を読み，**問1～問8**に答えよ。解答はそれぞれ所定の解答欄に記入せよ。問題文中のLはリットルを表し，ファラデー定数は 9.65×10^4 C/mol とする。

1.000 mol/L の硫酸銅（II）水溶液 10.00 L を，陽極と陰極に白金電極を用い，直流 193 A の一定電流で 1000 秒間電気分解した。電気分解の後で，硫酸銅（II）水溶液の銅イオンの濃度を調べるために，以下の手順(1)，(2)に沿ってヨウ素を用いた酸化還元滴定（ヨウ素滴定）を行った。ただし，電気分解の前後で硫酸銅（II）水溶液の体積変化は無視できるものとする。

(1)　電気分解後の硫酸銅（II）水溶液から 2.00 mL を採取し，純水と少量の緩衝液（後述の下線部㋐）を加え約 50 mL とした。この試料水溶液に，ヨウ化カリウム約 2 g を少量の純水に溶かした水溶液を加えてよく振り混ぜたところ，ヨウ化銅（I）の白色微粉末が分散した褐色の懸濁液となった。

(2)　ただちに，(1)の懸濁液に対して 0.1000 mol/L のチオ硫酸ナトリウム標準水溶液による滴定を開始し，懸濁液の褐色が薄くなり淡黄色となってからデンプン水溶液約 1 mL を加えると青紫色を呈した。さらに滴定を続け，懸濁液の青紫色が消えて白色となった点を終点と判定したところ，滴定に要したチオ硫酸ナトリウム標準水溶液の総体積は 18.20 mL であった。ただし，この滴定においてチオ硫酸イオン $S_2O_3^{2-}$ は酸化されて四チオン酸イオン $S_4O_6^{2-}$ になるものとする。

なお，(1)，(2)の水溶液で pH が弱酸性から大きく外れると種々の副反応が起こるため，㋐<u>酢酸水溶液と酢酸ナトリウム水溶液の混合液を緩衝液として用い</u>，(1)，(2)の実験操作中における pH をヨウ素滴定に適切な範囲に維持した。

手順(1)の硫酸銅(Ⅱ)と過剰のヨウ化カリウムの反応は，以下の『　』内の文章で表される。

『硫酸銅(Ⅱ)由来の［ア］はヨウ化カリウム存在下で［イ］されてヨウ化銅(Ⅰ)になり，ヨウ化カリウム由来の［ウ］は一部が［エ］されて［オ］になった。［オ］は純水には難溶性であるが，この実験の水溶液中には［ウ］が多量に存在するため，

［ウ］＋［オ］⇄［カ］………Ⓐ

式Ⓐに示した平衡により，水溶性の［カ］が生じて水溶液は褐色を呈した。また同時に，上記で生じた難溶性のヨウ化銅(Ⅰ)が分散し，懸濁液になった。』

問 1　『　』内の［ア］～［カ］に入れるべき最も適切な化学式または語句を，以下の選択肢の中から 1 つずつ選び，それぞれの解答欄に答えよ。

選択肢

Cu^{2+}	Cu^{+}	Cu	SO_4^{2-}
$S_4O_6^{2-}$	K^{+}	K	I^{-}
I_2	I_3^{-}	IO_3^{-}	KI
CuS_2O_3	$Na_2S_2O_3$	酸化	中和
還元	分解		

問 2　『　』内の文章を最も適切に表す 1 つのイオン反応式を，銅とヨウ素の 2 種類の元素のみを用いて答えよ。ただし，式Ⓐに示した平衡は完全に右側へ片寄っているとみなして，イオン反応式を書くこと。

問 3　手順(2)で，懸濁液の褐色が薄くなる過程のイオン反応式を答えよ。ただし，褐色は『　』内の［カ］によるものとする。

問 4　手順(1)，(2)の実験結果から，電気分解後の硫酸銅(Ⅱ)水溶液に溶けている銅の物質量は何 mol になるか求め，有効数字 3 けたで答えよ。

問 5　下線部㋐では，酢酸の電離反応による緩衝作用を利用している。一般に酢酸の電離反応 $CH_3COOH \rightleftarrows H^+ + CH_3COO^-$ において，緩衝作用のため pH 変化が最も緩やかになるときの pH の値を，各成分の濃度($[CH_3COOH]$と$[CH_3COO^-]$)の関係を考え，酢酸の電離定数 K_a を用いた数式で表せ。

問 6　この電気分解の陽極および陰極で起こる反応を，陽極については(a)欄に，陰極については(b)欄に，それぞれ電子(e^-)を含むイオン反応式で示せ。

問 7　この電気分解で陰極に流れた電気量の全てが銅の析出のみに用いられたと仮定した場合，陰極に析出する銅の物質量(理論量)は何 mol になるか求め，有効数字 3 けたで答えよ。

問 8　この電気分解の効率は何%になるか求め，有効数字 2 けたで答えよ。ただし，電気分解の効率(%)は，理論量に対する陰極で実際に析出した物質量の比率(%)とする。

化学問題　Ⅱ

次の文章を読み，**問 1** ～**問 5** に答えよ。解答はそれぞれ所定の解答欄に記入せよ。問題文中の L はリットルを表す。特に指定のない場合，数値は有効数字 2 けたで答えよ。

硫酸は 2 価の酸であり，希硫酸中では，硫酸の一段階目の電離反応(1)はほぼ完全に進行する。

$$H_2SO_4 \rightarrow H^+ + HSO_4^- \qquad (1)$$

一方，二段階目の硫酸水素イオン HSO_4^- の電離反応(2)は完全には進行しない。

$$HSO_4^- \rightleftarrows H^+ + SO_4^{2-} \qquad (2)$$

硫酸の電離反応にともなう反応熱を知るために，ビーカーに入れた硫酸に，ビュレットから水酸化ナトリウム水溶液を加え，温度センサで温度変化を測定する実験を行った。硫酸と水酸化ナトリウム水溶液は，最初，同じ温度になっており，混合すると反応が起きて発熱し温度が上がる。ビーカーには他に電気抵抗などを測定する装置が付いていて，溶存するイオンの濃度を知ることができる。

ビーカーに 0.080 mol/L の希硫酸を 40 mL 入れ，ゆっくりかき混ぜながら，ビュレットから 0.080 mol/L の水酸化ナトリウム水溶液を加えた。得られた電気抵抗などの値から，水酸化ナトリウム水溶液を V_{NaOH}〔mL〕加えた時の，硫酸水素イオン HSO_4^- と硫酸イオン SO_4^{2-} のモル濃度を求め，これら 2 つのイオンの存在比率を得た。その結果を**図 1** に示す。

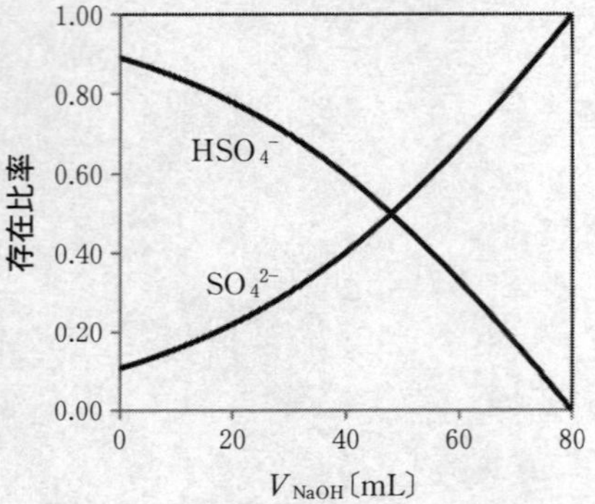

図 1　水酸化ナトリウム水溶液を加えたことによる，硫酸水素イオンと硫酸イオンの存在比率の変化

水酸化ナトリウムを加えない状態($V_{\mathrm{NaOH}} = 0$ mL)では，硫酸水素イオンの存在比率は 0.89 であった。この時，水素イオン濃度は [ア] mol/L であり，ここから硫酸水素イオンの電離定数

$$K = \frac{[\mathrm{H^+}][\mathrm{SO_4{}^{2-}}]}{[\mathrm{HSO_4{}^-}]} \text{〔mol/L〕} \tag{3}$$

は [イ] mol/L と求められる。水酸化ナトリウムを加えるにつれ硫酸水素イオンの比率は減少し，$V_{\mathrm{NaOH}} = 40$ mL では 0.60，$V_{\mathrm{NaOH}} = 80$ mL では 0 とみなせた。

水酸化ナトリウム水溶液を V_{NaOH}〔mL〕加えたことによる，水素イオン，硫酸水素イオンの物質量の変化量をそれぞれ $\Delta n(\mathrm{H^+})$〔mol〕，$\Delta n(\mathrm{HSO_4{}^-})$〔mol〕とすると，**図 1** に示す V_{NaOH} の範囲では次の式(4)が成立する(X の物質量の変化量 $\Delta n(\mathrm{X})$ は，増加する時には $\Delta n(\mathrm{X}) > 0$，減少する時には $\Delta n(\mathrm{X}) < 0$ である)。

$$a V_{\mathrm{NaOH}} = (\boxed{\text{ウ}}) \times \Delta n(\mathrm{H^+}) + (\boxed{\text{エ}}) \times \Delta n(\mathrm{HSO_4{}^-}) \tag{4}$$

ここで $a = 0.080 \times 10^{-3}$ mol/mL であり，$a V_{\mathrm{NaOH}}$ は加えた水酸化ナトリウムの物質量である。また水素イオンと水酸化物イオンの反応の反応熱を Q_1〔kJ〕とすると，その熱化学方程式は式(5)となる。

$$\mathrm{H^+\,aq + OH^-\,aq = H_2O(液) + }Q_1 \tag{5}$$

次に，硫酸水素イオンの電離反応の反応熱を Q_2〔kJ〕とすると，その熱化学方程式は式(6)となる。

$$\mathrm{HSO_4{}^-\,aq = H^+\,aq + SO_4{}^{2-}\,aq + }Q_2 \tag{6}$$

したがって，水酸化ナトリウム水溶液を V_{NaOH}〔mL〕加えたことによる発熱量 $q(V_{\mathrm{NaOH}})$〔kJ〕は

$$q(V_{\mathrm{NaOH}}) = (\boxed{\text{オ}}) \times \Delta n(\mathrm{H^+}) + (\boxed{\text{カ}}) \times \Delta n(\mathrm{HSO_4{}^-}) \tag{7}$$

と表せる。

水酸化ナトリウム水溶液を 40 mL 加えた時の発熱量 $q(40)$〔kJ〕，80 mL 加えた時の発熱量 $q(80)$〔kJ〕について，それぞれ式(8)と式(9)が成立する。

$$q(40) = 40a \times \{(\boxed{\text{キ}}) \times Q_1 + (\boxed{\text{ク}}) \times Q_2\} \tag{8}$$

$$q(80) = 40a \times \{(\boxed{\text{ケ}}) \times Q_1 + (\boxed{\text{コ}}) \times Q_2\} \tag{9}$$

実験の結果，温度は $V_{\mathrm{NaOH}} = 40$ mL で 0.54 ℃，$V_{\mathrm{NaOH}} = 80$ mL では 0.76 ℃ 上昇した。水溶液 1 mL の温度を 1 ℃ 上昇させるには溶液の組成によらず 4.2 J の熱量が必要であるとし，ビーカーやセンサの熱容量，外部との熱の出入りなどを無視すると，実験で得られた温度上昇の結果と式(8)と式(9)から，硫酸水素

イオンの電離反応の反応熱 Q_2 は [サ] kJ と見積もられる。したがって [シ] の原理から，硫酸水素イオンの電離定数 K は溶液の温度を上げると [ス ｛大きくなる・小さくなる｝]。また $V_{\mathrm{NaOH}} = 40$ mL の時の溶液を温めると，溶液の pH は [セ ｛大きくなる・小さくなる｝]。

新たに，溶液の組み合わせを逆にして，ビーカーに 0.080 mol/L の水酸化ナトリウム水溶液を 30 mL 入れ，ビュレットから 0.080 mol/L の硫酸を加える実験を行った。この時，式(8)と式(9)で用いた $q(40)$ と $q(80)$ を用いて，硫酸を 10 mL 加えた時の発熱量は [ソ] 〔kJ〕，硫酸を 30 mL 加えた時の発熱量は [タ] 〔kJ〕で表される。

問 1　[ア] と [イ] に適切な数値を記入せよ。

問 2　[ウ] と [エ] に適切な整数を記入せよ。[オ] と [カ] に Q_1，Q_2 を用いた適切な式を記入せよ。

問 3　[キ] ～ [サ] に適切な数値を記入せよ。

問 4　[シ] に適切な人名を記入し，[ス] と [セ] に適切な語句をそれぞれ選んで記入せよ。

問 5　[ソ] と [タ] に $q(40)$，$q(80)$ を用いた適切な式を記入せよ。

化学問題　Ⅲ

次の文章(a)，(b)を読み，**問 1 ～問 4** に答えよ。解答はそれぞれ所定の解答欄に記入せよ。構造式は，**図 1 ～図 4** にならって記せ。

(a)　木材の主要成分の１つであるリグニンは，ベンゼン環と酸素を豊富に含む高分子化合物であり，植物由来バイオマス（再生可能な植物由来生物資源）として期待されている。ある木材から抽出したリグニンの構造は，**図 1** に示されるようなものであった。このリグニンを，空気を遮断して熱分解したところ，フェノールとグアイアコール（**図 2**）に加えて，芳香族化合物 **A**～**E** が得られた。それらの性質を次ページに記す。なお，この反応で得られる化合物は，**図 1** 中に描かれた分子構造において，C—O 結合もしくはベンゼン環以外の C—C 結合が切断され，切断部分が水素原子（H）に置き換わった分子である。また，この分解反応では，ベンゼン環の構造は保持され，ベンゼン環に結合した置換基の位置は変化しなかった。

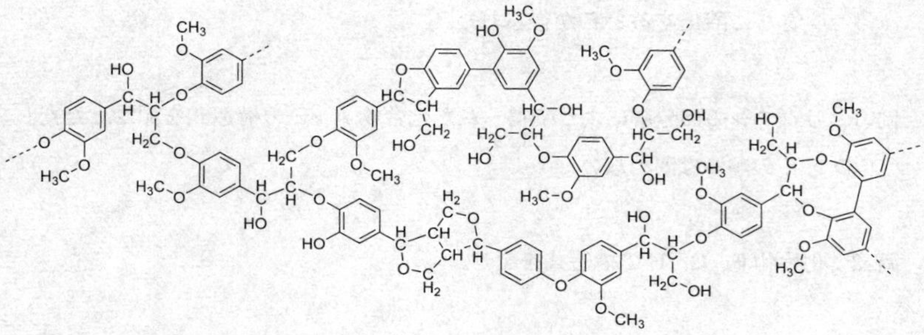

図 1

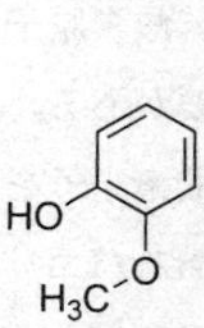

グアイアコール

図 2

化合物A：水にほとんど溶けない。塩化鉄(Ⅲ)で呈色しない。フェノールとメタノールの脱水縮合反応によって合成できる。

化合物B：水にほとんど溶けない。塩化鉄(Ⅲ)で呈色しない。グアイアコールとメタノールの脱水縮合反応によって合成できる。

化合物C：$C_{10}H_{14}O_2$ の分子式で表され，塩化鉄(Ⅲ)で呈色しない。過マンガン酸カリウムと加熱条件で反応させると，塩化鉄(Ⅲ)で呈色しない化合物Fが得られた。Fを熱分解すると，二酸化炭素を放出してBが得られた。

化合物D・E：いずれも $C_8H_{10}O_2$ の分子式で表される三置換ベンゼンであり，塩化鉄(Ⅲ)で呈色する。これらの化合物は，互いに置換基の位置が異なる構造異性体であるが，それぞれをメタノールと脱水縮合したところ，水にほとんど溶けない化合物Gのみが得られた。Gを過マンガン酸カリウムを用いて穏やかに酸化すると，銀鏡反応を示す化合物Hが得られた。Hをさらに酸化するとFが得られた。

問1　リグニンの熱分解によって得られた化合物A～Eの構造式を記せ。ただし，DとEの順序は問わない。

問2　化合物F，G，Hの構造式を記せ。

(b)　石油のような化石資源の主な構成元素は炭素と水素であり，酸素をほとんど含まない。そのため石油を原料として，酸素原子を多く含む有機化合物を製造するためには，多数回の酸化反応を行う必要がある。これに対して，酸素を豊富に含む植物由来バイオマスを原料とすると，酸素原子を多く含む有機化合物を短い工程で製造できる。例えば，重要な化成品であるバニリンは，年間消費量の80％に当たる約3万トンが，化石資源由来のベンゼンから(i)のような工程で製造されている。一方，植物由来バイオマスであるトランス形の二重結合を持つ化合物L（分子式 $C_{10}H_{12}O_2$）を原料として用いれば，(ii)のような工程でバニリンを製造できる。

(i) 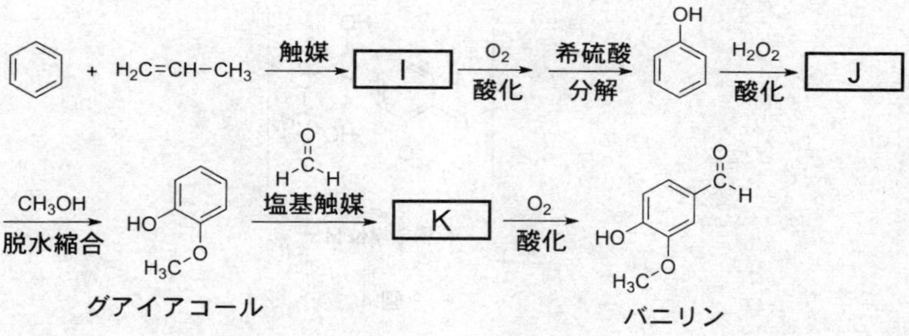

(ii) 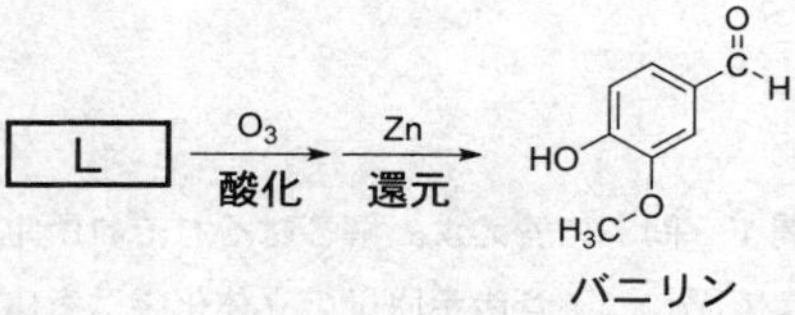

問 3　化合物I，J，K，Lの構造式を記せ。ただし，アルケンにオゾンを作用させた後に還元すると，図3のようにC=C結合が切断されて，ケトンあるいはアルデヒドが得られる。

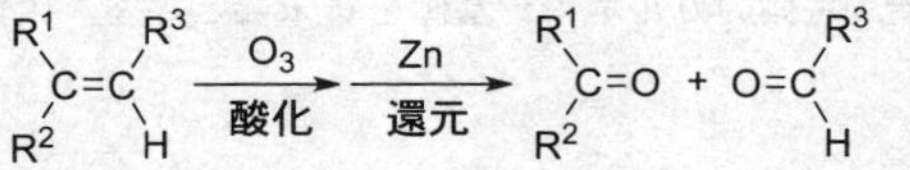

図 3

問 4　バニリンは，スギ材から抽出されたリグニンに最も多く含まれる構成単位M（図4）の酸化分解によっても得られる。スギ材中のリグニンの含有量は重量比で30％，リグニン中のMの含有量は重量比で50％であるとして，3.04×10^7 kgのバニリンを製造するのに必要なスギ材の重量〔kg〕を有効数字3けたで答えよ。ただし，バニリンはMのみから生成し，この酸化分解によってMは全てバニリンに変換されるものとする。計算に際しては，バニリンの分子量を152，Mの式量を196とせよ。

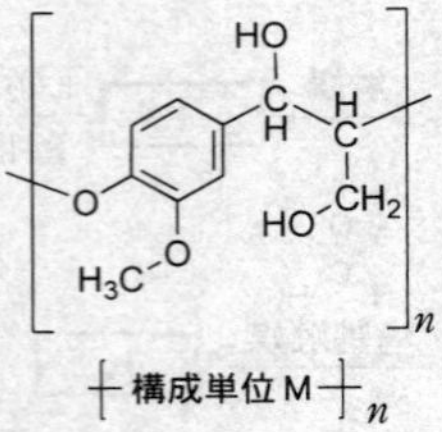

図 4

化学問題　Ⅳ

次の説明文と文章(a)，(b)を読み，**問 1** ～**問 7** に答えよ。解答はそれぞれ所定の解答欄に記入せよ。構造式は**図 1** にならって記し，不斉炭素原子の立体化学は考慮しないものとする。原子量は H ＝ 1.0，C ＝ 12，N ＝ 14，O ＝ 16 とする。

アミノ酸の分子間で，カルボキシ基とアミノ基が脱水縮合して生じる化合物はペプチドと呼ばれ，このとき生じたアミド結合はペプチド結合と呼ばれる。例えば，3 種類のアミノ酸が結合したトリペプチドの構造式は**図 1** のように表記され，左側のアミノ基側を N 末端，右側のカルボキシ基側を C 末端と呼ぶ。代表的なアミノ酸を**表 1** に示す。

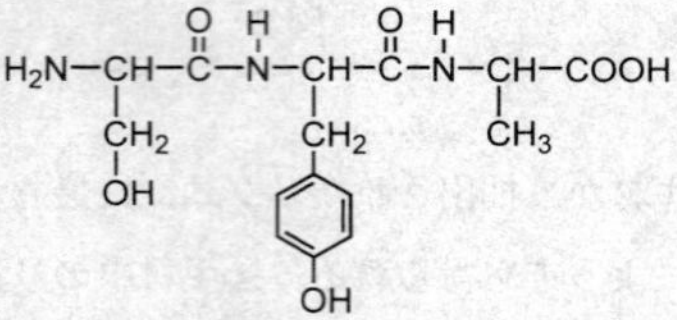

図 1　トリペプチドの構造式の例：N 末端側から順にセリン，チロシン，アラニンがペプチド結合で繋がっている

表 1　代表的なアミノ酸の構造と性質

名称（等電点・分子量）	構造	名称（等電点・分子量）	構造
グリシン（5.97・75）	H_2N-CH_2-COOH	プロリン（6.30・115）	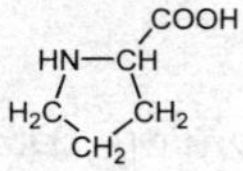
アスパラギン酸（2.77・133）	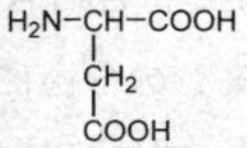	グルタミン酸（3.22・147）	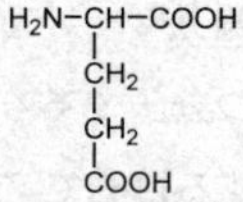
ヒスチジン（7.59・155）	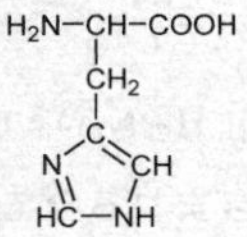	フェニルアラニン（5.48・165）	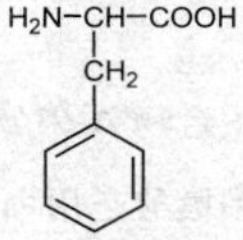

(a)　ペプチドやそれに由来する化合物は，生理活性を有するものが多く知られている。①人工甘味料アスパルテームは，フェニルアラニン（表 1）とメタノールがエステル結合で繋がった化合物（フェニルアラニンメチルエステル）のアミノ基と，アスパラギン酸（表 1）の不斉炭素原子に結合したカルボキシ基がペプチド結合で繋がった化合物である。アスパルテームは，ショ糖の 100～200 倍の甘味を示すため，工業的に生産され広く利用されている。

アスパルテームの合成法を図 2 に示した。アスパラギン酸とギ酸がアミド結合で繋がった化合物（アスパラギン酸ギ酸アミド）を出発原料として，分子内に存在する 2 つのカルボキシ基を脱水縮合させると，酸無水物 X が得られる。これをフェニルアラニンメチルエステルと反応させると，互いに構造異性体である化合物 Y と Z が混合物として得られる。この混合物から化合物 Y を回収し，その後，酸性条件下で Y を加水分解してギ酸を脱離させると，目的物であるアスパルテームが得られる。

図 2　アスパルテームの化学合成法

問 1 下線部①を考慮して，化合物 X，Y および Z の構造式を記せ。

問 2 アスパルテームの構造式を記せ。

(b) 生物の体内には様々なペプチドやそれに由来する化合物が存在し，恒常性の維持に深く関与している。大脳視床下部に存在する化合物 A はペプチドに由来する構造を持つ分子であり，脳下垂体からのホルモンの分泌に関与している。A の構造を決定する目的で実験を行ったところ，以下の情報が得られた。

(ア) 化合物 A の分子量は 362，分子式は $C_{16}H_{22}N_6O_4$ であった。

(イ) 濃塩酸を用いて化合物 A の分子内に含まれる全てのペプチド結合あるいはアミド結合を切断し，完全に加水分解すると，ヒスチジンに加え**表 1** の中の 2 種類のアミノ酸が得られ，その物質量の比は 1 : 1 : 1 となった。

(ウ) **(イ)**で得られた 3 種類のアミノ酸の水溶液にニンヒドリン水溶液を加えて温めたところ，すぐに赤紫～青に呈色したものは 2 種類であった。

(エ) ②**(イ)**で得られた 3 種類のアミノ酸を pH 6.0 の緩衝液中で電気泳動を行ったところ，陽極側に移動したのは 1 種類のみであった。

(オ) 化合物 A には，分子内でアミド結合を形成した五員環構造が含まれることがわかった。このような環状アミドは「ラクタム」と呼ばれる。

(カ) 化合物 A をアセチル化する目的で，酸無水物 B（分子量 102）と反応させたが，アセチル化物は得られなかった。ところが，③化合物 A を水酸化ナトリウム水溶液中で穏やかに攪拌《かくはん》すると分子量 380 の化合物が得られ，この化合物を酸無水物 B と反応させると，アセチル化が進行して新たな化合物が得られた。なお，この条件ではアミド結合を構成する N—H はアセチル化されない。

(キ) ある試薬を用いて化合物 A のヒスチジンのカルボキシ基側のペプチド結合を切断したところ，反応は完全に進行し，2 種類の有機化合物が得られた。

(ク) **(ア)**～**(キ)**の情報をもとに，化合物 A の加水分解で得られた 3 種類のアミノ酸の配列を推定し，順番にペプチド結合で繋がったトリペプチド C を合成したが，化合物 A とは分子量が一致しなかった。

(ケ) トリペプチド C を，酸触媒を含むメタノール中で攪拌し，得られた物質をアンモニアと反応させると化合物 A が得られた。

問 3　化合物Aの加水分解で得られたアミノ酸 3 種類のうち，ヒスチジン以外の残り 2 種類を**表 1** から選びその名称を答えよ。

問 4　下線部②について，以下の文章は，電気泳動で陽極側に移動したアミノ酸の性質を述べたものである。[a] ～ [d] に当てはまる語句や数字を答えよ。[I] と [II] には適切なイオンの構造式を示せ。

(エ)の電気泳動で陽極側に移動したアミノ酸は，側鎖に [a] 基を持つため，[b] アミノ酸と呼ばれる。このアミノ酸は水溶液中では pH に応じて [c] 種類のイオンの形をとり，[b] 側に等電点を持つ。pH 6.0 の水溶液中では，[I] の構造を持つイオンの割合が最大となり，pH を大きくすると [II] の割合が増大する。pH 6.0 付近では，このアミノ酸の分子は [d] に帯電しているため，電気泳動によって陽極側に移動する。

問 5　下線部③に関する以下の問いに答えよ。

i）酸無水物Bの物質名を答えよ。

ii）下線部③の反応について，アセチル化が進行した理由を「**ラクタム**」という語句を含めて，40 字以内で説明せよ。

問 6　トリペプチドCのアミノ酸配列をN末端側から順に表記せよ。**図 1** に示したトリペプチドの場合，「**セリン—チロシン—アラニン**」と表記する。

問 7　化合物Aの構造式を記せ。

生物

(教育(理系)学部　1 科目　90 分
　その他　　　　2 科目 180 分)

(注)　100 点満点。理・医(医)学部は 2 科目 300 点満点に換算。

生物問題　I

次の文章を読み，**問 1 〜問 4** に答えよ。解答はすべて所定の解答欄に記入せよ。

生物は，1 つの遺伝子から機能の異なる複数のタンパク質を生み出し，発現するタンパク質の多様性を高めるしくみをもつことにより，より高度な適応能力を発揮することができる。そのようなしくみの一例として，1 つの遺伝子内の異なる場所から転写が開始されることによって長さの異なる複数の mRNA が生じる転写開始点選択と呼ばれる現象が知られている。最近，様々な刺激に対する生物の応答に転写開始点選択が関わることが明らかになってきた。

例えばシロイヌナズナでは，光受容体フィトクロムを介した光刺激に対する応答において転写開始点選択が行われ，細胞内での存在場所(局在部位)が異なる複数のタンパク質が同じ遺伝子から生み出され，それらが異なる役割を果たす現象が知られている。そのような制御を受ける遺伝子の 1 つである遺伝子 X には，**図 1** で示すように 2 つの転写開始点が存在し，転写開始点①からは mRNA X 1 が転写され，また転写開始点②からは mRNA X 2 が転写される。そして，mRNA X 1 の開始コドン①からはタンパク質 X 1 が，一方 mRNA X 2 の開始コドン②からはタンパク質 X 2 が翻訳される。これらのタンパク質は同じコドンの読み枠で翻訳され，終止コドンも共通であり，アミノ基末端側の長さだけが異なる。そして開始コドン①と開始コドン②の間の塩基配列は，タンパク質を葉緑体に輸送するために必要十分なアミノ酸配列である葉緑体移行シグナルを指定する。

光刺激の有無によって遺伝子 X の転写開始点がどのように選択されるか，またその結果どのような機能を持つタンパク質が生み出されるかを調べるために，以下の 4 つの実験を行った。

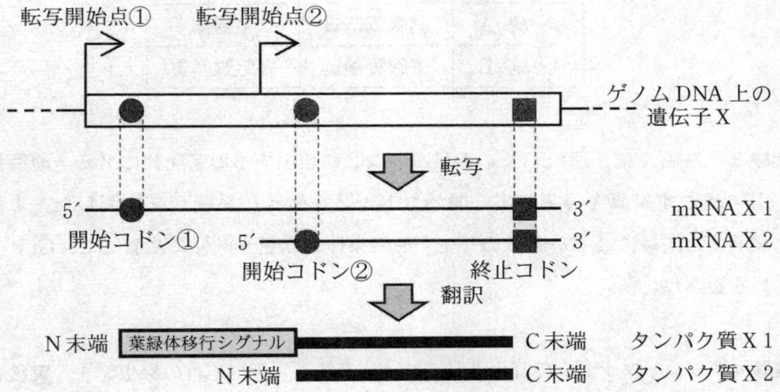

図 1

●は開始コドンを，■は終止コドンを表す。また，タンパク質のアミノ基末端を N 末端，カルボキシ基末端を C 末端と表す。

実験 1：ゲノム編集と呼ばれる技術によって，ゲノムを構成する DNA の特定の塩基配列を思い通りに改変することが可能である。この技術をシロイヌナズナに用いて，タンパク質 X 1 とタンパク質 X 2 の局在部位をいずれも可視化する目的で，緑色蛍光タンパク質（GFP）のアミノ酸配列を指定する DNA 断片（GFP 遺伝子断片）を遺伝子 X 内のある特定の場所に挿入し，系統 A を作製した。

実験 2：系統 A からフィトクロムを発現させる遺伝子を完全に欠失させ，系統 B を作製した。そして系統 A と系統 B の芽生えを暗条件と赤色光条件の 2 つの条件で生育させ，GFP が発する蛍光が細胞内のどの部位に局在するかを観察した。生育条件と蛍光が観察された部位を**表 1** に示す。

表1　GFP 蛍光の局在部位

	生育条件	
	暗条件	赤色光条件
系統 A	細胞質基質	葉緑体
系統 B	細胞質基質	細胞質基質

実験3：系統 A に，遺伝子 X の開始コドン②に相当する塩基配列にアミノ酸置換を引き起こす変異を導入して，開始コドン②を失った系統 C を作製した。そして**実験2**と同様にこの系統 C の芽生えを暗条件と赤色光条件で生育させ，GFP の蛍光を観察した。

実験4：シロイヌナズナの野生株，系統 A，系統 C，それぞれの芽生えを，**実験2**と同様の暗条件と赤色光条件の 2 つの異なる条件で生育させ，表現型を観察した。その結果，赤色光条件では 3 つの系統はいずれも正常な生育を示した。それに対して暗条件では，野生株と系統 A に比べて，系統 C の芽生えの根が短くなっていた。

問1　**実験1**に記したように，タンパク質 X 1，X 2 の局在部位をいずれも GFP の蛍光により可視化するためには，GFP 遺伝子断片を遺伝子 X 内のどの場所に挿入すればよいと考えられるか。最も適切な場所を，**図2**の(**あ**)～(**お**)より 1 つ選び，その記号を解答欄に記せ。ただし，挿入する GFP 遺伝子断片には，開始コドンと終止コドンに相当する配列は含まれないものとする。

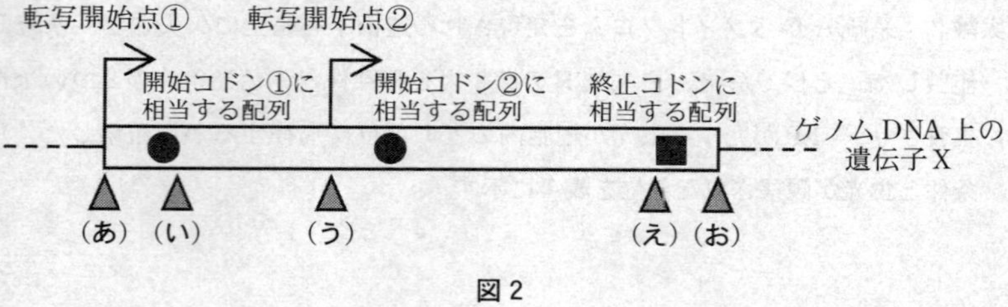

図2

問2　次の文章は，**実験2**の結果をもとに考えられる，赤色光刺激に応答した遺伝子 X の転写開始点選択についての記述である。文中の［ア］～

ウ に入る語の組み合わせとして最も適切なものを(あ)～(え)より1つ選び，その記号を解答欄に記せ。

赤色光刺激により活性化されたフィトクロムの働きによって，遺伝子Xの転写開始点が ア から イ に切り替わり， ウ に局在するタンパク質がつくられる。

	ア	イ	ウ
(あ)	転写開始点①	転写開始点②	細胞質基質
(い)	転写開始点①	転写開始点②	葉緑体
(う)	転写開始点②	転写開始点①	細胞質基質
(え)	転写開始点②	転写開始点①	葉緑体

問3 **実験3**で作製した系統Cにおいて，GFPの蛍光が観察されるとすれば，細胞内のどの部位に観察されると考えられるか。あるいは，蛍光は観察されないと考えられるか。最も適切な組み合わせを，以下の(あ)～(け)より1つ選び，その記号を解答欄に記せ。ただし，野生株の遺伝子Xには，あらゆるコドンの読み枠において開始コドン①と開始コドン②の2つの開始コドンしか存在しないものとする。

	生育条件	
	暗条件	赤色光条件
(あ)	葉緑体	葉緑体
(い)	葉緑体	細胞質基質
(う)	葉緑体	観察されない
(え)	細胞質基質	葉緑体
(お)	細胞質基質	細胞質基質
(か)	細胞質基質	観察されない
(き)	観察されない	葉緑体
(く)	観察されない	細胞質基質
(け)	観察されない	観察されない

問 4　**実験 4** の観察結果に対して最も適切な説明を，以下の **(あ)** ～ **(く)** より 1 つ選び，その記号を解答欄(1)に記せ。また，その説明を選択した理由を解答欄(2)の枠の範囲内で記せ。

(あ)　タンパク質 X 1 は赤色光条件で根の十分な伸長に必要である。
(い)　タンパク質 X 1 は赤色光条件で根の過度な伸長を抑制する。
(う)　タンパク質 X 1 は暗条件で根の十分な伸長に必要である。
(え)　タンパク質 X 1 は暗条件で根の過度な伸長を抑制する。
(お)　タンパク質 X 2 は赤色光条件で根の十分な伸長に必要である。
(か)　タンパク質 X 2 は赤色光条件で根の過度な伸長を抑制する。
(き)　タンパク質 X 2 は暗条件で根の十分な伸長に必要である。
(く)　タンパク質 X 2 は暗条件で根の過度な伸長を抑制する。

※解答欄　問 4(2)：ヨコ 11.5 センチ×タテ 6 センチ

生物問題　Ⅱ

次の文章を読み，**問 1** ～ **問 6** に答えよ。解答はすべて所定の解答欄に記入せよ。

マウスで発見された遺伝性疾患はヒトの遺伝性疾患と対応する場合が多く，ヒトの疾患を検討するモデルとしてマウスは有用である。

マウスにおいて発見されたある遺伝性疾患の原因遺伝子座 X を決定するため，次のような交配実験を行った（**図 1**）。いずれも当該疾患を発症していない黒色の**オス 1** と黒色の**メス 1** を交配したところ，8 匹のマウスが生まれ，その中に白色かつ疾患を発症するマウスが出現した。同様に，黒色の**オス 2** と黒色の**メス 2**，黒色の**オス 3** と黒色の**メス 3** をそれぞれ交配したところ，それぞれ 8 匹と 9 匹のマウスが生まれた。疾患を発症するマウスの大多数は白色であったが，1 匹だけ黒色で疾患を発症するマウスが出現した。この結果から，毛の色を決める遺伝子座 A と疾患の原因遺伝子座 X が［　ア　］していると考えられた。

そこで，疾患の原因遺伝子座 X が存在する染色体上の位置を決定するため，毛の色を決める遺伝子座 A が存在する染色体領域に遺伝子座 A をはさむように位置するマーカー遺伝子座ＢとＣを用いて子マウスの［ イ ］を決定した(図１)。

マーカー遺伝子座とは，相同染色体間で塩基配列がわずかに異なる部分を利用して対立遺伝子の組み合わせである［ イ ］を容易に判定できるような遺伝子座であり，染色体上の位置の目印としての役割を果たす。なお，遺伝子座ＢとＣの間で相同染色体間の二重乗換えはなく，また，新たな突然変異は生じないものとする。

パネル1

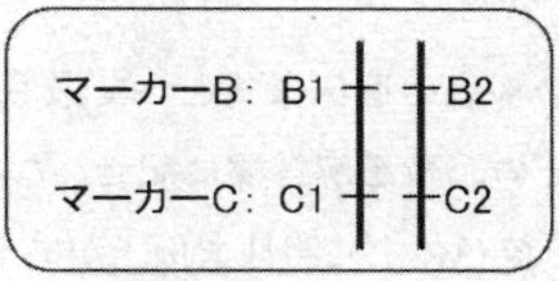

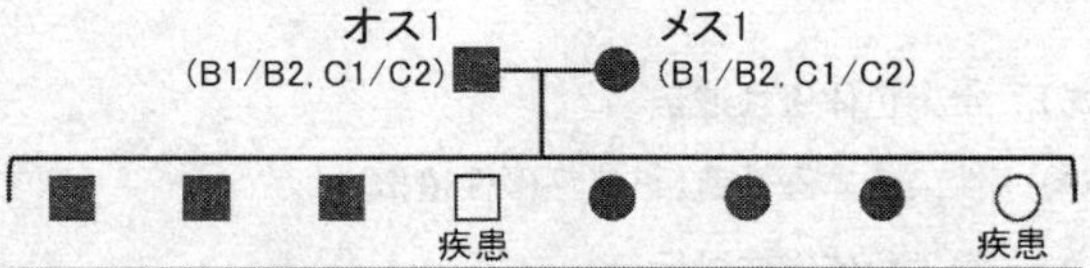

マーカーB	B1/B1	B1/B2	B2/B2	B1/B2	B1/B1	B1/B2	B1/B2	B2/B2
マーカーC	C1/C1	C1/C2	C1/C2	C2/C2	C1/C1	C1/C2	C1/C2	C1/C2
B-C間の組換え	なし	なし	あり	あり	なし	なし	なし	あり

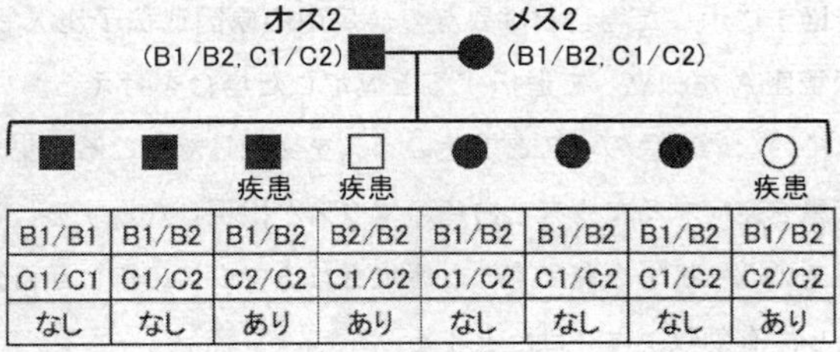

マーカーB	B1/B1	B1/B2	B1/B2	B2/B2	B1/B2	B1/B2	B1/B2	B1/B2
マーカーC	C1/C1	C1/C2	C2/C2	C1/C2	C1/C2	C1/C2	C1/C2	C2/C2
B-C間の組換え	なし	なし	あり	あり	なし	なし	なし	あり

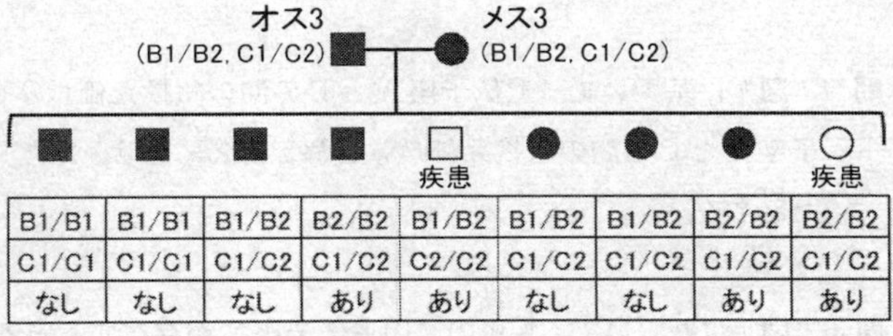

マーカーB	B1/B1	B1/B1	B1/B2	B2/B2	B1/B2	B1/B2	B1/B2	B2/B2	B2/B2
マーカーC	C1/C1	C1/C1	C1/C2	C1/C2	C2/C2	C1/C2	C1/C2	C1/C2	C1/C2
B-C間の組換え	なし	なし	なし	あり	あり	なし	なし	あり	あり

■：黒色のオス　□：白色のオス　疾患：疾患発症個体
●：黒色のメス　○：白色のメス

図１

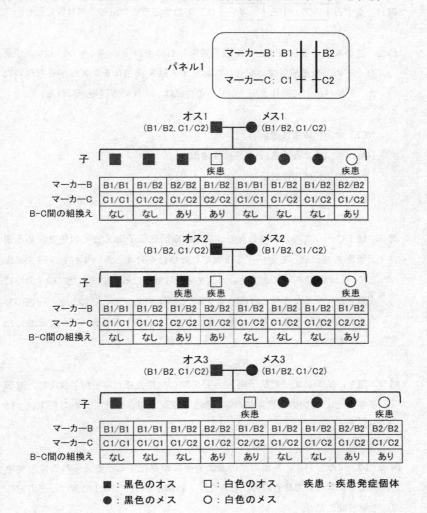

オス1～3および**メス1～3**は，マーカー遺伝子座BとCについて**パネル1**に示すようなヘテロ接合体である。なお，マーカー遺伝子座Bの対立遺伝子をB1，B2と表記する。C1，C2も同様である。マーカー遺伝子座BとCの間に生じた組換えの有無を**B-C間の組換え**欄に示す。

問1 文中の［ア］と［イ］に当てはまる適切な語句を解答欄に記せ。

問2 この疾患の遺伝様式として最も適切なものを以下の(あ)～(え)より1つ選び，その記号を解答欄に記せ。なお，オスはX染色体を1本しかもたないため，X染色体上に劣性遺伝子がある場合には，劣性の表現型が現れる。

(あ) 常染色体優性遺伝
(い) 性染色体優性遺伝(伴性優性遺伝)
(う) 常染色体劣性遺伝
(え) 性染色体劣性遺伝(伴性劣性遺伝)

問3 図1に示した場合とは異なり，疾患の原因遺伝子座Xと毛の色を決める遺伝子座Aが独立して遺伝すると仮定した場合を考える。いずれも疾患を発症していない黒色のオスと黒色のメスを交配したところ，生まれたマウスの中に疾患を発症するマウスと白色のマウスが出現したとする。このとき，白色のマウスのうち疾患を発症すると想定されるマウスの割合を百分率(%)で記せ。ただし，有効数字は2けたとする。

問4 図1に基づいて，遺伝子座AとBの間の組換え価(%)を解答欄(1)に，遺伝子座AとCの間の組換え価(%)を解答欄(2)に記せ。ただし，有効数字は2けたとする。

問5 図1に基づいて，疾患の原因遺伝子座Xが存在すると考えられる染色体地図上の位置として最も適切なものを以下の(あ)～(え)より1つ選び，その記号を解答欄に記せ。

(あ)　遺伝子座ＡとＢの間の染色体領域

(い)　遺伝子座ＡとＣの間の染色体領域

(う)　遺伝子座ＢとＣが存在する染色体上で，遺伝子座ＢとＣの間以外の領域

(え)　遺伝子座ＢとＣが存在する染色体とは別の染色体上の領域

問 6　**図 1** に基づいて，遺伝子座Ａ，Ｂ，Ｃのうち，疾患の原因遺伝子座Ｘの最も近くに存在すると考えられる遺伝子座を解答欄(1)に，その遺伝子座と遺伝子座Ｘの間の組換え価（％）を解答欄(2)に記せ。ただし，有効数字は 2 けたとする。

生物問題　Ⅲ

次の文章(A)，(B)を読み，**問 1** ～**問 7** に答えよ。解答はすべて所定の解答欄に記入せよ。

(A)　植物は，様々な外部環境の変化に応じて形態などを変化させながら，成長や生殖を行っている。春から初夏にかけて開花するアブラナ科のシロイヌナズナやイネ科のコムギは長日植物と呼ばれ，長日条件で花芽を形成する。長日植物の中には，この長日条件に加えて，春化に必要な［　ア　］を経験することが花芽形成に必須である植物も知られている。これに対し，コムギと同じイネ科に属するイネは，基本的には短日条件で花芽を形成すると考えられている。このように，種によって花芽が形成されるための日長条件は異なるが，タンパク質である［　イ　］が茎頂分裂組織に運ばれて花芽形成が誘導される共通の分子機構が存在する。

　イネは熱帯・亜熱帯地域を起源とする。気温が 20 ℃ 以下になると生育が大幅に遅延し，9 ℃ 以下では生育がほぼ停止する。熱帯地域のモンスーン・アジアでは雨季と乾季があり，定期的に洪水や干ばつが起きる。そのため，イネでは日長を正確に感知し，不良環境条件を回避して開花・結実するしくみが発達したと考えられている。一方，人類は日長などの環境変化に対し感受性が異なる様々なイネの自然変異種を見出すとともに，栽培環境を整えることで，①<u>野生イネが自生しえない高緯度地域</u>や②<u>降水量の少ない時期</u>においても，栽培を可能としてきた。

問 1　文中の ア に当てはまる適切な語句を解答欄に記せ。

問 2　文中の イ に当てはまる適切な語を以下の(あ)～(か)の中から選び，その記号を解答欄に記せ。

(あ)　アブシジン酸　(い)　オーキシン　(う)　サイトカイニン
(え)　ジベレリン　(お)　フロリゲン　(か)　エチレン

問 3　下線部①に関連して，図 1 に示したイネの品種 A と品種 D を亜寒帯(冷帯)地域にある札幌市で栽培することにした。種まきを 5 月下旬に行い，温室(平均気温 26 ℃，自然日長)で栽培した場合，それぞれの開花はいつ頃になると予想されるか。図 2 を参考にして，推定される開花時期を以下の(あ)～(お)の中から選び，その記号を品種 A については解答欄(1)に，品種 D については解答欄(2)に記せ。ただし，平均気温 26 ℃ の時，花芽形成から開花までに要する日数は，品種や日長によらず約 35 日とする。なお，図 1 における品種 A の点線は，品種 A の限界暗期が 12 時間であることを示している。

一方，札幌市の屋外で 5 月下旬に品種 A の種まきを行い栽培した場合には開花が観察されない。その理由として考えられることを，解答欄(3)に記せ。ただし，日長が花芽形成を誘導する分子機構は，他の環境要因の影響を受けないものとする。

(あ)　8 月下旬　(い)　9 月上旬　(う)　9 月下旬
(え)　10 月上旬　(お)　10 月下旬以降

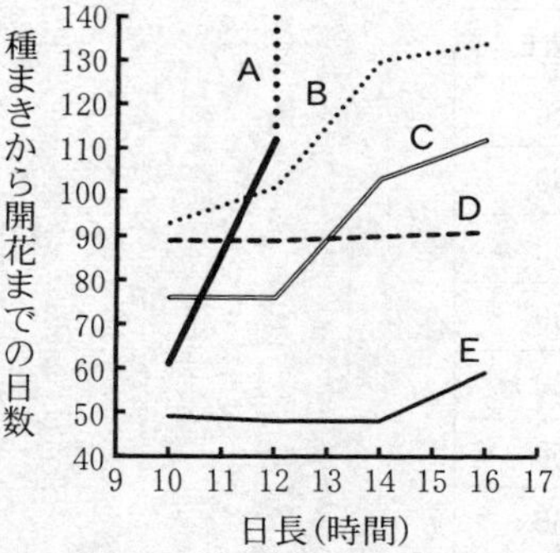

図 1　イネ 5 品種(A～E)を様々な日長条件下(気温 26 ℃)で栽培した時の種まきから開花までの日数(Vergara and Chang, 1985 の図を改変)

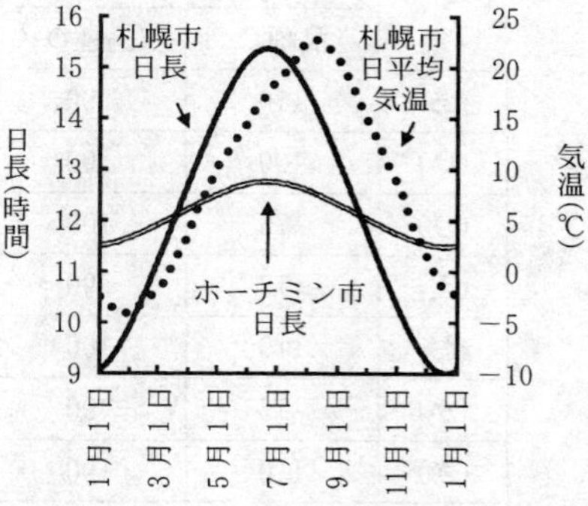

図 2　札幌市とホーチミン市の日長と札幌市の日平均気温の季節変化(国立天文台と気象庁のデータより作図)

問 4　下線部②に関連して，熱帯地域の乾季ではイネの栽培は困難であったが，かんがい設備や排水設備の整備により，稲作が可能になった事例もある。ベトナム国ホーチミン市近郊のメコンデルタで乾季の始まる 12 月に種まきを行い，**図 1** に示した品種 B～E を栽培することにした。この場合，品種 B の開花期における現存量を 100 とすると，品種 C～E の開花期における現存量(概数)はどのような値になると予測されるか。最も適切な値の組み合わせを，以下の(**あ**)～(**く**)の中から選び，その記号を解答欄に記せ。ただし，現存量の一日あたりの増加量は全品種で同一であり，生育期間を通し一定とする。また，メコンデルタの乾季の気温は 26 ℃，日長はホーチミン市の日長と同一と仮定する。

	品種C	品種D	品種E
(あ)	110	90	50
(い)	100	90	60
(う)	75	100	50
(え)	75	90	50
(お)	110	100	50
(か)	75	90	60
(き)	110	100	60
(く)	100	90	50

※解答欄　問3(3)：ヨコ11.6センチ×タテ5.6センチ

(B)　動物は外界からの刺激を受容器で感知し，その情報を筋肉などの効果器に伝えて様々な反応や行動を起こす。その情報を仲介するのが神経系である。脊椎動物において，受容器の1つである視覚器官では網膜の［ア］と桿《かん》体細胞の2種類の視細胞が光を受容し，聴覚器官では有毛細胞が空気の振動である音波を感知する。また，化学物質は嗅上皮の嗅細胞や味覚芽(味蕾)の味細胞により受容され，体の平衡感覚は前庭や半規管で感知されるなど，様々な種類の受容器がある。このうち聴覚器官や半規管では，物理的刺激が細胞膜上のイオンチャネルの開閉を直接的に変化させて細胞の［イ］を変化させる。一方，化学物質を受容する嗅細胞や味細胞では，多くの場合Gタンパク質共役型受容体が化学物質を受容する。③Gタンパク質共役型受容体が少数活性化された場合でも，多数のセカンドメッセンジャーを介して多くのイオンチャネル開閉が変化することにより，効果的な刺激受容が可能になる。

問5　文中の［ア］，［イ］に当てはまる適切な語句を解答欄に記せ。

問6　受容器で感知した情報が処理されるしくみについて記した次の文章を読み，以下の(1)〜(3)に答えよ。

明暗など光刺激のコントラストは，視細胞で受容され神経回路での処理を経て強調された後，脳へ伝えられることがある。そのしくみについて，単純化した神経回路を想定して考察する(**図 3**，**図 4**)。

図 3 に示す神経回路において，神経細胞「a」～「f」はすべて興奮性シナプスをつくる細胞で，隣接する神経細胞「a」～「c」はそれぞれ感覚細胞からの伝達により引き起こされる興奮と同じ頻度の興奮を，神経細胞「d」～「f」に引き起こすものとする。なお，**図 3** 左端の棒グラフは，感覚細胞からの伝達により引き起こされる「a」～「c」の興奮頻度を表し，ここでは「b」の興奮頻度が「a」と「c」の興奮頻度の 2 倍である。

図 4 では，神経細胞「g」を**図 3** で示した神経回路に加えた場合を想定する。「g」には「b」からシナプスを介した情報伝達が起こり，「d」と「f」は「g」からシナプスを介した情報伝達を等しく受ける。

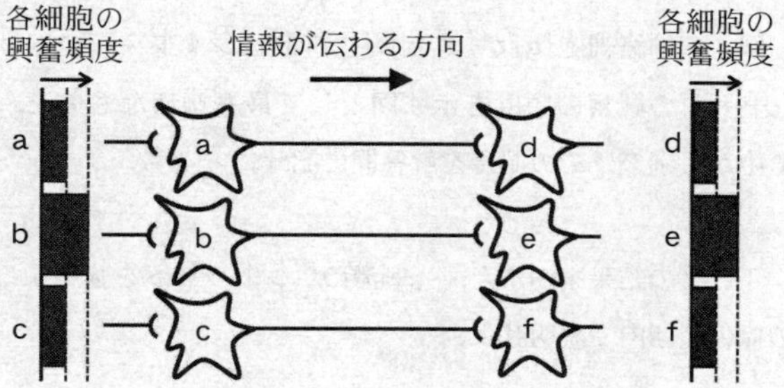

図 3

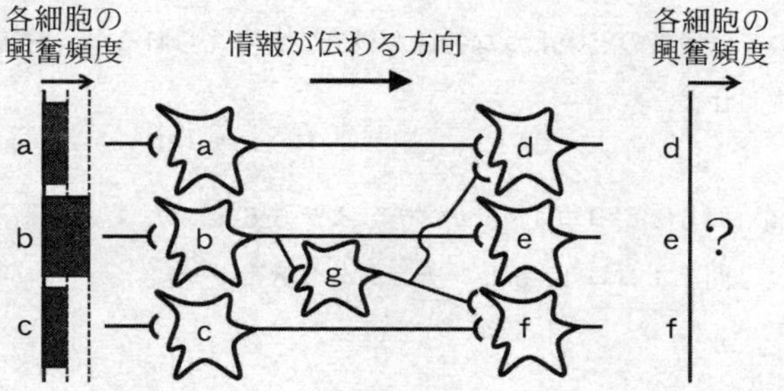

図 4

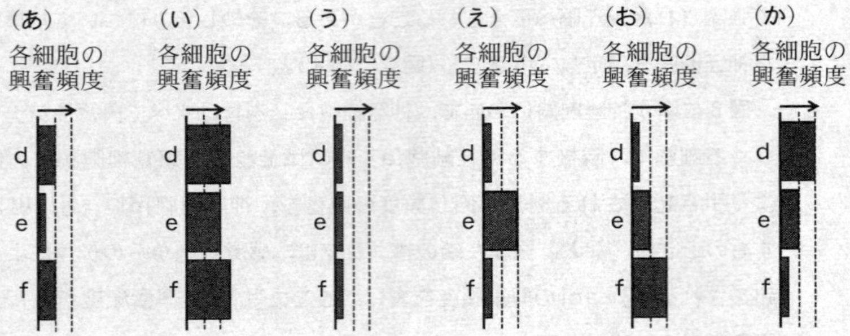

⑴　図4の神経細胞「g」が「d」と「f」に興奮性シナプスをつくっている場合に，「d」～「f」の興奮の頻度を示す図として最も適切なものを，上の(あ)～(か)の中から選び，その記号を解答欄に記せ。

⑵　図4の神経細胞「g」が「d」と「f」に抑制性シナプスをつくっている場合に，「d」～「f」の興奮の頻度を示す図として最も適切なものを，上の(あ)～(か)の中から選び，その記号を解答欄に記せ。

⑶　⑴と⑵の結果をふまえ，光刺激のコントラストを強調するしくみを解答欄の枠の範囲内で説明せよ。

問7　下線部③に関連して，少数の受容体活性化により多数のセカンドメッセンジャーが産生される過程で，酵素が重要な役割を担うことが多い。この過程において，酵素のどのような特徴が役立つと考えられるか。解答欄の枠の範囲内で説明せよ。

※解答欄　問6⑶：ヨコ11.6センチ×タテ5.6センチ
　　　　　問7：ヨコ12.6センチ×タテ2.8センチ

生物問題　Ⅳ

次の文章(A)，(B)を読み，**問 1 ～問 7** に答えよ。解答はすべて所定の解答欄に記入せよ。

(A)　植食性昆虫(以下では，単に昆虫と省略する)と植物の間には捕食者―被食者の関係があるが，植物はただ食べられている(食害を受けている)だけではない。植物は，昆虫による食害を受けると，その部位で食害を防ぐ応答を開始する。これを防御応答と呼ぶ。さらに植物体内の［ア］を移動する信号の伝達を介して，植物体全体で防御応答を含むさまざまな応答が誘導される。

複数種の昆虫が同じ植物を食害する場合，それらの間に防御応答を介した間接的な相互作用が成り立つことがある。ある植物の地上部を食害する昆虫と地下部を食害する昆虫との間にも，こうした相互作用があるのだろうか。この疑問に答えるために，トウモロコシの栽培品種の植物体を用いて実験を行った。実験材料として，トウモロコシの根に食害を与えるハムシ科の昆虫 A (体長約 5 mm の幼虫)と，葉に食害を与えるヤガ科の昆虫 B (体長約 5 mm の幼虫)を用い，昆虫 A の生育に対する昆虫 B の影響を調べた。なお，昆虫 A 単独，あるいは昆虫 B 単独の食害を受けると，トウモロコシはそれぞれの昆虫に対する特異的な防御応答をただちに開始するとともに，植物体全体で防御応答を含むさまざまな応答を示すことがわかっている。実施した実験方法は以下の通りである。

1 株ずつポットに植えた丈高約 30 cm のトウモロコシを 45 株用意し，温度，湿度，明暗条件を一定にした室内で 7 日間栽培した。その際，ポットを 3 つのグループ(各グループ 15 ポット)に分け，グループごとに，**図 1** に示す 3 種類の実験条件を設定した。各条件において昆虫 A の体重を接種前と回収後に計測し，体重増加量の平均値を算出した。

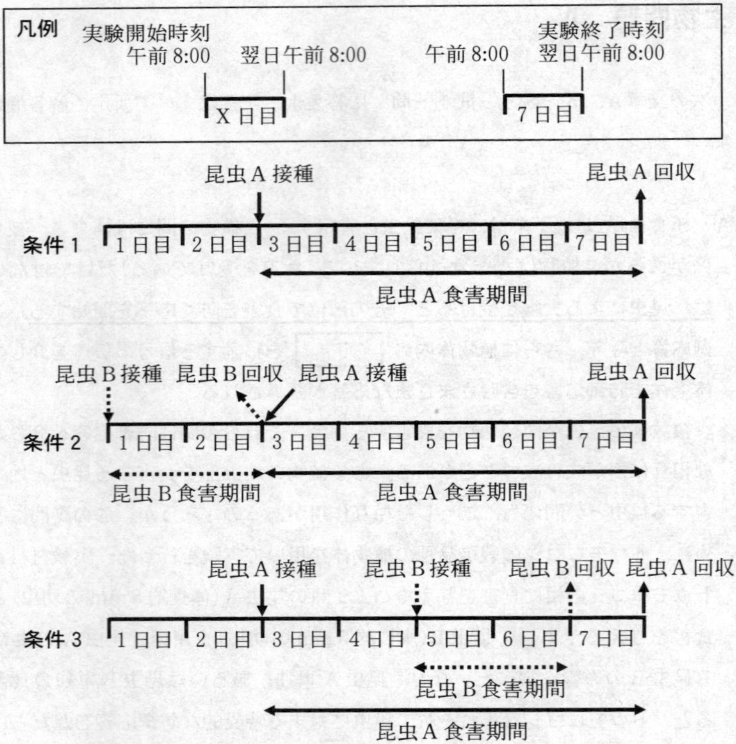

図 1

接種とは，植物に昆虫を接触させ食害を起こさせる操作である。下向き矢印と上向き矢印は，昆虫の接種と回収を表し，水平方向の矢印は昆虫の食害期間を表す。実線は昆虫 A についての，点線は昆虫 B についての操作を表す。一日は午前 8 時から翌日午前 8 時までとし，午前 8 時を各日の実験開始時刻と呼ぶ（**凡例**の左側）。また 7 日目の実験が終わる午前 8 時を実験終了時刻と呼ぶ（**凡例**の右側）。

条件 1：3 日目の実験開始時刻にポット植のトウモロコシ株の根に昆虫 A を 4 頭接種し，実験終了時刻に全個体を回収した。

条件 2：1 日目の実験開始時刻にポット植のトウモロコシ株の葉に昆虫 B を 12 頭接種し，3 日目の実験開始時刻に全個体を回収した。昆虫 B の回収後，直ちにトウモロコシ株の根に昆虫 A を 4 頭接種し，実験終了時刻に全個体を回収した。

条件 3：3 日目の実験開始時刻にポット植のトウモロコシ株の根に昆虫 A を 4 頭接種し，その後，5 日目の実験開始時刻にトウモロコシ株の葉に昆虫 B を 12 頭接種した。昆虫 B は 7 日目の実験開始時刻に全個体を回収した。昆虫 A は実験終了時刻に全個体を回収した。

実験の実施期間を通して，昆虫 A，昆虫 B による食害量がトウモロコシの成長に与える影響は無視できるものとし，また栽培期間中のトウモロコシの成長は実験結果に影響を及ぼさなかったとする。実験の結果を**図 2** に示す。

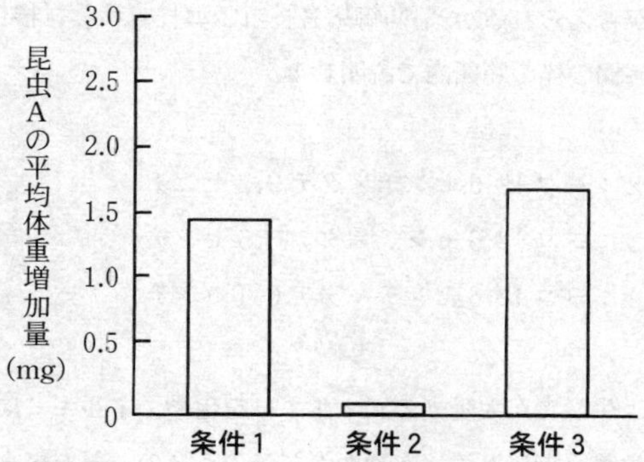

図 2

(Erb et al., 2011 の図を改変)

問 1　文中の **ア** に当てはまる適切な語句を解答欄に記せ。

問 2　下線部は昆虫による食害の記述であるが，植物は病原体に感染した場合にも感染部位で様々な防御応答を示す。そのような防御応答のしくみを 1 つあげ，解答欄の枠の範囲内で説明せよ。

問 3　**図 2** に示された**条件 1** の結果は，トウモロコシの昆虫 A に対する防御応答下での，昆虫 A の体重増加量を示している。この値と**条件 2** における体重増加量の値との間には著しい違いがある。この違いは，**条件 2** では，昆虫 A が根をほとんど食害できなかったことを示している。昆虫Ａが根を食害できなかった理由を「防御応答」,「誘導」,「葉」という語をすべて用い，解答欄の枠の範囲内で説明せよ。

問 4　**条件** 2 と**条件** 3 において，昆虫Ｂの食害期間は同じ長さであったにもかかわらず，**条件** 3 での昆虫Ａの体重増加量は，**条件** 2 より大きく，**条件** 1 と同程度であった。何がこの体重増加量の違いを引き起こしたのだろうか。この理由を明らかにするため，**条件** 2 と**条件** 3 で昆虫Ｂの体重増加量を調べる実験を計画した。実験の結果，昆虫Ｂの体重が**条件** 2 では増加し，**条件** 3 では増加しなかった場合，昆虫Ａの体重増加量の違いが発生した理由としてどのようなことが考えられるか。「防御応答」,「誘導」,「葉」,「根」という語をすべて用い，解答欄の枠の範囲内で説明せよ。

※解答欄　問２：ヨコ 12.6 センチ×タテ 2.2 センチ
　　　　　問３：ヨコ 12.6 センチ×タテ 3.5 センチ
　　　　　問４：ヨコ 12.6 センチ×タテ 6.4 センチ

(B)　生態系では，生産者が太陽光のエネルギーを化学エネルギーに変換して生産を行い，その次の栄養段階にある一次消費者がそのうちの一部を摂食し，同化し，生産を行う。さらに，その上位の栄養段階にある二次消費者も，同様に，一次消費者による生産量の一部を利用する。それぞれの段階において，摂食されないエネルギー，同化されないエネルギー，生産に用いられないエネルギー，成長の過程で起こる組織の枯死や老廃物の排出で失われるエネルギーがあり，ある栄養段階での生産量の一部だけが次の栄養段階に移行する。これらの関係をまとめた模式図は生産力ピラミッド（あるいは生産速度ピラミッド）と呼ばれ，ピラミッドの段の間での年間同化量の相対値（ある栄養段階の年間同化量をその一つ前の栄養段階の年間同化量で割った値）をエネルギー効率と呼ぶ。また，ある生物群において，生産量を同化量で割った値を生産効率と呼ぶ。

問 5　陸域の単位面積あたりに到達する光のエネルギーの年間総量と季節的変動は，緯度によって異なる。その結果として，赤道域と中緯度域で生産力ピラミッドの 1 段目の大きさ(総生産量)がどのように異なるかを，解答欄の枠の範囲内で説明せよ。

問 6　生産者と一次消費者の間のエネルギー効率に影響する要因を以下の(**あ**)～(**お**)の中からすべて選び，その記号を解答欄に記せ。

(**あ**)　植物の単位重量あたりの呼吸量
(**い**)　植物の成長に伴う落葉，落枝などの枯死量
(**う**)　植物の生産効率
(**え**)　植食性動物の単位重量あたりの呼吸量
(**お**)　植食性動物の不消化排出量

問 7　**表 1** は 3 つの動物群について生産効率を調べた結果を示す。この表に例示したように，一般に哺乳類は無脊椎動物に比べ，生産効率が低い。この理由を解答欄の枠の範囲内で記せ。

表 1

動　物　群	生産効率(%)
小型哺乳類	1.51
その他の哺乳類	3.14
昆虫以外の無脊椎動物	25.0

(Humphreys, 1979 の表を改変)

※解答欄　問 5：ヨコ 12.6 センチ×タテ 3.8 センチ
　　　　　問 7：ヨコ 12.6 センチ×タテ 4.8 センチ

地学

(教育(理系)学部　1 科目　90 分)
(その他　2 科目 180 分)

(注)　100 点満点。理学部は 2 科目 300 点満点に換算。

地学問題　I

次の文章(a), (b)を読み，**問 1** ～**問 4** に答えよ。解答はすべて所定の解答欄に記入せよ。

(a)　天の川銀河(銀河系)にはおよそ 2000 億個の主系列星が含まれる。これらの主系列星のうち，太陽の 0.5 倍より大きく 7 倍より小さい質量をもつ主系列星は，晩年を迎え中心部で［ア］が燃えつきると［イ］を主成分とする外層のガスを放出する。ガスの放出と同時に星の中心部は重力収縮し［ウ］となる。放出されたガスは［ウ］からの光によって輝き，惑星状星雲となるが，ガスは広がり続け 1 万年程度で惑星状星雲ではなくなる。

問 1　文中の［ア］～［ウ］に当てはまる適切な語を以下の語群から 1 つずつ選べ。重複して選択してもよい。

語群：鉄，酸素，炭素，ヘリウム，水素，原始星，白色わい星，中性子星，ブラックホール

問 2　天の川銀河では星ができ始めてから 100 億年以上経過しており，太陽の主系列星としての寿命はほぼ 100 億年と考えられている。天の川銀河の主系列星がすべて太陽と同じ質量をもち，これらの主系列星が時間的に一定の割合で誕生し，すべて惑星状星雲に進化すると仮定し，以下の(1)～(3)に答えよ。

(1) 1つの恒星が惑星状星雲でいる時間は，主系列星としての寿命に対して何パーセントか。有効数字1けたで求めよ。

(2) 現在，天の川銀河に存在すると期待される惑星状星雲の数はいくつか。有効数字1けたで答えよ。

(3) 可視光で惑星状星雲を探査すると，天の川銀河の中心方向では，観測された惑星状星雲は期待される数より大幅に少なく，暗かった。その原因を30字以内で述べよ。

(b) 近年，観測技術の発展により多くの太陽系外の惑星(系外惑星)の存在が明らかになってきた。しかし，いまだに系外惑星の姿を直接観察することは極めて困難である。その理由は，惑星をもつ恒星(主星)に対して惑星が暗く，主星と惑星の距離が近いためである。

ここでは，地球から1パーセクの距離にある主星とその周囲を円軌道で公転する系外惑星を観察する。なお地球はこの惑星の公転面内にあるとする。

問 3 この主星の表面温度を4500 K とする。この主星の単位波長あたりの放射エネルギーが最大となるのはどの波長帯か。以下の語群から1つ選び，その理由も記せ。

語群：X線，紫外線，可視光線，赤外線

問 4 この主星を絶対等級が6等の主系列星，この惑星を半径7500 km の球，公転半径を1天文単位(1.5×10^8 km)として，以下の(1)~(5)に答えよ。

(1) 2つの天体を観察したとき，それらの天体のなす角を離角という。惑星と主星の離角が最も大きくなるときの値を秒(″)で答えよ。

(2) 主星の見かけの等級を答えよ。

⑶　惑星が主星から受ける単位時間あたりのエネルギーは，主星が放射する単位時間あたりのエネルギーの何倍になるか。有効数字2けたで答えよ。導出過程も記せ。

⑷　惑星の見かけの等級を答えよ。導出過程も記せ。ただし，惑星は⑶で考えた主星からの光を全て等方に放射しているものとする。必要であれば，等級の差と明るさの比を示した**表1**を用いよ。

表1

等級の差	1	2	3	4	5
明るさの比	2.5	6.3	16	40	100

⑸　惑星の公転周期は1年より長いか短いかを理由とともに答えよ。ただし，太陽の絶対等級を5等とする。

※解答欄　問3・問4⑶：各ヨコ12.9センチ×タテ4センチ

問4⑷：ヨコ13.2センチ×タテ4.9センチ

⑸：ヨコ13.2センチ×タテ9.5センチ

地学問題　II

次の文章を読んで，**問 1** ～**問 6** に答えよ。解答はすべて所定の解答欄に記入せよ。

地球では大気と［ア］による低緯度域から高緯度域への熱の輸送があるために，緯度による温度の違いが小さくなっている。大気によるこのような緯度間の熱の輸送①には，水の蒸発・凝結によって吸収・放出される［イ］の輸送もある。大気温度の高度による変化を見ると，［ウ］界面で温度が極大になっている。これは，大気中のオゾンが大気をあたためているためである。ただし，大気温度の極大域は，オゾン層②と呼ばれるオゾン密度が高い層よりも高い高度にある③。

地球大気においてオゾンは，酸素分子が太陽からの紫外線によって分解され，さらに別の酸素分子と結びつくことで生成されている。そのためにオゾンの生成量は太陽からの紫外線の入射量が多い［エ］域で最も多い。オゾンの分解によって生じている現象としてはオゾンホール④がある。オゾンホールが出現するのは，フロンなどから出された［オ］がオゾンを分解するためである。1980 年代以降にオゾンホールの発生と拡大が観測されたため，フロンの排出を規制することによって，オゾン量の減少を抑制することが進められている。

問 1　文中の［ア］～［オ］に当てはまる適切な語を以下の語群から 1 つずつ選べ。ただし，同じ語を二度以上用いてはならない。

語群：長波放射，短波放射，大陸，海洋，断熱，地熱，潜熱，顕熱《けんねつ》，対流圏，成層圏，中間圏，熱圏，低緯度，中緯度，高緯度，窒素分子，酸素分子，塩素原子，メタン，二酸化炭素

問 2　下線部①に関連して，大気による低緯度域から高緯度域への熱輸送における，「ハドレー循環」と「偏西風波動」の役割について説明せよ。

問 3　下線部②に関連して，地球の大気にオゾン層が形成された理由を生物と関連させて述べよ。また，オゾン層の形成が生物の進化に与えた影響を述べよ。

問 4　下線部③に関連して，大気温度の極大域がオゾン層よりも高い高度にある理由を述べよ。

問 5　下線部④に関連して，以下の(1)，(2)に答えよ。

(1)　フロンは，極域よりも人間活動の活発な中緯度域と低緯度域から多く放出されているが，フロンが原因となるオゾンの分解は極域で多く起こっている。その理由を述べよ。

(2)　フロンが原因となるオゾンの分解は北極域よりも南極域で多く起こっているが，その理由を以下の語群の語をすべて用いて述べよ。

語群：極渦，成層圏突然昇温

問 6　大気中の酸素分子からのオゾンの生成量は，太陽の黒点数と同じく約 11 年の周期で増減しており，太陽の黒点数が多い時には多く，黒点数が少ない時には少ない。両者にこのような関係がある理由を述べよ。

※解答欄　問 2 ：ヨコ 12.2 センチ×タテ 5.5 センチ
問 3 ：ヨコ 12.2 センチ×タテ 11 センチ
問 4 ：ヨコ 12.2 センチ×タテ 5.3 センチ
問 5(1)：ヨコ 12.2 センチ×タテ 7.6 センチ
(2)：ヨコ 12.2 センチ×タテ 9.5 センチ
問 6 ：ヨコ 12.2 センチ×タテ 10.3 センチ

地学問題　III

次の文章を読み，**問 1** ～**問 7** に答えよ。解答はすべて所定の解答欄に記入せよ。

地球の表面は，複数の硬いプレートに覆われていて，そのプレートが動くことで地震・火山活動や造山運動が起きている。プレートは [ア] とその下の [イ] 最上部からなる硬い層で成り立っており，プレートの下には [ウ] と呼ばれる①比較的軟らかい層が存在する。[ア] と [イ] の境界面は [エ] と呼ばれ，地震波の速度が，[エ] の上側に比べ，下側で急激に増加する。プレート運動に関連して，海洋底には②海嶺，③海溝やトラフが存在する。

日本列島およびその周辺は，プレートの境界部に位置していることから，地震活動が活発な地域である。日本で発生する地震には，主に，プレート境界で発生する地震，④沈み込む海のプレート内で発生する地震，⑤陸のプレート内で発生する地震がある。

問 1　文中の [ア] ～ [エ] に当てはまる適切な語を答えよ。

問 2　下線部①の層を伝わる S 波の速度は，その層の上下にある層に比べて大きいか，小さいか答えよ。

問 3　海のプレート表面から深さ 4 km までに見られる代表的な岩石として適切なものを，以下の語群から 2 つ選べ。

語群：花こう岩，玄武岩，安山岩，流紋岩，斑れい岩，閃緑《せんりょく》岩

問 4　下線部②に関連して，海嶺軸から離れるにつれ，プレートは厚さを増す。この理由を説明せよ。

問 5　下線部③に関連して，日本海溝に沿って見られるフリーエア重力異常の特徴と，そのような重力異常になる理由を説明せよ。

問 6　下線部④に関連して，**図 1** は日本列島周辺における深さ 100～600 km の太平洋プレートの等深線(破線)の模式図を示している。プレート内地震の例として，**図 1** の領域 A の深さ約 400 km で起こる深発地震がある。その地震の際，震央近くの近畿地方や中部地方の震度は小さいが，震央から遠い東日本の太平洋側で震度が大きい。このような震度分布になる理由を説明せよ。

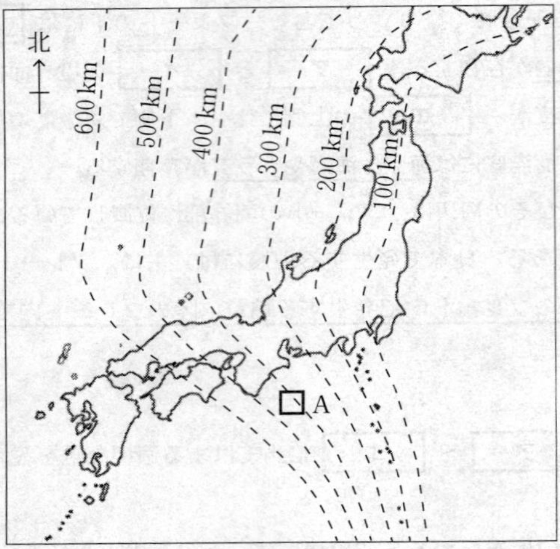

図 1

問 7　下線部⑤に関連して，**図 2** は日本国外のある地域で発生した地震の本震(大きい丸)と余震(小さい丸)の震央分布とする。この本震の震源の深さは 24 km である。地表の観測点 A～D(△印)はそれぞれ本震の震央に対して，真西，真北，真東，真南に位置している。この地域の P 波速度と S 波速度はそれぞれ場所によらず一定で，地表面は水平であるとする。以下の(1)，(2)に答えよ。

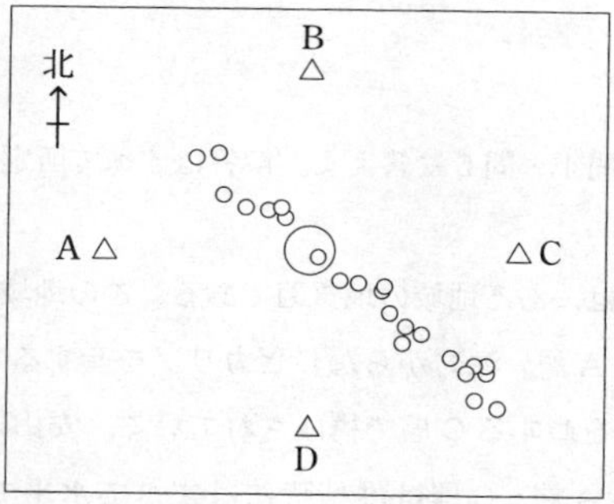

図2

(1)　観測された本震の地震波を解析した結果，ある観測点でP波の初動の上下成分が下向き，南北成分が北向きを示していた。この観測点はA～Dのどれにあたるか，解答欄(i)に記入せよ。また，本震が横ずれ断層で発生したとすると，この地域が圧縮されている方向と断層のずれの方向の組み合わせとして，最も適切なものを，以下の(**あ**)～(**え**)より1つ選び解答欄(ii)に記せ。

(**あ**)　東—西，右横ずれ

(**い**)　東—西，左横ずれ

(**う**)　南—北，右横ずれ

(**え**)　南—北，左横ずれ

(2)　ある観測点において，本震の初期微動継続時間が5.0秒である場合，この観測点から震央までの距離を有効数字2けたで答えよ。計算過程も示すこと。なお，この地域における大森公式の比例係数を8.0 km/sとする。

※解答欄　問4・問5：各ヨコ11.4センチ×タテ3.3センチ

問6：ヨコ11.4センチ×タテ5.1センチ

問7(2)：ヨコ11.4センチ×タテ4.2センチ

地学問題　Ⅳ

次の文章を読み，**問 1** ～**問 6** に答えよ。解答はすべて所定の解答欄に記入せよ。

次のページの**図 1** は，ある地域の地質図である。この地域の地層は，第四紀に堆積した凝灰岩①からなる A 層，泥岩からなりビカリアを産する B 層，砂岩からなりヌンムリテス(カヘイ石)を産する C 層で構成されている。安山岩からなる平板状の貫入岩体も観察される。A 層～C 層は堆積時にはすべて水平であったとする。地層は褶曲《しゅうきょく》しておらず，地層の逆転もない。この地域には**図 1** に描かれた断層が存在し，それ以外の断層はないとする。この地域の地層境界，断層のいずれも平面である。断層が形成された後は，地層境界面，断層面および貫入面の走向と傾斜は変化していない。

問 1　この地域に見られる断層について，以下の(1)～(3)に答えよ。

(1)　断層面の走向として最も適切なものを，次の(**あ**)～(**お**)から選べ。

(**あ**)　N 60°W　　(**い**)　N 30°W　　(**う**)　N 0°E

(**え**)　N 30°E　　(**お**)　N 60°E

(2)　断層面の傾斜として最も適切なものを，次の(**あ**)～(**え**)から選べ。

(**あ**)　30°W　　(**い**)　60°W　　(**う**)　30°E　　(**え**)　60°E

(3)　断層の種類を以下の語群から選べ。また，そのように判断した理由を答えよ。

語群：正断層，逆断層，左横ずれ断層，右横ずれ断層

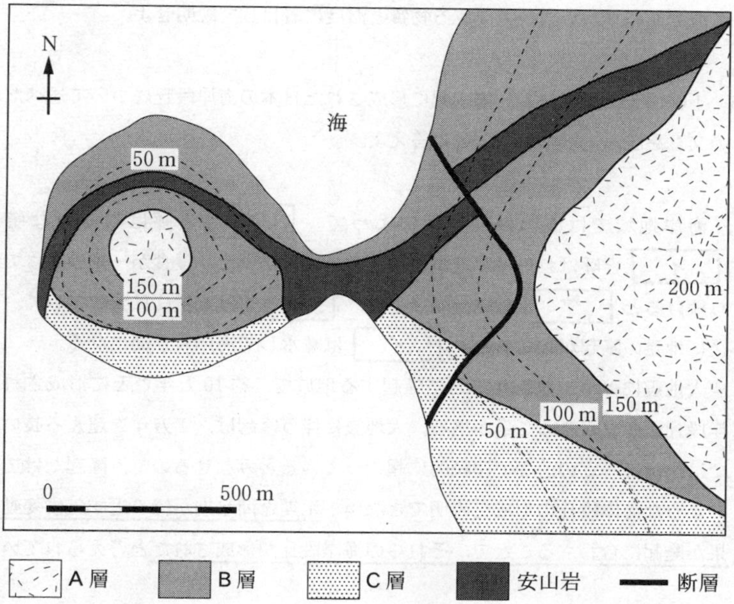

図 1

問 2　B 層が堆積した地質時代(紀)には，日本海が形成されたと考えられている。この地質時代(紀)の名称を答えよ。

問 3　C 層が堆積した地質時代(紀)に起こった出来事を，次の(あ)～(え)からすべて選べ。

(あ)　インド亜大陸とアジア大陸の衝突が始まった。
(い)　人類が出現した。
(う)　パンゲア超大陸が分裂し始めた。
(え)　南極大陸が他の大陸から分離し，急激に寒冷化した。

問 4　A 層，B 層，C 層，安山岩，断層の形成順序を古い方から答えよ。

問 5　下線部①は，火砕流堆積物が固結したものであることがわかった。火砕流と土石流の違いを，流れを構成する物質と温度に着目して説明せよ。

問 6 下線部①に関連して，第四紀に形成された日本の海岸段丘について述べた以下の文章を読み，以下の(1)，(2)に答えよ。

海岸地域では波の侵食作用によって，[ア]と呼ばれる急な崖と，[イ]と呼ばれる平坦地がつくられることがある。侵食が一定の高さで起こり続けると[ア]は陸側へ後退し，[イ]は水平に拡大していく。その後に地盤の隆起が起こると，[イ]は離水して海岸段丘面になる。

大地震に伴って数百年ごとに隆起する地域で，約10万年ごとに形成された海岸段丘面が見られることがある。大地震に伴う隆起は，1万年を超える長い時間では，ほぼ一定の速さで連続的に起こっているとみなせるので，隆起だけではこのような海岸段丘の形成を説明できない。②<u>氷期と間氷期が繰り返す気候変動の効果が隆起に合わさることで，それらの海岸段丘が形成された</u>と考えられている。

(1) 文中の[ア]，[イ]に当てはまる適切な語を答えよ。

(2) 下線部②において[イ]と呼ばれる平坦地の拡大が起こりやすいのは，温暖化する時期と寒冷化する時期のどちらの時期か答えよ。また，なぜその時期に拡大が起こりやすいのかを説明せよ。

※解答欄 問1(3)・問5・問6(2)：各ヨコ12.9センチ×タテ5.3センチ

※解答欄 問一：タテ一四センチ×二行

問二・問三：各タテ一四センチ×三行

度稽古したるよりも重宝なり。たがひに非を沙汰し、是《ぜ》をあらはす故に、「人はさ心得たれども、我はさは心得ず」など云ふ事有るなり。

（『正徹物語』より）

注（＊）

才覚＝知識。

解了＝了解。

幽玄・長高体＝いずれも和歌の歌体を評する言葉。

会＝歌を詠み合う歌会のこと。

懐紙短冊＝歌会で歌を書きつける紙。

了俊＝今川了俊。正徹の和歌の師。

衆議判の歌合＝左右に分かれて歌の優劣を競う歌合の中で、左右から互いに批評し合って判定を行うもの。

問一　傍線部(1)を、適宜ことばを補いつつ、現代語訳せよ。

問二　傍線部(2)のようになるのはなぜか、説明せよ。

問三　傍線部(3)について、「歌を沙汰ある」の意味を明らかにしつつ、なぜそれが「第一の稽古」となるのか、本文全体を踏まえて説明せよ。

問一　傍線部(1)のように筆者が考える根拠はなにか、説明せよ。

問二　傍線部(2)の考えに筆者が反対するのはなぜか、説明せよ。

問三　傍線部(3)はどういうことか、説明せよ。

※解答欄　問一～問三：各タテ一四センチ×三行

三

次の文を読んで、後の問に答えよ。（三〇点）

歌詠みは*才覚をおぼゆべからず。ただ歌の心をよく心得て*解了あるがよきなり。「よく心得て」とはさとる心なり。歌をよく心得たる人は、歌上手にもなるなり。我等は古歌をみる時も、「この歌の心はなにとしたる心ぞ。これは*幽玄の歌か、*長高体とや云ふべき」などあてがふなり。(1)「ここの詞をば我今詠まば、かくはえ詠むまじきよ」など思ひ侍るなり。上手の歌には、歌ごとに心をつけて案じて心得ぬ所などあらば、人に尋ね問ひ侍るべきなり。*会などにあひても、やがて*懐紙短冊かいくりて置きて、心得られねどもおけば、(2)我が歌の位のあがることも有るまじきなり。また心得ねども、その人の言はれつれば、「さにこそあんなれ」とて、そのままおく人もあり。此方《こなた》からは「え心得られぬかし」とは申しにくき事なり。*了俊の申されしは、*歌詠どもあつまりて、歌をば詠まずして、(3)歌を沙汰あるが第一の稽古なり。また*衆議判の歌合に一度もあひぬれば、千度二千交流しうるわけがありません。

　歌人は、古語に不必要に執着して来たように言われます。ちょっと見ると、たしかに、因襲的な古語へのなずみ方はかなり一般的なもののように見える。しかし、見方をかえれば、一部の自覚した人たちをのぞくと、一般の歌人は、案外、現代口語の世界にのみ安住して来たのではありませんか。ある表現内容を、この厳密な定型の約束のもとに表明するために、古今東西に語を求める態度は、はたして歌人のすべてにゆきわたっていたでしょうか。

　民族《みんぞく》のエミグラチオはいにしへも国のさかひをつひに越えにき　（斎藤茂吉）

「民族」という漢語は、現代口語における頻繁な使用例を背景において選出されています。「エミグラチオ」はラテン語で、移住とか移住民を言いますが、（英語やドイツ語ではなく）ラテン語を使うことによって、日本語と同じく母音で終わらせて、一首への音韻上の親和性をたかめています。「いにしへも……」以下は、いわゆる文語的な表現ですが、「昔も今も」とか「国境線」とか「越境」とかいう概念を、たくみに、短歌の言葉に翻訳して、しかもそこに、沈痛なひびきをこもらせているのです。この歌における茂吉は、(3)彼の全教養をあげて、うたうべき思想内容と短歌定型律とに忠実たらんと努めているように見えます。この態度の前には、すでに通俗の口語文語の区別は消えているのです。

（岡井隆「韻と律」より）

注（＊）

　晏如＝落ち着いているさま。

定型詩の概念は、もともと、その詩型が、以上の意味で自然に反し、人工の約束という側面を持つことによってのみ成立するものではあるまいか、とわたしは思います。

(2)古代日本語を背景にした時には、短歌詩型は、今よりもはるかに自然で、作りやすかったろう、などと羨ましげに言う声を時々聞くことがあります。また、古代日本語から抽出された詩型が、近代に通用するわけがないから、近代短歌の貧困さは、この時代錯誤によるものだといった論をなす人もあります。

だが、一体、詩は散文に解消されうる位置にみずから*晏如《あんじょ》たりうるものですか。詩ほど、散文を超えて、それに対立しようとするものはない。定型詩型は、つねに、その型へと、あらゆる内容を還元せねばならぬ、集約せねばならぬという意味では、日常語の自然なリズムと闘い、それを断ち切り、また強引に接続するというエネルギッシュな作業を、詩人に要求するものではありませんか。定型は、その意味では、かたちの上から、外から、非日常的な詩の世界を支えるバネ仕掛のワクとも言えましょう。

古代においても、中世にあっても、短歌は、現代と変わらぬ、むつかしさを抱えていたとみるべきではないでしょうか。日常語の世界から、一つ飛躍したところに短歌の世界はある。しかし、それは、日常語の世界に単に反してあるのではなく、そこに基礎を置いて、そこの世界のささやきがおのずから叫びにまで高まり煮つまるかたちをとって、（反日常ではなく）非日常的世界へと昇華するのではないでしょうか。

短歌が、各時代の文章語の文法的なあるいは語彙の上での遺産を、いまなお使っているのは、単純な理由ではないと考えます。少なくとも、この詩型と現代日本語（とくに音声言語という意味での口語）との不協和が、主たる理由とは思えません。どの時代にあっても、一定の音数律上の約束を持ち、この短さを持った詩型なら、その時代の口語や散文文章語とそうたやすく

二

次の文を読んで、後の問に答えよ。（三〇点）

短歌を五七五七七と呼ぶ場合に、見逃してはならない点が一つあります。というのは、この音数律が日本語——とくに日常語から自然に、するすると引き出され、定着したなどというものではないということです。それは、「自然に」どころか、「不自然に」存在します。定型とは、つねに、超日常的な不自然な規約にほかなりません。

五七の音数律には、あるいは日本語の日常態からの自然な推移・定着があるかも知れません。また、さらにさかのぼって、五拍、七拍という拍数が一かたまりの句単位を形づくりやすいということは、日本語の自然かも知れません。国語学者たちの分析は、たしかにそういう結論を許しているようです。しかし、五拍がまず最初に来て、次に七拍が接続し、さらに五拍、そして七拍、最後に七拍で締めくくるという、この五と七の特殊な連結法——組み合わせは、必然でしょうか。

五、七、五、七、七は、これを拍数の多い少ないにしたがって各句単位の読過時間の長短からみれば、短・長・短・長・長というリズムになります。そして、長句と短句の拍数差は、二拍にすぎず、たとえば長句と短句の間に倍数関係が成り立つようなことはない。また、短句はすべて五拍であり長句はすべて七拍であって、五拍七拍以外の拍数を含まない。

この特殊なかたち、組み合わせは、おそらく、日常語あるいは散文の持っている乱雑で即興的で無方向な、またそれだけに生き生きと多彩で変化するリズム（むろん、それもまた音数律です。不定の一回かぎりの音数律です。日本語でリズム感を出すには、音数律によるほかないのです。）からは、到底、抽出しがたい。たとえ、日本語の散文のリズムが、結局は、七五音数律のヴァリエーションに還元できるとしても、短歌の五拍七拍のこの特殊な組み合わせ方は、不自然と呼ぶよりほかないのではないでしょうか。

問一　傍線部(1)について、なぜ「忘れ得ぬ言葉」となったのか、説明せよ。

問二　傍線部(2)はどういうことか、説明せよ。

問三　傍線部(3)はどういうことか、説明せよ。

問四　傍線部(4)のように筆者が言うのはなぜか、説明せよ。

※解答欄　問一～問三：各タテ一四センチ×三行
問四：タテ一四センチ×四行

分の一部になる。彼の言葉は自分のうちで血肉の域を越えて骨身に響くものになってくる。それが忘れ得ぬ言葉ということである。その言葉が想起されるたびに、言葉は語った人間の「顔」、肉身の彼自身、を伴って現われてくる。そしてその言葉を反芻するたびに、我々は我々の内部でその彼の存在の内部へ探り入り、彼を解読することになる。それによって彼はますます実在性をもってもくるし、同時にまたますます我々自身の一部にもなってくる。つまり、言葉は人間関係の隠れた不可思議さを現わしてくる。

私にとって、山崎の場合がまさしくそうであった。彼と彼の言葉を思い出す毎《ごと》に、彼はますます私に近付いてくるようでもあるし、私がますます彼のなかへ、もはや何も答えない彼という「人間」の奥へ、入って行って、彼を解読しているようでもある。生きているとか死んでいるとかという区別を越えた、そういう人間関係は、夢のような話と思われるかも知れないが、私にはいわゆる現実よりも一層実在的に感ぜられるのである。明日には忘れられる「現実」よりも、何十年たってもますます実感を増すものの方が一層実在的ではないだろうか。本当の人間関係はそういう不思議な「縁」という性質があり、人間とはそういうものではないだろうか。

（西谷啓治「忘れ得ぬ言葉」〈一九六〇年〉より。一部省略）

注（＊）

チブス＝チフスのこと。

セマンティックス＝意味論。言語表現とその指示対象との関係の哲学的研究を指す。

論理実証主義＝二〇世紀初頭の哲学運動。哲学の任務はもっぱら科学の命題の論理的分析にあるとする。

「世間知らず」であったことを知った。という事は、裏からいえば、山崎の友情が私に実感となることによって、私は彼という「人間」の存在に本当の意味で実在的に触れることが出来、そして彼という「人間」の実在に触れることにおいて、本当の意味での「世間」に実在的に触れることが出来たということである。他の「人間」に触れ、彼とのつながりのなかで自分というものを見る眼が開けて初めて、普通に世間といわれるような虚妄でない実在の「世間」に触れたように思う。自分というものにサイド・ライトが当てられたのと世間というものを知ったのとは同時であった。それまでは、本質的な意味で「世間知らず」であり、同時に「自分知らず」であった。ずっと後になって考えたことだが、仏教でよく「縁」と言うのは、今いったような意味での人間とのつながり、又あらゆるものとのつながりのことではないであろうか。それはともかく、そういう意味で「人間」に触れ、「世間」に触れたことが、絶望的な気持のなかにいた当時の私には、何か奥知れぬ所から一筋の光が射して来て、生きる力を与えてくれるかのようであった。

それにしても、ほんのちょっとした言葉が「忘れ得ぬ」ものになるのだから、言葉というものは不思議なものだと思う。現代の*セマンティックスの人々や*論理実証主義の哲学の人々が何と言おうと、言葉の本源は、生き身の人間がそれを語るというところにある。忘れ得ぬ言葉ということは、他人が自分のうちへ入って来て定着し、自分の一部になることだろうが、そのなり方はいろいろである。書物から来た言葉の場合には、どんなに深く自分を動かしたものでも、それが繰返し想起され反芻《はんすう》されているうちに、初めそれが帯びていた筆者のマークがだんだん薄れてくる。言葉の抽象的な意味内容だけが自分のうちに定着して、血肉に同化したかのように自分のうちへ紛れ込んでしまう。ところが、(4)言葉が生き身の人間の口から自分に語られた場合は、全く別である。その場合には言葉は、それを発した人間と一体になって自分のうちへ入ってくる。それが忘れ得ないものになるという時には、独立した他の人間がその人間としての実在性をもって自分のうちに定着し、自分とつながりながら自や景色の美しさ、軽いボートを操って釣をしたり泳いだりして遊ぶ楽しさのことなどを、はずんだ気持で、調子づいて話していた。その時、彼は突然軽く笑いながら、一言、「君も随分おぼっちゃんだなア」と言った。そして(1)それが私には「忘れ得ぬ言葉」になってしまった。彼はその言葉を嘲りや嫌味の気持で言ったわけではない。彼はそういう、自分自身を卑しめるたぐいのことは、もともと出来ない人柄であった。だから、単にからかい半分の軽い気持で言ったに違いない。しかしそれを聞いた私にとっては、その一言は何かハッとさせるものをもっていた。私はその時の自分の心が自分自身のことで一杯になっていて、彼の友情、彼が私のために払ってくれた犠牲、についての思いが、そこに少しも影を落していないことに気付かされた。しかもその時の自分のそういう心持というばかりでなく、自分というもの、それまでの自分の心の持ち方というものが、鏡にうつし出されたかのような感じであった。いわば生れてからこのかたの自分に突然サイド・ライトが当てられて、それまで気が付かなかった自分の姿に気が付いたというような気持であった。彼の眼には、散々厄介をかけながら好い気持でしゃべっていたわたしが、罪のない無邪気なおぼっちゃんと映ったに違いない。しかしその一言によって、(2)私の眼には、その自分の「罪のない」ことがそれ自身罪あることと映って来たのである。それは眼が開かれたような衝撃であった。実際に、私はそれ以来自分がおとなの段階、乃至《ないし》はおとなに近い段階に押し上げられたと思っている。

　実はそれまでにも高等学校の頃など、時たま友人達から「世間知らず」とか「おぼっちゃん」とか言われたことがある。兄弟姉妹というものをもたない独り子として育ったので、そういうところが実際あったのかも知れない。しかしそういう場合いくら「世間知らず」といわれても、殆《ほと》んど痛痒《つうよう》を感じなかった。というのは、少年の時に父親を失って以来、物質的にも精神的にもいろいろな種類の苦痛を嘗《な》めて、いわば人生絶望の稜線《りょうせん》上を歩いているような状態で、批評した友人達よりはずっと「世間」の何たるかを知っているという気持だったし、同時にまたそういう「世間」的なものを、十把一からげに自分の後にして来たような気持だったからである。しかし今度はまるで違っていた。(3)今度は、自分が、以前に言われたとは全く別の意味において

国語

（九〇分）

（注）一〇〇点満点。総合人間（理系）・教育（理系）・経済（理系）・理・医学部は一五〇点満点に換算。

一

次の文を読んで、後の問に答えよ。（四〇点）

もうかれこれ三十何年も前の話である。当時、私は京都大学の学生で、北白川に下宿し、やはり東京から来て同じ区域にいた何人かと特に親しいグループを作っていた。（今でも親しくつき合っている。）いずれも気儘《きまま》な者ばかりだったが、ただ兄貴株の山崎深造だけは別であった。彼はおだやかな、思いやりの深い、そして晴れやかな落着きを感じさせるような人間で、時にはかなり辛辣な皮肉も言ったが、不思議に少しも嫌な気持が起らなかった。彼だけは既におとなであった。

京都へ来て二年目の六月に、私は熱を出し、*チブスの疑いがあるというので入院させられることになった。そのとき彼は、私の蒲団《ふとん》があまり汚れているというので、自分のを分けて貸してくれた。そして入院の手続きから必要な買物まで、万事世話をしてくれた。幸いチブスではないとわかって、半月程して退院したが、医師のすすめで、そろそろ始まる夏休みには東京へ帰らずに郷里で保養することにした。それで、退院の直後、私は彼の下宿の部屋で雑談しながら、郷里の海

2020年度

問題編

問題編

▶試験科目

学　部	教　科	科　　目
総合人間(理系)・理・農	外国語	コミュニケーション英語Ⅰ・Ⅱ・Ⅲ，英語表現Ⅰ・Ⅱ
	数　学	数学Ⅰ・Ⅱ・Ⅲ・Ａ・Ｂ
	理　科	「物理基礎・物理」，「化学基礎・化学」，「生物基礎・生物」，「地学基礎・地学」から２科目選択
	国　語	国語総合・現代文Ｂ・古典Ｂ
教育(理系)	外国語	コミュニケーション英語Ⅰ・Ⅱ・Ⅲ，英語表現Ⅰ・Ⅱ
	数　学	数学Ⅰ・Ⅱ・Ⅲ・Ａ・Ｂ
	理　科	「物理基礎・物理」，「化学基礎・化学」，「生物基礎・生物」，「地学基礎・地学」から１科目選択
	国　語	国語総合・現代文Ｂ・古典Ｂ
経済(理系)	外国語	コミュニケーション英語Ⅰ・Ⅱ・Ⅲ，英語表現Ⅰ・Ⅱ
	数　学	数学Ⅰ・Ⅱ・Ⅲ・Ａ・Ｂ
	国　語	国語総合・現代文Ｂ・古典Ｂ
医・薬	外国語	コミュニケーション英語Ⅰ・Ⅱ・Ⅲ，英語表現Ⅰ・Ⅱ
	数　学	数学Ⅰ・Ⅱ・Ⅲ・Ａ・Ｂ
	理　科	「物理基礎・物理」，「化学基礎・化学」，「生物基礎・生物」から２科目選択
	国　語	国語総合・現代文Ｂ・古典Ｂ
	面　接	医学部医学科のみに課される
工	外国語	コミュニケーション英語Ⅰ・Ⅱ・Ⅲ，英語表現Ⅰ・Ⅱ
	数　学	数学Ⅰ・Ⅱ・Ⅲ・Ａ・Ｂ
	理　科	「物理基礎・物理」，「化学基礎・化学」
	国　語	国語総合・現代文Ｂ・古典Ｂ

▶配　点

学部・学科		外国語	数　学	理　科	国　語	面　接	合　計
総合人間（理系）		150	200	200	150	—	700
教育（理系）		200	200	100	150	—	650
経済（理系）		200	300	—	150	—	650
理		225	300	300	150	—	975
医	医	300	250	300	150	※	1000
	人間健康科	200	200	200	150	—	750
薬		200	200	200	100	—	700
工		200	250	250	100	—	800
農		200	200	200	100	—	700

▶備　考

- 外国語はドイツ語，フランス語，中国語も選択できる（理・医（人間健康科学科）・薬・工学部は英語指定）が，編集の都合上省略。
- 「数学Ⅰ」，「数学Ⅱ」，「数学Ⅲ」，「数学Ａ」は全範囲から出題する。「数学Ｂ」は「数列」，「ベクトル」を出題範囲とする。
- 医学部医学科においては，調査書は面接の参考資料とする。

※医学部医学科の面接は，医師・医学研究者としての適性・人間性などについて評価を行い，学科試験の成績と総合して合否を判定する。従って，学科試験の成績の如何にかかわらず不合格となることがある。

英語

（120 分）

（注）　150 点満点。教育（理系）・経済（理系）・医（人間健康科）・薬・工・農学部は 200 点満点に，理学部は 225 点満点に，医（医）学部は 300 点満点に換算。

I　次の文章を読み，下の設問(1)〜(3)に答えなさい。　（50 点）

Various doctrines of human cognitive superiority are made plausible by a comparison of human beings and the chimpanzees. For questions of evolutionary cognition, this focus is one-sided. Consider the evolution of cooperation in social insects, such as the Matabele ant. After a termite attack, these ants provide medical services. Having called for help by means of a chemical signal, injured ants are brought back to the nest. Their increased chance of recovery benefits the entire colony. Red forest ants have the ability to perform simple arithmetic operations and to convey the results to other ants.

When it comes to adaptations in animals that require sophisticated neural control, evolution offers other spectacular examples(a). The banded archerfish is able to spit a stream of water at its prey, compensating for refraction at the boundary between air and water. It can also track the distance of its prey, so that the jet develops its greatest force just before impact. Laboratory experiments show that the banded archerfish spits on target even when the trajectory of its prey varies. Spit hunting is a technique that requires the same timing used in throwing, an activity otherwise regarded as unique in the animal kingdom. In human beings, the development of throwing has led to an enormous further development of the brain. And the archerfish? The calculations required for its extraordinary hunting technique are based on the interplay of about six neurons. Neural mini-networks could therefore be much more widespread in the animal kingdom than previously thought.

Research on honeybees has brought to light the cognitive capabilities of (b)minibrains. Honeybees have no brains in the real sense. Their neuronal density, however, is among the highest in insects, with roughly 960 thousand neurons — far fewer than any vertebrate. Even if the brain size of honeybees is normalized to their body size, their relative brain size is lower than most vertebrates. Insect behavior should be less complex, less flexible, and less modifiable than vertebrate behavior. But honeybees learn quickly how to extract pollen and nectar from a large number of different flowers. They care for their young, organize the distribution of tasks, and, with the help of the waggle dance, they inform each other about the location and quality of distant food and water.

Early research by Karl von Frisch suggested that such abilities cannot be the result of inflexible information processing and rigid behavioral programs. Honeybees learn and they remember. The most recent experimental research has, in confirming this conclusion, created an astonishing picture of the honeybee's cognitive competence. Their representation of the world does not consist entirely of associative chains. It is far more complex, flexible, and integrative. Honeybees show context-dependent learning and remembering, and even some forms of concept formation. Bees are able to classify images based on such abstract features as bilateral symmetry and radial symmetry; they can comprehend landscapes in a general way, and spontaneously come to classify new images. They have recently been promoted to the set of species capable of social learning and tool use.

(c)In any case, the much smaller brain of the bee does not appear to be a fundamental limitation for comparable cognitive processes, or at least their performance. The similarities between mammals and bees are astonishing, but they cannot be traced to homologous neurological developments. As long as the animal's neural architecture remains unknown, we cannot determine the cause of their similarity.

(1)　下線部(a)の具体例として，このパラグラフではテッポウウオが獲物に水を噴射して狩りをする能力が紹介されている。その能力の特長を 3 点，日本語で箇条書きにしなさい。

(2)　下線部(b)でいう minibrains とは，ミツバチの場合，具体的にはどのような意味で用いられているか。本文に即して日本語で説明しなさい。

(3)　下線部(c)を和訳しなさい。

※解答欄　(1)：1 点につきヨコ 12.0 センチ× 2 行
(2)：ヨコ 12.0 センチ× 7 行

Ⅱ　次の文章は，自ら「インディアン」としての誇りを持つアメリカ先住民の著者が，北アメリカ大陸における自分たちの歴史について語ったものである。これを読み，下の設問(1)～(2)に答えなさい。　(50 点)

Despite the variety of tribal belief (or perhaps in part because of it), North America is uniformly seen as an Indian homeland that has shaped and been shaped by the Indians living there then and living there now. Over these homelands various empires and nation-states — Spanish, British, French, Dutch, and, later, American — have crawled, mapping and claiming as they went. But neither these maps nor the conquests enabled by them eradicated or obscured the fact that immigrants made their homes and villages and towns and cities *on top of* Indian homelands. Any history that persists in using the old model of New World history as something made by white people and done to Indian people, therefore, is not a real history of this place. Rather, as the historian Colin Calloway has suggested, history didn't come to the New World with Cabot or Columbus; they — and those who followed — brought European history to the unfolding histories already here.

When Europeans first arrived on the Atlantic coast, they landed on a richly settled and incredibly fecund homeland to hundreds of tribes. When prehistoric first Indians emerged in what is now the eastern United States, the water levels were considerably lower than they are now, because much of the world's water was trapped in glaciers that spread across a large part of the Northern Hemisphere. Because of this, (a)coastal archaeology has uncovered only a very fractured record of habitation.

Even so, five-thousand-year-old shell middens in Florida and North Carolina suggest vibrant coastal cultures in this region. In Virginia alone there are thousands of known prehistoric village sites. How these early tribes were organized or how they understood themselves is hard to know. What made for a relatively easy life — abundant rivers, streams, and springs, plentiful fuel, fairly constant aquatic and terrestrial food sources, and a relatively mild climate — (b)makes for bad archaeology. It seems that, in this early period, coastal Indians lived in small villages of about 150 people and that they were fairly mobile, spending part of the year on the coast, part farther inland, and getting most of their calories from fish and game and opportunistic harvests of nuts and berries. Populations seem to have risen and shrunk like the tide, depending on the availability of calories. Archaeological evidence suggests that between 2500 and 2000 BCE, tribal groups began making clay pots, which indicates a more sedentary lifestyle, the need for storage (which in turn suggests that there were food surpluses), and a greater reliance on plants for sustenance. A bit later eastern coastal and woodland Indians were planting or cultivating sunflowers, lamb's-quarter, gourds, goosefoot, knotweed, and Jerusalem artichokes.

When Ponce de León arrived in Florida in 1513, with explicit permission from the Spanish crown to explore and settle the region, Indians had been living there for at least twelve thousand years. Because of the lower water levels, during prehistoric times Florida's land mass was double what it is today, so much of the archaeological evidence is under the sea. It was also much drier and supported all sorts of megafauna such as bison and mastodon. As megafauna died out (climate change, hunting), the fruits of the sea in turn supported very large Archaic and Paleolithic societies. Agriculture was late in coming to Florida, appearing only around 700 BCE, and some noncoastal Florida tribes still had no forms of agriculture at the time of Spanish conquest. Presumably the rich fresh and brackish water ecosystems were more than enough to support a lot of different peoples. What the Spanish encountered beginning in 1513 was a vast, heterogeneous collection of tribes, among them the Ais, Alafay, Amacano, Apalachee, Bomto, Calusa, Chatot, Chine, Guale, Jororo, Luca, Mayaca, Mayaimi, Mocoso, Pacara, Pensacola, Pohoy, Surruque, Tequesta, Timicua, and Viscayno, to name but a few.

From The Heartbeat of Wounded Knee: Native America from 1890 to the Present by David Treuer, Riverhead

(1) 下線部(a)の理由を，第2パラグラフおよび第4パラグラフの内容にもとづき，日本語でまとめなさい。

(2) 下線部(b)の理由を，第3パラグラフの内容にもとづき，日本語でまとめなさい。

※解答欄　(1)・(2)：各ヨコ12.0センチ×12行

Ⅲ　次の文章を英訳しなさい。　(25 点)

お金のなかった学生時代にはやっとの思いで手に入れたレコードをすり切れるまで聴いたものだ。歌のタイトルや歌詞も全部憶えていた。それが今ではネットで買ったきり一度も聴いていない CD やダウンロード作品が山積みになっている。持っているのに気付かず，同じ作品をまた買ってしまうことさえある。モノがないからこそ大切にするというのはまさにその通りだと痛感せずにいられない。

Ⅳ　大学生の吉田さんが海外の大学へ留学しようとしている。吉田さんになったつもりで，担当者に奨学金についての問い合わせをする丁寧な文章を，解答欄におさまるように英語で作成しなさい。　(25 点)

※解答欄　ヨコ 12.0 センチ×11 行

書き出し：To whom it may concern,

書き終り：Best regards,

Y. Yoshida

数学

(150 分)

(注) 200 点満点。経済(理系)・理学部は 300 点満点に，医(医)・工学部は 250 点満点に換算。

1

(30 点)

a, b は実数で，$a > 0$ とする．z に関する方程式

$$z^3 + 3az^2 + bz + 1 = 0 \qquad (*)$$

は 3 つの相異なる解を持ち，それらは複素数平面上で一辺の長さが $\sqrt{3}a$ の正三角形の頂点となっているとする．このとき，a, b と $(*)$ の 3 つの解を求めよ．

2

(30 点)

p を正の整数とする．α, β は x に関する方程式 $x^2 - 2px - 1 = 0$ の 2 つの解で，$|\alpha| > 1$ であるとする．

(1) すべての正の整数 n に対し，$\alpha^n + \beta^n$ は整数であり，さらに偶数であることを証明せよ．

(2) 極限 $\lim_{n \to \infty} (-\alpha)^n \sin(\alpha^n \pi)$ を求めよ．

3

(35 点)

k を正の実数とする．座標空間において，原点 O を中心とする半径 1 の球面上の 4 点 A, B, C, D が次の関係式を満たしている．

$$\overrightarrow{\mathrm{OA}}\cdot\overrightarrow{\mathrm{OB}}=\overrightarrow{\mathrm{OC}}\cdot\overrightarrow{\mathrm{OD}}=\frac{1}{2},$$
$$\overrightarrow{\mathrm{OA}}\cdot\overrightarrow{\mathrm{OC}}=\overrightarrow{\mathrm{OB}}\cdot\overrightarrow{\mathrm{OC}}=-\frac{\sqrt{6}}{4},$$
$$\overrightarrow{\mathrm{OA}}\cdot\overrightarrow{\mathrm{OD}}=\overrightarrow{\mathrm{OB}}\cdot\overrightarrow{\mathrm{OD}}=k.$$

このとき，k の値を求めよ．ただし，座標空間の点 X, Y に対して，$\overrightarrow{\mathrm{OX}}\cdot\overrightarrow{\mathrm{OY}}$ は，$\overrightarrow{\mathrm{OX}}$ と $\overrightarrow{\mathrm{OY}}$ の内積を表す．

4

(35 点)

正の整数 a に対して，

$$a=3^b c\ \ (b,\ c\text{ は整数で }c\text{ は }3\text{ で割り切れない})$$

の形に書いたとき，$B(a)=b$ と定める．例えば，$B(3^2\cdot 5)=2$ である．

$m,\ n$ は整数で，次の条件を満たすとする．

(i)　$1\leqq m\leqq 30$.

(ii)　$1\leqq n\leqq 30$.

(iii)　n は 3 で割り切れない．

このような $(m,\ n)$ について

$$f(m,\ n)=m^3+n^2+n+3$$

とするとき，

$$A(m,\ n)=B(f(m,\ n))$$

の最大値を求めよ．また，$A(m,\ n)$ の最大値を与えるような $(m,\ n)$ をすべて求めよ．

5

(35 点)

縦 4 個，横 4 個のマス目のそれぞれに 1，2，3，4 の数字を入れていく．このマス目の横の並びを行といい，縦の並びを列という．どの行にも，どの列にも同じ数字が 1 回しか現れない入れ方は何通りあるか求めよ．下図はこのような入れ方の 1 例である．

1	2	3	4
3	4	1	2
4	1	2	3
2	3	4	1

6

(35 点)

x, y, z を座標とする空間において，xz 平面内の曲線

$$z=\sqrt{\log(1+x)}\quad (0 \leqq x \leqq 1)$$

を z 軸のまわりに 1 回転させるとき，この曲線が通過した部分よりなる図形を S とする．この S をさらに x 軸のまわりに 1 回転させるとき，S が通過した部分よりなる立体を V とする．このとき，V の体積を求めよ．

物理

（教育（理系）学部　1 科目　90 分
　その他　　　　　2 科目 180 分）

（注）　100 点満点。理・医（医）学部は 2 科目 300 点満点に，工学部は 2 科目 250 点満点に換算。

物理問題　I

次の文章を読んで，［　　　］に適した式または数値を，それぞれの解答欄に記入せよ。なお，［［　　　］］はすでに［　　　］で与えられたものと同じものを表す。また，**問** 1 では，指示にしたがって，解答を解答欄に記入せよ。

以下では，ばね定数 k で自然長 ℓ のばね，および長さ L の糸を用いる。ばねや糸の質量は無視できるものとし，重力加速度の大きさを g，円周率を π とする。

（1）　**図 1** のように，質量 m の 2 つの小球（質点）を糸とばねでつるし，つり合いの位置で静止させた。2 つの小球は鉛直方向にのみ運動するものとし，糸がたるんでいないときの小球 1 の位置を原点として，鉛直下向きを座標軸の正の向きとする。また，小球 1 は天井にぶつからず，小球同士は衝突しないものとする。

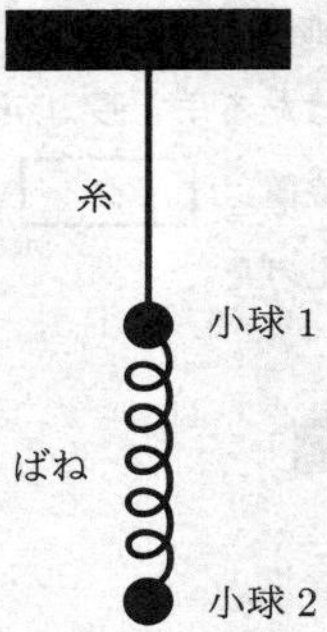

図 1

いま，小球 2 をつり合いの位置から長さ d だけ引き下げ，静かに手を離す。d が十分に小さいときは，運動の途中で糸はたるまず，小球 2 は位置［ア］を中心とした，振幅［イ］の単振動をおこなう。d がある値より大きいときは，運動の途中で糸がたるむ。小球 1 にはたらく重力，糸の張力，ばねの力のつり合いを考えると，糸がたるみ始めた瞬間の小球 2 の位置は m，g，k，ℓ を用いて［ウ］と表されるので，運動の途中で糸がたるむための条件は，$d >$［エ］とわかる。

次に，d が十分に大きく，糸がたるむ場合の運動を考えよう。小球 1，2 の位置をそれぞれ x_1，x_2 とし，重心の位置 $\dfrac{x_1 + x_2}{2}$，および小球 1 からみた小球 2 の相対位置 $x = x_2 - x_1$ について，糸がたるみ始めてから再びたるみがなくなるまでの運動を考える。2 つの小球にはたらくばねの力は，互いに逆向きで大きさが等しいので，重心はばねの力の影響を受けずに鉛直投げ上げ運動をおこなう。糸がたるみ始めた瞬間における重心の速さを m，g，k，d を用いて表すと［オ］となる。一方，2 つの小球にはたらく重力は，向きが同じで大きさが等しいので，相対位置 x は重力の影響を受けずにばねの力で単振動をおこない，その周期は［カ］で与えられる。また，小球 1 の速度が最小値をとる瞬間において，小球 1 からみた小球 2 の相対速度は［キ］×［オ］とわかる。

(2)　**図 2** のように，質量 m の 2 つの小球(質点)をばねと糸でつるす。2 つの小球は鉛直方向にのみ運動するものとし，ばねが自然長のときの小球 1 の位置を原点として，鉛直下向きを座標軸の正の向きとする。いま**図 3** のように，小球 2 を支えて静止させたところ，糸はたるまず張力が 0 であり，小球 1 も静止していたとする。このとき，小球 1 の位置は [ク] である。この状態から，時刻 0 に小球 2 を上方に速さ v で打ち上げた。

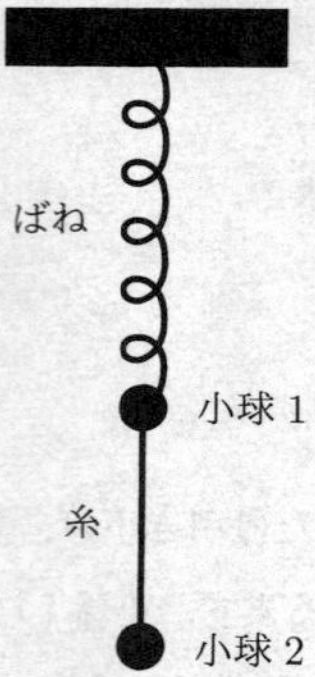

図 2

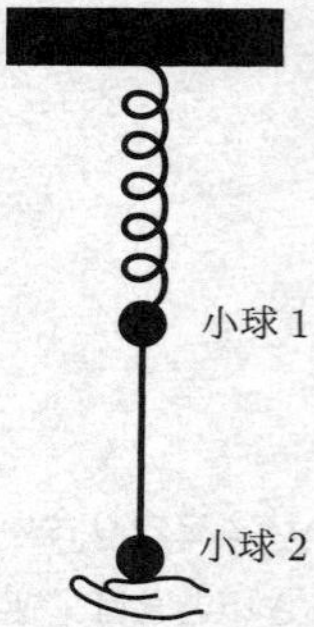

図 3

まず，打ち上げ後に，小球 2 が小球 1 に衝突せず落下に転じる場合を考える。小球 2 が落下し，打ち上げられた位置に戻ってきたとき，糸のたるみがなくなる。たるみがなくなる前後で小球 1，2 の力学的エネルギーの和は保存されるものとすると，たるみがなくなった直後には，小球 2 の速度は [ケ] であり，小球 1 は振幅が [コ] の単振動を始める。

次に，打ち上げ後に，小球 2 が落下せず小球 1 と弾性衝突する場合を考える。衝突直後の小球 1 の速さ v' は，v，g，L を用いて [サ] と表される。衝突後，2 つの小球は糸がたるんだまま運動し，小球 1 が衝突時の位置に戻るまでのある時刻 T に糸のたるみがなくなった。その直後からしばらくの間，糸のたるみがないまま運動が続く条件を考えよう。まず，時刻 T に，小球の間の距離は L である。また，たるみがなくなる前後で小球 1，2 の力学的エネルギーの和は保存されるものとすると，時刻 T の直後に糸がたるまないためには，時刻 T の直前に小球 1 からみた小球 2 の速度は [シ] でなければならない。よって，小球 1 にはたらくばねの力 F は，時刻 T の直前に $F \geqq 0$ である（鉛直下向きを正とする)。一方，時刻 T には糸のたるみがないため張力が 0 以上であるが，そのとき $F>0$ ならば直後に糸がたるんでしまう。以上のことより，いま考えている運動においては，時刻 T に小球 1 の位置は [ス] でなければならない。

2 つの小球の力学的エネルギーが，衝突後から時刻 T の間はそれぞれ保存することを考えると，得られた条件より打ち上げの速さ v は，m，g，k，L を用いて表される関係式 $v^2=$ [セ] を満たすことがわかる。

問 1　小球同士が弾性衝突した時刻を T' とする。**図 4** を解答欄に描き写し，時刻 0 から T までの，小球の速度を表すグラフを描け。なお，小球 1 を実線で，小球 2 を二重線で表すこととする。**図 4** に示されている値以外に，速度や時間の値を書き加える必要はない。

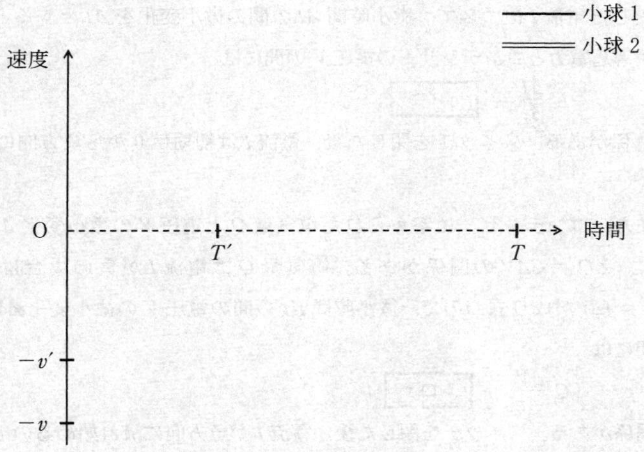

図 4

物理問題　II

次の文章を読んで，［　　　］に適した式または数値を，それぞれの解答欄に記入せよ。なお，［［　　　］］はすでに［　　　］で与えられたものと同じものを表す。また，**問1～問3**では，指示にしたがって，解答をそれぞれの解答欄に記入せよ。ただし，円周率をπとする。

(1)　**図1**のように，自己インダクタンスLのコイル，スイッチ，電気容量Cのコンデンサーからなる回路がある。コンデンサーに蓄えられる電気量Qとコンデンサーの両端に現れる電圧Vの間には$Q = CV$の関係が成り立つ。コンデンサーに初期の電気量$Q = Q_0$($Q_0 > 0$)を与え，スイッチを閉じたところ，周期$2\pi\sqrt{LC}$の電気振動が発生した。このとき，**図1**のコイルを流れる矢印の方向を正とした電流Iについて，微小時間Δtの間の微小変化をΔIとすると，コイルの誘導起電力とコンデンサーの電圧Vの間には

$$L\frac{\Delta I}{\Delta t} = \boxed{\text{イ}} \qquad \text{(i)}$$

の関係がある。スイッチを閉じた後，電流Iは初期値0から負方向に流れ始める。

また，コンデンサーに蓄えられた電気量Qと電圧Vの微小変化ΔQ，ΔVの間に，$\Delta Q = C\Delta V$の関係がある。電気量Qは電流Iが負の場合は減少し，$\Delta Q = I\Delta t$が成り立つので，微小時間Δtの間の電圧Vの微小変化ΔVと電流Iの間には

$$C\frac{\Delta V}{\Delta t} = \boxed{\text{ロ}} \qquad \text{(ii)}$$

の関係がある。スイッチを閉じた後，電流Iが負方向に流れ始めるので，電圧Vは初期値$\frac{Q_0}{C}$から減少し始める。この振動において，VはIに対して［　ハ　］だけ位相が遅れる。また，Iの最大値は［　ニ　］である。

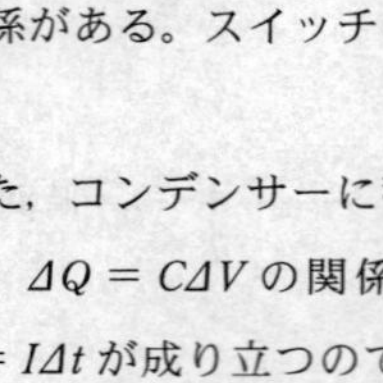

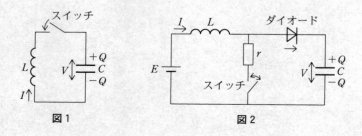

図1

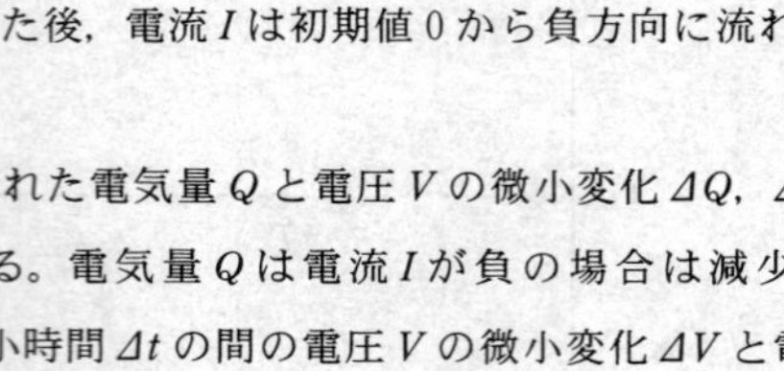

図2

（2）　図2のように，電圧Eの直流電源，自己インダクタンスLのコイル，スイッチ，抵抗値rの抵抗，ダイオード，電気容量Cのコンデンサーからなる回路がある。ダイオードは理想的な整流作用をもつとし，矢印で示した順方向の抵抗は0，逆方向の抵抗は無限大とする。

十分長い間スイッチを閉じると，コイルの誘導起電力は消滅し，ダイオードには電流が流れなくなる。このときコイルに流れる電流Iは［ホ］である。次に，時刻$t = 0$にスイッチを開けた。その直後のコイルに流れる電流I_0は［ホ］である。コンデンサーが，時刻$t = 0$にスイッチを開ける前に電源と等しい電圧Eで充電されていた場合を考える。コンデンサーの両端に現れる電圧VのEからの変化分を$V' = V - E$とおくと，スイッチを開けた直後のV'の値は0である。スイッチを開けた後，ダイオードに電流が流れ，コンデンサーが充電されるとともに，V'は正となり，Iは減少し始める。微小時間Δtの間のIの微小変化ΔI，V'の微小変化$\Delta V'$とI，V'の間には

$$\begin{cases} L\dfrac{\Delta I}{\Delta t} = \boxed{\quad\text{ヘ}\quad} \\ C\dfrac{\Delta V'}{\Delta t} = \boxed{\quad\text{ト}\quad} \end{cases} \qquad \text{(iii)}$$

の関係がある。式(iii)は式(i)，(ii)と同じ形をしているため，初期値$I = I_0$，$V' = 0$の電気振動が始まるが，ダイオードが存在するためにIは負にならず，図3のように時刻$T_1 =$［チ］に振動は停止する。

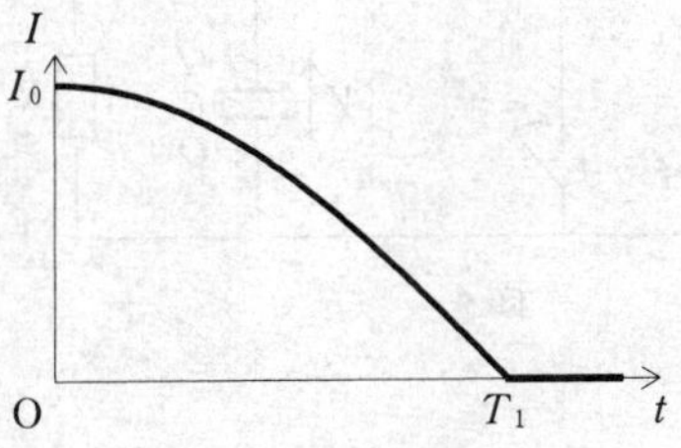

図3

問1　コイルに蓄えられていた初期のエネルギー，電源から供給されるエネルギー，コンデンサーに蓄積されるエネルギーの関係から時刻T_1におけるコンデンサーの両端に現れる電圧を求め，Vの時間変化を図3と同様に描け。

（3）　**図 2** の回路から抵抗値 r の抵抗を取り去り，抵抗値 R の抵抗を加えた**図 4** の回路を，電源と抵抗を直接接続した**図 5** の回路と比較してみよう。ただし，**図 4** の回路ではスイッチを微小時間 Δt_1 だけ閉じ，その後微小時間 Δt_2 だけ開ける操作を微小時間 $T = \Delta t_1 + \Delta t_2$ で周期的にくりかえすものとする。また，微小時間 Δt_1 の間のコイルを流れる電流 I，コンデンサーの両端に現れる電圧 V の微小変化をそれぞれ ΔI_1，ΔV_1，微小時間 Δt_2 の間の I，V の微小変化をそれぞれ ΔI_2，ΔV_2 とする。

スイッチが閉じた状態では，電圧 V を正とするとダイオードに電流は流れず，電源の電圧 E により電流 I は増加，コンデンサーは抵抗 R を通して放電し

$$\begin{cases} L\dfrac{\Delta I_1}{\Delta t_1} = \boxed{\quad \text{リ} \quad} \\ C\dfrac{\Delta V_1}{\Delta t_1} = \boxed{\quad \text{ヌ} \quad} \end{cases} \qquad \text{(iv)}$$

の関係が成立する。スイッチが開いた状態では，電流 I を正とするとダイオードに電流が流れ

$$\begin{cases} L\dfrac{\Delta I_2}{\Delta t_2} = \boxed{\quad \text{ル} \quad} \\ C\dfrac{\Delta V_2}{\Delta t_2} = \boxed{\quad \text{ヲ} \quad} \end{cases} \qquad \text{(v)}$$

の関係が成立する。

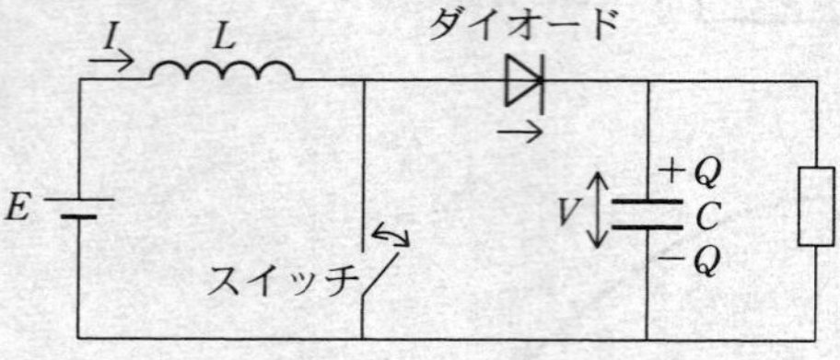

図 4

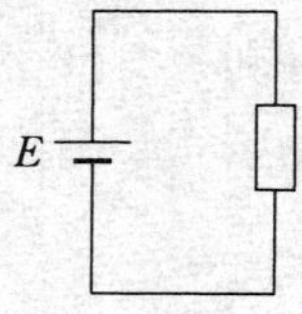

図 5

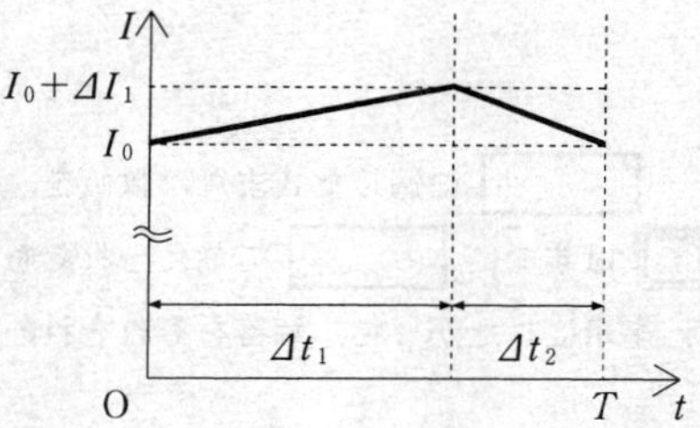

図6

十分時間がたち，I，V が微小時間 T で周期的に変化する定常状態になったときの1周期 $0 \leqq t \leqq T$ の間の電流 I の変化は**図6**のようになった。ただし，スイッチを閉じた瞬間を $t=0$ とし，そのときの電流 I と電圧 V をそれぞれ $I=I_0$，$V=V_0$ とおく。また，定常状態の $\varDelta I_1$，$\varDelta I_2$，$\varDelta V_1$，$\varDelta V_2$ は，式(iv)，(v)において $I=I_0$，$V=V_0$ を代入することにより，I_0，V_0 を用いて表現できるものとする。

問 2　定常状態になったときの1周期では $\varDelta I_1+\varDelta I_2=0$，$\varDelta V_1+\varDelta V_2=0$ が成り立つ。$\varDelta t_1=\alpha\varDelta t_2$ のとき，電圧 V_0，電流 I_0 を α，E，R のうち必要なものを用いて表せ。また，$\alpha=1$ の場合の電圧 V の変化を，**図6**を参考に E，C，R，T のうち必要なものを用いて描け。

問 3　**問2**で得られたように，**図4**の回路は電源の電圧 E よりも大きな電圧 V を作り出すことができる。ここで**図4**と**図5**の抵抗で消費される電力を考える。コンデンサーの両端に現れる電圧 V は，$\varDelta V_1$，$\varDelta V_2$ が V_0 より十分小さいとき，$V=V_0$ の一定値とみなせる。この場合，$\varDelta t_1=\alpha\varDelta t_2$ のとき，**図4**の抵抗で消費される電力は**図5**の抵抗で消費される電力の何倍になるか，α を用いて答えよ。

※解答欄　問1：ヨコ14センチ×タテ18センチ

問2：ヨコ14センチ×タテ13センチ

問3：ヨコ14センチ×タテ5センチ

物理問題　Ⅲ

次の文章を読んで，[　　　] に適した式または数値を，それぞれの解答欄に記入せよ。なお，[[　　　]] はすでに [　　　] で与えられたものと同じものを表す。また，**問 1**，**問 2** では，指示にしたがって，解答をそれぞれの解答欄に記入せよ。

図 1 のように，x 軸，y 軸，z 軸を 3 辺とする立方体の箱の中を多数の粒子(質量 m)が，壁面に衝突しながら運動している。この立方体の各辺の長さは一定の速さ w で時間とともに増大する。すなわち，時刻 t における各辺の長さは $L + wt$ であるとする(L は定数)。したがって，立方体の各面の面積も時間とともに大きくなる。具体的には，原点 O を頂点とする 3 つの面はそれぞれの位置に固定され，他の 3 つの面がそれぞれに垂直な方向に一定の速さ w で移動するとする。ただし，各面が移動する速さ w は粒子の速さに比べて十分に小さいとする。以下では，$x = 0$ の位置にある面を壁 A，それに対面し，x 軸の正の向きに速さ w で移動する面を壁 B と呼ぶ。粒子にはたらく重力の影響は無視する。

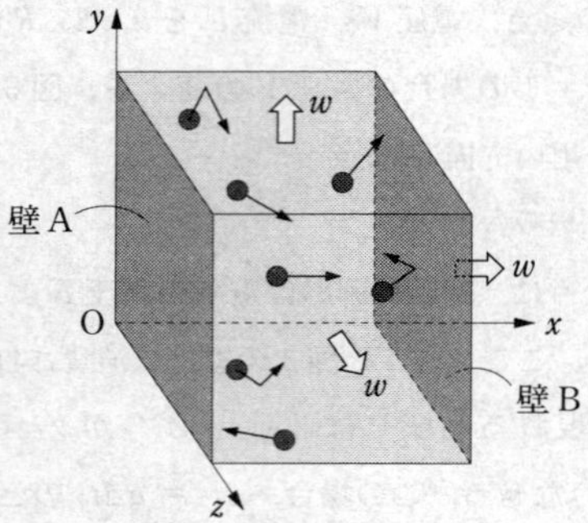

図 1

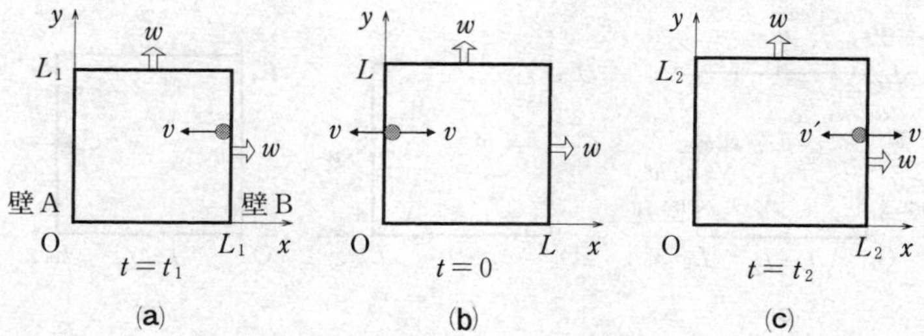

図 2

以下では簡単のために，速度がx軸の正あるいは負の方向を向いた1つの粒子を考え，まず，**図2**の(a)→(b)→(c)で表された過程を考察する。この粒子と他の粒子との衝突はないものとする。**図2**は，**図1**の立方体をz軸の正の側から見たものである。時刻$t=t_1$($t_1<0$)において，立方体の辺の長さはL_1であり，粒子は壁B上にあって速度はx軸の負の方向を向き，その大きさはvであるとする。その後，時刻$t=0$において粒子は壁Aに弾性衝突し，衝突後の速度はx軸の正の向きに大きさvとなった。$t=0$における立方体の辺の長さはLである。さらに時刻$t=t_2$($t_2>0$)において，粒子は壁Bに弾性衝突し，直後の速度はx軸の負の向きに大きさv'となった。$t=t_2$における立方体の辺の長さはL_2であった。L_1とL_2をL，v，wを用いて表すと$L_1=$ [あ]，$L_2=$ [い] であり，**図2**の過程の時間$T_{12}=t_2-t_1$はL，v，wを用いて$T_{12}=$ [う] と表される。さらに，wはvに比べて十分に小さいため，[[う]] をL，v，$\frac{w}{v}$で表し，微小な$\frac{w}{v}$の2次以上を無視する近似を行うと，$T_{12}\fallingdotseq$ [え] となる。なお，必要ならその絶対値が微小な実数xに対する近似式$\frac{1}{1+x}\fallingdotseq 1-x$を用いてよい。壁Aが粒子から受ける$x$軸方向の力の時間平均$\overline{F_x}$は，粒子が受ける力積$-\overline{F_x}T_{12}$が時刻$t=0$における衝突での粒子の$x$軸方向の運動量変化に等しいとした関係式から求まる。そこで，壁Aが粒子から受ける圧力Pを，$|\overline{F_x}|$を壁Aの面積で割ったものとする。T_{12}として [[え]] を用い，壁Aの面積を衝突時刻$t=0$でのL^2であるとすると，m，v，Lを用いて$P=$ [お] となる。なお，[[お]] はwにはよらない量である。

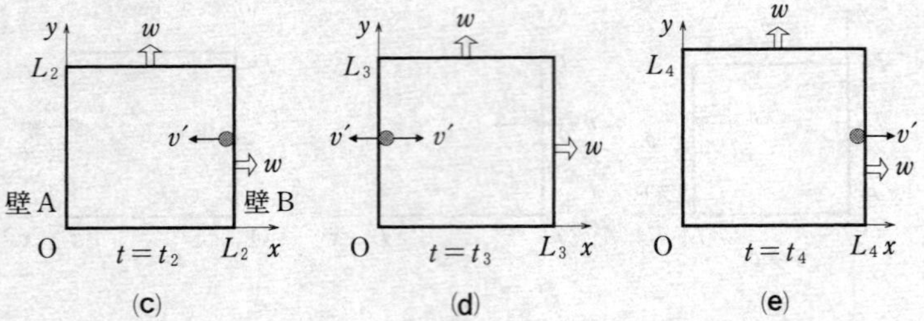

図3

次に，図3の(c)→(d)→(e)で表される，時刻 $t=t_2$ に速さ v' で壁Bを離れた粒子が，再び壁Aに弾性衝突し，壁Bに戻ってくるまでの過程を考える。まず，v' は v と w により

$$v' = v - aw \tag{i}$$

と与えられ，定数 a は $a=$ [か] である。しかし，以下の解答では，指示された場合を除き，v' を v と w で表す際は，a を用いた式(i)の右辺の表式を用いること。粒子が時刻 $t=t_3$ に壁Aに弾性衝突した時の立方体の辺の長さ L_3 は L，v，v'，w を用いて $L_3=$ [き] となる。図3の過程により壁Aが粒子から受ける圧力 P' は，図2の過程に対する $P=$ [お] の結果において，v を v' に，L を L_3 に置き換えることで得られる。そこで，圧力の変化分 $\Delta P = P' - P$ を考え，比 $\dfrac{\Delta P}{P}$ を $\dfrac{w}{v}$ の関数として表し，$\dfrac{w}{v}$ の2次以上を無視すると

$$\frac{\Delta P}{P} = \boxed{く} \times \frac{w}{v} \tag{ii}$$

となる。ここで，[く] は a を用いて表される量である。式(ii)の導出において，必要なら，その絶対値が微小な実数 x の2次以上を無視する近似で

$$(1+a_1x)^{b_1}(1+a_2x)^{b_2}\left(1+\frac{a_3x}{1+cx}\right)^{b_3} \fallingdotseq 1+(a_1b_1+a_2b_2+a_3b_3)x$$

であることを用いてよい。ここで，a_1，a_2，a_3，b_1，b_2，b_3，c は任意の実数である。

さらに，図2の過程での粒子の壁Aへの衝突時刻 $t=0$ における立方体の体積 $V=L^3$ と，図3の過程での衝突時刻 $t=t_3$ における体積 $V'=(L_3)^3$ に対して，体積の変化分 $\Delta V = V' - V$ を考える。比 $\dfrac{\Delta V}{V}$ を $\dfrac{w}{v}$ の関数として表し，$\dfrac{w}{v}$ の2次以上を無視すると

$$\frac{\Delta V}{V} = \boxed{け} \times \frac{w}{v} \tag{iii}$$

となる。式(ii)と式(iii)の結果から，$\dfrac{\Delta P}{P}$ と $\dfrac{\Delta V}{V}$ の間に

$$\frac{\Delta P}{P}+\gamma\frac{\Delta V}{V}=0 \qquad \text{(iv)}$$

の関係式が成り立つことが分かる。ここで，γ は a を用いて $\gamma=$ ［　こ　］ で与えられる。

以上の式(iv)の導出は，x 軸方向にのみ運動する 1 つの粒子に注目したものであり，圧力 P はその粒子のみから壁 A が受ける圧力であった。しかし，P をあらゆる方向に運動する全ての粒子から壁 A が受ける圧力とし，ΔP と ΔV を与えられた微小時間内での変化分としても，式(iv)が成り立つことが示される。さらに，P が $P+\Delta P$ に，V が $V+\Delta V$ に微小に変化する間に立方体内の粒子からなる理想気体の絶対温度が T から $T+\Delta T$ に微小に変化したとすると，式(iv)は理想気体の状態方程式を用いることで

$$\frac{\Delta T}{T}+\boxed{\quad さ \quad}\times\frac{\Delta V}{V}=0$$

と表すこともできる。ここで，［　さ　］ は γ を用いて表される量であり，微小量 $\dfrac{\Delta P}{P}$，$\dfrac{\Delta V}{V}$，$\dfrac{\Delta T}{T}$ の 2 次以上を無視した。

関係式(iv)は，理想気体の断熱変化におけるポアソンの法則として知られたものであり，a の値 ［　か　］ を代入した γ の値 ［　し　］ は単原子分子気体のものを再現している。しかし，多原子分子気体の場合は，式(iv)の定数 γ は ［　し　］ とは異なる値をとる。

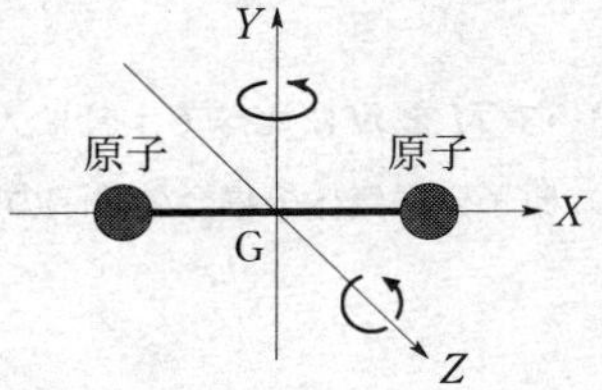

図 4

そこで，**図 1** の立方体内を x 軸方向に運動する 1 粒子を再び考え，次のようなモデルを用いて，二原子分子気体に対する式(iv)の γ を求めてみよう。二原子分子を 2 つの質点(原子)が長さ一定で質量を無視できるまっすぐな棒でつながったものと見なすと，この二原子分子には重心の並進運動の他に，**図 4** のように，重心(**図 4** の原点 G)

のまわりの，Y 軸と Z 軸を回転軸とする 2 つの回転運動がある。いま，**図 1** の立方体の中を x 軸方向に並進運動する二原子分子に対して**図 2** と**図 3** の過程を考える。この二原子分子のエネルギー E は，重心の x 軸方向の並進運動のエネルギー K_x と重心のまわりの 2 つの回転運動のエネルギーの和であるとし，各回転運動のエネルギーの値がどれも $\frac{1}{3}K_x$ に等しく，$E=\left(1+\frac{2}{3}\right)K_x$ の関係が常に成り立っていると仮定する。この場合の，**図 2 (c)**で表された，時刻 $t=t_2$ における分子と壁 B の衝突後の分子の速さ v' を求めるために，この衝突を二原子分子（質量 m）と壁 B に対応した重い物体（質量 M）の x 軸方向の衝突過程に置き換え，最後に質量 M を質量 m に比べて十分に大きくする。この衝突において，**図 4** の二原子分子の構造を直接に考慮する必要はなく，二原子分子は上記のエネルギー E を持った質量 m の粒子と考えればよい。衝突前後の分子と物体の速度は**図 5** の通りとする。

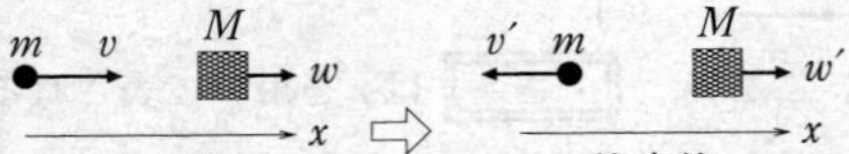

図 5

問 1　**図 5** の衝突過程におけるエネルギー保存と運動量保存の関係式を書きくだせ。それらより，衝突後の二原子分子の速さ v' を v，w，$\frac{m}{M}$ を用いて表わせ。なお，v' を導出する途中計算を書く必要はない。

問 2　**問 1** で求めた v' において M を m に比べて十分に大きくする，すなわち，$\frac{m}{M}$ を近似的に 0 として，二原子分子気体の場合の式(i)の a の値と式(iv)の γ の値を求めよ。

※解答欄　問 1：ヨコ 14.7 センチ×タテ 10 センチ

問 2：ヨコ 14.7 センチ×タテ 8 センチ

化学

（教育（理系）学部　1 科目　90 分
　その他　　　　　2 科目 180 分）

（注）　100 点満点。理・医（医）学部は 2 科目 300 点満点に，工学部は 2 科目 250 点満点に換算。

化学問題　I

次の文章(a)，(b)を読み，**問 1 〜問 4** に答えよ。解答はそれぞれ所定の解答欄に記入せよ。問題中の L はリットルを表す。水のイオン積は 1.0×10^{-14} (mol/L)^2，硫化カドミウムの溶解度積は 2.1×10^{-20} (mol/L)^2，〔X〕は mol/L を単位とした X の濃度とする。また，$\sqrt{6}$ は 2.4 とする。

(a)　重金属イオンを含む廃液は環境汚染の原因となる。そこで，硫化物イオン S^{2-} を含む溶液と混合して硫化物として沈殿・除去する方法がある。S^{2-} は硫化水素の水中での電離により生じる。硫化水素の圧力が 1 気圧のとき，25 ℃ の水 1 L に溶ける硫化水素の物質量は，pH や溶液組成によらず 1.0×10^{-1} mol である。以下では，この条件で硫化水素を溶解させた場合の平衡を考える。硫化水素の 1 段階目と 2 段階目の電離平衡の反応式と電離定数は，以下のとおりである。

$$H_2S \rightleftarrows H^+ + HS^- \qquad K_{a1} = 1.0 \times 10^{-7}\ \text{mol/L}$$

$$HS^- \rightleftarrows H^+ + S^{2-} \qquad K_{a2} = 1.0 \times 10^{-14}\ \text{mol/L}$$

水溶液中に微量のカドミウムイオン Cd^{2+} が溶解しているときを考える。この場合，硫化水素の 2 段階目の電離定数は 1 段階目の電離定数に比べてかなり小さく，水溶液の水素イオン濃度〔H^+〕にはほとんど影響しない。また，水酸化物イオン OH^- の濃度が低いため，OH^- の Cd^{2+} への配位は無視できる。このとき，水溶液の pH は [ア] であり，硫化物イオン濃度〔S^{2-}〕は [イ] mol/L である。水溶液中のカドミウムイオン濃度〔Cd^{2+}〕が [ウ] mol/L 以上になると，硫化カドミウムの沈殿が生成することになる。

ここで，塩基を加えて水素イオン濃度を 1.0×10^{-7} mol/L（pH ＝ 7）にした場合を考える。この場合も，OH^- の Cd^{2+} への配位は無視でき，硫化物イオン濃度〔S^{2-}〕は [　エ　] mol/L となる。したがって，水溶液中のカドミウムイオン濃度〔Cd^{2+}〕が [　オ　] mol/L 以上になると，硫化カドミウムの沈殿が生成することになる。

同様に，塩基を加えて水素イオン濃度を 1.0×10^{-14} mol/L（pH＝14）にした場合を考える。この場合は，OH^- の Cd^{2+} への配位を考慮する必要がある。その反応式と平衡定数は以下のとおりである。

$$Cd^{2+} + OH^- \rightleftarrows [Cd(OH)]^+ \qquad K_{b1} = 1.4\times10^{4}\ (\mathrm{mol/L})^{-1}$$
$$[Cd(OH)]^+ + OH^- \rightleftarrows Cd(OH)_2 \qquad K_{b2} = 1.7\times10^{4}\ (\mathrm{mol/L})^{-1}$$
$$Cd(OH)_2 + OH^- \rightleftarrows [Cd(OH)_3]^- \qquad K_{b3} = 1.0\ (\mathrm{mol/L})^{-1}$$
$$[Cd(OH)_3]^- + OH^- \rightleftarrows [Cd(OH)_4]^{2-} \qquad K_{b4} = 1.0\ (\mathrm{mol/L})^{-1}$$

ここで，$Cd(OH)_2$ はすべて水に溶解していると考えてよい。各成分の濃度に関しては，以下の関係が成り立つ。

$$[[Cd(OH)]^+] = K_{b1}[Cd^{2+}][OH^-] = \boxed{\text{カ}} \times [Cd^{2+}]$$
$$[Cd(OH)_2] = K_{b2}[[Cd(OH)]^+][OH^-] = \boxed{\text{キ}} \times [Cd^{2+}]$$
$$[[Cd(OH)_3]^-] = K_{b3}[Cd(OH)_2][OH^-] = \boxed{\text{ク}} \times [Cd^{2+}]$$
$$[[Cd(OH)_4]^{2-}] = K_{b4}[[Cd(OH)_3]^-][OH^-] = \boxed{\text{ケ}} \times [Cd^{2+}]$$

水溶液中の全カドミウム濃度〔Cd〕$_{\mathrm{total}}$ は以下の式で表される。

$$[Cd]_{\mathrm{total}} = [Cd^{2+}] + [[Cd(OH)]^+] + [Cd(OH)_2] + [[Cd(OH)_3]^-] + [[Cd(OH)_4]^{2-}]$$
$$= \boxed{\text{コ}} \times [Cd^{2+}]$$

ここで，pH＝14 では電離していない硫化水素濃度〔H_2S〕は無視できるので，硫化物イオン濃度〔S^{2-}〕は [　サ　] mol/L となる。したがって，OH^- が配位していないカドミウムイオン濃度〔Cd^{2+}〕が [　シ　] mol/L 以上になると，硫化カドミウムの沈殿が生成することになる。このとき，水溶液中の全カドミウム濃度〔Cd〕$_{\mathrm{total}}$ は [　ス　] mol/L である。

このように，カドミウムを硫化物として沈殿させ処理するときには，pH が高すぎても低すぎても良くないことがわかる。

問 1　［ア］～［ス］にあてはまる数値を，［ア］は整数で，その他は有効数字 2 けたで答えよ。塩基を加えたときの体積変化は無視できるものとする。

(b)　硫化カドミウムの結晶構造として閃《せん》亜鉛鉱型構造とウルツ鉱型構造が知られている。どちらの構造もイオン半径の大きな S^{2-} が最密充填構造をとり，その隙間にイオン半径の小さい Cd^{2+} が存在すると考えると理解しやすい。

図 1 は S^{2-} の最密充填構造の第 1 層と第 2 層を横と上から見た図を表し，第 1 層と第 2 層の間における 6 個の S^{2-} に囲まれている隙間(八面体間隙)と 4 個の S^{2-} に囲まれている隙間(四面体間隙)を示している。したがって，最密充填構造では，S^{2-} の数に対して，八面体間隙と四面体間隙の数はそれぞれ［あ］倍および［い］倍存在する。閃亜鉛鉱型構造とウルツ鉱型構造の中での S^{2-} の位置を**図 2**，**図 3** に●で示す。閃亜鉛鉱型構造とウルツ鉱型構造は，それぞれ**図 2**，**図 3** に示すような構造単位(格子)の繰り返しにより構成されている。閃亜鉛鉱型構造でもウルツ鉱型構造でも，Cd^{2+} は四面体間隙に存在し，1 個の Cd^{2+} に配位する 4 個の S^{2-} は正四面体の頂点に位置している。

閃亜鉛鉱型構造では，S^{2-} は**図 2** に示すように面心立方格子をとり，Cd^{2+} が四面体間隙に一つおきに存在する。**図 2** には格子の高さを 1 とした場合の，それぞれ高さ(相対的な高さ) 0，$\frac{1}{2}$，1 の断面における S^{2-} の配置(断面図)も示している。

ウルツ鉱型構造では，S^{2-} は**図 3** に示すように六方最密充填構造をとり，Cd^{2+} は，閃亜鉛鉱型構造と同様に，四面体間隙に一つおきに存在する。**図 3** には格子の高さを 1 とした場合の，それぞれ相対的な高さ 0，$\frac{1}{2}$，1 の断面の S^{2-} の配置も示している。**図 3** の格子の中には［う］個の S^{2-} が含まれており，**図 3** に示す S^{2-} 間距離が 0.41 nm の場合，格子の高さ h は［え］nm となる。

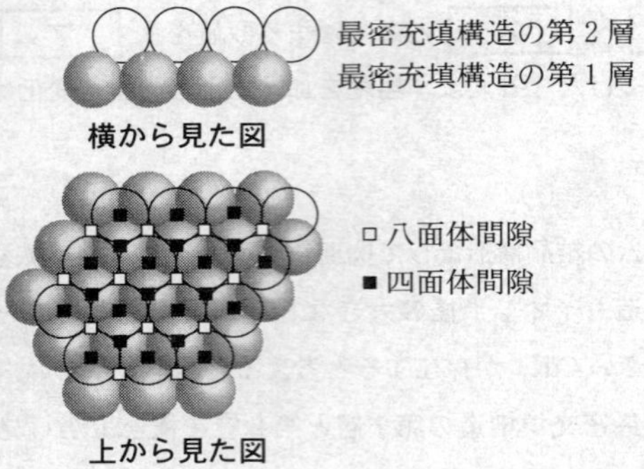
最密充填構造の第2層
最密充填構造の第1層
横から見た図
八面体間隙
四面体間隙
上から見た図

図1

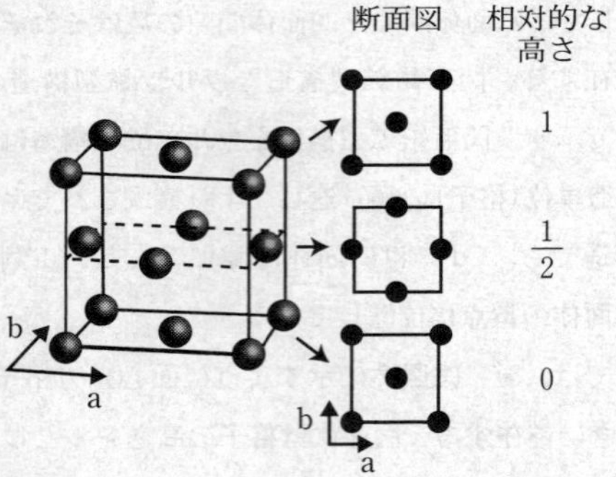
断面図
相対的な高さ
1
1/2
0
b
a
b
a

図2

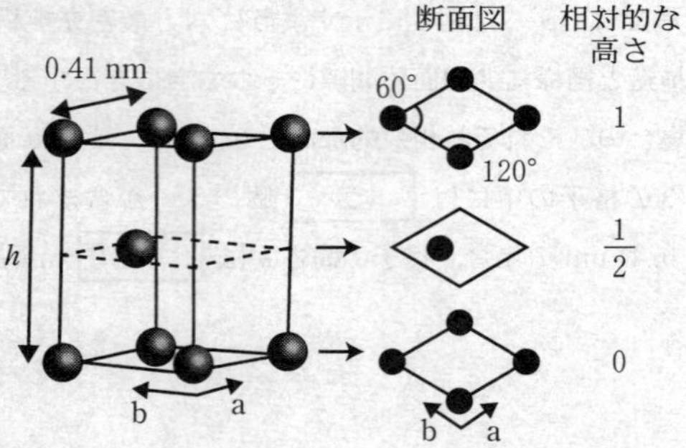
断面図
相対的な高さ
0.41 nm
60°
120°
h
1
1/2
0
b
a
b
a

図3

問 2　［あ］～［う］にあてはまる適切な整数または既約分数を答えよ。

問 3　［え］にあてはまる適切な数値を有効数字 2 けたで答えよ。

問 4　閃亜鉛鉱型構造の格子の中での Cd^{2+} の中心を通る断面を，**図 2** に示す断面に平行な面で切り出し，Cd^{2+} の配置を○で示した図(断面図)を例として**図 4** に示す。また，格子の高さを 1 とした場合の断面のそれぞれの高さも**図 4** に示している。閃亜鉛鉱型構造の場合， 2 通りの組み合わせが考えられる。

ウルツ鉱型構造の格子の中での Cd^{2+} の中心を通る断面を，**図 3** に示す断面に平行な面で切り出した場合を考える。**図 4** の例にならって，適切な断面図と相対的な高さを［お］～［し］に入れて**図 5** を完成させよ。ウルツ鉱型構造の場合も，閃亜鉛鉱型構造の場合と同様に， 2 通りの組み合わせが考えられる。ただし，［か］，［く］，および，［こ］，［し］は既約分数で答え，それぞれ値の小さな順に記せ。

断面図	相対的な高さ
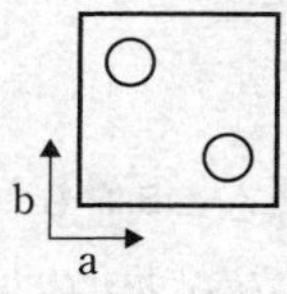	$\frac{1}{4}$
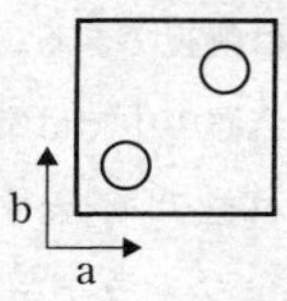	$\frac{3}{4}$

断面図	相対的な高さ
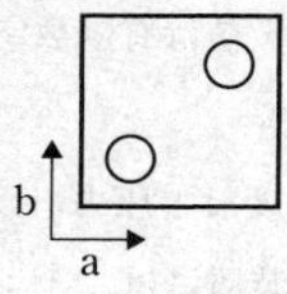	$\frac{1}{4}$
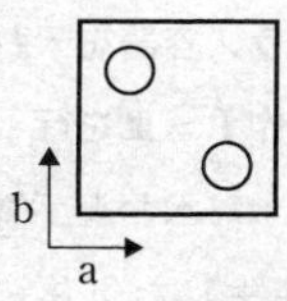	$\frac{3}{4}$

図 4　閃亜鉛鉱型構造の Cd^{2+} 配置の表示例

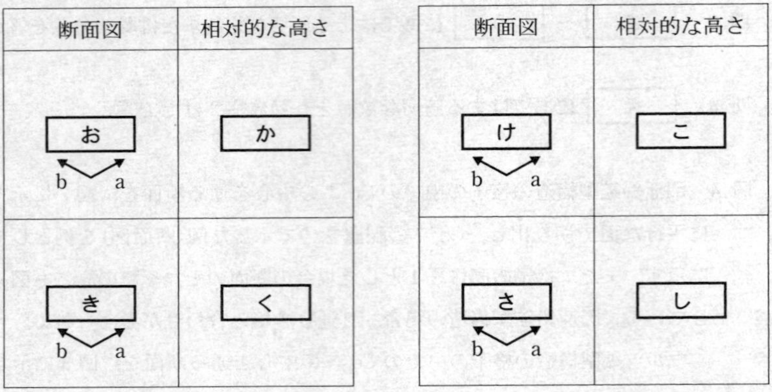

図5　ウルツ鉱型構造の Cd^{2+} 配置

化学問題　Ⅱ

次の文章(a)，(b)を読み，**問1**～**問7**に答えよ。解答はそれぞれ所定の解答欄に記入せよ。気体はすべて理想気体とみなす。また，問題文中のLはリットルを表す。特に指定のない場合，数値は有効数字2けたで答えよ。

(a)　**図1**のように温度計と圧力計が設置され，2つの白金電極AとBをもつ電解装置に水を入れた。装置には，1：1の物質量比の塩化ナトリウムと塩化カルシウムの粉末を封じたガラス容器を入れてある。ガラス容器の体積は無視できる。この装置を用いて次の**操作Ⅰ**～**Ⅲ**を行った。一連の操作において，装置の中では常に水の気液平衡が成り立ち，水および気相部分の温度は等しく，これを T[℃]とする。また，空気および発生した気体の水への溶解は無視できる。ファラデー定数は 9.65×10^4 C/mol，気体定数は 8.31×10^3 Pa・L/(mol・K)，大気圧は 1.013×10^5 Pa とする。

操作Ⅰ　$T=87$ ℃としてバルブを開き，装置内の圧力を大気圧にしたのち，バルブを閉じた。次にガラス容器を割り，中の塩化物を溶解したところ，塩化物は完全に電離し，電解質水溶液の濃度は均一になった。このとき温度 T は 87 ℃で変わらなかった。

操作Ⅱ　操作Ⅰに続いて，バルブを閉じたまま装置全体の温度を下げ $T = 27$ ℃にしたところ，圧力計は［　ア　］Pa を示した。このとき溶質の析出は起きなかった。

操作Ⅲ　操作Ⅱに続いてバルブを開き，装置内の圧力を大気圧にしたのち，バルブを閉じた。次に $T = 27$ ℃に保ったまま電解装置のスイッチを入れて，1.00×10^2 mA の電流を 32 分 10 秒間流した。このとき，圧力計は［　イ　］Pa を示し，気相の体積は 3.00×10^2 mL であった。

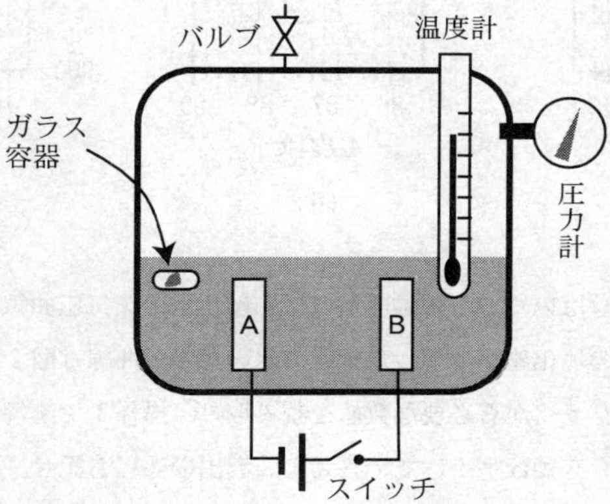

図 1

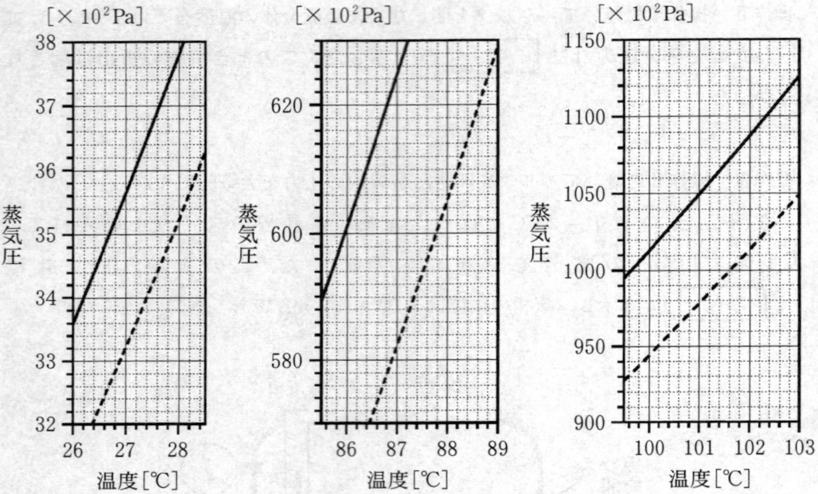

図 2

問 1　図 2 の実線はいくつかの温度領域における水の蒸気圧曲線を表している。ガラス容器中の塩化物が溶解した状態の水の蒸気圧曲線は図 2 の破線で与えられる。図 2 のグラフから必要な数値を読み取り，**操作Ⅰ**で溶解した塩化カルシウムの物質量を有効数字 1 けたで答えよ。導出の過程も記せ。ただし，水の大気圧下におけるモル沸点上昇は 5.2×10^{-1} K·kg/mol であり，装置内の水の質量は 1.3×10^{2} g とする。

問 2　**操作Ⅱ**について，図 2 のグラフから必要な数値を読み取り，［ア］に入る適切な数値を答えよ。

問 3　**操作Ⅲ**について，陰極 A と陽極 B におけるイオン反応式(半反応式)をそれぞれ記せ。

問 4　［イ］に入る適切な数値を答えよ。ただし，発生した気体の水への溶解，および**操作Ⅲ**における反応での溶質の減少による水蒸気圧の変化は無視できる。また，電極で生成したイオンや気体はそれ以後反応しないものとする。

(b)　高温の黒鉛 C に二酸化炭素 CO_2 を反応させると，一酸化炭素 CO を生じ，(1)式で表される平衡状態に達する。

$$CO_2(気) + C(固) \rightleftarrows 2\,CO(気) \qquad (1)$$

図 3 は CO_2 の分圧 p_{CO_2}[Pa] を横軸に，CO の分圧 p_{CO}[Pa] を縦軸にとって，気体の状態を図示したものである。曲線はある温度 T_e で(1)式の平衡状態が成立するときの，p_{CO_2} と p_{CO} の関係を表しており，このとき圧平衡定数 K_P[Pa] は(2)式で表される。

$$K_P = \frac{(p_{CO})^2}{p_{CO_2}} \qquad (2)$$

図 3 から数値を読み取ることで，$K_P =$ [ウ] Pa と求められる。

この反応に関する次の一連の**操作 1 ～ 3** を行った。なお，気体の体積に対して黒鉛の体積は無視し，気体は常に(1)式の平衡状態にあるとする。

操作 1：可動式のピストンを備えた容器に過剰量の黒鉛，および CO_2 を入れて，圧力が P_1[Pa] になるように調整した(**図 4**)。最初，容器全体は十分低温に保たれており，(1)式の正反応はほとんど進行しなかった。このとき，気体は**図 3** の点 **A** の状態にあると考えられる。

操作 2：次に，容器内の気体の全圧を一定(P_1)に保ちながら，容器全体の温度を T_e までゆっくり上昇させたところ，**図 3** の点線に沿って**矢印①**の方向に気体の平衡が移動し，気体の体積は V_1[L] となった。このとき，気体は**図 3** の点 **B** の状態にあると考えられる。

操作 3：引き続き，温度を T_e に保ったままピストンを押して気体をゆっくり圧縮したところ，**図 3** の曲線に沿って**矢印②**の方向に気体の平衡が移動し，気体の体積は V_2[L]，気体の全圧は P_2[Pa] となった。

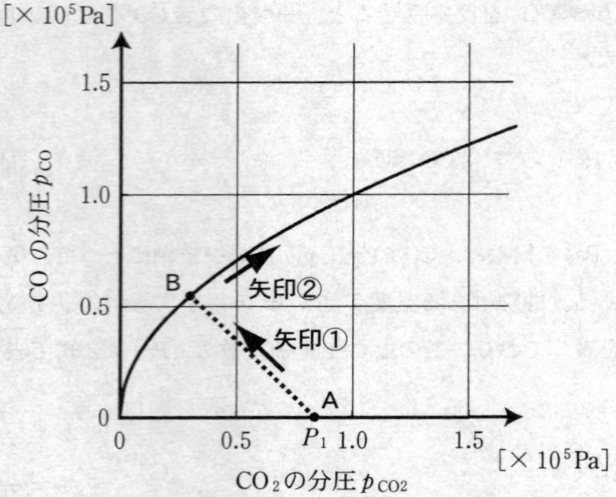

図３

図４

問５　［　ウ　］にあてはまる適切な数値を答えよ。

問６　図３の点線を表す式を p_{CO}，p_{CO_2}，P_1 を用いて記せ。

問７　最初（点 A）の圧力を $P_1 = 7.5 \times 10^4$ Pa として，上記の**操作１～３**を行った。その結果，CO の分圧と CO_2 の分圧が等しくなった。このとき，次の(i)～(iii)の問いに答えよ。

(i)　点 B における CO の分圧（p_{CO}）の値を単位を含めて答えよ。

(ii)　$\dfrac{P_2}{P_1}$ の値を整数または既約分数で答えよ。

(iii)　$\dfrac{V_2}{V_1}$ の値を整数または既約分数で答えよ。導出の過程も記せ。

※解答欄　問１：ヨコ 13.2 センチ×タテ 15.3 センチ
問７(iii)：ヨコ 12.0 センチ×タテ 15.3 センチ

化学問題　Ⅲ

次の文章を読んで，**問 1** に答えよ。解答はそれぞれ所定の解答欄に記入せよ。原子量は H = 1.0，C = 12，O = 16 とする。

化合物 A は，炭素，水素，酸素の 3 種類の原子から構成されており，分子内に複数のエステル結合をもつ有機分子であった。化合物 A は，不斉炭素を 1 つもち，分子量は 348 であった。化合物 A を 1.00×10^{-3} mol はかりとって完全燃焼させた。その結果，216 mg の水と 836 mg の二酸化炭素が生成した。次に，化合物 A を加水分解した。その結果，化合物 A の分子内に含まれる，いくつかのエステル結合は，ヒドロキシ基とカルボキシ基に変換され，化合物 A からは複数の化合物の混合物が得られた。そこで，それらの混合物に含まれていた 7 種類の化合物 B～H を，それぞれ単一の化合物として分離した。化合物 B，C，D は，化合物 A の加水分解が部分的にしか進行しなかったことで生じた，分子内にエステル結合が残った化合物であった。これらの異なる化合物 B～H の構造を明らかにするために行った分析，または反応操作とその結果を，次の(あ)～(か)に示す。

(あ)　化合物 B を加水分解することで，化合物 B の分子内に含まれるエステル結合を切断した。その結果，化合物 E と化合物 F が得られた。

(い)　化合物 C の組成式は $C_7H_{14}O_3$ であった。

(う)　化合物 D は，カルボキシ基をもつ化合物であり，その組成式は C_3H_3O であった。

(え)　化合物 E は分子式 $C_4H_4O_4$ のジカルボン酸であった。化合物 E は，その幾何異性体(シス-トランス異性体)よりも，同一条件下での水への溶解度が小さかった。

(お)　化合物 G は，3 つの $-CH_3$ をもつアルコールであった。分子式 C_5H_{10} のアルケンに酸を触媒として水を付加させる反応によっても，化合物 G を合成できた。

(か) 化合物Hは分子量が 122 であり，この化合物Hを酸化したところ，テレフタル酸が得られた。

問 1 化合物A～Hの構造式を，それぞれ指定された解答欄に，記入例にならって記せ。ただし，幾何異性体(シス-トランス異性体)は区別し，鏡像異性体は区別する必要がない。

構造式の記入例：

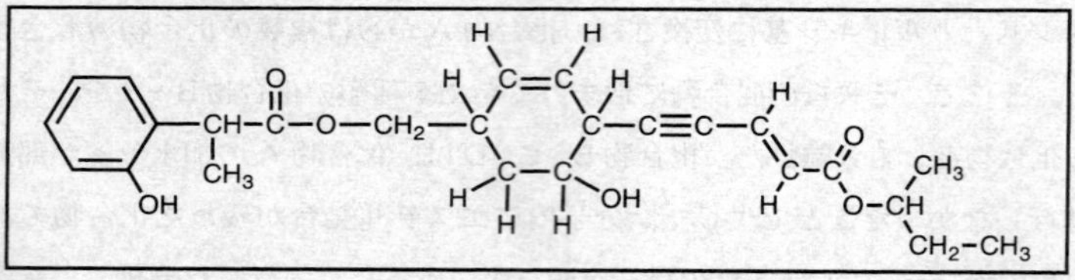

化学問題 Ⅳ

次の文章を読んで，**問 1**～**問** 3 に答えよ。解答はそれぞれ所定の解答欄に記入せよ。

L-グリセルアルデヒドは分子内に不斉炭素原子をひとつ含む炭素数 3 の単糖である。その立体配置は**図 1 a** のように示すことができ，太線(◀━)は紙面の手前側へ出ている結合，破線(⋯⋯)は紙面の奥側に向かう結合を示す。これとは別に，**図 1 b** のような表記法があり，左右方向の結合は紙面の手前側に出た結合，上下方向の結合は紙面の奥側に向かう結合を示し，中心となる炭素を交点とした十字形で示される。**図 1 b** の表記法は「フィッシャー投影式」と呼ばれ，炭素原子に結合した原子あるいは原子団の立体配置を二次元的に示すための簡便な方法である。

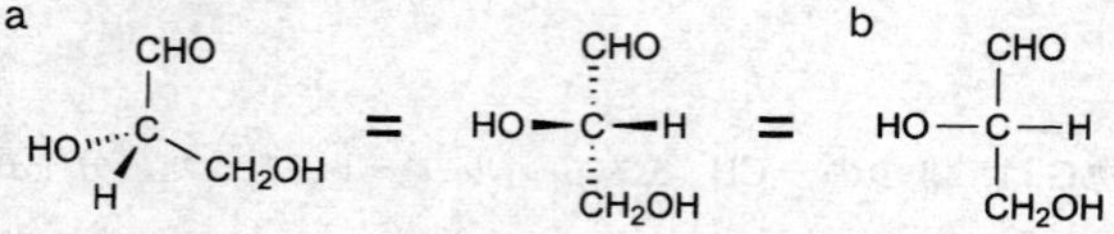

図 1 L-グリセルアルデヒドの表記法の比較

天然の単糖である D-グルコースの鎖状構造を，フィッシャー投影式を用いて，鏡像異性体である L-グルコースの鎖状構造とともに**図 2 a** に示した。両者を比較すると，分子内の 4 箇所すべての不斉炭素原子に結合した原子の配置は，鏡像の関係にある。D-フルクトース（天然型）とその鏡像異性体（L-フルクトース）についても，フィッシャー投影式を**図 2 b** に示した。

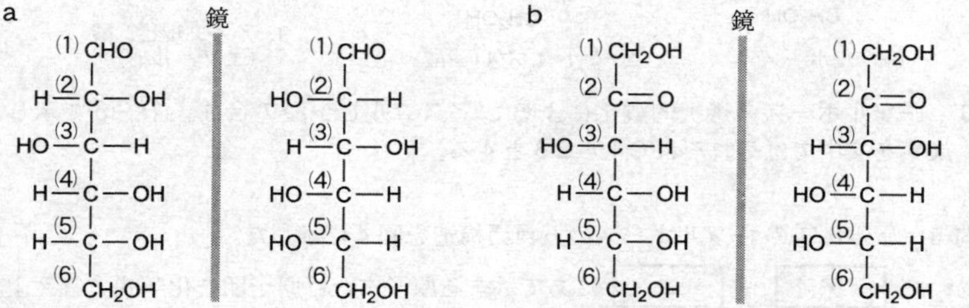

D-グルコース　　L-グルコース　　D-フルクトース　　L-フルクトース

図 2　単糖の鎖状構造の例。(1)～(6)で示した炭素を文中ではそれぞれ C 1 ～C 6 とする。

L-ソルボースは D-フルクトースの立体異性体のひとつであり，**図 3** のフィッシャー投影式のとおり，C 5 炭素に結合した原子あるいは原子団の立体配置のみ，D-フルクトースと異なっている。また，D-フルクトースと同様に，水溶液中では鎖状構造と環状構造の平衡状態として存在し，C 5 炭素に結合したヒドロキシ基がカルボニル基と反応した五員環構造①をとることができる。

L-アスコルビン酸（ビタミン C）は L-ソルボースから**図 3** に示した経路で合成される。まず，L-ソルボースの C 1 炭素を含む CH_2OH 基を選択的にカルボキシ基まで酸化することで②，2-ケト-L-グロン酸が合成される。続いて，脱水縮合反応によって分子内エステル結合が形成され③，ケト形の L-アスコルビン酸が得られる。この化合物はエノール形の L-アスコルビン酸へ変化する。

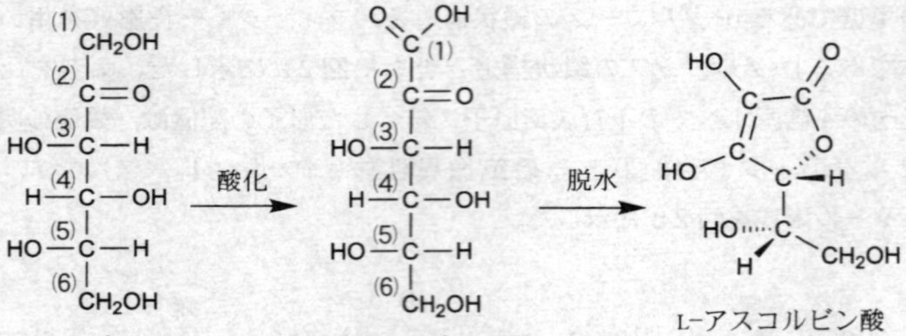

L–ソルボース　　2–ケト–L–グロン酸　　L–アスコルビン酸（エノール形）

図 3　L–ソルボースの選択的酸化による L–アスコルビン酸の合成。(1)～(6)で示した炭素を文中ではそれぞれ C 1 ～ C 6 とする。

問 1　下線部①の L–ソルボースの五員環構造を**図 4** に示した。［ア］～［エ］にあてはまる原子または原子団を化学式で答えよ。

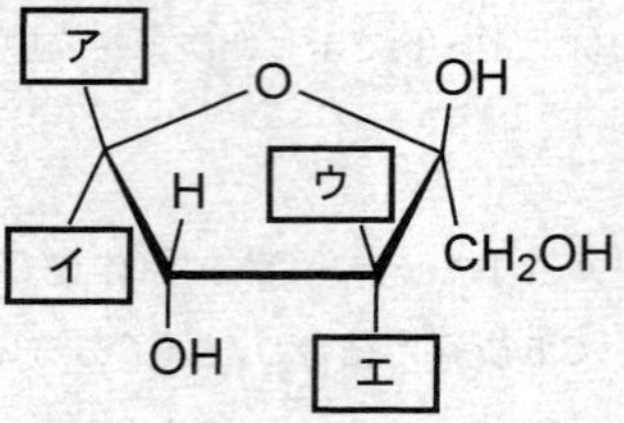

図 4

問 2　下線部②に関する次の文を読み，(i)と(ii)に答えよ。

複数のヒドロキシ基をもつ化合物において，特定のヒドロキシ基のみを反応させる方法のひとつに，反応させたくないヒドロキシ基を一時的に異なる化学構造に変換し，望まない反応を防ぐという手法がある。このような手法は「保護」と呼ばれ，その概念を**図 5 a** に示した。空間的に近接した 2 つのヒドロキシ基を，アセトンと反応（アセタール化）させることで，五員環構造にしている。この環構造は，1, 2–型環構造と呼ばれ，酸化反応の影響を受けない。一方で，酸性条件下では加水分解により開裂し，もとのヒドロキシ基に戻る。**図 5 b** のような配置のヒドロキシ基の間でもアセタール化は進行し，六員環構造（1, 3–型環構造）を与える。また，分子内に 3 つ以上のヒドロキシ基が含まれる場合（**図 5 a** や **5 c**）は，より近接した 2 つのヒドロキシ基の間でアセタール化がおこる。

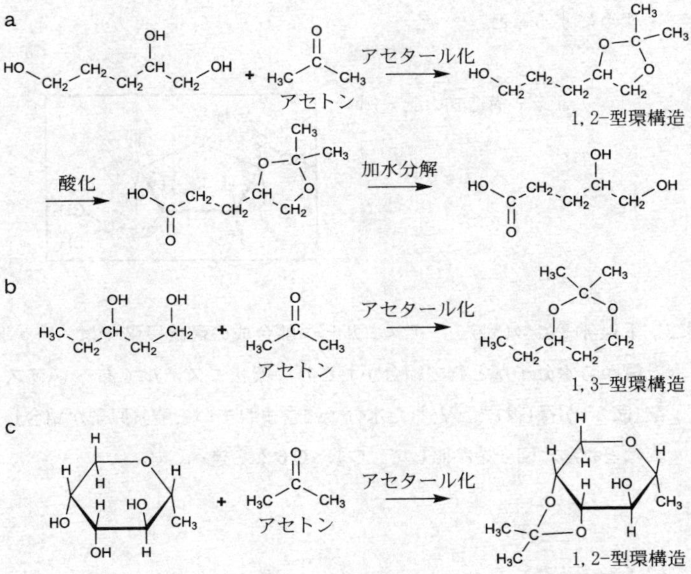

図 5　アセタール化によるヒドロキシ基の保護の例

図 4 の五員環構造をとった L-ソルボースがアセトンと反応すると，分子内の 5 箇所のヒドロキシ基のうち，[I] と [II] に結合したものは 1, 2-型環構造として「保護」され，[III] と [IV] に結合したものは 1, 3-型環構造として「保護」された。この状態で残された CH_2OH 基を酸化し，その後に加水分解を行ったところ，2-ケト-L-グロン酸(**図 3**)が合成できた。

(i)　上記の文章の [I] ～ [IV] にあてはまる炭素を，**図 3** を参照して，C 1 ～C 6 から選べ。

(ii)　単糖類の化学反応に興味を持った大学生の A さんは，D-グルコースをアセトンと反応させ，得られた化合物の構造を解析した。その結果，D-グルコースは，水溶液中の存在比が非常に小さい五員環構造をとってアセトンと反応したことがわかった。また，その反応により得られた化合物には 2 つの

1, 2−型環構造が含まれることが判明した。A さんが得た化合物の構造を，下記の記入例にならって示せ。不斉炭素がある場合は，その立体構造がわかるようにすること。

構造式の記入例：

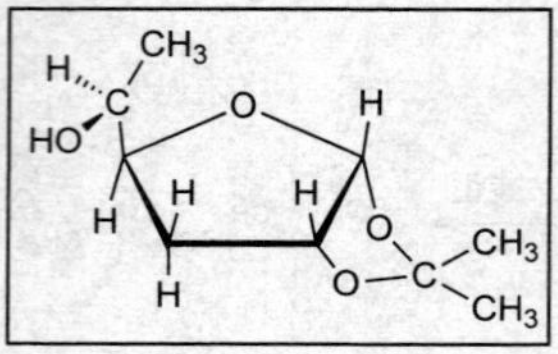

問 3　下線部③について，L−アスコルビン酸合成の最終段階では，2−ケト−L−グロン酸から水分子がとれて縮合がおこり，環状エステルである L−アスコルビン酸（**図 3**）が得られた。とれた水分子に含まれている酸素原子が結合していた炭素はどれか。**図 3** を参照して，**C 1 〜 C 6** から選べ。

生物

（教育(理系)学部　1科目　90分
　その他　　　　　2科目 180分）

(注)　100 点満点。理・医(医)学部は2科目 300 点満点に換算。

生物問題　I

次の文章(A)，(B)を読み，**問1～問8**に答えよ。解答はすべて所定の解答欄に記入せよ。

(A)　ヒトにおいて，タンパク質をコードする遺伝子は，通常，複数のエキソンと，その間にある ア から成り立っている。遺伝子の DNA から転写されてできた mRNA 前駆体は， イ という過程により ア が取り除かれ，mRNA になる。そして，この mRNA は，細胞質でポリペプチドに翻訳される。

いま，ある常染色体優性遺伝性の疾患 X について検討する。この疾患をつかさどる遺伝子 *Y* は4つのエキソンをもつ。遺伝子 *Y* のエキソン1から4のそれぞれに存在するコード領域は 1600，430，1941，1510 塩基長であり，コードされているポリペプチド Y は，1826 個のアミノ酸から構成されている。**図1**にそれらコード領域の開始点と終点近傍の塩基配列を示す。

エキソン1	エキソン2	エキソン3	エキソン4
1　　　1600	1　　　430	1　　　1941	1　　　1510
ATGTT・・CTCAG	GGCGG・・ATGAG	GGTCT・・GTGAG	GGAAA・・TGTAA

塩基上の数字は各コード領域の最初の塩基を1番とした塩基番号を表す。

図1

ここで，疾患X発症の原因として，遺伝子Yの　ア　の突然変異により，
イ　が正常に行われず，一部のエキソンが欠失したmRNAが合成される2
つの変異（Ⅰ型変異，Ⅱ型変異）を考える。Ⅰ型変異ではエキソン1，3，4の，Ⅱ
型変異ではエキソン1，2，4の全長に対応したmRNAが合成され，それぞれ，
ポリペプチドY-ⅰとY-ⅱが産生される。Y-ⅰとY-ⅱは，一次構造は互いに異な
るものの，いずれも1179個のアミノ酸から構成されている。

　一般的なタンパク質の分泌過程では，　ウ　によって翻訳されたポリペプチ
ドが，シグナルペプチドの働きによって　エ　に入り，折りたたまれる。その
後，このポリペプチドは　オ　へ輸送されて濃縮された後に，細胞外へと運ば
れる。

　ポリペプチドYは，　エ　で前駆型三量体を形成した後，安定な三重らせ
ん構造をもつ成熟型三量体となり，細胞外に分泌される（図2）。前駆型三量体が形
成されるためには，3つのポリペプチドYにおける，エキソン4によってコード
されているアミノ酸配列が必要で，エキソン1〜3によってコードされているアミ
ノ酸配列は前駆型三量体の形成には影響しない。

図2

問1　文中の　ア　〜　オ　に当てはまる適切な語句を解答欄に記せ。

問2　UAA，UAG，UGAは終止コドンである。遺伝子YのⅠ型変異，Ⅱ型変異の
mRNAの翻訳において，終止として働くコドンが存在するエキソンの番号を
それぞれ解答欄ⅠとⅡに記せ。

問3　ポリペプチドYのエキソン3がコードする領域を抗原とする抗体A3があ
る。この抗体A3とポリペプチドY-ⅰの結合を調べたところ，ポリペプチド
Y-ⅰには抗体A3と特異的に結合する部位は存在しないことがわかった。結
合する部位が存在しない理由を解答欄の枠の範囲内で説明せよ。

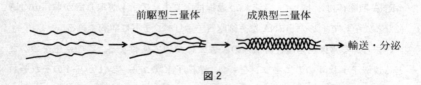

問 4　I 型変異のヘテロ接合体細胞が産生するポリペプチド Y と Y-ⅰ に関する適切な記述を以下の**(あ)**～**(え)**からすべて選び，記号を解答欄に記せ。

(あ)　分泌された成熟型三量体は Y-ⅰ を含む。

(い)　分泌された成熟型三量体は Y を含む。

(う)　細胞内の前駆型三量体は Y-ⅰ を含む。

(え)　細胞内の前駆型三量体は Y を含む。

問 5　II 型変異のヘテロ接合体細胞が産生するポリペプチド Y と Y-ⅱ について調べたところ，分泌された成熟型三量体はポリペプチド Y のみからなること，および，前駆型三量体がポリペプチド Y-ⅱ を含んでいる場合は，成熟できないまま細胞小器官内に蓄積し分泌されないことがわかった。

正常な遺伝子 *Y* をホモでもつ細胞が分泌するポリペプチド Y の成熟型三量体の量を 1 としたときに，I 型変異のヘテロ接合体細胞と，II 型変異のヘテロ接合体細胞が，それぞれ分泌する成熟型三量体の量を推定し，解答欄 **I** と **II** に既約分数で記せ。ただし，遺伝子 *Y* の転写・翻訳の効率は遺伝子型にかかわらず同一とする。

(B)　放射線や化学物質などは DNA 損傷を引き起こし，突然変異の要因となる。そのため，細胞には DNA の損傷を修復する機構が備わっている。DNA 損傷の 1 つに，シトシン(C)が化学変化してウラシル(U)となるものがある。この損傷は，主に塩基除去過程を経て修復されることが知られている。この過程を**図 3** に示す。まずウラシルがグリコシラーゼという酵素により除去された後，残ったデオキシリボースの 5' 側および 3' 側のリン酸基の結合が AP エンドヌクレアーゼなどにより切断される。その後，相補鎖を利用した反応によって，除去された部位に正しいヌクレオチドが挿入され，正常な塩基対へと修復される。

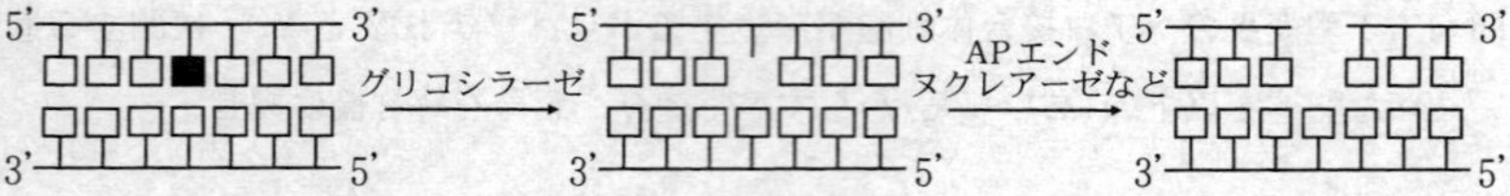

□は通常の塩基を，■はCがUに変化した部位を表す。

図 3

このウラシルの塩基除去修復に関連する実験を行うために，まず，以下に示す塩基配列のように 5' 末端側から 21 番目にウラシルをもつ 39 塩基長の DNA を合成し，5' 末端を放射性同位体で標識した(★印)。

1　10　20　30
5'－★TAGACGGATGAATATTGAGGUAAGAAGTTGGATTTGGTA-3'

次に，ウラシルと向き合う塩基以外は，上記の標識 DNA とすべて相補的になる DNA を合成し，標識 DNA と合わせて下記の 2 本鎖 DNA を作製した。

1　10　20　30
5'－★TAGACGGATGAATATTGAGGUAAGAAGTTGGATTTGGTA-3'
3'－　ATCTGCCTACTTATAACTCCGTTCTTCAACCTAAACCAT-5'

この 2 本鎖 DNA を用い，次の 2 つの実験を行った。

実験 1：2 本鎖 DNA に損傷塩基部分を除去する関連タンパク質(グリコシラーゼ，AP エンドヌクレアーゼなど)と除去部位の修復を行うタンパク質 A，タンパク質 B，および化合物 Z を異なる組み合せで加え，さらに酵素反応に必要な ATP を加えた 5 種類の試料を用意し，37 ℃で 1 時間反応を行った。反応後，各試料中の DNA を 1 本鎖にして電気泳動を行い，5' 末端の放射性同位体標識(★)を利用して検出した結果を模式図にしたものが**図 4** である。**図 4** 中の＋は，タンパク質または化合物が試料中に含まれることを，－は含まれないことを意味する。

試料	1	2	3	4	5
損傷塩基除去関連タンパク質	−	＋	＋	＋	＋
タンパク質A	−	−	＋	＋	＋
タンパク質B	−	−	−	−	＋
化合物Z	−	−	−	＋	＋

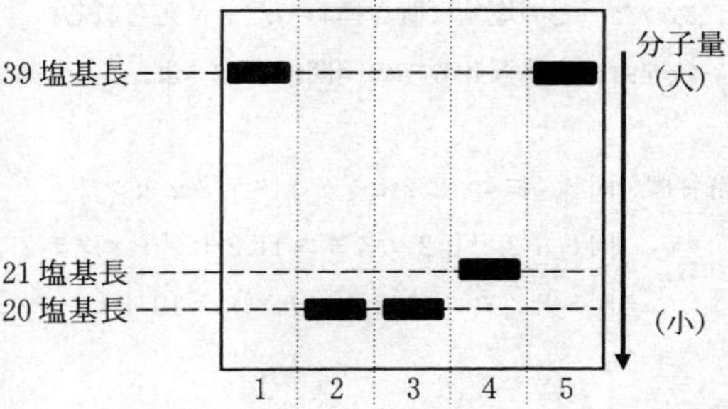

図4

実験2：前頁の2本鎖DNAをプラスミドに組みこみ，ウラシルの修復機構が損なわれた大腸菌に取り込ませた。この大腸菌を培養してプラスミドを増殖させた後，そのプラスミドを回収した。

問6　タンパク質Aとタンパク質Bとして最も適切なものを，次の**(あ)**～**(お)**から1つずつ選び，それぞれ解答欄**A1**と**B1**に記せ。また，それらのはたらきを，それぞれ解答欄**A2**と**B2**の枠の範囲内で記せ。

(あ)　DNAポリメラーゼ　　**(い)**　DNAヘリカーゼ
(う)　DNAリガーゼ　　**(え)**　RNAポリメラーゼ
(お)　ヒストン

問7　化合物Zとして最も適切なものを，次の**(あ)**～**(き)**より1つ選び，解答欄に記せ。

(あ)　デオキシアデノシン三リン酸　　**(い)**　デオキシシチジン三リン酸
(う)　デオキシグアノシン三リン酸　　**(え)**　デオキシチミジン三リン酸
(お)　シチジン三リン酸　　**(か)**　グアノシン三リン酸

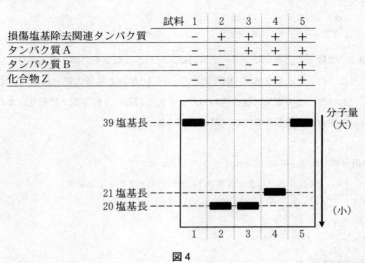

（き）　ウリジン三リン酸

問 8　**実験 2** で回収したプラスミドには，配列が異なるものが 2 種類あり，いずれも，組みこんだ 2 本鎖 DNA のウラシル(U)が他の塩基に置き換わったものであった。どの塩基に置き換わったと考えられるか，解答欄 I に記せ。また，その理由を解答欄 II の枠の範囲内で述べよ。

※解答欄　問 3：ヨコ 12.2 センチ×タテ 8.2 センチ
問 6 A 2・B 2：各ヨコ 11.2 センチ×タテ 2.1 センチ
問 8 II：ヨコ 11.2 センチ×タテ 10.4 センチ

生物問題　II

次の文章を読み，**問 1** ～**問 4** に答えよ。解答はすべて所定の解答欄に記入せよ。

ショウジョウバエの雌個体の卵巣では，体細胞分裂により，卵原細胞から卵母細胞が形成される。次いで，①減数分裂により，卵母細胞から卵が形成される。いま，卵母細胞でのみ転写される遺伝子 *G* を考える。その転写産物は卵母細胞の細胞質基質に蓄積し，胚の正常な背腹軸の形成に必須である。また，遺伝子座 *G* には，野生型の対立遺伝子 *G* に加えて変異型の対立遺伝子 *g* が存在し，対立遺伝子 *g* からは機能的な転写産物がまったく産生されない。一方，成熟したショウジョウバエ個体の体色を決定する遺伝子座 *E* には，野生型の対立遺伝子 *E* および変異型の対立遺伝子 *e* が存在する。遺伝子型 *EE* および *Ee* の個体の体色は正常色(黄褐色)であり，遺伝子型 *ee* の個体は暗黒色になる。なお，遺伝子座 *G* と遺伝子座 *E* は常染色体上で連鎖しており，その間の組換え価は 10 % である。

実験：②対立遺伝子 *G* と対立遺伝子 *E* が一つの染色体上に存在している遺伝子型 *Gg Ee* の雌個体と，遺伝子型 *gg Ee* の雄個体を交配したところ，産卵されたすべての受精卵がふ化し，多数の F_1 個体が得られた。次に，③生育した多数の F_1 雌個体の中から 1 個体を無作為に選び，遺伝子型 *gg Ee* の雄個体と交配し F_2 個体を得る実験を行った。この実験を繰り返したところ，④一部の交配において，F_1雌個体が産卵した受精卵はすべてふ化しなかった。なお，一連の実験では新たな突然変異は生じないものとする。

問 1　下線部①に関連して，一般的な減数分裂において，卵母細胞から卵とともに形成される細胞の名称を記せ。

問 2　下線部②の雌個体の卵巣内に形成されるすべての卵のうち，対立遺伝子 g と E を同時にもつ卵が占める比率として期待される値を，既約分数で答えよ。ただし，二重組み換えは生じないものとする。

問 3　下線部③の F_1 雌個体について，対立遺伝子（G, g）と対立遺伝子（E, e）に関する出現可能な遺伝子型は下記の**表 1** に示すように 6 つある。**表 1** 中の ア ～ カ は，それぞれの遺伝子型が F_1 雌個体全体に占める比率として期待される値である。これらを計算して，既約分数で答えよ。

表 1

遺伝子型	F_1 雌個体全体に占める比率として期待される値
Gg EE	ア
Gg Ee	イ
Gg ee	ウ
gg EE	エ
gg Ee	オ
gg ee	カ

問 4　下線部④に関連して，得られた F_2 個体のなかには，「体色が暗黒色，かつ産卵した受精卵がすべてふ化しない雌個体」が出現すると予想される。この個体が，F_2 個体全体に占める比率を，導出過程とともに記せ。ただし，すべて

の F_1 雌個体が同数の卵を産み，雄個体と雌個体が同一の比率で出現すると仮定せよ。

※解答欄　問 4：ヨコ 12.2 センチ×タテ 19.9 センチ

生物問題　Ⅲ

次の文章を読み，**問 1**～**問 3** に答えよ。解答はすべて所定の解答欄に記入せよ。

植物は環境からの様々なストレスを受けている。陸上での深刻なストレスの 1 つが乾燥である。一部の植物は，養水分を効率よく吸収するために根を，吸収した養水分を効率よく輸送するために維管束を発達させた①。また，体の表面からの水分の損失を防ぐためにクチクラ層を形成するようになった。その一方で，外界とのガス交換を行うために気孔を発達させた。一般に，気孔は明暗の環境変化に応答して開閉する②。しかし，気孔が開口するとそこから水分が失われるため，乾燥ストレス③を受けている植物は，明暗にかかわらず気孔を閉じなければならない。この乾燥ストレスに対する気孔の応答は，明暗に対する応答とは異なるものである。

問 1　下線部①に関連して，根および維管束をいずれももたない植物を以下の**(あ)**～**(き)**よりすべて選び，記号で解答欄に記せ。

(あ)　セン類　　**(い)**　ヒカゲノカズラ類　　**(う)**　タイ類
(え)　ツノゴケ類　　**(お)**　シダ類　　**(か)**　裸子植物
(き)　被子植物

問 2　下線部②に関連して，以下の(1)，(2)に答えよ。

(1)　気孔の開口は，ある受容体が特定の波長領域の光を吸収して促進される。(a)この光受容体タンパク質の名称は何か，また，(b)この受容体はおもに何色の光を吸収するか，解答欄に記せ。

(2) 光受容後の気孔が開口するまでの過程を，(c)孔辺細胞の細胞質基質の浸透圧が上昇するまでと，(d)その後，気孔が開口するまでに分けて，(c)と(d)のそれぞれについて以下の用語をすべて用いて，解答欄の枠の範囲内で説明せよ。なお，用いる用語の順番や回数は問わない。

(c) ポンプ，チャネル　　(d) 膨圧，細胞壁

問 3 下線部③に関連して，一般に，植物が乾燥ストレスを受けている場合，光があたっている方が，光があたっていない場合に比べて障害が発生しやすい。C_3 植物において，その理由は次の文章のように説明できる。

文中の [ア] ～ [ウ] に入る適切な語句を(あ)～(け)より1つずつ選び，記号で解答欄に記せ。

光合成では，葉緑体のチラコイドで作られた化学物質が，ストロマでの炭素同化の反応に使われる。植物には，強光下で，光合成色素によって吸収された光エネルギーの過剰分を [ア] エネルギーのかたちで安全に放散する調節防御機構が備わっている。気孔が閉じて葉肉組織の二酸化炭素濃度が低下し，カルビン・ベンソン回路の反応速度が低下すると，チラコイドでの電子伝達反応の最終的な電子受容体である [イ] の供給量が低下する。そのため，乾燥ストレス下で光があたっている場合，吸収された光エネルギーの過剰分が調節防御能力を超えてしまい，活性酸素を生じさせる。植物に含まれるアスコルビン酸や光合成色素である [ウ] は活性酸素を消去するはたらきをもつ抗酸化物質である。しかし，植物のもつ消去能力を上回る量の活性酸素が生じると，細胞や葉緑体に障害を及ぼす。

(あ) 電気	(い) 熱	(う) 化学
(え) $NADP^+$	(お) NAD^+	(か) ADP
(き) アントシアニン	(く) カロテン	(け) フィトクロム

※解答欄　問2(2)(c)・(d)：各ヨコ10.2センチ×タテ6.9センチ

生物問題　Ⅳ

次の文章(A)，(B)を読み，**問 1** ～**問 6** に答えよ。解答はすべて所定の解答欄に記入せよ。

(A)　紅藻は，様々な水深に分布している。潮間帯(水深 0 m 付近)から紅藻 A を，水深 8 m から紅藻 B を採取し，石英ガラス板に挟んで吸収スペクトルを測定した(**図 1**)。次に，それぞれの紅藻に，白色光を照射した際の光合成速度を，光強度を変えて測定した(**図 2**)。さらに，紅藻 B の光合成の作用スペクトルを測定したところ**図 3** のようになった。これらの実験結果と，**図 4** に示す，水中に到達する太陽光の波長と強度の関係から，紅藻 B は生育場所の光環境に適応していると考えることができた。

問 1　一般的な植物の緑葉や緑藻類細胞が示す光合成の作用スペクトルは，**図 3** のスペクトルとどのように異なるか，解答欄の枠の範囲内で説明せよ。

問 2　下線部のように考えた理由を，**図 1** ～**図 4** から読み取れることを個々に述べながら，以下の用語をすべて用いて，解答欄の枠の範囲内で説明せよ。なお，用いる用語の順番や回数は問わない。

光合成，　緑色光，　光飽和点，　吸収，　弱い光

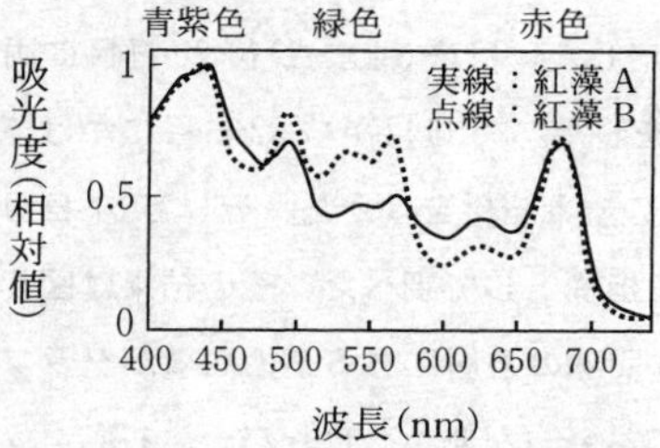

図 1　縦軸は，最大の吸光度を 1 としたときの相対値である。(横浜，1973 の図を改変)

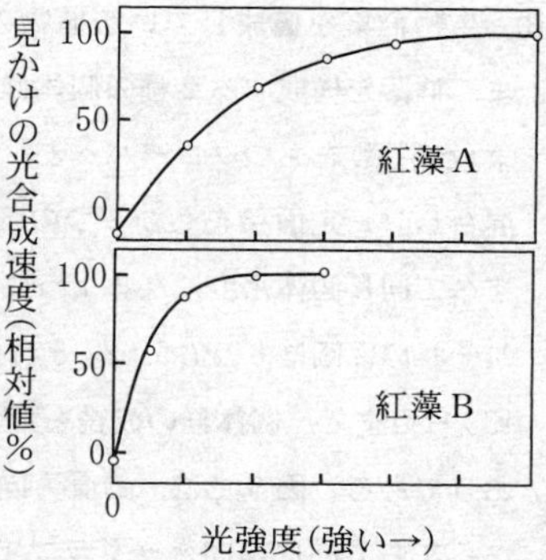

図 2　縦軸は，光飽和点における見かけの光合成速度に対する相対値(%)である。上下の図の横軸の目盛は同じである。(横浜，1973 の図を改変)

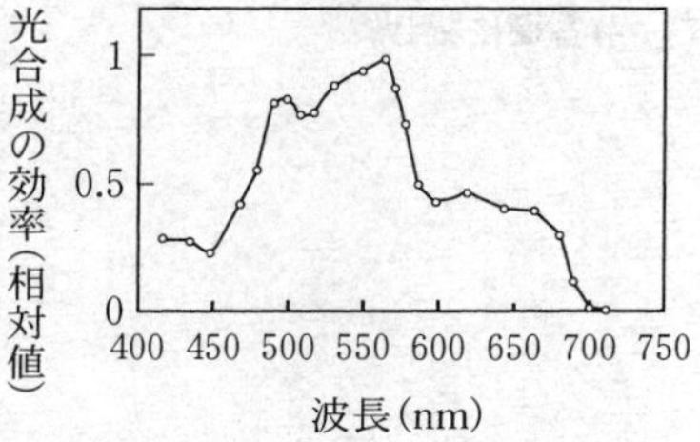

図 3　縦軸は，波長 570 nm における値を 1 としたときの相対値である。(Haxo and Blinks, 1950 の図を改変)

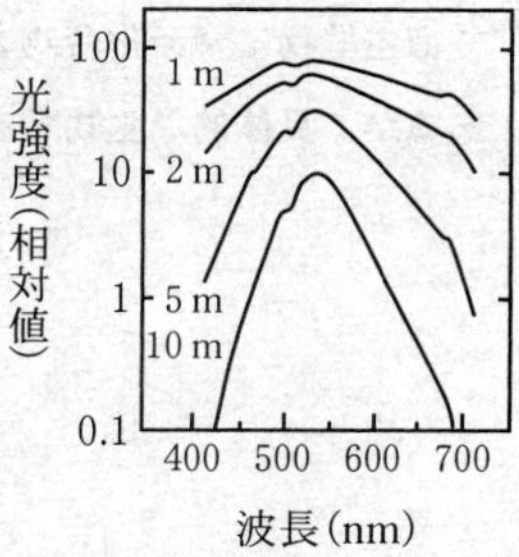

図 4　縦軸は，海水面(0 m)での太陽光の最大の光強度を 100 としたときの相対値，図中の数字は水深を示している。(Wozniak and Dera, 2007 の図を改変)

(B)　生物群集を構成している植物の集団を植物群落という(以下，群落と呼ぶ)。いま，群落を構成する 2 種の個体群間の種間競争を実験的に調べるために，広葉型の葉(水平葉)をもつクローバーと，イネ科型の葉(傾斜葉)をもつライグラスの種子を混合し，一定面積をもつ 3 つの区画で栽培した。は種(種まき)後 20 日目に両種がすべて同じ個体密度になるように間引きをした。36 日目から 52 日目にかけて，それぞれの区画に 0，7.5，22.5 g/m^2 の量の窒素肥料を与えた。そして 67 日目から 133 日目まで，個体群の成長を葉の面積を指標として調べた。その結果は**図 5** のとおりである。**図 5** では，鉛直方向 3.5 cm 間隔の各層にある葉の面積がグラフ中央から左右方向に横向き棒グラフで示されている(左側：クローバー，右側：ライグラス)。葉の面積は区画の面積に対する相対値で表し，以下，葉面積と呼ぶ(非光合成器官の面積は含まない)。なお，は種時の土壌中には根粒菌が含まれていた。また，窒素肥料以外の条件については，区画間で同一になるように管理されたものとする。113 日目以降，ライグラスでは茎が伸長し穂が生じた。

問 3　クローバーなどマメ科植物の根に共生する根粒菌は，空気中の窒素を固定して宿主植物に窒素化合物を供給する。窒素固定生物には他にどのようなものがあるか。具体的な生物名を 2 つ挙げて，解答欄に記せ。

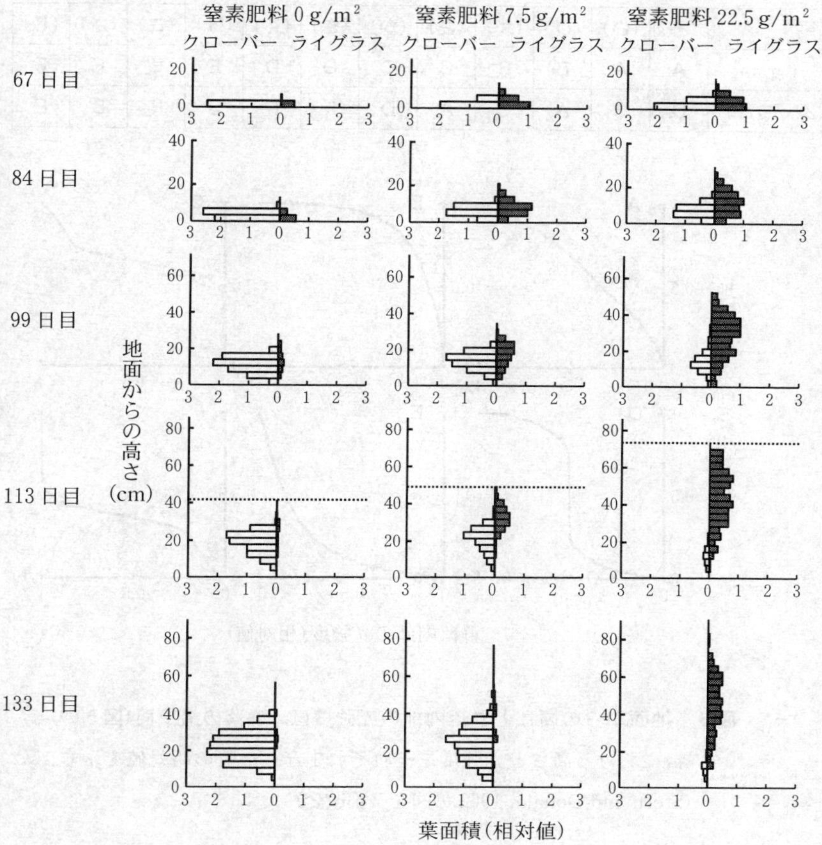

図 5　113 日目における点線は群落の最上面を示す。□はクローバーを，■はライグラスを表す。(Stern and Donald, 1962 の図を改変)

問 4　113 日目の窒素肥料条件が $0\,g/m^2$ と $22.5\,g/m^2$ の群落について，地面からの高さと群落内部の光強度の関係を調べた。図 6 のグラフ A～F のうち，各群落の結果として最も適切な組み合わせを下表の（あ）～（し）の中から 1 つ選び，記号を解答欄に記せ。

	(あ)	(い)	(う)	(え)	(お)	(か)	(き)	(く)	(け)	(こ)	(さ)	(し)
0 g/m^2	A	A	B	B	C	C	D	D	E	E	F	F
22.5 g/m^2	D	C	A	C	A	D	E	F	B	F	B	E

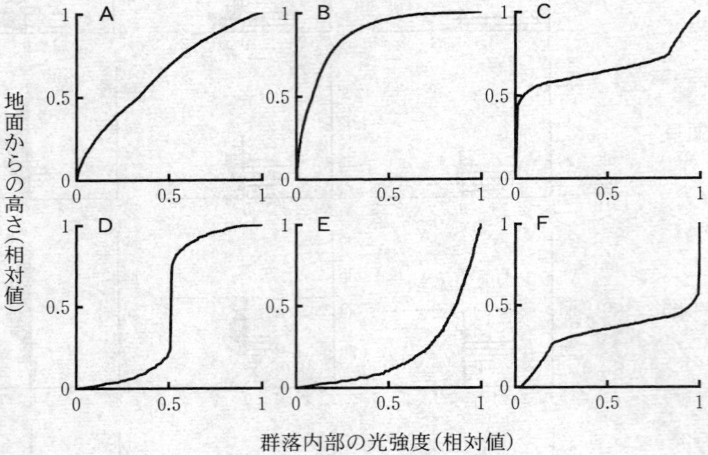

図 6　地面からの高さと群落内部の光強度は，群落の最上面(図 5 の点線)における高さと光強度をそれぞれ 1 とした時の相対値で示す。
(Stern and Donald, 1962 の図を一部改変)

問 5　99 日目では葉面積が拡大し，3 つの群落の生産構造に明らかな差異が認められる。一般に葉面積が十分大きい場合，イネ科型の草本の生産構造をもつ個体群は広葉型の草本の生産構造をもつ個体群よりも，物質生産が有利であると考えられる。その理由として適切なものを以下の(あ)～(え)の中からすべて選び，記号を解答欄に記せ。

(あ)　イネ科型個体群では，葉を支えるための茎の割合が少なくてすむ。

(い)　広葉型個体群では葉が群落上層に局在するため，弱光下での個体群呼吸量が多い。

(う)　群落下層に当たる光は弱いので，イネ科型個体群の方が蒸散が少なく，水の損失が少ない。

（え） 群落内部の光強度以外の条件が個体群間で等しいとき，群落下層まで光が入り込むイネ科型個体群の方が，強光下での個体群光合成量が多い。

問 6 84日目までは，7.5 g/m^2 と 22.5 g/m^2 の窒素肥料条件ともに，クローバーとライグラスの間で葉面積は大きく変わらない。しかし，133日目の両植物の葉面積は大きく異なる。このように133日目で差が生じた理由を，「競争」という用語を用い，7.5 g/m^2 と 22.5 g/m^2 の窒素肥料条件のそれぞれで優占種となる植物名およびそれらの特性を踏まえて解答欄に記せ。なお，ライグラスの穂形成に伴う葉の枯死については考慮しないものとする。

※解答欄 問1：ヨコ12.2センチ×タテ4.1センチ

問2：ヨコ12.2センチ×タテ12.4センチ

問6：ヨコ12.2センチ×タテ8.3センチ

■地学■

（教育（理系）学部　1 科目　90 分
　その他　　　　　　2 科目 180 分）

（注）　100 点満点。理学部は 2 科目 300 点満点に換算。

地学問題　I

次の文章(a)，(b)を読み，**問 1** ～**問 6** に答えよ。解答はすべて所定の解答欄に記入せよ。

(a)　天の川銀河（銀河系）には多数の恒星が含まれ，その構造はハロー①・円盤・バルジに分けられる。宇宙には，天の川銀河の他にも，恒星の大集団である銀河が多数存在する。［　ア　］銀河は星間ガスが少なく，赤みがかっている②。［　イ　］銀河や［　ウ　］銀河は，星間ガスが多く，恒星が円盤状に分布している。銀河団の中心部のような銀河密度の大きいところでは［　ア　］銀河の割合が多く，逆に銀河密度の小さいところでは［　イ　］銀河や［　ウ　］銀河の割合が多い。

問 1　文中の［　ア　］～［　ウ　］に当てはまる適切な語句を，以下の語群から 1 つずつ選べ。

語群：渦巻，棒渦巻，楕円，不規則

問 2　下線部①のハローに多く存在する天体を，以下の語群Ａおよび語群Ｂからそれぞれ 1 つずつ選べ。

語群Ａ：種族Ⅰの星，種族Ⅱの星

語群Ｂ：散開星団，球状星団，散光星雲，暗黒星雲

問 3　下線部②に関連して，宇宙初期の短期間に大量の恒星が生まれ，その後，星形成が起きなかった銀河は，現在では赤みがかった銀河となる。銀河を構成する恒星の性質にもとづいて，その理由を述べよ。

(b)　銀河系の中心には巨大なブラックホールが存在すると考えられている。銀河系中心部の恒星の運動の測定などから，銀河系中心のブラックホールの存在およびその性質が調べられている。

図 1 に，銀河系中心付近の二つの恒星 X と Y の運動の模式図を示す。恒星 X と Y の軌道は銀河系中心を中心とした円軌道である。恒星 X と Y の公転面と地球上の観測者は，同じ平面上に存在する。恒星 X の軌道半径は 1.5×10^{11} km であり，恒星 Y の軌道はその外側にある。恒星 X と Y の質量はブラックホールの質量に比べて無視でき，その円運動はケプラーの法則に従うとする。

以下の解答においては，簡単のため太陽と地球間の平均距離を 1.5×10^{8} km，地球と銀河系中心間の距離を 10^{4} パーセクとして計算すること。

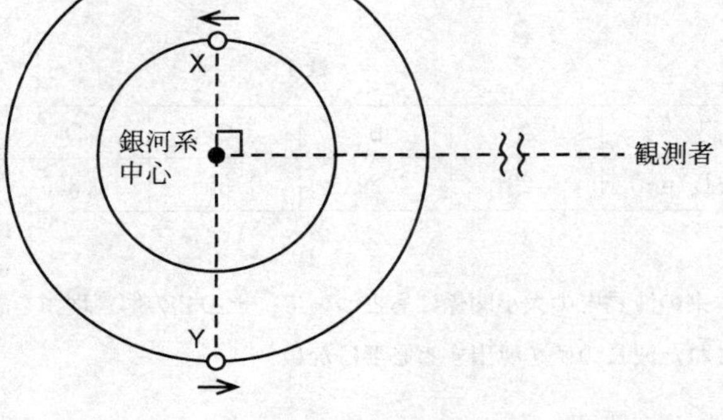

図 1

問 4　銀河系中心方向には大量の星間塵が存在し，恒星 X から地球に届く光はこの星間塵を通過する際に吸収を受け，その強さが 1 万分の 1 になったとする。その結果，恒星 X の見かけの等級は 18 等であった。吸収が無いとしたときの本来の恒星 X の絶対等級を，有効数字 1 けたで求めよ。導出過程も記せ。

問 5　恒星 X の公転周期は 15 年である。銀河系中心のブラックホールの質量は太陽質量の何倍か，有効数字 1 けたで求めよ。導出過程も記せ。ただし，恒星 X の軌道の内側にはブラックホールのみが存在するとする。

問 6　恒星 X と Y，地球上の観測者の位置関係は**図 1** のとおりであるとする。図中の矢印は，恒星 X，Y の公転運動の向きを表す。以下の(1)~(3)に答えよ。ただし，図中の矢印の長さは公転速度の大きさとは無関係であり，銀河系中心に対する地球の運動や地球の自転の効果は無視できるものとする。

(1)　恒星 X と銀河系中心が天球上でなす角度を求めよ。角度の単位は秒を用い，有効数字 1 けたで答えよ。導出過程も記せ。

(2)　恒星 X，Y のスペクトルの観測を行ったところ，本来の波長が 1.300 μm であるスペクトル線が見つかった。恒星 X，Y から観測されたスペクトル線の波長は，**表 1** で示された A~E の波長のいずれかである。恒星 X，Y のそれぞれについて，最も適切なものを A~E から 1 つずつ選べ。

表 1

記　号	A	B	C	D	E
波長(μm)	1.291	1.294	1.300	1.306	1.309

(3)　本来の波長との大小関係にもとづいて，上の(2)の解答理由を説明せよ。観測された波長の値を導出する必要はない。

※解答欄　問 3 ：ヨコ 13.0 センチ×タテ 6.2 センチ
問 4 ：ヨコ 13.1 センチ×タテ 7.8 センチ
問 5 ：ヨコ 13.2 センチ×タテ 7.7 センチ
問 6 (1)：ヨコ 13.2 センチ×タテ 4.9 センチ
問 6 (3)：ヨコ 13.2 センチ×タテ 9.5 センチ

地学問題　II

次の文章を読み，**問 1 ～問 4** に答えよ。解答はすべて所定の解答欄に記入せよ。

気温減率が湿潤断熱減率よりも大きく，乾燥断熱減率よりも小さい場合には，大気の状態を [ア] 不安定と呼ぶ。この状態において，①水蒸気が飽和していない空気塊が強制的に持ち上げられ続ける場合には，ある高度に達すると水蒸気が凝結して雲ができ始め，まわりの空気より高温になるまで持ち上げられると，その後は強制的に持ち上げられなくても空気塊は上昇を続ける。一方，気温減率が乾燥断熱減率よりも大きい場合には，大気の状態を [イ] 不安定と呼ぶ。**表 1** のような気温分布を持つ大気に対して，②地上付近にある温度 28.0 ℃ の空気塊が上昇したときに，水蒸気が凝結して雲ができ始める高度は 500 m であった。この空気塊はその後も上昇を続け，高度 [A] m まで達すると上昇しなくなった。

対流圏では一般的に地表付近の気温が高く，高度とともに気温は低くなる。しかし，③上空のほうが気温が高くなる領域が発生することがあり [ウ] 層と呼ばれる。対流圏より上では，[エ] 圏と [オ] 圏において，一般的に高度とともに気温は高くなっている。

表 1　高度 500 m ごとの気温

高度(m)	0	500	1000	1500	2000	2500	3000	3500	4000
気温(℃)	28.0	20.8	17.2	15.1	13.3	11.7	10.1	8.6	7.2

問 1　文中の [ア] ～ [オ] に適切な語を記入せよ。

問 2　下線部①に関連して，このように空気塊を強制的に持ち上げて雲を発生させるような上昇流がおこる場合を 2 つ述べよ。

問 3　空気塊の上昇に関連して，以下の(1)～(3)に答えよ。なお，乾燥断熱減率は 1.0 ℃/100 m，湿潤断熱減率は 0.5 ℃/100 m とし，過飽和はおこらないものとする。

⑴　下線部②に関連して，この空気塊の高度500 mにおける温度を有効数字2けたで求めよ。導出過程も示すこと。

⑵　この空気塊の地上における相対湿度を有効数字2けたで求めよ。導出過程も示すこと。なお，高度による露点の低下率は0.2 ℃/100 mとし，地上での飽和水蒸気圧は**表2**のとおりとする。

表2　地上における気温と飽和水蒸気圧の関係

気温(℃)	23.0	24.0	25.0	26.0	27.0	28.0
飽和水蒸気圧(hPa)	28.1	29.8	31.7	33.6	35.7	37.8

⑶　文中の［A］に入る数字を有効数字2けたで求めよ。導出過程も示すこと。高度500 mごとの気温は**表1**に示されている。この500 mごとの高度の間では気温減率は一定であるとする。

問4　下線部③に関連して，以下の⑴，⑵に答えよ。

⑴　よく晴れた夜には，このような領域が地表付近で発生することがある。その原因を述べよ。

⑵　地表付近での大気汚染が悪化するときに，このような領域の発生がその要因の1つと考えられることがある。その理由を述べよ。

※解答欄　問2：ヨコ12.1センチ×タテ5.5センチ
問3⑴：ヨコ12.1センチ×タテ3.3センチ
問3⑵：ヨコ12.2センチ×タテ7.6センチ
問3⑶：ヨコ12.1センチ×タテ13.3センチ
問4⑴：ヨコ12.1センチ×タテ4.9センチ
問4⑵：ヨコ12.1センチ×タテ4.2センチ

地学問題　Ⅲ

次の文章を読み，**問 1** ～**問 6** に答えよ。解答はすべて所定の解答欄に記入せよ。

地球内部は，大まかには層構造をなしている。**図 1** は，深さに対するある特性の変化のようすを示しており，3 つの層 A，B，C があることがわかる。B 層の物質の主な元素は［　ア　］である。C 層は，地球の［　イ　］によって B 層の物質が時間とともに徐々に［　ウ　］することで，大きくなってきた。［　エ　］層での活発な流動が，地磁気をつくっている。

層の中では同じ深さでも，場所により，種々の特性に小さな変化がある。A 層の物質の大規模な上昇流がある南太平洋の仏領ポリネシアでは，周辺に比べて，地震波速度が［　オ　］い領域が A 層にある。一方，①深発地震が発生している日本周辺では，A 層の中に下降流を示す特徴がみられる。地震波速度の 3 次元的な分布は②地震波トモグラフィーという手法で推測される。③ジオイドの起伏も A 層での対流の影響を受けている。

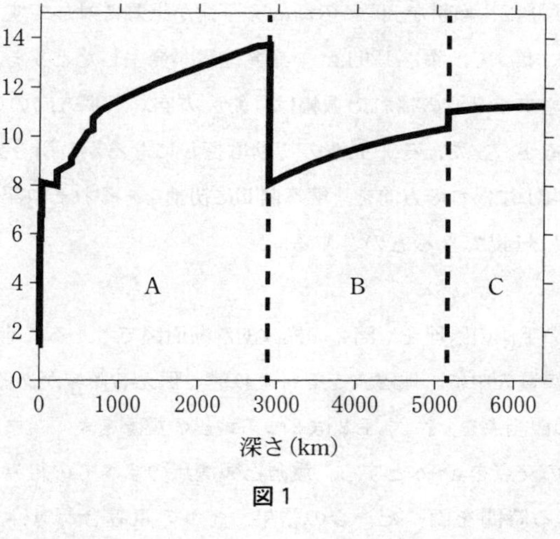

図 1

問 1　文中の［　ア　］～［　オ　］に最も適切な語または記号を次の語群から選び記入せよ。ただし，同じ語または記号を二度以上用いてはならない。

語群：Fe，Si，Mg，Ni，回転，加熱，冷却，膨張，部分溶融，液化，固化，A，B，C，速，遅

問 2 図1の縦軸が示すものとその単位を，次の語群から，それぞれ選べ。

語群：P波速度，S波速度，密度，km/s，m/s，mm/s，kg/m^3，kg/cm^3，g/cm^3

問 3 C層の存在は地震波の観測からみつかった。どのような観測事実からB層の下にC層があることがわかるか，答えよ。

問 4 下線部①に関連して，以下の(1)，(2)に答えよ。

(1) 日本付近の深発地震の震源分布には空間的な特徴がみられる。その特徴を1つ答えよ。

(2) 走向がN0°E，傾斜が30°Eの断層の下盤が上盤に対してずり落ちるような断層運動によって，深さ120kmで深発地震が発生したとする。震源の真上の地表に到達するP波の揺れの振幅は，鉛直方向，水平方向のいずれの方向に大きくなるか。また，そのP波の初動は押しになるか，引きになるか，答えよ。解答欄(i)に揺れの方向を，解答欄(ii)に初動を，それぞれ記せ。なお，地震波の屈折は無視できるものとする。

問 5 下線部②の手法の原理を，図2の模式的な断面図で考える。地震波速度が一定の値をもつ媒質の中に，地震波をそれより速く伝える領域があるとする。S1～S6は地表の観測点を，E1，E2は2つの地震の震源を表す。また，震源と観測点を結ぶ線の交点をa～oとする。震源と観測点のすべての組み合わせで，地震波の到達する時間を調べた。その結果，3つの組み合わせ，すなわちE1とS5，E2とS2，E2とS3の組み合わせだけで，地震波速度を一定の値と仮定した場合に予想される時間より地震波が早く到達することがわかった。地震波を速く伝える領域が交点を含んでいることがわかっている場合，その領域に含まれ

る可能性のある交点を，交点 a～o の中からすべて答えよ。地震波の屈折は無視できるものとし，地震波を遅く伝える領域はないものとする。

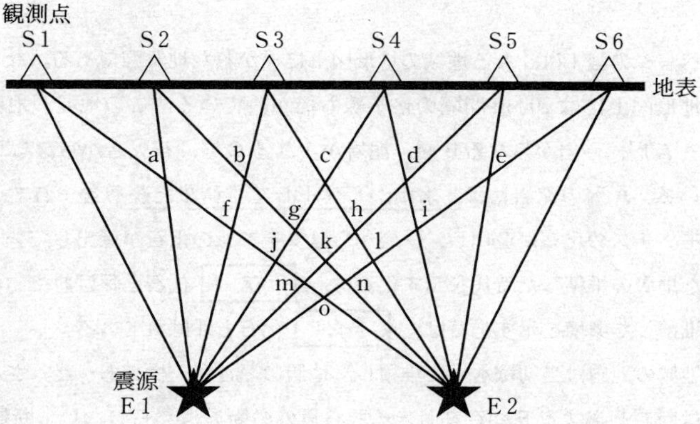

図 2

問 6　下線部③に関連して，ジオイドの起伏は地下の構造を反映する。地形は地球楕円体に沿っているが，ジオイドが地球楕円体に対して高くなっている場所があったとする。このとき，この場所の地下に，どのような性質の物質があると考えられるか，答えよ。

※解答欄　問 3：ヨコ 11.0 センチ×タテ 4.2 センチ
問 4(1)：ヨコ 11.3 センチ×タテ 2.2 センチ
問 6：ヨコ 11.5 センチ×タテ 2.8 センチ

地学問題　Ⅳ

次の文章を読み，**問 1 ～問 6** に答えよ。解答はすべて所定の解答欄に記入せよ。

次のページの**図 1** は，ある地域の地形図上に描かれた地質図である。なお，解答のため，地形図上には 100 m 間隔の格子線も描かれている。この地域の地層は，泥岩からなるＡ層，砂岩からなるＢ層，泥岩からなるＣ層，石灰岩からなるＤ層で構成されている。Ａ層の泥岩には，氷山から落下して堆積した礫《れき》も含まれている。Ｃ層からはモノチスの化石が産出し，Ｄ層からはフデイシの化石が産出している。これらのような地層の堆積した時代を示す化石は，　ア　化石と呼ばれている。一方，地層の堆積した環境を示す化石は，　イ　化石と呼ばれている。

この地域の地層は当初は水平に堆積し，地層の厚さも一様であった。さらに，この地域には断層ＥおよびＦが存在し，それら以外の断層は見られない。断層ＥとＦの断層面は形成時にはそれぞれ一枚の平面であったものとする。断層Ｅの走向は N 90°E，断層Ｆの走向は N 0°E である。二つの断層が活動して以降，この地域の地層は褶曲《しゅうきょく》しておらず，地層や断層面の走向と傾斜は変化していない。

問 1　文中の　ア　，　イ　に当てはまる適切な語を答えよ。

問 2　下線部に関連して，氷山から落下して堆積した礫が，約 7 億年前に赤道域で堆積した地層に含まれていることがある。このことが示す地球の過去の気候に関する出来事は何と呼ばれるか，答えよ。

問 3　Ｃ層とＤ層はどちらが先に堆積した地層と考えられるか，理由を含めて答えよ。その際に，以下の語群から 2 つの語を用いること。

語群：冥王代，太古代，原生代，顕生代，古生代，中生代，新生代

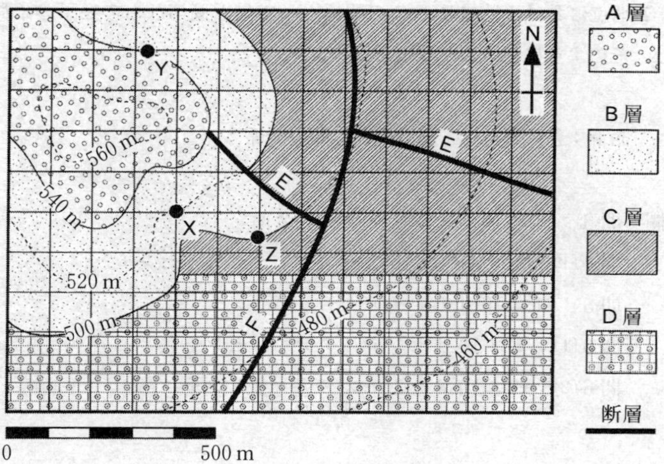

図 1

問 4　この地域に見られる断層の種類に関して，以下の⑴，⑵に答えよ。

⑴　断層 E の種類を下の語群から選び，そのように判断した理由を答えよ。

⑵　断層 F の種類を下の語群から選び，そのように判断した理由を答えよ。

語群：正断層，逆断層，左横ずれ断層，右横ずれ断層

問 5　X 地点において，鉛直に地表から深度 40 m までのボーリングを行った。このとき，掘削試料で観察される地層と断層の記号を，地表面に近い方から順に答えよ。また，断層が現れる深度と，地層の境界の深度を述べよ。

問 6　この地域に見られる地層の関係に関して，以下の⑴，⑵に答えよ。

⑴　Y 地点における地層 A と B の関係として最も適切なものを下の語群から選び，そのように判断した理由を答えよ。

(2)　Z地点における地層BとCの関係として最も適切なものを下の語群から選び，そのように判断した理由を答えよ。

語群：整合関係，不整合関係，断層関係

※解答欄　問3：ヨコ10.5センチ×タテ6.8センチ

問4(1)・(2)：各ヨコ10.2センチ×タテ5.8センチ

問5：ヨコ10.4センチ×タテ5.2センチ

問6(1)：ヨコ10.4センチ×タテ4.9センチ

問6(2)：ヨコ10.4センチ×タテ4.2センチ

問三　傍線部(3)はどういうことか、説明せよ。

※解答欄　問一：タテ一四センチ×二行
問二：タテ一四センチ×三行
問三：タテ一四センチ×四行

三

次の文は、江戸時代の国学者、富士谷《ふじたに》御杖《みつえ》による随筆の一部分である。これを読んで、後の問に答えよ。（三〇点）

せめてといふ詞、中昔*までは、ただ迫りてといふ心にのみ用ひたり。古今集に、「いとせめて恋しき時はぬばたまの夜の衣をかへしてぞきる」、その外、例ひくにいとまあらず。しかるにその後、いま俗言にいふに同じきせめてをば、歌にもよむこととなりぬ。げに事がらによりては、いはまほしくおぼゆる時々もある詞なるを、(1)いかでかいにしへ人は、この詞なくて事もかかれざりしぞと、心得がたくおぼえしに、万葉集、巻の二に、(2)「妹が家も継ぎて見ましを大和なる大島の嶺《ね》に家もあらましを」といふ歌を見て、はじめて思ひしりぬるは、この妹が家もといふも文字なり。これ即ち後世のせめての心なるなり。その故は、妹がかほの見まほしきが本意なれど、それかなはねば、せめてその家なりとも、継ぎて見ましをとの心なればなり。

これによりて思へば、ふるくはありて後世はなく、後世はありてふるくはなき詞ども多かるも、よくたづねなば、(3)思ひよらぬ詞もて、その用をなしたる事、たがひにあるべしとぞおぼゆる。なほ精《くは》しくたづぬべきなり。

（『北辺随筆』より）

注（*）　中昔＝ここでは平安時代ごろを指す。

問一　傍線部(1)を、「この詞」の指す内容を明らかにしつつ現代語訳せよ。

問二　傍線部(2)はどういう気持ちを述べたものか、筆者の解釈にしたがって説明せよ。

『東京行進曲』＝昭和四年（一九二九）に公開された同名の映画の主題歌。
西条八十＝詩人・童謡作家。『東京行進曲』の作詞者でもある。
『かなりや』＝大正七年（一九一八）に西条八十が発表した詩で、後に曲が付けられた。
小盆地宇宙＝盆地の底に町などがあり、その周囲が農村や丘陵などに囲まれた空間。
背戸＝ここでは家の後ろの方、裏手。『かなりや』の歌詞に現れる。

問一　傍線部（1）について、どのような意味で「危機」なのか、説明せよ。

問二　傍線部（2）のように言うのはなぜか、本文に即して説明せよ。

問三　傍線部（3）について、「大人たちの心情に訴えかける」ことができたのはなぜか、説明せよ。

※解答欄　問一～問三：各タテ一四センチ×三行

よ、この「後ろの山」は前近代が抱えもっていた深い闇の恐怖空間であった。こうした「後ろの山」や「背戸《せど》」*という言葉で表現される空間が、当時の子どもたちにとって、さらには大人たちにとっても謎めいた闇の空間としてまだしっかり生きていたのである。児童文学者の村瀬学は、『子ども体験』という本のなかで、次のように説いている。

　子どもたちの直面する空間には、常に「向う側」「背後」があって、それがよくわからないと不安になるのである。仏壇や納戸の恐さは、その暗さが特有の「向う側」を隠しもっている感じがするからである。

しかし、これは子どもたちだけではなく、大人たちにとっても同様であった。『かなりや』のような明るさと暗さが漂う大正童謡が流行った理由の一つは、それが子どもたちに向けての歌であると装いつつ、(3)じつは大人たちの心情に訴えかけるように仕組まれていたからである。それゆえ大人たちの心を揺さぶり支持されたのである。

（小松和彦『妖怪学新考　妖怪からみる日本人の心』より）

注（＊）

『陰翳礼讃』＝谷崎潤一郎の随筆。昭和八年（一九三三）から翌年にかけて発表された。

かげろう＝姿などが見えたり消えたりするという意味の動詞。

魑魅＝山林の精気から生じるという化け物。

眷属＝身内、配下の者。

土蜘蛛＝クモの姿をした妖怪。

とその明かりの陰にできる闇とがほどよく調和したところに日本文化の美しさを見いだし、明る過ぎる電灯によってそうした陰翳のある世界が消失しようとしていることを憂い悲しんでいるのである。すなわち、明かりのない闇も好ましくはないが、闇のない白日のような過度の明るさも好ましいことではなく、光りと闇の織りなす陰翳ある状態こそ理想だというわけである。

谷崎はそこに日本の美の理想的姿を見いだした。しかし、陰翳の作用の重要性はその配合調和の度合いに多少の違いはあるにせよ、美のみではなく、日本人の精神や日本文化全体、さらにいえば人間全体にとっても重要なことだといっていいのではなかろうか。

谷崎の文章からもわかるように、光りと闇の、ときには対立し相克し、ときには調和するという関係が崩れ、急速に闇の領域が私たち日本人の前から消滅していったのは、電線が全国に張りめぐらされていった大正から昭和にかけての時代であった。この時代に大正デモクラシーという名のもとに、近代化の波が庶民のあいだにも押し寄せ、その一方で、人々は資本主義・近代的消費社会のシステムのなかへ編入されていったのである。銀座にネオンが輝き、*『東京行進曲』が明るい大都会の明るいイメージをアッピールし始めたころである。そのころから高度成長期にかけて、戦争という緩慢期はあったものの、闇の領域が人々の身辺から消え、(2)それとともに多くの妖怪たちの姿も消え去ってしまったのである。

大正時代に流行《はや》った童謡に*西条八十《さいじょうやそ》の*『かなりや』がある。「唄を忘れた金糸雀《かなりや》は、後《うしろ》の山に捨てましょか、いえいえ、それはなりませぬ」というフレーズのこの歌を、私たち現代人もときどき思い出し口ずさむことがある。この歌の「かなりや」が海の向こうからやってきた西洋の文明を象徴しているとすれば、「後ろの山」は人間の完全な管理下に置かれた山でなく、それ以前の「闇」の領域としての恐怖に満ちた山であった。この「後ろの山」は自分の家のすぐ裏手の山であったかもしれないし、*小盆地宇宙モデルでいう周囲の山であったかもしれない。あるいは近くの森や林や野原だったかもしれない。いずれであったにせ

二　次の文を読んで、後の問に答えよ。（三〇点）

　私たちの身の回りから「闇」がなくなりだしたのは、いつのころからだろうか。地域によって違いがあるのは当然であるが、文学者の鋭い感性で（1）「闇」の喪失の危機を感じ取った谷崎潤一郎が、＊『陰翳礼讃《いんえいらいさん》』という文章のなかで「私は、われわれが既に失いつつある陰翳の世界を、せめて文学の領域へでも呼び返してみたい。文学という殿堂の檐《のき》を深くし、壁を暗くし、見え過ぎるものを闇に押し込め、無用の室内装飾を剥ぎ取ってみたい。それも軒並みとは云《い》わない、一軒ぐらいそう云う家があってもよかろう。まあどう云う工合《ぐあい》になるか、試しに電灯を消してみることだ」と書いたのが、昭和の初めのことであった。もうこのころには、闇の喪失が目立ったものになってきていたのである。その文章のなかで、谷崎は妖怪の出現しそうな室内の陰翳のある闇について、こう書き記している。

　現代の人は久しく電灯の明《あか》りに馴《な》れて、こう云う闇のあったことを忘れているのである。分けても屋内の「眼に見える闇」は、何かチラチラと＊かげろうものがあるような気がして、幻覚を起し易《やす》いので、或《あ》る場合には屋外の闇よりも凄味がある。＊魑魅《ちみ》とか妖怪変化とかの跳躍するのはけだしこう云う闇であろうが、その中に深い帳《とばり》を垂れ、屏風《びょうぶ》や襖《ふすま》を幾重にも囲って住んでいた女と云うのも、やはりその魑魅の＊眷属《けんぞく》ではなかったか。闇は定めしその女達を十重二十重に取り巻いて、襟や、袖口や、裾の合わせ目や、至るところの空隙を塡《う》めていたであろう。いや、事に依ると、逆に彼女達の体から、その歯を染めた口の中や黒髪の先から、＊土蜘蛛《つちぐも》の吐く蜘蛛のいとの如く吐き出されていたのかも知れない。

谷崎が嘆いているのは、「眼に見える闇」の喪失であって、「眼が効かない漆黒の闇」の喪失ではない。燭台《しょくだい》や行灯《あんどん》の明かり

注(＊)

ツルゲーネフ＝ロシアの小説家。

アウグスチヌス＝四～五世紀のキリスト教会の神学者。

〈人生はひとつの崩壊の過程に過ぎない〉＝アメリカの小説家フィッツジェラルドのことば。いくら努力しようとも人生は不幸へ向かう無意味な過程に過ぎないという見方を表す。

決定論＝すべてのできごとはあらかじめ決まったとおりに生起するという考え。

問一　傍線部(1)はどういうことか、説明せよ。

問二　傍線部(2)はどういうことか、説明せよ。

問三　傍線部(3)はどういうことか、文中のアウグスチヌスの議論を参考に説明せよ。

問四　傍線部(4)について、このような信念が失われたのはなぜか、説明せよ。

※解答欄　問一・問二・問四：各タテ一四センチ×三行

問三：タテ一四センチ×四行

世界に好奇心をはせ、大人たちの話に耳を澄ます。その秘密をときほぐし、実態を知らせてくれるものは、彼らの体験談だと思うわけだ。しかし、体験談は真実をあきらかに示すというよりも、しばしば真実を覆ってしまうものだということを、彼は知る。その結果、体験談の語り直しが行われた。それが小説であったといえよう。つまり、体験談からは現れてこない人間の真実に気付いて、これをあらわにする方法を考えた。それがリアリズムの小説であり、(4)かつては、真実は小説でなければ語り得ないという信念さえあった。

　成果はあったといえよう。リアリズム小説は、人生の分厚い雑多な層を透視するレントゲン光線のような役割を果たした。しかし、その結果もたらされたのは、*〈人生はひとつの崩壊の過程に過ぎない〉という結論めいたことだった。トルストイが反省し、苦しんだことは、リアリズムがもたらしたこのような*決定論であった。この開拓者にはリアリズムの行き着いた場所があきたらなかった。更にその先に、果て知れない地域が拡《ひろ》がっていたわけだ。

　人の世はそれ自体が喩《たと》え話のようなもので、意味を隠し持っている。これは大勢の人間の思い込みであって、それをあきらかにしたいという意思は捨てきれない。この場合、人生の外貌を形づくっている大きな要素は、人の口から出る言葉・言葉だ。体験談もまた、永遠に雑草のようにはびこって、地球を覆っている。

　リアリズムの小説は、それへの優れた考察であり、解釈であったが、この生《なま》の言葉の原野に較《くら》べれば、庭園のようなものであったことはいうまでもない。これからも、或る種の人々は言葉・言葉にいどみ続けるであろうが、その場合、鍵になるのは、体験談と告白という二つの観念の識別、把握のし方であるように、私には思える。

（小川国夫「体験と告白」）

つまり〈あばく〉ということなのだが、それでは、人間はなぜ自分たちの弱点について書き、また、それを読むのだろうか。その積極的意義は見当たらない。人間研究をしたいからだ、といっても充分な答えにはならない。きれいごとの答えではあるが、本当ではない。せいぜい、小説を書いたり読んだりするのが面白いからだ、としかいえない。さまざまな性質の違いはあるにせよ、小説とは興味本位のものなのだ。

更に、(3)人間が人間に対して抱くこの種の興味が、いかに矛盾しているかを衝《つ》いた人がいる。それはアウグスチヌス*で、彼がいうには、劇を見る人は他者をあわれむことを欲しているが、自分があわれであることは欲しない。アウグスチヌスがいいたいのは、人間は本来あわれであるのに、その事実を自認しようとはしないで、劇を見たりして、他人の運命をあわれむことなどを望んでいるということだ。ここに彼の実存主義があり、まことに鋭敏な洞察だ。劇が多くの人の心をとらえることはだれも知っているが、それは酔うためであって、あわれな自己を直視するのを避けるためだという。或いは、劇が存在するのは、観客の自己認識の甘さによりかかっているというわけだ。アウグスチヌスのこの冷厳な見方には、反論の余地はない。彼がこうした認識に到る前、劇や物語に耽溺《たんでき》し、いうまでもなく一流の鑑賞者だったことを思うと、なお更だ。

トルストイの思想が、これにはなはだ似ていることは、知る人も多いだろう。彼はあの大部の傑作を成した後に、また新しい世界に踏み込んで行った。そして、考えて行くにつれ、自分の小説を含め、往時読まれていた大部分の小説を否定せざるを得なくなった。この思想と彼が築き上げた近代小説とは、互いに矛盾したままで併存し、現代に残ってしまったわけで、例えていうなら、小説という山脈の中心は空洞で、暗闇に寒々と風が吹き抜けている観がある。その後の小説家たちは、この事態を放置したままで、小説を書き続けているのだ。勿論《もちろん》私も、こうした人々の中の一個のチンピラに過ぎないわけだけれど、以上のアウグスチヌスとトルストイの思想は心に懸っていて、時々灰色の雲のように心を去来している。

だれも子供の頃には、見聞きするものすべてが量り知れない意味を孕《はら》んでいるように思っている。その一つとして、人間のているのはリアリズムの感覚だ。ところで、彼がリアリズムの衣の下で本当にいわんとしていることは、自分は勇敢だったということだとすれば、多くの場合、それは真実に反する。

　非真実をいかに本当らしく語るか、ということが彼の本能的な性向だ。したがって、真実を知ろうとする人は、言葉の分厚い層の奥を見きわめようとする。その人の意は言葉を次々と剝ぎ取って行くことに注がれる。或《ある》いは、言葉の霧を透明化することに注がれる。つまり、これを高度のリアリズム精神といえよう。

　井原西鶴の作品について、いわゆるキー・ワードに当たる言葉は何であろうか、と考えたことがある。それは読む人によってさまざまだろうが、私には、〈真実よりつらきことはなし〉という一句であるように思える。冒頭の例でいうなら、自分は勇敢だと証明しようとする人に、君は実は勇敢ではない、と気付かせることだ。西鶴らしい直言だ。勇敢だと思う、思わせようと努める心の奥に、臆病なのではないかと危惧を抱いている。臆病であることは隠さなければならない。（1）それと今一つ、それにこだわっている自分も見抜かれたくない。

　しかし、たとえ見抜かれてしまったとしても、彼にも反論の根拠はある。自分を見透かした人間にとっても、その人自身の〈真実〉はこの上なくつらい。その人間も自分の弱点のつらさを知っているからこそ、相手の弱点を識別できる、と反論し得る。この間の事情をユーモアをもって語ったのは＊ツルゲーネフだ。彼はいう。（2）他人を有効に罵りたければ、自分の欠点を相手のこととして並べ立てればいい。つまり、人間にはこうした共有の過敏な粘膜がある。

　ここまで、私は体験談について書いて来た。それは好ましく写真に撮られたいという望みに似ている。自分の好ましい姿を、写真の〈真〉によって保証されたいのだ。しかし願望が混っている以上、結果は全てが真とはいえない。この場合願望とは、人間に共有な過敏な粘膜を、それぞれに包み隠したい意思といえよう。ここで小説について触れると、こうした人間の弱点が、いわゆるリアリズム小説の第一の着眼点なのだ。筆がこの部分に相わたらなければ、小説の迫力は湧かない。

国語

（九〇分）

（注）一〇〇点満点。総合人間（理系）・教育（理系）・経済（理系）・理・医学部は一五〇点満点に換算。

一　次の文を読んで、後の問に答えよ。（四〇点）

例えば戦争に関してだけれど、体験をそれがあったままに語り得る人はまれだ。意識して潤色しなくても、自然に武勇談になってしまうことが多い。武勇談につきもののフィクションはいく種類かあるだろうが、その一例は、自分は臆病ではなかった、むしろ勇敢だったと証明するためのものだ。或《あ》ることを証明するためにフィクションが必要というのは逆説めくけれども、そういう場合が多い。自分に都合のいい事実だけを語り、都合が悪いことは黙っているというのも一種のフィクションであろう。

このことは戦争に限らず、すべての体験談にあてはまる。つまり言葉で事実を美化する。だから、言葉とは便利なもの、といわれるわけだ。しかし、よく考えれば逆で、言葉とは不便なもの、といわなければならない。なぜなら、言葉は体験の真実を隠してしまうからだ。霧みたいなもので、本人に対してさえ、真実のありかを判《わか》らなくしてしまう。なぜ言葉はこのように否定的に働くのだろう。それは、語る人が他人の納得を得ようとして、話の客観化に心を砕くからだ。つまり、彼の心を占め

2019年度

問題編

問題編

▶試験科目

学　部	教　科	科　　目
総合人間(理系)・理・農	外国語	コミュニケーション英語Ⅰ・Ⅱ・Ⅲ，英語表現Ⅰ・Ⅱ
	数　学	数学Ⅰ・Ⅱ・Ⅲ・Ａ・Ｂ
	理　科	「物理基礎・物理」，「化学基礎・化学」，「生物基礎・生物」，「地学基礎・地学」から２科目選択
	国　語	国語総合・現代文Ｂ・古典Ｂ
教育(理系)	外国語	コミュニケーション英語Ⅰ・Ⅱ・Ⅲ，英語表現Ⅰ・Ⅱ
	数　学	数学Ⅰ・Ⅱ・Ⅲ・Ａ・Ｂ
	理　科	「物理基礎・物理」，「化学基礎・化学」，「生物基礎・生物」，「地学基礎・地学」から１科目選択
	国　語	国語総合・現代文Ｂ・古典Ｂ
経済(理系)	外国語	コミュニケーション英語Ⅰ・Ⅱ・Ⅲ，英語表現Ⅰ・Ⅱ
	数　学	数学Ⅰ・Ⅱ・Ⅲ・Ａ・Ｂ
	国　語	国語総合・現代文Ｂ・古典Ｂ
医・薬	外国語	コミュニケーション英語Ⅰ・Ⅱ・Ⅲ，英語表現Ⅰ・Ⅱ
	数　学	数学Ⅰ・Ⅱ・Ⅲ・Ａ・Ｂ
	理　科	「物理基礎・物理」，「化学基礎・化学」，「生物基礎・生物」から２科目選択
	国　語	国語総合・現代文Ｂ・古典Ｂ
	面　接	医学部医学科のみに課される
工	外国語	コミュニケーション英語Ⅰ・Ⅱ・Ⅲ，英語表現Ⅰ・Ⅱ
	数　学	数学Ⅰ・Ⅱ・Ⅲ・Ａ・Ｂ
	理　科	「物理基礎・物理」，「化学基礎・化学」
	国　語	国語総合・現代文Ｂ・古典Ｂ

▶配　点

学部・学科		外国語	数　学	理　科	国　語	面　接	合　計
総合人間（理系）		150	200	200	150	—	700
教育（理系）		200	200	100	150	—	650
経済（理系）		200	300	—	150	—	650
理		225	300	300	150	—	975
医	医	300	250	300	150	※	1000
	人間健康科	200	200	200	150	—	750
薬		200	200	200	100	—	700
工		200	250	250	100	—	800
農		200	200	200	100	—	700

▶備　考

- 外国語はドイツ語，フランス語，中国語も選択できる（理・医（人間健康科学科）・薬・工学部は英語指定）が，編集の都合上省略。
- 「数学Ⅰ」，「数学Ⅱ」，「数学Ⅲ」，「数学A」は全範囲から出題する。「数学B」は「数列」，「ベクトル」を出題範囲とする。
- 医学部医学科においては，調査書は面接の参考資料とする。

※医学部医学科の面接は，医師・医学研究者としての適性・人間性などについて評価を行い，学科試験の成績と総合して合否を判定する。従って，学科試験の成績の如何にかかわらず不合格となることがある。

英語

(120 分)

(注)　150 点満点。教育(理系)・経済(理系)・医(人間健康科)・薬・工・農学部は 200 点満点に，理学部は 225 点満点に，医(医)学部は 300 点満点に換算。

I　次の文章を読み，下の設問(1)〜(4)に答えなさい。　(50 点)

Virtual reality is a means for creating comprehensive illusions that you are in a different place, perhaps a fantastical, alien environment, perhaps with a body that is far from human. And yet, it is also the farthest-reaching apparatus for researching what a human being *is* in terms of cognition and perception.

In order for the visual aspect of the virtual reality to work, for example, you have to calculate what your eyes should see in the virtual world as you look around. Your eyes wander and the virtual reality computer must constantly, and as instantly as possible, calculate whatever graphic images they would see were the virtual world real. When you turn to look to the right, the virtual world must turn to the left in compensation, to create the illusion that it is stationary, outside of you and independent. Unlike prior media devices, every component of virtual reality must function in tight reflection of the motion of the human body.

(a) That is why virtual reality researchers prefer verbs to nouns when it comes to describing how people interact with reality. Vision depends on continuous experiments carried out by the nervous system and actualized in large part through the motion of the head and eyes. The body and the brain are constantly probing and testing reality.

Look around you and notice what happens as you move your head just a tiny bit. If you move your head absolutely as little as you can, you will still see that edges of objects at different distances line up differently with each other in response to the motion. You will also see the subtle changes in the lighting and texture of many things. Look at another person's skin and you will see that you are probing into the interior of the skin as your head moves. The skin and eyes evolved together to make this work. If you look at another person, you will see, if you pay close attention, an infinite variety of tiny head motion messages bouncing back and forth between you and the person whom you are looking at. (b)There is a secret visual motion language between all people.

From the brain's point of view, reality is the expectation of what the next moment will be like, but that expectation must constantly be adjusted. Vision works by pursuing and noticing changes instead of constancies and therefore a neural expectation exists of what is about to be seen. (c)Your nervous system acts a little like a scientific community; it is greedily curious, constantly testing out ideas about what's out in the world. A virtual reality system succeeds when it temporarily convinces the "community" to support another hypothesis. Once the nervous system has been given enough cues to treat the virtual world as the world on which to base expectations, virtual reality can start to feel real.

Some virtual reality believers think that virtual reality will eventually become better than the human nervous system, so that it would not (ア) sense to try to improve it anymore. I do not see things that way. One reason is that the human nervous system (イ) from hundreds of millions of years of evolution. When we think technology can (ウ) our bodies in a comprehensive way, we are (エ) what we know about our bodies and physical reality. The universe doesn't have infinitely fine grains, and the body is already tuned in as finely as anything can ever be, when it needs to be.

(1)　下線部(a)はどのようなことを意味しているか，日本語で説明しなさい。

(2)　下線部(b)の内容を，本文に即して日本語で説明しなさい。

(3) 下線部(c)を和訳しなさい。

(4) 空欄(ア)～(エ)に入る最も適切な動詞を以下の中から選び，解答欄に記入しなさい。そのさい，必要であれば適切な形に変えること。また，同じ語は一度しか使用してはならない。

behave　　benefit　　forget　　make　　predict　　surpass

※解答欄 (1)：ヨコ 12.1 センチ×6 行
(2)：ヨコ 12.1 センチ×5 行

Ⅱ 次の文章を読み，下の設問(1)～(4)に答えなさい。 (75 点)

The first commercially available digital camera was launched in 1990. (a)In the decade that followed, it created a lot of anxiety in photographers and photography scholars. Some went as far as declaring photography dead as a result of this shift. Initially this was considered too steep a change to be classified as a reconfiguration*, rather it was seen as a break. A death of something old. A birth of something new.

Digital images can also be easily copied, duplicated and edited. The latter made the flexibility of what photos can be seen as representing more obvious. It also made representing ourselves and our lives easy, cheap and quick. Additional shots now come with no additional costs, and we can and do take 10, 20, 30 snaps of any given thing to sort through later. In addition to transforming the individual value of the image, (b)this has altered the emotional meanings we attributed both to keeping and getting rid of individual photographs. Printed images of loved ones used to be kept even if they were out of focus, blurry or had development mistakes on them. In the context of the massive amount of digital images, the labour of love now becomes the cleaning, sorting, tagging, categorizing and deleting majority of the photos. While it is occasionally claimed that this emergent acceptance of deleting photos is indicative of their diminished social worth, there are plenty of digital snapshots that are printed out, displayed as the lock-screen on devices, or used as the background of the computer screen. Overall, we can say that digitalization has shifted the focus of photography from photographs themselves to the act of taking pictures.

The first camera phones date back to the very beginning of the twenty-first century. In early 2001, the BBC reported on the first cell phone with a camera invented in Japan. Readers from around the world offered their ideas on what such a peculiar invention might be good for. Some said it could have many uses for teenagers (streamlining shopping for outfits, proving you have met a pop idol, setting up your friends on dates) but would be pretty pointless for adults. Others thought it would be a practical aid for spying, taking sneak pictures of your competitors' produce or quickly reporting traffic accidents and injuries. (c) Yet others thought it might be nice for travelers to keep in touch with their families or hobbyists to show art or collections to others. My personal favourites include commenters who wrote they couldn't wait for the device to be available at a reasonable price in their home country, so they can take pictures of the friendly dogs they meet at the park. Someone suggested the camera needs to be on the front to allow for video calls, which didn't happen in practice until 2003.

A digital culture scholar claims that the fact that we always carry a camera alters what can be and is seen, recorded, discussed and remembered. Some photography scholars propose that camera phones and camera phone images have (d) three social uses — to capture memories, to maintain relationships, and to express yourself. In contrast, another scholar argues that the camera phone is no different from other portable image making devices and that the uses and meanings attributed to home videos in 1980s have been exactly the same — memory, communication and self-expression. In this sense, the social function of photography seems to have remained despite the changes through various reconfigurations of technology and cultural imaginaries about it.

*reconfiguration = modification; redesign

(1)　下線部(a)を和訳しなさい。

(2)　下線部(b)は具体的にどのようなことを指しているか，本文に即して日本語で説明しなさい。

(3)　下線部(c)を和訳しなさい。

(4)　下線部(d)の three social uses のうち，あなた自身が camera phone を使うならばどれを重視するか。１つを選び，具体例を挙げて理由を100語程度の英語で述べなさい。

※解答欄　(2)：ヨコ 12.1 センチ×９行

Ⅲ　次の文章を英訳しなさい。　(25 点)

「マイノリティ」という言葉を聞くと，全体のなかの少数者をまず思い浮かべるかもしれない。しかし，マイノリティという概念を数だけの問題に還元するのは間違いのもとである。人種あるいは宗教のような属性によって定義づけられる集団は，歴史的，文化的な条件によって社会的弱者になっている場合，マイノリティと呼ばれる。こうした意味で，数としては少なくない集団でもマイノリティとなる。例えば，組織の管理職のほとんどが男性である社会では，女性はマイノリティと考えられる。

数学

(150分)

(注)　200点満点。経済(理系)・理学部は300点満点に，医(医)・工学部は250点満点に換算。

解答に際して常用対数の値が必要なときは，常用対数表を利用すること。

1

(40点)

次の各問に答えよ。

問1　$0 < \theta < \dfrac{\pi}{2}$ とする。$\cos\theta$ は有理数ではないが，$\cos 2\theta$ と $\cos 3\theta$ がともに有理数となるような θ の値を求めよ。ただし，p が素数のとき，$\sqrt{p}$ が有理数でないことは証明なしに用いてよい。

問2　次の定積分の値を求めよ。

(1)　$\displaystyle\int_0^{\frac{\pi}{4}} \frac{x}{\cos^2 x}\,dx$　　(2)　$\displaystyle\int_0^{\frac{\pi}{4}} \frac{dx}{\cos x}$

2

(30点)

$f(x) = x^3 + 2x^2 + 2$ とする。$|f(n)|$ と $|f(n+1)|$ がともに素数となる整数 n をすべて求めよ。

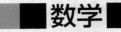

3

(35点)

鋭角三角形ABCを考え，その面積をSとする。$0 < t < 1$をみたす実数tに対し，線分ACを$t : 1 - t$に内分する点をQ，線分BQを$t : 1 - t$に内分する点をPとする。実数tがこの範囲を動くときに点Pの描く曲線と，線分BCによって囲まれる部分の面積を，Sを用いて表せ。

4

(30点)

1つのさいころをn回続けて投げ，出た目を順に$X_1, X_2, \cdots, X_n$とする。このとき次の条件をみたす確率をnを用いて表せ。ただし$X_0 = 0$としておく。

条件：$1 \leqq k \leqq n$をみたすkのうち，$X_{k-1} \leqq 4$かつ$X_k \geqq 5$が成立するようなkの値はただ1つである。

5

(30点)

半径1の球面上の5点A, B_1, B_2, B_3, B_4は，正方形$B_1B_2B_3B_4$を底面とする四角錐をなしている。この5点が球面上を動くとき，四角錐$AB_1B_2B_3B_4$の体積の最大値を求めよ。

6

(35点)

iは虚数単位とする。$(1 + i)^n + (1 - i)^n > 10^{10}$をみたす最小の正の整数$n$を求めよ。

常用対数表(一)

数	0	1	2	3	4	5	6	7	8	9
1.0	.0000	.0043	.0086	.0128	.0170	.0212	.0253	.0294	.0334	.0374
1.1	.0414	.0453	.0492	.0531	.0569	.0607	.0645	.0682	.0719	.0755
1.2	.0792	.0828	.0864	.0899	.0934	.0969	.1004	.1038	.1072	.1106
1.3	.1139	.1173	.1206	.1239	.1271	.1303	.1335	.1367	.1399	.1430
1.4	.1461	.1492	.1523	.1553	.1584	.1614	.1644	.1673	.1703	.1732
1.5	.1761	.1790	.1818	.1847	.1875	.1903	.1931	.1959	.1987	.2014
1.6	.2041	.2068	.2095	.2122	.2148	.2175	.2201	.2227	.2253	.2279
1.7	.2304	.2330	.2355	.2380	.2405	.2430	.2455	.2480	.2504	.2529
1.8	.2553	.2577	.2601	.2625	.2648	.2672	.2695	.2718	.2742	.2765
1.9	.2788	.2810	.2833	.2856	.2878	.2900	.2923	.2945	.2967	.2989
2.0	.3010	.3032	.3054	.3075	.3096	.3118	.3139	.3160	.3181	.3201
2.1	.3222	.3243	.3263	.3284	.3304	.3324	.3345	.3365	.3385	.3404
2.2	.3424	.3444	.3464	.3483	.3502	.3522	.3541	.3560	.3579	.3598
2.3	.3617	.3636	.3655	.3674	.3692	.3711	.3729	.3747	.3766	.3784
2.4	.3802	.3820	.3838	.3856	.3874	.3892	.3909	.3927	.3945	.3962
2.5	.3979	.3997	.4014	.4031	.4048	.4065	.4082	.4099	.4116	.4133
2.6	.4150	.4166	.4183	.4200	.4216	.4232	.4249	.4265	.4281	.4298
2.7	.4314	.4330	.4346	.4362	.4378	.4393	.4409	.4425	.4440	.4456
2.8	.4472	.4487	.4502	.4518	.4533	.4548	.4564	.4579	.4594	.4609
2.9	.4624	.4639	.4654	.4669	.4683	.4698	.4713	.4728	.4742	.4757
3.0	.4771	.4786	.4800	.4814	.4829	.4843	.4857	.4871	.4886	.4900
3.1	.4914	.4928	.4942	.4955	.4969	.4983	.4997	.5011	.5024	.5038
3.2	.5051	.5065	.5079	.5092	.5105	.5119	.5132	.5145	.5159	.5172
3.3	.5185	.5198	.5211	.5224	.5237	.5250	.5263	.5276	.5289	.5302
3.4	.5315	.5328	.5340	.5353	.5366	.5378	.5391	.5403	.5416	.5428
3.5	.5441	.5453	.5465	.5478	.5490	.5502	.5514	.5527	.5539	.5551
3.6	.5563	.5575	.5587	.5599	.5611	.5623	.5635	.5647	.5658	.5670
3.7	.5682	.5694	.5705	.5717	.5729	.5740	.5752	.5763	.5775	.5786
3.8	.5798	.5809	.5821	.5832	.5843	.5855	.5866	.5877	.5888	.5899
3.9	.5911	.5922	.5933	.5944	.5955	.5966	.5977	.5988	.5999	.6010
4.0	.6021	.6031	.6042	.6053	.6064	.6075	.6085	.6096	.6107	.6117
4.1	.6128	.6138	.6149	.6160	.6170	.6180	.6191	.6201	.6212	.6222
4.2	.6232	.6243	.6253	.6263	.6274	.6284	.6294	.6304	.6314	.6325
4.3	.6335	.6345	.6355	.6365	.6375	.6385	.6395	.6405	.6415	.6425
4.4	.6435	.6444	.6454	.6464	.6474	.6484	.6493	.6503	.6513	.6522
4.5	.6532	.6542	.6551	.6561	.6571	.6580	.6590	.6599	.6609	.6618
4.6	.6628	.6637	.6646	.6656	.6665	.6675	.6684	.6693	.6702	.6712
4.7	.6721	.6730	.6739	.6749	.6758	.6767	.6776	.6785	.6794	.6803
4.8	.6812	.6821	.6830	.6839	.6848	.6857	.6866	.6875	.6884	.6893
4.9	.6902	.6911	.6920	.6928	.6937	.6946	.6955	.6964	.6972	.6981
5.0	.6990	.6998	.7007	.7016	.7024	.7033	.7042	.7050	.7059	.7067
5.1	.7076	.7084	.7093	.7101	.7110	.7118	.7126	.7135	.7143	.7152
5.2	.7160	.7168	.7177	.7185	.7193	.7202	.7210	.7218	.7226	.7235
5.3	.7243	.7251	.7259	.7267	.7275	.7284	.7292	.7300	.7308	.7316
5.4	.7324	.7332	.7340	.7348	.7356	.7364	.7372	.7380	.7388	.7396

小数第5位を四捨五入し，小数第4位まで掲載している。

常用対数表(二)

数	0	1	2	3	4	5	6	7	8	9
5.5	.7404	.7412	.7419	.7427	.7435	.7443	.7451	.7459	.7466	.7474
5.6	.7482	.7490	.7497	.7505	.7513	.7520	.7528	.7536	.7543	.7551
5.7	.7559	.7566	.7574	.7582	.7589	.7597	.7604	.7612	.7619	.7627
5.8	.7634	.7642	.7649	.7657	.7664	.7672	.7679	.7686	.7694	.7701
5.9	.7709	.7716	.7723	.7731	.7738	.7745	.7752	.7760	.7767	.7774
6.0	.7782	.7789	.7796	.7803	.7810	.7818	.7825	.7832	.7839	.7846
6.1	.7853	.7860	.7868	.7875	.7882	.7889	.7896	.7903	.7910	.7917
6.2	.7924	.7931	.7938	.7945	.7952	.7959	.7966	.7973	.7980	.7987
6.3	.7993	.8000	.8007	.8014	.8021	.8028	.8035	.8041	.8048	.8055
6.4	.8062	.8069	.8075	.8082	.8089	.8096	.8102	.8109	.8116	.8122
6.5	.8129	.8136	.8142	.8149	.8156	.8162	.8169	.8176	.8182	.8189
6.6	.8195	.8202	.8209	.8215	.8222	.8228	.8235	.8241	.8248	.8254
6.7	.8261	.8267	.8274	.8280	.8287	.8293	.8299	.8306	.8312	.8319
6.8	.8325	.8331	.8338	.8344	.8351	.8357	.8363	.8370	.8376	.8382
6.9	.8388	.8395	.8401	.8407	.8414	.8420	.8426	.8432	.8439	.8445
7.0	.8451	.8457	.8463	.8470	.8476	.8482	.8488	.8494	.8500	.8506
7.1	.8513	.8519	.8525	.8531	.8537	.8543	.8549	.8555	.8561	.8567
7.2	.8573	.8579	.8585	.8591	.8597	.8603	.8609	.8615	.8621	.8627
7.3	.8633	.8639	.8645	.8651	.8657	.8663	.8669	.8675	.8681	.8686
7.4	.8692	.8698	.8704	.8710	.8716	.8722	.8727	.8733	.8739	.8745
7.5	.8751	.8756	.8762	.8768	.8774	.8779	.8785	.8791	.8797	.8802
7.6	.8808	.8814	.8820	.8825	.8831	.8837	.8842	.8848	.8854	.8859
7.7	.8865	.8871	.8876	.8882	.8887	.8893	.8899	.8904	.8910	.8915
7.8	.8921	.8927	.8932	.8938	.8943	.8949	.8954	.8960	.8965	.8971
7.9	.8976	.8982	.8987	.8993	.8998	.9004	.9009	.9015	.9020	.9025
8.0	.9031	.9036	.9042	.9047	.9053	.9058	.9063	.9069	.9074	.9079
8.1	.9085	.9090	.9096	.9101	.9106	.9112	.9117	.9122	.9128	.9133
8.2	.9138	.9143	.9149	.9154	.9159	.9165	.9170	.9175	.9180	.9186
8.3	.9191	.9196	.9201	.9206	.9212	.9217	.9222	.9227	.9232	.9238
8.4	.9243	.9248	.9253	.9258	.9263	.9269	.9274	.9279	.9284	.9289
8.5	.9294	.9299	.9304	.9309	.9315	.9320	.9325	.9330	.9335	.9340
8.6	.9345	.9350	.9355	.9360	.9365	.9370	.9375	.9380	.9385	.9390
8.7	.9395	.9400	.9405	.9410	.9415	.9420	.9425	.9430	.9435	.9440
8.8	.9445	.9450	.9455	.9460	.9465	.9469	.9474	.9479	.9484	.9489
8.9	.9494	.9499	.9504	.9509	.9513	.9518	.9523	.9528	.9533	.9538
9.0	.9542	.9547	.9552	.9557	.9562	.9566	.9571	.9576	.9581	.9586
9.1	.9590	.9595	.9600	.9605	.9609	.9614	.9619	.9624	.9628	.9633
9.2	.9638	.9643	.9647	.9652	.9657	.9661	.9666	.9671	.9675	.9680
9.3	.9685	.9689	.9694	.9699	.9703	.9708	.9713	.9717	.9722	.9727
9.4	.9731	.9736	.9741	.9745	.9750	.9754	.9759	.9763	.9768	.9773
9.5	.9777	.9782	.9786	.9791	.9795	.9800	.9805	.9809	.9814	.9818
9.6	.9823	.9827	.9832	.9836	.9841	.9845	.9850	.9854	.9859	.9863
9.7	.9868	.9872	.9877	.9881	.9886	.9890	.9894	.9899	.9903	.9908
9.8	.9912	.9917	.9921	.9926	.9930	.9934	.9939	.9943	.9948	.9952
9.9	.9956	.9961	.9965	.9969	.9974	.9978	.9983	.9987	.9991	.9996

小数第 5 位を四捨五入し，小数第 4 位まで掲載している。

物理

（教育（理系）学部　1科目　90分
　その他　　　　　　2科目　180分）

（注）　100点満点。理・医（医）学部は2科目300点満点に，工学部は2科目250点満点に換算。

物理問題　I

次の文章を読んで，□ に適した式または数値を，それぞれの解答欄に記入せよ。なお，▣ はすでに □ で与えられたものと同じものを表す。また，**問1**では，指示にしたがって，解答を解答欄に記入せよ。ただし，円周率をπとする。

図1のように，点Oを中心とする質量Mの地球のまわりを，質量m_Zの人工衛星Zが半径Rの円軌道を角速度ωでまわっている。この人工衛星の運動について，以下の(1)，(2)に答えよ。

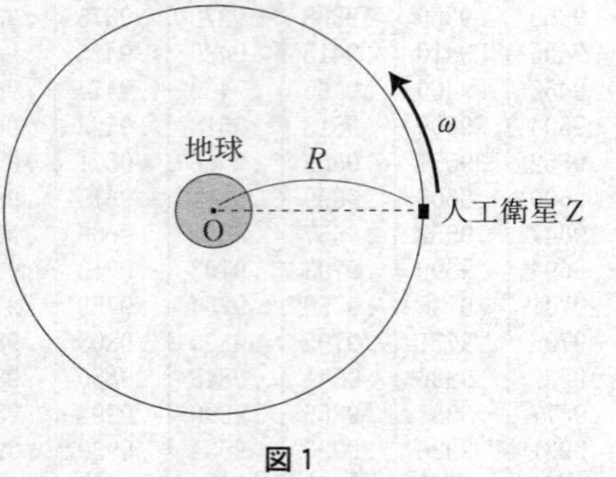

図1

(1)　図2(a)のように，この人工衛星Zに，質量m_Aの小物体Aと質量m_Bの小物体 B を，2 本の長さがそれぞれ a と b のひもで取り付ける。これらのひもの質量は m_Z，m_A，m_B とくらべて無視できる。また，m_Z，m_A および m_B は M とくらべて十分小さく，人工衛星 Z，小物体 A と小物体 B の間の万有引力は無視できるものとする。

これらの物体は，**図 2**(b)のように，常に，小物体 A が人工衛星 Z と地球の中心 O を結ぶ線上の地球と反対側，小物体 B が人工衛星 Z と地球の中心 O を結ぶ線上の地球側にあるという配置を保ちつつ，人工衛星 Z は小物体 A と B を取り付ける前と同じ円軌道上を角速度 ω で運動した。

小物体 A に働く万有引力の大きさは，M，m_A，R，a，および万有引力定数 G を用いて $\boxed{\text{ア}}$ と表される。また，小物体 A が人工衛星 Z と同じ角速度 ω で運動することから，小物体 A にはたらく遠心力は，m_A，R，a，ω を用いて表すと $\boxed{\text{イ}}$ となる。このことから，小物体 A にはたらく力のつりあいの式は，小物体 A と人工衛星 Z の間のひもの張力を N_A として，

$$\boxed{\text{ア}} + N_A = \boxed{\text{イ}} \qquad \text{(i)}$$

となる。同様にして，小物体 B にはたらく万有引力の大きさは，M，m_B，R，b，G を用いて $\boxed{\text{ウ}}$ と表され，遠心力は m_B，R，b，ω を用いて表すと $\boxed{\text{エ}}$ となる。このことから，小物体 B にはたらく力のつりあいの式は，小物体 B と人工衛星 Z の間のひもの張力を N_B として，

$$\boxed{\text{ウ}} = N_B + \boxed{\text{エ}} \qquad \text{(ii)}$$

となる。

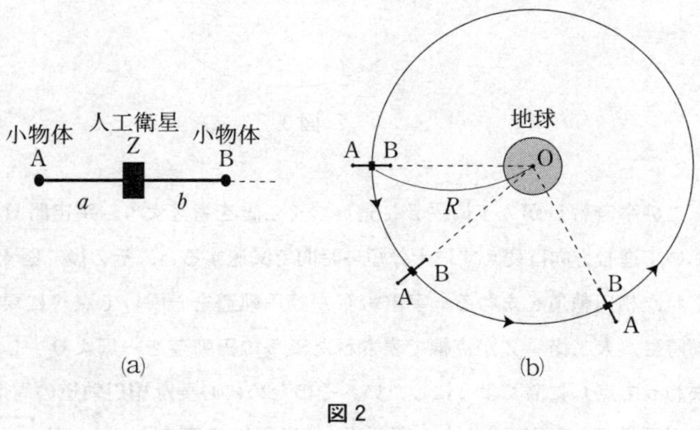

(a)　　(b)

図 2

人工衛星Zが小物体AとBを取り付ける前と同じ円軌道を角速度ωで動き続けたことから，張力N_AとN_Bの間には，cをある数値として，$N_A = cN_B$という関係が成立していたことがわかる。このcの値は $\boxed{\text{オ}}$ である。

ここで，ひもの長さa，bが円軌道の半径Rとくらべて十分小さいとする。このとき，$\varepsilon\,(>0)$がRとくらべて十分小さいときに成り立つ近似式$\dfrac{1}{(R\pm\varepsilon)^n} \fallingdotseq \dfrac{1}{R^n}\left(1 \mp n\dfrac{\varepsilon}{R}\right)$(複号同順)$(n = 1,\ 2,\ \cdots)$を用いると，$m_A$，$m_B$，$a$，$b$の間に，$k$をある数値として，$\dfrac{m_A}{m_B} = \left(\dfrac{a}{b}\right)^k$という関係が成立していることがわかる。この$k$の値は $\boxed{\text{カ}}$ である。また，張力N_Aはaに比例しており，その比例係数をm_Aとωを用いて表すと，$\dfrac{N_A}{a} =$ $\boxed{\text{キ}}$ となる。

(2)　図3のように，人工衛星Zから角度θ〔rad〕遅れて，質量m_Uの宇宙船Uが同じ円軌道上を同じ速さで運動している。人工衛星Zと宇宙船Uの間の万有引力は無視できるとする。人工衛星Zと宇宙船Uの速さV_0をM，R，および万有引力定数Gを用いて表すと，$V_0 =$ $\boxed{\text{ク}}$ である。

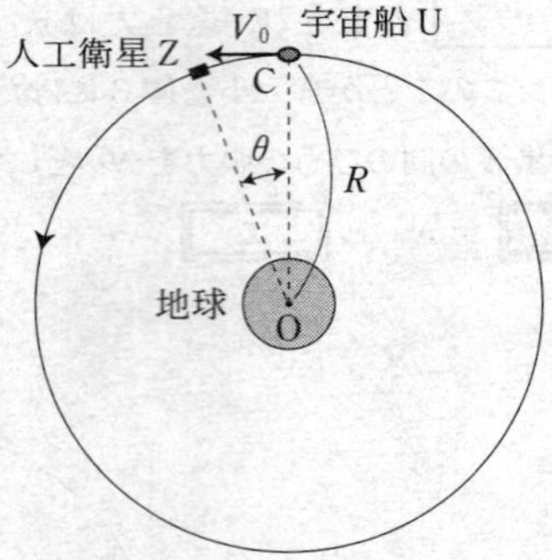

図3

この宇宙船Uが人工衛星Zに追いつくことを考えよう。宇宙船Uは，点Cにおいて進む方向は変えずに十分短い時間で減速すると，その後，図4の実線で表された楕円軌道をまわる。宇宙船Uが楕円軌道を一周して点Cに戻ってくると同時に，人工衛星Zが点線で表されたように円軌道を一周より少し短い距離をまわって点Cに着くようにしたい。そのために必要な楕円軌道の周期T_1と円軌道の周期T_0の間に成り立つ関係を，θを用いて表すと，$\dfrac{T_1}{T_0} =$ $\boxed{\text{ケ}}$ となる。

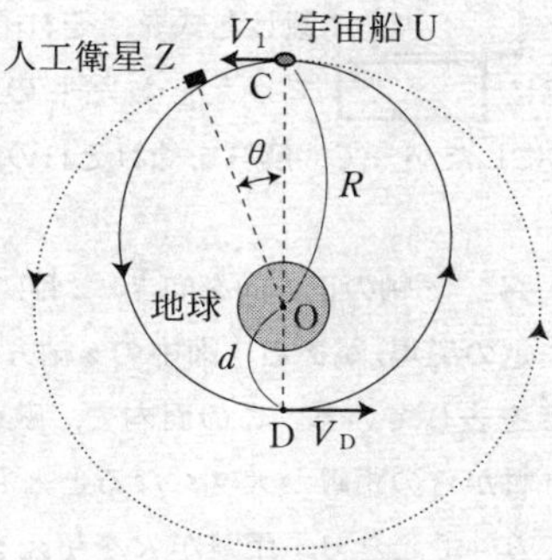

図 4

上で述べたような方法で宇宙船Uが人工衛星Zに追いつくために必要な点Cでの宇宙船Uの減速後の速さ $V_1(< V_0)$ を求めよう。

図4のように，楕円軌道上において宇宙船Uがもっとも地球の中心Oに近い位置が点Dであり，この点DとOとの距離を d とする。距離 d の R に対する比は，ケプラーの第3法則を用いると，楕円軌道の周期 T_1 と円軌道の周期 T_0 の関数として，$\dfrac{d}{R} = \boxed{\text{コ}}$ と表される。ケプラーの第2法則（面積速度一定の法則）および力学的エネルギー保存の法則を点Dでの宇宙船Uの速さ V_D を用いて記述し，さらに，$V_0 = \boxed{\boxed{\text{ク}}}$ の関係を用いると，V_1 の V_0 に対する比は d と R を用いて $\dfrac{V_1}{V_0} = \boxed{\text{サ}}$ と表すことができる。

問 1　遅れの角度 θ が π と比べて十分小さいとき，宇宙船Uが上に述べたように人工衛星Zに追いつくために必要な速さの変化量 $\Delta V = V_1 - V_0$ を考える。δ の絶対値が1にくらべて十分小さいときに成り立つ近似式 $(1 + \delta)^x \fallingdotseq 1 + x\delta$（$x$ は実数）を用いて，ΔV が θ と V_0 に比例することを示し，その比例係数 $\dfrac{\Delta V}{\theta V_0}$ の値を求めよ。

※解答欄　ヨコ 13.7 センチ×タテ 18.2 センチ

物理問題　Ⅱ

次の文章を読んで，［　　　］に適した式を，それぞれの解答欄に記入せよ。なお，［［　　　］］はすでに［　　　］で与えられたものと同じものを表す。また，**問1**，**問2**では，指示にしたがって，解答をそれぞれの解答欄に記入せよ。

図1～**図3**に示すように，z 軸の正方向を向き，z 軸に関して軸対称な磁場(磁束密度が同一円周上では一定の磁場)がある。図中の z 軸方向の太線矢印は，$z=0$ の面内の点での磁束密度 $\vec{B}$ を表している。この面内で，磁束密度の大きさ B は，z 軸上で最大値 B_0 をとり，z 軸からの距離が大きくなるとともに距離の1次関数として減少し，距離 R において $B=0$ となり，距離が R を超えると $B=0$ である。この磁場中で質量 m，電荷 $-e(e>0)$ の電子の運動を考える。電子の運動により発生する磁場は無視してよい。ただし，円周率を π とする。

(1)　まず磁場は時間変化しないとする。このとき，$z=0$ の面内で，z 軸から距離 $r(\leqq R)$ における磁束密度の大きさ $B(r)$ は，B_0，R，r を用いて表すと［　イ　］となる。

図1のように，長さ R のまっすぐで太さを無視できる孤立した導体棒OAが，$z=0$ の面内で，z 軸上の点Oを回転中心として一定の角速度 ω で回転している。ここで，回転をはじめて十分時間が経過し，導体棒中の電子の分布が時間的に変化しなくなった状態を考える。回転は十分に遅く，電子にはたらく遠心力は無視できるとする。このとき，点Oから距離 $r(\leqq R)$ の位置の導体棒内の電子にはたらくローレンツ力の大きさは，e，B_0，R，r，ω を用いて表すと［　ロ　］である。導体棒中にはローレンツ力とつりあう力を電子に与える電場が発生している。その電場の大きさ E は，r の位置において［　ハ　］である。

導体棒の両端間に発生する電位差は，電場の大きさ E を r の関数として図示したとき，$E(r)$ と r 軸で囲まれた図形の面積として計算できる。これを用いると導体棒の両端間の電位差は［　ニ　］となる。ここで，必要であれば，関数 $f(x)=(x-p)(q-x)$ のグラフと x 軸で囲まれた図形の面積が $\frac{1}{6}(q-p)^3$ であることを用いてよい。ただし，p，q は任意の実数 $(q>p)$ である。

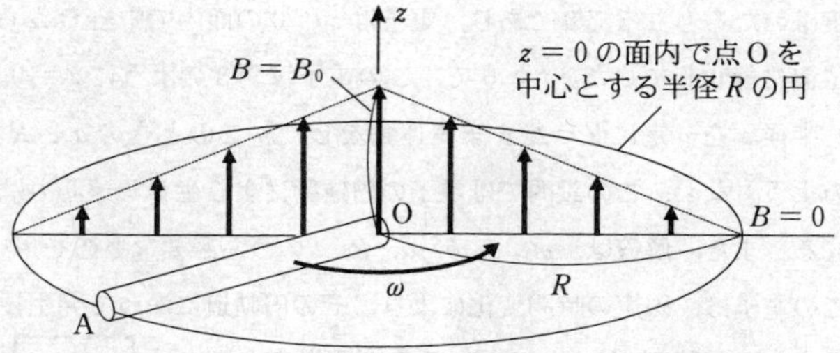

図 1

（2） $z = 0$ の面内で，点 O を中心とする半径 R の円を貫く磁束 Φ_R を求めよう。**図 2** において，$z = 0$ の面内で点 O から距離 $r (\leqq R)$ の位置にあり，z 軸に垂直な微小面(面積 ΔS)を貫く磁束 $\Delta\Phi$ は，B_0，R，r，ΔS を用いて表すと　ホ　となる。また，Φ_R は円内の $\Delta\Phi$ の総和であり，$\Phi_R = \dfrac{1}{3}\pi R^2 B_0$ となる。必要であればこのことを利用して**問 1** に答えよ。

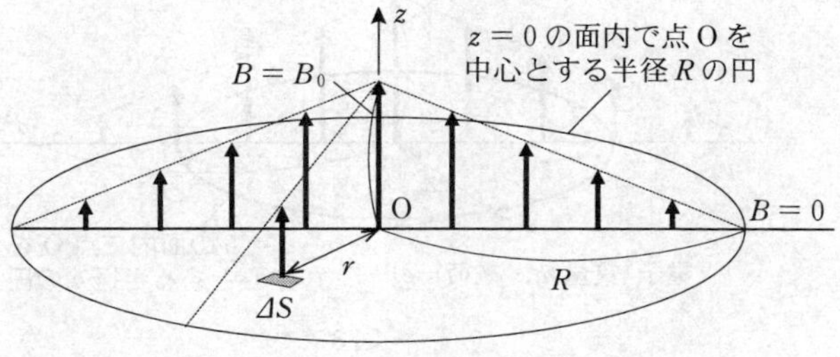

図 2

問 1　$z = 0$ の面内で点 O を中心とする半径 $a\ (\leqq R)$ の円を貫く磁束 Φ_a は，

$$\Phi_a = \pi B_0 a^2 \left(1 - \frac{2\,a}{3\,R} \right)$$

であることを示せ。

※解答欄　ヨコ 13.7 センチ×タテ 8.0 センチ

（3） つぎに，磁束密度の大きさ B を時間変化させたときの真空中におかれた 1 個の電子の運動を考える。　イ　の磁束密度の大きさの式において，B_0 を時刻 t とともに $B_0 = bt$(b は正の定数)と変化させる。時刻 $t = 0$ において，磁束密度はいたるところで 0 であり，電子は $z=0$ の面内で中心 O から距離 $a(\leqq R)$ の位置に静止していた。$t>0$ で，この電子は**図 3** のように $z=0$ の面内を運動し，半径 a を一定に保ったまま円運動をした。このときの a と R の関係を求めてみよう。なお，この設問では電子の円運動により生じる遠心力は無視できないとする。また，解答は，m，e，b，a，R，t のうち必要なものを用いて表せ。

この電子は，磁束の時間変化により，その円軌道に沿って発生した電場により加速される。時刻 $t(>0)$ におけるこの電場の大きさは［　ヘ　］であり，電子の速さは［　ト　］である。

問 2　加速されても半径 a を一定に保ったまま電子が回転することができる a/R の値を，導出過程も示して答えよ。

※解答欄　ヨコ 13.7 センチ×タテ 14.5 センチ

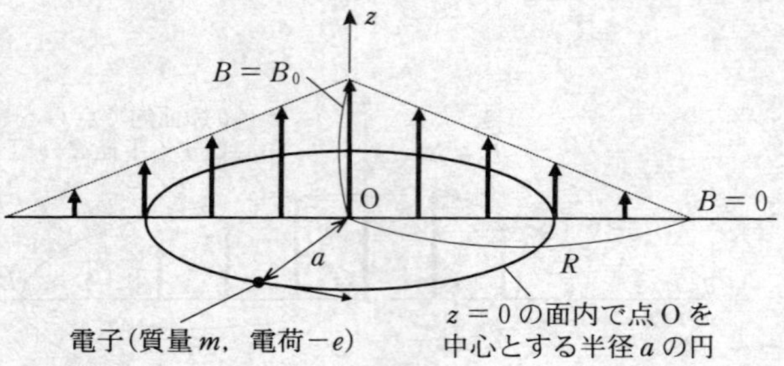

図 3

物理問題　Ⅲ

次の文章を読んで，[　　　] に適した式または数値を，それぞれの解答欄に記入せよ。なお，[[　　　]] はすでに [　　　] で与えられたものと同じものを表す。また，**問1**～**問3**では，指示にしたがって，解答をそれぞれの解答欄に記入せよ。ただし，円周率を π とする。

図1のような，大気中に置かれた厚さ D の透明で平面状の薄膜を考える。薄膜の屈折率 n は，大気の屈折率(1とする)より大きい。薄膜の表面A，Bに垂直な方向に z 軸をとり，面Aと面Bの z 座標をそれぞれ $z=0$，$z=D$ とする。

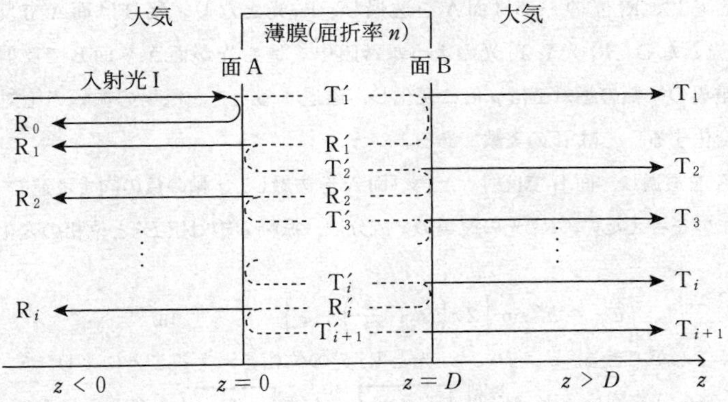

図1

面Aに対して垂直に，直線偏光したレーザー光(入射光I)を，z 軸の負の方から正の向きに照射する。光は横波の電磁波であるが，ここでは簡単のために，電場のみを考え，電場の方向は x 軸方向(紙面に垂直な方向)とする。

入射光Iの電場の x 成分は，$z<0$ において，

$$E_{\mathrm{I}} = E\sin 2\pi\left(ft - \frac{z}{\lambda}\right) \qquad \text{(i)}$$

と与えられるとする。E は入射光Iの電場の振幅，t は時刻，f は光の振動数，λ は大気中における光の波長である。ここでは，光の電場の振幅の2乗を光の強度とよぶことにする。例えば，入射光Iの強度は E^2 である。ただし，以下の設問において，大気中および薄膜内における光の強度の減衰は考えない。

図1に示すように，大気中を進む入射光Iの一部は面Aにおいて反射し，残りは面Aを透過して，薄膜内に侵入する。このとき，反射した光の電場の振幅の絶対値は入射光の振幅の絶対値の p 倍となり，透過する光の電場の振幅の絶対値は入射光の振幅の絶対値の q 倍になる。p と q は，1より小さい正の実数定数である。ただし，面を透過する際，光の位相は変化しない。**図1**のように，最初に面Aで反射する光を R_0 光，面Aを透過し，薄膜中を z 軸の正の向きに進む光を T_1' 光と書く。

T_1' 光の波長は [あ] である。また，時刻 t，位置 z での電場の x 成分は，R_0 光では $E_{\mathrm{R}_0}=$ [い]，T_1' 光では $E_{\mathrm{T}_1'}=$ [う] となる。

図1に示すように，薄膜は大気と面Aおよび面Bで接するので，光は反射，または透過を繰り返す。i を1以上の整数とすると，T_i' 光の一部は面Bを透過し，z 軸の正の向きに進む T_i 光となり，残りは面Bで反射し，z 軸の負の向きに進む R_i' 光となる。さらに，R_i' 光の一部は面Aを透過し，R_i 光となり，残りは面Aで反射し，T_{i+1}' 光となる。R_i' 光や T_i' 光のような薄膜中を進む光が面Aや面Bで反射するとき，電場の振幅の絶対値は p 倍に変化し，透過するとき，電場の振幅の絶対値は q' 倍に変化する。q' は正の実数である。

面Aを透過し，面Bで反射し，再び面Aを透過し，z 軸の負の向きに進む R_1 光のふるまいを考えたい。R_1 光の電場の x 成分は，振幅の絶対値 E' と位相の変化 ϕ を用いて，

$$E_{\mathrm{R}_1}=E'\sin\left\{2\pi\left(ft+\frac{z}{\lambda}\right)+\phi\right\} \qquad \text{(ii)}$$

とおくことができる。$z=D$ で T_1' 光と R_1' 光の位相を考えることにより，E，p，q，q'，λ，D，n を用いると，E' は [え]，ϕ は [お] と与えられる。

問1 大気中を z 軸の負の向きに進む R_0 光と R_1 光の干渉を考える。干渉してできる光の電場は，R_0 光と R_1 光の電場の重ね合わせにより，振幅 A と位相の変化 β を用いて，

$$E_{\mathrm{R}_0}+E_{\mathrm{R}_1}=A\sin\left\{2\pi\left(ft+\frac{z}{\lambda}\right)+\beta\right\} \qquad \text{(iii)}$$

と書くことができる。E_{R_0} は，[い] で求めた電場の式を表す。式(iii)で与えられる光の強度 A^2 を，導出過程を示して E，p，q，q'，ϕ を用いて表せ。ここで，必要なら，実数 a，b，θ に対し，$a\sin\theta+b\cos\theta=\sqrt{a^2+b^2}\sin(\theta+\beta)$ が成り立つことを用いてよい。ただし，β は $\cos\beta=\dfrac{a}{\sqrt{a^2+b^2}}$，$\sin\beta=\dfrac{b}{\sqrt{a^2+b^2}}$ を満たす実数である。

以上より，R_0 光と R_1 光の干渉によってできる光の強度が最大になるのは，1 以上の整数 m を用いると，厚さ D が波長 λ の [か] 倍になるときであり，そのときの電場の振幅は [き] である。

つぎに，面 B を z 軸の正の向きに透過する光について考える。T_1 光と T_2 光が干渉してできる光の強度が最大になるとき，1 以上の整数 m を用いると，薄膜の厚さ D は波長 λ の [く] 倍である。また，このとき，干渉してできる光の振幅は [け] となる。一方，干渉光の強度が最小となるのは，同様に 1 以上の整数 m を用いると，D が λ の [こ] 倍のときであり，その振幅は [さ] である。

問 2　T_1 光と T_2 光だけでなく，面 B を z 軸の正の向きに透過する光の全てが干渉してできる光を考える。薄膜の厚さ D が大気中の波長 λ の [[く]] 倍のときと，[[こ]] 倍のときのそれぞれの条件のもとで，面 B を z 軸の正の向きに透過する全ての光が干渉してできる光の強度を求めよう。ここで，p，q，q' の間には，$p^2 + qq' = 1$ が成り立つものとする。これを用いて，干渉光の強度を q と q' を含まない形で導出過程を示して表せ。ここで，必要であれば，$|d| < 1$ を満たす実数 d に対し，$\displaystyle\sum_{k=0}^{\infty} d^k = \frac{1}{1-d}$ が成り立つことを用いてよい。

問 3　異なる p の値をもつ薄膜 X，Y について，入射光の波長を変えながら，薄膜を透過してくる光の強度を測定したところ，**図 2** のようになった。実線と点線は，薄膜 X，Y に対して得られたデータである。ここで，p は波長によって変わらないものとする。白色光から，特定の波長の光を選択して抽出するには，薄膜 X，Y のどちらを用いるのがより適当か，また，それはどのような値の p をもつ薄膜か，その理由とともに述べよ。

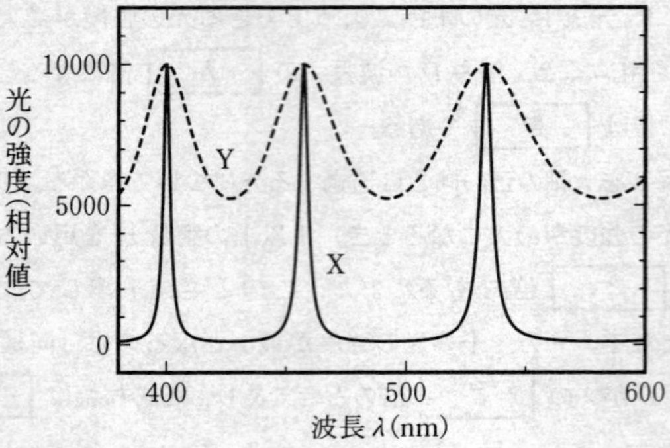

図 2

※解答欄　問 1 ・問 2 ：各ヨコ 13.7 センチ×タテ 18.2 センチ

問 3 ：ヨコ 13.7 センチ×タテ 10.0 センチ

化学

(教育(理系)学部　1 科目　90 分
その他　　　　　2 科目 180 分)

(注)　100 点満点。理・医(医)学部は 2 科目 300 点満点に，工学部は 2 科目 250 点満点に換算。

化学問題　I

次の文章(a)，(b)を読み，**問 1** ～**問 5** に答えよ。解答はそれぞれ所定の解答欄に記入せよ。問題中の L はリットルを表す。[X] は mol/L を単位としたイオン X の濃度とし，塩化銀の溶解度積を 1.8×10^{-10} (mol/L)^2，クロム酸銀の溶解度積を 3.6×10^{-12} (mol/L)^3，臭化銀の溶解度積を 5.4×10^{-13} (mol/L)^2 とする。数値は有効数字 2 けたで答えよ。

(a)　沈殿生成を利用して，水溶液中の塩化物イオン濃度を定量することができる。塩化物イオンを含む水溶液にクロム酸カリウム水溶液を指示薬として加え，既知の濃度の硝酸銀水溶液を滴下すると，まず塩化銀の白色沈殿が生成する。さらに滴下をすすめるとクロム酸銀の暗赤色沈殿が生成し，滴定前に存在した塩化物イオンのほぼ全量が塩化銀として沈殿する。したがって，この時点を滴定の終点とすることで，試料溶液中の塩化物イオン濃度を見積もることができる。この滴定実験では，試料溶液を中性付近に保つ必要がある。これは酸性条件下では以下の反応(1)が起こり，また塩基性条件下では褐色の酸化銀が生成するためである。

$$2\,CrO_4^{2-} + 2\,H^+ \rightarrow 2\,HCrO_4^- \rightarrow \boxed{\quad あ \quad} \qquad (1)$$

以下では，滴定過程において，試料溶液内の塩化物イオンとクロム酸イオンの濃度が変化する様子を，グラフを用いて考察しよう。**図 1** は，滴定前の塩化物イオン

濃度を 1.0×10^{-1} mol/L，クロム酸イオン濃度を 1.0×10^{-3} mol/L として，硝酸銀水溶液の滴下にともなう各イオンの濃度変化を，銀イオン濃度に対して示したグラフである。なお，試料溶液は中性とし，滴定による体積変化は無視する。硝酸銀水溶液を滴下すると銀イオン濃度が増加し，1.8×10^{-9} mol/L に達したときに塩化銀が生成し始める。その結果，溶液内の塩化物イオン濃度は減少し始める。このとき，クロム酸イオン濃度はまだ変化しない。さらに滴定をすすめて，銀イオン濃度が［　I　］mol/L に達したところで，クロム酸銀の生成が始まり，溶液内のクロム酸イオン濃度は減少する。クロム酸銀が生成し始めた時点が，滴定の終点に対応する。このとき，溶液内に残存する塩化物イオンの濃度は［　Ⅱ　］mol/L である。この値は，塩化物イオンの初期濃度と比べて非常に小さく，ほぼ全量が塩化銀として沈殿していると言える。

①一方，滴定の終点において $[Ag^+] = [Cl^-]$ が成立する場合，最初に溶液内に存在していた塩化物イオンの濃度をより正確に定量することができる。ただし，図 1 の実験条件ではそれが成立していない。

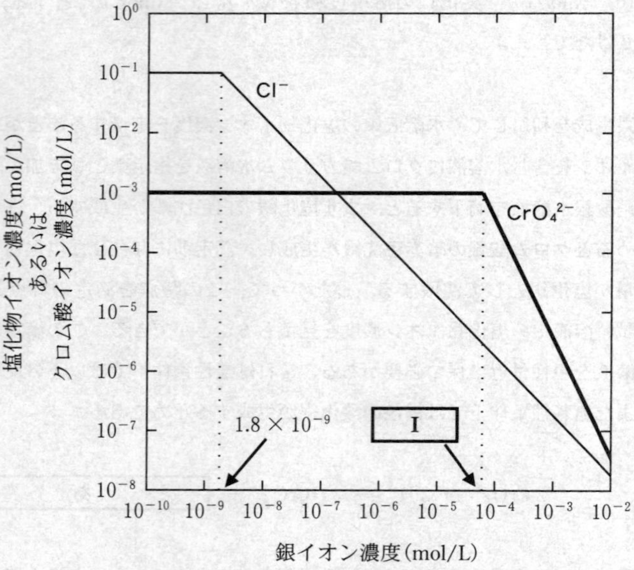

図 1

問 1　［　あ　］にあてはまる適切な化学式等を記入せよ。

問 2　［　Ⅰ　］，［　Ⅱ　］にあてはまる適切な数値を答えよ。

問 3　本滴定実験では，滴定前に加える指示薬の濃度を変えると滴定終点において溶液内に存在する各イオンの濃度が変わる。下線部①に関して，$[Ag^+] = [Cl^-]$，すなわち加えた銀イオンの物質量と滴定前に存在していた塩化物イオンの物質量が滴定終点で等しくなるためには，滴定前の試料溶液におけるクロム酸イオン濃度はいくらであればよいか答えよ。

(b)　銀イオン濃度の異なる 2 つの水溶液を用いて，電池を作ることができる。**図 2** に示すように，過剰量の塩化銀により飽和した水溶液に塩化カリウムを加えて各イオンの濃度を調整した水溶液Aと，過剰量の臭化銀により飽和した水溶液に臭化カリウムを加えて各イオンの濃度を調整した水溶液Bを用意して，各水溶液に銀電極を浸した。以下では，電極表面で進行する反応は $Ag^+ + e^- \rightleftarrows Ag$ のみであるとする。また，各水溶液は理想的な塩橋を通して電気的に接続されており，銀イオン，塩化物イオン，臭化物イオンは塩橋を通して移動しないとする。

まず，水溶液Aについて $[Cl^-] = 1.0 \times 10^{-3}$ mol/L，水溶液Bについて $[Br^-] = 1.0 \times 10^{-3}$ mol/Lとした。このとき水溶液Aについて $[Ag^+] =$［　Ⅲ　］mol/L，水溶液Bについて $[Ag^+] =$［　Ⅳ　］mol/L であるので，水溶液Aと水溶液Bの銀イオン濃度に差がある。ここで両電極間をスイッチを入れて接続したところ，それぞれの銀電極表面においてこの濃度差を小さくするように反応が進行した。すなわち，水溶液Aの電極表面では{**ア**： 1. 酸化， 2. 還元}反応が起こり，電流が電流計を通して{**イ**： 1. 水溶液Aから水溶液B， 2. 水溶液Bから水溶液A}の方向へ流れた。このとき，水溶液Aと平衡にある塩化銀の物質量は{**ウ**： 1. 増加した， 2. 減少した， 3. 変化しなかった}。このまま電流を流し続けたところ，水溶液Aについて $[Cl^-] = 2.0 \times 10^{-3}$ mol/L となったところで，平衡状態に達し電流が流れなくなった。このとき，水溶液Bについて $[Br^-] =$［　Ⅴ　］mol/L であった。

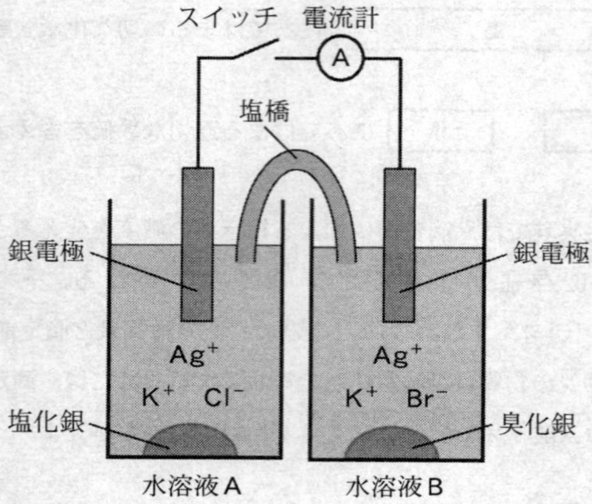

図 2

問 4　Ⅲ　〜　Ⅴ　にあてはまる適切な数値を答えよ。

問 5　{ア}，{イ}，{ウ}について{　　}内の適切な語句を選び，その番号を答えよ。

化学問題　Ⅱ

次の文章(a)，(b)を読み，**問 1 ～問 5** に答えよ。解答はそれぞれ所定の解答欄に記入せよ。

(a)　分子や多原子イオンを構成する化学結合は，電子式を用いて表すことができる。**図 1** の例のように，価電子からなる電子対は，それぞれの原子の周りに 4 組（水素原子の場合は 1 組）配置される①とする。電子対には，［ア］結合を形成する［ア］電子対と，［ア］結合を形成していない［イ］電子対の 2 種類がある。電子対には他の電子対と反発する性質がある。

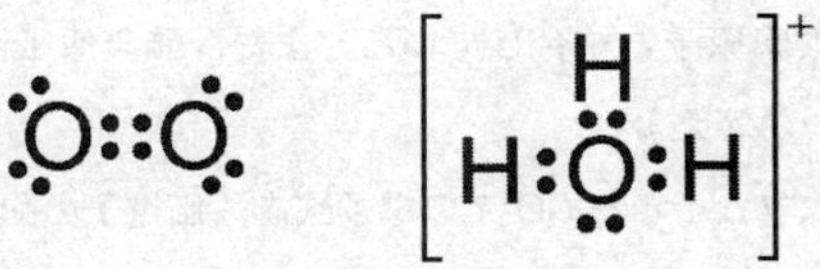

図 1　O_2 と H_3O^+ の電子式の例

2 種類の異なる元素 E および元素 Z からなる分子を考える。この分子では 1 つの E 原子が中心原子となり周囲の複数個の Z 原子と結合を形成し，Z 原子間の結合はないものとする。このとき，Z 原子は，E 原子周りのすべての電子対の間の反発が最小になるように配置される②とする。ここで，異なる種類の電子対や異なる種類の結合の間の反発の大きさの違いを無視する。以上のように考えると，E 原子と Z 原子からなる分子について，代表的な化合物とその分子の形は**表 1** のようにまとめられる。

表 1

化合物名	分子の形	中心原子（E 原子）の周りの電子対の組数	
		［ア］電子対	［イ］電子対
［ウ］	直線形	4	［エ］
［オ］	折れ線形	［カ］	2
メタン	正四面体形	［キ］	［ク］
［ケ］	三角錐《すい》形	3	［コ］

問 1　文章(a)および**表 1** の [ア] ～ [コ] にあてはまる適切な語または数字を答えよ。ただし，[ウ]，[オ]，[ケ] にあてはまる化合物は，それぞれ次の 5 つの条件を満たすものとする。

・各化合物において，E および Z 原子は，炭素，水素，酸素，窒素のいずれかである。

・電気的に中性である。

・Z 原子の数は 2 または 3 である。

・不対電子がない。

・常温常圧で安定である。

問 2　ニトロニウムイオン $NO_2{}^+$ は 1 価の多原子イオンで，窒素原子が中心原子となり 2 つの酸素原子と結合している。また，酸素原子間の結合はない。次の(1)，(2)の問いに答えよ。

(1)　ニトロニウムイオン $NO_2{}^+$ の電子式を，価電子の配置が下線部①の規則に従うとして，**図 1** の例にならって 1 つ記せ。

(2)　酸素原子の配置が下線部②の規則に従うとき，ニトロニウムイオン $NO_2{}^+$ の形を，**表 1** にあげた分子の形から選んで答えよ。

(b)　気体の化合物 A と気体の化合物 B が容器内で

$$\mathrm{A} \rightleftarrows 2\,\mathrm{B} \qquad (1)$$

の平衡状態にある。A および B は理想気体である。濃度平衡定数 K_c は A のモル濃度 [A] と B のモル濃度 [B] を用いて

$$K_c = \boxed{\text{あ}} \qquad (2)$$

と表される。一方，式(1)の反応において，圧平衡定数 K_p は A の分圧 p_A と B の分圧 p_B を用いて

$$K_p = \frac{(p_B)^2}{p_A} \qquad (3)$$

で与えられ，濃度平衡定数 K_c と気体定数 R および絶対温度 T を用いて

$$K_p = \boxed{\text{い}} \qquad (4)$$

と表される。また，式(1)の反応において，モル分率平衡定数 K_x は A のモル分率 x_A と B のモル分率 x_B を用いて

$$K_x = \frac{(x_B)^2}{x_A} \qquad (5)$$

で与えられ，圧平衡定数 K_{p} および全圧 p を用いて

$$K_{\mathrm{x}} = \boxed{\text{う}} \tag{6}$$

と表される。

図 2 に示すように，体積 V_1 の**容器 1** と体積 V_2 の**容器 2** が開閉できるコックを備えた配管で接続されている。**容器 1** と**容器 2** の内部は常に一定の絶対温度 T に保たれている。また，$V_2 = 2V_1$ であり，接続配管内部およびコックの内部の体積は無視できるものとする。最初，コックは閉じられており，**容器 1** と**容器 2** の内部は空である。

コックを閉じたまま，**容器 1** 内に A と B の混合気体を注入して，式(1)の反応が平衡状態に達したときに**容器 1** 内の A のモル分率 x_{A} と B のモル分率 x_{B} が等しくなるようにしたい。$x_{\mathrm{A}} = x_{\mathrm{B}}$ のとき，モル分率平衡定数 K_{x} は [え] であるから，平衡状態において**容器 1** 内の全圧 p が K_{p} の [お] 倍となるまで混合気体を注入すればよい。

容器 1 内の全圧 p を K_{p} の [お] 倍にした後，コックを徐々に開いた。式(1)の反応が平衡状態に達したとき，**容器 1** および**容器 2** に含まれる A の物質量の合計は，コックを開く直前に**容器 1** に含まれていた A の物質量の [か] 倍になる。

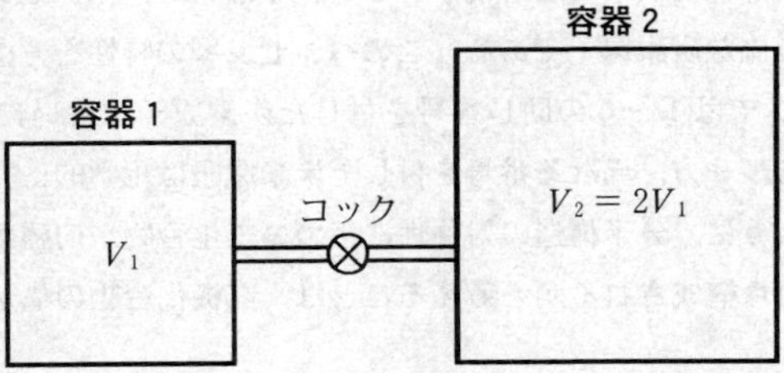

図 2

問 3　[あ] ～ [う] にあてはまる適切な式を答えよ。

問 4　[え]，[お] にあてはまる適切な数値を答えよ。

問 5　[か] にあてはまる適切な数値を，途中の計算も示して答えよ。

※解答欄　ヨコ 11.6 センチ×タテ 16.0 センチ

化学問題　Ⅲ

次の文章(a)，(b)を読み，**問 1** ～**問 7** に答えよ。解答はそれぞれ所定の解答欄に記入せよ。構造式は記入例にならって記せ。なお，原子の同位体や化合物の光学異性体については考慮しないこととする。原子量は，H ＝ 1.0，C ＝ 12.0，O ＝ 16.0 とする。

構造式の記入例：

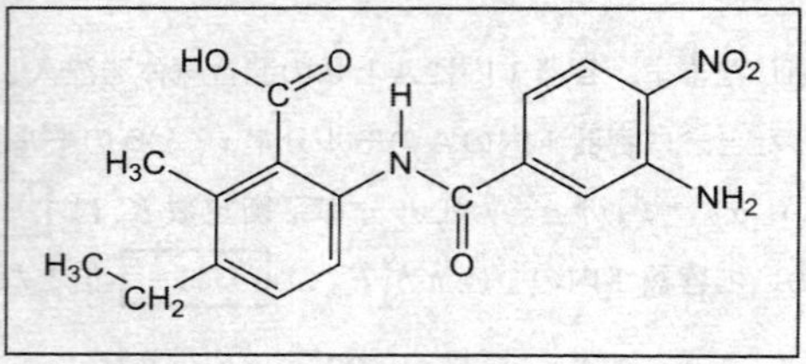

(a)　ベンゼン(C_6H_6)は，6 個の炭素原子が同一平面上で結合した正六角形の環状構造をもつ。これらの炭素原子間の結合は長さ・性質ともにすべて同等であり，単結合と二重結合の中間的な状態にある。これらの炭素原子は，いずれも環境が同じであり，化学的な性質および反応性が等しい。すなわち，ベンゼンの 6 個の炭素原子は化学的に等価な炭素原子である。このベンゼン環の特性を考慮すると，**図 1** に示す *o*-キシレンでは①～④の同じ番号を付した炭素原子は互いに化学的に等価な炭素原子である。一方，異なる番号を付した炭素原子は化学的に非等価な炭素原子である。このように，分子構造の対称性に基づいて化合物が何種類の化学的に非等価な炭素原子から構成されるかを考えることは，有機化合物の構造決定を行う際に重要である。

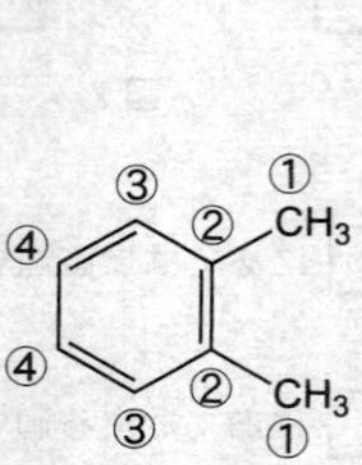

図 1

分子式が C_9H_{12} で表される 8 つの芳香族化合物（A ～ H）を，何種類の化学的に非等価な炭素原子で構成されるかによって分類する。化合物Aには3種類の化学的に非等価な炭素原子があり，化合物Bと化合物Cにはそれぞれ6種類の化学的に非等価な炭素原子がある。化合物Cは工業的に重要な化合物として知られ，空気酸化した後に分解することでフェノールとともに［ ア ］を与える。

化合物Dと化合物Eにはそれぞれ7種類の化学的に非等価な炭素原子があり，化合物F，化合物G，および化合物Hのいずれにも化学的に等価な炭素原子がない。化合物Dは過マンガン酸カリウム水溶液と反応し，炭素原子数の減少をともなって，安息香酸を与える。過マンガン酸カリウム水溶液を用いる同様の反応により，化合物Eからは化合物Iが得られる。化合物Iは［ イ ］との反応により，ペットボトルの原料として用いられているポリエステル系合成繊維を与える。

問1　［ ア ］，［ イ ］にあてはまる適切な化合物名または構造式を記せ。

問2　化合物A，B，Dの構造式をそれぞれ記せ。

問3　化合物Aに濃硝酸と濃硫酸の混合物を反応させると，主な生成物として化合物Jが得られた。化合物Jにスズと濃塩酸を作用させた後，強塩基で処理すると，化合物Kが得られた。化合物Jおよび化合物Kはいずれも化学的に非等価な炭素原子の種類の数が化合物Aと同じ3種類であった。化合物Jおよび化合物Kの構造式を記せ。

問4　化合物Eから化合物Iを得る反応において，化合物Eの物質量の80.0％が化合物Iになった。得られた化合物Iをすべて完全燃焼させると，CO_2が88.0gが排出された。この反応で用いた化合物Eの質量は何gか。有効数字3けたで答えよ。

(b)　**図2**の左に示すように，窒素原子が2つのカルボニル基に挟まれ，カルボニル炭素-窒素結合を2つもつ構造(網かけ部分)をイミド構造と呼び，その構造をもつ化合物をイミドと呼ぶ。一般的にイミドのカルボニル炭素-窒素結合はアミドのカルボニル炭素-窒素結合に比べて容易に加水分解されることが知られている。そのため，温和な条件におけるイミドの加水分解では**図2**に示す**反応(1)**あるいは**反応(2)**が進行し，カルボニル炭素-窒素結合が1つ切断されてアミドとカルボン酸が得られる。**反応(1)**と**反応(2)**のどちらがより起こりやすいかは分子の構造および反応条件などに左右される。また，1つのイミドに対して**反応(1)**と**反応(2)**の両方が起こることもある。その場合，**反応(1)**と**反応(2)**の生成物は混在する。

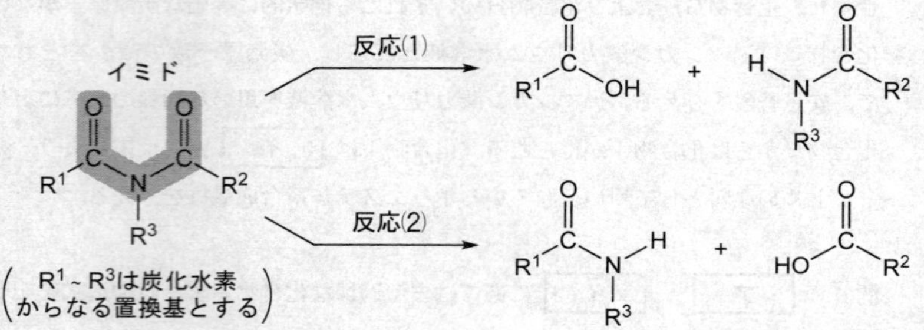

図2

分子式$C_{20}H_{15}NO_2$で表される化合物Ｌは1つのイミド構造をもつ。化合物Ｌを温和な条件で加水分解したところ，芳香族カルボン酸ＭとアミドＮ(分子式$C_{13}H_{11}NO$)のみが得られた。また化合物Ｎのアミド結合を完全に加水分解した際には化合物Ｍと化合物Ｏが得られた。化合物Ｏをさらし粉(主成分：次亜塩素酸カルシウム)水溶液に加えたところ赤紫色を呈した。

分子式$C_{23}H_{21}NO_2$で表される化合物Ｐは1つのイミド構造をもつ。化合物Ｐを温和な条件で加水分解したところ，*p*-メチル安息香酸，芳香族カルボン酸Ｑ，アミドＳ，アミドＴが混合物として得られた。化合物Ｓのアミド結合を完全に加水分解した際には，化合物Ｏと*p*-メチル安息香酸が得られた。また，化合物Ｔのアミド結合を完全に加水分解した際には，化合物Ｏと化合物Ｑが得られた。化合物Ｑのカルボキシ基はベンゼン環に直接結合しており，そのいずれのオルト位にも水素原子が結合していた。

問5　化合物Ｍ，Ｏの構造式をそれぞれ記せ。

問6　化合物Ｌの構造式を記せ。

問 7　化合物Qとして考えられる構造式をすべて記せ。

化学問題　Ⅳ

次の文章(a)，(b)を読み，**問 1** ～**問 6** に答えよ。解答はそれぞれ所定の解答欄に記入せよ。

(a)　アルデヒド基をもつ単糖は，アルドースと呼ばれる。**図 1** の一般式で表されるアルドースのうち，炭素数が 3 のアルドース($n = 1$)は，不斉炭素原子を 1 個有し，2 種類の立体異性体が存在する。これらは互いに鏡像異性の関係にあり，重なり合わない。**図 2 a** に示すように，これらの構造において  は紙面の表(手前)側に向かう結合を， は紙面の裏(奥)側に向かう結合をそれぞれ示している。また，**図 2 b** のような表記法もあり，左右方向の結合は紙面の表(手前)側に向かう結合を，上下方向の結合は紙面の裏(奥)側に向かう結合をそれぞれ示し，**図 2 a** と同じ構造を表している。また，この表記法ではアルデヒド基を上下方向のいちばん上に書くこととする。

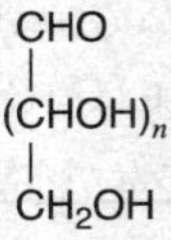

図 1

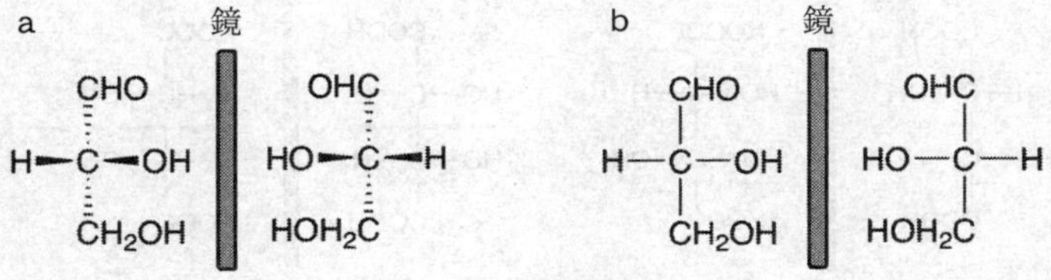

図 2

アルドースは様々な化学反応を受けやすい。**図 2 b** で説明した表記法を用いて，**図 3** に炭素数が 4 のアルドース(**図 1** ：$n = 2$)の反応例を示す。アルドースを硝酸で酸化すると，ジカルボン酸**A**が得られる(**図 3** ：**反応 1**)。また，アルドースに対して適切な条件下で反応を行うと，点線で囲った部分で分解が起こり，炭素が 1 個減少したBが生成する(**図 3 ：反応 2**)。ただし，これらの反応過程で，不斉炭素原子に結合したヒドロキシ基の立体的な配置は変化しないものとする。

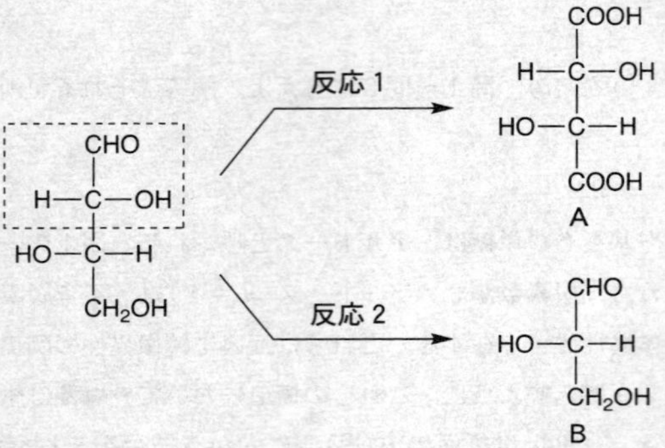

図 3

炭素数が 4 のアルドース(**図 1** ：$n = 2$)は，不斉炭素原子を 2 個もつことから，鏡像異性体を含めて①4 種類の立体異性体が存在する。これらを**反応 1** で酸化すると酒石酸が得られる。酒石酸は不斉炭素原子を 2 個もつが，3 種類の立体異性体しか存在しない。なぜなら，**図 4** においてCはDの鏡像異性体であるが，Eは鏡に映したFと重なり合うことから，EとFは同じ化合物であるためである。E(あるいはF)のように，②不斉炭素原子をもちながら鏡像異性体が存在しない化合物には，分子内に対称面がある。

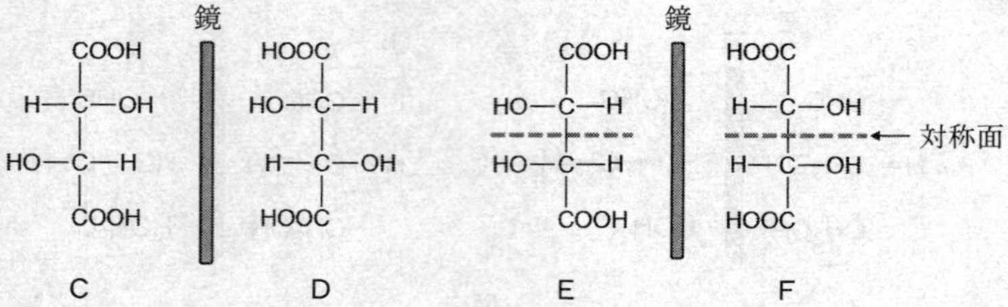

図 4

問 1　下線部①の 4 種類の立体異性体に対して**反応 2** を行うと，2 種類の生成物が得られた。これら 2 種類の生成物の構造式を，**図 3** で用いた表記法を使って記せ。

問 2　**図 5** に示した炭素数が 5 のアルドース(**図 1** ：$n = 3$)に対して**反応 1** を行った場合，その生成物の鏡像異性体が存在しないものを，下線部②に基づいて(**あ**)～(**く**)からすべて選べ。

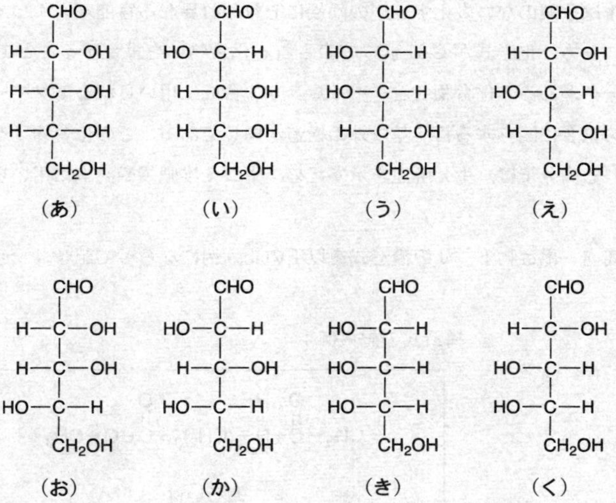

図 5

問 3　化合物Gは**図 5** の(**あ**)～(**く**)のいずれかである。Gに対して**反応 1** を行うと，鏡像異性体をもつ化合物が得られた。またGに対して**反応 2** を行うと化合物Hが生成し，続いて**反応 1** で酸化すると，**図 4** のE（あるいはF）が得られた。このような条件を満たすGとHには，それぞれ複数の構造が考えられる。Hとして考えられる構造式を，**図 3** で用いた表記法を使ってすべて記せ。さらに，Gとして考えられるものを(**あ**)～(**く**)からすべて選べ。

(b)　持続可能な発展に向けて，資源循環や環境保全に配慮した素材開発が求められている。これに関する下の(i)，(ii)の文章を読み，**問4～問6**に答えよ。

(i)　ナイロン66やナイロン6と同じ官能基を有し，化学式が$C_{11}H_{21}NO$で表される構造を繰り返しもつ高分子がある。ナイロン66やナイロン6は石油を原料として合成される高分子であるのに対し，この高分子は植物油脂を原料とする化合物Ｉを重合することで合成され，自動車部品などに使われている。なお，化合物Ｉは分岐のない炭化水素鎖の両端にそれぞれ異なる官能基を1つずつ有する。

一方，化学式が$C_6H_{10}O_2$で表される化合物Ｊを重合することで合成される高分子がある。化合物Ｊと，ナイロン6の合成に用いられるモノマーは，それぞれの重合に関与する官能基以外の構造が同じである。この化合物Ｊを重合して得られる高分子は，生分解性を示すため，生ゴミ堆肥袋や漁網に用いられている。

問4　化合物Ｉ，Ｊの構造式を以下の記入例にならって記せ。

構造式の記入例：

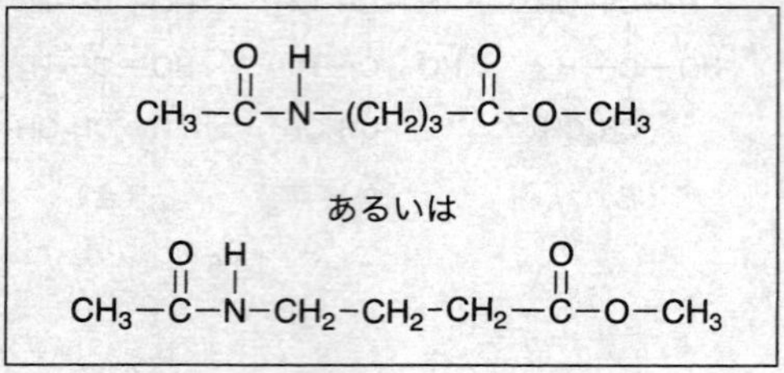

(ii)　植物油脂由来のオレイン酸を原料とするヒドロキシ酸である化合物Ｋがある。化合物Ｋの炭素数はオレイン酸と同じである。化合物Ｋは分岐のない炭化水素鎖の両端にそれぞれヒドロキシ基とカルボキシ基を有する。

一方，二糖である化合物Ｌは，β-グルコース(**図6**)2分子が，一方の分子のC1原子ともう一方の分子のC2原子の間でグリコシド結合を形成したものである。

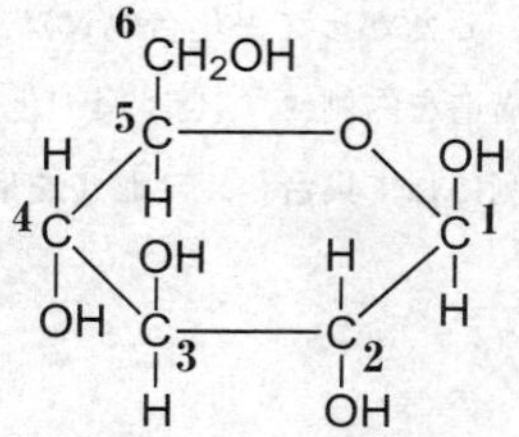

図6　数字1～6はβ-グルコース分子中の炭素原子の番号を示し，それぞれの炭素原子を問題文中でC1～C6と表記する。

ここで，1分子の化合物Kと1分子の化合物Lから得られる化合物Mがある。化合物Mは，化合物Kと化合物Lが，立体配置を保持したまま，2箇所で分子間脱水縮合した化合物である。化合物Mはフェーリング液を還元しない。化合物Mにおいて，化合物Kに由来するカルボキシ基は，化合物Lのグリコシド結合にC1原子を与えたβ-グルコースのC4原子のヒドロキシ基と脱水縮合している。化合物Mは界面活性作用を示す。一方，化合物Mに含まれる一つの結合をある条件で加水分解して得られる化合物Nがある。化合物Nもフェーリング液を還元しない。③化合物NはpHに依存して変化する界面活性作用を示す。

問5　図6に示すβ-グルコースの構造を参考にして，化合物Lの構造を示せ。また，化合物Lのヒドロキシ基に関して，化合物Mにおいて化合物Kのヒドロキシ基と脱水縮合しているヒドロキシ基を丸（○）で，化合物Kのカルボキシ基と脱水縮合しているヒドロキシ基を四角（□）で囲め。

問6　下線部③に関する次の文章を読み，{け}～{せ}のそれぞれで適切な語句を選び，その番号を答えよ。

化合物Nは化合物Mの{**け**：1. グリコシド，2. エステル，3. エーテル}結合が加水分解された構造をもち，{**こ**：1. アルデヒド，2. ヒドロキシ，3. カルボキシ}基を有する。{**こ**}基はpHを4から9に変化させるとその電離度が大きく変わる。pHが4の水溶液中では，大部分の{**こ**}基は{**さ**：1. 電離し，2. 電離せず}，その結果として{**し**：1. 化合物K，2. 化合物L}に由来する部分構造がより{**す**：1. 親水性，2. 疎水性}を示すようになる。したがって，化合物Nは，pH が 4 の水溶液中では，{し}に由来する部分構造を内側に，{せ： 1. 化合物K， 2. 化合物L}に由来する部分構造を外側にして集合し，ミセルを形成する。

生物

（教育（理系）学部　1科目　90分
　その他　　　　　2科目　180分）

（注）　100点満点。理・医（医）学部は2科目300点満点に換算。

生物問題　I

次の文章を読み，**問1～問4**に答えよ。解答はすべて所定の解答欄に記入せよ。

1つの遺伝子の異常が原因となって発症する病気を総称して単一遺伝子疾患①と呼ぶ。ある単一遺伝子疾患の原因となる遺伝子 P は常染色体上に存在し，酵素Pをコードする。酵素Pは，1本のポリペプチド鎖のみからなる単量体として機能する。この酵素Pは化合物Xを基質として化合物Yに変換する反応を触媒するが，遺伝子 P に異常が生じた結果，化合物Xが体内に蓄積して毒性を発揮することでこの疾患が発症する。その疾患の患者Kの2本の相同染色体上の遺伝子 P には，それぞれ1箇所ずつ，異なる1アミノ酸置換を引き起こす突然変異（変異a，変異b）が生じていた。通常，タンパク質はそれぞれに固有の立体構造に折りたたまれてはじめて機能を持ち，折りたたまれたタンパク質の内部には疎水性アミノ酸が，表面には親水性アミノ酸が多く見られる。変異aでは，酵素Pの立体構造上表面に位置する親水性アミノ酸が別の親水性アミノ酸に置換される。一方，変異bでは，酵素Pの立体構造上内部に位置する疎水性アミノ酸が親水性アミノ酸に置換される。患者Kで見いだされた遺伝子変異が酵素Pの性質に及ぼす影響を調べるため，正常型対立遺伝子 P^{wt} から作られる正常型酵素 $\mathrm{P^{wt}}$，変異aを持つ対立遺伝子 P^{a} から作られる酵素 $\mathrm{P^{a}}$，および変異bを持つ対立遺伝子 P^{b} から作られる酵素 $\mathrm{P^{b}}$ を，それぞれ4℃で注意深く精製した後，以下の実験を行った。

実験1：精製したそれぞれの酵素1 μg を25℃の水溶液中で化合物Xと混合して反

応させ，生成する化合物Yの量を測定することによって，各酵素の反応速度を求めた。化合物Xの濃度のみが異なる様々な条件で反応を行い，反応に用いた化合物Xの濃度と反応速度の関係を各酵素について調べたところ**図1**のようになった。

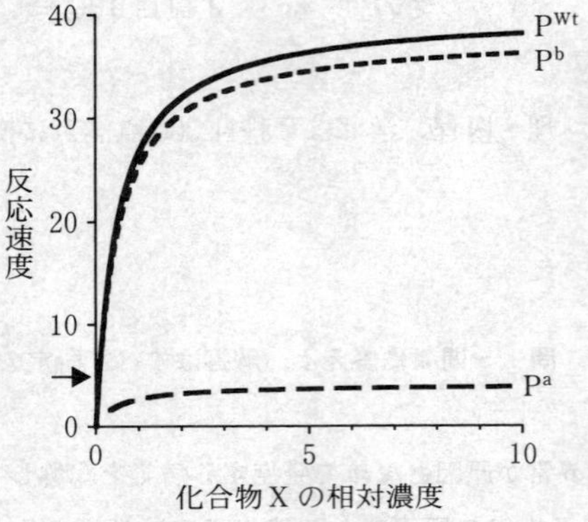

図1　反応に用いた化合物Xの相対濃度(横軸)と反応速度(縦軸)の関係

健常者の生体内における化合物Xの濃度を1とした。反応速度は，1分あたりに生成した化合物Yの量(μg/分)である。また，十分に高い化合物Xの濃度を用いて反応を行った場合においても，P^a の反応速度が5μg/分(図中矢印)を越えることはなかった。

実験2：次に，温度による影響を検討するため，精製した各酵素を25℃あるいは37℃で1時間おいた後，**実験1**と同様の方法で，25℃における酵素反応速度を測定した。反応には健常者の生体内濃度の10倍の化合物Xを用いた。各条件での酵素反応速度を**表1**に示す。

表1　種々の条件下における酵素Pの反応速度

表中の数値は1分あたりに生成した化合物Yの量(μg/分)を示す。

使用した酵素	反応測定前の条件	
	25℃　1時間	37℃　1時間
正常型酵素 P^{wt}	38	38
変異型酵素 P^a	4	4
変異型酵素 P^b	36	3

問1　下線部①に関連して，代表的な単一遺伝子疾患としてフェニルケトン尿症がある。フェニルケトン尿症は，アミノ酸のひとつであるフェニルアラニンを水酸化する酵素の遺伝子異常により引き起こされる。フェニルアラニンを基質としたときのこの酵素の反応生成物の名称を，次の(あ)～(お)より1つ選び，記号を解答欄に記入せよ。

(あ)　アラニン
(い)　ダイニン
(う)　グリコーゲン
(え)　システイン
(お)　チロシン

問2　**実験1**において，変異aに起因するアミノ酸の置換によって酵素Pの酵素活性が図1に示すように変化した理由として，最も適切なものを(あ)～(え)より1つ選び，記号を解答欄に記入せよ。

(あ)　酵素反応の活性化エネルギーが低下したため。
(い)　酵素反応の活性化エネルギーが上昇したため。
(う)　酵素Pと化合物Xが結合する力が弱まったため。
(え)　酵素Pと化合物Xが結合する力が強まったため。

問3　**実験2**において，酵素を37℃でおいた後に反応速度を測定した際に，変異型酵素 P^b で大幅な酵素活性の低下が見られた理由を考え，解答欄の枠の範囲内で説明せよ。

問4　患者Kの生物学上の両親のDNA配列を調べたところ，父親はP^{wt}とP^{a}を，母親はP^{wt}とP^{b}を持っており，どちらも疾患症状を呈していなかった。すなわち，P^{a}およびP^{b}はどちらも劣性遺伝する。患者Kが疾患を発症する理由と，その両親が発症していない理由を生体内における酵素活性の観点から考え，実験結果を引用しながら，解答欄の枠の範囲内で説明せよ。ただし，各相同染色体から発現する酵素Pの分子数は変異の有無に関わらず同等であるものとする。

※解答欄　問3：ヨコ12.6センチ×タテ4.0センチ
　　　　　問4：ヨコ12.6センチ×タテ6.0センチ

生物問題　Ⅱ

次の文章(A)，(B)を読み，**問1**～**問6**に答えよ。解答はすべて所定の解答欄に記入せよ。

(A)　野生型のカイコガ幼虫の皮膚の細胞には，脂質二重膜で囲まれた顆粒の中に尿酸の結晶が蓄えられている。この顆粒(尿酸顆粒)は光を乱反射するため，野生型の幼虫の皮膚は白色に見える。

カイコガの性決定様式はZW型であり，雌はZW，雄はZZの性染色体をもつ。Z染色体上には，尿酸顆粒の形成に必要な遺伝子Aが存在する。カイコガにおいて尿酸は消化管，脂肪体(ヒトの肝臓と似た機能をもつ組織)，排せつ器官などの組織や器官で作られ，その一部が①血液を経由して皮膚の細胞内に運ばれる。遺伝子Aから作られるタンパク質は，皮膚の細胞内で尿酸を尿酸顆粒の中に蓄積させる役割をもっている。遺伝子Aには突然変異によって機能を失った対立遺伝子aが存在する。野生型の対立遺伝子AをもつZ染色体をZ^{A}，対立遺伝子aをもつZ染色体をZ^{a}とそれぞれ表す場合，$Z^{A}W$，$Z^{A}Z^{A}$，$Z^{A}Z^{a}$の幼虫は皮膚全体が白色となり，$Z^{a}W$，$Z^{a}Z^{a}$の幼虫は皮膚全体が透明となる。

実験1：純系の野生型のカイコガどうしを交配し，受精直後の卵を得た(**図1**)。その後，②核の分裂が卵の中心部で盛んに行われる時期の卵の細胞質に，遺伝子 A 特異的に機能欠損型の突然変異を誘発することができる変異原を注入した。この処理を行った卵からふ化した幼虫は，１つの生物の体に遺伝的に異なる細胞が混在する個体となった。多数の卵に対してこの処理を行い，ふ化した幼虫を育てて観察すると，多くの幼虫では皮膚全体が白色のままであった。しかし，一部の幼虫では③皮膚に透明になった領域がまばらに形成されており，透明になった領域と白色の領域は明瞭な境界をもって接していた。観察した幼虫の雌と雄の個体数の比（性比）は１：１であったが，皮膚に透明の領域をもつ幼虫は［ ア ］のほうが多かった。

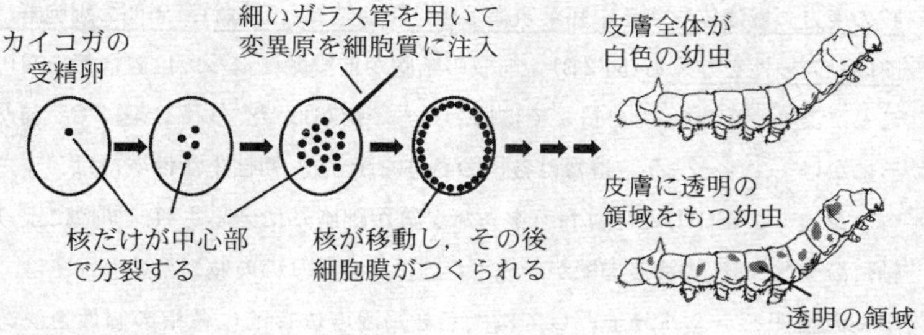

図１

実験２：**実験１**で得られた，皮膚に透明になった領域がまばらに形成された幼虫のうち，［ イ ］を成虫まで育てて，異性の純系の野生型の成虫と交配して次世代の卵を得た。④これらの卵からふ化した幼虫を育てて観察すると，一部の幼虫では皮膚全体が透明になっていた。観察した幼虫の性比は１：１であったが，皮膚全体が透明になった幼虫はすべて［ ウ ］であった。

問１　文中の［ ア ］～［ ウ ］にはそれぞれ「雌」または「雄」のどちらかが当てはまる。適切な方を選択し，解答欄に記せ。

問２　下線部①に関連して，昆虫の血管系を何と呼ぶか，解答欄**エ**に記せ。また，その特徴を解答欄**オ**の枠の範囲内で説明せよ。

問３　カイコガの受精卵では下線部②の時期を経た後に卵割が起きる。昆虫でみられるこのような卵割の様式を，魚類や鳥類の卵割の様式と区別して特に何と呼ぶか，解答欄に記せ。

問 4 下線部④について，これらの幼虫では親世代でみられた下線部③のような表現型はみられず，皮膚が透明になった場合は常に皮膚全体が透明になっていた。このように親世代と子世代で皮膚の表現型が異なった理由を，解答欄の枠の範囲内で説明せよ。

(B) ニワトリの前肢の発生は，受精後 3 日目頃の胚で始まる(図 2 A)。この時期の前肢の後方領域に位置する中胚葉組織は極性化活性域と呼ばれ，周囲の細胞群に対し前後軸の極性を与える⑤(図 2 B)。前肢の細胞が前後軸に沿った位置情報を受けとることにより，受精後 10 日目までには，3 本の指が形づくられる(図 2 C，前から後ろにかけて，1－2－3。番号は各指の名称を示す)。極性化活性域では，ソニックヘッジホッグ(SHH)と呼ばれるタンパク質が細胞外に分泌され，拡散により前後軸に沿った SHH の濃度勾配が形成される。ニワトリの前肢の発生過程では，SHH が位置情報を与える分子としてはたらき，濃度依存的に各指の個性を決める。SHH のように，濃度に応じて細胞に位置情報を与え，細胞の発生運命を決める物質を，モルフォゲン⑥と呼ぶ。

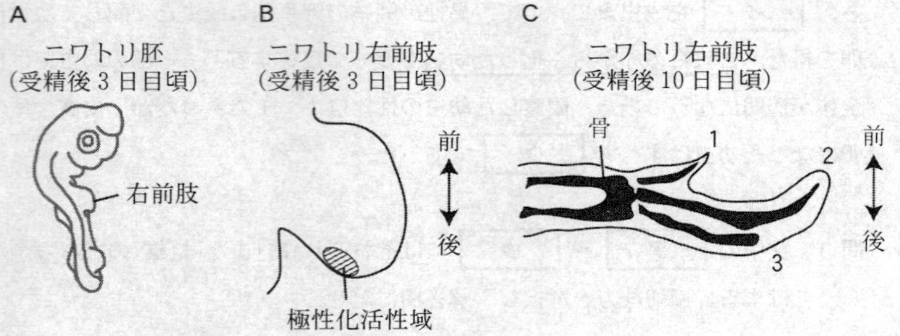

図 2

この図の B，C はニワトリの右前肢を背側から眺めたものである。

問 5 下線部⑤に関連して，極性化活性域のように，誘導作用をもつ胚領域を何と呼ぶか，解答欄に記せ。

問 6　下線部⑥に関連して，次の文章を読み，以下の(1)~(3)に答えよ。

モルフォゲンの変化が位置情報に与える影響を定量的に表現するための数理モデルを考える。1次元空間 $x(\geqq 0)$ において，モルフォゲンは供給源 $x=0$ の位置から分泌され，x 軸の正の向きに拡散し分解されるものとし，その濃度 y を，

$$y = ae^{-bx} \qquad \text{式(i)}$$

でモデル化する（**図3**）。a はモルフォゲンの分泌量に関する係数，b は拡散・分解によるモルフォゲンの広がりの程度を表す係数である。ここで，モルフォゲンの濃度が c となる x 軸上の位置を X とする。なお，$b>0$，$0<c<a$ とする。e は自然対数の底（ネイピア数）を表す。

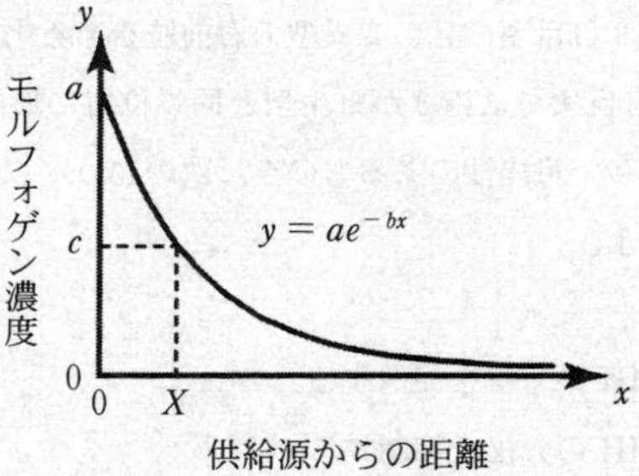

図3

(1)　a，b，c を用いて，位置 X を表す式を，解答欄に記せ。

(2)　モルフォゲン濃度に関するモデル**式(i)**をニワトリ前肢に適用する。極性化活性域に x 軸の原点を置き，右前肢の前後軸に沿って x 軸を**図4**のように定める。野生型の SHH の濃度は，**式(i)**において $a=1.0$，$b=0.030$，すなわち $y=e^{-0.030x}$ で表されるものとする。また，SHH の濃度が 0.50 において指3（**図2C**）の位置が定まるものとする。x の単位は μm である。

さて，野生型に比べ，SHH の分泌量が2倍となる変異型の個体がいると

しよう。この変異型個体における指 3 の位置は，野生型個体と比べてどのように変化すると考えられるか。位置の変化について向きと距離（有効数字 2 けた）を導出過程とともに，解答欄の枠の範囲内で記せ。ただし，$\log_e 2$ を 0.69 として計算せよ。

ニワトリ右前肢

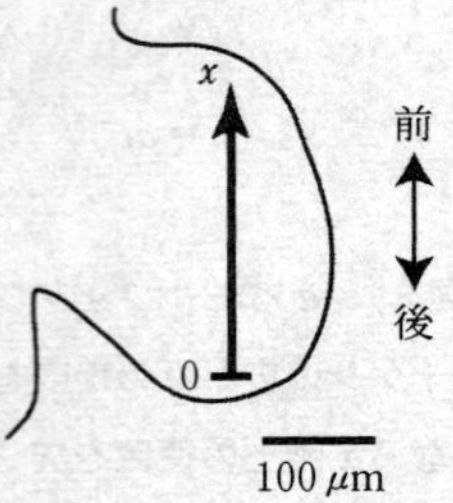

図 4

(3)　受精後 3 日目頃の(2)の変異型の右前肢をある化合物で処理したところ，受精後 10 日目までに指 3 が野生型と同じ位置に形成された。この化合物がもつ効果として可能性のあるものを，次の（あ）～（か）からすべて選び，解答欄に記入せよ。

（あ）　SHH の分泌を促進する。
（い）　SHH の分泌を抑制する。
（う）　SHH と SHH 受容体との結合を促進する。
（え）　SHH と SHH 受容体との結合を抑制する。
（お）　分泌後の SHH の分解を促進する。
（か）　分泌後の SHH の分解を抑制する。

※解答欄　問 2 オ：ヨコ 11.6 センチ×タテ 1.5 センチ
問 4 ：ヨコ 12.6 センチ×タテ 6.0 センチ
問 6 (2)：ヨコ 11.5 センチ×タテ 11.6 センチ

生物問題　III

次の文章を読み，**問 1** ～**問 4** に答えよ。解答はすべて所定の解答欄に記入せよ。

植物の種子には成熟後に［ア］し，生育に不適当な時期を種子のまま長い間耐えられるようになるものが多い。これらの種子では成熟する過程で，植物ホルモンである［イ］の含有量が増加し，貯蔵物質の蓄積や脱水が誘導されるとともに，種子の乾燥耐性が獲得される。種子の［ア］は，吸水や一定期間の低温あるいは光にあたることなどが刺激となり解除される。［イ］によって［ア］が維持されている場合には，別の植物ホルモンであるジベレリンが増加することによって［ア］が解除されることが多い。

光にあたることでジベレリンの合成が誘導され，発芽が促進される種子が知られており，光発芽種子とよばれる。光発芽種子の発芽は，種子にあたる赤色光(波長 660 nm 付近)と遠赤色光(波長 730 nm 付近)の比率によって促進あるいは抑制されており①，その調節には［ウ］とよばれる光受容体が関わっている。この光受容体には赤色光吸収型(Pr 型)と遠赤色光吸収型(Pfr 型)があり，種子の中で［エ］が増加するとジベレリンの合成が誘導され，光発芽種子の発芽が促進される。

問 1　文中の［ア］，［イ］に当てはまる適切な語句を解答欄に記せ。

問 2　下線部①に関して，植物の葉が生い茂った下では光発芽種子は発芽しにくい。このような発芽抑制を引き起こす光の特徴と，生い茂った葉を通ることによって光の特徴が変化する仕組みを，光合成色素の名称を 1 つ挙げながら，解答欄の枠の範囲内で説明せよ。

問 3　文中の［ウ］と［エ］に入る語句の組合せとして適切なものを(あ)～(か)の中から選び，解答欄に記せ。

(あ)　ウ：フィトクロム　　エ：赤色光吸収型

(い)　ウ：フィトクロム　　エ：遠赤色光吸収型

(う)　ウ：フォトトロピン　　エ：赤色光吸収型

(え)　**ウ**：フォトトロピン　　**エ**：遠赤色光吸収型

(お)　**ウ**：クリプトクロム　　**エ**：赤色光吸収型

(か)　**ウ**：クリプトクロム　　**エ**：遠赤色光吸収型

問 4　森林に生育する野生の樹木の中にも，光発芽種子を持つものがある。そのような樹木の種子は，鳥が丸飲みにできる程度の大きさをもち，周囲に果肉や油脂分に富んだ層を持つことが多い。このような種子の性状と光発芽という特性が結びつくことで，これらの樹木は生存上有利になっていると考えられる。その理由として考えられることを，これらの樹木が子孫を残しやすくなる環境条件を挙げながら，解答欄の枠の範囲内で説明せよ。

※解答欄　問 2：ヨコ 12.6 センチ × タテ 4.0 センチ
　　　　　問 4：ヨコ 12.6 センチ × タテ 7.7 センチ

生物問題　Ⅳ

次の文章(A)，(B)を読み，**問 1 ～問 6** に答えよ。解答はすべて所定の解答欄に記入せよ。

(A)　新しく種が生じる過程には，地理的隔離による種分化と，地理的隔離を伴わない種分化がある。地理的隔離による種分化は，異所的種分化ともいい，生物集団が地理的に隔離されることで起こる。例えば，1つの生物集団が複数の集団に地理的に分かれ，互いに行き来がなくなるとする。地理的に隔離されたそれぞれの集団には，独立に突然変異が生じ，自然選択を受け，様々な形質に差異が生じる。そのような集団どうしが再び出会っても交配できないとき，両者の間には [ア] が成立しているという。このとき，両者はすでに種分化した別の種とみなすことができる。また，①<u>自然選択とは無関係に，偶然によって集団内の遺伝子頻度が変化すること</u>もあり，これを [イ] という。自然選択と同様に，[イ] も種分化に寄与する要因である。

ある研究グループが，世界中の様々な島において，被子植物と陸産貝類（カタツムリなど)の種分化率(種分化の起こりやすさ)と島の面積との関係を調べた。文献データをもとに，単一の祖先種に由来すると考えられる子孫が，島内で複数の種に種分化しているかどうかを調べ，島ごとに種分化率を算出し，島の面積と比較した。図 1 にそれぞれの結果を示す。なお，種分化率は，0 に近いほど種分化が起こりにくく，1 に近いほど種分化が起こりやすいことを示す。また，種分化率に対する絶滅の影響は考えないこととする。

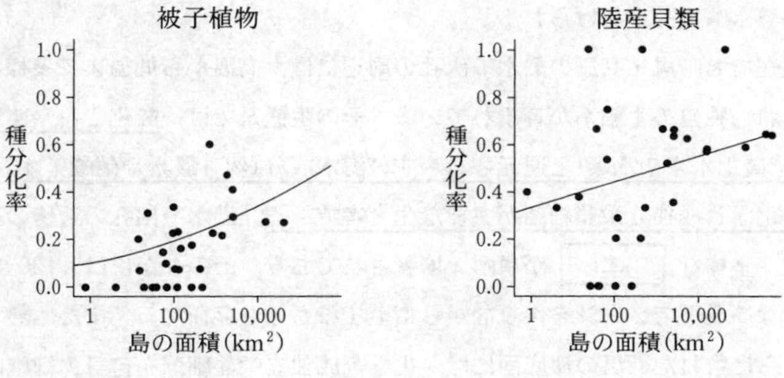

図 1

黒点は，島ごとの種分化率と島の面積を表す。実線は，種分化率と島の面積の間の相関関係を示したものである。(Kisel and Barraclough, 2010 の図を改変)

問 1　文中の ア ， イ に当てはまる適切な語句を解答欄に記せ。

問 2　大陸から多数の個体が島に移動して形成された集団と，少数の個体が島に移動して形成された集団があるとする。集団の形成直後について着目すると，遺伝子プールの対立遺伝子頻度に関して，もとの大陸の集団との違いが大きくなりやすいのは，どちらの集団か。下線部①を参考にしながら，その理由も含め，解答欄の枠の範囲内で説明せよ。なお，個体の移動による大陸の集団の大きさの変化は，無視できるものとする。

問 3　図 1 を作成した研究グループは，陸産貝類の種分化が生じている島の最小面積が，被子植物のそれに比べて小さいことを指摘している。また，この図からは，被子植物の方が陸産貝類よりも，種分化率が低い傾向がみられる。このような種分化率の違いがみられる原因として考えられることを，被子植物と陸産貝類が個体の分布を広げたり，遺伝子の分布を広げる仕組みに着目して，解答欄の枠の範囲内で記せ。

(B)　生命が誕生する以前の有機物の生成・複雑化過程を化学進化と呼ぶ。RNA ワールド説によると，ごく初期の生命体では，RNA が遺伝と［　ウ　］の両方の役割を担っていたとされる。化学進化や生物の初期進化を支えた環境の1つとして，海底の熱水噴出孔があげられる。

現在でも暗黒・高圧の熱水噴出孔の周辺には，高温から低温まで多様な環境が形成され，独自の生態系が育まれている。その生態系では，②<u>酸化されやすい熱水成分(例：硫化水素や水素)と還元されやすい海水成分(例：酸素や硝酸イオン)を反応させる化学合成独立栄養細菌が主要な生産者である</u>。熱水噴出孔の近傍の高温環境からは，多様な［　エ　］が単離・培養されており，そのなかには，120℃を越えるような高温下でメタンを作りながら増殖するものも存在する。また，熱水噴出孔からさらに離れた低温の海底面には，化学合成独立栄養細菌を③<u>自身の細胞内に共生させる</u>チューブワーム(環形動物)やシロウリガイ(軟体動物)と呼ばれる，独自の進化を遂げた大型の生物が密集して生息している。そのような生物は，共生細菌からほぼすべての栄養を摂取しており，チューブワームは，特定の共生細菌を毎世代環境中から獲得する。一方，シロウリガイの共生細菌は，卵を介して親から子へ伝えられる。また，シロウリガイの共生細菌は，チューブワームの共生細菌と比べると，3分の1程度の遺伝子しか有していない。

問4　文中の［　ウ　］，［　エ　］に当てはまる適切な語句を解答欄に記せ。ただし，［　エ　］にはドメインの名称を記せ。

問5　下線部②で述べられている反応を利用して物質生産が行われる仕組みを，以下の4つの語句をすべて用いて解答欄の枠の範囲内で説明せよ。

炭酸同化，水素イオン(H^+)濃度勾配，電子伝達系，ATP

問6　下線部③で述べられている，細菌が宿主生物の細胞内に共生する現象は，熱水噴出孔以外の様々な環境でもみられ，宿主生物に新しい機能を付与するなど，生物進化の歴史を通して重要な役割を果たしてきた。チューブワームの共生細菌と比較して，シロウリガイの共生細菌だけを分離・培養することは，より難しいと考えられる。文章(B)に書かれた情報をもとに，その理由を解答欄の枠の範囲内で述べよ。

※解答欄　問2：ヨコ12.6センチ×タテ5.0センチ
問3・問5：各ヨコ12.6センチ×タテ7.0センチ
問6：ヨコ12.6センチ×タテ4.0センチ

地学

（教育（理系）学部　1科目　90分
　　その他　　　　2科目 180分）

（注）　100点満点。理学部は2科目300点満点に換算。

地学問題　I

次の文章を読み，**問1**～**問5**に答えよ。解答はすべて所定の解答欄に記入せよ。

主系列星の内部では［ア］個の水素原子核が1個のヘリウム原子核になる核融合反応が起きている。中心部の水素が核融合反応により枯渇すると，その恒星は主系列からはずれる。太陽と同じ質量をもつ恒星の場合，主系列星としての寿命は約100億年であり，主系列星である間に星全体の質量の10％の水素を消費する。

太陽の質量の0.5倍から8倍の間にある恒星の場合，主系列からはずれた後に外層が膨らみ，<u>赤色巨星</u>①となる。これがさらに進化し，炭素や酸素を多く含む中心核が残り，<u>白色わい星</u>②となる。太陽の10倍以上の質量をもつ恒星は，最後には主に［イ］からなる中心核を形成し，［ウ］爆発を起こしてその生涯を閉じる。

図1は，2つの異なる散開星団IとIIを構成する主系列星（黒丸）のHR図である。横軸に恒星の表面温度，縦軸に光度（単位時間当たりの全放射エネルギー）が示してある。それぞれの星団内では，さまざまな質量をもった恒星が，過去のある時期に同時に生まれたとする。ただし，2つの星団I，IIの年齢（星団内の恒星が誕生してから現在までの時間）は異なる。星団Iに含まれる主系列星の中で最も光度の大きい恒星**A**は太陽の16倍の光度を持ち，星団IIに含まれる主系列星の中で最も光度の大きい恒星**B**は太陽の1万倍の光度を持つ。

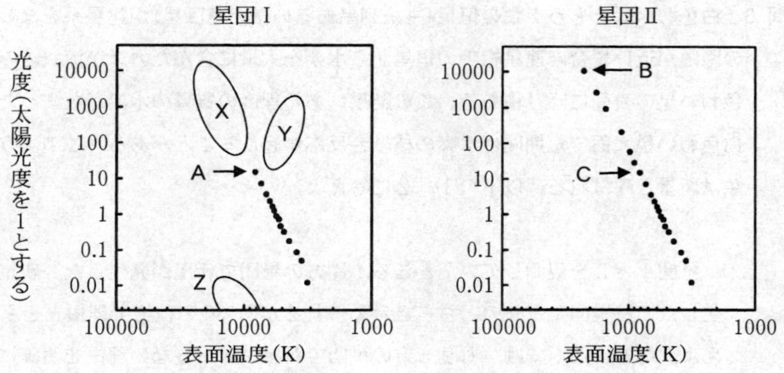

図1

問 1　文中の ア ， イ ， ウ にそれぞれ適切な数値，元素名，語を記入せよ。

問 2　下線部①，②の恒星を図1に示した場合，X，Y，Zのどの領域に含まれるか。それぞれについて，X，Y，Zの中から選べ。

問 3　星団Ⅰまでの距離は100パーセクである。それぞれの星団の大きさは星団までの距離に比べて十分小さく，宇宙空間における塵などによる光の吸収の効果はないとして以下の⑴，⑵に答えよ。

⑴　星団Ⅰを構成する恒星が示す年周視差はいくらか。角度の単位は秒(″)を用い，有効数字1けたで答えよ。

⑵　星団Ⅰの恒星Aと星団Ⅱの恒星Cは同じ表面温度を持つが，その見かけの等級は恒星Cの方が5等級暗いとする。星団Ⅱまでの距離を有効数字1けたで求めよ。

問 4　主系列星の光度は質量の4乗に比例し，主系列に滞在する間に消費する水素の質量は恒星の質量に比例すると考える。太陽の主系列星としての寿命を100億年とし，星団Ⅰの年齢を有効数字2けたで求めよ。導出過程も示すこと。

問 5　白色わい星ともう１つの恒星（主系列星あるいは赤色巨星）が連星系をなし両者の距離が近い場合，連星相手の恒星から水素を大量に含んだガスが流れ込み，白色わい星の表面に降り積もる。この結果，ある程度の質量の水素がたまった後に白色わい星表面で短期間に水素の核融合反応が起こることがある。このような現象は新星と呼ばれる。以下の⑴，⑵に答えよ。

⑴　星団ⅠとⅡを観測していたところ，片方の星団で新星が発生した。新星が発生したのは星団ⅠとⅡのどちらと考えられるか。150 字程度で理由とともに答えよ。解答においては，もう一方の星団で新星が発生しない理由を明確に示すこと。

⑵　ある新星において，水素の核融合反応が 0.1 年間持続した。その際の時間あたりエネルギー発生率は，太陽光度の１万倍であった。核融合反応で消費された水素の質量は太陽質量の何倍か。導出過程とともに有効数字１けたで答えよ。

※解答欄　問４・問５⑵：各ヨコ 13.7 センチ×タテ 4.0 センチ

地学問題　II

次の文章を読み，**問 1 ～問 6** に答えよ。解答はすべて所定の解答欄に記入せよ。

太陽系にはさまざまな特徴を持つ惑星が存在し，それらは太陽に近い方から主に岩石と金属からなる［ア］惑星と木星以遠に存在する木星型惑星の 2 つに大別できる。木星型惑星のうち，木星と土星は主にガスからなっているが，［イ］や海王星はガスだけでなく氷も多く含む。

各惑星には，太陽放射が降り注いでいるだけでなく，［ウ］と呼ばれるプラズマ流も太陽から吹きつけている。惑星がその内部の活動によって作り出している固有の磁場を持っている場合には，固有磁場を持つ惑星と［ウ］との間に電磁気的な相互作用①が起きる。なお，惑星が持つ固有磁場は，その惑星の中心に置いた仮想的な棒磁石が作る磁場に似ている場合が多い。このような磁場を，双極子磁場②と呼ぶ。

現在の地球に降り注ぐ太陽放射エネルギーは，一部が宇宙空間に反射されたり大気で吸収されたり③するため，地球表面で吸収されるのはその約半分である。一方，地球表面もエネルギーを放射しているが，その多くは大気中で吸収される。この大気中での地球表面からの放射エネルギーの吸収は，地球表面の温度を高める効果を持つ④。

地球表面に届く太陽放射エネルギーが緯度により異なることや，陸と海とで暖まりやすさが異なることにより，地球表面の温度は場所によって大きく変化する。その結果，大気の下層で吸収される熱も場所により変化し，［エ］帯で上昇し［オ］帯で下降するハドレー循環や，季節風が引き起こされる。大気循環にともなって吹く洋上の風は，海洋の循環（海流）を引き起こす。風や海流が空気や海水を運ぶため，海洋から大気に運ばれる熱も場所により変化する⑤。

問 1　文中の［ア］～［オ］に適切な語を記入せよ。

問 2　下線部①に関連して，［ウ］と地球のオーロラとの関係を，以下の語群に含まれる語をすべて用いて，100 字程度で説明せよ。

語群：プラズマ，磁力線，荷電粒子，大気

問 3　下線部②に関連して，この磁場の磁力線の概略を現在の地球の場合について示しているのは，次の**図 A～D** のうちどれか。最も適切な図を 1 つ選び，その記号を解答欄に記入せよ。ただし，**図 A～D** で太い上向きの縦矢印は地球の自転軸を表し，上が地理的北である。

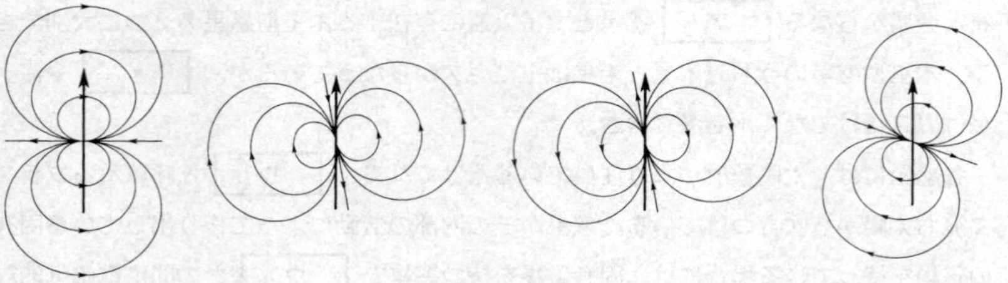

A　　　B　　　C　　　D

問 4　下線部③に関連して，大気の組成の変化にともない，太陽放射に含まれるある波長帯の電磁波が大気上層に吸収されるようになったため，古生代に生物が陸上に進出するようになったと考えられている。変化した大気の組成と吸収された波長帯の電磁波を具体的にあげながら，大気の組成の変化と太陽放射の吸収，そして生物の陸上進出の関係を 100 字程度で説明せよ。

問 5　下線部④の効果を大まかに捉えるため，**図 1** のように地球表面と宇宙空間の間に均質な大気層が存在する簡単な場合を考えよう。太陽放射エネルギー S は，30 ％ が宇宙空間へ反射，20 ％ が大気で吸収され，50 ％ が地球表面で吸収されるとする。また，地球表面からの放射エネルギー E は R ％ $(0 \leqq R \leqq 100)$ が大気層に吸収され，残りが宇宙空間に放射されるとする。さらに，大気層は地球表面と宇宙空間に向けてそれぞれ A だけのエネルギーを放射しているとする。地球表面および大気層では，吸収するエネルギーと放射するエネルギーがつり合っているとし，また放射および表面温度に空間的な変化はないとする。S，E，A は単位時間・単位面積当たりのエネルギーとして，下の(1)，(2)に答えよ。

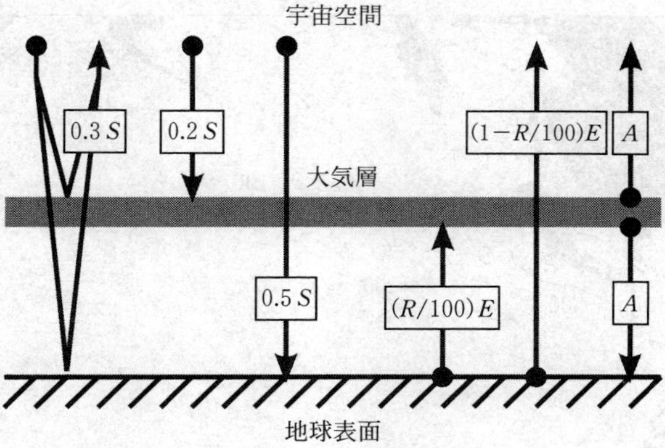

図 1

⑴　大気層および地球表面の単位時間・単位面積当たりの放射エネルギーのつり合いの式をそれぞれ示せ。

⑵　地球表面からの放射エネルギーを大気が吸収する割合(R %)が増えると，地球表面の温度 T が上昇することを，上の⑴で求めた関係から示せ。ただし，太陽放射エネルギー S とその反射や吸収の割合は変わらないとし，また地球表面からの放射エネルギー E と表面温度 T の間にはシュテファン・ボルツマンの法則($E=\sigma T^4$，σ はシュテファン・ボルツマン定数)が成り立つとする。

※解答欄　⑴：ヨコ 13.7 センチ×タテ 4.0 センチ

⑵：ヨコ 13.7 センチ×タテ 6.0 センチ

問 6　下線部⑤に関連して，**図 2** は冬季の北太平洋において海洋から大気へ運ばれる単位時間・単位面積あたりの熱量(単位は W/m^2)の平均的な分布を示す。日本の周辺では，図中の他の場所と比べて大量の熱が運ばれている。その理由を，以下の語群に含まれる語をすべて用いて 150 字程度で説明せよ。

語群：季節風，亜熱帯環流，潜熱，顕熱

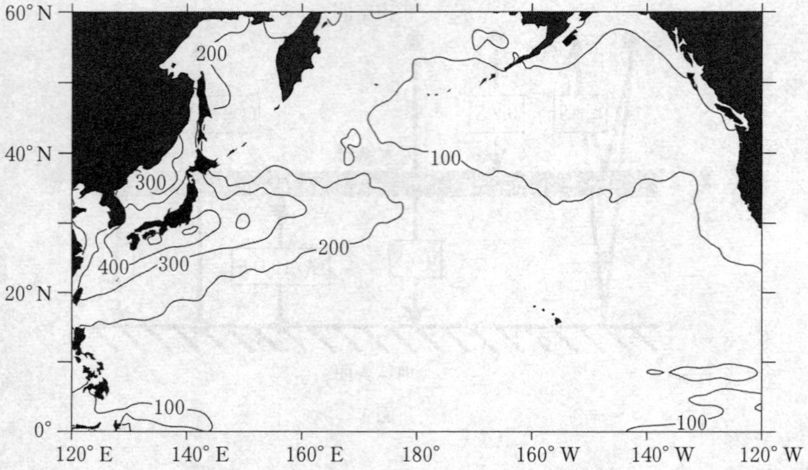

図 2

地学問題　Ⅲ

次の文章(a)，(b)を読み，**問 1 ～問 7** に答えよ。解答はすべて所定の解答欄に記入せよ。

(a)　地球上の物体にはたらく重力は，地球の質量による万有引力と地球の自転による遠心力との合力である。地球の平均海水面は重力の方向に垂直であり，平均海水面を仮想的に陸域にも延長した面を［ア］，［ア］に最も近い回転楕円体を［イ］という。

地球内部の密度分布が同心球状であると仮定して理論的に計算された重力加速度の値を［ウ］と呼ぶ。重力加速度の実測値を他の地域と比較するためには，実測値を［ア］における値に補正する必要がある。補正した値と［ウ］との差を重力異常と呼び，それには補正のしかたによりフリーエア異常①と［エ］異常がある。日本海溝や南海トラフなどの海溝部では顕著な重力異常が観測されている。

日本海溝や南海トラフでは，陸のプレートとその下に沈み込む海洋のプレートの間の境界面浅部で大規模な [オ] 断層型の海溝型地震が繰り返し発生していることが知られている。このような海溝型地震は津波の発生を伴うことがある。例えば，②1960 年 5 月 22 日にチリ沖で発生したマグニチュード 9.5 の海溝型地震により津波が発生し，太平洋を伝播して三陸沿岸にも大きな被害をもたらした。

問 1　文中の [ア] ～ [オ] に適切な語を入れよ。ただし [オ] には正，逆，横ずれのいずれかの語を入れること。

問 2　下線部①に関連して，フリーエア異常について説明せよ。さらに，アイソスタシーが成り立っている地域では顕著なフリーエア異常が観測されない理由を述べよ。

問 3　下線部②で述べた津波が地震発生から三陸海岸に最初に到達するまでに要した時間を，有効数字 2 けたで求めよ。計算過程も示すこと。ただし，地震が発生した海域と三陸海岸の間の距離は 1.7×10^4 km，水深は 4.0×10^3 m で一定であり，重力加速度は 1.0×10^1 m/s^2 であるとする。

(b)　地球上の活動的な火山の多くはプレート境界付近に分布している。例えば，環太平洋火山帯の大部分はプレート沈み込み帯に沿って存在しており，そこでは沈み込むプレートの上面が深さ約 [カ] km となる場所の直上付近に火山フロントが存在する。冷たいプレートが沈み込む場所で火山帯が形成される要因としては，沈み込みによってもたらされるマントルの反転流による温度上昇に加えて，沈み込むプレートが持ち込む [キ] によって岩石の融点が降下することによる。この結果，マントルを構成する [ク] 岩が部分溶融して [ケ] 質の③本源マグマが形成され，それが上昇し火山活動がおこる。

一方，拡大型境界である中央海嶺付近では，海底に流れ出した [ケ] 質の溶岩が急冷されてできる丸みを帯びた [コ] 岩が広く観察される。ここでは，アセノスフェアが高温を保ったまま上昇する際に，[サ] が低下することにより岩石が部分溶融しマグマが形成される。同様の [サ] の低下による岩石の部分溶融は，ハワイなどのホットスポットでも生じていると考えられる。これらの火山活動は④火山岩などの年代測定によりたどることが可能である。

問 4　文中の［カ］には1，10，100，1000のいずれかから適切な数値を，［キ］～［コ］には適切な語を記入せよ。

問 5　文中の［サ］に最も適切な語を次の語群から選び記入せよ。

語群：重力，揚力，圧力，起潮力

問 6　下線部③に関連して，均質な本源マグマから，多様な化学組成を持つマグマが形成される過程(作用)がいくつか知られている。その1つである結晶分化作用とは何か，40字程度で説明せよ。

問 7　下線部④に関連して，以下の(1)，(2)に答えよ。

(1)　火山岩の放射年代測定に広く用いられる方法を1つあげよ。

(2)　測定に用いた放射性同位体の半減期が1.0×10^7年であるとし，測定した試料に残っている放射性同位体の量が岩石形成時の値の$\frac{1}{32}$であるとする。岩石形成後現在までにどれだけの時間が経過したか，有効数字2けたで答えよ。計算過程も示すこと。

※解答欄　問2：ヨコ13.7センチ×タテ6.0センチ
問3：ヨコ13.7センチ×タテ5.0センチ
問7(2)：ヨコ13.7センチ×タテ4.0センチ

地学問題　Ⅳ

次の文章を読み，**問1**～**問7**に答えよ。解答はすべて所定の解答欄に記入せよ。

ある地域で地質調査を行ったところ，この地域は凝灰岩，泥岩，花こう岩からなることがわかり，**図1**に示す地質図が作成できた。この地域の凝灰岩と泥岩の境界，断層のいずれも平面であり，断層の走向方向のずれはなく，地層の逆転もない。ここに示された凝灰岩は同一の層である。①花こう岩の近くでは，泥岩に変成作用が生じていることが観察された。また，②花こう岩と凝灰岩の境界付近の×印の場所には黒鉱鉱床の存在が知られている。なお，図中にある等高線の間隔は10 mであり，水平距離を表すために描いた南北方向の細線の間隔は10 mである。

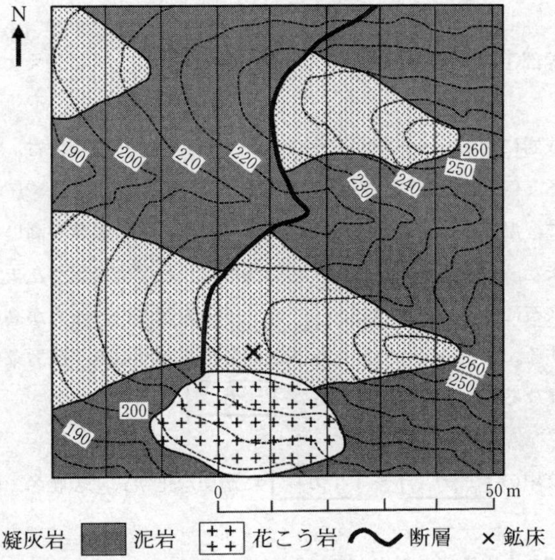

図1

問1　凝灰岩と泥岩との境界の走向・傾斜，断層の走向・傾斜の正しい組み合わせを**表1**のa～fから選択せよ。なお，境界と断層の傾斜角はそれぞれ50°，60°とし，走向のEWはN 90°EあるいはN 90°W，NSはN 0°EあるいはN 0°Wと同じ意味である。

表1

記号	境界の走向・傾斜	断層の走向・傾斜
a	EW，50°N	NS，60°E
b	EW，50°S	NS，60°W
c	NS，50°W	N20°E，60°NW
d	NS，50°W	N20°E，60°SE
e	NS，50°E	N20°E，60°NW
f	NS，50°E	N20°E，60°SE

問2　図1中の断層は正断層か，逆断層か答えよ。

問3　図1中の凝灰岩，泥岩，花こう岩，断層の生成順序を答えよ。

問4　下線部①に関連した以下の文章を読み，次の(1)～(4)に答えよ。

変成岩に含まれる鉱物が安定に存在する温度・圧力条件は，実験的に決められている。例えば，化学式が [ア] の鉱物は，温度が低く圧力が高いと，らん晶石に，温度と圧力がともに低いと [イ] に，温度が高いと [ウ] になる。また，化学式が [エ] の石英は同じ化学式を保ったまま，圧力が高いとコース石に変化し，化学式が [オ] の方解石は，圧力が高いと，あられ石に変化する。これらのように化学式は同じであるが温度・圧力条件によって結晶構造が異なる鉱物どうしの関係を，[カ] という。

(1)　文中の [ア] ～ [カ] に適切な化学式，鉱物名，語を記入せよ。

(2)　花こう岩周辺の泥岩が被った変成作用は何とよばれるか。

(3)　次の語群から，遺骸が [エ] を主成分とする生物を2つ選び答えよ。

語群：珪藻《けいそう》，サンゴ，フズリナ，放散虫，ウミユリ

⑷　石英と方解石はともに，無色，透明な鉱物である。これらを野外観察において区別する方法を1つ答えよ。

※解答欄　⑷：ヨコ13.7センチ×タテ4.0センチ

問5　図1に示す花こう岩の分布域において，露頭から採取した試料で鉱物組成を調べたところ，主に石英と粘土鉱物から構成されていた。このような鉱物組成になった理由を，化学的風化の観点から50字程度で説明せよ。

問6　花こう岩の露頭には，玉ねぎ状構造が見られた。この構造をつくった物理的(機械的)風化作用について50字程度で説明せよ。

問7　下線部②でも述べた黒鉱鉱床は，日本列島では1500万年前ごろに生成した。そのころには，南方にあった伊豆・小笠原弧が本州に衝突したなどの大きな地殻変動が生じた。この衝突のほかに起きた日本列島形成に関わる地殻変動と関連させながら，黒鉱鉱床がどのようにして生成されたのかについて50字程度で説明せよ。

問一　文中の和歌は、姫君が亡くなった実母に呼びかけたものである。そのことを踏まえて、傍線部(1)を現代語訳せよ。

問二　傍線部(2)はどういうことを言っているのか、説明せよ。

問三　傍線部(3)を現代語訳せよ。

※解答欄　問一・問二：タテ一四センチ×二行
問三：タテ一四センチ×三行

三

次の文は、実母に先立たれた姫君が継母に疎まれ、姉妹たちの世話をさせられるなど、つらい日々を送っていた頃の様子を述べたものである。これを読んで、後の問に答えよ。（三〇点）

八月一日頃なるべし。君ひとり臥《ふ》し、寝《い》も寝《ね》られぬままに、「母君、我を迎へたまへ」と、「わびし」と言ひつつ、

(1)我につゆあはれをかけば立ち帰り共に*を消えよ憂き離れなむ

心なぐさめに言ひがひなし。つとめて、物語してのついでに、「*これがかく申すは、いかがし侍らむ。かくてのみは、いかがは、し果てさせたまはむ」と言ふに、いらへもせず。わづらひてゐたるほどに、「*三の君の*御手水《てうづ》参れ」とて召さるれば、立ちぬ。心のうちには、(2)とありともかかりとも、よきことはありなむや、女親《めおや》のおはせぬに、幸ひなき身と知りて、いかで死なむと思ふ心深し。(3)尼になりても、殿の内離るまじければ、ただ消え失せなむわざもがなと思ほす。

（『落窪物語』より）

注（*）
を＝強意の間投助詞。
これがかく申すは＝姫君に仕える侍女あこきの言葉。「これ」はあこきの恋人である帯刀《たちはき》のこと。「かく申す」は、帯刀の主人である少将が姫君と結婚したがっていることを、あこきに伝えたことを指す。
三の君＝継母の実の娘で、姫君の姉妹にあたる。
御手水参れ＝手を洗う水を差し上げなさい。

され、ときに共感され、説得に成功し等々のために、そこにある何かにすぎない。そうして、(3)批評のほうが、その対象よりわかりやすいと考えるのは、真実に反する。

（吉田秀和「音を言葉でおきかえること」より）

問一　傍線部(1)について、良い批評家はどうして手間をかけるのか、説明せよ。

問二　傍線部(2)はどういうことか、説明せよ。

問三　傍線部(3)のように筆者が考えるのはなぜか、説明せよ。

※解答欄　問一～問三：各タテ一四センチ×三行

い。名批評家とは端的な言葉で的確に特性指摘のできる人をさすと、私は近年ますます考えるようになってきた。モーツァルトを「耳におけるシェイクスピア的恐怖」と呼んだスタンダールだとか、シューベルトの大交響曲を「天国的長さ」と呼んだシューマンだとかがその典型的な例で、後世にとっては、そういう言葉をはなれて、その対象を考えるのがむずかしくなってしまったくらいである。ベートーヴェンのソナタに勝手に《月光ソナタ》という名をつけた人物もその一人かもしれない。

　しかし、これはまた、対象に一つの枠をはめてしまい、作品を傷つけることにもなる。そのために、たとえば凡庸な演奏家はますますそのレッテルにふさわしい演奏を心がけ、凡庸な批評家はその角度からしか作品を評価できなくなる。ということは逆に、すぐれた演奏家なら既成概念をぶちこわし、作品を再び生まれたこの無垢《むく》の姿に戻そうとするだろう。こうして、批評は新しい行動を呼びさますきっかけにもなりうるわけである。

　しかし、いずれにしろ元来が鑑定し評価し分類する仕事から離れるわけにいかない批評にとっては、音を言葉でおきかえる過程で、「レッテルをはるやり方」からまぬがれるのは至難の業《わざ》となる。音楽批評、音楽評論とは、音楽家や音楽作品を含む「音楽的事物」「音楽的現象」に言葉をつける仕事、名前を与える作業にほかならない。別の言い方をすれば、ある作品を「美しい」とか、ある演奏を「上手だ」とかいう無性格な中性的な言葉で呼ぶのは、(2)批評の降伏の印にほかならない。

　だが音楽批評に限らず、およそ美術、演劇、文学等の批評一般にまつわる誤解の中でも、批評を読めば作家なり作品なりがわかりやすくなるだろうという考えほど広く流布しているものはなかろう。しかし批評は解説ではない。私は前に対象の核心を端的にいいあてる力と書いたが、作品そのものはけっして核心だけでできているのではない。核心だけできこうとすると『月光ソナタ』や『運命交響曲』になってしまうのであり、その時、作品は別のものでしかなくなる。

　批評は作品を、作家を理解するうえで、役に立つと同じだけ、邪魔をするだろう。それは批評がそれ自身、一つの作品だからである。では批評は何の役に立つのか？　批評は、言葉によるほかの芸術と同じように、読まれ、刺激し、反発され、否定

※解答欄　問一・問四：各タテ一四センチ×三行
　　　　　問二・問三：各タテ一四センチ×四行

二　次の文は、「音楽評論家になるにはどうすればよいのか」という高校生からの質問に答えたものである。これを読んで、後の問に答えよ。（三〇点）

批評家とは批評を書いて暮らすのを業とする人間というにすぎない。音楽評論家になりたければ、まず音楽を勉強することです。現に最近の音楽批評家には音楽大学で楽理とか音楽学とかを修めた人もボツボツ見かける。わが国の既成の評論家にそういう経歴の人が少ないのは、これらの学科が戦後の産物だからにすぎない。

だが、それだけですべてがきまりはしない。それに批評家といっても、その中にいろいろと良否の別がある。その違いはどこにあるか。私の思うに、芸術家や作品を評価するうえで自分の考えをいつも絶対に正しいと思わず、むしろ自分の好みや主観的傾向を意識して、それを、いうなれば、読者が「そういえばそうだな」と納得できる道具に変える心構えと能力のある人が批評家なのではなかろうか。論議が正しくなければ困るのだが、自分がいつも正しいと限らないことをわきまえた人でないと、他人を説得し、納得させるために、自分の考えを筋道たてて説明したり、正当化につとめたり検討したり訂正したりという（1）手間をかける気にならないのではないか。これをしない人は、たとえ音楽の天才であり大理論家であっても、批評家ではないのではないか。

また批評家はすべて言葉を使うわけだが、すぐれた批評家とは対象の核心を簡潔な言葉でいいあてる力がなければならないて語るつもりはない。だが、自然科学が文化全体の中でもちうる一つの*オールタナティブな姿を、寺田物理学は示唆している。私にはそう思われてならない。

（金森修『科学思想史の哲学』より）

注（*）

原基的＝全ての大もととなる。

クロード・ベルナール＝一九世紀フランスの医師、生理学者。実験医学の祖として知られる。

箴言＝教訓を含んだ短い句、格言。

オールタナティブな＝alternative「代替的な、代案となる」の意。

問一　傍線部（1）のように言われるのはなぜか、説明せよ。

問二　傍線部（2）のように言われるのはなぜか、説明せよ。

問三　傍線部（3）はどのような意味か、説明せよ。

問四　傍線部（4）のように言われるのはなぜか、説明せよ。

くべきだ。もちろん寺田には、プロの物理学者として多くの業績があり、それについて私などがあれこれ口を挟む余地はない。だが、寺田が「趣味の物理学」、「小屋掛け物理学」としての相貌を顕著に示すのは、割れ目、墨流し、金平糖の研究などの一連の仕事、あるいは、まさに日常世界での経験に〈科学的検討〉を加えた一連のエッセイを通してなのだ。かの有名な市電の混み具合を巡るエッセイ(「電車の混雑について」)などが、その代表的なものだろう。

それはあたかも、先に触れた、(3)近代科学の〈経験からの退却〉を惜しむかのような風情なのだ。ただ、注意しよう。寺田がX線回折の研究では同時代的にみて重要な貢献をなしたとか、地球物理学の分野で力を発揮したなどという事実は、決して看過されてはならない。仮に彼が、〈経験からの退却〉を惜しんだとしても、それは例えば一八世紀フランスの素人物理学者、トレサン伯爵が大著で〈電流〉を論じたありさまとは、あくまでも一線を画する。トレサン伯爵の〈電流一元論〉は、荒唐無稽、珍妙奇《き》天《て》烈《れつ》な議論のオンパレードだ。その最大の特徴は、物理学的言説であろうとしながらも、あくまでも日常的水準での直観が基盤となり、その直観からそのまま連続的な推論がなされているところにある。それはまさに(4)〈経験からの退却〉のし損ないなのである。

それに対して、寺田の場合には、同時代の学問的物理学の言説空間の中で或《あ》る程度行くところまで行った後での遡行的な運動なのであり、途中で頓挫した前進運動なのではない。〈日常世界〉と〈物理学世界〉のどこか途中に潜む、恐らくは無数にある中間点、そこをいったん通り過ぎた後で、また戻ろうとすること。その興味深い往復運動がもつ可能性に、西欧自然科学が本格的に導入されてから百年もしない内に目を向けた貴重な人物――それが寺田寅彦なのだ。

プロの物理学者は、その後、寺田の学統をあまり積極的に受け継ごうとはしていないらしい。中谷宇吉郎については、さすがに一定の研究が進んでいるようだが、宇田道隆や平田森三《もりぞう》など、興味深い境地を実現しえている何人かの物理学者たちに、私のような部外者ではなく、物理学者自身も目を向けて、その可能性に思いを馳《は》せてほしい。いまさら〈日本的科学〉などにつ切だった。なぜなら、日常的な経験などは、ごちゃごちゃとした混乱の集積であるに過ぎず、それをいくら漫然と観察しても、科学的知見などには到達できないからだ。伝統的経験へのこの上ない不信感、それこそが、近代科学の黎明《れいめい》期に成立した特殊な眼差《まなざ》しだったのだ。

(2)〈実験〉は、〈経験〉の漫然とした延長ではない（確かに、近代科学以降も系統的観察を中心とした科学は存在する。だがそれは一応度外視し、実験中心の科学を科学の範型と見る）。一定の目的意識により条件を純化し、可能な限り感覚受容を装置によって代替させることで、緻密さの保証をする。*原基的構想がどの程度妥当かを、〈道具と数〉の援助を介在させながら試してみること――それこそが実験なのであり、それは、経験は経験でも極めて構築的な経験、極めて人工的な経験なのだ。ベーコン風にいうなら、それは〈暗闇での暗中模索〉とはほど遠い。さらに時代が下り、一九世紀半ばにもなってから、*クロード・ベルナールが『実験医学序説』の冒頭のかなりの紙数を割いて力説していたのも、それと似たようなことだった。

その意味で、若干*箴言《しんげん》めかした逆説を弄するなら、経験科学は非・経験科学、というより、特殊な経験構成を前提とした科学だということになる。日常的世界での経験などは、多くの場合、科学にとってはそのままでは使い物にならない〈前・経験〉、あるいは〈亜・経験〉であるに過ぎず、その華やかで賑々《にぎにぎ》しい経験世界からの一種の退却こそが、実定的な科学的認識には必要な前提だと見做《みな》されるのである。学問的な物理世界で語られるのは、あくまでも〈紫色〉ではなく〈波長〉であり、〈笛太鼓〉ではなく〈波動〉なのだ。特に物理学の場合には、基底概念自体が、自然界の模写から来ているというよりは、大幅な単純化と抽象化を経た上で構成された概念だという印象が強い。後はその基底概念が孕《はら》む物理的含意を演繹《えんえき》的に敷衍《ふえん》し、それが正しいかどうかを、ときどき実験でチェックする。私から見ると、どうもプロの物理学者たちの仕事はそのような種類のものに見える。いずれにしろ、それが〈日常世界〉の技巧的模写などではないというのは、確かなものに思えるのだ。

それを確認した上で述べるなら、寺田寅彦の物理学が、いささか変わった物理学だということは、やはり改めて強調してお

国語

（九〇分）

（注）一〇〇点満点。総合人間（理系）・教育（理系）・経済（理系）・理・医学部は一五〇点満点に換算。

一

次の文を読んで、後の問に答えよ。（四〇点）

現代イタリアの重要な思想家、アガンベンには「インファンティアと歴史」という論攷《ろんこう》がある。その冒頭近くに、われわれの問題意識からしても極めて興味深い指摘がなされている。

常識的な理解では、一七世紀前後に西欧で近代科学が生まれたのは、それまで〈書斎〉であれこれ観念を振り回しては世界を理解していたつもりになっていた人間が、実際に〈外〉に出て、物事をしっかり見るようになったからだ。観念から経験へ。それこそが、〈科学の科学性〉を保証するものなのだ。――こんな類《たぐ》いの話をさんざん聞かされてきたわれわれだが、アガンベンは、それをほぼ逆転させるのである。

彼にいわせれば、(1)事態は遥かに複雑なのだ。それは、今述べたばかりの〈常識〉とは、むしろ逆方向を向いている。近代科学がその実定的科学性に向けて一歩を踏み出すためには、それまで〈経験〉と思われてきたことをあまり信用し過ぎないことが大

2018年度

問題編

問題編

▶試験科目

学　部	教　科	科　　目
総合人間（理系）・理・農	外国語	コミュニケーション英語Ⅰ・Ⅱ・Ⅲ，英語表現Ⅰ・Ⅱ
	数　学	数学Ⅰ・Ⅱ・Ⅲ・A・B
	理　科	「物理基礎・物理」，「化学基礎・化学」，「生物基礎・生物」，「地学基礎・地学」から2科目選択
	国　語	国語総合・現代文B・古典B
教育（理系）	外国語	コミュニケーション英語Ⅰ・Ⅱ・Ⅲ，英語表現Ⅰ・Ⅱ
	数　学	数学Ⅰ・Ⅱ・Ⅲ・A・B
	理　科	「物理基礎・物理」，「化学基礎・化学」，「生物基礎・生物」，「地学基礎・地学」から1科目選択
	国　語	国語総合・現代文B・古典B
経済（理系）	外国語	コミュニケーション英語Ⅰ・Ⅱ・Ⅲ，英語表現Ⅰ・Ⅱ
	数　学	数学Ⅰ・Ⅱ・Ⅲ・A・B
	国　語	国語総合・現代文B・古典B
医・薬	外国語	コミュニケーション英語Ⅰ・Ⅱ・Ⅲ，英語表現Ⅰ・Ⅱ
	数　学	数学Ⅰ・Ⅱ・Ⅲ・A・B
	理　科	「物理基礎・物理」，「化学基礎・化学」，「生物基礎・生物」から2科目選択
	国　語	国語総合・現代文B・古典B
	面　接	医学部医学科のみに課される
工	外国語	コミュニケーション英語Ⅰ・Ⅱ・Ⅲ，英語表現Ⅰ・Ⅱ
	数　学	数学Ⅰ・Ⅱ・Ⅲ・A・B
	理　科	「物理基礎・物理」，「化学基礎・化学」
	国　語	国語総合・現代文B・古典B

▶配　点

<table>
<tr><th colspan="2">学部・学科</th><th>外国語</th><th>数 学</th><th>理 科</th><th>国 語</th><th>面 接</th><th>合 計</th></tr>
<tr><td colspan="2">総合人間
(理系)</td><td>150</td><td>200</td><td>200</td><td>150</td><td>—</td><td>700</td></tr>
<tr><td colspan="2">教育(理系)</td><td>200</td><td>200</td><td>100</td><td>150</td><td>—</td><td>650</td></tr>
<tr><td colspan="2">経済(理系)</td><td>200</td><td>300</td><td>—</td><td>150</td><td>—</td><td>650</td></tr>
<tr><td colspan="2">理</td><td>225</td><td>300</td><td>300</td><td>150</td><td>—</td><td>975</td></tr>
<tr><td rowspan="2">医</td><td>医</td><td>300</td><td>250</td><td>300</td><td>150</td><td>※</td><td>1000</td></tr>
<tr><td>人間健康科</td><td>200</td><td>200</td><td>200</td><td>150</td><td>—</td><td>750</td></tr>
<tr><td colspan="2">薬</td><td>200</td><td>200</td><td>200</td><td>100</td><td>—</td><td>700</td></tr>
<tr><td colspan="2">工</td><td>200</td><td>250</td><td>250</td><td>100</td><td>—</td><td>800</td></tr>
<tr><td colspan="2">農</td><td>200</td><td>200</td><td>200</td><td>100</td><td>—</td><td>700</td></tr>
</table>

▶備　考

- 外国語はドイツ語，フランス語，中国語も選択できる（理・医（人間健康科学科）・薬・工学部は英語指定）が，編集の都合上省略。
- 「数学Ⅰ」,「数学Ⅱ」,「数学Ⅲ」,「数学Ａ」は全範囲から出題する。「数学Ｂ」は「数列」,「ベクトル」を出題範囲とする。
- 医学部医学科においては，調査書は面接の参考資料にする。

※医学部医学科の面接は，医師・医学研究者としての適性・人間性などについて評価を行い，学科試験の成績と総合して合否を判定する。従って，学科試験の成績の如何にかかわらず不合格となることがある。

英語

（120分）

（注） 150点満点。教育（理系）・経済（理系）・医（人間健康科）・薬・工・農学部は200点満点に，理学部は225点満点に，医（医）学部は300点満点に換算。

I 次の文章を読み，下の設問(1)～(3)に答えなさい。 （50点）

Luckily for all of us, many people are interested in helping others; some devote their careers and lives to it. Not everyone is so inclined, of course, and most people are self-interested at least some of the time. An evolutionary biologist or psychologist might say that we are *always* self-interested, and that our effort to help others is simply our attempt to feel good about ourselves. Regardless of our motivations, however, a remarkable number of us help out our colleagues, family, friends, and even strangers.

Although admirable, there is a risk in helping others, which is related to the possibility that helping can actually be selfish. That risk lies in falling prey to what some call "the savior complex." (a) This is just what it sounds like — an attitude or stance toward the world where you believe you are the expert who can suddenly appear to save others. It is an uneven approach to helping, in which the helper believes he or she has all of the answers, knows just what to do, and that the person or group in need has been waiting for a savior to come along.

While this is a genuine problem, we should not let the real pitfalls of the savior complex extinguish one of the most humane instincts there is — the instinct to lend a hand. The trick is to help others without believing yourself to be, or acting like you are, their savior.

(b) All of which is to say that *how* you help matters just as much as that you *do* help, which is why it is essential to begin by asking, "How can I help?" If you start with this question, you are asking, with humility, for direction. You are recognizing that others are experts in their own lives, and you are affording them the opportunity to remain in charge, even if you are providing some help.

I recently heard a great story on *The Moth*, which underscored the importance of asking *how* you can help. *The Moth* is a radio program and podcast that features true stories, told live by people from around the world. The stories are fascinating, including a recent one from a woman in her eighties, who explained how she valued her independence. She loved the fact that she had always taken care of herself and that she could still do so into her eighth decade. And then she had a stroke.

While she was in the hospital, her neighbors in her New York City apartment building made some minor renovations to her apartment to make it easier for her to (ア) a walker, which she would need after her first stroke. To (イ), she was taken aback, as she was cordial but not good friends with her neighbors. But their gesture of goodwill inspired her to (ウ) that some dependence on others could actually enrich her life, especially if she returned the favor. So she hung a sign on her apartment door welcoming her neighbors to (エ) a chat. She then recounted how her neighbors often came by to talk and emphasized with gratitude that, when they offered to help, they always asked *how* they could help. By asking her how they could help, she explained, they were allowing her to (オ) her independence and dignity.

(1) 下線部(a)はどのようなものか。本文に即して日本語で説明しなさい。解答欄におさまる長さにすること。

(2) 下線部(b)を和訳しなさい。

(3)　空欄(　ア　)～(　オ　)に入る最も適切な語句を以下の中から選び，番号を記入しなさい。同じ語句は一度しか使用してはならない。

① begin with	② come in for	③ deny
④ live there with	⑤ recognize	⑥ retain

※解答欄　(1)：ヨコ 12.1 センチ×6 行

Ⅱ　次の文章を読み，下の設問(1)～(3)に答えなさい。　(50 点)

Regardless of whether asteroids* and comets supplied Earth with the water currently held in its oceans, it is clear that they contain significant quantities of rather useful materials. In a future where the demands on Earth-bound resources could outweigh what is producible, asteroids and comets may prove essential.

By rendezvousing and landing on comets and asteroids (things that we've already done), we can do several major things.(a) First, we'll be able to alter their orbits. Should we find one on a collision course with Earth, we could subtly push it a little in order to make sure it misses. Caught early enough, the changes in the orbit needed for it to miss Earth are relatively minor. Alternatively, should we find one with enough interesting materials to make it worth exploiting, we could alter its orbit so it moves into a new, stable orbit around Earth or the moon. This would cut down on the amount of commuting necessary to bring the collected resources back to Earth. Second, whether the object is left on its original orbit or put into orbit around Earth or the moon, we'll still be able to process the materials in their usual places to produce fuel in space and, perhaps, supply other demands back on Earth. An asteroid or comet could become the first space-based service station and provide water, fuel, and building materials.

Both orbital modification of asteroids and comets, and the mining of materials from them, are achievable goals. However, how do we find them, how do we know we've found them all, how do we calculate their orbits, how do we know if they pose an impact threat, and how do we know what they are made of?

The ones that we are very interested in are the so-called Near-Earth Objects (NEOs). (b) Finding them takes either patience or luck. Asteroids are mainly contained to within a few degrees of the plane of the solar system, much like the planets, but comets could come from any direction. They could also be moving really quickly. This makes it challenging to rendezvous with one and perhaps modify its trajectory enough to somehow make it safe.

Regardless of the challenge, the only way we are going to find them is if we monitor the whole sky for their signatures: faint pinpoints of light moving against the background stars. Somewhat like the planets themselves, NEOs look like faint wandering stars.

The surfaces of both asteroids and comets can be quite dark, so they typically don't reflect much light. This makes them very faint and means that, unless we are using a really big telescope that collects a lot of light, we simply may not spot them all. (c) However, there are NEO search programs funded by NASA that network underutilized small telescopes. These telescopes generally have large fields of view for maximizing the areas of sky that can be monitored, but they still struggle to detect the really faint objects that have diameters below one hundred meters. On top of all that, these telescopes are only used for NEO hunting a fraction of the available time when perhaps they should be entirely dedicated to it.

*asteroid: one of the many small planets that move around the Sun, especially between Mars and Jupiter

(1)　下線部(a)の内容を本文に即して日本語で説明しなさい。解答欄におさまる長さにすること。

(2)　下線部(b)を和訳しなさい。

(3)　下線部(c)を和訳しなさい。

※解答欄　(1)：ヨコ 12.1 センチ×3行

Ⅲ　次の文章を英訳しなさい。途中の下線部には，ふさわしい内容を自分で考えて補い，全体としてまとまりのある英文に仕上げなさい。下線部の前後の文章もすべて英訳し，解答欄におさまる長さにすること。　(25点)

海外からの観光客に和食が人気だという話になったときに，文化が違うのだから味がわかるのか疑問だと言った人がいたが，はたしてそうだろうか。____。さらに言うならば，日本人であっても育った環境はさまざまなので，日本人ならわかるということでもない。

※解答欄：ヨコ 12.1 センチ×12行

Ⅳ 次の会話を読んで，下線部(1)～(4)に入る適当な発言を，解答欄におさまるように英語で書きなさい。 (25点)

[In the Teacher's Office]

TEACHER: Please sit down.

STUDENT: Thank you for seeing me.

TEACHER: I'm sorry you missed yesterday's lesson. You probably have some questions about the homework. Basically, you have to type a short report and submit it to me next Thursday. Do you have a computer to type the report?

STUDENT: Yes, I have a new laptop. Could you explain the topic again please?

TEACHER: You have to describe similarities and differences of London and New York. Begin with similarities, followed by differences. For your research, first read the essay by Glendon. You can find it on the course website.

STUDENT: (1)____

TEACHER: Glendon? It's G-l-e-n-d-o-n. Her first name is Sarah — S-a-r-a-h.

STUDENT: Thank you. I'll look at the website. I'm not sure I understand all of the details regarding the report format.

(2)____

TEACHER: Okay. The first detail is you have to type and print out the report. Also, type your name and the date at the top-left of the report. Next, be sure to write a clear title. For this report, it's important to write in paragraphs. Again, start with up to four similarities and then describe what you believe are the three main differences. You must support your main points with information from your reading research. An example of the format is also on the course website. Tell me about your experience writing essays or reports in English, Japanese, or other languages.

STUDENT: (3)＿＿＿＿＿＿＿＿＿＿＿＿＿＿＿＿＿＿＿＿＿＿＿＿＿＿＿＿＿＿

＿＿＿＿＿＿＿＿＿＿＿＿＿＿＿＿＿＿＿＿＿＿＿＿＿＿＿＿＿＿

TEACHER: I understand. Oh, and don't forget in two weeks we have our final examination. Please study for it.

STUDENT: (4)＿＿＿＿＿＿＿＿＿＿＿＿＿＿＿＿＿＿＿＿＿＿＿＿＿＿＿＿＿＿

TEACHER: That's a good question. My advice is to study chapters 1 to 4 in the textbook.

※解答欄 (1)・(2)・(4)：各ヨコ 12.1 センチ×2行

(3)：ヨコ 12.1 センチ×4行

数学

（150分）

（注）　200点満点。経済（理系）・理学部は300点満点に，医（医）・工学部は250点満点に換算。

1

（30点）

0でない実数 a，b，c は次の条件(i)と(ii)を満たしながら動くものとする．

(i)　$1 + c^2 \leqq 2a$.

(ii)　2つの放物線 $C_1 : y = ax^2$ と $C_2 : y = b(x-1)^2 + c$ は接している．

ただし，2つの曲線が接するとは，ある共有点において共通の接線をもつことであり，その共有点を接点という．

(1)　C_1 と C_2 の接点の座標を a と c を用いて表せ．

(2)　C_1 と C_2 の接点が動く範囲を求め，その範囲を図示せよ．

2

（30点）

$n^3 - 7n + 9$ が素数となるような整数 n をすべて求めよ．

3

(35 点)

α は $0 < \alpha \leqq \dfrac{\pi}{2}$ を満たす定数とし，四角形 ABCD に関する次の 2 つの条件を考える.

(i)　四角形 ABCD は半径 1 の円に内接する.

(ii)　$\angle \mathrm{ABC} = \angle \mathrm{DAB} = \alpha$.

条件(i)と(ii)を満たす四角形のなかで，4 辺の長さの積

$$k = \mathrm{AB} \cdot \mathrm{BC} \cdot \mathrm{CD} \cdot \mathrm{DA}$$

が最大となるものについて，k の値を求めよ.

4

(35 点)

コインを n 回投げて複素数 z_1，z_2，…，z_n を次のように定める.

(i)　1 回目に表が出れば $z_1 = \dfrac{-1+\sqrt{3}\,i}{2}$ とし，裏が出れば $z_1 = 1$ とする.

(ii)　$k = 2$，3，…，n のとき，k 回目に表が出れば $z_k = \dfrac{-1+\sqrt{3}\,i}{2} z_{k-1}$ とし，裏が出れば $z_k = \overline{z_{k-1}}$ とする．ただし，$\overline{z_{k-1}}$ は z_{k-1} の共役複素数である.

このとき，$z_n = 1$ となる確率を求めよ.

5

(35 点)

曲線 $y = \log x$ 上の点 $\mathrm{A}(t,\ \log t)$ における法線上に，点 B を $\mathrm{AB} = 1$ となるようにとる．ただし B の x 座標は t より大きいとする.

(1)　点 B の座標 $(u(t),\ v(t))$ を求めよ．また $\left(\dfrac{du}{dt},\ \dfrac{dv}{dt}\right)$ を求めよ.

(2)　実数 r は $0 < r < 1$ を満たすとし，t が r から 1 まで動くときに点 A と点 B が描く曲線の長さをそれぞれ $L_1(r)$，$L_2(r)$ とする．このとき，極限 $\displaystyle\lim_{r \to +0} (L_1(r) - L_2(r))$ を求めよ.

6　(35 点)

四面体 ABCD は AC = BD，AD = BC を満たすとし，辺 AB の中点を P，辺 CD の中点を Q とする．

(1)　辺 AB と線分 PQ は垂直であることを示せ．

(2)　線分 PQ を含む平面 α で四面体 ABCD を切って 2 つの部分に分ける．このとき，2 つの部分の体積は等しいことを示せ．

物理

（教育（理系）学部　1 科目　90 分
　その他　　　　　2 科目 180 分）

（注）　100 点満点。理・医（医）学部は 2 科目 300 点満点に，工学部は 2 科目 250 点満点に換算。

物理問題　I

次の文章を読んで，$\boxed{}$ には適した式または数値を，｛　　｝からは適切なものを選びその番号を，それぞれの解答欄に記入せよ。数値の場合は単位も明記すること。なお，$\boxed{\boxed{}}$ はすでに $\boxed{}$ で与えられたものと同じものを表す。**問 1** では，指示にしたがって，解答を解答欄に記入せよ。また，重力加速度の大きさを g とする。浮力は無視してよい。

（1）　質量 m の物体が重力と抵抗力を受けて鉛直下向きに速度 v で落下している。抵抗力の大きさは物体の速さに比例すると仮定し，比例定数を k とする。また，速度，加速度は鉛直下向きを正にとる。この物体の運動方程式は微小時間 Δt での速度の変化を Δv とすると

$$m\frac{\Delta v}{\Delta t} = mg - kv$$

で与えられる。この状況では，落下を開始して一定時間の後には，物体の運動は，近似的に等速度運動になる。このときの速度を終端速度という。終端速度 v_{f} は重力と抵抗力がつりあう条件で決まり，$v_{\mathrm{f}} = \boxed{\text{ア}}$ で与えられる。また，終端速度を用いると運動方程式は

$$m\frac{\Delta v}{\Delta t} = k(v_{\mathrm{f}} - v) \qquad \text{(i)}$$

と表せる。時間とともに速度 v がどのように終端速度に近づくか議論しよう。そのため，$v = v_{\mathrm{f}} + \bar{v}$ として終端速度からのずれ $\bar{v}$ を導入すると，式(i)より

$$\frac{\Delta \bar{v}}{\Delta t} = -\frac{\bar{v}}{\boxed{\text{イ}}}$$

が導かれる。なお，$\Delta\bar{v}$ は微小時間 Δt での $\bar{v}$ の変化である。ここで $\tau_1 =$ $\boxed{\text{イ}}$ は緩和時間とよばれ，速度が終端速度 v_{f} に近づく時間の目安である。この場合，緩和時間 τ_1 と終端速度 v_{f} との間には

$$v_{\mathrm{f}} = \boxed{\text{ウ}} \times \tau_1$$

という関係がある。

ここで2種類の初期条件を考える。一方は初速度0，他方は初速度が終端速度の2倍である。これらの条件における速度の変化を正しく表しているグラフは図1の{エ：①，②，③，④}である。ただし，点線は終端速度を表している。

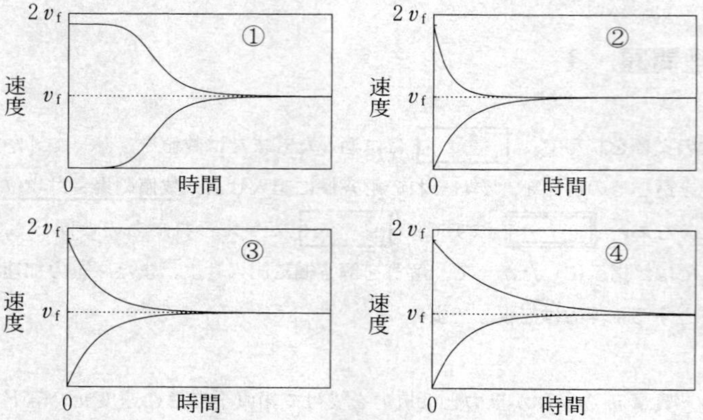

図1

(2)　次に，抵抗力の大きさが物体の速さの2乗に比例する場合を考えよう。鉛直下向きの速度を v とすると，物体の運動方程式は

$$m\frac{\Delta v}{\Delta t} = mg - cv^2$$

で与えられる。定数 c を抵抗係数とよぶことにする。このとき，終端速度 v_{t} は m，g，c を用いて $v_{\mathrm{t}} = \boxed{\text{オ}}$ で与えられる。(1)と同様に，時間とともに速度 v がどのように終端速度に近づくか議論しよう。そのため，$v = v_{\mathrm{t}} + \bar{v}$ と終端速度からのずれ $\bar{v}$ を導入する。速度が終端速度に近い，すなわち $|\bar{v}|$ が v_{t} より十分小さい($|\bar{v}| \ll v_{\mathrm{t}}$)として，$\bar{v}$ の1次までで近似すると，終端速度からのずれ $\bar{v}$ の時間変化は

$$\frac{\Delta\bar{v}}{\Delta t} = -\frac{\bar{v}}{\tau_2}$$

と表すことができる。ここで τ_2 は緩和時間とよばれ，物体の速度が終端速度 v_{t}

に近づく時間の目安であり，m，g，c を用いて $\tau_2 =$ カ で与えられる。

(3)　水中で物体を静かに落下させ，落下を始めてからの時間と落下距離の関係を計測した。この実験結果について考えよう。なお，重力加速度の大きさ g は $9.8\ \mathrm{m/s^2}$ とする。

この実験では，一方は質量 $m_1 = 1.0\ \mathrm{kg}$ の物体，他方は質量 $m_2 = 2.0\ \mathrm{kg}$ の物体と，形状は同じで質量だけ異なる2種類の物体を落下させた。それぞれを実験1，実験2とよぶことにする。2つの実験の結果を**表1**に示すとともに，物体の時間と落下距離の関係をグラフにすると**図2**のようになる。

表1

$m_1 = 1.0\ \mathrm{kg}$ の物体の結果(実験1)					$m_2 = 2.0\ \mathrm{kg}$ の物体の結果(実験2)				
時間(s)	3.0	4.0	5.0	6.0	時間(s)	3.0	4.0	5.0	6.0
落下距離(m)	15.0	20.8	26.6	32.4	落下距離(m)	19.8	28.0	36.2	44.4

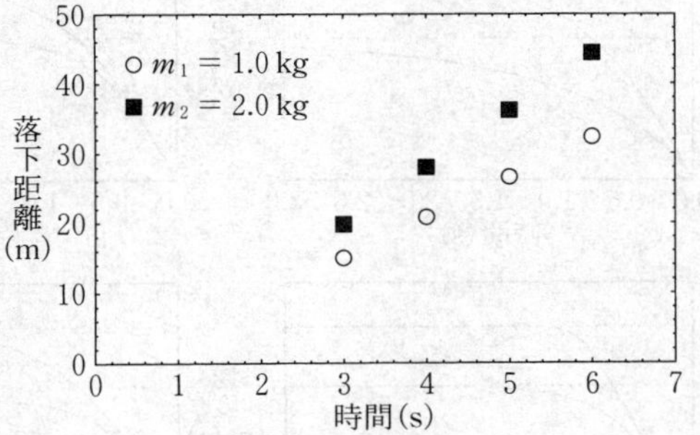

図2

質量 $m_1 = 1.0\ \mathrm{kg}$ と質量 $m_2 = 2.0\ \mathrm{kg}$ の物体の終端速度をそれぞれ v_1，v_2 とする。実験結果より，終端速度の大きさは有効数字2桁で，$v_1 =$ キ ，$v_2 =$ ク である。

問1　(3)の2つの実験結果より，抵抗力の大きさは速さの2乗に比例していると考えられる。その理由を示せ。ただし，抵抗力に関する定数 k，c はそれぞれ物体の形状で決まり，質量に依存しないと考えてよい。

※解答欄　ヨコ13.7センチ×タテ8.0センチ

また，実験1，すなわち質量$m_1 = 1.0\,\mathrm{kg}$の物体を落下させた場合について，実験データから得られた終端速度をもとに緩和時間τ_2の数値を有効数字1桁で計算すると$\tau_2 =$ ケ となり，速やかに終端速度に達していることが理解できる。抵抗力の大きさは速さの2乗に比例するとして，物体を静かに落下させてから時間3.0sまでの速度の変化を実験1，2の両方について正しく描いているのは図3の{**コ**：①，②，③，④，⑤，⑥}である。ただし，2本の点線は実験1，2それぞれの終端速度を表している。

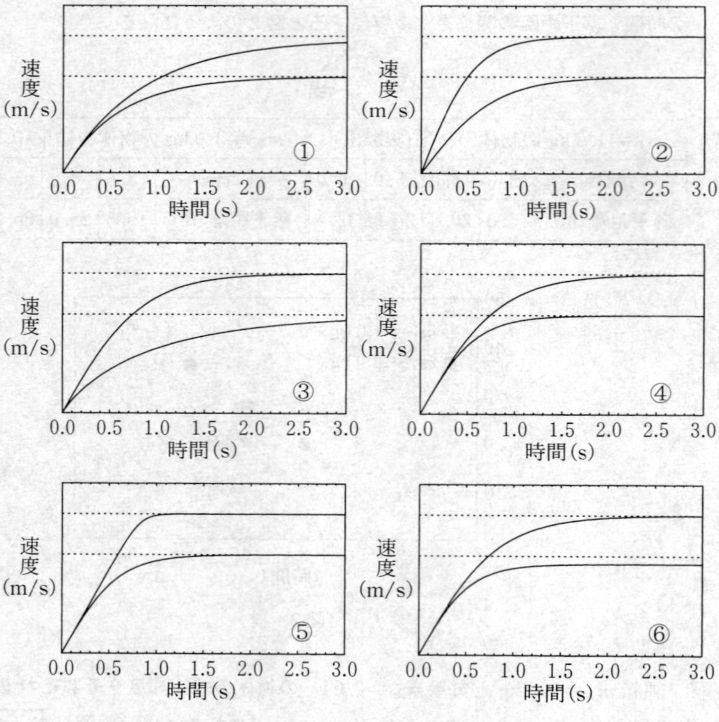

図3

（4）　速さの2乗に比例する抵抗力について簡単な力学モデルを用いてさらに考察する。**図4**のように，断面積 S，質量 m の円柱形の物体が水中を運動している。水から受ける効果だけを考えたいので，物体は水平方向に運動しているとする。水の密度は ρ とする。速度，加速度は右向きを正にとり，時刻 t での物体の速度は v とする。ここで，この物体が時刻 t から微小時間 Δt の間，物体の前面がこの微小時間に通過する領域を占めていた微小質量 $\Delta m = \rho \times$ [サ] $\times \Delta t$ の静止した水のかたまりと衝突すると考える。その結果，時刻 $t + \Delta t$ には水のかたまりは物体と一体となって速度 $v + \Delta v$ で運動することになる。物体と水のかたまりを合わせた全運動量が保存されるので，微小時間 Δt の間に生じる微小な速度変化 Δv より

$$m\frac{\Delta v}{\Delta t} = \boxed{\text{シ}} \times v^2$$

のように，水のかたまりとの衝突により物体に作用する力を導くことができる。ただし，微小量 Δt，Δv の1次までを残し，2次は無視すること。

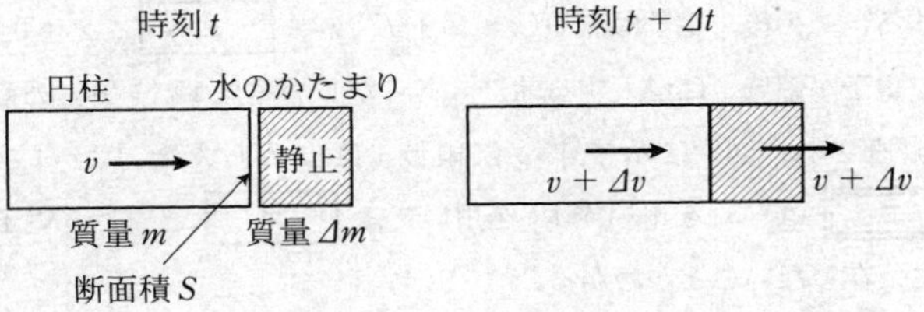

図4

物理問題　Ⅱ

次の文章を読んで，［　　　］には適した式または値を，{　　　}からは適切なものを選びその番号を，それぞれの解答欄に記入せよ。なお，［［　　　］］はすでに［　　　］で与えられたものと同じものを表す。ただし，e を電気素量とし，重力と地磁気の影響は無視してよい。

(1)　図1に示すように，真空中の xyz 空間で電子(質量 m，電気量 $-e$)が運動する場合を考える。間隔 d の対向電極に電圧 $V(>0)$ をかけ，領域1に電界を形成する。図1は，この領域を z 軸正方向(紙面手前方向)の領域から見た x—y 平面図である。なお，x 軸方向の電極幅を ℓ，z 軸方向の電極幅は十分に大きいとする。時刻 $t=0$ に，原点O($x=0$，$y=0$，$z=0$)を x 軸正方向に速さ v_0 で通過した電子は，対向電極がつくる電界によりその軌道が変化する。電子は，時刻 $t=$［　イ　］に，点P($x=\ell$，$y=$［　ロ　］，$z=0$)を速さ［　ハ　］で通過する。その後，電子は点Q($x=\ell+L$，$y=$［　ニ　］，$z=0$)に達した。もし，電子が領域1に侵入する前に，あらかじめ電圧 $V_p(>0)$ で速さ0から v_0 まで加速され，図1に示すように領域1に侵入したとすれば，点Qの y 座標［［　ニ　］］は，v_0 を用いず V_p を用いて，［　ホ　］と書け，電子の質量，電気量に依存しないことがわかる。

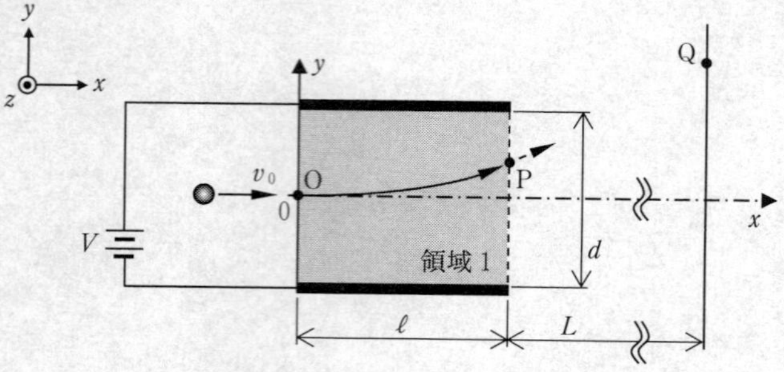

図1

（2）　図 2 に示すように，x 軸方向に十分に長い対向電極間にはさまれた真空の領域 2 に，電圧 $V(V > 0)$ をかけ，さらに z 軸負方向（紙面奥方向）に磁束密度 B の磁界をかける場合を考える。陰極の位置を $y = 0$ とする。領域 2 内の陰極表面近傍（$y \fallingdotseq 0$）で静止していた電子（速さ $v = 0$）は，電界より陽極方向に力を受け加速し，同時に磁界による力も受ける。図 2 では，その電子の軌道が部分的に示されている。軌道内の任意の座標 $y(> 0)$ における電子の速さは［　へ　］である。また，電子が陽極に最も接近した点 U を通過したとき，x 軸方向の速さが $2V/(Bd)$，y 軸方向の速さが 0 であった。この点 U の y 座標を y_U とすると，$y_U =$［　ト　］である。なお，点 U における y 軸方向の加速度は［　チ　］である。

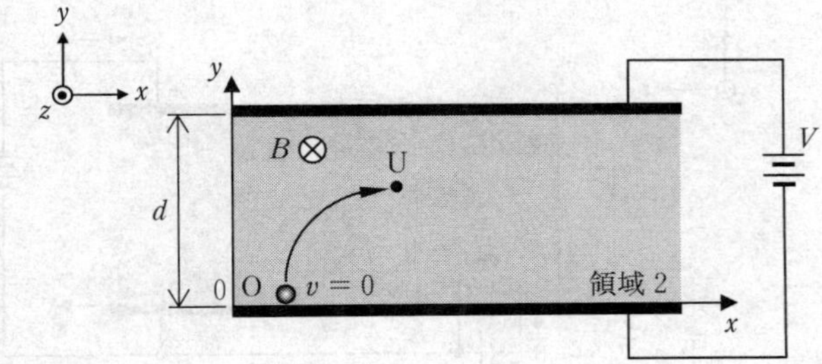

図 2

次に，領域 2 内の陽極表面近傍（$y \fallingdotseq d$）で静止していた正のイオン（質量 M，電気量 $+e$）の運動について考える。ただし，$M > m$ が成り立つとする。領域 2 において正のイオンは，{リ：①x 軸の正，②x 軸の負}の向きに移動する。さらに，イオンが陰極に到達しない場合，陰極に最も近づく点 W の y 座標を $y_W(0 < y_W < d)$ とすると，{ヌ：①$y_U < d - y_W$，②$y_U = d - y_W$，③$y_U > d - y_W$}が成り立つ。

（3）　**図3**に示すように，**図2**の領域2内の陰極近傍($y \fallingdotseq 0$)にフィラメントを設置し，フィラメントから多数の電子が，十分に小さい速さ($v \fallingdotseq 0$)で定常的に供給されている場合を考える。ただし，電子の供給量は常に一定であるとする。これを領域3とする。ただし，フィラメントにかける電圧は，Vより十分に小さいものとする。また，電子は，互いに他の電子に影響されることなく運動するものとする。ここで，対向電極からなる回路に流れる電流の大きさをIとする。領域3において磁界が形成されていない状態($B = 0$)で，$I = I_0$であった。その後，磁界をかけ磁束密度Bを徐々に増加させると，Iが変化した。以下の**図4**を解答欄に描き写し，（2）を参考にIをBの関数としてグラフに示せ。その際，Iが特徴的な変化を示すBの値があれば，その値を示せ。

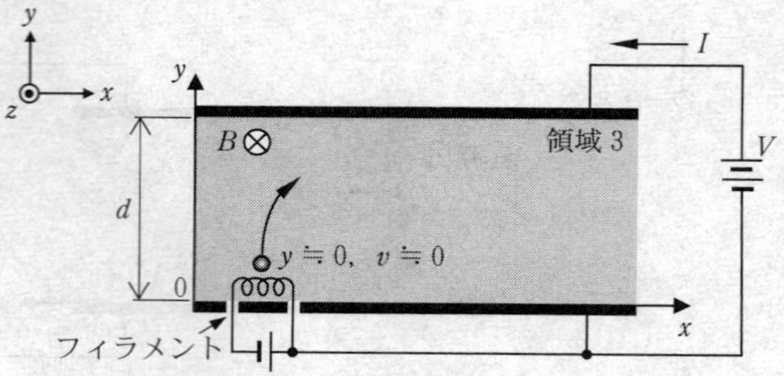

図3

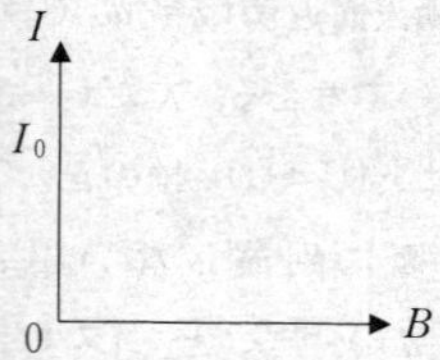

図4

物理問題　III

次の文章を読んで，□には適した式または数値を，{　　}からは適切なものを選びその番号を，それぞれの解答欄に記入せよ。数値の場合は単位も明記すること。また，**問1**では指示にしたがって，解答を解答欄に記入せよ。

(A)　**図1**のように，鉛直方向に半無限に延びた円筒の内部を，1個当たりの質量が m の同種の単原子分子からなる理想気体で満たした。ここで，円筒内の無限上方は真空であるとし，円筒の内側の断面積を S とする。また，底面からの高さを表す座標を z，ボルツマン定数を k とし，重力加速度の大きさは高さによらず g であるとする。また，円筒内の気体は平衡状態にあり，温度は高さによらず一定の値 T をとるものとする。

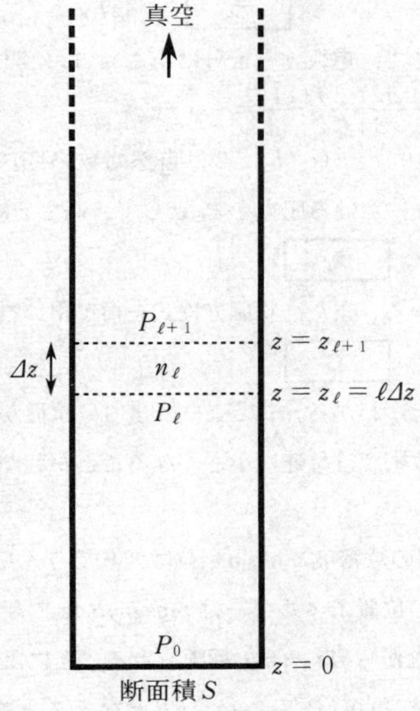

図1

温度は高さによらないが，気体の圧力や気体分子の数密度(単位体積当たりの個数)は高さ z の関数となる。これを求めるため，**図 1** のように円筒内を高さ Δz ずつの小領域に分けてみよう。このとき，高さ $z_\ell = \ell\Delta z$ から $z_{\ell+1} = (\ell+1)\Delta z = z_\ell + \Delta z$ までの体積 $S\Delta z$ の小領域では，Δz が小さい限り，気体分子の数密度は一定とみなすことができる。それを n_ℓ とすれば，小領域にある気体の質量は $\boxed{\text{あ}}$ となる。したがって，この小領域に作用する上からの圧力を $P_{\ell+1}$，下からの圧力を P_ℓ とすれば，力のつりあいより，

$$P_{\ell+1} - P_\ell = \boxed{\text{い}} \qquad (1)$$

の関係が成立する。一方，この小領域内の気体の圧力は，Δz の 1 次のずれを無視すれば P_ℓ と見なしてよく，圧力 P_ℓ と数密度 n_ℓ の間には，理想気体の状態方程式

$$P_\ell = n_\ell kT \qquad (2)$$

が成立する。式(1)と式(2)から n_ℓ を消去すれば，次の方程式

$$P_{\ell+1} - P_\ell = -\boxed{\text{う}} \times \Delta z P_\ell \qquad (3)$$

が得られる。ここで，定数 a と十分に小さい Δz に関する方程式

$$\frac{f(z+\Delta z) - f(z)}{\Delta z} = -af(z) \qquad (4)$$

の解は $f(z) = f(0)e^{-az}$ ($e \fallingdotseq 2.72$ は自然対数の底) で与えられる。これを用いれば，底面 $z = 0$ における圧力を P_0 として，高さ z における圧力 $P(z)$ は

$$P(z) = \boxed{\text{え}} \qquad (5)$$

となることがわかる。また，状態方程式を再び用いれば，数密度 $n(z)$ は

$$n(z) = \boxed{\text{お}} \qquad (6)$$

で与えられることがわかる。式(5)と式(6)より，位置が高くなるにつれて気体の圧力と気体分子の数密度は急速に小さくなることがわかる。

問 1　ℓ 番目の小領域の数密度 $n_\ell \fallingdotseq n(z_\ell)$ は式(6)で与えられる。また，ℓ 番目の小領域内の気体分子の位置エネルギーは $mgz_\ell n_\ell S\Delta z$ で与えられる。これらのことと $z_\ell = \ell\Delta z$ を用いながら $\Delta z \to 0$ の極限をとることにより，円筒内の気体分子の位置エネルギーの総和が $(P_0S/(mg))kT$ となることを示せ。なお，必要であれば，1 よりも十分小さな正の数 α について成り立つ級数の公式

$$\sum_{\ell=1}^{\infty} \ell e^{-\ell\alpha} = e^{-\alpha} + 2e^{-2\alpha} + 3e^{-3\alpha} + \cdots = \frac{e^{\alpha}}{(e^{\alpha}-1)^2} \fallingdotseq \frac{1}{\alpha^2}$$

を用いてもよい。

※解答欄　ヨコ 13.7 センチ×タテ 8.0 センチ

(B)　次に，**(A)**の円筒内にある単原子分子の理想気体の 1 粒子あたりの比熱(温度を 1 K 上げるのに必要な気体分子 1 個あたりのエネルギー)を計算してみよう。まず，底面には気体の全質量に比例した圧力がかかっていることから，円筒内の気体分子の総数 N は，底面での圧力 P_0 を用いて

$N =$ [か]　　(7)

で与えられる。一方，円筒内の単原子気体分子の運動エネルギーの総和は，容器内で温度が一定ということから，

[き] $\times N$　　(8)

である。また，円筒内の気体分子の位置エネルギーの総和は，**問 1** と式(7)より，

[く] $\times N$　　(9)

となる。したがって，円筒内の気体分子の力学的エネルギーの総和 E は，

$E =$ [け] $\times N$　　(10)

となり，1 粒子あたりの比熱は [こ] であることがわかる。これは，重力場がない時の体積一定の容器に閉じ込めた単原子理想気体の 1 粒子あたりの比熱と比較して，{**さ**：①大きい，②同じである，③小さい}。

(C)　**図 2** のように，**(A)**で与えた断面積 S の円筒の中に同種の単原子分子からなる理想気体を入れ，今度は，ピストンを用いて密閉した。ここで，容器の外部は真空であり，またピストンは，滑らかに，かつ鉛直方向のみに動けるものとし，ピストン自体の質量と厚さは無視できるものとする。また，円筒内の気体は平衡状態にあり，温度は高さによらず一定の値 T をとるものとする。

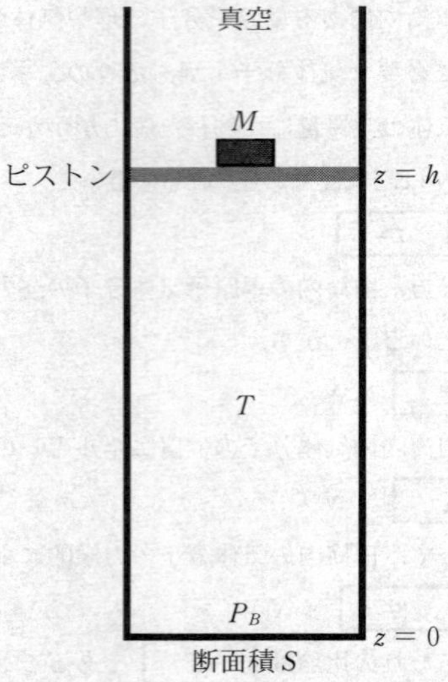

図 2

ピストンに質量 M のおもりを載せたところ，ピストンは高さ h の位置で静止し，底面での圧力は P_B であった。この実験から，気体分子 1 個の質量 m を求めてみよう。

まず，高さ h における圧力 $P(h)$ は，M，S，g を用いて，

$P(h) =$ [し] (11)

と表される。また，図 2 の状況は，図 1 の半無限容器における「高さ $z = h$ より上にある全ての気体分子の質量の総和」を「おもりの質量 M」に置き換えることと同等である。これらのことに注意すれば，式(11)と式(5)を組み合わせることで，気体分子 1 個の質量 m が，k，T，h，P_B，S，M，g の関数として，

$m =$ [す] (12)

と表されることがわかる。

図 2 の実験装置を用いて計測を行ったところ，温度 $T = 300\ \mathrm{K}$ のもとで，$Mg = 1000\ \mathrm{N}$，$P_B S = 1005\ \mathrm{N}$，$h = 30\ \mathrm{m}$ であった。これらのデータから気体分子 1 個の質量を有効数字 1 桁で求めれば，[せ] となる。ここで，ボルツマン定数は $k = 1.4 \times 10^{-23}\ \mathrm{J/K}$ とし，重力加速度の大きさは $g = 9.8\ \mathrm{m/s^2}$ とせよ。また，必要ならば，絶対値が 1 よりも十分小さな数 x について成り立つ近似式 $e^{\pm x} \fallingdotseq 1 \pm x$ あるいは $\log_e(1 \pm x) \fallingdotseq \pm x$ を用いてもよい。

化学

（教育（理系）学部　1科目　90分
　その他　　　　　2科目　180分）

（注）　100点満点。理・医（医）学部は2科目300点満点に，工学部は2科目250点満点に換算。

化学問題　I

次の(a)，(b)について，**問1～問5**に答えよ。解答はそれぞれ所定の解答欄に記入せよ。なお，アボガドロ定数は 6.0×10^{23}/mol とし，問題中のLはリットルを表す。水のイオン積は 1.0×10^{-14} $(\mathrm{mol/L})^2$ とし，原子量は H $=1.0$，C $=12.0$，O $=16.0$，Na $=23.0$ とする。必要があれば，$\sqrt{3}=1.73$，$0.780\times0.780\times0.740=0.450$，$\sqrt[10]{10}=10^{0.1}=1.26$，$1\,\mathrm{nm}=10^{-7}\,\mathrm{cm}$ を用いよ。数値は有効数字2けたで答えよ。

(a)　氷（H_2O の結晶）中の原子配置を**図1**に示す。図中，酸素原子と水素原子を大小の丸で示す。この結晶格子では白色の丸で示す16個の酸素原子と16個の水素原子が結晶格子の面に存在し，灰色の丸で示す4個の酸素原子と16個の水素原子が結晶格子内にある。したがって，[　ア　] 個の酸素原子と [　イ　] 個の水素原子が一つの結晶格子内に含まれることになる。一方，結晶格子の長さは $a=b=0.780$ nm，$c=0.740$ nm で a 軸と c 軸および b 軸と c 軸のなす角度は90°であり，a 軸と b 軸のなす角度は120°である。その体積は [　ウ　] $\times10^{-21}$ cm^3 と計算される。これらの値を用いて氷の密度を求めると [　エ　] g/cm^3 となり，氷は液体の水に浮くことが分かる。

酸素原子のファンデルワールス半径は0.152 nm であるので二つの酸素原子の原子核同士は [　オ　] nm までしか近づくことができない。**図1**の点線は結晶中の酸素原子の中心間の距離を示し，その長さはすべて0.276 nm である。この理由は，二つの酸素原子の間には水素原子が存在し，水素結合を形成するためである。

図１から分かるように１個の水分子は{A：１，２，３，４}方向に水素結合を形成する。実際，図１の結晶構造は共有結合の結晶である カ の炭素の位置を酸素が占めた構造となっている。結晶中の水分子の結合角(∠H—O—H)は水蒸気中の水分子のときとは少し異なり{B：104.5°，106.5°，109.5°，120.0°}となっている。

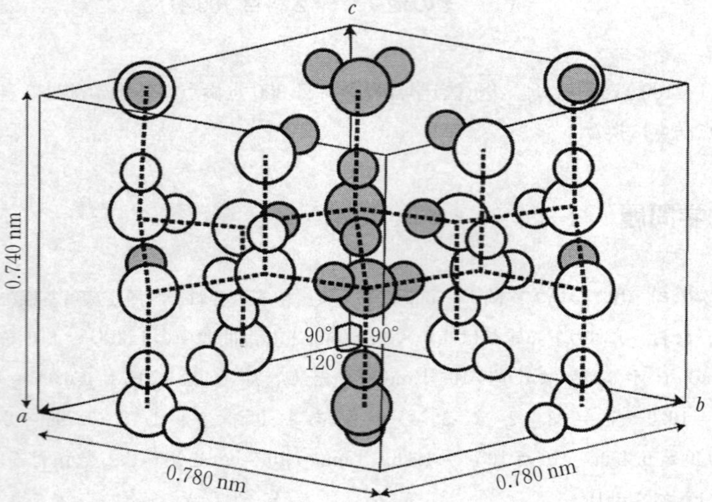

図１

問１ ア ～ カ に適切な語句または数値を答えよ。

問２ {A}，{B}の中から，それぞれ最もふさわしい数と角度を答えよ。

問３ 氷の昇華熱は2.83 kJ/g であることが知られている。昇華熱の原因がすべて水素結合によるものとすると，水素結合１ヶ所あたりの結合エネルギーはいくらになるかＪ単位で答えよ。

※問１ カ ならびに問２{B}は解答しないようにとの大学からの指示があった。

（編集部注）

(b)　工業的な製造プロセスにおいて，NaOHは陽イオン交換膜で仕切られた電解槽（図2）内で，NaClを電気分解することで得られている①。陽極槽および陰極槽には，それぞれ連続的にNaCl飽和水溶液と純水が供給され，陰極槽からNaOH水溶液を得ている。

ナトリウムの炭酸塩である$NaHCO_3$とNa_2CO_3の混合水溶液中ではそれらが加水分解して，HCO_3^-およびCO_3^{2-}が電離平衡の状態にある②。この溶液は塩基性の緩衝溶液としても使用されている。

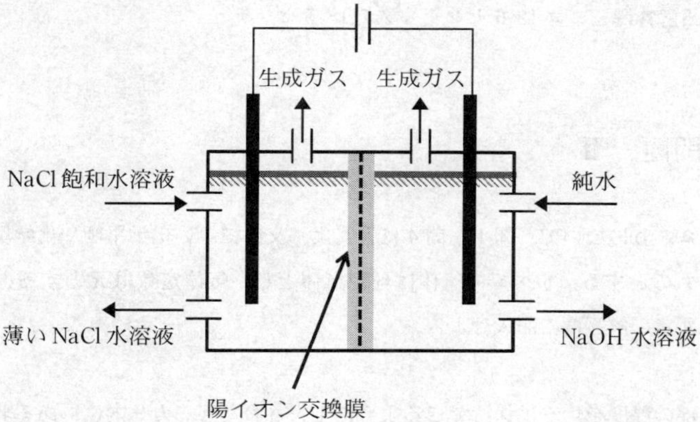

図2

問4　下線部①について，以下の(i)，(ii)に答えよ。

(i)　それぞれの電極上で起こる反応をイオン反応式（電子e^-を含む）で示せ。解答欄の**あ**には陽極上の反応を，**い**には陰極上の反応を記入すること。

(ii)　この電気分解を行っている途中で，液の供給と排出を止め，陽イオン交換膜を取り除いて電気分解を継続させると，電極上で解答(i)の反応とは異なる新たな反応が起こる。いずれの電極で起こるか答えよ。また，どのような反応かをイオン反応式で書け。ただし，電極は腐食されないものとする。

問 5　下線部②について，以下の問に答えよ。なお，解答には計算過程も示すこと。

Na_2CO_3 0.100 mol と $NaHCO_3$ 0.200 mol を純水に溶かし，1 L の水溶液とすると，pH は 10.0 となる。この溶液の調製時に 1.00 mol/L の HCl 水溶液を加えて pH＝9.9 にする。必要な HCl 水溶液の体積(mL)を答えよ。なお，この条件においては，水の電離平衡以外は，HCO_3^- と CO_3^{2-} の間での電離平衡のみを考慮すればよい。

※解答欄　ヨコ 12.6 センチ×タテ 18.5 センチ

化学問題　Ⅱ

次の(a)，(b)について，**問 1** ～**問 4** に答えよ。文中にない化学平衡や化学反応は考慮しないものとする。すべての気体は理想気体とし，気体定数は R とする。解答はそれぞれ所定の解答欄に記入せよ。

(a)　内部の温度を均一に保持できるように工夫されたビーカー内に，ある非電解質が溶解した水溶液が入っており，その濃度はビーカー内で均一である。いまこの溶液は温度 T_1 にて氷と共存して平衡状態に至っており，このときの氷の質量は M_1，溶液の質量は w_1，溶媒 1 kg に溶けている溶質の物質量(質量モル濃度)は C_1 であった(状態①)。この状態から，平衡状態を保ったままゆっくりと温度 T_2 まで冷却させた(状態②)。この溶液の凝固点は，凝固点降下によって純水の凝固点 T_0 よりも低い値となる。**図 1** に実線で示すように，凝固点降下度と濃度は常に比例していた。また，状態①から状態②の過程において，常に氷と溶液が共存した状態であった。

解答に際し，水のモル凝固点降下を K_f，溶質の分子量は M_s とすること。なお，氷の内部に溶質が含有されることはないとする。

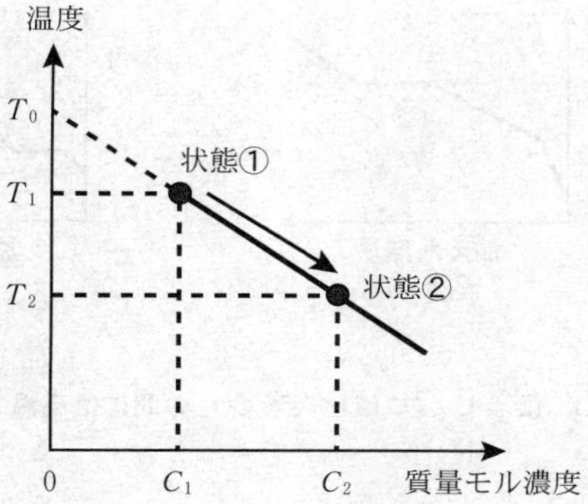

図 1

問 1　温度 T_1 と質量モル濃度 C_1 との関係を数式で示せ。

問 2　状態②における溶質の質量は，溶液の質量 w_2 と質量モル濃度 C_2 を使って［　ア　］と書ける。溶液中の溶質の量は状態①と②で不変である。また，ビーカー内の物質の総量も状態①と②で不変である。状態②における氷の質量 M_2 は w_2 を含まない式で，$M_2 = M_1 + w_1(1 -$ ［　イ　］$)$ と書ける。(ア)，(イ)に入る式を答えよ。

問 3　状態②からさらに冷却すると，溶液中の水と溶質が同時に凝固し，一定の融点を示す固体相を形成した。この状態から，一定速度で熱を加え，室温付近まで加熱させた。この過程における温度変化として最も近いものを以下の図(A)～(D)から選べ。

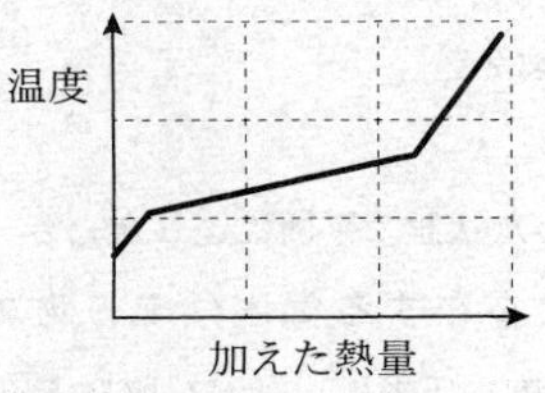

(A)

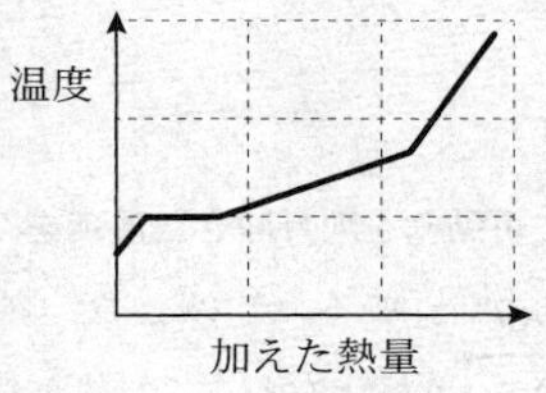

(B)

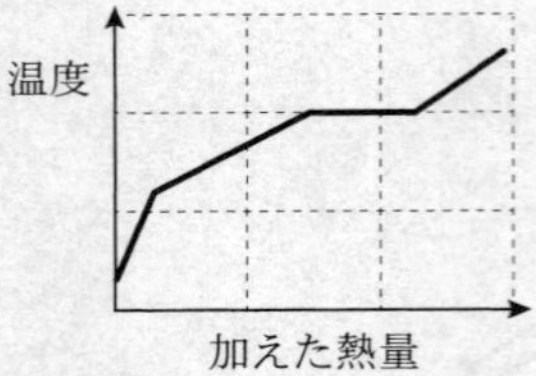

（C）

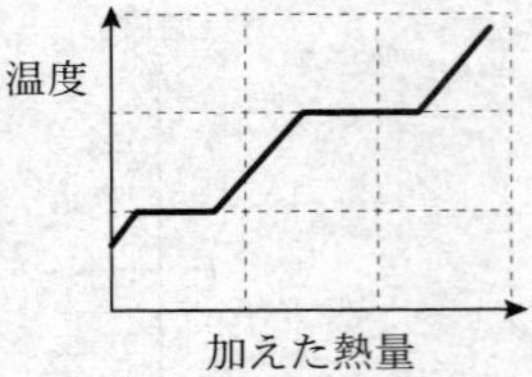

（D）

(b)　一酸化炭素 CO，酸素 O_2，二酸化炭素 CO_2 の間には高温で式(1)の化学平衡が存在する。

$$2\,CO + O_2 \rightleftarrows 2\,CO_2 \qquad (1)$$

熱は通すが物質は通さない透熱壁で囲まれた，断面積 S と内部容積 V が一定な容器を準備した。その内部を物質を通さない可動壁で仕切り，一方には CO を，もう一方には O_2 を充填したとする。可動壁の厚さは無視できるものとする。容器内部の可動壁は，高温（温度 T）での平衡時，**図2**に示したようにそれぞれの気体の充填されている部分の長さが l_{CO} と l_{O_2} となる位置で静止していた。CO と O_2 の物質量をそれぞれ n_{CO}，n_{O_2} とすると，このときの気体の物質量の比は，n_{CO}/n_{O_2} ＝ [　あ　] である。

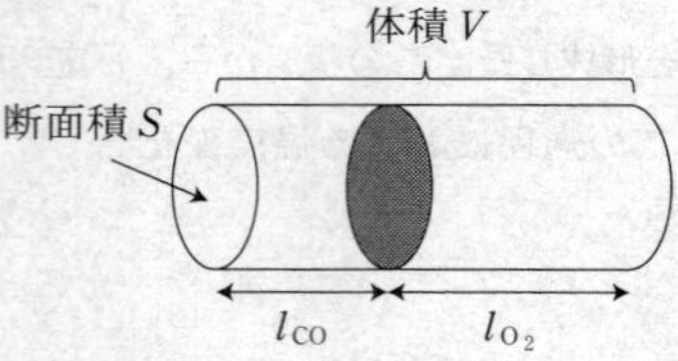

図2

次に可動壁を取り除き，温度を T に保った状態で平衡に達したとき，CO_2 が a mol 生成したとする。このとき，容器内に存在する気体分子の物質量の合計は [　い　] mol となる。これにより，容器内の圧力は可動壁を取り去る前の圧力と比べ，xRT/V だけ [う{減少・増加}] した。ここで x は，圧平衡定数 K_p，および V，R，T，n_{CO}，n_{O_2} を含むが，a を含まない x についての下記の方程式(2)を満たす正の値である。

$$K_p = \boxed{\text{え}} \qquad (2)$$

問 4　［ あ ］，［ い ］，［ え ］に入る適切な式を記せ。また，［ う ］に適切な語句を｛　　｝の中から選択せよ。

化学問題　Ⅲ

次の(a)，(b)について，**問 1 ～問 5** に答えよ。解答はそれぞれ所定の解答欄に記入せよ。構造式を記入するときは，記入例にならって記せ。なお，幾何異性体は区別し，光学異性体は区別しないものとする。また，原子量は H = 1.0，C = 12.0，O = 16.0 とする。

構造式の記入例：

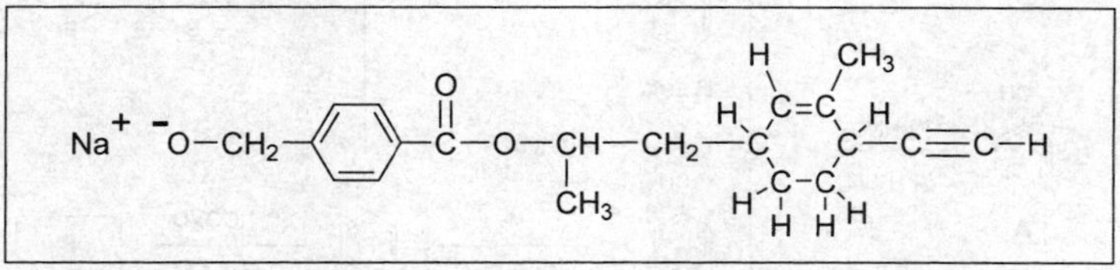

(a)　芳香族炭化水素であるベンゼン(C_6H_6)の水素原子を他の原子あるいは原子団で置換すると，単に分子の大きさが増すだけではなく，残りの水素原子をさらに置換するときのベンゼン環の反応性が大きく変化する。すなわち，一置換ベンゼン(C_6H_5—X)のベンゼン環の置換反応において，置換基 X はベンゼン環の反応性と次に入る置換基の置換位置（配向性）に大きな影響を及ぼす。置換基の持つ電子的な効果はよく調べられており，置換基を有するベンゼンの反応性は体系的に理解されている。例えば，鉄粉を触媒として用いる臭素(Br_2)によるトルエン(C_6H_5—CH_3)のベンゼン環の臭素化反応は，ベンゼンよりも 1000 倍以上速く進行する。主生成物は，*o*-ブロモトルエン(約 60 %)と *p*-ブロモトルエン(約 35 %)であり，*m*-ブロ

モトルエンはほとんど生成しない（5％以下）。この結果は，トルエンのメチル基によりベンゼン環の電子密度が増加し，ベンゼン環の反応性が増したことを示している。また，この電子的な効果は，オルト（*o*）位とパラ（*p*）位で大きいことを示している。一方，アセトフェノンのベンゼン環の臭素化反応は，アセチル基がベンゼン環の電子密度を減少させるため，ベンゼンの臭素化反応に比べはるかに遅い。また，*m*-ブロモアセトフェノンが主生成物として得られる。

なお，アセトフェノンの構造式は $C_6H_5-\overset{\overset{\large O}{\|}}{C}-CH_3$ であり，$-\overset{\overset{\large O}{\|}}{C}-CH_3$ をアセチル基と呼ぶ。

問 1　上述したように，トルエンの臭素化反応により *m*-ブロモトルエンを選択的に合成することは困難である。そこで，*m*-ブロモトルエンを選択的に合成する方法として，**図 1** の合成経路を考えた。化合物 F および化合物 I の構造式を記せ。

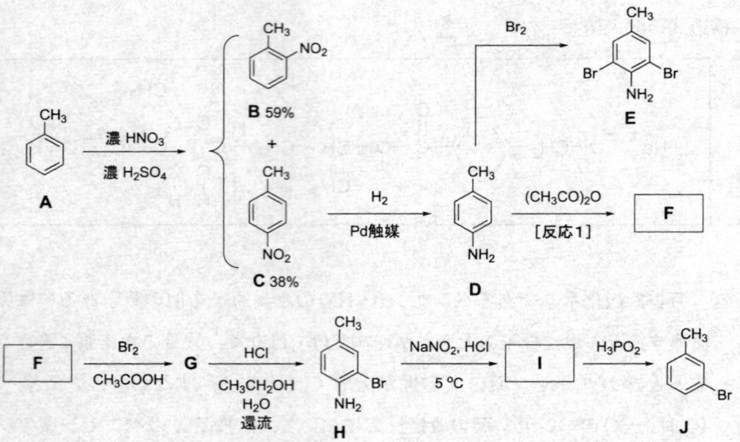

図 1

問 2　図 1 に示したように，化合物 D の臭素化反応を行うとベンゼン環上の 2 ヶ所に臭素原子が導入された化合物 E が得られてしまう。そこで，*m*-ブロモトルエン J を選択的に合成するため，［反応 1］で化合物 D を化合物 F に変換し，その置換基の効果により化合物 F の臭素化反応が目的の 1 ヶ所でのみ起こる合成経路を考えた。[**反応 1**]により得られた化合物 F の置換基が化合物 F の反応性におよぼす電子的な効果を解答欄の**あ**に，また立体的な効果を解答欄の**い**に，それぞれ 50 文字程度で説明せよ。

※解答欄　あ・い：各 50 字のマス目と 11.5 センチ × 2 行

(b)　アリザリンは，アカネの根から採れる赤色染料として古くから知られており，初めて人工的に合成された染料でもある。また，**図 2** に示した合成方法が開発されるまでは，1.0 kg のアリザリンを得るために約 100 kg のアカネの根が必要であった。

石炭由来の芳香族炭化水素 K を，二クロム酸カリウム($K_2Cr_2O_7$)の希硫酸水溶液に加えて加熱すると，水に不溶な化合物 L が生成した。次に，化合物 L を濃硫酸と加熱することにより，水溶性の化合物 M と未反応の化合物 L の混合物が得られた。単離精製した化合物 M と固体の水酸化カリウム(KOH)を高温で反応させることにより化合物 N が生成した。最後に，アルカリ性条件下で化合物 N と酸素との反応を行い，続いて中和することによりアリザリンが得られた。

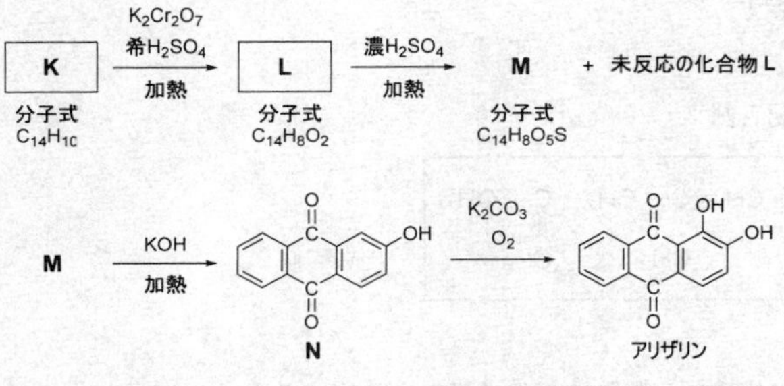

図 2

問 3　化合物 K と L の構造式を記せ。

問 4　**図 2** において，化合物 L と濃硫酸との反応により，化合物 M と未反応の化合物 L との混合物が得られた。この溶液に，十分な量の水酸化ナトリウム水溶液とエーテルを加え，よく振り混ぜ，水層とエーテル層に分離した。続いて，両層の溶液をそれぞれ濃縮した結果，粉末状の化合物 L および化合物 O

が得られた。

化合物Oは，主に水層およびエーテル層のどちらから得られた粉末に含まれるかを解答欄うに，化合物Oの構造式を解答欄Oに記せ。

なお，化合物Oは，硫酸酸性条件下において容易に化合物Mに変換される。

問 5 化石資源由来の化学製品を焼却廃棄した際に排出されるCO_2は，地球温暖化への影響が大きいと考えられている。960gのアリザリンを完全燃焼により焼却廃棄する際，大気中に排出されるCO_2の質量(kg)を有効数字2けたで答えよ。

化学問題 Ⅳ

次の(a)~(c)について，**問 1** ~**問 7**に答えよ。解答はそれぞれ所定の解答欄に記入せよ。構造式を記入するときは，記入例にならって記せ。なお，幾何異性体(シス・トランス異性体)，および光学異性体は区別しないものとする。また，[X]は化合物Xの濃度を表す。

構造式の記入例：

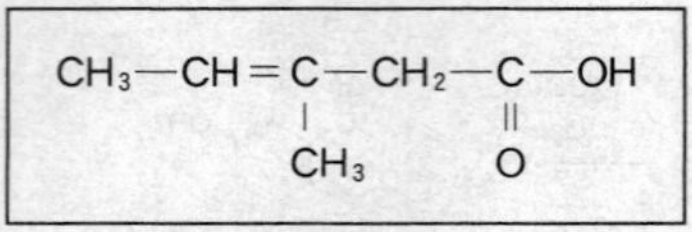

(a) 油脂を構成する脂肪酸の化学構造を決定するために有用な化学反応の一つとして，硫酸酸性過マンガン酸カリウム水溶液による酸化(図1)が知られている。不飽和モノカルボン酸に対してこの反応を行うと，炭素原子間の二重結合を酸化開裂させ，炭素数の減った飽和カルボン酸が得られる。また，酵素を使って特定の炭素原子間二重結合にのみ水分子を付加する反応なども有用な手段として知られている。

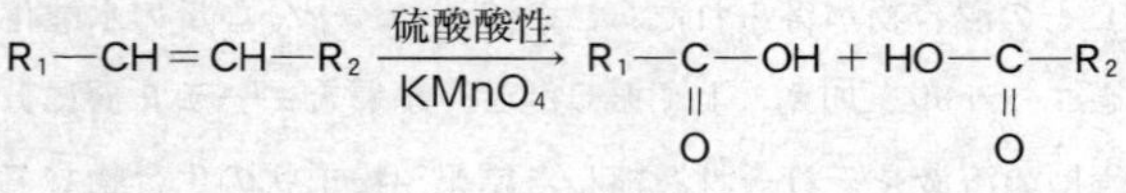

図1

以降で扱う化合物について，これらの反応が炭素原子間の二重結合にのみ起き，また，目的とする反応を触媒する酵素が利用できるものとして，**問1**，**問2**に答えよ。

問1　三重結合を含まない不飽和モノカルボン酸Aに対して**図1**に示した酸化反応を行ったところ，Aの1分子からプロピオン酸($CH_3—CH_2—COOH$)が1分子とマロン酸($HOOC—CH_2—COOH$)が2分子得られた。不飽和モノカルボン酸Aの構造式を記せ。

問2　不飽和モノカルボン酸Bに対して**図1**に示した酸化反応を行ったところ，マロン酸($HOOC—CH_2—COOH$)を含む飽和カルボン酸の混合物が得られた。また，Bに対して脂肪酸分子内で特定の位置にある炭素間二重結合のみに水分子を付加する酵素を作用させたところ，脂肪族ヒドロキシ酸Cが得られた。Cを酸性条件下で処理すると，炭素数を変えることなく，**図2**に構造式を示した分子内環状エステル化合物Dが得られた。

不飽和カルボン酸Bと脂肪族ヒドロキシ酸Cの構造式を，それぞれ解答欄B，Cに記せ。

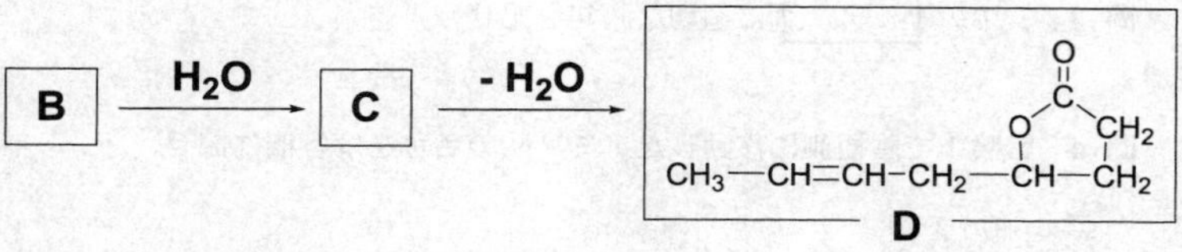

図2

(b)　一般にアミノ酸は水に溶けやすいが，これはアミノ酸が水中で電離した構造をとるからである。あるpH条件下の水溶液中では，アミノ酸は正と負の電荷を合わせもった［　ア　］イオンの状態で存在する。アミノ酸を含む水溶液のpHを変化させると，アミノ酸1分子中の正と負の電荷の割合が変化するので，アミノ酸の混合水溶液を適当なpHのもとで電気泳動を行うと，各アミノ酸を分離することができる。

図3に示す構造をもつ5種類のアミノ酸について，以下に示す**実験1**，**実験2**を行った。ただし，5種類のアミノ酸の等電点は，3.22，5.41，5.68，6.00，9.75

のいずれかである。

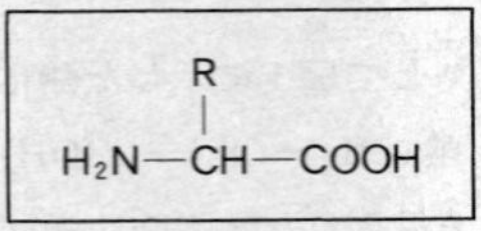

R(側鎖)	名　称	略　号
$—CH_3$	アラニン	Ala
$—CH_2—OH$	セリン	Ser
$—(CH_2)_4—NH_2$	リシン	Lys
$—CH_2—CO—NH_2$	アスパラギン	Asn
$—(CH_2)_2—COOH$	グルタミン酸	Glu

図3

実験1：5種類のアミノ酸の混合物をpHが7.0の水溶液を用いて電気泳動を行うと，1種類のアミノ酸が陰極側に移動した。

実験2：5種類のアミノ酸の混合物をpHが4.0の水溶液を用いて電気泳動を行うと，4種類のアミノ酸が陰極側へ移動した。しかし，5種類のアミノ酸を強酸性条件下で処理したのちpHが4.0の水溶液を用いて電気泳動を行うと，3種類のアミノ酸のみが陰極側に移動した。

問3　文中の［　ア　］に適切な語句を記せ。

問4　**実験1**で陰極側に移動したアミノ酸の名称を解答欄に記せ。

問5　**実験2**での強酸性処理により，pHが4.0の水溶液を用いた電気泳動で陽極側に移動する新たなアミノ酸Eが得られた。このアミノ酸Eの強酸性条件下での構造をイオン式を用いて記せ。

(c)　アミノ酸がペプチド(アミド)結合により結合したものの内，アミノ酸の数が数十個以上のものはタンパク質と呼ばれ，特有の立体構造を形成する。アミノ酸の数が数十個以下のものは一般にポリペプチドと呼ばれている。10個のアミノ酸からなるポリペプチドFのアミノ酸の配列を以下に示す。

Ala—Ser-Lys-Ala-Lys-Glu-Ala-Ser-Ser—Ala

F

このポリペプチドのすべてのカルボキシ基を非解離状態にする最小限の酸を加えた後に，一定濃度の NaOH を用いて滴定した。このポリペプチドには酸，塩基に関わる解離基として，アミノ基末端とカルボキシ基末端以外にアミノ酸側鎖の［イ］個のアミノ基と［ウ］個のカルボキシ基が含まれている。このポリペプチドの荷電状態は pH によって異なり，

pH 2.0 では，{**エ**：－4，－3，－2，－1，0，＋1，＋2，＋3，＋4}に荷電し，

pH 12.0 では{**オ**：－4，－3，－2，－1，0，＋1，＋2，＋3，＋4}に荷電している。

問 6　文中の［イ］，［ウ］に適切な数値を記し，{**エ**}，{**オ**}から適切な数値を選べ。

問 7　図 4 はポリペプチド F を NaOH 水溶液を用いて滴定したときの滴定曲線を示している。ポリペプチド F の分子全体の荷電が 0 となる pH(等電点)に最も近い整数値を答えよ。

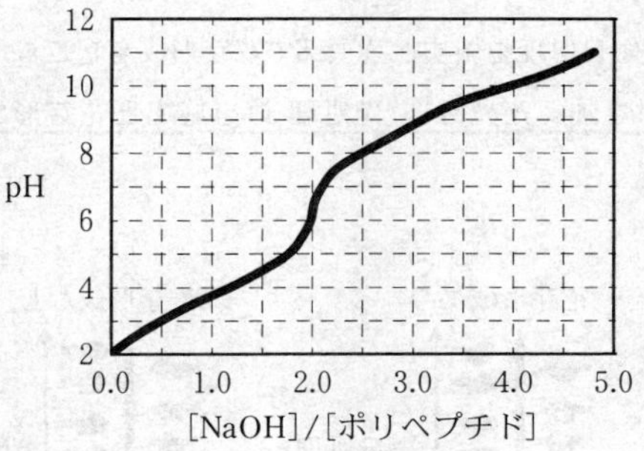

図 4

生物

（教育（理系）学部 1科目 90分
その他 2科目 180分）

（注） 100点満点。理・医（医）学部は2科目300点満点に換算。

生物問題 I

次の文章(A)，(B)を読み，**問1～問7**に答えよ。解答はすべて所定の解答欄に記入せよ。

(A) 被子植物の花芽形成において光周性を示す例が多く知られている。その反応様式は，植物によって異なり，多様である。光周性の花成刺激を担う因子として花成ホルモン（フロリゲン）が知られている。花成ホルモンは日長条件に応じて［ ア ］で合成され，茎の［ イ ］を通って茎頂分裂組織に伝えられる。

ある短日植物の花芽形成に関する光周性のしくみを調べるため，以下の**実験1～実験4**を行った。

実験1：植物に短日処理を施すと茎頂部で花芽形成を起こしたが，①短日処理の暗期中に短い光照射を加えた光処理（光処理X）を施すと花芽形成は見られなかった（図1）。

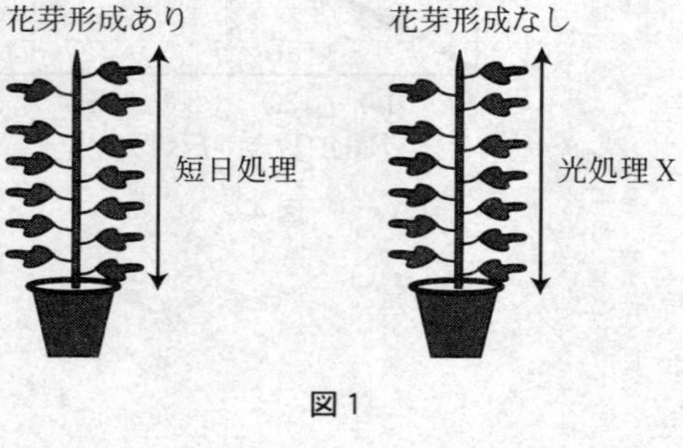

図1

実験 2 ：植物の上部（茎頂に近い部分）の葉を除去したあと，短日処理を植物全体に施すと茎頂部で花芽形成を起こしたが，同様の植物に光処理 X を施すと花芽形成は見られなかった（**図 2**）。

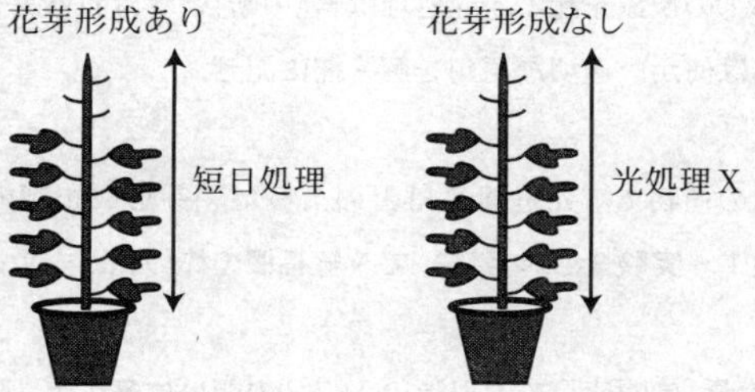

図 2

実験 3 ：植物の上部（**実験 2** と同程度）の葉を除去したあと，葉のない上部には光処理 X を施し，葉のある下部には短日処理を施した結果，茎頂部で花芽形成を起こした（**図 3**）。

実験 4 ：植物の上部（**実験 2** と同程度）には光処理 X を施し，それより下部には短日処理を施した結果，花芽形成は見られなかった（**図 4**）。

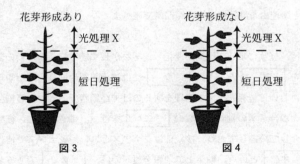

図 3

図 4

栽培植物では，同じ植物種でもさまざまな花芽形成時期を示す品種がみられ，栽培される地域の生育環境に適した花成時期の品種が選ばれている。それらの品種の成立に，光周性に関与する遺伝子に生じた突然変異が重要な要因となった例が知られている。

問 1　文中の [ア] ，[イ] に当てはまる適切な語句を解答欄に記せ。ただし，[ア] は器官名を，[イ] は組織名を記せ。

問 2　下線部①の現象を起こす光処理は「光中断」と呼ばれる。「光中断」ではたらく光受容体は何か，適切な語句を解答欄に記せ。

問 3　**実験** 4 の植物で，光処理 X はどのように花芽形成を調節したと考えられるか。**実験** 1 ～**実験** 3 も参考にして，解答欄の枠の範囲内で説明せよ。

問 4　「突然変異」に関連して，以下の(1)，(2)の問いに答えよ。

(1)　ある遺伝子のタンパク質を指定（コード）する部分の内部に起こった 1 ヌクレオチド欠失変異により，その遺伝子に指定されるタンパク質の複数のアミノ酸が変化した。その理由を解答欄の枠の範囲内で述べよ。

(2)　ある遺伝子のタンパク質を指定する部分の内部に 1 塩基置換変異が生じたが，その遺伝子に指定されるタンパク質のアミノ酸配列は変化しなかった。その理由を解答欄の枠の範囲内で述べよ。

(B)　動物は，経験によって行動が変化し，それが長く続く。この行動の変化を獲得することを [ウ] という。[ウ] には試行錯誤や刷り込みが知られている。神経系において情報を伝える処理をするのは神経細胞である。神経細胞は細胞体から多くの場合 1 本の軸索と複数の [エ] を持つ。軸索は，他の細胞とごく狭い隙間を介して接続しており，接続部はシナプスといい，シナプスで情報が伝わることを [オ] という。軸索上で情報を運ぶのは，[カ] であるが，神経細胞間で情報を運ぶのは神経伝達物質と呼ばれる化学物質である。

記憶の定着は，繰り返しの復習により向上する。これは特定の神経回路を構成する神経細胞の間での情報の受け渡し効率が高まる②ためと考えられる。軟体動物のアメフラシは，水管に接触刺激を与えるとえらを引っ込める筋肉運動を示す。水管を触る接触刺激を繰り返すとえらを引っ込めなくなる。このような，ある刺激に対する応答が衰える現象は [ウ] の 1 つで [キ] といい，えらを引っ込める運動神経と感覚神経との間のシナプスで，感覚神経から放出される神経伝達物質の量が減少し，シナプスでの情報の受け渡し効率(シナプス強度)が低下するために起こる。神経系における記憶の多くがシナプス強度を変化させる③ことによって実現している。

問 5　文中の［　ウ　］～［　キ　］に当てはまる適切な語句を解答欄に記せ。

問 6　下線部②の要因として，神経伝達物質を受け取る側の膜でおこる変化を1つあげ，解答欄の枠の範囲内で記入せよ。

問 7　下線部③に関連して，以下の**実験5**を行った。

実験5：ネズミの脳より海馬を単離し，組織切片を作成した。軸索近傍に置いた電極で軸索へ電気刺激を与え，刺激に対するシナプスでの反応を細胞外の記録用電極を使って測定した。この測定法を使って神経細胞間のシナプス強度の変化に関する実験を行った(**図5**)。切片を物質Aで30分間処理すると，海馬内の神経回路でシナプス強度が増加し，それが持続する現象が観察された(対照実験群)。このシナプス強度の増加は，タンパク質への翻訳を阻害する薬剤Bの処理を行う実験群では観察されなかった(薬剤B処理群)。また，シナプスを細胞体から物理的に切り離した切片でも物質Aで30分間処理するとシナプス強度の増加と維持が観察された(細胞体-シナプス切断群)。

この一連の実験にもとづき，物質Aによるシナプス強度の増加・維持のしくみについて，解答欄の枠の範囲内で説明せよ。なお，薬剤B処理は，細胞の生存，形態への影響はなく，切断行為はシナプス強度への影響はないものとする。

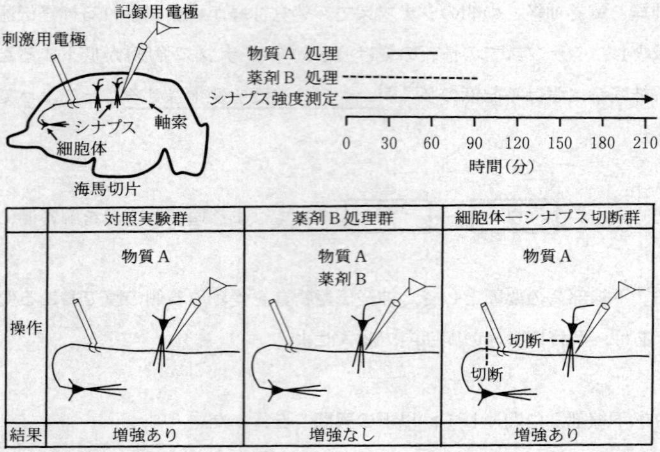

図5

※解答欄　問3・問7：各ヨコ12.6センチ×タテ3.0センチ

問4(1)・(2)：各ヨコ11.5センチ×タテ2.0センチ

問6：ヨコ12.6センチ×タテ1.5センチ

生物問題　II

次の文章を読み，**問 1** ～**問 5** に答えよ。解答はすべて所定の解答欄に記入せよ。

多くの動物では，精子や卵のもとになる細胞は始原生殖細胞と呼ばれ，マウスにおいては受精後 6.5 日という比較的早い時期に約 8 個の細胞として出現し，受精後 10.5 日までに約 1000 個にまで増殖する①。増殖した始原生殖細胞は雄では後に精巣に分化する器官に，雌では後に卵巣に分化する器官に移動し，それぞれ [ア] と [イ] になり，受精後 13.5 日までに 25000 個ほどになって分裂を停止する。精巣内の [ア] は G_1 期で細胞周期を停止する。卵巣内の [イ] は細胞周期の G_2 期を終えた後減数分裂を開始するが，これらの細胞は第一分裂前期まで進み，減数分裂を停止する。精巣内の [ア] は，個体が成熟すると分裂を再開し，その一部が [ウ] となり減数分裂第一分裂に入る。第一分裂終了後には [エ] が形成され，次の第二分裂後には 4 つの [オ] が作られる。雌では個体の成熟に伴い一部の細胞が減数分裂を再開し②，最終的には排卵されて受精に至る。マウスでは受精後 4 ～ 5 日目に子宮に達した胚は，内部の細胞塊とそれを包む外部の細胞層③とに分かれており，胚盤胞と呼ばれる。近年では，マウス受精卵における遺伝子発現に関する研究④は格段の進歩を遂げており，発生に関わる新たな事象が明らかになってきている。

問 1　文中の [ア] ～ [オ] に当てはまる適切な語句を解答欄に記せ。

問 2　下線部①に関連して，この間に 8 個の細胞が 1024 個にまで増殖したとすると，この時期の始原生殖細胞の細胞周期は何時間かを四捨五入して整数で答えよ。ただし，各分裂における細胞周期の長さは等しいとする。

問 3　下線部②に関連して，雌の減数分裂の再開から終了までの過程を，「極体」という用語を用いて，解答欄の枠の範囲内で説明せよ。

問 4　下線部③に関連して，内部の細胞塊は将来胎仔になるが，外部の細胞層が将来形成する構造を何と呼ぶか，その名称を解答欄に記せ。

下線部④に関連して，下記のような**実験**を行った。

実験：ある遺伝子Aのプロモーター領域の下流に緑色蛍光を発するタンパク質GFPを指定(コード)する遺伝子を接続した組換えDNAを構築し，この遺伝子をマウス受精卵に導入して遺伝子組換えマウスを作製した。この遺伝子組換え個体の雄と組換え遺伝子を持たない雌を交配させて，雌雄の遺伝子組換え個体(F_1 世代)を得た。次に，F_1 世代の遺伝子組換え個体の雌の卵と組換え遺伝子を持たない雄の精子を用いて体外受精を行った後，受精卵を胚盤胞期まで培養した。胚盤胞期に達した胚の一部の細胞を取り出して組換え遺伝子の有無を調べた結果，⑤約半数の胚が組換え遺伝子を持っていたが，胚盤胞期に達した胚を蛍光顕微鏡下で観察すると，すべての胚でGFPの緑色蛍光が観察された。

問5　下線部⑤に関連して，以下の(1)，(2)の問いに答えよ。

(1)　約半数の胚が組換え遺伝子を持っていたことについて，配偶子の形成過程で考えられる理由を解答欄の枠の範囲内で述べよ。

(2)　約半数の胚しか組換え遺伝子を持っていなかったにもかかわらず，すべての胚でGFPの緑色蛍光が観察された理由について解答欄の枠の範囲内で述べよ。

※解答欄　問3：ヨコ12.6センチ×タテ4.0センチ

問5(1)・(2)：各ヨコ11.5センチ×タテ4.0センチ

生物問題 Ⅲ

次の文章(A)，(B)を読み，**問1～問6**に答えよ。解答はすべて所定の解答欄に記入せよ。

(A) 時間とともに進化し，新たな形質を獲得してきた生物種の系統関係を，枝分かれした樹形図で表したものが系統樹である。生物種の特徴を詳しく比較して，共通した特徴をもつものをまとめることで，系統樹を作成することができる。このような生物間の系統関係に基づいた生物の分類を系統分類という。また，人間の役に立つように便宜的な方法で整理した分類を人為分類という①。

ある地域に点在する湖には，近縁でありながら様々な形態を持った淡水魚が多数種生息していることが知られていたが，これらの種について外部形態から系統分類を行うのは困難であった。例えば，**図1**に示したように，岩の間にすむ水生昆虫を食べる種1と種2や，沖合の魚類を食べる種3と種4は，それぞれ類似した口の形態を示すが，これらの類似性が系統関係を反映したものかどうか，外部形態のみからは明らかにできなかった。この困難を解決したのがDNA塩基配列情報を用いた解析②である。この地域の湖および川に生息し，雑食性で，祖先的と考えられる口の形態を持つ魚(種5，種6，種7)を解析対象種に加えて，DNA塩基配列情報を用いた解析を行った結果，**図2**に示される系統関係が明らかになった。

問1 下線部①について，下記の植物群のうち，系統分類によるものはどれか。該当するものをすべて選び，記号で解答欄に記せ。

(a) 被子植物　(b) 草本植物　(c) 薬用植物　(d) 単子葉植物
(e) 水生植物　(f) 食虫植物　(g) 穀　類　(h) イネ科
(i) サクラ属

問2 下線部②について，系統関係の推定においてDNA塩基配列を比較することが外部形態の比較よりも優れている点を2つあげ，解答欄の枠の範囲内で述べよ。

問 3　図1と図2の情報をもとに，種3と種4の形態の類似性はどのように生じたと考えられるか。種5と種6の形態の類似性と対比させ，「祖先の形態」という語を用いて，解答欄の枠の範囲内で説明せよ。

食性＼生息地	湖A	湖B
岩の間にすむ水生昆虫を食べる	種1 	種2 
沖合の魚類を食べる	種3 	種4 
雑食性	種5 	種6 

食性＼生息地	川
雑食性	種7 

図1

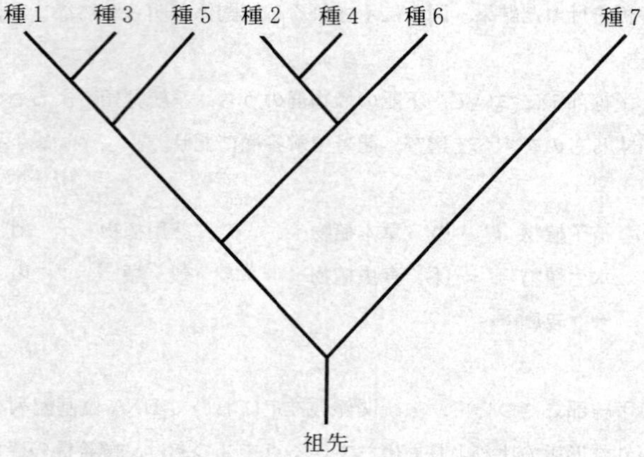

図2

(B)　異なった対立遺伝子をそれぞれホモ接合でもつ両親(遺伝子型 A_1A_1 と A_2A_2)間の子のヘテロ接合体(遺伝子型 A_1A_2)が，両親のどちらかと同じ形質を示す遺伝様式を優性，中間の形質を示す遺伝様式を不完全優性，そして両親の両方の形質を示す遺伝様式を共優性という。タンパク質のアミノ酸配列や DNA の塩基配列の違いを検出する様々な分子生物学的手法が開発されている。電気泳動で検出される分子の移動度の差異や PCR による DNA 断片増幅の有無のように特定の手法で検出されるタンパク質や DNA 配列の特徴を形質として捉えれば，それらの形質もまた優性や共優性の遺伝様式を示す。③DNA の塩基配列の違いを最も正確に検出するのが塩基配列解読法である。この方法で検出される一塩基多型(SNP)もメンデルの法則に従って遺伝するので，DNA 配列中の SNP 部位を遺伝子座(座位)とみなすことができる。

メンデルは，エンドウの種子の形態("丸"か"しわ")を観察した。それから 100 年以上のちに，この形質がデンプン分枝酵素 I(SBEI)遺伝子座によって支配されていて，"丸"純系(遺伝子型 *RR*)では機能的な酵素が作られて丸い種子となるのに対し，"しわ"純系(遺伝子型 *rr*)では SBEI 遺伝子機能が転移因子(トランスポゾン)の挿入によって破壊されていることがわかった。*R* と *r* の対立遺伝子はトランスポゾン配列を挟むプライマーを用いた PCR 産物の電気泳動により識別することができる。

問 4　下線部③に関連して，ある栽培植物の 1000 品種について 2 つの SNP 座位(SNP 座位 1 と SNP 座位 2)の遺伝子型を調査して対立遺伝子頻度を求めた。SNP 座位 1 ではアデニン(A)が 60 % でシトシン(C)が 40 % であり，SNP 座位 2 ではアデニン(A)とグアニン(G)がそれぞれ 50 % であった。2 つの SNP 座位の対立遺伝子の組み合わせの頻度(**表 1**)は，それぞれの対立遺伝子頻度の積で求められる期待頻度からずれていた。この現象が起きる要因を解答欄の枠の範囲で説明せよ。

表 1

		SNP 座位 2 の対立遺伝子	
		A	G
SNP 座位 1 の対立遺伝子	A	45 %	15 %
	C	5 %	35 %

問 5　“丸”純系(遺伝子型 RR)のエンドウを毎世代自家受粉して栽培していたら，“しわ”の表現型を示す新規突然変異体が生じた。この新規“しわ”突然変異体を“丸”純系と交配したところ，F_1 はすべて“丸”となった。新規突然変異が SBEI 遺伝子座に起こった変異なのかを確認するために，新規突然変異体と“しわ”純系(遺伝子型 rr)間の F_1 を自家受粉して得られた F_2 の表現型を調査した。以下の(1)，(2)の場合に期待される表現型の分離比(“丸”：“しわ”)を解答欄に記せ。ただし，SBEI 遺伝子座内での組換えは起きないとする。

(1)　新規突然変異が SBEI 遺伝子座に起きた場合

(2)　新規突然変異が SBEI 遺伝子座と連鎖しない遺伝子座に起きた場合

問 6　SBEI 遺伝子座に連鎖する共優性の SNP 座位について調査したところ，RR の純系(親 1)ではアデニン(A)のホモ接合，rr の純系(親 2)ではグアニン(G)のホモ接合であった。この両者の F_1 を rr 純系で戻し交雑をして得た子孫(BC_1 世代)で SBEI 遺伝子座と SNP 座位は図 3 に示したように分離していた。SBEI 遺伝子座と SNP 座位との間の組換え価(%)を求め，有効数字 2 けたで解答欄に記せ。

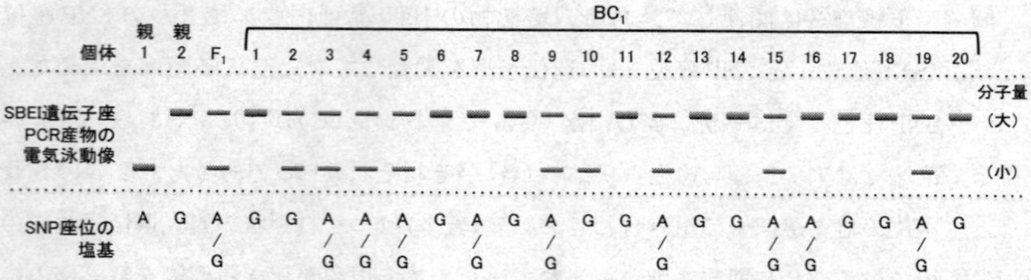

SNP座位の塩基に関する記号と遺伝子型の対応表

記号	A	A/G	G
遺伝子型	Aのホモ接合	AとGのヘテロ接合	Gのホモ接合

図 3

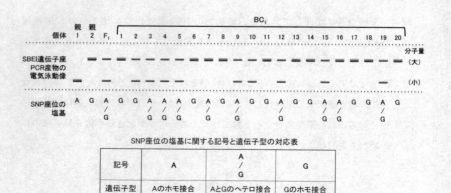

※解答欄　問 2：1 点につきヨコ 12.6 センチ×タテ 2.0 センチ
　　　　　問 3：ヨコ 12.6 センチ×タテ 5.0 センチ
　　　　　問 4：ヨコ 12.6 センチ×タテ 3.0 センチ

生物問題　Ⅳ

次の文章(A)，(B)を読み，**問** 1 ～**問** 7 に答えよ。解答はすべて所定の解答欄に記入せよ。

(A)　一般的に，ある一定地域内で，互いに交配したり影響を与え合ったりする同種個体の集まりを [ア] と呼ぶ。動物の場合，同じ [ア] 内の個体どうしの関係は，通常は互いに避け合って生活しているような場合から，群れを作って一緒に生活しているような場合まで様々である。

ある哺乳類で個体間の相互作用を調べるために，野外調査を行った。その結果，この動物は個体ごとの①縄張り(テリトリー)は作らず，複数の個体が群れを作っていることが明らかになった。群れ内の個体間では，一方が他方に腹を見せる行動が観察された。どちらの個体が腹見せ行動をするかの観察を積み重ねたところ，②腹見せ行動によって群れ内の A～D という成体雌 4 個体の順位が第 1 位から第 4 位まで一義的に決まり，同順位はないことが明らかになった。**表 1** にその結果の一部を示す。

翌年の出産期後にこれらの雌の出産状況を確認したところ，D だけが出産し，それ以外の雌は D の子育てを手伝っていることが明らかになった。このように共同繁殖で子育てを手伝う個体を，哺乳類や鳥類では [イ] という。

表 1

腹見せ行動をした個体	相手個体
A	B
B	D
C	B

問 1　文中の ア ， イ に当てはまる適切な語句を解答欄に記せ。

問 2　下線部①について，動物の「縄張り」とは何か。「行動圏」との違いが明確になるように，解答欄の枠の範囲内で述べよ。

問 3　下線部②および**表 1** から，A と D の個体間および C と D の個体間では，それぞれどちらが腹見せ行動をすると考えられるか。以下の **(あ)** ～ **(え)** から正しい組み合わせを選び，解答欄に記せ。

(あ)　A と C　　**(い)**　D と C　　**(う)**　A と D　　**(え)**　D と D

問 4　文章Ⓐに書かれた特徴から考えると，ⓐこの動物種の生存曲線は，**図 1** の(あ)～(く)のグラフのうちどれに最も近い形になると考えられるか解答欄に記せ。また，ⓑその理由を文章Ⓐに示したこの動物の特徴に即して，解答欄の枠の範囲内で述べよ。ただし，グラフの横軸は年齢，縦軸は生存個体数とする。

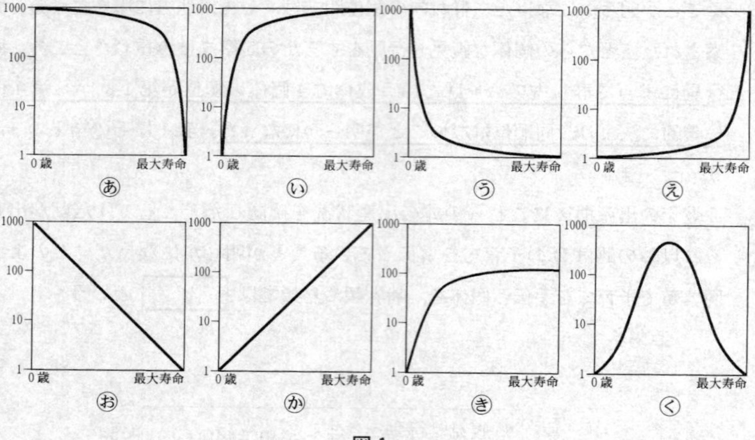

図 1

(B)　植物の器官は複数の特徴的な組織からなる。そのうち植物の表面をなす組織として，１層の細胞からなる［　ウ　］組織があり，内部を保護している。多くの植物の葉や茎では，その外側に［　エ　］が発達しており，植物体が乾燥することを防いでいる。③植物の表面を構成する細胞の中には，単一の細胞が分化して特殊なはたらきをするものがある。葉や茎の表面に生える毛にも単一の細胞からなるものがある。葉に生える毛の機能の１つとして，食害昆虫に対する防御があげられる。

ある植物の葉に生える毛についての研究を実施した。この植物を同一の環境下で生育させ，何も処理しない無処理区に対して，葉に傷害を施す傷害処理区を設けた。傷害処理区では，葉の表面を針で傷つける処理を行い，その直後に新たに形成された葉について毛の密度を調べた。④これら両処理区における葉の毛の密度を比較したところ，図２の結果が得られた。また，毛の密度のみが異なる葉を食害昆虫に摂食させたところ，毛の密度が高いと食害昆虫の体重増加量が低下し，毛が食害に対する防御としてはたらくことがわかった。さらに，この植物の野外集団の調査をおこなった結果，食害昆虫がほとんどいない環境下では毛の密度が低く，食害昆虫の多い環境下では毛の密度が高かった。

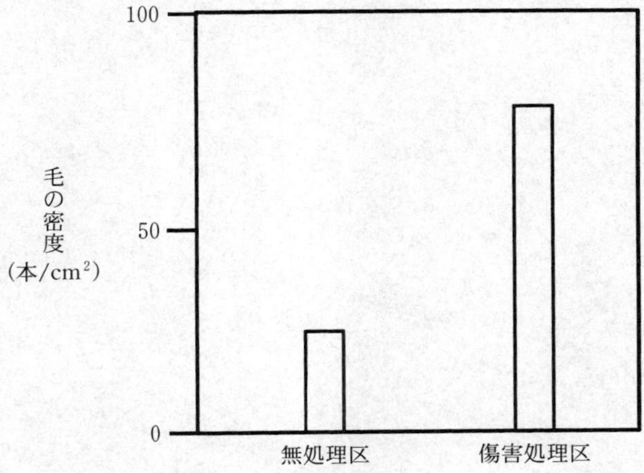

図２

問 5　文中の［ウ］，［エ］に当てはまる適切な語句を解答欄に記せ。

問 6　下線部③について，葉や茎に生える毛以外で，植物の表面を構成する単一の細胞が特殊化した例を2つあげ，その細胞の名称を解答欄に記せ。

問 7　下線部④の傷害に対する毛の密度の応答は，「誘導防御」と呼ばれ，食害に対して適応進化した性質である。この誘導防御が適応進化するための条件として考えられることを，(c)食害昆虫の個体数，(d)植物の成長量と毛の密度との関係，それぞれについて解答欄の枠の範囲内で説明せよ。

※解答欄　問2：ヨコ12.6センチ×タテ4.0センチ

問4(b)：ヨコ11.5センチ×タテ4.0センチ

問7(c)・(d)：各ヨコ11.5センチ×タテ3.0センチ

地学

(教育(理系)学部　1科目　90分
その他　2科目 180分)

(注)　100点満点。理学部は2科目300点満点に換算。

地学問題　I

次の文章を読み，**問1**～**問6**に答えよ。解答はすべて所定の解答欄に記入せよ。

太陽は約50億年前に誕生し，今後約50億年は安定して輝くと考えられている。このような状態にある星を［ア］星という。太陽の放射エネルギーの源は，［イ］反応であり，水素をヘリウムに変えることでエネルギーを放出している。太陽質量程度の星の［ア］以降の進化は，次のように考えられている。［イ］反応で生成されたヘリウムは星の中心にたまり，ヘリウム中心核が形成されていく。やがて，この核を取り囲む殻状の部分で水素の［イ］反応が進むようになる。こうなると星の半径は増大し，これに伴い表面温度が下がる。このような進化段階にある星のことを［ウ］という。その後，星はその外層大気を放出し，［エ］を形成する。外層大気がなくなると，半径は小さいが温度が高い中心核だけが残り，これを白色わい星という。

冬の大三角をつくる恒星シリウスは単独の星ではなく，A型星と白色わい星の連星である。望遠鏡を使ってシリウスを観測すると，明るい星(これをシリウスAとする)とこれより10等級暗い星(シリウスBとする)が近接して存在していることがわかる。長年観測を続けると，この2つの星は，両者の重心を中心に回転しており，その公転周期は50年であることがわかる。また，その平均間隔は角度で7.6秒角である。ここで，1秒角は1度の3600分の1である。以下では簡単のため，星は球状であり等方的に光を放射しているとし，また連星の公転軌道面はわれわれの視線に対して垂直であると仮定する。

問 1　文中の ア ～ エ に適切な語を記入せよ。

問 2　シリウスAの光度は，ここでは簡単のため太陽の光度の 10 倍とする。シリウスBの光度は太陽の光度の何倍であるか，有効数字 1 けたで求めよ。導出過程も示すこと。

問 3　恒星表面の単位面積から 1 秒間に放出されるエネルギーは，星の表面温度を T[K]として，σT^4[W/m^2]である。σはシュテファン・ボルツマン定数で，5.7×10^{-8} W/(m^2・K^4)である。太陽の表面温度は 6000 K で，シリウスBの表面温度は 10000 K である。シリウスBの半径は太陽の半径の約 100 分の 1 であることを考え方とともに式で示せ。

問 4　われわれからシリウスまでの距離は 2.6 パーセク(8.6 光年)である。シリウスAとシリウスBの間の平均距離は約 20 天文単位であることを考え方とともに式で示せ。

問 5　シリウスAとシリウスBの質量をそれぞれ M_A，M_B とする。この連星の重心からシリウスAまでの平均距離を R_A，シリウスBまでの平均距離を R_B とすると，これら 4 つの量の間には，$M_A : M_B = R_B : R_A$ の関係があり，観測から $R_B : R_A = 2 : 1$ であることがわかる。また，連星にケプラーの法則を適用すると

$$(\text{平均距離})^3/(\text{公転周期})^2 = M_A + M_B$$

の関係がある。ただし，距離は天文単位，時間は年，質量は太陽質量を単位としている。M_A と M_B を太陽質量を単位として有効数字 1 けたで求めよ。導出過程も示すこと。

問 6　以上の結果から，シリウスBの 1 cm^3 あたりの平均質量を有効数字 1 けたで求めよ。導出過程も示すこと。なお，太陽の平均密度は 1.4 g/cm^3 である。

※解答欄　問 2 ：ヨコ 13.7 センチ×タテ 3.5 センチ

問 3 ・問 5 ・問 6 ：各ヨコ 13.7 センチ×タテ 5.0 センチ

問 4 ：ヨコ 13.7 センチ×タテ 4.0 センチ

地学問題　Ⅱ

次の文章を読み，**問**1～**問**6に答えよ。解答はすべて所定の解答欄に記入せよ。

①地球は太陽放射エネルギーを受け取り，地球放射によりエネルギーを放出している。地球のエネルギー収支は全体ではつり合っているが，地域的に見ると，低緯度側で受け取る分が大きく，高緯度側で失う分が大きい。このため，大気循環や海洋循環などによって低緯度地域から高緯度地域へ熱エネルギーの輸送が生じている。大気循環は，年平均で見ると，②赤道から緯度 30° 付近の低緯度帯，③緯度 30° 付近から 60° 付近の中緯度帯，緯度 60° 付近から極付近の高緯度帯の 3 つの地域で異なる様相を示している。

大気の循環は海洋の運動に影響を及ぼしている。④平年の状態においては，太平洋熱帯域の西部に暖かい海水が集まる一方，太平洋赤道域の東部で赤道湧昇により海面温度が低くなる。この太平洋赤道域東部において，数年に一度，海面水温が平年より高い状態が続いたり，逆に低い状態が続いたりすることがある。前者を［ ア ］現象，後者を［ イ ］現象とよぶ。

大気の循環は，人間活動や火山噴火などによって⑤大気中に放出された微粒子などの物質の輸送も引き起こす。このような微粒子は，太陽放射を散乱・吸収して地上に到達する日射量を減少させ，気温を低下させる日傘効果をもつ一方，地上からの赤外放射を吸収し一部を下向きに再放射する［ ウ ］効果ももっている。

問 1　文中の［ ア ］～［ ウ ］に適切な語を記入せよ。

問 2　下線部①に関連して，太陽活動の地球への影響として，太陽フレアにより引き起こされるデリンジャー現象や磁気嵐が挙げられる。これらが 1 つの太陽フレアにより引き起こされたとしても，発生する時刻は一致しない。その理由を述べよ。

問 3　下線部②に関連して，低緯度帯における大気循環はハドレー循環とよばれている。北半球におけるハドレー循環を形成する大気の水平方向及び鉛直方向の流れを説明せよ。水平方向に関しては流れの方角も述べること。

問 4　下線部③に関連して，以下の(1)～(3)に答えよ。

(1)　図1はある日の北半球中緯度帯の 500 hPa の高層天気図である。破線 X-Y 断面での 500 hPa の等圧線を描け。等圧線には A～F それぞれに対応する位置を書き入れること。

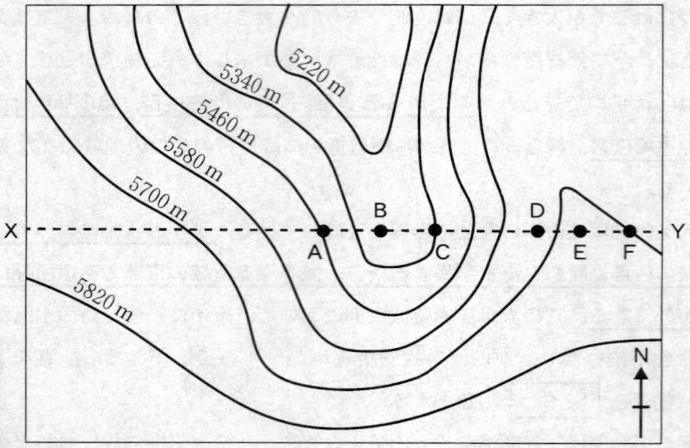

図1

(2)　図1のような高層天気図のとき，地上で温帯低気圧が発達しやすい場所として最も適切な場所を図1の A～F から選べ。

(3)　図2に示すような，北半球および南半球の地上における等圧線が円形の温帯低気圧について，P と Q の位置における風の流れにはたらく主要な 3 つの力のつりあいを，それぞれの名称とともに図示せよ。また，風の向きも合わせて図示せよ。ただし，上を北として図示すること。

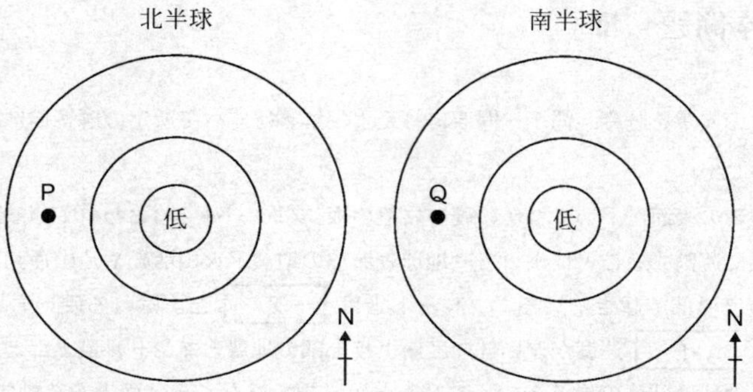

図 2

問 5　下線部④に関連して，太平洋においてこのような現象が生じるメカニズムを，大気との相互作用に言及しつつ説明せよ。

問 6　下線部⑤に関連して，以下の⑴，⑵に答えよ。

⑴　大気中に浮遊する液体や固体の微粒子の名称を答えよ。

⑵　そのような微粒子から雲が形成される過程を説明せよ。

※解答欄　問 2・問 4⑴：各ヨコ 13.7 センチ×タテ 6.0 センチ

問 3：ヨコ 13.7 センチ×タテ 5.0 センチ

問 4⑶P・Q：各ヨコ 5.5 センチ×タテ 5.5 センチ

問 5：ヨコ 13.7 センチ×タテ 9.0 センチ

問 6⑵：ヨコ 13.7 センチ×タテ 4.5 センチ

地学問題　III

次の文章を読み，**問1**～**問5**に答えよ。解答はすべて所定の解答欄に記入せよ。

地球の表面は，いくつかの硬い岩盤の板「プレート」でおおわれている。プレートが相互に運動することによって，地球表層での地震・火山活動や造山運動などがプレートの境界部で起きている。プレートとは［　ア　］とよばれる硬い岩層のことであり，［　イ　］速度が遅い低速度層より上部の地殻とマントル最上部とからできている。①地球は球体であるので，プレートは平板ではなく，球面上を移動する薄い殻(球殻)である。

プレートの境界には，プレートが拡大する境界，収束する境界，そして，すれ違う境界の3種類がある。②拡大する境界の中央海嶺では海洋のプレートが形成されている。拡大する境界が大陸にある場合は，大陸の分裂が起こり，地溝帯が形成される。収束する境界の海溝では，一方のプレートに他方のプレートが沈み込んでいる。大陸縁の海溝において，沈み込んでいくプレート上に大陸がある場合は，その大陸は沈み込まれる側の大陸と衝突することになる。その結果として，③複数の大陸がひとまとまりになった大陸塊が形成される。

問1　文中の［　ア　］と［　イ　］に適切な語を入れよ。

問2　プレートが拡大する境界とすれ違う境界では，どのような断層型の地震が主に起きるか，それぞれの境界について1つずつ答えよ。

問3　下線部①に関連した以下の文章を読み，以下の(1)，(2)に答えよ。

今，2つのプレート間の運動を，一方のプレートを固定したときの他方のプレートの運動として考えよう。この相対的なプレート運動は，地球の中心を通る軸周りの回転運動と見なすことができ，その回転軸が地球表面と交わる点をオイラー極という。プレート運動は，オイラー極の位置と軸周りの回転運動の角速度(単位時間当たりに回転する角度)によって表すことができる。

⑴　オイラー極の位置は，トランスフォーム断層の走向から推定することができる。その理由と推定方法を説明せよ。

⑵　**図1 a**のように，2つのプレート(プレートX，Y)の境界には中央海嶺が存在している。**図1 a**の点P付近では，**図1 b**のような磁気異常のしま模様が認められた。中央海嶺の軸に最も近い正と負の磁気異常の境界までの距離は，中央海嶺の軸から両側に 19.5 km 離れていた。プレートYに対するプレートXの運動の角速度を求めよ。角速度は1000年当たりの回転角度(ラジアン/1000年)として算出し，有効数字2けたで示せ。計算過程も示すこと。なお，プレートYに対するプレートXの運動のオイラー極は**図1 a**に示したとおりで，オイラー極から点Pまでの角度は60°である。また，最近の地磁気の極性の逆転現象は78万年前に起こったとし，地球の半径は6400 km，$\sqrt{3} = 1.73$ とせよ。

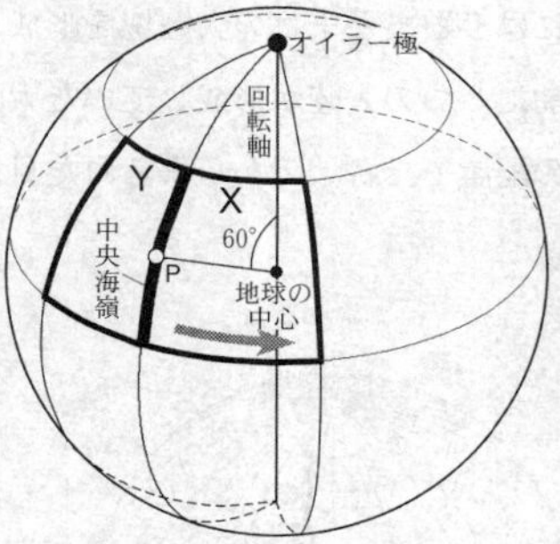

図1 a

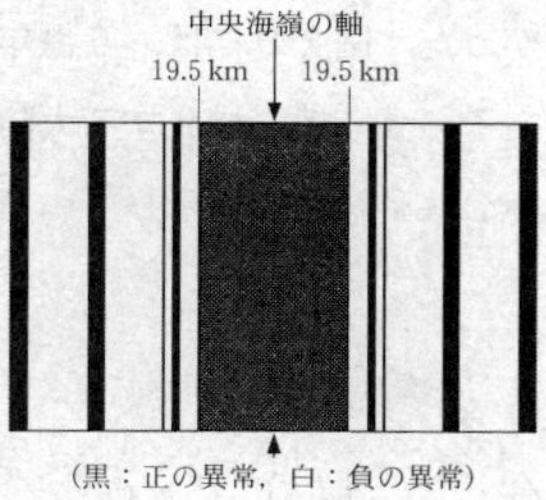

図1 b

問 4　下線部②に関連して，以下の⑴，⑵に答えよ。

⑴　海洋のプレートが中央海嶺で形成されてから時間が経過するに従って，海洋底の深さはどのように変化するか，その変化をもたらす要因とともに説明せよ。

(2) 問4(1)の海洋底の深さの変化に応じて，陸から離れた遠洋域の海洋底の堆積物の種類や構成は変化することが知られている。遠洋域の堆積物は，主に生物起源のものからなり，それには，炭酸カルシウムに富むものとケイ質に富むものとがある。そのような堆積物では，海洋底の深さの変化に応じてどのような変化が見られるか，その変化をもたらす理由とともに説明せよ。

問5　下線部③に関連した以下の文章を読み，以下に答えよ。

ある大陸Aがあったとする。その大陸に分布する10億年前から5億年前までの岩石の残留磁化を測定し，その方位から地磁気の北極の位置を求めた。その位置は，**図2a**に示すように大陸Aに対して年代とともに移動していた。地磁気の北極の位置は変わらないとすると，この地磁気の北極の移動は見かけのもので，プレート運動による大陸Aの移動の結果であると考えることができる。ある大陸B，Cからも同様にして見かけの地磁気の北極の移動経路を求めた。その結果，3つの大陸は，ある年代にはひとまとまりの大陸塊を形成していたことがわかった。**図2b**には，6億年前に3つの大陸が形成していた大陸塊を示す。また，その大陸塊を構成する大陸の配置で，各大陸から得られた見かけの地磁気の北極の移動経路を表示している。

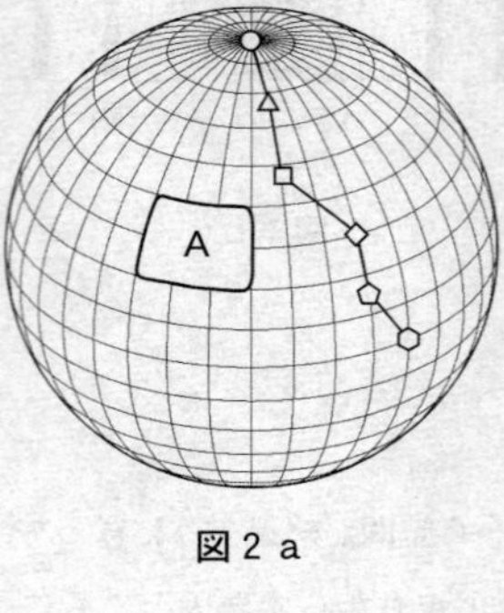

図2a

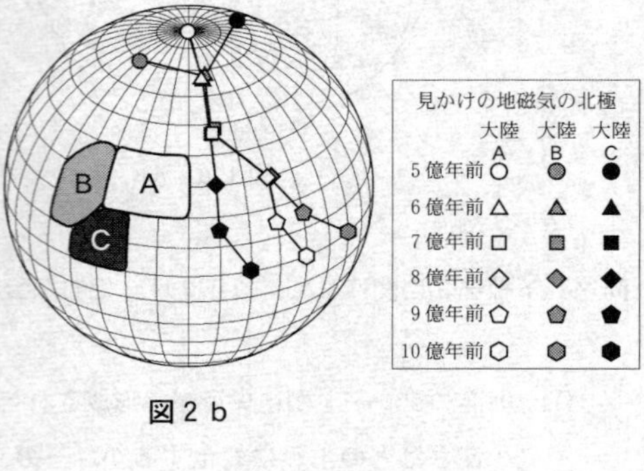

図2b

図２ｂの見かけの地磁気の北極の移動経路に基づけば，８億年前と 10 億年前の大陸配置は大陸Ａを固定した場合，それぞれ図３ａと図３ｂに示すとおりであったと考えられる。なぜそのように考えることができるか，それぞれについて説明せよ。なお，図２，図３の緯度線と経度線は 10° 間隔である。

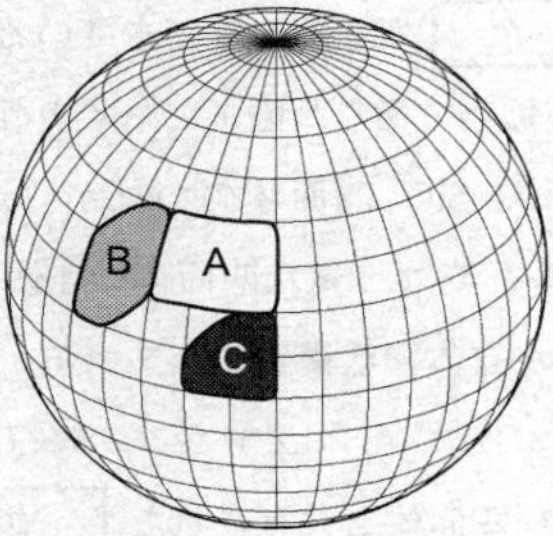

図３ａ

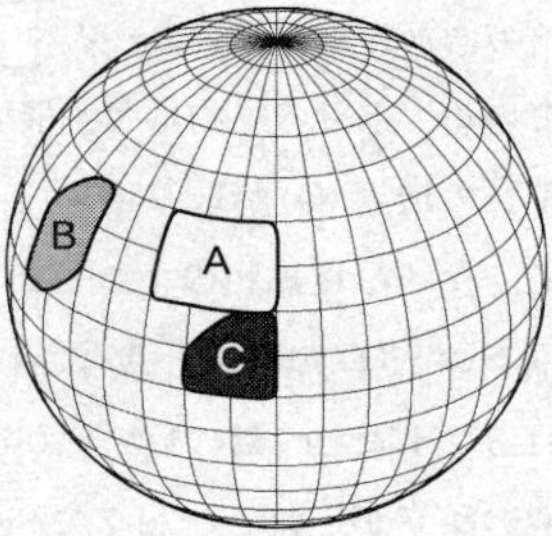

図３ｂ

※解答欄　問２：ヨコ 13.7 センチ×タテ 3.0 センチ
問３(1)：ヨコ 13.7 センチ×タテ 7.0 センチ
問３(2)：ヨコ 13.7 センチ×タテ 11.0 センチ
問４(1)・(2)：各ヨコ 13.7 センチ×タテ 6.5 センチ
問５：ヨコ 13.7 センチ×タテ 13.0 センチ

地学問題　Ⅳ

次の文章を読み，**問 1 〜問 4** に答えよ。解答はすべて所定の解答欄に記入せよ。

大陸地殻は，[ア] 質岩石の上部地殻と [イ] 質岩石の下部地殻からできている。一方，海洋地殻はほとんど [イ] 質岩石からできている。これらの地殻を構成している大部分の鉱物はケイ酸塩鉱物であり，**図 1** に示すように，1 つのケイ素(Si)を 4 つの酸素(O)が取り囲んでいる SiO_4 四面体のつながりがその骨組みとなっている。ケイ酸塩鉱物の 1 つである石英は，SiO_4 四面体の 4 個すべての酸素がそれぞれ別々の SiO_4 四面体と共有された立体網状構造をしている。このとき，石英中に含まれるケイ素と酸素の数の比(Si : O)は，1 : 2 である。輝石は，SiO_4 四面体のうち 2 個の酸素がそれぞれ別々の SiO_4 四面体と共有された [ウ] 状構造をしている。

輝石と角閃《かくせん》石，黒雲母を偏光顕微鏡で観察したところ，輝石と角閃石では 2 方向のへき開が，黒雲母では 1 方向のへき開が見られた。へき開のなす角度は，輝石では約 [エ] 度，角閃石では約 [オ] 度であった。この違いは，結晶構造の違いを反映している。

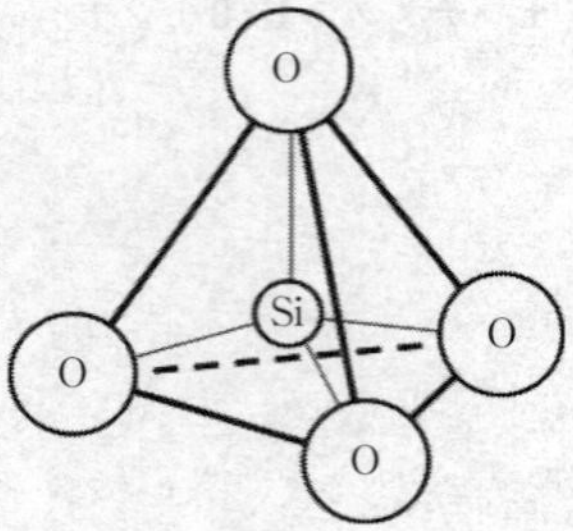

図 1

問 1　文中の [ア] 〜 [オ] に適切な語句，数値を記入せよ。

問 2　輝石のケイ素と酸素の数の比(Si : O)を，理由とともに答えよ。

問 3　下線部に関連して，角閃石，黒雲母の結晶構造の特徴を，SiO_4 四面体のつながり方に着目して答えよ。

問 4　ア 質岩石，イ 質岩石を構成する鉱物は，石英，カリ長石，斜長石，輝石，かんらん石であるとする。**表 1** は，それらの鉱物の体積比を示している。以下の(1)〜(4)に答えよ。

表 1

	ア 質岩石	イ 質岩石
カリ長石	25 %	—
a	25 %	—
b	50 %	60 %
c	—	25 %
かんらん石	—	15 %

(1)　表中の a 〜 c に適切な鉱物名を記入せよ。

(2)　輝石を糸でつるし，ばねばかりを用いて空気中での重さと水温 4 ℃ の水中での重さを測定したところ，それぞれ 3.1 g，2.2 g を示した。この輝石の密度を有効数字 2 けたで求めよ。計算過程も示すこと。糸の体積，重さは測定に影響しないものとする。

(3)　石英，カリ長石，斜長石，かんらん石の密度を，それぞれ $2.7\,g/cm^3$，$2.6\,g/cm^3$，$2.7\,g/cm^3$，$3.6\,g/cm^3$ としたとき，この ア 質岩石，イ 質岩石の密度を有効数字 2 けたで求めよ。計算過程も示すこと。ただし，輝石の密度は**問 4 (2)**の結果を用いよ。

(4)　**図 2** に示す大陸と海洋においては，海面から深さ 100.0 km にある面でアイソスタシーが成り立っているとする。すなわち，その面に加わる単位面積あたりの荷重はどこでも等しい。このとき，海面からの大陸の高度 h[km] を有効数字2けたで求めよ。計算過程も示すこと。ただし，大陸は厚さ 35.0 km の ア 質岩石の上部地殻と厚さ 15.0 km の イ 質岩石の下部地殻をもつとする。また，海洋地殻は厚さ 7.0 km の イ 質岩石からできているとし，海水の厚さは 4.0 km とする。マントルの密度および海水の密度はそれぞれ 3.3 g/cm^3，1.0 g/cm^3 とし， ア 質岩石および イ 質岩石の密度は**問4**(3)の結果を用いよ。

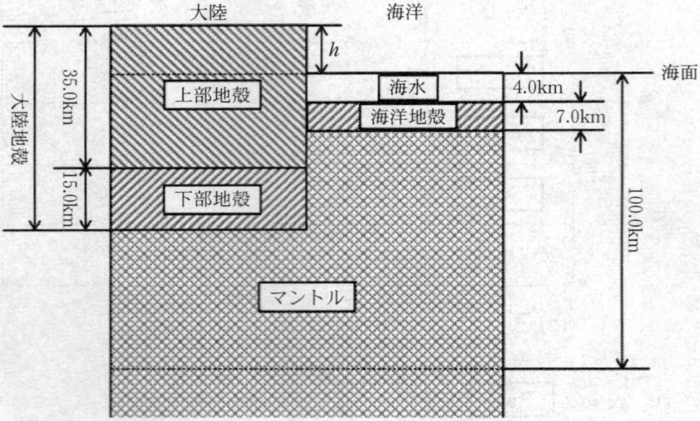

図2

※解答欄　問2：ヨコ13.7センチ×タテ8.0センチ
問3：ヨコ13.7センチ×タテ4.0センチ
問4(2)：ヨコ13.7センチ×タテ5.5センチ
問4(3)：ヨコ13.7センチ×タテ7.0センチ
問4(4)：ヨコ13.7センチ×タテ9.5センチ

問二　傍線部(2)はどのようなことを言っているのか、説明せよ。

問三　傍線部(3)を現代語訳せよ。

※解答欄　問二：タテ一四センチ×四行

三　次の文は、肥後国八代《やつしろ》城主、加藤正方に仕えた西山宗因が著したものである。寛永九年（一六三二）五月、正方の主君であった肥後国熊本藩主の改易処分に伴い、宗因は正方ともども流浪の身となった。これを読んで、後の問に答えよ。（三〇点）

抑《そもそも》この肥後の国をたもちはじめ給ひし年月を数ふれば、四十年あまり、*二代の管領にていまそがりければ、たけきもののふも恩沢のあつきになつき、（1）あやしの民の草葉も徳風のかうばしきになびきて、家とみ国さかえたるたのみをうしなひてより、所なげにまどひあへる事、ことわりにも過ぎたり。数ならぬ身もたのみし人*に伴ひて、東がた武蔵の国までさすらへありきて、ことし文月のころ都へ帰りのぼりても、なほ住みなれし国の事は忘れがたく、親はらから恋しき人おほくて、とぶらひがてらまかりくだりしに、（2）こぞことしのうさつらさ、たがひに言葉もなし。かくてしばらくありて、また京のかたへと思ひ立つに、老いたる親、古き友などしたひとどめて、まづしき世をもおなじ所にありてかたみに力をも添へむなど、さまざまにいふを、ふりすてがたくは侍りつれど、（3）とどまるべきよすがもなく、行く末とてもさだめたる事もなけれど、しらぬ里は身をはづることもあらじなど思ひさだめて、長月の末つ方、秋の別れとともに立ち出で侍る。

（『肥後道記』より）

注（*）

二代の管領にていまそがりければ＝加藤清正、忠広の父子二代にわたって肥後国熊本藩主であったということ。

たのみし人＝加藤正方を指す。

問一　傍線部（1）を、比喩を明らかにしつつ現代語訳せよ。

いる。人間の自覚ということ自体がその最も著しい例である。哲学や宗教の根がここにある以上、上記のごとき意味における科学が完全にそれらに取って代ることは不可能であろう。科学の適用される領域はいくらでも広がってゆくであろう。このいわば遠心的な方面には恐らく限界を見出し得ないかも知れない。それは哲学や宗教にも著しい影響を及ぼすであろう。しかし、科学が自己発展を続けてゆくためには、その出発点において、またその途中において、故意に、もしくは気がつかずに、多くの大切なものを見のがすほかなかったのである。このような（3）科学の宿命をその限界と呼ぶべきであるならば、それは科学の弱点であるよりもむしろ長所でもあるかも知れない。なぜかといえば、この点を反省することによって、科学は人間の他の諸活動と相補いつつ、人類の全面的な進歩向上に、より一層大きな貢献をなし得ることになるからである。

（湯川秀樹「科学と哲学のつながり」より）

問一　傍線部（1）のように筆者が考えるのはなぜか、説明せよ。

問二　傍線部（2）のように筆者が考えるのはなぜか、説明せよ。

問三　傍線部（3）「科学の宿命」とは何か、筆者の考える「科学」の本質を明らかにしつつ説明せよ。

※解答欄　問一：タテ一四センチ×三行
問二：タテ一四センチ×二行
問三：タテ一四センチ×四行

なりとも具体的な解答を与えようとすると、まず科学に対するはっきりした定義を与えることが必要になってくる。ところがそれは決して容易でなく、どんな定義に対してもいろいろな異論が起り得るのである。しかし科学の本質的な部分が事実の確認と、諸事実の間の関連を表す法則の定立にあることだけは何人《なんぴと》も認めるであろう。事実とは何か、法則とは何かという段になると、また意見の違いを生ずるであろう。しかしいずれにしても、とにかく事実という以上は一人の人の個人的体験であるに止まらず、同時に他の人々の感覚によっても捕え得るという意味における客観性を持たねばならぬ。したがって自分だけにしか見えない夢や幻覚などは、一応「事実」でないとして除外されるであろう。もっとも心理学などにとっては、夢や幻覚でも研究対象となり得るが、その場合にもやはり、体験内容が言葉その他の方法で表現ないし記録されることによって、広い意味での事実にまで客観化されることが必要であろう。この辺までくると、(1)科学と文学との境目は、もはやはっきりとはきめられない。自己の体験の忠実な表現は、むしろ文学の本領だともいえるであろう。

それが科学の対象として価値を持ち得るためには、体験の中から引出され客観化された多くの事実を相互に比較することによって、共通性ないし差違が見出され、法則の定立にまで発展する可能性がなければならぬ。赤とか青とかいう私の感じは、そのままでは他の人の感じと比較のしようがない。物理学の発達に伴って、色の感じの違いが、光の波長の違いにまで抽象化され客観化されることによって、はじめて色や光に関する一般的な法則が把握されることになるのである。その反面においてしかし、私自身にとって最も生き生きした体験の内容であった赤とか青とかいう色の感じそのものは、この抽象化の過程の途中で脱落してしまうことを免れないのである。科学的知識がますます豊富となり、正確となってゆく代償として、私どもにとって別の意味で極めて貴重なものが、随分たくさん科学の網目からもれてゆくのを如何《いかん》ともできないのである。科学が進歩するにしたがって、芸術の種類や形態にも著しい変化が起るであろう。しかし(2)芸術的価値の本質は、つねに科学の網によって捕えられないところにしか見出されないであろう。

一言にしていえば、私どもの体験には必ず他と比較したり、客観化したりすることのできないある絶対的なものが含まれて

問三　傍線部(3)はどういうことか、説明せよ。

問四　傍線部(4)のように筆者が考えるのはなぜか、説明せよ。

※解答欄　問一・問三：各タテ一四センチ×三行
　　　　　問二：タテ一四センチ×四行
　　　　　問四：タテ一四センチ×五行

二

次の文を読んで、後の問に答えよ。（三〇点）

「科学には限界があるかどうか」という質問をしばしば受ける。科学が自分自身の方法にしたがって確実なそして有用な知識を絶え間なく増加し、人類のために厖大《ぼうだい》かつ永続的な共有財産を蓄積しつつあるのを見ると、科学によってすべての問題が解決される可能性を、将来に期待してもよさそうに思われる。しかしまたその反面において人間のさまざまな活動の中のある部分が、ある方向に発展していった結果として、今日科学といわれるものができ上がったこと、したがってつねに科学と多かれ少なかれ独立する他の種類の他の方向に向っての人間活動が存在し、それらと科学とがある場合には提携し、ある場合には背《はい》馳《ち》しつつ発展するものであること、現在の科学者にとってまだ多くの未知の領域が残っていることなどを考慮すると、素朴な科学万能論を信ずることはできないのである。

大多数の人は、恐らく何等かの意味において漠然とした科学の限界を予想しているに違いないのであるが、この問題に多少葉の「こころ」を変える力は、すなわち、人間の「こころ」であって、言葉の「こころ」が、人間から独立して、勝手に変わるのではない。言葉の意味変化が、人間の「こころ」の変化を前提とする以上、人間の「こころ」の側から、言葉の「こころ」が追究されなければならないのは当然であろう。(4)意味論は、人間の「こころ」と言葉の「こころ」の相互関係を究明する「こころ」の学とならない限り、人間の学としての「意味」を持ちえないといっても過言ではない。

（佐竹昭広「意味変化について」より。一部省略）

注(*)

アナロジカル＝analogical「類推による、類推的な」の意。

ヘボンの辞書＝ジェームス・カーティス・ヘボンによって幕末に編纂された、英語による日本語の辞書。

日葡辞書＝ポルトガル語による日本語の辞書。一六〇三年から一六〇四年にかけてイエズス会によって長崎で出版された。

ロデシヤ＝アフリカ大陸南部の地域名称。現在のザンビアとジンバブエを合わせた地域にあたり、二〇以上の言語が話されている。同じく西アフリカのリベリア共和国も三〇近い言語が話されている多言語国家。

問一　傍線部(1)はどういうことか、説明せよ。

問二　傍線部(2)はどういうことか、説明せよ。

の行為や心理を一つの言葉で名づけるならば、あなたは、その人に、その人の行為や心理を啓示することになる。その人は、名づけられた言葉を手がかりに、あらためて自分をかえりみるだろう。

「泣きぬれた天使」という往年のフランス映画にも、そうした場面があった。ジュヌヴィエーヴは、盲目の彫刻家に対する友情とも憐愍《れんびん》ともつかない漠然たる心情を、他人から「愛《アムール》」という言葉で啓示されたとき、自分のすべてが決定されたことを知った。今度は、「愛」という言葉が、彼女の「こころ」を鍛えあげてゆく。或いは、人間の「こころ」が、言葉につかみとられて、否応なしに連行されてゆくのだといってもいい。「愛」とか「嫉妬」とか「憎悪」とかいう言葉が現れると、(3)その言葉とともに、愛や嫉妬や憎悪が結晶してくる。もやもやした感情を、「愛」でとらえるか、「嫉妬」でとらえるか、「憎悪」でとらえるか、結びつき次第で、彼の運命は大きく違ってくるであろう。彼は「愛」をそだてることに成功するかもしれない。「嫉妬」に懊悩《おうのう》する男になるかもしれない。「憎悪」のあまり、女を殺す大罪を犯すに至るかもしれない。

*

人間の「こころ」と言葉の「こころ」との間には、相互にはたらきかける二つの力がある。一つは、言葉の「こころ」が人間の「こころ」に作用する力であったが、もう一つは、人間の「こころ」が、言葉の「こころ」に作用して、それを変えてゆく力である。言葉が、人間世界の細目に対してごく大まかにしか配置されていないものである以上、われわれは、自分の「こころ」を、適切な言葉によって表現できないという不幸を宿命的に負わされている。どうしても、「こころ」を託すべき言葉がなければ、穴埋めに、新語を創造し、古語を復活し、外国語を借用するという方法も講ぜられる。

人間は、絶えず、その人、その時代に固有の「こころ」を持った言葉をさがし求めているものだ。新しい「こころ」は、それを関連づけることのできそうな「こころ」を持った言葉を見つけて、その中に押しこまれる。あとから押しこまれた方の「こころ」が、人々から強力に支持されつづければ、新しい「こころ」は、古い「こころ」を押しのけて、新規にその主人ともなりうる。言分けない。言語によって、色彩の目盛りの切り方が相違しているのである。これが直ちに言語の構造の問題と結びついていることは、言語構造の概念を説明するための雛型《ひながた》として、スペクトルの例が好んで採りあげられることを想起すれば十分である。言語が構造であること、構造とは分節的統一にほかならないことを、ここからわれわれは容易に認めることができる。思考活動は、この目盛りの切り方、言語の構造性に応じて営まれる。同じ虹に対しても、人はその属する言語の構造という既成の論拠の上においてのみ、色合を認知しうるのである。スペクトル中の色帯の数を、ミクロン単位で数えるならば、三七五種の多くにのぼると言われる。それを何色かに分割するということは、無限の連続である外界を、いくつかの類概念に区切り、そこにおける固定した中心、思想の焦点としての名称をもって配置することである。曖昧で不確かで変動しやすい人間の知覚は、名称によって新しい形をとり始める。客観的世界ははじめて整理せられ、一定の秩序と形態を与えられる。朦朧《もうろう》として不分明な個人の感情、捉えがたい心理の内面も、すべて名称による以外には、自己を客観化し明確化するすべを持たない。スタンダールの『赤と黒』に、ジュリアンとの媾曳《あいびき》のあとで、幸福の陶酔に耽《ふけ》っていたその夜のド・レーナル夫人が、突然、自分の行為の「姦通《アデュルテール》」という怖ろしい言葉に宛てはまるのに気づいて愕然《がくぜん》とする場面がある。言語以前の無意識の状態における個人的感情が、判然たる姿をとってその性格を客観的に現示するものは名称であることを、これは端的に物語っている」。考えてみれば、これほど危険千万なことはない。言葉によって、カオスがコスモスに転化することは事実だとしても、そのとき、名づけられたものは、他のあらゆる属性を切り捨てられ、無垢の純潔性を失ってしまう。

　ベンジャミン・リー・ウォーフも言うように、言語とは、それ自体、話者の知覚に指向を与える一つの様式であり、言語は、話者にとって、経験を意味のある範疇《はんちゅう》に分析するための習慣的な様式を準備するものである。言語が押しつける恣意的な分類法、その上に立つ一定数の限られた言葉で、無限の連続性を帯びている内的外的世界を名づけること、それは、言語主体に指示して彼を特定のチャンネルへと追いこむこと、外部から一つの決定を強制することではないか。もしあなたが、或る人し、「意味」という漢語を知らない時代にも、「意味」を含意する言葉は存在した。それが、「こころ」という和語であったことは、あらためて紹介するまでもない。のみならず、この事実は、たとえ偶然であるかもしれないにせよ、語を人間とのアナロジーで捉える観点から導かれた、「意味」と「こころ」の対応関係にいみじくも合致している。

一般に、意味論は、意味を客観的認識の対象として、当の言語主体から切り離しすぎたうらみがある。いま、語の意味を、「こころ」という和語によって認識しなおしてみるとき、(1)語の意味と言語主体の心的活動は、確実に一本のキイ・ワードで架橋されることになるであろう。意味論にとって、これは、すこぶる重要な示唆だとはいえないであろうか。

＊

共鳴、親愛、納得、熱狂、うれしさ、驚嘆、ありがたさ、勇気、救ひ、融和、同類、不思議などと、いろいろの言葉を案じてみましたけれど、どれも皆、気にいりません。重ねて、語彙の貧弱を、くるしく思ひます。（太宰治『風の便り』）

事物は、それを名づける言葉が見出されない限り、存在しないに等しい。言語主体は、なにか明晰《めいせき》なかたちで認識したいものがあるとき、現在の自分の「こころ」に過不足なく適合する「こころ」を具有した言葉をさがし求める。そうして、該当する言葉がつかまえられないとき、自分の「語彙の貧弱を、くるしく思」う。だが、語彙の多寡など、所詮は程度の差である。いくら語彙の豊富な人間でも、自分の「こころ」をぴたりと表現できない苦しみから完全に自由であることはできない。人間の世界は、言葉によって縦横に細分されてはいるものの、語の配分は、決してわれわれの経験世界に密着した精密度で行われているわけではない。(2)もっとも客観的に見える自然界ですら、実際は、なんら客観的に分割されていないというのが、言葉の世界である。以前、「語彙の構造と思考の形態」と題する小論の中で、次のように述べたことがある。「スペクトルにかけられた色彩を、現代日本語は七色で表わす。しかし英語では六色であり、＊ロデシヤの一言語では三色、リベリアの一言語では二色にしか

国語

（九〇分）

（注）一〇〇点満点。総合人間（理系）・教育（理系）・経済（理系）・理・医学部は一五〇点満点に換算。

一

次の文を読んで、後の問に答えよ。（四〇点）

皆人の「からだ」ばかりの寺参り　「こころ」は宿にかせぎをぞする　（為愚痴物語巻六ノ一二）

生きた人間を「からだ」と「こころ」で対立させる二元論的把握は、視野を転じて、言語記号の成り立ちという問題に対しても、*アナロジカルに適用することができる。

言語記号は、一定の音声形式と意味とから成り立っている。人間の「からだ」が「こころ」の器であるなら、音声形式も、また、意味の器にほかならない。「からだ」に「こころ」の宿っているものが生きた「身」であるなら、音声形式に意味の宿っているものが、すなわち「語」にほかならない。

語の成り立ちを「身」との対比において把握する観点から、とりわけ注目される問題は、「語」の意味に対応する概念として、「身」の方に、「こころ」という言葉が見出されることである。わが国で、「意味」という言葉が、いつごろから使用されるようになったのかは判然としない。*ヘボンの辞書には収められているが、*日葡辞書など中世の辞書には見当らないようである。しか

2011

問題編

問題編

▶試験科目

学部	教科	科目
総合人間（理系）・理・農	外国語	コミュニケーション英語Ⅰ・Ⅱ・Ⅲ，英語表現Ⅰ・Ⅱ
	数学	数学Ⅰ・Ⅱ・Ⅲ・A・B
	理科	「物理基礎・物理」，「化学基礎・化学」，「生物基礎・生物」，「地学基礎・地学」から２科目選択
	国語	国語総合・現代文B・古典B
教育（理系）	外国語	コミュニケーション英語Ⅰ・Ⅱ・Ⅲ，英語表現Ⅰ・Ⅱ
	数学	数学Ⅰ・Ⅱ・Ⅲ・A・B
	理科	「物理基礎・物理」，「化学基礎・化学」，「生物基礎・生物」，「地学基礎・地学」から１科目選択
	国語	国語総合・現代文B・古典B
経済（理系）	外国語	コミュニケーション英語Ⅰ・Ⅱ・Ⅲ，英語表現Ⅰ・Ⅱ
	数学	数学Ⅰ・Ⅱ・Ⅲ・A・B
	国語	国語総合・現代文B・古典B
医・薬	外国語	コミュニケーション英語Ⅰ・Ⅱ・Ⅲ，英語表現Ⅰ・Ⅱ
	数学	数学Ⅰ・Ⅱ・Ⅲ・A・B
	理科	「物理基礎・物理」，「化学基礎・化学」，「生物基礎・生物」から２科目選択
	国語	国語総合・現代文B・古典B
	面接	医学部医学科のみに課される
工	外国語	コミュニケーション英語Ⅰ・Ⅱ・Ⅲ，英語表現Ⅰ・Ⅱ
	数学	数学Ⅰ・Ⅱ・Ⅲ・A・B
	理科	「物理基礎・物理」，「化学基礎・化学」
	国語	国語総合・現代文B・古典B

▶配　点

<table>
<tr><th colspan="2">学部・学科</th><th>外国語</th><th>数　学</th><th>理　科</th><th>国　語</th><th>面　接</th><th>合　計</th></tr>
<tr><td colspan="2">総合人間
(理系)</td><td>150</td><td>200</td><td>200</td><td>150</td><td>—</td><td>700</td></tr>
<tr><td colspan="2">教育(理系)</td><td>200</td><td>200</td><td>100</td><td>150</td><td>—</td><td>650</td></tr>
<tr><td colspan="2">経済(理系)</td><td>200</td><td>300</td><td>—</td><td>150</td><td>—</td><td>650</td></tr>
<tr><td colspan="2">理</td><td>225</td><td>300</td><td>300</td><td>150</td><td>—</td><td>975</td></tr>
<tr><td rowspan="2">医</td><td>医</td><td>300</td><td>250</td><td>300</td><td>150</td><td>※</td><td>1000</td></tr>
<tr><td>人間健康科</td><td>200</td><td>200</td><td>200</td><td>150</td><td>—</td><td>750</td></tr>
<tr><td colspan="2">薬</td><td>200</td><td>200</td><td>200</td><td>100</td><td>—</td><td>700</td></tr>
<tr><td colspan="2">工</td><td>200</td><td>250</td><td>250</td><td>100</td><td>—</td><td>800</td></tr>
<tr><td colspan="2">農</td><td>200</td><td>200</td><td>200</td><td>100</td><td>—</td><td>700</td></tr>
</table>

▶備　考

- 外国語はドイツ語，フランス語，中国語も選択できる（理・医（人間健康科学科）・薬・工学部は英語指定）が，編集の都合上省略。
- 「数学Ⅰ」，「数学Ⅱ」，「数学Ⅲ」，「数学Ａ」は全範囲から出題する。「数学Ｂ」は「数列」，「ベクトル」を出題範囲とする。
- 医学部医学科においては，調査書は面接の参考資料にする。

※医学部医学科の面接は，医師・医学研究者としての適性・人間性などについて評価を行い，学科試験の成績と総合して合否を判定する。従って，学科試験の成績の如何にかかわらず不合格となることがある。

英語

（120分）

（注）150点満点。教育（理系）・経済（理系）・医（人間健康科）・薬・工・農学部は200点満点に，理学部は225点満点に，医（医）学部は300点満点に換算。

I　次の文章を読み，下の設問(1)～(3)に答えなさい。　（50点）

The most common conception of deserts and arid lands, as embodied by the 1994 UN Convention to Combat Desertification, innumerable national development agencies, and many nongovernmental organizations, is that they are barren, deforested, overgrazed lands — wastelands with little value that need to be repaired and improved. Up to 70% of global arid and semiarid lands are frequently claimed to be suffering from varying degrees of desertification. Yet the word "desertification" has no agreed definition, measures of desertification are not standardized, and it is very difficult to differentiate degradation caused by humans from the effects of drought in the drylands, which makes such estimates(a) of desertification questionable at best. Indeed, academic research has shown for more than 25 years that estimates of desertification have been significantly exaggerated and that most of the world's drylands are not being invaded by spreading deserts caused by deforestation, burning, and overgrazing as claimed since the word was first invented nearly one hundred years ago. This has led a majority of arid lands ecologists to conclude that there is insufficient scientific evidence of large-scale permanent desertification.

Desertification as a concept is extremely important, however, not least because the fear it generates drives a multimillion-dollar global antidesertification campaign that impacts the lives of millions of people. Desertification is also important because it was the first major environmental issue to be recognized as occurring on a global scale. (b) As such, the way that the "crisis of desertification" was conceptualized, framed, and tackled as a policy problem shaped in numerous ways our reactions to subsequent environmental crises such as deforestation, biodiversity loss, and climate change. Global concern about desertification is most commonly dated to the 1970s when a great drought and famine hit the sub-Saharan region with terrible suffering and mortality, and resulted in coordinated global action in the form of the 1977 UN Conference on Desertification. Fear of desertification, though, has driven global dryland policy for much longer, dating to the mid-twentieth century with UNESCO's Arid Zone Program and to various colonial adventures in the world's drylands long before that.

Indeed, before the word "desertification" was invented in the 1920s by a French colonial forester, western imperial powers had executed many different programs to try to restrain the perceived spread of desert regions and also to try to "restore" the drylands to productivity according to capitalist goals. Underlying these attempts was a complex, long-standing, and primarily Anglo-European understanding of deserts which equated them with ruined forests much of the time. Examining how these ideas about deserts have changed over the long duration will reveal that many of the worst cases of degradation in the drylands have been the result of policies based on the old ideas that deserts are without value and that desertification is caused primarily by "traditional" uses of the land by local populations. Societies in arid lands have, in fact, lived successfully in these unpredictable environments for thousands of years using ingenious techniques. (c) The assumption that the world's drylands are worthless and deforested landscapes has led, since the colonial period, to programs and policies that have often systematically damaged dryland environments and marginalized large numbers of indigenous peoples, many of whom had been using the land sustainably.

(1)　下線部(a)の指す内容を具体的に日本語で述べなさい。

(2)　下線部(b)を，“As such” の指す内容が具体的にわかるように和訳しなさい。

(3)　下線部(c)を和訳しなさい。

II　次の文章を読み，下の設問(1)〜(3)に答えなさい。　(50点)

“Do every act of your life as though it were the very last act of your life,” said Marcus Aurelius, Roman emperor and philosopher. If these words have a familiar ring, it is because philosophers and religious thinkers have been saying more or less the same thing from time immemorial.

Be here now.

Be ever mindful.

Live in the present.

Clearly, we human beings must have great difficulty living mindfully in the present. (　ア　), why would so many philosophers feel the need to keep repeating the message?

On the face of it, fully engaging in the here and now does not sound that difficult. *Here* is right here in front of us. And it is *now* right now. So what's the problem?

Some people drift away from the present by desiring something better than what exists here and now. Others drift away into “What's next?” (a) Another, more thorough way of avoiding full immersion in the present is by seeing all of life as stages of preparation, ranging from preparing for dinner to preparing for life in the Hereafter, with preparing for final exams falling somewhere in between. At the other extreme, there are those of us who persistently dwell in the past, with either nostalgia or regret or a mix of the two.

This drifting away from the present comes along with the human capacities of imagination and extended memory. We can always imagine our lives as different from what they actually are; we can always see alternatives. Apparently, that is a temptation that is hard for most of us to resist. (イ), we can remember the way life was in the past, and chewing that over also seems irresistible.

Besides, I suspect that there is something about living fully in the present that deeply frightens us. (b)<u>What could be the source of this fear?</u> One reason could be that we live in perpetual terror of being disappointed by our lives, indeed, by life itself. We know intuitively that life in the here and now is life's ultimate — life cannot get any realer than *right now*. But what if we find the here-and-now life seriously lacking? What if it strikes us with the full force of "Is that all there is?" What if we find this ultimate reality uninspiring or, (ウ), hard, unfair, and painful? To deal with this fear of existential disappointment we make a preemptive strike on living in the present by reflexively imagining something different, by switching our consciousness to the future or past or to an imagined alternative life.

Another possible reason we refrain from living in the present is that it is fraught with intimations of our mortality. When we are fully immersed in the here and now, we become profoundly aware of the unstoppable progression of time and change. Most of us have experienced highly charged moments of bliss occasioned by simple events — a sudden appearance of a flock of doves overhead; an astonishing performance of a passage of music; an enchanting smile on the face of a passing stranger. These moments are fleeting. That is an essential part of their intensity. But these fleeting moments leave us with a bittersweet awareness that everything ends. And with that awareness comes the inescapable knowledge of our mortal existence. We are fully cognizant of the fact that the sum of our here-and-now moments will reach their end and then we will be no (エ).

⑴　空欄(　ア　)～(　エ　)に入る最も適切な語を以下の中から選び，番号を記入しなさい。同じ語は一度しか使用してはならない。なお，文頭に入る語も最初の文字を大文字にしていない。

①　less　　②　likewise　　③　more
④　otherwise　　⑤　therefore　　⑥　worse

⑵　下線部⒜を和訳しなさい。

⑶　下線部⒝の問いに筆者が与えている答えを，“this fear”の内容を明らかにしつつ，日本語で 130～160 字にまとめなさい(句読点を含む)。

Ⅲ　次の文章を英訳しなさい。　(25 点)

生兵法は大怪我のもとというが，現代のように個人が簡単に発信できる時代には，とくに注意しなければならない。聞きかじった知識を，さも自分で考えたかのように披露すると，後で必ず痛い目にあう。専門家とて油断は禁物，専門外では素人であることを忘れがちだ。さまざまな情報がすぐに手に入る世の中だからこそ，確かな知識を身に付けることの重要性を見直すことが大切である。

Ⅳ　次の会話を読んで，空欄(1)，(2)に入る適当な発言を，解答欄におさまるように英語で書きなさい。　(25 点)

Anne: Literature has a language barrier, and it's very hard to understand foreign literature. I believe there are definitely borders in literature. But music has no borders. That's a good point of music.

Ken: Wait a minute. What do you mean by "music has no borders"?

Anne: (1)＿＿＿＿＿＿＿＿＿＿＿＿＿＿＿＿＿＿＿＿＿＿＿＿
In my opinion, this demonstrates that music has no borders.

Ken: Well, actually, the problem is not so simple. (2)＿＿＿＿＿＿＿＿＿＿
＿＿＿＿＿＿＿＿＿＿＿＿＿＿ That's why I think there are borders in music after all.

※解答欄　(1)・(2)：各ヨコ12.1 センチ×７行

数学

（150 分）

（注）　200 点満点。経済（理系）・理学部は 300 点満点に，医（医）・工学部は 250 点満点に換算。

1

（30 点）

w を 0 でない複素数，$x,\ y$ を $w+\dfrac{1}{w}=x+yi$ を満たす実数とする．

(1) 実数 R は $R>1$ を満たす定数とする．w が絶対値 R の複素数全体を動くとき，xy 平面上の点 (x,y) の軌跡を求めよ．

(2) 実数 α は $0<\alpha<\dfrac{\pi}{2}$ を満たす定数とする．w が偏角 α の複素数全体を動くとき，xy 平面上の点 (x,y) の軌跡を求めよ．

2

（30 点）

四面体 OABC を考える．点 D, E, F, G, H, I は，それぞれ辺 OA, AB, BC, CO, OB, AC 上にあり，頂点ではないとする．このとき，次の問に答えよ．

(1) $\overrightarrow{\mathrm{DG}}$ と $\overrightarrow{\mathrm{EF}}$ が平行ならば AE : EB = CF : FB であることを示せ．

(2) D, E, F, G, H, I が正八面体の頂点となっているとき，これらの点は OABC の各辺の中点であり，OABC は正四面体であることを示せ．

3　(35点)

$p,\ q$ を自然数，$\alpha,\ \beta$ を

$$\tan\alpha = \frac{1}{p}, \qquad \tan\beta = \frac{1}{q}$$

を満たす実数とする．このとき

$$\tan(\alpha + 2\beta) = 2$$

を満たす $p,\ q$ の組 (p, q) をすべて求めよ．

4　(35点)

$\triangle\mathrm{ABC}$ は鋭角三角形であり，$\angle\mathrm{A} = \dfrac{\pi}{3}$ であるとする．また $\triangle\mathrm{ABC}$ の外接円の半径は 1 であるとする．

(1) $\triangle\mathrm{ABC}$ の内心を P とするとき，$\angle\mathrm{BPC}$ を求めよ．

(2) $\triangle\mathrm{ABC}$ の内接円の半径 r の取りうる値の範囲を求めよ．

5　(35点)

$a \geqq 0$ とする．$0 \leqq x \leqq \sqrt{2}$ の範囲で曲線 $y = xe^{-x}$, 直線 $y = ax$, 直線 $x = \sqrt{2}$ によって囲まれた部分の面積を $S(a)$ とする．このとき，$S(a)$ の最小値を求めよ．

（ここで「囲まれた部分」とは，上の曲線または直線のうち 2 つ以上で囲まれた部分を意味するものとする．）

6

(35 点)

n を自然数とする．n 個の箱すべてに，$\boxed{1}$，$\boxed{2}$，$\boxed{3}$，$\boxed{4}$，$\boxed{5}$ の 5 種類のカードがそれぞれ 1 枚ずつ計 5 枚入っている．各々の箱から 1 枚ずつカードを取り出し，取り出した順に左から並べて n 桁の数 X を作る．このとき，X が 3 で割り切れる確率を求めよ．

物理

(教育(理系)学部　1 科目　90 分
　その他　　　　2 科目 180 分)

(注)　100 点満点。理・医(医)学部は 2 科目 300 点満点に，工学部は 2 科目 250 点満点に換算。

物理問題　I

次の文章を読んで，[　　　] に適した式または値を，それぞれの解答欄に記入せよ。また，**問 1** では，指示にしたがって，解答を解答欄に記入せよ。

図 1 のように，圧縮ばねを利用した球の打ち出し装置，円弧状二重レール，質量 m の 2 個の同一球①，②が水平台上に置かれている。円弧状二重レールは内側と外側のレールで構成され，それらの間隔は球の直径と等しい。2 つのレールの中間点が描く半円の半径は r であり，その下端を点 A，上端を点 B とする。点 A，B は同一鉛直線上にある。球①が打ち出されることによって運動が開始する。球は水平台上や円弧状二重レールの間を滑らかに移動し，かつ円弧状二重レールを含む鉛直平面内のみを運動するものとする。さらに，球の直径は r と比べて無視できるほど小さいものとする。重力加速度の大きさを g とする。

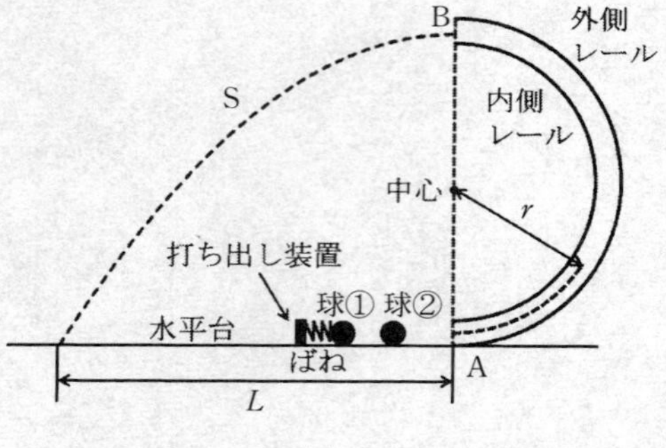

図 1

(1)　まず，球②が存在せず，球①のみが運動する場合を考える。ばねを大きく縮めて球①を打ち出すと，球①は点 A から二重レール内に進入後，点 B に到達し，**図 1** の破線 S で示すような水平投射の放物運動をした。ばねで打ち出された直後の球①の運動エネルギーを E とすると，点 B における球の速さは，E，g，m，r を用いて，[ア] と表せる。

ばねを最も縮めて球①を打ち出すと，球①は点 A から左側に距離 $L = 4r$ 離れた水平台上に落下した。この結果から，点 B における球①の速さは，g，r を用いて，[イ] と計算できるので，ばねで打ち出された直後の球①の運動エネルギー E は [ウ] であることがわかる。

(2)　次に，球②が存在する場合を考えよう。ばねを縮める量を変えて球①を打ち出し，水平台上で球②と衝突させたところ，球①と②の反発係数の大きさは常に 0.5 であった。衝突直後の球①と②の運動エネルギーをそれぞれ E_1，E_2 とすると，E_1，E_2 は，打ち出された直後の球①の運動エネルギー E を用いて，$E_1 =$ [エ]，$E_2 =$ [オ] と表せる。

打ち出された直後の球①の運動エネルギー E がある値より小さい場合，衝突後の 2 球は点 A から二重レール内に進入し，再衝突することなく経路途中で速さ 0 となり，その後，逆戻りを始めた。球①，②が速さ 0 となる点までの水平台からの高さを h_1，h_2 とすると，これらの比は常に $\dfrac{h_2}{h_1} =$ [カ] であった。また，ばねを最も縮めた場合，衝突直後の球②の運動エネルギーは，g，m，r を用いて，$E_2 =$ [キ] と表せる。このとき，球②は点 B から水平投射され，点 A から左側に距離 $L =$ [ク] 離れた水平台上に落下した。

(3)　(2)において，球②が二重レール内を移動するときの運動方程式を考えてみよう。**図 2** のように，点 A から反時計回りに角度 θ ($0° \leqq \theta \leqq 180°$) を定義し，角度 θ における円周方向の速さを v とすると，円の中心方向の加速度の大きさは $\dfrac{v^2}{r}$ である。球②が内側および外側レールから受ける円の中心方向の力を F とし，円の中心に向かう向きを正とする。さらに重力の効果を考慮すると，円の中心方向の運動方程式は，

$$m\frac{v^2}{r} = \boxed{\text{ケ}} \qquad \text{(i)}$$

と与えられる。ここで，力 F が正である場合は，球②が外側レールから抗力を

受けることを意味し，負の場合は，内側レールから抗力を受けることを意味する。角度θにおける力学的エネルギーの保存則は，E_2，g，m，r，θを用いて，

$$\frac{1}{2}mv^2 = \boxed{\text{コ}} \qquad \text{(ii)}$$

と表せる。式(i)，(ii)からvを消去すれば，球②が内側および外側レールから受ける力Fを計算できる。

ここで，球②が二重レール内で速さ0となる場合の運動を考える。速さが0になる角度θ_Vが$\theta_V > 90°$のとき，$F = 0$となる角度θ_Fが存在する。球②は$0° \leqq \theta < \theta_F$の領域で外側レールから抗力を受け，$\theta_F < \theta \leqq \theta_V$の領域で内側レールから抗力を受ける。このとき，$\dfrac{\cos\theta_F}{\cos\theta_V} = \boxed{\text{サ}}$の関係が成立する。

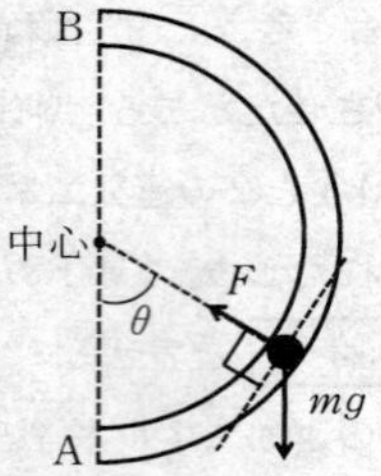

図2

問1　ばねを適当に縮めて球①を打ち出したところ，球②は二重レール内の高さ$h_2 (h_2 > r)$の点で速さが0となり，その後，経路を逆戻りした。次に，内側レールを取り外し，球①の打ち出しエネルギーを同じにして実験を行なった。すると，球②は$F = 0$となる角度θ_Fからレールを離れ，斜方投射の放物運動をした。球②の放物運動の最高到達点はh_2よりも低くなった。この理由を100字以内で説明せよ。

物理問題　Ⅱ

次の文章を読んで，［　　］には適した式または値を，｛　　｝からは適切なものを選び，それぞれの解答欄に記入せよ。なお，［［　　］］は，すでに［　　］で与えられたもの，または｛　　｝で選択したものと同じものを表す。また，**問1**では，指示にしたがって解答を解答欄に記入せよ。

（1）　**図1**のように，細長い直方体（奥行き w，高さ d）の導体を考える。導体中には電気量 $-q\,(q>0)$ の自由電子が数密度（単位体積あたりの個数）n で存在しているとする。直方体の面を**図1**のように，A（左面），D（前面），G（上面），J（背面），K（下面），H（右面）とする。また，**図1**の右上に示すように，x，y，z 軸を直方体の辺と平行になるように選ぶ。なお，重力と地磁気の影響は無視する。

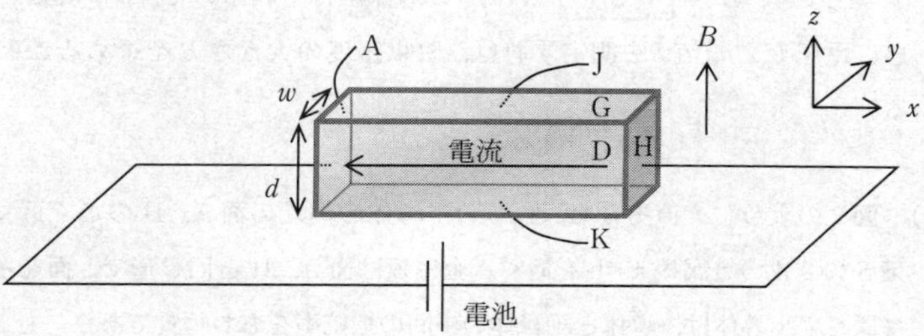

図1

導体の両端に電池をつなぎ，面Aと面Hの間に電圧をかける。このとき生じる強さ E_1 の電界により電子は x 軸の正の向きに大きさ［ イ ］の電気力を受けて進む一方，電子の速さ v に比例した抵抗力（比例係数 k）を受ける。そのため，電子が受ける力は

$$F = [\![\ \text{イ}\ ]\!] - kv$$

と表せる。その後，電気力と抵抗力がつり合い，電子の速度が一定になった。そのときの速さは $v_1 =$［ ロ ］である。

次に，磁束密度の大きさBの磁界をz軸の正の向きに加える。以下，**ハ**，**ヘ**，**ト**，**チ**，**リ**の解答にはw，d，q，n，v_1，Bのうち必要なものを使って答えよ。

磁界により電子は大きさ［ハ］のローレンツ力を{**ニ**：x軸の正，x軸の負，y軸の正，y軸の負，z軸の正，z軸の負}の向きに受ける。電子はローレンツ力によって面{**ホ**：A，D，G，J，K，H}に集まり，この面は負に，向かい合う面は正に帯電する。この帯電により生じる強さE_2の電界により，電子は［ニ］の方向と逆向きに力を受ける。この力とローレンツ力［ハ］がつり合うと電子は直進するようになり，帯電はこれ以上進まなくなる。このつり合いの条件から，$E_2 =$［ヘ］が得られる。導体の奥行きはw，高さはdなので，面［ホ］と向かい合う面の間に生じる電圧は$U =$［ト］と表せる。一方，電子が一定の速さv_1で進むとすると，導体を流れる電流の大きさは，$I =$［チ］と表せる。

以上より，$B =$［リ］$\times \dfrac{nU}{I}$の関係が得られるので，nが既知であるときに電圧Uと電流Iを測定すれば，磁束密度の大きさBを求めることができる。

（2）　**図2**のように，直方体(長さL)の半導体の両端の面A，Hのごく近くに，面積Sの2枚の金属板a，hを置く。金属板は面A，Hと同じ形で，面を覆うように置く。半導体は，導体と絶縁体の中間の抵抗率をもつ物質であり，もともと半導体中には自由電子は存在しないとみなす。また，半導体と金属板の間には，Lに対して十分小さな隙間があり，金属板から半導体に電子が流入することはない。したがって，**図2**のように金属板に電池と抵抗をつないだ回路では，金属板と半導体からなる系は平行板コンデンサーの働きをする。ただし，抵抗の抵抗値は十分に小さく，コンデンサーの充電時間は無視できる。また，抵抗による電圧降下は電池の電圧に比べて十分小さい。

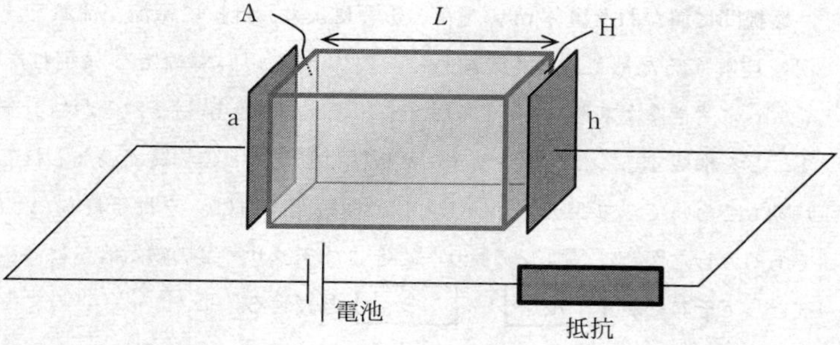

図2

このコンデンサーは極板の面積が S，極板間の距離が L であり，極板の間は半導体で満たされているとみなせる。半導体の誘電率を ε とすると，コンデンサーの電気容量は $C =$ ［ヌ］ と表せる。コンデンサーには，電池(電圧 V)により，$Q = CV$ の電荷が蓄積される。なお，極板の面積は十分に大きく，極板の間に一様な電界が生じるとしてよい。

ここで，電気量 $-q(q > 0)$ の電子 N 個を時刻 $t = 0$ において瞬間的に面Aに一様に注入する。この電子群の運動を考えてみよう。外部から半導体に注入された電子は，半導体中を移動することができる。いま，注入された電子群は，シート状の分布のまま半導体中を面Aから面Hの向きに一定の速さ(ここでは v_2 とする)で進むとする。このシート状の電子群は，コンデンサーの極板の間に挿入された十分に薄い導体とみなすことができる。したがって，半導体中をシート状の電子群が運動するときの状況は，図3のように，$-qN$ に帯電した導体mがコンデンサー内を速さ v_2 で動いているとみなすことができる。

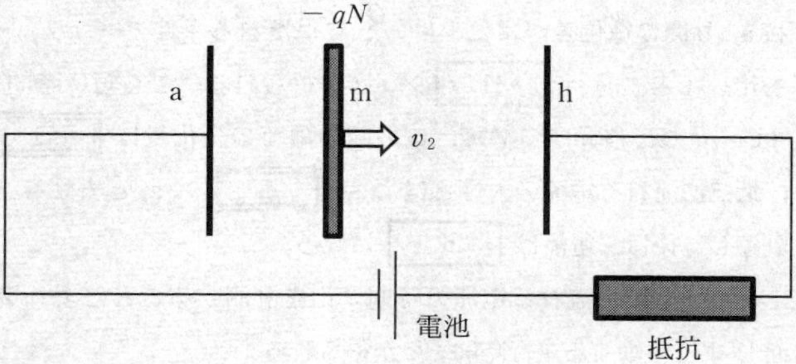

図3

極板間に置かれた導体 m の電荷の影響により，抵抗に電流が流れる。この状況を理解するために，**図 4** のように，導体 m を短い導線でつながれた金属板 a'，h' に置き換えて考える。このとき，a と a'，h と h' はそれぞれコンデンサー①，②を構成する。コンデンサーの極板間は誘電率 ε の物質で満たされている。時刻 t において，コンデンサー①と②の極板間距離は，それぞれ v_2t と $L - v_2t$ である。したがって，コンデンサー①とコンデンサー②の電気容量は，C を含む式としてそれぞれ [ル]，[ヲ] と表せる。

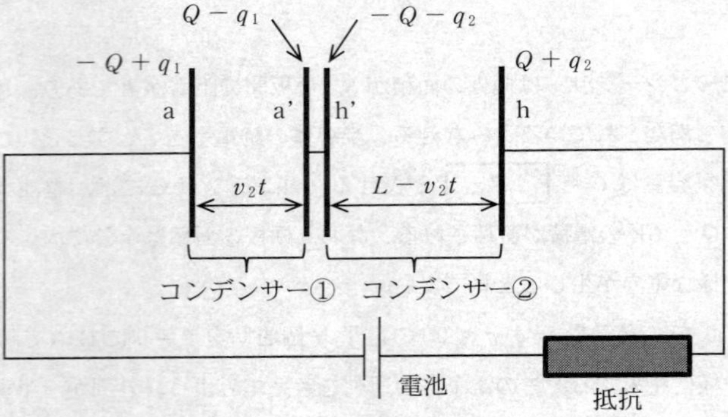

図 4

コンデンサー①に蓄えられる電荷を $Q - q_1$，コンデンサー②に蓄えられる電荷を $Q + q_2$ とする。ここで，極板 a'，h' の電荷の和は $-qN = -q_1 - q_2$ であり，極板 a，h の電荷の和は $qN = q_1 + q_2$ であるとする。コンデンサー①の電圧 V_1 とコンデンサー②の電圧 V_2 は，C を含む式としてそれぞれ $V_1 =$ [ワ] と $V_2 =$ [カ] と表せる。

極板 a，h 間の電位差が常に $V = \dfrac{Q}{C}$ に保たれる条件と $-qN = -q_1 - q_2$ の関係を用いると，$q_2 =$ [ヨ] $\times v_2t$ が得られる。ごく短い時間 Δt の間に導体 m は $v_2\Delta t$ だけ移動するので，この間の電荷の変化量は [ヨ] $\times v_2\Delta t$ であり，抵抗に流れる電流の大きさは $I_\mathrm{d} =$ [ヨ] $\times v_2$ と表せる。電子群が面 H に到達した後は，電流は [タ] になる。

以上より，抵抗に流れる電流の時間変化を計測することにより電子群が面 A から面 H まで移動する走行時間 $\dfrac{L}{v_2}$ が得られる。

問 1　以下の**図 5** を解答欄に描き写し，各時刻で抵抗に流れる電流の大きさを時間の関数としてグラフに示せ。

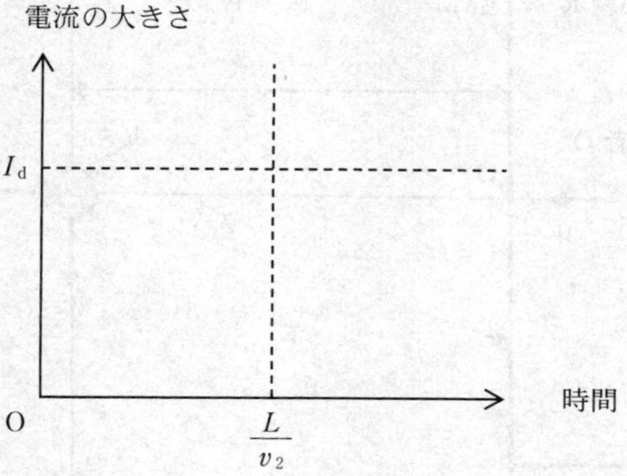

図 5

物理問題　Ⅲ

次の文章を読んで，［　　］には適した式を，｛　　｝からは適切なものを選びその番号を，それぞれの解答欄に記入せよ。なお，［［　　］］は，すでに［　　］で与えられたものと同じ式を表す。

図 1 のように平坦で透明な薄い壁 M で隔てられた，部屋 R と隣接した広場 P がある。壁 M の上に原点 O をとり，壁 M と直交する方向に x 軸，壁 M と重なる方向に y 軸をとる。この広場 P の中に車 S があり，振動数 f の音を鳴らし続けている。部屋 R の気温は広場 P の気温より高いとする。このとき，部屋 R の空気中の音速 c_{R} は広場 P の空気中の音速 c より速い。また，部屋 R および広場 P は無風であるとする。

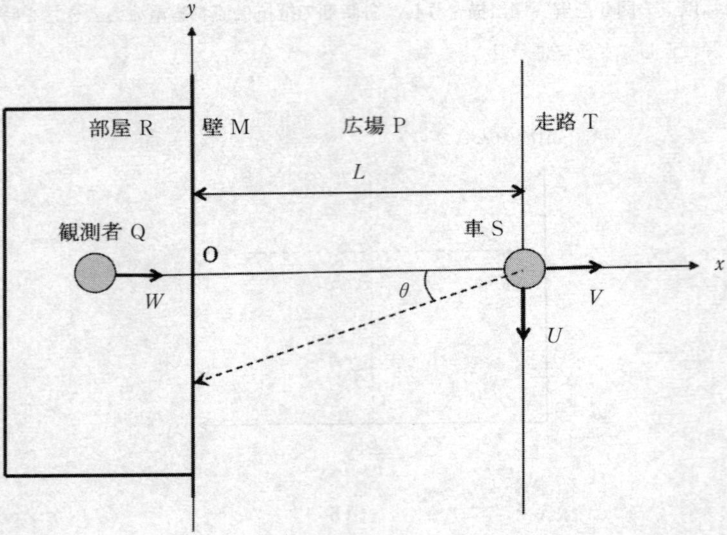

図1

(1)　広場Pの中のx軸上の場所$x = L$に車Sが停車している。このとき，広場Pの空気中を伝わる音波の波長は [あ] である。この音波は壁Mを振動させ，部屋Rの空気中に音波として伝わることで，部屋Rの中のx軸上の地点で静止している観測者Qに聞こえるものとする。このとき，観測者Qに届く音波の波長は [あ] と異なり [い] である。また，観測者Qが聞く音波の振動数は [う] である。

(2)　次に，車Sが広場Pの中でx軸上を正の向きに音速cよりも十分遅い速さVで移動している場合を考える。車Sから発せられてx軸の負の向きに伝わる音波の波長は [え] である。また，この音波が壁Mで反射して戻って来たときに，車Sに乗車している運転手Dに聞こえる音波の振動数は [お] である。

この音波が壁Mを経由して部屋Rの空気中に伝わったときの波長は [か] である。このとき，車Sを見てx軸の正の向きに速さWで駆け寄った観測者Qが聞く音波の振動数は [き] である。

（3）　次に，y 軸に平行で原点 O からの距離が L である走路 T の上で，車 S が y 軸の負の向きに音速 c よりも十分遅い速さ U で移動している場合を考える。車 S から発せられた音波は全方位に伝わるが，これらの音波のうち，壁 M に反射して運転手 D に聞こえるのは，音速 c と車 S の速さ U により定まる特定の方向に伝わった音波だけとなる。

この音波の方向を求めるために，図中に破線で示された角度 θ の向きに進む音波について考えてみよう。車 S が移動する速度には音波が進む方向の成分がある。その成分の大きさは，［ く ］である。そのため，空気中に伝えられた音波の波長は，車 S が静止しているときに空気中に伝わる音波の波長と比べて［ け ］倍となる。

この音波は壁 M で反射して，再び広場 P の空気中を進み，音波の経路が走路 T と交差する点を越えて伝わるものとする。この音波が「車 S⇒壁 M⇒走路 T と交差する点」の経路を伝わる間に車 S が移動する距離を L' と書く。この距離 L' が L と θ を用いて与えられる距離［ こ ］と等しいときに限り，音波が運転手 D に届いて聞こえる。言い換えれば，この関係を満たす角度 θ 方向に伝わる音波だけが，運転手 D に聞こえることとなる。この条件を角度 θ と広場 P の空気中の音速 c および車 S の速さ U の関係に直せば，$\sin\theta =$［ さ ］となる。またこのとき，運転手 D の聞く反射音の振動数は［ し ］となる。

（4）　（3）の状況で，運転手 D は反射音とともに，車 S が発する音波を直接聞くこととなる。これらの音波は干渉し合うこととなり，車 S と壁 M の距離 L を少しずつ変化させた実験を繰り返したとき，これらの音波は強め合ったり弱め合ったりした。このとき，音波が弱め合う条件は，

$L =$［ す ］×（{せ：①　$n+\dfrac{1}{2}$，②　$n+1$}）（n は 0，1，2，…を表す）と表すことができる。ただし，運転手 D と車 S の音源の間の距離は無視し，壁 M での空気中の音波の反射条件は固定端反射とみなすものとする。

化学

（教育（理系）学部　1 科目　90 分
　その他　　　　　2 科目 180 分）

（注）　100 点満点。理・医（医）学部は 2 科目 300 点満点に，工学部は 2 科目 250 点満点に換算。

化学問題　I

次の(a)，(b)について，**問 1 ～問 7** に答えよ。解答はそれぞれ所定の解答欄に記入せよ。なお，問題中の L はリットルを表す。水のイオン積は 1.0×10^{-14} $(\mathrm{mol/L})^2$ である。また，必要があれば，$\sqrt{2} = 1.41$，$\sqrt{3} = 1.73$，$\sqrt{5} = 2.24$，$\log_{10} 4.4 = 0.643$，$\log_{10} 1.2 = 7.92 \times 10^{-2}$ の値を用いよ。

(a)　黄銅鉱 $CuFeS_2$ と黄鉄鉱 FeS_2 の結晶構造を**図 1** に示す。どちらもイオン結晶で，図には単位格子と各イオンの配置，および単位格子の体積 v を示す。

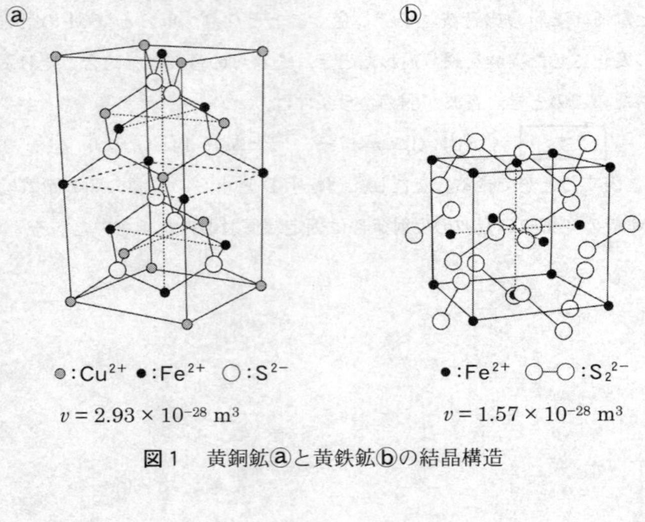

$v = 2.93 \times 10^{-28}\ \mathrm{m^3}$　　　$v = 1.57 \times 10^{-28}\ \mathrm{m^3}$

図 1　黄銅鉱ⓐと黄鉄鉱ⓑの結晶構造

$CuFeS_2$(図1ⓐ)は，銅(Ⅱ)イオン(Cu^{2+})，鉄(Ⅱ)イオン(Fe^{2+})と硫化物イオン(S^{2-})から構成され，立方体が縦方向に少し縮んだ直方体(半格子)が，2つ重なった構造をとる。それぞれの半格子について見れば，金属イオンは，6つの面の中心と8つの頂点に配置されており，銅イオンと鉄イオンの数は同じである。FeS_2(図1ⓑ)は，鉄(Ⅱ)イオン(Fe^{2+})と二硫化物イオン($S_2{}^{2-}$)から構成されるNaCl型の結晶構造である。鉄(Ⅱ)イオンが，6つの面の中心と8つの頂点に配置されている。

問1　$CuFeS_2$の密度d_1とFeS_2の密度d_2の比$\frac{d_1}{d_2}$を，有効数字2けたで答えよ。導出過程も記せ。ただし，式量は$CuFeS_2 = 184$，$FeS_2 = 120$とする。

問2　FeS_2を希硫酸とともに加熱するとH_2Sガスが発生する。その反応式を示せ。

問3　以下の文章中の下線部①，下線部②の反応式を示せ。

黄銅鉱から粗銅を生産するには，まず，$CuFeS_2$からCuをCu_2Sとして分離する。次に，Cu_2Sを酸素の存在下で加熱し金属Cuを得る。Cu_2SがCuとなる反応は，全体では式(1)で表される。

$$Cu_2S + O_2 \longrightarrow 2\,Cu + SO_2 \qquad (1)$$

この反応は，連続する2つの反応からなると考えられている。まず，最初の反応では，一部の<u>Cu_2Sから硫黄がSO_2として取り除かれ，Cu_2Sと同じ酸化数をもつ別のCu化合物となる。</u>①<u>このCu化合物は，続く反応において，Cu_2Sと反応し，その反応により金属Cuが生成する。</u>②

問4　金属銅は水には溶けないが，ある特定の水溶液には銅イオンとなって溶け出す。このような銅の腐食・溶解反応を利用するのが，エッチング加工である。銅のエッチング加工に用いられる代表的な反応液に，塩化鉄(Ⅲ)水溶液がある。塩化鉄(Ⅲ)水溶液中で，銅がイオン化し溶解する理由をイオン反応式と簡潔な文章で説明せよ。

※解答欄　ヨコ12.6センチ×タテ7.5センチ

(b) 工場から排出される廃水には様々な物質が含まれているので，これらを適切に処理してから排出しなければならない。なかでも，金属を含む廃水は酸性であることが多いため，廃水処理ではアルカリ水溶液を加えて，溶けている金属イオンを水酸化物として沈殿させる。

亜鉛イオン，アルミニウムイオン，鉄(Ⅲ)イオン，銅(Ⅱ)イオンをそれぞれ 1.0×10^{-2} mol/L 含んだ pH ＝ 1.0 の工場廃水を処理する場合を考える。③この廃水に水酸化ナトリウムを加えて pH の値を上げていくと，4 つの金属イオンの水酸化物が沈殿する。④さらに水酸化ナトリウムを加えると，水酸化亜鉛と水酸化アルミニウムの沈殿は錯イオンを形成して溶け出す。なお，これら 4 つの金属の水酸化物の溶解度積 K_{sp} は，イオンの濃度を mol/L で表すとき**表 1** の値となる。

表 1

水酸化物	溶解度積 K_{sp} (室温) 単位省略
水酸化亜鉛	1.2×10^{-17}
水酸化アルミニウム	1.1×10^{-33}
水酸化鉄(Ⅲ)	7.0×10^{-40}
水酸化銅(Ⅱ)	6.0×10^{-20}

問 5 **図 2** に 4 つの金属イオンの溶解度と pH の関係を**ア**～**エ**の線で示す。それぞれに該当する金属イオンの化学式を記せ。

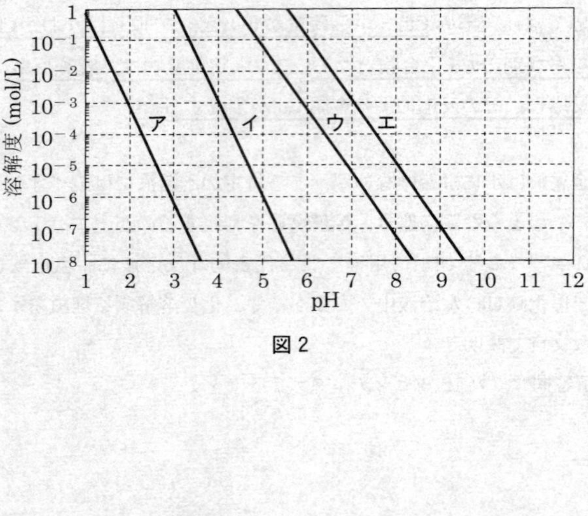

図 2

問 6　下線部③について，以下の(i)，(ii)に答えよ。

(i)　廃水の pH が 5.0 となった時点で形成されている沈殿の化学式をすべて記せ。

(ii)　水酸化亜鉛の沈殿が生成しはじめるときの水素イオン濃度を，有効数字 2 けたで答えよ。

問 7　下線部④について，以下の(i)，(ii)に答えよ。

(i)　水酸化亜鉛が溶け出して錯イオンが形成される反応の平衡定数を K とする。廃水の pH を x，この錯イオンの溶解度の常用対数を y として，y を x と K を用いて示せ。導出過程も含めて答えよ。

(ii)　この錯イオンの濃度が亜鉛イオン濃度の 10 倍になるときの廃水の pH の値を，有効数字 2 けたで答えよ。導出過程も記せ。なお，$K = 4.4 \times 10^{-5}$ $(\mathrm{mol/L})^{-1}$ である。ただし，他の金属イオンの影響はないものとする。

化学問題　Ⅱ

次の(a)，(b)について，**問1～問6**に答えよ。解答はそれぞれ所定の解答欄に記入せよ。なお，問題文中の L はリットルを表し，s は秒を表す。[C]は mol/L を単位とした分子 C の濃度とする。

(a)　ある水溶性タンパク質は，X と Y という 2 つの構造をとり得る。X は光の作用で Y になり，Y は光の有無によらず X に戻る。その反応速度は $v_{X\to Y} = k_P[X]$，および $v_{Y\to X} = k_R[Y]$ と与えられる。k_P は光の強度に比例し，光がなければゼロである。一方，k_R は光の有無に依存しない定数であり，次のように実験的に決められる。光を照射して Y の濃度を高めた後，照射を瞬時にやめる。それ以後の任意の 2 つの時刻 t_1，t_2 （$t_2 > t_1$）での Y の濃度 $[Y]_1$，$[Y]_2$ をそれぞれ測定し，式(1)に示す $v_{Y\to X} = k_R[Y]$ の近似式を用いて k_R を決定できる。

$$-\frac{[Y]_2 - [Y]_1}{t_2 - t_1} = k_R[Y]_1 \qquad (1)$$

以下の**実験1**と**実験2**では水の蒸発は無視できるものとする。

実験1　X のみが溶けた水溶液を暗所で調製し，$[X] = 1.000 \times 10^{-4}$ mol/L とした。次に，①この水溶液全体に対して一定強度の光を均一に長時間照射し続けたところ（k_P は一定），濃度比 $[X]:[Y] = 1.00:4.00$ の平衡状態になった。②さらに，この平衡状態において光の照射を瞬時にやめたところ，その 5.0 s 後に [Y] は 7.82×10^{-5} mol/L となった。

問1　下線部①の平衡状態に関して，$k_P : k_R$ の比を最も簡単な整数比で記せ。

問2　下線部②において，式(1)を用いて k_R の値を有効数字 2 けたで求めよ。単位を明記し，導出過程も示せ。

次に，前記の X と，別の水溶性分子 Z を含む混合水溶液について考察する。Z は X とは会合しないが，Y とは 1 : 1 の会合体 YZ を形成する。ただし，会合体

YZ は Y と Z へと解離もする。この混合水溶液は，一定強度の光を照射し続けると式(2)で表される平衡状態に達する。

$$\mathrm{X + Z \rightleftarrows Y + Z \rightleftarrows YZ} \qquad (2)$$

実験 2　水分子のみを透過する半透膜で仕切られた容器が大気中にある。光が照射されていない状態で，容器左側には X と Z のみが溶けた水溶液が，右側にはグルコース(G)のみが溶けた水溶液(G 水溶液)が入っており，左右の水面の高さが等しく保たれていた。このとき，左側の X と Z の濃度は$[\mathrm{X}]_0$と$[\mathrm{Z}]_0$，右側の G の濃度は$[\mathrm{G}]_0$であった(図 1 ⓐ)。この容器の左側全体に一定強度の光を均一に照射し始めると，G 水溶液側の水面が高くなり始めたので，左右の水面の高さを常に等しく保つように G 水溶液の水面だけに大気圧に加えて追加的な圧力をかけた(図 1 ⓑ)。③光を長時間照射するとやがて平衡状態に達し，追加的な圧力はある一定値になった。

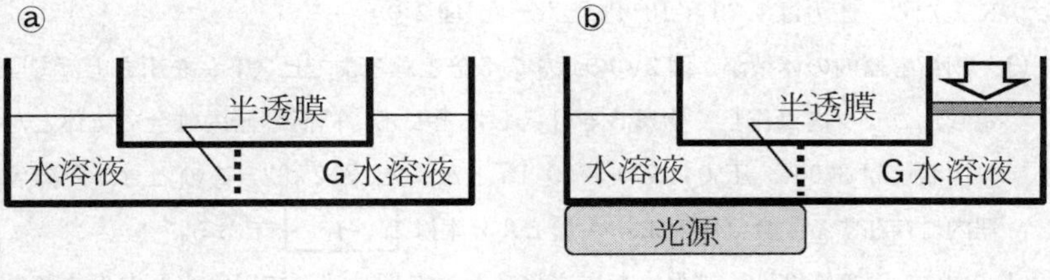

図 1

問 3　光を照射する前の濃度$[\mathrm{X}]_0$，$[\mathrm{Z}]_0$，および，下線部③の平衡状態の濃度[Y]，[YZ]のうち必要なものを用いて，下線部③の平衡状態における濃度[X]と[Z]を表せ。ただし，式(2)以外の反応は考えないとし，解答は解答欄 X と Z にそれぞれ記せ。

問 4　$[\mathrm{X}]_0 = [\mathrm{Z}]_0 = 1.00 \times 10^{-4}$ mol/L，$[\mathrm{G}]_0 = 2.00 \times 10^{-4}$ mol/L の場合，下線部③の追加的な圧力は 2.00×10^{2} Pa であった。下線部③の平衡状態の濃度[YZ]を有効数字 2 けたで求めよ。導出過程も示せ。なお，気体定数は 8.31×10^{3} Pa·L/(K·mol)とし，全ての水溶液濃度は十分低く，光によって水溶液の温度は変化せず 300 K に保たれているものとする。

(b)　物質AおよびBはともに揮発性であり，気体状態では理想気体としてふるまう。液体状態の物質AとBを混合して溶液を作るとき，この混合溶液と平衡にある気体相の成分Aの分圧p_Aは，$p_A = x_A \times \pi_A$で表され，成分Bの分圧p_Bは，$p_B = x_B \times \pi_B$で表される。ここで，π_Aは純粋な液体Aの蒸気圧，π_Bは純粋な液体Bの蒸気圧であり，x_Aおよびx_Bは混合溶液における成分AおよびBのモル分率である。この物質AおよびBを用いて，以下の操作(1)~(5)を順に行った。

(1)　図2ⓐのようにピストンを備えた円筒容器があり，温度300Kの物質Aの液体がn_A〔mol〕入っている。その円筒容器内の圧力が常に1.60×10^5 Paとなるようにピストンの位置を調整しつつ，ゆっくりと加熱したところ，温度370Kにおいて気体が発生し始め，最終的に$0.10 \times n_A$〔mol〕の気体が生じ，気体相と液体相の共存状態となった(図2ⓑ)。加えた全ての熱量が物質Aに吸収されたとすると，その熱量は物質A 1 molあたり［　ア　］Jである。

(2)　次に，ピストンを引き上げて固定し，円筒容器内を加熱したところ，残存していた液体は全て気体となった。さらに加熱を続けると，円筒容器内の温度は400Kとなり，圧力は1.70×10^5 Paとなった(図2ⓒ)。

(3)　円筒容器内の体積が，図2ⓒの状態の5倍となるまでピストンを引き上げて固定し，コックを操作して物質Bを注入したところ，円筒容器内は全て気体となり，温度は370K，圧力は7.0×10^4 Paとなった(図2ⓓ)。このとき，円筒容器内に存在する混合気体の成分Aのモル分率は［　イ　］である。

(4)　次に，温度を370Kに保ったままピストンを押し込んで円筒容器内の体積を小さくし，気体の圧力Pを1.00×10^5 Paとしたところ，成分AとBの混合溶液が生じ，気体相と液体相の共存状態となった(図2ⓔ)。このとき，液体相の成分Aのモル分率x_Aは，P，π_A，π_Bのみによって，$x_A =$［　ウ　］のように表され，その値は［　エ　］と求められる。ただし，温度370Kにおける純粋な液体Bの蒸気圧は6.7×10^4 Paであり，円筒容器とコックをつなぐ細管の体積は無視できるものとする。

(5)　続いて，温度を370Kに保ったまま，さらにピストンを押し込み，気体相の体積を小さくしたところ，液体相の成分Aのモル分率x_Aは増加し，円筒容器内の圧力Pは大きくなった。このことは，気体相の成分Aのモル分率y_Aが［　オ　］ことを意味している。

問 5　ア ，イ ，エ に適切な数値を，また，ウ に適切な式を，それぞれの解答欄に記入せよ。ただし，圧力 1.60×10^5 Pa における液体 A のモル比熱を 1.4×10^2 J/(mol·K)，蒸発熱を 31 kJ/mol とし，数値は有効数字 2 けたで答えよ。

問 6　(5)について，気体相の成分 A のモル分率 y_A を，x_A，π_A，π_B のみによって表す式として求めよ。導出過程も示せ。また，導出した式から オ に適切な語句を以下より選び，解答欄に番号を記入せよ。

1　減少した　　　2　増加した　　　3　変化しなかった

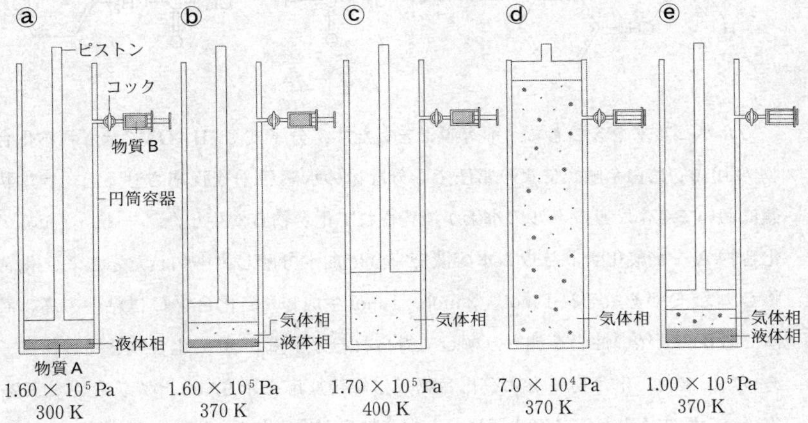

図 2

(図中の数値は各状態における円筒容器内の圧力と温度を示す)

化学問題　Ⅲ

次の(a), (b)について，**問**1～**問**9に答えよ。解答はそれぞれ所定の解答欄に記入せよ。

(a)　炭素―炭素の二重結合は，オゾン分解により，次の反応例に示すように酸化的に切断される。原子量はH＝1.0，C＝12.0，O＝16.0とし，標準状態の気体1 molの体積は22.4リットルとする。構造式は次の例にならって記せ。

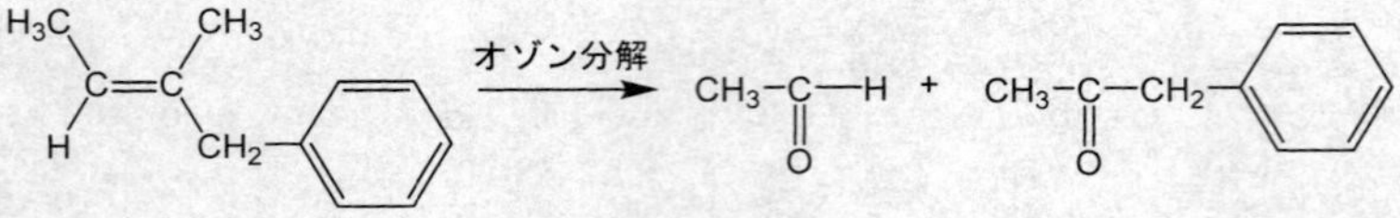

カルボニル基を3つもち，不斉炭素をもたず，分子式$C_{16}H_{18}O_6$で示される化合物A 10.0 gに白金触媒により常圧で十分な量の水素(H_2)を反応させると，標準状態において0.732リットルの水素が消費されて化合物Bが生じた。一方，1 molの化合物Aを水酸化ナトリウム水溶液で完全に加水分解し，中和したところ，化合物C，D，Eがそれぞれ1 mol，2 mol，1 mol生成した。化合物Cは粘性の高い液体であり，天然の油脂を加水分解して得られる分子量92.0の化合物と同じ物質であった。また，化合物Dおよび化合物Eは銀鏡反応を示さなかった。化合物Eをオゾン分解するとベンズアルデヒドと化合物Fが得られた。

問1　化合物Bの分子式を記せ。

問2　化合物Cの名称を記せ。

問3　化合物DおよびFの構造式を記せ。

問4　化合物Eとして考えられる構造は2つある。その2つの構造式を記せ。

問5　化合物Aに水素を反応させて生じた化合物Bの構造式を記せ。

(b)　乳酸は不斉炭素原子を 1 つもつヒドロキシ酸であり，L−乳酸と D−乳酸の 2 つの鏡像異性体が存在する。特に L−乳酸はトウモロコシなどの植物から大量に得られることから，L−乳酸を重合させたポリ−L−乳酸はバイオプラスチックとして盛んに研究されている。しかし，L−乳酸を直接重合しても，高い重合度のポリ−L−乳酸は得られなかった。そこで，図 1 のように L−乳酸 2 分子を脱水縮合させることで環状構造をもつ L−ラクチドを合成し，開環重合を行ったところ，高い重合度のポリ−L−乳酸が得られた。

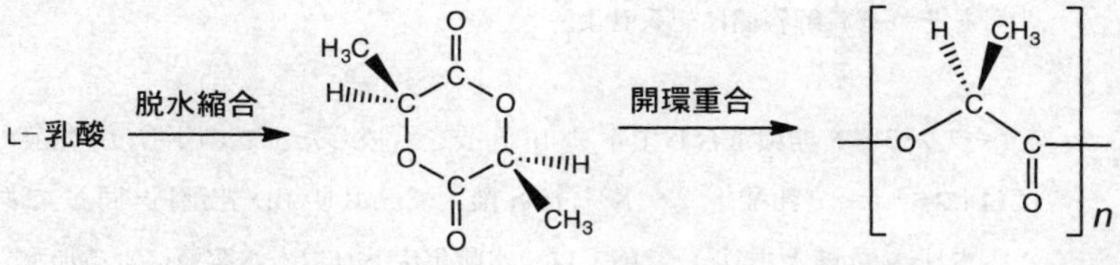

L−ラクチド　　　　ポリ−L−乳酸

図 1

問 6　L−ラクチドは，図 1 に示すような立体構造をもつ。図 1 に示す結合のうち， で示す結合は紙面の手前側に， は紙面の奥側に伸びていることを表す。図 2 に L−乳酸の鏡像異性体である D−乳酸の立体構造を示す。［ア］および［イ］に入る原子または原子団を化学式で答えよ。

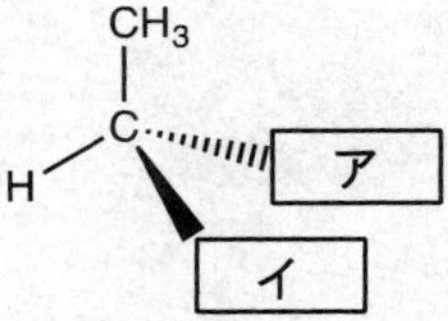

図 2　D−乳酸

問 7　ラクチドの立体異性体は全部で 3 つある。L−ラクチドを除く，残り 2 つのラクチドの異性体の立体構造を，図 1 の L−ラクチドの例にならって構造式で示せ。

問 8　L-ラクチドとその鏡像異性体である D-ラクチドの等量混合物を用いて開環重合したところ，L-乳酸部位と D-乳酸部位が不規則に配列したポリ-DL-乳酸が得られた。このポリ-DL-乳酸と先に得られたポリ-L-乳酸のかたさを比較した結果，ポリ-L-乳酸の方がかたかった。ポリ-L-乳酸の方がかたかった理由について，「分子鎖の配列」，「結晶部分の割合」という2つの語句を用いて，30字以内で記述せよ。

問 9　以下の文章中の{**ウ**}～{**オ**}について，{　　　}内の適切な語句を選び，その番号をそれぞれ解答欄に記入せよ。

D-ラクチドを開環重合してポリ-D-乳酸を合成した。このポリ-D-乳酸の密度は{**ウ**：1．D-乳酸，　2．ポリ-L-乳酸，　3．ポリ-DL-乳酸}と同じであった。ポリ-D-乳酸とポリ-L-乳酸では，水酸化ナトリウム水溶液による加水分解のされやすさは{**エ**：1．同じであった，　2．異なっていた}。また，ポリ-D-乳酸とポリ-L-乳酸では，土壌中の微生物がもつ酵素による生分解のされやすさは，大部分の酵素において，{**オ**：1．同じであった，　2．異なっていた}。

化学問題　Ⅳ

次の(a)，(b)について，問1～問8に答えよ。解答はそれぞれ所定の解答欄に記入せよ。

(a)　化学物質による遺伝子の突然変異誘発について考えよう。

1953年，ワトソンとクリックはDNAの二重らせん構造モデルを示した。本モデルでは，図1に示すプリン塩基とピリミジン塩基が，水素結合を介して塩基対を形成している。プリン塩基の[ア]位とピリミジン塩基の[イ]位で直接形成される水素結合と，プリン塩基の[ウ]位とピリミジン塩基の[エ]位の置換基間で形成される水素結合は，2組の塩基対のどちらにも存在する。

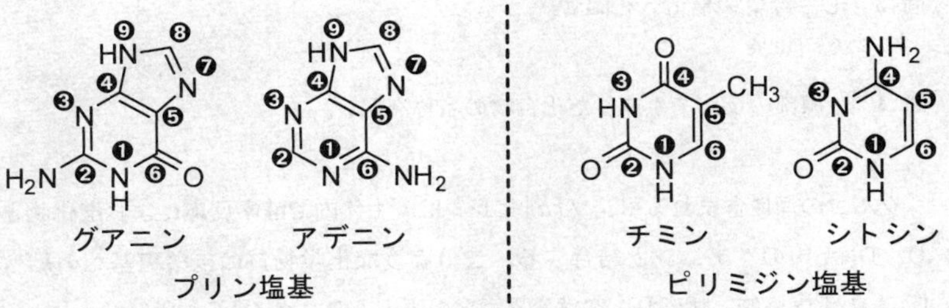

図1

(図中の白抜きの数字は炭素原子もしくは窒素原子につけた番号で，1位，2位などと呼ぶ)

問1　[ア]～[エ]に適切な数字を記入せよ。

亜硝酸ナトリウム($NaNO_2$)は，肉の発色や細菌繁殖の防止のための食品添加物として用いられている。しかしながら，これを大量に摂取すると核酸塩基の脱アミノ化反応などが引き起こされ，毒性や発がん性を示すことが知られている。例えば式(1)の化合物Aは，塩酸中で亜硝酸ナトリウムと反応し，化合物Bとなる。この化合物を加水分解すると，最終的にアミド結合を有する化合物Cとなる。

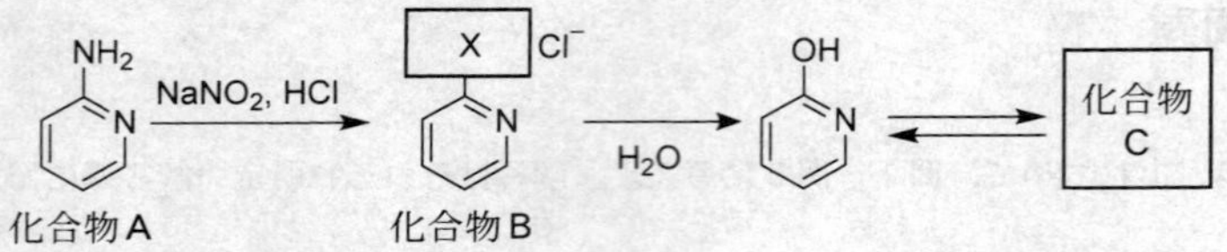

(1)

この脱アミノ化反応がDNA中のシトシンで起こった場合，生成物の塩基部位は速やかに生体内のある修復酵素により除去される。一方，シトシンの5位にメチル基(—CH_3)が導入された5-メチルシトシンで同様の脱アミノ化反応が起こった場合，この修復酵素では除去の対象とならず，異なる遺伝情報をもたらす塩基配列となる。これは，突然変異誘発の原因となり得る。

問 2　式(1)の［　X　］に入る原子または原子団を化学式で答えよ。

問 3　化合物Cの構造式を記せ。

問 4　下線部の反応で生成した化合物の名称を記せ。

タバコの煙に含まれるベンゾ[*a*]ピレンは，生体内で酵素反応により酸化物となり，DNA中のグアニンと結合する。このような化学物質の核酸塩基への結合はDNAの化学修飾と呼ばれ，突然変異誘発の原因となり得る。

問 5　以下の(i)，(ii)に答えよ。

(i)　ある細胞のDNAでは，全塩基数に対するアデニンの数の比率が10％であった。このDNAのヌクレオチド単位の式量の平均値を有効数字3けたで答えよ。

なお，DNA中には4種類の核酸塩基のみ存在し，各核酸塩基を含むヌクレオチド単位の式量は，アデニン：310，グアニン：330，シトシン：290，チミン：300とする。

(ii)　あるタバコ1本を燃焼させたときの煙に含まれるベンゾ[*a*]ピレン(分子

量252)の総量は1.134×10^{-7} gであった。ベンゾ[a]ピレンの酸化物が(i)の細胞のDNA中に存在する全てのグアニンと結合すると仮定したとき，このタバコ1本で細胞何個分のDNAを化学修飾できるか，有効数字3けたで答えよ。導出過程も記せ。

なお，1 molのベンゾ[a]ピレンは1 molの酸化物となり，グアニン1 molと結合するものとし，また，(i)の細胞1個に含まれるDNAの重量は3.40×10^{-12} gとする。

(b)　分子模型を使って環状有機化合物の構造を考えよう。

メタンCH_4は，炭素原子を中心とした正四面体構造をとっており，その4つの水素原子は各頂点に配置されている。シクロヘキサンC_6H_{12}においても，各炭素原子は直接結合する水素原子と隣接する炭素原子から構成される正四面体構造の中心に位置する。そのため，炭素が形成する環は上方からは正六角形に見えるが，側方から見ると**図2**のⓅ，Ⓠのような「いす形」と呼ばれる構造をとっていることが分子模型を用いると容易に理解できる。シクロヘキサン環をほぼ平面に見立てたとき，各炭素原子には，その平面に対して垂直な方向とほぼ平行な方向に1つずつ水素原子が結合している。**図2**のⓅ，Ⓠは，原子間の結合を切断することなく相互変換可能であり，両者は平衡状態にある。ⓅのC^1を下に押し下げ，C^4を上に持ち上げると，炭素―炭素間の結合が回転し，水素原子の配置が変わりⓆへと変換される。

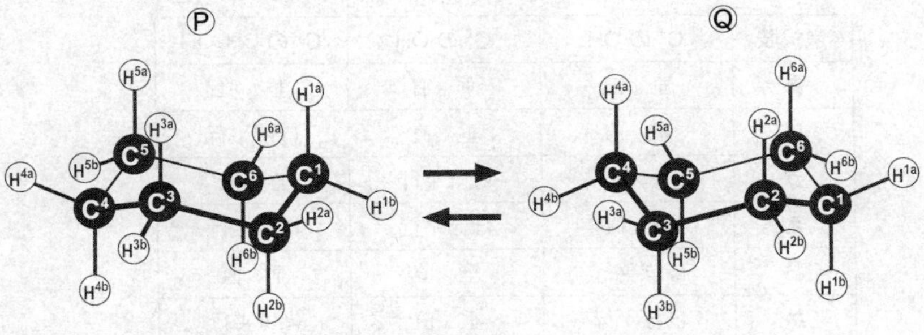

図2　シクロヘキサンの相互変換可能な2種類のいす形環状構造

(炭素―炭素間結合のうち，手前に位置するものを太線で表す)

問 6 シクロヘキサンの水素原子 H^{2a}, H^{4b}, H^{6a} をすべてメチル基($-CH_3$)へと置換する。このとき，各置換基間の反発(立体反発)が小さくなるのは，2種の環状構造Ⓟ，Ⓠのどちらか，記号で答えよ。

次に，シクロヘキサンとよく似たいす形環状構造をとる六炭糖(ヘキソース)の立体構造について考えよう。

問 7 図3に記すハース投影式は糖の構造表記法の1つであり，ヘキソースの各炭素原子に結合する水素原子や置換基を上下に記すことで，それらの位置関係を表している。α-ガラクトースがとる2種類のいす形環状構造のうち，立体反発が小さい構造における炭素原子 C^1，C^2 および C^5 の各置換基は，六員環をほぼ平面に見立てたとき，その平面に対していずれの方向に位置するか。最も適切なものを，次の選択肢**あ**～**く**から選び，記号で答えよ。

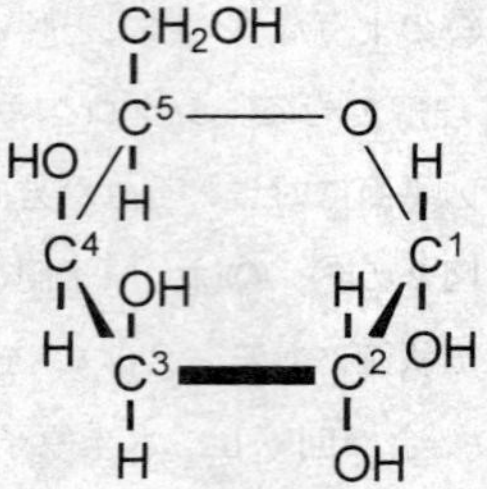

図3 α-ガラクトースのハース投影式

選択肢	C^1 の OH	C^2 の OH	C^5 の CH_2OH
あ	垂 直	垂 直	垂 直
い	垂 直	垂 直	ほぼ平行
う	垂 直	ほぼ平行	垂 直
え	垂 直	ほぼ平行	ほぼ平行
お	ほぼ平行	垂 直	垂 直
か	ほぼ平行	垂 直	ほぼ平行
き	ほぼ平行	ほぼ平行	垂 直
く	ほぼ平行	ほぼ平行	ほぼ平行

問 8　次の文章を読み，以下の(i)，(ii)に答えよ。

水溶液中において，ガラクトースおよびグルコースは，いずれも C^1 の置換基の向きが異なる α 形および β 形として存在する。α-グルコースがとる 2 種類のいす形環状構造のうち，立体反発が小さい構造では，六員環をほぼ平面に見立てたとき，その平面に対して垂直に位置する置換基の数は［オ］であり，ほぼ平行に位置する置換基の数は［カ］である。β-グルコースの立体反発が小さいいす形環状構造では，六員環に対して垂直に位置する置換基の数は［キ］であり，ほぼ平行に位置する置換基の数は［ク］である。

(i)　［オ］～［ク］に適切な数字を記入せよ。

(ii)　α-ガラクトース，β-ガラクトース，α-グルコース，β-グルコースのうち，立体反発が最も小さいいす形環状構造をとる糖の名称を答えよ。

生物

（教育（理系）学部　1科目　90分
　その他　　　　　2科目 180分）

（注）　100点満点。理・医（医）学部は2科目300点満点に換算。

生物問題　I

次の文章(A)，(B)を読み，**問1**～**問6**に答えよ。解答はすべて所定の解答欄に記入せよ。

(A)　神経細胞（ニューロン）は特徴的な形状をもっている。神経細胞の細胞体からは，ふつう1本の軸索と多数の樹状突起が突き出ている。通常，神経細胞の細胞内の電位は，細胞外の電位より60～90 mV低くなっている。この状態の電位を静止電位という。細胞に与える刺激を徐々に強くしていくと，ある強さに達したときに細胞内外の電位差の正負が逆転し，速やかに元に戻る。このような電位変化を活動電位という。①活動電位はNa^+が流入することにより発生するが，Na^+の流入の駆動力は細胞内外のNa^+の濃度差である。

問1　下線部①について，Na^+の濃度差の発生と細胞内への流入には，チャネルとポンプが関与している。この2つのタンパク質のはたらきの違いについて，解答欄の枠の範囲内で説明せよ。

問2　ある種の微生物は，チャネルロドプシンとよばれる光刺激で開くチャネルをもっている。チャネルロドプシンにはいくつかの種類があり，Na^+を透過するものやCl^-を透過するものが知られている。Na^+を透過するチャネルロドプシンの遺伝子を神経細胞に導入して発現させると，光刺激で神経細胞を興奮させることができるようになる。この神経細胞を同じ強度で波長が異なる光を照射して刺激し，活動電位の大きさを測定したところ，**図 1** のようになった。また，このチャネルロドプシンの波長ごとの吸光度を測定したところ，**図 2** のようになった。2 つのグラフの形が一致しない理由を，解答欄の枠の範囲内で説明せよ。

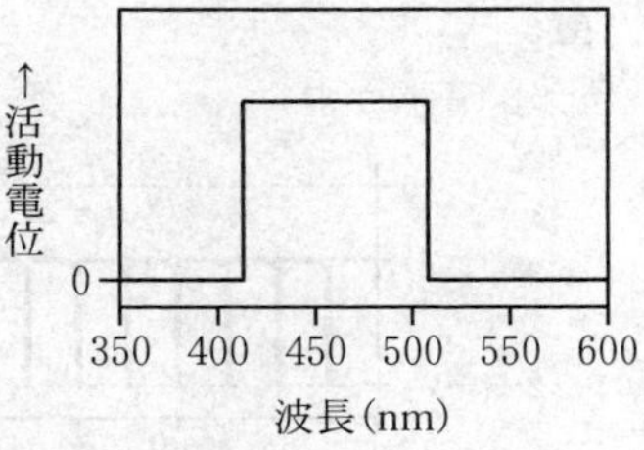

図 1

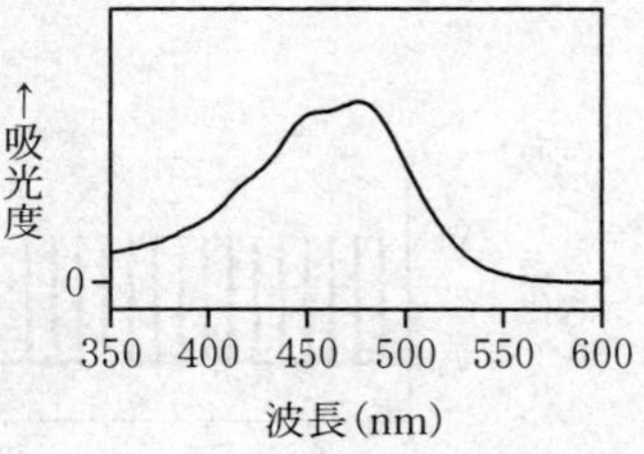

図 2

問 3　光刺激によって細胞内に Cl^- を流入させるチャネルロドプシンを神経細胞で発現させた。この神経細胞を暗黒下で電気的に刺激すると，**図 3** のように，細胞内の電位が $-V_1$ から V_2 に変化するような活動電位が発生した。これと同じ強さの電気刺激を与えながらさまざまな強さの光刺激を与えた場合，この細胞はどのような応答を示すと考えられるか，可能性のあるものを**図 4** の**(あ)**～**(か)**からすべて選び，解答欄に記入せよ。ただし，光刺激による $-V_1$ の変化は考慮しないものとする。

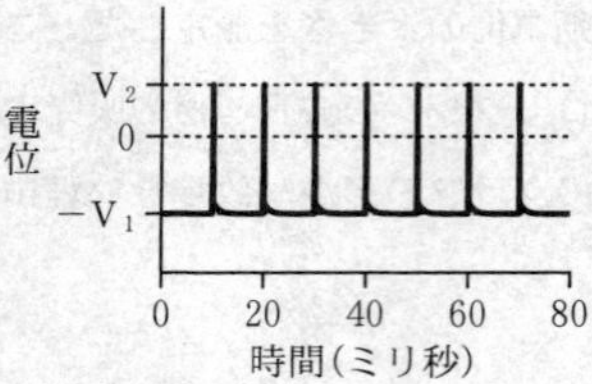

図3

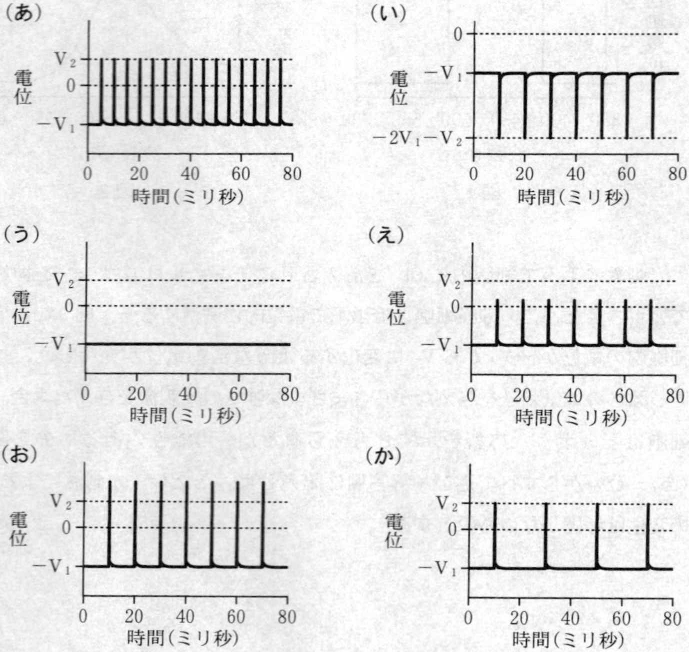

図4

(B) 土壌に含まれる水分には，生物体の分解などによって生じたアンモニウムイオン，［ ア ］の活動により生じた硝酸イオンなどが溶けている。植物はこれらの無機窒素化合物を根から吸収する。植物体内に入った硝酸イオンは，亜硝酸イオンを経てアンモニウムイオンに変換される。アンモニウムイオンがアミノ酸の一種である［ イ ］と結合することにより，［ ウ ］がつくられ，窒素同化は進んでいく。アミノ酸だけでなく，核酸成分などに存在する窒素も，窒素同化に由来する。

一般に植物は窒素を硝酸イオンとして吸収することが多いが，アンモニウムイオンも少量であれば取り込むことができる。一方，ある種の細菌は，窒素固定を行い，大気中の窒素をもとにアンモニアなどの窒素化合物をつくり出すことができる。マメ科植物の根に見られる根粒は，窒素固定を行うことのできる根粒菌が根に侵入することでつくられる器官であり，この器官に基づき両者の［ エ ］関係が成立する。根粒菌は，大気中の窒素分子の強固な三重結合を切ってアンモニアに変換する②ニトロゲナーゼという酵素を有している。③興味深いことに，根粒が通常より過剰にできてしまうマメ科植物の変異体は，過剰な根粒形成により，通常の植物と比較して成長速度が低下することが知られている。また，このような窒素の変換とは逆に，［ オ ］と呼ばれる細菌は，土壌中の硝酸イオンを再び窒素に変換して大気中に放出している。

問 4　文中の［ ア ］～［ オ ］に当てはまる適切な語句を解答欄に記せ。

問 5　下線部②の根粒菌のニトロゲナーゼは酸素に非常に弱いが，マメ科植物はこのことにある方法で対処している。その方法を推定し，以下の語句を用いて，解答欄の枠の範囲内で記せ。

感染細胞，酸素濃度，鉄含有タンパク質

問 6　下線部③のような現象が起こる理由を推定し，解答欄の枠の範囲内で説明せよ。

※解答欄　問１・問２：各ヨコ 12.6cm× 4 行
　　　　　問５・問６：各ヨコ 12.6cm× 3 行

生物問題　Ⅱ

次の文章(A)，(B)を読み，**問 1 ～問 6** に答えよ。解答はすべて所定の解答欄に記入せよ。

(A)　X と Y は新しく合成された有機化合物であるが，その人体への影響は調べられていない。有機化合物の中には突然変異を誘発する作用をもつものがあるので，X と Y にそのような作用があるかどうか調べるために，次の**実験 1 ～実験 4** を行った。

ヒスチジンを含む寒天培地　無ヒスチジン培地

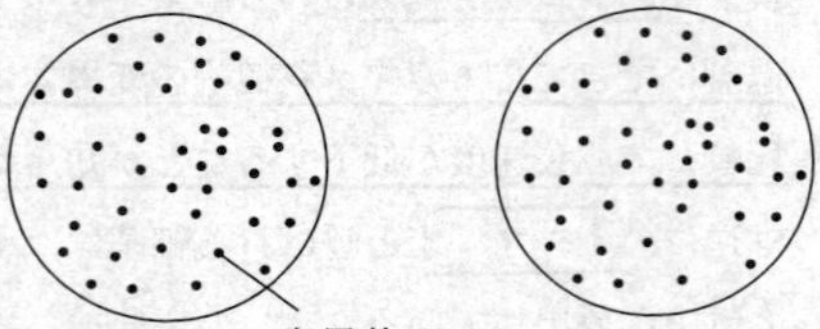

変異体 A

図 1　**図 2**

(黒丸はコロニーを示す。)

実験 1：ある細菌を，X を加えた培養液で一晩培養した。そのあと X を取り除き，ヒスチジンを含む寒天培地の上に広げて培養して，コロニーを形成させた(**図 1**)。それぞれのコロニーを形成した細菌を，ヒスチジンを含まない寒天培地(以下，無ヒスチジン培地と呼ぶ)に位置関係を保ったまま移して培養したところ，**図 2** のように，①1 つのコロニーに由来する細菌(変異体 A)だけが増殖しなかった。なお，ヒスチジンは，この細菌が増殖するためには不可欠なアミノ酸である。

実験 2：**実験 1** で得られた変異体 A を X を加えた培養液で再び一晩培養したあと，X を取り除いて，無ヒスチジン培地の上に広げて培養した。すると，数は少ないがコロニーが形成された。このことは，変異体 A の一部がさらに突然変異を起こして，培地中にヒスチジンが含まれていなくても増殖できるようになったことを示している。一方，変異体 A を，Y を加えた培養液で一晩培養したあと，Y を取り除いて無ヒスチジン培地の上に広げて培養したところ，コロニーは 1 つも形成されなかった。

実験3：続いて，X，Yと生体内の物質の相互作用を調べるために，動物（ラット）の肝臓を生理食塩水の中で破砕して得た抽出液（肝臓抽出液）を用いた。この肝臓抽出液にはヒスチジンは含まれていない。また，肝臓抽出液を培養液に加えて変異体Aを一晩培養したあと，無ヒスチジン培地の上に広げて培養しても，コロニーは形成されなかった。

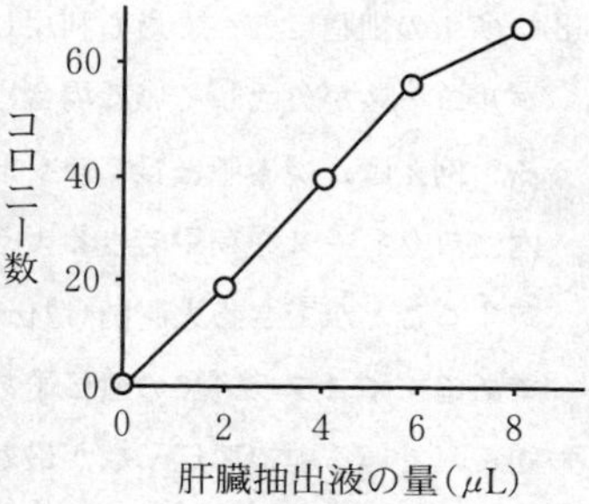

図3

Xを種々の量の肝臓抽出液と混合して37℃で1時間保温し，その混合物を培養液に加え，変異体Aを一晩培養した。そのあとXを取り除いて，無ヒスチジン培地の上に広げて培養した。すると，Xと混合した肝臓抽出液の量によらず，形成されるコロニーの数は同じであった。一方，同様にYと肝臓抽出液を混合して，37℃で1時間保温し，その混合物を培養液に加え，変異体Aを一晩培養した。そのあとYを取り除いて，無ヒスチジン培地の上に広げて培養した。すると，Yと混合した肝臓抽出液の量が多いほど形成されるコロニーの数が多くなった（**図3**）。

実験4：肝臓抽出液を80℃で10分間加熱処理したあと，Yと混合して37℃で1時間保温した。その混合物を培養液に加え，変異体Aを一晩培養した。そのあとYを取り除いて，無ヒスチジン培地の上に広げて培養した。すると，コロニーは形成されなかった。

問1　下線部①について，変異体Aが無ヒスチジン培地で増殖しなかったのは，どのような遺伝子に突然変異が存在するためと考えられるか，解答欄に記せ。

問2　**実験3**において，Yと肝臓抽出液を混合して37℃で保温するとコロニーが形成されるようになった理由を考え，解答欄の枠の範囲内で説明せよ。

問3　**実験4**の結果から，**図3**の結果をもたらした肝臓抽出液に含まれる物質の性質と種類について推定されることを，解答欄の枠の範囲内で記せ。

(B) 多くの細胞にとって最も利用しやすいエネルギー源はグルコースである。しかしグルコースが欠乏している場合は，他の炭素源からもエネルギーを得ることができる。例えば，炭素源としてラクトースしか含まない培地に大腸菌を移すと，数分以内にラクトースを利用できるようになる。このように，環境変化に対して柔軟に対応することができる大腸菌(遺伝子数約4,000)と比べて，動物体内に寄生する細菌であるマイコプラズマの遺伝子数は大幅に少ないことが知られている。実際，現在知られている中で遺伝子数が最も少ない生物は，477個の遺伝子をもつマイコプラズマの1種 *Mycoplasma genitalium* である。

2016年3月25日号の科学誌サイエンスにおいて，米国の研究グループは，②地球上で最も少ない遺伝子数(473個)で増殖することができる細菌を人工的に作り出したと発表した。研究グループは，901個の遺伝子をもつ *Mycoplasma mycoides* を出発材料として用い，37℃の恒温条件で，グルコースに加え複数の炭素源を含む栄養豊富な寒天培地において，増殖するためには必要のない遺伝子(非必須遺伝子)を選別する実験を行った。そして，*Mycoplasma mycoides* のゲノムから非必須遺伝子を除いた473個の遺伝子をもつ細菌を人工的に作り出した。

非必須遺伝子と増殖に必要な必須遺伝子を区別する実験では，ゲノム内のさまざまな位置に無作為に挿入できるトランスポゾンという2本鎖DNAが用いられた。このトランスポゾンは，ピューロマイシンという抗生物質に対する抵抗性を与えるタンパク質の遺伝子を含んでいる。トランスポゾンがマイコプラズマのゲノムに挿入されると，挿入位置にかかわらず，そのマイコプラズマはピューロマイシン抵抗性となり，寒天培地にピューロマイシンが含まれていても増殖してコロニーを形成する。しかし同時に，トランスポゾンが挿入された位置のDNA領域が本来もっていた機能は失われる。トランスポゾンが挿入された場所は，DNAシーケンサーを用いた解析により容易に決定できる。

問4 トランスポゾンが必須遺伝子のプロモーター領域に挿入されるとそのマイコプラズマは寒天培地上でどうなるか，理由とともに解答欄の枠の範囲内で説明せよ。

問5 下線部②について，遺伝子数473個の人工細菌を，グルコースは含まないが，それ以外の複数の炭素源を含む栄養豊富な寒天培地に移して37℃で培養するとどうなるか，理由とともに解答欄の枠の範囲内で説明せよ。

問 6　最小遺伝子数を更新した実験結果を参考にして，細菌が増殖するためには，どのような過程に関与する遺伝子群が最低限必要か考察し，特に重要な過程を５つ，解答欄に記せ。ただし，代謝や呼吸といった大きなくくりではなく，窒素同化，クエン酸回路といった具体的な過程を記すこと。

※解答欄　問２・問３：各ヨコ 12.6cm× 3 行
　　　　　問４：ヨコ 12.6cm× 2 行
　　　　　問５：ヨコ 12.6cm× 4 行

生物問題　Ⅲ

次の文章(A)，(B)を読み，**問 1** ～**問 7** に答えよ。解答はすべて所定の解答欄に記入せよ。

(A)　免疫は，病原体などの異物の侵入を防いだり体内から排除したりする生体防御の仕組みであるが，ヒトでは通常，自己の体の構成成分に対する免疫応答は起こらない。しかし，他人の臓器(例えば肝臓や皮膚など)を移植すると，移植臓器はＴ細胞などに攻撃され，定着が妨げられる。これを拒絶反応という。このため，他人から臓器を移植する際には，Ｔ細胞などの機能を抑制するために，免疫抑制剤を投与するなどの処置が必要である。

血液には赤血球，白血球，血小板などが含まれている。赤血球や血小板を補うための輸血は，最も頻繁に行われている移植といえる。輸血には，血液から分離した赤血球や血小板を用いることが一般的である。この赤血球や血小板は，通常，他人由来のものであるが，①輸血は免疫抑制剤を投与することなく行われている。ただし，②血小板輸血を繰り返し行った場合，輸血した血小板が体内から早期に無くなってしまうことがある。また，白血球の１種であるＴ細胞に関しては，③他人のＴ細胞を輸血により補うことは通常行われない。

問 1　下線部①について，赤血球は例外的に拒絶反応の対象となりにくいことが知られている。これは，赤血球の細胞表面上にどのような特性があるためであると考えられるか。臓器移植において，移植された臓器を免疫系が他人由来のものと認識する仕組みと関連させて，解答欄の枠の範囲内で記せ。

問 2　下線部②のような現象が起こる仕組みについて，解答欄の枠の範囲内で記せ。

問 3　下線部③について，その理由として考えられることを解答欄の枠の範囲内で記せ。

(B)　水平に置かれた植物の幼葉鞘《ようようしょう》は④負の重力屈性により重力と逆方向に屈曲する。この様子を横から4時間おきに暗黒下で観察した結果を**図1**に模式的に示す。

幼葉鞘の各部位はそれぞれ独立して重力に応答することが知られている。これをもとに，**図2**に示す簡単なモデルを使って幼葉鞘の重力屈性を再現した。便宜上，幼葉鞘の基部(点0)と頂点(点6)の間に等間隔に点1～5を定め，各点で幼葉鞘が折れ曲がるとする。点N($1 \leqq N \leqq 5$)について，点$N-1$と点$N+1$を結んだ線分と鉛直方向の間の角度をA_Nとすると，点Nにおける重力刺激の程度は [ア] に比例するので，短い時間間隔で屈曲度θ_Nは$\alpha \times$ [ア] (αは正の定数)だけ増加する。点0と点1を水平に固定し，まっすぐな状態の幼葉鞘から順に計算を繰り返した結果，4時間ごとの点2～6の位置は，**図3**のようになった。なお，モデルでは，屈曲する間の幼葉鞘の伸長は無視した。

幼葉鞘には，屈曲度に応じて，自分自身をまっすぐに戻そうとする力(ここでは「復元力」と呼ぶ)が働くことが知られている。この効果をモデルに入れるため，局所的な重力応答に加え，短い時間間隔で$\beta \times$ [イ] (βは正の定数)だけ屈曲度が減少するとして同様の計算を行ったところ，**図4**の結果が得られた。

光による屈曲と重力による屈曲が同時に起こる光屈性も同じようにしてモデル化することができる。ただし，⑤光による幼葉鞘の屈曲は，上に述べた重力応答と大きく異なる点があるので，それをモデルに反映させる必要がある。

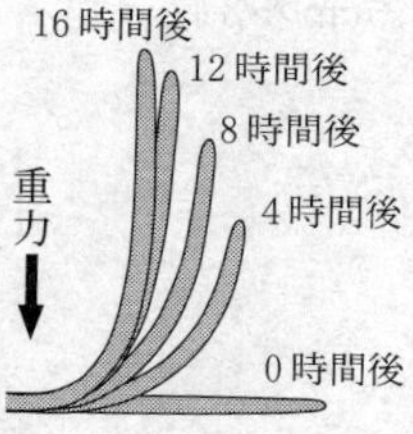

図1

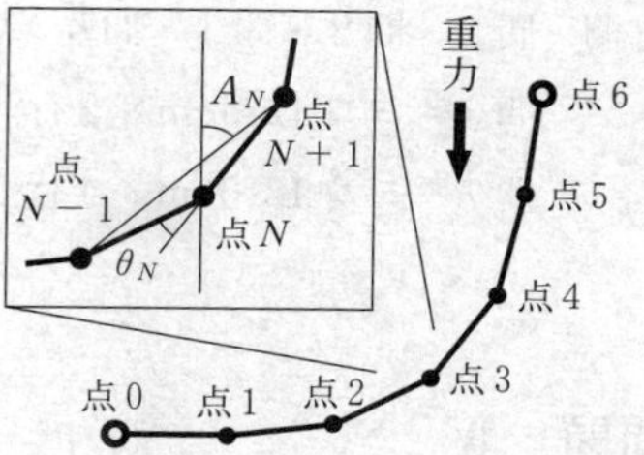

図2

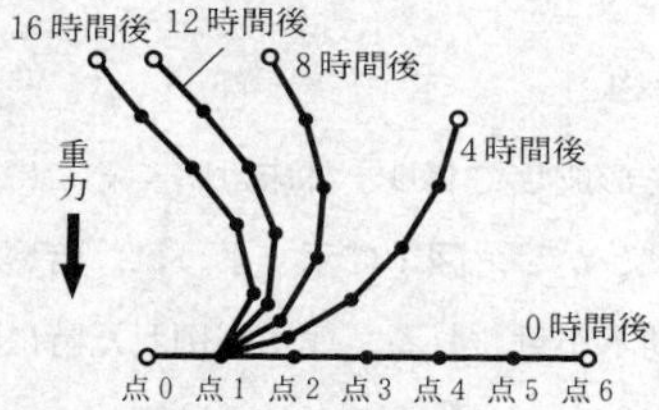

図3

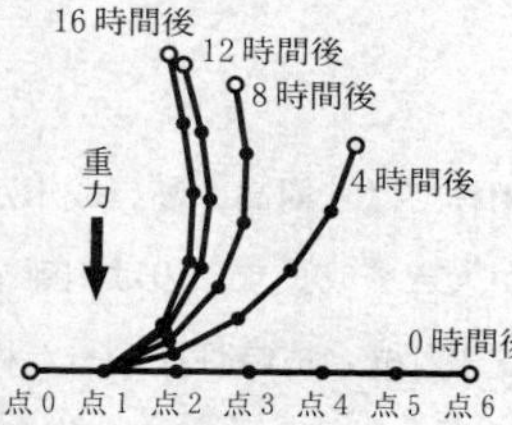

図4

問4　下線部④について，重力屈性によって屈曲が起こる仕組みを，「オーキシン」という語句を用いて解答欄の枠の範囲内で説明せよ。

問5　[ア]，[イ] に当てはまる最も適切な式を，次の(あ)～(け)よりそれぞれ選べ。

(あ)　$\sin A_N$　　(い)　$\cos A_N$　　(う)　$\dfrac{1}{A_N}$　　(え)　θ_N

(お)　$\cos \theta_N$　　(か)　$\dfrac{1}{\theta_N}$　　(き)　$A_N \times \theta_N$　　(く)　$A_N + \theta_N$

(け)　$\dfrac{A_N}{\theta_N}$

問6　図3と図4の結果をもとに，重力屈性において復元力が果たす役割を，解答欄の枠の範囲内で述べよ。

問7　下線部⑤について，モデルをどのように変更する必要があるか，解答欄の枠の範囲内で説明せよ。

※解答欄　問１・問２・問４・問６：各ヨコ 12.6cm× 3 行

問３：ヨコ 12.6cm× 2 行

問７：ヨコ 12.6cm× 4 行

生物問題　Ⅳ

次の文章(A)，(B)を読み，**問１〜問５**に答えよ。解答はすべて所定の解答欄に記入せよ。

(A)　極相林では，樹高の高い成木が林冠を形成しており，林床は暗くそこに生育する幼木が大きく成長するのは困難である。しかし，**図１**に示すように，暗い林床でもさまざまな光合成特性をもった樹種の幼木が見られる。成木が倒れた時に空き地が作られ，それはギャップと呼ばれる。ギャップができると林床は明るくなり，幼木が成長し成木へと育っていく。こうしたギャップによる世代交代はギャップ更新と呼ばれる。極相林を構成する長い寿命をもつ樹木種でも，ギャップ更新によって世代交代を繰り返すことができる。その結果，極相林は維持されている。①ギャップが生じたあと幼木は伸長成長を始めるが，幼木が成木になるためには，他の個体よりもいち早く成長し林冠を形成する必要があるため，樹木間で競争が生じる。そのような競争が起こるにもかかわらず，特に熱帯林では②多くの樹木種が見られ，高い種多様性が維持されている。

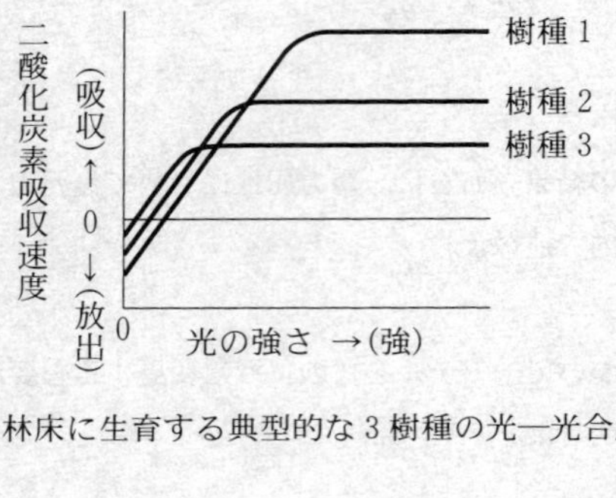

図１　林床に生育する典型的な 3 樹種の光―光合成曲線

問 1 下線部①に関連して，13 樹種の幼木を用いた実験を行った。各樹種の幼木を複数植木鉢にうえ，半数ずつ 2 つの実験区に分けた。1 つの実験区では幼木を最後まで弱光下で育てた。もう 1 つの実験区では，幼木をしばらく弱光下で育てた後に強光下に移した。それぞれの実験区で，幼木の成長速度の速い方から遅い方へ，樹種ごとに順位をつけていった。その結果，光飽和下で高い光合成速度を示す樹種が，弱光から強光に移すと種の順位を上げた(**図 2**)。このような結果が得られた理由について，**図 1** を参考にして，解答欄の枠の範囲内で説明せよ。

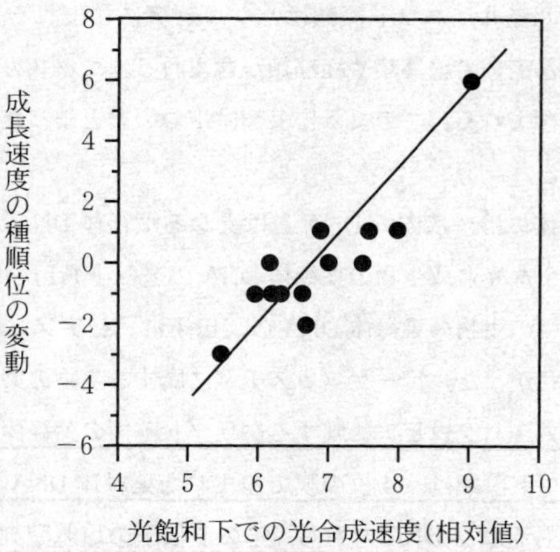

図 2 光飽和下での光合成速度と幼木の成長速度の種順位の変動
(黒丸は各樹種の点。縦軸は，弱光下での種順位から強光下での種順位を引いた値。プラスの値は順位が上がったことを，マイナスの値は順位が下がったことを示す。)

問 2 下線部②について，ギャップの形成は，樹木の多様性の維持にどのような影響を与えると考えられるか。**問 1** に記した実験結果をふまえて，解答欄の枠の範囲内で説明せよ。

(B)　海洋におけるおもな生産者は，植物プランクトンである。海洋全体の純生産量は陸上全体の純生産量に匹敵すると見積もられているが，③海洋では，純生産量の大きさに対し生産者の現存量が著しく小さいことが特徴である。植物プランクトンは多様な生物種から構成されるが，海洋全体の純生産量においては，光合成を行う④原核生物のシアノバクテリア，真核生物の珪藻類とハプト藻類の貢献度が高いと考えられている。

図 3 は，分子系統学的解析に基づく真核生物の系統を示している。真核生物にはおよそ 8 つの系統群があると考えられている。珪藻類とハプト藻類を含む，おもに水生の酸素発生型光合成を行う生物を総称して藻類と呼ぶ。系統樹上では，珪藻類はストラメノパイル，ハプト藻類はハクロビアに含まれる。アーケプラスチダには，陸上植物と藻類の緑藻類や紅藻類が含まれる。エクスカバータとアルベオラータにも藻類が含まれる。このように藻類は 1 つのまとまった系統群ではなく複数の系統群に属する。

藻類の葉緑体には，核内の DNA とは異なる葉緑体 DNA がある。藻類や種子植物などさまざまな光合成生物の葉緑体 DNA の遺伝子を用いて遺伝子系統樹を作成すると，すべての生物の葉緑体 DNA の遺伝子は，シアノバクテリアのものと近縁であることがわかった。アーケプラスチダに属する生物の葉緑体は 2 枚の膜で包まれている。⑤一方，ハクロビアに属するクリプト藻類の葉緑体は，4 枚の膜で囲まれている。クリプト藻類は，4 枚の膜で包まれた葉緑体 DNA に加え，2 枚目と 3 枚目の膜の間にも異なる DNA をもち，その遺伝子の塩基配列は紅藻類の核 DNA のものに最も類似している。

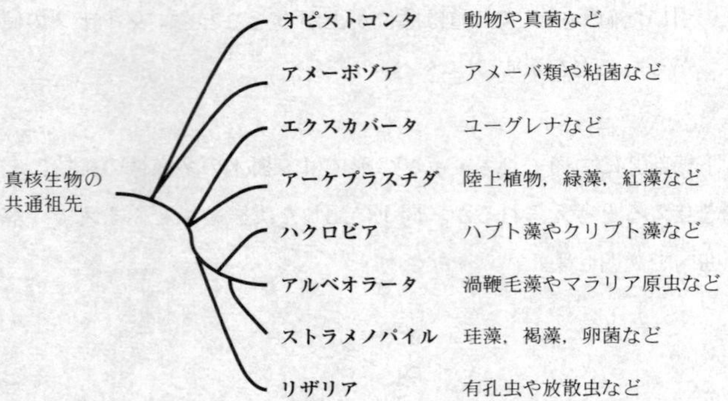

図 3　真核生物の系統樹とそれぞれの系統群に含まれる代表的な生物群

問 3　下線部③について，海洋において純生産量に対する生産者の現存量が著しく小さい理由を，解答欄の枠の範囲内で説明せよ。

問 4　下線部④について，シアノバクテリアは緑色植物と似た光化学系をもち，酸素発生型光合成を行うが，酸素非発生型光合成を行う光合成細菌もいる。このような酸素非発生型光合成細菌の光化学系の特徴を，解答欄**ア**の枠の範囲内で説明せよ。また，シアノバクテリアの光化学系が酸素非発生型光合成を行う光合成細菌の光化学系から進化したとすると，光合成色素に関してどのような変化があったと考えられるか，解答欄**イ**の枠の範囲内で説明せよ。

問 5　下線部⑤について，クリプト藻類の葉緑体の直接の起源となった生物を推定して解答欄**あ**に記せ。さらに，クリプト藻類がどのような進化的過程をたどって酸素発生型の光化学系をもつようになったのかを考え，解答欄**い**の枠の範囲内で説明せよ。

※解答欄　問 1・問 2：各ヨコ 12.6cm×５行
問 3：ヨコ 12.6cm×２行
問 4 ア・イ：各ヨコ 11.2cm×２行
問 5 い：ヨコ 11.2cm×３行

地学

（教育（理系）学部　1 科目　90 分
　その他　　　　　2 科目 180 分）

（注）　100 点満点。理学部は 2 科目 300 点満点に換算。

地学問題　I

次の文章(a)，(b)を読み，**問 1** ～**問 5** に答えよ。解答はすべて所定の解答欄に記入せよ。

(a)　太陽表面では様々な現象が観測される。例えば，強い [ア] が局所的に存在するため対流が妨げられ，まわりの光球よりも温度が低くなる [イ] がある。また，太陽を取り巻く高温な大気である [ウ] の中に，[ア] の力で浮いている低温のガス雲で太陽の縁に見えるものは [エ] と呼ばれる。さらに，[ウ] の中で [ア] のエネルギーを一気に解放する [オ] という爆発現象が見られることもある。

一方，太陽の中心部では，水素がヘリウムに変わる核融合反応が起こっている。①このときに生じる質量の差が，太陽が放射するエネルギーの源である。このようにして発生したエネルギーは，太陽表面に向かって移動し，最終的に主に可視光線として放射される。

②地球は太陽が放射するエネルギーによって温められている。このエネルギーは莫《ばく》大で，地球が 1 秒間に太陽から受け取るエネルギー量は，全世界での 1 秒間あたりの総発電量の 10 万倍程度にもなる。

問 1　文中の [ア] ～ [オ] に適切な語を記入せよ。

問 2　下線部①に関連して，太陽のエネルギー放射による質量変化について考えよう。この核融合反応では，4つの水素原子核が1つのヘリウム原子核になり，質量は反応の前後で約0.7％減少する。一般に主系列星は，質量のおよそ10分の1の水素がヘリウムに変わると寿命を迎える。この質量の減少分で，(エネルギー)＝(質量)×(光速)^{2}の式に従ってエネルギーが発生し，太陽の場合は1秒間あたり3.8×10^{26} Jを放射している。このことから，誕生時の太陽の質量を有効数字1けたで求めよ。その際，導出過程も示すこと。なお，光速は3.0×10^{8} m/秒，1年は3×10^{7}秒とし，太陽は寿命を迎えるまで一定のエネルギーを放射するものとする。

問 3 下線部②に関連して，地球が太陽から1秒間に受け取るエネルギーEについて考えよう。以下の(1)〜(3)に答えよ。

(1) 太陽が1秒間に放射するエネルギーをLとし，そのエネルギーは全方位に一様に放射され，地球大気による反射や吸収，散乱は考えないものとする。太陽と地球の間の距離をD，地球の半径をRとして，EをL，D，Rを用いて表せ。その際，導出過程も示すこと。

(2) 地球が一様な表面温度Tをもつとすると，地球が1秒間に宇宙に放射しているエネルギーは，シュテファン・ボルツマン定数をσとして，1 m^{2}あたりσT^4と表される。(1)のEと地球全体が1秒間あたりに宇宙に放射しているエネルギーがつり合うとして，地球の半径Rによらず表面温度Tは一定になることを示せ。

(3) Eを有効数字1けたで求めよ。ただし，Lは**問2**で与えられた値を用いよ。

(b) 天体の運動を調べるためには，分光観測を行い，吸収線や輝線がドップラー効果によって本来の波長(天体が静止している時に観測される波長)からどれくらいずれているかを測定することが多い。本来の波長をλ，それからのずれを$\Delta\lambda$，光速をc，物体の視線方向の速度(観測者から遠ざかる方向を正とする)をvとすると，$\dfrac{\Delta\lambda}{\lambda}=\dfrac{v}{c}$が成り立つ。

太陽の自転速度を調べるために，ある日の太陽が南中する時刻に分光観測を行った。**図 1** に，ある吸収線について太陽の中央，東端，西端で取得したデータを重ねて示してある。縦軸は放射エネルギー強度(相対値)で，横軸はこの吸収線の λ からのずれ $\Delta\lambda$ を表している。ただし，ここでは太陽の自転による効果以外は無視できるものとする。

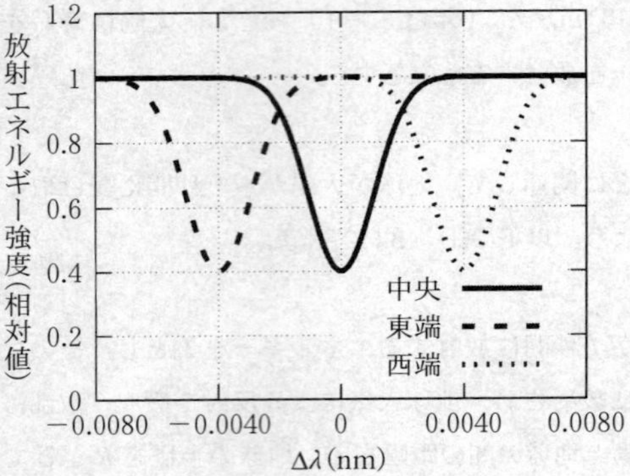

図 1

問 4　λ が 600 nm であるとして，太陽の自転周期は何日であるか，有効数字 2 けたで求めよ。その際，計算過程も示すこと。なお，太陽半径は 7.0×10^{8} m，1 日は 8.6×10^{4} 秒とする。

問 5　次の日の早朝に，同じように観測をしたところ，吸収線が全体に横軸のマイナスの方向にずれていた。その理由を簡潔に答えよ。必要であれば図を用いてもよい。

※解答欄　問 2：ヨコ 13.7 センチ×タテ 9.5 センチ
問 3(1)・(2)・(3)：各ヨコ 13.7 センチ×タテ 6 センチ
問 4・問 5：各ヨコ 13.7 センチ×タテ 11 センチ

地学問題　Ⅱ

次の文章を読み，**問 1** ～**問 4** に答えよ。解答はすべて所定の解答欄に記入せよ。

図 1 は太平洋のある経線に沿った水温，塩分，溶存酸素濃度の南北断面分布を示している。ただし，等値線の間隔は一定ではない。溶存酸素濃度は海水 1 L(リットル)に溶け込んだ酸素 O_2 の量(mL)で定義されている。

水温は，表層で低緯度ほど高く，また極域をのぞけば深さとともに低くなる。深さにともなう水温低下は一様ではなく，その変化の様子にもとづいて，浅いほうから順に [ア] ，[イ] ，[ウ] と呼ばれる層に分類される。[ア] の水温は緯度や季節によって大きく変化するが，[ウ] では年間を通してほとんど変化しない。

①水温と異なり，表層の塩分は熱帯で低く，亜熱帯で高い。さらに，中高緯度で再び低くなる。中低緯度の水深 500～1000 m に見られる低塩分の海水は [エ] と呼ばれ，中高緯度の表層にある低塩分領域につながっている。

酸素は大気から海に溶け込むほか，植物プランクトンが光合成をすることで発生する。このため海洋表層の溶存酸素量はほぼ飽和した状態にある。しかし，これらの過程によって海に酸素が供給されるのはおよそ 100 m の深さまでである。それより深いところにある海水では，生物の呼吸や有機化合物(プランクトンの死がいなど)の酸化・分解過程により，酸素は消費される一方となる。

②海水密度は水温，塩分，圧力で決まり，場所による海水密度の違いは流れを生む原因のひとつになる。また，他の原因で生じたものを含め，③海洋内部の流れの様子は水温，塩分，溶存酸素濃度などの空間分布から推定することができる。

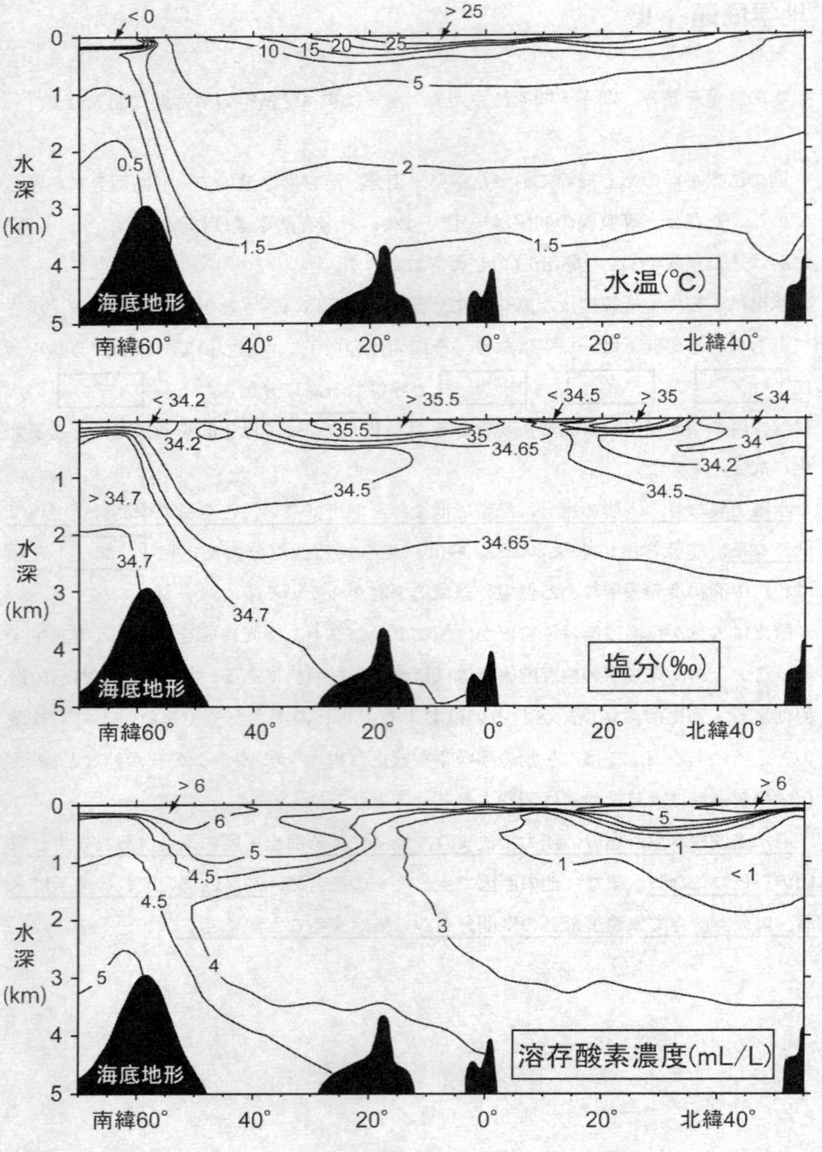
< 0
> 25
0
1
2
3
4
5
10
15
20
25
5
1
0.5
2
1.5
1.5
水深
(km)
海底地形
水温(℃)
南緯60°
40°
20°
0°
20°
北緯40°
< 34.2
> 35.5
< 34.5
> 35
< 34
35.5
34.2
35
34.65
34
34.2
34.5
34.5
> 34.7
34.65
34.7
34.7
塩分(‰)
> 6
> 6
6
5
5
1
4.5
1
< 1
4.5
3
4
5
溶存酸素濃度(mL/L)

図1

問 1　文中の ア ～ エ に適切な語を記入せよ。

問 2　下線部①に関連して，表層の塩分がこのように変化する理由を，熱帯，亜熱帯，中高緯度それぞれで生じている大気現象と関係づけて説明せよ。

問 3　下線部②に関連して，海水密度の緯度変化には水温と塩分のどちらの影響が大きいか。図 1 を使って，赤道付近と南緯 60° 付近との間で海面における海水密度の差を概算し，それにもとづいて答えよ。ただし，計算過程も示すこと。なお，1 ℃の水温変化にともなう密度変化は $0.2\ \mathrm{kg/m^3}$，1 ‰の塩分変化にともなう密度変化は $0.8\ \mathrm{kg/m^3}$ とする。圧力の影響は考えない。

問 4　下線部③に関連して，以下の(1)，(2)に答えよ。

(1)　南極大陸周辺では表層の海水が海底付近まで沈み込むのに対し，北太平洋では沈み込まないことが知られている。このことは水温，塩分，溶存酸素濃度の分布のどのような特徴から判断できるか。図 1 から読み取って説明せよ。

(2)　図 1 の塩分分布によれば，中高緯度の表層の海水は中低緯度の 500～1000 m の深さにもぐり込んでいると推定される。この推定が妥当であることを，溶存酸素の供給・消費過程とその濃度分布から説明せよ。

※解答欄　問 2：ヨコ 13.7 センチ×タテ 8.2 センチ
問 3：ヨコ 13.7 センチ×タテ 11 センチ
問 4(1)・(2)：各ヨコ 13.7 センチ×タテ 8 センチ

地学問題　Ⅲ

次の文章を読み，**問1**～**問4**に答えよ。解答はすべて所定の解答欄に記入せよ。

平成28年(2016年)熊本地震では，①震度7を観測した地震が4月14日，16日に1回ずつ発生し，広い範囲に被害をもたらした。山間部では大規模な地すべりが生じ，平野部では地震のゆれによって地盤の【ア】現象が起きたために，地盤沈下や噴砂などが発生した。

日本列島付近では複数のプレートが互いに押し合っており，地震活動が活発である。例えば，大陸プレートの下に海洋プレートが沈み込む境界である海溝ではプレート境界地震が発生する(例：平成23年東北地方太平洋沖地震)。またプレート境界のまわりでは，プレート内地震も発生する(例：平成28年熊本地震)。

プレートの沈み込みは，日本列島の形成にも深く関わっている。例えば，火山フロントの存在からは②火山の形成とプレート沈み込みの関連性が示唆される。また，広い範囲にわたって帯状に圧力の高い場所ができるため，【イ】作用によって結晶片岩・片麻岩などが形成される。さらに海溝において，堆積物が大陸プレートに貼りつけられて，【ウ】も作られる。

③地震のゆれ(地震波)を用いれば，プレートやその下の地球内部構造を知ることができる。近年，沈み込んだプレートがマントル中を下降する様子が明らかとなり，プレート沈み込みと地球全体の進化の関係が議論されている。

問1　文中の【ア】～【ウ】に適切な語を記入せよ。

問2　下線部①に関連して，気象庁によれば2つの地震のマグニチュードはそれぞれ6.5と7.3であった。マグニチュード7.3の地震のエネルギーは，マグニチュード6.5の地震のエネルギーの何倍か。$\log_{10} 4.0 = 0.60$として，有効数字2けたで答えよ。計算過程も示すこと。

問3　下線部②に関連して，**図1**を参照しながら，以下の(1)，(2)に答えよ。

図1は，水分を含まないかんらん岩の融解曲線Aと，水に飽和したかんらん

岩の融解曲線 B の模式図である。火山フロント直下では，深さ 30 km より上には地殻が，深さ 105 km より下には沈み込んだ海洋プレートが存在しており，その間のマントルの温度分布は**図 1** の曲線 X で表されるとする。なお，マントルはかんらん岩から構成されているとする。

⑴　火山フロント直下のマントルの温度は，深さ 75 km から 105 km にかけて，700 ℃ 低下している。地球全体のマントルの平均温度は，地下深部ほど上昇することが知られているが，沈み込み帯においてこのような大きな低下傾向が見られる理由を答えよ。

⑵　火山フロント直下において，マントルからマグマが生じる深さの範囲と，その深さでマグマが生じる理由について，「海洋プレート」「融解曲線」の用語を用いて答えよ。

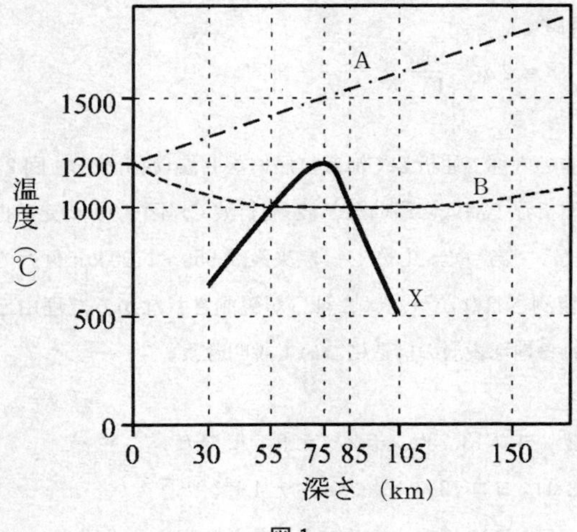

図 1

問 4　下線部③に関連して，海底付近で地震が起きた時に海底面で地震観測を実施したところ，**図 2** ⓐおよび**図 2** ⓑのようなＰ波の走時曲線を得た(**図 2** ⓐは，**図 2** ⓑの一部を拡大したものである)。この走時曲線から地球内部の様子を推測するために，水平な４つの層から構成される海底下の地下構造を考える(**図 2** ⓒに模式図を示す)。海底の水深や各層の厚さは一定であり，第１，３，４層内を伝わる地震波(Ｐ波)の速度も各層中で一定である。また第２層のＰ波の速度は，第１層の直下では 8.0 km/秒であり，それより深い場所では徐々に大きくなっている(水平方向には変化しない)。以下の⑴，⑵に答えよ。

⑴　第１層と第２層の境界で屈折して海底に届いたＰ波(屈折波Ａ，**図 2** ⓒ)の走時曲線と，直接波の走時曲線は一箇所で交わっている(**図 2** ⓐ)。２つの走時曲線をそれぞれ直線とみなして，第１層の厚さ d[km]を求めよ。計算過程も示すこと。なお，震央距離 x[km]での屈折波Ａの走時 t[秒]は，第１層のＰ波の速度 V_1[km/秒]と，第１層の直下のＰ波の速度 V_2[km/秒]を用いた次の式で表される。

$$t=2d\sqrt{\frac{1}{{V_1}^2}-\frac{1}{{V_2}^2}}+\frac{x}{V_2}$$

⑵　第２層の内部で屈折して海底に届いたＰ波(屈折波Ｂ，**図 2** ⓒ)および第４層上面で屈折して海底に届いたＰ波(屈折波Ｃ，**図 2** ⓒ)の走時曲線はそれぞれ**図 2** ⓑのようであった。しかし，震央距離 650～1100 km 付近では屈折波Ｂおよび C は観測されなかった。これらが観測されなかった理由と，このことから推測される地球表層の構造について説明せよ。

※解答欄　問２：ヨコ 13.7 センチ×タテ 5.5 センチ
問３⑴：ヨコ 13.7 センチ×タテ４センチ
⑵：ヨコ 13.7 センチ×タテ７センチ
問４⑴：ヨコ 13.7 センチ×タテ 11 センチ
⑵：ヨコ 13.7 センチ×タテ６センチ

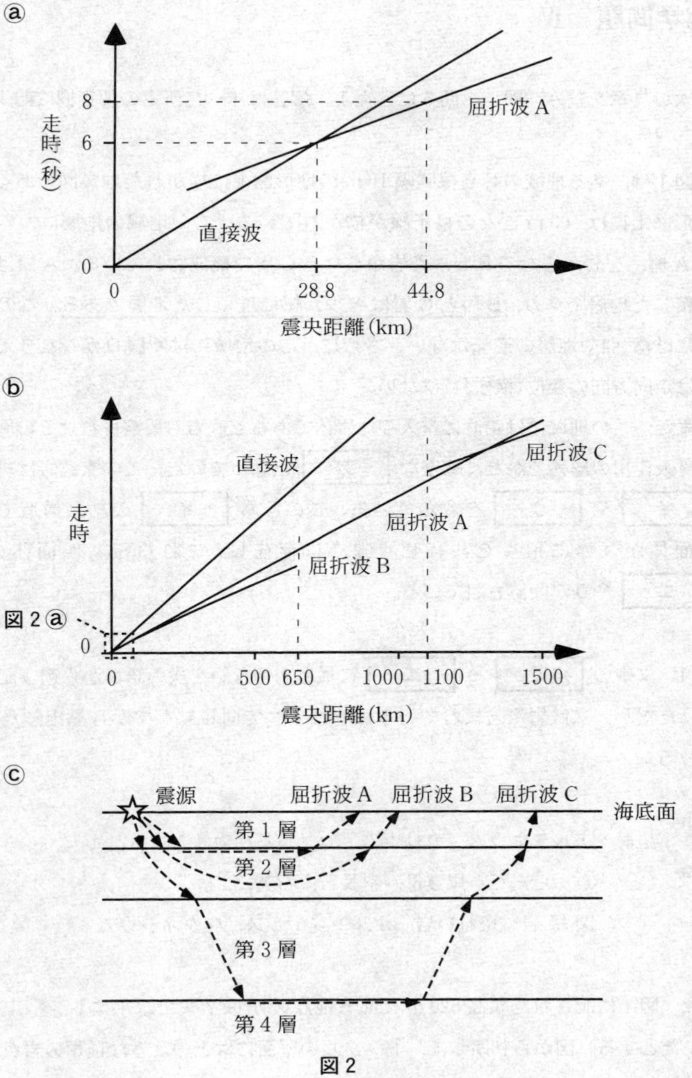
ⓐ
走時(秒)
8
6
0
屈折波 A
直接波
0
28.8
44.8
震央距離(km)
ⓑ
走時
直接波
屈折波 C
屈折波 A
屈折波 B
図 2 ⓐ
0
0
500
650
1000
1100
1500
震央距離(km)
ⓒ
震源
屈折波 A
屈折波 B
屈折波 C
海底面
第 1 層
第 2 層
第 3 層
第 4 層

図 2

地学問題　Ⅳ

次の文章を読み，**問 1** ～**問 5** に答えよ。解答はすべて所定の解答欄に記入せよ。

図 1 は，ある地域の等高線間隔 10 m の地形図上に描かれた地質図である。なお，地形図上には 100 m ごとの格子線が描かれている。この地域の地層は，砂礫《れき》からなるＡ層，泥岩からなるＢ層，砂岩からなるＣ層で構成されている。Ａ層は第四紀に堆積した地層であり，Ｂ層とＣ層はペルム紀に堆積した地層である。この地域の地層には褶曲《しゅうきょく》や地層の逆転はない。さらに，この地域には断層Ｄが存在する。断層Ｄには走向方向の変位(横ずれ)はない。

また，この地域には鉛直に貫入した岩体である玄武岩も観察され，その周囲の岩石は貫入作用の影響でかたく緻密《ちみつ》な [ア] となっていた。この玄武岩は斑晶として [イ] や [ウ] を含んでいる。このうち [イ] の結晶構造では，SiO_4 四面体が互いに頂点を共有せず独立に存在し，これら SiO_4 四面体の間には [エ] や鉄が配置されている。

問 1　文中の [ア] ～ [エ] に最も適切な語を次の語群から選び記入せよ。ただし，玄武岩に含まれている鉱物はすべて同じマグマから晶出したものとする。

語群：アルミニウム，カリウム，カリ長石，カルシウム，
かんらん石，黒雲母，斜長石，石英，
閃緑《せんりょく》岩，斑れい岩，ホルンフェルス，マグネシウム

問 2　**図 1** に記された標高 520 m にある地点Ｘから Ｙ まで水平にトンネルを掘削したとする。図から判断して，トンネルの壁面にはどのような種類の岩石がどの順番で現れるか，岩石の種類が変化する地点をＸ地点からの距離で明示したうえで説明せよ。

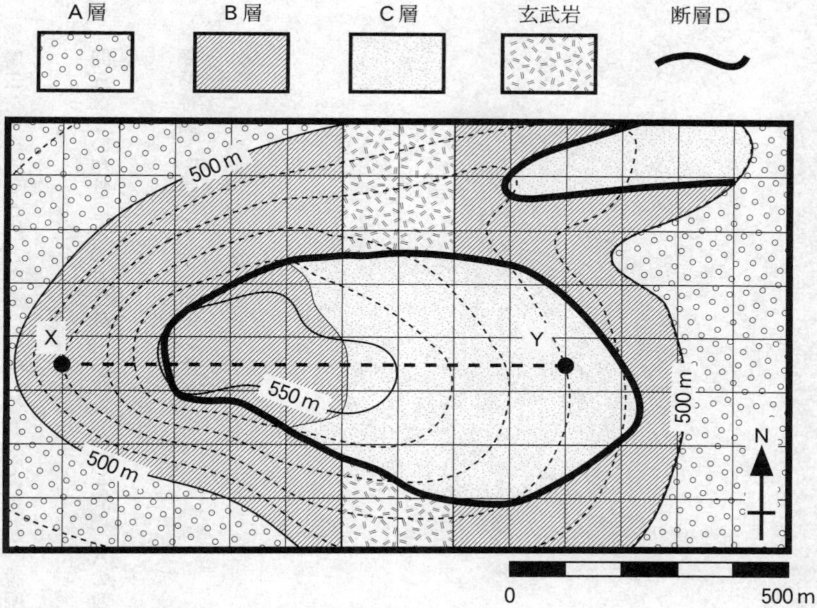

図 1

問 3　断層Dは正断層と逆断層のどちらか，判断した理由も含めて記せ。

問 4　この地域の地層ならびに地質構造の形成の順序について記せ。

問 5　文中の下線部に関連して，B層およびC層が堆積したペルム紀には，主な大陸がすべて結合して超大陸パンゲアが形成されていたと考えられている。ウェゲナーは大洋両岸で大陸の海岸線の形状が類似していることから大陸移動説を提唱したが，超大陸パンゲアが分裂して現在の大陸分布になったとする説には他にどのような根拠があるか，一つ挙げて説明せよ。

※解答欄　問2：ヨコ 13.7 センチ×タテ 8.2 センチ

問3・問4・問5：各ヨコ 13.7 センチ×タテ 8 センチ

問二　傍線部(2)はどのようなことを言っているか、説明せよ。

問三　Bの和歌はどのようなことを言っているか、Aの敦化の和歌を踏まえて説明せよ。

※解答欄　問二：タテ一四センチ×三行
　　　　　問三：タテ一四センチ×四行

三

次の文は、幕末の歌人中島広足が、親しい知人たちに次々と先立たれたことを述べた文章の末尾の部分である。これを読んで、後の問に答えよ。（三〇点）

敦化《あつのり》は、おのれに二つばかりおとれる齢《よはひ》なりき。四とせばかりさきより、病ひの床に臥《ふ》ししかど、(1)をりをりはおこたりざまにもありしかば、さりともつひにはさはやぎはてむとのみ思ひわたりき。この睦月のはじめつかたは、ことに心地もさはやかにおぼえしにや、

　この春は霞とともに立ちいでて野にも山にも杖をひかまし　…A

とよみておこせたるに、やがてこれより、

　いつよりもうれしかりけり野に山にともにあそばむ春ぞと思へば

と言ひおくりしも昨日の事ぞかし。弥生のはじめより、にはかにあつしくなりて、十二日になむ、ながき別れの人とはなりぬる。

　思ひきや春の霞の立ち別れ死出の山路に杖ひかむとは　…B

とぞうちなげかれし。(2)なほ人々の別れにも、あと弔《と》ふをりをりにも、よみ出づるおのれが歌はあまたあれど、何かさのみはとて。

（中島広足『海人のくぐつ』より）

問一　傍線部(1)を現代語訳せよ。

なるだろう。それを極端な形で実践したのが明治の末から大正初頭にかけ、反自然主義として鮮烈なデビューをかざった白樺《しらかば》派《は》の若者たちなのだった。彼らは一人称の「自分」を大胆に打ち出し、作中世界のすべてをその「自分」の判断として統括しようと企てることになる。

（安藤宏『「私」をつくる　近代小説の試み』より）

問一　傍線部(1)について、筆者がこのように考えるのはなぜか、説明せよ。

問二　傍線部(2)について、このように言えるのはなぜか、説明せよ。

問三　傍線部(3)について、このように言えるのはなぜか、説明せよ。

※解答欄　問一・問二：各タテ一四センチ×三行
問三：タテ一四センチ×四行

田山花袋の「平面描写」論（『生』に於ける試み』明治四一年）は、「客観の事象に対しても少しもその内部に立ち入らず、又人物の内部精神にも立ち入らず、ただ見たまま聴いたまま触れたままの現象をさながらに描く」ことをめざしたもので、言文一致体にいかに客観的なよそおいを凝らしていくか、という課題から生み出された、当時を代表する描写論である。言い換えるなら、「客観」への信仰があったからこそこうしたよそおいもまた可能になったわけで、ここから話者である「私」を隠していくためのさまざまな技術が発達していくことにもなったのだった。結果的に叙述に空白――目隠し――が生み出され、読者の想像の自由が膨らんでいくことになったのは(2)大変興味深いパラドックスであったと言わなければならない。

一方で、こうした「話者の顔の見えない話し言葉」の持つ〝欺瞞《ぎまん》〟に対する疑問も、同時にわき起こってくることになる。特に次にあげる岩野泡鳴《ほうめい》の「一元描写論」は、花袋の「平面描写論」とは正反対の立場に立つ考え方なのだった。

作者が自分の独存として自分の実人生に臨む如く、創作に於いては作者の主観を移入した人物を若《も》しくは主観に直接共通の人物一人に定めなければならぬ。これをしないではどんな作者もその描写を概念と説明とから免れしめることができぬのだ。その一人（甲なら甲）の気ぶんになつてその甲が見た通りの人生を描写しなければならぬ。斯《か》うなれば、作者は初めてその取り扱ふ人物の感覚的姿態で停止せずに、その心理にまでも而《しか》も具体的に立ち入れるのである。そして若し作者が乙なり丙なりになりたかつたら、さう定めてもいいが、定めた以上は、その筆の間にたとへ時々でも自分の概念的都合上乙若しくは丙以外のものになつて見てはならぬ。

（『現代将来の小説的発想を一新すべき僕の描写論』大正七年）

「話者の顔の見えない話し言葉」に対して、はっきりと一人の人物の視点に立ち、その判断で統一を図れ、という主張である。(3)この主張をさらにおしつめれば、明確に「顔」の見える「私」を表に出すのが一番明快である、という考えに行き着くことに

二

次の文を読んで、後の問に答えよ。(三〇点)

今日ごくあたり前に使われている「言文一致体」は、明治二〇年頃から明治四〇年近くまで、およそ二〇年かけてようやく一般化していった。たとえば『吾輩は猫である』(明治三八〜三九年)なども、この文体が一気に広まっていく渦中に世に問われた小説だったのである。猫に「〜である」という演説調で語らせるなど、それまで思いもよらなかった実験が可能になったわけで、小説の表現領域や発想はこれを機に急速に広がっていくことになる。漱石が齢《よわい》四十近くなって初めて小説の筆を執ったのも、また森鷗外が長い中断を経て現代小説の執筆を開始するのも、この新しい文体に触発された側面が大きい。文体をめぐるそれまでの伝統を見切ったことを代償に、近代小説は一気にその全盛時代を迎えることになったわけである。

言文一致の利点は、なんと言ってもその平明な「わかりやすさ」にあったのだが、これと並び、当時しばしばその長所とされたのが、記述の「正確さ」であった。物事を正確に写し取っていく写実主義の浸透にともない、「言文一致体」は日常のできごとを〝ありのまま〟に描写していくのにもっともふさわしい手立てであると考えられたのである。

だが、考えてみると、(1)これはそもそもおかしなことなのではないだろうか。

口語(会話)は、本来きわめて主観的なものであるはずだ。表情やみぶりで内容を補うこともできるし、あらかじめ共有されている話題であれば、自由に内容を省略することもできる。当時の描写論議、あるいは言文一致論議を見ていて奇妙に思われるのは、主観的な口語を模したこの文体がもっとも「客観的」で「細密」である、とまじめに信じられていた形跡のあることだ。急速に広まっていく写実主義の風潮の中で、過度に客観性が期待されてしまった点にこそ、おそらくはこの文体のもっとも大きな不幸と矛盾、同時にまた、それゆえの面白さがあったのではないだろうか。

問一　傍線部(1)はどういうことか、説明せよ。

問二　傍線部(2)はどのような「旅」か、説明せよ。

問三　傍線部(3)のように筆者が感じたのはなぜか、説明せよ。

問四　傍線部(4)のように筆者が思ったのはなぜか、説明せよ。

※解答欄　問一・問三：各タテ一四センチ×三行
　　　　　問二：タテ一四センチ×二行
　　　　　問四：タテ一四センチ×四行

てて生活することが許されるのだろうかと考えてみた。

この村はどこに特徴があるというのでもないし、東側から左手で抱き込むように出ている尾根にしても、ところどころに私が腰を下ろしているのと同じような岩が露出しているだけで平凡なものである。だが太陽は秋になると暫くのあいだ、この村が好きで好きでたまらなくなると言った、優しさがこぼれたような光をそそいでいる。(4)ここは恐らく太陽にとっては秘密の土地であるに違いない。そこに昔ながら住んで土を耕している者たちは、そんなことに気もつかずにいるかも知れない。それを、たまたまここを通り過ぎて行く私が、僅かの憩いの時間だけ、優しく高貴な光を浴びるのを許してもらえたのだろう。

＊

だが、それに有頂天になって、私自身がこの秋の太陽に愛されている土地に移住を企てることは、ここがそうしためぐみを受けているところだけに、その値打を然程《さほど》に知らずに頸《くび》に飾っている宝石をちょっとした簡単な言葉でどこかの島の住人から奪いとるのと似ているような気がした。

この村は秋の、そこに秘かに憩う太陽の愛撫をうけて、貧しさの故に落ちた壁も、古さの故に倒れかけた納屋も、労働のために褐色にやけた人々の顔も、過不足のない調和の中で静かな息づかいをしていて、私が住む場所は勿論《もちろん》のこと、休息の場所さえ見当りにくいところだった。

（一九六二年九月）

葉書をくれた友人はこういう村に今住んでいる。

（串田孫一「山村の秋」より）

農夫は、竿《さお》をにぎって柿を少し乱暴にはたき落した。私は黙って見ていることも出来ずに、柿の木の下に走りよって、落ちて来る柿をうけ止めて、もうこれだけで充分だと言った。

柿は枝についている時には、どこにも傷一つなく、一つ一つが大きな酸漿《ほおずき》のように見えていたが、受け取ってみると、あっちこっちに黒いしみだの傷もあった。ところがそれを持って行って食べなさいと言われた時は、(3)なんにも邪気のない、正直で素朴な農夫の心を手のひらに渡されたような気持だった。

＊

点々とある農家のあいだの、まっすぐにはなっていない道の両側には、幅は一尺ほどではあるが流れがあり、豊かな水が方々で音を立てていた。道も坂だったのだろうが、流れにも勢いがあり、ところどころに野菜や農夫たちの道具を洗うための場所が出来ていて、そういうところでは水は小さい渦をまいていた。

その頃私は、物そのものよりも、色や光の組み合わせによって風景を見て、またそういう印象を強く残そうとしていたためなのか、西に廻《まわ》った太陽からのやわらかな橙《だいだい》色の陽光による、あたり一面の、かすかにほてるような、あるいは恥《はず》かしさのための赤らみのような、その色合が私に何か物語をきかせているようだった。

それは改めて私から人に語れるような筋を持ったものではなく、私をその場所で深く包み込んで行くような物語だった。

＊

上へ登って行けば僅かばかり畑があって山道になると言われたその道を、もちろんいい加減のところで引き返すつもりで登って行くと、誰がそこに据えたものとも思えない、また自然に大昔からそこにあったとも思えない岩を見つけ、それに腰をかけて私は貰《もら》った柿を食べた。

そうしてこの高みから村を見渡して、もしも私がここへ移り住もうという気持を起こしたとしたら、どこへどんな小屋を建う思ってしまったように決して贅沢なことなどではないのかも知れない。ただこの葉書は、もう忘れかけていたその山村の秋を私の記憶の中からいやに鮮やかに想い出させる役目はしたことになる。

＊

そういえばあの時、私は何でも栃木県の山ぞいの、丘をほんの一日二日歩くつもりで出かけたのだった。稲刈ももう殆《ほと》んど終わって、束ねた稲が干してあるころだった。景色を眺めるというより秋の空気の匂いを嗅いで歩くのが嬉しかった。二日歩いて夕暮れ時に、そろそろ帰ることも考えなければと思いながら、空の色とそこを並んでゆっくりと通る雲があまり穏やかで、そのまま上州の山麓へと足を向けたのだった。

古いことで泊った場所や宿のことなどは何も想い出せない。まるで放心の状態で歩いていたとしか思えないように、その辺のところは記憶にない。

秋が安らかに草に住む虫たちを鳴かせ、羊のような雲を空に遊ばせておく限り私は(2)こういう旅を続けていたい気持にさせられてしまった。だからこの村に私がやって来て、水車の音をきいたり、農家の納屋に出入りしている鶏たちを見たのは旅に出て幾日目だったのかさっぱり想い出せない。

＊

こうした山麓の旅のあいだには幾つもの集落を通って来た筈《はず》なのに、どうしてこの村だけが、たった一枚の、その村の容子《ようす》などは何一つ書いてない葉書によってこんな工合《ぐあい》に鮮やかに甦《よみがえ》るものなのか。

私は、牛を牽《ひ》いてちょうど自分の家に戻って来た農夫に、多分この村の奥の道がどうなっているかを訊《たず》ねながらほかの話もしているうちに、その家に熟したままかなり残っている柿が急に食べたくなって、三つ四つ売ってもらえないものかと頼んだ。

国語

（九〇分）

（注）一〇〇点満点。総合人間（理系）・教育（理系）・経済（理系）・理・医学部は一五〇点満点に換算。

一　次の文を読んで、後の問に答えよ。（四〇点）

今日思いがけなく、古い友だちから葉書を受け取った。山の奥の村に移り住んでもう三年になり、再び都会の生活に戻ることもあるまいから住所を知らせておくという、それだけが書いてある葉書だった。その数行の文句を、一字一字見ているうちに、何という贅沢《ぜいたく》な奴なのだろうと思った。(1)まさか何というずるい奴だとまでは思うわけには行かなかった。

上州の、そこへ行く途中の街道を辿《たど》って行けば、末は道が山へ消えるようにせばまりながら越後へ入ってしまうそのあたりを、私も詳しくはないが知っていた。そして彼の住んでいるという村も、彼とは全く無関係に、もうずいぶん前に訪れたことがある。

私のその友人と、その村とがどういう関係にあるのかは葉書にもひと言も書いてはないし、これまでにそんな話を聞いたこともついぞない。何しろ二十年は会っていないし、その一枚の葉書をいくら睨《にら》んでいたところでそこに書いてある極《ご》く簡単な文句からは何も考えられない。だから彼にしてみれば山村に移り住んでもう都会には出ないだろうということが、私がついそ

16

問題編

問題編

▶試験科目

学　部	教　科	科　　　目
総合人間（理系）・理・農	外国語	コミュニケーション英語Ⅰ・Ⅱ・Ⅲ，英語表現Ⅰ・Ⅱ
	数　学	数学Ⅰ・Ⅱ・Ⅲ・A・B
	理　科	「物理基礎・物理」，「化学基礎・化学」，「生物基礎・生物」，「地学基礎・地学」から2科目選択
	国　語	国語総合・現代文B・古典B
教育（理系）	外国語	コミュニケーション英語Ⅰ・Ⅱ・Ⅲ，英語表現Ⅰ・Ⅱ
	数　学	数学Ⅰ・Ⅱ・Ⅲ・A・B
	理　科	「物理基礎・物理」，「化学基礎・化学」，「生物基礎・生物」，「地学基礎・地学」から1科目選択
	国　語	国語総合・現代文B・古典B
経済（理系）	外国語	コミュニケーション英語Ⅰ・Ⅱ・Ⅲ，英語表現Ⅰ・Ⅱ
	数　学	数学Ⅰ・Ⅱ・Ⅲ・A・B
	国　語	国語総合・現代文B・古典B
医・薬	外国語	コミュニケーション英語Ⅰ・Ⅱ・Ⅲ，英語表現Ⅰ・Ⅱ
	数　学	数学Ⅰ・Ⅱ・Ⅲ・A・B
	理　科	「物理基礎・物理」，「化学基礎・化学」，「生物基礎・生物」から2科目選択
	国　語	国語総合・現代文B・古典B
	面　接	医学部医学科のみに課される
工	外国語	コミュニケーション英語Ⅰ・Ⅱ・Ⅲ，英語表現Ⅰ・Ⅱ
	数　学	数学Ⅰ・Ⅱ・Ⅲ・A・B
	理　科	「物理基礎・物理」，「化学基礎・化学」
	国　語	国語総合・現代文B・古典B

▶配　点

<table>
<tr><th colspan="2">学部・学科</th><th>外国語</th><th>数　学</th><th>理　科</th><th>国　語</th><th>面　接</th><th>合　計</th></tr>
<tr><td colspan="2">総合人間（理系）</td><td>150</td><td>200</td><td>200</td><td>150</td><td>—</td><td>700</td></tr>
<tr><td colspan="2">教育（理系）</td><td>200</td><td>200</td><td>100</td><td>150</td><td>—</td><td>650</td></tr>
<tr><td colspan="2">経済（理系）</td><td>200</td><td>300</td><td>—</td><td>150</td><td>—</td><td>650</td></tr>
<tr><td colspan="2">理</td><td>225</td><td>300</td><td>300</td><td>150</td><td>—</td><td>975</td></tr>
<tr><td rowspan="2">医</td><td>医</td><td>300</td><td>250</td><td>300</td><td>150</td><td>※</td><td>1000</td></tr>
<tr><td>人間健康科</td><td>200</td><td>200</td><td>200</td><td>100</td><td>—</td><td>700</td></tr>
<tr><td colspan="2">薬</td><td>200</td><td>200</td><td>200</td><td>100</td><td>—</td><td>700</td></tr>
<tr><td colspan="2">工</td><td>200</td><td>250</td><td>250</td><td>100</td><td>—</td><td>800</td></tr>
<tr><td colspan="2">農</td><td>200</td><td>200</td><td>200</td><td>100</td><td>—</td><td>700</td></tr>
</table>

▶備　考

- 外国語はドイツ語，フランス語，中国語も選択できる（理・医（人間健康科学科検査技術科学専攻）・工学部は英語指定）が，編集の都合上省略。
- 「数学Ⅰ」，「数学Ⅱ」，「数学Ⅲ」，「数学A」は全範囲から出題する。「数学B」は「数列」，「ベクトル」を出題範囲とする。
- 医学部医学科においては，調査書は面接の参考資料にする。

※医学部医学科の面接は，医師・医学研究者としての適性・人間性などについて評価を行い，学科試験の成績と総合して合否を判定する。従って，学科試験の成績の如何にかかわらず不合格となることがある。

英語

（120 分）

（注）　150 点満点。教育（理系）・経済（理系）・医（人間健康科）・薬・工・農学部は 200 点満点に，理学部は 225 点満点に，医（医）学部は 300 点満点に換算。

I　次の文章を読み，下の設問(1)(2)に答えなさい。　(50 点)

In the dry red soil of Chimayo, New Mexico, there is a hole in the ground that some call holy. They intend no pun, no play on words. The hole is a serious matter; the locals who tend to it would no more joke about their humble opening in the earth than they would a hole in the head, or the heart.

Though it has a long and eclectic spiritual history, the hole sits today in the back corner of a Roman Catholic Church, El Santuario de Chimayo, which is among the most frequently visited religious pilgrimage sites in America. Hundreds of thousands of true believers and curious souls visit every year to line up in a small side chapel strewn with pictures of loved ones lost. They crowd into a closet-sized space around the hole, bend at the knees, dip their hands into the cool of the gap below, and pull up big handfuls of dirt. Visitors to Chimayo believe that eating the dirt brings miracles.

Some would call it folk religion — not the real or legitimate practice of a Christian church but an indigenous corruption of the sanctioned sacrament of Communion*. Others might suggest it is in fact something more complicated: a distinctly American form of religious syncretism, a blending of faith traditions so complete that it is difficult to separate one from the other. Implicit in each of these explanations is a more obvious physical truth. (1)The church was built over a hole in the ground that has history both connected to and independent of the structure around it. To extend the symbolic story: In thinking about religion in American history, we have too often focused only on the church standing above the hole and not on the hole itself, nor on the people lining up to make the soil within a part of their blood, their bones. The United States is a land shaped and informed by internal religious diversity — some of it obvious, some of it hidden — and yet the history we have all been taught has mostly failed to convey this. (2) We have learned history from the middle rather than the margins, though it is the latter from which so much of our culture has been formed.

We need only look to the point often seen as the beginning to know this is true. It is the story we memorized in school: *In fourteen hundred and ninety-two, Columbus sailed the ocean blue* . . . and he did so, we all have been taught, on orders and at the expense of Ferdinand and Isabella, the Catholic monarchs of Spain. The largest of his ships was named for the mother of the Christian savior. In his journal, which begins in the form of a prayer, "In the Name of Our Lord Jesus Christ," Columbus writes of standards bearing the cross brought onto the lands he was soon to conquer.

Less well known are the men who sailed with Columbus who did not call this symbol their own. No less than America would be, Europe at the time was a place endlessly conflicting over its multi-religious past. Having shaped so much of Iberian culture, practitioners of Judaism and Islam provided Spain's Catholics with a daily reminder that their world was not made by the church alone. Whether this reminder was mere embarrassment or existential threat, it was reason enough to force them out. Columbus devotes the first words of his diary to praising Spain for evicting its religious minorities in the same year he began his voyage, and yet his own adventure could not have been accomplished without men drawn from the very peoples he was so pleased to see driven from their homes. It was precisely their connections to exiled faiths that led several of his crewmen to join a mission that was less likely to end in riches than a watery grave.

*sacrament of Communion　ミサで聖体を受け取ること

(1)　下線部(1)を和訳しなさい。

(2)　下線部(2)の中の"the middle"と"the margins"は，それぞれ具体的にどのようなことを指しているかを，新大陸発見の事例を用いて，それぞれ日本語 60～80 字で述べなさい（句読点を含む）。

Ⅱ　次の文章を読み，下の設問(1)～(3)に答えなさい。　(50 点)

The idea of "memory" is so deeply (ア) in our language and culture that it is a bit of a shock to learn that there is no universally accepted science or model for how it works. The way we retrieve knowledge from ourselves is still, in its details, largely (イ) and the subject of much scientific research and debate.

The prevailing idea of memory is the storage metaphor. We assume memory must be a place in our heads — like a sort of database or file cabinet — where our brains store experiences and then pull them out when needed. Until about 20 or so years ago, even cognitive science assumed this to be accurate but has since acknowledged that memory is much more complicated.

Still, the storage metaphor is the way we conventionally talk about memory, even though it is terribly misleading. (a) If our brains literally stored everything away like cans of soup in a cupboard, we should be much better at remembering than we actually are. Memory is untrustworthy and seems to hang onto only certain things and not others, often with little apparent reason. In one study from 2005, people in the United Kingdom were asked if they had seen television footage of a well-publicized bus bombing. Eighty-four percent of the participants said they had — some of them providing elaborate details in response to questions — even though no such footage existed. More recent research has shown that even those who we popularly think of as having "photographic memory" are nearly as (　ウ　) as those considered to have normal memory.

(b) Of course, we know that we can recall some sort of information from our past, using neurochemical activity that makes it possible for our nervous systems to retain a kind of information about our environment and past experience. However, in spite of all that modern science has at its disposal, human memory remains a stunning enigma.

The question is: What do we need to know about how memory works to design appropriately for it? From traditional cognitive science, there are many different models for how memory works, most of which are variations on (　エ　) themes. Such models have been built up over the years, based on the patterns researchers see in test-subjects' behaviors, and in the little we can learn from watching energy and blood moving in their brains. A model like this can mislead us into thinking there are distinct areas of the brain that perform each of these functions. In actuality, it is not so (　オ　).

(1)　空欄(　ア　)～(　オ　)に入れるのに最も適切な語を以下の中から選び，番号を記入しなさい。ただし，同じ語は一度しか使用してはならない。

① clear-cut　② clear-sighted　③ ignored　④ ingrained
⑤ same　⑥ similar　⑦ unknown　⑧ unreliable

(2)　下線部(a)を和訳しなさい。

(3)　下線部(b)を和訳しなさい。

Ⅲ 次の文章を英訳しなさい。（25点）

パンは手軽に食べることのできる食品であるが，実際に作ってみるとなると，出来上がるまでに大変な手間がかかる。特に，生地がしっかり膨らむまで待たなくてはならない。簡単にパンを焼けることが売りの家電製品を使ってみても，全工程に4，5時間は必要である。自分で経験してみて初めて，店頭で売っているパンのありがたみが分かるようになるものだ。

Ⅳ 「積ん読」という言葉をめぐる次の会話を読んで，空欄(1)(2)に入る適当な応答を，解答欄におさまるように英語で書きなさい。（25点）

Dolly: I see that you have so many books! You must be an avid reader.

Ken: Well, actually, I haven't read them. They are piling up in my room and just collecting dust. This is called *tsundoku*.

Dolly: Really? I've never heard of *tsundoku*. Can you tell me more about it?

Ken: (1)＿＿＿＿＿＿＿＿＿＿＿＿＿＿＿＿

Dolly: I can understand. What are your thoughts on *tsundoku*?

Ken: (2)＿＿＿＿＿＿＿＿＿＿＿＿＿＿＿＿

※解答欄　(1)・(2)：ヨコ12.1センチ×7行

数学

（150 分）

（注）　200 点満点。経済（理系）・理学部は 300 点満点に，医（医）・工学部は 250 点満点に換算。

1　（30 点）

(1) n を 2 以上の自然数とするとき，関数

$$f_n(\theta) = (1+\cos\theta)\sin^{n-1}\theta$$

の $0 \leqq \theta \leqq \dfrac{\pi}{2}$ における最大値 M_n を求めよ.

(2) $\displaystyle\lim_{n\to\infty}(M_n)^n$ を求めよ.

2　（30 点）

素数 p, q を用いて

$$p^q + q^p$$

と表される素数をすべて求めよ.

3　（35 点）

四面体 OABC が次の条件を満たすならば，それは正四面体であることを示せ.

条件：頂点 A,B,C からそれぞれの対面を含む平面へ下ろした垂線は対面の外心を通る.

ただし，四面体のある頂点の対面とは，その頂点を除く他の 3 つの頂点がなす三角形のことをいう.

4

(35点)

xyz 空間において，平面 $y=z$ の中で

$$|x| \leqq \frac{e^y+e^{-y}}{2}-1, \qquad 0 \leqq y \leqq \log a$$

で与えられる図形 D を考える．ただし a は1より大きい定数とする．

この図形 D を y 軸のまわりに1回転させてできる立体の体積を求めよ．

5

(35点)

xy 平面上の6個の点 $(0,0), (0,1), (1,0), (1,1), (2,0), (2,1)$ が図のように長さ1の線分で結ばれている．動点Xは，これらの点の上を次の規則に従って1秒ごとに移動する．

規則：動点Xは，そのときに位置する点から出る長さ1の線分によって結ばれる図の点のいずれかに，等しい確率で移動する．

例えば，Xが $(2,0)$ にいるときは，$(1,0), (2,1)$ のいずれかに $\frac{1}{2}$ の確率で移動する．またXが $(1,1)$ にいるときは，$(0,1), (1,0), (2,1)$ のいずれかに $\frac{1}{3}$ の確率で移動する．

時刻0で動点Xが $\mathrm{O}=(0,0)$ から出発するとき，n 秒後にXの x 座標が0である確率を求めよ．ただし n は0以上の整数とする．

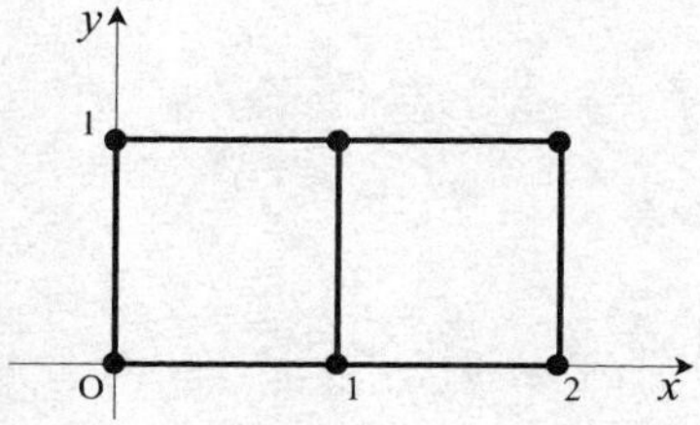

6　(35 点)

複素数を係数とする 2 次式 $f(x) = x^2 + ax + b$ に対し，次の条件を考える．

（イ）$f(x^3)$ は $f(x)$ で割り切れる．

（ロ）$f(x)$ の係数 a, b の少なくとも一方は虚数である．

この 2 つの条件（イ），（ロ）を同時に満たす 2 次式をすべて求めよ．

物理

（教育（理系）学部　1 科目　90 分）
（その他　　　　　　2 科目 180 分）

（注）　100 点満点。理・医（医）学部は 2 科目 300 点満点に，工学部は 2 科目 250 点満点に換算。

物理問題　I

次の文章を読んで，□に適した式または値を，**問 1** では，指示にしたがって解答を，それぞれの解答欄に記入せよ。なお，⧈は，すでに□で与えられたものと同じものを表す。

図 1 に示すように，傾斜角 θ の斜面とそれになだらかに続く水平面をもつ質量 M の台 Q が，水平な床の上におかれている。台 Q と床の間には摩擦はない。台 Q の水平面の右端には，ばね定数 k のばねが水平にとりつけられている。ばねの質量は十分小さくて無視できるものとする。このとき，以下の（1）〜（4）の状態を考える。

運動はすべて同一鉛直面内（すなわち，**図 1** の紙面内）で起こるものとする。速度および加速度は床に対するものと定義し，水平方向の運動については右向きを正にとる。また，重力加速度の大きさを g とする。

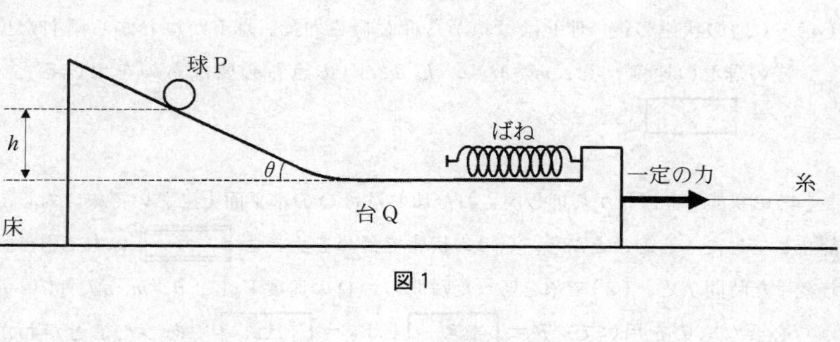

図 1

(1)　床に対して静止している台Qの斜面部分の水平面から高さ h の位置に，大きさが無視できる質量 m の球(質点)Pを静かに載せると同時に，台Qを糸で一定の大きさの力で水平に引っ張り始めた。このとき，台Qと球Pは床に対して移動しつつ，球Pは水平面から高さ h のところにとどまった。球Pと台Qの間には摩擦はないものとする。球Pには重力と台Qからの抗力が作用しており，これら二つの力の合力が作用する方向が水平方向となす角の大きさは［ア］となる。また，θ，m，M，g，h のうち必要なものを用いると，球Pが台Qから受ける抗力の大きさは［イ］，この抗力と重力の合力の大きさは［ウ］，球Pの水平方向の加速度は［エ］と表せ，台Qに作用する力の合力の大きさは［オ］，糸が台Qを引っ張る力の大きさは［カ］と表せる。

(2)　(1)の状態で，ある時間が経過したときに糸を切ったところ，球Pは台Qの斜面をすべり，水平面に到達した。糸を切った瞬間の台Qの速度を V_0 とする。球Pが水平面に到達した直後の球Pの速度 v_1 と台Qの速度 V_1 は，m，M，g，h，V_0 のうち必要なものを用いると，$v_1 =$［キ］，$V_1 =$［ク］と表せる。

(3)　(2)の状態から，球Pは台Qの水平面を右方に移動し，ばねに到達してばねを縮ませた。ばねが最も縮んだ瞬間の球Pの速度を v_2，台Qの速度を V_2，ばねの自然長からの縮みを X とすると，m，M，g，h，k，V_0 のうち必要なものを用いて，$v_2 =$［ケ］，$V_2 =$［コ］，$X =$［サ］と表せる。なお，ばねは十分長く，縮みきることはないものとする。

(4)　(3)の状態の後，球Pはばねから押し戻される。球Pがばねから離れた直後の球Pの速度 v_3 は，m，M，g，h，k，V_0 のうち必要なものを用いると，$v_3 =$［シ］と表せる。

(4)の状態で，ばねから押し戻された球Pは台Qの水平面上において床に対して静止していた。このことから，(1)の状態で台Qを大きさ［カ］の力で引っ張り続けた時間 T と，(2)で糸を切った瞬間の台Qの速度 V_0 は，θ，m，M，g，h のうち必要なものを用いて，$T =$［ス］，$V_0 =$［セ］であったことがわかる。

問 1　以下の**図 2** を解答欄に描き写し，**(2)** で球 P が台 Q の水平面上を移動し始めてから，**(3)** でばねに接触して押し戻され，**(4)** で再び台 Q の水平面上を移動し始めるまでの，(i) 球 P の速度，(ii) 台 Q の速度，(iii) 球 P と台 Q の重心の速度について，それぞれの変化を表すグラフを描け。なお，**(4)** で，ばねから押し戻された球 P は台 Q の水平面上において床に対して静止していたとし，また，$M = 3m$ とする。球 P がばねに到達した時刻を t_1，ばねの縮みが最大となった時刻を t_2，球 P がばねから離れた時刻を t_3 とし，それぞれの時刻における球 P，台 Q，球 P と台 Q の重心の速度の値をそれぞれ記入すること。**図 2** に示すように球 P を実線で，台 Q を破線で，球 P と台 Q の重心を一点鎖線で描くこと。曲線部分は厳密でなくてもよいが，上に凸か下に凸かはわかるように描くこと。

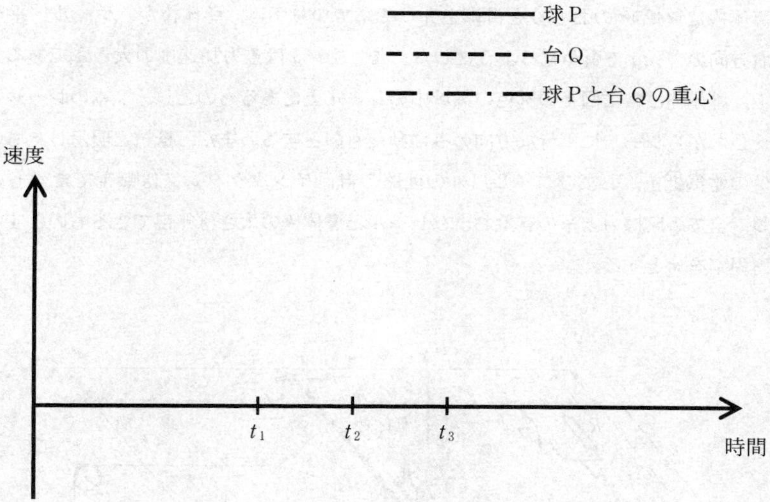

図 2

物理問題　II

次の文章を読んで，□には適した式を，{　　}からは適切なものを選びその番号を，それぞれの解答欄に記入せよ。また，**問1**と**問2**では，指示にしたがって，解答をそれぞれの解答欄に記入せよ。

図1のように，水平な台の上に，2本の平行な金属製レールを間隔 ℓ で敷き，その上に質量 M の導体棒をレールと垂直に置いて，手で押さえて導体棒を固定した。**図1**の灰色の領域には，一様な磁束密度 $B(>0)$ の磁界が鉛直上向きにかかっている。磁束密度が0の領域にあるレールの部分に，大きさ R の抵抗とスイッチおよび自己インダクタンス L のコイルを取り付け，**図1**のような回路を作った。さらに，導体棒に質量 m のおもりを滑車を介して糸でつり下げ，導体棒が，レールに平行な右方向の力 mg で引かれるようにした。ここで，g は重力加速度の大きさである。以下，導体棒は常に**図1**の灰色の領域中のレール上にあるものとし，2本のレールと直交しながらレールに平行な方向のみに動くものとする。また，抵抗と明示したもの以外の電気抵抗，およびコイル以外の回路の自己インダクタンスは無視できるものとし，全ての摩擦力と糸の質量およびレールと導体棒の太さは無視できるものとする。円周率を π とする。

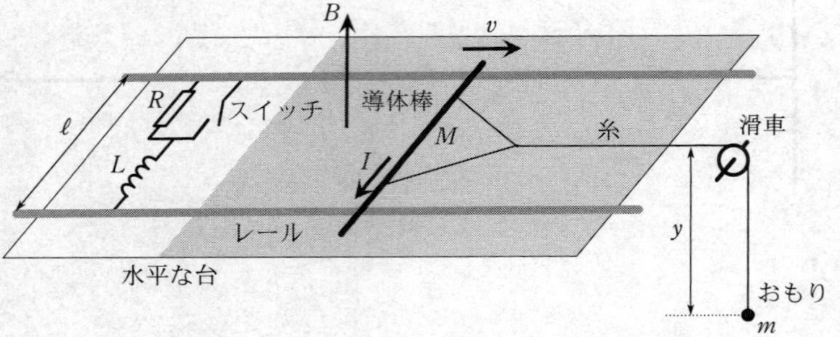

図1

図1のスイッチを開いたまま，時刻 $t=0$ において導体棒から静かに手を放したところ，導体棒は**図1**の右方向にゆっくり動き始め，糸がたわむことなく導体棒は運動を続けた。

時刻 $t(>0)$ における導体棒の速度を v，導体棒に流れる電流を I とする。ただし，v と I はそれぞれ正の向きを**図 1** のようにとる。このとき，導体棒は磁界から**図 1** の左方向に［　イ　］の大きさの力を受ける。導体棒とおもりの運動方程式より，時刻 t からきわめて短い時間 Δt の間の速度 v の瞬間的変化率(時刻 t における瞬間の加速度)は，

$$\frac{\Delta v}{\Delta t} = \boxed{\text{ロ}} \qquad (1)$$

で与えられる。一方，同じ時刻 t において，導体棒の両端には［　ハ　］の誘導起電力が生じる。ただし，**図 1** の I の方向に電流を流す起電力を正とする。また，時刻 t からきわめて短い時間 Δt の間の電流 I の瞬間的変化率を $\dfrac{\Delta I}{\Delta t}$ とすれば，コイルの両端には，［　ニ　］の起電力が生じる。起電力の総和が抵抗による電圧降下に等しいことから，電流 I の瞬間的変化率は，

$$\frac{\Delta I}{\Delta t} = \boxed{\text{ホ}} \qquad (2)$$

で与えられる。

磁束密度 B が十分小さくておもりが落下し続けるときは，十分時間が経過した後に v と I は一定の値 v_0，I_0 に近づく。その値は式(1)，(2)より $v_0 =$［　ヘ　］，$I_0 =$［　ト　］と求まる。

問 1　導体棒の運動エネルギー $\dfrac{1}{2}Mv^2$ の瞬間的変化率は，

$$\frac{\Delta\left(\dfrac{1}{2}Mv^2\right)}{\Delta t} = \frac{\dfrac{1}{2}M(v+\Delta v)^2 - \dfrac{1}{2}Mv^2}{\Delta t} = Mv\frac{\Delta v}{\Delta t}$$

で与えられる(瞬間的変化率を考える際には $\dfrac{(\Delta v)^2}{\Delta t} = 0$ と置けることを用いた)。また，**図 1** のように滑車とおもりとの距離を $y(>0)$ とすれば，$\dfrac{\Delta y}{\Delta t} = v$ の関係が成立する。これらのことを用いて，導体棒とおもりの力学的エネルギー $E_{\mathrm{m}} = \dfrac{1}{2}Mv^2 + \dfrac{1}{2}mv^2 - mgy$ の瞬間的変化率 $\dfrac{\Delta E_{\mathrm{m}}}{\Delta t}$ と，コイルが持つエネルギー $E_{\mathrm{c}} = \dfrac{1}{2}LI^2$ の瞬間的変化率 $\dfrac{\Delta E_{\mathrm{c}}}{\Delta t}$ をそれぞれ求め，エネルギーの保存について論ぜよ。

速度 v と電流 I がそれぞれ一定値 v_0，I_0 に達したとみなせる時刻 t_0 において，おもりをつるしていた糸を静かに切ると同時に，**図 1 のスイッチを閉じた**。t_0 以降の時刻 t における速度 v と電流 I の瞬間的変化率は，

$$\frac{\Delta v}{\Delta t} = \boxed{\text{チ}} \qquad (3)$$

$$\frac{\Delta I}{\Delta t} = \boxed{\text{リ}} \qquad (4)$$

で与えられる。

方程式(3)，(4)を満たす速度 v と電流 I の時間変化は，**図2**のような，ばねにつながった質点の運動を考えることで理解できる。ここで**図2**は，滑らかな水平面上にばねの左端を固定し，そのばねの右端に質量 M の質点を接続した図であり，x はばねの自然長の位置からの変位である。実際，$x = \boxed{\text{ヌ}} \times I$ とすれば，式(4)は $\dfrac{\Delta x}{\Delta t} = v$ となり，v はこの質点の速度とみなすことができる。すると，式(3)は，**図2**でばね定数を $\boxed{\text{ル}}$ としたときの質点の運動方程式と同じ形になる。このことより，x の時間変化は周期 $T = \boxed{\text{ヲ}}$ の単振動となることがわかる。

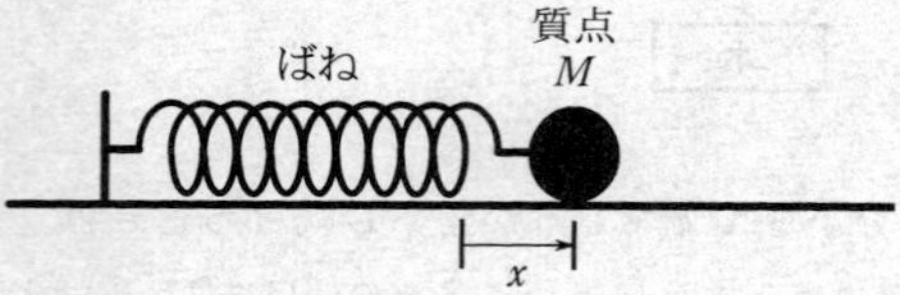

図2

上の結果と式(3)，(4)より，速度 v と電流 I の時間変化も，ともに0を中心とした周期 T の単振動となることがわかる。このとき，速度の位相は電流の位相よりも{**ワ**：① $\dfrac{\pi}{2}$ 進んでいる　② $\dfrac{\pi}{4}$ 進んでいる　③ $\dfrac{\pi}{4}$ 遅れている　④ $\dfrac{\pi}{2}$ 遅れている}。また，この単振動における速度と電流の最大値 v_1，I_1 は，それぞれ，v_0，I_0，L，M を用いて，$v_1 = \boxed{\text{カ}}$，$I_1 = \boxed{\text{ヨ}}$ と表される。

問 2　以下の**図 3** と**図 4** を解答欄に描き写し，$v_0 = 1\,\mathrm{m/s}$，$I_0 = 1\,\mathrm{A}$，$L = 1\,\mathrm{H}$，$M = 1\,\mathrm{kg}$ としたときの，時刻 t_0 以降の速度 v と電流 I の時間変化を表すグラフをそれぞれ描け。ただし，横軸の目盛の間隔を $\dfrac{T}{8}$ とせよ。

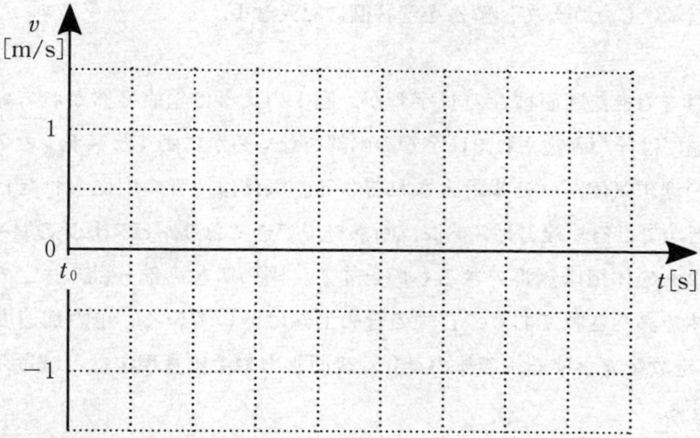

図 3

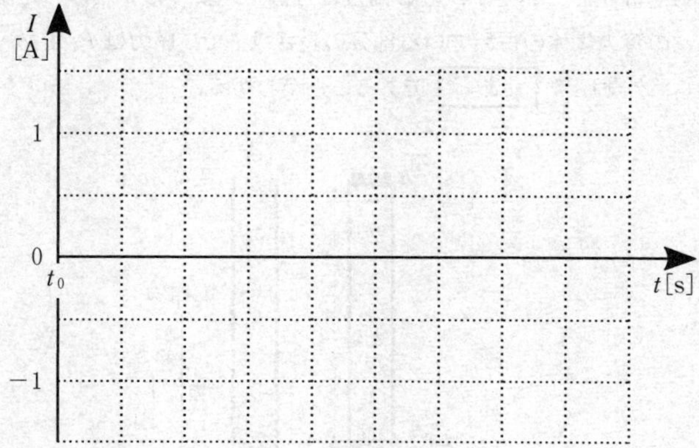

図 4

物理問題　Ⅲ

次の文章を読んで，[　　　] に適した式を，それぞれの解答欄に記入せよ。なお，[[　　　]] は，すでに [　　　] で与えられたものと同じ式を表す。また，**問1**では，指示にしたがって，解答を解答欄に記入せよ。

断熱材でできた断面積 S のU字管が，**図1**のように鉛直に置かれている。左側の管の上端には栓が固定され，U字管の内部をなめらかに動くピストンとの間に，単原子分子の理想気体が n モル封入されている。気体は，管の中に入れたヒーターで熱することができる。栓とピストンは断熱材でできており，ピストンの厚み，質量およびヒーターの体積は無視できるものとする。図の灰色の部分は，一定の密度 ρ の一様な液体で満たされており，右側の管の上端は開いている。重力加速度の大きさを g，気体定数を R とする。液体の蒸発，表面張力や毛細管現象などは考えなくてよいものとする。

(1)　はじめ，ピストンは左の管の直線部分に，液面は右の管の直線部分にあって，どちらも静止していたが，その高さには**図1**のように h だけの差があった。また，左の管の気体の占めている部分の長さは ℓ で，圧力は P_1 であった。このことから，外気圧は [　あ　] であることがわかる。

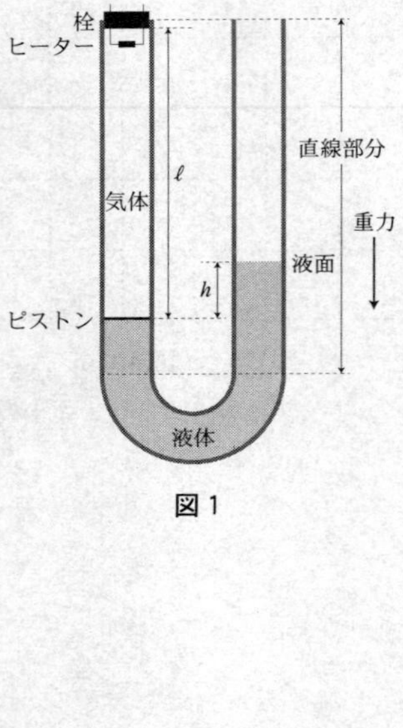

図1

(2)　図 1 の状態から，気体にある量の熱を加えたところ，ピストンの高さが x だけ下がったが，ピストンも液面も U 字管のそれぞれの直線部分にとどまった。このときの気体の圧力は $\boxed{\text{　い　}}$ である。また，この過程で気体がした仕事は，x の 2 次式 $\boxed{\text{　う　}}$ $\times x+$ $\boxed{\text{　え　}}$ $\times x^2$ で与えられる。同様に，気体の内部エネルギーの変化は $\boxed{\text{　お　}}$ $\times x+$ $\boxed{\text{　か　}}$ $\times x^2$ であり，気体に加えた熱量は $\boxed{\text{　き　}}$ $\times x+$ $\boxed{\text{　く　}}$ $\times x^2$ と表される。

(3)　さらに気体に熱を加え，図 2 のようにすべての液体が右側の管の直線部分に存在するようにした。この状態からさらに気体に熱を Q だけ加えたところ，液体は上昇したが，液面はまだ管の上端には達しなかった。この熱 Q を加える過程において，気体の温度変化は $\boxed{\text{　け　}}$ であり，気体がした仕事は $\boxed{\text{　こ　}}$ である。

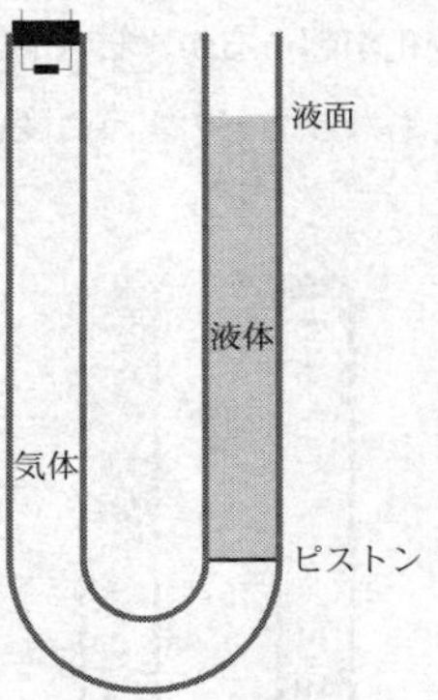

図 2

(4)　さらに熱を加えて気体を膨張させたところ，図 3 のように液面がちょうど右側の管の上端に達して静止し，気体の圧力は P_3，体積は V_3 になった。このときピストンに働く力はつりあっているが，次に議論するように，そのつりあいには安定な場合と不安定な場合がある。以下では，ピストンに働く力は上向きを正とする。いま，図 3 の状態から，何らかの外力により断熱的にピストンの位置が $\Delta y\,(>0)$ だけわずかに上昇したとしよう。このとき，ピストンの上昇分の液体が管の上端からあふれ出るので，液体がピストンに及ぼす力は $\boxed{\text{　さ　}}$ だけ変化する。一方，断熱変化では(圧力)×(体積)$^{\frac{5}{3}}$が一定であることと，絶対値が十分小さな実数 ε と任意の実数 α に対して成り立つ近似式 $(1+\varepsilon)^{\alpha} \fallingdotseq 1+\alpha\varepsilon$ を用い，必要ならば微小量 $\dfrac{S\Delta y}{V_3}$ に対して $\left(\dfrac{S\Delta y}{V_3}\right)^2$ が無視できるという近似を行うと，気体がピストンに及ぼす力は Δy に比例して［ し ］だけ変化することがわかる。ここで，［ さ ］と［ し ］の和が負の場合，何らかの原因でピストンに微小変位を生じたとしても，変位を打ち消すような向きの力が発生することになる。このとき，力のつりあいは安定であるという。これに対し，［ さ ］と［ し ］の和が正の場合には，微小な変位が起こるとその変位をさらに増大させるような力が発生することになり，ピストンは一気に上昇してしまう。このとき力のつりあいは不安定であるという。したがって，**図3**でピストンに働く力のつりあいが安定であるためには［ す ］の条件が必要である。

問1　条件［ す ］を満たす**図3**の状態から，さらに熱を加えつづけて気体を膨張させると，どのような変化が起こるか。ピストンに働く力のつりあいの安定性の条件が，気体の膨張にともなってどのように変化するかを考慮して説明せよ。

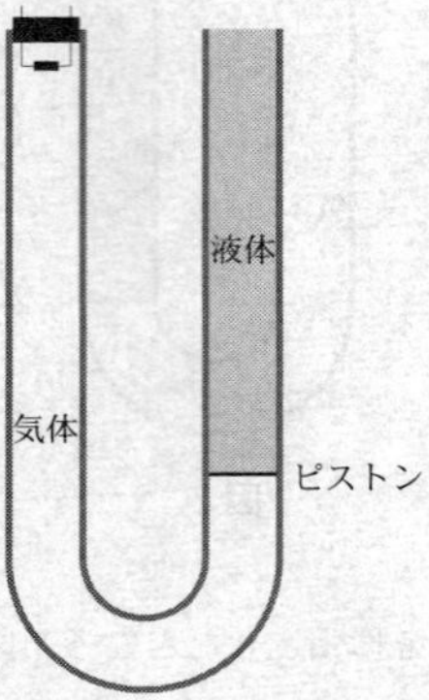

図3

化学

（教育（理系）学部　1 科目　90 分
　その他　　　　　　2 科目 180 分）

（注）　100 点満点。理・医（医）学部は 2 科目 300 点満点に，工学部は 2 科目 250 点満点に換算。

化学問題　I

次の文章(a)，(b)を読んで，**問 1** ～**問 5** に答えよ。解答はそれぞれ所定の解答欄に記入せよ。

なお，問題文中の L はリットルを表し，アボガドロ定数は 6.0×10^{23} /mol，ファラデー定数は 9.65×10^{4} C/mol，気体定数は 8.31×10^{3} Pa・L/(mol・K) とする。また，気体は理想気体とみなす。

(a)　天然に単体として産出されることのある元素［ア］，［イ］，［ウ］は，いずれも［エ］が水素よりも小さく，塩酸や希硫酸とは反応しない。［ア］は装飾品によく用いられ，延性・展性に極めて富んだ金属でありやわらかい。［イ］は，室温における電気伝導性・熱伝導性が金属の中で最大であり，そのハロゲン化物は光によって還元されやすいため感光剤としても用いられる。［ウ］は，電気伝導性が［イ］に次いで大きいため電気回路などによく用いられ，炎色反応では青緑色を示す。また，①<u>［ウ］を希硝酸と反応させると無色の気体が発生する。</u>

［オ］は，［エ］が水素よりも大きく，希塩酸と反応してイオンになるが，濃硝酸中では不動態となる。様々な用途に使われる［オ］は，生体必須元素でもあり，血液中のヘモグロビンにおいて重要な働きをしている。

原子番号 22 のチタンの結晶格子は，室温においては亜鉛，マグネシウムなどと同じく［カ］であるが，880 ℃ で［キ］に変化する。一方，同じく温度によって結晶格子が変化する［オ］は室温において，［キ］の結晶格子をとることが知られている。また，［オ］の室温での密度は 7.87 g/cm^3 であるのに対し，チタンの室温での密度は［ク］g/cm^3 であり，軽量材料としてチタンが期待されている理由がわかる。

チタンは，表面に酸化被膜を形成する性質があるため，海水中などで極めて優れた耐食性を示す。しかし，高温では十分な耐食性を示さなくなり，②例えば 1000 ℃ で水蒸気と接すると，チタンは気体を発生しながら 4 価のチタン酸化物へ変化する。

問 1　［ア］～［キ］に適切な元素または語句を記入せよ。ただし，元素は元素記号で答えよ。

問 2　［ク］にあてはまる数値を有効数字 2 けたで記入せよ。ただし，室温において，チタン 1.0 mol の体積は 10.6 cm^3 であり，チタンの原子量は 47.9 である。

問 3　下線部①と②の反応式をそれぞれ示せ。

問 4　炭素電極を用いて，［イ］の硝酸塩を溶かした水溶液の電気分解を行った。0.50 A の電流を 3 時間 13 分間流したところ，一方の電極には 6.48 g の固体が析出し，他方の電極では気体が発生した。以下の問いに答えよ。

(1)　(i)陽極と(ii)陰極で起こる反応のイオン反応式（電子 e^- を含む）をそれぞれ示せ。

(2)　このとき生じた気体の体積は，標準状態で何 L であるか，有効数字 2 けたで答えよ。

(b)　チタンは固体にもかかわらず水素を吸収するという性質がある。**図 1** に，1000 ℃ での水素分圧とチタンに含まれる水素の量の平衡状態における関係を示す。**図 1** では，チタンに含まれる水素の量はチタン原子数に対する水素原子数の比で表されている。**図 1** から，水素分圧が高いときには，より多くの水素が吸収されることがわかる。この性質を利用して，1000 ℃ におけるヨウ化水素(HI)ガスの分解反応の平衡定数を求める以下の実験を行った。

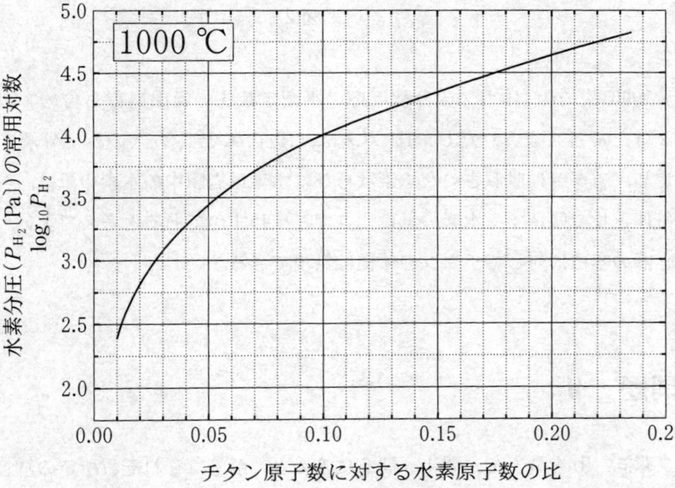

図 1

実験　**図 2** に示すように，少量のチタンを容積 2.0 L の**容器 A** に，HI ガス 1.0×10^{-2} mol を容積 1.0 L の**容器 B** に入れ，それぞれを水素のみが透過できる水素透過膜で接続した。装置全体の温度は常に 1000 ℃ に保たれている。平衡に到達したことを確認後，チタン中のチタン原子数に対する水素原子数の比を測定したところ，0.10 であった。

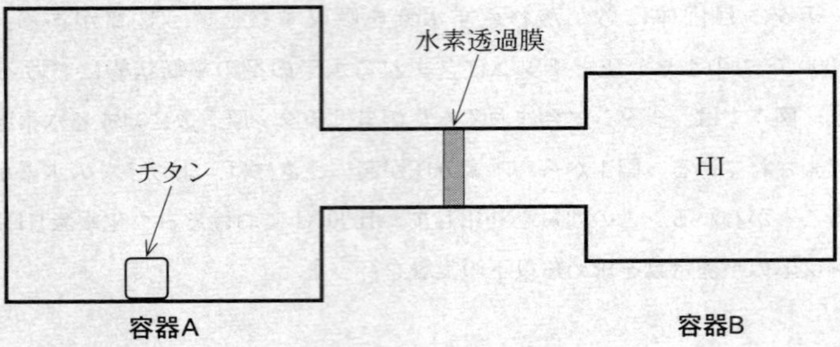

図 2

問 5　1000 ℃ での HI ガスの分解反応の平衡定数を，導出過程も含めて有効数字 2 けたで答えよ。ただし，HI ガスは，H_2 ガスと I_2 ガスのみに分解すると仮定し，チタンに吸収された水素ならびに水素透過膜中の水素の量は，容器内に気体として残留する水素の量に比べてごくわずかであると考えてよい。また，容器の容積に対してチタンの体積は無視できる。

化学問題　Ⅱ

次の文章(a)，(b)を読んで，**問 1** ～**問 6** に答えよ。解答はそれぞれ所定の解答欄に記入せよ。なお，問題文中の L はリットルを表す。

(a)　図 1 に示すように，サリチル酸（*o*-ヒドロキシ安息香酸）はベンゼン環に直接結合したヒドロキシ基とカルボキシ基を隣接してもつ化合物であり，水溶液中では，分子型（H_2A），1 価の陰イオン（HA^-）および 2 価の陰イオン（A^{2-}）として存在する。

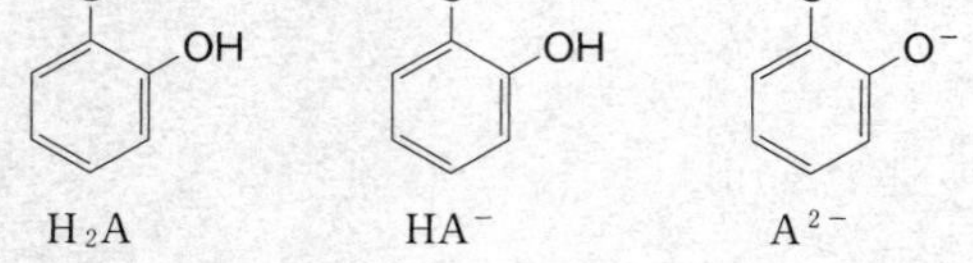

図 1

サリチル酸の電離定数(25 ℃)は，$K_{a1} = 1.0 \times 10^{-2.8}$ mol/L(第一段階)，$K_{a2} = 1.0 \times 10^{-13.4}$ mol/L(第二段階)である。これらの値を用いて，様々なpHの緩衝液(25 ℃)中におけるH_2A，HA^-，A^{2-}の存在比率を求めると，**図2**のようになる。

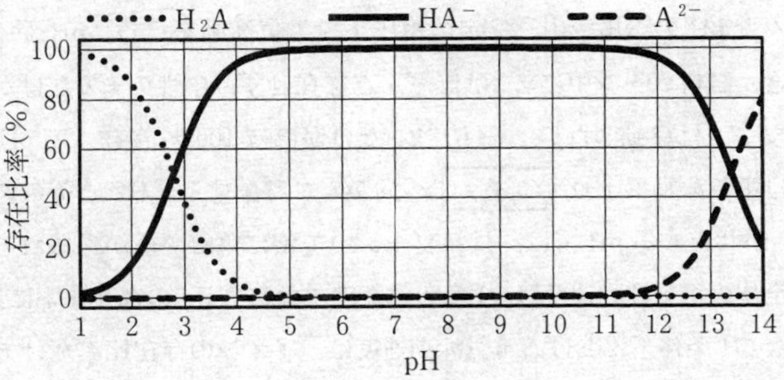

図2

問 1　pH 3.8の緩衝液(25 ℃)中におけるサリチル酸の電離度を有効数字2けたで答えよ。

問 2　サリチル酸の異性体 *m*-ヒドロキシ安息香酸の分子型の構造式を**図3**に示す。*m*-ヒドロキシ安息香酸の電離定数(25 ℃)は，$K_{a1} = 1.0 \times 10^{-4.1}$ mol/L(第一段階)，$K_{a2} = 1.0 \times 10^{-9.8}$ mol/L(第二段階)である。サリチル酸と *m*-ヒドロキシ安息香酸の酸としての強さの違いを構造の違いにもとづいて簡潔に説明せよ。なお，解答には構造式を用いてもよい。

※解答欄　ヨコ12.6センチ×タテ9.6センチ

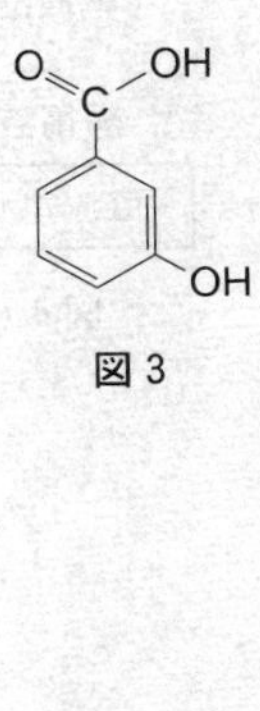

図3

(b)　図4に示すように，毛細管に緩衝液を注入し，その両端を毛細管内と同じ緩衝液で満たした電極槽に浸す。毛細管に緩衝液を溶媒とする少量の試料溶液を注入し，試料ゾーンを形成させたのちに直流電圧をかけると，試料ゾーンは電気泳動により毛細管内を移動する。

ここで，1価の弱酸 HZ(電離定数 $K_a = 1.0 \times 10^{-5.0}$ mol/L)を試料溶液として，様々な pH の緩衝液中，一定の電圧下で電気泳動を行う。pH が [ア] 以下のとき，試料ゾーン中に Z^- はほとんど存在せず，中性の HZ だけが存在するため試料ゾーンは移動しない。一方，Z^- だけがほぼ 100 % 存在する pH では，試料ゾーンは電気泳動により [イ] へ向かって移動する。HZ とその電離により生じる Z^- が共存する pH では，試料ゾーン中で常に電離平衡が保たれるため，試料ゾーン全体の電気泳動速度は，HZ の電離度すなわち Z^- の存在比率に比例する。

様々な pH 条件下における電気泳動速度は，イオンの存在比率だけではなく，そのイオンの価数にも依存する。一般的に，2価の酸 H_2Y の電離により生じる Y^{2-} は HY^- の2倍の速さで移動するため，試料ゾーンの電気泳動速度は，符号を付けたイオンの価数にその存在比率を乗じて算出される平均荷電数に比例すると考えてよい。なお，電圧をかけている間の溶液温度は一定(25 ℃)とし，電気泳動以外で試料ゾーンは移動しないものとする。また，電極槽における電気分解の影響は無視できるものとする。

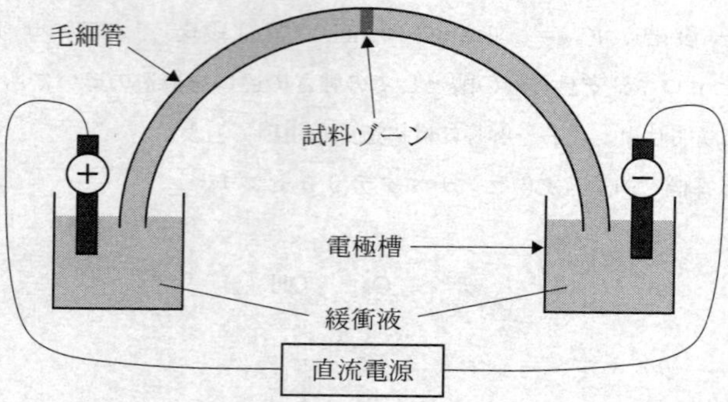

図4

問 3 　[ア]，[イ] に最も適切な語句または数字を下記から選び，記入せよ。

陰極，　陽極，　2.0，　4.0，　5.0，　6.0，　8.0

問 4 　ある pH におけるサリチル酸 H_2A，HA^-，A^{2-} の存在比率(%)がそれぞれ x，y，z であるとき，サリチル酸の平均荷電数を表す式を記せ。

問 5 　様々な pH 条件下における(i)サリチル酸および(ii) *m*-ヒドロキシ安息香酸の平均荷電数を示す曲線の概要をそれぞれグラフに示し，平均荷電数が －0.5 および －1.5 となる pH の値をそれぞれのグラフ内に記せ。ただし，横軸は pH (図 2 のように 1 マスを 1 単位とし，1 ～14 を範囲とする)，縦軸は平均荷電数(1 マスを 0.5 単位とし，－2 ～ 0 を範囲とする)とすること。

問 6 　サリチル酸と *m*-ヒドロキシ安息香酸を，電気泳動速度の差を利用して分離したい。最も適した pH を下記から選び，記入せよ。ただし，平均荷電数が等しい場合，サリチル酸と *m*-ヒドロキシ安息香酸の電気泳動速度は等しいものとする。

3.5，　4.1，　7.0，　9.8，　11.6，　13.4

化学問題 Ⅲ

次の文章(a)，(b)を読んで，**問1**～**問8**に答えよ。解答はそれぞれ所定の解答欄に記入せよ。構造式を記入するときは，記入例にならって記せ。なお，構造式の記入に際し，幾何異性体は区別し，光学異性体は区別しないものとする。また，原子量は H = 1.0，C = 12.0，O = 16.0 とする。

構造式の記入例：

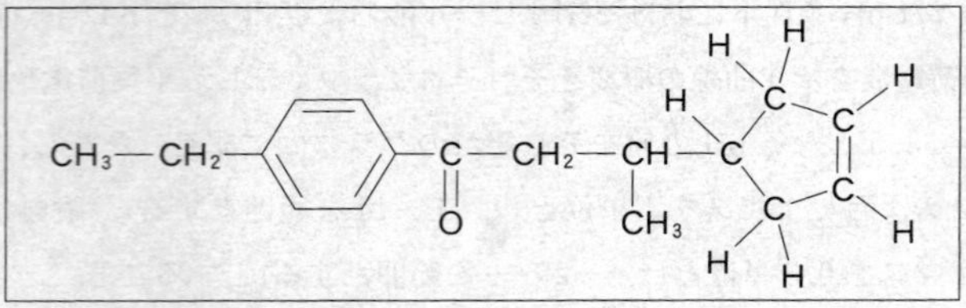

(a) 化合物AとBは，炭素，水素，酸素から構成され，同じ分子式で表される。化合物AとBの分子中には，それぞれ1個ずつ不斉炭素原子がある。1 mol の化合物Aを水酸化ナトリウム水溶液中で完全に加水分解したのち中和したところ，化合物C，D，Eがそれぞれ1 mol ずつ生成した。一方，1 mol の化合物Bを水酸化ナトリウム水溶液中で完全に加水分解したのち中和したところ，化合物F，G，Hがそれぞれ1 mol ずつ生成した。化合物Cを二クロム酸カリウムの希硫酸水溶液に加えて温めると化合物Iが生成した。化合物Iは，クメン法における2つの最終生成物のうちの一方と同じであった。また，化合物Iは酢酸カルシウムを乾留することによっても合成できる。

化合物Dの分子量は100以下であり，18.5 mg の化合物Dを完全燃焼させたところ，二酸化炭素 43.9 mg と水 22.5 mg が生成した。互いに幾何異性体である化合物EおよびFは分子式 $C_4H_4O_4$ で表される。また，触媒の存在下，1 mol の化合物EおよびFにはそれぞれ1 mol の水素(H_2)が付加した。化合物Fを加熱すると分子内で脱水反応が起こり，化合物Jが生じた。化合物Gは分子式 C_2H_6O で表される化合物であり，ブドウ糖のアルコール発酵によっても得られる。化合物Hに水酸化ナトリウム水溶液とヨウ素を加えて加熱したが，ヨードホルム(CHI_3)は生成しなかった。

問 1 化合物E，G，Iの化合物名を記せ。

問 2 化合物Aの分子式を記せ。

問 3 化合物A，H，Jの構造式を記せ。

(b) 植物由来の資源を有効活用することを目指して，エーテル結合をもつ芳香族化合物の炭素-酸素結合を切断する反応が研究されている。基礎的な研究の例として，図1に示すようにベンゼン環を酸素原子でつないだエーテルKを触媒の存在下，水素と反応させてフェノールとベンゼンを得る反応があげられる。

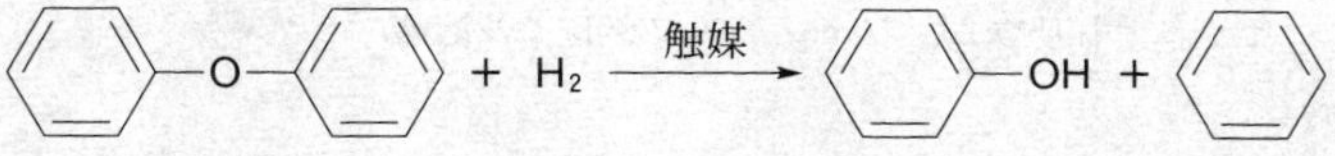

エーテルK

図1

ここで，図1に示すKのように2つのベンゼン環が酸素原子でつながった構造をもつエーテルLについて考える。化合物L(分子式 $C_{14}H_{14}O$)は，図1と同様に水素と反応すると炭素-酸素結合が切断され，化合物M(分子式 C_7H_8O)と化合物Nだけが生成する。化合物Mに十分な量の臭素(Br_2)を反応させると化合物O(分子式 $C_7H_5Br_3O$)が生成した。この反応は，フェノールと十分な量の臭素から化合物P(分子式 $C_6H_3Br_3O$)が生成する反応と同様に，化合物Mに含まれるヒドロキシ基に対して [ア] 配向性を示した。

問 4 化合物M，Nの構造式を記せ。

問 5 [ア] にあてはまる適切な語句を記入せよ。

問 6 化合物Lの構造異性体のなかで，2つのベンゼン環を酸素原子でつないだ構造をもち，化合物Lと同様に水素との反応で化合物Nが生じる構造異性体の数を記せ。なお，化合物Lは含めない。

問7　化合物Lの構造式を記せ。

問8　化合物Mの構造異性体のうち，ベンゼン環を含む化合物は4つある。化合物Mとこれら4つの化合物のなかで，沸点が最も低い化合物の構造式を解答欄(i)に記せ。また，沸点が最も低い化合物とそれ以外の化合物を化学反応によって区別するための判定方法を，解答欄(ii)の枠の範囲内で説明せよ。なお，以下の試薬の中から適切なものを1つだけ選び必ず用いること。
※解答欄　(ii)：ヨコ11.6センチ×タテ6.5センチ

希塩酸，塩化ナトリウム，塩化鉄(Ⅲ)水溶液，
ナトリウム，フェノールフタレイン溶液

化学問題　Ⅳ

次の文章(a)，(b)を読んで，**問1**～**問7**に答えよ。解答はそれぞれ所定の解答欄に記入せよ。なお，原子量はH = 1.0，C = 12.0，O = 16.0とする。

(a)　A～Hは，異なる8種類の化合物である。すべての化合物は甘味に関連しており，グルコース，フルクトース，スクロース，マルトース，セロビオース，マルトトリオース，ネオテーム，クルクリンのいずれかである。なお，マルトトリオースとは三糖の一種で，三糖とは単糖と二糖が脱水縮合したものである。また，ネオテームはジペプチドをもとに合成した甘味料であり，クルクリンは植物から抽出されたタンパク質である。

以下の実験(あ)～(か)にもとづいて，A～Hのそれぞれがどの化合物であるかを判別した。

(あ)　A～Hにニンヒドリン水溶液を加えて加熱したところ，BとEが［ア］色

に変化した。

(い)　水酸化ナトリウム水溶液でA～Hの水溶液を塩基性にしたのちに，硫酸銅(Ⅱ)水溶液を添加したところ，Eだけ [イ] 色に変化した。

(う)　Eの水溶液を加熱したところ，熱によって [ウ] し，50℃くらいから徐々に甘さを失っていった。

(え)　アミロースをある酵素で加水分解するとAとGが得られた。一方，セルロースをある酵素で加水分解するとCが得られた。

(お)　239.4 mgのAを完全燃焼させると，376.2 mgの二酸化炭素と136.8 mgの水が得られた。一方，239.4 mgのCとGを完全燃焼させると，両者からともに369.6 mgの二酸化炭素と138.6 mgの水が得られた。

(か)　A，C，Gをそれぞれ希硫酸で加水分解するとHだけが得られ，Dを同じように加水分解するとFとHが得られた。

問1　[ア] ～ [ウ] に入る最も適切な語句の組み合わせを以下の1～8の選択肢から選び，数字で答えよ。

選択肢	ア	イ	ウ
1	橙黄	赤紫	変性
2	橙黄	赤紫	転化
3	橙黄	橙黄	変性
4	橙黄	橙黄	転化
5	赤紫	赤紫	変性
6	赤紫	赤紫	転化
7	赤紫	橙黄	変性
8	赤紫	橙黄	転化

問2　A～Hの化合物名を答えよ。

問3　グルコース，フルクトース，スクロース，マルトース，セロビオース，マルトトリオースのうち，フェーリング液を加えて加熱しても赤色沈殿を生じないものをすべて答えよ。

(b)　ペプチドはアミノ酸がペプチド結合によってつながった化合物である。ヒトの体の中には多様なペプチドが存在し，血圧や食欲，睡眠などの調節に関わっている。このようなペプチドの中にはすでに薬として工業的に生産されているものもある。一方，薬の効き目がより強い，または効き目がより持続する人工ペプチドを作る試みもなされている。ペプチドの機能はそれを構成するアミノ酸の配列によって決まるため，一部のアミノ酸を別のアミノ酸に置換することにより，構造を改変し，機能を変えることができる。例えば，疎水性の高いアミノ酸を親水性の高いものに置換することによって，そのペプチドの水溶性を高めることができる。

天然のペプチドを構成するアミノ酸のほとんどはL型であるが，その鏡像異性体であるD型に置換したペプチドを作ることも可能である。この他に，ペプチドの両端をペプチド結合で連結することによってペプチドを環状にすることもできる。図1は，免疫抑制薬であるシクロスポリンを改変して作製した人工環状ペプチドIの構造を表記したものである。図中に示す結合のうち，◀で示す結合は紙面の手前側に，◁は紙面の奥側に伸びていることを表す。

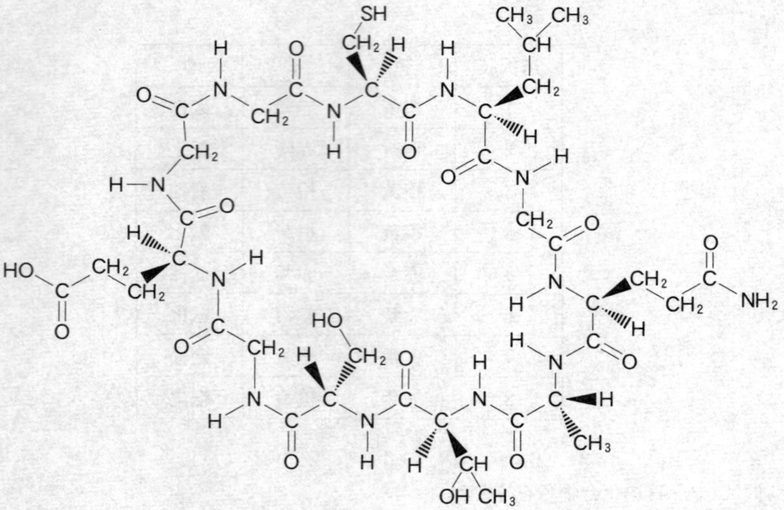

図1　環状ペプチドI

問 4　環状ペプチドＩを構成するアミノ酸の総数を答えよ。ただし，重複するアミノ酸もすべて数えること。

問 5　環状ペプチドＩを構成するアミノ酸にはD−アミノ酸が１つ含まれている。その構造を**図２**の書き方で記す場合，［エ］と［オ］に入る原子または原子団を答えよ。

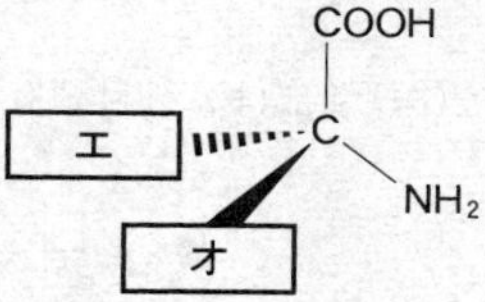

図２

問 6　一般に，環状ペプチドは，同じアミノ酸組成をもつ直鎖状のペプチドと比べると，水に溶けにくい傾向がある。その理由を簡潔に述べよ。

問 7　環状ペプチドＩの水溶性を高める工夫として，このペプチドに含まれるアミノ酸の中で最も疎水性の高いものを選び，それを**図３**に示すアスパラギン酸に置換したところ，構造異性体の関係にある２種類の環状ペプチドが得られた。それぞれのペプチドについて，改変した部分をアスパラギン酸とそれに連結する前後のアミノ酸を含めて抜き出し，トリペプチドの構造として記せ。ただし，不斉炭素原子の立体化学は考慮しないものとする。

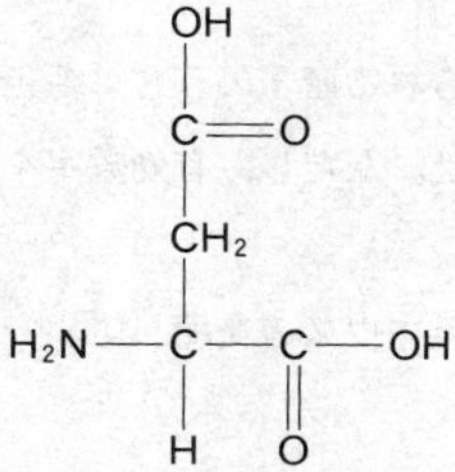

図３　アスパラギン酸

生物

（教育（理系）学部　1科目　90分
　　その他　　　　2科目 180分）

（注）　100点満点。理・医（医）学部は2科目300点満点に換算。

生物問題　I

次の文章(A)～(C)を読み，**問1～問6**に答えよ。解答はすべて所定の解答欄に記入せよ。

(A)　マウスの第2染色体（常染色体）上には遺伝子Yがあり，この遺伝子の突然変異によりマウスの毛色が黄色化することが知られている。遺伝解析を行った結果，Y遺伝子座の正常型対立遺伝子のホモ接合体の毛色は灰色であるが，突然変異が生じたY遺伝子と正常型対立遺伝子のヘテロ接合体の毛色は黄色になることが示された。一方，突然変異が生じたY遺伝子のホモ接合体は，胎児の段階で死亡する。

問1　以下の交配から得られる産子のうち，毛色が黄色になる産子の予想される割合を百分率（%）で記せ。ただし，有効数字を2けたとする。

(1)　灰色マウスと黄色マウスの交配

(2)　黄色マウス同士の交配

(B)　同種内の同一遺伝子座でもDNA塩基配列がわずかに異なる部分があり，これを利用すれば，それぞれの個体がもつ対立遺伝子の組み合わせ（遺伝子型）を知ることができる。また，このような遺伝子をマーカー遺伝子として利用することで，相同染色体間の乗換えについて調べることができる。

図 1 は，黄色マウスの第 2 番染色体上のマーカー遺伝子の位置と遺伝子型を示す模式図である。各対立遺伝子間の距離は正確な組換え価を反映していないが，動原体(灰色および黒色の丸)に近い側から A，B，C，D の順にマーカー遺伝子が並んでいる。また，突然変異した *Y* 遺伝子は A 1，B 1，C 1，D 1 対立遺伝子が乗っている染色体に存在する。

この黄色マウスと，灰色マウス(動原体側から A 2，B 2，C 2，D 2 の順に対立遺伝子が並んだ第 2 番染色体のホモ接合体)との交配で 200 匹の産子が得られた。**表 1** は，それぞれの遺伝子型と表現型を示すマウスの匹数を表している。

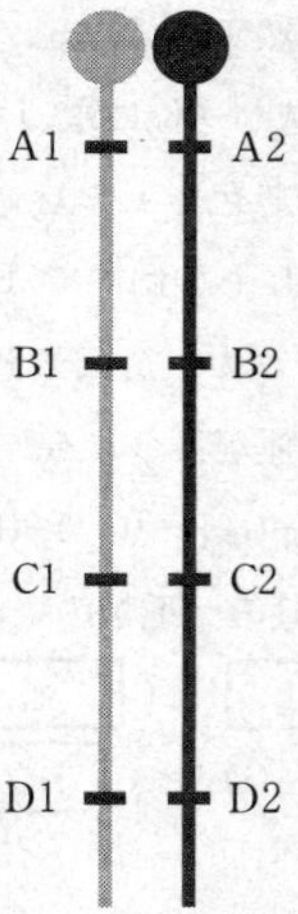

図 1

表 1

遺伝子型	マーカー A	A 2/A 2	A 2/A 2	A 2/A 2	A 2/A 2	A 1/A 2	A 1/A 2	A 1/A 2	A 1/A 2
	マーカー B	B 2/B 2	B 2/B 2	B 2/B 2	B 1/B 2	B 1/B 2	B 1/B 2	B 1/B 2	B 2/B 2
	マーカー C	C 2/C 2	C 2/C 2	C 1/C 2	C 1/C 2	C 1/C 2	C 2/C 2	C 2/C 2	C 2/C 2
	マーカー D	D 2/D 2	D 1/D 2	D 1/D 2	D 1/D 2	D 1/D 2	D 2/D 2	D 2/D 2	D 2/D 2
表現型		灰色	灰色	黄色	黄色	黄色	黄色	灰色	灰色
匹　数		90	2	2	3	96	2	4	1

問 2　表 1 のデータをもとに，マーカー遺伝子間(A–B 間，B–C 間，C–D 間)の組換え価を百分率(%)で記せ。ただし，隣接するマーカー遺伝子間で二重乗換えはないものとする。また，有効数字は 2 けたとする。

問 3　問 2 の結果を用いて，マウス第 2 番染色体の染色体地図を作成し，突然変異した Y 遺伝子の染色体地図上の位置を記せ。各マーカー遺伝子間の距離および Y 遺伝子とマーカー遺伝子間の距離は，組換え価で表すこと。ただし，有効数字は 2 けたとする。

(C)　突然変異には，染色体の構造や数に変化が生じた染色体突然変異①と，DNA の塩基配列に変化が生じた遺伝子突然変異がある。いま，第 2 番染色体上のマーカー遺伝子 A から C までのゲノム領域が逆位になった染色体をヘテロにもつマウスがいたとする。図 2 は，このマウスの染色体上の対立遺伝子の位置関係を表している。このような逆位の染色体をヘテロにもつ個体では，減数分裂時に相同染色体が図 3 のように対合する。このとき，マーカー遺伝子 B とマーカー遺伝子 C の間で単一乗換えが生じると，4 種類の染色体が得られる。このうち，動原体を 1 つもつ染色体は 2 種類あり，(動原体)−(A 1)−(B 1)−(C 1)−(D 1)，(動原体)−(C 2)−(B 2)−(A 2)−(D 2)と表すことができる。残りの 2 種類の染色体のうち，動原体を 2 つもつ染色体は，(動原体)−(A 1)−(ア)−(イ)−(動原体)と表される。また，動原体をもたない染色体は，(D 1)−(ウ)−(エ)−(オ)−(カ)と表される。

問 4　下線部①について，逆位の他に染色体の構造変化を伴う染色体突然変異を 3 つ解答欄に記せ。

問 5　文中の ア ～ カ に当てはまる適切な対立遺伝子名を解答欄に記せ。

問 6　図 2 に示す第 2 番染色体をもつマウスと灰色マウス(動原体側から A 2，B 2，C 2，D 2 の順に対立遺伝子が並んだ第 2 番染色体のホモ接合体)を交配したところ，マーカー遺伝子 C とマーカー遺伝子 D との間で組換えを生じた産子が得られた。しかし，逆位部分のマーカー遺伝子(A，B，C)の間で組換えが生じた産子を得ることはできなかった。その理由を，「動原体」と「乗換え」の 2 語を用いて解答欄の枠の範囲内で説明せよ。

※解答欄　ヨコ 12.6 センチ × 7 行

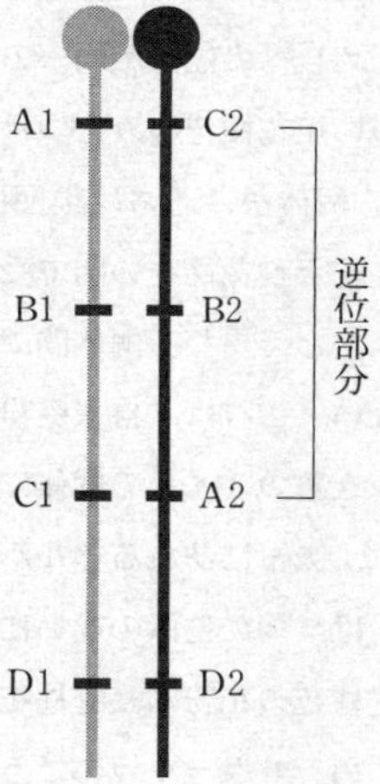

図 2

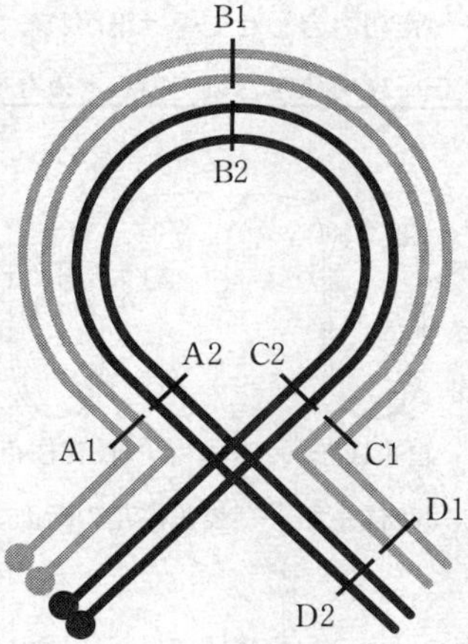

図 3

生物問題　Ⅱ

次の文章(A)，(B)を読み，**問1～問7**に答えよ。解答はすべて所定の解答欄に記入せよ。

(A)　サクラソウは，北海道から九州にかけての湿地や草原に自生する多年草である。サクラソウの花は，おしべとめしべの位置が同一の花の中でずれており，**図1**のようにおしべが長くめしべが短い短花柱花のみをつける個体と，おしべが短くめしべが長い長花柱花のみをつける個体が，通常は集団中に1：1の比率で存在している。サクラソウでは，短花柱花と長花柱花の間で受粉が起こると正常に種子ができるが，同じ型の花同士では，たとえ異なる個体間で受粉が起きても花粉管が正常に伸長せず，種子が形成されない。これは，自家受粉による［　ア　］の影響を防ぐ自家不和合性が，同じ型の花をもつすべての個体に及ぶためである。

サクラソウの自然集団では，吸蜜に訪れるマルハナバチが花粉の媒介を担っている。それぞれの型の花の花粉は，葯《やく》の位置の違いによってマルハナバチの体の異なる部位に付着するため，短花柱花の花粉は長花柱花の柱頭に，長花柱花の花粉は短花柱花の柱頭に届けられやすい。サクラソウのように集団内でおしべとめしべの長さに二型が見られる性質は二型花柱性と呼ばれ，被子植物の25以上の科で独立に進化している①。サクラソウではおしべとめしべの長さや自家不和合性反応に関わる花粉や柱頭の性質が決まった組み合わせで受け継がれることから，花型を特徴付ける一連の形質は1つの遺伝子座で決定されているとみなすことができる②。

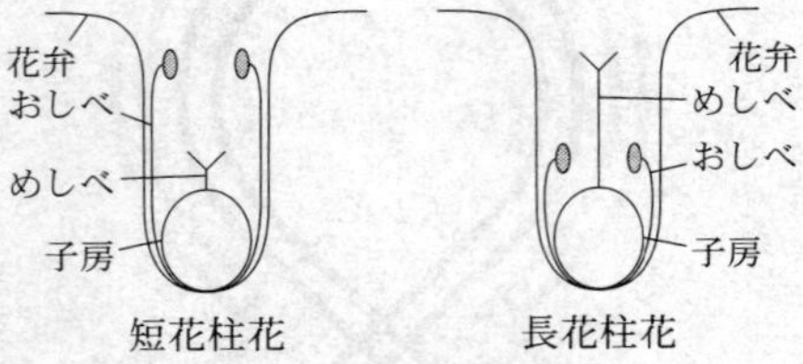

図1　短花柱花および長花柱花の断面の模式図

一方，埼玉県田島ヶ原のサクラソウ集団では，周囲の宅地化に伴って花粉媒介者のマルハナバチが消失し，短花柱花および長花柱花の結実率が他の集団のそれと比べて顕著に低い。この集団には，突然変異によって生じた，おしべとめしべの長さが等しい等花柱花をもつ個体が低頻度で存在する。短花柱花や長花柱花と異なり，等花柱花は自身の花粉を受粉しても種子を作ることができる性質をもつ。この集団において，それぞれの花型をもつ個体は**表 1** のように種子を生産していた。現在のような種子生産の傾向が続いた場合，ア の影響が大きく，等花柱花がいくら種子を生産してもそれが次世代の確保につながらなければ集団は衰退に向かうと予測されるが，ア の影響がそれほど大きくない場合，③この集団では自然選択による進化が急速に起こると考えられる。

表 1　埼玉県田島ヶ原のサクラソウ集団における花型ごとの平均結実率および平均種子生産数(Washitani *et al.*, 1994 の表を改変)

花型	花あたりの結実率(%)	花あたりの種子生産数
長花柱花	20	7.6
短花柱花	9	2.1
等花柱花	82	32.0

問 1　下線部①について，類似した環境下で個別に進化した異なる生物が，よく似た形質を独立に進化させることを何と呼ぶか，解答欄に記せ。

問 2　サクラソウで集団中の短花柱花と長花柱花の比率が 1：1 であるのは，いずれの花が生産した種子からも短花柱花と長花柱花が等しい確率で生じるためである。下線部②の遺伝子座において，短花柱花を作らせる対立遺伝子 A が，対立遺伝子 a に対して優性である場合，短花柱花の遺伝子型を解答欄(**あ**)に，長花柱花の遺伝子型を解答欄(**い**)にそれぞれすべて記せ。ただし，等花柱花の存在は無視できるものとする。

問 3　下線部③について，田島ヶ原のサクラソウ集団でどのような進化が起こると考えられるか。理由も含め解答欄の枠の範囲内で記せ。

(B)　アリ，ハチ，シロアリなどは高度に組織化された集団をつくって社会生活を営んでいる。④シロアリでは，生殖に専念する王と女王，生殖に参加せず，採餌や子の世話などの労働を担うワーカー，天敵から巣を防衛する兵隊などの分業がある。近年，シロアリの巣内の血縁関係について，詳しい分析が進められ，これまで知られていなかった繁殖の仕組みが明らかになった。

北海道から九州まで幅広く分布するヤマトシロアリでは，初夏に雄と雌の羽アリが一斉に巣を飛び立ち，出会った雌雄がペアを組み，一夫一妻で新たな巣をつくる。はじめに巣をつくった雄と雌が，その巣の王と女王になる。女王は，ほとんどの子を有性生殖で産むが，ごく一部の子を単為生殖で産む。巣が大きくなると，子の中から卵巣を発達させて副女王になる個体が複数現れ，女王とともに生殖を行う。女王が死亡した後は，副女王が女王の後継者となって生殖を引き継ぐ。

社会性昆虫の巣内の血縁関係を知る方法の1つに，ゲノム中でCTACTACTA・・・のように決まった塩基配列が繰り返し現れる部分（マイクロサテライトと呼ばれる）を調べるものがある。マイクロサテライトの塩基配列の繰り返し数は多様であり，1個体においても，父親由来のDNAと母親由来のDNAの間で繰り返し数が異なることが多い。⑤ある巣から王，女王，4匹の副女王，および5匹のワーカーを取り出し，あるマイクロサテライトを含むDNAの領域を人工的に増幅して電気泳動を行ったところ，図2のような結果を得た。ただし，染色体数を確認したところ，すべての個体の染色体は42本であった。

王は女王に比べて長寿であるが，⑥王が死亡した場合は，子の中から精巣を発達させて副王になる個体が現れ，生殖を引き継ぐ。ただし，副王に入れ替わった巣は，近親交配による［ア］の影響により衰退する。

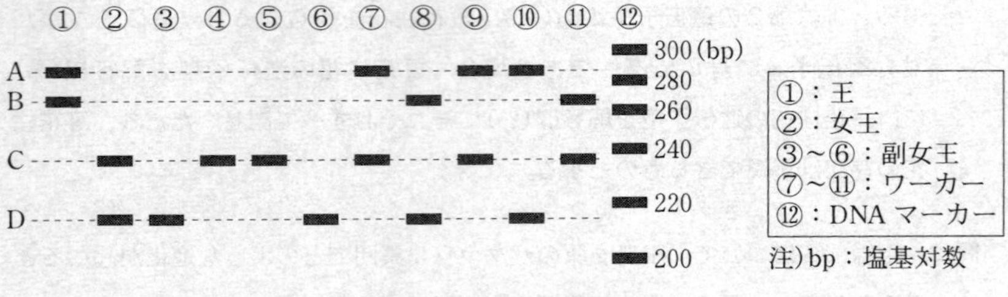

図2　電気泳動の結果

問 4　文章(A)と(B)の［ア］に共通して当てはまる適切な語句を解答欄に記せ。

問 5　下線部④に関連して，ワーカーや兵隊は自分の子を残さず，王や女王を助けて兄弟や姉妹を増やしている。自らの適応度がゼロになるにもかかわらず，なぜこのような行動が進化したのか，個体間の血縁関係の観点から考え，解答欄の枠の範囲内で説明せよ。

問 6　下線部⑤に関連して，**図 2** の王の遺伝子型を AB，女王の遺伝子型を CD とするとき，副女王の遺伝子型をすべて解答欄**(あ)**に記せ。また，**図 2** から読み取れるヤマトシロアリの繁殖の仕組みを解答欄**(い)**の枠の範囲内で説明せよ。

問 7　下線部⑥に関連して，**図 2** の王が死亡して副王に入れ替わった後に生まれるワーカーの遺伝子型として適当でないものを，次の［　　　］内に示す遺伝子型からすべて選び，解答欄に記せ。

AA，AB，AC，AD，BB，BC，BD，CC，CD，DD

※解答欄　問 3・問 5：ヨコ 12.6 センチ × 5 行
　　　　　問 6(い)：ヨコ 11.0 センチ × 4 行

生物問題　Ⅲ

次の文章(A)，(B)を読み，**問1～問8**に答えよ。解答はすべて所定の解答欄に記入せよ。

(A)　カルビン・ベンソン回路において，CO_2は炭素を3つ含む化合物(C_3)であるホスホグリセリン酸として固定される。大気中のCO_2を直接ホスホグリセリン酸に固定する植物をC_3植物と呼ぶ。CO_2の固定反応を触媒する酵素であるルビスコは，CO_2の代わりにO_2の取り込みも触媒し，光合成の効率を低下させる。

一方，一群のC_4植物は，**図1**に示すような代謝経路をもつことにより，ルビスコによるO_2の取り込み反応を防いでいる。葉肉細胞において，CO_2はHCO_3^-(炭酸水素イオン)となり，ホスホエノールピルビン酸(C_3)に固定され，炭素を4つ含む化合物(C_4)であるオキサロ酢酸を生じる。オキサロ酢酸は，リンゴ酸に変換され，維管束鞘《しょう》細胞に運ばれる。リンゴ酸はそこでCO_2を放出し，ピルビン酸(C_3)を生じる。ピルビン酸は，葉肉細胞に戻され，ATPを消費してホスホエノールピルビン酸が再生される。①C_4植物は，この回路をもつため，維管束鞘細胞でのCO_2の濃度が高くなり，光合成の効率が上昇する。

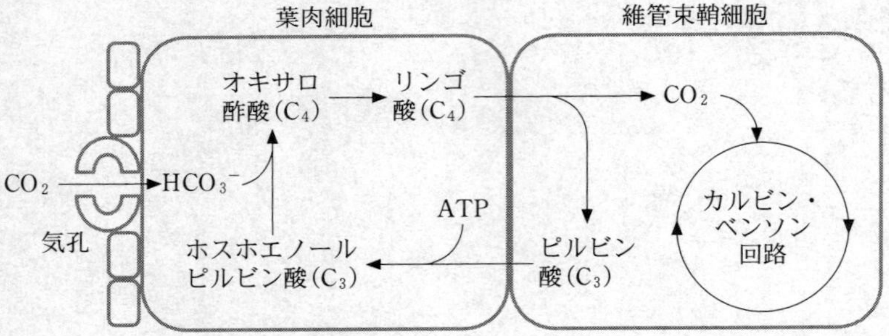

図1

問1　次の植物の中からC_4植物を2つ選び，解答欄に記入せよ。

イネ，トウモロコシ，エンドウ，コムギ，サトウキビ，ホウレンソウ

問2　下線部①に関連して，C_4植物がC_3植物に比べて少ない水でも生育可能な理

由を解答欄の枠の範囲内で述べよ。

問 3　大気中の CO_2 濃度が現在よりはるかに高くなると，C_3 植物でもルビスコによる O_2 の取り込み反応が起こらなくなる。そのような環境下では，CO_2 濃縮回路をもたない方が，代謝の観点から生存に有利であると考えられる。その理由を解答欄の枠の範囲内で述べよ。

問 4　図 2 の曲線(a)〜(d)は，光飽和点を超える光強度のもとでの CO_2 固定速度の CO_2 濃度依存性を示している。C_3 植物と C_4 植物の関係を表すもっとも適切な曲線の組み合わせを，**表 1** の選択肢（あ）〜（し）から 1 つ選び解答欄に記せ。

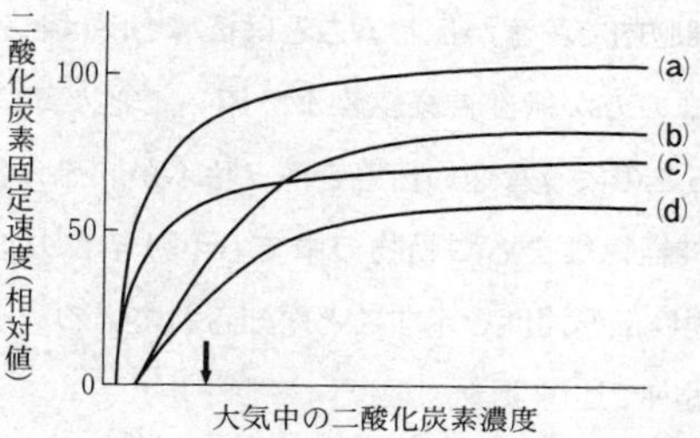

図中の矢印は，現在の大気中の二酸化炭素濃度を示す。ただし，葉面積当たりのタンパク質含量は，それぞれの植物で同一とする。

図 2

表 1

選択肢	C_3 植物	C_4 植物
（あ）	(a)	(b)
（い）	(a)	(c)
（う）	(a)	(d)
（え）	(b)	(a)
（お）	(b)	(c)
（か）	(b)	(d)
（き）	(c)	(a)
（く）	(c)	(b)
（け）	(c)	(d)
（こ）	(d)	(a)
（さ）	(d)	(b)
（し）	(d)	(c)

(B)　ヒトを含む動物において，光や音など周囲の環境からの刺激を受けとめる装置である［ ア ］と，運動など刺激に対する反応を担う筋肉などの［ イ ］は，神経系によってつながっている。神経系では，それぞれの神経細胞内，および複数の神経細胞間で興奮が伝えられる②。脊椎動物では，多くの神経細胞が脳と脊髄に集中しており，これらはまとめて［ ウ ］と呼ばれている。［ ウ ］のうち，ヒト

は他の動物と比較して大脳が発達している。大脳の表面に近い部分は神経細胞の細胞体が集まっている大脳皮質で覆われ，内部には神経細胞の軸索が集まっている［ エ ］がある。③大脳皮質は新皮質や辺縁皮質（古皮質・原皮質）などから構成され，それらに含まれる領域ごとに役割分担があることが知られている。新皮質のうち，視覚や聴覚などの特定の感覚に特異的に関与する領域を感覚野，それらの情報を結びつけて言語や記憶などの複雑な情報処理に関与する領域を［ オ ］，主に随意運動に関与する領域を運動野と呼んでいる。また，④大脳は左右の半球に分かれており，それらは主に脳梁《のうりょう》によって連絡されている。

問 5 文中の［ ア ］～［ オ ］に当てはまる適切な語句を解答欄に記せ。

問 6 下線部②について，神経細胞内で興奮が伝わることは伝導と呼ばれるが，一般に伝導速度は有髄神経繊維の方が無髄神経繊維より速いことが知られている。有髄神経繊維にみられるこのような速い伝導を何と呼ぶか，その名称を解答欄(1)に記せ。また，無髄神経繊維をもつ動物の中でもヤリイカの神経繊維は，有髄神経繊維と同様の速い伝導速度を示すことが知られている。その理由は何か，解答欄(2)の枠の範囲内で述べよ。

問 7 下線部③に関連して，特定の脳領域と機能の関係について述べた以下の文章のうち，正しいものをすべて選び，その記号を解答欄に記せ。

(あ) 右手の運動を行うことで，右大脳半球の運動野の活動の増加が左大脳半球の運動野の活動の増加よりも大きくなる。

(い) ヒトの言語処理に特に重要とされる脳領域は大脳皮質にあり，主に言語の「理解」に関与する領域と「発声」に関与する領域とに分かれている。

(う) 辺縁皮質は感情などの処理と関係が深く，他の動物と比較してヒトで特に発達している。

(え) 視覚刺激は，視神経を通って大脳皮質の後端部に入力されることで「見える」感覚が生じる。

(お) 右大脳半球の皮膚感覚の処理に関係する領域が損傷した場合，左手を触られることで感じる皮膚感覚は，右手を触られることで感じる皮膚感覚と比較すると低下することが多い。

問 8　下線部④について，右利きの多くのヒトでは，左大脳半球が複雑な言語機能に関与するが，右大脳半球はほとんど関与しないことが知られている。ここで，脳梁の機能が全体的に失われた右利きのヒトに対して，左右の視野に異なる文字を同時に瞬間提示し，一方の視野に提示された文字が他方の視野には入らないようにした場合の言語機能に関する検査を行った。その結果，右視野に提示された文字は口頭で正しく答えることができたが，左視野に提示された文字については正しく答えることができなかった。なぜこのようなことが起きるのか，考えられる理由を解答欄の枠の範囲内で述べよ。

※解答欄　問2・問3：ヨコ12.6センチ×4行
　　　　　問6(2)：ヨコ11.2センチ×4行
　　　　　問8：ヨコ12.6センチ×6行

生物問題　Ⅳ

次の文章(A)～(C)を読み，**問1**～**問6**に答えよ。解答はすべて所定の解答欄に記入せよ。

(A)　二本鎖DNAをいくつかの制限酵素で切断し，それらの切断部位を決定することで制限酵素地図が作成できる。あるプラスミド(10,000塩基対数，10 kbp)を3種類の制限酵素(*Eco*RI，*Hin*dIII，*Pst*I)およびそれらの組み合わせで切断した後，アガロースゲルを用いた電気泳動で断片を解析した。得られた電気泳動像を模式化したものが**図1**である。

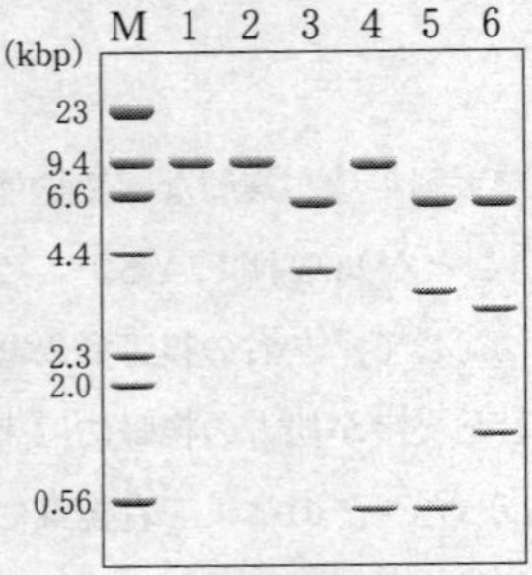

図 1

レーンM：DNA 分子量マーカー
レーン 1 ：*Eco*RI 切断(10 kbp)
レーン 2 ：*Hin*dIII 切断(10 kbp)
レーン 3 ：*Pst*I 切断(6 kbp，4 kbp)
レーン 4 ：*Eco*RI＋*Hin*dIII 切断(9.5 kbp，0.5 kbp)
レーン 5 ：*Eco*RI＋*Pst*I 切断(6 kbp，3.5 kbp，0.5 kbp)
レーン 6 ：*Hin*dIII＋*Pst*I 切断(6 kbp，3 kbp，1 kbp)

(　)内には，制限酵素処理後に得られた DNA 断片のサイズを示す。

問 1　図 1 の電気泳動像をもとに，このプラスミドの制限酵素地図を作成した。正しいものを下記の(あ)～(え)から選び，解答欄にその記号を記せ。

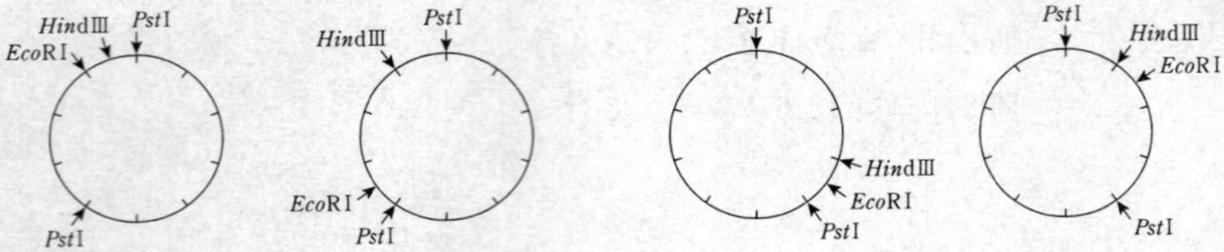

(あ)　(い)　(う)　(え)

注）1 目盛りは 1 kbp を表している。

問 2　別のプラスミドを制限酵素 *Mfe*I で切断して得た 1 kbp の DNA 断片がある。この DNA 断片内には，*Eco*RI，*Hin*dIII および *Pst*I の認識部位は存在しない。この DNA 断片を，(A)で用いたプラスミドの *Eco*RI 切断部位に挿入した。なお，*Eco*RI と *Mfe*I の認識部位と切断後の末端部分を図 2 に示す。この遺伝子組換え操作により新しくできたプラスミド(11 kbp)の制限酵素地図として正しいものを下記の(お)～(し)から選び，解答欄にその記号を記せ。

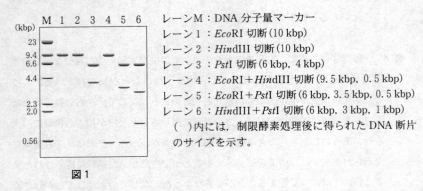

制限酵素	認識部位の配列	切断後の末端部分
*Eco*RⅠ	GAATTC CTTAAG	G　AATTC CTTAA　G
*Mfe*Ⅰ	CAATTG GTTAAC	C　AATTG GTTAA　C

図 2

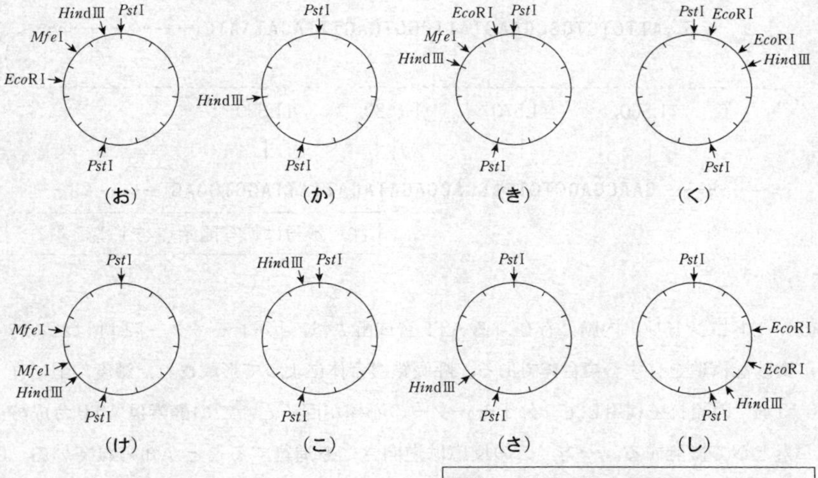

注） 1 目盛りは 1 kbp を表している。

(B) ある遺伝子の mRNA（真核生物由来）に相補的な DNA（cDNA）を，PCR を利用してクローニングする場合は，まずこの mRNA を強く発現している組織から RNA を抽出する。次に，mRNA の［ ア ］と相補的なチミンヌクレオチドが並ぶプライマーを用い，［ イ ］酵素を使って cDNA を合成する。その後，PCR を実施し①，得られる DNA 断片をプラスミドに挿入することにより，目的とする cDNA クローンを得る。

問 3 ［ ア ］，［ イ ］に適切な語句を記入せよ。

問 4　この遺伝子の転写開始点からの配列と終止コドンを含む配列は以下の通りであった。この配列をもとに，下線部①で用いるプライマーとして，転写開始点から 21 塩基のプライマーＡと終止コドンの終わりまでの 21 塩基のプライマーＢを設計した。プライマーＡとＢの 5′ 末端側の 6 塩基を，解答欄Ａ，Ｂにそれぞれ記入せよ。記入に際しては，5′ 末端が左端に位置するようにすること。

```
       1        10        20        30
       |        |         |         |
   5′ ATTCTGTGGCGAAGTATTCGGTGAGTTTACATAATC ----------------

     11,560    11,570    11,580    11,590
       |         |         |         |
---- GAACGAGCTGTCACCACGAGATACATTATTAGGTGGAG ------- 3′
```

注）番号は転写開始点を 1 番とする。

(C)　ミトコンドリア内膜に存在する ATP 合成酵素は，「分子モーター」と呼ばれる特徴的な構造を有する複合体である。呼吸鎖複合体によって形成された濃度勾配に従う H^+ の流れを利用して，分子モーターの心棒が回ると，この酵素は ATP 合成酵素として機能する。一方，この反応は逆向きにも進行することが知られている。**図 3** に示す分子モーター構造をガラス基板上に構築して ATP を加えると，この複合体は ATP アーゼ活性を発揮して ATP を ADP とリン酸に分解し，その際生じるエネルギーを利用して心棒を回転させる。なお，この場合心棒は ATP 合成の場合とは逆向きに回転する。

様々な初期濃度の ATP 存在下で**図 3** に示す分子モーターの回転速度を調べたところ，**図 4** の曲線が得られた。

問 5　**図 4** で ATP 濃度が 200 μmol/L のとき，分子モーターは 1 秒間あたり 360 個の ATP を加水分解したとする。1 個の ATP あたり，心棒は何度回転するか，回転角度を解答欄(1)に記入せよ。また，その理由を解答欄(2)の枠の範囲内で記せ。ただし，ATP 加水分解のエネルギーから回転エネルギーへの変換効

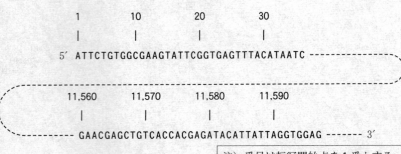

率は 100 % とする。

問 6　図4の結果から，分子モーターの回転速度は，ATP濃度が高くなるにつれて一定の値に近づいていくことがわかる。その理由として考えられることを，「ATPアーゼとATPの複合体」という語句を用いて解答欄の枠の範囲内で記せ。

※解答欄　問5(2)：ヨコ 11.0 センチ× 6 行
　　　　　問6：ヨコ 12.6 センチ× 6 行

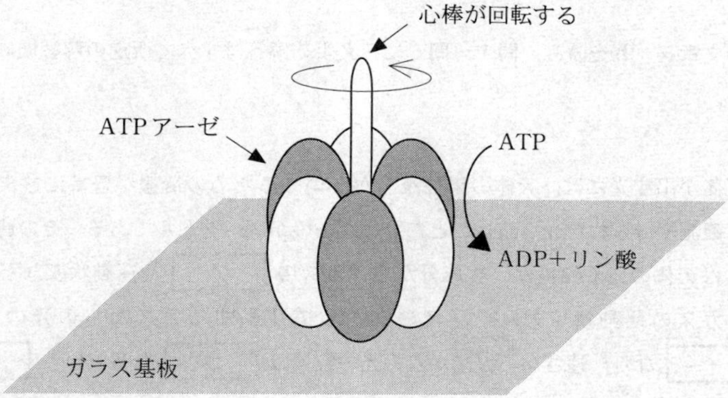

図 3

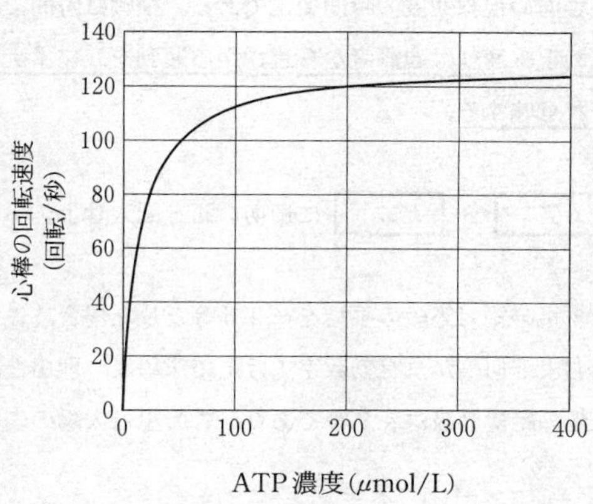

図 4

地学

（教育（理系）学部 1科目 90分
その他 2科目 180分）

（注） 100点満点。理学部は2科目300点満点に換算。

地学問題 I

次の文章(a)，(b)を読み，**問1～問5**に答えよ。解答はすべて所定の解答欄に記入せよ。

(a) 天体が出す光には，天体の素性をうかがい知るための情報が豊富に含まれている。観測で得られた光を波長ごとに分けたものがスペクトルである。その連続成分からは天体の色や温度が，線成分からはガスの［ア］や運動状態などがわかる。ガスの運動速度は，観測者に向かって運動するガスからの光の波長は［イ］なり，遠ざかるガスからの光の波長は［ウ］なるという［エ］効果を用いて求められる。

周期的に膨張と収縮を繰り返す恒星を脈動変光星という。**図1**はある脈動変光星の絶対等級と星表面の視線速度の時間変化である。横軸は時間で，1周期は5.4日である。プラスの視線速度は観測者から遠ざかる運動を，マイナスは観測者に近づく運動をそれぞれ意味する。

問1 文中の［ア］～［エ］に適切な語を記入せよ。

問2 **図1**に示す星の絶対等級の平均を−2.6等とした場合，この星の平均半径は太陽半径のおよそ何倍か，有効数字1けたで求めよ。理由と計算過程を示せ。ただし，太陽の絶対等級は4.9等であり，この星と太陽の表面温度は等しいとする。

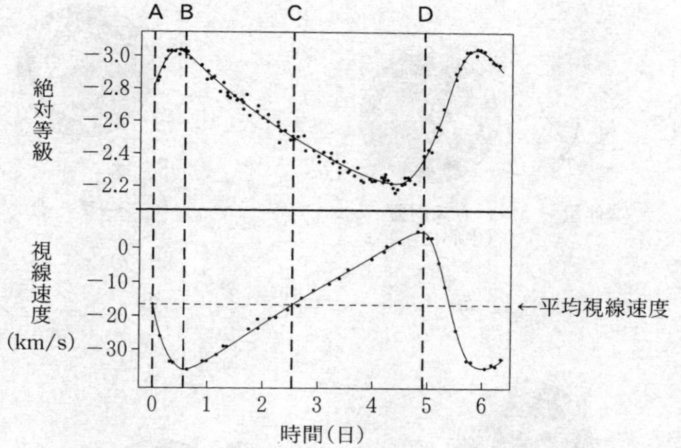

図 1　ある脈動変光星の絶対等級(上)および視線速度(下)の時間変化

問 3　文中の下線部に関連して，以下の(1)，(2)に答えよ。

(1)　平均視線速度がゼロでないのはなぜか。考えられる理由を簡潔に記せ。

(2)　**図 1** の A〜D の中で，星の大きさが最も大きくなるときを 1 つ選び，解答欄(i)に記せ。またそれを選んだ理由を 50 字程度で解答欄(ii)に記せ。

(b)　**図 2** は，いろいろな時刻ⓐ〜ⓓにおいて，ある連星系を軌道面に垂直な方向からみた図である。連星系は小さな主星と比較的大きな伴星とからなっており，主星の周りには回転するガス円盤がある。太い矢印は円盤内のガスの運動方向を，細い矢印は伴星および主星の運動方向を示す。円盤内のガスは輝線を出しているとし，観測者は図の下方の，ほぼ軌道面上にいるとする。

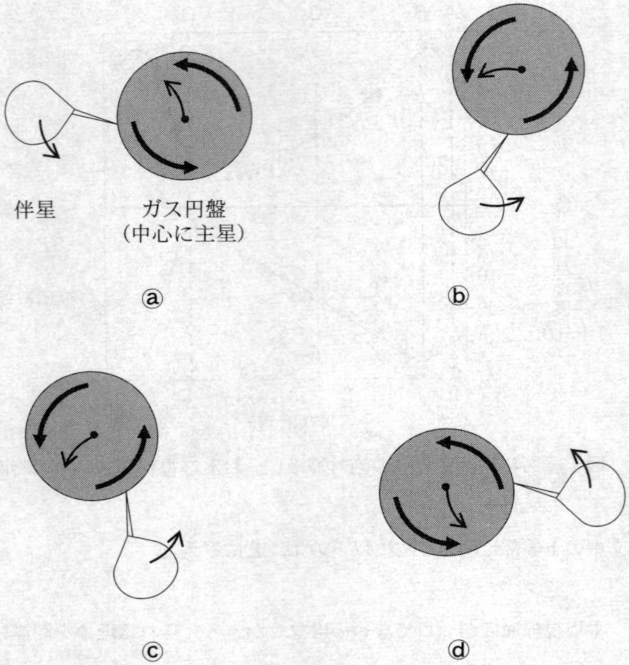

図 2　ある連星系の配置の時間変化

問 4　円盤内のガスの回転運動速度 v は，伴星による重力を無視すると

$$\frac{GM}{r^2} = \frac{v^2}{r}$$

から求められる。ここで，$G(6.7 \times 10^{-11}\ \mathrm{Nm^2/kg^2})$ は万有引力定数，r は主星からの距離，M は主星の質量で太陽質量 $(2.0 \times 10^{30}\ \mathrm{kg})$ に等しいとする。円盤内縁での回転速度を測定すると $3.6 \times 10^6\ \mathrm{m/s}$ であった。主星はどんな星と考えられるか，下の語群から最も適切なものを 1 つ選び解答欄(i)に記せ。またその理由を解答欄(ii)に記せ。なお，円盤内縁は主星に接しているとする。また太陽半径は $7.0 \times 10^8\ \mathrm{m}$ である。

主系列星　　巨　星　　白色矮星《わいせい》　　中性子星　　地球型惑星

問 5　図 3 は，図 2 の時刻ⓐにおける，ある輝線のスペクトルである。横軸は波長，縦軸はフラックス(単位波長あたりの放射エネルギー強度)である。これにならい，時刻ⓑ～ⓓにおける輝線スペクトルの概形を解答欄に描け。ただし，連星系の公転運動は，円盤内のガスの回転運動に比べ十分遅いとする。また円盤は連星系の軌道面内にあり，その厚さは伴星の半径に比べて十分薄いため，伴星が円盤の手前にくるとき，円盤の一部を隠すものとする。

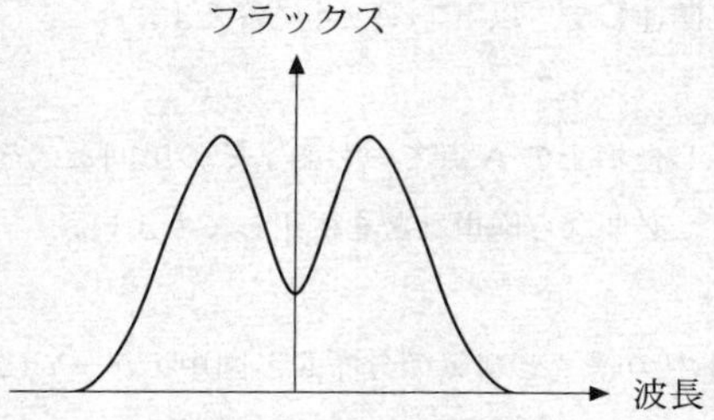

図 3　時刻ⓐにおける輝線スペクトル

地学問題　II

次の文章を読み，**問 1** ～**問 3** に答えよ。解答はすべて所定の解答欄に記入せよ。

地球表層を流れる水や大気の運動に大きな影響を及ぼしているコリオリの力は，地球の自転に由来する見かけの力として理解することができる。例えば，南極点の上に摩擦のない平らな円板を水平に固定し，円板の中心(南極点)からその時の太陽の方向に玉を滑らせるとする。地球は南極点上空から見ると， ア 回りに自転しているため，真っ直ぐ太陽の方向に滑り続ける玉は，円板に乗った人から見ると，横向きの力を受けて，当初の運動方向から イ に曲がるように運動する。この見かけの力がコリオリの力である。コリオリの力は転向力とも呼ばれ，北半球では運動方向に対し ウ 向きにはたらく。水平面内の運動では，コリオリの力は エ 緯度になるほど弱くなる。また，その力の大きさは，運動の速度にも依存する。

強い風を伴う発達した オ 低気圧は，発生する海域により，台風，サイクロン，ハリケーンなどと呼ばれているが，これらの場合は，コリオリの力，およびそれと同じ向きの カ 力の合力が， キ 力に対してつりあうように風が吹く。地球を東西方向に取り巻いて吹く大規模な風や，大洋を循環する海流にもコリオリの力が大きく影響している。

問1　文中の ア ～ キ に適切な語を記入せよ。

問2　図1は，ある日の日本周辺の地上天気図である。ただし陸地は省略してある。この天気図に関連して，以下の(1)～(4)に答えよ。

(1)　図中に示した海上のA点でのおおよその風向と，その方向に風が吹く理由を説明せよ。必要なら簡単な図を併用してもよい。

(2)　低気圧B中の暖気と寒気の分布を，図中のX―Yに沿う鉛直断面図として模式的に描け。前線の名前と位置も示すこと。

(3)　台風はしばしば巨大な積乱雲を伴うが，中心部は台風の目とよばれ，雲があまり存在しない。台風の中で積乱雲が発達しやすい理由，および中心部には雲が発生しにくい理由を説明せよ。

(4)　台風に近い海面上の空気塊(体積1 km^3，温度25 ℃，湿度100 %)が，1 km上昇したと仮定する。この空気塊から凝結する水の量を有効数字1けた(単位はkg)で求めよ。計算式も示すこと。空気中の飽和水蒸気量を表1に示す。なお，乾燥断熱減率は1.0 ℃/100 m，湿潤断熱減率は0.50 ℃/100 mとし，上昇による体積の変化は無視できるものとする。

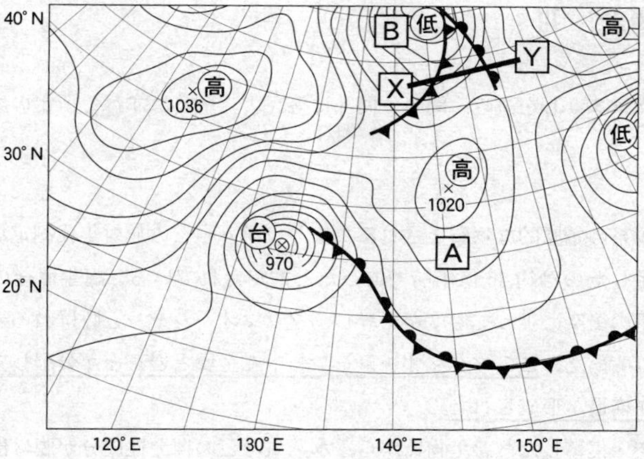

図 1　ある日の地上天気図

表 1　気温と飽和水蒸気量の関係

温　度(℃)	0.0	5.0	10.0	15.0	20.0	25.0	30.0
飽和水蒸気量(g/m^3)	4.8	6.8	9.3	12.8	17.2	22.8	30.4

問 3　海水の地球規模の流れに関連して，以下の(1)および(2)に答えよ。

(1)　太平洋や大西洋の表層には，大規模な海流の循環が存在する。北半球において，そのような循環が形成されるしくみを説明せよ。次の 3 つの用語をすべて文中に含めること。また，循環の向きも記述すること。

偏西風　　　貿易風　　　コリオリの力

(2)　極域では，海洋の表層の海水が沈み込み，深層循環を引きおこす主要な原因の 1 つとなっている。極域で海水が沈み込む理由を説明せよ。

地学問題　Ⅲ

次の文章(a)，(b)を読み，**問 1** ～**問 4** に答えよ。解答はすべて所定の解答欄に記入せよ。

(a)　太陽系の始原的な物質とされるコンドライト隕石の放射年代測定などから，地球が誕生したのは約 46 億年前であったと推定されている。誕生直後の原始地球は，微惑星の衝突によって温度が上昇し，マグマオーシャンと呼ばれる岩石の溶融層で覆われていた。①このマグマオーシャンの中で金属と岩石とが分離して，核とマントルの層構造が形成された。

衝突・集積した微惑星物質から，水蒸気などの揮発性成分が脱け出して，原始大気として原始地球を包み込んだ。やがて地表の温度が下がり始め，大気中の水蒸気が大量の雨となって地表に降り注ぎ，②最初の海洋が誕生した。グリーンランド南部のイスア地域に分布する約 38 億年前の地層には，礫《れき》岩などの堆積岩や枕状溶岩が含まれており，このことから約 38 億年前にはすでに海洋があったと考えられている。さらに時間が経過し，③約 27 億年前には酸素発生型の光合成をする生物が海洋に出現し，それによって酸素が海洋，そして大気へと蓄積され，次第に増加していった。

問 1　下線部①に関連して，地球の核を構成していると考えられている主要な元素を 2 つ挙げよ。

問 2　下線部②に関連して，海洋が誕生したことで原始大気にどのような変化が生じたと考えられているか。水蒸気以外の主成分について簡潔に説明せよ。

問 3　下線部③の時代の海洋で起こった環境の変化と生物の進化について，以下の語をすべて用いて 200～300 字程度で説明せよ。

原核生物　真核生物　シアノバクテリア　ストロマトライト　縞《しま》状鉄鉱層

(b)　原始地球に核とマントルの層構造が誕生するまでにどれほどの時間を要したのかを知るために，半減期の短い放射性元素の壊変が利用されることがある。たとえば，ハフニウム182（$^{182}\mathrm{Hf}$）という放射性同位体は，8.9×10^{6} 年の半減期で安定な同位体であるタングステン182（$^{182}\mathrm{W}$）へと変化する。核とマントルとが分離する際には，ハフニウムはすべてがマントルに，タングステンはほとんどが核に集まったものと考えよう。また，核とマントルの分離完了時には，すべてのタングステン同位体に対する $^{182}\mathrm{W}$ 同位体の比（以下，$^{182}\mathrm{W}$ 同位体比という）は，核とマントルの両層で同じ値であったとする。マントルに集まったハフニウム中に $^{182}\mathrm{Hf}$ 同位体が多量に残っていれば，その後の放射壊変によってマントル中の $^{182}\mathrm{W}$ 同位体比が時間とともに増加したことになるが，実際にはそれほどは大きく増加していないことが知られている。このことは，④核とマントルの分離が完了するまでに，すでに $^{182}\mathrm{Hf}$ 同位体がかなり減少していたことを物語っており，このことから核とマントルの層構造が形成されるまでの時間を推定することができる。

問4　以下の(1)および(2)に答えよ。ただし，タングステンの同位体はすべて安定であり，$^{182}\mathrm{W}$ 同位体は $^{182}\mathrm{Hf}\rightarrow{}^{182}\mathrm{W}$ の放射壊変以外では生成しないとする。

(1)　下線部④に関連して，核とマントルの分離が完了した時に，すでに $^{182}\mathrm{Hf}$ 同位体は大半が $^{182}\mathrm{W}$ に変化したために，地球誕生時に存在した量の10分の1以下にまで減少していたとして，地球誕生から核とマントルの分離完了までに何年以上かかったのかを推定せよ。計算過程も示しながら有効数字2けたで答えよ。ただし，$\log_{10}2=0.301$ とする。

(2)　もし地球の核のタングステン同位体の測定ができたとしたら，現在の地球の核とマントルとで $^{182}\mathrm{W}$ 同位体比はどちらが大きいと考えられるか。その理由とともに答えよ。

地学問題　Ⅳ

次の文章を読み，**問1～問5**に答えよ。解答はすべて所定の解答欄に記入せよ。

次ページの**図1**は，ある地域の等高線間隔40 mの地形図上に描かれた地質図である。この地域の地層は，泥岩からなるA層，砂岩からなりモノチスを産出するB層，礫《れき》岩からなるC層，石灰岩からなるD層によって構成されている。A層とB層の境界の傾斜はどこでも45°であった。D層が堆積した時代にフズリナが絶滅したことがわかっている。また，この地域には貫入岩体である流紋岩も観察される。この流紋岩の放射年代を測定したところ，その形成年代は1億年前であった。さらに，この地域には断層Fが存在する。この地域の断層Fには走向方向の変位(横ずれ)はない。そして，地点Xでは鍵《かぎ》層となる薄い凝灰岩層も観察された。この地域の地層は堆積時にはすべて水平であり，地層の逆転はなく，地層の厚さは場所によって変化しないものとする。また，断層Fが形成された後は，この地域の地層の傾斜は変化していないものとする。

問1　**図1**に記された地点1～7のうち，地点Xの露頭で観察されたものと同じ凝灰岩層が観察されると予想される地点をすべて記せ。

問2　断層などの地質構造から判断して，**図1**に示した地域の地層にかかった力はどのように変化したと考えられるか，そのように判断した理由も含めて100字程度で説明せよ。

問3　C層の堆積した年代として，最も適切なものを以下の(あ)～(え)より1つ選んで解答欄(a)に記せ。また，選んだ理由を150字程度で解答欄(b)に記せ。

(あ)　8000万年前

(い)　1億8000万年前

(う)　2億8000万年前

(え)　3億8000万年前

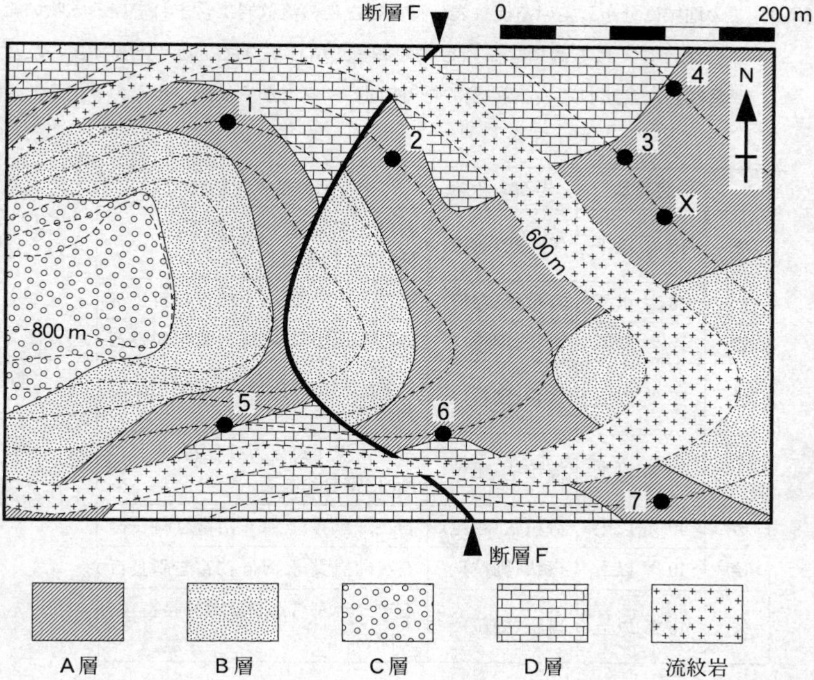

図 1　ある地域の地質図

問 4　この地域に分布している流紋岩の特徴と，この流紋岩に含まれている鉱物の組み合わせとして最も適切なものを次の(あ)～(く)から 1 つ選び記号で答えよ。ただし，流紋岩に含まれている鉱物はすべて同じマグマから晶出したものとする。

	色指数	岩石の組織	鉱物組み合わせ
(あ)	15 % 以下	等粒状(粗粒)	石英，黒雲母，カリ長石，Na に富む斜長石
(い)	15 % 以下	等粒状(粗粒)	石英，黒雲母，Ca に富む斜長石
(う)	15 % 以下	斑状(細粒)	石英，黒雲母，Na に富む斜長石
(え)	15 % 以下	斑状(細粒)	石英，かんらん石，カリ長石，角閃石
(お)	40 % 以上	等粒状(粗粒)	石英，黒雲母，カリ長石，Na に富む斜長石
(か)	40 % 以上	等粒状(粗粒)	石英，黒雲母，Ca に富む斜長石
(き)	40 % 以上	斑状(細粒)	石英，黒雲母，Na に富む斜長石
(く)	40 % 以上	斑状(細粒)	石英，かんらん石，カリ長石，角閃石

問 5　この地域で産出する流紋岩の時代(紀)とその後の時代との境界には大量絶滅があったことが知られている。この大量絶滅によって絶滅した生物と生き延びた生物の組み合わせとして適切なものを，次の(あ)～(か)からすべて選べ。

	絶滅した生物	生き延びた生物
(あ)	三葉虫	二枚貝
(い)	フズリナ	アンモナイト
(う)	ヌンムリテス(カヘイ石)	二枚貝
(え)	オパビニア	デスモスチルス
(お)	デスモスチルス	フデイシ(筆石)
(か)	アンモナイト	鳥　類

問一　傍線部（1）を現代語訳せよ。

問二　傍線部（2）（3）はどのようなことを言っているのか、それぞれ説明せよ。

※解答欄　問一：タテ一四センチ×二行
　　　　　問二（2）・（3）：各タテ一三センチ×三行

※解答欄　問一・問二：各タテ一四センチ×三行
　　　　　問三：タテ一四センチ×五行

三

次の文は、狂言の教訓書の一部である。これを読んで、後の問に答えよ。（三〇点）

昔人の云く、万《よろづ》のこと草を見るに、浅きに深きことあり。深きと思ふに浅きことあり。いづれも心をとめて見聞けば面白きことのみなり。＊業平の歌は心余りて言葉足らずと言へるにて知るべし。(1)いづれ筆に及ばざること多し。心に入れてみるならば、言置きしことよりよきこともありぬべしや。

兵法の習ひに、大敵を小敵と心得、小敵を大敵と思ふべしとなり。その如く、(2)この道も稽古を晴《はれ》とし、晴を稽古にすべしと言へること同じ。かりそめに稽古するとも、いかにも慎み、貴人高人の前と思ひ、うやまひて大事にすべし。さて舞台へ出ては前の心を忘れ、やすくすべしとぞ。大敵ある者は彼に勝たんことを思ひ、嗜《たしな》むものなれど、敵なき者は油断して必ず不嗜みになる。その時我を相手にして、我に勝たんことを思ふべし。(3)これむつかしき敵なり。君子はその独りを慎むとかや。必ずめやすき所にけがあり。油断強敵《がうてき》也。

（『わらんべ草』より）

注（＊）業平の歌は心余りて言葉足らずと言へる＝『古今和歌集』仮名序に、在原業平の歌を評して「その心余りて言葉足らず」とあることをいう。

る。

写本と書簡のように、文字ばかりが通信用の記号ではなかった。絵がある。ときに羊皮紙のうえに、またときには、教会堂の壁のうえに、絵は物語を表現した。近代の絵画のように、絵そのものが対象を描写するということはまれだった。絵には、明瞭な語りが秘められていた。絵画は鑑賞されるのではなく、解読されるものだった。あまりに稚拙な表現もあるが、しかしそれは画家の能力不足のゆえではない。(3)画家にとっての関心は、忠実な対象写影にはなく、記号としての物語表現に集中されていた。

（樺山紘一『情報の文化史』より）

注（＊）

バスティーユ牢獄＝パリにあった監獄。民衆がこの監獄を襲ったことがフランス革命のきっかけとなったとされる。

羊皮紙＝ヒツジなどの皮を薄くなめして文字や絵が描けるようにしたもの。

イニシャル文字＝段落の最初にある文字。中世の写本ではきわめて華麗な装飾を加えられる。

祐筆＝貴人に仕え、文書を書くことをつかさどった人。

問一　傍線部(1)はどのようなことを言っているのか、説明せよ。

問二　傍線部(2)はどのようなことを言っているのか、説明せよ。

問三　傍線部(3)について、筆者はなぜこのように述べているのか、説明せよ。

をつげる鐘の音も。どれもが、雑然と空間をつたわっていった。けれども、人びとは、その音と声のすべてを子細に聞きわける能力をとぎすませていた。どんなに多数の音源があっても、(1)雑音・騒音というべきものはありえなかった。私語する大衆、泣きむずかる赤児などまるで関知せぬがごとくに、かれらは説教師のことばを択《えら》びわけていた。音声ひとつひとつに意味がみちあふれていた時代、そのときこそ、音声の通信は機械的方法の援《たす》けをうけずに、数百、数千人の耳をとらえたのであろう。

むろん、そのころ、情報を正確に蓄蔵し、空間と時間とをこえて伝達する手段は、ないわけではなかった。たとえば、書物。西アジアやエジプトで発明された羊皮紙*やパピルス紙は、しっかりとした文字を盛られて、重用された。活版印刷術が登場するまえとはいえ、専門の筆写生たちは、丁寧なペン使いで、写本を複製していった。軽量化されたこれらの「紙」は、運搬され、もしくは愛蔵されて、遠い場所、遠い時間のかなたに送達される。写本は通信手段として、かなり洗練された利器となった。

もっとも、写本はただの通信手段ではない。中世写本には、しばしば、みごとな細密挿画がくわえられた。イニシャル文字*には、凝った装飾がつけられた。写本はそれ自体、ひとつの芸術品である。備忘録のように走り書きされた紙片とはちがって、写本はモノとしての重みを兼備した財宝である。(2)美しさと便利さとは、分離できぬ一体となっていたのである。

そのころ、特別な知的能力をもつものは、みずからも著作を書いた。その著作は、さらに写本として複製されて、流通していった。けれども、このような顕著な思想伝達のほかに、もっと多くの通信が中世社会をとびかったはずだ。おそらく、文字が使用される場合のほとんどは、著作ではなく、書簡であっただろう。

自分では満足に文字をつかいかねる王侯貴族たちは、祐筆*をはべらせて、手紙をつづらせた。かつての時代の手紙を、いま目前にすると、場と時とを異にする相手にたいして、意を正確につたえようとする、つよい通信欲求が、うかびあがってく

二　次は、主として中世のヨーロッパ社会でさまざまな情報がいかに伝達され、共有されたかを考察した文の一部である。これを読んで、後の問に答えよ。（三〇点）

マイクロフォンとスピーカーとによって、人声を同時に多人数に伝達ができるようになるまえ、ひとはいったいどうやって意思をつうじあっていたのだろうか。軍隊のように、訓練された伝令が、部隊別に命令を下知できる場合は、まだよい。けれども、直接、肉声をもって語りかける演説やら説教となるとどうだろう。はたして、発言の趣旨は正確につたえられたのか。まして、*バスティーユ牢獄を襲撃する烏合《うごう》の衆となっては、暴動への意思確認が、正確におこなわれたとはかんがえにくい。

適切な文書による伝達が存在しなかった中世の時代となれば、ますます絶望的だ。人びとは、不正確な理解にもとづき、むやみと感動したり、侮蔑を発したりしていたことになろうか。職業的な通信役はたしかにいたから、組織にのっとって行動する集団の場合はまだ事態は容易だとしても、中世に独特の群衆の場合には……。

だが、記録が証言しているところによれば、肉声による音声通信は、かなり効果的におこなわれたらしい。たとえば、皇帝が市民にむかって重大な決断を告知するときには、どうも、仲介スピーカーがいたらしい。つまり、もとの声を復唱し、さらにつぎのスピーカーがひろめてゆく。いわば、扇形に声の通信が拡大してゆくわけだ。

けれども、直接の肉声告知のケースも多い。街頭に立って、禁令を触れまわる役人がおり、かれらは大声で、市民たちに重大事項をのべてまわった。いやそればかりか、キリスト教聖職者たちは、教会の内であれ野外であれ、さだめし低く思慮ぶかい声で、魂の内面を語りはじめたであろう。数百人もの信徒たちは、ほとんど涙せんばかりに、聴きいっている。

想像するところ、かれら中世人たちは、いまのわたしたちとは段違いの耳をもっていたようだ。そのころ、人間社会は音にみちた世界をいとなんでいた。中世都市の路上には、家畜の鳴声も子供たちのはしゃぎ声も、乞食《こつじき》する訴え声も、そして、時ドの著書『パンダの親指』（原著は一九八〇年刊）に拠りながら、この文を書いている。

あの風鈴やあの蠟燭の炎＝少年の頃に筆者が見たり聞いたりした風鈴や蠟燭の炎を指している。

ルコント・ド・リール＝十九世紀のフランスの高踏派の詩人、劇作家。

問一 傍線部（ア）〜（オ）のひらがなを漢字に改めよ。

問二 傍線部（A）の内容を説明せよ。

問三 傍線部（B）について、筆者はなぜこのように思うのか、説明せよ。

問四 傍線部（C）はどういうことか、説明せよ。

※解答欄 問二：タテ一四センチ×五行
問三：タテ一四センチ×三行
問四：タテ一四センチ×四行

を、オウムガイたちはたしかに見つめていた。夜ごと日ごと浮沈を続けながらそれを見つめていた生物が現実に生きていたのだ。わたしはそれを見ることができないが、このオウムガイたちはそれをたしかに見ていたのであり、のみならず自分がその光を見ていたという事実を自分自身の軀《からだ》に刻印し、四億二千万年後の今日に残しているのである。彼らがみずからの肉体に残った痕跡の形でいわばわれわれに遺贈してくれたこの証言、これ以上物質的ならざるはないこの証言を通じて、われわれはそうした光が存在したことを知ることができる。（C）わたしが感動するのはここのところだ。それを見ることはできないが、かつて在りし日にそれを見ていた者を見ることができる、——彼がたしかにそれを見ていたという現実を証明する物質的な証拠を見ることができ、つまりはそれによってその光を知ることができるということ。四億二千万年前の波間にそうした月光がそそいでいたことを、今わたしは知っているということ。知ることとは、ここで、想像することをはるかに越えて豊かで本質的な営みとしてあると言うべきである。見ようとしても見られないものを想像するというのはしばしば安っぽい文学的感傷でしかない。だが、いかなる想像も追いつきようのないものを知ることができるというのは、これはまた何と人を興奮させる出来事であることか。

（松浦寿輝『青天有月』より。参考図は出題者による）

注（＊）

P・G・K・カーンとS・M・ポンピア＝ともにアメリカの科学者。二人の論文「オウムガイ類の成長周期と地球 - 月系の力学的時間発展」は、『ネイチャー』二七五号（一九七八年一〇月一九日号）に掲載された。

角運動量＝回転運動の特徴を表す基本量。地球 - 月系の角運動量は常に一定に保たれている。

グールド＝スティーヴン・ジェイ・グールド（一九四一―二〇〇二）。アメリカの古生物学者、科学史家。筆者は、グールお巨大な姿で(イ)しいを圧し、その堂々たる輝きで満天に鏤《ちりば》められた星々の煌《きら》めきもかすんでしまうほどだったことだろう。昔の光とは、ここで、今の光とはまったく違うもののことである。それは、今の光からの類推によってイメージを作ることができるようなものではないはずだ。わたしは今、それを想像してみようとは思わない。想像などという行為がいったい何になるだろう。*あの風鈴やあの蠟燭《ろうそく》の炎もまた、わたしは想像したわけではなかった。わたしはそれを見たのであり、現に見ているのである。他方、四億二千万年前の月光の場合、それはわたし自身の肉体の延長をはるかに越えた昔の光であり、わたしはそれを一度も見たことがないしこれからも見られようはずはない。もちろん何とかそれを想像してみよう、脳裡《り》に思い描いてみようと試みることはできる。たとえば世界の終末の光景を憑《つ》かれたように詩に詠《うた》った前世紀のフランス詩人*ルコント・ド・リールにとっての文学創造とはそうしたことだった。だが想像力が豊富であると貧弱であるとを問わず、(B)想像するとはそれ自体、精神の営為として基本的に貧しいものでしかありえない営みだと思う。しばしば詩人の富として語られることもある想像力というものの徳について、わたしはかなり懐疑的である。(ウ)えそらごととしか見えぬ弱々しい想像もあろうし(エ)くしんの力強さを帯びた想像もあるだろうが、いずれにせよ想像されたものは、結局想像されたものでしかないからである。いかなる場合でも想像は現実には及びようがない。

　四億二千万年前の月はたしかに地球の海を照らし出していた。オウムガイたちは波間に揺られながらその光を見つめていた。これはたしかにあったことである。今われわれが豊かだったり貧しかったりする想像力を(オ)こうしして構成しようと努める独創的だったり凡庸だったりするイメージとは無関係に存在している、確固とした事実である。昔の光は、昔、たしかにあった。この「あった」の重さにはいかなる想像力も追いつきようがない。この光を古生代のオウムガイの眼が見つめていたという過去の現実は、化石の殻の小室ごとに刻まれた九本の成長線がはっきり証し立てている。これら九本の微細な線の前ではいかなる人工的なイメージも無力である。われわれが今見ているのとはまったく違う月、中天を圧して輝きわたっている巨大な月持っていなかったのである。これは当然のことであり、その理由を説明するのは簡単だ。すでに天文学と地球物理学が明らかにしているように、潮汐《ちょうせき》摩擦によって自転に制動のかかる地球は減速するにつれて*角運動量を失ってゆくが、月は、その地球が失った分の運動量を受け取ることによって、地球からの距離をだんだん大きくしながらその周囲を公転してゆくことになるからである。言い換えれば、月は少しずつ地球から遠ざかりつつある。地球の自転が今よりもっと速く一日が二十一時間しかなかった四億二千万年前に、月は今よりずっと地球に近いところにあり、わずか九太陽日で地球の周囲を公転していたのだ。カーンとポンピアは幾つかの方程式を解いた結果、当時の月は、地球からの現在の距離のたった五分の二強という近いところを回っていたはずだと結論しているという。古生代のオウムガイはすでに原始的な眼球を備えていた。彼らはその眼で、夜ごと深海から浮かび上がってきては、今われわれが見ている月とは比べものにならないほど巨大な月を眺めていたのである。

　オウムガイの殻に残った細線の数が意味するものに関して、*グールド自身はカーンとポンピアの仮説にいくぶんか(ア)けねんを呈しており、それはまことにもっともな点を衝《つ》いているのだが、九本が正確に九日間に対応していると断言するのは行き過ぎであるにせよ、(A)少なくとも彼らの推論の大まかな方向づけはそのまま諾《うべな》ってよいもののように思われる。いや正直に言えば、太古の海で巨大な月を見つめているオウムガイに思いを致すのはあまりにも魅力的なので、グールドの懐疑論には耳を貸したくないという気持が強いのだ。

　われわれもまた、時として、明るく輝いている黄色い月が思いもかけぬ大きさで地平線近くにかかっているのにふと気づいて驚くことがある。だが、四億二千万年前の月の大きさはそんなものではなかっただろう。それは、中天まで昇ってきてもな

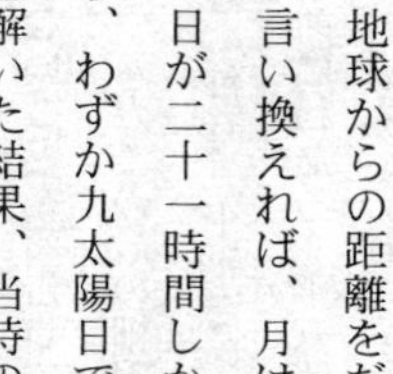

参考　オウムガイと殻の切断図

国語

（九〇分）

（注）一〇〇点満点。総合人間（理系）・教育（理系）・経済（理系）・理・医（医）学部は一五〇点満点に換算。

一

次の文を読んで、後の問に答えよ。（四〇点）

＊P・G・K・カーンとS・M・ポンピアは一九七八年に発表した論文の中で、現存種のオウムガイの殻の外面に見える細かい成長線の数を数え、二枚の隔壁の間に挟まれた小室一つ一つに平均約三十本の細線が含まれること、その数はどの殻を見てもまた同じ殻のどの小室を見てもほとんど変わらないことを報告している。深海に棲《す》むオウムガイは夜になると海面に浮かび上がってくる。太陽の周期に合わせて浮沈するオウムガイの殻の細線は、一日ごとの成長の記録だと考えられるだろう。隔壁は月の周期に同調して作られるのだと仮定すれば、毎月三十本ということで数はぴったりと合うわけだ。カーンとポンピアは、年代にして四億二千万年前から二千五百万年前にわたる二十五個のオウムガイ類の化石について同じ調査を行った結果、一小室あたりの細線数が、現存のものでは三十本、もっとも新しい化石で約二十五本、最古の化石ではわずか九本と、年代の古いものほど規則的に少なくなることを明らかにした。すなわち、四億二千万年前の地球では、ひと月はたった九日間しか

'20

問題編

問題編

▶試験科目

学　部	教　科	科　目
総合人間(理系)・理・農	外国語	英語Ⅰ・Ⅱ・リーディング・ライティング・オラコンⅠ・Ⅱ
	数　学	数学Ⅰ・Ⅱ・Ⅲ・A・B
	理　科	「物理基礎・物理」,「化学基礎・化学」,「生物基礎・生物」,「地学基礎・地学」から2科目選択
	国　語	国語総合・現代文・古典
教育(理系)	外国語	英語Ⅰ・Ⅱ・リーディング・ライティング・オラコンⅠ・Ⅱ
	数　学	数学Ⅰ・Ⅱ・Ⅲ・A・B
	理　科	「物理基礎・物理」,「化学基礎・化学」,「生物基礎・生物」,「地学基礎・地学」から1科目選択
	国　語	国語総合・現代文・古典
経済(理系)	外国語	英語Ⅰ・Ⅱ・リーディング・ライティング・オラコンⅠ・Ⅱ
	数　学	数学Ⅰ・Ⅱ・Ⅲ・A・B
	国　語	国語総合・現代文・古典
医・薬	外国語	英語Ⅰ・Ⅱ・リーディング・ライティング・オラコンⅠ・Ⅱ
	数　学	数学Ⅰ・Ⅱ・Ⅲ・A・B
	理　科	「物理基礎・物理」,「化学基礎・化学」,「生物基礎・生物」から2科目選択
	国　語	国語総合・現代文・古典
	面　接	医学部医学科のみに課される
工	外国語	英語Ⅰ・Ⅱ・リーディング・ライティング・オラコンⅠ・Ⅱ
	数　学	数学Ⅰ・Ⅱ・Ⅲ・A・B
	理　科	「物理基礎・物理」,「化学基礎・化学」
	国　語	国語総合・現代文・古典

▶配　点

<table>
<tr><th colspan="2">学部・学科</th><th>外国語</th><th>数　学</th><th>理　科</th><th>国　語</th><th>面　接</th><th>合　計</th></tr>
<tr><td colspan="2">総合人間
（理系）</td><td>150</td><td>200</td><td>200</td><td>150</td><td>—</td><td>700</td></tr>
<tr><td colspan="2">教育（理系）</td><td>200</td><td>200</td><td>100</td><td>150</td><td>—</td><td>650</td></tr>
<tr><td colspan="2">経済（理系）</td><td>200</td><td>300</td><td>—</td><td>150</td><td>—</td><td>650</td></tr>
<tr><td colspan="2">理</td><td>225</td><td>300</td><td>300</td><td>150</td><td>—</td><td>975</td></tr>
<tr><td rowspan="2">医</td><td>医</td><td>300</td><td>250</td><td>300</td><td>150</td><td>50</td><td>1050</td></tr>
<tr><td>人間健康科</td><td>200</td><td>200</td><td>200</td><td>100</td><td>—</td><td>700</td></tr>
<tr><td colspan="2">薬</td><td>200</td><td>200</td><td>200</td><td>100</td><td>—</td><td>700</td></tr>
<tr><td colspan="2">工</td><td>200</td><td>250</td><td>250</td><td>100</td><td>—</td><td>800</td></tr>
<tr><td colspan="2">農</td><td>200</td><td>200</td><td>200</td><td>100</td><td>—</td><td>700</td></tr>
</table>

▶備　考

- 外国語はドイツ語，フランス語，中国語も選択できる（理・工学部は英語指定）が，編集の都合上省略。
- 医学部医学科においては，調査書は面接の参考資料とするほかに合否判定の評価対象にする。
- 「数学Ⅰ」，「数学Ⅱ」，「数学Ⅲ」，「数学Ａ」は全範囲から出題する。「数学Ｂ」は「数列」，「ベクトル」を出題範囲とする。
- 医学部医学科の面接は，医師・医学研究者としての適性を評価する。医師・医学研究者としての適性・人間性などについて面接と調査書で評価を行い，学科試験の成績と総合して合否を判定する。従って，学科試験の成績の如何にかかわらず不合格となることがある。

英語

(120 分)

(注)　150 点満点。教育(理系)・経済(理系)・医(人間健康科)・薬・工・農学部は 200 点満点に，理学部は 225 点満点に，医(医)学部は 300 点満点に換算。

I　次の文章を読み，下の設問(1)～(3)に答えなさい。　(50 点)

The properties of a piece of matter are defined not by the basic building blocks themselves but by the way they are organised into hierarchies. This paradigm — where structure defines function — is one of the overarching principles of biological systems, and the key to their innate ability to grow, self-repair, and morph into new functions. Spider silk is one of the most remarkable examples of nature's materials, created from a simple protein spun into fibres stronger than steel.

As we begin to appreciate the universal importance of hierarchies, engineers are applying this understanding to the design of synthetic materials and devices. They can gain inspiration from a surprising source: music.

In the world of music, a limited set of tones is the starting point for melodies, which in turn are arranged into complex structures to create symphonies. Think of an orchestra, where each instrument plays a relatively simple series of tones. (1) Only when combined do these tones become the complex sound we call classical music. Essentially, music is just one example of a hierarchical system, where patterns are nested within larger patterns — similar to the way words form sentences, then chapters and eventually a novel.

Composers have exploited the concept of hierarchies for thousands of years, perhaps unknowingly, but only recently have these systems been understood mathematically. This maths shows that the principles of musical composition are shared by many seemingly diverse hierarchical systems, suggesting many exciting avenues to explore. From the basic physics of string theory* to complex biological materials, different functions arise from a small number of universal building blocks. I call this the universality-diversity-paradigm.

Nature uses this paradigm (2) to design its materials, creating new functions via novel structures, built using existing building blocks rather than fresh ones. Yet through the ages humans have relied on a totally different approach to construct our world, introducing a new building block, or material, when a new function is required.

It is not the building block itself that is limiting our ability to create better, more durable or stronger materials, but rather our inability to control the way these building blocks are arranged. To overcome this limitation, I am trying to design new materials in a similar way to nature. In my lab we are using the hidden structures of music to create artificial materials such as designer silks and other materials for medical and engineering applications. We want to find out if we can reformulate the design of a material using the concept of tones, melodies and rhythms.

Our brains have a natural capacity for dealing with the hierarchical structure of music, a talent that may unlock a greater creative potential for understanding and designing artificial materials. For example, in recent work we designed different sequences of amino acids based on naturally occurring ones, introducing variations to create our own materials with better properties. However, the way in which the different sequences of amino acids interact to form fibres is largely a mystery and is difficult to observe in an experiment. To gain more understanding, we translated the process by which sequences of amino acids are spun into silk fibres into musical compositions.

In this translation from silk to music, we replaced the protein's building blocks (sequences of amino acids) with corresponding musical building blocks (tones and melody). As the music was played, we could "listen" to the amino acid sequences we had designed, and deduce how certain qualities of the material, such as its mechanical strength, appear in the musical space. (3) Listening to the music improved our understanding of the mechanism by which the chains of amino acids interact to form a material during the silk-spinning process. The chains of amino acids that formed silk fibres of poor quality, for example, translated into music that was aggressive and harsh, while the ones that formed better fibres sounded softer and more fluid, as they were derived from a more interwoven network. In future work we hope to improve the design of the silk by enhancing those musical qualities that reflect better properties — that is, to emphasise softer, more fluid and interwoven melodies.

*string theory　ひも理論

(1)　下線部(1)を和訳しなさい。

(2)　下線部(2)が指している内容を，本文の主旨に照らして日本語30～50字で述べなさい(句読点を含む)。

(3)　下線部(3)を和訳しなさい。

II　次の文章を読み，下の設問(1)～(3)に答えなさい。　(50点)

Considering its history, you'd have thought that by now problems with *nothing* were a thing of the past, sorted out well before the end of the seventeenth century, and that thereafter *nothing* was nothing to talk about and certainly nothing to worry about.

Apparently not. (1)Far from it, in fact. Not only does *nothing* remain a mystery, but (and possibly because of it) — *nothing* also keeps on making an appearance in virtually every walk of life, even when we don't notice.

But then how could we notice *nothing*? That, surely, is the point of *nothing*: it is ... nothing. Yet there it is, alive and well, and still, obstinately, as far away as ever from being understood, despite our advances in science, technology, and most spectacularly our ability to gather information and knowledge. In some way, in fact, it is even more of a mystery, precisely because we know so much about everything else. (2)Since it follows that the more we know, the less we don't know, we are left with one of those strange paradoxes that the more we know about everything, the less we know about *nothing*.

And let's face it: *nothing* just doesn't make sense, and because of that it's more than annoying — an affront to those who are endeavoring to understand the world.

If in the past the powers-that-be discouraged people to even think about it, today *nothing* is well out of the closet. (　ア　) out from the recesses of forbidden thought to an honored place within the hallowed halls of philosophy and religion, and finally into the wide world, *nothing* has been widely taken on board by the arts, almost to the point of obsession. Whether in film, television, music, literature, theatre or visual art, the search for *nothing* (and so to understand it) is there, sometimes on the surface, at other times below, as if *nothing* is the holy grail through which everything will be better understood.

For the arts, *nothing* seems to be the last frontier, the one windmill that blocks the way to depicting everything, the ultimate mystery that needs to be solved. With everyone trying to disprove King Lear's dark prediction that "nothing will come of nothing," *nothing* is thought about, laughed about, written about, (　イ　) about, painted and fashioned.

From Nothing Matters: a book about nothing by Ronald Green, Iff Books

(1)　下線部(1)を，Far from it の it が指す内容が具体的に分かるように和訳しなさい。

(2)　下線部(2)を和訳しなさい。

(3)　空欄(　ア　)及び(　イ　)に入れるのに最も適切な語を以下の中から選び，必要であれば正しい形に変えて記入しなさい。ただし，同じ語は一度しか使用してはならない。

sing　　annoy　　bring　　hide

Ⅲ　次の文章⑴，⑵を英訳しなさい。　(50 点)

⑴　花子：昨日の夕刊見た？ 絶滅の危機に瀕していたトキの雛が孵《かえ》ったと書いてあったわ。

太郎：飼育係の人はさぞかし大変だったろうね。

花子：でも，この雛は自然に戻されたトキから生まれたのよ。

太郎：トキが住みやすい環境，つまり，きれいな水や空気があり，珍しい鳥だからと追いかけ回されたりしない場所というのは，僕たち人間にとっても居心地のよいものなのかもしれないね。

*トキ＝Toki (or Japanese crested ibis)

⑵　世界には文字を持たない言語がたくさんあるらしい。毎日文字に囲まれて暮らしている私たちからすれば，さぞ不便なことだろうと思ってしまいがちだ。しかし，文字があろうがなかろうが，ことばの基本的な働きに変わりはない。文字のある言語のほうがない言語より優れているなどと考えるのは，とんでもない思い上がりだろう。

数学

(150 分)

(注) 200 点満点。経済(理系)・理学部は 300 点満点に，医(医)・工学部は 250 点満点に換算。

1

(30 点)

2つの関数 $y=\sin\left(x+\frac{\pi}{8}\right)$ と $y=\sin 2x$ のグラフの $0 \leqq x \leqq \frac{\pi}{2}$ の部分で囲まれる領域を，x 軸のまわりに1回転させてできる立体の体積を求めよ．ただし，$x=0$ と $x=\frac{\pi}{2}$ は領域を囲む線とは考えない。

2

(30 点)

次の2つの条件を同時に満たす四角形のうち面積が最小のものの面積を求めよ．

(a) 少なくとも2つの内角は 90° である．

(b) 半径1の円が内接する．ただし，円が四角形に内接するとは，円が四角形の4つの辺すべてに接することをいう．

3

(35 点)

(1) a を実数とするとき，$(a, 0)$ を通り，$y=e^x+1$ に接する直線がただ1つ存在することを示せ．

(2) $a_1=1$ として，$n=1, 2, \ldots$ について，$(a_n, 0)$ を通り，$y=e^x+1$ に接する直線の接点の x 座標を a_{n+1} とする．このとき，$\lim_{n\to\infty}(a_{n+1}-a_n)$ を求めよ．

4

(35点)

一辺の長さが1の正四面体ABCDにおいて，Pを辺ABの中点とし，点Qが辺AC上を動くとする．このとき，$\cos\angle \mathrm{PDQ}$ の最大値を求めよ．

5

(35点)

a, b, c, d, e を正の実数として整式

$$f(x) = ax^2 + bx + c$$
$$g(x) = dx + e$$

を考える．すべての正の整数 n に対して $\dfrac{f(n)}{g(n)}$ は整数であるとする．このとき，$f(x)$ は $g(x)$ で割り切れることを示せ．

6

(35点)

2つの関数を

$$f_0(x) = \frac{x}{2}, \qquad f_1(x) = \frac{x+1}{2}$$

とおく．$x_0 = \dfrac{1}{2}$ から始め，各 $n = 1, 2, \ldots$ について，それぞれ確率 $\dfrac{1}{2}$ で $x_n = f_0(x_{n-1})$ または $x_n = f_1(x_{n-1})$ と定める．このとき，$x_n < \dfrac{2}{3}$ となる確率 P_n を求めよ．

物理

（教育(理系)学部　1 科目　90 分
　その他　　　　　2 科目 180 分）

(注)　100 点満点。理・医(医)学部は 2 科目 300 点満点に，工学部は 2 科目 250 点満点に換算。

物理問題　I

次の文章を読んで，［　　　］に適した式を，**問 1**，**問 2** では，指示にしたがって解答を，それぞれの解答欄に記入せよ。

図 1 のように，半径 R のリング(円環)が鉛直軸のまわりに角速度 $\Omega(\geqq 0)$ で回転している。そのリング上をなめらかに動くことができる質量 m の物体の運動を考える。重力加速度の大きさを g とする。

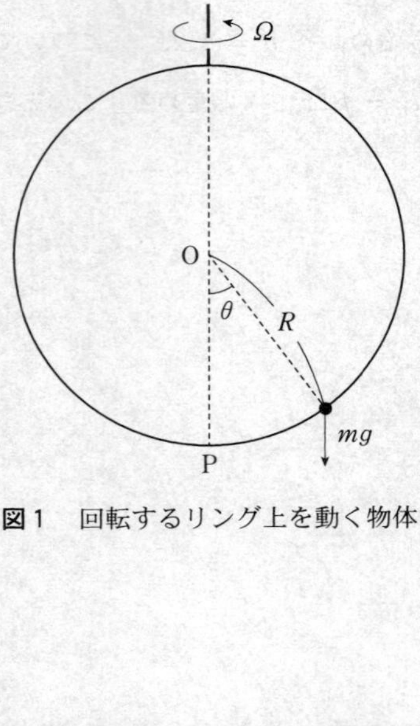

図 1　回転するリング上を動く物体

まず，図 1 のようにリングの中心を原点 O として，鉛直下方のリング上の点 P から測った物体の角度を θ とする。物体にはたらく重力と遠心力の合力を考える。その合力のリングに沿った接線方向の成分は，θ の増える方向を正として，

$$F = -mg\sin\theta + \boxed{\text{あ}} \quad ①$$

となる。$F=0$ を満たすつりあいの角度 θ を θ_0 とおくと，θ_0 が満たす式は $\sin\theta_0 = 0$，および，$\cos\theta_0 = \boxed{\text{い}}$ となる。後者の $\sin\theta_0 \neq 0$ の解が存在するのは，リングの回転角速度が $\Omega > \Omega_c = \boxed{\text{う}}$ の場合に限られる。物体が上記の $\sin\theta_0 \neq 0$ のつりあい角度に留まるとき，リングの中心方向に物体がリングから受ける力は m，Ω，R のみを用いて，$\boxed{\text{え}}$ と表される。

以下では，$\theta = \theta_0 + \phi$ とし，つりあいの位置からの微小振動を考える。角度 $|\phi|$ は十分に小さく，$\cos\phi \fallingdotseq 1$，$\sin\phi \fallingdotseq \phi$ が成り立つものとする。まず，$\theta_0 = 0$ の場合の微小振動を考える。$\Omega = 0$ の場合，$\theta_0 = 0$ のつりあいの位置からの変位 $x = R\phi$ を用いて，①式で与えられる復元力を $F = -kx$ と表したとき，物体の微小振動の角振動数は $\omega = \sqrt{k/m}$ である。これに具体的な k の表式を代入すると，長さ R の腕をもつ単振り子の角振動数に対するよく知られた式 $\omega = \sqrt{g/R}$ が導かれる。リングが回転角速度 Ω で回転している場合にも，変位 $x = R\phi$ を用いて，①式の復元力を $F = -kx$ と表したとき，物体の微小振動の角振動数は $\omega = \sqrt{k/m}$ で与えられる。$\Omega < \Omega_c$ の場合に，この角振動数 ω を Ω，R，g のみを用いて表すと

$$\omega = \boxed{\text{お}} \quad ②$$

となる。

次に，$\Omega > \Omega_c$ の場合に，$\sin\theta_0 \neq 0$ となるつりあいの角度まわりの微小振動を考える。ふたたび $\theta = \theta_0 + \phi$ とおき，$|\phi|$ は十分に小さいとして，①式において ϕ に比例する項のみをまとめる（ϕ の 2 乗に比例する項は無視する）と，θ_0 を用いて

$$F = \boxed{\text{か}} \times \phi$$

となる。これより，微小振動の角振動数 ω を求め，それを Ω，R，g のみを用いて表すと

$$\omega = \boxed{\text{き}} \quad ③$$

を得る。

問 1　以下の**図 2** を解答欄に描き写し，リングの回転角速度 Ω と，物体の微小振動の角振動数 ω の関係(②式と③式)を，横軸を $\Omega/\sqrt{g/R}$，縦軸を $\omega/\sqrt{g/R}$ として図示せよ。

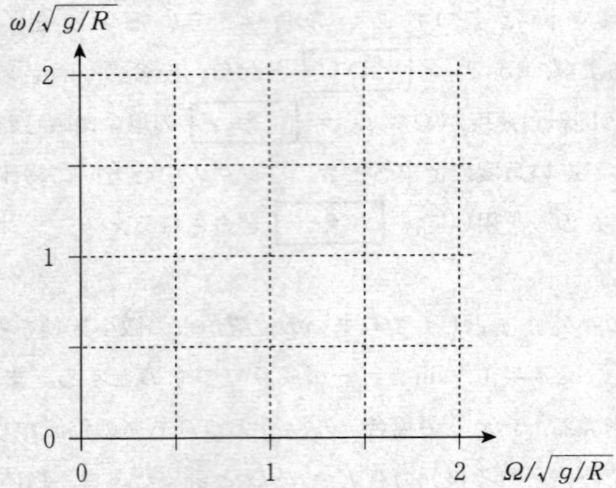

図 2　リングの回転角速度 Ω と，物体の微小振動の角振動数 ω の関係

前述の物体の運動で(Ω が無限大の場合以外にも)$\omega=\Omega$ となる場合がある。その場合のリングの回転角速度 Ω を R，g を用いて表すと［　く　］となる。この場合のつりあいの角度は $\theta_0=0$ であり，点 P からの変位は ϕ に比例する。ϕ が時刻 t に対して，振幅を a として $\phi=a\cos\omega t$ のように振動する場合，水平面に投影された物体の位置は，$|\phi|$ が小さいので $\sin\phi\fallingdotseq\phi$ として近似的に $(X,\ Y)=(R\phi\cos\Omega t,\ R\phi\sin\Omega t)$ で与えられる(**図 3**)。この軌道を調べたい。

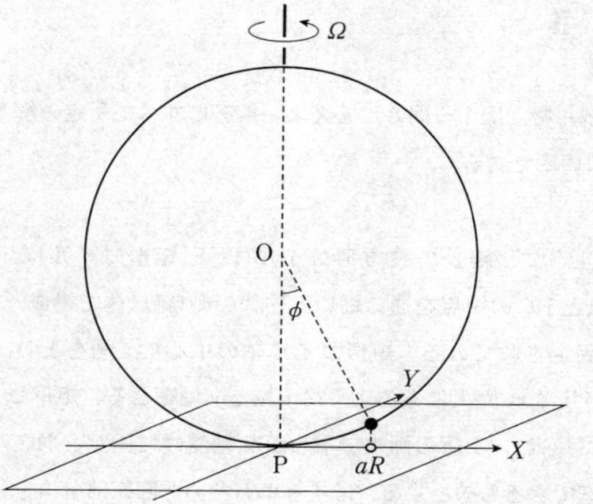

図 3　物体の水平面内での位置を示す座標$(X,\ Y)$

問 2　以下の**図 4** を解答欄(a)に描き写し，$\omega = \Omega$ であることに注意して，$\Omega t = \dfrac{\pi}{4}$，$\dfrac{\pi}{2}$，$\dfrac{3\pi}{4}$，$\pi$ における物体の水平面内での位置を黒丸(•)で示し，それらをつなぐ軌道を図示せよ。ただし π は円周率である。このとき，その軌道の形状は{　　　}となる。その{　}に入る適切な語を解答欄(b)に記入せよ。

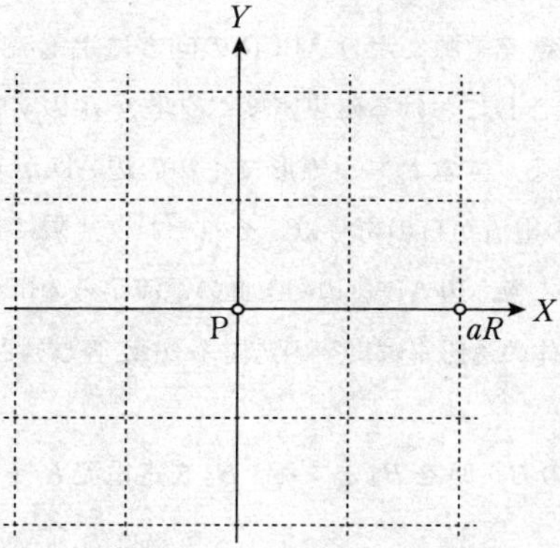

図 4　物体の水平面内での位置$(X,\ Y)$。目盛の間隔は縦軸と横軸で同じとする。

物理問題　Ⅱ

次の文章を読んで，**問1**～**問8**に答えよ。解答はすべて所定の解答欄に記入せよ。ただし，πは円周率である。

図1に示すように，細長い長方形コイル(以下「矩形コイル」と呼ぶ)ABCDがあり，ABの中点とDCの中点を通る細い円柱状の軸(絶縁体で構成，以下「矩形コイル軸」と呼ぶ)に固定されている。矩形コイル軸の中心にz軸をとり，ADの中点EとBCの中点Fが共にxy面上にあるようにx軸とy軸をとる。矩形コイル軸には「はずみ車」が取り付けられ，上下の両端で滑らかな軸受けに固定されていて，z軸を中心に摩擦なく回転できるものとする。はずみ車も含めた回転部全体を「回転矩形コイル」と呼ぶ。ただし，x軸とy軸は空間に固定されており，回転しない。

さらに円環状導線ループ(半径bの円状，以下「環状ループ」と呼ぶ)を，円環面がy軸に垂直で，その中心がy軸上の点Lにくるように設置する。**図1**中の破線で囲んだ拡大図に示すように，環状ループには抵抗Rが挿入されている。なお，図には示していないが，環状ループは絶縁物で固定されているとする。点E，Fがx軸上にあるとき，三点L，E，Fは一辺の長さがaの正三角形をなす。矩形コイルを回転させたとき，**図1**のようにx軸と線分EFがなす角をθとする。

矩形コイルには定電流電源によりABCDの向きに定電流Iが流れている。このときの環状ループの中心Lにおける磁束密度ベクトル$\boldsymbol{B}$のy成分$B_y(\theta)$を以下の要領により近似的に求める。すなわち，矩形コイルの辺ADがaに比べて十分長く，辺ADおよび辺BC上の電流からの寄与は，それぞれ，無限に長い直線を流れる電流による磁束密度で近似でき，辺ABと辺CD上の電流からの寄与は無視できるものとする。また，全ての物体の透磁率は真空の透磁率μ_0に等しいとする。

問1　$\theta=0$のときの$B_y(\theta)$をB_0とする。B_0を定電流I，EF間の距離aを含む式で表せ。

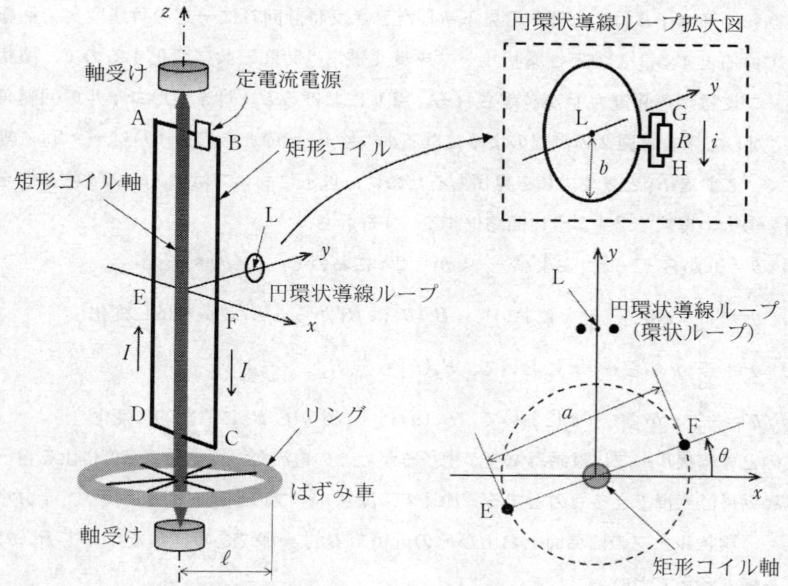

図 1　回転矩形コイルと円環状導線ループ。右下の図は xy 面上における矩形コイルと円環状導線ループの位置関係を表す。

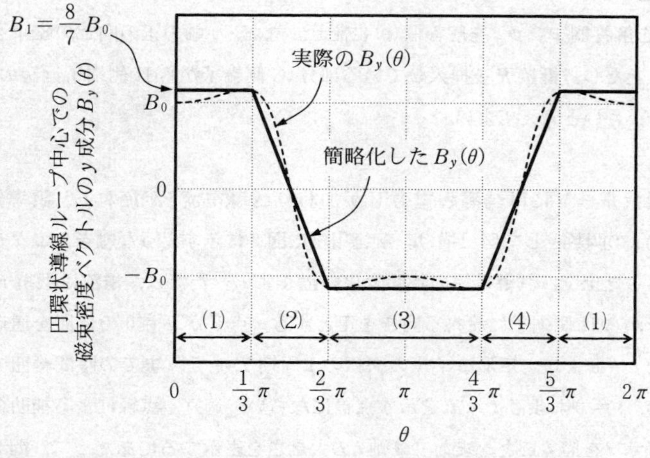

図 2　矩形コイルの回転角 θ に対する円環状導線ループ中心(点 L)での $B_y(\theta)$

回転矩形コイルは，上部から見下ろしたとき反時計回りに一定の角速度ωで回転しているとする。このとき環状ループを貫く磁束は時間と共に変化するので，環状ループには誘導起電力Vが誘起される。点Lにおける$B_y(\theta)$を矩形コイルの回転角θに対して示すと**図2**の点線のようになる。$\theta=\frac{1}{3}\pi$のときの$B_y(\theta)$は$\frac{8}{7}B_0$に等しく，これをB_1と表す。Vを見積もるために，以下においては$B_y(\theta)$のθ依存性を**図2**の太い実線で示すように簡略化する。すなわち，

(1)　$\theta=0$から$\frac{1}{3}\pi$，および$\frac{5}{3}\pi$から2πにおいて，$B_y(\theta)=B_1$

(2)　$\theta=\frac{1}{3}\pi$から$\frac{2}{3}\pi$において，$B_y(\theta)$はB_1から$-B_1$に直線的に変化

(3)　$\theta=\frac{2}{3}\pi$から$\frac{4}{3}\pi$において，$B_y(\theta)=-B_1$

(4)　$\theta=\frac{4}{3}\pi$から$\frac{5}{3}\pi$において，$B_y(\theta)$は$-B_1$からB_1に直線的に変化

このとき環状ループには誘導電流が生じるが，この電流がつくる磁束密度による自己誘導効果は無視できるものとする。加えて，環状ループの半径bはaに比べて十分小さく，環状ループの円環面上およびその近傍で$\boldsymbol{B}$は一様であり，したがって$B_y(\theta)$も一様と考えてよい。

問2　$\theta=0$から$\frac{1}{3}\pi$，および$\frac{5}{3}\pi$から2πの間において環状ループを貫く磁束Φ_+と，$\theta=\frac{2}{3}\pi$から$\frac{4}{3}\pi$の間の磁束Φ_-を，それぞれB_1を含む式で表せ。Φ_+を解答欄(a)，Φ_-を解答欄(b)に記せ。なお，y軸の正の向きの磁束を正とせよ。ただし，抵抗Rを挿入している部分(G側端子からH側端子近傍の部分)は十分小さいと考えてよい。

問3　環状ループには誘導起電力Vが加わり誘導電流iが流れる。誘導電流iを時間tの関数として図に描け。解答用紙に**図3**に示すような軸をもつグラフを描き写した上で，誘導電流の時間変化を描くこと。ただし，電流は抵抗RをG側端子からH側端子に流れる向きを正とする。点Fが$\theta=0$の位置を通過する時刻を$t=0$とし，矩形コイルの回転の1周期$T=\frac{2\pi}{\omega}$までの時間範囲で描け。なお，$i=0$および$t=T$を示す点線にならい，適宜，点線による補助線を加えてグラフを描くこと。また，縦軸iの大きさを表示するにあたって，**問2**で定義したΦ_+を用いよ。

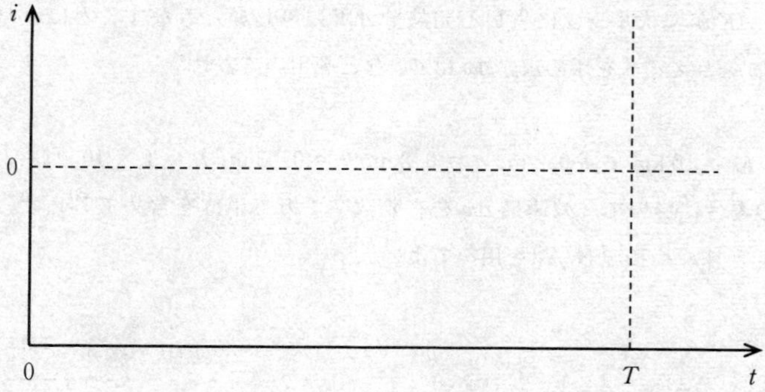

図 3　誘導電流 i と時間 t の関係

矩形コイルの BC 部が環状ループの近傍を通過するとき，環状ループに流れる誘導電流 i が作る磁場により，BC 部は回転が減速する向きに力を受ける。AD 部が通過するときも同じ力を受け，角速度は低下する。回転の半周期 $\dfrac{T}{2}$ の間に，角速度が ω から $\omega - \Delta\omega$ に低下するとし，$\dfrac{\Delta\omega}{\omega}$ が 1 よりはるかに小さいとして，減速量 $\Delta\omega$ を見積りたい。

問 4　まず，矩形コイルの回転の半周期 $\dfrac{T}{2}$ の間に環状ループに生じる発熱量 ΔW を，Φ_+，ω などを用いて表せ。

回転矩形コイルの回転に伴う運動エネルギーは減速により低下する。回転矩形コイルの構成物であるはずみ車のリング部の質量を M とし，他の構成部の質量は無視できるものとする。さらに，このリング部の半径（z 軸からリング断面中心までの長さ）を ℓ とする。

問 5　角速度が ω のときのはずみ車の回転に伴う運動エネルギー K を，ω を含む式で表せ。ただし，リングの太さはリング半径 ℓ に比べて十分小さいと考えてよい。

問 6　角速度が ω から $\omega - \Delta\omega$ に低下したときのはずみ車の運動エネルギー K の低下量 ΔK を与える式を，$\dfrac{\Delta\omega}{\omega}$ が 1 に比べてはるかに小さいとして近似的に求めよ。

問 7　ΔK が環状ループに生じる発熱量 ΔW に等しいとみなすことにより，減速量 $\Delta\omega$ を与える式を求めよ。$\Delta\omega$ は Φ_+ などを用いて表せ。

問 8　$M = 10\,\mathrm{kg}$，$\ell = 0.2\,\mathrm{m}$，$a = 0.2\,\mathrm{m}$，$b = 0.03\,\mathrm{m}$，$R = 1 \times 10^{-6}\,\Omega$，$I = 1000\,\mathrm{A}$ の場合について，減速量 $\Delta\omega$ を有効数字1桁で単位を含めて答えよ。ここで，$\mu_0 = 4\pi \times 10^{-7}\,\mathrm{N/A^2}$ を用いてよい。

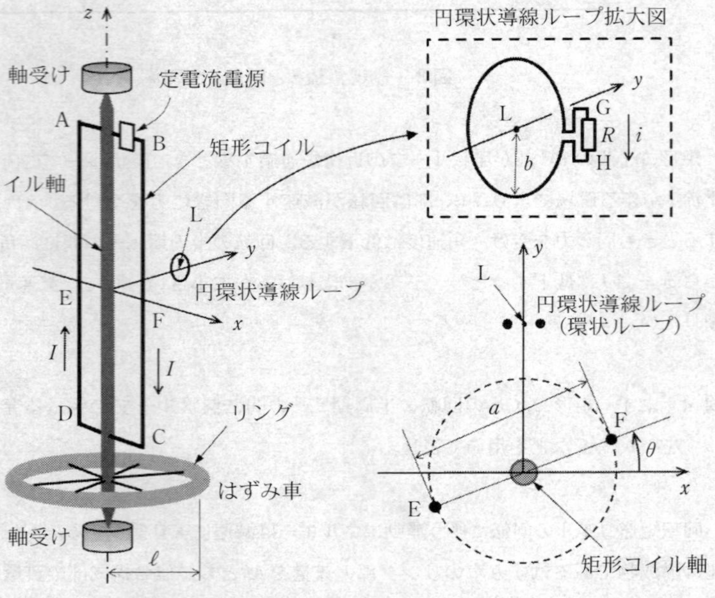

図1（再掲）

物理問題　Ⅲ

次の文章を読んで，［　　］には適した式か数を，［［　　］］には有効数字 2 桁で適した数値を，また{　　}には与えられた選択肢から適切なものを選びその記号を，それぞれの解答欄に記入せよ。なお，［……］は，既に［　　］で与えられたものと同じ式を表す。

（1）　ボーアの理論によると，水素原子における電子の定常状態のエネルギー準位は正の整数 n を用いて $-\dfrac{Rch}{n^2}$ と表される。ここで R はリュードベリ定数，c は光の速さ，h はプランク定数である。この式は，電子に波としての性質があり，その波長 λ_e が電子の運動量 p を用いて $\lambda_e =$ ［ ア ］ のように表されることや，電子が陽子のまわりを円運動するときに，その軌道の半径 r と電子波の波長 λ_e を用いて表される ［ イ ］ が正の整数値になるときに限って電子波が定常波をなすことなどを用いて得られる。電子が $n = n_H$ のエネルギー準位からそれよりも低い $n = n_L$ のエネルギー準位に移るとき，エネルギーが ［ ウ ］ で波長が ［ エ ］ の光子を放出する。これによって，水素原子の発する光の波長はとびとびの値をとることがわかる。以下では $R = 1.1 \times 10^7$ /m を用いよ。電子が $n = 3$ のエネルギー準位から $n = 2$ のエネルギー準位に移るときに発せられる光の波長は ［［ オ ］］ m で与えられる。また，あるエネルギー準位にある電子が $n = 3$ のエネルギー準位に移るときに発せられる光の波長の最小値は ［［ カ ］］ m である。

（2）　水素原子から発せられた光の波長を回折格子によって測る方法を考える。図 1 にあるようにスリットの間隔(格子定数)が d の回折格子とスクリーンを距離 L だけ離し，入射光に対して垂直になるように設置する。ただし，L は d より十分大きいものとする。波長 λ の単色光を入射すると，入射方向とのなす角 θ が ［ キ ］ $= \lambda k$ $(k = 0, 1, 2, \cdots)$ という条件を満たすときに光が強め合うため，この条件を満たすスクリーン上の位置に明線が現れる。このとき，θ が十分小さく，$\sin\theta \fallingdotseq \tan\theta$ が成り立つことを用いると，明線はスクリーン上にほぼ等間隔に現れることがわかる。この間隔が Δz のとき，入射した単色光の波長は

[ク] である。

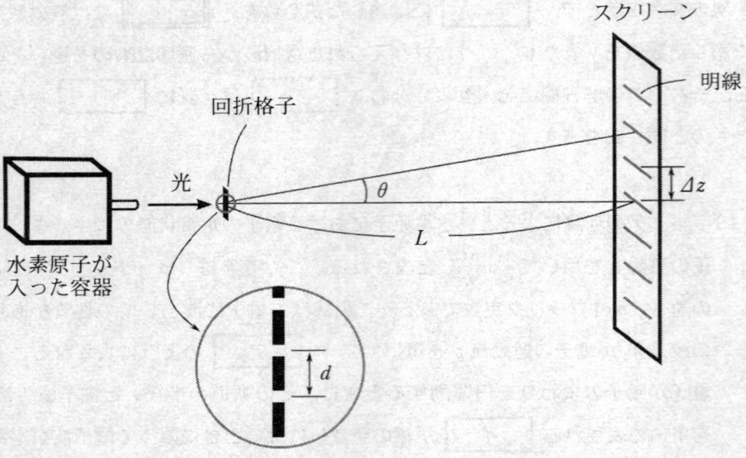

図1 光源，回折格子とスクリーンの配置

次に，（1）で考察した水素原子から発せられる光を特殊なフィルタに通し，波長λが$4.5\times10^{-7}\,\mathrm{m}<\lambda<7.0\times10^{-7}\,\mathrm{m}$の範囲内にある光だけをこの回折格子に入射した。[エ]の波長の中で，この範囲内に入る$(n_H,\ n_L)$の組み合わせは[ケ]通りある。このときにスクリーンに現れる明線のパターンは図2の(あ)～(え)のうち{ コ }のようになる。

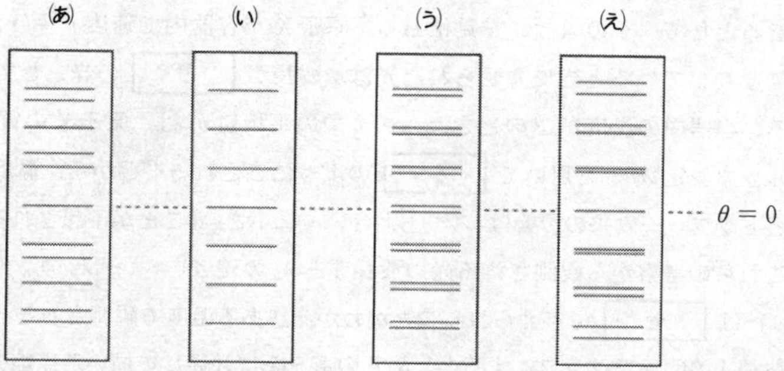

図 2　スクリーンと明線のパターン。各図の四角が**図 1** におけるスクリーンを表し，その中の線が明線を表す。各図の縦方向の中心(図中の点線)が**図 1** における $\theta = 0$ の位置に対応する。明線の明るさや色は図には反映されていない。

(3)　上の(1)と同様に，水素原子以外の原子が発する光の波長もとびとびの値をとる。ある原子 X の発する特定の波長 λ_0 の光に注目し，この波長を精密に測定することを考える。この原子 X を集めて気体の状態にして容器に入れ，**図 3** のように容器内から x 軸の正の方向に発せられた光の波長を精密な測定装置を用いて測定する。ここで，この気体は単原子分子理想気体であるとし，容器には外部からエネルギーを供給することで，気体中のどの原子 X も常に同じ頻度で発光しているものとする。

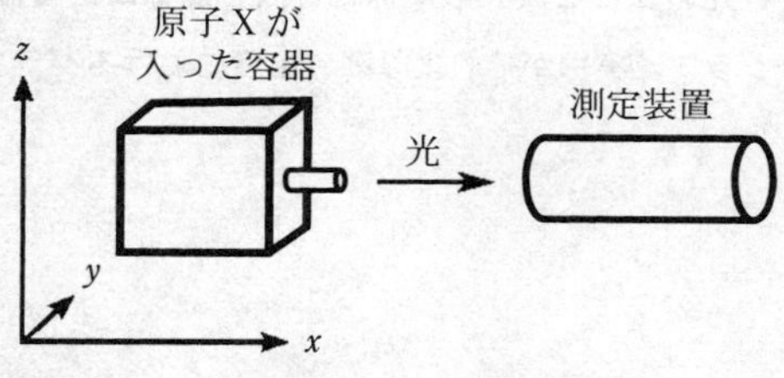

図 3　光源と測定装置

この装置を用いて原子 X が発する光の波長を精密に測定したところ，波長が λ_0 からわずかにずれた光も観測されることがわかった。その原因として，原子 X の熱運動に伴うドップラー効果の影響が考えられる。それ以外の効果は無視できるとして，その大きさを見積もる。原子 X が容器内で速度 $\vec{v}=(v_x,\ v_y,\ v_z)$ で運動しているときに発せられた光は，波長が [サ] の光として観測される。容器内の温度が T のとき，v_x の 2 乗の平均値 $\overline{v_x^2}$ は，原子 X の質量 m とボルツマン定数 k_B を用いて [シ] のように表されることから，温度が高いほどドップラー効果の影響は{**ス**：①大きい，②小さい}ことが予想される。また，これらの考察から観測される光の波長 λ と λ_0 の差 $\Delta\lambda=\lambda-\lambda_0$ の 2 乗の平均値 $\overline{\Delta\lambda^2}$ は [セ] で与えられることがわかる。ある温度で観測される光の強さと波長 λ の関係をグラフにすると，**図 4** の(あ)～(え)に共通して描いた点線のような形になった。温度を高くしたときのグラフを実線で正しく描いているのは**図 4** の(あ)～(え)のうちの{　ソ　}である。

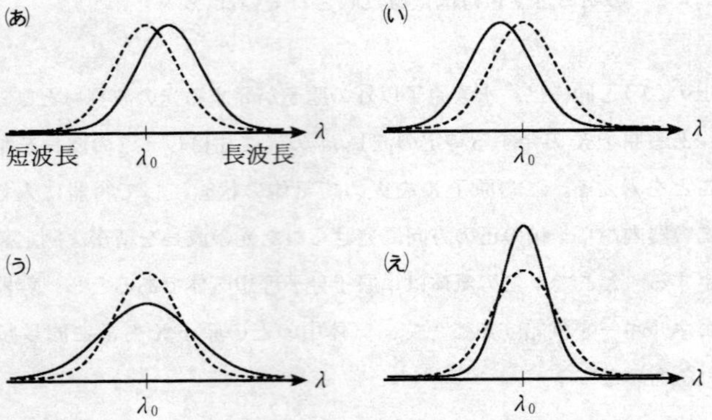

図 4　光の強さと波長の関係。各図の点線がある温度における グラフ，実線がそれより高い温度におけるグラフである。

化学

（教育（理系）学部　1 科目　90 分
　その他　　　　　2 科目 180 分）

（注）　100 点満点。理・医（医）学部は 2 科目 300 点満点に，工学部は 2 科目 250 点満点に換算。

化学問題　I

次の文章を読んで，**問 1 ～問 8** に答えよ。解答はそれぞれ所定の解答欄に記入せよ。ただし，原子量は Ag ＝ 108 とする。気体はすべて理想気体とみなす。

電気分解は金属の電解精錬などに用いられる重要な反応である。いくつかのタイプの電気分解を調べるため，3 つの電解槽 A ～ C を用意した。電解槽 A には適量の塩化カリウム水溶液を入れ，電極として 2 枚の白金板を用いた。電解槽 B には硫酸酸性にした硫酸亜鉛水溶液を入れ，電極として黒鉛棒と銅板を用いた。また，電解槽 C には硝酸銀水溶液を入れ，電極として 2 枚の銀板を用いた。電解槽 A と電解槽 B は，気体を捕集しやすい U 字型のものとした。これらの電解槽 A ～ C および直流電源を図 1 のように配線し，次の実験を行った。なお，文中の「左側」と「右側」の表記は図 1 での左右の位置を示す。

適当な電圧を直流電源に設定し，一定温度のもとで 15 分間の電気分解を行った。この電気分解中，電解槽 A の 2 枚の白金板ならびに電解槽 B の黒鉛棒からは気体が発生した①。このとき，電解槽 A の白金板（右側）で発生した気体の体積は，電解槽 B の黒鉛棒で発生した気体の体積の ［ア］ 倍であった。

電解槽 A の白金板（左側）で発生した気体はうすい ［イ］ 色を呈した。この気体に，純水で湿らせたヨウ化カリウムデンプン試験紙を近づけた②ところ，試験紙が青紫色に呈色した。また，電気分解前後に，電解槽 A の白金板（右側）近くの溶液をスポイトで少量ずつ採取し，その液性を調べたところ，電気分解前に中性であった液性は，電気分解後には{ウ： 1. 酸性に変化していた， 2. 中性のままであった， 3. 塩基性に変化していた}。

電解槽 B の銅板には亜鉛が析出した。③電気分解を終えると同時に電解槽 B から電極を取り出してただちに水洗，乾燥し，電気分解前後の電極の質量変化から析出した亜鉛の質量を求めた。その結果，④電気分解中に流れた電流がすべて亜鉛の析出に使われると仮定して求められる質量の約 90 % しか亜鉛が析出していないことがわかった。

電解槽 C の 2 枚の電極の一方では銀の析出，他方では電極の銀の溶解のみがそれぞれ起こった。銀の溶解が起こった電極について，電気分解前後の電極の質量差を測定したところ，その溶解量は 0.540 g であった。この値から，15 分間の電気分解中に流れた電子の物質量 n は [エ] mol と計算される。したがって，ファラデー定数を F〔C/mol〕とすれば，電気分解中に流れていた電流の平均値は，n，F を用いて [オ] 〔A〕と表される。

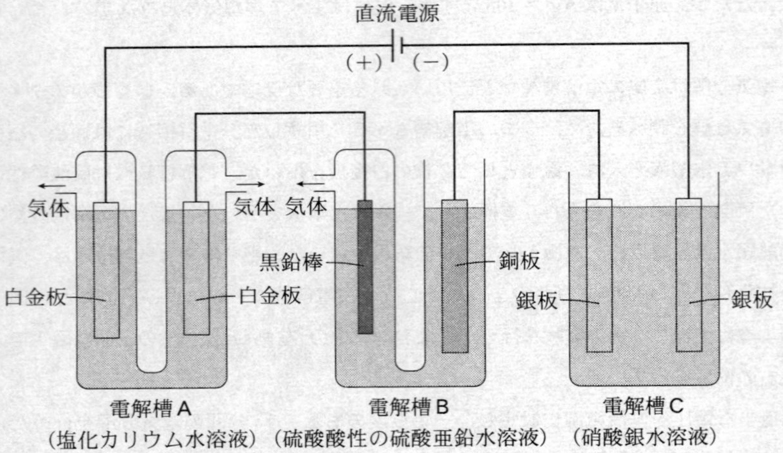

図 1

問 1　下線部①について，電解槽 B の黒鉛棒では主にどのような反応が起こるか。水溶液の液性をふまえ，イオン反応式（電子 e^- を含む）で答えよ。

問 2　[ア] にあてはまる数値を記入せよ。

問 3　[イ] にあてはまる適切な語句(色の名称)を記入せよ。

問 4　下線部②において，白金板(左側)で発生した気体はどのような化学反応を起こすか。化学反応式を示せ。

問 5　電解槽Bの銅板表面に析出した亜鉛の質量を正確に測定するには，下線部③のように，電気分解終了後ただちに電極を電解槽から取り出して洗浄する必要がある。もし，電極を電解槽に入れたままにしておくと，質量変化を正確に調べることができなくなる。その理由を30字以内で答えよ。

問 6　下線部④に関し，電気分解中に流れた電流のうち，亜鉛析出に使われなかった電流は，どのような反応に使われたか。イオン反応式(電子 e^- を含む)で答えよ。

問 7　{ウ}について，{　　}内の適切な語句を選び，その番号を解答欄に記入せよ。

問 8　[エ] にあてはまる数値を有効数字2けたで記入せよ。また，[オ] にあてはまる適切な式を記入せよ。

化学問題　II

次の文章(a)，(b)を読んで，**問1**～**問3**に答えよ。解答はそれぞれ所定の解答欄に記入し，数値は有効数字2けたで答えよ。ただし，問題文中のLはリットルを表す。また，気体はすべて理想気体とみなし，気体定数は8.3×10^3 Pa·L/(K·mol)とする。原子量はH＝1.0，O＝16とする。

(a)　47℃における水の飽和蒸気圧は1.0×10^4 Paである。47℃で5.0Lの容器内を飽和蒸気圧の水蒸気で満たすのに必要な水の質量は0.34gである。**図1**に示すように，それぞれの容積が5.0Lの容器Aと容器Bが，コック2を介して連結されている。容器Aと容器Bの内部をともに真空にしたのち，以下の**操作1**～**操作5**をこの順に行った。なお，**操作1**～**操作4**においては，容器Aと容器Bは47℃に保たれている。

操作1　コック2とコック3が閉じられた状態で，コック1を開いて容器Aに0.88gの水を入れて，コック1を閉じた。この状態で，十分に時間が経つと，容器A内の圧力は［　ア　］Paになった。

操作2　コック2を開き，十分に時間が経つと，容器A内の圧力は［　イ　］Paになった。

操作3　コック2を閉じてからコック3を開き，容器Bの内部を真空にして，コック3を閉じた。再びコック2を開いて，十分に時間が経つと，容器A内の圧力は［　ウ　］Paになった。

操作4　この状態で，**操作3**と同じ手順でコックを開閉し，十分に時間が経つと，容器A内の圧力は［　エ　］Paになった。

操作5　コック1を開き，容器Aに100gの水を入れて，コック1を閉じた。十分に時間が経ってから，容器Aと容器Bを断熱材で覆い，熱の出入りがないようにしたのち，コック3を開き，容器Aと容器Bの内部の気体を排気して，容器Aと容器Bの内部の圧力を下げると，水が沸騰した。

問1　［　ア　］～［　エ　］に適切な数値を記入せよ。なお，液体の水の体積および連結部の容積は無視できるものとする。

問 2　文中の下線部において，排気を始めてから水が沸騰している間の，水の温度と時間の関係を表すグラフの概形として最も適切なものを図 2 のⓐ～ⓕから選べ。

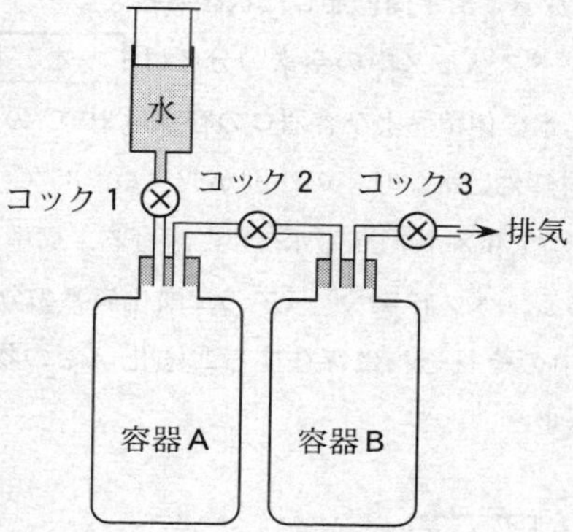

図 1

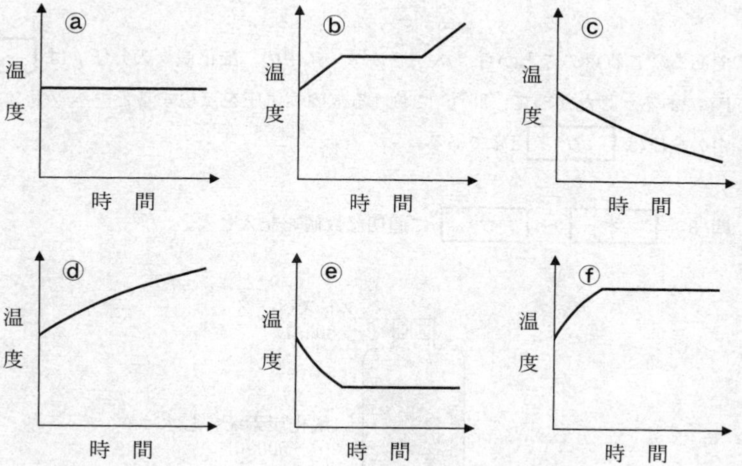

図 2

(b)　10 ℃ で 8.1×10^{-3} mol の二酸化炭素を含む水 500 mL を容器Cに入れると，容器Cの上部に体積 50 mL の空間(以下，ヘッドスペースという)が残った(**図 3**)。この部分をただちに 10 ℃ の窒素で大気圧(1.0×10^{5} Pa)にして，密封した。この容器Cを 35 ℃ に放置して平衡に達した状態を考える。

このとき，ヘッドスペース中の窒素の分圧は ［オ］ Pa になる。なお，窒素は水に溶解せず，水の体積および容器Cの容積は 10 ℃ のときと同じとする。二酸化炭素の水への溶解にはヘンリーの法則が成立し，35 ℃ における二酸化炭素の水への溶解度(圧力が 1.0×10^{5} Pa で水 1 L に溶ける，標準状態に換算した気体の体積)は 0.59 L である。ヘッドスペース中の二酸化炭素の分圧を p〔Pa〕として，ヘッドスペースと水中のそれぞれに存在する二酸化炭素の物質量 n_1〔mol〕と n_2〔mol〕は，p を用いて表すと

$n_1 =$ ［カ］ $\times p$

$n_2 =$ ［キ］ $\times p$

である。これらのことから，ヘッドスペース中の二酸化炭素の分圧 p は ［ク］ Pa である。したがって，35 ℃ における水の蒸気圧を無視すると，ヘッドスペース中の全圧は ［ケ］ Pa である。

問 3　［オ］ ～ ［ケ］ に適切な数値を記入せよ。

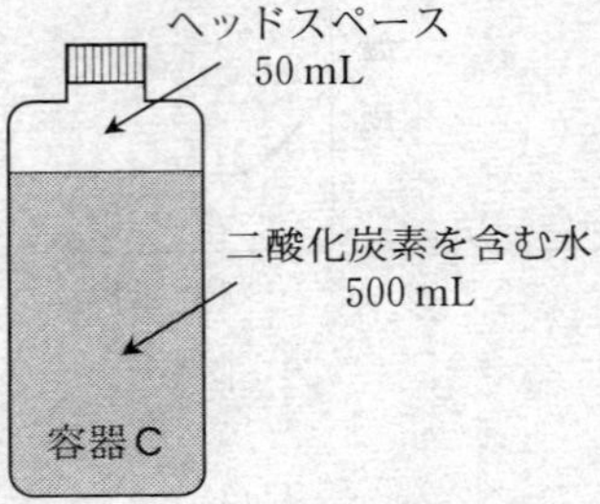

図 3

化学問題　Ⅲ

次の文章(a)，(b)を読んで，**問1～問6**に答えよ。解答はそれぞれ所定の解答欄に記入せよ。構造式を記入するときは，記入例にならって記せ。ただし，不斉炭素原子の立体化学は考慮しなくてよい。原子量は H ＝ 1.00，C ＝ 12.0，O ＝ 16.0，Na ＝ 23.0 とする。

構造式の記入例：

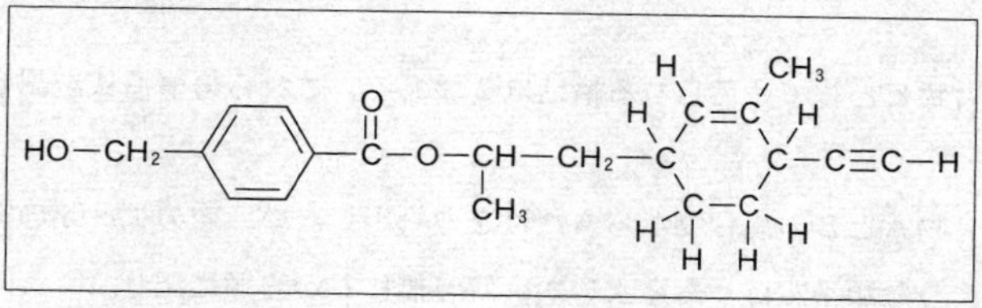

(a)　炭素，水素，酸素から構成され，炭素原子数が7で，酸素原子数が1～3の5種類の有機化合物A～Eがある。化合物A～Eはいずれも，炭素原子6個からなる環状構造を有している。化合物A～Eに対して行った分析または反応操作とその結果を，次の(あ)～(く)に示す。

(あ)　化合物AとDについて元素分析を行ったところ，化合物Aは酸素原子を3つ含み，化合物Dの炭素および水素の質量百分率が，それぞれ78% および7.4% であることがわかった。

(い)　化合物A～Eのそれぞれに塩化鉄(Ⅲ)水溶液を加えたところ，化合物AとCだけ青～赤紫色の呈色が見られた。

(う)　化合物A～Eのそれぞれに無水酢酸を作用させたところ，化合物A，C，Dはエステルに変換された。

(え)　化合物A～Eのそれぞれに炭酸水素ナトリウム水溶液とエーテルを加え，よく振ったのち水層とエーテル層を分離すると，化合物A，Bは水層に，化合物C，D，Eはエーテル層に溶解していた。

(お)　化合物Cは，酸素原子を1つだけ含む。化合物Cを酸化すると化合物Aが，化合物Dを酸化すると化合物Bが得られた。

(か)　混酸の作用により化合物 C の水素原子が 1 つだけ置換される反応では，可能な 2 種類の生成物のうち一方が主として得られた。

(き)　化合物 E は酸素原子を 1 つだけ含み，不斉炭素原子を 1 つ有するが，白金触媒を用いて，等しい物質量の水素と加圧条件下で反応させると，不斉炭素原子をもたない化合物に変換された。

(く)　化合物 A ～ E はいずれも銀鏡反応を示さなかった。

問 1　化合物 A ～ D の構造式を記せ。

問 2　化合物 E として考えられる構造は 2 つある。これらの構造式を記せ。

問 3　化合物 A と B の混合物から A だけを取り出したい。次の(ア)～(オ)の実験操作をどのような順番で行ったらよいか，解答欄に左から順に記せ。

(ア)　希塩酸を加え，よくかき混ぜたのちに，エーテルを加え，よく振り混ぜてから，静置する。

(イ)　水酸化ナトリウム水溶液を加え，よくかき混ぜたのちに，エーテルを加え，よく振り混ぜてから，静置する。

(ウ)　水層を取り出し，加熱する。

(エ)　エーテル層を取り出し，エーテルを蒸留により取り除く。

(オ)　メタノールと少量の濃硫酸を加えて，加熱する。

(b)　炭素，水素，酸素から構成され，示性式 HO—CHR—COOH (R は水素または炭化水素基) で表される異なる 3 種類のヒドロキシカルボン酸の混合物を加熱したところ，エステル化だけが進行した。この反応により得られた混合物から化合物 F ～ H を分離した。それぞれの化合物は，次の(i)～(iii)の条件を満たす。

(i)　化合物 F は 1 種類のヒドロキシカルボン酸 2 分子から生成していることがわかった。また，1.90 g の化合物 F に十分な量の金属ナトリウムを作用させると 1.00×10^{-2} mol の水素が発生した。

(ii)　化合物Gは1種類のヒドロキシカルボン酸から生成していることがわかった。質量分析の結果，分子量は144であった。

(iii)　1.10 g の化合物Hに十分な量の炭酸水素ナトリウム水溶液を作用させると 5.00×10^{-3} mol の二酸化炭素が発生した。2.20 g の化合物Hを完全に加水分解するには1.20 g の水酸化ナトリウムが必要であった。

ポリ乳酸などの，ヒドロキシカルボン酸から生産される高分子は，優れた生分解性と生体適合性を示し，ゴミ袋，食器，手術用縫合糸などに応用されている。ポリ乳酸を合成するために，乳酸をモノマー(単量体)とする重合を試みた。密閉した反応容器を用いて乳酸を加熱したところ，高分子生成反応とその逆反応である加水分解反応が，一定時間ののちに平衡に達し，平均重合度の低いポリ乳酸が得られた。

問 4　化合物FとGの構造式を記せ。

問 5　化合物Hとして可能な構造はいくつあるか。その数を記せ。ただし，不斉炭素原子の立体化学は考慮しなくてよい。

問 6　文中の下線部に関して，水を取り除きながら反応させると，平均重合度の高いポリ乳酸を得ることができた。その理由を50字以内で解答欄に記せ。

化学問題　Ⅳ

次の文章を読んで，**問1**～**問4**に答えよ。解答はそれぞれ所定の解答欄に記入せよ。

炭素数6の単糖はヘキソース(六炭糖)，炭素数5の単糖はペントース(五炭糖)とよばれる。ヘキソースであるグルコース2分子がグリコシド結合した二糖類であるマルトースは，結合したグルコースの立体構造によりα-マルトースとβ-マルトースに区別できる。糖類とアルコールのグリコシド結合により生成する物質は<u>アルキルグリコシドとよばれる</u>①。

多糖類は多数の単糖分子がグリコシド結合により連結したものであり，グルコースがβ-1, 4-グリコシド結合で連結した［　ア　］，動物の体内でα-グルコースから合成され肝臓や筋肉に貯蔵される［　イ　］，およびデンプンなどがある。デンプンは，グルコースがα-1, 4-グリコシド結合で重合した［　ウ　］と，グルコースがα-1, 4-グリコシド結合とα-1, 6-グリコシド結合で重合した［　エ　］の混合物である。

ペントースであるリボースとデオキシリボースは核酸の構成成分で，<u>水中で鎖状構造と環状構造の平衡状態で存在している</u>②。環状構造をとるこれらの糖に核酸塩基とリン酸が結合した化合物をヌクレオチドとよぶ。核酸はヌクレオチドがつながった高分子化合物で，<u>糖とリン酸が交互に連結して形成される主鎖(骨格)</u>③に結合した塩基は，決まった塩基間で塩基対を形成する。

問1　下線部①に関する(i)と(ii)に答えよ。

(i)　β-マルトースの1位のヒドロキシ基と，第一級アルコールである1-オクタノールのヒドロキシ基が脱水縮合して生成するβ型のアルキルグリコシドの構造式を，**図1**にならって記せ。

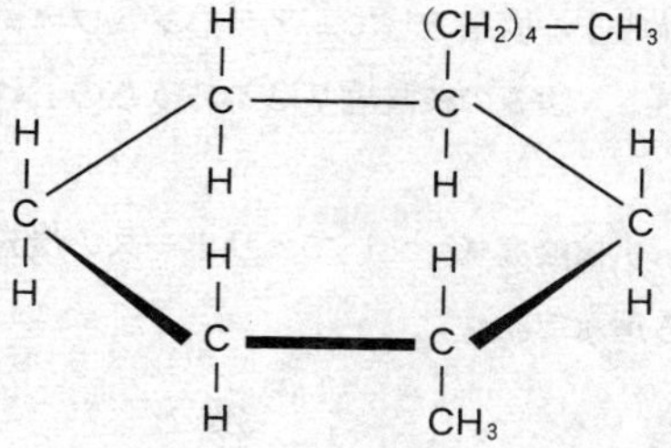

図 1

(ii)　上記のアルキルグリコシドは水溶液中でミセルを形成するが，これは分子内のオクチル基のどのような性質によるものか。10 字以内で記せ。

問 2　ア ～ エ について，糖類の名称を記入せよ。

問 3　前問で答えた糖類**ア**～**エ**のそれぞれの水溶液にヨウ素ヨウ化カリウム水溶液を添加した場合の呈色反応について，(i)と(ii)に答えよ。

(i)　呈色反応を示さない糖類を選び，その記号を**ア**～**エ**で記せ。

(ii)　この呈色反応は分子内鎖状部分のどのような構造に起因するかを記せ。

問 4　核酸の構造に関連する(i)～(vi)に答えよ。

(i)　**図 2** に，下線部②の平衡状態におけるリボースの鎖状構造を示す。核酸を構成するリボースの環状構造を解答欄に記入し，**図 2** に対応する炭素原子の番号を示す数字を記せ。構造を記すにあたり，炭素原子の立体配置は示さなくてよい。

(ii)　環状構造のリボースにおいて，核酸塩基の窒素原子と結合する炭素原子を**図 2** から選んでその番号を記せ。

(iii)　下線部③の核酸の主鎖の構造において，リン酸と脱水縮合するヒドロキシ基をもつ炭素原子を**図 2** から選んでその番号をすべて記せ。

(iv)　デオキシリボ核酸(DNA)を構成するデオキシリボースにおいて，ヒドロキシ基が水素に置換した炭素原子を**図 2** から選んでその番号を記せ。

(v)　核酸を構成する塩基として，アデニン，ウラシル，グアニン，シトシン，チミンがある。**図 3** の核酸塩基はこのうちのどれか。その名称を解答欄に記せ。

(vi)　**図 3** に示す核酸塩基において，リボースの炭素原子と結合する窒素原子を(あ)～(う)から選んで記せ。

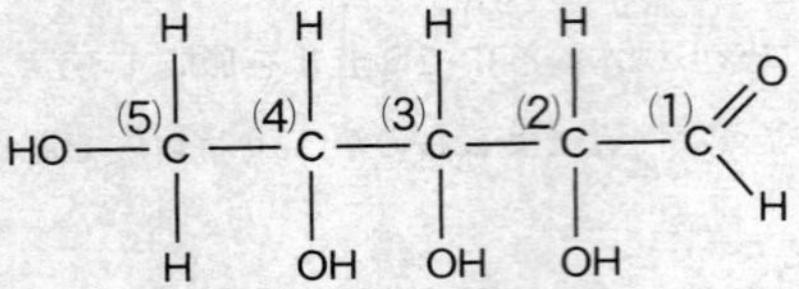

図 2

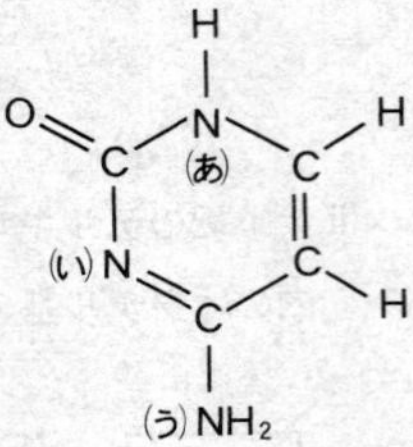

図 3

生物

（教育(理系)学部　1科目　90分）
（その他　　　　　2科目 180分）

(注)　100点満点。理・医(医)学部は2科目300点満点に換算。

生物問題　I

次の文章(A)，(B)を読み，**問1**～**問9**に答えよ。解答はすべて所定の解答欄に記入せよ。

(A)　光合成は，太陽の光エネルギーを生命が利用できる形に変換する過程である。光合成の最初の過程は，光によるクロロフィルなどの光合成色素の励起である。励起エネルギーは反応中心クロロフィルに伝えられ，そこで電子が放出される①。この電子は電子伝達系を移動し，最終的に[　ア　]の還元力として蓄えられる。この電子伝達に伴い，チラコイド膜の外側から内側へ[　イ　]が移動する。この[　イ　]の濃度勾配を利用することで，ATP(アデノシン三リン酸)合成酵素がADP(アデノシン二リン酸)とリン酸からATPを合成する。この過程で作られた[　ア　]とATPは，[　ウ　]回路による二酸化炭素の固定に使われる。

乾燥ストレス下では，蒸散を防ぐために気孔が閉鎖し，葉緑体への二酸化炭素の供給量が低下する。その結果，二酸化炭素の固定反応の速度が低下し，電子伝達系で生じる過剰な還元力が活性酸素の生成を引き起こす②ことで，葉緑体機能を阻害する③。

問1　文中の[　ア　]～[　ウ　]に当てはまる適切な語句を解答欄に記せ。

問2　下線部①に関連して，電子を放出した光化学系IIの反応中心クロロフィルが元の状態に戻る。この反応に伴って，植物の光化学系IIのチラコイド内側で起こる反応により，現在の組成の大気がつくられた。この反応を解答欄の枠の範囲内で説明せよ。

問 3 下線部②に関連して，乾燥ストレス以外に，自然環境下で二酸化炭素の固定反応速度が低下し，活性酸素を生成する主な状況を１つ記せ。

問 4 下線部③に関連して，この阻害を軽減するために植物がもつ機構の１つが，反応中心当たりのクロロフィルの量を下げることである。しかし，自然環境下では不利な点があるので，多くの植物は，この機構を多用しない。どのようなときに，どのような理由で不利になるのか，解答欄の枠の範囲内で記せ。

問 5 秋に植物が葉を落とす前に見られる紅葉は，クロロフィル分解の結果である。このクロロフィル分解の生理的な意義を解答欄の枠の範囲内で説明せよ。

(B) ヒトでは，女性はＸ染色体を２本，男性はＸ染色体とＹ染色体を１本ずつもつ。女性の２本のＸ染色体はそれぞれ父親と母親由来であるが，一方が不活性化，もう一方は活性化され，不活性化されているＸ染色体上の遺伝子が発現しなくなることが知られている。２本のＸ染色体のどちらが不活性化されるかは細胞により異なり，父親由来のＸ染色体が不活性化している細胞と母親由来のＸ染色体が不活性化している細胞の割合は，組織によっても，個人によっても異なる。DNA は４つの塩基(A：アデニン，G：グアニン，C：シトシン，T：チミン)からなる。C はメチル(CH_3)基をもつ C^m と，もたない C に区別することができる。

Ｘ染色体上に存在する遺伝子 *A* の４塩基配列 CCGG は，不活性化したＸ染色体上においては CC^mGG に変化している。制限酵素 *Msp* I と *Hpa* II は，ともに CCGG を認識部位とするが，*Msp* I は CCGG と CC^mGG の両者を切断するのに対して，*Hpa* II は CCGG のみを切断し，CC^mGG を切断できない。**図１**に示すように，PCR プライマーに挟まれた領域が制限酵素で切断された DNA は PCR 法で増幅されない。また，遺伝子 *A* は３塩基の繰り返し配列(CAGCAG・・・)をもち，その長さは対立遺伝子により異なるため，対立遺伝子の由来した親を特定することができる。よって，DNA を *Hpa* II で処理した後に PCR 法で増幅することで，女性における２本のＸ染色体の不活性化状態を解析できる。

いま，父親および母親の末梢血液の細胞より抽出したDNAを制限酵素処理せずに用いて，**図1**のように遺伝子*A*にプライマーを設計しPCR法により増幅した。父親と母親由来のPCR産物を電気泳動したところ，**図2**の左から1番目と2番目に示すようなバンドパターンが得られた。

問6 母親のDNAを制限酵素*Msp* Iで処理した後，**図1**に示すようにPCR法で増幅した。予想される電気泳動の結果を**図2**に示されているバンドパターン(a)～(g)から選んで解答欄に記せ。

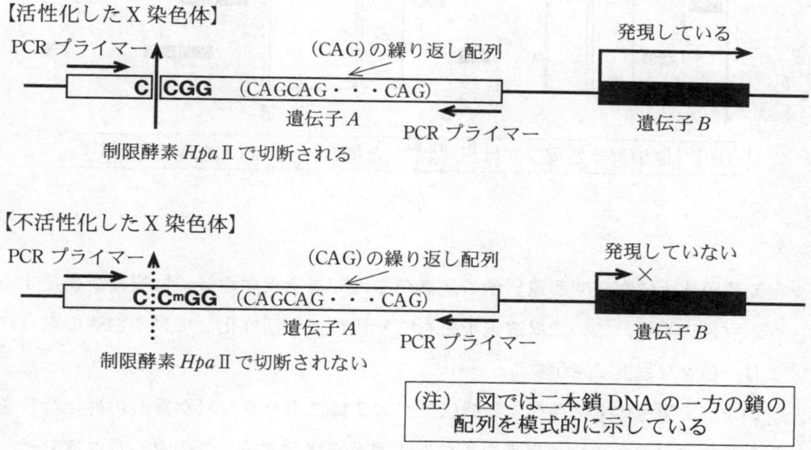

図1

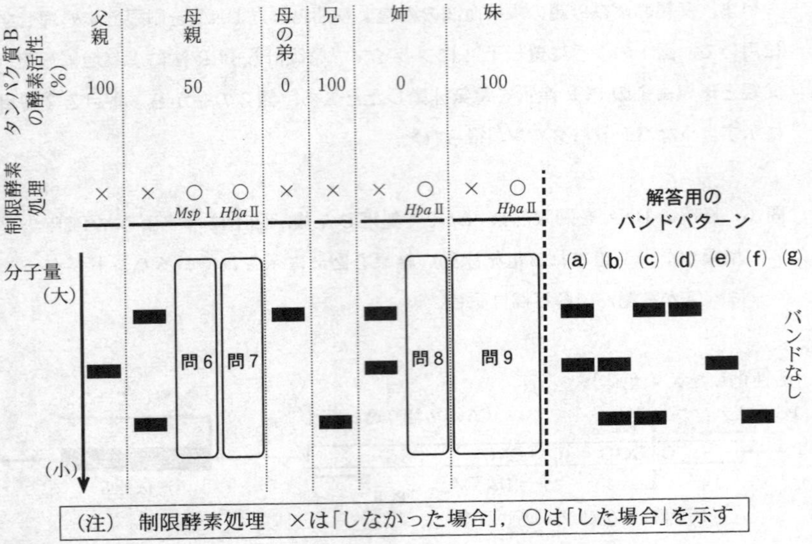

図2

X染色体上に存在する遺伝子の変異が原因である疾患の多くは男性が発症するが，女性の場合，この変異遺伝子をもつX染色体が活性化している細胞の割合により，様々な程度で発症する。

いま，X染色体上に存在する遺伝子*B*の変異によりタンパク質Bの酵素活性を失う疾患にかかっている患者をもつある家系を検討する。このタンパク質Bは，末梢血液の細胞でのみ発現し，末梢血液の細胞を用いた酵素活性を測定することで解析可能である。

図2に，この家系(両親と兄，姉，妹，および，母の弟の6人)におけるタンパク質Bの酵素活性と遺伝子*A*のPCR法の解析結果を示す。PCR法には，末梢血液の細胞より抽出したDNAを制限酵素処理しなかったもの，および，処理したもの(男性は処理しないもののみ)を用いている。電気泳動の各レーン間のバンドの太さの違いは考慮しない。

なお，この遺伝子*B*は活性化されているX染色体でのみ発現する。また，遺伝子*B*は遺伝子*A*の近傍に位置し，組換えは起こらないものとする。

問 7　母親のDNAを制限酵素*Hpa* Ⅱで処理した後，**図1**に示すようにPCR法で増幅した。予想される電気泳動の結果を図 2 に示されているバンドパターン(a)~(g)から選んで解答欄に記せ。

問 8 姉の DNA を制限酵素 *Hpa* II で処理した後，図 1 に示すように PCR 法で増幅した。予想される電気泳動の結果を図 2 に示されているバンドパターン(a)~(g)から選んで解答欄に記せ。

問 9 妹の DNA を図 1 に示すように，制限酵素 *Hpa* II で処理せずに PCR 法で増幅した場合と，制限酵素 *Hpa* II で処理した後に PCR 法で増幅した場合，電気泳動のバンドパターンの組み合わせは，複数の可能性が考えられる。次の選択肢（あ）~（し）が示す組み合わせのうち，可能性のあるものをすべて選び解答欄に記せ。

	図 2 のバンドパターンの組み合わせ	
	DNA の *Hpa* II 酵素処理	
選択肢	しなかった場合	した場合
（あ）	(a)	(a)
（い）	(a)	(d)
（う）	(a)	(e)
（え）	(a)	(g)
（お）	(b)	(b)
（か）	(b)	(e)
（き）	(b)	(f)
（く）	(b)	(g)
（け）	(c)	(c)
（こ）	(c)	(d)
（さ）	(c)	(f)
（し）	(c)	(g)

※解答欄 問 2・問 4：各ヨコ 12.6 センチ× 2 行

問 5：ヨコ 12.6 センチ× 5 行

生物問題　Ⅱ

次の文章(A)，(B)を読み，**問1**～**問7**に答えよ。解答はすべて所定の解答欄に記入せよ。

(A)　すべての生物は増殖能をもつが，その機構には有性生殖と無性生殖がある。多くの単細胞生物は親の細胞自体が分裂して無性生殖で増殖する。しかし単細胞生物の中には，ゾウリムシや酵母のように栄養条件により有性生殖と無性生殖を転換させる例が知られている。その場合，生育環境が良いときには［ア］性生殖で増殖し，生育環境が悪化すると［イ］性生殖に転換する例が多い。多細胞生物にも有性生殖と無性生殖の両方を行う例が多い。動物の場合，哺乳類は有性生殖のみで増殖するが，①一部の動物は有性生殖と無性生殖の両方により増殖する。植物でも，被子植物は花で有性生殖を行うが，ある種においては葉・根・茎などにおいて栄養生殖と呼ばれる無性生殖を行う例が知られている。これらの植物の特性を生かして，挿し木などの無性生殖による品種の維持と②人工的な交雑などによる有性生殖を利用した品種改良が行われている。

③動物の有性生殖では多くの場合，配偶子形成の際に減数分裂を行う。体細胞 G_1 期のDNA量を細胞あたり2Cであるとすると，この細胞の減数分裂の第一分裂中期と減数分裂の第二分裂中期の細胞のDNA量は各々，［ウ］と［エ］と表される。また，減数分裂時には相同染色体間で遺伝的組換えにより，染色体上の遺伝情報の一部が交換される。ヒトの場合，配偶子である卵や精子は通常23本の染色体をもっている。染色体数のみに着目すると，ひとりの親から形成される配偶子中の染色体の組み合わせは，［オ］通り存在すると考えられる。したがって，これらの卵と精子が接合して生じた子の細胞において，両親から受け継がれる染色体の組み合わせは［カ］通り存在すると考えられる。

問1　［ア］～［カ］に適切な語句，あるいは数値を解答欄に記入せよ。ただし，［オ］と［カ］は以下の｛　　｝内に示す数値から選択して記入せよ。｛23，46，92，184，256，23^2，23^4，23^8，2^{23}，2^{46}，23^{23}｝

問2　下線部①で述べられている無性生殖は，配偶子の接合を経ずに個体を産生する点で単為生殖に類似している。無性生殖では親子のゲノムは同一であるのに対し，単為生殖では異なる場合が多い。その理由を解答欄の枠の範囲内で説明せよ。

問 3　下線部②のように，交雑により，ある優れた形質をもつ品種を得たとする。その形質を次世代に保つために自家受粉による種子の作出を試みたが，その優れた形質は一部の種子でしか保たれなかった。考えられる理由を解答欄の枠の範囲内で説明せよ。

問 4　下線部③について，多くの有性生殖の配偶子形成に減数分裂が必須である理由を解答欄の枠の範囲内で説明せよ。

(B)　マウス精巣にある精原細胞は，隣接する支持細胞であるセルトリ細胞からの制御を受けて，自己増殖と精子形成へ向けた分化を行う(図 1)。精原細胞，セルトリ細胞のいずれに機能異常が起きても精子形成は正常に進行しない。精子形成に関与する遺伝子を明らかにするために，雄マウスが劣性遺伝により不妊を示す変異マウス系統 A を調べた。その結果，不妊雄の精巣では精原細胞とセルトリ細胞は存在するが，精子形成へ向けた分化が行われていないことが明らかとなった。

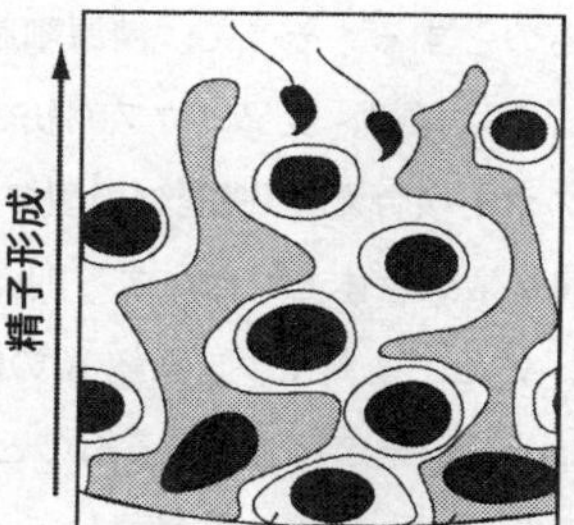

図 1

問 5　変異マウス系統 A と同様の表現型を示す変異マウス系統 B は，精原細胞に機能異常を示し，セルトリ細胞の機能は正常であることが明らかとなっている。変異マウス系統Ｂの不妊雄の精巣へ正常な機能をもつ精原細胞を移植すると，移植した細胞（ドナー細胞）は移植先の精巣（レシピエント精巣）に定着して精子形成が起こる。

同様の実験方法を用いて，変異マウス系統Ａの不妊雄で精原細胞とセルトリ細胞のどちらに機能異常があるかを調べることとする。変異マウス系統Ａの不妊雄が，(1)精原細胞に機能異常を示す場合，(2)セルトリ細胞に機能異常を示す場合，それぞれ**表１**に示すドナー細胞とレシピエント精巣のどの組み合わせで精子形成が起こることが予想されるか。解答欄(1)，(2)に**表１**の（あ）〜（う）から選び，記号で記せ。なお，変異マウス系統Ａは精原細胞かセルトリ細胞のいずれか一方のみに機能異常を示すものとする。

表１

レシピエント精巣 ドナー細胞	変異マウス系統Ｂ精巣	変異マウス系統Ａ精巣
野生型精原細胞	精子形成あり	（あ）
変異マウス系統Ａ精原細胞	（い）	（う）

問６　**問**５の実験により変異マウス系統Ａの不妊雄では精原細胞に機能異常があることがわかったものとする。そこで，精原細胞で発現する遺伝子のゲノムDNA配列を調べた。その結果，変異マウス系統Ａの不妊雄では常染色体上に存在する遺伝子Cのホモ接合変異（機能欠損型の対立遺伝子cのホモ接合cc）が見つかったが，同じ常染色体上に存在する別の遺伝子Dにもホモ接合変異（dd）が見つかった。ここで変異マウス系統Ａの雌は遺伝子C，Dの両ホモ接合変異をもつ個体（$ccdd$）が繁殖可能であるものとする。

この雌（$ccdd$）と野生型雄（$CCDD$）を交配して子供（F_1世代）を得た後に，F_1世代のマウス同士を交配して次世代（F_2世代）で遺伝子C，Dのホモ接合変異ccとddが分離した雄を得る計画とする。遺伝子C，D間の減数分裂時の組換え価が雌雄共に20％であるものとして以下の(1)，(2)に答えよ。なお，F_1，F_2世代とも十分な個体数を用い，雌雄は同頻度で出生するものとする。

(1)　F_2 世代のマウスのうち，遺伝子型が *cc* となる雄（遺伝子 *D* の遺伝子型は問わない）の予想される出現頻度を解答欄に百分率（%）で記せ。

(2)　F_2 世代のマウスのうち，遺伝子型が *ccDD* となる雄の予想される出現頻度を解答欄に百分率（%）で記せ。

問 7　**問** 6 の実験により変異マウス系統 A の不妊雄はいずれも遺伝子型 *cc* であったものとする。そこで，新たに野生型マウスのゲノムに人為的に遺伝子 *C*（トランスジーン *C* とする）を組み込んだトランスジェニックマウスを作製した。その結果，以下に示す染色体にトランスジーン *C* がそれぞれ 1 箇所組み込まれたトランスジェニックマウス**系統** 1 ～ 3 が得られた。

系統 1　野生型遺伝子 *C* が存在する染色体とは異なる常染色体

系統 2　野生型遺伝子 *C* が存在する染色体と同じ常染色体

系統 3　Y 染色体

トランスジーン *C* はどの染色体に組み込まれても野生型遺伝子 *C* と同等に機能するものとする。トランスジェニックマウス**系統** 1 ～ 3 の雄（遺伝子型 *CC* に加えてトランスジーン *C* がゲノム全体で 1 箇所組み込まれた個体を用いる）と変異マウス系統 A の雌（遺伝子型 *cc* でトランスジーン *C* をもたない個体を用いる）を交配して F_1 世代の子供を得た後に，各トランスジェニックマウス系統ごとに F_1 マウス同士を交配して，F_2 世代の雄を解析した。その結果，F_2 世代で遺伝子型 *cc* となる雄はいずれもトランスジーン *C* をもつ場合にのみ，精子形成が回復して繁殖可能であった。

トランスジェニックマウス**系統** 1 ～ 3 に由来する各 F_2 世代について，遺伝子型 *cc* の雄のうち，繁殖可能な個体の予想される出現頻度を求めよ。ただし，**系統** 1 については分数で解答欄(1)に，**系統** 2 と**系統** 3 については百分率（%）でそれぞれ解答欄(2)，(3)に記せ。なお，トランスジーン *C* をもつ個体は雌雄共にすべて繁殖可能であり，減数分裂時の組換えは考慮しないものとする。

※解答欄　問2・問3：各ヨコ12.6センチ×5行

問4：ヨコ12.6センチ×2行

生物問題　Ⅲ

次の文章(A)，(B)を読み，**問1～問9**に答えよ。解答はすべて所定の解答欄に記入せよ。

(A)　ヒトの恒常性の維持には，自律神経系と内分泌系が中心的な役割を果たす。臓器の多くは交感神経と副交感神経の支配を受けているが，その中枢部位は様々である。例えば呼吸運動や血液循環に直接関係する中枢は ア にある。安静時には副交感神経から分泌される イ により心拍数が減少する。運動すると交感神経の活動が活発となり，交感神経から分泌される ウ により心拍数が増加する。

ヒトの血糖濃度の調節には，脳の エ にある血糖調節中枢やすい臓が重要な働きをする。食事によって血糖濃度が上昇すると，インスリンの分泌が促進され，血糖濃度は減少する。このインスリンを介した血糖濃度の減少機構が正常に機能しないと血糖が異常な高濃度となり，①グルコースが尿中に排出されることが知られている。一方，血糖濃度が低下した場合には，②血糖濃度を上昇させる作用をもつ数種のホルモンが分泌される。その中には，③グルコースを生産するためにタンパク質の分解を促進するホルモンも知られている。これらの調節機構が十分に機能せず血糖濃度が低くなりすぎると，全身へのグルコースの供給が不足してしまう。

問1　文中の ア ～ エ に当てはまる適切な語句を解答欄に記せ。

問2　下線部①について，通常は排出されないグルコースが尿から排出される理由を，「原尿」と「細尿管」の2語を用いて解答欄の枠の範囲内で説明せよ。

問3　下線部②のホルモンの中で，すい臓から分泌されるホルモン名を，解答欄に記せ。

問4　下線部③の現象に中心的な役割を果たしているホルモン名を記せ。

(B)　運動神経と筋肉(骨格筋)がつくるシナプス部位は，神経筋接合部と呼ばれる。運動神経の軸索末端に活動電位が到達すると，神経伝達物質がシナプス間隙に放出され④，シナプス後部で神経伝達物質受容体が活性化されて，膜電位が変化する。カエルの神経筋標本(筋肉に運動神経をつけて取り出したもの)⑤を用いた実験例では，運動神経の興奮は1回で多数のシナプス小胞から神経伝達物質の放出を引き起こし，その結果筋細胞で活動電位が発生する。

筋収縮指令の活動電位が伝わると，筋小胞体から［オ］イオンが細胞質に放出され，アクチンフィラメント上のトロポニンと呼ばれるタンパク質に結合する⑥。その結果，サルコメア(筋節)内でミオシンフィラメントとアクチンフィラメントが結合し，互いに滑り合うことによって筋の収縮が起こる⑦。神経からの興奮がなくなると［オ］イオンは［カ］輸送によって筋小胞体に取り込まれ，ミオシンフィラメントはアクチンフィラメントから離れ，筋肉はし緩する。

問5　文中の［オ］，［カ］に当てはまる適切な語句を解答欄に記せ。

問6　下線部④について，神経伝達物質放出のしくみを「シナプス小胞」と「融合」の2語を用いて，解答欄の枠の範囲内で説明せよ。

問7　下線部⑤について，正常な神経筋標本では，神経を刺激しても，筋肉を刺激しても，筋肉の収縮が観察される。いま，神経筋接合部の神経伝達物質受容体のはたらきを阻害する薬剤X，筋細胞の筋小胞体からの［オ］イオンの放出を阻害する薬剤Yを使った実験を行うものとする。神経筋標本に薬剤Xまたは薬剤Yを加え，(a)神経，(b)筋肉を刺激して，筋肉の収縮を記録する。薬剤X，薬剤Yを加えたとき，なにも加えない場合と比べて，筋肉の収縮の度合いはそれぞれどのようになるか。**表1**の欄(**キ**)～(**コ**)に当てはまるものを，次の(**あ**)～(**う**)から選んで答えよ。同じものを何度選んでもよい。

(**あ**)　収縮は強くなる

(**い**)　収縮は変わらない

(う)　収縮は弱くなる，あるいは収縮しなくなる

表 1

添加薬剤＼刺激部位	(a)　神経	(b)　筋肉
薬剤X	(キ)	(ク)
薬剤Y	(ケ)	(コ)

問 8　下線部⑥に関連して，筋肉の収縮およびし緩の過程ではトロポニンとトロポミオシンがともに重要な働きをする。(1)収縮過程のトロポニンの働きと，(2)し緩時のトロポミオシンの働きを解答欄の枠の範囲内で説明せよ。

問 9　下線部⑦に関連して，筋細胞の縦断面を電子顕微鏡で観察すると，長さ 1.6 μm のミオシンフィラメントと長さ 1.0 μm のアクチンフィラメントが規則正しく並んでおり，Z 膜と呼ばれる仕切りがあることがわかる。Z 膜から Z 膜までの領域をサルコメアと呼ぶ(図 1)。図 2 はサルコメアの長さと張力の関係を示している。図 1 のサルコメアの模式図を参考にして，以下の(1)，(2)について枠の範囲内で説明せよ。なお，ミオシンフィラメントおよびアクチンフィラメントともに弾性をもつ。

(1)　サルコメアの長さを 2.0 μm から短くしていくと張力の低下は緩やかであるが(図 2 の C から B)，サルコメア長が 1.6 μm 以下になると張力の低下が急激になる(図 2 の B から A)。B から A の領域において，張力が急激に低下する理由について説明せよ。

(2)　図 2 の C から D の領域において，サルコメアの長さが変化しても張力が変化しない理由について「ミオシンフィラメント中央部」という語句を用いて説明せよ。

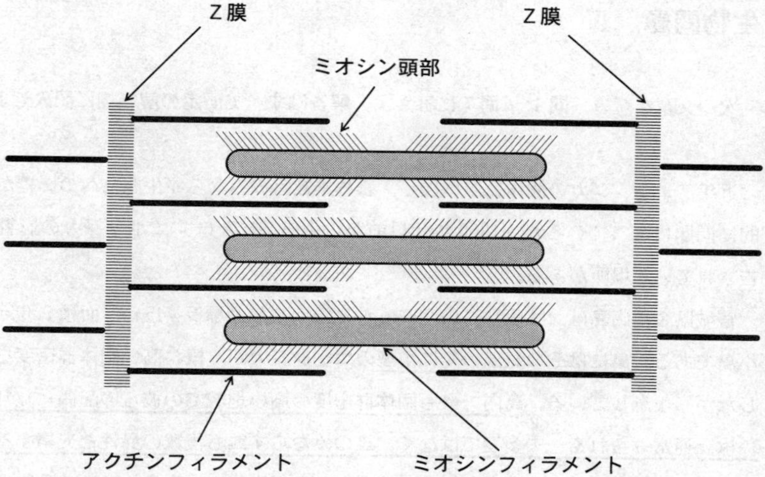

図 1

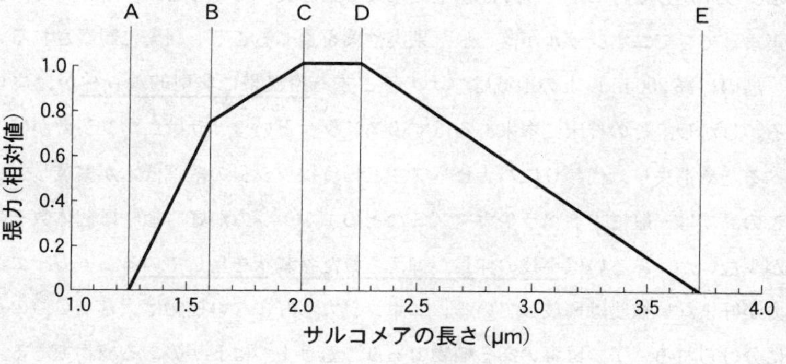

図 2

※解答欄　問 2 ：ヨコ 12.6 センチ× 2 行

問 6 ：ヨコ 12.6 センチ× 3 行

問 8 ：((1)・(2)とも)　ヨコ 11.2 センチ× 2 行

問 9 ：(1)ヨコ 11.2 センチ× 3 行　(2)ヨコ 11.2 センチ× 4 行

生物問題　Ⅳ

次の文章を読み，**問 1** ～ **問 7** に答えよ。解答はすべて所定の解答欄に記入せよ。

近年，ニホンジカの個体数が増加し，農林業被害のみならず生態系への影響が全国的に問題になっているが，1960 年代以前から生態系に及ぼすニホンジカの影響が報告されていた場所がある。

宮城県金華山島は，牡鹿半島の 900 m 沖に浮かぶ最高標高 445 m，面積 9.6 km^2 の小島である。島には①その気温の割に小型のニホンジカが，概ね高い個体群密度を維持しながら生息している。②島内で最も個体群密度の高い地域での彼らの配偶（つがい）関係は，通常みられる一夫多妻ではなく，雄のみならず雌も複数の異性と交尾することが知られている。金華山島で，ニホンジカと並んで高密度に生息している動物に，ヤマビルやマダニなどの吸血性の動物，オオセンチコガネに代表される糞虫，そしてニホンザルがいる。ニホンザルが樹上で果実や葉を食べていると，ニホンジカが樹下に集まってきてニホンザルが落とした果実や葉を食べることも頻繁に観察される。

島の標高 200 m 以上の地域はブナの優占する③冷温帯に典型的な森林が発達している。しかし，その林床に本来あるはずのスズダケというササはニホンジカが好んで食べるため消失し，代わりにハナヒリノキというツツジ科の落葉低木が繁茂している。この島では一般に，トベラやガマズミなどのニホンジカが好む植物は個体数そのものが少ないか，あるいは④小枝の伸長が抑えられた盆栽状を呈している。一方，ニホンジカが好まない植物は繁茂している。ニホンジカが好まない植物は大きく 2 つのタイプに分けられる。1 つは毒のある植物であり，もう 1 つはトゲのある植物である。ハナヒリノキは前者の例に当たるが，後者の例の 1 つキンカアザミは個体数が多いだけでなく，⑤本土のダキバヒメアザミと比べてそのトゲが長く鋭く硬く，その変種*) と位置づけられている。他方，ニホンジカに好んで食べられても再生力が高い植物にシバがある。この島では，山火事後 80 年以上経過した場所においても，ニホンジカの食害により植生はシバが優占する草原のまま遷移が進まない。シバの種子は頻繁にニホンジカの糞の中に入って運ばれる。

全国で認められるニホンジカの増加の一因は，ヒトによる狩猟の減少にあると考えられている。⑥ヒトが捕獲する頭数を増やすことによってニホンジカの個体数を減少させることは，本来の植生の回復につながると考えられている。

*)種より下位の分類階級の 1 つ

問 1　下線部①に関連して，寒いところの動物の体が大きく，暖かいところの動物の体は小さいという温度への適応に関する法則(規則)を何と呼ぶか，解答欄**ア**に記せ。また，この法則が成り立つ理由を解答欄**イ**の枠の範囲内で説明せよ。

問 2　下線部②に関して，個体群密度の特に高い地域でニホンジカがなぜ一夫多妻ではなく，雄のみならず雌も複数の異性と交尾するのか，考えられる理由を解答欄の枠の範囲内で説明せよ。

問 3　下線部③にある冷温帯に典型的な森林を何と呼ぶか，バイオーム(あるいは植物群系)の呼称を解答欄に記せ。

問 4　下線部④に関連して，**図 1** はガマズミという低木の年ごとの小枝の長さを，島の 2 地域 A と B で調べた結果を示している。地域 A では 1983 年から 1984 年にかけて小枝の長さが大きく変化したが，地域 B ではその変化が認められなかった。こうした違いが生じた理由をニホンジカの個体群密度と関連づけて，解答欄の枠の範囲内で説明せよ。

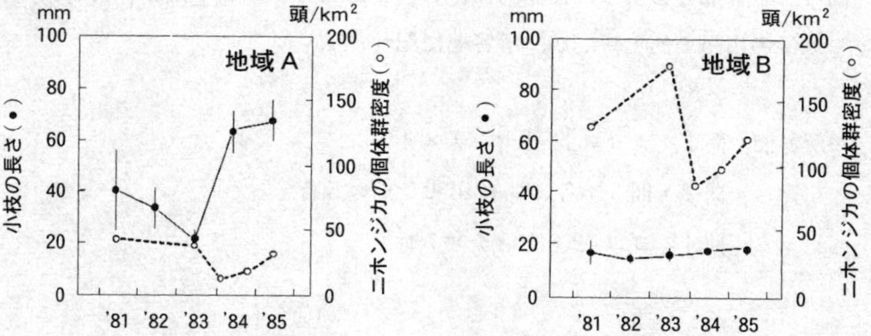

図 1　金華山島の地域 A と地域 B におけるガマズミの小枝の長さの平均値(縦棒線は平均値のばらつきを表す)とニホンジカの個体群密度の変動(Takatsuki and Saka, 1988 の図を改変)。大雪のあった 1983 年冬から 1984 年初春の間にニホンジカの大量死が起こった。

問 5 下線部⑤に関して，このような形質の違いを自然選択による進化の結果とみなせば，どのようにして変種として位置づけられるほどの形質上の変化が起こったと考えられるか。「変異」，「遺伝」，「選択」の3つの用語をすべて用いて，解答欄の枠の範囲内で説明せよ。

問 6 金華山島で認められる種間関係について，本文中から読みとることができる範囲で，**表1**にある種の組み合わせが当てはまる2種間関係の類型を示す用語を解答欄(**ウ**)～(**オ**)に，**表1**にある2種間関係の類型に該当する種の組み合わせを解答欄(**カ**)，(**キ**)(順不同)に記せ。

表1 金華山島で認められる種間関係の例。2種間関係において，他方から利益を受ける種を＋，害を被る種を－，そのいずれでもない種を0で表している。

類　型	種の組み合わせ			
(**ウ**)	＋	ニホンジカ	－	トベラ
(**エ**)	＋	ヤマビル	－	ニホンジカ
(**オ**)	＋	ニホンジカ	0	ニホンザル
相利共生関係	＋	(**カ**)	＋	(**キ**)

問 7 下線部⑥のように種間関係において第三者を介して影響を及ぼすことを生態学の用語で何と呼ぶか，解答欄に記せ。

※解答欄　問1イ：ヨコ11.2センチ×4行
　　　　　問2・問5：各ヨコ12.6センチ×5行
　　　　　問4：ヨコ12.6センチ×7行

地学

（教育（理系）学部　1科目　90分
　その他　　　　　　2科目 180分）

（注）　100点満点。理学部は2科目300点満点に換算。

地学問題　I

次の文章を読んで，**問1**～**問5**に答えよ。解答はすべて所定の解答欄に記入せよ。

太陽表面の，私たちが直接見ることのできる厚さ数百 km の層を［ア］という。ここには，［イ］とよばれる大きさ約 1000 km のつぶつぶの模様が見られる。これは，内部から上昇して来たガスがまた沈んでいく対流がつくる模様である。

図1は，太陽とその近傍の4個の恒星を，横軸に恒星の表面温度，縦軸に光度（全放射エネルギー）をとってプロットした図（HR 図）である。恒星の質量は**表1**に示してある。<u>**図1**の中で左上から右下へと分布しているこれらの恒星を主系列星とよぶ。</u>① 主系列星の中心部では，4個の水素原子核が1個の［ウ］原子核に変わる反応によってエネルギーが放出される。<u>**図1**の恒星の場合，その恒星が生まれたときに持っていた水素の約 10 % がこの反応で変換されると，主系列星としての寿命を終える。</u>②

太陽のまわりには多くの惑星が公転している。以下では惑星の公転軌道が円であると近似しよう。また，太陽系最大の惑星である木星でも太陽の質量の $\frac{1}{1000}$ 程度しかないので，惑星の質量は太陽の質量に比べて十分に小さいと見なせる。よって，惑星の公転軌道の円の中心は太陽であると考えられる。この円の半径を a，惑星の公転周期を P とすると，円周率を π として，惑星の公転速度 V は［エ］と表される。さらに，ニュートンの万有引力の法則を使い，万有引力定数を G，太陽の質量を M として，太陽に引かれる万有引力と太陽から遠ざかる向きにはたらく遠心力とがつり合っていると考え，式を整理すると $\frac{a^3}{P^2} = \frac{GM}{4\pi^2}$ となる。こうして，惑星の公転周期 P の2乗が，惑星の太陽からの距離 a の3乗に比例するというケプラーの第三法則が導かれる。

太陽系外の惑星(系外惑星)は，今から20年前に発見されて以来，すでに1000個以上検出されている。直接に画像として見える惑星は少ないが，最近，がか座ベータ星③のまわりで惑星の像がとらえられた。がか座ベータ星は私たちから20パーセクの距④離にある恒星であり，また，この惑星の質量は木星の7倍程度と考えられている。

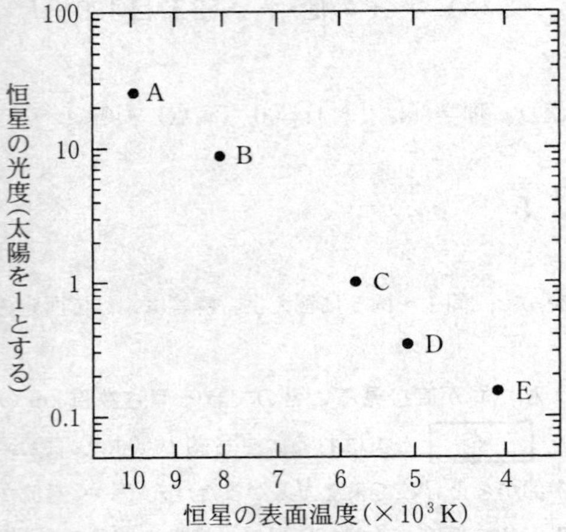

図1　太陽とその近傍の恒星のHR図

表1　図1に示す恒星の名前と質量

記号	恒　　星	質量(太陽を1とする)
A	シリウス	2.0
B	がか座ベータ星	1.7
C	太　陽	1.0
D	エリダヌス座イプシロン星	0.82
E	はくちょう座61番星	0.70

問1　文中の［ア］～［ウ］に適切な語を，［エ］に式を記入せよ。

問2　下線部①に関連して，恒星の質量と主系列での表面温度の関係について考えよう。主系列星の光度は質量の約4乗に比例する(質量光度関係)。また，主系列星

の半径 R は質量の約1乗に比例することがわかっている。一方，シュテファン・ボルツマンの法則を使うと，恒星の光度は，シュテファン・ボルツマン定数を σ，恒星の半径を R，表面温度を T として，$4\pi\sigma R^2T^4$ と表される。これらの関係にもとづくならば，質量は表面温度のおよそ何乗に比例するか，理由とともに有効数字1桁で答えよ。

問 3　下線部②に関連して，シリウスの主系列星としての寿命は太陽の何倍になると考えられるか，理由および計算の過程とともに，有効数字1桁で答えよ。ただし，主系列星である期間に恒星の光度は，**図1**に示す値のまま一定とする。

問 4　下線部③に関連して，この惑星が恒星から半径8.0天文単位の円軌道をえがいて公転しているとすると，その公転周期は何年か，理由および計算の過程とともに，有効数字2桁で答えよ。なお，1天文単位とは，太陽と地球の間の平均距離である。

問 5　下線部④に関連して，**問4**の惑星が1公転する期間にわたり観測すれば，恒星から最大でどれほど離れるように見えるか，角度の秒(″)を使って有効数字1桁で答えよ。理由および計算の過程も示せ。なお，1パーセクは，1天文単位を基線としてとったときの視差(年周視差)が1″となる距離である。

※解答欄　問2：ヨコ13.7センチ×タテ4.5センチ
問3：ヨコ13.7センチ×タテ5センチ
問4・問5：各ヨコ13.7センチ×タテ6センチ

地学問題 Ⅱ

次の文章を読んで，**問1**～**問4**に答えよ。解答はすべて所定の解答欄に記入せよ。

図1は，地球大気圏の層構造と高度による気温の変化を示している。大気圏は，地表に近い部分より［ア］圏，成層圏，［イ］圏，熱圏に区分されている。それぞれの圏の境界は，高度に対する気温分布の極大または極小の高度で定義されている。

地表から高度10 km付近までの［ア］圏には大気中の水蒸気のほとんどが存在する。一定の気温のもとで，一定の体積の空気塊に含まれる水蒸気の量には限度がある(**表1**)。空気塊に含まれる水蒸気量は，雲粒の発生に大きく影響する。圧力を一定にたもったまま雲粒のない湿った空気塊を冷却すると，雲粒が発生し始める。雲粒が発生し始めるこの温度は露点温度とよばれ，空気中の水蒸気量を示す数値の1つとして使われる。①空気塊の上昇や下降にともなう雲の発生を議論するため，高度に対する次の3つの気温変化率を使うことがある。すなわち，空気塊に含まれる水蒸気の状態変化をともなわない乾燥断熱減率，水蒸気の状態変化をともなう湿潤断熱減率，そして露点温度減率である。このとき空気塊は，周囲の空気との熱のやりとりなしに上昇・下降すると仮定する。

地球の大気は主として窒素と酸素から構成されている。地球の誕生から46億年の間に②大気中の酸素や二酸化炭素の増減という変遷を経て現在の大気組成となったと考えられている。約4億年前までには大気中酸素濃度は現在量に近づいた。その後3.5億年前ごろには急速な酸素濃度の増加がおこり，現在の酸素濃度を超えた。また，大気中の二酸化炭素濃度が現在の濃度程度にまで低下した。地球の大気組成の変化に，生命の活動は大きな役割を果たしたと考えられている。

問1　成層圏内で気温が高度とともに上昇する理由を50字以内で述べよ。

問2　文中の［ア］，［イ］に適切な語を記入せよ。

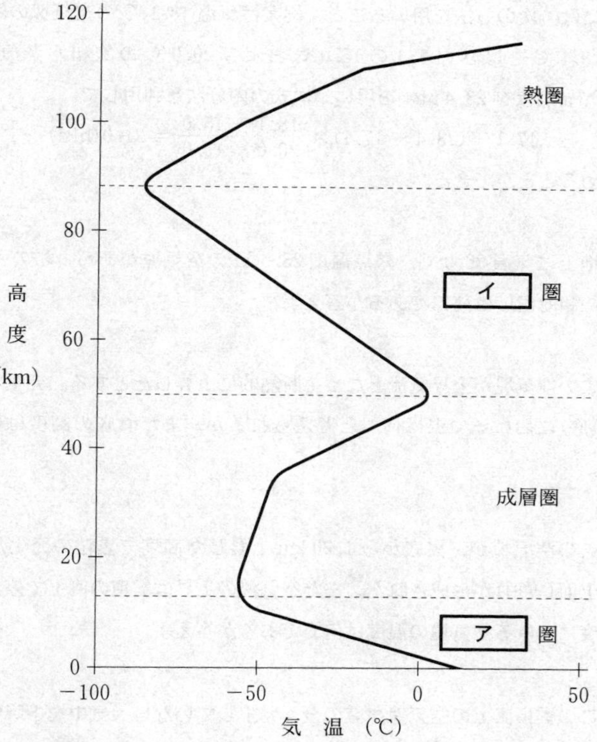

図 1　地球大気圏の構造と気温分布

表 1　気温と飽和水蒸気圧の関係

気温 (℃)	0.00	5.00	10.0	15.0	20.0	25.0	30.0	35.0	40.0	45.0
飽和水蒸気圧 (hPa)	6.11	8.72	12.3	17.1	23.4	31.7	42.4	56.2	73.7	95.8

問 3　下線部①にしたがい，乾燥断熱減率を 1.00 ℃/100 m，湿潤断熱減率を 0.500 ℃/100 m，そして露点温度減率を 0.200 ℃/100 m として，空気塊の上昇および下降にともなう気温変化を推定しよう。以下の問(1)〜(4)に，それぞれ計算過程を示し，有効数字 2 桁で答えよ。

なお，計算には**表 1** の数値を用いよ。この**表 1** にない気温の飽和水蒸気圧を求めるには，次の方法を用いること。例えば気温 18.1 ℃ の空気塊の飽和水蒸気圧は，18.1 ℃ をはさむ**表1**の 15.0 ℃ および 20.0 ℃ の飽和水蒸気圧それぞれ 17.1 hPa および 23.4 hPa を用い，次式の内分法を利用して，

$$17.1 + (23.4 - 17.1) \times \frac{18.1 - 15.0}{20.0 - 15.0} \fallingdotseq 21.0\,(\mathrm{hPa})$$

と求めることができる。

(1)　地上に気温 30.0 ℃，露点温度 23.6 ℃ の空気塊がある。このときこの空気塊の相対湿度は何％であるか答えよ。

(2)　この空気塊が上昇気流となって断熱的に上昇したとする。発生する雲の底面(雲底)における気温は何℃と考えられるか，また雲底の高度は何 km か答えよ。

(3)　この空気塊が，雲底から 1.20 km 上昇した高度で雲粒の発生が止まり，雲の上面(雲頂)が形成された。また空気塊の上昇は雲頂の直上で停止した。この高度における空気塊の温度は何℃であるか答えよ。

(4)　この雲頂直上の空気塊が雲の全く発生していない大気中を下降気流となって地上に降下したとする。下降開始時に空気塊に雲粒が含まれていなかったとすると，地表における空気塊の温度および相対湿度はそれぞれ何℃，何％であるか答えよ。

問4　下線部②に関連して，石炭紀に大気組成が大きく変化したと考えられている。この時代に関する記述として適当なものを次の(あ)～(け)の中から2つ選べ。

(あ)　陸上植物であるクックソニアが出現した。
(い)　全球凍結により，低緯度地域まで氷床が発達した。
(う)　シアノバクテリアが出現し，大気中の酸素濃度の増加が始まった。
(え)　酸素濃度の増加と二酸化炭素濃度の減少が進行した。
(お)　真核生物が出現した。
(か)　エディアカラ生物群が出現した。

(き)　大型化したシダ植物が遺骸となって堆積し，二酸化炭素を地中に固定した。

(く)　バージェス動物群が出現した。

(け)　哺乳類が出現した。

※解答欄　問 3：(1)・(2)各ヨコ 13.7 センチ×タテ 7.3 センチ
(3)ヨコ 13.7 センチ×タテ 3.5 センチ
(4)ヨコ 13.7 センチ×タテ 9.8 センチ

地学問題　Ⅲ

次の文章を読んで，**問 1 ～問 4** に答えよ。解答はすべて所定の解答欄に記入せよ。

地球表面は十数枚のプレートでおおわれており，それらの相対運動で様々な地学現象が説明できる。海洋底拡大説から発展したこの考え方を［　ア　］という。日本列島には，ユーラシアプレート，北米プレート，フィリピン海プレートの境界が存在する。千島海溝と日本海溝に沿っては，北米プレートと［　イ　］プレートの境界がある。

地震の深さは中央海嶺やトランスフォーム断層では浅い。一方，プレート収束境界に分けられる沈みこみ帯では深発地震が発生する。千島海溝・日本海溝からマントルへ沈みこんだプレートは上部マントル最下部まで①達している。

地球内部は，地殻，マントル，［　ウ　］の 3 つに大別される。最も体積の大きいマントルは，ケイ素(Si)，酸素(O)，マグネシウム(Mg)を主成分とした［　エ　］塩鉱物からなる。マントルは深さ 660 km にある地震波速度不連続を境に上部マントルと下部マントルに分けられる。この境界の存在は，Mg_2SiO_4 から $MgSiO_3$ と MgO への相変化に伴う地震波速度や②密度の増加により説明されている。

火山現象についてみると，プレート拡大境界では SiO_2(二酸化ケイ素)の含有率が約 50 % と比較的低い［　オ　］質マグマが主として噴出している。［　オ　］質マグマは，粘性率が比較的［　カ　］く，溶岩噴泉や高速で流下する溶岩流が観察される。プレート収束境界の1つである沈みこみ帯では，SiO_2 の含有率が高い［　キ　］質マグマ・デイサイト(デーサイト)マグマ・流紋岩質マグマが多く噴出する。これらのマグマは，粘性率が比較的 [ク] く，爆発的噴火や溶岩ドーム生成噴火となる。

火山の周辺では，繰り返し噴火災害が引き起こされるが，温泉③，地熱エネルギー，良質な湧水，金・銀・銅などを産する [ケ] が形成されるという面もある。

問 1　文中の [ア] ～ [ケ] に適切な語句を記入せよ。ただし，[ケ] については次の中から1つ選べ。

メタンハイドレート　　熱水鉱床　　ストロマトライト　　縞状鉄鉱層

問 2　削除（問2(1)(2)は取り止めとなった）

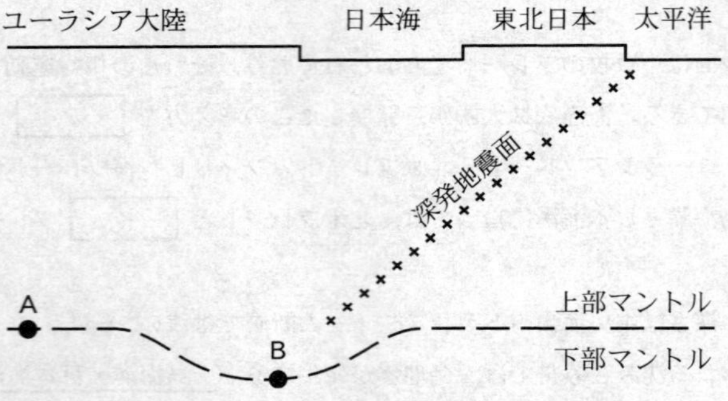

図3　ユーラシア東縁部の模式的断面図。黒丸で示す点Aと点Bは，上部・下部マントル境界にある。

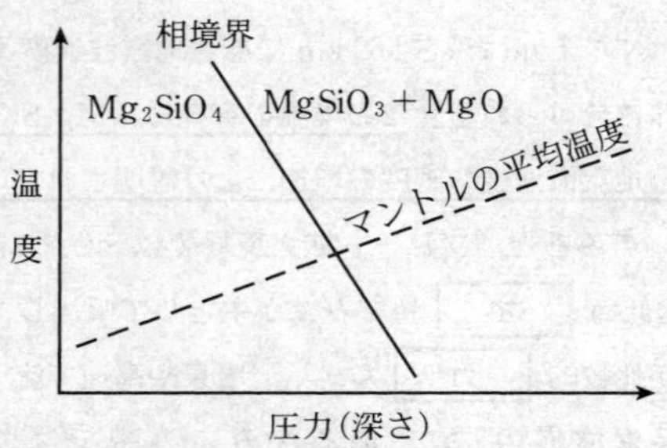

図4　マントルの平均温度と相境界を示す模式図

問 3　下線部①と②に関連して，千島海溝と日本海溝におけるプレートの沈みこみの影響のため，ユーラシア大陸東縁部では，上部・下部マントル境界の深さが地球全体の平均より深い(**図3**)。その理由は，この地域において上部マントル最下部の温度が他の地域と異なるためであるとする。**図4**はマントルの深さごとの平均温度とマントル構成物質の相境界を示す模式図である。次の(1)および(2)に答えよ。

(1)　上部・下部マントル境界は，世界の平均の深さを表す**図3**の点Aに比べて，この地域(**図3**の点B)ではより深いところにある。このことと**図4**にもとづいて，**図3**の点Aと点Bの温度はどちらが高いか，理由とともに50字以内で記せ。

(2)　**図3**の点Aと点Bの深さの差が28 kmであるとして，2点間の温度差がどれだけあるか，計算過程とともに有効数字2桁で答えよ。ただし，相境界の勾配(圧力変化／温度変化)は－2.8 MPa/℃，上部マントル最下部での圧力勾配(圧力変化／深さ変化)は30 MPa/kmとする。

問 4　下線部③に関連して，次の文中の［ a ］～［ b ］に適した数値を，有効数字2桁で答えよ。解答欄cにはそれらの求め方を記せ。ただし，水の比熱は4.2×10^3 J/(kg・℃)，1000 ℃の水蒸気が80 ℃の水になるまでに放出する熱エネルギーは4.3×10^6 J/kgとする。

日本のある温泉地では，80 ℃の湯が毎秒1トン湧出している。この温泉の湯は，マグマから上昇した1000 ℃の火山ガス(水蒸気)と0 ℃の地下水が一定の割合で混合して生じたものとする。マグマ起源の水蒸気が地下水に与える熱量と地下水が水蒸気から受け取る熱エネルギーが等しいことをふまえると，マグマ起源の水蒸気の供給量は毎秒［ a ］kg，温泉水のうち地下水起源のものの供給量は毎秒［ b ］kgと見積もることができる。

※解答欄　問3(2)：ヨコ13.7センチ×タテ3.2センチ

問4 c：ヨコ13.7センチ×タテ4.7センチ

地学問題　Ⅳ

次の文章を読んで，問１～問６に答えよ。解答はすべて所定の解答欄に記入せよ。

図１はある地域の地質図である。Ａ層最下部からはイノセラムスとトリゴニア（三角貝）と裸子植物の化石が，Ｃ層からは貨幣石（ヌンムリテス）の化石が見つかった。標高 140 m にある**地点１**では，Ｂ層中に級化層理（級化成層）を含む砂礫《れき》岩層が観察され，調査の結果，この砂礫岩層は，アンモナイトが絶滅した時期に形成されたことがわかった。また，標高 120 m にある**地点２**ではＢ層中に断層Ｚが見つかった。さらに，**地点３**およびその真東にある**地点４**（いずれも標高 100 m）で鉛直方向にボーリング（掘削）を行ったところ，それぞれ地下 80 m のところで断層Ｚが見られた。また，**地点５**（標高 120 m）でも，**地点１**で見られた地層と同じ層準の地層が見つかった。さらに，①**地点６**でボーリングを行ったところ，地表から 100 m の深さのところから様々な種類の化石が見つかった。この地域およびその周辺には，断層Ｚ以外の断層はなく，各地層および断層Ｚの走向と傾斜はそれぞれ一定である（層理面も断層面も平面である）。ボーリングはすべて鉛直方向に行われたものとする。

問１　Ｂ層の最下部の地質年代とＣ層の地質年代の組み合わせとして適切なものを，次の(あ)～(か)の中から１つ選べ。

	Ｂ層の最下部	Ｃ　層
(あ)	ペルム紀	三畳紀
(い)	ペルム紀	古第三紀
(う)	ペルム紀	新第三紀
(え)	白亜紀	三畳紀
(お)	白亜紀	古第三紀
(か)	白亜紀	新第三紀

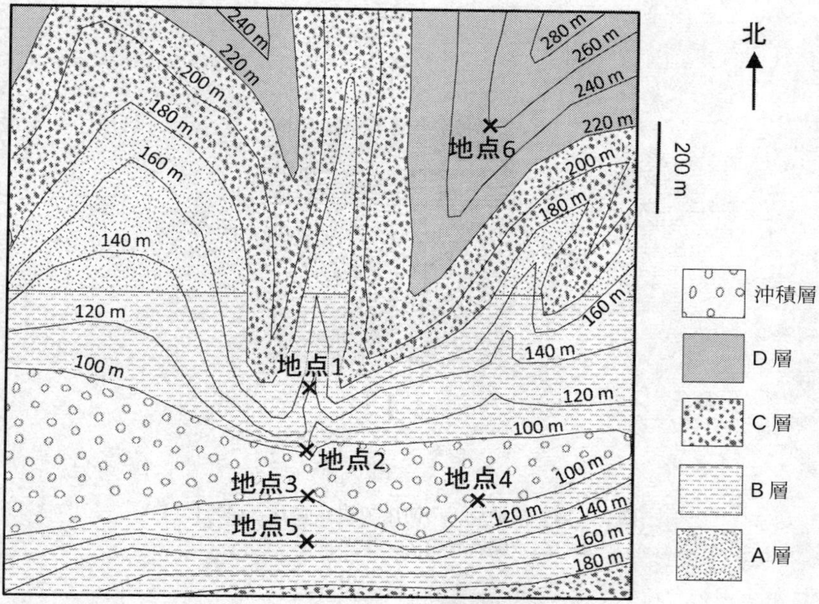

図 1　ある地域の地質図

問 2　次の**図 2** は，**図 1** の**地点 1** の河床（水平面）で観察された級化層理（級化成層）が見られる砂礫岩層を上から見てスケッチしたものである。北向きを指す矢印として適切なものを，**図 2** の(あ)～(え)の中から 1 つ選んで解答欄(a)に記せ。また，それを選んだ理由を 120 字以内で解答欄(b)に記せ。

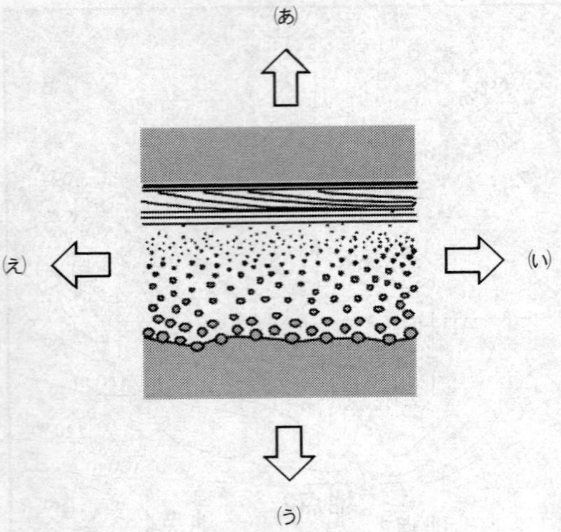

図2　図1の地点1の河床で観察される泥岩にはさまれた砂礫岩層のスケッチ

問3　断層Zの傾斜の向きとずれの方向について述べた語句の組み合わせとして適切なものを，次の(あ)〜(く)の中から1つ選んで解答欄(a)に記せ。また，それを選んだ理由を100字以内で解答欄(b)に記せ。

	傾斜の向き	ずれの方向
(あ)	北	走向方向のみ
(い)	北	傾斜方向のみ
(う)	東	走向方向のみ
(え)	東	傾斜方向のみ
(お)	南	走向方向のみ
(か)	南	傾斜方向のみ
(き)	西	走向方向のみ
(く)	西	傾斜方向のみ

問4　図1中の地点5でボーリングを行った場合，断層Zに到達するまで地表から何mの深さまで掘る必要があるか。理由とともに150字以内で答えよ。ただ

し，**地点** 3（標高 100 m）と**地点** 5（標高 120 m）は，それぞれ**地点** 2（標高 120 m）から真南に 100 m と 200 m 離れたところに位置する。

問 5　断層 Z の活動が終了した年代として適切なものを，次の(あ)～(か)の中から 1 つ選んで解答欄(a)に記せ。また，それを選んだ理由を 180 字以内で解答欄(b)に記せ。

(あ)　三畳紀
(い)　ジュラ紀
(う)　白亜紀
(え)　古第三紀
(お)　新第三紀
(か)　第四紀

問 6　下線部①の化石試料に含まれている可能性があるものとして適切なものを，次の(あ)～(く)の中から 2 つ選べ。

(あ)　フズリナ(紡錘《ぼうすい》虫)
(い)　三葉虫
(う)　ビカリア(ビカリヤ)
(え)　ナウマンゾウ
(お)　貨幣石(ヌンムリテス)
(か)　被子植物
(き)　アンモナイト
(く)　サヘラントロプス

注（＊）

身のたづき＝生活の手段。

草紙＝和歌や物語を記した書物。

いね＝「稲」と「去ね」との掛詞。

つれな＝形容詞「つれなし」の語幹。ここでは、素知らぬふうである様をいう。

あき＝「秋」と「飽き」との掛詞。

から＝ここでは逆接的な含意がある。

問一　傍線部(1)のように男が思った理由を説明せよ。

問二　傍線部(2)を、文意が明らかになるように、ことばを補って現代語訳せよ。

問三　和歌の第四句「つれなの我や」は、女のどのような気持ちを言ったものか、和歌全体を踏まえて説明せよ。

※解答欄　問一：タテ一四センチ×三行

問三：タテ一四センチ×四行

※解答欄　問一：タテ一四センチ×四行
問二：タテ一四センチ×三行
問三：タテ一四センチ×五行

三

次の文を読んで、後の問に答えよ。（三〇点）

今は昔、中ごろの事にや、貧しく落ちぶれたる人、*身のたづきなきままに、似げなく、もの情けなげなる男の妻《め》となりて、片田舎に住み侍るが、この女、顔かたち美しく、何事につけても拙からず、琵琶、琴弾き、*草紙、歌のみ心深く、世の事わざや後れたりけん、かの夷《えびす》男、さらに心あはずとて、(1)立ち去らんとす。されどこの女、人憎からず、うるはしきさまなりければ、(2)言ひ出づべき言の葉なくて、いかなる疵《きず》をか求め出でんと、折節を待ちゐたるに、風うち吹き、門田の稲葉そよめきあひて、もの寂しき夕つ方、「この稲葉につけて、よからん歌詠み給へ。さらずは添ひたてまつらじ」と言へば、女いと恨めしく恥づかしと思ひて、顔うち赤めて、

穂に出でて*いねとや人の思ふらん*つれなの我や*あきを見る*から

と詠みたりければ、男いとかなしく思ひて、いささか事ととのはざるをも思ひ忍び、長き縁《よすが》となり果てけるとかや。されば、男女の媒《なかだち》ともなりぬるは、ただこの大和歌なりとぞ。

（『雑々集』より）

えて見よう。吾々が急にこういう状態の中に移されたとすると、その時吾々の心は何事でも自由に書き記すことの出来る白紙になってしまう。しかし白紙という表現は余り適切なものでないであろう。蓋《けだ》しこの白紙は暗い底知れぬ不安によって一色に塗られているからである。それは眼や耳が急にその機能を果さなくなったのと同じであろう。(2)そうではない。それよりももっと不安なものである。眼や耳に故障が起こった時、その原因は一般に自分の身体の中にある。医者へ駈《か》けつければ癒るであろう。ところが感覚器官の補足乃至《ないし》は延長がその機能を営まなくなった時、その原因は勿論自分の身体の内部などにあるのではない。自分の外に、しかも今となっては容易に知ることの出来ないところにあるのである。自分でどうすることも出来ないような強力なものが、その原因となっているのであろう。吾々が眼隠しをして往来を歩かせられた場合、「水溜りがある!」と言われると、もう一ヶ月も好天気が続いているということを考える暇もなく、いやたとえ考えたとしても思わず足をとどめるであろう。これと同じように報道、通信、交通がその機能を果さなくなった時、社会の大衆は後になっては荒唐無稽として容易に片づけることの出来るような言葉もそのまま受け容れるのであって、(3)どんな暗示にも容易にひっかかってしまうものである。

（清水幾太郎『流言蜚語』より。一部省略）

問一 傍線部(1)のように筆者が考えるのはなぜか、説明せよ。

問二 傍線部(2)はどういうことを言っているのか、説明せよ。

問三 傍線部(3)のような事態が起こるのはなぜか、本文に即して答えよ。

は自分で嘆かねばならぬ。自ら生きようとするものは、自ら環境に適応せねばならず、自ら環境について知らねばならぬ。(1)現代の人間が報道を欲するのは、その当然の権利に基づいていることである。

現在の報道、交通、通信の機関は高度に発達した技術を基礎として立っている。外界の出来事を知り且つ知らせるためには、眼や耳が吾々の身体に具《そなわ》っている。単純な社会生活にあってはこの眼や耳で十分に事が足りたのである。人間の生活を動かすものは主として眼や耳の届く場所から生じていたからである。封建社会においても日常の会話で問題となる人物は、通常これを語る人々が既にその容貌を知り、その言葉と動作とに接したことのある人間であった。ところが現代においては人間生活に作用を及ぼすものが、およそ眼や耳の届かぬ遠隔の地に住んでいる。現在では眼や耳、総じて人間の感覚器官は自然のままの形態では最早《もはや》環境への適応に役立つことが出来ない。感覚器官は補足されねばならぬ。延長されねばならぬ。発達した技術的装置はあたかも新しい眼であり耳である。技術の進歩は何人も知るように極めて迅速である。だがこの迅速に進歩してやまぬ技術がまず第一に摂取され応用されるのは、軍事的領域を除いたら、恐らくこの報道や通信の領域であろう。電信、電話、ラジオ、新聞、そういうものは吾々の感覚器官の延長であり補足である。というよりも既に今日では吾々の感覚器官そのものになっていると言えるかも知れない。健全な眼や耳を持っているものは、自分が眼や耳を持っているという特別の意識を欠くのが普通である。それ等のものがはっきりと意識に上って来るのは、かえって何か故障の生じた場合である。それと同様に、新聞が毎朝配達され、ラジオが朝から晩まで喋《しゃべ》っているという状態は、今日の吾々にとって特にはっきりと意識する必要のない当り前の生活である。吾々はそれで安心して生きて行くことが出来るのである。

ところで吾々の感覚器官の延長であるようなものが突然その機能を停止するか、またはその機能を甚だ不十分にしか発揮せぬか、或《あるい》は——畢竟《ひっきょう》同じことであろうが——十分に機能を発揮していても吾々がそれから遮断されるというような場合を考

二

次の文を読んで、後の問に答えよ。（三〇点）

報道は人間の生理的な必要である。しかもこの必要は近代になってから日をおってその強度を増している。それには色々な理由が考えられる。第一に経済的にも政治的にも文化的にも世界の諸国が緊密に結び合され、そのために世界の片隅に起こった事件がやがて各個人の生活に影響を及ぼすようになって来たからであろう。吾々から遠く離れたところで勃発した戦争が、いつ吾々自身を戦場に立たせるか判らない。外国の穀物の産額が吾々の生活に深刻な変化を惹《ひ》き起こすことも決して稀ではない。第二に社会の事情が甚だしく複雑性を加え来っていることが考えられる。或《あ》る国の状態が他の国の民衆の生活に影響を与えると言っても、それはいつも直接的なものばかりではない。両者の間には他の幾つかの国の状態と利害とが立っていて、そこを通過する影響に常に新しい方向を与えようとしている。穀物の産額の増大が必ず価格の低落を結果すると言うことは出来ない。一国内部にして見ても、そこには神の如き眼を以てしなければ到底その全貌を捕えることが出来ないような複雑な関係が横たわっている。第三に社会の変化と運動とがその激しさを加えて来たことを指摘しよう。昔の学者は動く社会と動かぬ社会とを区別した。前者はヨーロッパの社会のことであり、後者はアジアの社会のことである。これはヨーロッパが夙《つと》に資本主義を確立していた時に、アジアが未だ封建主義に立っていたからである。資本主義社会は本質的に動く社会であり不断の変化を伴う社会である。アジアも今は動く社会になっている。もしも環境が動き変ずるものでないとしたら、吾々は報道を生理的必要と見ることは出来ない。父祖の代から行われている習慣に頼って生きて行くことが出来るはずだからである。動く社会は報道を必要とする社会である。第四に近代社会においては各個人が自分で生きて行かねばならぬということが注意されねばならぬ。昔は誰かが多くの人々に代って環境を知り適応の道を学び、他の人々はその後について歩んで行けばよかった。しかし今は個人主義がいかに非難されようとも、各人が自己の運命の主人にならねばならぬ。自分の幸福は自分で喜び、自分の不幸

問一　傍線部(1)について、筆者はなぜこのように述べているのか、説明せよ。

問二　傍線部(2)は短編と長編のどのような相違を述べたものか、説明せよ。

問三　傍線部(3)について、筆者はなぜこのように考えるのか、説明せよ。

問四　傍線部(4)について、筆者はなぜこのように考えるのか、後の二つの段落を踏まえて説明せよ。

※解答欄　問一・問二：各タテ一四センチ×三行
　　　　　問三・問四：各タテ一四センチ×四行

ルナール自身は『にんじん』を「不完全で、構成のまずい本」と言っているが、それでも『にんじん』一巻が『めんどり』で始まるのはいかにも適切で、作者のアレンジの妙であり、かつまた読者への親切である。それは一編の挿話でありながら、要領のいい人物紹介を兼ねている。そればかりか、各人物のこの物語における位置や役割や相互の関係といったものを一挙に示す、わかり易い見取り図にもなっている。しかも、抜け目のない作者は只《ただ》の一語も紹介や説明の労をとるわけではない。人物一人一人に、いわば順番に自己紹介をさせるだけである。何によってかといえば、会話によってである。いきなりもう戯曲のような書き方である。

小説の描写というと、われわれはとかく風景描写とか心理描写とかを考えて、会話も描写であることを忘れがちである。しかも、会話ぐらい直接的、具体的、即効的にその人物を表現してのけるものはない。初対面で予備知識がなくても、口のきき方ひとつで相手のことがわかるようなものである。ルナールがこういう書き方を選んだのは、会話こそ自分の最強の武器であることをよく心得ていたからであろう。

（阿部　昭『短編小説礼讃』より）

注（＊）

サローヤン＝二十世紀アメリカの小説家、劇作家。

チェーホフ＝十九世紀ロシアの小説家、劇作家。短編の名手として知られる。

鷓鴣＝キジ目キジ科の鳥のうち、ウズラとキジの中間の体形をもつ一群の総称。

『にんじん』＝ルナールの代表作。「にんじん」とは赤毛の主人公につけられたあだ名である。

ヴァロットン＝スイス生まれの画家。十九世紀末から二十世紀初めにかけてパリで活躍した。

の歌をうたい、畑のくぼみでお互いに呼び交わしているようなものだ。」

田園風景にことよせた一つの喩えであるが、自分の文章はこんなふうにして生まれるのだと言っているのであろう。作家の目はレンズであると同時に対象を捕らえる網である。(3)文章でも写生ということがよく言われるが、その喩えはむしろ誤解を生みやすい。書くためには記憶というフィルターと、回想できるようになるまでの十分な時間が必要である。

ルナールで最も知られている『にんじん』*は、それ自体がごく短い短編である章を五十近く並べたもので、筋といってはあまりない。初め小学生程度だったにんじんが、最後には高校生ぐらいになっているのが見届けられる。子供は放って置いても大きくなるのだから、これぐらい変哲もない話はない。ルナールは二十四歳で十七歳のパリジェンヌと結婚し、奥さんは翌年彼の郷里で長男を生む。その際、実家の母親が愛妻につらく当たるのを見ているうちに、自分の子供時代のことを少しずつ思い出して行ったらしい。早くも次の年には、いずれ『にんじん』に収まる話をいくつか雑誌に発表している。

その第一話『めんどり』は、この本を一度でも読んだ人、読みかけた人なら、あの風変わりなヴァロットン*の版画の挿絵とともにすぐに思い出されるであろう。にんじんが母親に鶏小屋の戸を閉めにやらされ、寒いのと怖いのとで震えながら闇を突っ切って行き、無事任務を果たして凱旋の気分で戻るが、誰にも褒めてもらえない。どころか、母親に「これから毎晩、お前が閉めに行くんだよ」と言われる。

この章は長編小説ならば満を持して書き起こすところであろう。だが、『にんじん』という作品は今も言ったように、あちこちに書いた小品の寄せ集めである。『めんどり』以前に書いたものすら入っていて、全然執筆順ではない。作者が巻頭には次の『しゃこ』でも、その次の『犬のやつ』でもなく、是非ともこの『めんどり』を配したいと考えたのは、(4)彼一流の計算があってにちがいない。

はやっていられない。長編の読者は途中で少しぐらい注意力が眠り込んでも、作者がそのつど揺り起こしてくれるから安心であるが、短編はそれができない。説明や注釈にも頼れない。となると、残るはイメージしかない。具体的な物の形や印象を、手早く読者の脳裏に焼きつけなくてはならない。

*チェーホフが、彼に恋した作家志望の人妻アヴィーロワに語ったという「生きた形象から思想が生まれるので、思想から形象が生まれるのではない」という言葉は有名である。長編と短編を器用に書き分けている(2)現代イタリアの作家モラヴィアが、短編を抒情詩に近いとし、長編を評論や哲学論文になぞらえているのもその辺を衝《つ》いたものであろう。

もっとも、私のこういう言い方は実は本末転倒で、短編の作者はもともとイメージで語るのが得意なのだ、その反対は苦手なのだ、と言うほうが本当かもしれない。彼の書くものが短いのは、イメージというものはそうそう引き伸ばせないからである。ルナールなどは、「十語を超える描写はもうはっきり目に見えない」と極端なことを言っている。

イメージという言葉を言い替えようとすると、どうもぴったり行かなくて不便である。影像、映像、形象、物の姿、心象などと並べてみるが落ち着かない。とにかく網膜にうつるものも、心に浮かぶものも、ともにイメージであろう。絵や写真やテレビの画面もイメージであり、フランス語で「イメージの狩人」といえば報道カメラマンや映画監督のことでもある。

一八九〇年代、青年国木田独歩が行く先々で自然の美にひたっていたちょうどその頃、フランスではルナールが故郷の田園を再発見しつつあった。彼の文章の極致を示す『博物誌』のプロローグが「イメージの狩人」と題されている。「彼」は朝早く起きて、一日野づらや川辺や林の中を歩き回り、いたるところでイメージを採集する。そして、日が落ちると家に帰って、明かりを消し、眠る前に長いことかかってそれらを反芻《はんすう》する。

「イメージは、思い出すままに、素直によみがえる。一つが別の一つを呼び覚まし、そうして*燐光《りんこう》を発するイメージの群がりが、新しくどんどん増え広がって行く。ちょうど、一日じゅう追い散らされていた*鷓鴣《しゃこ》のむれが、危険も去って夕べ

国語

（九〇分）

（注）一〇〇点満点。総合人間（理系）・教育（理系）・経済（理系）・理・医（医）学部は一五〇点満点に換算。

一

次の文を読んで、後の問に答えよ。（四〇点）

英語には“To cut a long story short”（かいつまんで話すと）とか、“Please make your story short.”（手短かに言って下さい）とかいう言い回しがあるらしい。日本語の感覚からすると身も蓋もないような言い方であるが、それだけ明快でもある。

しかし、(1)ただ長い物語を短くしたものが短編ではない。*サローヤン式に言うならば、鯨をいくら細かく切り刻んでも鰯《いわし》にはならない、それは鯨の切り身である。短いというのは、話の長短よりもむしろ文章の性質から来る。書き出しの一行が、あるいは一節がその作品のスタイルを決定するとよく言われるが、十枚で完結すべき物語はすでにその分量に相応した文章の調子を持っている。調子というところを呼吸、リズム、間合い、密度等々、いろいろ好きなように言い換えてもいい。「汝のストーリーを短くせよ」と言われなくても、それ以上長くも短くもなりようがないのが作品の正しい寸法である。

短編では、「この物語を始める前に」だの、「先刻もちょっと触れておいたが」だの、「これは余談であるが」だのと悠長なこと

MEMO

MEMO

MEMO